2008年度中国乐器行业大事记

•1月3日，上海市副市长胡延照在上海民族乐器一厂考察工作

•1月6日晚，郑荃首获意大利提琴制作比赛金奖暨回国从教20周年音乐会在京举办

•2月27日，中国乐器协会在京召开2008年协会工作会议

•2月28日，2008中国乐器产业发展论坛在京举行

•4月30日，国家大剧院隆重举行星海9.5英尺三角钢琴捐赠仪式

•5月9日,中国乐器协会吉他专业委员会在京举行换届会议

•5月，乐器企业纷纷向汶川地震灾区捐款，支援灾区重建

•5月19日，中国乐器协会材料配件专业委员会二届一次会议在宜昌召开

•5月28日，中国乐器协会西管乐器专业委员会二届一次会议在京召开

•5月28日，中国乐器协会打击乐器专业委员会三届一次会议在京举行

•7月4日，上海民族乐器一厂隆重庆祝建厂五十周年

•7月26日，乐器行业唯一奥运火炬手完成火炬传递

•8月5日，河北省委常委、省纪委书记臧胜业赴金音公司调研

•9月12日，江苏省省长罗志军视察江苏凤灵乐器集团

•9月17日，中国乐器协会琴行分会成立大会在杭州隆重举行

•10月4日，第12届“星海杯”全国少儿钢琴比赛圆满落幕

•10月8日，中轻联步正发副会长到上海民族乐器一厂考察工作

•10月9日，2008中国（上海）国际乐器展览会拉开序幕

•10月9日，中国轻工业联合会副会长步正发考察2008中国（上海）国际乐器展览会

•10月9日，2008年全国钢琴调律职业技能竞赛颁奖仪式隆重举行

•10月12日，珠江钢琴集团荣获国家级企业技术中心称号

•10月21日，全国乐器标准化技术委员会成立大会在京举行

•11月4日，福建省委常委、福州市委书记袁荣祥视察福州和声钢琴公司

•12月6日，中国乐器协会五届四次理事（扩大）会议在福州举行

2009年度中国乐器行业大事记

•1月15日，第107届NAMM展在美国阿纳海姆国际会议中心举行

•2月7日，2009音乐学院院长论坛在香港举行

•2月8日，第四届TOYAMA亚洲青少年音乐比赛在香港落幕

•2月16日，2009中国乐器协会工作会议在京召开

•3月4日，中国乐器协会代表团出访巴西

•5月12日，中国乐器协会在山东省昌乐县进行工作调研

•5月14日，浙江省委书记赵洪祝到海伦钢琴股份有限公司调研

•5月17日，口琴专业委员会四届四次会议在上海召开

•5月18日，中国轻工业联合会步正发会长考察广州珠江钢琴集团公司

•5月18日，河北金音乐器集团成立暨建厂20周年庆典活动隆重举行

•5月26日，中国乐器协会提琴制作师分会二届二次全体会议在京召开

•6月1日，北京星海钢琴集团公司隆重纪念建厂六十周年

•6月8日，得理乐器（珠海）工业园落成暨开工典礼隆重举行

•7月2日，中国乐器协会琴行分会一届二次理事（扩大）会议在长春召开

•7月26日，首届北京国际古筝音乐节隆重举行

•8月28日，中国乐器协会组织专家对北京市平谷区东高村镇申请“提琴产业基地”进行评审

•9月9日，中国乐器协会钢琴调律师分会组团参加第16届国际钢琴调律师及技师年会（IAPBT 2009）

•9月21日，牡丹江和音乐器有限公司董事长贾酝荣获全国三八红旗手称号

•10月13日，中国轻工业联合会副会长杨志海考察上海国际乐器展览会

•10月14日，中国乐器协会理事长王根田会见巴西乐器协会主席科斯塔

•10月13日，2009中国（上海）国际乐器展览会隆重开幕

•10月15日，中国乐器协会钢琴调律师分会第三届会员代表大会在上海召开

•10月15日，电鸣乐器分会举行第二届降低采购成本研讨会

•10月21日，广州市市长张广宁莅临珠江钢琴集团视察指导工作

•11月2日，中国乐器协会与国家轻工业乐器信息中心在营口进行联合调研

•11月29日，“中国提琴产业之都”专家评审会在江苏泰兴溪桥镇召开

•12月3日，中国乐器协会材料配件专业委员会二届二次会议在成都召开

•12月16日，中国轻工业联合会副会长潘蓓蕾出席北京平谷区东高村镇“中国提琴产业基地”授牌仪式

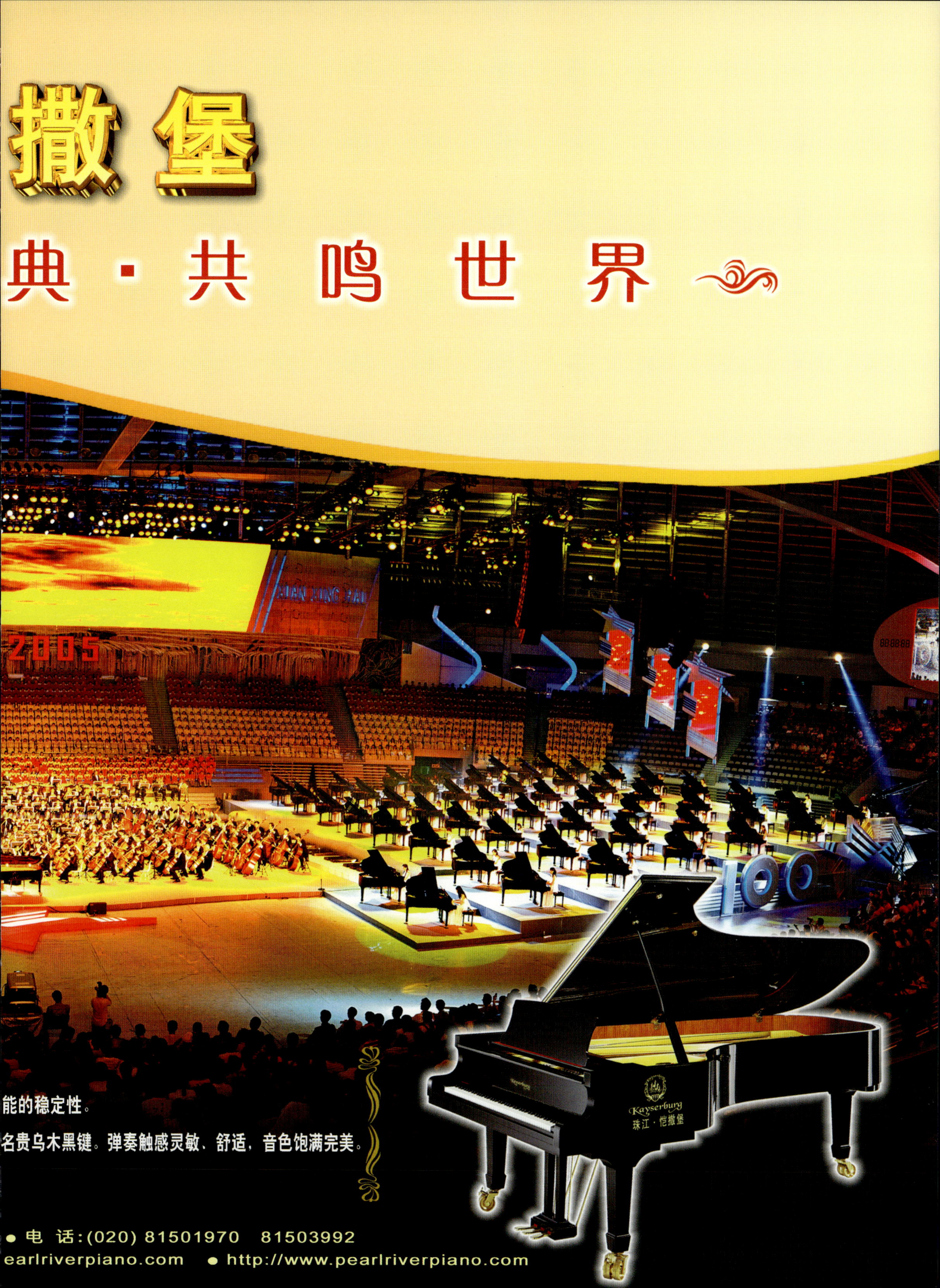
撒堡
典·共鸣世界
2005
Kayserburg
珠江·恺撒堡
能的稳定性。
名贵乌木黑键。弹奏触感灵敏、舒适，音色饱满完美。
● 电 话:(020) 81501970 81503992
earlriverpiano.com ● http://www.pearlriverpiano.com

珠江·恺撒堡

中外著名钢琴

盛赞珠江·

青年钢琴家黄楚芳在“珠江诗情琴乐芬芳”珠江·恺撒堡钢琴音乐会上激情演奏。

著名居美俄罗斯钢琴
珠江·恺撒堡全国青

家

恺撒堡

著名钢琴大师刘诗昆在庆祝祖国60华诞大型音乐舞蹈史诗《复兴之路》上用恺撒堡钢琴奏响民族强音。

美国著名爵士乐钢琴家贝宝德和他的盲童学生邓佩彤，在亚残会倒计时一周年晚会同台演出。

奏家伏拉吉米尔·维阿杜在
年钢琴比赛闭幕式音乐会。

钢琴王子理查德·克莱德曼与小朋友在亚运会倒计时一周年晚会倾情演出。

上海民族乐器一厂坚持传承经典，引领时尚的理念，不断地进行思维创新、技术创新和产品创新，积极导入科技、文化、艺术、时尚等元素，形成了仿古、时尚、巨型、微型、限量版、纪念版、极品版等乐器系列，为传统民乐注入了新的活力。

上海民族樂器一廠 Shanghai No.1 National Musical Instruments Factory

上海世博会

宝钢大舞台/中国元素/乐坊传习区

2010

"敦煌新语"现场演奏

教授游客弹奏古筝

敦煌國樂

展示二胡鞔皮技艺

外国游客对中国民族乐器非常感兴趣

接受"中国元素"摄制队采访

2010年上海世博会中西文化荟萃，各国艺术文化争奇斗艳。作为中国传统乐器文化的传承人，上海民族乐器一厂就将中国传统乐器"古筝""二胡""琵琶"等以各种形式搬上了世博会的舞台。

國樂

上海民族樂器一廠

Shanghai No.1 National Musical Instrnments Factory

上海民族乐器一厂创建于1958年，是目前中国国内规模最大、品种最齐全、技术和综合实力最强的民族乐器制造企业。专业生产〝敦煌牌〞各类民族乐器，产品曾多次荣获国家银质奖、轻工部优质产品奖和上海市优质产品奖。1998年在全国古筝、琵琶制作大赛中，〝敦煌牌〞古筝囊括前三名，琵琶囊括前二名；1999年在全国二胡制作大赛上，〝敦煌牌〞二胡获得大赛设置的13个奖项中的11项。自2001年起，〝敦煌牌〞商标连续九年被评为〝上海市著名商标〞。2008年，〝敦煌牌〞古筝、琵琶、二胡荣获〝上海市名牌产品〞称号。

KHS 功学社 集團
Innovative
傑普特 JUPITER®
The First Choice For Players！
Reliability
北京分公司: 010-67124640 上海分公司: 021-54656088 沈陽分公司: 024-83993123 www.chinakhs.com

KHS 功学社 集團
MAPEX 美派司
Meridian
来吧，走向你的音乐颠峰
北京分公司: 010-67124640 上海分公司: 021-54656088 沈陽分公司: 024-83993123 www.chinakhs.com

作为“ 国家文化产业示范基地 ”、“ 国家文化出口重点企业 ”以及“ 国家工业旅游示范点 ”，凤灵集团有着 40 年的发展历程，成为了全球最大的提琴生产基地，年产提琴产品35万把，吉它50万套，外贸供货 80 多个国家和地区，内贸遍及全国 100 多个城市，提琴产品的销量占全世界的 25% 以上，占全国生产总量的 40% 以上，作为中国乐器协会提琴分会会长单位引领了全行业的共同发展。

江苏凤灵文化产业园是由江苏凤灵乐器集团投资建设的特色文化产业基地，园区将“ 提琴文化创意示范基地 ”、“ 提琴科技创新基地 ”以及“ 提琴制造产业基地 ”融为一体，形成三位一体的产业链。该园区预计总投资 2 亿元，已完成了一期工程 1.13 亿元的投入，园区中的乐器博览馆、音乐厅、音乐广场、古松琴韵主题公园、文化艺术培训中心等设施都是目前国内最具独特创意的文化休闲胜地，其中的乐器博览馆是目前世界上唯一的提琴造型的建筑物，是国内收藏乐器品种最全、数量最多的博览馆，也是国内最大的乐器博览馆。馆内不仅展示了名琴、名家、名曲，同时还集聚了国内上万种工艺精湛的文化艺术品，是集文化体验、艺术欣赏、旅游购物为一体的艺术精品馆。

江苏凤灵乐器集团打开艺术的大门，奉上文化的精品欢迎您！

钢琴馆陈列一角

提琴珍品馆

民族乐器馆

乐器综合馆

国际乐器大全博览馆

About

音乐厅

提琴文化广场

古松亭

荣誉榜

商务洽谈处

提琴展示厅

10年泰兴市黄桥镇荣获"中国提琴产业之都"称号

热忱欢迎您的光临！

凤灵提琴，音质感动世界

Legend Violin, Inspires the World by its Timbre

中国海伦钢琴

2008北京奥运会倒计时一周年庆典用琴

中国名牌产品HAILUN牌钢琴
ISO9001:2000国际质量管理认证企业
国家重点高新技术企业
国际金音叉奖六星金奖
国家文化产业示范基地
2008北京奥运会倒计时一周年庆典用琴
中国钢琴业音乐性能鉴定参照样琴
央视新闻联播报道海伦产品进入欧洲主流市场

国家文化出口重点企业
起草修订国家钢琴标准
中国乐器协会副理事长单位
钢琴制造采用国际质量标准
引进欧洲、日本、美国高新技术和工艺
实现全数据化管理的现代企业
连续六年荣膺中国乐器行业强势企业
中国宁波·奥地利维也纳技术合作企业

全国客服热线:800-9574-500

人称职 事一流

金音乐器

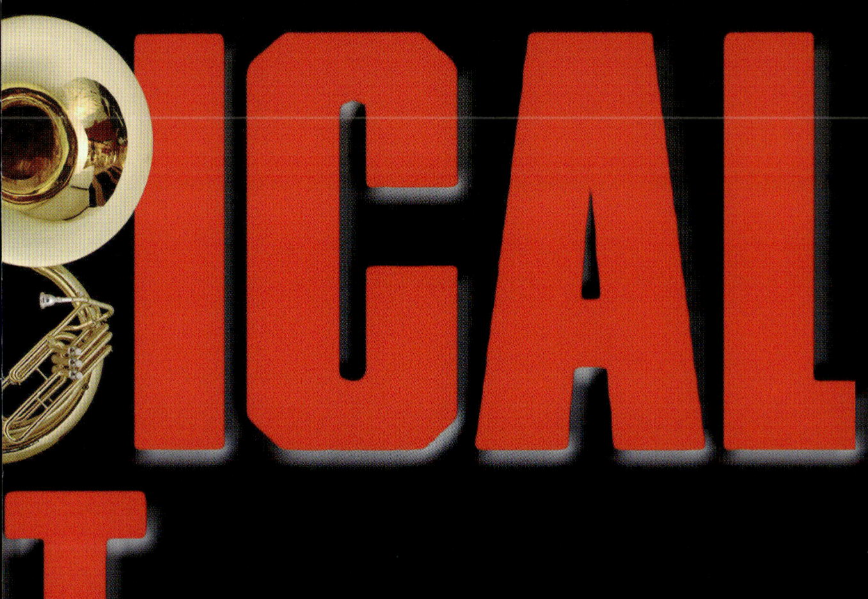
ICAL
T
CE 1989

Palatino®
帕拉天奴钢琴
跻身全球乐器行业50强
名列世界著名钢琴品牌
Palatino
美国 AXL 国际乐器荣誉出品
www.palatino.net.cn

Palatino
帕拉天奴钢琴
美国AXL国际乐器荣誉出品
跻身全球乐器行业50强
荣登世界著名钢琴品牌榜
www.palatino.net.cn

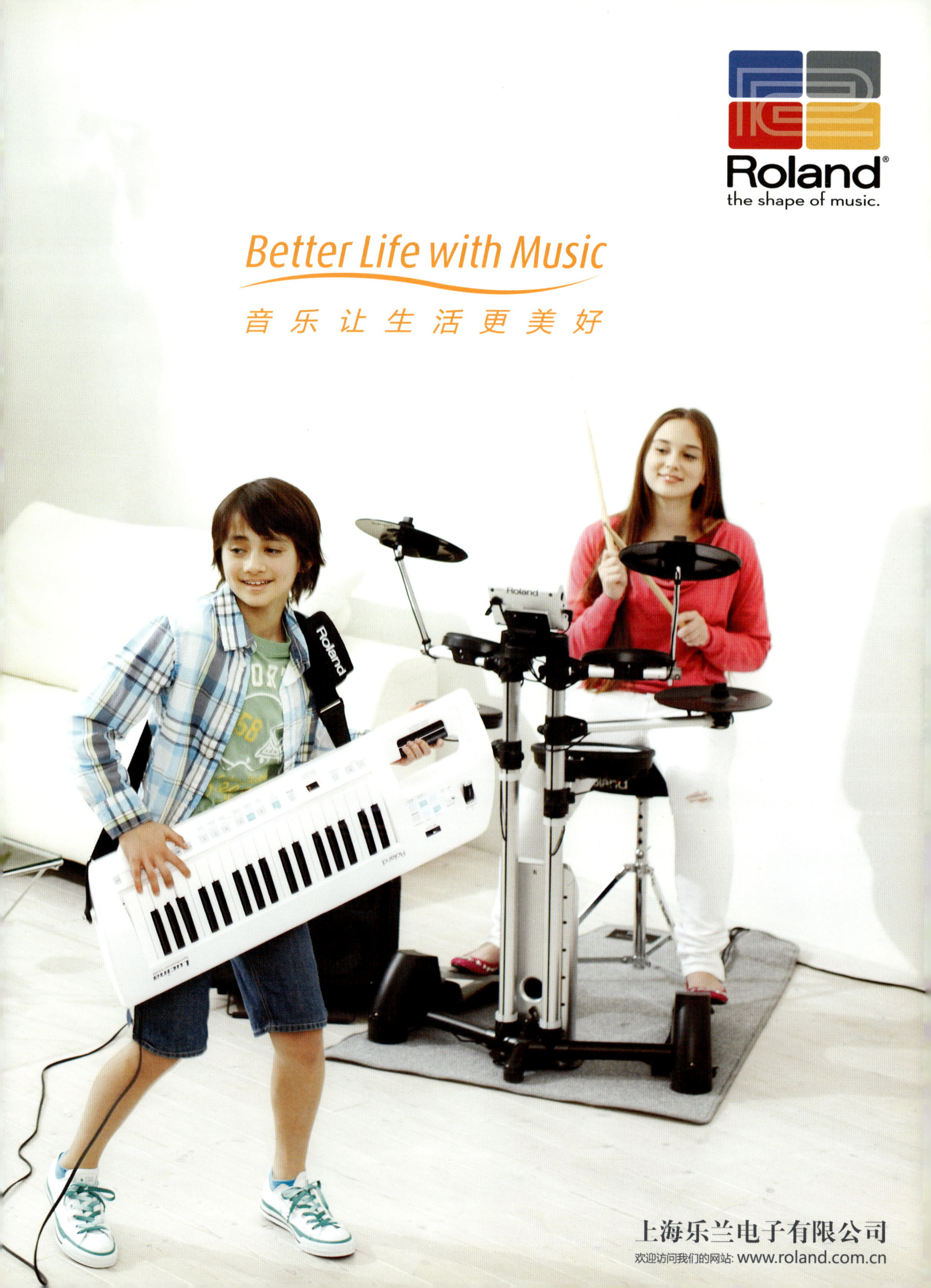

Roland
the shape of music.
Better Life with Music
音乐让生活更美好
上海乐兰电子有限公司
欢迎访问我们的网站: www.roland.com.cn

中国提琴产业基地
概　况
ZHONGGUOTIQINCHANYEJIDI

结合国家及本市关于大力扶持文化创意产业发展的要求，平谷区立足区域定位和优势资源，以东高村镇提琴产业为基础，优化产业结构，升级主导产业，全面推进北京音乐园区建设工作，着力打造“中国乐谷”。

一、基本情况

东高村音乐文化产业园位于北京市东北部，距市区60公里，距天津新港110公里，交通便捷，地理位置优越。产业园以东高村镇为地域中心，辐射带动周边乡镇。其产业布局以提琴产业为主导，旅游、参观、展览等新兴业态处于快速发展之中。目前产业集聚核心区—东高村镇已有提琴生产企业20家，配件生产农户150户，企业资产总额2.5亿元，从业人员3000人。2009年，音乐文化产业园企业共生产各类提琴近30万把，产值3.5亿元，营业收入3亿元。提琴产销量占世界提琴市场的30%左右，2009年被中国轻工业联合会授予“中国提琴产业基地”称号。目前，音乐文化产业园已形成较为完善的企业和产品结构，包括华东乐器、长安乐器、千秋业乐器等20余家企业和150余家提琴配件手工作坊；产业园可生产大提琴、小提琴、电子小提琴等10大类30个品种。

二、发展定位与目标

总体目标：以乐器研发、制造和交易为基础，充分利用首都雄厚的产业要素资源，汇聚音乐文化人才，大力发展创作、表演、体验、休闲和培训等产业业态，不断推动集聚区主导产业结构升级，实现乐器制造业、器乐文化产业和音乐文化产业逐步提升，建设成为具有国际影响力的音乐文化园区，并成为我国音乐文化产业发展的引领者。将平谷打造成为“器乐产销基地、音乐创作家园、文化艺术新城”。功能定位：借鉴国内外产业发展经验，通过促进文化创意产业与制造业的有机融合，促使产业发展关联协同，实现北京音乐园区的“中国音乐文化创作基地、北京音乐文化体验休闲基地、中国音乐文化培训交流中心、中国乐器现代制造业示范基地、国际乐器交易与物流基地、中国音乐信息平台”功能定位目标。

三、主要发展思路

（一）打造多功能于一体的“中国乐谷”。围绕本市打造“世界城市”，从构建发达的城市文化体系出发，按照平谷区总体功能定位，着力将平谷打造成为集器乐产销基地、音乐创作园区、无线音乐基地、主题文化娱乐区和服务配套区等功能于一体的“中国乐谷”，实现“乐器设计与制作产业、乐器产品交易中心、音乐文化创作与推广、音乐文化交流与培训、音乐文化展示与体验、音乐文化衍生品开发、音乐信息化中心、无线音乐制作基地”多重功能定位。

（二）构建多元发展的音乐产业示范区。“中国乐谷”将形成以制作压缩、版权保护、网络自我更新等音乐新技术为核心的，以乐器研发制造、原创音乐创作、无线下载、音乐培训和会展交流为主体的音乐产业示范区，以及实现音乐社会化、普及化的主题文化娱乐园区。改变传统音乐园区“音乐人”聚集区的概念，开创“音乐 人”理念，将音乐引入普通大众家庭。

（三）形成“三区协同发展”的乐谷总体结构。“中国乐谷”主要分为音乐产业区、音乐主题文化娱乐区和服务配套区。音乐产业区包括“一大园区、两大中心、三大基地”，即MUHO音乐总部园区，乐器研发、制作和交易中心、国际音乐版权中心，无线音乐基地、国际音乐选拔培养基地、国际原创音乐交流会展基地。打造以MUHO音乐总部为核心的音乐内容提供平台，以提琴制造为发展基础的乐器研发、制造和交易平台，以国际交流培训、展示、表演、会展为核心的服务平台，以无线接入、新技术和下载终端研发、器材制造、版权保护为核心的制作平台，构建数字音乐内容产业链和价值链，建成国内最大、国际知名的中国音乐产业基地。音乐主题文化娱乐区包括“一大博物馆、二大秀场、三大互动地带、四大体验街区”，即世界音乐博物馆，明星秀现场体验馆、造星训练营，DIY音乐梦想屋、音乐喷泉广场、明星形象及音乐人物等玩偶类互动地带，原创音乐体验街区、动漫原声体验街区、影视原声体验街区、自然音乐体验街区。以交互体验和教育体验为核心，以青少年和普通家庭为主要营销对象，建成国内首家以音乐及其相关内容为核心的娱乐休闲、时尚科技国际化主题音乐公园，实现音乐的社会化、普及化市场开发。服务配套区包括商业区、酒店、住宅、体育公园，以对创作产业区提供支持为核心，同时确保休闲园区活动内容丰富及整体规划的合理性分配。

四、下一步工作计划

“中国乐谷”项目规划面积10平方公里，预计投资100亿—110亿元，计划用5—10年时间建成。计划分3个阶段实施：2011—2013年，先期启动音乐核心产业区建设，3年内完成产业区的60%建设，启动服务配套区建设，开展音乐主题休闲娱乐区的前期规划设计准备工作；2014—2017年，全面启动并完成音乐主题休闲娱乐区建设，完成服务配套区部分建设；2017—2020年，全面完成服务配套区建设任务，“中国乐谷”全部建成并投入使用，项目进入全面稳定运营期。项目建成后，预计每年实现产值300亿—500亿元，提供就业岗位5万个，实现品牌提升、形象引领等综合效益，助推构建“世界城市”文化体系建设。

稳健发展 成绩斐然

●中国古筝学院现有多所分院，累计培养古筝教师3000人

●古筝加盟连锁遍布18个省及直辖市：袁莎古筝艺术中心、培养基地150家

●海内外举办古筝及国乐专场演出360场

●出版古筝教材光盘及衍生品100余种

●建立“秦”牌古筝扬州生产基地，袁莎亲自监制“秦”牌古筝，累计销售30000台

●举办多届“天下筝会”，举办各种古筝比赛、活动100余场

旗下机构

- 中国古筝学院北京分院
- 中国古筝学院长春分院
- 中国古筝学院吉林分院
- 中国古筝学院扬州分院
- 袁莎古筝艺术连锁中心
- 秦牌古筝扬州生产基地
- 国际古筝协会中国分会
- 中国音协民族器乐学会古筝培训基地
- 中筝艺术团
- 光明艺术学校
- 中筝国乐会所

荣誉称号

国家文化产业示范基地

中宣部、文化部授予全国双服先进单位集体

筝起舞闻

艺术总监

冯光钰
国务院非物质文化遗产专家、中国音乐家协会原党组书记、中国音协民族器乐学会会长

陈自明
中央音乐学院原党委书记、教授、博士生导师、世界民族音乐学会会长

特聘教授

何占豪
世界著名音乐大师
上海音乐学院教授
世界名曲《梁祝》作曲者，《茉莉芬芳》、《临安遗恨》、《西楚霸王》等古筝名曲作曲者

陈安华
中国筝会副会长，星海音乐学院教授
著名古筝演奏家、古筝教育家，岭南筝派传人

焦金海
中国筝会副会长，厦门大学教授，著名古筝演奏家
古筝教育家，著名筝乐作曲家、筝乐理论研究学者
“焦派筝”创始人，《山丹丹开花红艳艳》等古筝名曲作曲者

孙文妍
上海国乐研究院负责人，上海音乐学院教授，著名古筝演奏家
古筝教育家，浙江筝派代表人物

中筝文化集团承办的第29届北京奥运会倒计时一周年长城千人民乐表演

中国音协民族器乐学会、中央电视台音乐频道、中筝文化联合举办大型千人古筝表演现场盛况

2011全国古筝教学与演奏大师班·专修班

大师班全程授课　　专业班总结指导课

中筝文化精品课程　袁莎老师亲自授课
2011年开讲　名师汇集　席位珍贵

★ 古筝教学和演奏EMBA高端平台，业内首创
★ 顶尖名师名家汇集精心倾囊相授，绝无仅有
★ 系统梳理解决教学及演奏实践中存在的问题
★ 规范提高教学水平、演奏技能和音乐表现力
★ 五大名家联合签名授予证书体系，彰显实力
★ 与五湖四海的筝友交流互勉共进，弥足珍贵

开学时间：2011年3月 现踊跃报名中，仅余有限名额 详情登陆：www.chinazheng.org
咨询电话：010-67896342 张老师　010-67896343 李老师

中国古筝学院北京、长春、吉林分院　常年招生
--中国古筝师资培训和古筝专业进修的"新东方"

★各分院，已毕业3000名学员，已举办13届古筝教师进修认证
★最权威的古筝师资培养和古筝专业进修平台，长短期课程完备
★系统规范的教学体系 源自于中央音乐学院和袁莎老师的教学演奏实践
★学员依据程度相应进入初、中、高级班学习，因材施教逐级进修
★全日制学习、专业课精讲及练习实践、名家讲座，确保快速提升
★音乐教师、幼师、音乐爱好者职业升级通途
★高中生、大学生，通过古筝实现理想就业捷径
★一线古筝教学者和演奏者首选的持续进修平台

详情点击：www.chinazheng.org
报名专线：010 - 67896342（北京）张老师
0431- 88964577（长春）王老师
0432- 2495955（吉林）杨老师

袁莎 Yuan sha

袁莎自幼师从刘籀老师习筝，九岁考入中央音乐学院附小，师从李萌教授，自此至攻读中央音乐学院硕士研究生的十余年间，一直潜心专修古筝专业，获硕士学位毕业后留校任教至今。曾是两大国际和国内最权威古筝专业大赛的冠军获得者；曾与中国国家交响乐团、瑞典皇家爱乐乐团等世界著名乐团合作；出访世界30多个国家进行交流演出；为中央电视台录制为期近一年的古筝教学讲座，并在国家大剧院举办了"袁莎古筝的意境与感悟"艺术讲座……袁莎以"让筝声响遍全球"为理想，全身心致力于古筝普及推广工作，在海内外举办专场古筝音乐会及讲座百余场，出版教材及光盘数十套，多年来资助培养多名残疾学生与贫困学生，使他们走上艺术之路，创办中国古筝学院，培养古筝教师3000余人，为古筝的普及推广事业作出了杰出贡献。

中筝文化
China Zheng Culture
地　址：北京市朝阳区东三环中路39号建外SOHO七号楼901
电　话：010-58698109 58697088（兼传真）
邮　编：100022
网　址：www.chinazheng.org
电　邮：chinazheng511@163.com

我们一直为之提高钢琴零部件品质的努力

任何咨询，请致

Tel + 86 574 6354 9321　Mobile + 86 1360 674 9522

Fax + 86 574 6354 9378

Email: jackrool@vip.163.com

StarSun
Clevan
starsun
clevan
www.starsunmusic www.clevanguitar.com
华声乐器
至臻之作，源自非凡打造。
一座集技术与创新一体的建筑，宣告了追求完美时代的到来
它就是华声乐器（HS-music），专为打造经典之作而生
品味十七载精湛工艺与现代科技完美融合
为您呈现最优秀的吉他产品
四会华声官方网站：www.starsunmusic.com　销售热线：020-83308262　客服：promotiom@starsunmusic.com

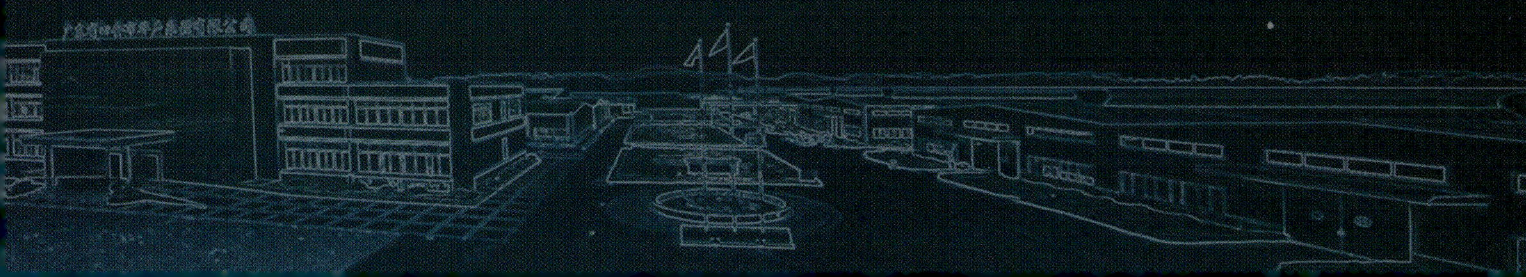

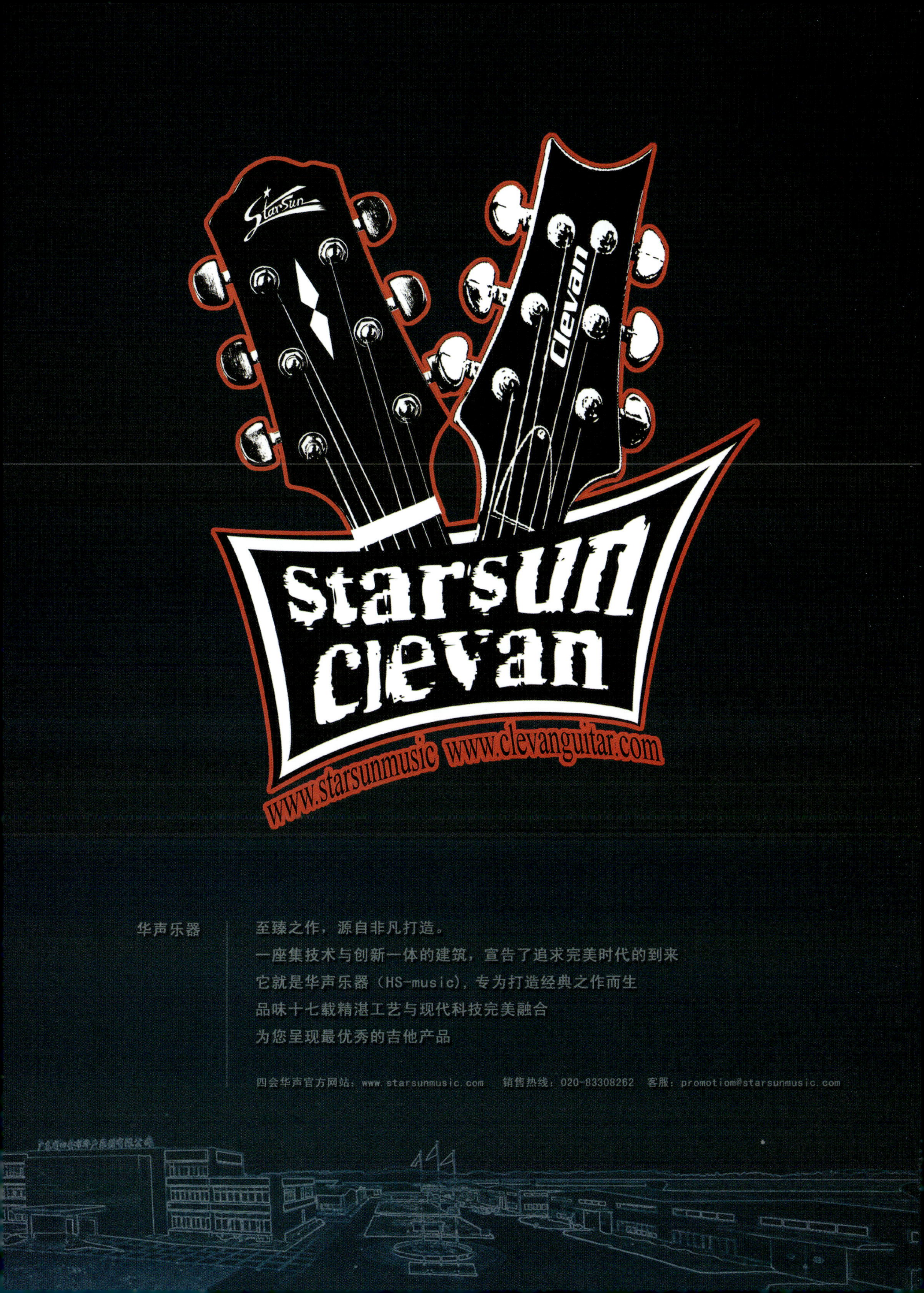

Harmony
和聲鋼琴
传承欧洲精华
创新经典生活
中国乐器协会常务理事单位
中国乐器行业强势公司
福建名牌产品
福建省著名商标
福建省文化产业示范基地
福建省创新型试点企业
ISO9001 质量认证企业
福州和聲鋼琴有限公司
FUZHOU HARMONY PIANO CO.,LTD.
Harmony 哈曼尼
NOTTINGHAM 诺汀瀚
Teinmach 丹玛斯
Athena 雅典娜
地址：福建省福州市金山工业集中区浦上园B区红江路2号 邮编：350008 电话：0591-83848877、87277618
传真：0591-83848822 网址：www.harmonypiano.cn 电子邮箱：harmony_hs@163.com

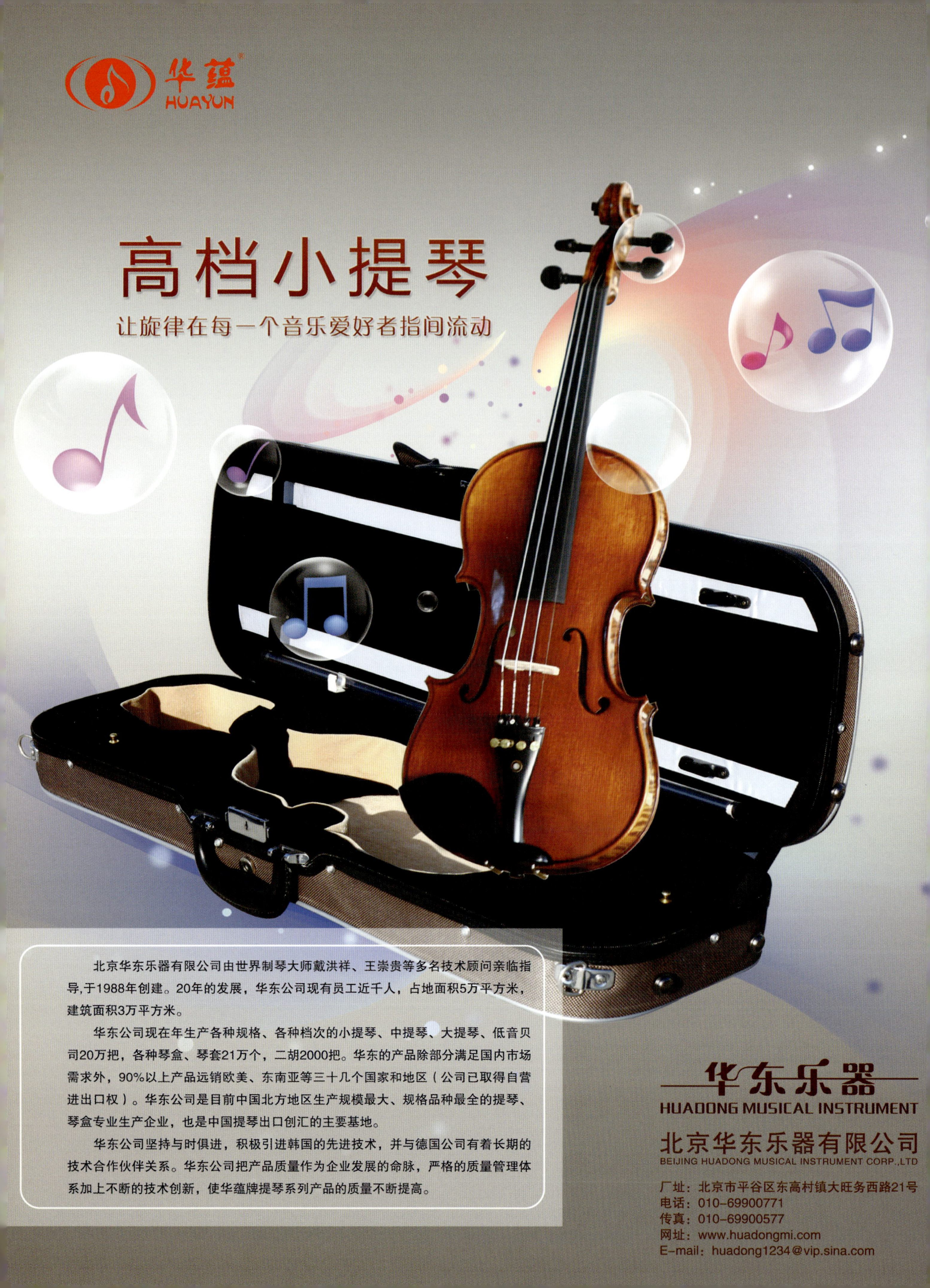
华蕴®
HUAYUN
高档小提琴
让旋律在每一个音乐爱好者指间流动
北京华东乐器有限公司由世界制琴大师戴洪祥、王崇贵等多名技术顾问亲临指导,于1988年创建。20年的发展，华东公司现有员工近千人，占地面积5万平方米，建筑面积3万平方米。
华东公司现在年生产各种规格、各种档次的小提琴、中提琴、大提琴、低音贝司20万把，各种琴盒、琴套21万个，二胡2000把。华东的产品除部分满足国内市场需求外，90%以上产品远销欧美、东南亚等三十几个国家和地区（公司已取得自营进出口权）。华东公司是目前中国北方地区生产规模最大、规格品种最全的提琴、琴盒专业生产企业，也是中国提琴出口创汇的主要基地。
华东公司坚持与时俱进，积极引进韩国的先进技术，并与德国公司有着长期的技术合作伙伴关系。华东公司把产品质量作为企业发展的命脉，严格的质量管理体系加上不断的技术创新，使华蕴牌提琴系列产品的质量不断提高。
华东乐器
HUADONG MUSICAL INSTRUMENT
北京华东乐器有限公司
BEIJING HUADONG MUSICAL INSTRUMENT CORP.,LTD
厂址：北京市平谷区东高村镇大旺务西路21号
电话：010-69900771
传真：010-69900577
网址：www.huadongmi.com
E-mail：huadong1234@vip.sina.com

Ringway
吟飞科技
TD82
数码电子鼓

GOLDENCUP
Goldencup

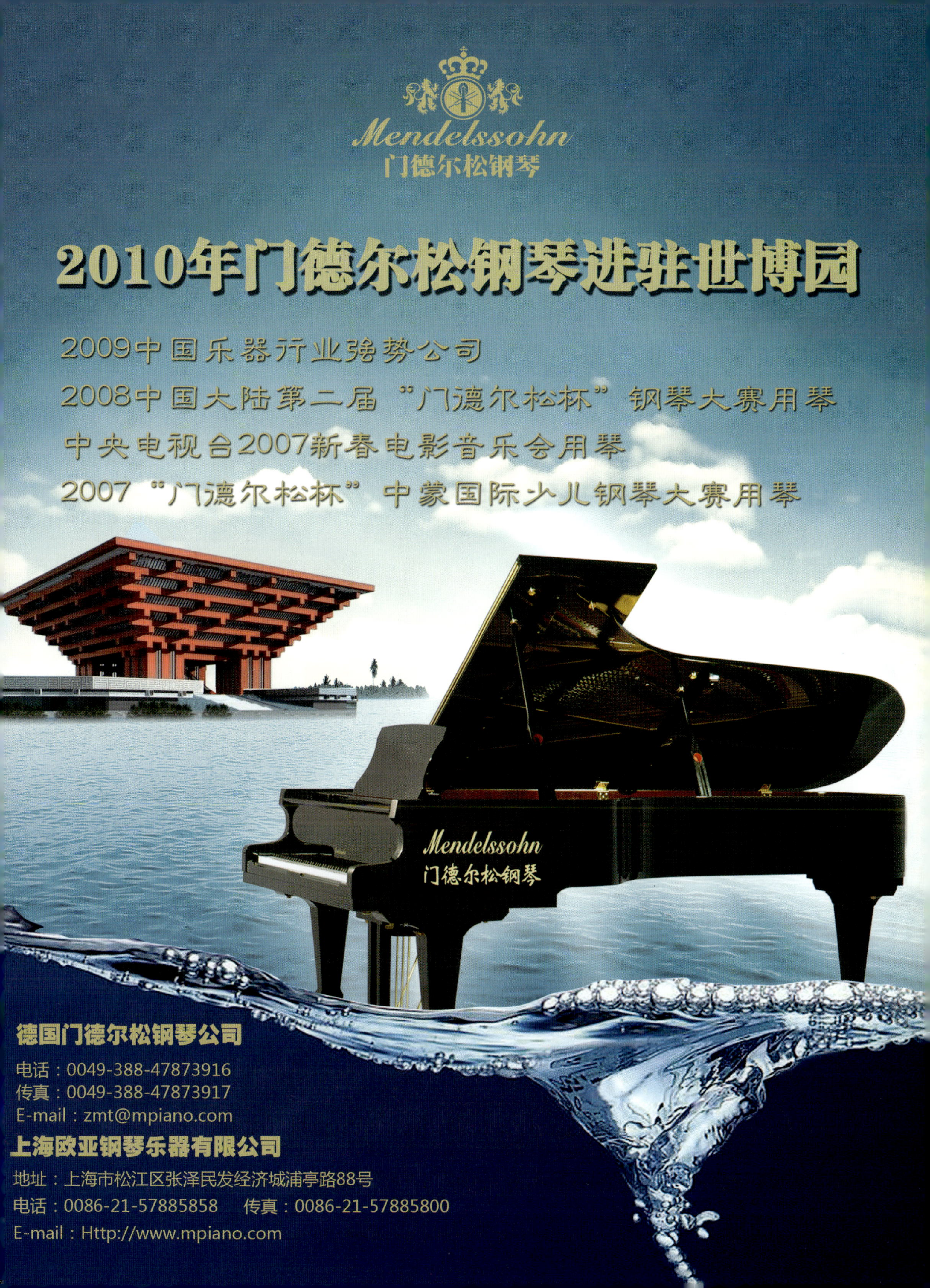
Mendelssohn
门德尔松钢琴
2010年门德尔松钢琴进驻世博园
2009中国乐器行业强势公司
2008中国大陆第二届“门德尔松杯”钢琴大赛用琴
中央电视台2007新春电影音乐会用琴
2007“门德尔松杯”中蒙国际少儿钢琴大赛用琴
Mendelssohn
门德尔松钢琴
德国门德尔松钢琴公司
电话：0049-388-47873916
传真：0049-388-47873917
E-mail：zmt@mpiano.com
上海欧亚钢琴乐器有限公司
地址：上海市松江区张泽民发经济城浦亭路88号
电话：0086-21-57885858　传真：0086-21-57885800
E-mail：Http://www.mpiano.com

琴瓷
全球首创之青花瓷钢琴
【BULE & WHITE PORCELAIN】
青色如风玉指柔
精雕细刻相成趣
世正出品
ARTISTIC PIANO
SEJUNG
SEJUNG
韩国世正乐器株式会社
韩国釜山广域市金井区釜谷3洞11-1
电话：051 515-9999，581-9994
www.sejungmusic.co.kr
青岛世正乐器有限公司
青岛城阳区春阳路新城工业园
邮编:266109电话:0532-87963230
传真:0532-87963845
客户服务中心:800-8600203
www.qdsejung.com

鹦鹉乐器

天津华韵（集团）鹦鹉乐器有限公司

地址：天津市静海经济开发区旭华道 13 号

电话：022-68603898　　68531018

传真：68534748　　**邮编**：301615

http://www.ywyueqi.com

E-mail:office@tjyueqi.com

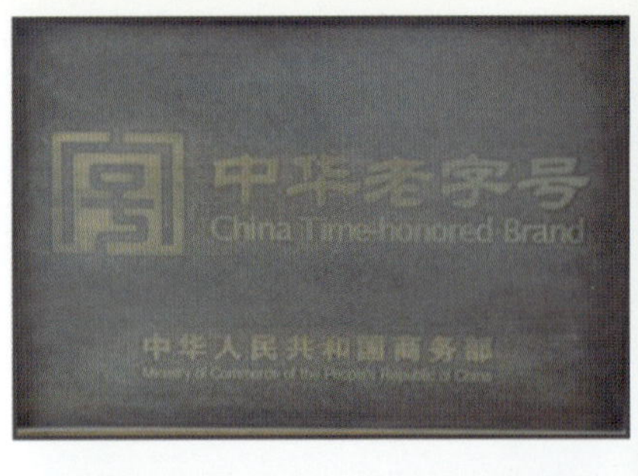

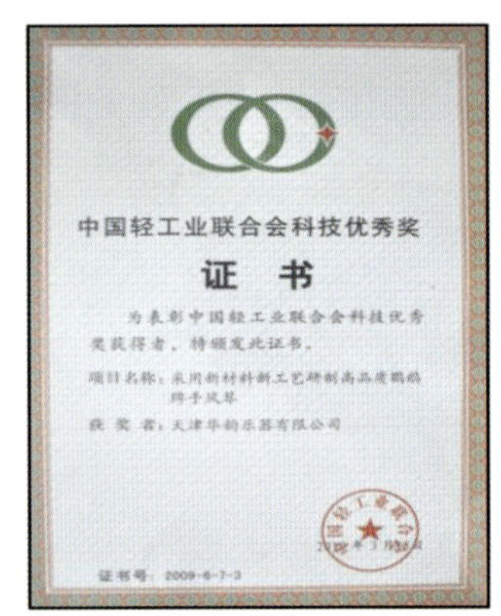

热烈庆祝鹦鹉牌手风琴60周年华诞

天津鹦鹉乐器有限公司是国内外驰名的“鹦鹉牌”手风琴生产基地，在手风琴研发制作方面凝聚着厚重的历史和文化底蕴，2010 年迎来了建厂 60 周年华诞。多年来，公司全体干部职工始终发扬“团结、拼搏、创新、超越”的团队精神，坚持“在继承中发展、在发展中创新”的工作思路，现已发展成为集科研开发、生产销售于一体的综合型企业。公司注册资金 2000 万元，总资产超亿元，占地面积 4.8 万平方米，建筑面积 4.4 万平方米，技术力量雄厚，设备配套齐全，先后引进了意大利、德国、日本等国家的先进设备仪器。公司产品有 8BS-120BS 以及回声琴、自由低音、演奏琴、合奏琴、键钮式手风琴。鹦鹉牌手风琴以其“工艺精湛、造形美观、音质优美、质量上乘”赢得国内外广大客户的青睐与好评。2006 年 9 月，本公司被国家商务部认定为第一批“中华老字号”企业。2009 年，被中国轻工业联合会、中国乐器协会评为全国乐器行业“强势公司”。最近，《鹦鹉杯》2010 第二届北京手风琴艺术节全国手风琴展演大赛组委会授予鹦鹉牌手风琴“质量金奖”。

河北乐海乐器有限责任公司成立二十五周年暨新厂落成典礼

宋从甲董事长向来宾介绍乐海发展历程并感谢大家的厚爱

2010年5月23日，乐海乐器成立25周年暨新厂落成典礼仪式在新厂区内隆重举行，新厂区总投资1.5亿，占地面积50亩。该厂区内设综合办公楼、古筝艺术工坊、琴弦厂、现代化喷漆车间……。新厂区的落成，标志着乐海乐器已成为北方最大的民族乐器生产基地。

出席当天庆典活动的政府领导有：沧州市副市长辛书华、肃宁县委书记安伟华、县长鞠志杰等；行业领导有中国轻工业联合会副会长、中国乐器协会理事长安志、名誉理事长王根田、齐建平副理事长、曾泽民秘书长、星海钢琴集团副总经理陈春琦、北京乐器研究所党支部书记陈晋武等；音乐界专家有，宋飞、黄河、李光华、张维良、周望、徐阳、李玲玲、王中山、刘寒力、许学东、田伟宁、陈凤玲、罗汉群、韩晓丽、赵国等。来自全国各地的200多家乐器经销商代表以及多家行业媒体记者共计400余人共同见证这场民乐界盛事。

中国轻工业联合会副会长、中国乐器协会理事长安志对乐海的成绩作出肯定

中国音乐家协会副会长、中国音乐学院副院长、二胡演奏家宋飞对乐海表示祝贺

各位参会来宾在宋从甲董事长的陪同下参观新厂区

UE PIANOS
乐博琴行
YUEBO MUSIC
每一位音乐人的家
白下之春

碧泉
BIQUAN
【江苏省名牌产品】
筝声/铮铮然/华夏之正声也
琴韵/流畅委婉/
似碧涧流泉
声在碧泉
正声乐器，一个值得尊重 的民族乐器制造企业。她是享誉海内外碧泉品牌的缔造者，更是『七成古筝扬州造』的引领者。『乐在正声，音在碧泉』不仅是碧泉品牌的经营理念，亦是众多专家、学者对碧泉品牌内在音质纯正，外在工艺精美的褒奖。
『碧泉牌』民族乐器集传统民族乐器制作之精华，结合古扬州工艺的风格特点，融乐器制造与工艺美术精华为一体。始终坚持以『质量立市、品牌拓市、信誉盛市』为经营方针，常年邀请诸多古筝专家、学者、技术质量监督部门来我厂进行技术指导，从而使碧泉乐器的质量得到了保证，并不断地提高。
货号:F214 名称:酸枝木彩贝银丝琵琶
货号:F210 名称:白色嵌彩贝凤首转调箜篌(36弦)
货号:H801 名称:伏羲式老杉木仿唐断纹古琴
货号:B907-1 G613-2
规格型号:S21-163
名称:汉楠木雕花工艺筝(八仙过海)
◎ 2001年6月“碧泉牌”古筝荣获法国第67届南锡国际博览会金奖。
◎ 2004年扬州市正声民族乐器厂在同行业中率先通过ISO9001质量管理体系认证。
◎ 2004年9月“碧泉牌”古筝在全国首届高档民族乐器制作大赛中荣获金奖。
◎ 2006年和2009年“碧泉牌”商标连续2届被扬州工商行政管理局认定为“扬州市知名商标”
◎ 2007年12月“碧泉牌”古筝被江苏省名牌战略推进委员会授予“江苏名牌产品”称号。
◎ 2008年11月在参加由中国民族器乐学会，北京乐器学会联合举办的古琴制作大赛中荣获银奖
扬州市正声民族乐器厂
地址:扬州市双塘东路28号(江阳工业园) 电话:0514-85122399/87755758 传真:0514-8512216
网址:www.biquan.com.cn E-mail: cnnmi@vip.163.com 邮编:225008

中国乐器年鉴

CHINA MUSICAL INSTRUMENT YEARBOOK

(2009—2010)

中国乐器协会　编

中国轻工业出版社

中国乐器年鉴(2009—2010)
CHINA MUSICAL INSTRUMENT YEARBOOK

主办单位：中国乐器协会
协办单位：广州珠江钢琴集团股份有限公司
上海民族乐器一厂
功学社(天津)商贸有限公司

支持单位：北京星海钢琴集团有限公司
泰兴凤灵乐器有限公司
海伦钢琴股份有限公司
天津市津宝乐器有限公司
河北金音乐器集团有限公司
宜昌金宝乐器制造有限公司
上海超拨实业有限公司
宁波森隆乐器股份有限公司
上海乐兰电子有限公司
平谷区东高村镇中国提琴产业基地
昌乐县鄌郚镇中国电声乐器产业基地

地　　址：北京市丰台区顺三条21号嘉业大厦二期1号楼706室
电　　话：010-67665718
传　　真：010-67666220
邮　　编：100079
网　　址：www.cmia.com.cn
电子邮箱：xinxi@cmia.com.cn zgyq@vip.sina.com

《中国乐器年鉴》编辑委员会

编 辑 说 明

一、《中国乐器年鉴》由中国乐器协会主办。本刊以总结乐器行业主要工作完成情况，概括行业生产、经营、改革、发展的基本状况，以国内各省市乐器制造业及市场信息、国外乐器发展动态为主要编写内容，是为乐器行业及社会有关部门和单位提供信息资料查询的大型工具书。

2009-2010年版《中国乐器年鉴》是继《中国乐器年鉴》(2002)，《中国乐器年鉴》(2003—2004)，《中国乐器年鉴》(2005—2006)，《中国乐器年鉴》(2007—2008) 之后第五次出版发行。《年鉴》编辑部根据乐器工业的发展进程，按年度记载当年乐器行业的主要事件、重要信息和数据资料，客观、真实地记载在这一时期乐器行业发展的基本情况，在内容、形式上力求开拓创新，编出特色，满足读者的要求。

二、《中国乐器年鉴》（2009-2010）设有“领导讲话篇”、“文件汇编篇”、“政策信息篇”、“统计图表篇”、“重要新闻篇”、“统计资料篇”、“协会工作篇”、“综合篇”、“市场篇”、“海外信息篇”、“企业篇”、“人物篇”、“乐器专利篇”、“产品篇”14个栏目。

三、中国乐器制造行业是一个历史悠久、门类繁多、内容丰富的行业。由于时间仓促、能力所限、经验不足，不可能将乐器行业两年来所发生的重要事件和相关信息以及各企业所取得的业绩全部收集到《年鉴》中去。今后我们将不断地改进工作，深入调查研究，努力提高《年鉴》质量水平，同时希望得到各企业、单位和相关人士的理解和大力支持。请各界读者对《中国乐器年鉴》的内容、编写、出版中的不足给予批评、指正。

四、编辑部在组稿、编辑、出版过程中得到乐器生产企业、经营单位、音乐艺术教育单位以及台湾、香港、澳门地区的同仁、朋友们的大力支持和帮助，在此一并表示感谢。

《中国乐器年鉴》编辑部

2010年8月

中国乐器年鉴(2009—2010)
CHINA MUSICAL INSTRUMENT YEARBOOK

目录

领导讲话篇

文件汇编篇

政策信息篇

重要新闻篇

统计资料篇

协会工作篇

理事会文件

工作要点

协会活动

分支机构活动

市场篇

海外信息篇

企业篇

人物篇

专利篇

产品篇

CHINA MUSICAL INSTRUMENT YEARBOOK (2009—2010)

Contents

Leaders' Speeches

Collection of Documents

Policy Information

Important Events

Statistical Data

Activities of Branches

List of Members

Comprehensive Information

Feature Articles

Annual Reports

Annual Evaluation

Musical Instrument Exhibitions

Market

Overseas Information

Enterprises

People

Patents

Products

MUSIC

中国乐器年鉴

CHINA MUSICAL INSTRUMENT YEARBOOK

2009-2010

落实《轻工业调整和振兴规划》、促进消费扩大内需，推动轻工业发展方式转变

——在中国轻工业联合会二届五次理事会上的工作报告（摘要）

中国轻工业联合会会长　步正发

各位理事：

现在，我代表中国轻工业联合会二届理事会向大会作工作报告，请予审议，并请出席全国轻工行业工作座谈会的代表提出意见。

一、过去一年工作回顾

2009年是新世纪以来我国经济发展最为困难的一年。受国际金融危机影响，轻工业增速大幅下降，工业总产值增速由上年度的24.5%降为一季度的8.3%，二季度的9.0%，出口连续负增长，2月份出口同比负增长高达24.7%，不少企业经营困难，有的停产倒闭，失业人员大量增加。在异常困难的情况下，全行业坚定信心，顽强拼搏，坚决贯彻中央应对国际金融危机的决策部署，积极推动《轻工业调整和振兴规划》（以下简称《规划》）和扶持轻工业政策的出台和实施，有力地遏制了轻工业急剧下滑局面，实现了轻工经济平稳较快增长：一是轻工经济企稳回升，2009年轻工业规模以上企业总产值107 614.5亿元，同比增长13.5%；二是出口逐步回升，从去年10月开始月度出口交货值出现正增长。全年累计出口2 778亿美元，同比负增长10.2%，明显小于全国出口负增长16%的降幅，且所占国际市场份额没有降低，贸易顺差是全国的104.6%；三是行业效益明显好转，1~11月累计实现利润4 909.9亿元，同比增长24.6%；四是轻工结构调整取得进展，全年累计新产品产值7 031.7亿元，同比增长14.8%。内需比重由78%提高到83.5%。企业重组和产业有序转移步伐加快；五是为恢复和促进就业做出了贡献，11月末轻工从业人员2 067万人，比2月末增加了184万人，占全国城镇新增就业人数的18.2%。

一年来，我们主要做了以下工作。

（一）及时反映企业需求，参与、推动《规划》和扶持轻工业政策的制定和实施

面对国际金融危机的冲击，中轻联和各行业协会多次深入出口量较大的行业和广东、浙江、上海、四川等地轻工企业，了解金融危机给行业造成的影响情况，听取企业意见，及时向国务院领导和有关部门反映汇报，提出提高出口退税率、调整加工贸易政策、稳定国际市场、进一步扩大内需、加大对中小企业扶持力度等建议，得到了国务院领导的高度重视。我们以动态专报等多种形式向发改委、工信部、商务部等有关部委反映企业诉求，国务院负责同志多次在上报的轻工信息上作了批示。中轻联和有关行业协会配合发改委、工信部等部门积极参与《规划》编制的全过程，推动《规划》和一系列扶持轻工业政策的出台和实施。

《规划》颁布以后，我们迅速组织学习宣传和落实，组织新闻媒体大力宣传轻工业在国民经济中的地位和作用，宣传《规划》关于调整、振兴轻工业的主要目标任务和政策措施，先后两次组织中央媒体对中轻联领导的专题采访，中轻联领导赴上海、江苏、河南等地宣传、解读《规划》，促进地方制定实施相应的扶持轻工业政策。中轻联制定了《贯彻落实轻工业调整和振兴规划意见》，将《规划》中的任务分解成39项具体工作，明确各部室和行业协会在实施《规划》中的任务和责任。

为及时了解《规划》实施过程中的情况和问题，我们加大经济运行分析力度，多次听取重点行业的运行和《规划》落实情况。深入轻工企业和产业集群开展调研，分析行业发展趋势。在大连、铁岭等地组织召开轻工行业专业市场建设会议，帮助企业稳定和拓展市场。组织行业协会对进出口现状进行调研，提出税率调整意见，争取出口退税政策惠及更多的行业和产品。

我们主动与发改委、财政部、工信部、科技部等部委衔接，推进《规划》提出政策的落实，取得较为明显的效果。

（二）积极争取技改和科技专项，推进企业自主创新

积极配合发改委、工信部审核各地政府申报的轻工技改项目，2009年度国家共安排轻工项目1 453项，总投资774.8亿元，中央预算内资金31.4亿元，占中央预算内专项资金的16.7%，带动社会和企业投资743.4亿元，轻工主要行业的固定资产投资均比上年同期有较大增长。

组织开展2009年度中国轻工业联合会科学技术奖励工作，召开了轻工院校、科研院所座谈会，交流探讨加强产学研联动工作。

（三）规范发展轻工特色区域和产业集群，优化调整产业结构

行业协会认真开展促进产业转移的服务工作，及时总结和引导传统优势产业由沿海地区向中西部地区有序转移，轻工产业转移稳步推进。在认真总结各行业和各地培育轻工特色区域和产业集群经验的基础上，我们修订颁布了《关于共建和授予中国轻工行业特色区域称号的行业规范》，进一步完善、规范了共建标准、授名内容、授名程序和具体要求。在原共建96个轻工特色区域和产业集群的基础上，全年新授予“中国太阳镜生产基地”、“中国传统工艺美术特色基地”、“中国提琴产业基地”等16个特色区域和产业集群称号。

（四）突出重点行业和环节，推进环保和节能减排

配合发改委组织第二批重点节能技术的申报工作。协助工信部制定造纸、发酵、酿酒行业的清洁生产推行方案，对各省市上报的35项轻工行业清洁生产示范项目组织行业专家评审，向工信部重点推荐了 8 个示范项目。

承担政府相关节能减排课题研究，先后完成了发改委下达的“轻工重点行业节水综合措施研究”和“轻工重点行业产业政策研究”，承担工信部组织的“轻工行业节能减排技术筛选与评估”、环保部组织的“环境经济政策配套综合名录制定”等课题。

深入企业调研，发现推广典型经验。总结交流洗涤、皮革、照明、电池等行业节能减排的经验和做法，组织了专题新闻发布会。

（五）做好质量标准工作，推进食品安全

积极参与“质量和安全年”活动，制定实施《关于进一步加强轻工产品质量工作的实施意见》。全行业质量工作得到进一步加强，经各行业协会和各地区轻工组织推荐和严格评审，108家企业获“全国轻工业卓越绩效先进企业”称号，23家企业获“全国轻工业卓越绩效先进企业特别奖”。

积极开展轻工业标准体系的研究和制定，参加国家标准委《贯彻落实<轻工业调整和振兴规划>标准化工作方案》的研究和制定。召开全国轻工标准化工作会议，完成国家标准286项、行业标准110项。

认真贯彻《食品安全法》，积极配合、参与食品安全整顿，参与卫生部会同有关部门开展的打击违法添加非食用物质和滥用食品添加剂专项整治工作。配合十部委在北京人民大会堂举办了《食品工业企业诚信体系建设工作指导意见》发布暨试点启动仪式，共同推进以河南省肉类加工行业和黑龙江省乳制品行业的企业为试点的食品工业企业诚信体系建设。制定了《乳制品企业诚信体系建设评价准则》，推动乳制品质量安全保障体系技术改造列入国家发改委的技改计划。

2009年是我国应对国际金融危机，在世界率先实现经济回升向好的极不平凡的一年，又是隆重庆祝新中国成立60周年，令人振奋的一年。我们认真总结和广泛宣传了轻工业60年辉煌成就和经验，编写《中国轻工业辉煌60年》大型纪念图文专刊。众多轻工企业和协会参加了新中国成立60周年成就展，参与和支持首都国庆阅兵和庆典活动。伟大祖国的辉煌成就，轻工业的辉煌成就，极大地鼓舞和振奋了全行业广大员工，增强了由轻工生产大国向强国跨越的坚定信心。

一年来，我们认真贯彻科学发展观，进一步理清工作思路，明确行业组织的职能和定位，为促进轻工业又好又快发展努力做好服务工作，有以下几点体会：

必须积极争取政府对行业的指导和支持。在坚持运用市场机制的同时，行业发展必须争取政府的指导和支持。面对国际金融危机，国务院颁布实施《规划》及一系列扶持轻工业发展的政策措施，是继改革开放初期对轻工业实行“六优先”政策之

后，再次集中体现了国家对轻工业的高度重视、具体指导和支持。国家将轻工业列为国家十大重点产业之一，定位为国民经济的支柱产业、重要的民生产业、具有国际竞争力优势产业，对轻工业的调整和振兴提出了明确的目标任务和政策措施。《规划》不仅对有效应对国际金融危机，而且对轻工业长远发展将产生重大而深远的影响。

必须不断提升企业应对风险的主体地位。企业是市场竞争的主体，对市场的感受和反映最敏感，利益关系最紧密。轻工企业在应对国际金融危机中积极发挥主体作用，在充分运用政策效应、调整结构、完善营销战略、坚持自主创新、强化内部管理、抢抓机遇整合资源、化危为机引进高端人才、在国外设立研发中心等诸多方面积极探索，开拓进取，创造了大量应对危机的有效成果，涌现了许多感人事迹，取得了丰富经验。充分发挥企业的市场主体作用是轻工业应对风险，持续发展的内在强大动力和根本保证。

必须自觉发挥行业组织不可替代的作用。行业组织具有熟悉企业、了解行业、同政府联系密切的优势。行业组织及时向有关部门反映行业和企业诉求，提出有针对性的意见和建议，为政府部门制定和实施产业政策提供准确的行业信息，有利于促进政府制定政策措施的精细化，增强政策措施的针对性、有效性。在工业管理体制发生重大变化的市场经济条件下，行业组织具有不可替代的重要作用。

必须始终坚持从轻工行业实际出发。轻工业行业多、中小企业多、行业相关性小、企业差异大。应对国际金融危机和各种风险，推进轻工经济平稳较快发展，必须从实际出发。我们既要重视做强大企业,又要重视促进中小企业的发展；既要适应市场，又要引导、开拓市场，把巩固发展传统消费同积极开拓、培育新消费热点结合起来；既要重视技术密集型产业,又要重视劳动密集型产业，将劳动力低成本优势同科技自主创新结合起来，促进经济持续发展和社会稳定和谐。

二、2010年主要工作

今年是继续应对国际金融危机、保持经济平稳较快发展、加快转变经济发展方式的关键一年，是全面实现“十一五”规划目标、谋划轻工业新一轮发展、为“十二五”发展打好基础的重要一年。

今年工作的总体思路是，认真贯彻党的十七大和十七届三中、四中全会精神和中央经济工作会议、全国“两会”精神，以邓小平理论和“三个代表”重要思想为指导，深入贯彻落实科学发展观，紧紧围绕《规划》的实施，以加快发展方式转变和结构调整为主线，充分发挥行业组织的作用，推进内需、外需协调发展，推进科技进步、自主创新、自主品牌建设和节能降耗减排，规范发展轻工特色区域和产业集群，做好“十二五”规划的制定，促进轻工经济平稳较快发展和转型升级。

我们要正确认识面临的形势和任务。总体看，今年发展环境有可能好于去年，但面临的形势极为复杂，困难和挑战依然严峻。

世界经济有望恢复性增长，国际金融市场渐趋稳定，世界经济格局大变革、大调整孕育着新的发展机遇。我国经济回升向好的基础进一步巩固，扩大内需和改善民生的政策效应继续显现。支持轻工业发展政策总体延续，我国加快推进工业化、城镇化建设和农村消费市场的激活为轻工业发展提供巨大潜力。

我们决不能把经济回升向好的趋势等同于经济运行根本好转。我国轻工业发展面临巨大挑战。一方面，发达国家提出了“再工业化”、“低碳经济”、“智慧地球”等新的理念，加快布局新能源、新材料、信息、环保、生命科学等领域发展，抢占未来科技和产业发展制高点，这从客观上对我国经济发展形成了巨大的压力和制约。另一方面，世界经济主要矛盾和问题并没有完全消除，一些国家主权债务危机还在暴露，大宗商品价格和主要货币汇率不稳定，金融领域风险仍然存在，贸易保护主义不断蔓延，国内经济运行中新老矛盾和问题相互交织。我国轻工业总体上处于国际产业分工体系的中低端。要赢得挑战，必须痛下决心，狠下工夫，打好调整结构，转变发展方式这场硬仗。

正确认识今年的形势，做好今年的工作要把握以下几点：

一是贸易保护、贸易摩擦愈演愈烈，出口萎缩短期内难以根本改变，在积极应对贸易摩擦，稳定外需的同时，必须更加注重扩大内需。

二是投资拉动增长难以持续，政策效应逐步减弱，抑制产能过剩、淘汰落后任务艰巨，必须注重增加经济发展的内生动力，加快产业结构调整和转型升级。

三是国际竞争格局发生了深刻变化，在加快传统产业优化升级的同时必须注重培育发展战略性新兴产业，把发展战略性新兴产业同用高新技术改造传统产业结合起来，加快工业化同信息化的融合。

四是日益重视发挥行业组织作用同行业组织自身服务能力和实力不相适应的矛盾更加突出，在总结推广成功经验和做法的同时，必须进一步夯实基础，积极探索适应行业组织职能的新的有效工作方式，主要依靠提高自身素质来增强服务能力和实力。

今年要重点抓好八个方面工作：

（一）扩大消费需求，稳定国内外市场

引导企业根据不同群体、不同层次、不同地区的市场需求，加大新产品研发力度，配合城镇化、新农村建设、旅游休闲和文化产业发展等重大项目，开发适销对路的产品，提高新产品的比重。借鉴“家电下乡”取得的成功经验和销售通道，研究开拓轻工产品在农村和中小城镇的消费市场。

进一步培育轻工展会，继续开展推荐“中国轻工业品牌展会”活动。完善专业市场建设，拓展专业市场功能，探索办好适应消费者需求，集相关轻工产品于一体的综合性展会。进一步发挥大连“中国国际啤酒节”的影响力，根据当地特色和市场需求，稳步开展啤酒节系列活动。

推进出口退税政策的到位，提出继续提高部分轻工产品出口退税率的建议，努力稳定国际市场基本份额。继续配合发改委、海关总署做好加工贸易单耗标准制定，及时向税则委反映轻工产品进出口税目和税率调整建议。配合商务部参与推进已在国外创建的轻工园区、经贸合作区的建设，继续支持优势企业、品牌企业“走出去”。

目前，国际贸易摩擦日益加剧，贸易保护主义明显抬头。要帮助企业强化规则意识、法律意识，提高运用WTO规则自我保护的能力，将应对国际贸易摩擦作为稳定国际市场的一项重要工作。

轻工业WTO协调办公室要做好组织协调工作，凝聚行业力量，建立健全与有关部门、企业分工合作，运转协调的联合应对国际贸易摩擦工作体系。行业协会要及时掌握动态，加强进出口市场分析，向政府有关部门反映情况，提出建议。同时，要进一步加强行业自律，规范内部竞争秩序。引导企业在技术创新，提高产品质量和附加值，提高品牌影响力上下工夫。把应对国际贸易摩擦同调整结构，加快转变发展方式结合起来。

（二）加快结构调整，促进轻工业转型升级

轻工业已进入以结构调整和转型升级促发展的新阶段。去年底，工信部颁布了《加快我国家用电器工业转型升级的指导意见》，轻工各主要行业要结合行业实际，提出实施本行业转型升级的意见和建议。要注意把握调整产业结构，推动制造业与服务业结合，推动劳动密集与资金密集、技术密集型产业协调发展。改善产业组织结构，按照市场竞争、规模经济、专业分工、产业配套原则，提高产业集中度，形成以产业链为纽带，骨干企业为龙头，大中小企业协作配套、产业链上下游企业共同发展的产业组织结构。提升技术和产品结构，开发生产各具优势和特色的产品，引导消费、扩大消费。优化工业区域布局，形成与地区资源、能源及环境容量相适应、主导产业特色优势突出的区域协调发展新格局。

配合有关部委完善产业政策，引导行业规范发展，协助提出轻工业企业兼并重组和淘汰落后产能的实施意见，结合修订《产业结构调整指导目录》，配合有关部委和地方部门引导企业采取有力措施，完成《规划》和国务院有关部门提出的淘汰落后产能的目标任务。

（三）大力推进科技进步，提高企业自主创新能力

促进轻工行业技术创新服务平台和产业技术创新联盟的建设。贯彻科技部、财政部、教育部、国资委、中华全国总工会、国家开发银行《关于推动产业技术创新战略联盟构建的指导意见》，组织轻工行业探索建立以企业为主体、产学研结合、市场化、多元化投融资和促进成果转化的有效机制，大力促进行业技术进步。做好科技成果鉴定工作，完成2010年度中国轻工业联合会科学技术奖励工作和国家科技奖项目推荐工作。

向科技部推荐对提升产业整体水平有重大影响的行业关键技术。做好已申报项目的跟踪落实工作。对已获得国家支持的“十一五”科技支撑计划

项目，抓紧组织实施、加强监督管理。与科技部等部门配合，推进轻工装备自主化。积极与有关部门协调，促使扶持各类中小企业的资金真正向轻工行业倾斜，大力推进支持轻工中小企业发展的各类公共平台建设。

（四）规范发展，提升轻工特色区域和产业集群建设水平

轻工特色区域和产业集群是推进结构调整和经济发展的重要载体。中轻联、行业协会要配合工信部等部门开展轻工特色区域和产业集群调研，制定提高轻工特色区域和产业集群发展水平的指导意见，同地方有关部门和企业一起扎实做好工作，共同培育产业集群示范基地，形成一批符合低碳经济、循环经济发展模式、产业链比较完善的新型产业集群，促进轻工行业在梯度转移中合理布局。

今年要共建40个左右轻工特色区域或产业集群。在授名工作中，要坚持标准，严格把握质量和条件，加强规范运作。完善公共服务平台建设。对已获得称号的行业特色区域，继续做好跟踪服务，认真做好复评工作。

（五）加强质量标准工作，加大自主品牌建设力度

推动《关于进一步加强轻工产品质量工作的实施意见》的落实，加强轻工产品质量管理工作的交流与合作，及时总结推广质量管理中的经验和典型。

继续抓紧落实《贯彻落实<轻工业调整和振兴规划>标准化工作方案》中的标准项目，组织好标准计划的实施，组织编写并完成报批国家标准150项，行业标准220项。组织对400项标龄5年以上轻工标准的有效性进行复审，其中国家标准330项，行业标准70项。做好国家标准体系建设中的轻工行业工作和新建标委会的组建、已建标委会的换届工作。

加大自主品牌建设力度。采取多种形式和渠道扶持轻工企业提高自主品牌的知名度和竞争力，宣传和保护轻工业的自主品牌，增强企业保护品牌的责任感。引导企业提升产品品质，争取各方面的支持，培育品牌示范企业。

（六）抓好典型，推动节能减排降耗和循环经济发展

树立“绿色轻工”的理念，把推动节能减排降耗、循环经济放在突出位置。推广皮革、造纸、食品等行业中的典型经验，抓好示范项目。

按要求抓好《规划》中确定的清洁生产、节能减排任务的落实。进一步争取发改委、工信部、科技部、环保部等部门对轻工节能减排在政策、项目、资金等方面的支持。

（七）发挥行业优势，做好“十二五”规划制定工作

总结轻工业“十一五”规划的执行情况和经验，从实现由轻工生产大国到强国的跨越和站在新的历史起点上谋划轻工业发展的高度，认真做好轻工业 “十二五”发展规划工作，为国家“十二五”期间加强对轻工业支持力度积极提出建议。

配合科技部开展“十二五”科技发展战略规划制定工作，参与发改委、工信部相关“十二五”节能减排规划的制定工作。

统筹企业、协会、高等院校、科研院所力量，集中行业优势，充分发挥行业专家的作用，确保“十二五”规划的质量。参与地方轻工业发展规划的制定，为地方轻工业发展提出建设性意见。

（八）加强自身建设，提高服务能力

建设学习型、创新型行业组织，不断提高综合素质，提高为行业服务的能力。认真学习中央关于轻工业改革发展的方针政策，深入调查研究，及时掌握行业和企业情况，扎实加强信息统计基础工作，提高对经济运行的综合分析能力，提高对新情况、新问题反应的时效性、针对性。大力宣传轻工优质产品、优势企业、宣传行业，引导消费，增强行业组织的公信力和凝聚力。做好轻工行业十强企业、《轻工行业进出口白皮书》、《轻工业产业安全报告》等年度发布。支持协会积极探索，大胆创新。及时研究解决协会改革发展中的实际问题。以培养任用优秀年轻干部为重点，进一步加强协会领导班子和队伍建设，规范内部管理，加强制度建设。始终将企业和会员的评价和需求作为衡量行业组织工作的标准和动力。

轻工业既处于重要的战略机遇期，又进入以结构调整和产业升级为主要特征的战略转型期，任务艰巨，使命光荣。让我们在以胡锦涛同志为总书记的党中央领导下，凝聚全行业的智慧和力量，奋发图强，扎实工作，为加快发展方式转变，推进轻工业调整和振兴做出新的贡献！

开启文化产业发展新纪元

文化部副部长　欧阳坚

国务院于2009年8月颁布的《文化产业振兴规划》（以下简称《规划》），是新中国成立以来首部文化产业规划。《规划》的颁布具有开创性和划时代的意义，是文化领域的一件大事和喜事，标志着文化产业已经成为我国国民经济体系中的一个先导性、战略性的产业。《规划》站在新的历史起点上，立足当前、着眼长远，对文化产业发展的指导思想、基本原则、发展目标进行了全面系统的阐述，明确了文化产业发展的八项重点任务，提出了推动发展的五项政策措施。整个《规划》具有很强的战略性和指导性。它的贯彻实施，必将对文化产业的振兴产生积极而深远的影响，并使我国文化产业从此走上又好又快的科学发展轨道。

一、《规划》编制的历史背景和深层原因

当前，我国正处于经济、政治、社会、文化全面发展的新的历史阶段，人民群众精神文化需求日益旺盛，大力发展文化事业和文化产业、全面推动文化大发展大繁荣已经成为时代的要求和人民的期盼。改革开放特别是党的十六大以来，我国文化体制改革的不断深化和文化产业发展的成功实践，不仅为文化的发展打下了坚实的基础、营造了良好的氛围，同时也使我们对文化产业的重要意义及发展规律有了更加深刻而全面的理解和把握。在去年爆发的国际金融危机的影响下，我国一般加工制造业和出口贸易受到较大冲击，传统产业产能过剩问题突出。因此，如何保持经济稳定增长、有效调整经济结构、尽快转变发展方式的任务就显得更加重要而紧迫。在此背景下，发展文化产业的必要性和紧迫性进一步凸显。

发展文化产业是实现文化大发展大繁荣的突破口，是满足人民群众多样化、多层次、多方面精神文化需求的重要途径，是推动经济结构调整、转变经济发展方式的重要着力点。国内外文化产业发展的经验证明，文化产业本身具有许多其他经济产业所不具备的重要特征。一是资源消耗低、环境污染小。文化产业以创意为动力、以内容为核心，其发展主要依靠精神成果和智力投入，而不是物资形态的资源。同时，文化产品无论在生产还是消费过程中，都不会对生态环境造成明显的负面影响，反而会提升人们的文化素质，是典型的绿色经济、低碳产业。二是需求潜力大、市场前景广。随着经济的发展、收入的增加和生活水平的提高，人们对文化的需求将呈现出快速增长的态势。国际经验表明，当人均GDP达到3000美元以上时，文化消费将会出现跳跃式的“井喷”，并且保持长期的增长势头。2008年，我国人均GDP已经达到3200美元，进入中等收入国家行列，这就意味着城乡居民消费结构将不断升级，文化消费的比重将大幅增加，这就为文化产业发展提供了广阔的市场空间。三是进入门槛低、吸纳劳动力强。文化产业门类众多、产业链长，适合各种类型的企业、人群和资本的进入，既可以发展拥有高新技术装备的现代化大型企业集团，也可以接纳个体式的工作室或家庭式的生产作坊；既可以吸纳掌握高新科技的高端人才，也能满足具有一技之长的普通劳动者的就业要求。这就是说，文化产业在发展过程中具有很强的适应能力和应变能力。四是经济回报高、受益时间长。文化产业是艺术加技术的产业，其投入主要是智力和科技。文化产品一旦受到人们的认可和追捧，就会产生较高的经济回报。另外，文化产业具有一次投入、一次研发而成果却可以多次转化的特点。一个故事、一个人物形象，可以转化为出版物、影视作品、动漫游戏、舞台演出等系列衍生产品，使成本不断分摊，在经济收益上产生叠加效应。五是能对内增强凝聚力、对外扩大影响力。优秀的文化产品能够激发出巨大的文化认同感和民族自信心，从而增强民族的凝聚力；同时又能不断扩大和增强本国文化的传播力和影响力，逐渐树立起良好的国家形象，促进国家综合实力的提升。六是具有逆势而上的特点、反向调节的功能。文化产业是能够带给人希望和光明的产业，文化产品具有愉悦身心、提振信心、缓解压力的功能。因此，在经济下滑、社会动荡的时期，文化产业所具有的反向调节的功能表

现得更加明显，文化消费往往不减反增，文化产业也会呈现出逆势而上的发展态势。2009年1~7月，我国文化产业增加值增幅达到17%左右，高于同期GDP增幅10个百分点。

正因为文化产业具有上述特征，世界很多国家都高度重视文化产业的发展。在产业发展的初期，一般都是由政府制定发展规划，在政策上进行倾斜、资金上给予支持，以推动其快速发展。目前，我国的文化产业虽然发展势头良好，但总体上而言仍处于起步阶段，文化企业素质较低、产业集中度不高、原创能力不强、文化外贸逆差仍比较突出。正是基于这样的背景和原因，为切实推动文化产业又好又快发展，党中央、国务院审时度势、未雨绸缪，及时颁布出台了《规划》，为文化产业下一步发展指明了方向、提供了思路、创造了条件。

二、贯彻落实《规划》的重要意义

《规划》的出台和实施，标志着我国文化产业将进入一个快速发展的新阶段，其重要意义体现在以下四个方面。

1.《规划》的出台和实施是贯彻落实科学发展观的具体步骤

文化产业相对于一般产业所独有的特点和优势，使其成为最符合科学发展观内在要求的产业。一方面，文化产业是高附加值、低资源消耗的产业，其发展不会对资源和环境造成压力，也不会随着资源的枯竭而萎缩，因而是最符合可持续发展要求的产业；另一方面，文化产业是生产内容产品、创造精神财富的产业，其发展不仅可以满足人民群众多样化、多层次的精神文化需求，而且在消费过程中还可以提升道德情操和精神境界，缓解社会矛盾、促进社会和谐，因而是最符合和谐发展的产业。《规划》对提升文化创新能力和加强技术水平的部署，既有效地推动了以内容为核心的文化产业的发展，同时也使文化产业的特点和优势更加凸显，必将对我国经济社会的科学、和谐、可持续发展产生积极的作用。从这个意义上讲，《规划》的出台正是贯彻落实科学发展观的具体步骤。

2.《规划》的出台和实施是调整经济结构、推动产业升级的客观要求

文化产业作为新兴产业和朝阳产业，市场空间广阔、发展潜力巨大。国际经验表明，越发达的国家，文化消费比重越高、文化产业对GDP的贡献也越大。同时，文化产业对于整个服务业也具有重要的拉动作用。以会展业为例，直接收入和带动的相关收入的比例可达到1：4到1：9。因此，大力发展文化产业有利于培育新的经济增长点、促进现代服务业的发展，是国民经济结构战略性调整的着力点和突破口。此外，文化产业的发展对于产业升级也具有很强的推动作用。一方面，当前文化经济化、经济文化化、文化经济一体化的趋势更加明显，文化产业与其他产业的相互渗透与融合日益加剧。文化产业中创意设计等领域与工业、农业和服务业的结合尤为密切，从而对传统产业文化内涵和内在品质的提升发挥了积极作用。另一方面，在文化与科技相互融合的过程中，新兴的产业门类和文化业态将不断涌现，进而对与之相关的电子制造业提出了新的需求，推动着该产业的不断升级换代。因此，《规划》的出台，不仅为文化产业的发展创造了条件、提供了保障，也将有力地推动经济结构调整和产业升级的进程。

3.《规划》的出台和实施是积极应对国际金融危机的重要举措

在国际金融危机的背景下，大力发展文化产业，对于“保增长、扩内需、调结构、促改革、惠民生”具有积极的意义。《规划》中提出加快文化产业园区和基地建设等重大工程，在促进文化产业自身发展的同时，也将有力地拉动相关产业的增长；培育骨干文化企业、建设现代文化市场体系等任务，必然要求文化体制改革的进一步深化，从而推动整个改革的进程；发展新兴文化业态、提升文化创新能力等举措，不仅有利于文化产业自身素质的提高，更是为产业结构调整奠定了基础；鼓励原创作品生产、打造知名文化品牌、提高文化消费意识、培育新的文化消费热点等要求，在为文化产业拓宽市场空间的同时，也为拉动内需创造了条件；降低准入门槛、建立健全文化产业投融资体系等措施，将极大地促进中、小文化企业的发展，也必将为社会提供更多的创业、就业机会。因此，《规划》的实施，必将为应对国际金融危机作出积极的贡献。

4.《规划》的出台和实施是增强国家文化软实力

的有效途径

优秀的文化产品不仅能够为生产者带来可观的收益，同时也会对消费者的精神层面产生积极影响。就国内而言，文化产业的发展，意味着将有更多群众喜闻乐见的文化产品涌现，从而为人们提供了陶冶情操、愉悦身心的有效途径，更为传承弘扬优秀的民族文化提供了现实载体。从全球来看，文化产业的发展为中华文化“走出去”提供了有效的平台和渠道。只要大力发展文化产业，创作出更多更好的具有中国文化内涵、体现中华民族精神的优秀文化产品，并通过商业化包装、市场化运作，使其符合国际审美需求和欣赏习惯，就能使中国文化产品顺利、持续地进入国际主流市场，让境外受众在消费过程中客观公正地理解中国文化的内涵，认同中华民族的理想信念、价值追求，尊重中国和平发展、和谐发展的美好愿望。因此，随着《规划》中扩大对外文化贸易、加快中华文化“走出去”战略的实施，必将对增强国家文化软实力产生重要而深远的影响。

三、确保《规划》的贯彻实施

为使《规划》能落到实处，最大限度地发挥其积极作用，抓住机遇、乘势而上，实现好、完成好《规划》的目标和任务，当前必须切实做好以下工作。

1.进一步深化文化体制改革

一是要尽快把所有的经营性文化事业单位转制为规范的文化企业，为文化产业的发展奠定坚实的微观基础。二是进一步转变政府职能，尽快实现由管微观向管宏观、由办文化向管文化、由管直属单位为主向管全社会的转变，建立起适应文化产业发展要求的宏观管理体制。三是整合行政和执法资源，提高行业管理和市场监管的能力。要按照中央的部署，用两到三年的时间，实现副省级以下城市文化部门和市场监管队伍的整合，逐步实现统一管理、统一执法，为文化事业和文化产业发展提供良好的体制环境。

2.大力培育合格的市场主体，全面提升产业素质和竞争实力

一是要打破行业垄断和地区封锁，实现跨地区、跨行业的资源整合与生产经营，营造开放统一的市场环境。二是通过兼并重组、股份制改造和上市融资，尽快组建一批骨干文化企业，并通过制定优惠政策、加大扶持力度，培育出一批成长性好、竞争力强、资产和收入上百亿的大型文化集团公司，以此来提高研发、营销的能力，增强国际市场上的竞争实力，使其成为文化领域的战略投资者。三是鼓励多种类型、多种所有制文化企业的协调发展，逐步实现以股份制企业为主体、国有企业为骨干、民营企业为依托，互为补充、充满生机的文化产业格局。

3.合理布局、科学谋划，建设和完善一批产业研发基地和产业集聚示范区

要按照产业发展的规律，统筹规划、坚持标准、突出特色、提高水平，有选择地建立和完善若干个集技术研发、产业孵化、产品交易、人才培训为一体的示范园区，为文化企业提供技术、信息、交易、展示的平台，为文化产业的规模化、集约化、专业化发展创造条件、奠定基础，从而大幅度地提升产业集中度和创新能力。为此，要尽快研究出台相关政策，在基础设施建设、土地使用、税收等方面对园区建设给予支持。

4.依靠高新技术积极培育新兴产业和业态，不断拉长产业链、拓展产业发展空间

文化产业是内容加载体的产业。高新技术在文化领域的推广应用，有利于形成新的业态、开辟新的领域，有利于增强文化产品的感染力和传播力，有利于大幅度降低生产成本，增加产品附加值。因此，要鼓励高新技术与文化产业的结合，不断催生新的业态。尤其要加强网络技术、数字技术的研发，推动在文化领域的广泛运用，以促进网络文化、手机娱乐、数字化制作、四维动画等新兴领域的发展。

5.争取实施一批重大的先导性项目，为文化产品的生产和消费创造必要的条件

在继续抓好电子商务、物流配送、电影院线等项目建设的同时，尽快启动全国文化票务网络、文艺演出院线、中华文化主题公园、中国动漫游戏城、全国市场技术监管平台等项目，为加快文化产业发展、扩大文化需求、改善消费条件奠定必要的物质基础。

6.进一步完善现代文化市场体系

要尽快建立健全门类齐全的文化产品市场和文化生产要素市场，让各种文化资源和生产要素能够在全国范围内流动，充分发挥市场在资源配置过程中的基础性作用。在演艺、影视、图书等领域，则应大力发展统一配送和连锁经营，减少流通环节、降低交易成本。要引导和发展各类文化中介机构，积极推广项目制、代理制和经纪人制。鼓励有条件地区组建文化产业投资基金，为文化企业提供风险投资。加强知识产权和版权的保护，鼓励组建文化产权交易所，切实维护所有者的合法权益。进一步规范和完善文化市场的监管，为文化产业的发展营造良好、公平的市场环境。

7.努力扩大对外文化贸易，大力推动中华文化“走出去”

要认真贯彻落实国家颁布的一系列扶持政策，切实加快文化企业“走出去”步伐。一是鼓励有条件的文化企业创作生产出更多的有中国气派、民族风格、适应国际市场需求的文化产品；二是积极与境外的文化企业开展多种类型的经济合作，鼓励有实力的企业通过合资、合作、并购等形式，直接在海外建立自己的研发、生产、营销基地，并根据当地的审美情趣和消费习惯，量身创作具有中华文化内涵的文化产品，并力争使其销往当地主流市场；三是对在文化产品出口方面取得成绩的企业给予表彰和奖励，让其既得实惠又有荣誉，从而增强它们推动中华文化“走出去”的信心和动力。

8.积极培养各类人才，为文化产业发展提供智力支持

目前，制约我国文化产业发展的最大瓶颈是人才短缺。因此，培养文化产业亟需的各类专门人才，是一项事关长远和全局的战略性任务，要切实抓紧抓好。当前要着力培养好两类人才：一是懂文化、善创意、会经营的高端复合型人才；二是以操作和复制为主的各类实用型人才，以此来提高人才培养的针对性和适用性，尽快缓解文化产业人才短缺的状况。为此，要拓宽人才培养的渠道，既依靠国有的正规院校，也借助民营教育和培训机构的力量；要开拓人才选拔的思路，通过社会招聘、海外引进等多种方式，重点解决高端人才不足的问题。

9.加强领导、狠抓落实

为使《规划》的目标和任务真正落到实处，有关部门和地方，要按照《规划》的要求，结合本部门本地区的实际，尽快研究制定贯彻落实的具体方案，并把方案纳入年度的国民经济计划、财政预算、工作议程和任务考核目标。对《规划》提出的各项任务逐一分解，把国务院关于文化产业发展的各项重大部署和要求，转换为具体的工程和项目，逐项推进、逐项落实，使《规划》切实发挥应有的作用、产生预期的效果。

我们相信，在党中央、国务院的正确领导下，在文化工作者的共同努力下，随着《规划》的实施，必将迎来文化产业又好又快发展的新纪元。

落实轻工业调整和振兴规划
保持行业平稳较快发展（摘要）

国家发展和改革委员会产业协调司副司长 贺燕丽

《轻工业调整和振兴规划》（以下简称《规划》）已经正式发布，《规划》的贯彻落实将有助于轻工行业在困难时期提振信心，加快结构调整，加强自主创新，努力开拓市场，保持平稳较快发展。

一、编制《规划》的重要意义

2008年下半年以来，国际金融危机越演越烈并严重冲击实体经济，受此影响，我国经济下行压力加大。党中央、国务院审时度势、积极应对，将保增长、扩内需、调结构作为经济工作的重点，做出了一系列重大决策和部署。2008年11月，国务院第37次常务会议决定，制定和组织实施轻工等产业调整和振兴规划，作为应对危机，保持经济平稳较快发展，推动产业升级的重大措施。

为什么要选择轻工业制定振兴规划？这与轻工业在我国国民经济发展中的重要地位以及在金融危机中受到的严重冲击是分不开的。

（一）轻工业在国民经济和社会发展中具有举足轻重的作用

轻工业包括食品、造纸、家电、家具、塑料、皮革等19大类45个行业，是丰富人民物质文化生活的重要消费品产业，产品涵盖衣、食、住、行、用各领域。进入21世纪以来，我国轻工业发展取得显著成效，企业规模与实力明显提高，国际竞争力不断增强，已成为轻工产品生产和消费大国，承担着繁荣市场、增加出口、扩大就业、服务“三农”的重要任务，在国民经济和社会发展中具有举足轻重的作用。

生产持续较快增长。2000年以来，轻工业一直保持快速增长。2000—2008年，规模以上企业增加值增长5.2倍，年均增长22.9%；2008年，实现工业增加值26235.3亿元，占全国工业增加值的20.3%，占国内生产总值的8.7%；2008年1~11月份，全行业实现利税总额6278.2亿元，占全国工业实现利税总额的14.8%。自行车、缝纫机、电池、啤酒、家具、日用陶瓷、灯具、空调、冰箱、洗衣机、微波炉、鞋、钢琴等100多种产品的产量居世界第一，我国已成为名副其实的轻工业大国。

产品出口大幅增加。2008年轻工业出口总额3092亿美元，占全国出口总额的21.7%，比2000年增长3.4倍，年均增长20.2%；出口单价逐年提高，多年来轻工业创造的贸易顺差占全国当年贸易顺差的76%以上，1996—2008年的12年间，轻工实现贸易顺差10113亿美元，相当于我国外汇储备额的66%。目前，我国轻工业产品的1/4出口到全球200多个国家和地区，成为我国在经济全球化下参与国际竞争与合作的重要力量，我国已成为全球重要轻工产品制造基地。

产业竞争力不断增强。目前，全行业经国家认定的企业技术中心发展到49家，为新工艺、新技术、新装备、新产品开发提供了支撑，新产品产值从2005年的3337亿元增长到2008年的近6600亿元，年均增长34.2%。通过引进技术、关键设备和消化吸收，重点行业技术装备水平得到提升，形成了较强的集成创新能力和一定的自主创新能力。

就业和惠农作用显著。2008年规模以上轻工企业就业人数2042万人，占全国规模以上工业企业从业人数的25%，加上规模以下企业，全行业吸纳就业人数达到3500万人以上，已成为吸纳城乡劳动就业的重要产业。轻工业70%的行业、50%的产值涉及农副产品加工业，使2亿多农民直接受益，对解决“三农”问题发挥了不可替代的作用。

《规划》非常明确地指出了轻工业在我国国民经济和社会发展中的重要地位，这是研究制定《规划》的重要基础，对于确定规划目标、重点任务、政策与措施等都具有重要意义。

（二）产业发展过程中自身矛盾凸显

轻工行业在长期快速发展过程中，也积累了许多矛盾与问题，制约着产业的发展。主要表现在：

自主创新能力不强。长期以来，轻工业自主创新投入不足、产学研脱节，缺乏创新激励机制，核心竞争力不强。产品出口以贴牌加工为主，自主知识产权少，产品附加值低。

产业结构亟待调整。中低端产品多，高质量、高附加值产品少；骨干企业发展缓慢，产业集中度低；加工能力主要分布在广东、山东、浙江、江苏等沿海地区，中西部地区发展滞后；出口市场主要集中在世界发达国家，尚未形成多元化格局；重复建设和盲目扩张现象严重。

节能减排任务艰巨。单位产值和单位产品水耗、能耗、污染物排放指标等方面与国际水平相比差距较大。

食品安全问题突出。食品生产经营企业规模小、生产工艺落后、管理水平低下、保障食品安全的制度不健全，市场竞争无序，行业自律和企业诚信亟待加强。

（三）金融危机对产业造成严重冲击

随着国际金融危机的蔓延和加深，市场需求急剧下降，我国轻工业受到了严重冲击。在人民币升值、货币政策紧缩、生产要素价格上涨等多重因素叠加作用下，轻工企业受到的发展压力加大。特别是国际金融危机引发的外需下降，使轻工业面临的外部环境进一步严峻，轻工业产品出口大幅下滑，大量出口产品转向国内销售，造成产品过剩，积压现象严重，生产、出口、投资增长全面减速，效益明显下滑，困难企业不断增多，企业经营十分困难，就业萎缩，发展困难前所未有。主要表现在：

国内外市场供求失衡。2008年轻工产品出口总额增长14.5%，增速比上年回落4.7个百分点，大量出口产品转向国内销售，造成产品供给过剩，生产下降，2008年12月，108种主要轻工产品中有63种产量同比出现负增长，比例高达57%。

产品库存积压严重。由于2008年下半年部分行业原料和产品价格由高位大幅下跌，库存积压严重，流动资金难以正常周转。

企业融资更加困难。轻工业多为中小企业和民营企业，长期存在融资渠道不畅、担保机制不完备等问题，受金融危机影响，中小企业难以从银行获得贷款，融资难问题更为突出，面临资金链断裂的危险。为维持经营，一些企业被迫通过民间借贷形式，以几倍于银行贷款利息获得资金。

生产经营陷入困境。2008年1～11月轻工业亏损额420亿元，同比增长41%；利润总额从上半年同比增长36.7%急降到第四季度同比下降4.8%，规模以上轻工企业亏损近2万家，亏损面为17.3%。中小企业停产半停产增加，一些企业已经关闭，待岗、失业人员急剧增加，给社会稳定带来较大隐患。

当前世界金融危机对我国轻工业的负面影响呈扩散态势，考虑到轻工业是我国市场化程度较高的产业，具备较强的适应能力，产品在国际市场上也具有一定比较优势，并占有较大份额和良好的声誉；更高水平小康社会的建设和内需市场的扩大，为轻工业发展提供了广阔的市场空间。因此，要抓住时机，及时采取有力措施，帮助轻工企业走出困境，推进产业结构调整、实现产业升级。

二、《规划》的编制过程、主要内容及特点

2008年11月28日，国家发展和改革委员会提出了重点产业调整和振兴规划编制工作方案，成立了《规划》编制工作组，国家发展和改革委员会担任组长单位，工业和信息化信部担任副组长单位，中国轻工业联合会、轻工有关行业协会、中国国际工程咨询公司共同承担《规划》编制工作。

在《规划》编制过程中，国家发展和改革委员会多次召开了由有关部门专家、轻工业重点省份发改委、经贸委（经委）、行业协会和重点企业、产业集群、专业市场代表参加的座谈会，充分听取意见和建议。《规划》形成初稿后，广泛征求了各省（市、区）发展改革委、经贸委（经委）、行业协会的意见，并两次书面征求了十多个有关部门和单位的意见。根据各方面的意见，《规划》编制工作组不断对《规划》进行修改完善，最终形成《轻工业调整和振兴规划》（送审稿）上报国务院，并于2009年2月19日在国务院第51次常务会议上获得原则通过。根据会议要求，国家发展改革委又对《规划》进行了进一步修改完善，国务院有关部门也进行了认真审核，最终向社会正式公布。

（一）《规划》的主要内容

《规划》分为轻工业现状及面临的形势，指导思想、基本原则和目标，产业调整和振兴的主要任

务，政策措施和规划实施五个部分。

1．轻工业现状及面临的形势

2．指导思想、基本原则和目标

3．产业调整与振兴的主要任务

4．政策措施

5．规划实施

（二）《规划》的几个特点

1．突出重点行业、培育骨干企业与政策普惠相结合

轻工业行业众多，不可能面面俱到，通过调研轻工业45个行业，《规划》重点推动食品、家电、造纸、塑料、皮革、五金、电池、照明电器、表面活性剂和轻工业装备等行业的调整与振兴。选择这些重点行业的理由：一是在轻工行业中经济总量比重大，产值占轻工业总产值的60%，对国内消费拉动作用显著和扩大就业作用明显；二是出口创汇额较大，出口占轻工业总出口额的70%以上，国际市场占有率高，对扭转出口下滑作用大；三是产业关联度较高，带动“三农”和其他行业作用强；四是环境影响相对突出，节能减排效果明显；五是具备较强发展潜力的行业。针对玻璃、陶瓷、文体、缝制机械、少数民族用品、家具、室内装饰、玩具等其他众多轻工行业，主要是重点扶持这些行业的龙头骨干企业，通过加强自主品牌建设、提高产品质量水平、加强企业自身管理、健全外贸服务体系等途径以及加大金融支持力度、大力扶持中小企业等政策措施，促进所有轻工行业的调整与振兴。

2．强调保障食品加工安全和提高产品质量水平

《规划》特别强调食品加工安全和轻工产品质量，是轻工业调整和振兴规划与其他行业调整和振兴规划的不同之处。

食品质量安全问题关系到千家万户，是广大人民群众最关心的问题之一。为此，《规划》提出实施食品加工安全专项，以大力整顿食品加工企业、全面清理食品添加剂和非法添加物、加强食品安全监测能力建设,并进一步提高食品重点行业准入门槛,建立健全食品召回及退市制度,加强食品工业企业诚信体系建设。

轻工业是丰富人民物质文化生活的重要消费品产业，类似家具的甲醛含量、玩具的安全性问题等等，都会引起社会各界广泛、高度关注。党中央、国务院一贯高度重视轻工产品质量的提高。为此，《规划》提出通过建立产品质量安全保障机制、加快行业标准制定和修订工作，来提高轻工产品质量水平。

3．突出培育轻工业特色区域和产业集群与扶持中小企业

发展轻工业特色区域和产业集群已成为轻工业发展的成功经验。这些产业集群以当地经济发展为依托，一个产品带动一地经济，形成完整的产业链，积聚效应显著，形成了区域加工生产体系，成为支撑区域经济发展的支柱产业。有必要在总结好其发展经验的基础上，进一步培育发展轻工业特色区域和产业集群。

中小企业多是轻工业发展的又一大特点。规划用了相当的篇幅阐述了扶植中小企业健康发展的措施，为轻工中小企业营造良好的发展环境。

4．立足当前与着眼长远相结合

立足当前与着眼长远相结合是研究制定《规划》的基本要求，是实现轻工业调整和振兴的不可割裂的两个方面，立足当前、克服当前困难是实现轻工业调整与振兴的前提与基础，着眼今后3-4年是要着重解决影响轻工业长远健康发展的突出问题，同时促进轻工业早日走出困境。

5．加强自主品牌建设与鼓励兼并重组结合

轻工业实施品牌战略以来，培育出了一批国内知名品牌，但国际知名品牌屈指可数，自主品牌建设尚处于培育和成长阶段，轻工产品出口以贴牌加工为主，自主知识产权少，产品附加值低是轻工业发展中存在的主要问题之一。而品牌的知名度，有赖于企业产品市场占有率的提高和长期的培育。

通过支持优势品牌企业跨地区兼并重组、技术改造和创新能力建设，推动产业整合，提高产业集中度，增强品牌企业的市场控制力；支持国内有实力的企业“走出去”，树立自主品牌国际形象，加强自主品牌保护等途径支持自主品牌建设。《规划》还提出了鼓励兼并重组的政策措施。

三、关于《规划》几个问题的说明

（一）积极开拓国内特别是农村市场

近年来，轻工业的快速发展，更多是依赖出口的拉动，今后要转向依赖国内消费的增长。促进国

内消费，既依赖于城乡居民总体消费水平的提高，轻工业本身也要重点推动如下工作：

一是切实做好“家电下乡”工作。

二是丰富产品花色品种，开发生产高端产品。

三是配合安居工程、新农村建设、医疗教育、救灾应急、灾后重建、农村基础设施、政府采购、重点项目配套如交通设施等重大项目，提供相配套的轻工产品。

四是随着生活水平的提高，消费需求升级，积极开发个性化的文化体育用品及旅游休闲特色产品满足需求。

五是积极发展少数民族特需用品。轻工业承担促进少数民族生活不断提高的重任，对于少数民族特需用品行业党和国家一直给予亲切地关怀和政策支持。随着时代的进步、市场的扩大和人民群众生活水平的提高，少数民族生产生活概念的内涵和外延均发生了一些变化，我们一定要做好保证少数民族特需用品供应和传承历史文化特色的工作。同时轻工业要保障灾区人民群众基本生活必需品供给。

（二）稳定和开拓国际市场

我国是全球重要轻工产品制造基地，2008年轻工业出口总额3092亿美元，轻工业1/4产品供出口。尽快扭转出口下滑，实现出口稳定增长，对于实现轻工业调整和振兴具有重要意义，也是《规划》确定的一项重要任务。总体来看，要积极应对贸易摩擦，在巩固美、欧、日等传统国际市场份额的基础上，实施多元化出口战略，积极开拓中东、俄罗斯、非洲、北欧、东南亚、西亚等新兴市场。

在硬件建设方面，一是支持品牌企业“走出去”，在主销市场投资设立物流中心和分销中心。二是建立经贸合作区，积极推进巴基斯坦海尔经贸合作区、俄罗斯乌苏里斯克经贸合作区的建设。

在配套政策与措施方面，一是进一步提高部分不属于“两高一资”的轻工产品的出口退税率，加快退税进度。二是调整加工贸易目录，发挥加工贸易作用，将符合国家产业政策和宏观调控要求，不属于高耗能、高污染的产品从禁止类目录中剔除；将部分劳动密集型产品和技术含量较高、环保节能的产品从限制类目录中剔除；允许全部使用进口资源且生产过程中污染和能耗较低的产品开展加工贸易业务。三是健全外贸服务体系，维护中国产品形象，促进贸易便利化。

（三）实施食品加工安全专项，保障食品安全（略）

（四）加强轻工产品质量管理

轻工业是丰富人民物质文化生活的重要消费品产业，产品涵盖衣、食、住、行、用各领域，轻工产品质量与人民生活密切相关，关系到民生、关系到消费者人身安危以及中国国际声望，类似家具的甲醛含量、玩具的安全性问题等等，都引起社会各界广泛、高度关注。党中央、国务院一贯高度重视轻工产品质量的提高，在2009年2月19日在国务院常务会议审议上《轻工业调整和振兴规划》（送审稿）时特别指出，提高轻工产品质量应该增列为轻工业调整和振兴的一项主要任务。为此，《规划》提出通过建立产品质量安全保障机制、加快行业标准制定和修订工作，来提高轻工产品质量水平。

建立产品质量安全保障机制。产品质量安全保障机制是轻工产品质量水平的重要制度保证，保障机制的缺失是制约我国轻工产品质量提高的主要原因之一。《规划》提出，建立产品质量安全保障机制，一是切实贯彻《中华人民共和国产品质量法》和《食品安全法》，严格市场准入制度和产品质量监督抽查制度，加快建立质量安全风险监测、预警、信息通报、快速处置以及产品追溯、召回和退市制度，严惩质量违法违规企业；二是落实企业对产品安全的主体责任，严格执行产品质量标准，全面加强质量管理，从原材料采购、生产加工、出厂检验等环节控制产品质量，确保产品质量符合标准要求；三是建立规范的企业质量信用评价制度和产品质量信用记录发布制度，加强行业自律；四是完善国家产品质量检测技术服务平台，提高监测装备水平。要充分发挥检测技术平台服务企业的作用，为企业提供认证、检验测试服务。

加快行业标准制定和修订工作。标准是企业生产必需遵循的规范，也是政府监管部门对产品质量安全进行监管的主要依据。轻工部分行业中存在产品缺少国家强制标准，个别行业产品标准与卫生标准存在不一致的现象，影响了轻工产品质量水平的提高，增加了政府监管的难度。因此，急需加快轻工行业相关国家标准的制修订工作。

（五）加快自主创新和技术改造

加快轻工业重点行业的自主创新和技术改造是实现轻工业调整和振兴的一项重要任务之一。通过自主创新和技术改造能提升行业总体水平、推进节能减排、调整产品结构，实现产业升级。

自主创新是轻工业发展的灵魂。轻工业的重点行业只有提高自主开发、创新的力度，不断扩展自主知识产权，站在产业的前沿及制高点，加快填补国内空白，才能使我国真正从轻工业大国发展为轻工业强国。

技术改造具有技术新、投资省、工期短、见效快、效益好的突出特点，也是应对危机提高投资拉动效应的有效手段，从此次金融危机看，注重技术改造有助于企业提高抗风险及应变能力。

（六）培育轻工业特色区域和产业集群，扶持中小企业

轻工业特色区域和产业集群是这些年来我国轻工业发展的新亮点，已成为轻工业发展的成功经验。经过十多年的培育，我国已形成规模的轻工业特色区域和产业集群达到150多个，其产值约占轻工业总产值的16%，从业人员1000多万，涉及到皮革、家具、食品、制笔、家电、照明、塑料、陶瓷、搪瓷、日用玻璃、五金、礼品、眼镜、文体、文房四宝、羽绒、工美、缝制机械、乐器、日杂、少数民族用品、珠宝、包装等23个轻工行业；主要分布在广东、浙江、山东、江苏、安徽、福建、江西、四川、吉林等18个省市地区。这些产业集群以当地经济发展为依托，“一县一品”、“一乡一品”、“一村一品”，一个产品带动一地经济，形成完整的产业链，积聚效应显著，形成了区域加工生产体系，成为支撑区域经济发展的支柱产业，有的占当地经济的50%以上，有的在全国同类产品中占有很大的份额，在全国同行业中具有举足轻重的地位，巩固了行业发展的基础，成为带动地方经济和轻工行业发展的重要增长点。有必要在总结好其发展经验的基础上，进一步培育发展轻工业特色区域和产业集群，主要是结合优化区域布局，鼓励具有资源优势等条件的地区充分总结和借鉴产业集群发展经验，改善建设条件和经营环境，积极承接产业转移；支持完善现有轻工业特色区域和产业集群的公共服务平台建设，更好地为中小企业提供信息、技术开发、技术咨询、产品设计与研发、成果推广、产品检测、人才培训等服务；在杜绝产业转移成为“污染转移”的前提下，根据行业特点和发展需求，引导、鼓励和推进相关产业向具有资源优势等条件的地区有序转移，对实施转移的重点项目予以支持。

中小企业多是轻工业发展的又一大特点。轻工业全行业吸纳就业3500万人，占全国工业企业吸纳就业的四分之一以上，是解决就业等民生问题重要产业，而轻工业中小民营企业占98%以上，就业人数占60%以上，是轻工业吸纳就业的主要力量。针对轻工业中小企业发展过程中遇到的融资难等突出问题，《规划》提出结合尽快落实《国务院办公厅关于当前金融促进经济发展的若干意见》，通过支持企业发行中小企业集合债券、短期融资券，支持和鼓励担保机构提供信用担保和融资服务等措施，加大对中小企业的金融支持力度；针对轻工中小企业负担重的问题，《规划》提出大力扶持中小企业，现有支持中小企业发展的专项资金（基金）等向轻工企业倾斜，特别是按照有关规定，对中小型轻工企业实施缓缴社会保险费或降低相关社会保险费率等政策。同时，结合培育发展轻工业特色区域和产业集群，支持面向中小企业的公共服务平台建设，完善公共服务体系，为轻工中小企业营造良好的发展环境。

四、对《规划》实施的几点要求

目前，国务院已向社会正式颁布了《轻工业调整和振兴规划》，并要求各地区、各部门要进一步统一思想，增强大局意识、责任意识，加强领导，密切配合，切实按照《规划》要求做好各项工作，推动轻工业走绿色生态、质量安全和循环经济的新型发展之路，确保规划目标的实现。

根据规划内容和主要任务，规划确定了19项工作任务，并明确了牵头单位、参加单位和完成时间。针对这一工作分工，国务院要求各有关部门尽快制定和完善各项配套措施，并加强指导和监督检查。各地区也要按照《规划》确定的目标、任务和政策措施，结合当地实际制定具体落实方案，确保取得成效。

相信在《规划》的指引和全行业共同努力下，轻工业一定能渡过难关，实现三年振兴目标。

MUSIC

中国乐器年鉴

CHINA MUSICAL

INSTRUMENT YEARBOOK

2009-2010

轻工业调整和振兴规划

国发〔2009〕15号

轻工业承担着繁荣市场、增加出口、扩大就业、服务“三农”的重要任务，是国民经济的重要产业，在经济和社会发展中起着举足轻重的作用。为应对国际金融危机的影响，落实党中央、国务院关于保增长、扩内需、调结构的总体要求，确保轻工业稳定发展，加快结构调整，推进产业升级，特编制本规划，作为轻工业综合性应对措施的行动方案。规划期为2009-2011年。

一、轻工业现状及面临的形势

进入21世纪以来，我国轻工业快速发展，企业规模与实力明显提高，产业竞争力不断增强，吸纳就业和惠农作用显著。2008年，我国轻工业实现增加值26235亿元，占国内生产总值的8.7%，家电、皮革、塑料、食品、家具、五金制品等行业100多种产品产量居世界第一；出口总额3092亿美元，占全国出口总额的21.7%，产品出口200多个国家和地区，家电、皮革、家具、羽绒制品、自行车等产品国际市场占有率超过50%。全行业吸纳就业3500万人。轻工业70%的行业、50%的产值涉及农副产品加工，使2亿多农民直接受益，对解决“三农”问题发挥了不可替代的作用。制浆造纸、家用电器、塑料制品、皮革等行业通过引进消化吸收国外技术和关键设备，具备了较强的集成创新能力和一定的自主创新能力。我国已成为轻工产品生产和消费大国。

但是，轻工业在快速发展的同时，长期积累的矛盾和问题也逐步显现。一是自主创新能力不强。出口产品以贴牌加工为主，产品附加值较低，关键技术装备主要依赖进口。二是产业结构亟待调整。生产能力主要分布在沿海地区，中西部地区发展滞后。出口市场主要集中在欧、美、日，尚未形成多元化格局。中低端产品多，高质量、高附加值产品少。低水平重复建设和盲目扩张严重。三是节能减排任务艰巨。化学需氧量（COD）排放占全国工业排放总量的50%，废水排放量占全国工业废水排放总量的28%。四是产品质量问题突出。产品质量保障体系不完善，企业质量安全意识不强，食品安全事件时有发生。

2008年下半年以来，国际金融危机对我国轻工业造成严重冲击，国内外市场供求失衡，产品库存积压严重，企业融资困难，生产经营陷入困境，轻工业稳定发展形势严峻。我国轻工业市场化程度较高，适应能力较强，产品在国际市场上也具有一定的比较优势，内需市场的进一步扩大，为轻工业发展提供了广阔的市场空间。只要抓住时机，充分利用市场倒逼机制，下决心积极采取综合措施，就能够实现轻工业的调整和振兴。

二、指导思想、基本原则和目标

（一）指导思想

全面贯彻党的十七大精神，以邓小平理论和“三个代表”重要思想为指导，深入贯彻落实科学发展观，按照保增长、扩内需、调结构的总体要求，采取综合措施，扩大城乡市场需求，巩固和开拓国际市场，保持轻工业平稳发展；通过加快自主创新，实施技术改造，推进自主品牌建设，淘汰落后产能，着力推动轻工业结构调整和产业升级；走绿色生态、质量安全和循环经济的新型轻工业发展之路，进一步增强轻工业繁荣市场、扩大就业、服务“三农”的支柱产业地位。

（二）基本原则

1.积极扩大内需，稳定国际市场

加强消费政策引导，增加有效供给，促进轻工产品消费。巩固传统出口市场，开拓国际新兴市场。

2.突出重点行业，培育骨干企业

将产业关联度高、吸纳就业能力强、拉动消费效果显著、结构调整带动作用大的行业作为调整和振兴的重点，支持产品质量好、市场竞争力强、具有自主品牌的骨干企业发展壮大。

3.扶持中小企业，促进劳动就业

采取积极的金融信贷、信用担保等政策，支持业绩良好、具有发展潜质的中小企业发展，充分发挥中小企业吸纳劳动力就业的作用。

4.加快技术进步，淘汰落后产能

提高企业自主创新能力，重点推进装备自主化和关键技术产业化；加快造纸、家电、塑料、照明电器等行业技术改造步伐，淘汰高耗能、高耗水、污染大、效率低的落后工艺和设备，严格控制新增产能。

5.保障产品质量，强化食品安全

以食品、家具、玩具和装饰装修等涉及人民群众身体健康的行业为重点，加强质量管理，完善标准和检测体系，打击制售假冒伪劣产品的违法行为，保障产品使用和食用安全。

（三）规划目标

1.生产保持平稳增长

在稳定出口和扩大内需的带动下，轻工业产销稳定增长，行业效益整体回升，三年累计新增就业岗位300万个左右。

2.自主创新取得成效

变频空调压缩机、新能源电池、农用新型塑料材料、新型节能环保光源等关键生产技术取得突破。重点行业装备自主化水平稳步提高，中型高速纸机成套装备实现自主化，食品装备自给率提高到60%。

3.产业结构得到优化

企业重组取得进展，再形成10个年销售收入150亿元以上的大型轻工企业集团。轻工业特色区域和产业集群增加100个，东中西部轻工业协调发展。新增自主品牌100个左右。

4.污染物排放明显下降

到2011年，主要行业COD排放比2007年减少25.5万吨，降低10%，其中食品行业减少14万吨、造纸行业减少10万吨、皮革行业减少1.5万吨；废水排放比2007年减少19.5亿吨，降低29%，其中食品行业减少10亿吨、造纸行业减少9亿吨、皮革行业减少0.5亿吨。

5.淘汰落后取得实效

淘汰落后制浆造纸200万吨以上、低能效冰箱（含冰柜）3000万台、皮革3000万标张、含汞扣式碱锰电池90亿只、白炽灯6亿只、酒精100万吨、味精12万吨、柠檬酸5万吨的产能。

6.安全质量全面提高

完善轻工业标准体系，制定、修订国家和行业标准1000项。生产企业资质合格，内部管理制度完善，规模以上食品生产企业普遍按照GMP（优良制造标准）要求组织生产。质量安全保障机制更加健全，产品质量全部符合法律法规以及相关标准的要求。

三、产业调整和振兴的主要任务

（一）稳定国内外市场

1.促进国内消费

总结“家电下乡”的试点经验，完善农村家电物流、销售、维修体系，切实做好“家电下乡”工作。加快皮革、家具、五金、家电、塑料、文体用品、缝制机械、制糖等行业重点专业市场建设，进一步发挥专业流通市场的作用。指导工商企业开展深度合作，加快市场需求信息传导，鼓励商贸企业扩大采购和销售轻工产品的规模。

2.增加有效供给

丰富产品花色品种，研发生产满足多层次消费需求的产品。生产与安居工程、新农村建设、教育医疗、灾后重建、农村基础设施、交通设施以及放心粮油进农村、进社区示范工程等相配套的轻工产品。开发个性化的文体用品及特色旅游休闲产品。积极发展少数民族特需用品。

3.稳定和开拓国际市场

积极应对贸易摩擦，巩固美、欧、日等传统国际市场；实施出口多元化战略，积极开拓中东、俄罗斯、非洲、北欧、东南亚、西亚等新兴市场。一是支持骨干企业通过多种方式“走出去”，在主要销售市场设立物流中心和分销中心。二是建立经贸合作区，积极推进海外工业园区和经贸合作区建设。三是继续支持外贸专业市场建设，建设针对东南亚、中亚、东北亚等地区的轻工产品边境贸易专业市场，在中东、北欧、俄罗斯等有条件的地区组建中国轻工产品贸易中心，加强对外宣传，方便货物、人员出入境。四是发挥加工贸易作用，支持企业扩大加工贸易。

4.健全外贸服务体系

建立轻工出口产品国内外技术法规、标准管理服务平台和培训体系，以及质量安全案例通报、退货核查、预警和应急处理系统，提高企业质量管理水平，维护中国产品形象。简化轻工产品出口通关、检验手续，降低相关收费标准，提高通关效率，促进贸易便利化。

（二）增强自主创新能力

1.提高重点装备自主化水平

在引进消化吸收再创新的基础上，突破重点装备关键技术，加快装备自主化。造纸装备重点发展大幅宽、高车速造纸成套设备。食品装备重点发展新型绿色分离设备、节能高效蒸发浓缩设备、高速和无菌罐装设备、膜式错流过滤机、高速吹瓶设备等，自主化率由40%提高到60%。塑料成型装备重点发展全闭环伺服驱动、电磁感应加热和多层共挤技术的挤出设备。工业缝制装备重点发展电控高速多头多功能刺绣机、电控裁剪整烫设备，光机电一体化设备比重由10%提高到50%，生产效率提高40%。

2.推进关键技术创新与产业化

采取产学研结合模式，支持农用新型塑料材料、变频空调压缩机、高效节能节材型冰箱压缩机、隧道式大型连续洗涤机组、糖能联产、新型节能环保光源、新型微生物高浓废水处理复合材料、特色功能表面活性剂、新能源电池、污染物减排与废弃物资源化利用等关键技术、设备的创新与产业化。建立重点行业公共技术创新服务平台，建立粮油、电池、皮革行业国家工程技术研究中心，建立造纸、发酵、酿酒、制糖及皮革技术创新联盟。

3.做好公共服务

完善轻工业特色区域和产业集群公共服务平台建设，为企业提供信息、技术开发、技术咨询、产品设计与开发、成果推广、产品检测、人才培训等服务。

（三）加快实施技术改造

1.提升行业总体技术水平

支持造纸行业应用深度脱木素、无元素氯漂白、中高浓等技术和全自动控制系统进行技术改造；支持家电行业电冰箱、空调器、洗衣机等关键部件生产线升级改造，实现高端及高效节能电冰箱、空调器、洗衣机等产品的产业化；支持塑料行业绿色塑料建材、多功能宽幅农膜生产技术升级；支持表面活性剂行业推广应用绿色表面活性剂，实现绿色功能性产品产业化；支持五金行业传统加工工艺及设备升级，提高制造水平。

2.推进企业节能减排

重点对食品、造纸、电池、皮革等行业实施节能减排技术改造。食品行业加快应用新型清洁生产和综合利用技术。造纸行业加快应用清洁生产、非木浆碱回收、污水处理、沼气发电技术，推广污染物排放在线监测系统。电池行业重点推广无汞扣式碱锰电池技术，普通锌锰电池实现无汞、无铅、无镉化，锂离子电池替代镉镍电池。皮革行业加快推广保毛脱毛、无灰浸灰、生态鞣制等清洁生产技术和固体废弃物资源化利用技术。编制重点行业清洁生产推广规划，支持重点行业企业实施循环经济示范工程；推广《国家重点节能技术推广目录（第一批）》中的轻工行业节能技术；支持食品、造纸、电池、皮革行业节能减排计量统计监测体系软硬件建设。

3.调整产品结构

支持发展市场短缺产品，优化产品结构，提高自给率。支持农副产品深加工，重点推进油料品种多元化，实施高效、低耗、绿色生产，促进油料作物转化增值和深度开发，新增花生油100万吨、菜籽油100万吨、棉籽油50万吨、特色油脂100万吨产能，保障食用植物油供给安全；继续实施《全国林纸一体化工程建设“十五”及2010年专项规划》，加快重点项目建设，新增木浆220万吨、竹浆30万吨产能，提高国产木浆比重，推动林纸一体化发展。

（四）实施食品加工安全专项

1.大力整顿食品加工企业

对全国食品加工企业在生产许可、市场准入、产品标准、质量安全管理方面逐项检查，坚决取缔无卫生许可证、无营业执照、无食品生产许可证的非法生产加工企业，严肃查处有证企业生产不合格产品、非法进出口等违法行为，严厉打击制售假冒伪劣食品、使用非食品原料和回收食品生产加工食品的违法行为。

2.全面清理食品添加剂和非法添加物

深入开展食品添加剂、非法添加物专项检查和清理工作，按照《食品添加剂使用卫生标准》（GB2760－2007），理清并发布违法添加的非食用物质和易被滥用的食品添加剂名单，规范食品添加剂安全使用。

3.加强食品安全监测能力建设

督促粮油、肉及肉制品、乳制品、食品添加剂、饮料、罐头、酿酒、发酵、制糖、焙烤等行业重点企业，增加原料检验、生产过程动态监测、产品出厂检测等先进检验装备，特别是快速检验和在线检测设备。完善企业内部质量控制、监测系统和食品质量可追溯体系。

4.提高食品行业准入门槛

明确食品加工企业在原料基地、管理规范、生产操作规程、产品执行标准、质量控制体系等方面的必备条件，加快制定和修订乳制品、肉及肉制品、水产品、粮食、油料、果蔬等重点食品加工行业产业政策和行业准入标准。

5.建立健全食品召回及退市制度

建立和完善不合格食品主动召回、责令召回及退市制度，建立食品召回中心，明确食品召回范围、召回级别等具体规定，使食品召回及退市制度切实可行。健全食品质量安全申诉投诉处理体系，加强申诉投诉处理管理。

6.加强食品工业企业诚信体系建设

通过政府指导、行业组织推动和企业自律，加快建立以法律法规为准绳、社会道德为基础、企业自律为重点、社会监督为约束、诚信效果可评价、诚信奖惩有制度的食品工业企业诚信体系。制定食品工业企业诚信体系建设指导意见，开展食品企业诚信体系建设试点工作。跟踪评价食品工业企业诚信体系建设指导意见贯彻实施情况，及时修改完善相关规范和标准。

（五）加强自主品牌建设

（1）支持优势品牌企业跨地区兼并重组、技术改造和创新能力建设，推动产业整合，提高产业集中度，增强品牌企业实力。引导企业开拓国际市场，通过国际参展、广告宣传、质量认证、公共服务平台等多种形式和渠道，提高自主品牌的知名度和竞争力。

（2）支持国内有实力的企业“走出去”，实施本地化生产，拓展国际市场，扩大产品覆盖面，提高品牌影响力。

（3）完善认证和检测制度，积极开展与主要贸易伙伴国多层面的交流与合作，提高国际社会对我国检测、认证结果的认可度，树立自主品牌国际形象。

（4）加强自主品牌保护，加大宣传力度，增强企业和全社会保护自主知名品牌的意识和责任感。

（六）推动产业有序转移

（1）结合优化区域布局，鼓励具有资源优势等条件的地区充分总结和借鉴产业集群发展经验，改善建设条件和经营环境，积极承接产业转移，着力培育发展轻工业特色区域和产业集群。

（2）根据行业特点和发展要求推进产业转移。推动冰箱、空调、洗衣机等家电行业重点产品的研发、制造、集散，逐步由珠三角、长三角和环渤海等地区向本区域内有条件地区和中西部地区转移；引导制革和制鞋行业集中的东部沿海地区，利用其优势重点从事研发、设计和贸易，将生产加工向具备资源优势的地区转移；推进陶瓷和发酵行业向有原料优势、能源丰富的地区转移。

同时，产业转移过程中要严格遵守环境保护法律法规，杜绝产业转移成为“污染转移”。

（七）提高产品质量水平

1.建立产品质量安全保障机制

一是切实贯彻《中华人民共和国产品质量法》，严格市场准入制度和产品质量监督抽查制度，加快建立质量安全风险监测、预警、信息通报、快速处置以及产品追溯、召回和退市制度，严惩质量违法违规企业。二是落实企业对产品质量安全的主体责任，严格执行产品质量标准，全面加强质量管理，从原料采购、生产加工、出厂检验等环节控制产品质量，确保产品质量符合标准要求。三是建立规范的企业质量信用评价制度和产品质量信用记录发布制度，加强行业自律。四是完善国家产品质量检测技术服务平台，提高检测装备水平。

2.加快行业标准制定和修订工作

制定食品添加剂、肉品、酿酒、乳制品、饮料、家具、装饰装修材料等行业新标准450项，其中食品添加剂等国家标准70项，家具和装饰装修材料等行业国家标准150项。修订塑料、五金、皮革、洗涤用品、饮料等行业标龄超过5年的标准550项。完善家电、造纸、塑料、照明电器、五金、皮革等重点行业的安全标准、基础通用标准、重点产品标准和检测方法标准。制定和修订塑料降解、制浆造纸、皮革鞣制、电池回收等资源节约与环境保护方面的标准，完善相应的技术标准体系。

（八）加强企业自身管理

加大法律宣传力度，加强企业自律，全面提高企业素质，增强企业守法经营意识和社会责任感。深化企业改革，加快现代企业制度建设，完善公司治理结构，提高企业管理的科学性。树立现代管理理念，加强企业管理，提高经营决策、产品设计、资源配置、产品生产、质量管理、市场开拓等水平，增强对市场需求的快速反应能力，努力开发适销对路产品，通过管理提高效益。重视人才培训，提高员工素质，合理配置人力资源。

（九）切实淘汰落后产能

建立产业退出机制，明确淘汰标准，量化淘汰指标，加大淘汰力度。力争三年内淘汰一批技术装备落后、资源能源消耗高、环保不达标的落后产能。造纸行业重点淘汰年产3.4万吨以下草浆生产装置和年产1.7万吨以下化学制浆生产线，关闭排放不达标、年产1万吨以下以废纸为原料的造纸厂。食品行业重点淘汰年产3万吨以下酒精、味精生产工艺及装置。皮革行业重点淘汰年加工3万标张以下的生产线。家电行业重点淘汰以氯氟烃为发泡剂或制冷剂的冰箱、冰柜、汽车空调器等产能和低能效产品产能。电池行业重点淘汰汞含量高于1ppm的圆柱形碱锰电池和汞含量高于5ppm的扣式碱锰电池。加快实施节能灯替代，淘汰6亿只白炽灯产能。

四、政策措施

（一）进一步扩大“家电下乡”补贴品种

根据农民意愿和行业发展要求，将微波炉和电磁炉纳入“家电下乡”补贴范围，并将每类产品每户只能购买一台的限制放宽到两台。中央财政加大对民族地区和地震重灾区的支持力度。

（二）提高部分轻工产品出口退税率

进一步提高部分不属于“两高一资”的轻工产品的出口退税率，加快出口退税进度，确保及时足额退税。

（三）调整加工贸易目录

继续禁止“两高一资”产品加工贸易。对符合国家产业政策和宏观调控要求，不属于高耗能、高污染的产品，取消加工贸易禁止。对部分劳动密集型产品以及技术含量较高、环保节能的产品，取消加工贸易限制。对全部使用进口资源且生产过程中污染和能耗较低的产品，允许开展加工贸易。

（四）解决涉农产品收储问题

进一步扩大食糖国家储备。鼓励地方政府采取流动资金贷款贴息等措施，支持企业收储纸浆及纸、浓缩苹果汁等涉农产品，缓解产品销售不畅、积压严重的状况。

（五）加强技术创新和技术改造

支持重点装备自主化、关键技术创新与产业化，支持提高重点行业技术装备水平、推进节能减排、强化食品加工安全以及自主品牌建设等。

（六）加大金融支持力度

尽快落实《国务院办公厅关于当前金融促进经济发展的若干意见》（国办发〔2008〕126号），鼓励金融机构加大对轻工企业信贷支持力度，对一些基本面较好、带动就业明显、信用记录较好但暂时出现经营困难的企业给予信贷支持，允许将到期的贷款适当展期；简化税务部门审核金融机构呆账核销手续和程序，对中小企业贷款实行税前全额拨备损失准备金；支持符合条件的企业发行公司债券、企业债券、中小企业集合债券、短期融资券等，拓展企业融资渠道；中央和地方财政要加大对资质好、管理规范的中小企业信用担保机构的支持力度，鼓励担保机构为中小型轻工企业提供信用担保和融资服务；利用出口信贷、出口信用保险等金融工具，帮助轻工企业便利贸易融资，防范国际贸易风险。鼓励保险公司开展产品质量保险和出口信用保险，为轻工企业提供风险保障。建立和完善中央集中式的、以互联网为基础的动产和权利担保登记中心，简化登记手续，降低登记收费，落实债权人的担保权益。

（七）大力扶持中小企业

现有支持中小企业发展的专项资金（基金）等向轻工企业倾斜，中央外贸发展基金加大对符合条件的轻工企业巩固和开拓国外市场的支持力度；按照有关规定，对中小型轻工企业实施缓缴社会保险费或降低相关社会保险费率等政策。

（八）加强产业政策引导

尽快研究制定发酵、粮油、皮革、电池、照明电器、日用玻璃、农膜等产业政策以及准入条件，研究完善重污染企业和落后产能退出机制，适时调整《产业结构调整指导目录》和《外商投资产业指导目录》。环保、土地、信贷、工商登记等相关政策要与产业政策相互衔接配合，充分体现有保有压的调控作用。

（九）鼓励兼并重组和淘汰落后

认真落实有关兼并重组的政策，在流动资金、债务核定、职工安置等方面给予支持；对于实施兼并重组企业的技术创新、技术改造给予优先支持。各级政府要加大轻工业重点行业淘汰落后产能力度，解决好职工安置、企业转产、债务化解等问题，促进社会和谐稳定。

（十）发挥行业协会作用

充分发挥行业协会在产业发展、技术进步、标准制定、贸易促进、行业准入和公共服务等方面的作用。建立轻工业经济运行及预测预警信息平台，及时反映行业情况和问题，引导企业落实产业政策，加强行业自律。

五、规划实施

国务院有关部门要按照《规划》分工，尽快制定完善相关政策措施，加强沟通，密切配合，确保《规划》顺利实施。要适时开展《规划》的后评价工作，及时提出评价意见。

各地区要按照《规划》确定的目标、任务和政策措施，结合当地实际抓紧制定具体落实方案，确保取得实效。具体工作方案和实施过程中出现的新情况、新问题要及时报送发展改革委、工业和信息化部等有关部门。

国务院

二〇〇九年五月十八日

文化产业振兴规划

国发〔2009〕30号

党的十七大明确提出，要积极发展公益性文化事业，大力发展文化产业，激发全民族文化创造活力，更加自觉、更加主动地推动文化大发展大繁荣。为贯彻落实中央精神，在重视发展公益性文化事业的同时，加快振兴文化产业，充分发挥文化产业在调整结构、扩大内需、增加就业、推动发展中的重要作用，结合当前应对国际金融危机的新形势和文化领域改革发展的迫切需要，特制定本规划。

一、加快文化产业振兴的重要性紧迫性

文化产业是市场经济条件下繁荣发展社会主义文化的重要载体，是满足人民群众多样化、多层次、多方面精神文化需求的重要途径，也是推动经济结构调整、转变经济发展方式的重要着力点。党的十六大以来，党中央、国务院高度重视发展文化产业，采取了一系列政策措施，深入推进文化体制改革，加快推动文化产业发展。国有经营性文化单位转企改制取得重要进展，涌现出一批具有较强实力和竞争力的文化企业和企业集团，文化产业规模逐步壮大，以公有制为主体、多种所有制共同发展的文化产业格局初步形成。文化“走出去”步伐加快，文化进出口贸易逆差逐步缩小，我国文化产业的国际竞争力不断增强。总的看，我国文化产业呈现出健康向上、蓬勃发展的良好态势，正在成为推动社会主义文化大发展大繁荣的重要引擎和经济发展新的增长点。

同时要看到，我国文化产业的发展水平还不高、活力还不强，与人民群众日益增长的精神文化需求还不相适应，与日趋完善的社会主义市场经济体制还不相适应，与现代科学技术迅猛发展及广泛应用还不相适应，与我国对外开放不断扩大的新形势还不相适应。当前，国际金融危机仍未见底，并对文化产业发展产生诸多影响，但困难和挑战中蕴含着新的机遇和有利条件，文化具有反向调节功能，面对经济下滑，文化产业有逆势而上的特点，这为创新文化体制机制、做大做强文化产业带来了契机。要抓住机遇，大力振兴文化产业，为“保增长、扩内需、调结构、促改革、惠民生”作出贡献。

二、指导思想、基本原则和规划目标

（一）指导思想

全面贯彻党的十七大精神，坚持以邓小平理论和“三个代表”重要思想为指导，深入贯彻落实科学发展观，紧紧围绕《国家“十一五”时期文化发展规划纲要》确定的文化产业发展的各项目标任务和当前文化体制改革的重点，大力培育市场主体，加快转变文化产业发展方式，进一步解放和发展文化生产力，切实维护我国文化安全，推动文化产业又好又快发展，将文化产业培育成国民经济新的增长点。

（二）基本原则

坚持把社会效益放在首位，努力实现社会效益和经济效益的统一；坚持以体制改革和科技进步为动力，增强文化产业发展活力，提升文化创新能力；坚持走中国特色文化产业发展道路，学习借鉴世界优秀文化，积极推动中华民族文化繁荣发展；坚持以结构调整为主线，加快推进重大工程项目，扩大产业规模，增强文化产业整体实力和竞争力；坚持内外并举，积极开拓国内国际文化市场，增强中华文化在国际上的影响力。

（三）规划目标

完成经营性文化单位转企改制，文化市场主体进一步完善，活力进一步增强，文化产业规模不断扩大，推动经济社会发展的功能和作用得到较好发挥。

1．文化市场主体进一步完善

按照创新体制、转换机制、面向市场、增强活力的原则，基本完成经营性文化单位转企改制，文化市场主体进一步完善，活力进一步增强。

2．文化产业结构进一步优化

重点行业和项目对文化的拉动作用明显增强，文化创意、影视制作、出版发行、印刷复制、广告、演艺娱乐、文化会展、数字内容和动漫等产业得到较快发展，以资本为纽带推进文化企业兼并重

组取得重要进展，力争形成一批跨地区跨行业经营、有较强市场竞争力、产值超百亿的骨干文化企业和企业集团。

3．文化创新能力进一步提升

文化体制机制创新取得实质性进展，文化产业发展活力明显增强，以企业为主体、市场为导向、产学研相结合的文化创新体系初步形成，文化原创能力进一步提高，数字化、网络化技术广泛运用，文化企业装备水平和科技含量显著提高。

4．现代文化市场体系进一步完善

市场在文化资源配置中的基础性作用得到更好的发挥，文化产品和生产要素合理流动，城乡文化市场进一步发展，现代流通组织和流通形式逐步成为文化流通领域的主要力量，文化消费领域不断拓展，在城乡居民消费结构中的比重明显增加。

5．文化产品和服务出口进一步扩大

一批外向型骨干文化企业和国际知名品牌初步形成，对外文化贸易渠道和网络进一步拓展，文化产品和服务出口大幅增长，文化贸易逆差明显缩小，成为我国服务贸易出口的重要增长点。

三、重点任务

当前和今后一个时期，要着力做好以下八个方面工作。

（一）发展重点文化产业

以文化创意、影视制作、出版发行、印刷复制、广告、演艺娱乐、文化会展、数字内容和动漫等产业为重点，加大扶持力度，完善产业政策体系，实现跨越式发展。文化创意产业要着重发展文化科技、音乐制作、艺术创作、动漫游戏等企业，增强影响力和带动力，拉动相关服务业和制造业的发展。影视制作业要提升影片、电视剧和电视节目的生产能力，扩大影视制作、发行、播映和后产品开发，满足多种媒体、多种终端对影视数字内容的需求。出版业要推动产业结构调整和升级，加快从主要依赖传统纸介质出版物向多种介质形态出版物的数字出版产业转型。出版物发行业要积极开展跨地区、跨行业、跨所有制经营，形成若干大型发行集团，提高整体实力和竞争力。印刷复制业要发展高新技术印刷、特色印刷，建成若干各具特色、技术先进的印刷复制基地。演艺业要加快形成一批大型演艺集团，加强演出网络建设。动漫产业要着力打造深受观众喜爱的国际化动漫形象和品牌，成为文化产业的重要增长点。

（二）实施重大项目带动战略

以文化企业为主体，加大政策扶持力度，充分调动社会各方面的力量，加快建设一批具有重大示范效应和产业拉动作用的重大文化产业项目。继续推进国产动漫振兴工程、国家数字电影制作基地建设工程、多媒体数据库和经济信息平台、“中华字库”工程、国家“知识资源数据库”出版工程等重大文化建设项目。选择一批具备实施条件的重点项目给予支持。

（三）培育骨干文化企业

着力培育一批有实力、有竞争力的骨干文化企业，增强我国文化产业的整体实力和国际竞争力。坚持政府引导、市场运作，科学规划、合理布局，在重点文化产业中选择一批成长性好、竞争力强的文化企业或企业集团，加大政策扶持力度，推动跨地区、跨行业联合或重组，尽快壮大企业规模，提高集约化经营水平，促进文化领域资源整合和结构调整。鼓励和引导有条件的文化企业面向资本市场融资，培育一批文化领域战略投资者，实现低成本扩张，进一步做大做强。

（四）加快文化产业园区和基地建设

加强对文化产业园区和基地布局的统筹规划，坚持标准、突出特色、提高水平，促进各种资源合理配置和产业分工。对符合规划的产业园区和基地，在基础设施建设、土地使用、税收政策等方面给予支持。建设若干辐射全国的区域文化产品物流中心，建设一批文化创意、影视制作、出版发行、印刷复制、演艺娱乐和动漫等产业示范基地，支持和加快发展具有地域和民族特色的文化产业群。

（五）扩大文化消费

不断适应当前城乡居民消费结构的新变化和审美的新需求，创新文化产品和服务，提高文化消费意识，培育新的消费热点。加强原创性作品的创作，打造一批具有核心竞争力的知名文化品牌。努力降低成本，提供价格合理、丰富多样的精神文化产品和服务。加快建设具有自主知识产权、科技含量高、富有中国文化特色的主题公园。开发与文化结合的教育培训、健身、旅游、休闲等服务性消费，带动相关产业发展。

（六）建设现代文化市场体系

建立健全门类齐全的文化产品市场和文化要素市场，促进文化产品和生产要素的合理流动。重点建设传输快捷、覆盖广泛的文化传播渠道。发展文艺演出院线，推动主要城市演出场所连锁经营。支持全国文化票务网络建设。推进有线电视网络整合，鼓励通过并购、重组等方式，进行广电网络的区域整合和跨地区经营。推进电影院线、数字电影院线的跨地区整合以及数字影院的建设和改造。支持国有出版发行企业以资本为纽带实行跨地区兼并重组。鼓励非公有资本进入文化创意、影视制作、演艺娱乐、动漫等领域。支持优先选用拥有自主知识产权、产品质量水平高的文化设备及产品。

（七）发展新兴文化业态

采用数字、网络等高新技术，大力推动文化产业升级。支持发展移动多媒体广播电视、网络广播影视、数字多媒体广播、手机广播电视，开发移动文化信息服务、数字娱乐产品等增值业务，为各种便携显示终端提供内容服务。加快广播电视传播和电影放映数字化进程。积极推进下一代广播电视网建设，发挥第三代移动通信网络、宽带光纤接入网络等网络基础设施的作用，制定和完善网络标准，促进互联互通和资源共享，推进三网融合。积极发展纸质有声读物、电子书、手机报和网络出版物等新兴出版发行业态。发展高新技术印刷。运用高新技术改造传统娱乐设施和舞台技术，鼓励文化设备提供商研发新型电影院、数字电影娱乐设备、便携式音响系统、流动演出系统及多功能集成化音响产品。加强数字技术、数字内容、网络技术等核心技术的研发，加快关键技术设备改造更新。

（八）扩大对外文化贸易

落实国家鼓励和支持文化产品和服务出口的优惠政策，在市场开拓、技术创新、海关通关等方面给予支持。制定《2009－2010年度国家文化出口重点企业和项目目录》，形成鼓励、支持文化产品和服务出口的长效机制。重点扶持具有民族特色的文化艺术、展览、电影、电视剧、动画片、网络游戏、出版物、民族音乐舞蹈和杂技等产品和服务的出口，抓好国际营销网络建设。支持动漫、网络游戏、电子出版物等文化产品进入国际市场。鼓励文化企业通过独资、合资、控股、参股等多种形式，在国外兴办文化实体，建立文化产品营销网点，实现落地经营。办好国家重点支持的文化会展，通过中国（深圳）国际文化产业博览会、中国国际广播影视博览会、北京国际图书博览会等推动文化产品和服务出口。支持文化企业参加境外图书展、影视展、艺术节等国际大型展会和文化活动。

四、政策措施

（一）降低准入门槛

落实国家关于非公有资本、外资进入文化产业的有关规定，根据文化产业不同类别，通过独资、合资、合作等多种途径，积极吸收社会资本和外资进入政策允许的文化产业领域，参与国有文化企业的股份制改造，形成以公有制为主体、多种所有制共同发展的文化产业格局。

（二）加大政府投入

中央和地方各级人民政府要加大对文化产业的投入，通过贷款贴息、项目补贴、补充资本金等方式，支持国家级文化产业基地建设，支持文化产业重点项目及跨区域整合，支持国有控股文化企业股份制改造，支持文化领域新产品、新技术的研发。支持大宗文化产品和服务的出口。大幅增加中央财政“扶持文化产业发展专项资金”和文化体制改革专项资金规模，不断加大对文化产业发展和文化体制改革的支持力度。

（三）落实税收政策

贯彻落实《国务院办公厅关于印发文化体制改革中经营性文化事业单位转制为企业和支持文化企业发展两个规定的通知》中的相关税收优惠政策，研究确定文化产业支撑技术的具体范围，加大税收扶持力度，支持文化产业发展。

（四）加大金融支持

鼓励银行业金融机构加大对文化企业的金融支持力度。积极倡导鼓励担保和再担保机构大力开发支持文化产业发展、文化企业“走出去”的贷款担保业务品种。支持有条件的文化企业进入主板、创业板上市融资，鼓励已上市文化企业通过公开增发、定向增发等再融资方式进行并购和重组，迅速做大做强。支持符合条件的文化企业发行企业债券。

（五）设立中国文化产业投资基金

按照有关管理办法，由中央财政注资引导，吸收国有骨干文化企业、大型国有企业和金融机构认购。基金由专门机构进行管理，实行市场化运作，通过股权投资等方式，推动资源重组和结构调整，促进国家文化发展战略目标的实现。

五、保障条件

（一）加强组织领导

地方各级人民政府要按照科学发展观的要求，切实将《规划》的实施列入重要议事日程，把《规划》提出的目标任务纳入经济社会发展总体规划，建立相关的考核、评价和责任制度，作为评价地区发展水平、衡量发展质量和领导干部工作实绩的重要内容。文化行政主管部门在党委宣传部门协调指导下，具体组织实施，相关部门密切配合，确保《规划》提出的各项任务落到实处。

（二）深化文化体制改革

通过深化文化体制改革，进一步解放和发展文化生产力，激发全社会的文化创造活力。要紧紧抓住转企改制、重塑市场主体这个中心环节，加快推进出版发行单位转企改制和兼并重组，加快电影制片、发行、放映单位和文艺院团转企改制，抓好党报党刊发行体制和广播电视节目制播分离改革。大力推动行政管理体制改革和政府职能转变，建立统一高效的文化市场综合执法机构。

（三）培养文化产业人才

继续抓好全国宣传文化系统“四个一批”人才培养工程，着力加强领军人物和各类专门人才的培养。继续办好经营管理人才培训班，培养一批熟悉市场经济规律，懂经营、善管理的人才。吸引财经、金融、科技等领域的优秀人才进入文化产业领域。注重海外文化创意、研发、管理等高端人才的引进，为我国文化产业发展提供强有力的人才保障。

（四）加强立法工作

进一步完善法律体系，依法加强对文化产业发展的规范管理。完善国家知识产权保护体系，严厉打击各类盗版侵权行为，促进国家文化创新能力建设。

国务院

二〇〇九年九月二十六日

国务院关于进一步促进中小企业发展的若干意见

国发〔2009〕36号

各省、自治区、直辖市人民政府，国务院各部委、各直属机构：

中小企业是我国国民经济和社会发展的重要力量，促进中小企业发展，是保持国民经济平稳较快发展的重要基础，是关系民生和社会稳定的重大战略任务。受国际金融危机冲击，去年下半年以来，我国中小企业生产经营困难。中央及时出台相关政策措施，加大财税、信贷等扶持力度，改善中小企业经营环境，中小企业生产经营出现了积极变化，但发展形势依然严峻。主要表现在：融资难、担保难问题依然突出，部分扶持政策尚未落实到位，企业负担重，市场需求不足，产能过剩，经济效益大幅下降，亏损加大等。必须采取更加积极有效的政策措施，帮助中小企业克服困难，转变发展方式，实现又好又快发展。现就进一步促进中小企业发展提出以下意见：

一、进一步营造有利于中小企业发展的良好环境

（一）完善中小企业政策法律体系

落实扶持中小企业发展的政策措施，清理不利于中小企业发展的法律法规和规章制度。深化垄断行业改革，扩大市场准入范围，降低准入门槛，进一步营造公开、公平的市场环境。加快制定融资性担保管理办法，修订《贷款通则》，修订中小企业划型标准，明确对小型企业的扶持政策。

（二）完善政府采购支持中小企业的有关制度

制定政府采购扶持中小企业发展的具体办法，提高采购中小企业货物、工程和服务的比例。进一步提高政府采购信息发布透明度，完善政府公共服务外包制度，为中小企业创造更多的参与机会。

（三）加强对中小企业的权益保护

组织开展对中小企业相关法律和政策特别是金融、财税政策贯彻落实情况的监督检查，发挥新闻舆论和社会监督的作用，加强政策效果评价。坚持依法行政，保护中小企业及其职工的合法权益。

（四）构建和谐劳动关系

采取切实有效措施，加大对劳动密集型中小企业的支持，鼓励中小企业不裁员、少裁员，稳定和增加就业岗位。对中小企业吸纳困难人员就业、签订劳动合同并缴纳社会保险费的，在相应期限内给予基本养老保险补贴、基本医疗保险补贴、失业保险补贴。对受金融危机影响较大的困难中小企业，将阶段性缓缴社会保险费或降低费率政策执行期延长至2010年底，并按规定给予一定期限的社会保险补贴或岗位补贴、在岗培训补贴等。中小企业可与职工就工资、工时、劳动定额进行协商，符合条件的，可向当地人力资源社会保障部门申请实行综合计算工时和不定时工作制。

二、切实缓解中小企业融资困难

（五）全面落实支持小企业发展的金融政策

完善小企业信贷考核体系，提高小企业贷款呆账核销效率，建立完善信贷人员尽职免责机制。鼓励建立小企业贷款风险补偿基金，对金融机构发放小企业贷款按增量给予适度补助，对小企业不良贷款损失给予适度风险补偿。

（六）加强和改善对中小企业的金融服务

国有商业银行和股份制银行都要建立小企业金融服务专营机构，完善中小企业授信业务制度，逐步提高中小企业中长期贷款的规模和比重。提高贷款审批效率，创新金融产品和服务方式。完善财产抵押制度和贷款抵押物认定办法，采取动产、应收账款、仓单、股权和知识产权质押等方式，缓解中小企业贷款抵质押不足的矛盾。对商业银行开展中小企业信贷业务实行差异化的监管政策。建立和完善中小企业金融服务体系。加快研究鼓励民间资本参与发起设立村镇银行、贷款公司等股份制金融机构的办法；积极支持民间资本以投资入股的方式，

参与农村信用社改制为农村商业（合作）银行、城市信用社改制为城市商业银行以及城市商业银行的增资扩股。支持、规范发展小额贷款公司，鼓励有条件的小额贷款公司转为村镇银行。

（七）进一步拓宽中小企业融资渠道

加快创业板市场建设，完善中小企业上市育成机制，扩大中小企业上市规模，增加直接融资。完善创业投资和融资租赁政策，大力发展创业投资和融资租赁企业。鼓励有关部门和地方政府设立创业投资引导基金，引导社会资金设立主要支持中小企业的创业投资企业，积极发展股权投资基金。发挥融资租赁、典当、信托等融资方式在中小企业融资中的作用。稳步扩大中小企业集合债券和短期融资券的发行规模，积极培育和规范发展产权交易市场，为中小企业产权和股权交易提供服务。

（八）完善中小企业信用担保体系

设立包括中央、地方财政出资和企业联合组建的多层次中小企业融资担保基金和担保机构。各级财政要加大支持力度，综合运用资本注入、风险补偿和奖励补助等多种方式，提高担保机构对中小企业的融资担保能力。落实好对符合条件的中小企业信用担保机构免征营业税、准备金提取和代偿损失税前扣除的政策。国土资源、住房城乡建设、金融、工商等部门要为中小企业和担保机构开展抵押物和出质的登记、确权、转让等提供优质服务。加强对融资性担保机构的监管，引导其规范发展。鼓励保险机构积极开发为中小企业服务的保险产品。

（九）发挥信用信息服务在中小企业融资中的作用

推进中小企业信用制度建设，建立和完善中小企业信用信息征集机制和评价体系，提高中小企业的融资信用等级。完善个人和企业征信系统，为中小企业融资提供方便快速的查询服务。构建守信受益、失信惩戒的信用约束机制，增强中小企业信用意识。

三、加大对中小企业的财税扶持力度

（十）加大财政资金支持力度

逐步扩大中央财政预算扶持中小企业发展的专项资金规模，重点支持中小企业技术创新、结构调整、节能减排、开拓市场、扩大就业，以及改善对中小企业的公共服务。加快设立国家中小企业发展基金，发挥财政资金的引导作用，带动社会资金支持中小企业发展。地方财政也要加大对中小企业的支持力度。

（十一）落实和完善税收优惠政策

国家运用税收政策促进中小企业发展，具体政策由财政部、税务总局会同有关部门研究制定。为有效应对国际金融危机，扶持中小企业发展，自2010年1月1日至2010年12月31日，对年应纳税所得额低于3万元（含3万元）的小型微利企业，其所得减按50%计入应纳税所得额，按20%的税率缴纳企业所得税。中小企业投资国家鼓励类项目，除《国内投资项目不予免税的进口商品目录》所列商品外，所需的进口自用设备以及按照合同随设备进口的技术及配套件、备件，免征进口关税。中小企业缴纳城镇土地使用税确有困难的，可按有关规定向省级财税部门或省级人民政府提出减免税申请。中小企业因有特殊困难不能按期纳税的，可依法申请在三个月内延期缴纳。

（十二）进一步减轻中小企业社会负担

凡未按规定权限和程序批准的行政事业性收费项目和政府性基金项目，均一律取消。全面清理整顿涉及中小企业的收费，重点是行政许可和强制准入的中介服务收费、具有垄断性的经营服务收费，能免则免，能减则减，能缓则缓。严格执行收费项目公示制度，公开前置性审批项目、程序和收费标准，严禁地方和部门越权设立行政事业性收费项目，不得擅自将行政事业性收费转为经营服务性收费。进一步规范执收行为，全面实行中小企业缴费登记卡制度，设立各级政府中小企业负担举报电话。健全各级政府中小企业负担监督制度，严肃查处乱收费、乱罚款及各种摊派行为。任何部门和单位不得通过强制中小企业购买产品、接受指定服务等手段牟利。严格执行税收征收管理法律法规，不得违规向中小企业提前征税或者摊派税款。

四、加快中小企业技术进步和结构调整

（十三）支持中小企业提高技术创新能力和产品质量

支持中小企业加大研发投入，开发先进适用的技术、工艺和设备，研制适销对路的新产品，提高

产品质量。加强产学研联合和资源整合，加强知识产权保护，重点在轻工、纺织、电子等行业推进品牌建设，引导和支持中小企业创建自主品牌。支持中华老字号等传统优势中小企业申请商标注册，保护商标专用权，鼓励挖掘、保护、改造民间特色传统工艺，提升特色产业。

（十四）支持中小企业加快技术改造

按照重点产业调整和振兴规划要求，支持中小企业采用新技术、新工艺、新设备、新材料进行技术改造。中央预算内技术改造专项投资中，要安排中小企业技术改造资金，地方政府也要安排中小企业技术改造专项资金。中小企业的固定资产由于技术进步原因需加速折旧的，可按规定缩短折旧年限或者采取加速折旧的方法。

（十五）推进中小企业节能减排和清洁生产

促进重点节能减排技术和高效节能环保产品、设备在中小企业的推广应用。按照发展循环经济的要求，鼓励中小企业间资源循环利用。鼓励专业服务机构为中小企业提供合同能源管理、节能设备租赁等服务。充分发挥市场机制作用，综合运用金融、环保、土地、产业政策等手段，依法淘汰中小企业中的落后技术、工艺、设备和产品，防止落后产能异地转移。严格控制过剩产能和“两高一资”行业盲目发展。对纳入环境保护、节能节水企业所得税优惠目录的投资项目，按规定给予企业所得税优惠。

（十六）提高企业协作配套水平

鼓励中小企业与大型企业开展多种形式的经济技术合作，建立稳定的供应、生产、销售等协作关系。鼓励大型企业通过专业分工、服务外包、订单生产等方式，加强与中小企业的协作配套，积极向中小企业提供技术、人才、设备、资金支持，及时支付货款和服务费用。

（十七）引导中小企业集聚发展

按照布局合理、特色鲜明、用地集约、生态环保的原则，支持培育一批重点示范产业集群。加强产业集群环境建设，改善产业集聚条件，完善服务功能，壮大龙头骨干企业，延长产业链，提高专业化协作水平。鼓励东部地区先进的中小企业通过收购、兼并、重组、联营等多种形式，加强与中西部地区中小企业的合作，实现产业有序转移。

（十八）加快发展生产性服务业

鼓励支持中小企业在科技研发、工业设计、技术咨询、信息服务、现代物流等生产性服务业领域发展。积极促进中小企业在软件开发、服务外包、网络动漫、广告创意、电子商务等新兴领域拓展，扩大就业渠道，培育新的经济增长点。

五、支持中小企业开拓市场

（十九）支持引导中小企业积极开拓国内市场

支持符合条件的中小企业参与家电、农机、汽车摩托车下乡和家电、汽车“以旧换新”等业务。中小企业专项资金、技术改造资金等要重点支持销售渠道稳定、市场占有率高的中小企业。采取财政补助、降低展费标准等方式，支持中小企业参加各类展览展销活动。支持建立各类中小企业产品技术展示中心，办好中国国际中小企业博览会等展览展销活动。鼓励电信、网络运营企业以及新闻媒体积极发布市场信息，帮助中小企业宣传产品，开拓市场。

（二十）支持中小企业开拓国际市场

进一步落实出口退税等支持政策，研究完善稳定外需、促进外贸发展的相关政策措施，稳定和开拓国际市场。充分发挥中小企业国际市场开拓资金和出口信用保险的作用，加大优惠出口信贷对中小企业的支持力度。鼓励支持有条件的中小企业到境外开展并购等投资业务，收购技术和品牌，带动产品和服务出口。

（二十一）支持中小企业提高自身市场开拓能力

引导中小企业加强市场分析预测，把握市场机遇，增强质量、品牌和营销意识，改善售后服务，提高市场竞争力。提升和改造商贸流通业，推广连锁经营、特许经营等现代经营方式和新型业态，帮助和鼓励中小企业采用电子商务，降低市场开拓成本。支持餐饮、旅游、休闲、家政、物业、社区服务等行业拓展服务领域，创新服务方式，促进扩大消费。

六、努力改进对中小企业的服务

（二十二）加快推进中小企业服务体系建设

加强统筹规划，完善服务网络和服务设施，

积极培育各级中小企业综合服务机构。通过资格认定、业务委托、奖励等方式，发挥工商联以及行业协会（商会）和综合服务机构的作用，引导和带动专业服务机构的发展。建立和完善财政补助机制，支持服务机构开展信息、培训、技术、创业、质量检验、企业管理等服务。

（二十三）加快中小企业公共服务基础设施建设

通过引导社会投资、财政资金支持等多种方式，重点支持在轻工、纺织、电子信息等领域建设一批产品研发、检验检测、技术推广等公共服务平台。支持小企业创业基地建设，改善创业和发展环境。鼓励高等院校、科研院所、企业技术中心开放科技资源，开展共性关键技术研究，提高服务中小企业的水平。完善中小企业信息服务网络，加快发展政策解读、技术推广、人才交流、业务培训和市场营销等重点信息服务。

（二十四）完善政府对中小企业的服务

深化行政审批制度改革，全面清理并进一步减少、合并行政审批事项，实现审批内容、标准和程序的公开化、规范化。投资、工商、税务、质检、环保等部门要简化程序、缩短时限、提高效率，为中小企业设立、生产经营等提供便捷服务。地方各级政府在制定和实施土地利用总体规划和年度计划时，要统筹考虑中小企业投资项目用地需求，合理安排用地指标。

七、提高中小企业经营管理水平

（二十五）引导和支持中小企业加强管理

支持培育中小企业管理咨询机构，开展管理咨询活动。引导中小企业加强基础管理，强化营销和风险管理，完善治理结构，推进管理创新，提高经营管理水平。督促中小企业苦练内功、降本增效，严格遵守安全、环保、质量、卫生、劳动保障等法律法规，诚实守信经营，履行社会责任。

（二十六）大力开展对中小企业各类人员的培训

实施中小企业银河培训工程，加大财政支持力度，充分发挥行业协会（商会）、中小企业培训机构的作用，广泛采用网络技术等手段，开展政策法规、企业管理、市场营销、专业技能、客户服务等各类培训。高度重视对企业经营管理者的培训，在3年内选择100万家成长型中小企业，对其经营管理者实施全面培训。

（二十七）加快推进中小企业信息化

继续实施中小企业信息化推进工程，加快推进重点区域中小企业信息化试点，引导中小企业利用信息技术提高研发、管理、制造和服务水平，提高市场营销和售后服务能力。鼓励信息技术企业开发和搭建行业应用平台，为中小企业信息化提供软硬件工具、项目外包、工业设计等社会化服务。

八、加强对中小企业工作的领导

（二十八）加强指导协调

成立国务院促进中小企业发展工作领导小组，加强对中小企业工作的统筹规划、组织领导和政策协调，领导小组办公室设在工业和信息化部。各地可根据工作需要，建立相应的组织机构和工作机制。

（二十九）建立中小企业统计监测制度

统计部门要建立和完善对中小企业的分类统计、监测、分析和发布制度，加强对规模以下企业的统计分析工作。有关部门要及时向社会公开发布发展规划、产业政策、行业动态等信息，逐步建立中小企业市场监测、风险防范和预警机制。

促进中小企业健康发展既是一项长期战略任务，也是当前保增长、扩内需、调结构、促发展、惠民生的紧迫任务。各地区、各有关部门要进一步提高认识，统一思想，结合实际，尽快制定贯彻本意见的具体办法，并切实抓好落实。

国务院

二〇〇九年九月十九日

国家产业技术政策

工信部联制【2009】232号

产业技术进步和创新已成为直接推动经济和社会发展的核心原动力。坚持市场需求与政策引导相结合，坚持全面提升与重点突破相结合，坚持长远战略与近期目标相结合，坚持传统产业与高技术产业发展相结合的原则，加快提升我国产业技术水平，促进产业结构调整，转变经济发展方式，大力发展循环经济，培育产业核心竞争力，具有十分重要的作用。《国家产业技术政策》以推进我国工业化和信息化为核心，促进相关产业的自主创新能力提高，实现产业结构优化和产业技术升级。

第一章　发展目标

第一条　提升我国产业的国际竞争力。加大以自主创新为主的产业技术研发力度，实现产业技术升级，推动产业结构优化。在未来一段时期内，重点开发一批具有世界先进水平的技术和工艺；着力研制一批具有自主知识产权的产品和装备；推广应用一批影响产业发展的共性关键技术和具有示范带动作用的先进适用技术；积极培育一批具有国际竞争优势的大型企业和企业集团；大力扶持一批可以有效促进产业发展的技术联盟，从而提高我国产业国际竞争力。

第二条　满足国民经济和社会发展需要。加强引进技术的消化吸收再创新，重点研究产业发展的核心、关键共性技术，着力实现重大技术装备的国产化，满足国民经济发展的需要，满足国家工程建设的需要，保障国家经济安全；加快淘汰高消耗、高污染的落后工艺技术和生产能力，大力发展循环经济，逐步构建节约型的产业结构和消费结构，形成绿色产业技术体系。

第三条　增强企业创新能力。发挥企业技术创新主体作用。落实财税、投资、金融、政府采购等政策，引导和支持企业加大技术创新的投入，加快形成以企业为主体、市场为导向、产学研相结合的技术创新体系。

第二章　构建和完善技术创新体系，推动产业技术升级

第四条　构建促进产业发展的技术创新体系，搭建技术研发平台。整合全社会资源，加强产学研结合，建立以企业技术联盟、企业技术中心、工程中心、工程实验室、高等院校和科研院所为骨干的共性技术、关键技术研发平台，发挥大型企业技术联盟的骨干作用，加强对产业技术开发基地的扶持。

第五条　建立科学的产业技术评估评价体系。规范和完善产业技术评估评价体系，协调技术创新与产业应用和技术标准的关系，加强技术标准的贯彻实施，促进技术创新成果的推广应用，推进产业结构调整和技术升级。

第六条　完善技术服务机制。扶持各种类型为企业技术创新服务的中介机构发展，充分发挥行业协会和科技中介机构在国家创新体系中的作用，形成社会化、网络化的技术服务体系。

第七条　建立健全军民结合的技术创新机制。加强军民高技术研发力量的集成，搭建军民技术双向转移平台，拓宽军民结合、军民共用的渠道，积极推进军用技术和民用技术的转移和辐射。

第三章　发挥企业主体作用，促进产业技术研发与创新

第八条　充分发挥企业技术创新的主体作用。鼓励企业不断增强创新意识，营造创新氛围，加大创新投入，培育创新人才，真正成为研究开发投入的主体、技术创新活动的主体和创新成果应用的主体。

第九条　支持以企业为主体的技术开发。鼓励有条件的企业建立技术中心，支持大企业采取产学研联合或企业技术联盟等多种方式开展产业共性关键技术研发，培育和增强大企业自主创新能力和自主研究开发产业技术的能力。建立和完善公共技术支持服务平台，为中小企业提供技术服务，逐步提高中小企业的技术创新能力、配套能力和专业化生产的技术水平。

第十条　加大信贷支持力度，支持企业进行重大产业关键技术、共性技术的研发。增加中小企业获取技术发展信贷的额度，改善对中小企业技术创新的金融服务。

第十一条　促进企业实施可持续发展战略。重点支持体现循环经济、可持续发展战略的节能、环保、新能源开发、再生资源及资源综合利用技术的开发、利用和政府采购。

第十二条　鼓励企业发展符合《国家产业技术发展指南》的产业技术，引导企业通过产业技术的研究开发增强核心竞争力。

第十三条　支持企业加强技术改造。通过财政、金融等政策，支持企业用高新技术和先进适用技术提升改造生产经营的薄弱环节和瓶颈，促进技术创新成果的应用。

第四章　健全法律法规体系，加强规划和政策的引导

第十四条　完善法律法规体系。研究制订促进产业技术发展的相关法律法规，明确产业技术进步与创新在国民经济和社会发展中的法律地位。贯彻《中华人民共和国科学技术进步法》、《中华人民共和国科技成果转化法》等法律法规，更加有效地用法律法规促进和保障产业技术发展。

第十五条　制定和完善产业技术发展规划。依据《国家中长期科学和技术发展规划纲要（2006—2020年）》，按照重点行业的实际发展情况，积极完善我国重点产业的技术发展规划，增强重点产业的竞争实力。加强规划与国家科技计划的衔接，加快组织实施对我国经济社会发展影响深远、带动性强的关键和共性技术与装备的研制开发，不断提升我国的产业技术水平。

第十六条　制订《国家产业技术发展指南》。国家制订和定期调整《国家产业技术发展指南》。引导地方、行业、企业和研究机构开展针对性的技术创新工作，鼓励发展关系国家经济、社会发展和国防安全的战略性技术；积极发展关联性强、制约我国产业总体技术水平提升的关键技术；大力发展通用性强、应用领域广泛、在经济社会发展中发挥基础作用的共性技术。

第五章　构建技术标准体系，实施知识产权战略

第十七条　加强技术标准研究。加强对重要技术标准的指导协调和重点领域的技术标准研究，支持企业通过技术创新推动以我为主形成技术标准，加快国外先进标准向国内标准的转化，推动国家标准体系建设；重点扶持一批国家级骨干科研机构，为促进产业技术发展的标准体系建设提供技术支持。

第十八条　有效利用技术标准。积极运用技术标准，推动我国产业结构优化调整，促进企业自主创新能力提高。提高标准制定审查工作效率，合理缩短标龄。

第十九条　积极参加国际标准制定。支持自主制定和参与制定国际技术标准，鼓励和推动我国技术标准成为国际标准。对推动我国技术标准成为国际标准给予政策支持。对影响我国产业技术进步的国外技术法规，政府部门、行业协会和企业应及时组织有关方面研究、论证，提出相应政策，消除国外技术壁垒。

第二十条　掌握核心技术的知识产权。根据产业技术发展需要，确定不同时期需要掌握知识产权的关键技术和核心技术，组织力量进行攻关，取得自主知识产权，促进产业结构调整和升级，带动产业技术整体水平的提高。对国内企业开发的具有自主知识产权的重大技术装备和产品，经认定为国家自主创新产品的，在政府采购活动中，按照自主创新的政府采购政策规定执行。

第二十一条　依法加强知识产权保护。努力提高知识产权执法水平与效率，大力推动高等学校、科研院所将拥有知识产权的创新成果转化为现实生产力。根据我国产业技术发展阶段特点，合理确定、适时调整知识产权的保护范围和保护力度，使知识产权保护有利于产业技术的创新、转移与扩散，形成自主品牌。

第六章　广泛开展国际合作与交流，强化技术引进消化再创新

第二十二条　立足自主创新，发展产业技术。积极推动原始创新，形成创新的重要基础，推动产业技术水平不断提高；加快发展集成创新，形成整合优势，实现关键领域的整体发展；大力加强引进消化吸收再创新，充分利用全球科技资源，形成后

发优势，加速提升产业技术水平。

第二十三条　鼓励自主创新，限制盲目重复引进。国家加强技术引进消化吸收再创新工作，并将制定技术引进消化吸收再创新方案作为重点工程项目审批和核准的重要依据，推动自主产业技术成果的研究开发、转化和产业化。定期发布禁止引进和限制引进技术目录，禁止或限制进口高消耗、高污染和不符合国家产业政策的技术和装备。

第二十四条　加强统筹协调，促进引进技术消化吸收再创新。对国内多家企业需要引进的技术和装备，国家将组织统一招标，协调引进、消化吸收和再创新；对于国内尚不能提供的重大技术装备，引导外商联合国内企业投标，在进口装备的同时引进国外先进设计制造技术，并确保国内企业有足够的分包比例。鼓励企业与高等院校和科研院所联合引进、共同消化吸收和再创新，其成果实行共享和有偿转让。

第二十五条　加大对引进技术消化吸收再创新的投入。国家给予必要的财税政策，重点支持国家急需的重大技术装备和重大产业技术的引进、消化吸收和再创新工作。对承担国家重大科技专项的企业，进口国内不能生产的关键科研仪器设备、原材料及零部件免征进口关税和进口环节增值税。对国家支持发展的重大技术装备和产品确有必要进口的关键部件及原材料，免征进口关税和进口环节增值税。

第二十六条　支持企业走出去。鼓励国内企业采用直接投资、合资、合作、并购等方式到境外设立技术研究开发机构，组建研发联盟，多形式、多渠道利用海外优势科技力量研发具有自主知识产权的产业技术。

第二十七条　充分利用国际科技资源。改善投资环境，吸引大型跨国公司在华建立技术研究开发机构。支持国内企业与国外企业开展合作研究开发，鼓励国外风险投资、咨询机构参与国内产业技术研发和产业化。以国内紧缺的关键技术、共性技术为重点，积极创造条件，通过构建“项目—人才—基地”三位一体、相互依托、互为促进的合作方式，鼓励引进海外高科技人才来我国从事研究开发工作，全面提升国际技术合作水平。

第二十八条　提高国际技术合作的质量和水平。鼓励国内企业引进具有核心技术、关键技术和共性技术的产业技术。进一步拓展合作渠道，创造合作条件，形成政府搭台，企业、高等院校、科研院所等充分发挥作用的中外合作研究开发格局。

第七章　健全产业技术服务体系，实施创新人才战略

第二十九条　建立健全技术市场。加强政府在技术市场中的引导监督管理职能，形成行业自律，创造公平竞争、规范有序的技术市场环境。

第三十条　鼓励单位和个人积极参与技术交易。引导单位和个人主动进入技术市场开展技术开发与服务活动，促进知识流动和技术转移，加快先进产业技术的推广。

第三十一条　加强技术市场人才队伍建设。加速发展适应社会不同层面需要的技术中介服务组织，培养和造就一批懂技术、懂法律、懂管理、懂经营的复合型高素质的专业化科技中介服务队伍。

第三十二条　建立高水平技术创新人才的培养机制。重点培养战略高技术人才、专业化高技能人才和优秀企业家人才,鼓励和支持产学研间建立多种形式的紧密型合作关系，共同培养产业技术创新人才。鼓励技术人员参加继续教育和在职培训。

第三十三条　健全以促进产业发展为核心的人才激励机制。支持企业对主要技术骨干实施期权等激励措施。完善企业社会保障体系，吸引高等院校毕业生到企业就业。

第三十四条　完善创新型技术人才的合理使用机制。构建尊重知识、尊重人才、尊重创造的和谐氛围，加强制度创新。

工业和信息化部
科技部
财政部
税务总局
二〇〇九年五月十五日

MUSIC

中国乐器年鉴
CHINA MUSICAL
INSTRUMENT YEARBOOK
2009-2010

国务院及各部委相关政策信息

国务院

《国家知识产权战略纲要》

为提升我国知识产权创造、运用、保护和管理能力，建设创新型国家，实现全面建设小康社会目标，国务院于2008年6月5日发布《国家知识产权战略纲要》（国发【2008】18号），《纲要》共分：一、序言；二、指导思想和战略目标；三、战略重点；四、专项任务；五、战略措施，共65条。

《关于当前金融促进经济发展的若干意见》

为应对国际金融危机的冲击，贯彻落实党中央、国务院关于进一步扩大内需、促进经济增长的十项措施，认真执行积极的财政政策和适度宽松的货币政策，加大金融支持力度，促进经济平稳较快发展，经国务院批准，国务院办公厅于2008年12月8日向各省市自治区、直辖市人民政府、国务院各部委、各直属机构下发《国务院办公厅关于当前金融促进经济发展的若干意见》，《意见》包括以下主要内容：一、落实适度宽松的货币政策，促进货币信贷稳定增长；二、加强和改进信贷服务，满足合理资金需求；三、加快建设多层次资本市场体系，发挥市场的资源配置功能；四、发挥保险保障和融资功能，促进经济社会稳定运行；五、创新融资方式，拓宽企业融资渠道；六、改进外汇管理，大力推动贸易投资便利化；七、加快金融服务现代化建设，全面提高金融服务水平；八、加大财税政策支持力度，增强金融业促进经济发展能力；九、深化金融改革，加强风险管理，切实维护金融安全稳定。共九条三十项。

《关于促进自主创新成果产业化的若干政策》

改革开放以来，我国自主创新成果产业化取得显著成绩，但也存在企业技术创新能力不强，自主创新成果转移机制不健全，工程化和系统集成能力薄弱，产业化资金难以筹措，配套政策措施不到位等突出问题。根据《国务院关于印发实施〈国家中长期科学和技术发展规划纲要（2006-2020年）〉若干配套政策的通知》（国发〔2006〕6号）要求，为加快推进自主创新成果产业化，提高产业核心竞争力，促进高新技术产业的发展，经国务院同意，国务院办公厅于2009年12月15日发布由发展改革委、科技部、财政部、教育部、人民银行、税务总局、知识产权局、中科院、工程院等9部门制定的《关于促进自主创新成果产业化的若干政策》，全文共分五条十五项，即一、培育企业自主创新成果产业化能力；二、大力推动自主创新成果的转移；三、加大自主创新成果产业化投融资支持力度；四、营造有利于自主创新成果产业化的良好环境；五、切实做好组织协调工作。

《关于进一步繁荣发展少数民族文化事业的若干意见》

为全面贯彻党的十七大精神，深入贯彻落实科学发展观，进一步繁荣发展少数民族文化事业，推动社会主义文化大发展大繁荣，促进各民族共同团结奋斗、共同繁荣发展，国务院于2009年7月5日向各省、自治区、直辖市人民政府，国务院各部委、各直属机构，下发《关于进一步繁荣发展少数民族文化事业的若干意见》：一、繁荣发展少数民族文化事业具有重要意义；二、繁荣发展少数民族文化事业的指导思想、基本原则和目标任务；三、繁荣发展少数民族文化事业的政策措施；四、完善少数民族文化事业发展的体制机制；五、加强对少数民族文化工作的领导。共23条。

文化部

《关于加快文化产业发展的指导意见》

为深入贯彻落实科学发展观，根据《国家“十一五”时期文化发展规划纲要》和《文化产业振兴规划》，文化部于2009年9月10日下发《关于加快文化产业发展的指导意见》（文产发〔2009〕36号），《意见》指出：党的十七大提出推动社会主义文化大发展大繁荣、兴起社会主义文化建设新高潮的重大战略任务，对加快文化产业发展提出了一系列新要求，极大提升了文化产业的作用和地位。文化产业是市场经济条件下繁荣发展社会主义文化的重要载体，是满足人民群众多样化、多层次、多方面精神文化需求的重要途径，是推动经济结构调整、转变经济发展方式、保持经济平稳较快发展的重要着力点，是实现经济、政治、文化、社会全面协调可持续发展的重要内容，是推动中华文化走出去的主导力量。加快文化产业发展是文化行业学习实践科学发展观的必然要求和内在需要，是文化行政部门顺应时代发展、转变自身职能、服务发展大局的必然要求和迫切需要。党的十六大以来，我国文化产业呈现出健康向上、蓬勃发展的良好态势，增势强劲、规模扩大、质量提升，新兴业态迅速崛起，正在成为推动社会主义文化大发展大繁荣的重要引擎和经济发展新的增长点。

同时要看到，我国文化产业发展水平还不高，活力还不强。对文化产业发展的思想认识不足，工作力度不够，与文化建设“两大一新”的战略任务要求还不相适应；产业总量和水平偏低，对国民经济贡献和影响偏小，与人民群众日益增长的精神文化需求还不相适应；合格的市场主体和骨干文化企业偏少，产业集中度偏低，与社会主义市场经济体制还不相适应；文化产业领域科技应用和现代传播手段使用较少，与现代科学技术迅猛发展及广泛应用还不相适应；对外文化贸易中缺少具有国际影响力的文化产品，与对外开放不断扩大的新形势不相适应。切实加大力度，加快进度，促进文化产业的大发展，已经成为摆在文化行政部门和文化行业面前一项重要而紧迫的任务。

当前，文化产业正面临重要的发展机遇。综合国力不断提高，人民群众文化需求日益旺盛，文化消费快速增长，为文化产业发展提供了广阔前景；党和政府高度重视，文化产业政策不断完善，文化体制改革深入推进，为文化产业发展提供了有力保障；科技迅猛发展，为文化产业创新业态、扩大传播、转型升级提供了有利条件；文化传播渠道不断拓展，为以内容创作生产为核心的文化产业提供了新的发展机遇；全球性金融危机凸显了文化产业逆势而上的特点，为文化产业发展提供了良好契机；中华文化影响力不断扩大，为中国文化产业提供了全面提升国际竞争力的平台。文化行政部门必须抓住机遇，迎难而上，锐意进取，有所作为，推动文化产业又好又快发展。

《意见》包括：一、加快文化产业发展的指导思想、基本原则和主要目标；二、文化产业的发展方向和发展重点；三、加快文化产业发展的主要任务，包括：（一）深化文化体制改革；（二）鼓励非公有资本进入文化产业；（三）培育骨干文化企业；（四）不断延伸文化产业链；（五）建设现代文化产业基地和园区；（六）实施重大项目带动战略；（七）建设现代文化市场体系；（八）建立健全文化产业投融资体系；（九）运用高新科技促进文化产业升级；（十）大力推动对外文化贸易。建立以政府为主导，以企业为主体，以市场化运作为主要方式的工作机制。加强文化行政部门与文化企业和商会（协会）之间开拓海外市场的沟通及协作。开展对外文化贸易统计和信息研究。积极搭建对外文化贸易平台，为企业进入国际市场铺设道路。加强知识产权保护和品牌意识，加强地区间协调合作，防止中国文化产品在海外市场恶性竞争。积极扶持和指导文化精品创作和生产，为进入海外主流市场，扩大中华文化的国际影响力创造条件。四、完善文化产业发展的保障措施等方面做了详细阐述。

《文化产业发展确定六大重点战略》

为深入贯彻落实《文化产业振兴规划》和《文化部关于加快文化产业发展的指导意见》，认真总结2009年文化产业工作，进一步明确2010年文化产业主要工作，促进我国文化产业又好又快发展，1月29日至30日，文化部在湖南长沙召开了全国文化产业工作会议。文化部党组副书记、副部长欧阳坚在会上全面总结了近年来我国文化产业取得的发展成果，深入分析了文化产业发展特点、存在的问题和不足，以及当前我国文化产业发展的历史机遇，明确了未来几年我国文化产业发展目标、发展战略和具体措施。

欧阳坚强调，去年9月，文化部颁布的《关于加快文化产业发展的指导意见》从当前文化产业发展的现状和条件出发，明确了未来几年文化产业的发展目标是力争文化产业发展速度明显高于同期国内生产总值增长速度，在国民经济中所占比重逐步提高，到“十二五”期末实现主要文化产业增加值比

2007年翻两番。

为了实现这一目标，欧阳坚在会上提出了骨干企业带动战略、科技创新推动战略、产业集聚发展战略、文化品牌塑造战略、人力资源开发战略、文化“走出去”战略的文化产业发展六大重点战略。以及积极贯彻落实《文化产业振兴规划》，做好“十二五”文化规划的编制工作；深化文化体制改革，培育骨干文化企业；建立健全文化产业投融资体系，扩大文化产业的投资规模；加强文化产业基地园区的建设和管理，增强规模效益和集聚效应；加大政策引导，实施一批重大文化产业项目；推动文化产业重点领域加快发展，培育新兴文化业态；完善现代文化市场体系，营造良好的发展环境；刺激居民文化消费需求，加快培育文化消费市场；加强人才培养，强化智力支撑；扩大对外文化贸易，加快中国文化“走出去”等10项具体工作措施。

《文化产业投资指导目录（2009年）》

该《指导目录》由文化部于2009年9月18日发布，主要内容包括：

一、投资主体的界定

《文化部文化产业投资指导目录》（下称《指导目录》）只适用于国内投资主体。国外投资主体投资文化产业按照《外商投资产业指导目录》执行。

国内投资主体包括国有投资主体和非国有投资主体。

国有投资主体是指各级政府及其授权国有资产投资机构、国有或者国有控股企业、其他国有经济组织。

非国有投资主体是指集体企业、私营企业、其他非国有经济组织和个人。

二、分类原则

《指导目录》根据我国文化产业发展的现实情况和《文化产业振兴规划》提出的发展方向，划分为鼓励类、允许类、限制类和禁止类。

鼓励类和限制类产业列入《指导目录》。

禁止类产业为国家法律法规和有关政策明令禁止的产业。不属于鼓励类、限制类和禁止类的产业，除国家另有规定外均为允许类文化产业。

允许类、禁止类文化产业暂不列入《指导目录》。

（一）鼓励类的原则

鼓励类主要是针对具有良好的经济和社会效益，市场前景好，关联带动作用突出，技术含量和附加值高，有利于产业结构优化升级，能够有效地扩大内需，增加就业，扩大文化产品出口的产业。

（二）限制类的原则

限制类主要针对符合行业准入条件，但国家规定需有计划按比例逐步发展的产业以及有投资比例要求的产业。

乐器及相关产品生产销售列入鼓励类第六项文化用品、设备及相关文化产品的生产销售。

《关于金融支持文化产业振兴和发展繁荣的指导意见》

文化产业快速发展迫切需要金融业的大力支持。金融是现代经济的核心，在全面建设小康社会、加快现代化建设的进程中，金融引导资源配置、调节经济运行、服务经济社会，对国民经济的持续、健康、稳定发展具有重要作用。文化产业是国民经济的重要组成部分，近年来，中央实施重要战略部署和政策措施，深化文化体制改革，加快发展文化产业，文化产业呈现出良好的发展态势，正成为经济发展新的增长点，在保增长、扩内需、调结构、促发展中发挥着重要作用。加大金融业支持文化产业的力度，推动文化产业与金融业的对接，是培育新的经济增长点的需要，是促进文化大发展大繁荣的需要，是提高国家文化软实力和维护国家文化安全的需要。为贯彻落实《国务院关于印发文化产业振兴规划的通知》（国发〔2009〕30号）精神，进一步改进和提升对我国文化产业的金融服务，支持文化产业振兴和发展繁荣，中宣部、中国人民银行、财政部、文化部、广电总局、新闻出版总署、银监会、证监会、保监会等九部门发出《关于金融支持文化产业振兴和发展繁荣的指导意见》（银发〔2010〕94号）。

《意见》要求各金融部门要把积极推动文化产业发展作为一项重要战略任务，作为拓展业务范围、培育新的盈利增长点的重要努力方向，大力创新和开发适合文化企业特点的信贷产品，努力改善和提升金融服务水平，促进我国文化产业实现又好又快发展。《意见》包括：积极开发适合文化产业特点的信贷产品，加大有效的信贷投放；完善授信模式，加强和改进对文化产业的金融服务；大力发展多层次资本市场，扩大文化企业的直接融资规模；积极培育和发展文化产业保险市场；建立健全有利于金融支持文化产业发展的配套机制；加强政策协调和实施效果监测评估等方面内容，共计二十条。

9部委就《关于金融支持文化产业振兴和发展繁荣的指导意见》答记者问

中国人民银行、中宣部、财政部、文化部、广电总局、新闻出版总署、银监会、证监会、保监会有关负责人就关于金融支持文化产业振兴和发展繁荣等的《指导意见》的发布回答了记者提问：1. 研究出台《指导意见》的背景是什么，有何意义？2. 《指导意见》的主要内容？3. 对于鼓励银行业金融机构支持文化产业发展，《指导意见》在监管方面有哪些支持措施？4. 如何发挥保险支持文化产业振兴和发展的积极作用，有哪些考虑？5. 《指导意见》在鼓励文化企业通过上市、发行债券等直接融资方式上有哪些支持措施？6. 对于发挥财政资金的杠杆作用，建立健全金融支持文化产业发展的配套机制方面，《指导意见》有哪些具体措施？7. 《指导意见》在推动文化产业投融资服务平台建设方面有哪些考虑，有关部门打算如何推进？

《关于支持文化企业发展若干税收政策问题的通知》

根据《国务院办公厅关于印发文化体制改革中经营性文化事业单位转制为企业和支持文化企业发展两个规定的通知》（国办发[2008]114号）有关精神，财政部、海关总署、国家税务总局于2009年3月27日下发《关于支持文化企业发展若干税收政策问题的通知》（财税[2009]31号），本通知适用于所有文化企业。文化企业是指从事新闻出版、广播影视和文化艺术的企业。除有明确期限规定者外，上述税收优惠政策执行期限为2009年1月1日至2013年12月31日。

商务部

《境外投资管理办法》

为促进和规范境外投资，根据《国务院对确需保留的行政审批项目设定行政许可的决定》，商务部以2009年第5号令发布《境外投资管理办法》本办法所称境外投资，是指在我国依法设立的企业（以下简称企业）通过新设、并购等方式在境外设立非金融企业或取得既有非金融企业的所有权、控制权、经营管理权等权益的行为。

本办法自2009年5月1日起施行。《关于境外投资开办企业核准事项的规定》（商务部2004年16号令）和《商务部、国务院港澳办关于印发〈关于内地企业赴香港、澳门特别行政区投资开办企业核准事项的规定〉的通知》（商合发[2004]452号）同时废止。

《关于外国投资者并购境内企业的规定》

为了促进和规范外国投资者来华投资，引进国外的先进技术和管理经验，提高利用外资的水平，实现资源的合理配置，保证就业、维护公平竞争和国家经济安全，依据外商投资企业的法律、行政法规及《公司法》和其他相关法律、行政法规，商务部于2009年7月24日以第6号公告发布《关于外国投资者并购境内企业的规定》。

本规定所称外国投资者并购境内企业，系指外国投资者购买境内非外商投资企业（“境内公司”）股东的股权或认购境内公司增资，使该境内公司变更设立为外商投资企业（“股权并购”）；或者，外国投资者设立外商投资企业，并通过该企业协议购买境内企业资产且运营该资产，或，外国投资者协议购买境内企业资产，并以该资产投资设立外商投资企业运营该资产。

本规定分第一章总则、第二章基本制度、第三章审批与登记、第四章外国投资者以股权作为支付手段并购境内公司、第五章附则，共58条。

《2009－2010年度国家文化出口重点企业目录》

为培育我国文化产业骨干企业，鼓励和支持文化企业参与国际竞争，扩大文化产品和服务出口，增强中华文化的国际影响力，根据商务部、外交部、文化部、广电总局、新闻出版总署、国务院新闻办共同制订的《文化产品和服务出口指导目录》（商务部公告2007年第27号），经各地推荐、各部门评审，商务部、文化部、广电总局和新闻出版总署共同制订了《2009－2010年度国家文化出口重点企业目录》和《2009－2010年度国家文化出口重点项目目录》，并于2009年11月18日以商务部公告2009年第89号公布。

《关于加快流通领域电子商务发展的意见》

为贯彻落实《国务院办公厅关于搞活流通扩大消费的意见》（国办发〔2008〕134号）和《国务院办公厅关于加快电子商务发展的若干意见》（国办发〔2005〕2号），商务部于2009年11月30日就当前经济形势发出《进一步加快流通领域电子商务发展的意见》（商商贸发【2009】540号），《意见》具体包括：一、充分认识加快流通领域电子商务发展的重要意义；二、明确加快流通领域电子商务发展的主要目标；三、推动传统流通企业开拓网上市场；四、促进商品批发环节应用推广网上交易；五、加快发展面向消费者的专业网络购物企业；六、推动实体市场交易与网上市场交易有机结合；七、完善流通领域电子商务发展扶持政策；八、开展流通领域电子商务示范引导工作；九、健全流通领域电子商务发展环境；十、有效防范网上交易市场风险；十一、建立流通领域电子商务促进工作体系等十一条内容

《关于进一步推进国家文化出口重点企业和项目目录相关工作的指导意见》

为深入贯彻落实党的十七大以及党中央、国务院关于大力促进文化贸易发展的一系列指示精神，2007年，商务部会同中宣部、外交部、文化部、广电总局、新闻出版总署、国务院新闻办等有关部门共同制定了《文化产品和服务出口指导目录》，根据《指导目录》评选并发布了《国家文化出口重点企业目录》和《国家文化出口重点项目目录》。各部门、各地区依据有关规定在市场开拓、技术创新等方面，对国家文化出口重点企业和重点项目创造条件予以支持，有力地促进了我国文化出口。为进一步扶优扶强，加大对文化出口重点企业和重点项目的支持力度，商务部等十部委以商服贸发【2010】28号文就进一步推进相关工作提出指导意见，《意见》指出：当前，经济全球化深入发展，国际文化市场已成为各国文化竞争和交流的重要渠道，成为提升国家软实力的重要平台。随着我国综合国力日益增强和文化产业的发展，近年来文化出口发展迅速，越来越多的文化企业进入国际文化市场，文化产品和服务的贸易逆差初步扭转，中华文化影响力不断扩大。但由于我国文化产业刚刚起步，在资本、技术、市场等方面与西方国家相比还有一定差距。进一步加大对文化出口重点企业和项目的支持力度，有利于率先培育一批中国文化出口品牌企业和品牌项目，加快提升文化出口企业的国际竞争力，推动我国文化贸易实现跨越式发展。?

要着力培养一批国际文化市场竞争主体，鼓励、支持和引导各种所有制文化企业开拓国际市场。培育和发展一批实力雄厚的外向型大型国有文化企业，使之成为文化出口的主导力量。创造公平的市场环境和良好的政策、法制环境，保障符合条件的非公有制文化企业依法获得出口经营资格，从事国家法律法规允许经营的文化产品和服务出口业务，并与国有文化企业享有同等待遇。

按照《指导目录》确定的标准，商务部将会同中宣部、财政部、文化部、税务总局、广电总局和新闻出版总署组织有关专家进行评选，共同制定《企业目录》和《项目目录》，并根据文化出口情况和市场发展潜力，每两年调整一次。

工业和信息化部

《关于加强工业产品质量工作的指导意见》

质量是企业的生命，是生产力水平的综合反映，是消费者利益所在。改革开放以来，我国工业产品质量水平有了很大提高，较好地满足了广大人民群众日益增长的物质文化生活需要。但一些领域与国际先进水平相比还存在较大差距。当前，我国工业经济正处在结构调整的关键时期，特别是随着金融危机对实体经济影响的逐步加深，出口锐减、内需不足的矛盾更加突出，工业经济发展面临前所未见的挑战。在此形势下，提高工业产品质量已成为“扩内需、保增长、调结构、上水平”的有效途径。为此，工业和信息化部于2009年4月23日，向各地工业和信息化部门、有关中央企业、行业协会下发《关于加强工业产品质量工作的指导意见》，《意见》主要内容包括：一、当前工业产品质量存在的主要问题；二、指导思想、总体目标和主要任

务；三、2009年质量工作要点。

《关于进一步加强技术创新工作的通知》

为深入贯彻落实党的十七大精神，实施《国家中长期科学和技术发展规划纲要（2006-2020年）》，落实《关于发挥科技支撑作用促进经济平稳较快发展的意见》（国发[2009]9号）和《国家产业技术政策》（工信部联科[2009]232号），积极落实应对国际金融危机、促进经济平稳较快发展的各项措施，大力推进以企业为主体、市场为导向、产学研相结合的技术创新体系建设，加快提升产业技术创新能力，增强产业核心竞争力，工业和信息化部于2009年9月2日发出《关于进一步加强技术创新工作的通知》，《通知》要求：一、充分认识加强技术创新工作的重要性；二、加强技术创新发展战略、规划和政策的研究制订工作；三、大力推进技术创新体系建设；四、加快用高新技术和先进适用技术改造提升传统产业；五、积极推进高新技术产业发展和科技成果转化；六、切实落实责任，加强指导监督。

《关于抑制部分行业产能过剩和重复建设引导产业健康发展若干意见的通知》

国务院于2009年9月26日批转发展改革委等部门《关于抑制部分行业产能过剩和重复建设引导产业健康发展的若干意见》，要求各省、自治区、直辖市人民政府，国务院各部委、各直属机构认真贯彻执行。《通知》指出，为应对国际金融危机的冲击和影响，党中央、国务院审时度势，及时制定和实施了扩大内需、促进经济增长的一揽子计划。按照“保增长、扩内需、调结构”的总体要求，出台了钢铁等十个重点产业调整和振兴规划，在推动结构调整方面提出了控制总量、淘汰落后、兼并重组、技术改造、自主创新等一系列对策措施，各地也相继出台了一些扶持产业发展的政策措施。目前，政策效应已初步显现，企业生产经营困难情况有所缓解，产业发展总体向好。但从当前产业发展状况看，结构调整虽取得一定进展，但总体进展不快，各地区、各行业也不平衡。不少领域产能过剩、重复建设问题仍很突出，有的甚至还在加剧。特别需要关注的是，不仅钢铁、水泥等产能过剩的传统产业仍在盲目扩张，风电设备、多晶硅等新兴产业也出现了重复建设倾向，一些地区违法、违规审批，未批先建、边批边建现象又有所抬头。

对于部分行业出现的产能过剩和重复建设，如不及时加以调控和引导，任其发展，市场恶性竞争难以避免，经济效益难以提高，并将导致企业倒闭或开工不足、人员下岗失业、银行不良资产大量增加等一系列问题，不仅严重影响国家扩大内需一揽子计划的实施效果和来之不易的企稳向好的形势，而且将错失利用国际金融危机形成的市场形势推动结构调整的历史机遇。

《通知》要求各地区、各部门要根据本通知精神，切实把思想和行动统一到党中央、国务院的决策部署上来，认真贯彻落实科学发展观，进一步增强大局意识、责任意识和忧患意识，在保增长中更加注重推进结构调整，坚持产业政策导向，严格执行环境监管、用地管理、金融政策和项目投资管理有关规定，将坚决抑制部分行业产能过剩和重复建设作为结构调整的重点工作抓紧抓好。要大力发展符合市场需求的高新技术产业和服务业，把握好调整的方向、力度和节奏，切实转变经济发展方式，提高经济发展的质量和效益，促进经济社会全面协调可持续发展。

《关于推进消费品工业两化融合的指导意见》

为深入贯彻落实党的十七大关于“大力推进信息化与工业化融合，促进工业由大变强”的精神和《2006-2020年国家信息化发展战略》关于“利用信息技术改造和提升传统产业”的战略部署，实现《轻工业调整和振兴规划》（国发〔2009〕15号）、《纺织工业调整和振兴规划》（国发〔2009〕10号）提出的目标和主要任务，结合消费品工业信息化与工业化融合（简称“两化融合”）的特点与实际需要，工业和信息化部于2009年10月16日下发《关于推进消费品工业两化融合指导意见的通知》（工信部消费【2009】508号），《意见》指出：

发展目标：到2015年，信息技术、人才与工业技术、人才进一步融合，专用装备国产化智能化水平、产品研发设计水平进一步提高，自主创新能力、自主品牌建设能力以及行业管理和服务水平明显提高，发展方式进一步转变。

轻工行业重点任务：重点提升轻工行业专用装备的数字化控制水平，支持轻工行业在研发设计、生产制造、经营管理和服务等环节应用信息技术，提高智能化、大规模定制化水平，推动传统产业升级。

《关于实施中小企业知识产权战略推进工程的通知》

为贯彻落实《国家中长期科学和技术发展规划纲要》、《国家知识产权战略纲要》，落实国家发展改革委等12部委《关于支持中小企业技术创新的若干政策》（发改企业〔2007〕2797号），应对国际金融危机影响，提升中小企业知识产权创造、运用、保护和管理能力，加快培育拥有自主知识产权、知名品牌和较强竞争力的中小企业，促进中小企业转变发展方式，实现创新发展，国家知识产权局、工业和信息化部决定联合实施中小企业知识产权战略推进工程，并于2009年12月31日发出《关于实施中小企业知识产权战略推进工程的通知》，《通知》要求各地区、各部门按照实施方案要求，结合本地区实际，将工程作为落实《国务院关于进一步促进中小企业发展的若干意见》（国发〔2009〕36号），促进中小企业技术进步和结构调整的重要工作认真组织实施。

《关于推进重点工业产品质量达标的实施意见》

推进重点工业产品质量达标是加强产品质量建设，促进经济社会又好又快发展的必然要求。随着科技水平的提升和经济全球化的发展，标准对我国经济社会发展的促进与保障作用愈加突显。标准不仅是保障产品质量和消费安全、保护生态环境和节约资源能源的技术基础，是规范市场经济秩序的重要依据，而且是促进科学技术传播、创新，加快创新成果产业化的引领力量，是推动产业结构调整优化和转型升级的有效途径。国家、行业标准是我国标准体系的重要组成部分，促进我国经济社会又好又快发展，必须大力加强国家、行业标准的贯彻实施，推进重点工业产品质量达标。当前，产品质量建设已进入攻坚阶段，引导和督促广大企业严格执行国家、行业标准，鼓励有条件的企业积极采用国际标准和国外先进标准，是提高产品质量、促进更新换代，加快产业结构优化调整的内在要求。

为推进重点工业产品质量达标，引导企业加大国家、行业标准的贯彻力度，杜绝无标、违标、降标生产，促进工业产品质量提升，工业和信息化部于2010年2月9日下发《关于推进重点工业产品质量达标的实施意见》（工信部科【2010】65号），求各地工业主管部门、各行业协会、有关企业及标准化专业机构要深刻认识推进重点工业产品质量达标工作的重大意义，增强紧迫感、责任感，坚持以标准贯彻保质量提升、以质量提升促经济发展，努力把我国工业产品质量提高到一个新水平。

国家发展和改革委员会

《关于进一步加强和规范外商投资项目管理的通知》

自2004年我国投资体制改革以来，外商投资项目实行了核准制度，对进一步完善投资环境、提高利用外资质量、加强宏观调控发挥了积极作用。但是，一些地方仍存在着未严格执行国家有关规定，对外商投资项目管理失当的问题。有的外商投资项目未经核准即已开工建设，有的未严格按照核准内容进行建设，有的投资者借国际资本市场波动、我国汇率政策调整之机，采取虚假合资、虚报总投资、设立空壳公司等方式，以外商直接投资的名义调入资金，并将资本金结汇挪作他用，谋取不正当利益，对我国经济健康发展和国际收支平衡带来潜在的风险。为进一步规范外商投资项目管理，防止外汇资金异常流入，根据《国务院关于投资体制改革的决定》（国发〔2004〕20号）和《国家发展改革委外商投资项目核准暂行管理办法》（委第22号令）以及其他相关法律法规规章的有关规定，国家发改委于2008年7月8日发出《关于进一步加强和规范外商投资项目管理的通知》，《通知》包括：一、严格执行外商投资项目核准制；二、加强对外商投资项目真实性的审查；三、落实外商投资项目分类分级管理制；四、规范新开工项目管理，严格各项项目核准条件；五、加强对已核准项目的监督检查。

《通知》要求各地发展改革部门要统一认识，自觉维护国家宏观调控的大局，进一步深化投资体制改革，依法加强和规范对外商投资项目的管理。

《关于贯彻实施《中华人民共和国节约能源法》的通知》

新修订的《中华人民共和国节约能源法》（以下简称《节约能源法》）已于2008年4月1日起正式施行。为进一步做好《节约能源法》的贯彻实施，国家发改委等部门于2008年8月25日下发《关于贯彻实施《中华人民共和国节约能源法》的通知》（发改环资【2008】2306号），《通知》包括以下有关事项：一、充分认识贯彻实施《节约能源法》的重要性和紧迫性；二、抓紧完善《节约能源法》配套法规和标准；三、加强重点工程、重点企业和重点领域节能管理；四、实施有利于节能的经济政策；五、切实做好《节约能源法》贯彻落实情况的监督检查；六、进一步加大《节约能源法》宣传和培训的力度；七、加强组织领导。

国家质量监督检验检疫总局

关于废止《产品免于质量监督检查管理办法》的决定

根据国务院有关要求，现决定对《产品免于质量监督检查管理办法》总局令第109号予以废止。

国家质量监督检验检疫总局

2008年9月18日

关于不再直接办理与企业和产品有关的名牌评选活动的公告

【2008年第105号】

根据《国务院办公厅关于印发国家质量监督检验检疫总局主要职责内设机构和人员编制规定的通知》（国办发[2008]69号）的要求，国家质检总局不再直接办理与企业和产品有关的名牌评选活动。

特此公告。

国家质量监督检验检疫总局

2008年9月20日

《关于修改《中国名牌产品管理办法》的决定》

国家质量监督检验检疫总局决定：

一、删除《中国名牌产品管理办法》第九条第（二）项中的“出口创汇率、”和第十二条中的“和出口创汇水平”。

二、对《中国名牌产品管理办法》其他内容做进一步修改。

此决定已于2009年12月18日以国家质量监督检验检疫总局2009年第124号令公布

《强制性产品认证管理规定》

为规范强制性产品认证工作，提高认证有效性，维护国家、社会和公共利益，根据《中华人民共和国认证认可条例》等法律、行政法规以及国家有关规定，国家质量监督检验检疫总局于2009年7月3日，以总局令第117号发布《强制性产品认证管理规定》。该规定共六章六十一条。其中：

第二条 为保护国家安全、防止欺诈行为、保护人体健康或者安全、保护动植物生命或者健康、保护环境，国家规定的相关产品必须经过认证（以下简称强制性产品认证），并标注认证标志后，方可出厂、销售、进口或者在其他经营活动中使用。

第三条 国家质量监督检验检疫总局（以下简称国家质检总局）主管全国强制性产品认证工作。

国家认证认可监督管理委员会（以下简称国家认监委）负责全国强制性产品认证工作的组织实施、监督管理和综合协调。

地方各级质量技术监督部门和各地出入境检验检疫机构（以下简称地方质检两局）按照各自职责，依法负责所辖区域内强制性产品认证活动的监督管理和执法查处工作。

第四条 国家对实施强制性产品认证的产品，统一产品目录（以下简称目录），统一技术规范的强制性要求、标准和合格评定程序，统一认证标志，统一收费标准。

国家质检总局、国家认监委会同国务院有关部门制定和调整目录，目录由国家质检总局、国家认监委联合发布,并会同有关方面共同实施。

第三十条 认证标志的式样由基本图案、认证种类标注组成，基本图案如下图：

基本图案中“CCC”为“中国强制性认证”的英文名称“China Compulsory Certification”的英文缩

写。

本规定自2009年9月1日起施行。国家质检总局2001年12月3日公布的《强制性产品认证管理规定》同时废止。

国家标准化管理委员会

《关于进一步加强采用国际标准工作的意见》

采用国际标准是我国一项重大的技术经济政策，是促进技术进步、提高产品质量、扩大对外开放、提升国际竞争力、促进贸易健康发展的重要措施。新时期，进一步加强采标工作对落实科学发展观，促进国民经济又好又快发展，实现全面建设小康社会宏伟目标具有重要意义。一是有利于遵守国际贸易规则，履行入世承诺，为我国改革开放和经济发展构建良好的国际政治经济环境。二是有利于打破国外技术壁垒，促进贸易健康发展。三是有利于实施技术标准战略，提升我国标准总体水平，提高产品质量，增强国际竞争力。四是有利于保障人民健康安全，构建和谐社会。

我国采标工作已有几十年的历史，伴随着改革开放进程逐步发展，并取得明显成效。但由于国内外形势的发展和认识上的局限，采标工作还存在统筹规划和研究不够，配套措施乏力，系统性、有效性不强等问题，影响了采标作用的发挥。这些问题是发展中遇到的问题，需要在发展中逐步加以解决。全国质量工作会议对采标工作提出了明确要求，为我国进一步加强采标工作指明了方向。对此，要认清形势，转变观念，抓住机遇，大力推进采标工作，加强采标研究，争取采标主动性，增强采标工作有效性，加快采标步伐，充分发挥采标工作在提升我国标准总体水平、促进经济社会发展等方面的作用，为实现又好又快发展做出贡献。

为此，国家标准化委员会于2008年5月7日下发《关于进一步加强采用国际标准工作的意见》，《意见》主要内容包括指导思想和基本原则；主要目标；主要措施等有关章节。

《企业产品标准管理规定》

为进一步加强企业产品标准管理，提高企业产品标准水平，保障产品质量安全，根据《中华人民共和国标准化法》、《中华人民共和国标准化法实施条例》等法律法规，国家标准化委员会制定了《企业产品标准管理规定》，并于2009年3月8日起实施。本规定适用于在中华人民共和国境内企业用于生产、加工或销售的产品标准的制定、修订、复审、备案等活动；药品及农业种植、养殖产品等除外。本规定明确：企业生产的产品没有国家标准、行业标准或者地方标准的，应当制定企业产品标准，作为生产和贸易的依据；对已有国家标准、行业标准或者地方标准的，鼓励企业制定严于国家标准、行业标准或者地方标准的企业产品标准；企业是企业产品标准的制定和实施主体，应当对其产品标准的内容及实施后果承担责任。

此外，本规定还包括以下有关内容：制定企业产品标准应当遵循的原则；鼓励企业积极采用国际标准和国外先进标准，制定具有自主知识产权的产品标准；企业产品标准复审周期不超过 3 年。

企业依法将批准发布的企业产品标准向标准化行政主管部门备案，备案后的企业产品标准可以依法作为监督检查的依据。

《加强十大产业标准化工作的指导意见》

2009年6月5日，国家标准化管理委员会、国家发展和改革委员会、工业和信息化部联合发布了《关于贯彻落实十大重点产业调整和振兴规划进一步加强标准化工作的意见》。《意见》围绕十大重点产业调整和振兴规划的任务和目标，明确了当前和今后一个时期标准化工作的重点领域、主要任务，提出了有针对性的实施意见：一、增强做好重点产业标准化工作的紧迫感和责任感；二、加大标准研制力度；三、加强重点产业标准化发展规划工作；四、紧密结合重点产业国际贸易发展需求，积极推动重点产业的国际标准化工作；五、推动重点产业标准的实施工作；六、狠抓落实。《意见》要求各有关单位要从落实科学发展观的要求出发，树立服务、科学和法治观念，结合本地区、本部门实际，制定标准化工作措施，加强督促检查，确保各项措施落到实处。

《关于实施国家标准化体系建设工程的通知》

经过多年努力，我国已初步建立国家标准体系，为国民经济和社会发展提供了重要技术支撑。

但现行标准体系仍不够完善，标准缺失、老化、滞后、交叉重复甚至矛盾的现象仍然存在，在一、二、三产业中的布局也不尽合理，还不能全面适应发展现代农业和现代服务业以及走新型工业化道路的需要。因此，通过实施国家标准化体系建设工程，分析现有标准的适用性和协调性，研究标准化技术组织布局的系统性和合理性，构建服务经济社会科学发展的标准体系、标准化技术组织体系、国际标准化工作推进体系以及标准化保障体系，有利于进一步突出工作重点，明确发展方向，提高我国标准化总体水平，有利于支撑轻工等十大重点产业调整和振兴规划的实施，促进国民经济又好又快发展。为此，经国家标准委研究决定，组织实施国家标准化体系建设工程工作，并于2009年6月11日发出《关于实施标准化体系建设工程的通知》（国标委综合【2009】40号），《通知》内容包括：一、体系建设的主要内容；二、体系建设的工作进度；三、体系建设的工作机构；四、体系建设的工作要求。

《通知》要求各有关单位要将国家标准化体系建设工程作为实践科学发展观的重大举措给予高度重视，按照《国家标准化体系建设工程指南》组织好本部门、本行业的国家标准化体系建设工作，保证工作的质量和进度。

MUSIC

中国乐器年鉴

CHINA MUSICAL

INSTRUMENT YEARBOOK

2009-2010

2008年度中国乐器行业新闻综述

1月

上海市副市长胡延照在上海民族乐器一厂考察工作

1月3日，上海市副市长胡延照在市外经贸委、市经委有关领导的陪同下，来到上海民族乐器一厂考察指导工作。胡延照一行参观了上海民族乐器一厂的乐器陈列馆，并深入到车间详细了解各类民族乐器生产制作过程。考察中，上海民族乐器一厂厂长王国振向胡延照副市长汇报了企业近年来的发展，以及企业品牌运作、技术和产品创新、人才引进和培养等方面情况。

郑荃首获意大利提琴制作比赛金奖暨回国从教20周年音乐会在京举办

1月6日，由中央音乐学院、欧美同学会·中国留学人员联谊会、中国乐器协会主办的中国提琴制作大师郑荃教授在意大利首获提琴制作比赛金奖暨回国从教20周年纪念音乐会在北京中央音乐学院音乐厅举办。出席音乐会的有全国人大副委员长顾秀莲、中国民盟中央主席蒋树声，中国农工党中央主席桑国卫，中国轻工业联合会会长陈士能、国家体育总局局长刘鹏、国家宗教局局长叶小文、中央统战部副部长陈喜庆、教育部副部长胡启迪、杨周富，广西壮族自治区副主席陈章良、中国科学院常务副院长白春礼等领导和近1000名各界嘉宾。

中国乐器协会发布2007年乐器行业年度报告

1月12日，中国乐器协会发布2007年乐器行业年度报告第一部分（综述），以后相继发布钢琴、西管乐器、提琴、民族乐器、吉他、打击乐器、电子乐器、手风琴口琴竖笛、其它乐器及乐器零配件制造业等部分的年度报告，报告共计三万字。

第106届美国国际乐器展览会（NAMM SHOW）在美国阿纳海姆举行

1月17至20日，第106届美国国际乐器展览会（NAMM SHOW）在加利福尼亚州阿纳海姆市的国际会议中心举行。为期4天的展会共计有88128人参观展览，其中，国际观众达10605人，分别来自美国、欧洲、亚洲及拉美等100余个国家和地区。来自世界各地共1560家企业在展会上展示了其最新产品，并取得了可观的贸易成果，中国参展商132家，比上届增长4.8%。

卡瓦依钢琴入驻中国国家大剧院

1月30日，中国国家大剧院和日本河合乐器制作所、河合贸易（上海）有限公司，在中国国家大剧院举行卡瓦依钢琴交接仪式。刘诗昆、李双江、王立平、蔡国庆、汪燕燕、张政、孙颖等艺术界知名人士出席了交接仪式并作即兴表演。

青岛世正乐器有限公司被命名为山东省文化产业示范基地

1月30日，山东省文化厅经认真组织评选，日前首次命名了包括泰山景区在内的45家山东省文化产业示范基地，其中青岛世正乐器有限公司列入名单中。

国家发改委发布《钢琴音板及乐器用材》、《钢琴锯材》两项行业标准

国家发展改革委发布2008年第25号公告批准实施乐器行业的钢琴音板（QB/T 2978-2008）及乐器用材、钢琴锯材（QB/T 2979-2008）两项行业标准。

2月

中国乐器协会在京召开2008年协会工作会议

2月27日，中国乐器协会在北京召开2008年协会工作会议。理事长王根田、副理事长黄伟林、赵惠臣、盛子斐，秘书长齐建平、副秘书长张华君、田军，各分支机构、各鉴定站负责人,钢琴调律师资考委有关成员等参加会议。会议中王根田理事长汇报了协会2008年工作计划及通报有关工作情况，随后各分支机构进行工作经验交流。会议还就关于《电声乐器制作工》、《钢琴制作工》、《民族乐器制作工》国家职业标准、教材编写工作进展及2008年全国钢琴调律师职业技能竞赛筹备工作进行了研究。

探讨产业发展，引导乐器消费—2008中国乐器产业发展论坛在京举行

2月28日，中国乐器产业发展论坛在北京举行。中国乐器协会理事长王根田、秘书长齐建平、商业地产中国行组委会主任肖勇、北京西联万博商业管理公司总经理张庆国、音乐周报社社长助理任峤，以及音乐界、商业地产界、知名乐器生产企业代表和乐器销售商、媒体记者等200余人出席。论坛期间，中国乐器协会信息部主任丰元凯、中国步行商业街工作委员会秘书长董利、中铁恒丰置业有限公司策划部经理文利升分别做了《中国乐器市场现状与发展趋势》、《商业与地产关系》和《万博汇的业态选择与发展机遇》的主题发言。

3月

仿生皮京胡获吉尼斯之最

3月，著名京胡制作师刘正辉制作的最小仿生皮京胡获得吉尼斯之最。这支仿生皮京胡担子长24cm，筒子长5cm，筒子内径为2.2cm。

中国乐器协会参展法兰克福国际乐器展

3月12日至15日，第29届法兰克福国际乐器展在法兰克福展览中心举行，本届展会有来自45个国家和地区的1391家参展商参展，中国参展商由101个公司单位组成。近年来，中国乐器行业在世界上影响力越来越大，中国乐器生产及贸易公司（企业）参加展览会的数量不断增长，已经成为除德国、美国、意大利之外，参展商数量最多的国家之一，中国乐器制造业在这一世界上最大的乐器展览会的地位已经不容忽视。

“TAISHAN”和“津宝”商标获得中国驰名商标

3月25日，国家工商行政管理总局商标局发布2008年在商标管理案件中认定的136件驰名商标，由山东泰山乐器有限公司注册的“Taishan”商标和天津市津宝乐器有限公司注册的“津宝”商标及图被列入名单之中。

安徽省钢琴调律师协会成立

3月28日，安徽省钢琴调律师协会成立大会在合肥佳音艺术培训学校隆重召开，来自安徽省以及全国各地的钢琴调律师和音乐界人士、媒体记者共计100多人参加成立大会。中国乐器协会钢琴调律师分会会长金先彬、安徽省文化市场管理局副局长汪年以及省文化厅、民政厅、省音协和浙江省钢琴调律师学会等单位的领导和嘉宾到会祝贺。

二胡列入2008年中国名牌产品评价目录

3月31日，中国名牌战略推进委员会发出2008年第1号公告。民族乐器（二胡）进入新列的102类中国名牌产品评价目录之中。从2008年开始，中国名牌产品的复评由3年改为5年，原定2005年到期复评的87类产品今年不组织复评，有效期延长至2010年。

4月

“2007年度中国乐器协会乐器行业强势公司、先进集体、优秀人物”评选揭晓

4月15日，中国乐器协会公布了“2007年度中国乐器协会乐器行业强势公司、先进集体、优秀人物”名单。广州珠江钢琴集团有限公司、北京星海钢琴集团有限公司、宁波海伦乐器制品有限公司等46家企业入围强势公司；中国乐器协会电鸣乐器分会获得先进集体称号；黄伟林、曾泽民、王国振等17名个人入选优秀人物。

中国轻工业联合会公布2007年度科技发明奖、科技进步奖、科技优秀奖

4月16日，中国轻工业联合会在广西南宁召开二届三次理事会暨全国轻工行业工作座谈会，中国轻工业联合会会长陈士能出席会议并讲话。潘蓓蕾副会长宣读关于“表彰中国轻工业联合会科技奖”的决定。广州珠江钢琴集团有限公司“钢琴声音的分析与音质的改进”获二等奖、北京乐器研究所“钢琴自动演奏系统”及江阴金杯安琪乐器有限公司的“键钮形自由低音手风琴”获三等奖，北京星海钢琴集团有限公司“应用数控技术加工钢琴弦轴板孔”获科技优秀奖。

国家大剧院隆重举行星海9.5英尺三角钢琴捐赠仪式

4月30日，星海大型音乐会9.5英尺钢琴入驻国家大剧院的捐赠仪式在国家大剧院新闻发布厅举行。参加这次捐赠仪式的有国家大剧院副院长王争鸣、北京星海钢琴集团公司总经理赵惠臣、党委书记曾泽民、副总经理张朝岩；中央音乐学院著名钢琴家、教育家周广仁教授、杨峻教授、吴迎教授；著名钢琴家、指挥家石叔诚；著名歌唱家傅海燕以及《北京晚报》、《北京青年报》、《乐器》、《中国乐器》、《中外乐器信息》等在京十余家新闻媒体的记者。

5月

凤灵乐器与CCTV音乐频道达成战略合作关系

5月4日起，中央电视台音乐频道播出《艺术人生》和《星光舞台》节目的同时，将播放吕思清凤灵提琴15秒版本广告。这标志着江苏凤灵乐器集团与中央电视台音乐频道正式达成战略合作伙伴关系。

中国乐器协会吉他专业委员会举行换届会议

5月9日,中国乐器协会吉他专业委员会二届一次会议在上海嘉定举行。参加这次会议的有上海奋达乐器公司、四会市华声乐器有限公司、广州珠江钢琴集团有限公司吉他厂、广州吉声琴业有限公司、佛山市三水区美莱迪乐器制造有限公司、宁波北伦超拨乐器配件厂、河北金音乐器制造有限公司吉他厂等生产企业。会议经过选举产生了新一届吉他专业委员会会长成民根，副会长黄志康、何志强、梁泽敏,秘书长夏华林。会议通过了吉他专业委员会行规行约，与会代表就吉他专业委员会下一步工作进行了认真的讨论，大家对中国乐器协会2008年工作计划给予认可，并积极配合、支持分会的各项工作计划的实施，对新一届的分会领导班子充满信心，寄予希望。

天灾无情人有情 乐器行业献真情

5月12日，四川汶川地震是新中国成立以来破坏性最强、波及范围最大、受灾最严重、救灾难度最大的一次大地震。灾情发生以后，乐器行业广大企业积极响应，踊跃捐款捐物，表达了与灾区同胞同命运、共甘苦的深厚民族感情。据不完全统计，乐器行业共捐款上千万元。各企业在获知灾情的第一时间，立即对四川籍员工家庭受灾情况进行了解，安抚员工情绪，资助受灾严重的员工家属，并致电四川、陕西、甘肃等受灾地区的经销商咨询灾情，进行慰问。广州珠江钢琴集团有限公司积极响应市委市政府号召，迅速反应，党委书记、董事长黄伟林同志高度关注此事，于5月13日代表珠江钢琴集团向四川地震灾区捐款100万元，支援灾区人民抗震救灾。地处地震灾区的成都川雅木业公司发动员工连夜赶制两栋木结构多功能抗震办公房，并于5月13日下午，送到成都抗震指挥中心。

嘉德威钢琴荣获2008第五届中国企业产品创新设计奖（CIDF奖）

5月15日，在深圳举办的主题为“原创中国、品牌升级”的2008年第五届中国企业产品创新设计大赛（CIDF奖）上，嘉德威钢琴凭借“融汇音乐、和谐生活”理念研发的海豚公主、三潭印月、曲院风荷等系列钢琴荣获“产品创新设计奖”。

中国乐器协会材料配件专业委员会二届一次会议在宜昌召开

5月19日至20日，中国乐器协会材料配件专业委员会二届一次会议在宜昌召开。参加这次会议的有：浙江东方琴业有限公司总经理罗建峰、成都川雅木业公司总经理张华君、宁波四海琴业有限公司总经理何四海、宜昌金宝乐器有限公司董事长吴天延、宁波珂乐乐器有限公司总经理蔡赋勇等材料配件生产企业。与会代表就会议拟定的主要议题展开认真讨论，并对今后材料配件专业委员会的定位、机构框架、发展方向、企业合作等重要问题达成共识。会议一致推选浙江东方琴业有限公司总经理罗建峰任中国乐器协会材料配件专业委员会会长，成都川雅木业有限公司总经理张华君、宁波四海琴业有限公司总经理何四海为副会长，秘书长张华君（兼）。

中国乐器协会口琴专业委员会四届三次会议在江阴市举行

5月22日至23日，中国乐器协会口琴专业委员会在江苏江阴市举行了四届三次会议暨2008年年会。参加会议的有上海口琴总厂、上海国光口琴厂有限公司、江苏江阴激扬乐器有限公司、江苏天鹅乐器有限公司、上海兰生豪呐乐器有限公司、江苏奇美乐器有限公司等十一家会员单位以及上海凯恩乐器有限公司、江苏金坛市河头工艺纸品厂、江苏江阴宏展金属制品厂和靖江市新柯机械制造有限公司等单位作为配套加工单位列席会议，会议共有30多人参加。

口琴专业委员会会长陈狄彬简要传达了中国乐器协会2008年工作要点及2月份召开的协会工作会议精神；副会长兼秘书长周伟义作了关于口琴专业委员2007年工作简要汇报及2008年工作要点。

会议期间代表们还参观了江苏江阴激扬乐器有限公司和江阴金杯安琪乐器有限公司，大家对公司近几年来的快速发展和变化表示了称赞。

中国乐器协会西管乐器专业委员会二届一次会议在京召开

5月28日，中国乐器协会西管乐器专业委员会二届一次会议在北京召开。出席这次会议的单位有：河北金音乐器有限公司、天津市津宝乐器有限公司、功学社（天津）乐器有限公司、大连铜管乐器有限公司、山东泰山乐器有限公司、北京管乐器厂、天津圣迪乐器有限公司、天津奥维斯乐器有限公司、江阴激扬乐器有限公司等十多家管乐生产企业。

与会代表一致推选河北金音乐器制造有限公司为新一届西管乐器专业委员会会长单位，功学社（天津）乐器有限公司、天津市津宝乐器有限公司为副会长单位，河北金音乐器制造有限公司周俊岭任秘书长。会议审议并通过了西管乐器专业委员会行规行约。

中国乐器协会打击乐器专业委员会三届一次会议在京举行

5月28日，中国乐器协会打击乐器专业委员会三届一次会议在北京召开。出席这次会议的单位有：天津市津宝乐器有限公司、功学社（天津）乐器有限公司、河北省怀来锣厂、霸州市威名乐器有限公司、天津文生巴哈乐器有限公司、廊坊市永信实业有限公司等十多家打击乐器生产企业。

与会企业代表一致推选天津市津宝乐器有限公司为新一届会长单位，功学社（天津）乐器有限公司、河北怀来锣厂、天津文生巴哈国际贸易有限公司为副会长单位，秘书长由天津市津宝乐器有限公司刘海忠担任。会议通过了打击乐器专业委员会自律公约，并研究讨论了打击乐器今后发展趋势和所要开展的各项活动。

江苏欧莱娜提琴作坊正式成立

5月28日，中、日、意三方共同投资合作的江苏欧莱娜提琴作坊在凤灵集团挂牌成立，标志着“中国提琴之乡”在高档提琴制作领域取得新的突破。泰兴市副市长刘荣华、市政协副主席、经贸委主任吴斌出席了成立仪式，并为欧莱娜提琴作坊授牌。中国乐器协会提琴分会会长、江苏凤灵乐器集团董事长李书、日本株式会社优文董事长武乐群、意大利著名提琴制作大师塞维尔尼尼出席了成立仪式，并分别致辞。

6月

福州市市长郑松岩视察和声钢琴公司

6月12日，福州市人民政府郑松岩市长在金山工业区管委会领导陪同下到福州和声钢琴有限公司视察工作。池家森总经理向郑市长重点介绍了今年和声公司创新工作的目标。郑市长在视察过程中十分关心和声公司的发展，饶有兴趣地参观了和声公司展示厅和恒温恒湿总装车间，嘱咐大家要进一步加强宣传，坚持产品创新，努力拓展海外市场，做强做大。

文化部公布第二批国家级非物质文化遗产名录

6月7日，文化部公布第二批国家级非物质文化遗产名录，国家级非物质文化遗产名录评审委员会根据项目价值进行了认真评审和科学认定，提出第二批国家级非物质文化遗产名录推荐项目名单，其中新入选项目564项，扩展进第一批国家级非物质文化遗产名录的项目134项。由山西省长子县、吉林省延吉市、江苏省苏州市、福建省漳州市、新疆维吾尔自治区疏附县、新疆维吾尔自治区新和县分别申报的民族乐器制作技艺被列入第二批非遗目录。

7月

上海民族乐器一厂隆重庆祝建厂五十周年

7月4日，上海民族乐器一厂建厂五十周年庆典招待会隆重举行。中国轻工业联合会副会长、中华全国手工业合作总社副主任范大政、上海手工业合作联社党委书记兼主任严镇博、中国乐器协会理事长王根田、上海音乐家协会副主席兼秘书长余震、上海红双喜集团有限公司党委书记、董事长黄勇武、上海红双喜集团有限公司总经理梁超英、上海音乐学院院长杨立青、上海民族乐团团长王甫建以及来自日本、新加坡、台湾、香港等海内外著名民乐演奏家、教育家、艺术家、乐器经营商，上海市有关部门及领导300多位嘉宾，上海民族乐器一厂全体厂领导和历任老厂长，部分老职工出席庆典。

商务部对外投资和经济合作司陈林副司长莅临珠江钢琴集团调研指导工作

7月8日，国家商务部对外投资和经济合作司陈林副司长率领商务形势调研小组莅临珠江钢琴集团调研指导工作。在调研过程中，珠江钢琴集团黄伟林董事长向陈副司长一行详细介绍了集团的基本情况，以及企业自主创新和外贸出口方面的工作情况。陈林副司长对珠江钢琴集团的自主创新和外贸出口工作给予了充分的肯定。希望珠江钢琴集团继续坚持自主创新，早日实现集团“造世界最好的钢琴，做世界最强的乐器企业”的战略目标，打造世界乐器名牌，为我国的经济发展做出更大贡献。

《中提琴》、《电子鼓》等6项行业标准审定会议分别在广州和深圳召开

7月中旬，按照国家发改委和中轻联2007年行业标准制（修）订计划的要求，全国乐器标准化中心组织国内提琴生产企业并会同中国乐器协会电鸣乐器分会及电鸣乐器生产、质检、科研等相关单位分别在广州和深圳召开了《中提琴》、《中提琴弓》、《倍大提琴》、《倍大提琴弓》、《电子鼓通用技术条件》和《MIDI键盘通用技术条件》等6项行业标准的审定会议。经过审议，全体与会代表以表决的方式一致通过了对6项行业标准的审查，同意将此次审定的上述6项行业标准（送审稿）作为报批稿上报主管部门批准。

中国乐器协会电鸣乐器分会三届二次会议在深圳召开

7月11日，中国乐器协会电鸣乐器分会三届二次会议在深圳燕晗山酒店召开。中国乐器协会理事长王根田出席了本次大会，全国乐器标准化中心副主任王伟、上海华新乐器有限公司全质办主任邬国强、天津雅马哈电子有限公司质保部副经理张春森、武汉艾立卡电子有限公司总经理张鉴堂、吟飞电子有限公司副总经理娄伟明、得理电子（深圳）有限公司副总经理盛子斐、得理电子（上海）有限公司总经理葛兴华等参加了本次会议。

中国轻工业联合会会长陈士能莅临中国乐器协会视察工作

7月23日，中国轻工业联合会陈士能会长来到中国乐器协会视察工作。在协会工作人员的陪同和介绍下，陈士能会长对协会新办公场所、办公设施等进行了仔细的参观，对协会工作环境表示满意。陈士能会长还详细询问了几位年轻工作人员的毕业院校、学习专业、以及在协会的一些工作情况等，号召年轻人要学习协会领导勤勤垦恳、勇于创新的工作作风以及为会员服务、为国家分忧的工作态度，积极、主动、认真地把协会工作做得更好。

乐器行业唯一奥运火炬手完成火炬传递

7月26日，北京奥运火炬河南段传递活动在河南省开封市举行，开封中原民族乐器有限公司总经理，兰考县民族乐器行业协会副会长代胜民作为兰考县两名代表之一，也是全国乐器行业唯一的火炬手参加了火炬传递。

8月

“罗兰—敦煌”电声二胡亮相奥运闭幕式

8月24日，第29届北京奥运会圆满闭幕。在“绿色奥运 人文奥运 科技奥运”的创办宗旨下，在闭幕式的“激情北京”演艺节目中，由日本罗兰电子乐器公司与上海民族乐器一厂特为奥运闭幕式研制的“罗兰—敦煌”电声二胡（EH-10）在传承国乐经典文化的同时，再度点亮民族音乐的“人文奥运、科技奥运”精神。

首届“吟飞”双排键电子琴比赛落幕

8月29日，首届“吟飞”双排键电子琴比赛颁奖典礼暨获奖选手音乐会在厦门鼓浪屿音乐厅举行。晚会颁发了各组别奖项，以及优秀教师奖、中国作品演奏奖、最佳创作奖、最佳编曲奖等多个奖项。来自全国116名选手参加了儿童组、青少年组、成人组3个组别的比赛。分别选出一、二、三等奖选手共20名。为了鼓励更多的创作人才和中国作品的演奏，大赛还特意设立了“中国作品演奏奖”、“最佳创作奖”和“最佳编曲奖”。此外，本次比赛全部采用中国自行设计、研发的“吟飞牌”双排键电子琴进行。

9月

江苏省省长罗志军视察江苏凤灵乐器集团

9月12日，江苏省省长罗志军，省委常委、副省长黄莉新在泰州市市委书记张雷、市长姚建华、副市长丁士宏、泰兴市委书记张兆江、市长高亚梓、市委副书记张泽民、副市长孙宏建、耿元进、姜文湘以及省市相关部门负责人的陪同下，前往江苏凤灵乐器集团视察。中国乐器协会副理事长、提琴分会会长、凤灵集团董事长李书热情接待并陪同视察。罗志军省长一行详细听取了李书董事长关于凤灵集团提琴生产销售情况以及带动农民增收情况的汇报。

中国乐器协会琴行分会成立大会在杭州隆重举行

9月17日，中国乐器协会琴行分会成立大会在杭州市隆重举行。出席这次会议的有来自全国25个省市的46家乐器琴行的负责人以及广州珠江钢琴集团有限公司等24家生产企业代表和6家新闻媒体，共计91人。中国乐器协会理事长王根田、秘书长齐建平等人也参加了琴行分会成立大会。大会以无计名投票方式选举产生了中国乐器协会琴行分会第一届理事会组成成员。会长：黄茂强，副会长：周宝强、佟炳才、朱文玉、张喜鹏、刘为明、秦川、张振州、何浩、莫蓓茜、刘小辉，秘书长：刘为明，副秘书长：秦川、莫蓓茜以及常务理事32名，理事52名。新当选的琴行分会副会长朱文玉宣读中国乐器协会琴行分会行规行约提交全体代表讨论通过。周宝强副会长宣读聘请广州珠江钢琴集团公司等26家生产企业和3家业内媒体作为琴行分会顾问单位并颁发聘书。

宁波海伦乐器制品有限公司入选第三批国家文化产业示范基地

9月17日，文化部下发“关于命名第三批国家文化产业示范基地的决定”【文产发〔2008〕36号文件】中，宁波海伦乐器制品有限公司榜上有名。这是乐器行业继江苏凤灵乐器集团之后，第二个被命名为国家文化产业示范基地的乐器生产企业。

国家质量监督检验检疫总局废止产品免于质量监督检查管理办法

9月18日，国家质量监督检验检疫总局发布第109号令，关于废止《产品免于质量监督检查管理办法》的决定：根据国务院有关要求，现决定对《产品免于质量监督检查管理办法》（国家质量监督检验检疫总局令第9号）予以废止，自公布之日起施行。

第12届“星海杯”全国少儿钢琴比赛圆满落幕

由中央音乐学院和北京星海钢琴集团有限公司共同主办的第十二届“星海杯”全国少儿钢琴比赛在中央音乐学院附中落下帷幕。颁奖仪式暨获奖选手音乐会于当天上午在中央音乐学院附中音乐厅举行。

本届比赛自6月份开始，先后在全国36个城市的分赛场进行初赛，8900余名小选手经过激烈的角逐，最终有465人脱颖而出，分别代表当地的最高演奏水平参加了自9月30日至10月3日在北京举行的总决赛，最终在业余组共评出一、二、三等奖7名，有5名选手同时获得“中国作品演奏奖”。在专业组的三个年龄组共评出一等奖3名；二等奖5名；三等奖10名；优秀奖10名。两名选手荣获“中国作品演奏奖”。

10月

中轻联步正发副会长到上海民族乐器一厂考察工作

10月8日，中国轻工业联合会副会长步正发在中国乐器协会理事长王根田的陪同下，考察了上海民族乐器一厂。中轻联人事教育部徐祥楠副主任、孟琪处长也陪同考察。

考察期间，步正发一行参观了上海民族乐器一厂产品陈列馆以及上海民族乐器一厂建厂50周年图片展览，此外还参观了木材储备区、半成品仓库等生产作业区。

2008中国（上海）国际乐器展览会拉开序幕

10月9日，由中国乐器协会、上海国际展览中心有限公司、法兰克福展览（香港）有限公司联合主办的"2008中国（上海）国际乐器展览会"（Music China 2008）在上海新国际博览中心拉开序幕。本届展会共吸引来自中国、美国、英国、奥地利、法国、德国等22个国家和中国香港及中国台湾地区的1106家企业参展，其中奥地利、德国、法国、英国、意大利、西班牙等国家和中国台湾地区更是以展团的形式参展。展览会面积达65000平方米。

展会期间举办的2008年全国钢琴调律职业技能竞赛颁奖仪式、NAMM大学课程、CMIA第一届琴行论坛、第二届院长论坛、上海国际计算机电子音乐发展研讨峰会、国际鼓手节和齐鼓乐等丰富多彩的器乐活动共同打造全方位乐器文化新理念，引爆展会现场。

中国轻工业联合会副会长步正发考察2008中国（上海）国际乐器展览会

10月9日，中国轻工业联合会副会长步正发在中国乐器协会理事长王根田、上海国际展览中心有限公司总经理方佩瑛的陪同下，对2008中国（上海）国际乐器展览会进行了参观考察。陪同参观考察的还有中国财贸轻纺烟草工会副主席查学明等。

考察结束后，步正发副会长还就我国的音乐教育问题等作了进一步探讨。步正发副会长对当前乐器协会为企业所作的工作表示认可，并提出行业协会要多为企业宣传，为企业办实事，平时要这样，当企业遇到困难时更要主动这样做。

2008年全国钢琴调律职业技能竞赛颁奖仪式隆重举行

10月9日，2008年全国钢琴调律职业技能竞赛颁奖仪式于中国（上海）国际乐器展期间在上海新国际博览中心广场隆重举行。

中国轻工业联合会副会长步正发，中国财贸轻纺烟草工会副主席查学明，中国乐器协会理事长王根田，中国就业技术指导中心综合处副处长庞建国，中国财贸轻纺烟草工会轻工烟草工作部部长宋清洁，中国轻工业联合会人事教育部副主任徐祥楠，中国轻工业职业技能鉴定指导中心副主任孟琪等出席颁奖仪式。

竞赛组委会主任王根田做了竞赛总结报告，竞赛监审组组长、中国财贸轻纺烟草工会轻工烟草工作部部长宋清洁宣读了表彰决定。此次竞赛共评选出优秀选手40名，行业技术能手20名（含全国技术能手3名）。此外，竞赛组委会还评选出特殊贡献奖、最佳组织奖、优秀组织奖等奖项。中国就业培训技术指导中心综合处副处长庞建国做了申报“全国技术能手”的说明。

珠江钢琴集团荣获国家级企业技术中心称号

10月12日，国家级技术中心授牌仪式在深圳第十届高交会上举行。全国人大常委会副委员长桑国卫、国家发展改革委员会副主任张晓强、教育部副部长赵沁平、广东省副省长万庆良以及深圳市有关领导出席了大会。大会为新认定的国家工程实验室、国家级企业技术中心、新材料国家高技术产业基地授牌。广东省共有包括珠江钢琴在内的八家企业获得了国家级技术中心认证，珠江钢琴集团黄伟林董事长代表这八家企业上台受牌。

《中国乐器年鉴（2007-2008）》正式出版发行

10月，由中国乐器协会编辑，北京中轻集群传媒广告有限公司设计制作，中国轻工业出版社出版的《中国乐器年鉴（2007-2008）》完成全部印刷装订，开始在国内外正式发行。该年鉴是自2002年起，中国乐器协会编辑的第四本乐器年鉴，全书采用国际通用大16开标准开本，共计616页，120万字。该书较全面客观地记录了在2006到2008上半年国内外乐器行业各个领域层面所发生的重大事项，其中包括有党中央、国务院在这段时间里所发布与乐器制造业相关的政策法规以及领导讲话，具有较高的收藏和工作参考价值。

全国乐器标准化技术委员会成立大会在京举行

10月21日至23日，经国家标准化管理委员会批准，全国乐器标准化技术委员会在北京国务院第二招待所举行成立大会。中国轻工业联合会副会长杜同和、国家标准化管理委员会工业二部消费品处处长王莉、中国轻工业联合会综合业务部主任崔毅、质量标准处处长王旭华，副处长廖长京以及中国轻工业信息中心、国家标准技术审查部等部门的领导以及来自音乐艺术、教育科技、乐器生产等方面的专家学者、企业家、技术管理人员代表出席会议。新成立的乐器标委会王根田任主任，郑荃、张振启为副主任，秘书长张振启（兼）。

河北金音乐器公司被授予河北省第一批文化产业示范基地

10月21日，河北省衡水市文化局有关负责人前往河北金音乐器制造有限公司，授予该公司“河北省第一批文化产业示范基地”牌匾。河北金音乐器制造有限公司经过20年的努力奋斗，已经成为全国最大的西洋管乐器生产骨干企业之一。

11月

福建省委常委、福州市委书记袁荣祥视察福州和声钢琴公司

11月4日，福建省委常委、福州市委书记袁荣祥在福州和声钢琴有限公司考察工作。袁荣祥一行参观了和声公司样品陈列室和恒温恒湿总装车间，并向公司总经理池家森详细了解和声公司近几年来坚持走创新型企业道路的作法。袁荣祥书记希望和声公司生产更多更好的精品钢琴，打造好品牌，为福州市乃至福建省的音乐文化事业发展作出更大贡献。

第18届国际提琴制作比赛在美国举行华人制琴师获四项银奖

11月3日至9日，2008年美国提琴协会主办的第36届年会暨第18届国际提琴制作比赛在美国俄勒冈州首府波特兰举行。这是当今世界规模最大的提琴制作比赛，吸引了各国制琴高手。经过20位评委多日的精心评鉴，11月8日晚上公布了比赛结果。华人制琴师北京江山获小提琴音色银奖、广州陈劭获小提琴工艺银奖、上海凌震华获中提琴音色银奖和四重奏组音色银奖。另外还有十三项获优异奖状。国际提琴制作大师协会已经正式接纳广州朱明江为该协会会员，这是中国继郑荃、华天礽之后的第三人，是一个极高的荣誉。

《钢琴》新国家标准将于2009年5月1日正式实施

据国家标准委信息，《钢琴》新国家标准（GB/T 10159-2008）已经正式通过审批，将于2009年5月1日正式实施。届时，新国标将成为钢琴行业生产的最新依据。由海伦钢琴、珠江钢琴、嘉德威钢琴等单位共同起草的新国家标准对钢琴产品规格划分、钢琴产品“音准稳定性”要求及相应测试方法、钢琴产品“外壳涂饰”要求及相应测试方法、钢琴产品的型式检验、不合格品的判定项目等5项内容做了修订和新增。

《钢琴弦轴板》国家标准列入2009年度计划

国家标准委以综合（2008 154号文）发布《关于下达2008年第三批国家标准制订计划通知》，《钢琴弦轴板》（项目计划号:20082018－T－607）列入2009年度计划。《钢琴弦轴板》国家标准的制订将对钢琴行业产品质量提升，提供检测依据，规范市场秩序，推动企业生产规模化及提升品牌竞争力具有深远意义。

轻工列入国家大力支持发展的重点产业

11月26日,温家宝主持召开国务院常务会议，研究部署解决企业困难，促进经济发展的政策措施等议题。会议指出，当前，国际金融危机还在继续蔓延，对我国经济影响更加明显，必须进一步抓好中央确定的政策措施的贯彻落实，并有针对性、有重点地制定相关配套措施，稳定生产，稳定就业，帮助企业克服困难，增强企业活力和竞争力，加快推进产业结构调整和发展方式转变，保持经济平稳较快发展。轻工列入国家大力支持发展的重点产业。

福州和声钢琴公司被授予福建省“文化产业示范基地”

11月26日，根据《福建文化强省建设纲要》和

《福建省“十一五”文化发展专项规划》制定的目标，福建省文化厅公布第三批“福建省文化产业示范基地”15家单位名单，福州和声钢琴有限公司榜上有名，是乐器行业继杭州嘉德威、河北金音、青岛世正之后第四个获得省级文化产业示范基地的企业。

12月

全国高技能人才和农村优秀人才表彰大会召开

12月5日，全国高技能人才和农村优秀人才表彰大会在北京隆重举行。北京中加海资曼钢琴有限公司钢琴与键盘乐器制作工高级技师王耀中荣获全国技术能手称号，天津雅马哈电子乐器有限公司电路仪器仪表装调工高级技师陈世运荣获中华技能大奖获奖者称号。

民族弓弦乐器系列研讨会在京举行

12月5日，由四川音乐学院申报的“倍低音拉忽雷科技成果鉴定会暨民族弓弦乐器系列研讨会”在北京科技大学会议中心召开。文化部教科司科技处赵一红，中国民族管弦乐学会会长朴东生、副秘书长高扬、办公室主任张茂泉，中央民族乐团副团长王建国，中国歌剧舞剧院民乐团柏淼等出席了会议。

中国乐器协会五届四次理事（扩大）会议在福州举行

12月6日，为期两天的中国乐器协会五届四次理事（扩大）会议在福州举行。来自全国60余家规模以上乐器生产企业和知名琴行的85位理事和企业负责人参加会议。会议开幕式由中国乐器协会副理事长、广州珠江钢琴集团有限公司董事长黄伟林主持，中国乐器协会理事长王根田作2008年中国乐器协会工作报告。中国乐器协会秘书长齐建平作“中国乐器协会五届理事会理事调整变动的说明”。

“德中同行——走进广东”闭幕式暨“欧米勒钢琴公开赛”颁奖晚会在广州大学城举行

12月14日，由德国驻广州总领事馆、德国钢琴制造业协会、德国博兰斯勒钢琴基金会共同主办的欧米勒钢琴公开赛——“德中同行——走进广东”闭幕式暨“欧米勒钢琴公开赛”颁奖晚会在广州大学城举行。出席闭幕式的有德国驻广州总领事舒涵德、德国钢琴制造业协会会长博思进、广东省外事办公室主任李坚、广东省文化厅副厅长杨伟林、中国乐器协会理事长王根田及担任本次公开赛评委的刘诗昆等20多位著名钢琴演奏家、教育家和来自全国各地的20多位钢琴经销商代表。

国务院办公厅转发发改委等部门关于促进自主创新成果产业化若干政策的通知

12月15日，国务院办公厅以国办发【2008】128号文向各省、自治区、直辖市人民政府，国务院各部委、各直属机构转发发展改革委、科技部、财政部、教育部、人民银行、税务总局、知识产权局、中科院、工程院《关于促进自主创新成果产业化的若干政策》的通知。

上海民族乐器一厂在京举行多声弦制新型筝音乐会

12月19日，由中央音乐学院、北京市民族文化交流中心主办的“千里之行”—2008敦煌之夜新品新作古筝音乐会在北京音乐厅举行。由上海民族乐器一厂和李萌合作研制的多声弦制新品筝闪亮登场。

珠江·恺撒堡系列专业高档钢琴列入国家科学技术部2008～2009年国家重点新产品计划

12月，珠江钢琴集团自主研发的珠江·恺撒堡牌UH／GH系列专业高档钢琴被科技部列入2008～2009年国家重点新产品计划，这是我国乐器行业首个列入国家重点新产品计划的研发项目，也是对珠江钢琴集团自主创新能力的充分肯定。

国家统计局公布2007年城镇居民每百户钢琴拥有量

最新出版的《2008年中国统计年鉴》公布了2007年全国各地区城镇居民平均每百户钢琴及其他中高档乐器拥有量，其中钢琴为2.36架/百户，同比增长2.16%；中高档乐器为6.03件/百户，同比下降14.71%。每百户钢琴拥有量前五位的地区依次为上海、广东、福建、北京、山东，分别为5.85、4.17、

3.90、3.80、3.40架。广东和福建首次超过北京，居全国第二、三位。

北京星海钢琴集团有限公司董事会、总经理完成新老交接

根据北京市国资委和一轻控股公司决定，为了大力支持强势企业的长期发展，把董事会做实，由星海公司原总经理赵惠臣同志出任北京星海钢琴集团有限公司董事长（企业法人）。原北京玻璃集团公司副总经理兼北京玻璃仪器厂厂长祝宁伟同志出任星海钢琴集团总经理，党委书记仍由曾泽民同志担任。

美国《音乐贸易》杂志公布2007年全球乐器与音响制品225强

12月，美国《音乐贸易》杂志第12期公布了2007年全球乐器与音响制品225强榜单。2007年225强销售收入共计201亿美元，较2006年的181亿增长10.8%；员工总数共计122904人，较2006年的129061人减少4.8%。广州珠江钢琴集团有限公司、音王集团有限公司、北京星海钢琴集团有限公司、青岛世正乐器有限公司、上海知音琴行有限公司等18家中国乐器企业入榜。

广州珠江钢琴集团有限公司原董事长童志成获广东省改革开放30周年功勋企业家荣誉

广东省企业联合会、广东省企业家协会、广东省企业管理咨询协会联合在广东省内的企业中评选广东省改革开放30周年功勋企业、企业家和优秀企业文化杰出贡献单位、领导者。广州珠江钢琴集团有限公司原董事长童志成荣获广东省改革开放30周年功勋企业家荣誉，这是对这位“珠江钢琴人”创造的辉煌事业的充分肯定。

福建省音乐家协会哈曼尼钢琴艺术交流中心成立

12月21日，福建省音乐家协会哈曼尼钢琴艺术交流中心在福州和声钢琴有限公司展示中心正式揭牌成立。该中心聘请著名钢琴演奏家赵晓生教授为艺术顾问。福建省文联、福建华闽实业（集团）、福建省音协、福州和声钢琴公司的领导为“中心”的成立剪彩。来自福建省内120多名音乐界专业人士参加了中心的揭牌仪式，并聆听了著名钢琴演奏家赵晓生教授的讲座。

2008年全国钢琴调律职业技能竞赛决赛前三名选手获全国技术能手荣誉称号

12月22日，为贯彻落实中共中央办公厅、国务院办公厅《关于进一步加强高技能人才工作的意见》，进一步加强高技能人才队伍建设，人力资源和社会保障部会同有关部门开展了2008年全国职业技能竞赛系列活动。为表彰在系列活动中取得优异成绩的选手，人社部决定授予209名同志“全国技术能手”荣誉称号，并为其颁发奖章、证书和奖牌。在中国轻工业联合会、中国就业培训技术指导中心、中国乐器协会、中国财贸轻纺烟草工会全国委员会共同举办的2008年全国钢琴调律职业技能竞赛活动中，获得决赛前三名的选手:来自北京中加海资曼钢琴有限公司的李力佳、北京星海钢琴集团有限公司的赵东旭（女）、北京中加海资曼钢琴有限公司朱婷（女）被授予“全国技术能手”荣誉称号。

国家林业局在海南召开蟒蛇繁育利用现场会

12月26日，国家林业局保护司在海南省文昌市南阳镇海南东盛弘蟒蛇研究所召开“蟒蛇繁育利用现场会”。国家林业局保护司王伟副司长，斯萍副处长，海南省林业局周燕华副局长，海南省动植物保护局王春东局长，海南省文昌市陈坚副市长及中国乐器协会、国家林业局野生动物研究发展中心、沈阳师范学院、东北林业大学等单位代表以及上海民族乐器一厂、苏州民族乐器一厂有限公司等9家国内二胡定点生产企业负责人应邀参加会议，到会代表共计30余人。

河北金音乐器公司总经理陈学孔当选河北十大经济风云人物

12月28日，由河北日报报业集团主办、河北经济日报社承办的金牌沙城杯“2008河北十大经济新闻暨年度十大经济风云人物”揭晓。河北金音乐器制造有限公司总经理陈学孔摘得十大经济风云人物桂冠，成为河北省乐器行业唯一获此殊荣的企业家。河北省委常委、常务副省长付志方，省委常委、宣传部长聂辰席，省人大常委会副主任王增力等领导出席了“揭晓恳谈会”，并为当选的企业家代表颁奖。

中国乐器协会、广州珠江钢琴集团股份有限公司开展深入学习实践科学发展观活动

12月29至30日，中国乐器协会组织全体工作人员集中两天时间，开展深入学习实践科学发展观活动。会上，王根田理事长传达中轻联关于学习实践科学发展观活动第一阶段总结、第二阶段动员大会精神，提出中国乐器协会要通过学习实践科学发展观活动推动和改进协会工作质量，提高工作效率的要求。广州珠江钢琴集团公司也进入到第一批开展学习实践科学发展观活动中。

2008年我国乐器专利发布数量为491件，比去年减少7件，同比下降1.4%

根据中国专利数据库数据统计，2008年，我国乐器专利发布数量为491件，比去年减少7件，同比下降1.4%，这是专利发布量连续三年增长后的首次下降。在491件乐器专利中，包括发明专利116件，同比增长19.58%；实用新型专利223件，同比增长18.62%；外观设计专利152件，同比下降28.64%。从申请乐器专利的企业和个人所属国别来看，海外申请专利共有83件，其中日本61件，和去年的144件相比下降了42.36%；国内申请专利共有408件，同比上升15.25%。

广州艾茉森电子有限公司进驻广东光电科技产业基地

12月30日，“广东光电科技产业基地”在荔湾区大坦沙岛揭牌，广州珠江钢琴集团控股子公司——广州艾茉森电子有限公司等光电类高科技企业正式进驻该产业基地，揭开了广州光电产业发展的新篇章。广东省信息产业厅厅长温国辉，广州市副市长徐志彪等领导出席了授牌仪式,并在珠江钢琴集团黄伟林董事长的陪同下，深入广州艾茉森电子有限公司考察指导工作，鼓励企业多研发多媒体乐器，加快高新技术发展，提高自主创新能力，用高新技术带动传统乐器的提升。

上海民族乐器一厂“敦煌牌”古筝、二胡、琵琶荣获“上海名牌”称号

12月31日，在上海市名牌战略推进委员会公布的2008年度上海名牌产品名单中，上海民族乐器一厂“敦煌牌”古筝、二胡、琵琶荣列其中。此次评选是上海市名牌产品推进委员会根据上海名牌推荐评估程序和评审细则，组织相关部门和专家，对申报单位进行了初审、专业评审以及综合评审。经上海市名牌产品推荐委员会全体会议审议讨论通过，产生了最终名单。上海民族乐器一厂的评审材料得到了评审人员的好评。

2009年度中国乐器行业新闻综述

1月

"系列秦胡的研制与应用"获2008年国家科学技术进步二等奖

1月9日，中共中央、国务院在北京人民大会堂隆重举行国家科学技术奖励大会。党和国家领导人胡锦涛、温家宝、李长春、习近平、李克强出席大会并为获奖代表颁奖。由陕西省推荐的"中国拉弦乐器—系列秦胡的研制与应用项目"荣获2008年国家科学技术进步奖二等奖。

2008年中国钢琴总产量31.25万架

1月12日，中国乐器协会、国家轻工业乐器信息中心联合发布2008中国钢琴产量统计结果。经过对国内主要钢琴生产企业自报产量统计，2008年中国钢琴总产量为312487架，其中立式钢琴产量295060架，三角钢琴17427架，立式与三角钢琴共计出口量为68696架。列入统计的钢琴生产企业为26家，比上年减少8家企业。

国资委召开协会经验交流暨负责人会议

1月15日，国务院国有资产监督管理委员会在北京国家行政管理学院举行国资委成立以来首次协会经验交流暨负责人会议。由国资委直管代管的303家行业协会负责人以及国务院所属11个部委相关部门负责人出席，中国乐器协会理事长王根田，秘书长齐建平参加了会议。

第107届美国国际乐器展览会（NAMM SHOW）闭幕

1月15日至18日，第107届美国国际乐器展览会（NAMM SHOW）在美国阿纳海姆国际会议中心举行，共有来自美国、中国、德国、加拿大等36个国家及地区的1505家企业参展，较2008年减少55家，下降3.53%。包括台湾地区在内的中国参展企业数量共计122家。

中国乐器协会发布2008年乐器行业年度报告

1月15日，中国乐器协会发布2008年乐器行业年度报告第一部分（综述），以后相继发布钢琴、提琴、西管乐器、电声乐器、民族乐器、吉他、打击乐器、手风琴口琴口风琴竖笛、乐器零配件等部分的年度报告，报告共计三万余字。

北京星海钢琴集团公司再次荣获"全国文明单位"称号

1月20日，全国精神文明建设工作表彰大会在北京举行。中共中央政治局常委、中央文明委主任李长春出席并讲话。会上，中共中央政治局委员、国务委员、中央文明委副主任刘延东宣读了表彰决定，北京星海钢琴集团公司在"全国文明单位"的评选中，再次获此殊荣。

2月

2009音乐学院院长论坛在香港举行

2月7日，由柏斯音乐基金会主办，香港音乐导师同盟赞助，香港演艺学院提供场地协助的"香港及国内音乐学院合作及毕业生前景论坛2009"在香港伯大尼演艺学院举行。作为亚洲青少年音乐比赛的系列活动之一，音乐学院院长论坛已经举办了三届，前二届论坛主题分别是"中国音乐教育的回顾与展望"和"专业与普及音乐教育的结合"。

第四届TOYAMA亚洲青少年音乐比赛在香港落幕

2月8日，历时8个月之久的第四届TOYAMA亚洲青少年音乐比赛在香港大会堂音乐厅举行隆重的优胜者颁奖音乐会。亚洲青少年音乐比赛是由香港柏斯音乐基金会及香港音乐导师同盟主办，柏斯琴行承办，TOYAMA及英国TRINITY GUILD HALL赞助的一项国际音乐比赛，该赛事从2002年起已连续举办四届，前三届总决赛分别在香港和上海举行。

2009中国乐器协会工作会议在京召开

2月16日至17日，中国乐器协会分支机构负责人工作会议在北京召开。中国乐器协会理事长、副理事长及分支机构负责人出席了会议。会上探讨了如何进一步发挥行业组织的作用，搞好协会及分支机构工作，及时有效应对金融危机的不利影响，以及如何拉动内需，促进行业更快更好发展等。

2008年我国乐器行业规模以上生产企业工业销售产值159亿元，同比增长12.59%

2月，2008年我国乐器行业278家规模以上生产企业实现工业销售产值159.35亿元，同比增长12.59%，出口交货值68.85亿元，同比增长0.84%。数据表明，2008年我国乐器行业规模以上生产企业继续保持稳定增长态势，但工业销售产值增长幅度比去年减少1.49%，出口增长幅度降减少4.44%，为历年来最低。

2008年中国乐器出口金额15.21亿美元，同比增长24.39%

2月，国家统计局发布国家海关总署数据显示，2008年中国乐器出口金额15.21亿美元，同比增长24.39%，进口乐器金额1.96亿美元，同比增长19.28%，进出口贸易总额17.17亿美元，同比增长23.79%，贸易顺差13.25亿美元。

2009年河北省乐器行业经济环境研讨会在石家庄召开

2月20日至21日，由中国乐器协会琴行分会、河北秦川文体乐器有限公司共同主办的2009年河北省乐器行业经济环境研讨会在石家庄市召开，16家琴行及厂家代表40余人出席会议。

开封中原民族乐器有限公司被评为河南省文化产业示范基地

2月27日，河南省确定了两大文化产业园区和第三批全省文化产业示范基地。其中，开封中原民族乐器有限公司被评为河南省文化产业示范园区。

"玉屏箫笛"首获乐器类地理标志证明商标

2月，"玉屏箫笛"在国家工商总局商标局成功注册，成为全国首个获得地理标志证明商标的乐器类产品，为进一步推动玉屏箫笛产业化发展提供了更好的保障。

3月

"嘉德威"获"中国驰名商标"

3月1日，杭州嘉德威钢琴有限公司所持有"嘉德威"商标被国家工商总局商标局授予"中国驰名商标"称号。"嘉德威"商标是乐器行业第5件"中国驰名商标"。

天津圣迪乐器有限公司被命名为天津市文化产业示范基地

3月3日，经天津市委、市政府批准，市文化局命名天津圣迪乐器有限公司为天津市首批文化产业示范基地。该基地的命名对充分发挥基地的示范带头作用，努力争当有自主创新能力、有自主知识产权的文化企业将产生重要作用。

中国乐器协会代表团出访巴西

3月4日，中国乐器协会理事长王根田、秘书长齐建平、上海国际展览中心有限公司总经理方佩瑛等一行5人出访巴西。在巴西期间，代表团先后访问了巴西乐器协会及巴西里约热内卢州商会，就扩大中巴乐器协会合作和中巴乐器企业和产品交流等问题进行了热情友好会谈。

武汉艾立卡电子有限公司被评为武汉市首届"十佳创业企业"

3月6日，武汉市首届"十佳创业企业"和"十佳创业人物"评选活动结果揭晓，武汉艾立卡电子有限公司荣获"十佳创业企业"。

文化产业出口重点企业将得到重点项目贷款

3月9日，根据国家推动中国文化"走出去"战略的总体要求，文化部与中国进出口银行签订了《关于扶持培育文化出口重点企业、重点项目的合作协议》。合作协议采取"文化部组织推荐、专家组认真评选、进出口银行独立审贷"的方式，旨在解决文化企业融资难问题，共同扶持培育文化出口重点企业和重点项目。

山东昌乐鄌郚获评"省电声乐器产业基地"

3月17日，山东省轻工业工作会议暨全省轻工工作先进单位表彰大会在济南举行，昌乐县鄌郚镇受到了省轻工业办公室、省轻工业协会的表彰，喜获“山东省电声乐器产业基地”荣誉称号。

张高丽到天津津宝乐器公司调研

3月24日，中共中央政治局委员、天津市委书记张高丽到天津市宝坻区津宝乐器有限公司等单位，就加强农村基层组织建设和“保增长、渡难关、上水平”活动开展情况进行调研。

广州珠江钢琴集团股份有限公司正式挂牌

3月27日，广州珠江钢琴集团股份有限公司正式挂牌，珠江钢琴集团成为我国乐器行业首家完成股份制改造的大型国有乐器企业。广州市委常委、常务副市长邬毅敏出席挂牌仪式。珠江钢琴集团国家级技术中心也在同日挂牌，成为中国乐器行业唯一拥有这一资质的国家级高新技术企业。

中国乐器协会参加斯里兰卡经洽会

3月27日，由斯里兰卡驻华使馆商务处与中国轻工业展览中心共同主办的“斯里兰卡投资促进和经济合作洽谈会”在北京斯里兰卡驻华使馆举行。斯里兰卡驻华大使，斯里兰卡投资局副局长，中国轻工业展览中心负责人以及来自国内轻工行业有关协会、企业50余人参加本次经洽会，中国乐器协会也派代表出席这次经洽会。

4月

第30届法兰克福乐器展顺利召开

4月1日至4日，第30届法兰克福乐器展在法兰克福展览馆举办，近1560家参展商及来自世界125个国家和地区的11万观众参加展会。中国参展商共计104家，成为德国以外继美国、意大利之后的第三大参展国。

中国钢琴制造业先驱林国海病逝

4月8日，中国钢琴制造业先驱，原广州钢琴厂首任厂长林国海先生在广州病逝，享年86岁。林国海生于1923年，宁波北仑人，生前曾当选中国民主建国会广州市第九届、第十届委员会副主任委员，广东省第六届，广州市第七、八届人大代表，广州市八一届、八三届劳动模范。

中国乐器协会在浙江进行工作调研

4月9日，中国乐器协会到浙江省进行工作调研，参观了杭州嘉德威、宁波海伦、浙江华谱等钢琴公司，实地了解了浙江省钢琴产业自全球金融危机以来企业的经济发展状况。随后，中国乐器协会调研组到德清县洛舍镇，集中对该地区钢琴产业进行调研。

“创新观念应对金融危机”经济专题报告会在杭州召开

4月10日，中国乐器协会、中国文教体育用品协会、中国五金制品协会、中国日用杂品工业协会等单位，在杭州市萧山国际酒店举办“创新观念应对金融危机”经济专题报告会。举办此次报告会旨在当前世界金融危机进一步影响到实体经济的情况下，帮助企业家获取更多的信息，比较准确地把握我国当前经济发展脉搏，实现观念创新，从容应对复杂的经济形势，保持企业持续稳定发展。

中国（泰州）国际提琴文化创意产业园开工建设

4月13日，中国（泰州）国际提琴文化创意产业园日前开工建设。该项目总投资2.089亿元，计划2011年建成投入使用。建成后，预计创意产业园销售收入可达5.08亿元、利税1.08亿元。

中国乐器协会在北京平谷东高村镇进行工作调研

4月20日，中国乐器协会理事长王根田、秘书长齐建平等前往平谷区东高村镇进行工作调研，专程到北京华东乐器有限公司和北京艺苑乐器制造有限公司实地考察，并全面了解企业在金融危机以后生产经营情况。

民族乐器行业标准复审工作会议在京召开

4月24日，民族乐器行业标准复审工作会议在北京举行。会议由全国乐器标准化中心主持，上海民族乐器一厂、苏州民族乐器一厂有限公司等多家相关企业参会。此次会议所确定的民族乐器行业标准复审项目主要涉及《民族气鸣乐器》和《响铜体鸣乐器》所辖的两大类、12种乐器产品，共14项行业标准。

珠江钢琴集团董事长黄伟林、总装厂调律师杜伟培荣获广州市劳动模范称号

4月28日，广州市委礼堂隆重举行庆祝“五一”国际劳动节暨劳动模范和先进集体表彰大会，珠江钢琴集团董事长黄伟林、总装厂调律师杜伟培荣获广州市劳动模范称号，珠江木材厂荣获广州市先进集体称号。

武汉艾立卡电子有限公司荣获“武汉五一劳动奖状”

4月29日下午，在由中共武汉市委、市政府和市总工会主办的庆祝“五一”国际劳动节暨第十四届劳模命名表彰大会上，武汉艾立卡电子有限公司荣获“武汉五一劳动奖状”。

5月

中国乐器协会设立中国乐器协会维护知识产权委员会

5月4日，中国乐器协会正式设立中国乐器协会维护知识产权委员会。维权会主任由中国乐器协会法定代表人担任。中国乐器协会聘请上海天闻律师事务所翁才林律师和张洁律师为维权会法律顾问。

中国乐器协会在山东昌乐县进行工作调研

5月12日，中国乐器协会理事长王根田、秘书长齐建平、信息部主任丰元凯一行三人前往山东昌乐县进行工作调研。调研期间，走访参观当地乐器生产企业，与山东省轻工业协会、潍坊市轻工办公室的多位领导进行工作交流，并召开有企业老总参加的座谈会，详细听取昌乐县乐器经济发展概况及在金融危机下政府对企业“抱团过冬”的支持和企业克服困难所采取的一系列措施。

浙江省省委书记到海伦钢琴股份有限公司调研

5月14日，浙江省省委书记、省人大常委会主任赵洪祝在宁波进行调研。赵洪祝一行先后考察了海伦钢琴股份有限公司等企业单位。省委常委、宁波市委书记巴音朝鲁，省委常委、秘书长李强，宁波市委副书记、市长毛光烈等陪同调研。

口琴专业委员会四届四次会议在上海召开

5月17日，中国乐器协会口琴专业委员会四届四次会议暨2009口琴专业委员会年会在上海崇明岛举行。上海口琴总厂、上海国光口琴厂有限公司、上海凯恩乐器有限公司、江苏奇美乐器有限公司、江苏天鹅乐器有限公司等十二家会员单位参加会议。

《轻工业调整和振兴规划》公布

5月１８日，国务院在中国政府网全文公布《轻工业调整和振兴规划》，规划提出了2009年至2011年我国轻工业调整和振兴的原则、目标、主要任务及相关政策措施等。

《规划》提出了轻工业调整和振兴的六大目标和九项主要任务。为实现这些目标和任务，《规划》拟定了十项政策措施，包括提高部分轻工产品出口退税率、调整加工贸易目录、解决涉农产品收储问题、加强技术创新和技术改造、加大金融支持力度、大力扶持中小企业、加强产业政策引导、鼓励兼并重组和淘汰落后、发挥行业协会作用。

中国轻工业联合会步正发会长考察广州珠江钢琴集团公司

5月18日，中国轻工业联合会会长步正发一行在广东省轻工业协会会长杨大行等领导的陪同下，到广州珠江钢琴集团考察工作。黄伟林董事长向步正发会长汇报了企业近期的生产经营情况和今后的发展规划。步正发会长对珠江钢琴在全球金融危机的情况下仍然取得了骄人的业绩表示满意。

宁波海伦乐器制品股份有限公司更名为“海伦钢琴股份有限公司”

5月，宁波海伦乐器制品股份有限公司向国家工商总局申报的无行政区划名称，正式得到批复，至此，宁波海伦乐器制品股份有限公司正式更名为海伦钢琴股份有限公司。

河北金音乐器集团成立暨建厂20周年庆典活动隆重举行

5月18日，河北金音乐器集团成立暨建厂20周年庆典仪式隆重举行。衡水市市长高宏志、市人大常委会主任孙志人、市政协主席徐学清以及供应商、销售商等合作单位代表出席了庆典仪式。

轻工业标准化工作会议在京召开

5月21日，中国轻工业联合会在京召开轻工业标准化工作会议，会议的主要内容是传达贯彻近期召开的全国标准化工作会议精神，总结2008年轻工业标准化工作，分析形势和任务，研究部署2009年轻工业标准化工作。全国政协常委、中轻联副会长潘蓓蕾出席会议并作重要讲话，中轻联各相关行业协会、各专业标准化技术委员会、标准化中心负责人参加会议。

中国乐器协会提琴制作师分会二届二次全体会议在京召开

5月26日，中国乐器协会提琴制作师分会二届二次全体会议在北京中央音乐学院召开。提琴制作师分会会长郑荃，副会长华天礽、朱明江分别主持会议的各项活动。旅美华人制琴师江峰等以及来自国内各地的提琴制作师共计100余人参加会议。

文化部公布第三批国家级非物质文化遗产代表性传承人名单

5月26日，文化部公布第三批国家级非物质文化遗产项目代表性传承人711人名单，闫改好（男、汉），金季凤（男、朝鲜），热合曼·阿布都拉（男、维吾尔）分别被授予山西省长子县民族乐器制作技艺（长子响铜乐器制作技艺）、吉林省延边朝鲜族自治州民族乐器制作技艺（朝鲜族民族乐器制作技艺）、新疆维吾尔自治区疏附县民族乐器制作技艺（维吾尔族乐器制作技艺）代表性传承人。

“2009CCTV民族器乐电视大赛”启动仪式在京举行

5月25日，“2009CCTV民族器乐电视大赛”新闻发布暨启动仪式在中央电视台演播大厅举行，这标志着两年一届的央视民族器乐电视大赛正式启动。这次大赛将吸取首届大赛的成功经验，并在组织方式、赛事安排等方面做了积极的尝试和调整。

6月

北京星海钢琴集团公司隆重纪念建厂六十周年

6月1日，北京星海钢琴集团有限公司在北京国家大剧院音乐厅隆重举行建厂60周年纪念大会暨星海音乐会。前来出席纪念大会和观看演出的有国家大剧院院长陈平、副院长王争鸣；北京市国资委局级调研员周荫良、宣传处处长苟永利；著名钢琴家、教育家、中央音乐学院钢琴教授周广仁、杨峻以及中国乐器协会理事长王根田、秘书长齐建平等；日本河合乐器株式会社社长河合弘隆先生等国际友人也出席了庆典。

四类乐器商品编码列入《2009年加工贸易禁止类商品目录》

6月3日，商务部、海关总署联合发布2009年第37号公告——《2009年加工贸易禁止类商品目录》。根据2009年海关商品编码，对调整后的禁止类目录商品编码进行修订，修订后禁止类目录共计1759项商品编码，禁止方式分为：出口、进口和旧机电产品进口三种。

其中完税价格≥1.5万美元的含濒危动物皮弓弦乐器、其他含濒危动物皮的弓弦乐器、含濒危动物成分的其他弦乐器、含濒危动物皮的打击乐器的商品编码被列入禁止类目录。

得理乐器（珠海）工业园落成暨开工典礼隆重举行

6月8日，得理乐器（珠海）工业园一期工程正式落成暨开工典礼在珠海市金湾区联港工业区隆重举行。珠海市委常委、常务副市长霍荣荫及金湾区委、联港工业区管委领导等出席典礼，为乐器工业园落成开工剪彩。

河北金音乐器集团列入文化部推荐第一批文化产业贷款单位

6月29日，文化部公布了向中国进出口银行推荐的第一批申请贷款文化产业项目名单，河北金音乐器集团有限公司被列入新增乐器生产扩建项目。

7月

中国乐器协会琴行分会一届二次理事（扩大）会议在长春召开

7月2日，中国乐器协会琴行分会一届二次理事

（扩大）会议在长春举行。参加会议的有来自全国17个省市的36家琴行负责人以及琴行分会顾问单位的17家乐器生产企业的领导。这次琴行分会会议主题是“金融危机下的乐器行业”。

上海民族乐器制作技艺入选上海市第二批非物质文化遗产保护名录

7月，上海民族乐器一厂申报的上海民族乐器制作技艺被列入上海市第二批非物质文化遗产保护名录。民族乐器制作技艺是中国传统手工技艺中的一种特殊技艺，可追溯到清代乾隆、嘉庆年间。

雅马哈新工厂在萧山开建将成为全球最大管乐器生产基地

7月2日，萧山雅马哈乐器有限公司新工厂在萧山经济技术开发区桥南开工建设，建成投产后将成为全球最大的管乐器生产基地。

上海民族乐器一厂举行第96届敦煌杯民族乐器（古筝）制作比赛

7月13日至8月7日，敦煌杯第96届民族乐器（古筝）制作比赛在上海民族乐器一厂举行。敦煌杯民族乐器制作比赛是上海民族乐器一厂为提高产品质量，提高工人技术水平而设立的厂内技术比赛，每年举办两届，至今已经举办了90余届。

2009美国夏季乐器展召开

7月17日，由美国国际音乐制品协会主办的NAMM夏季乐器展在田纳西州纳什维尔会展中心举办，共计383家展商参展，入场注册观众共12967人，与去年相比人数下降26%。

首届北京国际古筝音乐节隆重举行

7月26日，由北京市民族事务委员会、北京市文化局主办，北京市民族文化交流中心承办，中央音乐学院、中国音乐学院、上海民族乐器一厂协办的首届北京国际古筝音乐节在北京隆重举行，中央电视台新闻频道播出了首届北京国际古筝音乐节的盛况。

全国乐器标准化技术委员会组织召开7项乐器国家、行业标准审定会

7月28日，乐器行业国家、行业标准审定会在武汉召开。会议审定的3项国家标准：《电鸣乐器放音设备设备音乐性能评价规范》、《电鸣乐器均衡类音效装置通用技术条件》、《钢琴弦轴板》以及4项行业标准：《琴弦通用技术条件》、《提琴弦》、《吉它弦》、《竖笛》全部获得通过。

电鸣乐器分会三届三次会员大会在武汉召开

7月30日，电鸣乐器分会三届三次会员大会在武汉艾立卡电子有限公司召开，中国乐器协会理事长王根田、得理电子（深圳）有限公司副总裁盛子斐、北京乐器研究所所长张振启、武汉艾立卡电子有限公司董事长张鉴堂等出席了会议，并就加强电鸣乐器行业维护知识产权工作、上海乐器展期间开展3C认证情况核查等问题展开了讨论。

8月

中央音乐学院提琴制作专业毕业生在意大利提琴制作比赛中再获金、银奖

8月，意大利第三届依索湖全国提琴制作比赛中，中央音乐学院提琴制作专业的三名毕业生再次披金带银，全部获奖。

中国乐器协会组织专家对北京市平谷区东高村镇申请“中国提琴产业基地”进行评审

8月28日至29日，中国乐器协会依照“关于共建和授予中国乐器行业特色区域称号的行业规范”，组织专家对北京市平谷区东高村镇申请“中国提琴产业基地”进行专家评审，并建议授予北京市平谷区东高村镇为“中国提琴产业基地”，报请中国轻工业联合会审批。

9月

第16届国际钢琴调律师及技师年会（IAPBT 2009）在澳大利亚召开

9月9日～13日，第16届国际钢琴技师及调律师年会（IAPBT 2009）在澳大利亚昆士兰州首府布里斯班市政厅召开。中国乐器协会钢琴调律师分会组团参加了此次IAPBT年会，并成功取得了第18届国际钢琴技师和调律师年会（IAPBT 2013）主办权。

北京一轻研究院、北京一轻产品质量检测中心揭牌成立

9月15日，北京一轻研究院、北京一轻产品质量检测中心挂牌成立。由此，北京乐器研究所正式并入北京一轻研究院。新组建的北京一轻研究院由北京玻璃研究院、北京一轻研究所、北京电光源研究所、北京市食品工业研究所、北京乐器研究所、北京日用化学研究所六家科研院所整合组成，拥有3个市级技术实验室、6个中试基地、2个国家标准中心和2个行业信息中心。

牡丹江和音乐器有限公司董事长贾酝荣获全国三八红旗手称号

9月21日，全国妇联发出关于授予2000名全国三八红旗手、1000个全国三八红旗集体荣誉称号的决定。乐器行业牡丹江和音乐器有限公司董事长贾酝获全国三八红旗手称号。

"新音乐、新市场、新生活"跨界音乐论坛在北京星海钢琴公司召开

9月22日，由中音公司跨界网络钢琴学院与北京星海钢琴集团公司共同主办的"新音乐、新市场、新生活"跨界音乐论坛在北京星海钢琴集团公司举行。

中国乐器协会琴行分会组团参观2009年第15届莫斯科乐器展览会

9月24日至27日，第15届莫斯科乐器展在莫斯科文化展览中心"Sokolniki"举行，上海华新电子有限公司、吟飞电子乐器有限公司、南京摩得利钢琴有限公司、山东潍坊电子乐器有限公司等4家乐器生产企业参展。中国乐器协会琴行分会组团参观展览。

《2009乐器行业专刊》正式出版发行

9月，由中国乐器协会编辑出版的《2009乐器行业专刊》正式发行。本《专刊》内容丰富详实，对于业内人士具有较高参考和收藏价值。

10月

中国轻工业联合会副会长杨志海考察上海国际乐器展览会

10月13日，中国轻工业联合会副会长杨志海在中国乐器协会理事长王根田、秘书长齐建平，上海国际展览中心有限公司总经理方佩瑛、副总经理吴江红、吴国斌等人的陪同下对上海乐器展进行考察，参观后杨志海会长对乐器展和乐器行业的发展提出了新的期望和要求。

中国乐器协会理事长王根田会见巴西乐器协会主席

10月14日，中国乐器协会理事长王根田会见巴西乐器协会（Abemusica）主席科斯塔一行，宾主双方进行了友好会谈并就两国乐器协会间的合作初步达成意向。

中国乐器协会理事长王根田与国际音乐制品协会（NAMM）举行工作会谈

10月15日，中国乐器协会理事长王根田会见了国际音乐制品协会国际部主任石碧天，总结了两国乐器行业组织过去一年来的交流与合作，并对2010年两国乐器协会的合作事宜做出初步安排。

中国乐器协会理事长王根田会见台北市乐器商业同业公会理事长

10月15日，中国乐器协会理事长王根田会见台北市乐器商业同业会理事长吕杜辉先生，双方交流了海峡两岸乐器市场发展情况，并就2010年7月在台北合作举办两岸乐器大展问题交换了意见。

2009中国（上海）国际乐器展览会圆满结束

10月13日至16日，第8届中国（上海）国际乐器展览会在上海新国际博览中心隆重举行。展会展览面积达65000平方米，来自24个国家和地区的1164家企业参展，其中还包括德国、法国、意大利、荷兰、西班牙等9个国家和地区展团；观众来自世界86个国家和地区的42499人。

中国乐器协会钢琴调律师分会第三届会员代表大会在上海召开

10月15日，中国乐器协会钢琴调律师分会第三届会员代表大会在上海召开。参加会议的有钢琴调律师分会会长、副会长以及会员代表106人，中国乐器协会理事长王根田、秘书长齐建平出席会议。

电鸣乐器分会举行第二届降低采购成本研讨会

10月15日，中国乐器协会电鸣乐器分会在上海举行第二届降低采购成本研讨会，探讨电子乐器生产企业联合采购零配件，降低采购成本的可行性。中国乐器协会电鸣乐器分会会长盛子斐，副会长张鉴堂、娄伟明、周致嘉及中国乐器协会信息部主任丰元凯出席会议。

中国民族乐器科技创新研讨会在京举行

10月23日，2009年北京市第12届科技交流学术月期间，由中国民族器乐学会，北京乐器学会主办的“中国民族乐器科技创新研讨会”在京举行。北京乐器学会会长陈自明，常务副会长毕可炜及王宜勤、王世簧、胡培基、赵寒阳等数位著名民族乐器演奏家，教育家参加会议。

2009年全国质量奖揭晓 珠江钢琴集团等10家企业上榜

10月26日，中国质量协会公布2009年全国质量奖评审结果，广州珠江钢琴集团股份有限公司等十家企业获奖。

文化部出台《文化产业投资指导目录》

10月，文化部制定并发布了《文化部文化产业投资指导目录》。《指导目录》根据我国文化产业发展的现实情况和《文化产业振兴规划》提出的发展方向，划分为鼓励类、允许类、限制类和禁止类。乐器及相关产品生产销售被列入鼓励类产业。

11月

中国乐器协会与国家轻工业乐器信息中心在营口联合调研

11月2日，中国乐器协会信息部主任丰元凯与国家轻工业乐器信息中心副主任孟宇前往鲍德温东北（营口）钢琴乐器有限公司、营口市泰刚古筝艺术学校进行工作调研，并参观了位于营口市沿海产业区即将建设的乐器工业园区。

2009“珠江·恺撒堡”钢琴全国青少年大赛决赛在广州星海音乐学院举行

11月7日至9日，“2009珠江·恺撒堡”全国青少年钢琴大赛在星海音乐学院与星海音乐厅举行。此次大赛由全球最大的钢琴制造企业——珠江钢琴集团与中国艺术教育促进会联合主办、广州星海音乐学院协办。包括吴祖强、周广仁、刘诗昆等著名钢琴演奏家、音乐教育家在内的30多名评委，以及来自全国各地25个初赛区的297名参赛选手齐聚一堂。

三项乐器国标、行标审定会在穗召开

11月16至19日，三项乐器国家标准、行业标准审定会在广州召开，会议讨论并通过了国家标准《钢琴用毡》，以及行业标准《键盘乐器键宽尺寸系列》、《钢琴零部件名称》。

2009～2010年度国家文化出口重点企业和重点项目授牌仪式在京举行

11月25日，2009～2010年度国家文化出口重点企业和重点项目授牌仪式在国家会议中心举行。乐器行业中，广州珠江钢琴集团股份有限公司、北京星海钢琴集团有限公司、海伦钢琴股份有限公司、泰兴凤灵乐器有限公司、天津市津宝乐器有限公司、武汉艾立卡电子有限公司、徐州大风乐器有限公司被列入2009-2010年度国家文化出口重点企业和重点项目目录。

中国乐器协会召开第六届理事会筹备工作会议

11月26日，中国乐器协会在北京召开第六届理事会筹备工作会议，副理事长及分支机构负责人参加会议，会议传达了中国轻工业联合会有关中国乐器协会换届工作的指导意见，并且宣读了成立中国乐器协会换届筹备工作领导小组的通知。

“中国提琴产业之都”专家评审会在江苏泰兴溪桥镇召开

11月29日，中国乐器协会组织专家对江苏省泰兴市溪桥镇被命名为“中国提琴之乡”四年来的实践与发展进行复审，并对申请命名溪桥镇为“中国提琴产业之都”的请示进行评审。

12月

中国乐器协会材料配件专业委员会二届二次会议在成都召开

12月3日，中国乐器协会材料配件专业委员会二届二次会员大会在成都川雅木业有限公司召开。出席会议的有中国乐器协会材料配件专业委员会会长罗建峰、副会长何四海，中国乐器协会副秘书长、中国乐器协会材料配件专业委员会副会长兼秘书长张华君，以及上海晨川琴业材料有限公司执行董事石光思，宁波市北仑乐器配件制造有限公司总经理俞兆祥等。

北京平谷区东高村镇隆重举行“中国提琴产业基地”授牌仪式

12月16日，北京平谷区东高村镇“中国提琴产业基地”授牌仪式暨北京华东乐器有限公司20周年庆典隆重举行。全国政协常委、中国轻工业联合会副会长潘蓓蕾，全国人大常委、中央音乐学院提琴研究中心主任郑荃，中国轻工业联合会综合业务部副主任查长全，中国乐器协会理事长王根田、秘书长齐建平等领导出席仪式。新华社、人民日报、经济日报、北京日报、北京电视台、人民网等新闻媒体记者到会采访。

湖北省命名首批文化产业示范基地 宜昌金宝乐器制造有限公司榜上有名

12月16日，湖北省第一批文化产业示范基地经初评、终审后公布，宜昌金宝乐器制造有限公司成为湖北省文化产业基地，此外湖北省随州市曾侯乙编钟编磬工艺厂也在其中。

美国《音乐贸易》杂志公2008年全球乐器与音响制品行业225强

12月，美国《音乐贸易》杂志2009年第12期公布了2008年全球乐器与音响制品行业225强榜单。广州珠江钢琴集团股份有限公司、北京星海钢琴集团有限公司等20家中国大陆企业入榜。

中国乐器协会第六届会员（代表）大会在京召开

12月28至29日，中国乐器协会第六届会员（代表）大会在北京召开，中国轻工业联合会会长步正发，人教部主任林小冲等领导出席会议并在大会开幕式上作重要讲话。第六届理事会一次理事会选举安志为理事长、副理事长齐建平、秘书长曾泽民。新一届中国乐器协会理事会领导班子产生后，安志理事长代表新一届理事会提名王根田担任名誉理事长获得全体理事的一致通过。出席大会的会员（代表）共计143名。

文化部文化产业司在京召开“乐器行业重点企业座谈会”

12月29日下午，由文化部文化产业司、商务部服务贸易司在京召开“乐器行业重点企业座谈会”。 文化部文化产业司副司长李小磊、文化产业司投融资指导处处长许蓉，商务部服务贸易司副处长胡汉铭，中国乐器协会理事长安志、名誉理事长王根田、副理事长齐建平、秘书长曾泽民等领导出席。

2009年我国乐器专利发布量417件，同比下降15.07%

12月，国家知识产权局“中国专利数据库”显示，截止到2009年底，乐器专利发布数量417件，同比下降15.07%，其中，发明专利88件，同比下降24.13%，实用新型专利159件，同比下降28.69%，外观专利170件，同比增长11.84%。

MUSIC

中国乐器年鉴
CHINA MUSICAL
INSTRUMENT YEARBOOK
2009-2010

2000年—2009年中国社会经济主要指标数据

指标		单位	2000年	2001年	2002年	2003年	2004年	2005年	2006年	2007年	2008年	2009年
人口	年底总人口	万人	126743	127627	128453	129227	129988	130756	131448	132129	132802	133474
	城镇人口	万人	45906	48064	50212	52376	54283	56212	57706	59379	60667	62186
	乡村人口	万人	80837	79563	78241	76851	75705	74544	73742	72750	72135	71288
各年龄段人口比重	0～14岁人口	%	22.9		22.4	22.1	21.5	20.3	19.8	19.4	19	18.5
	15～64岁人口	%	70.1		70.3	70.4	70.9	72	72.3	72.5	72.7	73
	65岁以上人口	%	7		7.3	7.5	7.6	7.7	7.9	8.1	8.3	8.5
就业和工资	就业人员数	万人	72085	75200	73740	74432	75200	75825	76400	76990	77480	77995
	职工工资总额	亿元	10656.2	11830.9	13161.1	14743.5	16900.2	19789.9	23265.9	28244	33713.8	
	职工平均工资	元	9371	10870	12422	14040	16024	18364	21001	24932	29229	
消费	全体居民消费水平	元	3632	3887	4144	4475	5032	5573	6263	7255	8349	9142
	农村居民家庭人均生活消费支出	元	1670.1	1741.1	1834.3	1943.3	2184.7	2555.4	2829	3223.9	3660.7	3993.5
	农村居民家庭恩格尔系数	%	49.1	47.7	46.2	45.6	47.2	45.5	43	43.1	43.7	41
	城镇居民家庭人均消费性支出	元	4998	5309.01	6029.88	6510.9	7182.1	7942.9	8696.6	9997.5	11242.9	12264.6
	城镇居民家庭恩格尔系数	%	39.4	38.2	37.7	37.1	37.7	36.7	35.8	36.3	37.9	36.5
	城镇居民购买文化娱乐用品	元	217.8	211.6	245.2	264.5	256.7	280.2	310.3	343.2	354.8	381.3
	城镇居民文化娱乐服务	元	88.1	96.8	161.9	155.9	217.2	245.9	280.8	347.6	381.3	445.6
	城镇居民用于教育性支出	元	363.8	428.3	495.2	514	559	571.3	612	638.4	622.2	645.9
	农村居民用于文化教育娱乐用品及服务	元	186.7	192.6	210.3	235.7	247.6	295.5	305.1	305.7	314.5	340.6
国民经济	国内生产总值	亿元	99214.6	109655.2	120332.7	135822.8	159878.3	184937.4	216314.4	265810.3	314045.4	335352.9
财政和金融	国家财政收入	亿元	13395.2	16386	18903.6	21715.3	26396.5	31649.3	38760.2	51321.8	61330.4	68476.9
	金融机构人民币存款余额	亿元	123804.4	143617.2	170917.4	208055.6	241424.3	287163	335459.8	389371.2	466203.3	597741.1

指标		单位	2000年	2001年	2002年	2003年	2004年	2005年	2006年	2007年	2008年	2009年
住房	农村人均住房面积	平方米	24.8	25.7	26.5	27.2	27.9	29.7	30.7	31.6	32.4	33.6
	城市人均住宅建筑面积	平方米	20.3	20.8	22.8	23.7	25	26.1	27.1			
国内商业和对外贸易	社会消费品零售总额	亿元	39105.7	43055.4	48135.9	52516.3	59501	68352.6	79145.2	93571.6	114830.1	132678.4
	进出口总额	亿美元	4742.9	5096.5	6207.7	8509.9	11545.5	14219.1	17604	21737.3	25632.6	22072.2
	出口总额	亿美元	2492	2661	3256	4382.3	5933.2	7619.5	9689.4	12177.8	14306.9	12016.6
	进口总额	亿美元	2250.9	2435.5	2951.7	4127.6	5612.3	6599.5	7914.6	9559.5	11325.6	10055.6
利用外资	实际使用外资额	亿美元	593.6	496.7	550.1	561.4	640.7	638.1	670.8	783.4	952.5	918
	外商直接投资	亿美元	407.2	468.8	527.4	535.1	606.3	603.3	630.2	747.7	924	900.3
旅游	入境过夜旅游人数	万人次	3122.9	3316.7	3680.3	3297.1	4176.1	4680.9	4991.3	5472	5304.9	5087.5
	国际旅游收入	亿美元	162.2	177.9	203.9	174.1	257.4	293	339.5	419.2	408.4	396.8
	国内旅游人数	亿人次	7.44	7.84	8.78	8.7	11.02	12.12	13.94	16.1	17.12	19.02
	国内旅游总收入	亿元	3175.5	3522.4	3878.4	3442.3	4710.7	5285.9	6229.7	7770.6	8749.3	10183.7
教育文化	学校数	所	818155	693969	659060	631672	600909	578400	558409	533654	517514	498949
	普通高等学校	所	1041	1225	1396	1552	1731	1792	1867	1908	2263	2305
	特殊教育学校	所	1539	1531	1540	1551	1560	1593	1605	1618	1640	1672
	职业中学	所	8849	7802	7402	6843	6478	6423	6100	6191	6128	5805
	普通中学	所	77268	80432	80067	79490	79058	77977	76703	74790	72907	70774
	普通小学	所	553622	491273	456903	425846	394183	366213	341639	320061	300854	280184
	学前教育	所	175836	111706	111752	116390	117899	124402	130495	129086	133722	138209
	在校学生数	万人	23723.5	23625.4	23933	23950.1	23971.1	23847.8	23878.6	23823.4	23680.7	23570.4
	普通高等学校	万人	556.1	719.1	903.4	1108.6	1333.5	1561.8	1738.8	1884.9	2021	2144.7
	职业中学	万人	503.2	466.4	511.5	528.2	569.4	625.6	676.2	740.5	761.1	785.7
	普通中学	万人	7368.9	7836	8287.9	8583.2	8695.4	8580.9	8451.9	8243.3	8050.4	7867.9
	特殊教育学校	万人	37.8	38.6	37.5	36.5	37.2	36.4	36.3	41.9	41.7	42.8
	普通小学	万人	13013.3	12543.5	12156.7	11689.7	11246.2	10864.1	10711.5	10564	10331.5	10071.5
	学前教育	万人	2244.2	2021.8	2036	2003.9	2089.4	2179	2263.9	2348.8	2475	2657.8
	艺术表演团体	个	2630	2605	2587	2618	2580	2805	2866	2492	2465	2482
	文化馆和群众艺术馆	个	3297	3252	3243	3228	3240	3226	3214	3217	3218	3223

（数据来源：《2010中国统计摘要》中国乐器协会信息部编辑）

2000年—2008年全国各地区城镇居民家庭平均每百户钢琴拥有量

（单位：架）

地 区	2000年	2001年	2002年	2003年	2004年	2005年	2006年	2007年	2008年
全 国	1.26	1.33	1.76	1.91	2.22	2.25	2.31	2.36	2.29
北 京	2.20	2.70	3.23	3.74	4.18	4.12	4.55	3.80	3.64
天 津	0.60	0.60	1.35	1.40	1.13	1.27	1.27	1.16	1.48
河 北	0.82	0.63	1.24	1.18	1.38	1.51	1.47	1.14	2.03
山 西	0.95	1.18	1.06	1.22	1.41	0.72	1.42	1.02	2.04
内蒙古	0.51	0.80	0.91	0.90	1.18	1.11	1.18	1.10	1.90
辽 宁	1.15	1.46	2.24	2.46	2.47	2.38	2.09	2.10	3.09
吉 林	0.77	1.29	1.71	1.50	1.75	1.15	1.24	1.43	1.02
黑龙江	1.22	1.45	1.19	1.28	1.74	1.57	1.78	1.95	1.28
上 海	3.40	3.20	3.60	3.20	5.80	4.30	5.01	5.85	5.77
江 苏	0.91	1.01	1.64	1.67	1.86	2.56	2.66	2.50	2.47
浙 江	0.78	1.11	1.11	2.00	2.28	2.64	2.48	2.62	2.70
安 徽	0.82	1.09	1.17	1.29	1.52	1.96	2.01	2.21	0.97
福 建	1.60	1.88	1.75	2.03	3.15	2.85	4.04	3.90	3.32
江 西	0.71	0.80	1.41	1.52	1.44	1.50	1.49	1.71	1.03
山 东	2.52	2.13	2.66	3.06	3.14	3.02	3.45	3.40	3.38
河 南	0.92	0.76	1.41	1.95	1.96	2.08	1.80	1.60	1.72
湖 北	1.35	1.64	2.01	1.68	1.53	1.63	1.93	1.84	1.49
湖 南	1.41	1.02	1.36	1.47	2.39	2.21	1.45	2.45	1.94
广 东	2.68	2.76	2.98	2.89	3.50	4.12	3.75	4.17	3.36
广 西	0.76	0.60	1.26	1.16	1.57	1.77	1.62	1.35	1.80
海 南	0.83	0.67	0.76	0.76	0.76	2.01	1.92	1.04	2.05
重 庆	0.67	0.33	1.39	1.33	2.00	1.67	2.00	2.34	1.85
四 川	1.83	1.36	1.06	1.44	1.39	2.17	1.84	1.94	1.87
贵 州	0.66	1.13	1.43	2.07	2.07	1.72	1.91	1.06	1.84
云 南	2.08	1.26	1.17	1.39	2.78	2.25	2.43	2.68	1.91
西 藏	0.00	0.00	0.00	0.00	1.26	0.00	0.58	0.47	1.12
陕 西	0.59	0.36	0.97	1.26		1.07	1.59	1.49	1.33
甘 肃	1.74	0.91	1.91	2.57	1.69	1.89	1.53	1.99	1.14
青 海	0.55	0.55	1.43	1.19	1.50	1.46	2.27	2.44	1.12
宁 夏	0.68	0.81	0.86	0.87	0.70	0.92	1.32	0.89	0.76
新 疆	1.38	1.80	1.93	2.37	2.51	2.23	1.96	1.38	1.95

（摘自2009年《中国统计年鉴》）

2000年—2008年全国各地区城镇居民家庭平均每百户中高档乐器拥有量

（单位：件）

地 区	2000年	2001年	2002年	2003年	2004年	2005年	2006年	2007年	2008年
全 国	5.34	6.12	6.38	6.88	7.23	6.63	7.07	6.03	4.33
北 京	13.70	13.90	12.98	13.76	9.81	11.32	12.35	9.71	5.63
天 津	2.80	3.20	3.51	4.13	3.33	2.67	3.20	1.74	1.73
河 北	6.51	6.91	5.31	6.52	7.51	5.82	5.48	4.91	5.12
山 西	5.56	5.56	5.61	5.69	6.16	5.38	5.52	4.90	2.18
内蒙古	5.47	7.20	6.24	6.83	6.79	6.88	7.59	6.88	4.96
辽 宁	5.61	5.89	5.80	5.97	6.13	5.70	5.94	5.16	4.68
吉 林	4.65	6.01	5.24	6.83	7.43	6.87	7.03	6.76	4.13
黑龙江	3.32	3.73	3.80	4.77	5.97	5.56	6.37	6.65	2.28
上 海	4.80	5.20	6.33	6.80	7.70	7.20	7.52	7.51	6.47
江 苏	3.57	4.08	4.36	4.18	5.03	4.04	4.43	4.57	4.34
浙 江	6.90	8.54	6.99	6.50	8.19	7.83	8.99	7.16	4.59
安 徽	5.40	5.89	6.24	7.09	7.75	7.89	7.63	5.77	3.82
福 建	5.20	6.18	6.29	7.28	5.88	5.86	7.88	7.44	4.02
江 西	5.13	7.04	7.35	7.41	7.88	7.17	6.12	6.69	5.81
山 东	7.96	9.04	8.13	8.67	9.18	8.51	9.86	7.37	6.80
河 南	3.30	3.54	5.90	7.39	7.89	6.52	6.67	6.02	3.74
湖 北	5.39	6.58	7.11	7.09	7.27	5.84	5.68	6.29	4.56
湖 南	8.47	7.85	6.41	6.65	7.48	8.89	7.65	5.15	2.01
广 东	5.94	5.83	8.79	8.79	9.24	9.17	9.61	8.34	4.34
广 西	3.06	4.70	6.17	6.36	7.09	5.13	6.03	2.69	6.24
海 南	1.67	1.67	3.80	4.98	5.09	3.37	3.29	2.96	1.20
重 庆	8.00	7.67	2.94	3.00	6.33	5.00	8.00	5.13	2.62
四 川	5.89	7.03	4.59	6.22	5.45	4.66	5.20	4.61	3.21
贵 州	4.30	4.57	3.83	4.71	5.00	5.06	5.69	4.69	3.89
云 南	5.25	4.42	5.35	6.13	5.84	5.18	5.10	4.03	3.28
西 藏	2.00	2.00	2.00	2.00	2.00	2.00	2.28	1.60	0.63
陕 西	3.31	4.51	5.76	5.62	6.41	8.41	9.03	7.03	6.54
甘 肃	8.42	17.35	10.30	8.70	9.69	8.67	8.24	6.97	2.18
青 海	3.64	3.82	5.51	6.92	7.78	4.70	5.44	5.79	3.98
宁 夏	3.68	3.65	4.08	5.64	6.32	4.24	4.92	4.67	4.76
新 疆	9.09	9.20	12.66	13.57	12.24	5.97	6.78	7.02	4.82

（摘自2009年《中国统计年鉴》）

2000年—2008年城镇居民家庭平均每百户钢琴拥有量

（按收入等级划分）

（单位：架）

居民收入层次	2000年	2001年	2002年	2003年	2004年	2005年	2006年	2007年	2008年
总平均	1.26	1.33	1.76	1.91	2.22	2.25	2.31	2.36	2.29
最低收入户	0.21	0.46	0.18	0.30	0.24	0.39	0.36	0.32	0.20
困难户	0.21	0.56	0.07	0.08	0.08	0.43	0.16	0.27	0.06
低收入	0.67	0.63	0.68	0.93	1.02	0.65	0.66	0.64	0.25
中等偏下户	0.85	0.75	0.96	0.85	0.97	0.81	0.97	1.12	0.92
中等收入户	0.88	1.01	1.29	1.28	1.75	1.79	2.05	2.09	1.95
中等偏上户	1.68	1.67	2.29	2.43	2.71	2.82	3.06	2.71	2.91
高收入户	2.41	2.32	2.75	2.94	3.71	3.60	3.43	4.35	4.33
最高收入户	2.52		4.60	5.28	6.34	7.40	6.81	6.47	7.12

2000年—2008年城镇居民家庭平均每百户中高档乐器拥有量

（按收入等级划分）

（单位：件）

居民收入层次	2000年	2001年	2002年	2003年	2004年	2005年	2006年	2007年	2008年
总平均	5.34	6.12	6.38	6.88	7.23	6.63	7.07	6.03	4.33
最低收入户	1.51	1.75	1.24	1.55	1.68	1.54	1.39	1.80	0.84
困难户	1.24	1.34	0.87	0.92	1.54	0.79	1.22	1.18	0.56
低收入	2.75	3.56	2.93	3.05	3.88	2.54	3.34	2.75	1.72
中等偏下户	3.81	4.40	4.70	4.69	5.25	4.31	4.66	4.73	3.16
中等收入户	5.22	5.74	6.08	6.91	7.17	6.88	7.23	5.86	4.69
中等偏上户	6.71	8.04	8.50	8.66	9.24	8.73	9.33	7.27	5.51
高收入户	8.06	8.46	9.58	9.10	10.71	10.06	10.77	8.75	6.49
最高收入户	9.65	11.08	12.47	13.44	12.56	12.82	13.34	11.38	8.01

（摘自2009年《中国统计年鉴》）

2008年乐器行业规模以上企业主要经济指标完成情况

(按产品类别划分)

(单位:千元)

行业名称	中乐器制造	西乐器制造	电子乐器制造	其他乐器及零件制造	合计
企业数(个)	29	157	37	55	278
工业现价总产值	959229	9825859	3205949	2054076	16045113
同比增长(%)	21.59	10.32	9.26	27.55	12.68
新产品产值	273	600582	446334	3347	1050536
同比增长(%)		42.75		111.70	
工业销售产值	943894	9760240	3172671	2058442	15935247
同比增长(%)	24.80	10.86	8.44	23.46	12.59
出口交货值(人民币)	303108	4132243	2018290	431709	6885350
同比增长(%)	19.23	2.84	-2.95	-9.29	0.84
产品销售率	98.40	99.33	98.96	100.21	99.32

(资料来源:国家统计局 中国乐器协会信息部编辑)

2008年乐器行业规模以上企业主要经济指标完成情况

(按地区划分)

(单位:千元)

地区	企业数	工业现价总产值	同比增长(%)	新产品产值	同比增长(%)	工业销售产值	同比增长(%)	出口交货值(人民币)	同比增长(%)
广东	59	4275198	20.43	372697	17.07	4282529	20.18	1827726	-0.97
山东	40	2501626	12.37	1104	-34.05	2517529	17.49	954537	21.91
天津	15	2136560	-1.04	562620		2100150	-6.84	1511660	-18.76
浙江	26	1753928	10.15	63715	-22.91	1741239	11.30	691955	9.40
江苏	27	1243283	15.50	22860	-5.14	1222364	21.04	399898	-2.06
河北	23	997477	21.38			979382	21.45	306927	65.91
辽宁	12	670821	25.91	12938	43.88	677039	20.00	387407	26.20
北京	19	642986	-1.86	10535	-63.70	628833	-2.40	219931	-2.16
上海	26	618071	-7.91	447	37.54	616006	-9.10	168283	-5.78
河南	9	358195	28.12	273		352110	26.41	114407	7.85

地区	企业数	工业现价总产值	同比增长（%）	新产品产值	同比增长（%）	工业销售产值	同比增长（%）	出口交货值（人民币）	同比增长（%）
湖北	7	335542	20.41			325295	31.33	96472	-3.26
福建	5	230074	9.46			224474	2.71	163800	1.86
吉林	4	130731	17.32	3347	111.70	127498	15.69		
安徽	1	58974				56896			
黑龙江	3	56751	28.90			49162	22.30	42347	17.92
四川	1	23896	14.74			23741	15.49		
江西	1	11000	3.77			11000	6.64		
合计	278	16045113	12.68	1050536		15935247	12.59	6885350	0.84

（资料来源：国家统计局 中国乐器协会信息部编辑）

2009年乐器行业规模以上企业主要经济指标完成情况

（按产品类别划分）

（单位：千元）

行业名称		中乐器制造	西乐器制造	电子乐器制造	其他乐器及零件制造	合计
企业数（个）		33	166	38	78	315
工业现价总产值	12月份	124921	1069764	292814	302618	1790117
	1～12月累计	1225489	10223943	3026043	2945025	17420500
	月同比增长（%）	15.29	22.39	11.23	31.38	21.28
	累计同比增长（%）	15.73	0.40	-8.70	14.15	1.66
新产品产值	12月份		80153	10271	197	90621
	1～12月累计		731725	229075	25998	986798
	月同比增长（%）		92.14	-65.77		26.35
	累计同比增长（%）		45.60	-51.61		0.37
工业销售产值	12月份	119581	1030447	296367	317603	1763998
	1～12月累计	1211299	10229825	2980594	3015789	17437507
	月同比增长（%）	13.16	16.21	8.06	34.63	17.40
	累计同比增长（%）	16.46	3.66	-9.61	17.32	3.94
出口交货值（人民币）	12月份	43445	334959	94115	26121	498640
	1～12月累计	454361	3109192	1381034	494778	5439365
	月同比增长（%）	11.96	3.91	-38.92	-38.59	-10.60
	累计同比增长（%）	4.02	-19.86	-31.03	-13.19	-21.04
1～12月累计工业产品销售率（%）		98.84	100.06	98.50	102.40	100.10

（资料来源：国家统计局 中国乐器协会信息部编辑）

2009年乐器行业规模以上企业主要经济指标完成情况

（按地区划分）

（单位：千元）

地区	企业数	工业现价总产值		新产品产值		工业销售产值		出口交货值（人民币）	
		1～12月累计	同比(%)	1～12月累计	同比(%)	1～12月累计	同比(%)	1～12月累计	同比(%)
广东	70	4481619	-3.61	420635	12.86	4539691	-2.56	1260848	-31.81
山东	38	3013246	20.12	350	-68.30	2987514	18.55	657252	-29.04
天津	28	2160269	-16.59	276347	-40.97	2183260	-5.57	1304243	-15.68
浙江	35	2063713	1.68	88154	-2.92	2083982	4.33	706528	-10.26
江苏	32	1469594	16.80	32781	43.40	1422220	15.38	389600	16.47
河北	24	1197286	19.22			1182366	19.94	225239	-26.38
辽宁	11	641911	-4.15	138967		683469	1.11	288775	-25.46
上海	28	618496	-14.61			636311	-12.33	102052	-38.86
北京	16	567658	-7.52	6013	-42.92	547745	-10.66	177333	-18.67
河南	11	455909	19.19			446432	19.68	154573	21.31
湖北	7	329402	23.86			297208	14.85	15631	-52.95
福建	6	196166	-14.74			190981	-14.92	127694	-22.04
吉林	4	146052	11.72	23551		157254	23.34		
黑龙江	4	67779	-0.82			67674	12.15	29597	-30.11
江西	1	11400	3.64			11400	3.64		
合计	315	17420500	1.66	986798	0.37	17437507	3.94	5439365	-21.04

（资料来源：国家统计局 中国乐器协会信息部编辑）

2008年全国主要乐器产品产量

(根据企业自报数据统计)

一、钢琴

(单位：架)

序号	企业名称	总产量	立式钢琴产量	三角钢琴产量	出口量（包括立式和三角钢琴）
1	广州珠江钢琴集团有限公司	81070	77310	3760	10169
2	北京星海钢琴集团有限公司	37271	36226	1045	5810
3	杭州雅马哈乐器有限公司	31504	31504		5696
4	宜昌金宝乐器制造有限公司	25100	24000	1100	1609
5	海伦钢琴股份有限公司	18300	16500	1800	7920
6	青岛世正乐器有限公司	14825	12865	1960	8270
7	杭州嘉德威钢琴有限公司	13826	12966	860	7360
8	上海欧亚钢琴公司	9445	8455	990	1691
9	上海玛珂琴业有限公司	8058	6730	1328	2418
10	上海超拨实业有限公司	7500	6100	1400	4000
11	南京摩得利钢琴有限公司	7489	6843	646	2145
12	鲍德温（中山）钢琴乐器有限公司	6764	6764		201
13	福州和声钢琴公司	5925	5925		140
14	上海钢琴有限公司	5902	5827	75	535
15	烟台博斯纳钢琴有限公司	5508	5122	386	2942
16	汇丰乐器(中国)有限公司 （含广州百济实业有限公司）	5316	5221	95	1305
17	湖州华谱钢琴制造有限公司	4898	4571	327	1014
18	福建顺昌县爱乐钢琴有限公司	4316	4197	119	151
19	上海中雅钢琴公司	4013	3887	126	1269
20	湖州杰士德钢琴有限公司	3850	3370	480	1981
21	南京密尔顿钢琴有限公司	3600	3200	400	1450
22	上海圣海顿钢琴有限公司	2800	2650	150	185
23	上海邦加琴业有限公司	1953	1791	162	223
24	杨州尚高钢琴制造有限公司	1506	1488	18	12
25	湖州华尔森钢琴有限公司	1000	800	200	200
26	广东哈利臣钢琴公司	748	748		
合计		312487	295060	17427	68696

二、民族乐器

（单位：件）

序号	企业名称	产品类别及产量							
		古筝	琵琶	二胡	扬琴	阮	京胡	月琴	其他
1	安徽省繁昌县明坤乐器厂		150	2500		150			
2	北京星海粤华乐器公司				3000				
3	北京长安乐器有限公司			1000					
4	河北成乐民族乐器有限公司	1500	12000	8000	4300	2300	1580	1420	1500
5	饶阳北方民族乐器制造有限公司	1200	5920	28900	6800	3100	3240	22600	
6	河北乐海乐器有限公司	16800	10560	45200	9560	11330	7870	1980	36500
7	河南开封中原乐器有限公司	15650	4350	1000	800	1000			柳琴：800 古琴：500
8	苏州相城区江南民族乐器厂			24600					
9	苏州民族乐器一厂有限公司	298	2528	48491		1303	325	877	794
10	扬州民族乐器研制厂	12000							古琴：1000
11	扬州正声民族乐器厂	7000	500						古琴500
12	扬州雅韵琴筝有限公司	30000		10000					古琴：5000
13	扬州金韵乐器御工坊有限公司	8320							1660
14	扬州天艺乐器厂	6000							古琴：200
15	无锡市锡艺乐器厂			3500					
16	苏州琴艺乐器社			3000					
17	无锡市新区古月琴坊			5100					
18	扬中市金晨实业公司长鸣乐器厂	520	250	1260	130		220		笛箫：23000
19	江阴市东方乐器有限公司民乐分公司			1000					
20	扬州天韵琴筝有限公司	24816							古琴：2000
21	江西省余干县民族乐器有限公司	1000	30	2000			500	200	三弦：200
22	上海民族乐器一厂	31518	14734	34836			2426	2226	
23	上海华黎民族乐器厂	1500		3000	100				
24	上海敦煌乐器有限公司	14410	566	16811	581	1975		101	
25	天津民族乐器厂		600	15000		1500	6000	500	3000
合计		172532	52188	255198	25271	22658	22161	29904	76654

三、西管乐器

(单位：支)

序号	企业名称	主要产品	总产量	小号	萨克斯	长笛	单簧管	低音号	其他	出口
1	河北金音乐器制造有限公司	单簧管、长笛、萨克斯、短笛、圆号、长号	328100	61400	50670	104200	78440	9425	23965	266280
2	天津市津宝乐器有限公司	萨克斯、长笛、单簧管、小号	230000	70000	22400	21000	21400	10900	84300	190000
3	天津圣迪乐器有限公司	小号、单簧管、长笛、萨克斯、长号、长笛	209550	94600	37400	15400	23100	10450	28600	188595
4	山东泰山管乐器制造有限公司	萨克斯、小号、长笛、单簧管、低音号	110380	6560	81800	15390		2530	4100	60000
5	河北中轻北方乐器有限公司	萨克斯、长笛、小号、手掌号	95000	47000	8000	21000	6000	13000		90000
6	河北华声乐器制造有限公司	园号、长号	79830	21200	9400	8800		10550	29880	63800
7	萧山雅马哈乐器有限公司	小号、萨克斯、长笛、长号	78409	32971	20286	10060	3890		11202	65473
8	河北克发乐器制造有限公司	小号、萨克斯	50000	20000	10000	2000	4000		14000	50000
9	上海管乐器厂有限公司	小号、长笛、长号、萨克斯、单簧管	31000	20000	2800	2500	3000	1500	1200	24180
10	河北銮宇乐器公司	萨克斯、长笛、单簧管、小号	26280	5200	4300	4000	3800	8600	380	26000
11	北京昌裕乐器有限公司	萨克斯、长笛、单簧管、小号	20500	3000	4000	2000	4500	2500	4500	12000
12	北京市晨光缘乐器厂	单簧管、萨克斯、长笛	16570	3500	1460	1600	8000	360	1650	16390
13	天津市盛德乐器制造有限公司	小号	15000	15000						14000
14	北京多丽纳乐器厂	萨克斯、长笛、单簧管	14500		1500	8000	5000			14500
15	北京管乐器厂	小号、长笛、长号、萨克斯、单簧管	13015	3767	1916	1233	1753	1314	3032	
16	龙口锦盛乐器有限公司	萨克斯、小号、长笛、单簧管	12000	1000	8000	1000	1000	600	400	4000
17	北京星海民耀乐器有限公司	单簧管、萨克斯	11000		1000	1000	9000			
18	大连铜管乐器有限公司	中低音抱号、圆号、长号	5860							3800
19	上海佳灵管乐器厂	长号、手掌号、小号	5200	3500	200				1500	3000
20	京东管乐器厂	长笛	400			400				
合计			1352594	408698	265132	219583	172883	71729	208709	1092018

四、提琴

（单位：把）

序号	企业名称	总产量	小提	大提	倍司	其他	出口量
1	江苏凤灵乐器集团	368400	331400	22800	8200	6000	353600
2	北京华东乐器有限公司	198399	177752	15160	5487		195760
3	河北金音乐器集团有限公司	131758	120208	6650	4900		91400
4	广州珠江钢琴集团公司管弦乐分公司提琴厂	47500	45453	1207	29	中提琴：811	17395
5	泰兴琴艺乐器有限公司	30200	28000	2000	200		29600
6	北京艺苑乐器制造有限公司	25000	18000	6000	240	760	20000
7	广东揭阳长城乐器有限公司	25000	20000	5000			25000
8	北京圣杰红艺乐器有限公司	12600	12000	500	100		11340
9	河北銮宇乐器有限公司	9880	5000	1200	2600	1080	8800
10	广州吉声琴业有限公司	9305	9305				7442
11	北京天力乐器有限公司	4400	3000	900	500		3960
12	北京凯明提琴制作室	2500	2000	500			2500
13	北京森林乐器有限公司	1000	1000				
合计		865942	773118	61917	22256	8651	766797

五、吉他

（单位：把）

序号	企业名称	总产量	木吉他	电吉他	其他	出口量
1	四会市华声乐器有限公司	840877	543988	231070	65819	334612
2	江苏凤灵乐器集团	758000	540000	208000	10000	728600
3	广州市威柏乐器制造有限公司	690000	460000	200000	30000	500000
4	广州珠江钢琴集团公司管弦乐分公司吉他厂	493163	487319	5844		376910
5	青岛世正乐器公司	393750	37500	356250		393750
6	广东揭阳长城乐器有限公司	340000	280000	60000		340000
7	广州吉声琴业有限公司	293451	280440	13011		285944
8	河北金音乐器集团有限公司	289200	279100	10100		232700
9	上海奋达乐器有限公司	160932		160515	417	154040
10	秋长全丰育乐用品厂	125000	90000	35000		125000
11	河北超拨乐器有限公司	9000	5800	2200	1000	8000
合计		4393373	3004147	1281990	106236	3479556

六、手风琴

（单位：架）

序号	企业名称	产量	出口量
1	扬中市华联手风琴有限公司	80000	80000
2	江阴金杯安琪乐器有限公司	75000	56000
3	天津鹦鹉乐器有限公司	28000	14000
4	河北香安乐器公司	22500	3660
5	沧州市金狮乐器有限公司	11300	6200
6	天津市佰笛乐器有限公司	7100	2000
7	广州珠江乐器实业有限公司	3614	1384
合计		227514	163244

七、电子琴、数码钢琴

（单位：万台）

序号	企业名称	总产量	电子琴	数码钢琴	其他产品	出口量
1	天津雅马哈电子乐器公司	134.34	118.99	15.35		122.2
2	美得理电子（深圳）有限公司	59.47	37.65	5.84	15.98	54.85
3	常州明日科技发展有限公司	40	28	12		34
4	上海华新电子电器总厂	8.73	0.40	1.95	midi键盘：6.02	7.15
5	广东揭西美科电子电器厂	3.3	3.3			0.8
6	武汉致嘉钢琴制造有限公司	1.36		1.36		0.78
合计		247.20	188.34	36.50	22	219.78

八、竖笛

（单位：万支）

序号	企业名称	年产量	出口量
1	江苏奇美乐器公司	600	300
2	江苏天鹅乐器有限公司	250	120
3	江阴市东方乐器有限公司	50	
4	浙江海盐东方口琴厂	35	15
5	江阴激扬乐器有限公司	2	
合计		937	435

九、口琴、口风琴

（单位：万支）

序号	地区	企业名称	口琴		口风琴		其他
			总产量	出口量	总产量	出口量	
1	江苏	江苏无锡铃木乐器有限公司	100	80	5	4	
2	江苏	江阴市东方乐器有限公司	300		80		
3	江苏	江苏天鹅乐器有限公司	320	210	26	19.1	
4	江苏	江苏江阴市激扬乐器有限公司	120	0.50			
5	江苏	江苏奇美乐器有限公司	250	100	150	60	葫芦笙：5 打击乐器：5
6	上海	上海口琴总厂	40	3			
7	上海	上海国光口琴厂有限公司	72	24	0.84	0.73	校音器：6.78 （出口：2.2）
8	上海	上海兰声－豪纳乐器有限公司	131.42				
9	浙江	浙江海盐东方口琴厂	80	30	65	45	
合计			1413.42	447.5	326.84	128.83	16.78

2009年全国主要乐器产品产量

(根据企业自报数据统计)

一、钢琴

(单位：架)

序号	企业名称	总产量	立式钢琴产量	三角钢琴产量	出口量（包括立式和三角钢琴）
1	广州珠江钢琴集团有限公司	85457	80851	4606	10978
2	北京星海钢琴集团有限公司	38909	37838	1071	4635
3	杭州雅马哈乐器有限公司	34058	34058		3948
4	宜昌金宝乐器制造有限公司、环高乐器制造有限公司、托雅玛乐器制造有限公司	25000	24000	1000	1020
5	杭州嘉德威钢琴有限公司	15559	12946	2613	8532
6	海伦钢琴股份有限公司	14416	13031	1385	3821
7	青岛世正乐器有限公司	14196	12961	1235	7801
8	上海欧亚钢琴公司	9958	8955	1003	1600
9	南京摩得利钢琴有限公司	9046	8723	323	832
10	上海玛珂琴业有限公司	8862	7032	1830	3150
11	上海超拨实业有限公司	7500	7000	500	4100
12	汇丰乐器(中国)有限公司（含广州百济实业有限公司）	6826	6728	98	997
13	上海钢琴有限公司	6492	6410	82	590
14	鲍德温（中山）钢琴乐器有限公司	6086	6086		102
15	福州和声钢琴公司	6039	6007	32	73
16	湖州杰士德钢琴有限公司	5800	5300	500	2820
17	湖州华谱钢琴制造有限公司	5002	4660	342	1041
18	烟台博斯纳钢琴有限公司	4868	4460	408	1706
19	上海中雅钢琴公司	4611	4230	381	2583
20	福建顺昌县爱乐钢琴有限公司	4526	4439	87	206
21	上海威堡钢琴有限公司	2750	2667	83	125
22	上海邦加琴业有限公司	2603	2451	152	254
23	上海汤姆森钢琴公司	2250	2200	50	60
24	杨州尚高钢琴制造有限公司	1583	1556	27	17
25	营口西尔伯曼钢琴有限公司	1564	1082	482	413
合计		323961	305671	18290	61404

二、民族乐器

（单位：件）

序号	企业名称	产品类别及产量							
		古筝	琵琶	二胡	扬琴	阮	京胡	月琴	其他
1	安徽省繁昌县明坤乐器厂		200	2000		100			
2	北京星海粤华乐器公司				2600				
3	北京长安乐器有限公司			500					
4	河北成乐民族乐器有限公司	600	5000	8000	4000	1500	2400	2000	
5	饶阳北方民族乐器制造有限责任公司	1200	6320	31500	6500	3200	3460	2320	
6	河北乐海乐器有限公司	20350	15280	43950	10630	12930	3260	1280	3790
7	河南开封中原乐器有限公司	8000	5000	1500	500	1000			柳琴：900
8	苏州民族乐器一厂有限公司	127	2328	53590		1237	255	944	919
9	扬州民族乐器研制厂	10500							古琴：600 琴筝：1000
10	扬州正声民族乐器厂	6500	600						
11	扬州龙凤琴筝有限公司	3250							古琴：10500
12	扬州金韵乐器御工坊有限公司	10135							2313
13	扬州天艺乐器厂	8000							古琴：200
14	无锡锡艺乐器厂			4000					
15	无锡市新区古月琴坊			5380					
16	扬中市金晨实业公司长鸣乐器厂	580	220	1320	120		200		笛箫：23500
17	扬州天韵琴筝有限公司	16700							古琴：1200
18	江西省余干县民族乐器有限公司	500		7000			1000	300	
19	上海民族乐器一厂	51677	15775	53160	863	1129	830	1284	4844
20	上海华黎民族乐器厂	1500	300	1800	100				
21	上海敦煌乐器有限公司	17093	882	18709	680	1125		22	
22	天津民族乐器厂		500	15000		2000	2000	800	三弦：1000 大古：2000
合计		156712	52405	247409	25993	24221	13405	8950	52677

三、西管乐器

（单位：支）

序号	企业名称	主要产品	总产量	小号	萨克斯	长笛	单簧管	低音号	其他	出口
1	河北金音乐器制造有限公司	单簧管、长笛、萨克斯、短笛、圆号、长号	410800	82360	64810	125940	94400	18300	24990	336840
2	天津市津宝乐器有限公司	萨克斯、长笛、单簧管、小号	198000	60000	30000	22000	18000		68000	158400
3	天津圣迪乐器有限公司	小号、单簧管、长笛、萨克斯、长号、长笛	195300	61000	32600	24000	32000	14100	31600	131000
4	山东泰山管乐器制造有限公司	萨克斯、小号、长笛、单簧管、低音号	115020	6674	84940	14695	1811	2920	3980	62000
5	萧山雅马哈乐器有限公司	长笛、单簧管、萨克斯	87512	49454	5713	9892	2894		长号：19559	76057
6	河北华声乐器制造有限公司	圆号、长号	82260	21800	9600	9000	260	10800	30800	65700
7	河北克发乐器制造有限公司	小号、萨克斯	65000	10000	8000				47000	65000
8	河北中轻北方乐器有限公司	萨克斯、长笛、小号、手掌号	60000	20000	10000	20000	5000	3000	2000	58000
9	龙口锦盛乐器有限公司	萨克斯、小号、长笛、单簧管	48000	5000	28000	6000	5000	2000	2000	38000
10	河北銮宇乐器公司	萨克斯、长笛、单簧管、小号	36500	7800	3900	2000	3100	15600	4100	36000
11	上海管乐器厂有限公司	小号、长笛、长号、萨克斯、单簧管	30700	20000	2500	3000	3500	1200	500	18000
12	北京多丽纳乐器厂	萨克斯、长笛、单簧管	17000		2000	10000	5000			17000
13	北京管乐器厂	小号、长笛、长号、萨克斯、单簧管	12560	2600		长笛：1700 短笛：200	700		7360	1900
14	海湾乐器(嘉善)有限公司	小号、萨克斯、长笛、单簧管	9868	29	8412	120	29		1278	8590
15	北京星海民耀乐器有限公司	单簧管、萨克斯	7569	100	480	160	4300	10	2519	3838
16	大连铜管乐器有限公司	中低音抱号、圆号、长号	3160					1600	抱号：360 次中音号：1200	2100
17	京东管乐器厂	长笛	2600			1900	700			1900
18	天津市盛德乐器制造有限公司	小号	1500	1500						1400
合计			1383349	348317	290955	250607	176694	69530	247246	1081725

（中国乐器协会　国家轻工业乐器信息中心统计）

四、提琴

（单位：把）

序号	企业名称	总产量	小提	大提	倍司	其他	出口数量
1	江苏凤灵乐器集团	351800	288000	15000	6000	42800	316600
2	北京华东乐器有限公司	186000	165100	15100	5800		158200
3	河北金音乐器集团有限公司	178480	161850	6860	6460	3310	146300
4	广州市红棉提琴有限公司	50002	47687	1592	12	711	14109
5	河北克发乐器制造有限公司	35000	35000				35000
6	广东揭阳长城乐器有限公司	25000	20000	3000	2000		25000
7	广州吉声琴业有限公司	9328	9328				7560
8	河北銮宇乐器公司	8700	3000	2100	3600		8700
9	北京森林乐器有限公司	1000	1000				
合计		845310	730965	43652	23872	46821	711469

五、吉他

（单位：把）

序号	企业名称	总产量	木吉他	电吉他	其他	出口量
1	广州红棉吉他有限公司	869690	843319	11871	14500	648082
2	四会市华声乐器有限公司	787023	409284	377739		628709
3	广州珠江钢琴集团公司管弦乐分公司吉他厂	706880	643303	10453	53124	561598
4	广州市威柏乐器制造有限公司	600000	500000	100000		500000
5	广东揭阳长城乐器有限公司	520000	460000	60000		480000
6	江苏凤灵乐器集团	516000	420000	90000	6000	490200
7	上海超拨乐器有限公司	400000				350000
8	河北金音乐器集团有限公司	366760	356120	10640		300710
9	广州吉声琴业有限公司	320755	305703	15052		318015
10	青岛世正乐器公司	275625	26250	249375		275625
11	秋长全丰育乐用品厂	100000	60000	40000		100000
12	河北銮宇乐器公司	33610	31000	510	2100	32310
合计		5496343	4054979	965640	75724	4685249

六、手风琴

（单位：架）

序号	企业名称	大琴（48bs以上，含48bs）	总产量
1	河北香安乐器公司	21200	21200
2	天津华韵乐器（集团）公司	19400	32000
3	江阴金杯安琪乐器有限公司	9500	25500
4	沧州市金狮乐器有限公司	5900	9800
5	广州珠江乐器实业公司	2041	2041
6	天津市佰笛乐器有限公司	1200	1200
7	江阴市申佳乐器有限公司	200	100200
合计		59441	191941

七、电子琴、数码钢琴

（单位：万台）

序号	企业名称	总产量	电子琴	数码钢琴	其他产品	出口量
1	美得理电子（深圳）有限公司	51.4	34.8	7.3	9.3	46.3
2	常州宏浩科技软件有限公司	36	25	10	1	30
3	天津雅马哈电子乐器公司	11.8	10	1.8		
4	上海华新电子电器总厂	5.25	0.21	1.21	3.83	46.66
5	广东省揭西美科电子电器厂	3	3			0.8
合计		107.45	73.01	20.31	14.13	123.76

八、竖笛

（单位：万支）

序号	企业名称	总产量
1	江苏奇美乐器公司	600
2	江苏天鹅乐器有限公司	120
3	江苏东方乐器有限公司	50
4	浙江海盐东方口琴厂	20
5	上海口琴总厂	0.85
合计		790.85

九、口琴、口风琴

（单位：万支）

序号	企业名称	口琴	口风琴	其他
1	无锡铃木乐器有限公司	100	9	
2	江苏东方乐器有限公司	350	80	
3	江苏天鹅乐器有限公司	360	32	120
4	江苏江阴市激扬乐器有限公司	250		
5	江苏奇美乐器有限公司	200	120	
6	上海口琴总厂	27.6	1.25	1.517
7	上海国光口琴厂有限公司	68.56	1.0959	8.786
8	浙江海盐东方口琴厂	60	50	
合计		1416.16	293.3459	130.303

2008年主要乐器海关进口量值

商品编码	商品名称	计量单位	数量			金额（美元）		
			2008年	2007年	同比%	2008年	2007年	同比%
92011000	竖式钢琴，包括自动钢琴	台	29999	19822	51.34	24613070	14007768	75.71
92012000	大钢琴，包括自动钢琴	台	3818	5202	-26.61	24565764	18245387	34.64
92019000	拨弦古钢琴及其他键盘弦乐器	台	505	356	41.85	241770	484917	-50.14
92021000	弓弦乐器	只	723	6611	-89.06	521262	408163	27.71
92029000	其他弦乐器	只	12238	13374	-8.49	705251	655093	7.66
92051000	铜管乐器	只	2172	5011	-56.66	1025492	1271747	-19.36
92059010	键盘管风琴；簧风琴等游离金属簧片键盘乐器	只	351	10	3410.00	272514	1896432	-85.63
92059020	手风琴及类似乐器	只	120	296	-59.46	97146	124257	-21.82
92059030	口琴	只	544897	466607	16.78	401617	342601	17.23
92059090	其他管乐器	只	13260	20263	-34.56	2496015	1774320	40.67
92060000	打击乐器	只	194042	195805	-0.90	4400847	3729922	17.99
92071000	通过电产生或扩大声音的键盘乐器	只	173826	225118	-22.78	16758134	16030586	4.54
92079000	其他通过电产生或扩大声音的乐器	只	50305	30556	64.63	3119847	1997790	56.16
92081000	百音盒	个	144379	123710	16.71	653250	417246	56.56
92089000	其他乐器；各种媒诱音响器、哨子、号角等	个	302414	516705	-41.47	112221	106103	5.77
92093000	乐器用弦	千克	255983	245596	4.23	7610506	3896759	95.30
92099100	钢琴的零件、附件	千克	3510533	2991523	17.35	20535425	16688607	23.05
92099200	品目92.02所列乐器的零件、附件	千克	1266417	1282996	-1.29	10997547	10753881	2.27
92099400	品目92.07所列乐器的零件、附件	千克	3783694	4882845	-22.51	34452609	37950543	-9.22
92099910	节拍器、音叉及定音管	千克	29611	42813	-30.84	1076871	1910092	-43.62
92099920	百音盒的机械装置	千克	152674	189280	-19.34	847936	1011991	-16.21
92099990	其他乐器的零件、附件	千克	2514209	2102782	19.57	41352268	31332251	31.98
合计			12986170	13367281	-2.85	196857362	165036456	19.28

2008年中国从世界各大洲进口乐器基本情况

洲别	进口国家和地区数量		进口数量（架/件）			进口金额（美元）		
	2008年	2007年	2008年	2007年	同比%	2008年	2007年	同比%
亚洲	19	18	11862513	12460884	-4.80	159938011	139155909	14.93
非洲	3	4	12873	6078	111.80	107602	9571	1024.25
欧洲	18	18	635261	453965	39.94	24566571	19541244	25.72
南美洲	4	4	18955	5463	246.97	60451	26757	125.93
北美洲	2	2	456476	440423	3.64	12179055	6210904	96.09
大洋洲	1	2	87	468	-81.41	5284	92071	-94.26
合计	47	48				196856974	165036456	19.28

2008年中国进口乐器基本情况

(按进口额排序)

排名		国家和地区	数量（架/件）			金额（美元）		
2008年	2007年		2008年	2007年	同比%	2008年	2007年	同比%
1	1	日本	3789433	2769598	36.82	72444660	54484467	32.96
2	2	*中国内地	2858664	2244028	27.39	32003370	27049834	18.31
3	3	韩国	1573302	1955421	-19.54	21462792	25259360	-15.03
4	4	中国台湾	2034750	2323954	-12.44	17825931	15266985	16.76
5	5	德国	230426	261865	-12.01	16015181	12096036	32.40
6	7	美国	418037	318483	31.26	11769826	5603592	110.04
7	6	印度尼西亚	925845	1442475	-35.82	11764075	11559104	1.77
8	10	意大利	230416	97120	137.25	3357830	1510032	122.37
9	11	法国	11012	6792	62.13	1691421	748568	125.95
10	9	奥地利	6178	221	2695.48	1517197	3043470	-50.15
11	8	马来西亚	291271	1335235	-78.19	1446101	3668399	-60.58
12	13	泰国	22773	14497	57.09	1435828	655331	119.10
13	12	荷兰	1886	2997	-37.07	813874	712532	14.22
14	15	中国香港	282782	307335	-7.99	761616	560766	35.82
15	17	印度	73798	41390	78.30	642248	344922	86.20
16	16	捷克	915	2389	-61.70	410867	418627	-1.85

排名		国家和地区	数量（架/件）			金额（美元）		
2008年	2007年		2008年	2007年	同比%	2008年	2007年	同比%
17	14	加拿大	38439	121940	-68.48	409229	607312	-32.62
18	19	西班牙	112631	58299	93.20	396033	297222	33.24
19	18	瑞士	681	1519	-55.17	146102	335835	-56.50
20		喀麦隆	12829			106382		
21	20	英国	16094	7067	127.73	83079	197317	-57.90
22	43	以色列	5605	448	1151.12	72035	1299	5445.42
23	25	芬兰	8	28	-71.43	64672	41294	56.61
24	22	罗马尼亚	24703	8721	183.26	54387	96807	-43.82
25		智利	17735			37984		
26	24	越南	1827	16144	-88.68	26325	79428	-66.86
27	35	土耳其	1222	118	935.59	25867	5419	377.34
28	32	墨西哥	408	101	303.96	17323	6710	158.17
29	27	菲律宾	106	177	-40.11	10720	17380	-38.32
30	30	比利时	54	310	-82.58	8615	10278	-16.18
31	26	朝鲜	5	91	-94.51	6763	25471	-73.45
32	34	尼泊尔	1028	1853	-44.52	6270	5908	6.13
33	23	澳大利亚	87	424	-79.48	5284	90563	-94.17
34	37	巴西	800	5262	-84.80	3966	4576	-13.33
35	36	匈牙利	105	100	5.00	3912	4764	-17.88
36		巴基斯坦	50			2769		
37		保加利亚	15			1432		
38	29	阿根廷	12	84	-85.71	1178	14071	-91.63
39	40	瑞典	36	3	1100.00	1004	1736	-42.17
40	48	加纳	30	3	900.00	952	18	5188.89
41	28	斯洛伐克	87	747	-88.35	464	14495	-96.80
42		冈比亚	14			268		
43		波兰	1			256		
44	21	新加坡	46	8117	-99.43	253	171111	-99.85
45		挪威	13			245		
46	47	缅甸	5	1	400.00	230	150	53.33
47		伊朗	1			158		

（注：*系国产乐器复进口，是指从中国出口的乐器，因为某种原因又进口到中国的）

2008年中国进口主要乐器基本情况

(按进口额排序)

商品名称	进口国家和地区数量	排名	国家和地区	数量（架/件）			金额（美元）		
				2008年	2007年	同比%	2008年	2007年	同比%
竖式钢琴	21	1	日本	24509	16691	46.84	20881906	11866716	75.97
		2	德国	165	99	66.67	1456958	786588	85.23
		3	韩国	3612	2223	62.48	924135	557776	65.68
		4	*中国内地	799	186	329.57	575897	82308	599.69
		5	印度尼西亚	571	296	92.91	400006	327876	22.00
		6	捷克	29	64	-54.69	109268	216246	-49.47
		7	中国香港	218	175	24.57	107020	90745	17.93
		8	奥地利	11			56710		
		9	美国	22	10	120.00	35077	4208	733.58
		10	英国	13	7	85.71	23445	2985	685.43
		11	荷兰	23	22	4.55	15806	21499	-26.48
		12	意大利	6			8150		
		13	法国	2	7	-71.43	6876	25795	-73.34
		14	朝鲜	4	9	-55.56	5878	7650	-23.16
		15	菲律宾	8			2070		
		16	中国台湾	1			1549		
		17	加拿大	2	18	-88.89	1385	6966	-80.12
		18	澳大利亚	1			359		
		19	波兰	1			256		
		20	瑞典	1			256		
		21	比利时	1			63		
三角钢琴	12	1	日本	2718	4756	-42.85	11655648	9475634	23.01
		2	德国	155	144	7.64	7749610	6226391	24.46
		3	印度尼西亚	342	167	104.79	1300508	573541	126.75
		4	*中国内地	445	1	44400.00	1089440	4247	25551.99
		5	奥地利	20	15	33.33	1053907	1093213	-3.60
		6	意大利	19	4	375.00	1013010	368289	175.06
		7	美国	35	5	600.00	298303	31774	838.83
		8	捷克	20	8	150.00	262159	86237	204.00
		9	韩国	24	73	-67.12	112904	269843	-58.16
		10	中国香港	38	19	100.00	26950	13756	95.91

商品名称	进口国家和地区数量	排名	国家和地区	数量（架/件）			金额（美元）		
				2008年	2007年	同比%	2008年	2007年	同比%
三角钢琴	12	11	荷兰	1	3	-66.67	2850	12400	-77.02
		12	英国	1	3	-66.67	475	3960	-88.01
铜管乐器	13	1	日本	670	683	-1.90	435909	345772	26.07
		2	美国	489	354	38.14	268261	189197	41.79
		3	中国台湾	667	1792	-62.78	197289	471656	-58.17
		4	德国	155	35	342.86	87907	11462	666.94
		5	法国	86	1942	-95.57	23603	236936	-90.04
		6	比利时	1			4208		
		7	西班牙	10	155	-93.55	3773	2586	45.90
		8	中国香港	2			1326		
		9	*中国内地	76	20	280.00	1185	5630	-78.95
		10	韩国	9	1	800.00	776	140	454.29
		11	英国	1	5	-80.00	744	4533	-83.59
		12	保加利亚	2			295		
		13	荷兰	4			216		
手风琴及类似乐器	7	1	意大利	85	58	46.55	87864	68909	27.51
		2	德国	23	8	187.50	6408	1824	251.32
		3	日本	7	23	-69.57	2571	24150	-89.35
		4	印度	1			190		
		5	中国香港	1			99		
		6	英国	2			10		
		7	法国	1			4		
其他弦乐器	21	1	印度尼西亚	6728	4596	46.39	374453	241458	55.08
		2	*中国内地	3460	6780	-48.97	86388	165692	-47.86
		3	美国	941	138	581.88	76286	59222	28.81
		4	法国	9	12	-25.00	47466	10096	370.15
		5	意大利	11	35	-68.57	36087	26624	35.54
		6	西班牙	195	301	-35.22	16826	55157	-69.49
		7	德国	52	23	126.09	13855	5190	166.96
		8	越南	52	180	-71.11	11082	16437	-32.58
		9	荷兰	481	10	4710.00	9217	345	2571.59
		10	日本	23	310	-92.58	7936	8082	-1.81
		11	韩国	135	449	-69.93	7900	42294	-81.32
		12	捷克	48	5	860.00	7817	2273	243.91
		13	英国	43	3	1333.33	3914	4133	-5.30

商品名称	进口国家和地区数量	排名	国家和地区	数量（架/件）			金额（美元）		
				2008年	2007年	同比%	2008年	2007年	同比%
其他弦乐器	21	14	加拿大	24	44	-45.45	2069	2636	-21.51
		15	中国台湾	15	86	-82.56	2047	8420	-75.69
		16	印度	8	5	60.00	1140	50	2180.00
		17	挪威	3			237		
		18	巴西	3			193		
		19	伊朗	1			158		
		20	比利时	3			153		
		21	喀麦隆	3			27		
其他管乐器	14	1	日本	3464	2851	21.50	1446237	1295080	11.67
		2	法国	3759	1645	128.51	615184	177564	246.46
		3	中国台湾	3518	2833	24.18	313774	207279	51.38
		4	德国	64	480	-86.67	65741	6368	932.36
		5	美国	105	333	-68.47	35190	42366	-16.94
		6	英国	30	28	7.14	6688	10676	-37.35
		7	*中国内地	57	10485	-99.46	5971	29020	-79.42
		8	韩国	571	63	806.35	2824	49	5663.27
		9	加拿大	1479			1947		
		10	捷克	3			1926		
		11	印度尼西亚	200	1500	-86.67	240	1666	-85.59
		12	荷兰	4	1	300.00	234	12	1850.00
		13	中国香港	1			43		
		14	印度	5			16		
口琴	9	1	*中国内地	481078	448848	7.18	277818	236030	17.70
		2	日本	4954	17673	-71.97	70659	105489	-33.02
		3	中国香港	56560			43551		
		4	德国	1456	20	7180.00	6956	18	38544.44
		5	巴西	518			1552		
		6	印度尼西亚	30	50	-40.00	646	948	-31.86
		7	中国台湾	89			236		
		8	韩国	211	15	1306.67	106	19	457.89
		9	泰国	1			93		
键盘电子乐器	10	1	*中国内地	157617	220753	-28.60	14226965	14228386	-0.01
		2	印度尼西亚	2252	836	169.38	1273705	590933	115.54
		3	日本	858	589	45.67	822105	540889	51.99
		4	韩国	12947	2882	349.24	369022	588877	-37.33

商品名称	进口国家和地区数量	排名	国家和地区	数量（架/件）			金额（美元）		
				2008年	2007年	同比%	2008年	2007年	同比%
键盘电子乐器	10	5	意大利	20	16	25.00	27669	21478	28.82
		6	中国香港	67	28	139.29	26825	10821	147.90
		7	美国	14	2	600.00	10833	45662	-76.28
		8	保加利亚	2			738		
		9	新加坡	40			210		
		10	中国台湾	9			62		
弓弦乐器	14	1	德国	253	1872	-86.49	330253	197445	67.26
		2	法国	14	11	27.27	75894	1813	4086.10
		3	意大利	1	102	-99.02	61424	77749	-21.00
		4	中国台湾	4	32	-87.50	20301	1286	1478.62
		5	瑞士	2			7297		
		6	美国	88	10	780.00	7247	24129	-69.97
		7	*中国内地	267	4500	-94.07	6142	99172	-93.81
		8	荷兰	31			5070		
		9	比利时	12	14	-14.29	3310	2411	37.29
		10	中国香港	8			1289		
		11	捷克	28			1080		
		12	日本	10			947		
		13	英国	2			868		
		14	缅甸	3			140		
电声乐器	15	1	*中国内地	37662	20944	79.82	1135991	699392	62.43
		2	美国	4119	745	452.89	865732	335120	158.33
		3	印度尼西亚	6070	7063	-14.06	572296	634744	-9.84
		4	中国台湾	605	12	4941.67	176650	2270	7681.94
		5	日本	611	237	157.81	146075	95253	53.35
		6	韩国	738	1337	-44.80	132371	179197	-26.13
		7	德国	100	99	1.01	36536	34579	5.66
		8	印度	264	72	266.67	22133	5228	323.36
		9	荷兰	1			11657		
		10	中国香港	92	15	513.33	8913	4690	90.04
		11	加拿大	20			5920		
		12	墨西哥	14			4104		
		13	英国	5	3	66.67	978	430	127.44
		14	巴西	3	5	-40.00	343	824	-58.37
		15	保加利亚	1			148		

商品名称	进口国家和地区数量	排名	国家和地区	数量（架/件）			金额（美元）		
				2008年	2007年	同比%	2008年	2007年	同比%
打击乐器	31	1	美国	25680	12913	98.87	861438	477745	80.31
		2	日本	7045	15902	-55.70	795135	988060	-19.53
		3	荷兰	657	312	110.58	744611	641586	16.06
		4	*中国内地	62796	66371	-5.39	712754	329338	116.42
		5	中国台湾	73786	65526	12.61	525419	621943	-15.52
		6	德国	4240	13637	-68.91	214595	241161	-11.02
		7	加拿大	3429	10027	-65.80	211414	197132	7.24
		8	印度尼西亚	3926	1141	244.08	77604	70273	10.43
		9	以色列	5573	447	1146.76	70360	1149	6023.59
		10	泰国	3915	3362	16.45	55113	58613	-5.97
		11	中国香港	48	5	860.00	43303	1512	2763.96
		12	土耳其	1115	118	844.92	23919	5419	341.39
		13	法国	31	7	342.86	13403	441	2939.23
		14	瑞士	105	358	-70.67	11615	32081	-63.79
		15	韩国	215	1247	-82.76	10336	2575	301.40
		16	墨西哥	185	10	1750.00	6887	2163	218.40
		17	尼泊尔	1028	1847	-44.34	6270	5881	6.61
		18	英国	23	23	0.00	5633	14278	-60.55
		19	巴基斯坦	50			2769		
		20	澳大利亚	27	6	350.00	1924	337	470.92
		21	印度	35	3	1066.67	1882	614	206.51
		22	西班牙	8			1288		
		23	加纳	30	3	900.00	952	18	5188.89
		24	朝鲜	1	1	0.00	885	300	195.00
		25	瑞典	35			748		
		26	冈比亚	14			268		
		27	智利	10			159		
		28	缅甸	2	1	100.00	90	150	-40.00
		29	奥地利	1			29		
		30	喀麦隆	28			23		
		31	新加坡	4	1	300.00	21	104	-79.81
钢琴的零件、附件	16	1	日本	2744327	2115876	29.70	11643437	8890901	30.96
		2	韩国	237058	183897	28.91	3998469	3233887	23.64
		3	德国	68976	101013	-31.72	2898828	2106463	37.62

商品名称	进口国家和地区数量	排名	国家和地区	数量（架/件）			金额（美元）		
				2008年	2007年	同比%	2008年	2007年	同比%
钢琴的零件、附件	16	4	中国台湾	255069	403187	-36.74	849181	1080580	-21.41
		5	印度尼西亚	168495	112951	49.18	709254	532063	33.30
		6	意大利	5325	16405	-67.54	123810	178644	-30.69
		7	美国	4323	1285	236.42	75177	110998	-32.27
		8	*中国内地	6086	2854	113.24	56980	19567	191.20
		9	马来西亚	10601	14897	-28.84	51977	66264	-21.56
		10	印度	1743			33383		
		11	捷克	680	2218	-69.34	27474	105021	-73.84
		12	中国香港	5023	7721	-34.94	23834	59187	-59.73
		13	加拿大	480			22670		
		14	越南	1731	14950	-88.42	12833	59656	-78.49
		15	奥地利	615			6583		
		16	法国	1	20	-95.00	1535	3360	-54.32

（注：*系国产乐器复进口，是指从中国出口的乐器，因为某种原因又进口到中国的）

（数据来源：国家海关总署 中国乐器协会信息部编辑）

2009年主要乐器海关进口量值

商品编码	商品名称	计量单位	数量			金额（美元）		
			2009年	2008年	同比%	2009年	2008年	同比%
92011000	竖式钢琴，包括自动钢琴	台	44125	29999	47.09	31568082	24613070	28.26
92012000	大钢琴，包括自动钢琴	台	3055	3818	-19.98	24530029	24565764	-0.15
92019000	拨弦古钢琴及其他键盘弦乐器	台	208	505	-58.81	448444	241770	85.48
92021000	弓弦乐器	只	1154	723	59.61	579737	521262	11.22
92029000	其他弦乐器	只	12063	12238	-1.43	1017382	705251	44.26
92051000	铜管乐器	只	12458	2172	473.57	1453708	1025492	41.76
92059010	键盘管风琴；簧风琴等游离金属簧	只	5	351	-98.58	1725071	272514	533.02
92059020	手风琴及类似乐器	只	188	120	56.67	270254	97146	178.19
92059030	口琴	只	167743	544897	-69.22	215236	401617	-46.41
92059090	其他管乐器	只	21461	13260	61.85	2807656	2496015	12.49
92060000	打击乐器	只	141654	194042	-27.00	3491536	4400847	-20.66
92071000	通过电产生或扩大声音的键盘乐器	只	104728	173826	-39.75	14334453	16758134	-14.46
92079000	其他通过电产生或扩大声音的乐器	只	202769	50305	303.08	4682177	3119847	50.08
92081000	百音盒	个	416573	144379	188.53	250216	653250	-61.70
92089000	其他乐器；各种媒诱音响器、哨子	个	423550	302414	40.06	157340	112221	40.21
92093000	乐器用弦	千克	161359	255983	-36.96	3064803	7610506	-59.73
92099100	钢琴的零件、附件	千克	3413755	3510533	-2.76	19175714	20535425	-6.62
92099200	品目92.02所列乐器的零件、附件	千克	720628	1266417	-43.10	6863775	10997547	-37.59
92099400	品目92.07所列乐器的零件、附件	千克	4328098	3783694	14.39	31666776	34452609	-8.09
92099910	节拍器、音叉及定音管	千克	10921	29611	-63.12	201340	1076871	-81.30
92099920	百音盒的机械装置	千克	97772	152674	-35.96	553683	847936	-34.70
92099990	其他乐器的零件、附件	千克	1529466	2514209	-39.17	30742392	41352268	-25.66
合计						179799804	196857362	-8.66

2009年中国从世界各大洲进口乐器基本情况

洲别	进口国家和地区数量		进口数量（架/件）			进口金额（美元）		
	2009年	2008年	2009年	2008年	同比%	2009年	2008年	同比%
亚洲	18	19	11046108	11862513	-6.88	147084517	159938011	-8.04
非洲	8	3	15637	12873	21.47	27838	107602	-74.13
欧洲	20	18	559202	635261	-11.97	25823618	24566571	5.12
南美洲	5	4	1310	18955	-93.09	33226	60451	-45.04
北美洲	2	2	191259	456476	-58.10	6826691	12179055	-43.95
大洋洲	1	1	217	87	149.43	3914	5284	-25.93
合计	54	47				179799804	196856974	-8.66

2009年中国进口乐器基本情况

(按进口额排序)

排名		国家和地区	数量（架/件）			金额（美元）		
2009年	2008年		2009年	2008年	同比%	2009年	2008年	同比%
1	1	日本	3786975	3789433	-0.06	77713929	72444660	7.27
2	2	*中国内地	2417307	2858664	-15.44	26680003	32003370	-16.63
3	5	德国	223722	230426	-2.91	17563098	16015181	9.67
4	3	韩国	1218111	1573302	-22.58	13626940	21462792	-36.51
5	4	中国台湾	1272962	2034750	-37.44	13048651	17825931	-26.80
6	7	印度尼西亚	2000982	925845	116.12	12476326	11764075	6.05
7	6	美国	161979	418037	-61.25	6284427	11769826	-46.61
8	8	意大利	175674	230416	-23.76	3451195	3357830	2.78
9	9	法国	9889	11012	-10.20	2445202	1691421	44.56
10	12	泰国	16400	22773	-27.98	1352341	1435828	-5.81
11	14	中国香港	258673	282782	-8.53	1034280	761616	35.80
12	10	奥地利	678	6178	-89.03	968089	1517197	-36.19
13	11	马来西亚	48588	291271	-83.32	720939	1446101	-50.15
14	17	加拿大	29280	38439	-23.83	542264	409229	32.51
15	16	捷克	306	915	-66.56	462920	410867	12.67
16	13	荷兰	745	1886	-60.50	406469	813874	-50.06
17	18	西班牙	43815	112631	-61.10	260699	396033	-34.17

排名		国家和地区	数量（架/件）			金额（美元）		
2009年	2008年		2009年	2008年	同比%	2009年	2008年	同比%
18	15	印度	15337	73798	-79.22	163746	642248	-74.50
19	22	以色列	6775	5605	20.87	147744	72035	105.10
20	26	越南	2429	1827	32.95	93357	26325	254.63
21	21	英国	66831	16094	315.25	79664	83079	-4.11
22	24	罗马尼亚	400	24703	-98.38	50425	54387	-7.28
23		斯洛文尼亚	2500			48334		
24	19	瑞士	564	681	-17.18	46666	146102	-68.06
25	28	墨西哥	386	408	-5.39	22352	17323	29.03
26	40	加纳	1028	30	3326.67	16710	952	1655.25
27	27	土耳其	326	1222	-73.32	15220	25867	-41.16
28	23	芬兰	3	8	-62.50	13711	64672	-78.80
29		葡萄牙	2			8112		
30		特立尼达和多巴哥	12			5649		
31	32	尼泊尔	1002	1028	-2.53	5503	6270	-12.23
32	30	比利时	2666	54	4837.04	5379	8615	-37.56
33		南非	486			4703		
34	34	巴西	887	800	10.88	4637	3966	16.92
35		俄罗斯联邦	51			4266		
36	33	澳大利亚	217	87	149.43	3914	5284	-25.93
37		坦桑尼亚	1940			3761		
38	31	朝鲜	48	5	860.00	3360	6763	-50.32
39		圣马力诺	2			3200		
40		丹麦	31217			2214		
41	29	菲律宾	88	106	-16.98	1559	10720	-85.46
42	43	波兰	5	1	400.00	1552	256	506.25
43	39	瑞典	83	36	130.56	1501	1004	49.50
44		塞内加尔	27			1383		
45		埃及	12000			939		
46	41	斯洛伐克	48	87	-44.83	622	464	34.05
47	44	新加坡	8	46	-82.61	508	253	100.79
48	25	智利	20	17735	-99.89	314	37984	-99.17
49		马达加斯加	150			300		
50		爱沙尼亚	1			300		
51	38	阿根廷	5	12	-58.33	274	1178	-76.74
52		塞浦路斯	96			86		
53	20	喀麦隆	6	12829	-99.95	42	106382	-99.96
54	36	巴基斯坦	1	50		25	2769	-99.10

(注：*系国产乐器复进口，是指从中国出口的乐器，因为某种原因又进口到中国的)

2009年中国进口主要乐器基本情况

(按进口额排序)

商品名称	进口国家和地区数量	排名	国家和地区	数量（架/件）			金额（美元）		
				2009年	2008年	同比%	2009年	2008年	同比%
立式钢琴	19	1	日本	32242	24509	31.55	26679594	20881906	27.76
		2	韩国	9983	3612	176.38	1773262	924135	91.88
		3	德国	140	165	-15.15	1022128	1456958	-29.85
		4	印度尼西亚	682	571	19.44	866414	400006	116.60
		5	*中国内地	825	799	3.25	672092	575897	16.70
		6	捷克	78	29	168.97	301678	109268	176.09
		7	马来西亚	92			137073		
		8	英国	19	13	46.15	32155	23445	37.15
		9	美国	30	22	36.36	29776	35077	-15.11
		10	法国	2	6876	-99.97	22186		
		11	中国台湾	15	1	1400.00	20250	1549	1207.30
		12	奥地利	1	11	-90.91	4988	56710	-91.20
		13	圣马力诺	2			3200		
		14	波兰	5	1	400.00	1552	256	506.25
		15	中国香港	4	218	-98.17	1001	107020	-99.06
		16	俄罗斯联邦	2			387		
		17	荷兰	1	23	-95.65	200	15806	-98.73
		18	菲律宾	1	8	-87.50	73	2070	-96.47
		19	南非	1			73		
三角钢琴	14	1	日本	2178	2718	-19.87	12528635	11655648	7.49
		2	德国	194	155	25.16	7240112	7749610	-6.57
		3	意大利	11	19	-42.11	1188380	1013010	17.31
		4	*中国内地	343	445	-22.92	1109141	1089440	1.81
		5	印度尼西亚	260	342	-23.98	965334	1300508	-25.77
		6	奥地利	8	20	-60.00	902311	1053907	-14.38
		7	美国	11	35	-68.57	335351	298303	12.42
		8	捷克	8	20	-60.00	150275	262159	-42.68
		9	韩国	30	24	25.00	94837	112904	-16.00
		10	马来西亚	4			10241		
		11	英国	5	1	400.00	3011	475	533.89
		12	法国	1			2051		

商品名称	进口国家和地区数量	排名	国家和地区	数量（架/件）			金额（美元）		
				2009年	2008年	同比%	2009年	2008年	同比%
三角钢琴	14	13	爱沙尼亚	1			300		
		14	中国香港	1	38	-97.37	50	26950	-99.81
铜管乐器	14	1	中国台湾	1304	667	95.50	603620	197289	205.96
		2	日本	10016	670	1394.93	490640	435909	12.56
		3	德国	90	155	-41.94	130783	87907	48.77
		4	法国	463	86	438.37	104395	23603	342.30
		5	美国	120	489	-75.46	72157	268261	-73.10
		6	西班牙	12	10	20.00	36443	3773	865.89
		7	韩国	398	9	4322.22	6386	776	722.94
		8	奥地利	12			2490		
		9	*中国内地	24	76	-68.42	2412	1185	103.54
		10	巴西	2			1504		
		11	意大利	1			1283		
		12	英国	4	1	300.00	746	744	0.27
		13	俄罗斯联邦	10			671		
		14	瑞士	2			178		
手风琴及类似乐器	8	1	意大利	113			263214		
		2	朝鲜	48			3360		
		3	印度	12	1	1100.00	1977	190	940.53
		4	日本	5	7	-28.57	1215	2571	-52.74
		5	韩国	2			201		
		6	英国	5	2	150.00	199	10	1890.00
		7	美国	1			66		
		8	法国	2	1	100.00	22	4	450.00
其他弦乐器	20	1	印度尼西亚	9106	6728	35.34	515208	374453	37.59
		2	意大利	21	11	90.91	191617	36087	430.99
		3	美国	265	941	-71.84	100885	76286	32.25
		4	德国	58	52	11.54	42340	13855	205.59
		5	*中国内地	1032	3460	-70.17	29566	86388	-65.78
		6	法国	198	9	2100.00	29436	47466	-37.99
		7	越南	419	52	705.77	23119	11082	108.62
		8	日本	169	23	634.78	22621	7936	185.04
		9	西班牙	220	195	12.82	22523	16826	33.86
		10	韩国	180			14149		
		11	加拿大	137	24	470.83	12563	2069	507.20

商品名称	进口国家和地区数量	排名	国家和地区	数量（架/件）			金额（美元）		
				2009年	2008年	同比%	2009年	2008年	同比%
其他弦乐器	20	12	葡萄牙	2			8112		
		13	荷兰	134	481	-72.14	3514	9217	-61.87
		14	英国	8	43	-81.40	664	3914	-83.04
		15	比利时	1	3	-66.67	387	153	152.94
		16	巴西	6	3	100.00	315	193	63.21
		17	新加坡	4			151		
		18	塞内加尔	1			103		
		19	马达加斯加	100			100		
		20	加纳	2			9		
其他管乐器	17	1	日本	2288	3464	-33.95	935555	1446237	-35.31
		2	法国	3885	3759	3.35	791657	615184	28.69
		3	美国	90	105	-14.29	562120	35190	1497.39
		4	德国	28	64	-56.25	239926	65741	264.96
		5	中国台湾	4042	3518	14.89	186753	313774	-40.48
		6	越南	262			49929		
		7	西班牙	2			25763		
		8	*中国内地	10021	57	17480.70	8932	5971	49.59
		9	印度尼西亚	701	200	250.50	3520	240	1366.67
		10	韩国	70	571	-87.74	2042	2824	-27.69
		11	瑞典	3			411		
		12	奥地利	59			329		
		13	新加坡	3			311		
		14	荷兰	1	4	-75.00	299	234	27.78
		15	英国	1	30	-96.67	58	6688	-99.13
		16	瑞士	1			47		
		17	菲律宾	4			4		
口琴	5	1	*中国内地	135870	481078	-71.76	104861	277818	-62.26
		2	日本	4073	4954	-17.78	82029	70659	16.09
		3	中国香港	17574	56560	-68.93	22846	43551	-47.54
		4	德国	9348	1456	542.03	4281	6956	-38.46
		5	巴西	878	518	69.50	1219	1552	-21.46
键盘电子乐器	11	1	*中国内地	99979	157617	-36.57	11673532	14226965	-17.95
		2	印度尼西亚	2799	2252	24.29	1586396	1273705	24.55
		3	日本	649	858	-24.36	829294	822105	0.87
		4	中国香港	241	67	259.70	104819	26825	290.75

商品名称	进口国家和地区数量	排名	国家和地区	数量（架/件）			金额（美元）		
				2009年	2008年	同比%	2009年	2008年	同比%
键盘电子乐器	11	5	韩国	915	12947	-92.93	70736	369022	-80.83
		6	意大利	38			38698		
		7	美国	19	14	35.71	17858	10833	64.85
		8	德国	4			9689		
		9	巴西	1			1599		
		10	中国台湾	3			1532		
		11	马来西亚	80			300		
弓弦乐器	13	1	德国	709	253	180.24	335845	330253	1.69
		2	法国	8	14	-42.86	157082	75894	106.98
		3	意大利	25			70704		
		4	捷克	108	28	285.71	6600	1080	511.11
		5	美国	204	88	131.82	4166	7247	-42.51
		6	日本	51	10	410.00	1585	947	67.37
		7	*中国内地	37	267	-86.14	1462	6142	-76.20
		8	菲律宾	3			962		
		9	加拿大	3			690		
		10	英国	3	2	50.00	527	868	-39.29
		11	韩国	1			53		
		12	中国台湾	1	4	-75.00	36	20301	-99.82
		13	巴基斯坦	1			25		
电声乐器	12	1	*中国内地	185683	37662	393.02	2971369	1135991	161.57
		2	日本	7835	611	1182.32	667071	146075	356.66
		3	印度尼西亚	6348	6070	4.58	480575	572296	-16.03
		4	美国	2275	4119	-44.77	446810	865732	-48.39
		5	德国	115	100	15.00	50727	36536	38.84
		6	韩国	311			38429		
		7	墨西哥	62			8159		
		8	英国	6	5	20.00	6677	978	582.72
		9	印度	83	264	-68.56	6659	22133	-69.91
		10	西班牙	48			5102		
		11	中国台湾	2	605	-99.67	478	176650	-99.73
		12	澳大利亚	1			121		
打击乐器	30	1	中国台湾	92904	73786	25.91	939334	525419	78.78
		2	美国	13068	25680	-49.11	767189	861438	-10.94

商品名称	进口国家和地区数量	排名	国家和地区	数量（架/件）			金额（美元）		
				2009年	2008年	同比%	2009年	2008年	同比%
打击乐器	30	3	荷兰	239	657	-63.62	394997	744611	-46.95
		4	*中国内地	3905	62796	-93.78	351274	712754	-50.72
		5	日本	1308	7045	-81.43	250422	795135	-68.51
		6	德国	5516	4240	30.09	247270	214595	15.23
		7	以色列	6727	5573	20.71	147534	70360	109.68
		8	加拿大	2983	3429	-13.01	122049	211414	-42.27
		9	泰国	2444	3915	-37.57	55544	55113	0.78
		10	印度尼西亚	6538	3926	66.53	50774	77604	-34.57
		11	中国香港	431	48	797.92	44204	43303	2.08
		12	法国	64	31	106.45	34393	13403	156.61
		13	意大利	400			16794		
		14	加纳	935	30	3016.67	16426	952	1625.42
		15	土耳其	326	1115	-70.76	15220	23919	-36.37
		16	韩国	2110	215	881.40	11910	10336	15.23
		17	特立尼达和多巴哥	12			5649		
		18	尼泊尔	994	1028	-3.31	5484	6270	-12.54
		19	瑞士	60	105	-42.86	4267	11615	-63.26
		20	南非	350			4210		
		21	英国	17	23	-26.09	1701	5633	-69.80
		22	塞内加尔	26			1280		
		23	瑞典	80	35	128.57	1090	748	45.72
		24	西班牙	19	8	137.50	1045	1288	-18.87
		25	菲律宾	80			520		
		26	墨西哥	40	185	-78.38	376	6887	-94.54
		27	智利	20	10	100.00	314	159	97.48
		28	马达加斯加	50			200		
		29	喀麦隆	6	28	-78.57	42	23	82.61
		30	印度	2	35	-94.29	24	1882	-98.72
钢琴的零件、附件	14	1	日本	3022755	2744327	10.15	13459922	11643437	15.60
		2	德国	76711	68976	11.21	3513159	2898828	21.19
		3	韩国	31001	237058	-86.92	764494	3998469	-80.88
		4	印度尼西亚	151694	168495	-9.97	692376	709254	-2.38
		5	中国台湾	113812	255069	-55.38	548712	849181	-35.38

商品名称	进口国家和地区数量	排名	国家和地区	数量（架/件）			金额（美元）		
				2009年	2008年	同比%	2009年	2008年	同比%
钢琴的零件、附件	14	6	马来西亚	10485	10601	-1.09	52848	51977	1.68
		7	*中国内地	1582	6086	-74.01	43000	56980	-24.53
		8	美国	1990	4323	-53.97	38058	75177	-49.38
		9	意大利	1387	5325	-73.95	30613	123810	-75.27
		10	加拿大	378	480	-21.25	12632	22670	-44.28
		11	越南	1620	1731	-6.41	12356	12833	-3.72
		12	捷克	112	680	-83.53	4367	27474	-84.10
		13	比利时	180			2555		
		14	斯洛伐克	48			622		

（注：*系国产乐器复进口，是指从中国出口的乐器，因为某种原因又进口到中国的）

（数据来源：国家海关总署 中国乐器协会信息部编辑）

2008年主要乐器海关出口量值

商品编码	商品名称	计量单位	数量			金额（美元）		
			2008年	2007年	同比%	2008年	2007年	同比%
92011000	竖式钢琴，包括自动钢琴	台	53083	64268	-17.40	60307191	65464737	-7.88
92012000	大钢琴，包括自动钢琴	台	8881	14103	-37.03	28670502	39403284	-27.24
92019000	拨弦古钢琴及其他键盘弦乐器	台	2397	11742	-79.59	752855	1443016	-47.83
92021000	弓弦乐器	只	1257377	1342909	-6.37	50071645	45291855	10.55
92029000	其他弦乐器	只	11122857	10133478	9.76	226644620	168222853	34.73
92051000	铜管乐器	只	856677	899883	-4.80	79197885	58177695	36.13
92059010	键盘管风琴；簧风琴等游离金属簧片键盘乐器	只	1492990	939811	58.86	4398629	3773738	16.56
92059020	手风琴及类似乐器	只	466006	602759	-22.69	18453316	14241117	29.58
92059030	口琴	只	11987133	11842876	1.22	12592687	10613349	18.65
92059090	其他管乐器	只	8515782	6174510	37.92	37595222	30697101	22.47
92060000	打击乐器	只	17825066	16285565	9.45	140410627	135770415	3.42
92071000	通过电产生或扩大声音的键盘乐器	只	5910265	6249747	-5.43	288245766	276012851	4.43
92079000	其他通过电产生或扩大声音的乐器	只	9707785	4018717	141.56	287779774	153052620	88.03
92081000	百音盒	个	27535163	25731309	7.01	35827646	27204077	31.70
92089000	其他乐器；各种媒诱音响器、哨子、号角等	个	60375578	47703498	26.56	24498132	28652939	-14.50
92093000	乐器用弦	千克	313497	233313	34.37	7600966	2924455	159.91
92099100	钢琴的零件、附件	千克	9138598	8272094	10.48	45058627	39334219	14.55
92099200	品目92.02所列乐器的零件、附件	千克	4607658	3427601	34.43	25726902	22738343	13.14
92099400	品目92.07所列乐器的零件、附件	千克	4125743	3733104	10.52	30481061	22023969	38.40
92099910	节拍器、音叉及定音管	千克	311046	343368	-9.41	10203771	9656982	5.66
92099920	百音盒的机械装置	千克	756346	781817	-3.26	6179250	7720785	-19.97
92099990	其他乐器的零件、附件	千克	18946623	13283028	42.64	99939752	60019060	66.51
合计			195316551	162089500	20.50	1520636826	1222439460	24.39

2008年中国乐器出口世界各大洲基本情况

洲别	出口国家和地区数量		出口金额（万美元）		
	2008年	2007年	2008年	2007年	同比%
亚洲	43	43	39643	34995	13.28
非洲	39	36	2424	1832	32.31
欧洲	40	43	41926	32999	27.05
南美洲	31	29	12139	8743	38.84
北美洲	2	3	52532	40227	30.59
大洋洲	12	12	3400	3448	-1.41
合计	167	166	152064	122244	24.39

2008年中国乐器出口基本情况

(按出口额排序)

排名		国家和地区	数量（架/件）			金额（美元）		
2008年	2007年		2008年	2007年	同比%	2008年	2007年	同比%
1	1	美国	48603559	41390799	17.43	485355062	369818206	31.24
2	3	德国	10965485	8857555	23.80	97095562	84321650	15.15
3	2	日本	10302075	9237766	11.52	92823826	100751434	-7.87
4	4	中国香港	12731551	16454845	-22.63	90486099	82237780	10.03
5	5	英国	7666504	5133867	49.33	77503834	63808866	21.46
6	7	比利时	3313504	2985307	10.99	54579887	43843191	24.49
7	6	韩国	6321677	6864161	-7.90	49866781	51233345	-2.67
8	10	巴西	4227916	2884650	46.57	45868700	28194868	62.68
9	11	荷兰	6314085	3958754	59.50	40066010	26645348	50.37
10	8	加拿大	3071226	3138594	-2.15	39963203	32456006	23.13
11	13	印度尼西亚	8907693	9543396	-6.66	38125502	25700488	48.35
12	12	意大利	4783971	3462816	38.15	32727004	26225312	24.79
13	9	澳大利亚	2635528	2172778	21.30	29132794	30063168	-3.09
14	14	法国	2280994	3079120	-25.92	23488107	18857240	24.56
15	17	西班牙	7181519	4585320	56.62	20101490	14850634	35.36
16	51	中国澳门	3271846	19652	16548.92	19271101	1714575	1023.96
17	15	墨西哥	3079323	2447986	25.79	17625892	15973690	10.34
18	20	智利	1619868	1204195	34.52	15956390	10096879	58.03

排名		国家和地区	数量（架/件）			金额（美元）		
2008年	2007年		2008年	2007年	同比%	2008年	2007年	同比%
19	16	中国台湾	1424533	1461428	-2.52	15726114	14881273	5.68
20	18	阿拉伯联合酋长国	4917301	2101521	133.99	13312430	13438860	-0.94
21	24	俄罗斯联邦	1276391	1041059	22.61	13252530	7907405	67.60
22	26	马来西亚	2477645	3316164	-25.29	12876654	7323901	75.82
23	21	阿根廷	1320358	1468015	-10.06	12398396	9842368	25.97
24	25	尼日利亚	1811821	493158	267.39	12249538	7542266	62.41
25	19	新加坡	1010249	1534998	-34.19	10652361	11121321	-4.22
26	23	瑞典	659278	557051	18.35	10508328	8026504	30.92
27	22	土耳其	4467464	2743371	62.85	9978657	8181415	21.97
28	28	泰国	1006064	1105271	-8.98	8846227	6440745	37.35
29	29	丹麦	931204	598577	55.57	7678432	5879676	30.59
30	27	菲律宾	1641874	1329039	23.54	7191705	6973676	3.13
31	32	印度	2448777	1450014	68.88	6923547	4502484	53.77
32	30	芬兰	401904	576234	-30.25	6309073	5375453	17.37
33	31	南非	839926	691611	21.44	5479769	4961676	10.44
34	33	巴拿马	1456583	554416	162.72	4923250	4278946	15.06
35	36	秘鲁	320566	441298	-27.36	4160571	3320915	25.28
36	37	哥伦比亚	492172	371560	32.46	4115485	3294360	24.93
37	40	波兰	1084180	355530	204.95	4054825	2785751	45.56
38	34	新西兰	295280	249204	18.49	4001253	3804647	5.17
39	39	希腊	1048131	757663	38.34	3782299	2883141	31.19
40	50	委内瑞拉	1445466	640058	125.83	3671846	1854145	98.03
41	43	厄瓜多尔	614139	538637	14.02	3381530	2398003	41.01
42	35	危地马拉	547171	389779	40.38	3342272	3588307	-6.86
43	38	越南	379029	102571	269.53	3300707	3004089	9.87
44	44	以色列	696281	449506	54.90	3285613	2323963	41.38
45	58	乌克兰	460259	132977	246.12	3167839	964285	228.52
46	53	拉脱维亚	223881	123314	81.55	3034770	1568142	93.53
47	41	伊朗	587519	748375	-21.49	3017233	2568511	17.47
48	48	瑞士	215510	113823	89.34	2886657	1901225	51.83
49	45	挪威	439913	332004	32.50	2816149	2216628	27.05
50	42	爱尔兰	193560	224751	-13.88	2800557	2551415	9.76
51	49	捷克	447938	436635	2.59	2373908	1871508	26.84
52	55	匈牙利	91781	58348	57.30	2284151	1216155	87.82
53	52	斯里兰卡	367857	251091	46.50	1899686	1578414	20.35

排名		国家和地区	数量（架/件）			金额（美元）		
2008年	2007年		2008年	2007年	同比%	2008年	2007年	同比%
54	57	朝鲜	53831	49670	8.38	1861885	1025490	81.56
55	47	加纳	304085	193548	57.11	1819148	2016036	-9.77
56	54	葡萄牙	170865	222683	-23.27	1573319	1244258	26.45
57	46	奥地利	268821	390329	-31.13	1492433	2048373	-27.14
58	63	叙利亚	814507	543532	49.85	1236757	608015	103.41
59	74	古巴	75865	92698	-18.16	1225815	467018	162.48
60	60	埃及	404678	377397	7.23	1069740	726216	47.30
61	61	哈萨克斯坦	28493	28128	1.30	1013344	682396	48.50
62	65	克罗地亚	186689	94316	97.94	992596	592678	67.48
63	62	乌拉圭	120728	121840	-0.91	981737	620925	58.11
64	67	黎巴嫩	73360	112080	-34.55	969087	527111	83.85
65	69	哥斯达黎加	81866	79167	3.41	931468	517637	79.95
66	78	罗马尼亚	255510	32756	680.04	852771	279279	205.35
67	59	塞浦路斯	37660	50037	-24.74	823259	835947	-1.52
68	71	斯洛文尼亚	107803	78205	37.85	806378	485232	66.18
69	66	摩洛哥	242488	192456	26.00	749960	531481	41.11
70	84	立陶宛	69806	25646	172.19	669683	208697	220.89
71	73	巴布亚新几内亚	97145	84010	15.64	637246	478272	33.24
72	56	波多黎各	88045	181648	-51.53	626317	1136395	-44.89
73	64	洪都拉斯	122043	163970	-25.57	623262	600356	3.82
74		爱沙尼亚	88129			573320		
75	70	沙特阿拉伯	518697	248950	108.35	557093	515134	8.15
76	68	突尼斯	70577	65215	8.22	525729	519433	1.21
77	75	利比亚	234070	100959	131.85	489559	359631	36.13
78	90	伊拉克	1083058	374291	189.36	485719	171410	183.37
79	76	阿尔及利亚	325402	246346	32.09	449511	333979	34.59
80	72	萨尔瓦多	77938	85235	-8.56	442862	481791	-8.08
81	80	斯洛伐克	22707	31936	-28.90	402048	256056	57.02
82	83	保加利亚	159869	9788	1533.32	379969	221200	71.78
83	86	卡塔尔	22133	10111	118.90	291481	199637	46.01
84	79	白俄罗斯	24302	10234	137.46	277461	271295	2.27
85	88	多米尼加共和国	56660	25715	120.34	265384	190752	39.13
86	103	孟加拉国	540237	113404	376.38	256674	72080	256.10
87	81	尼加拉瓜	10811	140969	-92.33	244871	232894	5.14
88	92	约旦	53482	193691	-72.39	217747	150813	44.38

排名		国家和地区	数量（架/件）			金额（美元）		
2008年	2007年		2008年	2007年	同比%	2008年	2007年	同比%
89	87	阿曼	43789	16325	168.23	216071	191883	12.61
90	77	科威特	35319	24586	43.65	213971	315272	-32.13
91	82	冰岛	1813	1758	3.13	200125	224864	-11.00
92	89	贝宁	99245	209391	-52.60	197019	190101	3.64
93	97	马耳他	54871	8972	511.58	190817	106552	79.08
94	107	留尼汪	10351	8937	15.82	177898	66141	168.97
95	98	巴拉圭	93601	172519	-45.74	170783	86283	97.93
96		佛得角	622			163373		
97	96	安哥拉	20405	38867	-47.50	155731	136750	13.88
98	94	塞尔维亚	17054	8924	91.10	131320	144004	-8.81
99	95	毛里求斯	9455	21757	-56.54	124433	137815	-9.71
100	115	斐济	60229	10312	484.07	116896	40374	189.53
101	91	巴基斯坦	425437	85900	395.27	113504	155221	-26.88
102	106	纳米比亚	45514	9402	384.09	109691	66489	64.98
103	101	缅甸	4665	4900	-4.80	108593	76305	42.31
104	118	玻利维亚	100907	11971	742.93	96920	37876	155.89
105	100	也门共和国	639714	18245	3406.24	86972	82695	5.17
106	102	吉尔吉斯斯坦	29374	63056	-53.42	82344	75667	8.82
107	119	马提尼克岛	1138	300	279.33	79298	34722	128.38
108	99	蒙古	1349	2259	-40.28	79275	83223	-4.74
109	108	尼泊尔	35247	21828	61.48	77284	63329	22.04
110	93	肯尼亚	73397	155005	-52.65	77153	150082	-48.59
111	116	亚美尼亚	688	349	97.13	74383	39982	86.04
112	112	巴林	5813	10125	-42.59	70360	48628	44.69
113	136	巴巴多斯	1792	821	118.27	58977	11887	396.15
114	143	阿塞拜疆	415	2	20650.00	55446	8009	592.30
115		刚果（金）	1190			50938		
116		瓜德罗普岛	262			46897		
117	149	非洲其他国家（地区）	819	4560	-82.04	44709	4668	857.78
118	117	科特迪瓦共和国	22079	16766	31.69	43141	38243	12.81
119		刚果（布）	853504			42718		
120	114	新喀里多尼亚	2167	2361	-8.22	38530	40474	-4.80
121	140	社会群岛	1833	648	182.87	36736	9072	304.94
122		黑山	2496			35811		

排名		国家和地区	数量（架/件）			金额（美元）		
2008年	2007年		2008年	2007年	同比%	2008年	2007年	同比%
123	104	莫桑比克	12823	5518	132.38	34600	70851	-51.17
124	85	马达加斯加	18310	70292	-73.95	33146	207999	-84.06
125	111	巴哈马	733	2628	-72.11	29233	52908	-44.75
126	156	博茨瓦那	609	200	204.50	28227	1920	1370.16
127		多米尼克	1811			28119		
128	133	摩纳哥	380	15	2433.33	28037	15446	81.52
129	135	马尔代夫	1103	240	359.58	25663	12613	103.46
130	137	苏里南	730	1631	-55.24	24582	11506	113.65
131	146	特立尼达和多巴哥	31608	53120	-40.50	23962	6915	246.52
132	105	牙买加	24904	38028	-34.51	19852	68557	-71.04
133	121	文莱	1370	1412	-2.97	18603	28040	-33.66
134	110	苏丹	5486	170007	-96.77	18181	53740	-66.17
135	157	柬埔寨	65	2	3150.00	16855	1852	810.10
136	138	几内亚	750	334	124.55	15813	10223	54.68
137	128	坦桑尼亚	74898	17571	326.26	15409	20886	-26.22
138	122	乌兹别克斯坦	32	12965	-99.75	14109	24241	-41.80
139	141	利比里亚	901	1800	-49.94	13078	9048	44.54
140	124	瓦努阿图	1219	1654	-26.30	11964	23608	-49.32
141		马里	2336			11110		
142	150	海地	76190	36000	111.64	11028	3990	176.39
143		格林纳达	159			10631		
144	127	法属波利尼西亚	766	1178	-34.97	10613	21039	-49.56
145	126	加蓬	755	1789	-57.80	8370	21318	-60.74
146	120	多哥	22255	29259	-23.94	8084	33038	-75.53
147	163	前南斯拉夫马其顿	1	8	-87.50	7700	131	5777.86
148	148	土库曼斯坦	194	27	618.52	7650	6110	25.20
149		马拉维	65200			5916		
150	142	塞内加尔	92	252002	-99.96	5834	8646	-32.52
151	129	加那利群岛	1900	2489	-23.66	4890	20441	-76.08
152		图瓦卢	392			4312		
153		塞卜泰（休达）	3700			3885		
154	132	摩尔多瓦	1	521	-99.81	3773	17787	-78.79
155	158	吉布提	60	13800	-99.57	3481	1380	152.25
156	159	所罗门群岛	236	191	23.56	3316	1114	197.67
157	147	格鲁吉亚	198	719	-72.46	3192	6657	-52.05

排名		国家和地区	数量（架/件）			金额（美元）		
2008年	2007年		2008年	2007年	同比%	2008年	2007年	同比%
158		汤加	680			3176		
159		伯利兹	464			2970		
160	154	塞舌尔	261	331	-21.15	2924	2673	9.39
161		津巴布韦	5200			2800		
162	131	埃塞俄比亚	43520	377079	-88.46	2720	19222	-85.85
163	139	东帝汶	659	2915	-77.39	1974	9497	-79.21
164		阿富汗	4300			1075		
165		密克罗尼西亚联邦	12			460		
166		布隆迪	40			84		
167	151	赞比亚	5	1	400.00	69	3750	-98.16

2008年中国立式钢琴出口基本情况

(按出口额排序)

排名		国家和地区	数量（架）			金额（美元）		
2008年	2007年		2008年	2007年	同比%	2008年	2007年	同比%
1	1	美国	10107	10658	-5.17	13859788	12966573	6.89
2	2	德国	6331	8241	-23.18	7114372	8388420	-15.19
3	3	韩国	4038	7605	-46.90	4655908	8084183	-42.41
4	5	中国香港	3725	4772	-21.94	3943457	4104325	-3.92
5	7	荷兰	2900	2974	-2.49	3292622	2843068	15.81
6	8	法国	2647	3215	-17.67	2455073	2786724	-11.90
7	4	日本	2096	4259	-50.79	2344816	4959826	-52.72
8	6	加拿大	1701	2666	-36.20	2167590	2870447	-24.49
9	10	意大利	2418	2502	-3.36	2107288	2027510	3.93
10	9	英国	1945	2337	-16.77	2020309	2088975	-3.29
11	11	澳大利亚	1635	1433	14.10	1723913	1558547	10.61
12	12	新加坡	1202	1317	-8.73	1397870	1324512	5.54
13	15	伊朗	950	790	20.25	981959	764988	28.36
14	13	土耳其	899	1283	-29.93	944410	1247920	-24.32
15	18	比利时	774	586	32.08	779234	581439	34.02
16	14	中国澳门	933	1207	-22.70	771933	884315	-12.71
17	22	爱尔兰	627	564	11.17	642733	431992	48.78
18	16	西班牙	600	918	-34.64	604337	685011	-11.78
19	34	俄罗斯联邦	418	124	237.10	468436	131714	255.65
20	23	马来西亚	385	409	-5.87	462946	416959	11.03
21	20	墨西哥	381	492	-22.56	396904	446345	-11.08
22	27	以色列	392	300	30.67	389398	256279	51.94
23	32	巴西	407	376	8.24	385368	178313	116.12
24	21	泰国	312	388	-19.59	372260	439779	-15.35
25	19	塞浦路斯	311	419	-25.78	345200	451649	-23.57
26	30	阿拉伯联合酋长国	310	212	46.23	324919	206100	57.65
27	25	希腊	315	284	10.92	305288	275513	10.81
28	17	奥地利	258	485	-46.80	289943	583851	-50.34
29	24	中国台湾	264	285	-7.37	285877	286585	-0.25
30	48	捷克	285	73	290.41	269904	64109	321.01
31	31	南非	202	175	15.43	269880	197839	36.41

排名		国家和地区	数量（架）			金额（美元）		
2008年	2007年		2008年	2007年	同比%	2008年	2007年	同比%
32	26	新西兰	247	286	-13.64	246144	257450	-4.39
33	39	黎巴嫩	231	112	106.25	232061	99456	133.33
34	43	挪威	143	74	93.24	221664	78777	181.38
35	28	朝鲜	116	210	-44.76	199015	235463	-15.48
36	29	印度	188	218	-13.76	192735	223757	-13.86
37	53	古巴	50	25	100.00	172743	40056	331.25
38	51	印度尼西亚	160	58	175.86	153386	54056	183.75
39	44	瑞士	103	69	49.28	139465	77225	80.60
40	37	冰岛	97	104	-6.73	128869	106093	21.47
41	35	埃及	118	102	15.69	122010	120807	1.00
42	38	克罗地亚	116	105	10.48	114985	104024	10.54
43		立陶宛	94			109007		
44	42	匈牙利	70	85	-17.65	95183	85404	11.45
45	33	哥伦比亚	79	156	-49.36	95053	156823	-39.39
46	41	突尼斯	88	94	-6.38	88815	86263	2.96
47	52	瑞典	62	34	82.35	85312	48505	75.88
48	65	约旦	68	21	223.81	84242	25248	233.66
49	74	拉脱维亚	75	9	733.33	82828	9056	814.62
50	36	芬兰	89	128	-30.47	80541	117730	-31.59
51	60	秘鲁	65	30	116.67	78095	37305	109.34
52	68	叙利亚	65	18	261.11	75623	18843	301.33
53	50	葡萄牙	55	51	7.84	75551	56863	32.86
54	59	斯洛文尼亚	66	38	73.68	67850	37490	80.98
55	56	罗马尼亚	43	28	53.57	61532	38530	59.70
56	55	厄瓜多尔	55	47	17.02	55048	39640	38.87
57	92	波兰	39	1	3800.00	51785	1085	4672.81
58	47	保加利亚	40	56	-28.57	51162	68104	-24.88
59	75	越南	46	9	411.11	51135	8891	475.13
60	46	智利	41	50	-18.00	45515	68835	-33.88
61	40	摩洛哥	44	93	-52.69	43743	88995	-50.85
62	58	丹麦	31	39	-20.51	42527	37752	12.65
63		瓜德罗普岛	39			41235		
64	57	乌克兰	31	36	-13.89	40922	38245	7.00
65	63	蒙古	33	20	65.00	36026	28316	27.23
66	84	卡塔尔	32	3	966.67	33600	2882	1065.86

排名		国家和地区	数量（架）			金额（美元）		
2008年	2007年		2008年	2007年	同比%	2008年	2007年	同比%
67	64	巴拿马	34	33	3.03	31509	26140	20.54
68		马提尼克岛	30			30720		
69		吉尔吉斯斯坦	24			28800		
70	81	毛里求斯	17	4	325.00	26665	4259	526.09
71		危地马拉	27			26051		
72	62	波多黎各	32	38	-15.79	24822	29890	-16.96
73	45	阿根廷	19	157	-87.90	24817	71607	-65.34
74	54	马耳他	22	48	-54.17	20861	39944	-47.77
75		阿塞拜疆	20			20828		
76		巴巴多斯	17			20221		
77		肯尼亚	14			16166		
78	79	玻利维亚	12	5	140.00	15804	5500	187.35
79		爱沙尼亚	15			15429		
80	49	哈萨克斯坦	15	33	-54.55	15110	58862	-74.33
81	77	亚美尼亚	11	6	83.33	13478	7471	80.40
82	85	沙特阿拉伯	12	1	1100.00	13139	2785	371.78
83		孟加拉国	12			11545		
84		苏里南	9			10399		
85		巴拉圭	5			9330		
86	78	阿曼	7	5	40.00	8702	6043	44.00
87		博茨瓦那	5			7070		
88		菲律宾	3			6498		
89	66	阿尔及利亚	6	23	-73.91	6257	22161	-71.77
90		巴基斯坦	3			6206		
91	70	尼日利亚	4	17	-76.47	5081	15320	-66.83
92	73	巴哈马	3	10	-70.00	3997	9910	-59.67
93		佛得角	4			3779		
94		乌兹别克斯坦	3			3687		
95	71	斯里兰卡	3	17	-82.35	2823	14510	-80.54
96	87	缅甸	2	2	0.00	2397	2326	3.05
97		伊拉克	2			2058		
98	82	留尼汪	1	1	0.00	1413	3812	-62.93
99	80	文莱	2	6	-66.67	1330	5390	-75.32
100		科特迪瓦共和国	1			857		

2008年中国三角钢琴出口基本情况

(按出口额排序)

排名		国家和地区	数量（架）			金额（美元）		
2008年	2007年		2008年	2007年	同比%	2008年	2007年	同比%
1	1	美国	3919	7119	-44.95	11477214	20077309	-42.83
2	2	德国	1054	1739	-39.39	3739592	4689617	-20.26
3	4	中国香港	125	317	-60.57	1794620	1526249	17.58
4	5	英国	348	483	-27.95	950681	1457023	-34.75
5	6	加拿大	272	386	-29.53	889773	1146621	-22.40
6	8	荷兰	263	280	-6.07	883129	891677	-0.96
7	9	澳大利亚	238	258	-7.75	789648	715548	10.36
8	7	日本	236	386	-38.86	743654	1019300	-27.04
9	3	韩国	353	1435	-75.40	623710	3039694	-79.48
10	20	俄罗斯联邦	176	43	309.30	613013	137375	346.23
11	11	意大利	272	221	23.08	588595	527233	11.64
12	12	巴西	190	175	8.57	530687	458634	15.71
13	15	比利时	166	83	100.00	504691	252343	100.00
14	10	法国	126	185	-31.89	423301	616244	-31.31
15	13	奥地利	55	94	-41.49	217018	354898	-38.85
16	16	丹麦	59	55	7.27	215717	204391	5.54
17	67	朝鲜	3	2	50.00	196953	2800	6934.04
18	17	土耳其	62	62	0.00	185999	182266	2.05
19	66	印度尼西亚	45	1	4400.00	182301	2839	6321.31
20	21	泰国	59	24	145.83	177262	111986	58.29
21	22	西班牙	38	106	-64.15	161583	109780	47.19
22	14	马来西亚	46	88	-47.73	156105	275045	-43.24
23	59	捷克	32	2	1500.00	151599	6030	2414.08
24	18	新加坡	56	63	-11.11	148939	175287	-15.03
25		瑞士	30			136863		
26	51	以色列	35	4	775.00	133420	10770	1138.81
27		立陶宛	34			133362		
28	24	南非	38	28	35.71	133026	88153	50.90
29	23	伊朗	43	32	34.38	115850	89381	29.61
30	19	爱尔兰	46	74	-37.84	107402	161400	-33.46
31		佛得角	4			100022		

排名		国家和地区	数量（架）			金额（美元）		
2008年	2007年		2008年	2007年	同比%	2008年	2007年	同比%
32	68	黎巴嫩	33	1	3200.00	94755	2330	3966.74
33	34	匈牙利	25	14	78.57	90229	44582	102.39
34	32	瑞典	19	14	35.71	86464	54099	59.83
35	30	芬兰	28	16	75.00	77109	61926	24.52
36	31	埃及	24	16	50.00	76442	55764	37.08
37	57	挪威	17	2	750.00	71592	7245	888.16
38	27	塞浦路斯	22	34	-35.29	65337	70483	-7.30
39		哈萨克斯坦	19			63285		
40	37	墨西哥	22	12	83.33	61151	37345	63.75
41	33	阿拉伯联合酋长国	21	15	40.00	53730	50094	7.26
42	28	中国澳门	19	31	-38.71	50010	70385	-28.95
43	42	希腊	12	8	50.00	47459	22389	111.97
44	41	印度	13	8	62.50	44366	23056	92.43
45	46	巴拿马	13	4	225.00	41437	15194	172.72
46	44	亚美尼亚	13	6	116.67	40238	20400	97.25
47	29	保加利亚	10	20	-50.00	37242	64396	-42.17
48	50	乌克兰	14	4	250.00	35782	11043	224.02
49	26	新西兰	11	25	-56.00	31562	72941	-56.73
50	54	阿塞拜疆	7	2	250.00	31056	8009	287.76
51		厄瓜多尔	10			28986		
52	49	摩洛哥	7	4	75.00	26745	12028	122.36
53		哥伦比亚	6			23516		
54		波兰	5			22544		
55		秘鲁	7			21223		
56	36	中国台湾	8	23	-65.22	18510	42181	-56.12
57	35	冰岛	7	14	-50.00	17544	42606	-58.82
58	40	菲律宾	6	10	-40.00	14190	26250	-45.94
59	48	约旦	5	5	0.00	12807	12402	3.27
60		罗马尼亚	4			12370		
61		苏里南	4			11432		
62		巴哈马	3			10076		
63	58	葡萄牙	3	3	0.00	9413	6917	36.09
64		孟加拉国	3			9182		
65	56	阿曼	3	3	0.00	9016	7505	20.13
66	53	越南	3	3	0.00	9006	8149	10.52

排名		国家和地区	数量（架）			金额（美元）		
2008年	2007年		2008年	2007年	同比%	2008年	2007年	同比%
67	70	阿根廷	2	2	0.00	8301	400	1975.25
68		乌兹别克斯坦	3			8217		
69	39	尼日利亚	2	3	-33.33	8000	26399	-69.70
70		前南斯拉夫马其顿	1			7700		
71	61	叙利亚	1	1	0.00	7250	4023	80.21
72		马提尼克岛	2			6980		
73	43	卡塔尔	1	6	-83.33	6870	21800	-68.49
74		阿尔及利亚	2			6704		
75	65	毛里求斯	2	1	100.00	6456	3048	111.81
76	45	突尼斯	2	5	-60.00	5915	16177	-63.44
77		危地马拉	2			5046		
78		文莱	1			4395		
79		摩尔多瓦	1			3773		
80		牙买加	1			3005		
81		巴巴多斯	1			2908		
82		柬埔寨	1			2742		
83		智利	1			2715		
84		哥斯达黎加	1			2600		
85	60	克罗地亚	1	2	-50.00	2516	4992	-49.60
86		马耳他	1			2426		
87		巴拉圭	2			2300		
88		肯尼亚	1			2148		

2008年主要乐器出口额前10位国家和地区

商品名称	出口国家和地区数量	排名	国家和地区	数量（架/件）			金额（美元）		
				2008年	2007年	同比%	2008年	2007年	同比%
立式钢琴	100	1	美国	10107	10658	-5.17	13859788	12966573	6.89
		2	德国	6331	8241	-23.18	7114372	8388420	-15.19
		3	韩国	4038	7605	-46.90	4655908	8084183	-42.41
		4	中国香港	3725	4772	-21.94	3943457	4104325	-3.92
		5	荷兰	2900	2974	-2.49	3292622	2843068	15.81
		6	法国	2647	3215	-17.67	2455073	2786724	-11.90
		7	日本	2096	4259	-50.79	2344816	4959826	-52.72
		8	加拿大	1701	2666	-36.20	2167590	2870447	-24.49
		9	意大利	2418	2502	-3.36	2107288	2027510	3.93
		10	英国	1945	2337	-16.77	2020309	2088975	-3.29
三角钢琴	88	1	美国	3919	7119	-44.95	11477214	20077309	-42.83
		2	德国	1054	1739	-39.39	3739592	4689617	-20.26
		3	中国香港	125	317	-60.57	1794620	1526249	17.58
		4	英国	348	483	-27.95	950681	1457023	-34.75
		5	加拿大	272	386	-29.53	889773	1146621	-22.40
		6	荷兰	263	280	-6.07	883129	891677	-0.96
		7	澳大利亚	238	258	-7.75	789648	715548	10.36
		8	日本	236	386	-38.86	743654	1019300	-27.04
		9	韩国	353	1435	-75.40	623710	3039694	-79.48
		10	俄罗斯联邦	176	43	309.30	613013	137375	346.23
其他钢琴（包括自动钢琴、弹拨古钢琴等）	42	1	朝鲜	53	9	488.89	301949	15200	1886.51
		2	新西兰	16	1	1500.00	72643	1225	5830.04
		3	德国	254	58	337.93	64804	71435	-9.28
		4	日本	241	1294	-81.38	54486	69783	-21.92
		5	土耳其	24	111	-78.38	39794	43649	-8.83
		6	泰国	16	21	-23.81	22467	21444	4.77
		7	印度尼西亚	120	720	-83.33	21600	715	2920.98
		8	突尼斯	16	25	-36.00	17120	20588	-16.84
		9	中国香港	524	635	-17.48	16165	31691	-48.99
		10	科威特	80			14652		
弓弦乐器	114	1	美国	345841	427105	-19.03	17053413	18107837	-5.82
		2	英国	124633	104620	19.13	4467869	3577325	24.89

商品名称	出口国家和地区数量	排名	国家和地区	数量（架/件）			金额（美元）		
				2008年	2007年	同比%	2008年	2007年	同比%
弓弦乐器	114	3	德国	49352	48886	0.95	3511915	2971530	18.19
		4	韩国	106459	102019	4.35	2523846	2281102	10.64
		5	日本	35032	84898	-58.74	2087758	2230996	-6.42
		6	澳大利亚	32343	27855	16.11	1418862	1210929	17.17
		7	加拿大	15930	24420	-34.77	1403895	1353111	3.75
		8	西班牙	42577	51698	-17.64	1346745	1148155	17.30
		9	巴西	51125	21415	138.73	1316404	519880	153.21
		10	比利时	15767	17150	-8.06	1277256	967596	32.00
其他弦乐器	139	1	美国	3720091	3510982	5.96	79318007	54323367	46.01
		2	德国	643535	648496	-0.77	13246150	11807134	12.19
		3	巴西	743919	564569	31.77	12125147	7544612	60.71
		4	英国	549209	536196	2.43	10472067	9672703	8.26
		5	日本	264086	292644	-9.76	9561510	8776970	8.94
		6	加拿大	309141	239317	29.18	7346698	4811105	52.70
		7	荷兰	293971	209920	40.04	7035565	4379612	60.64
		8	法国	224997	171535	31.17	6526357	4024525	62.16
		9	意大利	348147	312421	11.44	6304270	5581845	12.94
		10	比利时	276018	217697	26.79	6031123	3847944	56.74
键盘管风琴、簧风琴等	46	1	日本	248150	305542	-18.78	1392788	1739053	-19.91
		2	土耳其	671488	194100	245.95	849701	259006	228.06
		3	马来西亚	206504	65112	217.15	761055	233266	226.26
		4	印度尼西亚	148934	196098	-24.05	543840	653257	-16.75
		5	韩国	90712	46433	95.36	219340	151105	45.16
		6	泰国	26194	22892	14.42	153949	127568	20.68
		7	中国台湾	8410	10989	-23.47	73182	74972	-2.39
		8	斯里兰卡	11216	6513	72.21	69612	33908	105.30
		9	德国	6854	15043	-54.44	60400	133487	-54.75
		10	厄瓜多尔	13120	9851	33.18	56376	45129	24.92
手风琴及类似乐器	85	1	巴西	16565	10305	60.75	2551976	879556	190.14
		2	德国	13429	13669	-1.76	2398753	2376627	0.93
		3	美国	50432	48213	4.60	2254334	2434035	-7.38
		4	韩国	136554	181601	-24.81	1813039	1738653	4.28
		5	智利	21973	5063	333.99	1227892	438434	180.06
		6	意大利	35941	14408	149.45	963163	617058	56.09
		7	日本	13322	7577	75.82	604799	636758	-5.02

商品名称	出口国家和地区数量	排名	国家和地区	数量（架/件）			金额（美元）		
				2008年	2007年	同比%	2008年	2007年	同比%
手风琴及类似乐器	85	8	墨西哥	5624	7123	-21.04	593161	601806	-1.44
		9	哥伦比亚	3302	1659	99.04	452320	196082	130.68
		10	西班牙	5504	3867	42.33	419140	201499	108.01
口琴	96	1	美国	2989186	4110490	-27.28	2419139	2248313	7.60
		2	德国	1161713	1443152	-19.50	2239228	2307797	-2.97
		3	日本	710216	1058902	-32.93	1933024	1928871	0.22
		4	英国	856466	374040	128.98	622630	323447	92.50
		5	中国香港	709890	855801	-17.05	542290	481691	12.58
		6	土耳其	409998	215716	90.06	419977	198607	111.46
		7	印度尼西亚	174128	160102	8.76	387014	325889	18.76
		8	荷兰	326788	291532	12.09	370128	225460	64.17
		9	西班牙	550437	70562	680.08	364192	63670	472.00
		10	阿拉伯联合酋长国	438452	388900	12.74	227008	164874	37.69
铜管乐器	105	1	美国	190846	312929	-39.01	20766459	17641310	17.71
		2	德国	88528	86494	2.35	8710641	7334148	18.77
		3	英国	79888	69428	15.07	8282976	5085157	62.89
		4	巴西	60677	28333	114.16	6291063	2621278	140.00
		5	日本	43385	49157	-11.74	5504457	4206938	30.84
		6	墨西哥	39597	31020	27.65	3067219	2241770	36.82
		7	比利时	23311	17482	33.34	2665161	1178414	126.17
		8	中国台湾	11798	4916	139.99	2077372	440830	371.24
		9	西班牙	17903	13428	33.33	1985181	1359892	45.98
		10	韩国	30578	30503	0.25	1859012	1948826	-4.61
其他管乐器	101	1	美国	2576139	1229300	109.56	15724509	9471774	66.01
		2	英国	186353	132785	40.34	2437160	1981666	22.99
		3	德国	262950	325013	-19.10	2376818	2980536	-20.26
		4	加拿大	172099	114191	50.71	1761343	1047817	68.10
		5	巴西	580560	26828	2064.01	1561949	1068701	46.15
		6	中国香港	203291	251862	-19.28	1529119	969802	57.67
		7	意大利	106075	103980	2.01	1288007	1207303	6.68
		8	尼日利亚	81304	69334	17.26	1213483	643868	88.47
		9	韩国	304317	444019	-31.46	944322	743044	27.09
		10	日本	352465	266875	32.07	780679	4299829	-81.84

商品名称	出口国家和地区数量	排名	国家和地区	数量（架/件）			金额（美元）		
				2008年	2007年	同比%	2008年	2007年	同比%
打击乐器	129	1	美国	3532189	3471235	1.76	46644381	39713289	17.45
		2	德国	1197781	1080756	10.83	8578130	10084037	-14.93
		3	荷兰	1672235	1211553	38.02	7379954	3260199	126.37
		4	尼日利亚	120042	77746	54.40	7075322	4575903	54.62
		5	巴西	184638	98249	87.93	5378515	3457965	55.54
		6	英国	418784	630186	-33.55	5026239	8476203	-40.70
		7	日本	1645182	1188651	38.41	4415391	4790407	-7.83
		8	比利时	537861	559104	-3.80	4028996	6869972	-41.35
		9	加拿大	194026	334890	-42.06	3803511	4646552	-18.14
		10	韩国	808999	850131	-4.84	3619640	2407350	50.36
键盘电子乐器	111	1	美国	1503020	1953884	-23.08	68505111	65769901	4.16
		2	中国香港	578492	712850	-18.85	51334860	45097958	13.83
		3	日本	505611	523930	-3.50	23803016	35209050	-32.40
		4	比利时	301038	291575	3.25	22426948	20812094	7.76
		5	英国	319365	270582	18.03	13080980	12325643	6.13
		6	德国	248653	234138	6.20	10917010	7889030	38.38
		7	韩国	144652	158716	-8.86	10573271	7812450	35.34
		8	阿拉伯联合酋长国	221109	214647	3.01	9496008	10599737	-10.41
		9	巴西	97401	96322	1.12	6531743	6156626	6.09
		10	马来西亚	183339	91841	99.63	6104833	2485539	145.61
电声乐器	121	1	美国	6063613	1494529	305.72	141210743	60351050	133.98
		2	英国	677423	265499	155.15	20088264	11306466	77.67
		3	日本	650888	444964	46.28	18687986	14562349	28.33
		4	德国	270383	264581	2.19	16053870	11485979	39.77
		5	比利时	100994	87409	15.54	10377148	4241950	144.63
		6	加拿大	181957	93742	94.10	10160885	4653353	118.36
电声乐器	121	7	荷兰	152366	125173	21.72	8193708	6564697	24.81
		8	澳大利亚	192142	99516	93.08	6592592	4454709	47.99
		9	意大利	95635	58713	62.89	6244815	2381351	162.24
		10	巴西	180336	110877	62.65	5130859	2651837	93.48
百音盒	103	1	美国	6211292	6717128	-7.53	10452199	10474572	-0.21
		2	德国	2248536	824519	172.71	3585511	1434530	149.94
		3	中国香港	4159136	6020432	-30.92	3279548	3118929	5.15
		4	意大利	1321843	593519	122.71	2019820	1035974	94.97

商品名称	出口国家和地区数量	排名	国家和地区	数量（架/件）			金额（美元）		
				2008年	2007年	同比%	2008年	2007年	同比%
百音盒	103	5	英国	792178	525752	50.68	1737609	725009	139.67
		6	加拿大	520632	491069	6.02	1510514	1195788	26.32
		7	俄罗斯联邦	300905	268204	12.19	1152781	261393	341.01
		8	法国	496376	670931	-26.02	1107394	767855	44.22
		9	日本	678710	530676	27.90	963147	781761	23.20
		10	西班牙	602926	284869	111.65	951730	318909	198.43
其他乐器（包括游艺场风琴、手摇风琴等）	118	1	美国	15474777	12389191	24.91	15011153	22528316	-33.37
		2	英国	2538114	1171703	116.62	1779386	436801	307.37
		3	日本	2580128	2149176	20.05	976906	880626	10.93
		4	中国香港	2696023	4622716	-41.68	571322	554259	3.08
		5	比利时	360676	295565	22.03	557346	590150	-5.56
		6	阿拉伯联合酋长国	3539106	662075	434.55	523509	101831	414.10
		7	意大利	1318857	1080958	22.01	401586	419229	-4.21
		8	德国	2400625	1914583	25.39	392085	344596	13.78
		9	西班牙	2067245	1043702	98.07	368860	143829	156.46
		10	韩国	821006	554108	48.17	348531	78770	342.47
节拍器、音叉及定音管	79	1	美国	74665	79921	-6.58	2335483	2760195	-15.39
		2	德国	55135	38051	44.90	2021770	1375871	46.94
		3	中国香港	37752	47089	-19.83	1015764	1191047	-14.72
		4	日本	20788	19968	4.11	698061	519604	34.34
		5	加拿大	11549	12854	-10.15	466882	461979	1.06
		6	意大利	9483	7839	20.97	408135	234085	74.35
		7	比利时	4155	4283	-2.99	315886	251777	25.46
		8	巴西	8773	6837	28.32	268220	187056	43.39
		9	英国	6663	11514	-42.13	240044	493300	-51.34
		10	丹麦	3158	1522	107.49	194852	119186	63.49
百音盒的机械装置	33	1	中国香港	427227	431678	-1.03	2429188	2708259	-10.30
		2	美国	51470	123116	-58.19	1138786	2732886	-58.33
		3	斯里兰卡	126278	94147	34.13	980000	822390	19.16
		4	德国	51348	42402	21.10	478636	418737	14.30
		5	法国	24554	3750	554.77	288148	51417	460.41
		6	日本	18044	16247	11.06	220875	236703	-6.69
		7	意大利	5443	6787	-19.80	82209	71545	14.91
		8	瑞士	2833	3463	-18.19	78938	77403	1.98

商品名称	出口国家和地区数量	排名	国家和地区	数量（架/件）			金额（美元）		
				2008年	2007年	同比%	2008年	2007年	同比%
百音盒的机械装置	33	9	越南	4700	2578	82.31	75273	45562	65.21
		10	西班牙	7303	4448	64.19	72878	48492	50.29
乐器用弦	91	1	美国	86418	34343	151.63	3851701	411919	835.06
		2	韩国	44740	42309	5.75	570515	307846	85.32
		3	日本	31809	29171	9.04	525673	380956	37.99
		4	德国	10734	9693	10.74	434600	158268	174.60
		5	印度尼西亚	25335	23442	8.08	351569	229617	53.11
		6	中国香港	6702	7039	-4.79	126707	58085	118.14
		7	新加坡	7345	1984	270.21	126628	24606	414.62
		8	巴西	6292	5440	15.66	123302	65459	88.37
		9	英国	8046	8533	-5.71	116491	122501	-4.91
		10	哥伦比亚	3319	2378	39.57	105676	71211	48.40
钢琴的零件、附件	60	1	印度尼西亚	5001860	2969406	68.45	21993962	13740266	60.07
		2	韩国	2212100	2883183	-23.28	10567167	12189794	-13.31
		3	日本	625716	577921	8.27	4351128	3296195	32.00
		4	中国台湾	288918	358465	-19.40	2076425	2087911	-0.55
		5	美国	154178	485825	-68.26	1276326	2336411	-45.37
		6	德国	284406	397530	-28.46	1245007	1484703	-16.14
		7	英国	55977	82858	-32.44	881527	1399273	-37.00
		8	捷克	97992	169730	-42.27	644984	1082165	-40.40
		9	中国香港	110234	83367	32.23	533121	723995	-26.36
		10	伊朗	95509	30351	214.68	338313	88381	282.79
弦乐器零件、附件	111	1	美国	1294402	910970	42.09	7627400	7193496	6.03
		2	日本	376564	191173	96.98	2640560	2010244	31.36
		3	德国	590093	416858	41.56	2494398	1699101	46.81
		4	中国香港	205482	234449	-12.36	1380920	1702591	-18.89
		5	韩国	218368	217253	0.51	1342753	1630037	-17.62
		6	印度尼西亚	199134	148138	34.42	952597	723308	31.70
		7	英国	171989	104076	65.25	825358	661363	24.80
		8	加拿大	200385	108734	84.29	776513	444468	74.71
		9	意大利	209285	128907	62.35	698719	475995	46.79
		10	荷兰	77267	50126	54.15	512672	250514	104.65
键盘电子乐器零件、附件	90	1	日本	614457	678083	-9.38	5786005	4592733	25.98
		2	中国香港	834376	707146	17.99	5714000	4045008	41.26
		3	美国	457434	490645	-6.77	5077877	3818444	32.98

商品名称	出口国家和地区数量	排名	国家和地区	数量（架/件）			金额（美元）		
				2008年	2007年	同比%	2008年	2007年	同比%
键盘电子乐器零件、附件	90	4	印度尼西亚	275114	238806	15.20	2930048	2286929	28.12
		5	韩国	514055	381471	34.76	2664835	2028692	31.36
		6	英国	291567	251996	15.70	1310820	777040	68.69
		7	德国	168445	111882	50.56	1287715	767637	67.75
		8	意大利	274872	249112	10.34	1274515	869481	46.58
		9	澳大利亚	47576	59056	-19.44	385544	168609	128.66
		10	丹麦	15493	12940	19.73	355271	158953	123.51
其他乐器的零件、附件	113	1	美国	3804772	3571412	6.53	19325138	14058872	37.46
		2	中国澳门	3232066			18200368		
		3	中国香港	1897756	1336739	41.97	9322620	6153709	51.50
		4	德国	1205346	931771	29.36	6144157	4118430	49.19
		5	日本	884949	816272	8.41	4747107	3622482	31.05
		6	中国台湾	253049	346335	-26.94	4563074	6447020	-29.22
		7	比利时	1095048	996031	9.94	4064394	2845359	42.84
		8	荷兰	474776	143576	230.68	2940114	840456	249.82
		9	英国	578708	575808	0.50	2837988	2445078	16.07
		10	印度尼西亚	349151	228601	52.73	2501918	1227935	103.75

（数据来源：国家海关总署 中国乐器协会信息部编辑）

2009年主要乐器海关出口量值

商品编码	商品名称	计量单位	数量			金额（美元）		
			2009年	2008年	同比%	2009年	2008年	同比%
92011000	竖式钢琴，包括自动钢琴	台	42840	53083	-19.30	50665522	60307191	-15.99
92012000	大钢琴，包括自动钢琴	台	5346	8881	-39.80	18549056	28670502	-35.30
92019000	拨弦古钢琴及其他键盘弦乐器	台	1724	2397	-28.08	360971	752855	-52.05
92021000	弓弦乐器	只	1219583	1257377	-3.01	47556306	50071645	-5.02
92029000	其他弦乐器	只	10145855	11122857	-8.78	215299982	226644620	-5.01
92051000	铜管乐器	只	711535	856677	-16.94	69676382	79197885	-12.02
92059010	键盘管风琴；簧风琴等游离金属簧	只	1471096	1492990	-1.47	4112129	4398629	-6.51
92059020	手风琴及类似乐器	只	445586	466006	-4.38	15572452	18453316	-15.61
92059030	口琴	只	8703569	11987133	-27.39	10692701	12592687	-15.09
92059090	其他管乐器	只	7524227	8515782	-11.64	33335246	37595222	-11.33
92060000	打击乐器	只	12100262	17825066	-32.12	108559044	140410627	-22.68
92071000	通过电产生或扩大声音的键盘乐器	只	5095634	5910265	-13.78	259768920	288245766	-9.88
92079000	其他通过电产生或扩大声音的乐器	只	4409897	9707785	-54.57	189370512	287779774	-34.20
92081000	百音盒	个	19554581	27535163	-28.98	26923620	35827646	-24.85
92089000	其他乐器；各种媒诱音响器、哨子	个	62967981	60375578	4.29	11326441	24498132	-53.77
92093000	乐器用弦	千克	294083	313497	-6.19	4179066	7600966	-45.02
92099100	钢琴的零件、附件	千克	5295354	9138598	-42.06	25623624	45058627	-43.13
92099200	品目92.02所列乐器的零件、附件	千克	3235702	4607658	-29.78	23449582	25726902	-8.85
92099400	品目92.07所列乐器的零件、附件	千克	4442765	4125743	7.68	27320696	30481061	-10.37
92099910	节拍器、音叉及定音管	千克	188003	311046	-39.56	4609546	10203771	-54.83
92099920	百音盒的机械装置	千克	595963	756346	-21.20	4251219	6179250	-31.20
92099990	其他乐器的零件、附件	千克	12281051	18946623	-35.18	66332333	99939752	-33.63
合计						1217535350	1520636826	-19.93

2009年中国乐器出口世界各大洲基本情况

洲别	出口国家和地区数量		出口金额（万美元）		
	2009年	2008年	2009年	2008年	同比%
亚洲	44	43	34697	39643	-12.48
非洲	41	39	2089	2424	-13.83
欧洲	43	40	35907	41926	-14.36
南美洲	35	31	10701	12139	-11.84
北美洲	2	2	35509	52532	-32.41
大洋洲	8	12	2850	3400	-16.17
合计	173	167	121754	152064	-19.93

2009年中国乐器出口基本情况

（按出口金额排序）

排名		国家和地区	数量（架/件）			金额（美元）		
2009年	2008年		2009年	2008年	同比%	2009年	2008年	同比%
1	1	美国	34284197	48603559	-29.46	322059309	485355062	-33.64
2	2	德国	10158880	10965485	-7.36	94434449	97095562	-2.74
3	4	中国香港	12506573	12731551	-1.77	88448792	90486099	-2.25
4	3	日本	8629300	10302075	-16.24	81609296	92823826	-12.08
5	5	英国	4409089	7666504	-42.49	60050376	77503834	-22.52
6	7	韩国	4968928	6321677	-21.40	42053874	49866781	-15.67
7	6	比利时	1560437	3313504	-52.91	41324551	54579887	-24.29
8	8	巴西	3660918	4227916	-13.41	39205754	45868700	-14.53
9	9	荷兰	3874935	6314085	-38.63	37086029	40066010	-7.44
10	10	加拿大	2442270	3071226	-20.48	33026651	39963203	-17.36
11	12	意大利	3791522	4783971	-20.75	29652901	32727004	-9.39
12	11	印度尼西亚	6235490	8907693	-30.00	25462339	38125502	-33.21
13	13	澳大利亚	1914073	2635528	-27.37	24347975	29132794	-16.42
14	14	法国	1999238	2280994	-12.35	22962783	23488107	-2.24
15	17	墨西哥	2318666	3079323	-24.70	17281866	17625892	-1.95
16	15	西班牙	3590247	7181519	-50.01	15904044	20101490	-20.88
17	19	中国台湾	1021152	1424533	-28.32	14030697	15726114	-10.78
18	22	马来西亚	3192867	2477645	28.87	13763345	12876654	6.89

排名		国家和地区	数量（架/件）			金额（美元）		
2009年	2008年		2009年	2008年	同比%	2009年	2008年	同比%
19	20	阿联酋	2569375	4917301	-47.75	10702822	13312430	-19.60
20	23	阿根廷	1070488	1320358	-18.92	10476399	12398396	-15.50
21	26	瑞典	571617	659278	-13.30	10396401	10508328	-1.07
22	18	智利	2183887	1619868	34.82	10247033	15956390	-35.78
23	28	泰国	1369454	1006064	36.12	9734238	8846227	10.04
24	27	土耳其	2261829	4467464	-49.37	9726108	9978657	-2.53
25	25	新加坡	1701340	1010249	68.41	9684521	10652361	-9.09
26	31	印度	1865183	2448777	-23.83	9021833	6923547	30.31
27	30	菲律宾	1547429	1641874	-5.75	8846367	7191705	23.01
28	21	俄罗斯联邦	2422567	1276391	89.80	8536233	13252530	-35.59
29	24	尼日利亚	1659233	1811821	-8.42	7556081	12249538	-38.32
30	34	巴拿马	1349144	1456583	-7.38	6080502	4923250	23.51
31	33	南非	1401265	839926	66.83	5635620	5479769	2.84
32	35	秘鲁	519105	320566	61.93	5012816	4160571	20.48
33	32	芬兰	554368	401904	37.94	4967660	6309073	-21.26
34	36	哥伦比亚	850695	492172	72.85	4643433	4115485	12.83
35	29	丹麦	405471	931204	-56.46	4575838	7678432	-40.41
36	43	越南	135202	379029	-64.33	3844548	3300707	16.48
37	37	波兰	661542	1084180	-38.98	3717690	4054825	-8.31
38	44	以色列	712010	696281	2.26	3605149	3285613	9.73
39	38	新西兰	188645	295280	-36.11	3316373	4001253	-17.12
40	47	伊朗	1801155	587519	206.57	3217629	3017233	6.64
41	39	希腊	785682	1048131	-25.04	3097327	3782299	-18.11
42	42	危地马拉	676307	547171	23.60	3022854	3342272	-9.56
43	51	捷克	341797	447938	-23.70	2906995	2373908	22.46
44	40	委内瑞拉	1397389	1445466	-3.33	2773207	3671846	-24.47
45	41	厄瓜多尔	1525423	614139	148.38	2758129	3381530	-18.44
46	50	爱尔兰	153062	193560	-20.92	2354544	2800557	-15.93
47	52	匈牙利	62394	91781	-32.02	2326415	2284151	1.85
48	45	乌克兰	485771	460259	5.54	2140444	3167839	-32.43
49	55	加纳	422029	304085	38.79	2083046	1819148	14.51
50	54	朝鲜	54956	53831	2.09	2035626	1861885	9.33
51	48	瑞士	206238	215510	-4.30	2026609	2886657	-29.79
52	56	葡萄牙	374801	170865	119.36	2016020	1573319	28.14
53	49	挪威	264165	439913	-39.95	1714266	2816149	-39.13

排名		国家和地区	数量（架/件）			金额（美元）		
2009年	2008年		2009年	2008年	同比%	2009年	2008年	同比%
54	53	斯里兰卡	431898	367857	17.41	1586332	1899686	-16.50
55	57	奥地利	297756	268821	10.76	1447975	1492433	-2.98
56	58	叙利亚	2135917	814507	162.23	1338209	1236757	8.20
57	60	埃及	1776043	404678	338.88	1253698	1069740	17.20
58	64	黎巴嫩	374741	73360	410.82	1116163	969087	15.18
59	72	波多黎各	203729	88045	131.39	1081983	626317	72.75
60	65	哥斯达黎加	149425	81866	82.52	1042128	931468	11.88
61	16	中国澳门	118503	3271846	-96.38	967870	19271101	-94.98
62	66	罗马尼亚	415579	255510	62.65	944374	852771	10.74
63	46	拉脱维亚	47759	223881	-78.67	901762	3034770	-70.29
64	67	塞浦路斯	63077	37660	67.49	859862	823259	4.45
65	69	摩洛哥	248330	242488	2.41	829954	749960	10.67
66	63	乌拉圭	257309	120728	113.13	819677	981737	-16.51
67	61	哈萨克斯坦	32802	28493	15.12	813457	1013344	-19.73
68	62	克罗地亚	138494	186689	-25.82	742858	992596	-25.16
69	75	沙特阿拉伯	405821	518697	-21.76	691491	557093	24.12
70	71	巴布亚新几内亚	159885	97145	64.58	658024	637246	3.26
71	68	斯洛文尼亚	95287	107803	-11.61	645217	806378	-19.99
72	78	伊拉克	848970	1083058	-21.61	645079	485719	32.81
73	76	突尼斯	190699	70577	170.20	639383	525729	21.62
74	73	洪都拉斯	99412	122043	-18.54	505584	623262	-18.88
75	79	阿尔及利亚	592750	325402	82.16	446812	449511	-0.60
76	88	约旦	354083	53482	562.06	441678	217747	102.84
77	77	利比亚	230167	234070	-1.67	440871	489559	-9.95
78	59	古巴	19074	75865	-74.86	417938	1225815	-65.91
79	85	多米尼加共和国	69871	56660	23.32	401776	265384	51.39
80	138	乌兹别克斯坦	11343	32	35346.88	389722	14109	2662.22
81	90	科威特	216750	35319	513.69	386413	213971	80.59
82	83	卡塔尔	75542	22133	241.31	328237	291481	12.61
83	101	巴基斯坦	511521	425437	20.23	321040	113504	182.84
84	80	萨尔瓦多	124286	77938	59.47	308225	442862	-30.40
85	82	保加利亚	73933	159869	-53.75	283471	379969	-25.40
86	84	白俄罗斯	22944	24302	-5.59	279342	277461	0.68
87	81	斯洛伐克	44552	22707	96.20	276330	402048	-31.27
88	99	毛里求斯	31092	9455	228.84	271461	124433	118.16

排名		国家和地区	数量（架/件）			金额（美元）		
2009年	2008年		2009年	2008年	同比%	2009年	2008年	同比%
89	108	蒙古	41156	1349	2950.85	260094	79275	228.09
90	98	塞尔维亚	55163	17054	223.46	236389	131320	80.01
91	97	安哥拉	583257	20405	2758.40	228554	155731	46.76
92	104	玻利维亚	20630	100907	-79.56	216438	96920	123.32
93	93	马耳他	15752	54871	-71.29	202779	190817	6.27
94	70	立陶宛	46575	69806	-33.28	199685	669683	-70.18
95	87	尼加拉瓜	125104	10811	1057.19	195796	244871	-20.04
96	110	肯尼亚	90334	73397	23.08	194882	77153	152.59
97		孟加拉国	411257			179858		
98	106	吉尔吉斯斯坦	24500	29374	-16.59	179000	82344	117.38
99	89	阿曼	66919	43789	52.82	176764	216071	-18.19
100	94	留尼汪	35214	10351	240.20	168833	177898	-5.10
101	105	也门	238160	639714	-62.77	156662	86972	80.13
102	74	爱沙尼亚	46671	88129	-47.04	154419	573320	-73.07
103	114	阿塞拜疆	1887	415	354.70	153286	55446	176.46
104	91	冰岛	859	1813	-52.62	144454	200125	-27.82
105	109	尼泊尔	134874	35247	282.65	141894	77284	83.60
106	95	巴拉圭	40803	93601	-56.41	139008	170783	-18.61
107	122	黑山	8285	2496	231.93	134482	35811	275.53
108	123	莫桑比克	149008	12823	1062.04	132089	34600	281.76
109	124	马达加斯加	56986	18310	211.23	113225	33146	241.59
110	134	苏丹	45659	5486	732.28	106808	18181	487.47
111	118	科特迪瓦	45664	22079	106.82	97754	43141	126.59
112	131	特立尼达和多巴哥	32734	31608	3.56	83736	23962	249.45
113	102	纳米比亚	120407	45514	164.55	82785	109691	-24.53
114	112	巴林	10326	5813	77.64	73547	70360	4.53
115	125	巴哈马	2479	733	238.20	72628	29233	148.45
116	136	几内亚	295378	750	39283.73	69830	15813	341.60
117	120	新喀里多尼亚	6667	2167	207.66	66544	38530	72.71
118	92	贝宁	282462	99245	184.61	66155	197019	-66.42
119	100	斐济	11041	60229	-81.67	58961	116896	-49.56
120	116	瓜德罗普	465	262	77.48	53945	46897	15.03
121	115	刚果(金)	301392	1190	25227.06	52986	50938	4.02
122	150	塞内加尔	259091	92	281520.65	48577	5834	732.65
123	162	埃塞俄比亚	12500	43520	-71.28	46690	2720	1616.54

排名		国家和地区	数量（架/件）			金额（美元）		
2009年	2008年		2009年	2008年	同比%	2009年	2008年	同比%
124	119	刚果(布)	297957	853504	-65.09	44885	42718	5.07
125	155	吉布提	308131	60	513451.67	44575	3481	1180.52
126	111	亚美尼亚	423	688	-38.52	44416	74383	-40.29
127	144	法属波利尼西亚	899	766	17.36	37583	10613	254.12
128	133	文莱	3862	1370	181.90	35890	18603	92.93
129		巴巴多斯	1386			32002		
130	107	马提尼克	15330	1138	1247.10	30154	79298	-61.97
131	132	牙买加	7249	24904	-70.89	29467	19852	48.43
132		波黑	2028			29094		
133	148	土库曼斯坦	463	194	138.66	27665	7650	261.63
134	142	海地	26284	76190	-65.50	27363	11028	148.12
135	145	加蓬	4122	755	445.96	27007	8370	222.66
136	127	多米尼克	8116	1811	348.15	26649	28119	-5.23
137	160	塞舌尔	918	261	251.72	25814	2924	782.83
138	126	博茨瓦那	3176	609	421.51	25289	28227	-10.41
139	128	摩纳哥	2154	380	466.84	24811	28037	-11.51
140		毛里塔尼亚	59654			24136		
141	137	坦桑尼亚	80637	74898	7.66	24119	15409	56.53
142		喀麦隆	21446			21217		
143	129	马尔代夫	9706	1103	779.96	20588	25663	-19.78
144	103	缅甸	549	4665	-88.23	19890	108593	-81.68
145	139	利比里亚	2336	901	159.27	19084	13078	45.92
146	146	多哥	163021	22255	632.51	18833	8084	132.97
147	161	津巴布韦	555	5200	-89.33	18565	2800	563.04
148		塔吉克斯坦	1800			18000		
149	157	格鲁吉亚	4800	198	2324.24	16575	3192	419.27
150	121	社会群岛	1635	1833	-10.80	14816	36736	-59.67
151	130	苏里南	1053	730	44.25	13491	24582	-45.12
152		阿尔巴尼亚	7583			12062		
153	96	佛得角	871	622	40.03	9762	163373	-94.02
154	159	伯利兹	28166	464	5970.26	7970	2970	168.35
155	163	东帝汶	1060	659	60.85	7456	1974	277.71
156	151	加那利群岛	574	1900	-69.79	6813	4890	39.33
157		安道尔	982			6519		
158		马约特	250			6290		

排名		国家和地区	数量（架/件）			金额（美元）		
2009年	2008年		2009年	2008年	同比%	2009年	2008年	同比%
159	141	马里	135	2336	-94.22	4080	11110	-63.28
160	135	柬埔寨	402	65	518.46	3334	16855	-80.22
161		库腊索岛	55500			3330		
162		安提瓜和巴布达	4180			1187		
163	143	格林纳达	27	159	-83.02	1000	10631	-90.59
164	156	所罗门群岛	152	236	-35.59	846	3316	-74.49
165		圭亚那	1120			717		
166		巴勒斯坦	2340			683		
167		圣卢西亚	272			607		
168	167	赞比亚	211	5	4120.00	330	69	378.26
169	154	摩尔多瓦	4	1	300.00	300	3773	-92.05
170		卢森堡	200			170		
171	166	布隆迪	60	40	50.00	90	84	7.14
172		乍得	50			80		
173		尼日尔	5			6		

2009年中国立式钢琴出口基本情况

（按出口额排序）

排名		国家和地区	数量（架）			金额（美元）		
2009年	2008年		2009年	2008年	同比%	2009年	2008年	同比%
1	1	美国	8065	10107	-20.20	11480505	13859788	-17.17
2	2	德国	5025	6331	-20.63	6014132	7114372	-15.47
3	4	中国香港	4305	3725	15.57	4976806	3943457	26.20
4	3	韩国	2609	4038	-35.39	3218825	4655908	-30.87
5	6	法国	2442	2647	-7.74	2337929	2455073	-4.77
6	8	加拿大	1517	1701	-10.82	2195665	2167590	1.30
7	9	意大利	2082	2418	-13.90	1893869	2107288	-10.13
8	10	英国	1870	1945	-3.86	1866346	2020309	-7.62
9	5	荷兰	1558	2900	-46.28	1579701	3292622	-52.02
10	7	日本	1291	2096	-38.41	1561596	2344816	-33.40
11	11	澳大利亚	1256	1635	-23.18	1210155	1723913	-29.80
12	12	新加坡	948	1202	-21.13	1133225	1397870	-18.93
13	14	土耳其	889	899	-1.11	956013	944410	1.23
14	15	比利时	897	774	15.89	941358	779234	20.81
15	13	伊朗	709	950	-25.37	793727	981959	-19.17
16	35	朝鲜	429	116	269.83	716453	199015	260.00
17	30	捷克	363	285	27.37	506414	269904	87.63
18	18	西班牙	504	600	-16.00	473180	604337	-21.70
19		泰国	347			407727		
20	33	黎巴嫩	306	231	32.47	339701	232061	46.38
21	26	阿联酋	308	310	-0.65	331796	324919	2.12
22	17	爱尔兰	347	627	-44.66	329835	642733	-48.68
23	20	马来西亚	277	385	-28.05	327491	462946	-29.26
24	25	塞浦路斯	284	311	-8.68	323235	345200	-6.36
25	21	墨西哥	298	381	-21.78	314110	396904	-20.86
26	27	希腊	289	315	-8.25	297942	305288	-2.41
27	22	以色列	289	392	-26.28	277980	389398	-28.61
28	16	中国澳门	284	933	-69.56	264613	771933	-65.72
29	38	印度尼西亚	206	160	28.75	254041	153386	65.62
30	23	巴西	258	407	-36.61	249345	385368	-35.30
31	28	奥地利	190	258	-26.36	218001	289943	-24.81

排名		国家和地区	数量（架）			金额（美元）		
2009年	2008年		2009年	2008年	同比%	2009年	2008年	同比%
32	94	乌兹别克斯坦	168	3	5500.00	205974	3687	5486.49
33	29	中国台湾	189	264	-28.41	204404	285877	-28.50
34	19	俄罗斯联邦	112	418	-73.21	162932	468436	-65.22
35	36	印度	132	188	-29.79	150329	192735	-22.00
36	32	新西兰	137	247	-44.53	135658	246144	-44.89
37	52	叙利亚	103	65	58.46	125130	75623	65.47
38	31	南非	85	202	-57.92	118564	269880	-56.07
39	59	越南	83	46	80.43	102352	51135	100.16
40	41	埃及	79	118	-33.05	101958	122010	-16.43
41	45	哥伦比亚	84	79	6.33	94166	95053	-0.93
42	46	突尼斯	89	88	1.14	91728	88815	3.28
43	44	匈牙利	51	70	-27.14	90712	95183	-4.70
44	53	葡萄牙	83	55	50.91	90662	75551	20.00
45	34	挪威	79	143	-44.76	83049	221664	-62.53
46	61	摩洛哥	71	44	61.36	79973	43743	82.82
47	40	冰岛	65	97	-32.99	71953	128869	-44.17
48	49	拉脱维亚	48	75	-36.00	53734	82828	-35.13
49	75	阿塞拜疆	47	20	135.00	53189	20828	155.37
50	62	丹麦	15	31	-51.61	48493	42527	14.03
51	60	智利	36	41	-12.20	45784	45515	0.59
52	74	马耳他	38	22	72.73	41825	20861	100.49
53	64	乌克兰	37	31	19.35	40739	40922	-0.45
54	56	厄瓜多尔	30	55	-45.45	40041	55048	-27.26
55	80	哈萨克斯坦	39	15	160.00	39605	15110	162.11
56	51	秘鲁	34	65	-47.69	38927	78095	-50.15
57	39	瑞士	31	103	-69.90	37661	139465	-73.00
58		瓜德罗普	31			35204		
59	37	古巴	10	50	-80.00	34690	172743	-79.92
60	48	约旦	31	68	-54.41	33515	84242	-60.22
61	67	巴拿马	31	34	-8.82	28274	31509	-10.27
62	70	毛里求斯	17	17	0.00	26178	26665	-1.83
63	82	沙特阿拉伯	28	12	133.33	25258	13139	92.24
64		委内瑞拉	15			24410		
65	91	尼日利亚	19	4	375.00	22802	5081	348.77
66	98	留尼汪	15	1	1400.00	22560	1413	1496.60

排名		国家和地区	数量（架）			金额（美元）		
2009年	2008年		2009年	2008年	同比%	2009年	2008年	同比%
67	55	罗马尼亚	15	43	-65.12	22261	61532	-63.82
68	78	玻利维亚	17	12	41.67	20460	15804	29.46
69	57	波兰	21	39	-46.15	19820	51785	-61.73
70	58	保加利亚	17	40	-57.50	19212	51162	-62.45
71	50	芬兰	20	89	-77.53	18454	80541	-77.09
72	71	危地马拉	17	27	-37.04	17978	26051	-30.99
73		特立尼达和多巴哥	16			17807		
74	65	蒙古	16	33	-51.52	16294	36026	-54.77
75	54	斯洛文尼亚	15	66	-77.27	15570	67850	-77.05
76	66	卡塔尔	10	32	-68.75	11896	33600	-64.60
77	76	巴巴多斯	2	17	-88.24	11887	20221	-41.21
78	88	菲律宾	10	3	233.33	10928	6498	68.17
79	89	阿尔及利亚	10	6	66.67	10597	6257	69.36
80	73	阿根廷	7	19	-63.16	9480	24817	-61.80
81	81	亚美尼亚	5	11	-54.55	6511	13478	-51.69
82	92	巴哈马	11	3	266.67	6027	3997	50.79
83		乌拉圭	6			5976		
84	96	缅甸	3	2	50.00	5254	2397	119.19
85	99	文莱	2	2	0.00	4458	1330	235.19
86	83	孟加拉国	3	12	-75.00	4390	11545	-61.97
87	95	斯里兰卡	3	3	0.00	3402	2823	20.51
88		喀麦隆	2			3400		
89	90	巴基斯坦	2	3	-33.33	3010	6206	-51.50
90	86	阿曼	2	7	-71.43	2998	8702	-65.55
91		牙买加	2			2148		
92		萨尔瓦多	1			945		
93		苏丹	1			210		

2009年中国三角钢琴出口基本情况

（按出口额排序）

排名		国家和地区	数量（架）			金额（美元）		
2009年	2008年		2009年	2008年	同比%	2009年	2008年	同比%
1	1	美国	2286	3919	-41.67	7075725	11477214	-38.35
2	2	德国	554	1054	-47.44	2219999	3739592	-40.64
3	3	中国香港	128	125	2.40	1196877	1794620	-33.31
4	4	英国	261	348	-25.00	817246	950681	-14.04
5	5	加拿大	207	272	-23.90	653861	889773	-26.51
6	7	澳大利亚	171	238	-28.15	599746	789648	-24.05
7	9	韩国	90	353	-74.50	525280	623710	-15.78
8	14	法国	136	126	7.94	502312	423301	18.67
9	8	日本	137	236	-41.95	496175	743654	-33.28
10	12	巴西	187	190	-1.58	489758	530687	-7.71
11	6	荷兰	132	263	-49.81	473015	883129	-46.44
12	13	比利时	83	166	-50.00	230784	504691	-54.27
13	11	意大利	94	272	-65.44	225854	588595	-61.63
14	15	奥地利	55	55	0.00	224924	217018	3.64
15	22	马来西亚	55	46	19.57	192882	156105	23.56
16	24	新加坡	45	56	-19.64	170998	148939	14.81
17	26	以色列	44	35	25.71	156088	133420	16.99
18	19	印度尼西亚	30	45	-33.33	149565	182301	-17.96
19	28	南非	36	38	-5.26	133474	133026	0.34
20	68	乌兹别克斯坦	23	3	666.67	117089	8217	1324.96
21	33	匈牙利	33	25	32.00	113030	90229	25.27
22	20	泰国	38	59	-35.59	112178	177262	-36.72
23	29	伊朗	37	43	-13.95	97745	115850	-15.63
24	21	西班牙	35	38	-7.89	97193	161583	-39.85
25	56	中国台湾	25	8	212.50	92843	18510	401.58
26	40	墨西哥	27	22	22.73	86363	61151	41.23
27	30	爱尔兰	33	46	-28.26	80128	107402	-25.39
28	41	阿联酋	16	21	-23.81	72653	53730	35.22
29	38	塞浦路斯	22	22	0.00	62622	65337	-4.16
30	50	阿塞拜疆	17	7	142.86	60713	31056	95.50
31	10	俄罗斯联邦	19	176	-89.20	57997	613013	-90.54
32	36	埃及	19	24	-20.83	54984	76442	-28.07
33	16	丹麦	15	59	-74.58	53087	215717	-75.39
34	18	土耳其	16	62	-74.19	51571	185999	-72.27
35	32	黎巴嫩	14	33	-57.58	49658	94755	-47.59
36	48	乌克兰	17	14	21.43	45743	35782	27.84
37	66	越南	11	3	266.67	44212	9006	390.92

排名		国家和地区	数量（架）			金额（美元）		
2009年	2008年		2009年	2008年	同比%	2009年	2008年	同比%
38	43	希腊	17	12	41.67	43948	47459	-7.40
39	17	朝鲜	20	3	566.67	41200	196953	-79.08
40		黑山	8			40614		
41	25	瑞士	10	30	-66.67	38962	136863	-71.53
42	42	中国澳门	17	19	-10.53	37684	50010	-24.65
43	49	新西兰	10	11	-9.09	33046	31562	4.70
44	53	哥伦比亚	9	6	50.00	31428	23516	33.65
45	57	冰岛	8	7	14.29	30422	17544	73.40
46	74	阿尔及利亚	4	2	100.00	30368	6704	352.98
47	51	厄瓜多尔	10	10	0.00	29764	28986	2.68
48	46	亚美尼亚	7	13	-46.15	29302	40238	-27.18
49	58	菲律宾	4	6	-33.33	26116	14190	84.05
50	71	叙利亚	5	1	400.00	24201	7250	233.81
51	52	摩洛哥	7	7	0.00	22348	26745	-16.44
52	44	印度	2	13	-84.62	22291	44366	-49.76
53	73	卡塔尔	6	1	500.00	19492	6870	183.73
54	69	尼日利亚	4	2	100.00	18571	8000	132.14
55	45	巴拿马	6	13	-53.85	16638	41437	-59.85
56	63	葡萄牙	5	3	66.67	15430	9413	63.92
57	67	阿根廷	4	2	100.00	14481	8301	74.45
58	80	牙买加	2	1	100.00	13600	3005	352.58
59	47	保加利亚	4	10	-60.00	11837	37242	-68.22
60	76	突尼斯	3	2	50.00	10054	5915	69.97
61	77	危地马拉	2	2	0.00	9404	5046	86.37
62	34	瑞典	3	19	-84.21	8146	86464	-90.58
63	55	秘鲁	3	7	-57.14	8000	21223	-62.31
64	37	挪威	2	17	-88.24	6214	71592	-91.32
65	62	巴哈马	2	3	-33.33	6025	10076	-40.20
66	86	马耳他	2	1	100.00	5806	2426	139.32
67		沙特阿拉伯	2			5221		
68	64	孟加拉国	1	3	-66.67	3914	9182	-57.37
69	87	巴拉圭	3	2	50.00	3750	2300	63.04
70		塞内加尔	5			3500		
71	39	哈萨克斯坦	1	19	-94.74	2907	63285	-95.41

2009年主要乐器出口额前10位国家和地区

商品名称	出口国家和地区数量	排名	国家和地区	数量（架/件）			金额（美元）		
				2009年	2008年	同比%	2009年	2008年	同比%
立式钢琴	93	1	美国	8065	10107	-20.20	11480505	13859788	-17.17
		2	德国	5025	6331	-20.63	6014132	7114372	-15.47
		3	中国香港	4305	3725	15.57	4976806	3943457	26.20
		4	韩国	2609	4038	-35.39	3218825	4655908	-30.87
		5	法国	2442	2647	-7.74	2337929	2455073	-4.77
		6	加拿大	1517	1701	-10.82	2195665	2167590	1.30
		7	意大利	2082	2418	-13.90	1893869	2107288	-10.13
		8	英国	1870	1945	-3.86	1866346	2020309	-7.62
		9	荷兰	1558	2900	-46.28	1579701	3292622	-52.02
		10	日本	1291	2096	-38.41	1561596	2344816	-33.40
三角钢琴	71	1	美国	2286	3919	-41.67	7075725	11477214	-38.35
		2	德国	554	1054	-47.44	2219999	3739592	-40.64
		3	中国香港	128	125	2.40	1196877	1794620	-33.31
		4	英国	261	348	-25.00	817246	950681	-14.04
		5	加拿大	207	272	-23.90	653861	889773	-26.51
		6	澳大利亚	171	238	-28.15	599746	789648	-24.05
		7	韩国	90	353	-74.50	525280	623710	-15.78
		8	法国	136	126	7.94	502312	423301	18.67
		9	日本	137	236	-41.95	496175	743654	-33.28
		10	巴西	187	190	-1.58	489758	530687	-7.71
其他钢琴（包括自动钢琴、弹拨古钢琴等）	34	1	朝鲜	198	53	273.58	146991	301949	-51.32
		2	土耳其	28	24	16.67	34700	39794	-12.80
		3	澳大利亚	368	121	204.13	30870	3793	713.87
		4	荷兰	74	5	1380.00	17704	3871	357.35
		5	马耳他	125			16390		
		6	伊朗	10	2	400.00	14900	500	2880.00
		7	美国	113	50	126.00	14002	6060	131.06
		8	日本	149	241	-38.17	10060	54486	-81.54
		9	加拿大	8	6	33.33	9152	10172	-10.03
		10	西班牙	109	8	1262.50	8949	2849	214.11
弓弦乐器	107	1	美国	345424	345841	-0.12	15263732	17053413	-10.49
		2	英国	98992	124633	-20.57	4983685	4467869	11.55

商品名称	出口国家和地区数量	排名	国家和地区	数量（架/件）			金额（美元）		
				2009年	2008年	同比%	2009年	2008年	同比%
弓弦乐器	107	3	德国	44863	49352	-9.10	3566725	3511915	1.56
		4	韩国	108064	106459	1.51	2842861	2523846	12.64
		5	日本	28814	35032	-17.75	2186103	2087758	4.71
		6	加拿大	13759	15930	-13.63	1279523	1403895	-8.86
		7	澳大利亚	30395	32343	-6.02	1271944	1418862	-10.35
		8	法国	12504	11257	11.08	1074272	994084	8.07
		9	巴西	36263	51125	-29.07	1064970	1316404	-19.10
		10	西班牙	31195	42577	-26.73	1051952	1346745	-21.89
其他弦乐器	148	1	美国	2689496	3720091	-27.70	60503209	79318007	-23.72
		2	德国	767729	643535	19.30	15750195	13246150	18.90
		3	英国	628760	549209	14.48	11767408	10472067	12.37
		4	巴西	613627	743919	-17.51	10880685	12125147	-10.26
		5	荷兰	290050	293971	-1.33	9690007	7035565	37.73
		6	意大利	334689	348147	-3.87	7442165	6304270	18.05
		7	澳大利亚	294033	332142	-11.47	6748539	5897523	14.43
		8	日本	200952	264086	-23.91	6690855	9561510	-30.02
		9	法国	272328	224997	21.04	6673244	6526357	2.25
		10	加拿大	282845	309141	-8.51	6401444	7346698	-12.87
键盘管风琴、簧风琴等	51	1	马来西亚	463700	206504	124.55	1509008	761055	98.28
		2	土耳其	533236	671488	-20.59	793056	849701	-6.67
		3	日本	113470	248150	-54.27	756805	1392788	-45.66
		4	印度尼西亚	67608	148934	-54.61	204061	543840	-62.48
		5	厄瓜多尔	30248	13120	130.55	130350	56376	131.22
		6	韩国	47085	90712	-48.09	116326	219340	-46.97
		7	墨西哥	16198	6604	145.28	85996	41415	107.64
		8	泰国	13273	26194	-49.33	83749	153949	-45.60
		9	斯里兰卡	12268	11216	9.38	65305	69612	-6.19
		10	德国	7451	6854	8.71	61934	60400	2.54
手风琴及类似乐器	83	1	韩国	189372	136554	38.68	2446318	1813039	34.93
		2	美国	44978	50432	-10.81	2162811	2254334	-4.06
		3	巴西	12083	16565	-27.06	1880385	2551976	-26.32
		4	德国	11269	13429	-16.08	1805850	2398753	-24.72
		5	哥伦比亚	11090	3302	235.86	841805	452320	86.11
		6	智利	16496	21973	-24.93	773481	1227892	-37.01
		7	墨西哥	5159	5624	-8.27	524570	593161	-11.56

商品名称	出口国家和地区数量	排名	国家和地区	数量（架/件）			金额（美元）		
				2009年	2008年	同比%	2009年	2008年	同比%
手风琴及类似乐器	83	8	意大利	17452	35941	-51.44	513850	963163	-46.65
		9	日本	5831	13322	-56.23	461436	604799	-23.70
		10	法国	2545	2554	-0.35	400759	358275	11.86
口琴	99	1	德国	1125404	1161713	-3.13	2504028	2239228	11.83
		2	美国	2239423	2989186	-25.08	2226791	2419139	-7.95
		3	日本	372481	710216	-47.55	1361532	1933024	-29.56
		4	土耳其	502055	409998	22.45	409807	419977	-2.42
		5	印度尼西亚	155534	174128	-10.68	408692	387014	5.60
		6	英国	390295	856466	-54.43	345055	622630	-44.58
		7	中国香港	248205	709890	-65.04	261418	542290	-51.79
		8	韩国	89539	70839	26.40	231225	150893	53.24
		9	马来西亚	148499	272712	-45.55	178111	209621	-15.03
		10	西班牙	218472	550437	-60.31	172447	364192	-52.65
铜管乐器	103	1	美国	143544	190846	-24.79	18130614	20766459	-12.69
		2	德国	91806	88528	3.70	9434753	8710641	8.31
		3	英国	57302	79888	-28.27	5745570	8282976	-30.63
		4	日本	44813	43385	3.29	5119953	5504457	-6.99
		5	比利时	24115	23311	3.45	3346998	2665161	25.58
		6	巴西	32716	60677	-46.08	2959644	6291063	-52.95
		7	中国台湾	14743	11798	24.96	2607397	2077372	25.51
		8	墨西哥	23727	39597	-40.08	2583109	3067219	-15.78
		9	韩国	31659	30578	3.54	2551770	1859012	37.26
		10	西班牙	17891	17903	-0.07	1622405	1985181	-18.27
其他管乐器	113	1	美国	1472060	2576139	-42.86	13986557	15724509	-11.05
		2	德国	417021	262950	58.59	2727600	2376818	14.76
		3	英国	93783	186353	-49.67	2003087	2437160	-17.81
		4	加拿大	280060	172099	62.73	1608514	1761343	-8.68
		5	韩国	396829	304317	30.40	1498534	944322	58.69
		6	中国香港	118007	203291	-41.95	1407020	1529119	-7.98
		7	意大利	146593	106075	38.20	1227343	1288007	-4.71
		8	巴西	73872	580560	-87.28	881560	1561949	-43.56
		9	法国	387670	301538	28.56	865585	465314	86.02
		10	尼日利亚	130122	81304	60.04	666263	1213483	-45.09
打击乐器	131	1	美国	2907210	3532189	-17.69	30609529	46644381	-34.38
		2	德国	1280206	1197781	6.88	8727207	8578130	1.74

商品名称	出口国家和地区数量	排名	国家和地区	数量（架/件）			金额（美元）		
				2009年	2008年	同比%	2009年	2008年	同比%
打击乐器	131	3	荷兰	281569	1672235	-83.16	5123994	7379954	-30.57
		4	尼日利亚	113339	120042	-5.58	4282761	7075322	-39.47
		5	巴西	238467	184638	29.15	4073288	5378515	-24.27
		6	英国	274591	418784	-34.43	4023530	5026239	-19.95
		7	日本	1072451	1645182	-34.81	3428761	4415391	-22.35
		8	墨西哥	134274	76111	76.42	3393349	2479201	36.87
		9	韩国	805453	808999	-0.44	3304018	3619640	-8.72
		10	加拿大	140506	194026	-27.58	3219310	3803511	-15.36
键盘电子乐器	128	1	美国	1195451	1503020	-20.46	56957010	68505111	-16.86
		2	中国香港	458872	578492	-20.68	52221514	51334860	1.73
		3	日本	482133	505611	-4.64	24338479	23803016	2.25
		4	比利时	232803	301038	-22.67	16897417	22426948	-24.66
		5	德国	209274	248653	-15.84	11755292	10917010	7.68
		6	英国	184902	319365	-42.10	9542749	13080980	-27.05
		7	韩国	102118	144652	-29.40	8592813	10573271	-18.73
		8	巴西	119748	97401	22.94	7340755	6531743	12.39
		9	阿联酋	126848	221109	-42.63	5945739	9496008	-37.39
		10	加拿大	174056	67335	158.49	5654266	5322295	6.24
电声乐器	118	1	美国	1617465	6063613	-73.33	64178273	141210743	-54.55
		2	日本	520259	650888	-20.07	18040947	18687986	-3.46
		3	德国	246486	270383	-8.84	13985134	16053870	-12.89
		4	英国	259387	677423	-61.71	12113964	20088264	-39.70
		5	荷兰	196011	152366	28.64	10843381	8193708	32.34
		6	比利时	73940	100994	-26.79	7721069	10377148	-25.60
		7	加拿大	105462	181957	-42.04	6642342	10160885	-34.63
		8	巴西	182214	180336	1.04	6562629	5130859	27.91
		9	中国香港	272631	122356	122.82	5086043	2944060	72.76
		10	意大利	71675	95635	-25.05	5051090	6244815	-19.12
百音盒	108	1	美国	4114662	6211292	-33.76	10292288	10452199	-1.53
		2	中国香港	4144899	4159136	-0.34	3717069	3279548	13.34
		3	德国	906010	2248536	-59.71	1808095	3585511	-49.57
		4	英国	475915	792178	-39.92	1142501	1737609	-34.25
		5	意大利	541398	1321843	-59.04	915083	2019820	-54.69
		6	加拿大	302694	520632	-41.86	841425	1510514	-44.30
		7	日本	572695	678710	-15.62	628594	963147	-34.74

商品名称	出口国家和地区数量	排名	国家和地区	数量（架/件）			金额（美元）		
				2009年	2008年	同比%	2009年	2008年	同比%
百音盒	108	8	墨西哥	786821	636455	23.63	569906	607751	-6.23
		9	法国	327911	496376	-33.94	506819	1107394	-54.23
		10	印度	622866	1229022	-49.32	449129	545669	-17.69
其他乐器（包括游艺场风琴、手摇风琴等）	126	1	美国	13599364	15474777	-12.12	2939700	15011153	-80.42
		2	日本	2877793	2580128	11.54	1354435	976906	38.65
		3	中国香港	4042162	2696023	49.93	770048	571322	34.78
		4	德国	2424956	2400625	1.01	492738	392085	25.67
		5	西班牙	1286178	2067245	-37.78	388268	368860	5.26
		6	英国	1151722	2538114	-54.62	302380	1779386	-83.01
		7	马来西亚	1525833	867065	75.98	265702	128618	106.58
		8	巴西	1230615	271761	352.83	223458	309857	-27.88
		9	意大利	1281413	1318857	-2.84	219915	401586	-45.24
		10	阿联酋	1900144	3539106	-46.31	215913	523509	-58.76
节拍器、音叉及定音管	74	1	美国	43624	74665	-41.57	926788	2335483	-60.32
		2	中国香港	33927	37752	-10.13	775246	1015764	-23.68
		3	日本	18669	20788	-10.19	742293	698061	6.34
		4	德国	25161	55135	-54.36	550355	2021770	-72.78
		5	英国	6444	6663	-3.29	225787	240044	-5.94
		6	意大利	3880	9483	-59.08	105192	408135	-74.23
		7	法国	3153	4577	-31.11	99641	147707	-32.54
		8	波兰	2212	1180	87.46	86069	40838	110.76
		9	瑞典	1135	548	107.12	84621	15107	460.14
		10	新加坡	4485	3996	12.24	80949	132682	-38.99
百音盒的机械装置	38	1	中国香港	290788	427227	-31.94	1651096	2429188	-32.03
		2	斯里兰卡	127410	126278	0.90	877546	980000	-10.45
		3	德国	43569	51348	-15.15	465347	478636	-2.78
		4	日本	49678	18044	175.32	294474	220875	33.32
		5	法国	21705	24554	-11.60	272845	288148	-5.31
		6	美国	26721	51470	-48.08	236661	1138786	-79.22
		7	越南	6258	4700	33.15	72407	75273	-3.81
		8	西班牙	5558	7303	-23.89	67372	72878	-7.56
		9	瑞士	2648	2833	-6.53	55305	78938	-29.94
		10	荷兰	2866	3838	-25.33	49636	49188	0.91
乐器用弦	85	1	美国	55710	86418	-35.53	1070795	3851701	-72.20
		2	韩国	52337	44740	16.98	474801	570515	-16.78

商品名称	出口国家和地区数量	排名	国家和地区	数量（架/件）			金额（美元）		
				2009年	2008年	同比%	2009年	2008年	同比%
乐器用弦	85	3	日本	33558	31809	5.50	423992	525673	-19.34
		4	印度尼西亚	23859	25335	-5.83	335317	351569	-4.62
		5	德国	12085	10734	12.59	279114	434600	-35.78
		6	英国	11740	8046	45.91	191971	116491	64.79
		7	泰国	3863	2511	53.84	124577	34166	264.62
		8	巴西	7140	6292	13.48	113603	123302	-7.87
		9	新加坡	7564	7345	2.98	95472	126628	-24.60
		10	哥伦比亚	4296	3319	29.44	76370	105676	-27.73
钢琴的零件、附件	63	1	印度尼西亚	2845154	5001860	-43.12	12872964	21993962	-41.47
		2	韩国	1134408	2212100	-48.72	4724763	10567167	-55.29
		3	日本	273092	625716	-56.36	2149677	4351128	-50.59
		4	德国	356754	284406	25.44	1371422	1245007	10.15
		5	捷克	184804	97992	88.59	1058879	644984	64.17
		6	美国	43176	154178	-72.00	841682	1276326	-34.05
		7	中国台湾	190737	288918	-33.98	773659	2076425	-62.74
		8	英国	27246	55977	-51.33	485104	881527	-44.97
		9	中国香港	38021	110234	-65.51	404068	533121	-24.21
		10	伊朗	74567	95509	-21.93	295729	338313	-12.59
弦乐器零件、附件	105	1	美国	650473	1294402	-49.75	5337784	7627400	-30.02
		2	德国	291096	590093	-50.67	2492468	2494398	-0.08
		3	日本	402955	376564	7.01	2375647	2640560	-10.03
		4	中国香港	210737	205482	2.56	2049235	1380920	48.40
		5	印度尼西亚	273374	199134	37.28	1024884	952597	7.59
		6	意大利	198676	209285	-5.07	982383	698719	40.60
		7	韩国	272816	218368	24.93	895802	1342753	-33.29
		8	英国	70296	171989	-59.13	648969	825358	-21.37
		9	巴西	55071	61727	-10.78	511624	417281	22.61
		10	法国	28370	25228	12.45	509682	426218	19.58
键盘电子乐器零件、附件	97	1	中国香港	1106011	834376	32.56	6821929	5714000	19.39
		2	美国	383688	457434	-16.12	3714729	5077877	-26.84
		3	日本	466111	614457	-24.14	3400968	5786005	-41.22
		4	韩国	785980	514055	52.90	2963357	2664835	11.20
		5	印度尼西亚	299200	275114	8.75	2947124	2930048	0.58
		6	意大利	218255	274872	-20.60	1299842	1274515	1.99
		7	德国	264434	168445	56.99	1162129	1287715	-9.75

商品名称	出口国家和地区数量	排名	国家和地区	数量（架/件）			金额（美元）		
				2009年	2008年	同比%	2009年	2008年	同比%
键盘电子乐器零件、附件	97	8	英国	220313	291567	-24.44	1006537	1310820	-23.21
		9	加拿大	66880	58665	14.00	314893	346528	-9.13
		10	澳大利亚	49302	47576	3.63	309015	385544	-19.85
其他乐器的零件、附件	125	1	美国	2670732	3804772	-29.81	14060114	19325138	-27.24
		2	德国	1627726	1205346	35.04	7257789	6144157	18.13
		3	日本	865365	884949	-2.21	5455318	4747107	14.92
		4	中国香港	805490	1897756	-57.56	4061909	9322620	-56.43
		5	中国台湾	246626	253049	-2.54	3868832	4563074	-15.21
		6	英国	449927	578708	-22.25	2528364	2837988	-10.91
		7	比利时	336590	1095048	-69.26	2524887	4064394	-37.88
		8	加拿大	402544	430189	-6.43	2359845	2316010	1.89
		9	荷兰	291656	474776	-38.57	2223018	2940114	-24.39
		10	意大利	521922	478099	9.17	1932085	2430516	-20.51

（数据来源：国家海关总署 中国乐器协会信息部编辑）

MUSIC

中国乐器年鉴
CHINA MUSICAL INSTRUMENT YEARBOOK 2009-2010

理事会文件

中国乐器协会五届四次理事（扩大）会议会议纪要

(2008年12月7日)

为期两天的中国乐器协会五届四次理事（扩大）会议于12月6日在福州举行。这次会议是在世界金融危机不断蔓延，并对我国经济产生的影响进一步显现的形势下召开的，因此受到国内乐器行业人士的普遍关注。来自全国60余家规模以上乐器生产企业和知名琴行的85位理事和企业负责人参加会议，共同商讨乐器行业应对世界金融危机，保持乐器行业平稳较快发展大计。

这次理事（扩大）会在福州召开，受到福建省和福州市有关领导高度重视，会议期间，福建省政协副主席叶继革、福建省文化厅厅长宋闽旺、福建华闽集团有限公司董事长杨东成，总经理萨本淦等领导到会亲切看望全体代表并作讲话，福建省音乐家协会也发来贺信祝贺会议取得圆满成功，福建省电视台公共频道，福州晚报等相关新闻媒体现场采访录制节目。会议承办单位，福州和声钢琴有限公司为开好这次会议作了精心安排，受到与会代表普遍赞扬。

会议开幕式由中国乐器协会副理事长、广州珠江钢琴集团有限公司董事长黄伟林主持，中国乐器协会理事长王根田作2008年中国乐器协会工作报告。

报告共分四个部分：1、2008年我国乐器行业的基本情况；2、2008年中国乐器协会所开展的几项主要工作；3、提请理事会审议的几个议题；4、2009年中国乐器协会工作重点。

王根田说，我们这次会议的主题是深入学习实践科学发展观，坚定信心，努力克服当前国际金融危机给乐器行业带来的不利影响，切实转变经济增长方式，坚持走自主创新、自主品牌之路，继续保持乐器行业稳定可持续发展。

王根田在总结2008年乐器行业的基本情况时说，2008年对于整个乐器行业来说，既有机遇，又有挑战，既有欢乐，又有艰辛。在这一年中，通过全行业的共同努力，中国乐器行业继续保持稳定增长的态势，各项工作仍然取得较好业绩。主要表现在以下七个方面：

1、中国乐器行业较快增长的基本态势没有改变。反映在：规模以上企业主要经济指标仍然保持稳定增长；乐器出口继续保持稳定增长；全行业规模以上企业经济运行总体良好；乐器价格稳中有升。

2、在5.12汶川地震等严重自然灾害面前，全行业表现出沉着应对和无私奉献精神。

3、在北京奥运会和残奥会期间，全行业表达了为奥运作贡献的民族精神。

4、学习实践科学发展观，在认识上有所提高，在实践上有所体现。主要表现是：确立以自主品牌主导企业发展思路；逐步建立和完善自主研发的创新机制；企业社会责任意识不断增强；以人为本努力构建和谐企业成为企业核心指导思想。

5、企业文化事业和文化活动进一步深入开展。

6、乐器行业发展进一步得到政府和社会的重视和关注。

7、乐器行业各种经济成分企业同步协调发展。

王根田接着汇报了2008年中国乐器协会所开展的主要工作：1、加强协会自身建设，积极开展行业活动；2、举办全国钢琴调律职业技能竞赛；3、开展2007年乐器行业强势公司、先进集体、优秀人物的评选活动；4、举办2008中国(上海)国际乐器展览会；5、组建成立全国乐器标准化技术委员会；6、做好乐器行业信息工作；7、完成二胡“中国名牌”产品评价前期工作；8、完成乐器利用蟒皮行政许可实施情况的监督检查和调研；9、组织撰写乐器行业改革开放30周年纪念文章；10、向上级主管部门反映行业信息及提出政策建议；

报告第三部分，王根田提请理事会审议的几个议题；1、关于调整和增补理事事项；2、成立行业知识产权保护工作组织；3、筹备中国乐器协会成立20周年庆祝活动。

关于2009年协会的工作重点，王根田说，2009年协会工作，将把积极有效地应对国际金融风暴以及经济危机给乐器行业可能带来的影响和冲击，以保持乐器行业较快增长和发展作为2009年协会工作的重中之重。其次，协会要与全行业一起，深入开展学习实践科学发展观活动，要按照科学发展观的要求，从乐器行业和乐器企业以及协会实际出发，认真总结改革开放以来的发展思路、实践经验与存在问题，以使乐器行业、乐器企业以及协会工作继续保持协调可持续发展。第三认真做好新一届理事会的换届工作。

最后，王根田要求全体乐器生产企业及琴行，在即将到来的充满挑战和机遇的2009年，在更加严峻的国际经济危机和各种不确定因素和国内经济发展中的诸多困难环境中，更加坚定信心，克服困难，采取积极措施，大家一起努力，做好企业自己的事情，努力实现我国乐器行业进一步发展目标。

在进入大会交流阶段后，电鸣乐器分会会长盛子斐、琴行分会会长黄茂强、上海民族乐器一厂厂长王国振、上海知音琴行有限公司总经理朱文玉、宜昌金宝钢琴有限公司董事长吴天延、上海国际展览中心有限公司总经理方佩瑛、河北金音乐器有限公司总经理陈学孔、北京星海钢琴集团有限公司总经理赵惠臣、广州珠江钢琴集团有限公司董事长黄伟林、泰兴凤灵乐器有限公司董事长李书、宁波海伦乐器制品有限公司董事长陈海伦、武汉艾立卡电子有限公司董事长张鉴堂、吟飞电子有限公司副总经理娄伟明等先后发言，他们从不同侧面介绍了各自单位所作的工作，以及面对国内外各种复杂环境，战胜各种困难，取得的成绩和宝贵经验，表达了在当前来势汹涌的金融海啸中，夺取胜利的决心和勇气。

广州珠江钢琴集团有限公司董事长黄伟林说：“面对未来复杂的经济形势，2009年珠江钢琴要贯彻好实践好12个字：重创新、优结构、控规模、共发展。中国乐器行业是幸运的，因为中国市场是稳定的，别人下滑，我们不下滑，这就是胜利。珠江钢琴决心和同行们一起抱团过冬，共同发展，坚定信心，团结一致，我们有理由，有信心，也应该实现乐器行业的共同发展。”

北京星海钢琴集团公司总经理赵惠臣说：“在当前这种困难情况下，我们星海公司不是准备过冬，而是要游好冬泳，为明天的发展作好准备。”

泰兴凤灵乐器有限公司董事长李书说：“1976年、1983年、1989年、1993年，乐器行业经历过4次低谷和困难，这是第五次低谷，每次低谷到来时，都是一次大浪淘沙，淘汰的是没有品牌的企业，没有品质的企业，我相信这次金融危机的到来，对于乐器行业有品牌的企业来说不是危机，而是一次最大的机遇，低谷中出现的又一次洗牌将是对品牌企业的促进，有品牌的企业明年一定会更辉煌，更灿烂。”

武汉艾立卡电子公司董事长张鉴堂说：“面对国际金融危机，艾立卡做到两个‘稳’，一是稳住客户。稳住订单，稳住市场，宁让利润，不让市场；二是稳住员工，不裁员，不降低工资，不减少福利，公司上下全体一心，共渡难关，保证公司平稳较快发展。”

河北金音乐器有限公司总经理陈学孔说：“百年不遇的世界金融危机就象现在的天气一样，虽然越来越冷了，但不是最冷，到最冷的时候春天也要到了。我们要作好两方面的准备，一是越来越冷的准备，二是作好迎接春天的准备。”

香港柏斯琴行总裁吴天延说：“香港柏斯琴行是在经历每一次非常事件，包括1997年亚洲金融风暴、2001年9·11、2003年非典以后不断发展起来的，柏斯琴行把每一次非常事件看成是一次机遇，不断地调整方向取得进步。”

中国乐器协会信息部主任丰元凯向全体代表作了“世界金融危机对国内外乐器行业影响的调查与分析”。

中国乐器协会秘书长齐建平作“中国乐器协会

五届理事会理事调整变动的说明”。

下午，会议进行小组讨论，钢琴及零配件、民族乐器及口琴、管乐及提琴吉他、琴行分会等四个小组展开小组发言，与会代表发言热烈，集思广益，畅所欲言，充满民主和谐气氛。

代表们一致同意王根田理事长代表中国乐器协会所作的一年来的工作报告和齐建平秘书长所作的协会理事调整方案。

代表们认为中国乐器协会在2008年我国大事多，难事多，不确定因素多等一系列的极为复杂困难的环境和形势下，能够把握住瞬息万变的形势发展，因势利导，急企业之所急，努力为行业办事，工作成效是明显的。代表们对中国乐器协会一年来的工作表示满意。

代表们一致认为，面对当前世界金融危机和经济危机对乐器行业产生的影响，我们必须保持清醒的认识，充分估计到问题的严重性，作好思想上的准备，采取得力的措施，练好内功，各生产企业和琴行要管好物流和资金链，才能变危机为机遇，有效地渡过难关。

代表们对举办中国乐器协会成立20周年活动的议题表示赞同，与会代表一致认为，中国乐器行业在改革开放以后取得了快速发展，举办这一活动，认真地总结乐器行业20年来所取得成绩和经验，将会进一步推动和促进乐器行业的可持续发展，为我国文化产业大发展大繁荣继续做出贡献。

此外，代表们还就如何加强中国乐器协会民主程序、继续办好上海乐器展、建立行业的知识产权保护机构、大力推进琴行分会组织建设，加强营销体系与生产体系的合作与沟通等项工作广泛进行讨论，并取得共识，提出具体实施意见。

12月7日，全体代表参观了福州和声钢琴有限公司，通过同行之间的交流，加深了乐器行业企业之间的相互了解和沟通，增进友谊，促进乐器行业的共同进步。

部分代表还前往厦门参观了鼓浪屿风琴博物馆、钢琴博物馆和中央音乐学院鼓浪屿钢琴学校。在鼓浪屿风琴和钢琴博物馆内，代表们在工作人员的细致讲解下，对爱国华侨胡友义先生收藏展示的数十架管风琴、手风琴和近80架古钢琴等进行了参观，其中有百年历史的诺曼·比尔大型管风琴、具有自动演奏功能的爵士风琴、最早的四角钢琴、手摇钢琴以及多种名品钢琴。代表们充分欣赏了前人的精湛技艺和精美工艺，感受了风琴和钢琴文化数百年的发展历程。

在中央音乐学院鼓浪屿钢琴学校，杨鸣校长亲自接待参加理事会代表一行，并向代表们详细介绍了钢琴学校的建设与发展情况，代表们在鼓浪屿钢琴学校，仔细参观了新落成的教学大楼和一间间一流配置的钢琴琴房，老师正在给孩子们上课，代表们对厦门市政府高度重视音乐教育事业，投巨资兴建的具有现代国际一流水平钢琴学校倍加赞扬并受到很大鼓舞。

中国乐器协会2008年工作报告

王根田

（2008年12月6日）

各位理事，各位代表：

大家上午好，现在我向大会作中国乐器协会2008年以来的工作报告。首先我代表中国乐器协会向在百忙中前来出席这次会议的全体理事、代表表示衷心的感谢。

我们这次会议是在党的十七届三中全会结束不久，国际金融风暴和经济危机正在蔓延和不断深化，并对我国经济产生的影响进一步显现的形势下召开的。

这次会议的主题是：深入学习实践科学发展观，坚定信心，努力克服当前国际金融危机给乐器行业带来的不利影响，切实转变经济增长方式，坚持走自主创新、自主品牌之路，继续保持乐器行业稳定可持续发展。

一、2008年乐器行业基本情况

2008年既是我国迎来改革开放30周年具有伟大历史意义的一年，也是我国面临国际国内经济形势复杂多变，不确定因素增多和自然灾害严峻挑战的一年。一月份的南方部分地区严重低温雨雪冰冻灾害，五月份的四川汶川特大地震，九月份起由美国次贷危机引发的全球金融海啸开始对我国经济产生影响；与此同时，2008年也是我国人民实现百年梦想，成功举办北京奥运会、残奥会的历史性年份。

这一年，对于我们乐器行业来说，既有机遇，又有挑战，既有欢乐，又有艰辛。今天，当我们即将告别留下深刻记忆的2008年的时候，回首已经走过的路程，我们可以坚定地说：在将近一年的日子里，虽然困难比近几年任何时候都要大，但是中国乐器行业是一个具有光荣传统的行业，我们有一支善于在困难和逆境中拼搏的队伍，通过全行业的共同努力，2008年中国乐器行业继续保持稳定增长的态势，各项工作仍然取得较好业绩。

1、中国乐器行业较快增长的基本态势没有改变

主要表现在以下五个方面：

（1）据国家统计局数据显示，规模以上企业主要经济指标仍然保持稳定增长。2008年1月～8月乐器行业总资产126.37亿元，同比增长7.51%，产品销售收入94.01亿元，同比增长19.33%，出口交货值42.71亿元，同比增长10.05%，税金总额2.32亿元，同比增长14.5%，实现利润3.49亿元，同比下降6.58%，资本保值增值率达到103.88%。预计2008年乐器行业规模以上生产企业产品销售收入可以达到140亿元以上，乐器出口可以超过14亿美元。

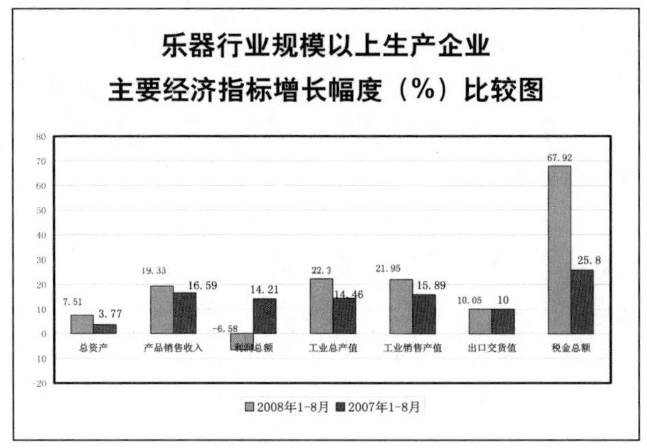

以上数据与乐器行业2007年经济运行状况相比较，除实现利润指标下降较大以外，其它各项指标增幅均有所上升，反映出我国乐器行业经济运行仍然处于持续稳定较快增长的发展态势。

（2）乐器出口继续保持稳定增长

源于美国次贷危机所形成的全球性“金融海啸”已经严重影响到我国的出口贸易，2008年前三季度，我国出口贸易对GDP增长速度的拉动作用与去年同期相比降低了1.2个百分点。而2008年1-9月，我国乐器出口金额10.93亿美元，同比增长26.06%，增幅比去年同期还提高了8.17个百分点。

规模以上乐器生产企业出口交货值占全部乐器产品销售收入的45.43%，而2007年同期乐器出口所占比例为47.71%，下降2.28%基本保持稳定，中国乐器出口仍然对整个中国乐器经济起到重要的支撑作用。

2008年1月～9月，中国乐器出口主要国家和地区的基本格局没有大的变化，除日本以外均显示出稳定增长的形势，特别对美国出口增长41.15%，确实来之不易，因为2007年三季度，中国向美国出口乐器仅增长了3.64%，2006年三季度更是下降4.45%。

中国乐器出口总额继续保持增长，出口产品类别有所调整。2008年1～3季度，从我国各大类乐器出口增长幅度来看，都要超过前两年三季度的出口形势。从产品种类上分析，除钢琴出口下降以外，其它乐器产品均有不同增幅的提升，其中电声乐器，键盘电子乐器，铜管乐器，木管乐器，手风琴增长幅度较大。

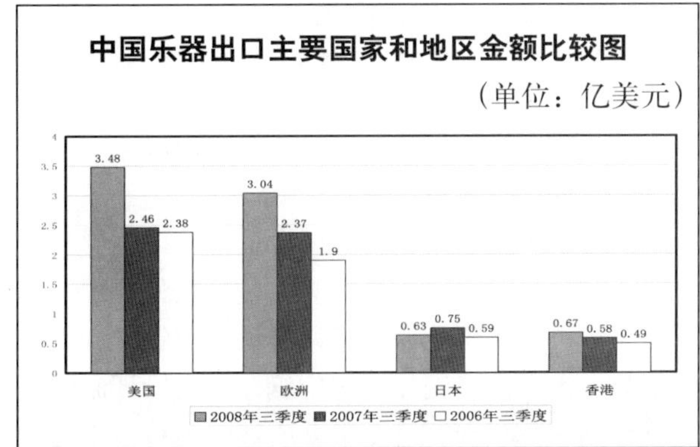

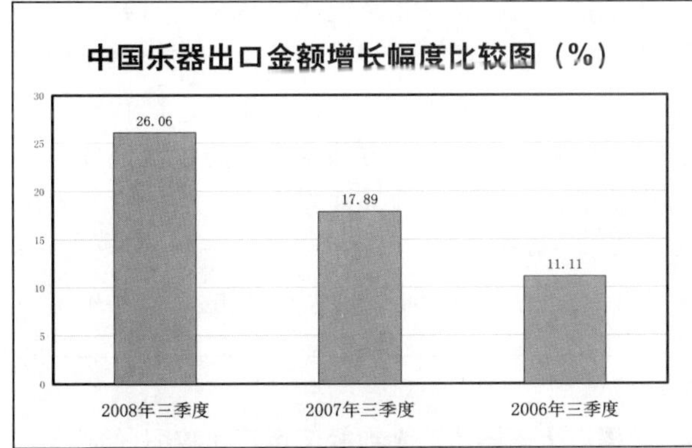

（3）规模以上企业经济运行总体良好

2008年1月～8月规模以上乐器行业生产企业总数277家，员工人数71817人，同比分别增长2.2%、3.94%。亏损企业同比减少3个，亏损总额6958万元，比2007年同期减少898万元。此外，资本保值增值率、资产负债率、产值利税率、资金利润率、流动资产周转天数、成本费用利润率、产成品资金占用率等主要经济指标基本处于良性运转范围。

（4）乐器价格稳中有升

2008年，随着乐器生产企业加大自主创新力度，产品质量和科技含量提高，品种向中高档发展，受到外商和国内外乐器消费者的认可，乐器出口价格也相应提高。据海关统计资料显示，2008年1-3季度，乐器出口产品平均单价提高18.46%，一些具有工艺特点，高附加值的乐器受到市场青睐。

2、在严重自然灾害面前，全行业表现出沉着应对和无私奉献精神

2008年1月我国南方发生了罕见的低温雨雪冰冻灾害，地处浙江、江苏、湖北、贵州等省市的一些乐器企业相继出现断电、停水、交通受阻、厂房倒塌、工人无法上下班等各种困难。严重的冰雪灾害也影响到群众的正常生活和社会秩序，许多乐器琴行销售出现冷落萧条状况。乐器行业中受到影响的企业和琴行，在灾害面前，表现出沉着冷静的态度，一方面坚守岗位，千方百计恢复生产和营业，把损失减少到最低限度，同时企业领导更加注重“以人为本”，充分关心照顾好职工的生产生活。

5月12日，我国发生震惊世界的汶川特大地震，乐器行业和全国人民一道，心系灾区，情系灾区，义不容辞地纷纷投入到为灾区人民献爱心，送真情的实际行动中去，为夺取抗震救灾斗争的伟大胜利，做出了自己最大的努力和奉献。据不完全统计，在地震发生后的短短半个月的时间里，通过各种方式向灾区捐款503万元人民币，其中广州珠江钢琴集团公司捐款116.5万元。此外，还有许许多多企业自发组织职工向灾区捐款。地处重灾区的成都川雅木业公司不顾企业自身的安危，组织员工连续奋战几昼夜，将价值100万元的特制木结构抗震屋及时送到灾区。成都盛音乐器有限公司冒着余震的危险，开车为灾区人民送水，送食品。在灾区人民重建家园，为恢复生产生活而奋斗的日子里，乐器行业许多企业又开展了向灾区捐助乐器的善举，如上海钢琴公司、北京星海钢琴公司等企业向灾区儿童捐助钢琴，以帮助灾区中小学重新恢复音乐教育，给灾区儿童带来欢乐。

3、在北京奥运会和残奥会期间，全行业表达了为奥运作贡献的民族精神

2008年8、9两个月，举国关注，举世瞩目的北

2008年三季度中国乐器出口平均单价增幅

（单位：美元）

商品名称	2008年1～3季度平均单价	2007年1～3季度平均单价	增幅%
铜管乐器	88.72	60.08	47.66
手风琴	35.58	26.89	32.32
口琴	1.09	0.85	28.09
其他弦乐器	20.36	16.63	22.43
弓弦乐器	39.20	33.08	18.50
卧式钢琴	3215.22	2808.78	14.47
竖式钢琴	1119.46	1016.93	10.08
键盘电子乐器	48.17	47.49	1.43
其他管乐器	4.47	5.03	-10.97
打击乐器	7.36	8.99	-18.22
电声乐器	28.90	39.95	-27.65

京奥运会和残奥会的成功举办，实现了中华民族的百年梦想。至今，我们还时时回想起一幕幕激动人心的场面。北京奥运会，残奥会的成功举办，凝结着全国各族人民和各行各业无数人的智慧和心血，同样也浸透着我国乐器行业许多企业和员工的辛勤劳动与汗水。

在举办奥运过程中，乐器行业和全国各行各业一样，自觉服从和保证奥运大局，主动把困难留给自己，把方便让给奥运。当进入奥运会倒计时以后，北京星海钢琴公司和所有外地乐器生产企业克服了北京及周边省市实行交通限制所带来的运输困难，在一切为奥运让路的前提下，努力组织生产，满足市场供应，维持正常的乐器生产和销售。

在奥运火炬传递、与奥运会相关各项活动以及奥运会、残奥会开闭幕式的盛典表演中，随处可见众多乐器企业为奥运盛会承制的一件件精彩纷呈的乐器，它们的亮相为奥运会增添了无限风采。

这里有：河南开封中原有限公司总经理代胜民担任奥运会火炬传递开封段火炬手；珠江钢琴公司为“2008祝福北京”大型交响音乐会提供钢琴；柏斯琴行为奥运火炬传递宜昌段三峡大坝钢琴音乐会赶制具有奥运寓意钢琴；海伦钢琴公司设计制作的全雕龙钢琴在北京奥组委举办的2008奥林匹克美术大会展出。特别是在北京奥运会残奥会举办期间，在国家奥体中心举办的“中国故事”文化展示中，在“锦绣上海”馆里，上海民族乐器一厂代表上海市参展的几十件充满东方艺术魅力的中国民族乐器吸引了数以万计的国内外观众参观，大大提升了民族乐器在世界上的影响力。

在令世界赞叹不已的奥运会和残奥会开闭幕

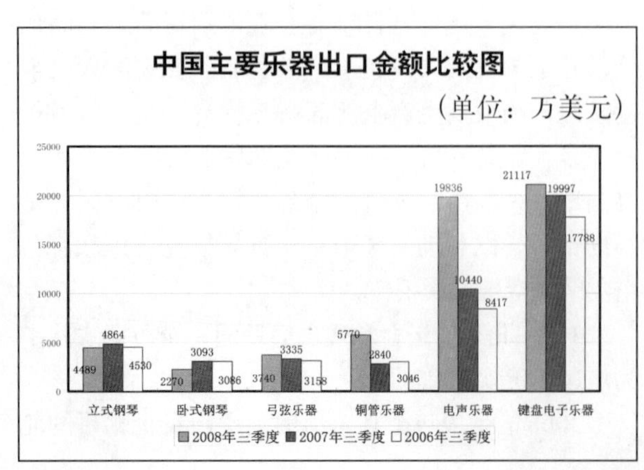

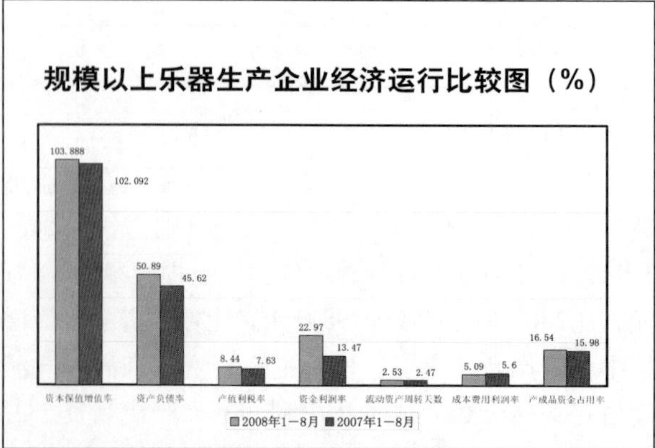

式中，由北京星海钢琴集团公司提供的大型三角钢琴，北京格申工艺美术品有限公司提供的2008个由现代声光电技术改进的中国古老乐器“缶”，有日本罗兰电子公司和上海民族乐器一厂共同研制开发的电子二胡，有天津津宝乐器公司提供的爵士鼓军鼓……等等，这些乐器都在北京奥运会残奥会开闭幕式中发挥重要的作用，取得了很好的宣传效果。

此外，在北京奥运会残奥运会举办期间，珠江、星海、公爵钢琴还分别参与了由中央电视台举办的《中国乐器品牌恭祝奥运中国赢》电视展播活动。

4、学习实践科学发展观，在认识上有所提高，在实践上有所体现

党的十七大系统提出科学发展观的理念以来，乐器行业深入学习贯彻科学发展观，取得了一定成效，主要表现在以下方面：

（1）进一步确立以自主品牌主导企业发展思路。一批出口型乐器生产企业开始从“OEM”、“ODM”向具有自主品牌产品过渡。据初步了解，企业自主品牌比例已占全部出口产品的20%左右，除珠江、星海、敦煌等知名民族品牌以外，海伦、凤灵、金杯、津宝、金音、得理、华新、星臣、超拨、摩德利等企业和乐器产品、自主品牌在国际市场影响力不断扩大，比重逐步上升，中国乐器由“中国制造”向自主设计、自主品牌的“中国创造”迈进的步伐加快。

（2）自主研发的创新机制逐步建立。2008年1月～9月，乐器行业规模以上生产企业新产品产值达到6.23亿元人民币，占全部工业总产值的5.24%，同比增长75.52%，2008年前三季度我国乐器专利申请公布总件数达到135件，其中发明专利20件，实用新型专利47件，外观设计专利68件。一年来越来越多的企业在生产经营和市场开发的过程中，把加快新产品的研发速度，加大新产品的比重，提高乐器产品的附加值和企业经济效益，提到重要的战略高度上来认识和实践。如珠江钢琴公司在2008年10月12日被国家发改委、科技部、财政部、海关总署、国家税务总局等国家主管部门联合认定为“国家级企业技术中心”，这是乐器行业首家企业获此殊荣，不仅是对珠江钢琴公司创新能力的肯定，也是整个乐器行业的光荣。再如，上海民族乐器一厂在传统民族乐器生产基础上，大力增加收藏、时尚、旅游、经典等品类的特种民乐生产，使企业经济效益得到大幅度提高。

（3）企业社会责任意识不断增强。随着科学发展观学习不断深入，乐器行业的企业社会责任意识不断提高，许多企业进一步认识到企业的社会责任不仅体现在向社会捐钱、捐物的慈善事业，社会责任更重要的是体现在提高产品质量、改善员工生活，加强员工技术培训、抓好企业环保节能减排等方方面面。对此，乐器行业各企业领导不仅在意识上有所增强，而且加大投入力度，纳入企业生产管理中，使企业与社会得到协调发展。

（4）以人为本，努力构建和谐企业。乐器企业在发展生产的同时，普遍重视和加强人性化管理。在2008年一月雨雪冰冻灾害期间，为了缓解外来工返乡困难，珠江钢琴公司拿出近七十万元，动员外来工留在广州过年，春节期间，黄伟林董事长等企业领导冒寒风冻雨看望留穗过年的外来工，给他们送去温暖；民营、外资企业雇用的外来工生产与生活环境不断得到改善，工资待遇有所提高，部分企业还为员工解决各项劳保福利，安排夫妻宿舍，娱乐室，健身房等。企业经营者与工人的关系进一步融洽。如天津市津宝乐器有限公司通过天津市劳动和社会保障部门评选，被评为“天津市A级劳动关系和谐企业”。

5、企业文化事业和文化活动进一步深入开展

在党的十七大提出的文化大繁荣、大发展号召指引下，我国乐器行业与音乐教育，表演艺术的结合越来越密切，乐器行业与文化产业相结合，已经成为推动我国乐器行业发展的新特点。

继泰兴凤灵乐器有限公司之后，2008年10月15日，宁波海伦乐器制品有限公司被文化部授予第三批文化产业示范基地，此外，杭州嘉德威、青岛世正以及河北金音三家乐器企业分别被浙江、山东、河北省评为省级文化产业示范基地。

2008年以来，各企业广泛开展的音乐文化、器乐比赛，音乐教育与培训等项活动蓬勃开展。其中比较重要的活动有：由教育部主办，珠江钢琴公司承办的第五届珠江钢琴全国高校音乐教育专业大学生基本功比赛；由中央音乐学院和北京星海钢琴集团有限公司共同主办的第12届“星海杯”全国少儿钢琴比赛；星海钢琴公司举办的“向国家大剧院捐赠九尺三角钢琴仪式”；日本河合株式会社与香港柏斯琴行举办的向国家大剧院“卡瓦依钢琴交接仪式”；由香港柏斯琴行独资承办的第四届亚洲青少年音乐比赛；由烟台博斯纳钢琴公司承办的第17届“博斯纳杯”美国音乐公开赛中国赛区选拔赛；由上海欧亚钢琴乐器有限公司举办的第二届“门德尔松杯”钢琴大赛。此外，在刚刚开始的“2008CCTV钢琴、小提琴大赛”中，凤灵提琴成为唯一指定提琴品牌。上海民族乐器一厂在庆祝建厂50周年时，举办大型音乐会，图片实物展览，出版画册，使企业文化影响力得到进一步的扩大。上海超拔实业有限公司承办了在天津召开的世界经济论坛第二届新领军者年会闭幕式音乐会，福州和声钢琴有限公司在中央音乐学院鼓浪屿学校设立“哈曼尼奖教、奖学金”、珠江钢琴参与珠海第七届中国国际航空航天博览会盛大欢迎会活动等等。

通过这些活动的举办，使乐器行业企业广大员工进一步认识到乐器行业是文化产业的重要组成部分以及乐器行业在文化大发展、大繁荣中的作用和地位。通过展开丰富多彩的音乐文化活动，员工的使命感、责任感、成就感得到相应提高。

6、乐器行业进一步得到政府和新闻媒体的重视和关注

随着乐器行业在国民经济和社会发展中的地位不断提高，政府、社会各界以及新闻媒体对乐器行业的重视和关注度也在不断提高，如中轻联步正发副会长考察参观2008中国（上海）国际乐器展览会、上海民族乐器一厂，并出席全国钢琴调律职业技能竞赛颁奖活动，杜同和副会长出席全国乐器标准化技术委员会成立大会并讲话等；此外，地方省市领导也深入到所在地区的乐器生产企业视察指导工作，其中：上海市副市长胡延照到上海民族乐器一厂考察指导工作；广州市副市长甘新到广州珠江钢琴集团有限公司进行调研；福建省委常委、福州市委书记袁荣祥、郑松岩市长相继在福州和声钢琴有限公司考察工作；江苏省省长罗志军等到江苏凤灵乐器集团视察、湖北省委常委、统战部部长苏晓云到宜昌金宝乐器有限公司视察。乐器行业和乐器企业已经成为省市领导深入基层考察调研工作重要的选择对象。

新闻媒体也加大了对乐器行业的宣传力度，乐器企业及人物出镜、见报的频率不断提高。据初步统计，乐器行业在中央及地方的视频，平面媒体报导中频频亮相，其中泰兴凤灵、上海民族乐器一厂的有关消息在央视晚间新闻中播出，产生较大社会影响。

乐器行业企业、个人及产品获得政府及社会奖励表彰的次数也有所增加，山西省长子县长子响铜乐器制作技艺、吉林省延边朝鲜族自治州朝鲜族民族乐器制作技艺、江苏省苏州市苏州民族乐器制作技艺、福建省漳州市漳州蔡福美传统制鼓技艺、新疆维吾尔自治区疏附县维吾尔族乐器制作技艺入选第二批国家级非物质文化遗产名录；由陕西省推荐，西安音乐学院翟志荣等10人完成的“中国拉弦乐器—系列秦胡的研制与应用项目”被列入2008年度国家科学进步奖初评通过项目；泰兴凤灵乐器集团董事长李书在第八届全国创业之星经验交流表彰会上荣获“全国创业之星”称号；宁波海伦乐器制品股份有限公司HAILUN品牌钢琴获得“30年中国品牌创新奖”。

乐器产品或商标在今年创名牌战略中又有新进展，继珠江、星海之后，山东泰山乐器有限公司注册的“Taishan”商标和天津市津宝乐器有限公司注册的“津宝”商标获得中国驰名商标称号。摩德利、艾立卡分获江苏省和湖北省名牌产品称号。

7、各种经济成分生产企业继续同步发展

改革开放后以来形成的乐器行业多种经济并存共同发展的格局，在2008年依然保持各自优势，平稳增长。

据国家统计局2008年1—8月统计数据，乐器行业总销售收入94.01亿元，其中，国有、集体企业产品销售收入7.03亿元，占行业销售收入7.48%；外商及港澳台投资企业产品销售收入54.6亿元，占行业销售收入58.11%；民营企业产品销售收入32.35亿元，占行业总销售收入34.41%。国有集体企业出口交货值为9.23亿元，占行业出口交货值的2.16%；外商及港澳台企业出口交货值为34.28亿元，占行业出口交货值的79.64%，民营企业出口交货值为7.77亿元，占行业出口交货值的18.19%。国有集体企业上缴税金0.27亿元，占行业税金总额13.41%，外商及港澳台企业上缴税金0.84亿元，占行业税金总额的

41.27%，民营企业上缴税金0.92亿元，占行业税金总额的45.31%，以上数据与2007年比较波动很小，由此说明，乐器行业中的各种经济成分企业在乐器行业销售收入、出口交货值及上缴税金等主要经济指标中所占比重基本保持稳定。

此外，不同经济成分的乐器生产企业经营状况也开始出现分化、整合现象。其中，国有集体企业基本保持稳定和健康发展，如广州珠江、北京星海、上海民乐一厂等继续保持稳定较快增长；外资企业进入中国的势头开始减弱，同时出现不同经营形势，有的继续保持稳定发展，有的生产与市场出现压力。海伦、津宝、金宝、金音、得理、艾立卡等一批民营规模企业依然保持旺盛发展势头，个别小企业则由于经营不善，市场运作不规范，而开始出现停产减产现象。

二、2008年协会开展的几项主要工作

根据中国乐器协会2008年工作计划及年初召开的工作会议精神，现将今年以来协会开展的几项主要工作完成情况作简要汇报：

1、加强协会自身建设，积极开展行业活动

（1）2008年以来，按照协会年初的工作安排，吉他、手风琴、打击乐器、管乐器、材料配件等分会(专业委员会)相继进行了换届选举，并在换届期间开展了行业活动，交流了行业及企业间的相互情况，口琴专业委员会按照惯例坚持召开了每年一次的年会，收到了较好的效果。特别是电鸣乐器分会在分会领导班子的共同努力下，开展一系列卓有成效的行业活动，一年来，领导班子坚持经常沟通情况，共商大事、积极组织相关企业共同参与，在制订行业标准、开展3C核查以及保护知识产权方面充分发挥了专业分会的组织作用，收到了很好的效果，分会在行业中的影响和作用进一步提高。

此外，9月份琴行分会在杭州召开了成立大会，选举产生了领导班子，制定了行规行约，并对分会工作进行了讨论，这次会议开得很成功，很多生产企业的老总也亲临现场祝贺，显示厂商和谐的热烈气氛。分会在成立以后，积极策划筹备上海乐器展期间举办的CMIA琴行论坛以及参与NAMM大学课程培训演讲，几乎是分会领导班子集体全部参与并作了充分准备，这两场活动得到了琴行业界的普遍欢迎，一些生产企业的老总也积极参与和互动，交流活动对于加强信息交流、增强琴行间、厂商间和谐关系也将起到积极推动作用，也为琴行分会活动开了一个好头。

但是，总的来说，协会分支机构的活动开展得还不太平衡。开展行业活动，是增强行业凝聚力和发挥协会组织作用的重要体现，在当前环境复杂多变，企业生产经营相对困难的形势下，更加显得重要而有意义，此外，作为行业龙头企业来说，开展行业活动，也是企业为行业尽到社会责任的重要体现。

（2）按照中轻联党委部署参加学习实践科学发展观活动

自2008年11月起，协会领导按中轻联安排参加了为期4天的集中培训学习，此后，将根据上级党委要求，制订协会党支部(现有党员6人)的学习计划，以科学发展观为指导，开展行业调查，总结经验，查找问题，以进一步改进协会工作，促进行业发展。

2、举办全国钢琴调律职业技能竞赛

为加强高技能人才队伍建设，引导和激励全国广大调律师从业人员钻研业务、创新技术，不断提高职业技能水平，中国轻工业联合会、中国就业培训技术指导中心、中国财贸轻纺烟草工会、中国乐器协会共同举办了“2008全国钢琴调律职业技能竞赛”活动。这次活动被列入人力资源和社会保障部2008年开展的23项全国职业技能竞赛系列活动之一。比赛分初赛、复赛、决赛三个阶段进行，历经近半年时间，共有来自全国24个省市的344名选手参赛，其中61名选手进京参加了决赛，最终产生3名全国技术能手、20名行业技能能手、40名优秀选手。中轻联步正发副会长亲临决赛现场指导工作，还专程赴上海参加颁奖仪式并作了重要讲话。

这次竞赛活动是迄今为止在我国钢琴行业活动时间最长、参加范围最广、参赛选手最多、水平最高的一次技能竞赛活动，通过这次活动检验了我国钢琴调律师队伍的职业技能水平，有力地推动和促进职工学习技术、掌握技能的热情，将进一步提高我国钢琴调律行业技术和为消费者服务的水平。因此，此项活动受到了全国钢琴生产企业、艺术院校和琴行的积极支持，以及广大调律从业人员的欢迎。特别是广州珠江钢琴公司和北京星海钢琴公司积极组织本企业职工参赛，并从人力、物力、财力上给予大力支持，北京星海公司还承担了决赛及全部赛事活动的场地和组织服务工作，上海国际乐器展览会承担了颁奖活动场地及所有参会嘉宾的接待组织工作，经过各赛点、赛区自下而上，协会、展览会全方位的通力合作，从而确保了全部竞赛活动的顺利进行。

为了组织好这次竞赛，中国乐器协会在其它各主办方的指导和支持下，尽力做好与有关各方的协调和竞赛的各项组织工作，积极为参赛选手创造良好的竞赛条件，并在经费上作了必要的投入，以减轻选手和企业负担。但是，由于初次举办如此规模和级别的赛事活动，缺乏工作经验，尚存在一些问题和不足，主要表现在①对于赛前辅导、竞赛规则以及竞赛程序的制订上还不够严谨与细致，缺乏统一和明确的要求；②参赛选手和覆盖面还不够广。本次竞赛虽然广州珠江、北京星海带了好头，但是有一些国内重要的钢琴企业(包括外资企业)的在岗人员以及许多社会上从事钢琴调律的人员由于种种原因还没有参加本次比赛。为此，今后要进一步加强乐器行业各个特殊工种竞赛活动的宣传动员和组织工作，使得在各个岗位工作的乐器行业广大职工，包括钢琴调律师都能参加到此项活动中来。

3、开展2007年乐器行业强势公司、先进集体、优秀人物的评选活动

自2002年以来，中国乐器协会已连续五年在行业中开展此项活动，也是经过国务院主管部门清理评比达标活动工作后，批准保留下来的一项行业性评比活动。

经过各项评选程序，共有广州珠江钢琴集团有限公司等行业内46家企业、1个分支机构—电鸣乐器分会、黄伟林等17位个人入选。获得表彰的强势公司和先进个人都是乐器行业中各类产品领域，坚持学习实践科学发展观，在各方面取得优异成绩的先进典型。此外，与往年相比较，在2008年的评选活动中还体现了以下几个特点：

（1）评选活动以企业经营业绩、自主创新、转变经济增长方式、企业社会责任等综合几个方面取得的成绩和事迹作为评选考核的内容。

（2）由过去几年沿用的以国家统计局公布的经济指标统计数据，进行简单排序评选的方式，改为由企业自愿申报并总结上年生产经营等各方面取得的业绩，再由协会根据了解的企业相关信息进行补充完善，最终确定排序和入选名单，更加体现了评选的公平、公开原则以及企业自愿参加评选的意识。

（3）严格界定评选范围，充分体现协会组织作用

2008年的评选活动严格界定评选范围为协会会员，以体现协会为会员服务的进一步强化，提升会员的地位和利益。同时在先进典型名单中增加了为协会工作做出成绩和贡献的分支机构和个人，以进一步调动协会工作者的积极性。

4、举办2008中国（上海）国际乐器展览会

由中国乐器协会与上海国际展览中心有限公司、法兰克福（香港）展览有限公司共同主办，美国NAMM作为国际合作伙伴的2008中国(上海)国际乐器展览会于10月9日～12日如期举行，至今上海乐器展已连续成功举办了7届，已发展成为亚洲最具影响力的专业乐器展，越来越多地受到国内外乐器制造、音乐教育界的重视与关注，已经成为全世界音乐界人士的年度盛会之一。

本届展会规模达到65000平方米，较去年增加5000平方米，共有来自22个国家和地区的1106家企业参展，较2007年的1019家增加87家展商，其中外商增加27家，国内展商增加60家；共有来自91个国家和地区的43238名观众，较2007年的40612名增加16.4%，中国国内观众增长15%，国外观众减少8%。

以上情况说明尽管2008年以来，我国接连遭遇一系列自然灾害的严重影响，特别是9月份以来不断加剧的国际金融危机所造成的世界实体经济萎缩，消费能力下降，出口减缓等一系列困难，但是中国经济仍然保持稳定发展的基本面不变，特别是对我国乐器市场和乐器经济的影响有限，国内外展商和买家对中国经济的发展前景充满信心，继续看好中国巨大的乐器消费市场和日益增长的消费需求，因此，对上海乐器展的未来发展前景继续保持乐观和充满信心，从而保证了上海乐器展仍然保持良好发展的势头，对此，协会在展会现场采访众多国内外展商及观众过程中得到了深刻的印象。

2008年上海乐器展期间举办的第三届NAMM大

学课程、第二届院长论坛、上海计算机电子音乐发展研讨峰会、CMIA第一届琴行论坛等一系列活动也都收到了较好的效果，论坛确定的主题和内容越来越适应国情和乐器行业实际，结合展商和观众的需求，论坛的参与率和互动性普遍提高。特别是由琴行分会主持并初次举行的CMIA琴行论坛，得到了大家的热烈响应，单场参与者达到180余人，现场气氛热烈和活跃，成为继2005年举办的上海乐器经济论坛之后又一个最受欢迎的论坛活动。

2008年上海乐器展在展会服务方面又有了进一步的改进和提高。为方便观众参观，增加E1-E6馆间班车，此外，为了改进和解决场馆内安保、消防、偷窃、小摊贩等现场问题，主办方与馆方进行多次沟通与协商，力求为展会提供一个良好的展会环境，尤其是通过采取加强音量控制措施，使多年来存在的场馆噪音问题今年得到了明显的改进。

此外，2008年上海乐器展期间，中国乐器协会、上海国际展览中心有限公司、法兰克福(香港)展览有限公司以及美国NAMM四方主要负责人进行了多次双边及多边会晤，就上海乐器展有关问题进行了进一步的沟通与协商，各方一致表示对中国乐器市场健康发展充满信心，以及继续加强合作搞好上海乐器展的愿望。

5、关于乐器标准化工作

（1）组建成立全国乐器标准化技术委员会

在中国轻工业联合会指导下，中国乐器协会会同全国乐器标准化中心经过一年的筹建工作后，国家标准化委员会于2008年7月18日，以国标委［2008］073号文件正式批复同意成立全国乐器标准化技术委员会，并于10月22日在北京召开了成立大会，国家标准委、中轻联等有关部门领导和标委会全体委员参加了成立大会，会议通过了《全国乐器标准化技术委员会章程》及《秘书处工作细则》。成立大会后标委会正式履行职责，对列入2008年制、修订项目计划的《乐器分类》等3项国家标准进行了审定，并获得一致通过。

全国乐器标准化技术委员会的职责是负责乐器产品领域（不含乐器维修、保养等服务领域）国家标准的制、修订工作。组成第一届标委会共40人，基本上涵盖了各大类乐器主要生产企业以及协会、标准化、科研、检测和相关音乐院校的主要技术专家和负责人。乐器标委会的成立对于建立和完善乐器标准化体系，加快国家标准制、修订进度，积极采用国际标准和提高乐器国家标准的质量水平，将起到积极的推动作用。

（2）全面完成列入2008年国家(行业)标准制、修订项目计划

2008年以来，中国乐器协会会同全国乐器标准化中心、各有关标准起草单位以及相关的乐器生产企业等共同完成了《中提琴》、《中提琴弓》、《倍大提琴》、《倍大提琴弓》、《电子鼓通用技术条件》、《MIDI键盘通用技术条件》等6项行业标准和《乐器分类》、《乐器产品使用说明》、《十二平均律的频率与音分的计算》等3项国家标准的起草、审定、形成报批稿等各项程序，最终分别上报国家标准委和国家发改委批准和发布实施。

6、做好乐器行业信息工作

2008年，协会的信息工作紧紧围绕为行业服务、为服务企业的宗旨，积极适应新的形势需要，实现了信息工作质和量的新突破。

乐器行业信息工作主要围绕以下几个方面开展：（1）《中国乐器》杂志（月刊）经过多年的发展，已拥有许多固定读者，并在业界得到广泛认可。2008年《中国乐器》在保持原有特色风格的基础上，加强对杂志的整体策划，调整了内文版式，并对栏目设置、文章选题、编辑质量、版面效果等方面进行了全面改版。特别是从2008年第7期起，还将杂志由黑白印刷改为全彩印刷，对大量照片稿件进行精挑细选，增加了照片的使用量，使《中国乐器》刊物质量有了大幅度全面提升，其内容更丰富，涉及面更广，更加注重细节。

（2）“中国乐器协会网”利用网络优势，继续发挥其时效性的特点。进一步拓展和改进网站功能，便于访客能够快捷的根据所需找到相关信息。2008年1至11月共发布行业新闻691条，较去年增长36%。其中，行业快讯168条，企业信息214条，海外信息101条。协会网站在发布文字、照片信息的基础上，开辟了“视频中心”，动态报导行业发生的大事。一年来共编播出15条信息，点击率达6800人次。此外，还加强了英文网站的信息发布，加强与国际乐器界的沟通和联系。

（3）完成《中国乐器年鉴（2007-2008）》编

辑出版工作，于2008年9月24日起向国内外正式发行，并在2008年上海乐器展期间向一千余家中外展商免费发送赠阅。该年鉴是自2002年起，中国乐器协会编印的第四本乐器年鉴，《年鉴》的出版加强了乐器行业信息交流，为扩大中国乐器行业国内外影响，推动中国乐器行业更好更快的发展也起到了很好的作用。

2008年3月，中国乐器协会首次设展位参加德国法兰克福乐器展，并由信息部派员具体负责，4天的展会期间，协会工作人员积极主动开展工作，广泛接触和采访了众多国际厂商及乐器行业组织有关人士，进一步扩大了中国乐器行业以及上海乐器展的国际影响。

此外，信息部还针对各乐器企业开展的音乐文化活动进行了跟踪报道，精心安排和组织，圆满完成了多次重大企业文化活动的采访报道，获得了企业的好评。

7、完成二胡“中国名牌”产品评价前期工作

3月1日，中国名牌战略推进委员会发表2008年第1号公告，民族乐器(二胡)列入2008年中国名牌产品评价目录。公告发布以后，乐器行业共有上海民族乐器一厂、苏州民族乐器一厂、河北乐海乐器有限公司等3家企业分别向上海市、江苏省和河北省质量技术监督局提交了申报材料，此后3家企业的全部申报数据均在国家质量监督检验检疫总局和有关省市质监机构上网实行两级公示，接受社会对企业的监督。

按照国家质量监督检验检疫总局和中国名推委的部署，中国乐器协会于8月15日组织行业内有关专家，根据名推委统一制订的《2008年中国名牌产品评价通则》制订了二胡中国名牌产品评价细则，并对3家企业的上报材料进行集体审查，并将评价细则及审查情况，书面上报名推委。

此后，由于三鹿奶粉事件的影响，国家质检总局于9月18日公告宣布废止《产品免检质量监督检查管理办法》，接着9月20日发布公告国家质检总局不再办理企业和产品有关的名牌评选活动，至于对2008年中国名牌产品评价的后续工作以及今后如何实施《中国名牌产品管理办法》则至今未做出进一步解释和明确的说法。

8、完成乐器利用蟒皮行政许可实施情况的监督检查和调研

为了规范行政许可工作，加强对被许可人从事行政许可事项活动的监督检查，国家林业局于2008年7月启动了对野生动物行政许可事项实施情况开展监督检查，并选择了乐器行业的蟒皮等一批资源消耗量高，受国内外关注，具有行业代表性的行政许可事项，列入2008年监督检查的重点领域。为此，国家林业局邀请并委托中国乐器协会负责开展此项工作并要求于2008年11月底上报有关监督检查和行业调研情况。中国乐器协会接此任务后于8月～11月组成工作小组分赴北京、天津、浙江（杭州、宁波）、上海、江苏（苏州、无锡）、陕西（西安）、山西（太原）、山东（青岛、济南、临沂）、河北（石家庄、肃宁）等相关地区蟒皮乐器生产企业以及蟒皮进口及贸易公司就蟒皮采购行政许可事项以及各地琴行蟒皮乐器标识执行情况开展调研和检查，并在上海乐器展期间对所有参展的二胡生产企业标识执行情况进行集中检查。此项调研工作基本覆盖了蟒皮乐器生产主要省市和相关企业以及蟒皮进口贸易公司，通过调研基本上摸清了相关情况，并按期向国家林业局上报调查报告。此外，通过调研也使协会年轻同志得到了锻炼和提高。

9、组织撰写乐器行业改革开放30周年纪念文章

2008年是我国改革开放30周年，为隆重纪念这一具有伟大历史意义的重要事件，中国轻工业联合会决定编辑出版“中国轻工业改革开放30周年大型纪念文集”，并于年底前公开发行。按中轻联的部署，由中国乐器协会、广州珠江钢琴集团有限公司、上海民族乐器一厂分别撰写中国乐器行业以及广州珠江钢琴集团有限公司、上海民族乐器一厂改革开放30周年的纪念文章。这三篇纪念文章全面总结了我国乐器行业以及广州珠江钢琴公司改革开放30年来的发展业绩及基本经验。

此外，由协会信息部在这一年内组织行业内有关同志或通过采访的形式，撰写了民族乐器、管乐器、提琴、电声乐器、口琴、钢琴等7篇行业性纪念文章，全面回顾和总结了各相关行业改革开放30年的发展历程。

上述纪念文章的发表，将进一步扩大我国乐器行业的国内外影响，便于社会各界对乐器行业及相关产业更深入全面的了解。

10、向上级主管部门反映行业信息及提出政策建议

2008年除由协会秘书处每月定期向中轻联书面汇报乐器行业生产经营及协会工作动态以外，根据中轻联、国家发改委、税则委、商务部等上级主管部门工作布置，分别就有关专题提出政策建议，主要有以下三项：

（1）针对人民币升值引起乐器出口成本上升，个别乐器产品出口下降，经济效益大幅度下降的问题，提出了调高出口退税率的建议。

（2）为了适应国内音乐市场消费需求，促进国内电子乐器行业技术进步、结构调整，提出降低国外高新技术含量电子乐器进口税的建议。

（3）为了争取国家对乐器产业的政策支持，促进我国高档乐器的研制和开发，提出将“专业演奏级高档乐器技术开发应用”列入国家发改委制订的产业结构调整指导目录（2008年本）鼓励类项目。

由于协会的信息报送工作做出一定的成绩，获得中国轻工业联合会2007年度轻工行业信息报送工作三等奖的鼓励。

三、提请理事会审议的几个议题

1、关于调整和增补理事

根据一年来的以下几种情况，需要对部分理事进行调整或增补：

（1）个别理事由于工作变动或离开原来所在企业，需要免去其理事及在协会的任职。

（2）经过有关分会的改选，一些企业负责人进入分会领导班子，为方便工作需要增补为理事会成员。

（3）一些现为会员或理事的企业，根据近年来企业发展情况，向协会秘书处提出增补为理事或常务理事的申请。

2、提议协会成立保护知识产权工作组织

随着市场经济发展，科学技术进步，为尊重知识、尊重劳动创造、维护市场竞争秩序，保护知识产权问题越来越显得重要，并得到国际社会的普遍重视和关注。

一年来，电鸣乐器分会组织相关企业就电鸣乐器行业保护知识产权的现状、存在问题及国际动向和应采取的对策措施等进行了多次沟通和协商，拟成立分会知识产权保护组织，以适应形势发展的需要，并建议最好以协会名义组织和开展工作，以利于加强工作力度，扩大影响和便于对外开展工作。

经协会研究后认为，当前乐器行业内尚比较普遍的存在知识产权保护意识不强，法律观念淡薄，时有侵权现象发生等问题，企业对侵权行为反映强烈。因此，以协会名义专门成立保护知识产权工作组织是有积极意义的，可以有利于加强知识产权保护的宣传，提高行业和企业维权意识，同时可在必要情况下，对一些侵权行为在诉诸法律前进行必要的协调，以利于促进企业间和谐竞争，维护市场环境。为此，拟同意电鸣乐器分会提议，在电鸣乐器分会组建方案的基础上，增加其它分会的人选，正式以中国乐器协会名义组建保护知识产权工作组织，该项工作拟请盛子斐副理事长牵头负责。

请理事会对是否以协会名义成立该组织及组织名称进行审议和提出意见。

3、征求中国乐器协会成立20周年庆祝活动方案的意见

2009年将迎来中国乐器协会成立20周年，为更好地总结过去，开创未来协会工作新局面，协会初步考虑拟出版庆祝中国乐器协会成立20周年纪念册。除此以外，再搞些什么有意义的活动(如总结表彰活动，行业论坛等)，请各位理事审议，并集思广义提出建议，以便及早筹备，把这件事办好，办得更有意义。

四、2009年协会的工作重点

关于2009年的协会工作，我们无疑将把积极有效地应对世界金融风暴以及经济危机给乐器行业可能带来的影响和冲击，以保持乐器行业较快增长和发展作为协会工作的重中之重。为此，2009年的协会工作，除了要进一步做好加强协会自身建设，积极开展行业活动，继续做好为企业服务的各项工作以外，尤其要加强行业的信息工作，要及时了解和分析企业的生产经营及出口情况，跟踪世界乐器市场发展动态，并及时向企业反馈信息，向政府提供行业信息及提出政策建议。

其次，协会要与全行业一起，根据中央和地方各级党委的部署和要求，深入开展学习实践科学发展观活动，要按照科学发展观的要求，从乐器行业和乐器企业以及协会实际出发，认真总结改革开放以来的发展思路、实践经验与存在问题，以使我们乐器行业、乐器企业以及协会工作继续保持协调可持续发展。

第三，要认真做好新一届理事会的换届工作。2009年第五届理事会任期届满，为此，需要积极认真做好换届工作，以使新一届理事会在进一步加强为行业、政府、企业服务的能力和实力建设，更好地保持协会旺盛的生命力，更好地发挥协会的职能作用等方面，更加有所作为。

至于具体的2009年度工作计划，将在理事会后，召开专门会议，进一步安排落实。

各位理事、各位代表：

我们即将迎来充满挑战和机遇的2009年，尽管我们当前面临的是严峻的国际经济危机和各种不确定因素，以及国内经济发展中的诸多困难，但是我们坚信，在党中央的坚强领导下，在国务院积极扩大内需、保增长、促发展的总方针指引下，只要我们乐器行业全体同志坚定信心，克服困难，采取积极措施，大家一齐努力，做好企业自己的事情，我国乐器行业一定能够与中国经济一样，取得优异成绩和进一步增长和发展。

中国乐器协会第六届会员(代表)大会暨六届一次理事会会议纪要

(2009年12月29日)

2009年12月28～29日，中国乐器协会第六届会员（代表）大会暨六届一次理事会在北京江西大酒店举行，中国轻工业联合会会长步正发、人事教育部主任林小冲等领导出席会议，步正发会长在会前接见了中国乐器协会副理事长以上领导成员，并在大会开幕式上作重要讲话。会议选举产生了以安志为理事长的第六届中国乐器协会理事会。出席这次大会的会员（代表）共计143名。

12月28上午9时举行全体会议，中国乐器协会副理事长、广州珠江钢琴集团股份有限公司董事长黄伟林主持会议。

首先，步正发会长讲话，他说："新中国成立60年，特别是改革开放30年以来，乐器行业从一个比较落后的传统手工制造业转变为既保留了中华民族优秀的传统工艺制造技术，又融进了最新科技成果的多元化发展的现代乐器制造业。目前我国乐器行业已经成为世界乐器的最大生产国和消费市场。中国乐器协会成立20年来，特别是第四届、第五届理事会以来，坚持服务宗旨，在服务行业、企业，反映企业需求，维护企业合法权益，协助企业应对国际金融危机，协调解决行业、企业存在的突出问题，推进企业技术和管理创新，扩大国内外技术、信息交流与经济合作以及自身建设等方面做了大量卓有成效的工作，为中国乐器行业向着"做大做强"发展做出了重要的贡献。

2010年是实施"十一五"规划的最后一年，对乐器行业和协会今后的工作提出几点希望：

1、希望乐器行业和企业根据党中央方针、政策，紧密结合行业、企业实际，深入学习实践科学发展观，坚持改革开放的原则，坚持以市场为导向，加大结构调整和科技创新力度，加强自主品牌建设，大力发展文化产业，扎扎实实抓好技术创新和管理创新，高度重视企业经营战略和人才战略，走可持续科学发展之路。

2、希望新一届中国乐器协会理事会要充分发挥行业、企业同政府之间的桥梁和纽带作用，进一步提高协会业务能力，服务行业、企业的能力和水平。深入调研，说清整个行业，熟悉行业，深入了解国内外市场定位水平，产品质量、装备技术和运营水平，敏捷准确地把握行业发展动态，做到信息准、层次深、沟通快。

3、希望继续推进乐器行业的产业集群和特色区域建设，不断增强行业的凝聚力。乐器行业在轻工行业中是一个跨度大、有特色的行业，抓好产业集群和专业化分工，可以快速提升行业、企业核心竞争力。特色区域建设可以将国内外、社会各界的资源有机的整合，大大提升行业的综合实力和社会影响力。

4、希望新的一届中国乐器协会领导班子要切实加强团结协作，开阔思路，加强协会自身建设，进一步加强协会基础工作，注重人才和队伍建设，探索新形势下行业协会工作方式，创造行业协会工作的新鲜经验。

中国轻工业联合会人教部主任林小冲传达了中轻联党政联席会关于中国乐器协会第六届理事会驻会领导成员的推荐意见，并对被推荐人作了简要介绍，请大会按协会章程选举产生。

中轻联领导讲话后，王根田理事长作中国乐器协会第五届理事会工作报告。报告第一部分说，中国乐器协会第五届理事会任期的四年，是中国乐器行业在延续了2002～2005年的"历史发展最好时期"后，又经历了汶川地震、北京奥运、全球金融危机等世界范围和国内发生的一系列重大事件，机遇与挑战并存的发展时期，中国乐器行业继续保持着世界最大乐器生产国和乐器市场的地位，在国家一系列方针政策指导下，沿着由"做大"向"做强"的道路继续迈进，取得八个方面的突出成绩：

1、规模以上企业主要经济指标完成较好行业取得较快发展；2、乐器出口持续增长，出口产品结构有所调整；3、中国已经成为世界最具影响力的乐器贸易国之一；4、多种经济成分乐器生产企业共同发展；5、乐器行业进一步受到国家及相关部委和地方政府重视，一批企业、人物、产品获奖励，一些地区乐器行业成为本地区支柱产业；6、自主创新能力明显加强，品牌战略初见成效；7、企业经济增长方式不断转变，产业结构升级加快；8、乐器产业与音乐艺术培训活动进一步紧密结合。

报告第二部分从十个方面阐述了中国乐器协会四年来开展的主要工作：1、加强协会自身建设，不断提高服务质量。2、加强行业调研，密切协会与企业以及地区行业协会关系。3、开展乐器标准化工作。4、组织编制乐器行业"十一·五"发展规划。5、配合国家质检总局及地方质监局，协助作好中国名牌及各省市名牌产品及著名商标的申报、推荐、宣传工作。6、努力做好行业信息交流和传递工作。7、坚持开展评选"中国乐器行业强势公司、优秀人物"的工作。8、努力办好中国（上海）国际乐器展览会。9、做好乐器行业特色区域、产业集群的创建工作。10、积极完成各有关部委交办的各项工作。

报告第三部分，对四年来协会工作基本经验进行归纳，主要有四个方面：一是努力完成各级政府和有关部门交办和委托的各项工作，履行好社会职责。二要充分利用国家大力发展文化产业和繁荣文化事业的方针政策和社会环境，促进乐器行业和企业发展与文化产业相结合。三是要坚持不懈地鼓励和支持企业树立自主创新意识、自主品牌意识，开拓国际、国内市场并举的意识，走可持续科学发展的道路；四是从难、从严治（协）会，不断提高自身实力、服务能力和办事效率，协会工作只有全心全意为企业服务才能得到社会、行业和企业的认可，为把乐器协会打造成"企业离不开、政府信得过、行业有地位、国际有影响"而坚持不懈，努力奋斗。

报告第四部分，对第六届理事会工作提出六点建议：1、继续深入学习实践科学发展观，认清形势，把握发展机遇。2、结合乐器行业实际，认真落实"轻工业调整和振兴纲要"，在认真总结"十一·五"经验和加强调查研究的基础上，制定好乐器行业"十二·五"发展规划。3、认真研究和解决行业、企业加速发展的途径。4、要积极扩大会员队伍，充分发挥分支机构的作用，加强对行业服务协调力度，扩大对行业和社会的影响力，增强行业凝聚力。5、继续办好中国（上海）国际乐器展览会。6、办好2010年国际提琴制作比赛和2013年国际钢琴技师和调律师大会。

王根田最后说，21世纪第一个十年，我国乐器行业一跃成为世界最大的乐器生产国。21世纪第二个十年，中国乐器行业将加快实现"由大变强"的发展阶段。协会第六届理事会一定会不辱使命，在全行业广大企业全体员工的大力支持和共同努力下，为经过金融危机严峻考验的中国乐器行业取得更好、更快发展，为实现中国乐器"做大做强的目标"创造出新的业绩。

随后，大会进行有关各项议程，由齐建平秘书长向大会作中国乐器协会章程修改说明，第六届理事会理事候选人（单位）提名情况以及会员会费缴纳情况说明等。

28日下午，全体代表按无计名投票方式选举产生出由118名理事组成的中国乐器协会第六届理事会。

29日上午召开中国乐器协会第六届理事会第一次会议，选举产生常务理事、副理事长、理事长、秘书长。理事长：安志；副理事长（按姓氏笔画）：王国振、李书、刘卫国、朱文玉、刘运斌、齐建平、吴天延、陈学孔、陈海伦、张振启、杨盛惠、张鉴堂、郑荃、林伯龙、罗建峰、赵惠臣、盛子斐、黄伟林、黄志康、黄茂强、焦永达、蓝汉民；秘书长：曾泽民。

新一届中国乐器协会理事会领导班子产生后，安志理事长代表新一届理事会提名王根田担任名誉理事长，获得全体理事的一致通过。

接着安志理事长发表讲话，他说："第五届理事会按照行业发展规划，遵循协会章程，认真贯彻落实党的方针政策，四年间做了大量的调研、协调、沟通服务工作，取得了许多宝贵的经验。我衷心地感谢上届理事会和全体会员为乐器行业发展而努力工作的各界同仁。在第六届理事会产生之际，我就协会下一步工作提出几点意见：一、全面、客观、发展地分析形势，及时准确把握发展机遇。二、把握发展主动权，认真落实《轻工业调整和振兴规划》。三、2010年工作重点：1、在深入调研的基础上，分析、研究、归纳、总结几个带有普遍或典型意义的问题，引导行业科学、健康、有序发展。2、办好2010年国际提琴制作竞赛，着手2013年国际技师和调律师年会的前期准备工作。3、继续办好中国（上海）国际乐器展览会，探讨协会统一组团出国参展事宜。4、积极扩大会员队伍，加强会员日常交流与服务，按协会章程加强协会管理工作。5、认真完成中国轻工业联合会和各有关部委交办的工作。6、继续做好和提升行业信息发布、传递、沟通及经验交流等工作。7、继续做好乐器产品标准化工作，知识产权保护工作，职业技能培训教材编写工作，职业技能培训和鉴定等工作。"

新任秘书长曾泽民在讲话中表示，我们当选的驻会工作人员在今后的工作中要作到三方面：一是学习（学习形势政策，学习专业知识，学习行业经验）；二是定位，思想定位（为行业服务，全局观念，统筹，公开公平公正），工作定位（调研员，通讯员，服务员）；三是服务（热忱服务，细心服务，全过程服务），请全体会员监督。

历时一天半的中国乐器协会第六届会员（代表）大会暨六届一次理事会于29日中午圆满结束。会议总结了过去四年中国乐器行业快速发展所取得的显著成绩，中国乐器行业在为我国文化大发展，大繁荣，构建和谐社会，为丰富人民群众文化娱乐生活发挥了越来越明显的作用。会议高度评价，充分肯定了第五届理事会所作的工作以及为中国乐器行业发展所作的贡献。会议一致通过了第五届理事会所作的工作报告，财务工作报告，中国乐器协会章程修改报告等文件，选举了新一届中国乐器协会理事会领导。会议相信，在新一届理事会领导下，中国乐器行业将会焕发更大生机和活力，进入一个新的发展时期，中国乐器行业一定会在不久的将来由大变强，谱写出更加美好的新篇章。

中国乐器协会第五届理事会工作报告

王根田

（2009年12月28日）

各位代表，各位理事：

现在，我代表第五届理事会向大会报告中国乐器协会第五届会员（代表）大会以来四年的工作，请予审议。

一、过去四年行业发展的基本情况

2005年12月21日，中国乐器协会第五届会员（代表）大会暨五届一次理事会在北京召开，第五届理事会任期的四年，是在党的十六大、十七大指引下，我国改革开放进入重要历史发展阶段的四年，在这四年中，党中央提出了“构建和谐社会、学习实践科学发展观、迎接文化大发展、大繁荣”等一系列战略构想；这四年正值国民经济和社会发展执行第十一个五年计划时期，中国乐器行业在延续了2002～2005年的“历史发展最好时期”后，又经历了汶川地震、北京奥运、全球金融危机等世界范围和国内发生的一系列重大事件，机遇与挑战并存，机遇大于挑战的发展时期，国家政治稳定、经济发展、文化繁荣、人民生活全面走向小康的形势更加有利于乐器行业的发展。回顾过去的四年，我国继续保持着世界最大乐器生产国和乐器市场的地位，中国乐器行业在国家一系列方针政策指导下，沿着由“做大”向“做强”的道路继续迈进，主要表现在以下几个方面：

1、规模以上企业主要经济指标完成较好行业取得较快发展

2005年我国乐器行业规模以上企业总资产97.76亿元，销售收入92.04亿元，出口交货值50.53亿元人民币，实现利润4.77亿元。2008年乐器行业规模以上企业总资产129.13亿元，比四年前增长32.08%，销售收入143.23亿元，增长55.61%，出口交货值64.23亿元，增长27.87%，实现利润5.63亿元，增长18.02%。截止2009年1～8月尽管受到全球金融危机的严重冲击和影响，乐器行业规模以上企业仍然保持着正增长的态势，总资产139.85亿元，同比增长5.52%，主营业务收入104.61亿元，同比增长1.01%，利税7.49亿元，同比增长12.84%，其中利润4.46亿元，同比增长9.79%。同时，与金融危机影响最为严重的3月份相比，也呈现着逐月回暖的形势，2009年3月乐器行业单月工业总产值13.02亿元，10月份为15.54亿元，增长27.72%，出口交货值2009年3月份为3.99亿元，到10月份达到5.21亿元，增长30.57%。

2、乐器出口持续增长，出口产品结构有所调整

据海关统计，2005年中国乐器出口金额为9.23亿美元，出口世界153个国家，2008年中国乐器出口金额为15.20亿美元，四年增长64.68%，出口世界167个国家，出口国家数量增长9.1%，美国、欧盟、日本、港澳台是中国乐器主要出口国家和地区，四年中，中国出口美国乐器金额从3.45亿美元，增加到4.85亿美元，增长40.57%，出口欧盟乐器从2.22亿美元，增加到3.95亿美元，增长77.92%，出口日本乐器从0.66亿美元，增加到0.93亿美元，增长40.90%，出口港澳台乐器从0.61亿美元，增加到1.25亿美元，增长1.04倍。四年来中国乐器出口非洲和南美洲，也有了较大幅度的增长，出口非洲从2005年的1116万美元，到2008年增加到2424万美元，增长1.17倍，出口南美洲从5445万美元，增加到1.21亿美元，增长1.24倍，中国乐器出口发展中国家的平均增速要高于发达国家84.61%。2009年在世界金融危机影响下，中国乐器出口也受到较大影响，从海关提供的2009年1～3季度乐器出口数据分析，一季度乐器出口为2.28亿美元，二季度出口为2.82亿美元，增长了23.68%，三季度达到3.73亿美元，比二季度增长了32.26%，出口形势逐渐好转。

以上数据反映，我国乐器行业依然呈现稳定发展走势，受世界金融危机影响有限，乐器出口快速发展，产品结构正在加快调整。

3、中国已经成为世界最具影响力的乐器贸易国之一

从《中国日用消费品对外贸易报告》资料分析，2005年各国海关统计，全球乐器出口贸易总额为51.49亿美元，当年中国乐器出口已经位居第一，出口总额9.23亿美元，占全球总出口额的17.92%，四年后的2008年全球乐器出口贸易为67.41亿美元，中国乐器出口继续保持排名第一位，出口额为15.22亿美元，占全球乐器总出口额的22.56%，与四年前相比出口份额增加了4.64%，说明中国乐器出口在全球的比重在不断提升。

据美国《MUSIC TRADES》杂志每年公布的“全球乐器与音响供应商225强”统计数据显示，2005年中国内地乐器生产企业（不包括中国台湾和中国香港）进入“225强”的企业为20家，销售收入总额为6.04亿美元，占“225强”总销售收入的3.33%，2008年中国内地乐器生产企业进入“225强”的企业仍然是20家，销售收入为6.58亿美元，占225强总销售收入的3.76%。四年中，全球225强由于金融危机的影响，总销售收入从181亿美元下降到175亿美元，下降了3.31%，而中国内地进入“225强”的20家乐器生产企业销售收入却上升了8.94%，占“225强”总销售收入的比例也增加了0.43%，目前尽管中国乐器行业在全球乐器市场占据的比例还是很小，但发展趋势是稳定和上升的。

从单件乐器品种分析，我国钢琴、提琴等产品在世界上的影响力也在不断提升，中国乐器行业生产销售的钢琴、西管乐器、提琴等产品都占世界产量的70%以上，打击乐器和电声乐器也占有相当比重，提琴多次获得了国际提琴制作比赛的金、银奖，为国家争得了荣誉，中国生产的普及提琴在世界上已经占有绝对份额，同时艺术提琴的质量也进一步获得国际提琴界认可。民族乐器的不断创新也引起了世人关注。

4、多种经济成分乐器生产企业共同发展

改革开放30年来，我国乐器行业出现以国有集体企业为主导，中小民营企业、外资及港澳台企业齐头并进，百舸争流竞相发展局面，四年来这种格局基本没有改变，但不同经济类型产业结构及企业内部机制都发生了深刻变化。

国有集体企业数量从2005年的41家，减少到33家，总资产从35.5亿元减少到28.25亿元，销售收入从19.01亿元，减少到17.56亿元，国有企业占乐器行业总销售收入的比例从20.65%下降到15.01%。虽然国有集体企业在数量和总规模上有所减少，但广州珠江钢琴集团股份有限公司、北京星海钢琴集团有限公司、上海民族乐器一厂等一批国有、集体企业继续保持着行业领头羊的地位，具有十分强劲的发展势头，自主创新力，企业核心竞争力和抗风险力不断增强，成为民族乐器行业的一面旗帜。

民营企业数量从2005年的88家增加到126家，总资产从12.21亿元，增加到20.76亿元，增长70.02%，销售收入从18.39亿元，上升到33.38亿元，增长81.51%，销售收入占乐器行业总销售收入比例的19.98%提高到28.97%。经过四年的发展，宁波海伦、泰兴凤灵、北京华东乐器、天津津宝、河北金音、广东四会、常州吟飞以及上海华新等已经成为国内外著名的乐器生产企业，具有较高的规模效益和企业整体形象。此外，南京摩德利、杭州嘉德威等一大批民营中小企业也得到了迅速发展。

外资及港澳台投资规模以上企业数量从2005年96家增加到119家，总资产从49.98亿元，增加到78.97亿元，增长58%，销售收入从54.63亿元，增长到65.48亿元，增长19.86%，销售收入占乐器行业总销售收入的比例从59.35%降低到55.99%。目前，世界各大著名乐器公司已经基本落户中国，并且取得了很好的发展业绩，这些企业中包括有德国施坦威、日本雅马哈、卡瓦依、卡西欧、罗兰、韩国世正、英昌、法国布菲、AXL、台湾功学社以及香港柏斯、得理公司等。

5、乐器行业进一步受到国家及相关部委和地方政府重视，一批企业、人物、产品获奖励，一些地区乐器行业成为本地区支柱产业

四年来，时任浙江省委书记习近平、江苏省省委书记李源潮、北京市委书记刘淇、湖北省委书记俞正声以及多位中央及省部级以上领导先后视察过泰兴凤灵乐器集团、海伦钢琴公司、宜昌金宝钢琴公司、北京华东乐器有限公司等乐器企业，中轻联步正发会长、原会长陈士能等多位领导先后到中国（上海）国际乐器展览会参观展览和视察企业，充分肯定了乐器行业近年的发展和成绩。中央及地方领导考察乐器行业的次数较前四年大有增加，反映出乐器行业在国民经济和人民生活中的地位进一步提高，更加得到各级政府的重视和支持。

四年来，又有一批乐器企业被中央文明办、科技部、商务部、文化部授予各种荣誉或重点单位，其中：广州珠江钢琴集团股份有限公司被授予“国家级企业技术中心”和“全国质量奖”，北京星海钢琴集团有限公司第二次荣获“全国文明单位”称号，泰兴凤灵乐器公司与海伦钢琴股份有限公司被文化部命名为“文化产业示范基地”，福州和声钢琴有限公司、青岛世正乐器公司、天津圣迪乐器有限公司、杭州嘉德威钢琴有限公司、河北金音乐器集团有限公司、河南中原民族乐器有限公司等企业列入省级“文化产业示范基地”。广州珠江、北京星海、海伦钢琴、泰兴凤灵、天津津宝、武汉艾立卡、徐州大风等7家乐器企业被列入商务部、文化部、广电总局、新闻出版署共同制定的2009-2010年国家文化出口重点企业和重点项目目录。

四年来，行业内一批企业领导者或工人技术人员被授予各种级别荣誉称号，或当选国家或本地区人大代表、政协委员，其中，著名提琴制作师朱明江、天津津宝乐器有限公司总经理刘运斌分别获广东省和天津市劳动模范称号，广州珠江钢琴集团股份有限公司董事长黄伟林获广州市劳动模范称号，黑龙江省牡丹江和音乐器有限公司董事长贾酝获全国三八红旗手，上海民族乐器一厂厂长王国振、海伦钢琴公司副总经理金海芬、大连铜管乐器有限公司董事长焦永达、获全国轻工劳动模范，广州珠江钢琴集团有限公司原董事长童志成获广东省改革开放30周年功勋企业家荣誉，泰兴凤灵乐器集团董事长李书获优秀民营企业创业家、中国优秀企业家称号，河北金音乐器集团公司总经理陈学孔获河北省十大经济风云人物。中央音乐学院提琴研究中心主任郑荃再次当选第十一届全国人大常委，据不完全统计乐器行业大约有20余人担任本地区人大代表或政协委员。

四年来，国务院相继在2007年和2008年公布了第一批和第二批国家级非物质文化遗产名录和代表传承人名单，民族乐器中的苗族芦笙，玉屏箫笛以及民族乐器制作技艺（山西省长子县响铜乐器制作技艺、吉林省延边朝鲜族自治州朝鲜族民族乐器制作技艺，江苏省苏州市民族乐器制作技艺，福建省漳州蔡福美传统制鼓技艺、新疆维吾尔自治区疏附县维吾尔族乐器制作技艺），姚茂录等被授予“非物质文化遗产代表性传承人”。

四年来，乐器行业进一步得到了各级政府的关注和支持，将乐器产业列入支柱产业的地区数量明显增多，其中已经发展成熟并获得轻工特色区域命名的有：江苏省泰兴市溪桥镇“中国提琴之乡”、山东省潍坊市昌乐县鄌郚镇“中国电声乐器产业基地”、北京市平谷区东高村镇“中国提琴产业基地”。此外，江苏扬州市、辽宁营口市，河北武强县、饶阳县、肃宁县，天津静海县，浙江湖州洛舍镇，湖北武汉市等地区都已或在积极筹备成立区域性乐器协会或者向中轻联、乐器协会申报产业基地命名，以充分发挥当地乐器行业的产业集群优势，为当地经济和文化建设做出贡献。

6、自主创新能力明显加强，品牌战略初见成效

党的十七大提出“建立以企业为主体，市场为导向，产学研相结合的技术创新体系”以来，我国乐器行业在由“中国制造向中国创造转变”的思想指导下，新产品研发速度加快，科技成果产业化效果明显。

2006年规模以上企业新产品产值为3.41亿元，2009年达到6.52亿元，四年同比增长91.20%，珠江恺撒堡钢琴、华新MIDI键盘、得理Muza电鼓、敦煌限量版民族乐器等一批新产品相继问世，逐渐成为市场主流产品。

四年来我国发布乐器专利数量也有了较快的增加，2005年我国各类乐器专利发布260项，其中发明专利62项，实用新型专利100项，外观设计专利69项，2008年我国乐器专利发布493项，同比增长89.61%，其中发明专利116项，同比增长87.09%。

乐器科技成果数量不断增加，自2006年中国轻工联合会恢复实行轻工科技成果奖评选以来，共有9项乐器科技获得中国轻工业联合会授予的“科学技术奖”，其中，泰兴凤灵“木材生物改性与提琴音质改良”获科技发明二等奖，珠江钢琴的“钢琴声音的分析和音质的改进”及“恺撒堡牌UH/GH系列专业用钢琴”获得科技进步二等奖，珠江恺撒堡钢琴研发项目还纳入到科技部2008-2009年国家重点新产品计划。

四年来，我国乐器行业品牌战略稳定发展，企业品牌意识不断增强，获得国家级及省市级名牌数量有较大增长，中国名牌产品在珠江、星海的基础上增加了NORDISKA、HAILUN钢琴，中国驰名商标在珠江和星海之外又增加了津宝、泰山、嘉德威。省市级名牌产品达到20多个，著名商标达到近30个，各规模化企业将争创名牌纳入企业的重点工作之中。

7、企业经济增长方式不断转变，产业结构升级加快

2006～2009年的四年，乐器行业的新老企业都进入到一个新的发展周期。北京星海钢琴集团已经建厂60周年，广州珠江钢琴集团公司、上海民族乐器一厂也分别建厂40年、50年。而一些改革开放后成长起来的新企业，如：宁波海伦、宁波东方琴业、河北金音、天津津宝、香港柏斯琴行、福州和声、深圳美得理、常州吟飞、上海华新、泰兴凤灵、北京华东提琴以及一大批各类民营乐器企业，都已经进入快速发展时期。四年来，这些企业通过大规模技术改造，使企业形象和实力发生了质的转变和提高，加工设备向着数控自动机械加工过渡，企业管理向着现代化工业迈进，产品结构从中低档产品为主向中高档产品比例不断提升发展，出口产品以贴牌为主向自主品牌占有更大比例发展，市场销售从单纯依靠出口向扩大内需，建立国内销售网络发展。中国乐器在国外是“低档货”，在国内“鱼龙混杂”的现象有了很大改观。

8、乐器产业与音乐艺术培训活动进一步紧密结合

四年来，在我国文化产业加快发展的形势下，乐器作为“文化产业相关产品”与音乐教育与艺术培训活动结合越来越紧密。具有一定实力的企业都把大力开展音乐文化教育活动作为企业发展的重要战略措施，通过开展各种音乐培训活动，不断扩大音乐人口，让更多的人参与到音乐艺术培训活动中来，以达到增加乐器消费群体的目的。事实证明，在企业不断地履行“社会责任”的同时，也使企业获得了经济利益，提高了企业的知名度。

据不完全统计，四年来，广大乐器企业以不同形式和规模，开展音乐推广活动及乐器培训教育等各种社会活动成效显著，其中主要有：珠江钢琴主办或赞助的“恺撒堡全国青少年钢琴大赛”、“全国高等音乐学院教师基本功比赛”，星海钢琴公司与中央音乐学院共同主办的“全国青少年儿童钢琴比赛”，香港柏斯琴行主办的“亚洲青少年音乐比赛”，上海民族乐器一厂、泰兴凤灵、广州珠江钢琴集团公司、海伦钢琴股份有限公司赞助的“CCTV钢琴、提琴、民族乐器电视大奖赛”、上海民乐一厂赞助的“2009年北京国际古筝音乐节”以及美得理公司举办的“魔鲨杯电子鼓大赛”等。

乐器生产企业参与各项文化活动到2008年北京奥运会残奥运期间达到高潮，从北京奥运会倒计时一周年开始到北京残奥会结束，共有15个企业参加了与北京奥运会残奥会相关的数十次活动，大约有数亿观众在现场或通过电视转播看到了北京奥运会，残奥会的精彩器乐表演。

综上所述，四年来我国乐器行业虽然取得了令世界瞩目的进步和提高，但是与美、欧、日等乐器强国相比，我国乐器行业仍存在着较大的差距，特别是中国乐器以数量和规模求扩张，以劳动力和资源优势，以低技术含量、低价产品作为扩大市场份额的竞争手段的粗放式经济增长方式没有得到根本转变。除少数龙头骨干企业外，广大中小企业普遍存在创新能力低，缺乏自主品牌，企业和产品转型升级困难，核心竞争力差的局面，仍将是阻碍我国乐器行业又好又快发展的首要矛盾和摆在我们面前亟待解决的任务。

二、四年来中国乐器协会开展的主要工作

按照中国乐器协会章程和国家关于对工商领域行业协会的职能和要求，以及乐器行业“十一·五”规划的总体目标，本届理事会期间协会主要开展了如下几项工作：

1、加强协会自身建设，不断提高服务质量

四年来，协会在加强自身建设方面，取得了一定的进展，主要表现在：

①建立健全有关规章制度，包括财务、固定资产管理、协会理事会会议制度等；

②人员结构、业务素质有所提高。目前协会的10位工作人员全部具有大学专科以上学历，形成老中青结合，年龄和知识结构渐趋合理，特别是通过开展学习实践科学发展观活动，全体工作人员进一步端正指导思想和服务宗旨，思想素质和综合业务能力有进一步提高；

③改善和提高办公条件。购置了办公用房，配

备了各种必要的通讯及办公设备，能基本适应协会工作发展需要，提高了工作效率；

④加强了与国际乐器界联系。通过上海乐器展、互访、媒体采访等渠道，协会与包括美国NAMM在内的欧、美、日、南美、韩国、印度等国家和台湾地区的乐器行业组织以及国际知名厂商广泛联系与接触，建立了会晤和信息交流渠道，每年向NAMM提供中国乐器行业年度发展报告，作为NAMM全球乐器年度报告的内容，进一步提高和扩大了中国乐器行业和协会的国际影响力；

⑤充分发挥分支机构的作用，增强协会工作的覆盖面。四年间，本届理事会完成了全部13个分支机构的组建和换届工作，每个分支机构基本上都开展了会员间的交流与沟通，约有半数以上分支机构能正常开展行业活动。

近年来，新成立的有琴行分会，先后进行换届的有钢琴分会、打击乐器分会、提琴分会、提琴制作师分会、电鸣乐器分会、西管乐器专业委员会、乐器配件专业委员会、手风琴专业委员会、吉他专业委员会、口琴专业委员会、钢琴调律师分会等。

电鸣乐器分会换届以后，在分会会长、副会长的带领下，组织了多项富有成效的行业活动，包括召开交流会，参与标准审定，召开企业联合采购论坛，在上海乐器展期间二次组织检查有关企业执行3C认证情况，组织知识产权讲座，编写电鸣乐器制作工国家职业标准等，受到企业的欢迎和肯定。

琴行分会自2008年9月成立后，坚持每年召开一次理事会，2008～2009年先后两次在上海国际乐器展览会期间组织“琴行论坛”，就当前市场环境下如何解决生存和发展问题，如何将琴行与音乐培训相结合，进行研讨，并组团参加莫斯科乐器展，受到广大琴行业内人士的普遍欢迎。

提琴制作师分会在郑荃会长，华天礽副会长的领导下，不仅保持经常性的分会活动和会员间沟通，举办提琴大师讲座，组团参加国际提琴制作比赛，举办名琴展览等，行业活动档次高、效果好，国内外社会影响力不断扩大。目前正在积极筹备2010年在北京举行的中国国际小提琴制作比赛，这将大大推动中国提琴事业和提琴制作技艺的全面发展和提高。

钢琴调律师分会在组织制定钢琴调律师国家职业标准的基础上，组织编写“钢琴调律师培训教材”，配合北京、广州、上海三个职业技能鉴定站（所）开展钢琴调律师职业技能鉴定做了大量工作，至今已有近3000位调律师通过考核鉴定取得资格证书。此外，分会在2007、2009年两次组团参加了在韩国和澳大利亚召开的“世界钢琴技师和调律师大会”，并在澳大利亚的“世界钢琴技师和调律师大会”上，获得了举办2013年在北京举办第18届世界钢琴技师和调律师大会的资格。

材料配件专业委员会2008年在宜昌召开换届会议后，2008年12月又在成都召开了年会，根据近期世界乐器市场形势，研究了行业发展方向和工作目标，取得了很好的效果。

口琴专业委员会坚持每年召开全体会员大会，交流经验，分析市场形势，每年的会议基本上全体口琴、口风琴、竖笛生产企业都能到场，显示了分支机构具有较高的凝聚力。

此外，民族乐器分会、提琴分会、钢琴分会等也分别召开了行业论坛和部分企业交流会。

2、加强行业调研，密切协会与企业以及地区行业协会关系

本届理事会高度重视行业调研工作，以此作为了解行业发展和企业现状，增进与企业感情，推进协会工作的重要手段。四年来，协会领导组成调研组，通过参加行业会议以及企业重大活动，深入企业与企业领导及工人进行座谈和调研，足迹遍及15个省市的乐器生产企业。其次，通过信息部每半年一次对重点企业和琴行就企业生产经营和出口情况进行电话采访，采访面基本覆盖到全国乐器各主要生产地区。此外，结合国内外发生重大事件或特殊情况，如：南方低温冰雪、5·12汶川地震、金融危机等时期对乐器行业重点企业进行跟踪，适时了解企业动态、存在问题和困难，并据此向主管部门反映并提出政策建议。

在开展行业调研的同时，协会与广东乐器协会、上海乐器行业协会、扬州市古筝协会、营口市乐器协会、天津静海县乐器协会等各地区行业组织均建立了沟通与合作关系，发挥各自优势共同发展，

3、开展乐器标准化工作

以往乐器行业标准化工作一直由全国乐器标准

化中心归口承担，2008年10月经国家标准化委员会批准，由中国乐器协会和标准化中心牵头，由行业内生产和科研、教育、质检、标准等单位的40余位专家和管理人员，组织成立全国乐器标准化技术委员会，负责乐器标准的技术归口和管理工作。一年多来乐器标准化技术委员会主要完成以下几项主要工作：

①完善乐标会制度建设，制定了乐标委章程和管理规定以及秘书处工作细则；

②承担由国家标委会和工信部批准的34项国家标准和行业标准的制、修订工作，共有17家乐器企业参加。目前已完成21项，包括钢琴、电鸣乐器、提琴、吉他、口琴等标准，并已上报主管部门，尚有13项标准将于2010年完成；

③按照工信部“全面清理工业行业标准复审工作”的部署，由17个单位参与完成民族乐器气鸣类、体鸣类以及琴弦、口琴、校音器等20项标准进行复审，并提出复审意见，目前已完成标准修订2项，其余9项标准已落实修订计划和承担单位，9项标准复审后认为可以继续使用。

4、组织编制乐器行业“十一·五”发展规划

2006年初，根据中轻联的工作部署，中国乐器协会成立了规划起草小组进行“乐器行业十一·五规划”的编制工作，在调查研究和广泛征求企业意见的基础上，于2006年3月提出《乐器行业‘十一·五’规划（初稿）》，4月在宁波召开了副理事长（扩大）会议，进行专题审议，根据会议代表提出的建设性意见，进行修订补充后，最终形成乐器行业“十一·五”规划正式文稿并报中轻联。规划的制定为乐器行业“十一·五”期间的指导思想，发展思路，发展目标和应采取的重点措施等内容进行全面规划，为“十一·五”期间乐器行业持续健康发展以及企业制订“十一·五”发展规划，起到重要的指导作用。

5、配合国家质检总局及地方质监局，协助作好中国名牌及各省市名牌产品及著名商标的申报、推荐、宣传工作

四年来，乐器行业深入贯彻国家名牌战略，许多企业把争创中国名牌和省市名牌作为企业发展战略和加强产品质量工作的重要措施。为了配合国家名牌战略的实施，协会积极开展有关工作，如：在2006年中国名牌产品《钢琴》复评中，在“珠江”、“星海”钢琴的基础上，又增加了海伦和诺地斯卡钢琴为中国名牌产品；经过一系列协调和申报，二胡和古筝列入国家质检总局中国名牌产品“十一·五”培育计划，且二胡被列入2007年中国名牌产品评价目录。按照国家质检总局部署，协会组织企业完成申报工作，组织专家完成评审及推荐程序，后因“三鹿奶粉”事件，评选工作中止。在评选省市级名牌产品的过程中，协会真实客观地向质检部门提供推荐材料，为申报企业争创名牌创造条件，使有关部门更多了解企业有关情况。

6、努力做好行业信息交流和传递工作

四年来，协会不断完善和健全各种信息渠道，《中国乐器》杂志（月刊）、《中国乐器年鉴》（两年一刊）、《中国乐器协会网站》在信息报导内容、形式以及版面质量上不断向更高标准看齐，以努力满足会员单位对国内外乐器行业和市场信息的要求，扩大向有关领导部门以及音乐院校、文化艺术等相关单位的宣传报道。为了加强会员间沟通，每年增加一册《中国乐器协会会员通讯录》，为了保证行业重大事件及统计数据的连续性，隔年出版一册《年度行业专刊》，以达到协会信息工作更加贴近于广大乐器生产企业需求。对于一些重点企业，中国乐器协会还建立了热线联系，及时传递行业重大信息及有关乐器数据供重点企业老总参考。

此外，协会信息部还指定专人加强与国际间乐器行业组织（协会，团体，企业）建立经常性的联系与沟通，加强中国与世界乐器行业信息沟通。

由于乐器产品在国家各项事业中的影响力不断提升，也引起了国内外新闻媒体的重视，使中国乐器协会接受国内外媒体采访的次数不断提高。据不完全统计，中国乐器协会在四年中接受过美国纽约时报、意大利电视台、香港凤凰卫视、中央电视台、中国文化报、音乐周报、消费日报等媒体近20次采访报导，通过舆论宣传工作的深入，也在一定程度提高了乐器产业的社会影响力。

在信息工作上，力求作到在第一时间向企业提供信息，凡行业重要活动协会均派员现场采访，及时发布消息，对企业所提供的信息资料，及时上网，当月上杂志。在信息报导中，严格掌握客观真实性报道原则，不虚夸、不遮掩、不以赢利为目的，实实在在地为企业服务。

7、坚持开展评选"中国乐器行业强势公司、优秀人物"的工作

从2002年起，协会坚持开展每年一度"中国乐器行业强势公司，优秀人物"的评选工作，经过多年的评选，乐器行业涌现出一批先进企业和优秀人物，为鼓励先进，学习榜样，推动行业健康发展起到了很好促进作用，受到企业的肯定和欢迎。自2009年起，根据国资委对"评先创优"工作进行整顿的精神，今后乐器行业评选工作改为两年一次。据此，2010年将继续开展乐器行业强势公司和优秀人物评选工作。

8、努力办好中国（上海）国际乐器展览会

从2002年，中国乐器协会与上海国际展览中心有限公司，法兰克福（香港）展览有限公司共同主办，美国NAMM作为国际合作伙伴的中国（上海）国际乐器展览会，到2009年已经连续举办八届。2006～2009年举办的四届上海国际乐器展览会无论从规模、办展质量和水平上都有了较大的提高，成为真正意义上的亚洲第一、全球第三大国际乐器展。2009年虽然受到世界金融危机的严重冲击和影响，但在世界看好中国的外部环境，以及国内外乐器行业的支持与合作下，上海国际乐器展览会并未受到较大影响，参展商数量创历史新高，观众数量与2007年，2008年展会基本持平，展会举办的"院长论坛"、"琴行论坛"、"民族器乐活动"进一步受到广泛认可和参与。据统计，2009年上海国际乐器展览会展出面积6.5万平方米，比2005年的4万平方米增长62.5%，参展商数量1164家，比2005年的756家增长了53.96%，观众42499人，比2005年的29260人增长了45.2%。

9、做好乐器行业特色区域、产业集群的创建工作

根据国家工信部和中轻联关于加快产业集群建设的精神和工作部署，几年来，协会积极开展了此项工作。

2005年江苏泰兴溪桥镇被授予"中国提琴之乡"，四年来，凤灵提琴加快了健康发展的步伐，核心竞争力和国内外知名度大幅度提高，正在向建立文化产业园区迈进。协会已于11月底组织专家进行复审，并已向中轻联申报命名为"中国提琴产业之都"。此外，2009年协会根据国务院《轻工业调整与振兴规划》和中国轻工业联合会"关于共建和授予轻工行业特色区域称号的行业规范"文件精神，应山东省轻工总会推荐、山东省昌乐县政府申请，应北京市平谷区东村高镇政府的申请，在对上述两地进行调研考察并组织专家审定基础上，分别授予昌乐县鄌郚镇"中国电声乐器产业基地"和北京市平谷区东高镇"中国提琴产业基地"称号，使培育乐器行业产业集群的工作进一步发展和扩大。与此同时，协会对河北、天津、浙江、山东、广东、河南等一批正在创建的乐器产业集群加强关注和调研，并积极创造条件，加快乐器产业基地的培育和发展。一批乐器产业集群的创建，将为我国中小乐器企业向现代工业化产业发展创造有利条件。

10、积极完成各有关部委交办的各项工作

随着乐器在国民经济和社会发展中的作用不断提高，以及与人民文化生活的关系更加紧密，乐器制造业越来越受到政府各有关部门重视和支持。四年来，协会除完成中国轻工业联合会交办的反馈行业信息，提出政策建议等任务以外，还承担了文化部、教育部、商务部、国家林业局、国家质检总局、国家标准化委员会等有关部门交办的一系列工作。

在完成中轻联交办的工作中，包括国家发改委、国资委、工信部、海关总署、财政部等国务院直属部委通过中轻联部署给行业的工作。协会配合完成的重要工作主要有"编制工业产品投资方向（2010-2015年）规划"、"轻工业产业振兴和调整规划"、"出口退税调整方案"等，通过这些工作任务的完成，使上级有关领导对乐器行业有了进一步的了解，更加重视和支持乐器行业，有利于行业发展政策的出台。

在完成有关部委交办的工作中，包括参与制定文化部《文化标准化中长期发展规划（2007-2020）》对乐器标准的制订工作，对商务部和文化部的"2007-2008、2009-2010年国家文化出口重点企业目录"和"2007-2008、2009-2010年国家文化出口重点项目目录"中有关乐器行业出口企业和出口项目提出建议；与教育部体卫艺司艺术处合作，在2009上海乐器展览会期间专门组织了一期全国中小学艺术老师管乐指挥培训班，培训班举办十分成功，受到教育部艺术处领导的肯定。

按照国家工商总局和国家林业局联合下发的对野生蟒皮二胡实行标识化管理的通知，使用蟒皮的民族乐器开始执行标识化管理，我国二胡等蟒皮民族乐器生产纳入到政府监管的规范化管理阶段。2006～2009年期间，中国乐器协会配合国家林业局保护司先后多次对二胡生产企业和经营市场进行了调研，检查二胡标识卡的执行情况和存在问题，并上报国家林业局。

综上所述，四年来，协会工作虽然取得了一定的成绩与进步，但仍存在许多问题与不足：一是会员发展工作比较薄弱，协会工作在整个行业覆盖面还比较窄，不少企业对协会还不够了解，协会与企业（尤其是民营企业和三资企业）"联系"不够；二是协会日常工作开展还不够活跃，协会对企业的引领调节作用发挥不够，不少分支机构还没有积极活动起来，使得协会的工作面和影响力不足；三是协会对外交流合作还有待加强，行业内外、社会各界的优势资源缺乏广泛的联络和整合，行业发展的环境还需广开资源。

三、协会工作基本经验

本届理事会通过四年的工作实践，在总结以往历届理事会工作经验的基础上，进一步探索行业发展以及加强协会工作新思路，取得了一定的效果，积累了一定的经验，主要是：

（1）努力完成各级政府和有关部门交办和委托的各项工作，履行好社会职责。要及时反映企业诉求、行业情况和存在问题，积极宣传乐器行业对经济社会发展，提高群众文化素质，丰富人民精神生活的积极作用和意义，争取得到各级政府及有关部门在资金、政策和项目上的支持，为乐器行业重点骨干企业，为数众多的中小企业发展创造更多的优惠条件和更好的环境。

（2）要充分利用国家大力发展文化产业和繁荣文化事业的方针政策和社会环境，促进乐器行业和企业发展与文化产业相结合，要进一步鼓励和帮助企业在发展进程中，不断融入文化艺术和音乐教育元素，积极开展社会音乐文化活动，努力培养社会音乐人口，扩大乐器经营，推动乐器行业发展。

在协会工作中，要加强与文化、教育部门以及国内外音乐艺术团体的联系与合作，不断提升乐器行业的社会影响力和企业知名度、品牌度，为企业和产品发展带来更多的机遇。

（3）要坚持不懈地鼓励和支持企业树立自主创新意识、自主品牌意识，开拓国际、国内市场并举的意识，走可持续科学发展的道路；坚持不懈地倡导和加强企业诚信建设，努力营造健康有序，规范发展的乐器市场。

（4）从难、从严治（协）会，不断提高自身实力、服务能力和办事效率。协会工作只有全心全意为企业服务才能得到社会、行业和企业的认可，为把乐器协会打造成"企业离不开、政府信得过、行业有地位、国际有影响"而坚持不懈，努力奋斗。

四、对第六届理事会工作的几点建议

中国乐器协会第六届理事会任期（2010年～2013年）正值我国国民经济和社会发展"十二·五"计划时期，也是学习实践科学发展观，构建和谐社会，全面建设小康社会时期，中国乐器行业也将面临更大的发展机遇和挑战。为了更好适应新的形势，使协会工作在新的历史阶段做出更大的贡献，特提出以下几点不成熟的建议：

1、继续深入学习实践科学发展观，认清形势，把握发展机遇

当前，我国经济建设正处在改革发展上台阶的关键时期，行业面临着新形势下很多新的特点，例如，如何扩大内需保增长；如何调整出口结构和对外策略；如何提高品牌知名度和市场占有率；如何节能减排、科学有序的发展等等都需要我们认真学习和研究。我们必须抓住国家政治稳定、经济发展，人民物质与文化需求快速增长的大好时机，积极改革创新，争取行业发展新的突破。

2、综合乐器行业实际，认真落实"轻工业调整和振兴纲要"，在认真总结"十一五"经验和加强调查研究的基础上，制定好乐器行业"十二·五"发展规划

发展规划是行业发展的重要基础，也是协会工作的重点。组织好行业、产品、市场、品牌和人才等方面发展战略的研究，制定目标和措施，引导协助各企业做好自身的发展规划，同时积极组织实施。

3、认真研究和解决行业、企业加速发展的途径

目前影响乐器行业"科学发展上水平"的问题很多，要使行业进一步上台阶，就必须认真研究影响发展的主要矛盾和主要问题，建议扎扎实实抓好四个方面工作，一是从音乐教育和细化用户需求入手，大力开发国内市场，总结东部发达地区的经验，带动西部地区，深化多层次、多方面市场开发，用强有力的措施扩大内需保增长，同时针对国际市场的变化，积极调整出口产品结构和市场策略；二是坚持科技进步，加强科研产业化成果，大胆改革创新，把产品改革、设备装备改造和生产经营方式创新紧密结合起来，使产品水平、档次有跨跃式提升；三是珍惜资源，爱护培养人才，走稳定可持续发展之路。在开展使用物质资源的同时，行业应全力推动绿色环保生产方式，节能减排，造福后人。同时全力培养各类人才队伍，使行业人才层出不穷。

4、协会工作要积极扩大会员队伍，充分发挥分支机构的作用，加强对行业服务协调力度，扩大对行业和社会的影响力，增强行业凝聚力

我们要把发展扩大会员队伍和提高协会工作质量相结合，把日常服务协调工作和聚资源搭平台办活动相结合；把行业集中活动和分会特色活动相结合。充分发挥各位理事和会员的创造力，充分调动行业内外各界的积极性，扎扎实实为企业服务，把行业的事办好。

5、继续办好中国（上海）国际乐器展览会

认真总结历届办展经验，进一步提高展会水平和服务质量，拓展展商范围（如音乐出版、乐器零配件、加工设备），丰富展会活动内容，进一步发挥上海乐器展作为展示我国乐器行业创新发展的窗口作用，扩大乐器贸易、促进技术交流，推广音乐教育和扩大音乐人口的平台作用，提高展会的国际化水平，进一步推动中国乐器行业发展和国际乐器市场繁荣。

6、办好2010年国际提琴制作比赛和2013年国际钢琴技师和调律师大会，把这两项活动作为展示我国乐器行业发展和精神面貌的形象工程，把各项筹备工作抓紧抓好，通过两项活动的成功举办，提升我国乐器行业国际影响力，增强行业凝聚力

各位理事、各位代表，21世纪第一个十年，我国乐器行业一跃成为世界最大的乐器生产国。21世纪第二个十年，中国乐器行业将加快实现"由大变强"的发展阶段。最近召开的中央经济工作会议明确提出了明年经济工作的重点是加快和促进发展方式转变，为我国乐器行业发展和明年工作指明了方向，提出了目标和任务。协会第六届理事会一定会不辱使命，在全行业广大企业全体员工的大力支持和共同努力下，为经过金融危机严峻考验的中国乐器行业取得更好、更快发展，为实现中国乐器"做大做强的目标"创造出新的业绩。

工作要点

2008年中国乐器协会工作要点

按照中国乐器协会五届三次理事（扩大）会议精神，结合乐器行业发展实际，2008年中国乐器协会将深入学习贯彻党的十七大精神和国办、民政部、国资委、发改委等上级主管部门文件精神和要求，进一步加强协会自身建设，规范协会行为，健全内部管理和工作制度；坚持为企业服务宗旨，积极拓展协会职能；加强组织建设，充分发挥分支机构作用，团结会员企业为构建和谐社会和创建和谐乐器行业努力创新开展工作。2008年工作要点安排如下：

一、加强协会自身建设，努力做好协会工作

协会要坚持“创新、务实、高效”为会员做好服务。要加强自身建设，完善各项工作制度，规范内部管理，有序开展工作；协会工作人员要加强学习，努力提高自身的综合素质、业务能力；进一步转变观念，增强服务意识和创新服务的内容与方式，自觉、主动、创造性地开展工作；增强团队合作精神，努力提高工作效率和服务质量，以更好地适应形势发展和企业需求。

二、加强组织建设，发挥行业组织作用

1、协调和推进各分支机构开展工作。2008年内要全部完成协会所有分支机构的换届改选以及琴行分会的筹建和成立工作。推动各分支机构根据行业实际情况积极开展专业活动，充分发挥行业组织作用，加强行业自律行为，倡导诚信经营，为增强协会及各分支机构活力，促进行业健康、有序发展多做工作。

2、积极发展新会员，扩大会员队伍，做好会员管理工作。从2008年起，每年的理事会后三个月内出版《中国乐器协会会员通讯录》，以进一步加强企业间的沟通交流，宣传会员企业发展。

在2007年取得较大成绩的基础上，2008年从以下几个层面继续做好会员队伍工作：

在中国注册的外资乐器生产企业及营销机构；与乐器行业相关的教学、科研以及专业媒体和出版单位；有一定规模，正常运行两年以上的各类乐器生产、经营企业；连续三年以上参加中国（上海）国际乐器展览会的各类展商；钢琴调律师及提琴制作师个人会员。

三、做好“2007年度中国乐器行业强势公司和优秀人物”的评选

2008年将在认真调查总结企业生产经营以及自主创新、转变经济增长方式、企业社会责任等方面所取得的成绩、典型经验和先进事迹的基础上，以客观、严谨、公正的方式，评选出“2007年度中国乐器行业强势公司和优秀人物”，通过评选，进一步激励全行业学习先进、鼓舞斗志，推动行业健康发展。

四、完成二胡、古筝中国名牌的申报工作，做好品牌宣传工作

加强与重点企业的联系，做好二胡、古筝中国名牌产品的申报工作，力争列入2008年中国名牌产品评价目录。充分利用行业媒体，加大对已获得中国名牌、中国驰名商标、国家免检产品，以及省市名牌、著名商标产品的宣传和保护力度，提高名牌产品的知名度和影响力，扩大名牌产品市场需求。

五、加强乐器产品标准化工作

根据国家标准委和中轻联部署，由中国乐器协会牵头与北京乐器研究所共同完成“全国乐器标准化技术委员会”的组建工作，并积极落实和完成2008年有关国家标准和行业标准的制订工作。

六、重视和加强乐器市场规范工作

1、为了规范乐器市场，加强对会员企业及其产品的保护，打击假冒伪劣商品的生产和销售，保护消费者的正当权益不受侵害，促进企业诚信经营。在2007年工作基础上进一步做好为会员单位提供“产品防伪甄别系统”及“产品仿伪专用标识”的服务。

2、加强对企业诚信建设和社会责任的宣传，提高企业商业道德观念，营造乐器市场诚信经营的氛围。

3、加强各分支机构行规行约的制订和实施，完善企业自律约束机制，加大监督力度。

4、加大保护知识产权的宣传，协助企业做好维权工作。加强对知识产权信息的搜集和研究，为企业提供知识产权方面的信息服务，代表行业开展有关知识产权应对及协调工作。

5、配合电鸣乐器分会做好电鸣乐器产品3C认证的宣贯和实施工作。

七、进一步办好上海国际乐器展览会，加强国际交流与合作

1、发挥协会主导作用，加强与有关主办方合作，进一步提高展会的管理与服务水平，维护参展企业，特别是会员企业的利益，做好为会员企业的服务，努力提高上海乐器展的服务质量，充分利用展会平台，开展丰富多彩的行业活动。

2、进一步采取有效措施解决好展商反映比较集中的噪音问题，加强展会知识产权保护工作和宣传力度，切实维护参展商的合法权益。

3、为加强与国际乐器组织、行业协会、知名企业的联系，经与法兰克福展览公司商定，从2008年起中国乐器协会将在法兰克福乐器展中设立“中国乐器协会展位”，以增进与多方的沟通与了解，加强国际交流与合作，扩大和提高中国乐器协会和中国乐器行业的国际影响力，并做好与国内参展企业有关沟通和服务工作。

八、进一步做好信息工作，提高服务质量

为了提高《中国乐器》杂志的质量，更好地为协会会员提供各类信息和服务，六月前将完成对《中国乐器》杂志的全面改版。在保证杂志和网站正常运行以及日常信息咨询服务工作的基础上，还要做好以下几方面的工作：

1、做好对会员企业主要经济指标完成情况的收集、整理和分析。

2、编辑出版2007—2008《中国乐器年鉴》。在以往“乐器年鉴”的基础上，进一步提高年鉴出版质量，精炼年鉴内容，贴近企业和行业发展，增强《年鉴》的资料性和可读性。

3、加强对国外乐器行业重要网站、杂志及重大乐器展会的信息采集，及时报道国际乐器市场信息和行业发展动态。

4、年内完成中国乐器协会网站的改版工作，并加大网站建设和投入力度，扩大网站服务功能和提高工作效率，力争网站流量和点击率有明显提高。

5、加强中国乐器协会网会员专区的服务内容和质量，进一步做好数据中心、行业标准、视频中心等会员服务专栏。

6、办好钢琴调律师专栏，促进调律师开展学术研讨和技术交流。

7、继续做好英文网站工作，逐步完善和扩大英文网功能和栏目设置。

九、继续做好乐器行业国家职业标准制订、培训教材的编写及职业技能培训、鉴定与竞赛工作

1、完成《电鸣乐器制作工》、《吹奏乐器制作工》、《打击乐器制作工》三项国家职业标准的制订工作。

2、对所有尚未开展或完成的有关乐器制作培训教材的编写工作，要进一步落实承担单位和编写人员。

3、年内出版《钢琴调律师》培训教材。

4、继续做好对钢琴调律师的职业技能培训和职业资格鉴定工作。

5、召开乐器行业资考委工作会议，总结交流职业技能培训鉴定工作经验，对已具备条件的工种（《钢琴制作工》、《提琴制作工》、《民族拉弦、弹拨乐器制作工》），认真组织有关专业委员会(分会)以及有关企业加快资考委的组建工作并及时开展第一批职业技能评审和鉴定工作。

6、为深入贯彻落实国务院关于进一步加强高技能人才队伍建设的工作要求，引导和激励全国广大钢琴调律师钻研业务，提高操作技能，练就过硬本领，抓好技能人才培养，促进人才队伍发展，组织做好2008年10月份由中国乐器协会等有关单位主办的全国钢琴调律师职业技能竞赛工作。

十、完成上级有关部门交办的各项工作

1、按有关部门授权和委托，继续开展蟒皮二胡标识化管理的有关工作。

2、按照有关部门要求，完成有关乐器行业生产经营情况等信息汇报，积极反映行业意见和政策建议。

3、完成上级主管部门委托和交办的其他有关工作。

2009年中国乐器协会工作要点

根据中央和地方各级党委的部署和要求，2009年中国乐器协会要与全行业一起，深入开展学习实践科学发展观活动。要按照科学发展观的要求，从乐器行业和乐器企业以及协会实际出发，认真总结改革开放以来的发展、实践经验与存在的问题。在科学发展观精神的指导下，遵循解放思想、改革创新、转型升级、科学发展的原则，将协会工作重心放在推动行业自主创新和转型升级能力的提高上，加快转变行业的经济发展方式，加强优势互补，和谐发展，努力宣传和积极引导行业走科学发展之路，以使乐器行业、企业以及协会工作继续保持协调可持续发展。2009年工作要点安排如下。

一、 加强协会内部建设

1、坚持服务宗旨，加强与企业的沟通，多倾听和研究来自不同方面的意见，进一步转变观念，增强创新服务意识和创新服务内容。

2、加强与政府主管部门和相关单位的联系，积极反映乐器行业的情况，争取各级政府对乐器行业发展的重视和支持，推动和促进音乐教育事业的发展。

3、加强对其它行业协会工作经验的学习与交流，拓展思路，改进协会各项工作。加强对协会工作人员的培训，提高工作人员的综合素质和业务能力，提高服务质量和工作效率，以适应国内外形势的发展变化和企业发展的需求。

4、坚持“公正、务实、高效”的工作作风，为行业、企业创造良好的发展环境，为会员做好各项服务。重视和积极开展扩大会员队伍的工作，增强行业的代表性和凝聚力。特别是通过展会工作扩大协会的影响力和凝聚力。

二、积极开展分支机构活动

为促进企业自主创新、科技进步和人才战略的实施，提高行业整体水平，积极应对金融危机，解决市场无序竞争等问题，需要充分依靠和发挥分支机构的组织作用，各分支机构应积极开展行业活动，根据本行业实际情况，针对行业内存在的薄弱环节和突出问题进行深入了解和研究，作出具有建设性、指导性的意见和方案。积极倡导企业诚信经营，加强行业自律。希望各分支机构能够团结广大会员企业和热心人士，为构建和谐社会、创建和谐行业积极开展工作。协会将加强对各分支机构开展行业活动情况的督促检查，并对促进行业发展作用明显的分会、专业委员会活动给予经费支持。

三、进一步做好行业信息工作

当前首先要做好积极应对世界金融危机给乐器行业和企业带来的影响，了解分析跟踪企业生产、经营及出口情况以及世界乐器市场的发展动态，及时向企业反馈信息，向政府反映企业诉求、提供行业信息并提出政策建议。

1、继续做好会员企业主要经济指标完成情况的收集、整理和分析。

2、加强行业信息的收集和共享。为企业提供权威的信息咨询和专业服务，及时发布行业市场信息及技术、经济合作信息和产业政策信息。

3、加强与国外行业组织的联系和沟通，加强对国外乐器行业重要网站、杂志及重大乐器展会信息的搜集，及时将国外的乐器生产、销售、行业发展形势通报给企业，使企业能及时了解国际乐器市场行情和市场发展动态。

4、在当前国内实施扩大内需政策的背景下，加大乐器消费的引导和宣传工作，拉动乐器市场的销售。

5、2009年“五一”前将出版新的《中国乐器协会会员通讯录》，以进一步加强企业间的沟通交流，宣传会员企业的发展。

四、做好诚信企业和自主品牌宣传工作

要充分利用行业媒体，加大对具有诚信、规范经营企业的宣传力度，加强对企业自主品牌的宣传和保护工作，提高名牌产品的知名度和影响力，扩大名牌产品的消费需求。重视对企业自主品牌的培育工作，提升中国乐器在国内外市场上的品牌形象和地位。

五、加强乐器产品标准化工作

依托“全国乐器标准化技术委员会”积极开展和加强乐器行业标准化工作。加强对2009年国家和行业标准制修订计划执行情况的检查；加强对产品质量的监督和协调管理；积极开展行业新技术和科技成果的推广应用。

六、加强乐器市场的管理和规范工作

1、成立行业的保护知识产权组织，聘请专业律师为行业提供保护知识产权方面的法律咨询服务；加强对知识产权信息的搜集和研究，协助企业做好维权工作；代表行业开展保护有关知识产权的应对及协调工作。

2、加大对当前国内外乐器市场动向的关注，借鉴先进的经营和管理经验，引导行业进一步规范市场行为，促进企业的诚信经营。

3、加强对会员企业及其产品的保护，会同有关部门打击假冒伪劣商品的生产和销售，打击网上售假和价格欺诈行为，引导消费者正确消费方式。

4、为保护企业和消费者的正当权益不受侵害，继续做好为会员单位提供“产品防伪甄别系统”及“产品仿伪专用标识”的服务。

七、办好上海国际乐器展览会

1、认真听取会员单位和参展企业的意见，积极改进工作，努力将上海乐器展办出特色。

2、积极发挥协会的主导作用，加强与有关主办方的合作，进一步提高展会的管理与服务水平，维护参展企业的利益，特别做好为会员企业的服务，充分利用展会平台，开展丰富多彩的行业活动。

3、积极参与展会前期的筹备工作，合理安排展馆与分类产品的布局，配合与加强对室内展区演示活动的管理。

4、进一步采取有效措施解决好展商反映比较集中的噪音问题，对会员企业的优惠政策落实问题，加强展会知识产权的保护工作和宣传力度，切实维护参展商的合法权益。

八、办好协会成立二十年的系列活动

为更好地总结过去，开创未来协会工作的新局面，拟出版中国乐器协会成立20周年纪念册。通过回顾行业20年的发展历程，宣传蓬勃发展的中国乐器行业。

九、按照协会章程，完成第五届理事会的换届工作

要认真做好第五届理事会的换届筹备工作，通过换届使新一届理事会在进一步加强为行业、政府、企业服务的能力和实力建设，更好地保持协会旺盛的生命力，更好地发挥协会的职能作用，更加有所作为。

十、继续做好乐器行业国家职业标准制订、培训教材编写、职业技能培训和鉴定工作

1、完成《电鸣乐器制作工》、《吹奏乐器制作工》、《打击乐器制作工》三项国家职业标准的制订工作。

2、对所有尚未开展或完成的有关乐器制作培训教材的编写工作，要进一步落实承担单位和编写人员。

3、完成《钢琴制作工》和《钢琴调律师》培训教材工作。

4、继续做好对钢琴调律师的职业技能培训和职业资格鉴定工作。

5、召开有关分支机构工作会议，对已具备条件的工种（《钢琴制作工》、《提琴制作工》、《民族拉弦、弹拨乐器制作工》），认真组织有关分会和企业开展一批职业技能评审和鉴定工作。

6、积极组织做好全国提琴制作职业技能竞赛筹备工作。引导和激励行业员工钻研业务，提高操作技能，练就过硬本领，促进人才队伍的发展。

十一、完成上级有关部门交办的各项工作

1、按照有关部门要求，完成乐器行业生产经营情况等信息汇报，积极反映行业情况、政策建议和企业利益诉求。在政策层面加强与有关部门的沟通，争取得到更多部门对乐器行业的支持和帮助。

2、完成上级主管部门委托和交办的其他有关工作。

协会活动

2008年中国乐器协会工作会议

2008年2月27日，中国乐器协会在北京长峰宾馆召开2008年协会工作会议。理事长王根田、副理事长黄伟林、赵惠臣、盛子斐，秘书长齐建平、副秘书长张华君、田军，各分支机构、各鉴定站负责人，钢琴调律师资考委有关成员等共计33人参加会议。

会议首先由王根田理事长从2008年协会及分支机构工作、协会重大活动等方面进行工作汇报。齐建平秘书长就协会分支机构换届、乐器行业国家职业标准和培训教材编写、成立资格考试委员会以及2008年全国钢琴调律师大赛等问题作补充。

各分支机构负责人以及有关单位代表纷纷就各自分会或单位的2007年工作以及2008年工作计划进行汇报和交流。

上海华新乐器有限公司全质办主任邬国强、全国乐器行业职业技能鉴定站广州站站长潘绮珊、上海民族乐器一厂乐器研究室主任陈书明分别对电声乐器制作工、钢琴制作工、民族乐器制作工的国家职业标准、教材编写工作进展情况交流。中国轻工业联合会职业技能鉴定中心孟琪处长希望能够制定一个切实可行的方案和时间表，把教材和试题库的建设列入到日程上来，修订老的标准，并启动教材的编写工作。

与会代表对2008年全国钢琴调律职业技能竞赛进行了专题讨论。中国财贸轻纺烟草工会全国委员会轻工烟草工作部宋清洁部长、中国财贸轻纺烟草工会全国委员会轻工烟草工作部王清华副部长和中国轻工业联合会人事教育部孟琪副主任参加会议并听取了中国乐器协会、乐器行业职业技能鉴定站北京站、广州站、上海市乐器行业协会、广东省乐器协会竞赛筹备工作汇报，并提出了具体的要求，以保证竞赛能够顺利进行。

2008年中国乐器协会工作会议取得了圆满的成功。会议进一步明确分会的服务宗旨和工作任务。各分支机构除了要按时完成应尽的责任、义务，以及安排的工作，还应该切实从行业角度出发，加强分会自身建设，在本专业领域的一系列工作上采取积极主动、协调一致、创新互助的态度。只有这样，才能顺利开展工作，为协会以及整个乐器行业的健康、有序发展做出更大的贡献。

2009中国乐器协会工作会议

中国乐器协会分支机构负责人工作会议于2月16日～17日在北京召开。出席会议的有中国乐器协会理事长、副理事长及分支机构负责人王根田、黄伟林、赵惠臣、李书、盛子斐、郑荃、焦永达、张振启、陈海伦、朱文玉、张鉴堂、罗建峰、金先彬、陈学孔、时建明、张华君、田军、秦传功、陈狄彬、周伟义、陈惠庆、朱文龙，以及全国乐器标准化中心副主任王伟、上海国际展览中心有限公司副总经理吴国斌等共计38人，会议由中国乐器协会秘书长齐建平主持。

此次工作会议是在全球金融危机对国内乐器行业影响更加明显的形势下举行的，会议的主要议题是了解各行业和企业的生产、经营、出口形势以及对全年乐器行业发展形势的预测分析；探讨如何进一步发挥行业组织的作用，搞好协会及分支机构工作，及时有效应对金融危机的不利影响，以及如何拉动内需，促进行业更快更好发展等。

会议首先听取了王根田理事长所作《中国乐器协会学习实践科学发展观活动分析检查汇报》。汇报介绍了中国乐器协会按照中轻联党委的部署和要求，认真开展学习实践科学发展观活动的情况。中国乐器协会通过对科学发展观的学习，分析检查乐器行业和协会工作中存在的突出问题及其原因，结合行业实际和当前形势，制定的科学发展思路和工作措施，提请与会代表给予评议。

齐建平秘书长汇报了2009年中国乐器协会工作要点，信息部丰元凯主任介绍了近期乐器行业经济信息和刚结束的美国NAMM SHOW各方面反映以及当前国内音乐教育发展状况。乐器标准化中心副主任王伟汇报了2009年乐器行业标准制修订工作计划。上海国际展览中心有限公司副总经理吴国斌介绍了2009中国（上海）国际乐器展览会的活动计划与安排。电鸣乐器分会会长盛子斐从名称、架构、宗旨、工作内容四个方面介绍了即将成立的中国乐器协会维护知识产权委员会的组建方案，提请与会代表进行审议。

16日下午和17日上午，与会代表就当前在全球金融危机不断扩散和蔓延下乐器行业经济形势以及对行业、企业的影响；加强各分支机构行业活动，促进协会工作更好的开展；乐器行业标准化工作；上海乐器展以及成立保护知识产权组织的方案等问题进行了广泛的交流和探讨。

在应对金融危机方面，大部分代表认为当前全球金融危机对国内乐器行业虽然不可避免地有一定程度的影响，但是由于乐器本身是属于精神文化层面的消费品，不同于其它产品。其次，乐器行业与音乐教育事业密切相关，有其自身发展的规律和特殊性。因此，总的趋势仍将保持稳定和可持续发展的走势。

如何应对这场金融风暴？与会代表畅谈了各自的看法和采取的一些应对措施。泰兴凤灵乐器集团董事长李书认为最重要的就是要建立信心，“信心可以战胜一切”。在危机来临时，我们首先要把产品的品质进一步提高，让客户满意。其次要加强各方面的服务水平，包括客户服务、社会服务等。另外还要“两条腿”走路，抓好内需和外销。

得理电子（深圳）有限公司副总经理盛子斐、武汉艾立卡电子有限公司董事长张鉴堂、上海知音琴行有限公司总经理朱文玉、钢琴调律师分会会长金先彬等也对当前这场金融危机发表了自己的看法，均认为这场危机更多的是心理层面上的，企业可能会遇到些困难，但不会是根本性的困难，是可以控制和克服的。企业要从技术创新、经营管理、产品质量等方面练好内功。危机是对行业的一次洗礼，一次优胜劣汰，是有利于行业进一步发展壮大的良机。

广州珠江钢琴集团股份有限公司董事长黄伟林和北京星海钢琴集团公司董事长赵惠臣提出要在近期召集钢琴分会开展行业活动，进一步研究钢琴行业面临的形势，交流信息，优势互补，寻求对策，共度危机。“一个点子就可能节省几百万、上千万，一个点子就可以少走一些弯路。”成都川雅木业有限公司总经理张华君、河北秦川乐器有限公司总经理秦传功等在发言中一致认为乐器行业应当加强抱团过冬取暖的氛围，共渡难关。而且不仅是在生产企业之间，在厂商之间也应当联手，共同开发国内市场，促进文化交流。

在如何扩大乐器产品内需的问题上，代表们一致认为应该加强与国家教育部、文化部等有关部门的联系，通过各种渠道反映情况，让上级领导和有关部门更多地了解乐器行业的发展情况和存在问题，更加重视音乐教育事业和培养音乐人口的工作，以在制定相关政策措施时体现出对乐器行业的关心和扶持，促进音乐教育和乐器行业发展。有代表说，中国老百姓对于子女教育的投入是不计成本的，只要子女愿意学习，家长是舍得投入的。另外，中国人的消费还是很有潜力的。

在加强协会自身建设方面，与会代表积极建言献策。武汉艾立卡电子有限公司董事长张鉴堂、中国乐器协会副理事长郑荃、盛子斐，副秘书长张华君等从思想、组织、业务建设、开展行业活动等方面肯定了近年来协会所做工作和取得的成绩，但也提出了协会工作中存在的一些问题以及进一步加强和提高的建议。建议协会在今后的工作中和其他优秀协会加强经验交流，进一步拓展服务范围，把眼光放远一点，提升协会的影响力和凝聚力。各分支机构负责人分别介绍了2009年开展行业活动的工作计划。鉴于目前各分支机构活动的开展还不均衡，代表们建议协会应当加强对分支机构活动的监督和检查，以便更好地推动分支机构开展行业活动，提高活动的效果和质量。

另外，与会代表还就成立维护知识产权组织方案、积极办好上海乐器展等方面进行了充分的讨论。一致同意成立中国乐器协会维护知识产权组织，并就方案的一些细节问题提出了修改意见。代表们对上海乐器展在展会服务上的一些不足之处（交通、布展、通讯、周边环境等）提出改进意见，特别是在当前全球经济不景气，招商工作相对困难的情况下，希望主办方在邀请商家和乐器买家来参加展会以及提升办展质量上多下功夫。

此外，代表们还先后就各自企业在2008年的生产经营，效益情况及2009年的工作打算和计划；所处行业的当前状态；学习先进企业的生产和管理经验以及加强企业间沟通信息交流进行了畅所欲言的讨论。

最后，王根田理事长作总结发言，他指出，最大限度克服金融危机对乐器行业带来的影响，把企业的损失减少到最低点，是2009年全行业及中国乐器协会工作的重中之重，今后协会要加强对企业各项服务工作，及时把政府及国际国内的有关信息传递给企业，协助并配合企业制定相应的对策，让企业少走弯路。会议结束以后，各分支机构要对这次工作会议上决定的事情付诸实施，抓落实，抓实效。此外，此次工作会议在对加强乐器协会工作的讨论中，各位代表积极建言献策，讨论深入，对进一步做好协会工作有很大启发。今后，协会要从具体性事务工作中摆脱出来，要把眼光放远一些，要用发展的眼光从行业整体利益的角度去开展协会工作，要认认真真做好几件对行业发展有推动意义和有影响的事情；要用心思，要努力去做好协会工作，中国乐器协会进一步发展的空间还很大。

此次工作会议，得到了各位副理事长以及分支机构和企业负责同志的大力支持与配合，积极参与，会议代表发言踊跃，讨论热烈，充分表达了乐器行业战胜金融危机的信心和勇气。会议提出的各种经验、建议和意见，不仅对协会工作具有积极的指导意义，也对乐器行业今后的健康发展具有积极的促进作用。

2008~2009年中国乐器协会行业调研

2008~2009年，中国乐器协会先后走访国内7省市30多家企业。通过工作调研，进一步了解企业的生产经营状况以及企业的发展规划，便于行业内沟通和交流信息。

江苏地区调研

1、常州地区

2008年4月24～25日，中国乐器协会王根田理事长、齐建平秘书长一行到位于江苏常州市的吟飞电子有限公司进行工作调研，受到公司董事长赵平，总经理范廷国，副总经理娄伟明等公司领导的热情接待。

在两天的工作调研中，通过参观企业以及与企业领导座谈等形式详细了解公司发展概况，生产经营以及科技创新等方面的工作情况。

吟飞电子有限公司成立于20世纪90年代中期，是从事电子乐器开发、生产、销售的高科技企业，经过十几年的努力，公司已发展成为具有相当规模的行业内重要企业，其主要产品有音乐教学系统，双排键电子琴、便携式电子琴、数码钢琴、MIDI键盘、电子鼓、调音台以及相关产品。特别是公司通过科技创新，已成为国内唯一具有设计、生产双排键电子琴能力的企业。

吟飞电子有限公司位于江苏省常州市高新技术开发区，占地80亩，总建筑面积6万平方米，其中生产厂房面积4万平方米。公司有一支“合作、诚信、勤奋、奉献”年富力强的管理团队，一支从事25年以上电子技术研究和软件开发的技术队伍，公司中层以上领导都具有大专以上学历，工程师以上职称。

吟飞电子有限公司坚持以开发具有自主知识产权产品为企业主导产品，20世纪80年代中期，企业工程师就设计了国内第一批37键、49键电子琴音源和节奏器电路，90年代中期设计了PCM电子琴集成电路，与音乐家合作设计了吟飞整套节奏库和音色库，近几年，吟飞电子又不断推出适应市场需求的各种类型的高科技电子乐器新产品。

王根田理事长在调研后表示，“通过两天的调研，使协会对吟飞电子有限公司基本情况有了更为深入的了解。吟飞电子有限公司从领导到全体员工是一个团结、奋斗、有朝气、有较高技术水准的团队。在吟飞电子公司，我们看到一个充满激情，具有创新精神和旺盛生命力的企业，在这里，使我们更增强了把中国乐器行业特别是电鸣乐器行业做大做强的决心和信心。”

2、江阴、靖江地区

2008年5月23日，信息部丰元凯主任在参加中国乐器协会口琴专业委员会四届三次会议以后，对江阴激扬乐器有限公司、江阴金杯乐器有限公司、江苏奇美乐器有限公司、江苏天鹅乐器有限公司进行工作调研，了解该地区乐器生产经营概况。

江阴、靖江两地分别地处江阴长江大桥南、北两侧，鱼米之乡，人杰地灵。

改革开放30年，江阴市经济快速发展，江阴激扬乐器公司所在申港镇，全镇48000人，2007年创产值250亿元，人均收入超过2万元，已提前进入小康社会，江阴激扬乐器公司1978年建厂，发展到现在，占地100亩，实现销售收入7000万元，产品从口琴生产开始，先后增加口风琴、西管乐器，手风琴等类别乐器，企业也从原先的一个企业，分别成立了江阴激扬乐器有限公司、江阴金杯乐器有限公司、江阴安琪乐器有限公司。

江阴激扬乐器有限公司从1998年开始生产管乐器，占地面积20亩，建筑面积10000平方米，员工200余人。目前已形成生产小号、长号、圆号、萨克斯、抱号等30多个品种产品，年生产2.5万支管乐器，公司董事长时国兴说：“目前国内管乐器竞争激烈，我们是新兴企业，主要以质量为生命，努力服务好客户，开发市场不急于求成，而是要稳步培育市场。各类管乐器生产所使用的原材料全部采用国内正规企业产品，进口国际一流的生产设备，这样能够确保产品质量稳定。只要质量好，相信我们的管乐器最终一定会打开市场的，2008年我们又开发几款新产品，如搬器小号等。”

江阴金杯乐器公司由时国兴董事长的儿子时建明主持工作。企业占地面积20亩，建筑面积15000平方米，员工400人，金杯牌手风琴是公司主导产品，已有15年的生产历史，金杯牌手风琴在国内外享有较高知名度，2006年获得江苏省名牌产品，著名商标称号，2007年手风琴产量达到4万架，自由低音手风琴获得国家轻工科技成果三等奖。

时建明说："目前公司的生产形势很好，产品供不应求，2007年生产了4万多架手风琴，2008年的手风琴订单缺口一万架，无法满足订单要求。这样我们不得不在淮安设厂，扩大产能，弥补缺口，缓解供货压力。另外，主厂区也将扩大到50亩地，新增6000平方米厂房用于扩大生产。"

2008年虽然外部环境非常不好，但面临严峻的形势，我们主要抓了三件事：一是努力抓好新产品的开发，2008年我们研发了5款新型爵士手风琴，这种手风琴的特点是重量轻，仅有传统手风琴的一半，功能完全与传统手风琴一样，而且音色纯厚，共鸣好，6月份准备在教育部召开的高校新产品研讨会上亮相。另外我们还引进国外最新科技成果，电子手风琴，由国外进口散件国内组装。二是与文化产业相结合，公司建立了艺术培训中心，文化艺术中心，招收了12名从事专业艺术教学人员，既达到推广音乐与乐器的目的，也为活跃当地百姓的文化娱乐活动作贡献。三是开展多元化产业，近年来我们在当地政府的支持下，投资2亿元，开发房地产，第一期完成了370亩地，10万平方米建筑面积，售出后回笼资金4.8亿元，第二期解决当地居民15万平方米的安置房建筑，第三期正在施工5万平方米高档住宅小区，包括81套连体别墅，71套高层建筑。这一事业不仅积累了资本，同时我作为当地村长，也为当地百姓办了一件实事。"

在江阴调研工作结束后，到达靖江参观奇美乐器有限公司和天鹅乐器有限公司，这两个企业都是刚刚被评选为乐器行业强势公司，是口琴行业的排头兵。

奇美乐器有限公司1993年建厂，企业经过连年技术改造，目前占地面积20亩，建筑面积1万平方米，员工400余人，主导产品由原来的竖笛扩大到木笛、口风琴、管式口风琴、口琴、儿童节奏乐器等6大类50多个品种产品，2007年实现销售收入4000万元，出口额占40%。近年来公司注重参与社会活动，履行社会责任，加强产品宣传，产品市场占有率和企业知名度不断提高，奇美牌乐器连续获得江苏省名牌产品，著名商标称号。

在公司总经理张龙贵陪同下，参观了口琴、口风琴等产品生产线、后方车间以及应用于各类乐器生产的新设备、新工艺，其中有音簧点焊机、计算机编程控制车床、木镟床等。张龙贵介绍说："现在我们公司有一支自己培养的技术队伍，可以自行设计制作各类模具，每年有3～4项具有一定科技含量的机器设备用于生产一线，使企业经济效益每年以30%的速度递增。经过几年的努力，目前竖笛、口风琴等产品已经占国内绝大部分份额，并大量出口到世界许多国家，最近我们又研制成功了管式口风琴，这种口风琴价格便宜，容易普及，产品投放市场后反映很好。人民币大幅升值，公司出口产品除口风琴受到影响以外，其它产品影响很小，我们主要靠的是品牌，大量以奇美牌出口，极少量以OEM出口。"

江苏天鹅乐器有限公司位于靖江市西侧，1982年建厂，占地35亩，建筑面积6000平方米，员工约300人，主导产品有口琴、口风琴、竖笛、儿童打击乐器等。董事长陈红梅、总经理丁益同等人陪同详细参观了口琴生产车间簧片制作、调音、组装等过程。陈红梅介绍说："我们公司是口琴生产老厂，即将迎来建厂30周年。经过几十年的发展，目前企业已经形成口琴、口风琴规模化生产，年产量达到350万支，销售收入4000万元，产品60%～70%出口，2008年以来产品供不应求，根据订单大约有两个月的生产量不能满足供货。近年来，公司主产品逐步向中高档口琴转移，相继开发了单音和复音的半音阶口琴，受到国际市场的普遍欢迎，订单不断。同时我们特别注重口琴产品的品牌化销售，内销全部使用天鹅商标，外销80%使用天鹅商标。在自主知识产权保护方面，我们加大了商标注册和专利申请的力度，申请专利达40多个，在国内和国外十几个国家和地区注册了天鹅或与其相关的所有商标，现在天鹅商标在国内外的知名度不断提高，一些外国采购商点名要订天鹅牌口琴。"

2008年一开局，国内外各种不利因素给乐器行业带来了诸多影响，大部分企业面临着严峻考验。但是在这四个企业却很少看到外部环境对企业的影响，企业各项生产经营活动仍然有条不紊进行，形势普遍好于往年。这些企业出现的令人欣喜的局面，主要原因是企业基本摆脱低水平重复老路，开始走出一条自主创新、向高新技术要效益，与文化产业紧密结合，多元化发展道路，沿着这条现代企业发展方向走下去，中国乐器行业一定会大有希望。

福建地区调研

2008年6月12～16日，中国乐器协会理事长王根田，秘书长齐建平一行到福州和声钢琴有限公司调研，详细了解和声钢琴公司2008年生产经营基本情况以及企业的发展设想。

在福州和声钢琴有限公司期间，王根田、齐建平与福建华闽集团有限公司总经理萨本淦、福州和声钢琴有限公司董事长胡颖会见，并在公司总经理池家森、副总经理黄苏东的陪同下参观了生产流水线，样品陈列中心，与公司领导班子成员进行座谈。

池家森总经理向中国乐器协会一行介绍了他出任公司总经理两年半以来，特别是2008年，在克服自然灾害以及外部环境影响等各种困难，保持企业经济效益稳定增长等方面所开展的工作及采取的一系列措施。池家森说："近年来，福州和声钢琴公司借助福建省位于台湾海峡西岸的特殊地理位置，突出企业文化产业特点，在2007年8月主办了"郎朗·百名琴童和声钢琴齐奏会"，2007年11月公司提供了100架钢琴，协办了"百年钟声·福建师范大学建校100周年庆典大型文艺晚会"等多项卓有成效的社会活动。在企业内部确立"稳中发展，作与众不同产品"的指导思想，采取人员结构调整，产品结构调整，加快新产品研发等一系列措施，取得了企业人力资源实现最佳组合，产品加快升级换代，钢琴销售进一步拓展等显著成效。2008年外部环境对企业的不利影响虽然比2007年更加严峻，但和声公司在2007年销售收入及利税各项经济指标稳定增长的基础上，2008年1～5月份各项经济指标均再上一个台阶，比2007年同期又有所提升，要作到这一点是很不容易的。"

王根田理事长在听了池家森等领导的汇报后表示："我曾三次到过和声钢琴公司，但每来一次都感觉有新的变化和进步，福州和声钢琴公司与广州珠江，北京星海等大型钢琴生产企业相比，虽然在规模上有所差距，但企业很有特点，刚才听到公司领导介绍，和声钢琴近年来各项经济指标取得全面上升的好成绩，多年来始终保持企业稳定发展，特别是企业销售利税率居同行业前列，尤其听到和声公司加大产品开发创新、企业形象宣传力度以及对于企业今后和发展有了明确，清晰的规划，这进一步说明和声钢琴公司在当前社会经济，行业面临困难的情况下，仍保持了健康发展的态势，的确是很不容易的。"

王根田说："当前国内外经济发展不确定因素增多，行业之间的竞争越来越激烈，乐器行业发展处于比较困难的时期，但是作为行业以及企业领导不能只看到当前的困难，要从长远计划，要善于抓住今后发展的机遇，做好乐器行业和企业继续发展思想上和措施上的准备，一个有眼光的企业家要能够既看到行业当前的困难，又能谋划今后的发展，就不会浪里淘沙，被淘汰。"

中国乐器协会一行在福建调研期间，还为年底召开的中国乐器协会五届四次理事会议选址作提前考察和准备。

湖北地区调研

2008年7月21～23日，中国乐器协会理事长王根田一行四人来到武汉市进行工作调研。

武汉位于我国中部，是国内重要的商业中心城市之一，同时也是我国电子乐器生产相对集中和传统响铜乐器重要生产基地。这次武汉之行是协会近年来首次对中南地区乐器行业进行的综合性调研，调研单位有武汉艾立卡电子有限公司、武汉致嘉钢琴制造有限公司、武汉邢氏乐器有限公司和武汉银可可琴行有限公司等4个单位。

7月21日一早，王根田一行刚下火车就直奔位于武汉东西湖区金银潭开发区的武汉艾立卡电子有限公司。总经理张鉴堂、副总经理屠淑珍、罗菲菲等公司领导亲切热情接待王根田一行。整整半天时间，张鉴堂等公司领导详细介绍了艾立卡电子有限公司的发展史、企业管理、国内外贸易、产品研发以及职工培训管理等方面的情况。

张鉴堂说："艾立卡公司成立于1995年12月，10万元起家的民营企业，主导产品电吉他音箱、效果器及乐器支架，产品95%以上出口。2005年艾立卡公司征地15亩，新建厂房建筑面积16000平方米，公司员工300余人，2007年销售收入800万美元，据估计2008年可以达到1000万美元。企业经过十多年发展实现了四个稳定、四个不欠、四个依靠、五个和谐。

四个稳定是投资人稳定、领导班子稳定、骨干队伍稳定、主业稳定；四个不欠是不欠员工工资、不欠供应商货款、不欠银行贷款，不欠国家税款；四个依靠是紧紧依靠党支部、依靠工会、依靠团支部、依靠退伍转业军人；五个和谐是员工和谐、上下级和谐、劳资和谐、产业链上下游和谐，与社会（当地街道、政府）和谐。

企业精神和发展战略是“与时俱进，百年老店”。

接着，副总经理屠淑珍，罗菲菲分别介绍了近年来公司技术创新和外贸出口经营情况。

随后，王根田一行参观了公司荣誉室、技术设计室（研究所）和生产流水线，亲身感受到公司实行半军事化管理下的员工精神状态和整齐有序的生产车间。中午，协会人员及公司领导与员工一起在食堂就餐，共同分享艾立卡公司官兵一致，上下一致的亲情。

下午，中国乐器协会一行，驱车前往位于武汉经济技术开发区民营科技工业园的武汉致嘉钢琴制造有限公司，受到周致嘉董事长、周锐总经理等公司领导的热情接待。在公司样品陈列室，周致嘉向客人们介绍了致嘉钢琴公司从1999年生产国内第一架数码钢琴开始至今公司发展的历程。在场的公司技术人员向中国乐器协会一行现场介绍并演奏了各种教学用数码钢琴的功能和教学效果。周致嘉还向王根田等人详细介绍了公司的发展理念和未来设想。

武汉是历史上以生产各类响铜乐器而驰名中外，20世纪八九十年代，以‘高洪太’作为产品商标的武汉锣厂生产的汉锣与苏锣、秦锣、京锣并称国内四大名锣，1983年武汉大抄锣获国家优质产品银质奖，国际著名交响乐团所使用的“中国锣”大部分都是武汉出口到世界各国的。近年来，由于响铜乐器属于高噪音、高强度体力劳动的热脏累行业，劳动力馈乏，行业濒临淘汰的危险境地，为了了解行业发展情况，7月22日，中国乐器协会一行来到位于武汉市东湖新技术开发区藏民龙岛工业园的武汉邢氏乐器制造有限公司，这是一家民营乐器外贸出口企业，下属的龙腾锣镲厂专业生产锣镲等响铜乐器。企业成立于2003年，占地45亩，拥有厂房建筑面积一万平方米。公司董事长邢福志在他的办公室热情接待了中国乐器协会一行，并陪同参观了响铜乐器整个生产过程。

公司董事长邢福志介绍说：“为了继承和发展中国传统响铜乐器制作工艺，邢氏公司于2003年收编了原有‘高洪太’的制作班底，投资800万元，建成了国内最大的响铜乐器生产基地，生产各类响铜乐器，其中直径1.95米的世界最大的抄锣被美国博物馆收藏。目前企业产品基本上全部出口，年销售额在1000万元人民币左右（该公司外贸乐器出口总额达到300万美元）。员工虽然在高强度、高温的情况下生产，但由于我们为职工提供了较好的福利待遇和较佳的生产环境，使职工们都能够安心生产，不断提高产品质量和生产效率，企业走上良性循环的发展轨道，具有中华民族特色的响铜乐器制作技艺在我们手中得到了发扬光大，今后，我们还要不断研究创新，把中国响铜乐器的传统技艺与国外先进的军吊镲制造技术结合起来，努力使中国响铜乐器成为世界一流的产品。”

7月23日，中国乐器协会一行来到位于武昌文化区的解放路和彭刘杨路，这里大约集中有50余家乐器琴行，走在大街上，离不了几步就会遇到一个琴行。

武汉银可可琴行位于武汉文化商业闹市区，拥有八家连锁店，员工80余人，总营业面积大约有5000平方米，以经营施坦威、雅马哈、珠江等国内外著名品牌钢琴为主，另外还有民族乐器、西管乐器、电子琴、提琴等产品，经过十几年的发展，武汉银可可琴行已经成为武汉市以及湖北省最大的琴行，今年6月18日，琴行的注册商标“银可可”被武汉市工商局认定为“武汉市著名商标”称号。

在何浩总经理的陪同下，中国乐器协会一行先后来到解放路分店、银可可琴行总店以及正在规划建设当中的银可可琴行八层商业大楼。

何浩向王根田等人介绍说：“武汉市地处中西部地区，经济发展特别是文化事业发展相对落后于沿海东部地区，近年来，国务院关于中西部大开发以及大力推进中部地区经济发展的政策，使武汉市各项事业逐渐进入快车道。从而带动了音乐与文化教育事业的蓬勃发展，目前，武汉市在武汉音乐学院附近已经形成了数十家琴行的扎堆效应，有了一个较好的音乐市场氛围。武汉市政府十分重视发展地区音乐教育活动，近日成立了武汉市音乐一条街商会，旨在进一步发展武汉地区音乐文化事业，我被推选为商会会长。为此，我正在努力打造一个参与度更加广泛的群众性音乐教育网络，音乐要普及，乐器要发展，必须走入社区，要让更多的人喜爱音乐，参与学习音乐的各项活动中来。”

王根田一行在武汉市调研期间，由艾立卡公司总经理张鉴堂牵头组织，还召开了武汉地区乐器行业工作联谊会，除调研单位企业领导参加以外，还邀请了武汉斯欧克乐器制造有限公司总经理程悬、武汉大风电器有限公司万建忠、武汉豪乐特进出口有限公司副总经理李瑶等企业领导，通过聚会互相之间加强了沟通和了解，增进了友谊。

中国乐器协会通过三天时间第一次对武汉地区进行的综合性调研，在武汉艾立卡电子公司的精心组织和周到安排下，走访了工厂、琴行，参加了武汉地区乐器界的聚会，对武汉地区的乐器行业发展概况有了一个基本的了解。在本次调研结束后，王根田谈了他的收获和体会：

首先，武汉地区的乐器行业虽然在规模和效益上与东部沿海地区的广东、浙江、江苏、山东以及京津等地区的乐器生产企业有所差距，但是他们在企业管理、员工管理以及企业发展战略上都很有特点。如：武汉艾立卡电子公司在总经理张鉴堂的领导下，将部队的军事化管理理念成功地移植到企业管理中，不仅使企业大大提高抗风险能力，同时培育了一支思想作风过硬，高度团结统一，具有实干精神的领导班子、管理团队和员工队伍，非常值得乐器行业各个企业学习借鉴。又如，邢氏乐器制造有限公司在邢福志董事长的带领下，虽然起步较晚，但是他们将中华民族传统的响铜乐器制造工艺与现代产业理念有机结合起来，较好的保留了具有悠久历史的中国非物质文化遗产，同时也创造了较好的经济效益，大大提高了中国民族乐器在国际上的声望，特别是他们对从事传统工艺制造工人所实行的“以人为本”的人性化管理和采取的各种有利于调动员工积极性的多种措施，在行业中应该能起到较好的示范作用。再如，武汉银可可琴行和武汉致嘉钢琴制造有限公司能够立足于乐器事业，放眼国内和世界的音乐教育大环境，有思路，有规划，把自身的事业与国家和本地区的音乐教育事业结合在一起，反映出他们对社会的一种责任感和使命感。

第二，今年上半年乐器行业因受外部环境一系列不利因素的影响，经济效益普遍下滑，生产销售都面临一定的困难，而协会调研的这些企业，虽然都受到不同程度的影响，但是反映并不明显。特别是反映在企业领导的思想上能够积极应对，是这些企业能够立足本身，走企业创新发展之路，不断地消化外界环境不利因素的影响，使企业能够沉着渡过暂时的困难。武汉艾立卡电子公司张鉴堂总经理在汇报中说，现在外部环境不外乎是人民币升值、原材料涨价、劳动力成本上升，出口退税减少四条原因，现在在我们公司内部所有的会议上从不提这四条众所周知的理由，只从企业内部来挖掘潜力。武汉邢氏乐器制造有限公司邢福志说，国家政策有利于企业发展时，我们就大显身手，大干，现在国家的外贸政策采取紧缩的时候，我们就适当谨慎一些，想方设法维持企业生存。这些都反映出企业的领导者面对外部环境的变化，能够因势利导，与时俱进的发展策略。

第三，这次到武汉地区进行调研收获很大，过去协会对一些地区乐器行业的情况了解还很不够，今后我们的工作还要加强，要加强对各地区乐器行业现状的调研，加强与各地区乐器行业的信息沟通，加强对各地区乐器行业的宣传力度，进一步推动各地区乐器行业的健康发展。

浙江地区调研

2009年4月9日至11日，中国乐器协会秘书长齐建平、信息部主任丰元凯等一行3人到浙江省进行工作调研，实地了解浙江省钢琴产业自全球金融危机以来企业的经济发展状况。

4月9日，齐建平、丰元凯分别到杭州嘉德威钢琴有限公司和宁波海伦钢琴有限公司进行调研。

在杭州嘉德威钢琴公司，齐建平首先参观了嘉德威公司新项目的建筑工地，陈莲琴总经理介绍说，这个项目是集钢琴生产、销售以及其他商业运营于一体的国际化shopping mall，目前正在施工的是一期工程，计划在年底竣工。之后，嘉德威钢琴营销部经理陈海霞介绍了公司目前的生产经营状况。近年来嘉德威钢琴产销量一直保持稳步提升，去年年底的金融危机对公司正常生产经营活动没有产生不利影响，出口订单依然需要加班加点来生产才能完成。

丰元凯在宁波海伦钢琴有限公司进行调研时，陈海伦董事长介绍说，海伦公司在当前金融危机形势下，虽然出口受到影响，但内销很好，2009年一季度销售量同比增长40%，车间生产任务十分紧张，每周只能休息一天，工人们经常为赶任务加班加点。此外，海伦公司最近又征地75亩，继续扩大企业规模，这是地方政府对国家文化产业基地的特殊支持。同时海伦公司在宁波北仑中学和职业技术学院实行奖学金制度，以资助该校开设钢琴教学课程和钢琴调律专业，为提高音乐教育素质，并解决学生就业问题做出积极贡献。海伦钢琴公司大力引进人才，为社会培训音乐人才，解决就业的作法受到中央及浙江省有关部门的高度重视，4月9日在杭州召开的浙江省人才工作座谈会上，海伦钢琴介绍了有关人才培养的作法，并得到了与会代表的肯定和赞扬。

4月11日，中国乐器协会调研组集中到德清县洛舍镇，对该地区钢琴产业进行调研。洛舍镇镇长沈月强、主管工业的副镇长施小强亲自组织并主持了有洛舍镇重点钢琴生产企业参加的座谈会。座谈会上，齐建平简要介绍了此次调研的意义和目的，沈月强镇长详细介绍今年一季度洛舍镇钢琴产业的生产经营状况以及未来发展规划；丰元凯介绍当前国内钢琴生产基本情况；到会钢琴企业负责人分别对各自企业2008年的经营情况以及当前的企业发展状况作了介绍。总的反映，洛舍钢琴企业受金融危机的影响并不大，企业的生产销售都保持正常，部分企业还在进行技术改造，以加大投资规模扩大厂房。下午，中国乐器协会一行分别参观了浙江华谱钢琴有限公司、浙江杰士德钢琴有限公司、浙江海尔乐器有限公司、浙江乐韵钢琴有限公司、浙江中德利钢琴有限公司。

北京地区调研

2009年4月20日，中国乐器协会理事长王根田，秘书长齐建平等专程到平谷区东高村镇进行工作调研，全面了解东高村镇在金融危机以后生产经营情况，调研期间中国乐器协会一行受到镇党委书记张宝利、主管工业副镇长王枝强、经管办主任张秋雁等领导的热情接待。

在东高村镇参观中，王根田等专程到两家重点提琴生产企业，北京华东乐器有限公司和北京艺苑乐器制造有限公司实地了解情况。

王根田、齐建平一行先后参观了这两家企业的生产车间，样品室以及华东乐器公司正在建设中的提琴体验馆和音乐厅。参观时，虽然已经临近中午下班，但工人们仍然情绪饱满，全神贯注紧张有序进行操作。在提琴体验区，参观者看到内部设备安装和室内装饰已经完成，将作为平谷区工业旅游景点之一，五一节以后就要迎来第一批客人参观。旁边一幢三层楼高，5000平方米建筑面积，可容纳700人的音乐厅，也已经作完了地基打夯和楼体支柱混凝土浇筑，据刘云东总经理介绍,平谷区的第一座音乐厅将于10月份竣工并投入使用。

参观过程中，王根田一行认真听取镇政府领导及企业老总关于东高村镇提琴产业发展介绍。东高村镇现有人口3.3万人，从1986年东高村第一家提琴厂成立，当时资金不足10万元，工人只有5个，发展到现在东高村已经有拥有9家具有一定规模的提琴生产企业和150户提琴手工做坊，年产提琴近30万把，产值1.8亿元，从业人员3000人左右，成为东高村镇三大支柱产业之一。从2004年开始，在中央关于解决三农问题一系列文件出台后，平谷区和东高村镇党委、政府不断加大投入，引导农民向二三产业转移，近年来已连续向企业无偿注资千万元。最近，东高村镇政府拟开始规划建设“北京文化产业创业基地”，建成全国一流的集乐器生产、研发、消费、展览、教育和旅游为一体的文化艺术交流中心。

北京艺苑乐器制造业有限公司总经理刘建立告诉大家：“2009年1月～4月我们相继参加了美国和德国乐器展，几乎没有受到金融危机任何影响，外销订单不仅没减，反而增加近30%，内销也十分火爆，自从中央电视台播出我们企业的介绍以后，慕名而来的人络绎不断，每天可以卖出一把3000元以上的高级琴，会拉小提琴的人听说平谷生产小提琴，到平谷来旅游时都要采购一把提琴带回去。”

北京华东乐器有限公司刘云东总经理介绍：“2008年四季度到2009年初，我们企业确实受到了金融危机的影响，订单减少30%，当时我们已经做出裁员200人的计划，但到2009年一季度时，形势明显回暖，生产也得到恢复，法兰克福展上我们新增了10个客户，都下了订单，前两天又接了一个40万美元的德国政府采购订单，这是我们有史以来所接到的最大订单。目前企业生产经营已经完全恢复正常，按订单组织提琴生产，今后我们将把产量定在年产20万把琴的规模上，首先要在产品结构上下功夫，最近我们测算了一下，2008年小提琴平均价格是290元，2009年4月平均价格升到了350元，我们要进一步提高中高档小提琴的比例。第二是研发新产品，现在我们正在生产外国客户的专利提琴产品及电子小提琴。第三是在政府的支持下实施工业旅游计划，建立提琴文化体验馆和音乐厅，未来我们还要建设吉他生产线，扩大生产品种。”

参观结束后，王根田感慨地说：“我已经二三年没到平谷来了，感慨很多，东高村镇提琴产业变化不是一般性的，整个厂区的环境和规模与三年前相比已经不在一个档次上了，企业发展许多思路也完全不一样了。原来企业基本上是乡镇企业的发展模式，现在看到的是企业都在向现代化企业发展，原来到企业看一会儿就可以走了，现在到企业有许多东西值得一看。企业发展了，也使我们大大增加了战胜金融危机的信心。”

山东省地区调研

2009年5月12~15日，中国乐器协会理事长王根田、秘书长齐建平、信息部主任丰元凯一行3人前往山东昌乐县进行工作调研。调研期间，走访参观当地乐器生产企业，与山东省轻工业协会、潍坊市轻工办公室及昌乐县、鄌郚镇政府的多位领导进行工作交流，并召开有企业老总参加的座谈会，详细听取昌乐县乐器经济发展概况及在金融危机下政府对企业“抱团过冬”的支持和企业克服困难所采取的一系列措施。

中国乐器协会此次山东工作调研受到山东省、潍坊市、昌乐县各级有关领导高度重视，昌乐县委书记王树华、县长曹晓楠先后会见中国乐器协会一行，主管工业的徐波副县长，县经贸局长尹长禄、中小企业局长郗杰堂等领导全程陪同调研。此外，山东省轻工业协会副会长宋鸿林、行管处处长朱维平、潍坊市轻工业办公室副局长窦培明专程从济南、潍坊来到昌乐参与这次工作调研，为这次调研工作顺利进行并取得成效提供大力支持和帮助。

调研期间，徐波副县长向调研组一行介绍了昌乐县域经济的发展概况，以及为了推动鄌郚镇乐器产业集群发展，在政策、资金等方面所采取的措施，并多次强调为了进一步引导和促进乐器产业集群转变发展方式，调整产业和产品结构升级，把鄌郚镇乐器产业建设为中国电声产业基地的规划设想，山东省轻工业协会宋鸿林副会长等省市领导在调研和座谈讨论中也多次表达了山东省，市领导和有关部门对昌乐县鄌郚镇建设电声乐器产业基地的关切和支持。

昌乐县鄌郚镇党委书记郭曙光详细介绍了该镇乐器产业的发展情况。

调研组一行参观了位于鄌郚镇的潍坊盛大音响有限公司、潍坊惠好乐器有限公司、昌乐百灵乐器有限公司、昌乐县东方乐器厂、潍坊宏韵乐器有限公司。

参观当中，调研组一行仔细观看每个企业的生产工艺、技术装备、安全生产情况以及产品陈列室，认真听取企业老总对企业发展情况的介绍，特别注意到党的建设在企业生产经营过程中所发挥的重要作用，不时提出一些问题对昌乐县的乐器发展作进一步了解。

王根田、宋鸿林一行非常关心金融危机以来昌乐县的乐器经济是否受到影响，每到一个企业，他们都要详细进行询问，“现在金融危机对我国各行各业都在产生影响，你们企业受到影响没有？为了克服金融危机影响，采取了哪些措施和办法？你们还有什么困难需要政府支持和帮助的？”

潍坊惠好乐器有限公司总经理刘志江说：“从2008年六月份我们开始感觉到有压力，所以我们在产品质量方面加大管理力度，到2009年以来，在订单方面没有受到太大影响，木吉他订单有所上升，电吉他订单略有下降。我公司采取的措施主要是不追求产量，在产品质量和调整产品结构上加大力度，现在我们已经拥有21项专利，并且聘请了韩国技师进行技术指导，加快新产品研发，今年以来我们又研制了四种新产品投入市场。我们的优势在于品种较多，能够接受多品种、小批量订单，适应国外中小客户的需要。”

潍坊盛大音响有限公司是从潍坊引进的一家音箱生产企业，公司董事长董素莲说：“我们来到昌乐县，县里、镇上对我们很关心、支持，与昌乐当地企业一样对待，还给予多方面的优惠，使我们感到很温暖。金融危机并没有对我们企业产生影响，主要是因为我们是为鄌郚镇乐器产品配套，同时有一定量的出口，我们是鄌郚镇唯一生产音箱的企业，产品质量决定订单，由于我们狠抓产品质量，月产量从一年前的500个，到2008年十月份增加到月产2000个，2009年三月份我们的产量已经稳定在5000个音箱。我感觉乐器产业前景是非常好的，对此我们充满信心，近期我们还要发展电子鼓的生产。”

昌乐县东方乐器厂总经理李培臣说“山东从1972年就开始成立了三个乐器厂，但到1978年，只剩下昌乐乐器厂，其它两个厂都不存在了。昌乐乐器直到1986年以后才有了大的发展，鄌郚镇乐器产业的大发展是在各级政府的大力支持下，才有今天的大好形势的。我相信今后昌乐乐器还会有更大的发展。金融危机到来，昌乐乐器并没有受到影响，靠的是产品质量，我们的所有产品都是使用的最优等的原材料。”

潍坊宏韵乐器有限公司总经理冯桂玲说“我们企业没有受到金融危机的影响，我的体会是一要诚信，二要质量。如果说金融危机以前产品质量还可以马虎一点，现在一点都不能马虎。过去我们产品生产过程中设5～6个质量检验员，现在增加到十多个质检员，层层道道关口把住产品质量。另外我们电吉他生产完全采用进口油漆，上等的吉他配件，以保证产品质量取得客户的信任。由于我们采取了一系列措施，虽然金融危机确实使外国客户订单下降了一些，但是由于我们的产品质量有了提高，并且承诺客户有质量问题的吉他包退包换，这又增加了一部分客户，总起来我们的订单并没有下降，春节过后，已经先后已经有六批国外客户到我们公司了”。

调研期间，中国乐器协会一行注意到，山东昌乐县的乐器经济之所以能够“逆势上扬”，不受影响，除了企业的自立自强以外，政府的支持也是一个十分重要的因素。

鄌郚镇党委书记郭曙光介绍说：“我们对鄌郚镇乐器生产企业的支持主要体现在以下几个方面：一是为企业无偿提供土地。政府从农民手中租赁土地200亩，建立工业园区，免费提供给乐器生产企业使用，使用期10年。二是为企业作好开办服务，当一个新企业成立时，政府协助企业办理所有工商注册、税务登记手续。三是为企业正常生产经营活动办实事。为此镇政府专门成立工业园办公室，帮助企业解决用电、用水、用工等事宜，企业可以免费使用政府投资安装的变压器，为企业提供外贸洽谈时接送客户时使用车辆。向企业提供食堂招待外商客户，镇领导亲自接待。四是实行行业自律，企业之间和谐共处，相互帮助，为此专门成立乐器协会，经过多年努力解决了企业之间互相刹价，挖人等不正当竞争问题。出现了一家企业拿到剩余订单，转让给其它企业的可喜现象。镇领导亲自到宁波、余姚地区帮助企业联系业务，招商引资，现在已经先后有10家企业到鄌郚镇落户。五是帮助和关心企业老板及员工的家庭生活和私人问题，包括家庭的婚丧嫁娶等各种事情，使企业时时刻刻得到来自政府的温暖。”

中国乐器协会山东调研结束之前，王根田理事长谈了这次山东昌乐地区工作调研的收获，“中国乐器协会这次在山东昌乐县进行工作调研得到了山东省、潍坊市、昌乐县高规格的接待，反映出山东省及昌乐县各级领导对本地区电声乐器产业发展的高度重视。三天调研虽然时间短暂，但达到了预期目的，收获和体会不少，主要有以下几点：

一是基本了解山东昌乐县乐器产业受金融危机的影响程度。通过参观企业和企业老总座谈发言中，可以看到，由于昌乐地区乐器生产企业近年来努力调整产品结构，重视产品质量，尤其是适应国外市场需求，努力作好对客户服务，使该地区的乐器产业基本上没有受到金融危机的影响。

二是进一步掌握了昌乐县乐器产业发展概况。山东昌乐乐器产业虽然发起于20世纪90年代，但取得快速发展仅是近三年的时间，目前山东昌乐地区，特别是郡部镇已经发展成产业集中度较高，综合配套齐全，已形成上下游产业衔接紧密的产业链，具有一定规模的电声乐器产业集群。

三是昌乐县乐器产业发展具有十分良好的外部环境和内部优势。外部环境是县镇两级政府十分重视和支持乐器产业的发展，制定了许多优惠政策，提供了许多企业想办而所不能及的服务工作，使企业能够在十分宽松的环境下放开手脚搞生产，发展对外贸易。内部优势是昌乐乐器产业大多属小中企业，具有调整产品快，品种多，产品适应性高的特点，因此能够在金融危机到来时受到影响较小。

四是昌乐县乐器产业具有很大的发展潜力和远大前景。可以看到，目前昌乐县政府和各乐器生产企业都对未来充满信心，正在制定未来发展规划，通过加强乐器产业集群建设不断研发新产品，促进产品进一步升级换代，走出一条自主创新的发展道路。

中国乐器协会这次山东调研期间，还专门与省市有关部门及领导研究了关于昌乐县郡部镇建设“电声乐器生产基地”事宜，在一系列重要问题上达成共识。

辽宁地区调研

2009年11月2日下午，在参加营口乐器协会第三次会员代表大会后，中国乐器协会信息部主任丰元凯与国家轻工业乐器信息中心副主任孟宇在营口乐器协会会长、鲍德温副总经理郝铁成，秘书长邓晓杰及营口大成乐器迟兵等人的陪同下，前往鲍德温东北（营口）钢琴乐器有限公司、营口市泰刚古筝艺术学校进行工作调研，并参观了位于营口市沿海产业区即将开发的乐器工业园区。

在鲍德温东北（营口）钢琴乐器有限公司调研期间，美方代表，吉普森中国生产运营副总执行官麦克等一起陪同参观了生产现场并进行了大约半小时的工作座谈。原营口东北钢琴（集团）公司是我国钢琴重点生产企业之一，该公司生产的“诺的斯卡”牌钢琴在2006年荣获中国名牌产品称号。2006年企业改制，成立了由41个自然人控股的营口东北钢琴有限责任公司，国有的钢琴集团公司成为留守企业。2007年2月15日，美国吉普森乐器公司并购了营口东北钢琴有限责任公司51%的自然人股权，并增资扩股后成为中外合资企业，东北钢琴有限责任公司企业性质的变化，成为近年来我国乐器行业一件大事，业内人士十分关注。丰元凯、孟宇在参观中，看到生产现场基本上保持着原来的模样，厂房及墙壁上标语依旧，但车间工人及产品数量有所减少。座谈中，郝铁成副总经理介绍了鲍德温东北（营口）钢琴乐器有限公司近年发展运行情况，郝铁成说：“营口东北钢琴（集团）公司是经营口市委、市政府的批准，由完全国企改制为有限责任公司（民营持51%股份，国有持49%股份），又由市政府决定把营口东北钢琴有限责任公司51%的股权，出让给美国吉普森乐器公司，更名为“鲍德温东北（营口）钢琴乐器有限公司”。从2007年初到目前近三年经营过程中，遇到老国企长期未能解决的遗留问题、美国钢琴市场销售协调问题、2008年南方大雪，四川大地震、美国次贷危机等一系列客观因素带来的困难，造成了企业改制后钢琴生产和经营一直处于不正常状况，钢琴的内、外销市场受挫，下滑比较严重。为了缓解这些矛盾，美国公司总部作出生产吉他（包括电吉他和木吉他）的计划（并购企业时就有在东北厂形成年产量60万把吉他的计划）。该项目已于2008年底开始实施。目前制约公司的主要问题是资金问题，一旦美国公司总部能够注入资金，公司生产马上就可以启动，现在虽然公司走了一些人，但主要技术骨干都还在，公司总部现正在制订计划，做明年的预算，一定会尽快改变现状，走出低谷，发挥东北钢琴的优势，扩大三角琴的产量，我作为公司副总经理，将会全力配合美国公司总部所采取的一切措施。”

丰元凯、孟宇在座谈中一致表达了希望东北钢琴重振往日辉煌的感情，并向美方代表转达，东北钢琴虽然美方控股并经营管理，由于经营思路和地域的差异，目前在行业沟通及信息往来方面相对较少，希望这种状况能得到改变。美方代表麦克先生表示：非常赞同两位的观点，吉普森公司高层非常看好中国乐器市场，也非常重视营口生产基地，我们正在努力，希望鲍德温东北（营口）钢琴乐器有限公司尽快恢复正常，重新确立其在中国乐器行业的地位；同时，我们愿意同中国乐器行业机构重新建立起良好的关系，多方面开展交流合作，两位的提议我会向董事长汇报；还有，目前鲍德温东北钢琴公司除生产钢琴外，还生产吉普森电吉他和拾音器，我们即将在此建设高档木吉他生产线，生产世界顶级的木吉他。从这里的各方面条件看，我们还有很大的发展空间，我们会努力在这里越做越好。

接着，丰元凯、孟宇来到营口市泰刚古筝艺术学校参观，校长李泰刚今年已经69岁，原为东北乐器厂副厂长，在古筝演奏、教学、制作、改良方面颇有建树，20世纪70年代起，潜心研究转调古筝积累了丰富经验，受到古筝界的肯定。退休以后李泰刚与夫人开办了古筝艺术学校，整个学校三层小楼，教学面积300平方米，共召收学员200余人，开设古筝及古琴的教学，同时进行古筝销售及制作改良的工作，晚年生活不仅充实，同时也为营口市的文化事业做出了重要贡献，是营口市唯一一所古筝学校，有关市领导多次到学校考察参观，并鼓励他继续努力，多教学生，教好学生。

最后，丰元凯、孟宇前往位于营口市中心以南的沿海产业基地，参观即将动工的乐器产业园区。这里是国务院“实施东北老工业基地振兴战略规划”建设辽宁沿海经济带滨海大道的营口段，汽车停在笔直宽敞的马路边上，站在脚下的土地上，一边是无垠的大海，一边是被纵横交错的马路分割好的一块块平地，眼望不到边。据介绍：“这片土地原是盐池，2005年8月，原辽宁省委书记李克强在营口市提出了打造辽宁省‘五点一线’沿海经济带的战略构想。辽宁（营口）沿海产业基地规划总面积为120平方公里。目前，产业基地一期主体区域44平方公里的基地设施建设基本完成。在原有盐池的基础上，加高土地1.5米，实现了五通一平，即：通电、通路、通水、通讯、排污、土地平整。2010年4月份第一批乐器企业将进入园区开始动工建设。”

2008年度中国乐器协会国际合作与交流

3月

2008年3月12日至15日，以信息部主任丰元凯为领队的中国乐器协会一行二人参加2008年第29届法兰克福国际乐器展，并在6号馆设置“中国乐器协会”展位。

受中国乐器协会王根田理事长和齐建平秘书长委托，丰元凯等专程前往法兰克福展览有限公司总部拜会了副总裁可莉·范·金女士。双方在亲切友好的气氛中，对当前双方合作取得的成果及世界乐器发展前景诚挚地交换了意见。

中国乐器协会在展会上积极主动接触国际乐器行业，展开内容丰富的对外交往活动，并向大会新闻中心提供了《中国乐器行业发展现状报告》。在为期4天的展会中走访和接待国际国内重点展商和观众40余人次。与美国国际音乐制品协会（NAMM）、英国乐器协会（MIA）、意大利乐器制造商协会（ACISA）、巴西乐器制造商协会（ANAFIM）等国家的乐器行业协会进行了友好会谈，并与世界知名乐器制造商捷克佩卓夫钢琴公司、法国布菲管乐器公司、美国萨尔玛管乐器公司、美国AXL乐器公司、日本东洋钢琴制造公司等领导以及国内乐器展商北京星海钢琴集团公司、上海钢琴公司、上海华新电子乐器公司、南京摩德利钢琴公司、江苏泰兴凤灵乐器集团、广东吉声琴业公司等协会会员企业领导深入交流，较好地把握了当前世界乐器行业发展趋势。

协会人员还在展位上热情接待国际乐器行业来访人士，充分利用世界乐器第一大展平台开展了一系列的工作，取得了较好的效果，圆满地完成了参展任务。国际乐器参展商和观众普遍看好中国乐器行业取得的成就和中国乐器协会作为乐器行业中介组织发挥的作用。

在紧张而忙碌的4天展期里，中国乐器协会参展人员通过开展形式多样的交流活动，以具体、实际的行动展示出中国乐器协会在中国乐器行业公信力、组织影响力和会员凝聚力的形象，让世界同行客观了解到中国乐器行业发展现状和当前走势，为协会今后进一步开展国际交流与合作打下了良好的基础。

10月

10月9日，2008中国（上海）国际乐器展开幕当天晚上，德意志联邦共和国驻上海总领事馆在此间举行招待酒会，宴请中国（上海）国际乐器展览会主办单位和来沪参展的德国展商代表团。中国乐器协会副理事长黄伟林，法兰克福展览（上海）有限公司总经理赵慰平，德国驻沪总领馆商务领事玉凤，领事梅儒佩，德国法兰克福展览公司副总裁可俐·范·金，德国乐器制造商协会（BDMH）会长温弗莱德、美国国际音乐制品协会（NAMM）主席艾维沃特尔等出席酒会。

德国驻沪总领事馆商务领事玉凤博士、中国乐器协会信息部主任丰元凯(代表王根田理事长)分别致辞。玉凤领事在招待会致辞中充分肯定了上海乐器展连续举办7年来所取得的成绩，并对中方合作伙伴单位的大力支持表示感谢。音乐使人相通，乐器贸易让大家紧紧相连，6年来，中德两国间的乐器进出口额增长了一倍以上，这一发展令人瞩目。去年的乐器展迎来了四万名观众和一千多家展商，创下良好佳绩，这与各方的良好配合是分不开的。她最后预祝本届展会再创新高。

丰元凯在讲话中说，在各方合作伙伴的精诚合作、共同努力下，中国（上海）国际乐器展得到世界乐器展商和国内外观众的广泛关注和积极配合，展会蒸蒸日上，年年都有新亮点，年年都有新突破，上海乐器展已成为中国轻工行业十大品牌展会之一。希望今后继续深化中德乐器行业间、协会间的合作，使上海乐器展再上新台阶。

10月13日，中国乐器协会王根田理事长、齐建平秘书长在中国（上海）国际乐器展期间，亲切会见了美国国际音乐制品协会（NAMM）总裁兼首席执行官周·拉蒙德和国际部主任贝蒂。双方在友好的气氛中就当前两国乐器行业发展形势广泛、深入地交换了意见。

会谈中，王根田饶有兴致地向客人详细介绍了过去一年中国乐器行业整体发展情况。他说，2008

年上半年，中国乐器进出口总额同比增长25.84%，出口额同比增长27.09%，1-8月乐器销售总额增长19.33%，中国乐器行业继续保持平稳、快速增长态势，行业总的发展趋势还是向上的。与此同时，行业不可避免受宏观经济形势影响，具体体现在原材料价格大幅上涨、人民币不断升值，有的会员企业面临着一定压力，但广州珠江钢琴集团、深圳美得理、泰兴凤灵乐器集团等重点会员单位积极主动寻求应对措施，化压力为动力，总体运行良好，仍然保持健康发展。

两国乐器协会领导还就上海乐器展交换了看法。王根田表示，上海乐器展已连续举办7届，展会无论规模还是质量上都取得长足发展，现已成为亚洲第一、世界第三大乐器展。世界知名乐器公司纷纷通过上海乐器展提供的良好平台进驻中国市场，AXL、雅马哈、河合、鲍德温、英昌等世界知名乐器公司也通过其在华公司成为协会会员，协会的影响力进一步增强。

拉蒙德先生完全赞同王根田理事长对当前世界乐器行业形势的评价和对上海乐器展会的看法，他对两国乐器行业组织所开展的卓有成效合作表示满意。他说，两国乐器协会于2006年初建立合作伙伴关系以来，双方一直保持着较为密切的交流和合作，从今年的上海国际乐器展来看，NAMM大学论坛和“如何操作”系列培训课程再次取得圆满成功，无论从参加人数还是课程质量，都较去年有了进一步提高，组织工作明显加强，场地座无虚席，获得展商和观众的普遍好评。NAMM具有上百届乐器展会的成功经验，相信NAMM大学课程和NAMM论坛必将在上海乐器展众多活动中，进一步发挥其积极的推动作用，拉蒙德希望两国乐器零售商通过NAMM大学课程搭建的平台，互相交流学习，分享成功经验。

王根田还向客人介绍了中国乐器协会的会员发展和组织分会情况，特别是2008年6月中国乐器协会琴行分会获民政部正式批准，于9月在杭州成立，至此标志着协会所属的13个分支机构全部成立，目前琴行分会会员均为各地具有重要影响力的琴行，他们将乐器销售和音乐教育、器乐培训结合起来，有的还配合地方文化主管部门开展音乐文化活动，得到当地领导重视，营造了良好的音乐学习氛围，进一步开发了乐器市场。

拉蒙德对中国乐器协会琴行分会的成立表示祝贺，认为此举将在中国乐器行业发展历程上具有里程碑意义。中国的乐器零售市场具有巨大潜力，国际音乐制品协会（NAMM）非常重视中国乐器零售市场开发，希望以此为契机，推动两国乐器零售市场发展。

王根田就乐器行业在整体经济环境面临的形势下，提出三点建议：一是呼吁重点乐器会员公司压缩产量，调整结构；二是更加注重提升产品质量，从劳动密集型向效益集约型转变；三是更加注重音乐教育和乐器培训，从而扩大乐器市场的份额。王根田理事长最后表示，与发达国家乐器行业相比，中国乐器行业总体上还处在初级发展阶段，具有广阔的发展空间，今后会进一步学习美国乐器行业的发展经验，加强交流，为推动世界乐器行业的发展做出应有贡献。

10月11日，2008中国（上海）国际乐器展览会举办期间，中国乐器协会理事长王根田应邀与前来参加展览的日本罗兰公司总经理田中英一亲切会见。会见时在座的还有中国乐器协会秘书长齐建平，上海罗兰贸易公司总经理程建桐等人。

会见时，双方愉快地回顾了日本罗兰公司所研发的电子乐器产品在中国市场的推广情况。田中英一说，近年来中国经济发展带动了中国音乐事业和乐器市场的快速扩大，现在中国乐器制造厂家越来越多，过去在美国、韩国，日本的乐器生产企业，现在除极个别外，已经全部移到中国，目前中国乐器市场非常旺盛，2008年度上海乐器展非常热闹，人声鼎沸，罗兰公司在苏州也有自己的工厂，是因为中国有廉价的劳动力，这是最大的优势，但是近几年中国的劳动力和原材料成本不断上升，这种优势在不断缩小。

王根田理事长向日本客人介绍了当前中国音乐事业和乐器行业发展的基本概况，他说，中国有13亿人口，人口众多，但基础很薄，中国的音乐和乐器市场大有发展余地，有很大的发展潜力，近年来，中国经济一直平稳发展，中国政府一贯支持音乐事业的发展，相继出台了若干项有利于音乐教育事业发展的政策，我国规模以上乐器生产企业每年都有两位数增长幅度，当前虽然世界金融危机对中国经济带来影响，但是影响不大，不会对中国乐器市场伤筋动骨。近来，我一直十分关注日本罗兰公司在中国的市场的发展，我和日本罗兰公司在中国贸易公司的程先生相见多次，我们之间有许多共同的语言，并且开展了许多有利于罗兰产品在中国推广的事情，非常感谢日本罗兰公司对中国音乐教育事业所作的贡献，也希望日本罗兰公司能够用先进的技术对中国的电子乐器生产公司给予有力的帮助和支持。

田中英一在介绍罗兰公司产品时说，罗兰公司是生产电子乐器的企业，不生产传统乐器，最近在北京奥运会上使用的电子二胡就是罗兰公司与上海民族乐器一厂共同合作研发生产的，就像罗兰生产吉他效果器一样，与世界上最知名的两家吉他厂，芬达和马丁公司共同合作生产电吉他、电倍司。当前在世界经济不景气的情况下，我们更应当密切合作，拿出最好的产品，努力把乐器引入民众的日常生活中来，同时我们更要把最好的乐器带到中国乐器市场，罗兰对中国乐器市场充满希望，我们非常希望和中国业内同仁携起手来，把中国乐器市场越作越大。

王根田表示，罗兰公司的电子乐器产品在中国越来越有作为，希望罗兰公司能够充分利用好中国市场，把罗兰的事业作得更加发扬光大。

2009年度中国乐器协会国际合作与交流

3月

2009年3月3日至4日，为进一步扩大中国乐器向南美出口，开拓南美乐器市场，以中国乐器协会理事长王根田、秘书长齐建平、上海市乐器协会会长陈惠庆、上海国际展览中心有限公司总经理方佩瑛等一行5人组成的中国乐器协会代表团访问巴西，先后访问了巴西乐器协会及巴西里约热内卢州商会。

3月3日，代表团一行在圣保罗会见了巴西乐器协会主席安萨尔摩·莱帕索、项目经理马塞尔·塞尔蒂等，双方就扩大中巴乐器协会合作和中巴乐器企业和产品交流等问题进行了热情友好的会谈。在谈到中国乐器出口巴西问题时，安萨尔摩主席说，近年来中国乐器向巴西出口有了大幅度增长，并受到巴西乐器市场和音乐爱好者的青睐。目前巴西乐器市场有70%的乐器来自进口，其中中国乐器占60%以上，并有很大的发展潜力。目前存在的主要问题是中国乐器出口厂家间过度的价格竞争，不仅使出口企业的利益受到损失，而且也影响到巴西乐器市场的正常秩序，已引起巴西有关部门的关注，并可能采取相应的措施，而不利于对中国乐器的进口，为此希望中国有关企业和部门能予以重视。

此外，双方还就加强在两国举办的中国（上海）国际乐器展和巴西圣保罗乐器展的合作问题交换了意见，据介绍，每年9月于巴西圣保罗举办的巴西乐器展已有20多年历史。虽然来自中国的乐器展商每年仅5、6家左右，但是实际上很多展商代理中国乐器，所以巴西乐器展上中国乐器产品仍有一定的比重。

3月4日，中国乐器协会代表团一行还访问了巴西里约州外贸商会，与马尔利·波罗·莫累拉·莱特会长就扩大中巴乐器贸易问题进行了友好商谈。

9月

2009年9月9日～13日，第16届国际钢琴技师及调律师年会（IAPBT 2009）在澳大利亚昆士兰州首府布里斯班市政厅召开。中国乐器协会钢琴调律师分会组织了由会长金先彬、副会长闫学智、秘书长王耀中，冯高昆、调律师会员曹西岐、杨新武、闫威、许维涛等9人组成的代表团前往布里斯班参加此次IAPBT年会。

参加此次IAPBT年会的有来自美国钢琴技师协会（PTG）、日本钢琴调律师协会（JPTA）、韩国钢琴调律师协会（KAPT）、中国乐器协会钢琴调律师分会（CPTA）、台湾钢琴技师协会（TPTA）、澳大利亚钢琴调律师和技师协会（APTTA）等团体会员的代表，以及世界十个国家和地区的调律师和钢琴技师会员共计160余人。

9月9日下午15时30分，IAPBT理事会在市政厅的Oak Table Room召开，参加理事会的代表主要有本届IAPBT主席凯瑞·库珀（Kerry Cooper）（APTTA副会长）、副主席刘凌宏（Ling-Ho Liu）（TPTA会长）、秘书长及财务官迈克尔·莱恩（Michael Ryan）（APTTA）、上届主席Goo Young Ryu（KAPT主席）以及主要团体会员的代表：中国乐器协会钢琴调律师分会（CPTA）会长金先彬、美国钢琴技师协会（PTG）中西部副会长Trevor Nelson、日本钢琴调律师协会（JPTA）国际局理事西田·完（Mamoru Nishida）、副会长玉置青史（Seishi Tamaoki）、欧洲钢琴调律师协会（EURO PIANO）会长尼尔斯·亨利克·詹森（Nils Henrik Jansen），此外还有部分其他代表共约30人。

IAPBT理事会的主要议题是对上届IAPBT年会（韩国2007）的会议纪要进行审议，讨论批准新会员的入会申请、进一步落实下届年会（IAPBT 2011）的时间和安排、对主办2013年IAPBT年会的申请进行审议，以及对理事会成员提出的一些计划、建议进行集体讨论和审议等。

中国乐器协会钢琴调律师分会会长金先彬向理事会递交了在中国举办2013年IAPBT大会的申办文件并做了陈述，并就我国调律师人员、组织、培训等方面做了简要介绍。与会代表对中国申办2013年IAPBT大会均表示出了浓厚的兴趣，有代表还提出会议期间安排参观中国的钢琴厂，考察培训中心等提议。在随后的举手表决中，全票通过了在中国举办2013年IAPBT大会的申请，中国乐器协会钢琴调律师分会（CPTA）成功取得了第18届国际钢琴技师和调律师年会（IAPBT 2013）承办权。

IAPBT 2009年会由澳大利亚钢琴调律师和技师协会（APTTA）主办，卡瓦依、雅马哈、舒密尔等公司对此次年会给予了支持，会议主要内容包括IAPBT理事会、IAPBT会员大会、主题发言、专题讲座以及钢琴独奏音乐会和调律有关的配件、工具等的展览活动。

18时30分，国际钢琴技师及调律师年会（IAPBT 2009）的开幕仪式在Balmoral Room隆重举行，由组委会官员大卫·劳森（David Lawson）宣布开幕仪式开始，本届IAPBT主席、APTTA副会长凯瑞·库珀（Kerry Cooper）致辞，对参加此次会议的团体及个人会员表示热烈欢迎，并简要介绍了会议的主要内容和日程安排。

次日（9月10日）举行了IAPBT会员大会，主要将IAPBT理事会上通过的有关决议进行了通告，对上届大会的会议纪要再次进行表决通过，并先后听取了欧洲钢琴调律师协会（EUROPIANO）、北美钢琴技师协会（PTG）、台湾地区钢琴调律师协会（TPTA）、日本钢琴调律师协会（JPTA）、韩国钢琴调律师协会（KAPT）、中国乐器协会钢琴调律师分会（CPTA）针对各个协会所在国家和地区的钢琴工业、钢琴调律师及技师发展情况的介绍，使与会的IAPBT会员之间有了更加深入的了解，对国际钢琴工业的发展也进一步提高了认识。

在随后进行的主题发言和专题讲座阶段，主要听取了罗恩·欧沃斯（Ron Overs）关于三角钢琴制作的讲座；格里菲斯大学昆士兰音乐学院教授彼得·罗恩斐德特（Peter Roennfeldt）和博士生史蒂芬·埃莫森（Stephen Emmerson）关于钢琴历史的讲座及钢琴展览；罗杰·久利关于钢琴整音的讲座；卡瓦依钢琴技师大久保·武（Ookubo Takeshi）关于钢琴制作、安装的讲座，大卫·詹金（David Jenkin）关于音板安装的讲座，Phoenix Hearing关于保护调律师耳朵的讲座，Helmut和Norbert Abel关于弦锤历史的讲座以及关于培训、考核等内容的讲座共有20余场，分别在四个不同的会议室中进行，与会代表可以根据自己的喜好和需求选择性地参加。

10月

10月14日下午，中国乐器协会理事长王根田会见专程参观中国（上海）国际乐器展览会的巴西乐器协会（Abemusica）主席科斯塔一行，宾主双方进行了友好会谈并就两国协会间的合作初步达成意向。

王根田向客人详细介绍了中国（上海）国际乐器展览会。从首届15000平方米发展到如今的6.5万平方米，尽管受到世界金融危机影响，但2009年的招展情况和观众数量并未因此受到影响，展会仍旧保持着良好发展势头。上海乐器展的成功举办，和各国乐器界同行对中国乐器行业的关心支持是密不可分的。科斯塔对中国乐器市场繁荣发展、蓬勃进步的成就表示由衷赞赏，认为上海乐器展会是世界乐器行业的一次空前盛会，其规模之大，质量之高，人数之众，在当前国际乐器界受到外部经济环境挑战之时给人留下尤为深刻的印象，希望和中国同行成为好朋友，好伙伴。

科斯塔介绍了当前巴西乐器行业。科斯塔说，最近巴西国会立法通过“百万学生学乐器”支持音乐教育的议案，将大大带动乐器需求，预计巴国内乐器市场在5年之内还要翻一番，希望通过巴中乐器贸易满足巴国内市场需求。应询谈到每年9月在圣保罗举办的巴西乐器展（ExpoMusica）时，科斯塔说，中国展商在巴西乐器展的作用日益凸现，目前参展的中国展商约20家，还远远不够，巴西从中国进口的乐器还相对较少，年进口额仅数千万美元，今后还有广阔的贸易空间，欢迎中国乐器协会组织有实力的会员展商参展，对此巴方将予以积极协助。

王理事长详细了解巴西乐器展会及中国展商的参展情况并结合巴西方面提出的合作愿望后表示，望巴方进一步细化考虑合作内容，中国乐器协会将在宣传巴西展会和组织中国乐器展商参展两方面积极做好配合工作。他说，中国和巴西同为世界重要的发展中国家，两国的乐器市场具有巨大的开发潜力，两国乐器协会未来的合作也有广阔前景。中巴乐器界应抓住机遇，扩大双边贸易，充分发挥优势互补作用，为促进两国乐器市场的发展壮大做出积极贡献。

10月15日上午，中国乐器协会理事长王根田在中国（上海）国际乐器展览会主办方会议室会见了国际音乐制品协会国际部主任石碧天（Betty Heywood），总结了两国乐器行业过去一年来的交流与合作，并对2010年两国乐器协会的合作事宜做出初步安排。

王根田首先充分肯定了一年来中美两国乐器协会在上海乐器展期间举办的乐器论坛和NAMM大学课程活动上进行的卓有成效合作。今年的论坛和NAMM大学课程已进入第4个年头，论坛和培训课程的知名度和影响力进一步增强，慕名前来上海乐器展“取经”的国内外专业观众不在少数。NAMM乐器展的办展思路和培训理念与上海国际乐器展实现了有效嫁接，为走向成熟、蓬勃发展的上海国际乐器展注入了新活力，同时极大地扩大并增强了中国（上海）乐器展览会的国际特色和在乐器行业的国际影响力。

王根田还向石碧天介绍了过去一年来协会尤其是琴行分会开展的活动和会员发展情况。王理事长表示，两国乐器协会要继续保持目前良好的合作势头，在今年NAMM大学课程取得圆满成功的基础上进一步巩固和完善，找准思路，提前定位，扎实工作，为2010年中国（上海）国际乐器展览会的NAMM论坛和大学课程筹划工作做好充分准备。

石碧天简要介绍了今年NAMM大学课程的具体举办情况，赞同王根田理事长对合作的评价，对双方的沟通、交流和协调感到满意。她说，这次NAMM大学课程组织的活动离不开中国乐器协会领导和琴行分会的大力支持，非常重视中国乐器协会提出的建设性意见，会及早着手，继续做好明年活动的筹备组织工作。

石碧天还向协会领导介绍了2010年8月即将在北京举办的世界音乐教育大会，届时将有来自世界各地的5000余名音乐教育者与会，希望得到中国乐器协会的大力协助支持，组织好中国乐器行业内相关品牌乐器制造商和重要乐器零售商参加有关活动，抓住这一良好契机，积极与世界音乐教育界沟通、合作、交流，共同培育发展市场，为乐器行业的发展壮大做出积极贡献。国际音乐制品协会愿与中国乐器协会保持积极沟通，策划好乐器界和音乐教育界的圆桌对接座谈。

双方在亲切友好的气氛中进行了愉快的交流会谈，王根田最后请石碧天转达对国际音乐制品协会总裁兼首席执行官JoeLamond先生的诚挚问候和良好祝愿。

10月15日，王根田理事长还在展会主办方办公室会见台北市乐器商业同业公会理事长吕杜辉先生，双方交流了海峡两岸乐器市场发展情况，并就2010年7月在台北合作举办两岸乐器大展问题交换了意见。

分支机构活动

中国乐器协会吉他专业委员会二届一次会议在上海嘉定举行

2008年5月9日,中国乐器协会吉他专业委员会二届一次会议在上海嘉定举行。参加会议的有上海奋达乐器公司、四会市华声乐器有限公司、广州珠江钢琴集团有限公司吉他厂、广州吉声琴业有限公司、佛山市三水区美莱迪乐器制造有限公司、宁波北伦超拨乐器配件厂、河北金音乐器制造有限公司吉他厂等7家吉他生产企业，共计11人，会议由上海奋达乐器公司承办，中国乐器协会副秘书长田军主持会议。

本次会议的主要内容是传达中国乐器协会2008年工作要点、选举产生新一届吉他专业委员会领导成员、审议通过吉他专业委员会行规行约、研究讨论专业委员会的工作。

会议经过选举产生了新一届吉他专业委员会会长及副会长、秘书长。会长：上海奋达乐器公司总经理成民根，副会长：四会市华声乐器有限公司总经理黄志康、广州珠江钢琴集团有限公司吉他厂总经理何志强、广州吉声琴业有限公司总经理梁泽敏，秘书长：上海奋达乐器公司生产部经理夏华林。

会议通过了吉他专业委员会行规行约，与会代表就吉他专业委员会的下一步工作进行了认真的讨论，大家对中国乐器协会2008年工作计划给予认可，并表示愿意积极配合、支持分会的各项工作计划的实施，对新一届分会领导班子充满信心，寄予希望。

中国乐器协会材料配件专业委员会二届一次会议在宜昌召开

2008年5月19-20日，四川汶川大地震发生后七天，中国乐器协会材料配件专业委员会二届一次会议在宜昌召开，19日14：28分，全体会议代表向在地震中罹难同胞默哀3分钟，寄托哀思。身处灾区的成都川雅木业公司总经理张华君在震后繁重的救灾工作中亲自参加会议，会议向来自抗震第一线的战友表示崇高敬意。

参加这次会议的还有：浙江东方琴业有限公司总经理罗建峰、成都川雅木业有限公司行业与质量管理部部长张雷、宁波四海琴业有限公司总经理何四海、常务副总经理李祖涛、宜昌金宝乐器有限公司董事长吴天延、上海丁锋标准件有限公司总经理施国庆、上海漆包线厂厂长廖国华、宁波珂乐乐器有限公司总经理蔡赋勇、宜昌三盈乐器制造有限公司总经理金学济、中国乐器协会信息部主任丰元凯。会议由宜昌金宝乐器有限公司承办。

浙江东方琴业有限公司总经理罗建峰主持会议，正式会议之前召开了预备会议。这次会议的主要议题是换届选举，会议安排的其它内容是：通报中国乐器协会2008年工作安排，分析行业动态和市场形势；研究并确立本专业委员会的定位、发展思路；讨论决定专委会机构建设方案和工作安排；研究加强自身建设和企业间合作，提升行业地位和企业竞争力；促进专业委员会各成员企业间的沟通和交流、联络感情、增进友谊等。

会议一致推选浙江东方琴业有限公司总经理罗建峰任中国乐器协会材料配件专业委员会会长，成都川雅木业有限公司总经理张华君、宁波四海琴业有限公司总经理何四海为副会长，秘书长张华君（兼）。

与会代表就会议拟定的主要议题展开认真讨论，并对今后材料配件专业委员会的定位、机构框架、发展方向、企业合作等重要问题达成共识。

会议认为：2008年摆在行业面前的形势是严峻的，虽然有奥运契机，但由于南方冰雪和四川地震灾害的影响，今年的乐器市场将会面临考验。但是，也应当看到21世纪中国是世界上最具发展活力的国家，未来文化产业和文化事业与经济发展同步，中国乐器市场未来仍然有着巨大商机，每个原材料与乐器配件生产企业对当前形势和今后的发展前景都应当有正确的分析和判断，才能使企业少走弯路。

中国乐器协会材料配件专业委员会二届二次会员大会在成都召开

2009年12月3日，中国乐器协会材料配件专业委员会二届二次会员大会在成都川雅木业有限公司召开。出席会议的有中国乐器协会材料配件专业委员会会长罗建峰、副会长何四海，中国乐器协会副秘书长、中国乐器协会材料配件专业委员会副会长兼秘书长张华君，以及广州市中南钢琴乐器有限公司董事长陈荣有，上海晨川琴业材料有限公司执行董事石光思，宁波市北仑乐器配件制造有限公司总经理俞兆祥，上海国荣漆包线有限公司总经理廖国华，上海丁锋标准件有限公司总经理施国庆等。此外，中国乐器协会副理事长张振启，全国乐器标准化信息中心副主任王伟，中国乐器协会琴行分会会长黄茂强，广州珠江钢琴集团股份有限公司技术部经理张鸿超、木材资源部经理陈少云，杭州嘉德威钢琴有限公司采购部经理胡国忠，成都川雅木业有限公司副总经理张庆恩等也参加了会议。

会议由材料配件专业委员会秘书长张华君主持。主要内容为从2009上海乐器展情况，分析研究当前乐器行业动态和市场形势；研究材料配件专业委员会的发展思路，商讨如何整合优势资源，加强信息沟通交流，提升企业间合作能级，通过集中展示、集中宣传来提升行业地位和企业竞争力。研究金融危机下我国乐器行业走势和材料配件行业的出路与对策等。

罗建峰会长在发言中首先强调了协会作为一个行业组织，在行业发展和国际交流中可以发挥很大的作用。认为乐器材料配件行业的存在降低了钢琴行业资金和技术的准入门槛，对国产钢琴整体品质提高和钢琴业健康发展起到积极的推动作用。

随后，罗建峰会长对整个乐器行业形势和国外一些钢琴生产企业情况作进一步分析。国外一些著名钢琴厂家在金融危机下遇到了很大困难，纷纷减产或关闭，很多更是来到中国进行钢琴的合作生产和销售，而对于国内钢琴材料和配件的使用也将会越来越广泛，这对于国内钢琴材料和配件企业来说既是严峻的挑战，也是很好的发展机遇。希望大家集中思维、献计献策，共同为促进中国乐器材料配件行业发展出力。

当前钢琴材料和配件企业的发展思路应该是坚持走高端、合作和专业路线，努力提高技术水平，加强企业间的合作以及行业标准的制定工作。只有提高自身的水平，才能促进行业的发展。

张华君秘书长在发言中首先强调了乐器材料配件行业在整个乐器行业的健康经营和发展中的重要作用。认为在产业和专业分工日益精细化的今天，没有先进和强大的乐器配套工业，没有高品质、高性能和合理价格的乐器配件产品，中国的乐器强国之梦是难以实现的。

其次，乐器材料和配件行业在中国成为乐器大国的进程中做出了重要贡献，也获得了行业应有的尊重和地位，而在中国将来成为乐器强国的道路上更加任重道远、责无旁贷。材料配件行业必须在团结依靠乐器整机厂的前提条件下，充分发挥和利用自身优势和资源，肩负起开发、整合、优化、节约资源的责任，保持和发扬自身产业技术优势，致力于为乐器产业链上游企业提供持续、稳定、健康、高效的服务，并以它们的发展和壮大来检验我们的服务能力和水平。

另外，为了高效履行好乐器材料与配件行业的责任和义务，我们应当集中思维，积极献计献策，走技术进步、高端质量、节约资源、控制成本、改善服务和规范自律、优势互补、市场共享、团结互助、良性竞争的道路，共同促进材料配件行业发展。同时依靠并要求乐器整机厂在材料和配件产业的进步与发展基础上思考其自身的发展问题，一如既往地关注和支持乐器材料配件产业发展，共同营造起一个规范发展和值得信赖，健康的、有希望的乐器材料和配件产业体系。

在会议讨论阶段，代表们针对会议议题先后发言畅谈各自的看法和建议。中国乐器协会副理事长张振启首先转达了中国乐器协会王根田理事长和齐建平秘书长对此次会议顺利召开的亲切问候，并对受邀参加此次会议表示感谢。认为这是一次很好的协会与企业间增进了解，加强联系的机会，并简要介绍了中国乐器协会换届工作的一些筹备情况以及行业内信息交流的主要媒体，表示愿意为分会的宣传工作出力，并对中国乐器行业未来发展充满希望。

会议期间，代表们还参观了川雅木业有限公司，听取了张华君总经理对企业发展现状和未来规划的介绍，对川雅木业在企业文化、经营管理、木材储备、先进技术、专业品质和企业硕果等方面取得的发展表示赞誉，尤其是在5·12汶川大地震之后的抗震救灾，灾后重建过程中发挥的积极和重要作用表示敬佩，对川雅木业此次周到细致的会议组织和接待服务工作表示感谢。

中国乐器协会口琴专业委员会四届三次会议在江苏江阴市举行

2008年5月22-23日，中国乐器协会口琴专业委员会在江苏江阴市举行了口琴专业委员会四届三次会议暨2008年年会。

参加会议的单位有上海口琴总厂、上海国光口琴厂有限公司、江苏江阴激扬乐器有限公司、江苏天鹅乐器有限公司、上海兰生豪呐乐器有限公司、江苏奇美乐器有限公司、江苏东方乐器有限公司、无锡铃木乐器有限公司、上海新效铜材厂、浙江海盐东方口琴厂、南京铃木乐器教具厂等十一家会员单位以及上海凯恩乐器有限公司、江苏金坛市河头工艺纸品厂、江苏江阴宏展金属制品厂和靖江市新柯机械制造有限公司等单位作为配套加工单位列席会议，会议共有30多人参加。中国乐器协会信息部主任丰元凯受协会的委托应邀参加了会议。

会议由副会长陈红梅主持。陈红梅首先致欢迎词并介绍了本次会议的议程、内容；口琴专业委员会会长陈狄彬简要传达了中国乐器协会2008年工作要点及2月份召开的协会工作会议精神；副会长兼秘书长周伟义作了关于口琴专业委员会2007年工作简要汇报及2008年工作要点。丰元凯代表中国乐器协会在会上讲话，对口琴专业委员的工作提出希望和要求，他分析了当前乐器生产的形势和发展趋势，同时代表乐器协会对四川汶川大地震后，为支持灾区重建家园、对受灾儿童医治心灵创伤、培育儿童音乐心灵，提出了乐器行业捐助乐器支持受灾学校、学生的倡议。

专业委员会各单位在会上作了交流发言，江苏江阴激扬乐器有限公司、江苏奇美乐器有限公司等单位的发言对到会代表启发很深。会议对口琴专业委员会所做的工作进行了讨论并予以肯定，对口琴专业委员会今后的工作方向和打算进行了探讨，对当前口琴生产中劳动力及人工费用、各类原辅材料的不断上涨等困难进行了重点讨论，一致认为除了要继续适当提高口琴的销售价格外,还要不断提高口琴产品质量，采用替代材料，以保证口琴行业的生产，大家还针对口琴出口越来越严的要求及检测项目，要不断提高口琴产品质量，特别要求铜材配比既要符合出口标准，又要能降低材料加工成本。到会代表还纷纷表示同意乐器协会的倡议，愿意提供一定数量的口琴来捐助受灾的学校，给予学生接受口琴音乐教育的机会，为传播口琴音乐艺术做出我们的贡献。会议认为口琴专业委员会要发挥行业的作用，既要加强行业内部的紧密团结，又要有行业的分工协作，既有市场竞争，又有和谐统一的良好循环的新局面。会议要求中国乐器协会要更多关心支持口琴专业委员会，使协会和口琴专业委员会会员有更多的沟通和了解。

会议期间代表们还参观了江苏江阴激扬乐器有限公司和江阴金杯安琪乐器有限公司，大家对公司近几年来的快速发展和变化表示了称赞。代表们对江苏江阴激扬乐器有限公司会务的精心安排和周到服务表示感谢。会议决定下次年会于2009年5月在上海召开，并委托上海凯恩乐器有限公司承办。

中国乐器协会西管乐器专业委员会二届一次会议在北京召开

2008年5月28日，中国乐器协会西管乐器专业委员会二届一次会议在北京召开。出席这次会议的单位有：河北金音乐器有限公司、天津市津宝乐器有限公司、功学社（天津）乐器有限公司、大连铜管乐器有限公司、山东泰山乐器有限公司、北京管乐器厂、天津圣迪乐器有限公司、天津奥维斯乐器有限公司、江阴激扬乐器有限公司、河北华声乐器制造有限公司。中国乐器协会秘书长齐建平、信息部主任丰元凯应邀参加会议。

会议的主要议题是换届选举，经认真讨论，与会代表一致推选河北金音乐器制造有限公司为新一届西管乐器专业委员会会长单位，功学社（天津）乐器有限公司、天津市津宝乐器有限公司为副会长单位，河北金音乐器制造有限公司周俊岭任秘书长。会议审议并通过了西管乐器专业委员会行规行约。

会上，陈学孔会长就新一届西管乐器专业委员会下一步工作指导思想和任务提出具体意见。

1、致力科技创新，为提升产品品质服务

逐步建立起管弦乐器材料的处理与科学选配、工艺创新、音质改良、声学品质的检测与研究等为主要内容的研究开发中心。

2、积极开展职业技能培训和鉴定工作

按照“管乐器制作工”的国家职业标准要求，积极与中国轻工业职业技能鉴定指导中心和乐器行业特有工种职业技能鉴定站联系，积极组织员工参加“管乐器制作工”的职业技能培训和鉴定工作，争取有更多的员工拿到不同等级的职业资格证书，以推动本行业职业技能水平的提高。

3、坚持开展技术交流活动

每年至少组织一次西管乐器产业发展论坛或科学技术经验交流活动，聘请国内外乐器专家、乐器制作大师来现场讲学或现场操作表演。

4、促进合作共同发展

定期出刊通讯简报加强企业间的信息沟通，大力宣传好企业、好产品、好技术；加强企业高层经常性互访，多交流企业管理、创品牌经验；企业自愿融合做强做大做优等，以提高管乐行业企业的实力和综合竞争力。

5、强化行业自律，规范乐器市场

成立行规行约自律检查小组，由会员单位抽人组成，平时接受和处理违规违约举报，每年集中一

次行业内的全面检查评比，对行规行约执行好的会员单位和个人进行表扬，对表现差的会员单位和个人或突出案例酌情进行批评或通报。同时要加强监督，并配合有关行政部门严厉打击不法生产者、不法贩卖者，以净化市场环境，树立西管乐器行业的良好形象。

6、奋斗目标

通过与大家共同努力，在未来任期内争取实现“十一五规划”中的发展目标：年增长率10%，期末年产量达到160万支；增加中高档产品30%以上，新品占20%以上；优质品率达到40%；年申报专利20项；能耗及原材料消耗降低6%以上。

会上，其它西管乐器生产企业也分别介绍了各自企业的生产经营概况，一致表示，今后要加强西管乐器生产企业之间的合作与交流，共同建立一个规范有序的管乐器市场。

中国乐器协会打击乐器专业委员会三届一次会议在北京召开

2008年5月28日，中国乐器协会打击乐器专业委员会三届一次会议在北京召开。出席这次会议的单位有：天津市津宝乐器有限公司、功学社（天津）乐器有限公司、河北省怀来镠厂、天津达姆特乐器有限公司、廊坊超新文体用品厂、廊坊市金帝文体乐器有限公司、霸州市双虹乐器有限公司、廊坊市昌盛乐器有限公司、霸州市威名乐器有限公司、天津文生巴哈乐器有限公司、廊坊市永信实业有限公司。中国乐器协会秘书长齐建平应邀参加会议。

打击乐器专业委员会上次在民政部登记时间是2003年12月9日，这次会议主要议题是换届选举，与会单位经过自我介绍交流情况，并一致推选天津市津宝乐器有限公司为新一届会长单位，功学社（天津）乐器有限公司、河北怀来镠厂、天津文生巴哈国际贸易有限公司为副会长单位，秘书长由天津市津宝乐器有限公司刘海忠担任，会议通过了打击乐器专业委员会自律公约，并研究讨论了打击乐器今后发展趋势和所要开展的各项活动。

中国乐器协会电鸣乐器分会三届二次会议在深圳召开

2008年7月11日，中国乐器协会电鸣乐器分会三届二次会议在深圳燕晗山酒店召开。中国乐器协会理事长王根田出席了本次大会，参加本次会议的企业和负责人有：全国乐器标准化中心副主任王伟、广州爱茉森电子有限公司总经理刘春清、上海华新乐器有限公司全质办主任郛国强、上海渐华科技发展有限公司音乐总监朱火光、天津雅马哈电子有限公司品质保证部副经理张春森、生产技术部课长董明、武汉艾立卡电子有限公司总经理张鉴堂、武汉致嘉钢琴制造有限公司总工程师左愚、武汉豪乐特进出口公司总经理陈朗、浙江友谊电子有限公司副总经理夏匠轮、吟飞电子有限公司副总经理娄伟明、得理电子（深圳）有限公司副总经理盛子斐、得理电子（上海）有限公司总经理葛兴华。

电鸣乐器分会会长盛子斐主持会议，主要议题：

（1）根据盛会长提议，通过吟飞电子有限公司为电鸣乐器分会副会长单位；

（2）根据盛会长提议，提名吟飞电子有限公司为中国乐器协会常务理事单位，报请中国乐器协会审议；

（3）讨论2008年10月上海乐器展期间对参展的电鸣乐器产品进行第二次3C核查的有关事项以及具体工作安排。

中国乐器协会电鸣乐器分会第二届降低采购成本研讨会在上海召开

2009年10月15日，2009中国（上海）国际乐器展览会举办期间，中国乐器协会电鸣乐器分会在浦东美华国际大酒店举行第二届降低采购成本研讨会，探讨电子乐器生产企业联合采购零配件，降低采购成本的可行性。中国乐器协会电鸣乐器分会会长盛子斐，副会长张鉴堂、娄伟明、周致嘉及中国乐器协会信息部主任丰元凯出席会议。参加会议的有12家电鸣乐器整机厂，分别是：得理（珠海）乐器公司、武汉艾立卡电子公司、得理微电子（上海）公司、杭州艺威设备厂、上海韵乐电器公司、吟飞电子公司、深圳蔚科电子公司、天津金雅佳乐器公司、广州艾莱森电子公司、武汉致嘉钢琴有限公司、上海渐华科技有限公司、凯诺数码钢琴公司；8家材料供应商，分别是：深圳市旺荃州电子公司、深圳市永而佳实业公司、东莞市乐星电子公司、江苏南通达理电子公司、深圳佳音电声实业公司、惠州艾斯艾尔音响公司、镇江华银仪表电器公司、武汉市无线电五厂三分厂。

会议由电鸣乐器分会副秘书长李健主持。会上，电鸣乐器分会会长盛子斐致词说："降低采购成本研讨会首先由武汉艾立卡电子有限公司提出，并召开了第一次研讨会。这次会议是以中国乐器协会电鸣乐器分会的名义召开，参加的整机厂由原来仅限于音箱企业扩大到电子乐器企业，这次会议增加了由整机厂推荐的零部件供应商。召开这个会议的意义有两点：一是给整机厂和零部件厂架起了一个相互认识和开展业务的桥梁，如果组织得好，每年都可以在上海国际乐器展期间召开类似会议。二是通过这个组织扩大营销，降低生产成本，达到双方共赢的目的。本次会议有两个议题：一是要有实质性的进展，在这样一个松散的联合体下，怎样做到联合采购、集团采购。这是一个新课题，这方面我们都没有经验。虽然我们的倡议很好，但是也要有好的办法和措施才行，这需要大家集思广益，迈出真正有效的一步。二是打算给供应商授予一个协会推荐的优秀供应商称号，要把研讨会持续不断的进行下去，为此，要求有更多的整机厂来参加会议。同时也希望有更多的整机厂推荐更多的零部件商。"

中国乐器协会琴行分会成立大会在杭州举行

2008年9月17日，中国乐器协会琴行分会成立大会在杭州市隆重举行。出席这次会议的有来自全国25个省市的46家乐器琴行的负责人以及广州珠江钢琴集团有限公司等24家生产企业代表和《中国乐器》、《中外乐器信息》、《乐器》、《全球乐器网》等6家新闻媒体，共计91人。中国乐器协会理事长王根田、秘书长齐建平专程前来参加琴行分会成立大会。

上午9时，大会由琴行分会筹备小组成员刘为明主持，筹备小组负责人黄茂强作琴行分会的筹备工作报告，黄茂强从中国乐器制造业、商贸业改革开放后的发展与融合；成立琴行分会的运作经历、使命感；制造业和琴行业是一个整体，两个环节；中国乐器从生产到销售已经全面融入全球乐器经济；倡导在竞争中合作，尊重对手，以“和”为贵，有序理性竞争；市场的持续繁荣靠长期培育；未来的琴行与持续学习等七个方面汇报了中国乐器协会琴行分会从筹建到成立所走过的历程。

会上，齐建平秘书长宣读了民政部关于成立中国乐器协会琴行分会的批文。王根田理事长和琴行分会筹备组组长黄茂强共同为“中国乐器协会琴行分会”揭牌。

接着，大会以无计名投票方式选举产生中国乐器协会琴行分会第一届理事会组成成员，会长：黄茂强，副会长：周宝强、佟炳才、朱文玉、张喜鹏、刘为明、秦川、张振州、何浩、莫蓓茜、刘小辉，秘书长：刘为明，副秘书长：秦川、莫蓓茜以及常务理事32名，理事52名，监事会成员7名；监事长：周宝强，成员：童志强，陈振华，于玮，张文革，曲哲，吴洁。

中国乐器协会副秘书长田军代表协会宣布选举结果。新当选的中国乐器协会琴行分会会长黄茂强在会上发表了简短的就职演说。

新当选的琴行分会副会长朱文玉宣读中国乐器协会琴行分会行规行约提交全体代表讨论通过。周宝强副会长宣读聘请广州珠江钢琴集团公司等26家生产企业和3家业内媒体作为琴行分会顾问单位并颁发聘书。

会上，宣读了中共杭州市委副书记叶明发来的贺信，浙江省音协主席晓其发言向中国乐器协会琴行分会的成立表示热烈的祝贺，企业家代表，广州珠江钢琴集团有限公司董事长黄伟林，北京星海钢琴集团公司副总经理张朝岩、上海民族乐器一厂厂长王国振、宁波海伦钢琴有限公司董事长陈海伦、激声博韵乐器（上海）贸易公司总裁周文华等也相继发言，祝贺中国乐器协会琴行分会成立，对新一届琴行分会领导班子寄予厚望。在热烈的气氛中，福州和声钢琴有限公司副总经理黄苏东赋诗，并由苏州民族乐器一厂有限公司董事长沈博文泼墨，献给琴行分会成立大会一首藏头诗“庆典礼花映钱江，祝愿财源通八方，琴棋书画自古有，行家聚首论新章，会前奔走会后忙，成功在望倍努力，立志为民利国旺”（庆祝琴行分会成立）。

最后，中国乐器协会王根田理事长讲话，他在回顾了琴行分会成立过程后，着重对琴行分会今后工作提出希望。

琴行分会成立大会历时3小时后圆满结束，下午二时，由琴行分会第一届理事会主持召开了探讨未来琴行分会发展方向座谈会，45名与会者围绕中国乐器琴行向何处去为题集思广议，各抒己见，充分发表个人见解。下午三点半，中国乐器协会琴行分会第一届理事会召开了一届一次全体会议，全体理事会成员就琴行分会行规行约和今后一段时间的工作计划广泛发表意见后，形成了一届一次理事会决议，在对行规行约进行多处修改后通过了中国乐器协会琴行分会行规行约，并决定琴行分会下一步拟开展的工作。

中国乐器协会琴行分会一届二次理事（扩大）会议在长春举行

2009年7月2-3日，中国乐器协会琴行分会一届二次理事（扩大）会议在长春市海航名门酒店举行。由于这次会议是在乐器行业受到世界金融危机影响后召开的一次全国性会议，引起业内人士的普遍关注。参加这次会议的有来自全国17个省市的36家琴行负责人以及琴行分会顾问单位的17家乐器生产企业的领导。琴行分会会长黄茂强，副会长周宝强、秦川、莫蓓茜、刘小辉、何浩、张振洲、张喜鹏及秘书长刘为明到会，中国乐器协会理事长王根田及赵惠臣、张振启、李书、陈海伦、池家森等乐器行业有关领导也应邀到会，长春市文联党组书记、副主席张守智出席会议并讲话。参加会议的还有行业媒体《乐器》、《中外乐器信息》、《中国乐器》杂志记者，会议代表共计90余人。

这次琴行分会会议主题是“金融危机下的乐器行业”。长春新威琴行总经理周宝强致欢迎词，琴行分会会长黄茂强就中国乐器协会琴行分会成立近一年来的工作、当前所面临的形势作大会主题发言。

刘为明秘书长在会上汇报了琴行分会成立近一年来所做工作和下一阶段的工作计划。刘为明说，近一年来，琴行分会参加了2008年上海国际乐器展览会的NAMM大学培训课程和琴行论坛，受到业内的普遍认可和欢迎；发展会员，目前琴行会员从成立时的52家到89家，2009年要达到100家会员，制定了明确的入会标准和程序。

当天下午，全体代表参观了长春博乐精品钢琴城和音乐宝贝艺术中心，在参观了装修豪华的琴行店堂和现代化、时尚化、人性化的艺术培训中心后，每位代表都用“震撼”来形容参观后的感受。

中国乐器协会提琴制作师分会会员大会在北京召开

2009年2月28日，北京地区40位提琴制作师在中央音乐学院相聚，参加中国乐器协会提琴制作师分会会员（北京地区）大会，大会之前举行了提琴制作师分会理事会议，郑荃、王志明、张国良、胡雪平、刘庆阳、赵世全、张安、陈婷、冼宝康、刘崇余等人出席，中国乐器协会派代表列席会议。

会议讨论了中国乐器协会提琴制作师分会会长办公会提出的“2009年各项工作及活动初步安排”，郑荃会长对提琴制作师分会在2009年所要开展的各项活动进行详细说明。

他说：“2009年，提琴制作师分会将要开展以下几项工作：一、5月份在北京中央音乐学院召开中国乐器协会提琴制作师分会二届二次全体会议，会议期间将举办中国提琴制作师作品展览、中国提琴制作师获奖提琴音乐会，意、法、美三国提琴专家论坛以及俄罗斯小提琴音乐会等。二、2009年9月份，意大利克雷蒙那提琴制作比赛将举行。为了给选手提供方便和观摩学习的机会，我们组团参加本次比赛，在比赛之前，暑假期间，在北京举办一次提琴制作培训班，以提高我国参赛选手的整体水平。三、成立“提琴之友协会”，这是提琴制作师分会的外围组织，旨在推动和扩大中国提琴制作在国内外的影响，吸收成员主要来自提琴收藏、演奏、发烧友、媒体、兴趣爱好者等方面的人士。四、筹备2010年5月在中国举办国际提琴制作比赛，这项赛事酝酿多年，目前已经基本具备条件，2009年内要作好各项组织、文件起草、宣传工作，真正把这次比赛办成一次具有国际影响力的中国提琴制作比赛，扩大中国提琴业在世界上的影响。”

会上，各位理事根据郑荃所提出的工作方案充分发表各自意见，会议还进行了11位新会员入会审核以及其它工作安排。

中国乐器协会提琴制作师分会二届二次全体会议在北京召开

2009年5月26-27日，中国乐器协会提琴制作师分会二届二次全体会议在北京中央音乐学院召开。提琴制作师分会会长郑荃，副会长华天礽、朱明江分别主持会议的各项活动。旅美华人制琴师江峰等以及来自国内各地的提琴制作师共计100余人参加会议。中国乐器协会理事长王根田、提琴分会会长李书也参加了会议。

会议主要内容是听取并审议郑荃会长所作的提琴制作师分会工作报告和关于修改分会《管理规约》报告，以及胡雪平所作财务工作报告；对新入会的会员进行审议，并讨论了会员之间如何加强联系、共同参加有关国内外展览活动等事项；会议还重点讨论并决定2010年在中国举办国际提琴制作比赛。

全体会议由华天礽副会长主持，王根田理事长首先致词，近两年来提琴制作师分会在郑荃会长，华天礽、朱明江副会长的带领下，在全体提琴制作师会员的积极支持和参与下，开展了一系列卓有成效的工作，包括参加国际提琴制作比赛、举办提琴作品展览、获奖作品音乐会、技术论坛等，对增强我国提琴制作师队伍的凝聚力，提高我国提琴制作的技术水平，以及推动我国提琴事业和提琴市场的发展等方面都做出了突出的贡献。

郑荃会长所做的分会工作报告，总结了近两年来提琴制作师分会举办的各项活动及取得的实际成果。在提琴作品展览方面，从2008年2月的《郑荃教授回国任教暨获金奖20周年音乐会及作品展览会》开始，先后举办有2008年5月的“广东国际获奖提琴暨优秀提琴制作师作品展”；2008年10月在国家大剧院举办的“皇家名琴展”及系列音乐会；2009年2月在潮州举办的梁国辉、朱明江、陈劭国际获奖作品展；2009年5月，华天礽的提琴作品在美国《国际提琴大师协会全体会议》上展出并受到好评；以及本次举行的《中国获奖提琴制作师作品展览》等。以上一系列的展览活动，展示了近年来我国提琴制作师队伍所取得的令人鼓舞的成就，扩大了社会影响，发挥了很好的作用。

关于分会的组织工作，郑荃会长从会员的工作特点、地域分布等实际情况出发，强调要进一步加强工作，多办会员感兴趣、对会员有帮助的活动。要加强与会员的联系，提高效率、节约成本。此外，报告还对会费收缴、会员管理等问题进行了汇报。

修改分会《管理规约》的报告提出，为了扩大分会的规模，吸收热爱提琴制作艺术的人士加入分会组织，经理事会讨论决定修改分会管理规约，吸收部分热爱提琴制作艺术，有一定社会影响的人士入会，以充实分会力量，扩大分会影响，使分会真正成为中国提琴制作艺术的中心。此外，还对于理事的任职年限、分会会员及提琴之友的管理规定等进行了说明。

大会随后分成8个提琴制作师会员小组和1个提琴之友小组进行讨论，制作师们审议并通过了郑荃会长所做的分会工作报告以及修改分会《管理规约》的报告；认可胡雪平所做的财务报告；对新申请入会的成员进行审议表决，同意增选马荣弟为分会理事，汇总每个会员的电子信箱和分组情况，确保工作联络能够及时畅通准确进行。大会一致同意2010年5月在北京举办首届国际提琴制作比赛。对分会的一些具体工作，如新会员吸收、会费收缴、提琴比赛、展览、讲座等方面提出了许多积极的、有益的建议。

会议期间，还邀请到国际提琴制作专家克里斯托弗·杰尔曼（美国）、弗朗索瓦·戴尼（法国）和法比奥（意大利）分别进行了《提琴油漆》、《提琴制图》以及《克雷莫纳提琴1730-1750》的主题讲座。大师们把自己多年的实践和领悟毫无保留地讲给大家，给与会提琴制作师带来很大的启发和感悟，对与会者今后的提琴制作必将起到很好的帮助和促进作用。

中国乐器协会钢琴调律师分会第三届会员代表大会在上海召开

2009年10月15日上午，中国乐器协会钢琴调律师分会第三届会员代表大会在上海召开。参加会议的有钢琴调律师分会会长、副会长以及会员代表106人，中国乐器协会理事长王根田、秘书长齐建平也参加了会议。会议由分会秘书长王耀中主持。

会议首先由分会会长金先彬作工作汇报。金先彬在汇报中说，调律师分会是1995年建立的，是中国乐器协会领导下的以钢琴调律师为主体的组织。十几年来开展了一系列卓有成效的工作和活动。如：制定了《钢琴调律师》国家职业标准；建立了北京、广州、上海三个职业技能鉴定站(所)；开展了钢琴调律师职业技能培训和鉴定工作；编写、整理出标准试题库供大家学习参考；由中国轻工业出版社出版了《钢琴调律与调整教程》；在《中国乐器》杂志上开辟了调律师专栏，在十多年的时间里，发表了一百多篇文章，40万字左右。特别是从2005年到2008年，还进行了有关调律知识的讲座。

关于组织建设，金先彬总结道：近几年，各地钢琴调律师组织得到了很快的发展，全国先后成立了七个钢琴调律师组织，它们和中国乐器协会钢琴调律师分会虽然没有领导关系，但无疑受到了调律师分会示范作用的影响。

自2003年以来，钢琴调律师分会组织制订了钢琴调律师职业标准，并被纳入国家职业大典，成立了职业技能鉴定站，至今已有二千多名注册钢琴调律师取得国家职业资格证书。2008年成功举办了全国钢琴调律职业技能竞赛。2007、2009年由分会组团参加了在韩国和澳大利亚举行的IAPBT大会，2009年取得了2013年IAPBT大会的主办权。有理由相信，在全国广大钢琴调律师的支持下，在中国乐器协会的领导下，我们一定会像办北京奥运会一样举办一届空前成功的IAPBT大会，提高这个组织的影响力和凝聚力。

会议第二个议程是由王耀中秘书长汇报中国代表团参加澳大利亚国际钢琴技师及调律师年会情况。他介绍道：在IAPBT理事会上，中国代表向大会正式提出2013年年会在中国举办的申请。金先彬会长代表中国调律师分会发言，介绍了中国钢琴生产、消费市场以及钢琴普及率现状；讲述了中国调律师资格考试等相关问题，比如：资格考试委员会、职业技能鉴定站、技术培训中心、国家统一题库、分级考核，根据考试结果颁发不同级别证书、纳入国家职业大典等等情况；阐述了在中国举办2013年大会的深远意义和我们保证开好大会的信心。金先彬会长声情并茂的演讲，感染和说服了所有理事会成员，理事会一致通过了2013年国际钢琴技师及调律师年会在中国举办的决议。

关于2013年IAPBT中国年会，王耀中提出了几条具体建议供大家讨论（简称十个“一”设想）。

最后，王耀中表示，2013年IAPBT大会的组织筹备工作即将起步，我们的责任重大。希望我们在座和不在座的同行们振奋起来，以2013年世界钢琴技师大会为契机，为中国乃至世界钢琴的发展，贡献我们的一份力量。

会议的第三项议程，由分会副会长陈重生宣读并讲解了钢琴调律师分会行规行约。

在换届选举程序中，首先由中国乐器协会秘书长齐建平代表协会介绍新一届分会领导机构人选，随后工作人员负责分发选票、监督选举、统计选票、公布选举结果。

最后，经全体代表选举产生了新一届分会领导机构：会长：冯高昆，秘书长：王耀中，副会长：冯汉辉、陈惠庆、陈重生、王文琦、刘为明。

新会长冯高昆在与会代表热烈的掌声中发表就职讲话。

会员名录

中国乐器协会团体会员名录

序号	企业名称	会员证号	行政区划	邮编	地址	负责人
1	北京星海钢琴集团有限公司	0001	01	101111	北京市通州区光机电一体化产业基地科创东五街8号	祝宁伟
2	北京乐器研究所	0002	01	100021	北京市朝阳区南新园西路甲6号	张振启
3	北京中加海资曼钢琴有限公司	0003	01	101111	北京市通州区光机电一体化产业基地科创东五街8号	王树清
4	北京管乐器厂	0004	01	101111	北京市通州区光机电一体化产业基地科创东五街8号	赵彤
5	北京星海粤华乐器有限公司	0005	01	100018	北京市朝阳区东坝南红园	温凤云
6	北京双喜乐器有限公司	0008	01	101200	北京市平谷区东高村镇南埝头村	陈祖华
7	北京森林乐器有限公司	0009	01	102206	北京市昌平区沙河镇松兰堡	宋茂林
8	北京华东乐器有限公司	0010	01	101200	北京市平谷区东高村镇大旺务西路21号	刘云东
9	北京圣杰红艺乐器有限责任公司	0012	01	100176	北京市朝阳区小红门乡牌坊	王福玉
10	北京天力提琴制造有限公司	0092	01	102615	北京市大兴区长子营镇郑二营村	杨凯
11	北京星海钢琴集团有限公司北京民族乐器厂	0104	01	100053	北京市宣武区槐柏树街乙9号楼	宋从甲
12	北京长安乐器有限公司	0153	01	100195	北京市海淀区西四环北路15号依斯特大厦610号	马雪松
13	北京晨光缘乐器有限公司	0155	01	102605	北京市大兴区青云店镇民营科技区	郭玉强
14	北京乐器城	0180	01	101200	北京市平谷区东高村镇镇政府	马魁
15	北京良乡天华之韵乐器厂	0207	01	101318	北京市顺义区空港工业区B区万科城市花园玉兰园6号楼201	谌新
16	北京猎琴人弦乐器交易交流中心	0217	01	100088	北京市海淀区德胜门西大街远洋风景9号楼1单元12A层	杨光泽
17	乐器编辑部	0225	01	100022	北京市朝阳区西大望路63号阳光财富大厦1202房间	程晋垣
18	北京市产品质量监督检验所	0255	01	100029	北京市朝阳区育慧南路3号	蒋正则
19	北京敦善文化艺术有限公司	0259	01	100005	北京市东城区王府井大街200号工美大楼709室	于添
20	北京天天文化艺术有限公司	0260	01	100031	北京市西城区宣武门西大街甲129号	吴海文
21	北京星海福音琴业有限公司	0278	01	100061	北京市崇文区夕照寺中街4号	胆美珍
22	北京龙羽时代科技有限公司	0351	01	100088	北京市海淀区北三环中路77号27号楼509室	魏剑羽

序号	企业名称	会员证号	行政区划	邮编	地址	负责人
23	北京世纪农氏科贸有限公司	0363	01	100035	北京市西城区新街口南大街84号	农永林
24	北京华韵阿波罗艺术发展中心	0374	01	100070	北京市丰台区百强大道6号2座2610号	姚远
25	北京万博汇乐器市场有限公司	0379	01	100053	北京市丰台区广安路15号9层917室	马军杰
26	北京中筝文化发展有限公司	0392	01	100022	北京市朝阳区东三环中路39号建外SOHO七号楼901	王晓光
27	北京蓝摇惠好乐器有限公司	0410	01	100083	北京市海淀区五道口华清嘉园18-3-102	张学民
28	北京爱芝音教教学设备有限公司	0425	01	102200	北京市昌平区马池口镇乃干屯村203号	宁爱中
29	北京育鹏乐器有限公司	0436	01	100012	北京市朝阳区慧忠北里110号楼	张振州
30	维斯曼(北京)乐器制造有限公司	0438	01	102605	北京市大兴区青云店镇垡上工业园	闫丕铸
31	北京现代乐手广告有限公司	0440	01	100062	北京市崇文区西花市南里东区8-2-1202	蒋宁湛
32	北京妙思科国际贸易有限责任公司	0446	01	100027	北京市朝阳区东直门外大街26号B座312室	王珺
33	北京星海民耀乐器有限公司	0448	01	101116	北京市通州区台湖镇田家府村南小区8号	谢迈
34	威柏尔乐器(北京)有限公司	0454	01	100076	北京市大兴区西红门镇小白楼工业园1号	刘勇
35	北京唯才树文化传播有限公司	0460	01	100011	北京市东城区安德路55号22-2-502	黄宜龙
36	天津通宝乐器有限公司	0015	02	300230	天津市河北区白庙工业区南吱路6号	姜静
37	天津市民族乐器厂	0018	02	300230	天津市河北区南吱路1号	郭建文
38	天津华韵乐器有限公司	0087	02	301615	天津市静海县中旺镇	罗松森
39	天津市津宝乐器有限公司	0094	02	301800	天津市宝坻区海泰路1-2号	刘运斌
40	天津市静海县盛兴乐器厂	0103	02	301605	天津市静海县子牙镇潘庄子	王泽云
41	天津市隆兴集团进出口有限公司	0107	02	300211	天津市河西区新围堤道5号	韩延林
42	爱凌（天津）国际贸易有限公司	0141	02	300150	天津市河北区万科城市花园C－501	张欣旺
43	张爱玲（天津）国际贸易有限公司	0150	02	300051	天津市和平区贵州路18号君悦大厦A座701室	王永镇
44	天津市佰笛乐器有限公司	0189	02	300162	天津市河东区程林庄路华冠丝绸有限公司院内	赵景萱
45	功学社(天津)商贸有限公司	0219	02	100061	北京市崇文区龙潭路乙3号伟图大厦1楼118	蓝汉民
46	天津金雅佳乐器有限公司	0231	02	300402	天津市北辰区铁东路霍家嘴工业区四号路五门	侯新宇
47	通宝国际贸易（天津）有限公司	0264	02	300203	天津市河西区苏州道2号图书大厦1516室	恽林
48	天津吉驰国际贸易有限公司	0273	02	301800	天津市宝坻区津围公路西侧	王贵山
49	天津天同音工贸有限公司	0274	02	300170	天津市河东区六纬路神州花园26-3-101	王琳

序号	企业名称	会员证号	行政区划	邮编	地址	负责人
50	天津文生巴哈国际贸易有限公司	0275	02	300221	天津市河西区梅江道景观花园29号楼1-102	于秉勋
51	天津圣迪乐器有限公司	0284	02	301646	天津市静海县蔡公庄镇四党口中村	王玉春
52	天津滨海琴行有限公司	0290	02	300450	天津市塘沽区上海道1329号	刘祥清
53	东砂(天津)磨料磨具有限公司	0328	02	300402	天津市北辰区小淀镇工业区三号路8号	王凯世
54	天津凤丹乐器进出口贸易有限公司	0333	02	300061	天津市河西区宾水道9号409室	尹建中
55	天津英昌乐器有限公司	0335	02	300300	天津市东丽区崔家码头东侧	陈香菊
56	天津奥维斯乐器有限公司	0354	02	301646	天津市静海县蔡公庄乐器城	张国民
57	天津乐海城乐器配件有限公司	0364	02	300450	天津市塘沽区春风路紫云国际5栋1门201室	王锡华
58	天津市秦川乐器贸易有限公司	0373	02	300142	天津市河北区中山路与辰纬路交叉口宇阳公寓B座2层	白建平
59	天津扬昇国际贸易有限公司	0408	02	300192	天津市南开区鞍山西道信诚大厦704室	许心缇
60	比扬(天津)乐器制造有限公司	0429	02	300200	天津空港物流加工区外环北路1号2-B003-6室	杨秀娟
61	天津市万德弗劳乐器有限责任公司	0444	02	300011	天津市河东区新开路春华里11-2-401	高志伟
62	天津市松林乐器厂	0450	02	300204	天津市河西区永安道泰达园28号门401	卢玉松
63	邢台市冶金艺术学校	0048	03	054000	河北邢台市冶金子弟学校	董耀海
64	河北省怀来锣厂	0055	03	075431	河北省怀来县新保安镇幸福村	张全富
65	河北金音乐器集团有限公司	0076	03	053300	河北省武强县周窝乡工业区	陈学孔
66	饶阳北方民族乐器制造有限责任公司	0129	03	053900	河北省饶阳县大官厅	杨俊朋
67	河北秦川文体乐器有限公司	0137	03	050011	河北省石家庄市建设北大街38号	秦传功
68	饶阳成乐民族乐器有限责任公司	0143	03	053900	河北省饶阳县大官厅开发区	李铁成
69	河北乐海乐器有限责任公司	0152	03	062350	河北省肃宁县师素工业区	宋从甲
70	河北省文安县鑫森乐器有限公司	0170	03	065802	河北省文安县新镇	王景川
71	霸州市威名乐器有限公司	0177	03	065700	河北省霸州市大高各庄工业区	张维明
72	京艺乐器厂	0183	03	062350	河北省肃宁县站前街	宋从勇
73	饶阳乐之洋琴业有限责任公司	0191	03	053900	河北省饶阳县大官厅工业园566号	赵爱敏
74	河北华声乐器制造有限公司	0213	03	053871	河北省深州市前么头工业区	张明健
75	沧州市金狮乐器有限公司	0227	03	061026	河北省沧州市纸房头工业区	吕宝合
76	石家庄永宏乐器音响设备有限公司	0230	03	050000	河北省石家庄市中山东路16号	张奕
77	石家庄市油漆厂	0246	03	050081	河北省石家庄市石获南路238号	张晓峰

序号	企业名称	会员证号	行政区划	邮编	地址	负责人
78	河北三和正泰文体乐器教学设备有限公司	0247	03	052162	河北省石家庄市藁城市衡井路耿家庄段	田锁民
79	大厂回族自治县华丰铸造有限责任公司	0252	03	065301	河北省大厂回族自治县夏垫村西	杨山
80	廊坊市永信实业有限公司	0261	03	065000	河北省廊坊市安次区杨税务	刘家庆
81	赤城胡义乐器有限公司	0315	03	075500	河北省赤城县经贸北路	胡义
82	唐山贵军乐器有限公司	0329	03	063002	河北省唐山市路北区华北路副15号	潘贵军
83	张家口市桥东新星海乐器商店	0375	03	075000	河北省张家口市桥东区胜利北路30号平安办公大厦2楼	李立鸣
84	高碑店市金川乐器箱包制造有限责任公司	0383	03	074004	河北省高碑店市白沟新工业城	李金祥
85	三河市海燕乐器有限公司	0393	03	065200	河北省三河市辛集镇	李宝玉
86	河北中轻北方乐器有限公司	0407	03	053400	河北省衡水市武邑县东风路96号	史占秋
87	廊坊市日升文体乐器有限公司	0432	03	065004	河北省廊坊市安次区葛渔城镇西街	胡汝刚
88	廊坊市金力钹乐器有限公司	0434	03	065004	河北省廊坊市安次区葛渔城镇西街	胡志鹏
89	沧州市运西梦同琴行	0461	03	061001	河北省沧州市水月寺南大街31号	孙梦桐
90	太原市杏花岭区傅智乐器维修部	0256	04	030024	山西省太原市万柏林区众纺路4号9楼1-3	傅智
91	大同市新百灵音乐文化传播有限责任公司	0271	04	037008	山西省大同市迎宾街龙新小区 28号A8座	库秀荣
92	临汾市尧都区君悦琴行	0330	04	041000	山西省临汾市尧都区迎春南街13号	刘力华
93	山西普晋琴行有限公司	0334	04	030001	山西省太原市青年路12号	董武斌
94	临汾市明星乐器商行	0372	04	041000	山西省临汾市解放东路8号	刘明星
95	大连铜管乐器有限公司	0106	06	116001	辽宁省大连市中山区五五路44号	焦永达
96	营口三征乐器制造有限责任公司	0244	06	115001	辽宁省营口市站前区大庆路更新里26号	黄艳
97	营口西尔伯曼钢琴有限公司	0270	06	115000	辽宁省营口市西辽河大街工商里70号	丁弘戬
98	营口东方明珠钢琴有限公司	0318	06	115000	辽宁省营口市老边区路南镇大水塘	王彬
99	阿托拉斯乐器制造(大连)有限公司	0356	06	116600	辽宁省大连市保税区罗湖路9号	王明海
100	大连德克森电子钢琴乐器有限公司	0378	06	116100	辽宁省大连市西岗区人民广场南纪念街1-1号	孙永斌
101	吉林省桦甸市塞丽木雕工艺厂	0099	07	132400	吉林省桦甸市丰伟胡同（原物资局院内）	黄金龙
102	延吉市民族乐器研究所	0154	07	133000	吉林省延吉市开发区科技工业园103房间	赵基德
103	长春新威琴行有限公司	0369	07	130021	吉林省长春市工农大路1796号	周宝强
104	吉林市巴赫乐器有限公司	0404	07	132001	吉林省吉林市昌邑区站前街重庆路6号楼北侧一门网点	盛敏

序号	企业名称	会员证号	行政区划	邮编	地址	负责人
105	大庆市琴海乐器经销有限公司	0250	08	163453	黑龙江省大庆市让胡路区西宾路394号花卉一号楼15号	张兵
106	上海钢琴有限公司	0019	09	201900	上海市宝山区宝扬路2222号	杨盛惠
107	上海民族乐器一厂	0020	09	201101	上海闵行区七宝镇联明路400号	王国振
108	上海国光口琴厂有限公司	0023	09	200124	上海浦东林浦路800弄8号	周伟义
109	上海国兴乐器有限公司	0024	09	201908	上海宝山区罗店镇张士村	王中明
110	上海口琴总厂	0025	09	201906	上海市　川路510号	蒋林森
111	上海华粤琴业有限公司	0026	09	201200	上海浦东新区城丰路700号	冯和富
112	上海大正乐器制造有限公司	0027	09	201403	上海奉贤县齐贤镇工业园区	朱吉平
113	上海仁益毡业有限公司	0029	09	200040	上海市西康路899号(四楼)	陈开金
114	上海迪笙乐器有限公司	0088	09	202159	上海市崇明县合五公路88号	黄志昌
115	上海华新乐器有限公司	0109	09	200120	上海浦东崂山一村35号	林伯龙
116	上海兰生-豪呐乐器有限公司	0111	09	201722	上海市青浦区西岭镇莲盛西首	徐建华
117	上海钢琴研究所	0123	09	201900	上海市宝山区宝扬路2222号	陈惠庆
118	上海超拨实业有限公司	0126	09	201808	上海市嘉定区徐行镇新建一路2411号	刘卫国
119	上海中雅钢琴有限公司	0127	09	201771	上海市青浦区清赵路6158号	叶耀东
120	上海玛珂琴业有限公司	0134	09	201617	上海市松江区石湖荡镇闵塔路1806弄	李军华
121	上海知音琴行有限公司	0138	09	200051	上海市长宁路1200号贝多芬广场3楼	朱文玉
122	上海雅特曼钢琴有限公司	0158	09	201108	上海市闵行区颛桥镇向阳路1158号	王永金
123	上海华黎民族乐器厂	0161	09	201311	上海市南汇区大团镇永定北路19弄2号	唐华军
124	上海欧亚钢琴乐器有限公司	0162	09	201608	上海松江张泽民发经济城（浦亭路88号）	郑明统
125	上海韵乐电器有限公司	0166	09	201800	上海市嘉定区昌徐路88号	柯应岳
126	上海东韵钢琴有限公司	0181	09	201800	上海市嘉定区宝嘉公路2210号	马湧
127	上海凯伦钢琴乐器有限公司	0182	09	200085	上海市北苏州路1056号	薛健燕
128	上海敦煌乐器有限公司	0185	09	201400	上海市奉贤区运河北路1025号	陆敏
129	上海浦东新区云音钢琴件厂	0187	09	201200	上海市浦东新区川沙镇进贤路250弄6号1102室(华盛名门小区)	唐海林
130	上海纪虹乐器有限公司	0197	09	201100	"上海市闵行区莘朱路828弄10号,翰门工业小区内（近莘庄地铁站）"	李达虹
131	上海国际展览中心有限公司	0199	09	200366	上海娄山关路88号	方佩瑛
132	中华乐器网	0232	09	200135	上海浦东张扬路1361号	窦晓明
133	上海百灵金钟乐器有限公司	0238	09	200001	上海市天津路189号	周有为
134	上海威堡钢琴有限公司	0239	09	201322	上海市南汇鹿园工业区鹿兴路199-8号	蒋维国
135	激声博韵(上海)乐器贸易有限公司	0258	09	200002	上海市浙江中路400号1105室	李文东

序号	企业名称	会员证号	行政区划	邮编	地址	负责人
136	柏林贝希斯坦钢琴(上海)有限公司	0269	09	201401	上海市奉贤区环城北路753号	李
137	上海奋达乐器有限公司	0280	09	201808	上海市嘉定区徐行镇新建一路2411号	成民根
138	上海增田乐器有限公司	0281	09	200036	上海市闵行区程家桥路311弄东6	王研研
139	上海邦加琴业有限公司	0287	09	201106	上海市闵行区漕镇柴塘北路92号	朱荣玮
140	上海渐华科技发展有限公司	0294	09	200233	上海市徐汇区钦州北路1066号71号楼4层	董健
141	星夜钢琴网	0295	09	200120	上海市浦东新区张杨路628号3号楼26楼C座（第一八佰伴附近）	曾继桂
142	法兰山德乐器(上海)有限公司	0297	09	201501	上海市金山区枫泾工业园区钱明东路33号11幢	苏帝玛
143	上海斯坦罗琴行	0316	09	200051	上海市玉屏南路309号乙	罗兴海
144	上海市普陀区爱乐琴行	0317	09	200062	上海市金沙江路164号	许俊
145	上海晨川琴业材料有限公司	0320	09	201705	上海市青浦区华新镇民兴工业园区徐华公路3029弄民兴一路59号	郑纪海
146	上海管乐器厂有限公司	0323	09	201806	上海市嘉定区外冈镇恒乐路188号	赵时渔
147	上海和乐钢琴有限公司	0337	09	201716	上海市青浦区练塘工业园区蒸夏路200-8号	姚建芳
148	河合贸易(上海)有限公司	0349	09	200120	上海市浦东南路588号浦发大厦21F室	栾秉奇
149	上海顶胜钢琴修理厂	0409	09	201108	上海市闵行区都会路100号	顾名迈
150	上海乐圣乐器有限公司	0412	09	200030	上海市裕德路45弄1号1008室	胡祖庭
151	上海凯恩乐器有限公司	0413	09	202180	上海市崇明县合兴镇东首	张伟明
152	巨吉贸易(上海)有限公司	0435	09	200443	上海市长康路26号	司马健
153	上海德宝乐器有限公司	0442	09	200125	上海市浦东区东方路1800弄东方城市花园27号302	虞晓明
154	温克尔曼(上海)乐器有限公司	0467	09	201711	上海市青浦区青赵公路5505号	应利星
155	无锡铃木乐器有限公司	0039	10	214415	江苏省江阴市祝塘镇人民路1号	缪志兴
156	泰兴斯坦特乐器有限公司	0041	10	225419	江苏省泰兴市溪桥乡翁庄村	李荣富
157	泰兴声威乐器有限公司	0042	10	225419	江苏省泰兴市溪桥镇	王春龙
158	苏州民族乐器一厂有限公司	0043	10	215003	江苏省苏州学士街梵门桥弄15号	沈博文
159	江苏天鹅乐器有限公司	0045	10	214526	江苏省靖江市马桥镇北首	陈红梅
160	南通市乐王琴业有限公司	0046	10	226001	江苏省南通市环城东路93号	王夕林
161	扬州华韵乐器有限公司	0071	10	225015	江苏省扬州市隋杨路槐泗工业园	田步高
162	江苏东方乐器有限公司	0090	10	214415	江苏省江阴市祝塘云顾路8号	孔文忠
163	扬州市广陵区新盛民族乐器厂	0093	10	225000	江苏省扬州市湾头镇茱萸路368号	唐月琴
164	扬州金韵乐器御工坊有限公司	0095	10	225009	江苏省扬州市开发区裴庄新河东	熊立群
165	无锡市新区古月琴坊	0101	10	214112	江苏省无锡市新区梅村镇新南路10号	万其兴

序号	企业名称	会员证号	行政区划	邮编	地址	负责人
166	南京摩德利钢琴有限公司	0112	10	210039	江苏省南京市雨花经济开发区龙藏大道9号	王永和
167	江阴激扬乐器有限公司	0113	10	214443	江苏省江阴市申港镇镇澄路1531号	时国兴
168	泰兴凤灵乐器有限公司	0114	10	225419	江苏省泰兴市溪桥镇华溪中路18号	李书
169	南京密尔顿钢琴有限公司	0135	10	211100	江苏省南京江宁开发区菲尼克斯路79号	钱凯
170	扬州市正声民族乐器厂	0145	10	225000	江苏省扬州市江阳工业园西湖双塘路	周平
171	扬州龙凤琴筝有限公司	0159	10	225008	江苏省扬州市西湖镇蜀岗	刘永发
172	南京伊柯雅钢琴制造有限公司	0163	10	211101	江苏省南京市东山邵圣工业园区	尹松林
173	南京奥玛尔钢琴制造有限公司	0164	10	210000	江苏省南京市江宁区谷里镇周村工业园(大亭沙发厂)	李鉴宁
174	扬州市维扬区顶盛乐器厂	0169	10	225116	江苏省扬州市邗江酒甸	王奎
175	扬州市天艺民族乐器厂	0173	10	225123	江苏省扬州市邗江区甘泉镇姚湾村	汪健群
176	江苏奇美乐器有限公司	0178	10	214500	江苏省靖江市经济开发区兴业路	张龙贵
177	江阴市灵音民族乐器有限公司	0190	10	214424	江苏省江阴市长寿镇长寿路15号	戈建明
178	兴化市戴南华美乐器厂	0192	10	225721	江苏省兴化市戴南镇马西村	刘庆好
179	苏州市平江区周万春乐器行	0193	10	215001	江苏省苏州市工业园区扬东路277号晶汇大厦1619-1620室	周健
180	无锡市锡艺乐器厂	0194	10	214112	江苏省无锡市新区梅村镇梅里路	万建平
181	苏州市平江区天华乐器厂	0196	10	215005	江苏省苏州市景德路新春巷57号边门	翁永益
182	苏州恒生进出口有限公司	0200	10	215004	江苏省苏州市西环路1638号国际经贸大厦	周奇生
183	苏州凯声乐器有限公司	0201	10	215004	江苏省苏州市西环路1638号国际经贸大厦3楼321室	王德强
184	扬州市维扬区启航民族乐器厂	0205	10	225008	江苏省扬州市维扬区平山乡丁卫村扬庄组	王斌
185	扬中市华联手风琴有限公司	0214	10	212219	江苏省扬中市八桥镇太平北路60号	朱士本
186	扬中市金晨实业公司长鸣乐器厂	0216	10	212211	江苏省扬中市新坝镇	常本荣
187	泰兴琴艺乐器有限公司	0218	10	225419	江苏省泰兴市溪桥镇华溪东路8号	吴建新
188	扬州尚高钢琴制造有限公司	0223	10	225009	江苏省扬州经济开发区杨子津工业园1号	俞康军
189	无锡市林艺乐器厂	0228	10	214000	江苏省无锡市鸿山镇建达机械厂内	王惠民
190	扬州市邗江华音民族乐器厂	0235	10	225001	江苏省扬州市莲桥东巷3-12号	周杰
191	吟飞科技(江苏)有限公司	0240	10	213032	江苏省常州市新北区汉江西路101号	范廷国
192	江阴金杯安琪乐器有限公司	0251	10	214443	江苏省江阴市申港镇亚包大道128号	时建明
193	扬州市广陵区二分明月乐器厂	0254	10	225003	江苏省扬州市施井西庄	高立骏
194	江苏启东百乐琴行	0265	10	226200	江苏省启东市长江中路652号(14-16)	陈磊
195	南京新辉琴行有限公司	0266	10	210009	江苏省南京市中山北路42号	刘小辉

序号	企业名称	会员证号	行政区划	邮编	地址	负责人
196	扬州市思美民族乐器厂	0282	10	225244	江苏省扬州江都市武坚镇黄思工业区(邮局对面)	胡思林
197	苏州市卓特乐器工艺五金厂	0298	10	215008	江苏省苏州市白洋湾大街洋南路8号	史季直
198	扬州天韵琴筝有限公司	0299	10	211407	江苏省扬州市仪征刘集盘古工业园	李同志
199	扬州音美尔民族乐器有限公司	0312	10	225006	江苏省扬州开发区运西路运西镇逸居路118号	刘庆阳
200	扬州市维扬区御声乐器厂	0322	10	225000	江苏省扬州市西湖镇司徒庙路西首-胡场	杨国富
201	淮安市楚州区淮城镇寒舟乐器批发部	0338	10	223200	江苏省淮安市楚州区南门大街名都花园88-15	韩周
202	扬州市博韵琴筝有限公司	0339	10	225000	江苏省扬州市西郊杨庙镇	刘永勤
203	昆山德邦木业有限公司	0358	10	215347	江苏省昆山市巴城镇正仪高科技术产业园富丽路	唐亮
204	南京宏盛毛毡制品厂	0367	10	210006	江苏省南京市秦淮区鸣羊街高岗里26号3楼	赵清双
205	扬州福韵琴筝有限公司	0370	10	211400	江苏省扬州市仪征新集镇光明村	阚元凤
206	无锡万声乐器有限公司	0376	10	214112	江苏省无锡市新区梅村镇新南科技园新南路10号	万小红
207	通州市金沙镇宇航琴行	0381	10	226300	江苏省通州市金沙镇交通南路七彩苑13号	成飞
208	南京协和琴行有限责任公司	0401	10	210008	江苏省南京市鼓楼区中山路229-1号	郝健
209	溧阳市溧城银月琴行	0421	10	213300	江苏省溧阳市东大街金东花园	张晓明
210	南京乐博钢琴城有限公司	0423	10	210000	江苏省南京市洪武路340号苏发大厦三楼	姚广生
211	泰兴市钱氏乐器有限公司	0431	10	225400	江苏省泰兴市曲霞镇西桥	钱长征
212	南京爱韵贸易实业有限公司	0433	10	210008	江苏省南京市玄武区珠江路88号新世界中心A座3501	童磊
213	扬州市百家筝鸣筝业管理有限公司	0445	10	225000	江苏省扬州市梅岭西路28号东四楼	曲玉利
214	泰兴市爱艺乐器厂	0457	10	225419	江苏省泰兴市溪桥镇解放路1号	孙伟
215	君琴提琴工作室	0458	10	225419	江苏省泰兴市溪桥镇华溪中路149号	刘治均
216	江阴兄弟乐器有限公司	0466	10	214422	江苏省江阴市云亭镇建设路50号	孔文金
217	南京爱乐书店	0471	10	210000	江苏省南京市秦淮区秦虹创业大市场B区3号	梅彦岭
218	宁波森隆乐器股份有限公司	0050	11	315323	浙江省慈溪市胜山镇樟新公路1928号	罗建峰
219	温州市瓯海风琴厂	0074	11	325014	浙江省温州市梧田镇南村	王加福
220	海伦钢琴股份有限公司	0118	11	315805	浙江省宁波市北仑科技园区普陀山路8号	陈海伦
221	德清县中德利钢琴有限公司	0136	11	313216	浙江省德清县城关西郊路158号	王惠林
222	海湾乐器（嘉善）有限公司	0148	11	314100	浙江省嘉善县谈公北路368号	胡益兰

序号	企业名称	会员证号	行政区划	邮编	地址	负责人
223	浙江天目琴行有限公司	0151	11	310012	浙江省杭州市学院路135号	刘为明
224	德清县海尔乐器制造有限公司	0171	11	313218	浙江省德清县洛舍经济开发区文明东路2号	王惠忠
225	湖州华谱钢琴制造有限公司	0174	11	313218	浙江省湖州市德清县洛舍经济开发区	姚小林
226	湖州杰士德钢琴有限公司	0176	11	313218	浙江省莫干山技术开发区杨树湾工业园区洛德大道198号	鲍海尔
227	杭州嘉德威钢琴有限公司	0184	11	310021	浙江省杭州市江干区丁桥镇同协路18号	陈莲琴
228	宁波市北仑乐器配件制造有限公司	0203	11	315806	浙江省宁波市北仑区大矸镇俞王村	俞兆祥
229	永康市前仓永固乐器厂	0204	11	321305	浙江省永康市前仓镇前仓村金鸡路53号	蒋学良
230	宁波四海琴业有限公司	0211	11	315137	浙江省宁波鄞州区云龙镇前后陈村	何四海
231	杭州雅马哈乐器有限公司	0212	11	311241	浙江省杭州市萧山区瓜沥镇沙田头村	高桥宏叔
232	萧山雅马哈乐器有限公司	0215	11	311215	浙江省杭州市萧山经济开发区建设二路31号	住川信郎
233	湖州华尔森钢琴有限公司	0222	11	313200	浙江省德清县莫干山经济开发区长安街25号	王惠安
234	浙江珠江德华钢琴有限公司	0229	11	313200	浙江省莫干山经济开发区北湖东街288号	黄耿志
235	宁波弘环电子有限公司	0233	11	315408	浙江省余姚市肖东工业园区长丰桥路101号	陈岳
236	海盐东方口琴厂	0249	11	314300	浙江省海盐县海兴西路288号	丁文良
237	浙江友谊电子有限公司	0262	11	325600	浙江省乐清市经济开发区纬八路	陈天浩
238	全球乐器网	0263	11	310017	浙江杭州艮山西路78号东门大厦9C	徐登朝
239	杭州沃尔特数码钢琴有限公司	0267	11	310023	浙江省杭州市余杭区五常工业区荆长路31号-A	赵为民
240	杭州西湖区大创琴行	0272	11	310012	浙江省杭州市西湖区教工路266号	蔡赋斌
241	宁波超拨电子有限公司	0285	11	315600	浙江省宁波县新兴工业园区C区	华宣兴
242	杭州市拱墅区大拇指乐器行	0286	11	310015	浙江省杭州市温州路19号	方年
243	杭州艺威电子音响设备厂	0291	11	311118	浙江省杭州市余杭区黄湖宏图路68号	蔡忠伟
244	杭州市余杭区中泰苦竹业协会	0301	11	311121	浙江省杭州市余杭区中泰乡政府办公大楼2楼	鲍金法
245	戈德斯坦钢琴(杭州)有限公司	0302	11	310024	浙江省杭州市西湖区龙坞工业园区块12号	章海燕
246	宁波音王集团有限公司	0306	11	315104	浙江省宁波市鄞州投资创业园诚信路818号	王祥贵
247	宁波市江北珂乐乐器有限公司	0321	11	315000	浙江省宁波市江北区北岸琴森财富创意港295号	蔡赋勇
248	富阳市富阳镇乐器琴行	0327	11	311400	浙江省杭州市富阳市苋浦路清风公寓9-4号	吕利浩

序号	企业名称	会员证号	行政区划	邮编	地址	负责人
249	慈溪市新浦镇金华五金厂	0331	11	315322	浙江省慈溪市新浦镇	冯金华
250	宁波海曙哆来咪乐器加工厂	0332	11	315000	浙江省宁波市新马路268号北岸琴森9幢802	杨蕾
251	绍兴文德隆音乐文化传播有限公司	0343	11	312000	浙江省绍兴市金时代1026广场-1029号	何小全
252	丽水括苍琴行	0344	11	323400	浙江省丽水市括苍路222号	叶菊香
253	富阳市迦南琴行	0347	11	311400	浙江省富阳市西堤路108-3号	朱灿林
254	意德乐器(嘉善)有限公司	0352	11	314100	浙江省嘉善县经济开发区华山路38号	李德俭
255	嘉兴市南湖区城东艺源琴行	0357	11	314000	浙江省嘉兴市南湖区南溪路100号	郑王柳
256	临海市均华乐器有限公司	0380	11	317000	浙江省临海市古城街道聚景路9号	金云声
257	浙江乐韵钢琴有限公司	0389	11	313218	浙江省德清洛舍工业园顺达路18号	杨伟忠
258	杭州爱尔科电子有限公司	0406	11	311258	浙江省杭州市萧山区闻堰镇长安工业区	朱伟柳
259	宁波市四明琴行有限公司	0420	11	315000	浙江省宁波市海曙区望京路146号	石海岳
260	宁波职业技术学院乐器制造系	0452	11	315800	浙江省宁波市北仑新大路1069号	胡晓光
261	铜陵市教育琴行	0296	12	244000	安徽省铜陵市北京东路35号	潘益田
262	淮南市乐森黑马乐器有限公司	0365	12	232001	安徽省淮南市洞山西路旺泉公学对面	李勇
263	合肥市佳音琴行有限责任公司	0388	12	230061	安徽省合肥市长江西路53号	王琦
264	福州和声钢琴有限公司	0119	13	350008	福建福州市金山工业集中区浦上工业园B区红江路2号	池家森
265	厦门三乐钢琴有限公司	0120	13	361009	福建省厦门市禾山后铺第二工业区十一号	黄三元
266	顺昌县爱乐钢琴有限公司	0147	13	353200	福建省顺昌县货场路142号	柯松理
267	晋江力达电子有限公司	0288	13	362261	福建省晋江市安海镇第二工业区力达工业楼	吴育旗
268	钰丰乐器(福建)有限公司	0313	13	363612	福建省南靖县丰田华侨经济开发区	陈永茂
269	余干县民族乐器有限公司	0319	14	335100	江西省余干县玉亭镇沙窝大街	张仕先
270	江西省新余韵声琴行	0402	14	338500	江西省新余市劳动南路腾达电器二楼	熊国林
271	烟台金斯波格钢琴有限公司	0052	15	264006	山东省烟台市经济技术开发区长白山路5号	初明亚
272	昌乐百灵乐器有限公司	0081	15	262409	山东省昌乐县鄌郚镇政府驻地	郝际坤
273	龙口锦盛乐器有限公司	0084	15	265701	山东省龙口市东莱街道大李村	李传术
274	青岛世正乐器有限公司	0108	15	266109	山东省青岛市城阳区春阳路新城工业园	周始雷
275	山东泰山管乐器制造有限公司	0131	15	265701	山东省龙口市东莱大李	梁维民
276	胶南市天乐琴行	0179	15	266400	山东省胶南市珠海路88号乙（康大集团一楼）	万绪波
277	烟台博斯纳钢琴制造有限公司	0188	15	264670	山东省烟台市莱山区解甲庄工业园	孙强
278	青岛海韵琴行有限公司	0242	15	266071	山东省青岛市江西路98号乙	莫蓓茜

序号	企业名称	会员证号	行政区划	邮编	地址	负责人
279	聊城山石麦尔乐器有限公司	0243	15	252000	山东省聊城市花园北路38号	刘冰
280	兖州声远乐器有限公司	0245	15	272112	山东省兖州市谷村镇杨村	颜廷学
281	青岛豪怡达商贸有限公司	0342	15	266000	山东省青岛市宁夏路274号红信山庄16号楼2单元302	翁亚明
282	济宁开发区爱乐琴行	0386	15	272000	山东省济宁市光河路10号商务楼116号	高峰
283	青岛玄华涂料有限公司	0395	15	266108	山东省青岛市城阳区流亭街道赵红路南侧	王秀训
284	青岛吉他平方商贸有限公司	0399	15	266023	山东省青岛市标山路128号甲	张豪
285	青岛青大琴行有限公司	0400	15	266000	山东省青岛市市南区宁夏路127-6号	周克岭
286	昌乐乐吉乐器制造有限公司	0411	15	262417	山东省潍坊市昌乐县崔家庄政府驻地	张立强
287	潍坊盛大音响有限公司	0416	15	262409	山东省昌乐县郡部镇工业园	董素莲
288	昌乐县东方乐器厂	0417	15	262409	山东省昌乐县郡部镇政府驻地	李凤英
289	潍坊宏韵乐器有限公司	0418	15	262402	山东省昌乐县郡部镇高崖社区驻地	冯桂玲
290	潍坊惠好乐器有限公司	0419	15	262409	山东省昌乐县郡部镇工业园	刘志江
291	莱阳市知音琴行	0430	15	265200	山东省莱阳市岘河路30号	盖永政
292	济南旭秋乐器有限公司	0441	15	250100	山东省济南市新宇路750号	董念春
293	山东省济宁市颜氏调律工具有限公司	0453	15	272000	山东省济宁市红星西路54号	颜婷婷
294	荷泽市牡丹区八音乐器有限公司	0469	15	274000	山东省荷泽市牡丹区刘寨	马宏川
295	开封市大发琴业有限公司	0061	16	475001	河南省开封市西关北街186号	汤红伟
296	河南省乐器研究所	0078	16	450003	河南省郑州市东里路14号院	黄林潜
297	开封中原民族乐器有限公司	0186	16	475312	河南省兰考县固阳镇	戴胜民
298	兰考县远方桐木乐器音板有限公司	0325	16	475316	河南省兰考县许河乡工业区	许家良
299	郑州铁路职业技术学院艺术系	0396	16	450052	河南省郑州市二七区永安街36号	从云飞
300	武汉致嘉钢琴制造有限公司	0100	17	430050	湖北省武汉市经济开发区民营科技工业园12号M栋	周致嘉
301	武汉铼特科技有限公司	0102	17	430079	湖北省武汉市汉阳区新华工业园C区1号	张星启
302	武汉洪发高洪太铜响器有限责任公司	0122	17	430065	湖北省武汉市武昌四坦路7号	朱汉桥
303	武汉艾立卡电子有限公司	0124	17	430023	湖北省武汉市东西湖将军五路12号	张鉴堂
304	武汉市海平乐器制造有限公司	0125	17	430334	湖北省武汉市黄陂区甘棠街甘棠大道230号	王长海
305	宜昌金宝乐器制造有限公司	0146	17	443003	湖北省宜昌市宜昌东山经济技术开发区珠海路1号	吴天延
306	武汉市曾宪勇民族拉弦乐工作室	0198	17	430014	湖北省武汉市蔡锷路滨江里7号	曾宪勇

序号	企业名称	会员证号	行政区划	邮编	地址	负责人
307	武汉豪乐特进出口贸易有限公司	0283	17	430012	湖北省武汉市江岸区百步亭花园新江岸五村188号豪乐特大厦	黄小萍
308	武汉市邢氏乐器制造有限公司	0293	17	430200	湖北省武汉市东湖高新技术开发区九凤大道8号	邢福志
309	武汉银可可琴行有限责任公司	0303	17	430060	湖北省武汉市武昌区解放路182号	何浩
310	湖北博亚钢琴有限公司	0314	17	430069	湖北省武汉市武昌区临江大道7号	熊万斌
311	襄樊朗朗琴行	0346	17	441000	湖北省襄樊铁路文化宫右侧	胡新明
312	黄石市雅玲琴行	0361	17	435000	湖北省黄石市黄石大道85号(市文化宫)	汤雅玲
313	湖北华都钢琴制造有限公司	0427	17	432721	湖北省广水市广办西河路二路2号	汪其见
314	武汉开菱电器有限公司	0439	17	430077	湖北省武汉市武昌区黄鹂路15号	李爽
315	武汉天歌电子有限公司	0449	17	430074	湖北省武汉市洪山区民院路15号	周游
316	长沙飞达琴行有限公司	0289	18	410005	湖南省长沙市芙蓉区东牌楼新世界商贸西1号	劳绍立
317	湖南省醴陵市九洲琴行	0324	18	412200	湖南省醴陵市建设西路D栋4号2楼	刘槐先
318	常德市武陵区多尔乐器厂	0366	18	415000	湖南省常德市丹洲石灰(原小学)	王晓冬
319	湖南省新世纪乐器有限公司	0384	18	410005	湖南省长沙市芙蓉区解放西路96号	周耀南
320	广州珠江钢琴集团股份有限公司	0030	19	510388	广州荔湾区花地大道南渔尾西路8号	王润培
321	鲍德温（中山）钢琴乐器有限公司	0032	19	528412	广东省中山市东升镇观栏村工业区	周有恩
322	广州市红棉提琴有限公司	0033	19	510430	广东省广州市石井镇石沙公路红星工业区15号	陈钊明
323	广州红棉吉他有限公司	0038	19	510330	广东省广州市海珠区新港东路2440号	何志强
324	广州吉声琴业有限公司	0067	19	510170	广东省广州市西华路桃源街41号	梁泽敏
325	四会市华声乐器有限公司	0073	19	526200	广东省四会市东城开发区	黄志康
326	广州市大铃乐器制造有限公司	0091	19	511495	广东省广州市番禺区钟村镇胜石村区	罗少宏
327	广州珠江乐器实业公司	0096	19	510370	广东省广州市荔湾区茂香园13号	朱志球
328	揭阳市长城乐器有限公司	0097	19	515541	广东省揭阳市新亨镇白石村	徐金河
329	美得理电子（深圳）有限公司	0128	19	518031	广东省深圳市燕南路404栋西三楼	徐俊
330	深圳市刘诗昆钢琴乐器实业有限公司	0142	19	518034	广东省深圳市福田区香槟路2002号俊景豪园1栋首层	盖燕
331	广东德庆汇丰乐器有限公司	0156	19	510620	广东省广州市天河北路595-599号创新科技广场二楼	方扬
332	揭西县美声电子电器厂	0167	19	515400	广东省揭西县城河陆公路永美大道	张燕雄
333	广州传音乐器厂	0168	19	510620	广东省广州市天河区体育东路37号天宝大厦407室	苏常青
334	国家轻工业乐器质量监督检测中心（广州）	0172	19	510370	广东省广州市荔湾区茂香园13号	潘绮珊

序号	企业名称	会员证号	行政区划	邮编	地址	负责人
335	佛山市三水区白坭镇鸿锋五金乐器制品有限公司	0175	19	528131	广东省三水市白坭镇新生开发区27号	李大鉴
336	揭西县美科电子电器厂	0206	19	515400	广东省揭西县城环城路西段	张远青
337	广州格利蒙那提琴有限公司	0208	19	511430	广东省广州市番禺区大石街涌口村雅苑大街2号	关尚持
338	广东哈利臣钢琴有限公司	0209	19	510403	广东省广州市三元里大道棠溪合益西街8号	佟炳才
339	深圳市沪田利商贸有限公司	0221	19	518000	广东深圳市龙华建设西路优品建筑十栋二楼9-13A	张建国
340	惠阳区秋长全丰育乐用品厂	0234	19	516221	广东省惠阳区秋长镇长兴路鹏岭工业城	蔡赖丰
341	广州市奥琴琴业有限公司	0236	19	511487	广东广州市番禺区沙湾镇陈涌工业区创业东路15号	肖钰
342	广州市罗曼士乐器制造有限公司	0241	19	510300	广东广州市海珠区新窖南路龙潭村西环街西环北10号	郑玉棠
343	广州保嘉乐器制造厂有限公司	0253	19	510500	广东广州大道北197号新达城广场北座17楼	邢保嘉
344	深圳伯格特钢琴自动弹奏光盘有限公司	0257	19	518102	广东省深圳市宝安区西乡镇麻布科技工业园1栋5楼	何佩
345	广州市朗晴发展有限公司	0268	19	510623	广东 广州市珠江新城华就路23号皓瀚华轩20楼C座	周旗
346	广州市芳村区共鸣乐器厂	0277	19	510378	广东省广州市龙溪中路44号B4	李志伟
347	深圳市蔚科电子科技开发有限公司	0279	19	518018	广东省深圳市南山西丽南岗第二工业园A2栋5-6楼	徐建
348	深圳市伊诺乐器有限公司	0300	19	518057	广东省深圳市南山区科技园科苑北路10号坚达大厦6楼	袁雁
349	广州市鹏联乐器有限公司	0305	19	510545	广东省广州市白云区钟落潭镇良沙路3663号	邹建全
350	佛山市三水区美莱迪乐器制造有限公司	0307	19	528133	广东省佛山市三水区河口工业大道27号	苏佳年
351	广州市白云区凯诺电子厂	0308	19	510623	广东省广州市华利路21号西座2503号	邝树伟
352	广州市新艺宝乐器有限公司	0309	19	510620	广东省广州市天河区黄浦大道西177号二楼	凌建聪
353	得理乐器(珠海)有限公司	0311	19	519090	广东珠海金湾区联港工业区大林山片区双林东路2号得理工业园	盛子斐
354	深圳市爱乐文化艺术发展有限公司	0336	19	518031	广东省深圳市福田区上步南路乐器城4楼爱乐琴行	姜秀菊
355	深圳市和普乐器有限公司	0341	19	518000	广东省深圳市商报路7号天健公寓1618-1619号	毛建平
356	东莞市超联电子有限公司	0348	19	523400	广东省东莞市石排镇中坑民营工业区	陈志安
357	广州韵天箱包制造有限公司	0350	19	510620	广东省广州市天河南二路31号丰兴广场中兴阁2003号	董剑辉

序号	企业名称	会员证号	行政区划	邮编	地址	负责人
358	佛山市奥格诗乐器制造有限公司	0353	19	528241	广东省佛山市南海区里水镇和顺共同工业区	王永红
359	深圳市宇音电子有限公司	0355	19	518102	广东省深圳市宝安区宝民二路流塘大厦1103室	钟永津
360	佛山市三水龙声乐器制造有限公司	0362	19	528131	广东省佛山市三水区白坭镇白沙南街一号	李庆炎
361	廉江市吉他配件厂	0368	19	524400	广东省廉江市城北区新华五路46号	黄仁忠
362	深圳市凯迪欣实业有限公司	0382	19	518101	广东省深圳市宝安区44区鸿都工业园西区5楼	宋晓琼
363	佛山市万正涂料有限公司	0390	19	528131	广东省佛山市三水区西南镇金本工业园B区	肖亚亮
364	深圳市卓凡动力电子有限公司	0391	19	518000	广东省深圳市龙岗区爱联社区新屯工业区健军路18号	陈红红
365	佛山市冠球家具有限公司	0394	19	528131	广东省佛山市三水区白坭镇工业大道177号	卢燕
366	广州市大同琴行有限公司	0397	19	510100	广东省广州市东川路37号	佟伟彦
367	潮安县吉星乐器有限公司	0405	19	515636	广东省潮安县龙湖镇三英村石桥头片	成国器
368	惠州市惠阳区秋长侑成乐器木器厂	0414	19	516221	广东省惠州市惠阳区秋长镇桃南路11号	蔡国宏
369	深圳市咪发发科技有限公司	0415	19	518057	广东省深圳市南山区科技园兴路汇景豪园海逸6B	曾平蔚
370	广州艾茉森电子有限公司	0426	19	510163	广东省广州市荔湾区珠江大桥桥中中路223号	刘春清
371	东莞市三基音响科技有限公司	0428	19	523121	广东省东莞市东城区温塘北路7号	姚锐
372	汕头市长合乐器厂	0455	19	515041	广东省汕头市龙湖区金泰庄北区23-24幢115号	张艺远
373	深圳市伏荣科技开发有限公司	0459	19	518101	广东省深圳市宝安46区D栋厂房8F	李卫
374	广州市锦桦乐器有限公司	0465	19	510460	广东省广州市白云区江高镇五丰东路68号	李德雄
375	广东省乐器协会	0470	19	510080	广东省广州市署前路33号1号楼430室	李爱群
376	重庆斯威特钢琴有限公司	0089	22	400709	重庆江北碚区童家溪镇建设村	王建华
377	重庆盛音乐器有限公司	0385	22	400013	重庆市渝中区中山一路181号	程果
378	重庆市万州区龙宝雅韵乐器城	0403	22	404000	重庆市万州区白岩路152号艺术大厦(2-6楼)	陈联全
379	成都川雅木业有限公司	0132	23	610101	四川省成都市龙泉驿区大面镇	张华君
380	成都朝阳浪琴乐器制品有限责任公司	0210	23	610200	四川省双流县东升镇清泰村	黎明强
381	四川简阳现代教学仪器设备有限责任公司	0292	23	641401	四川省简阳市石桥镇杨柳街48号	谢俊儒
382	四川盛音乐器有限公司	0310	23	610021	四川省成都市新生路6号	黄茂强
383	攀枝花市川音大风琴行	0422	23	617000	四川省攀枝花市花城上街21号	刘健

序号	企业名称	会员证号	行政区划	邮编	地址	负责人
384	成都市皇冠琴行	0437	23	610021	四川省成都市武侯区龙江路22-8号	徐蕾
385	成都余梦乐器有限公司	0447	23	610012	四川省成都市武候区龙江路28号16-20号	于委
386	贵州省玉屏县箫笛厂	0063	24	554000	贵州省玉屏市中山路465号	姚懿洲
387	云南民族民间音乐艺术品开发公司	0062	25	650000	云南省昆明市阳光花园旭苑27栋4单元501	杨声
388	昆明市乐器厂	0064	25	650031	云南省昆明市东风西路289号	伍俊武
389	昆明盛乐乐器有限公司	0377	25	650032	云南省昆明市西昌路259号北商贸楼	刘玉萍
390	西安音乐学院乐器厂	0224	27	710061	陕西省西安市长安中路108号	黄勇
391	安康市秦艺贸易有限公司	0276	27	725000	陕西省安康市秦艺贸易有限公司	姚立宪
392	西安市曹氏乐器修理服务中心	0359	27	710016	陕西省西安市新兴路3号院12号楼2门5层2号	曹西歧
393	陕西省音乐家协会金钟琴行	0387	27	710054	陕西省西安市文艺北路明胜街146号	张喜鹏
394	建设路莺鸣琴行	0326	28	737100	甘肃省金昌市建设路113号中(新华书店对面)	任庆根
395	兰州海王星乐器音响有限责任公司	0360	28	730000	甘肃省兰州市城关区白银路中广千龙家园1号商铺	王圭
396	酒泉园丁琴行有限公司	0398	28	735000	甘肃省酒泉市肃州区尚武街欧洲苑斜对面	查继堂
397	银川市兴庆区华芳行	0082	30	750001	宁夏银川市唐槐新村61-6-402号	马进芳

MUSIC

中国乐器年鉴

CHINA MUSICAL INSTRUMENT YEARBOOK

2009-2010

专 文

纪念改革开放30周年专文

『编者按：2008年是党的十一届三中全会召开暨我国改革开放30周年。30年来，我国开启了改革开放历史新时期，整个国家的面貌和人民的生活都发生了历史性变化，与此同时，我国乐器行业也发生了巨大的转变。

为了纪念中国改革开放30周年，中国乐器协会组织撰写了一系列纪念文章，记录改革开放30年来中国乐器行业所取得成绩，以此激励我国乐器行业广大职工继续高举中国特色社会主义伟大旗帜，以邓小平理论和“三个代表”重要思想为指导，深入贯彻落实科学发展观，为实现中国乐器做大做强的宏伟目标而努力奋斗。』

纪念改革开放三十周年专文之一

改革开放30年的中国乐器工业

中国乐器协会

30年沧桑巨变，中国乐器工业已从单一品种生产、经济效益低下的手工业发展成为与国家文化事业和文化产业密切相关、经济效益快速增长、在国民经济和社会发展中发挥重要作用的现代制造业。

新中国乐器工业的建立

乐器是特殊商品，与国家政治、经济，特别是文化事业紧密相连，与人民生活息息相关。

改革开放前30年，中国处于国民经济恢复和社会主义建设初级阶段，百废待兴，物资短缺，人民生活温饱不足。乐器作为满足人们精神生活和文化教育的特殊商品，未被列入百姓生活消费必需品之中。

新中国建立后，生产关系的变革促进了生产力发展，同时也促进了中国音乐文化事业的发展，全国各地音乐专业教育及文艺团体纷纷成立，基层音乐文化活动开始活跃。中国乐器行业从仅有民族乐器生产和少量西管乐器修理，逐渐从无到有，由小到大，发展成有钢琴、提琴、西管乐器、吉他、民族乐器、手风琴、电子琴、口琴、风琴等多门类的乐器生产体系。

经过1956年社会主义合作化，中国民族乐器生产从分散经营私有制手工作坊合并为国有或集体企业，当时的代表企业有北京民族乐器厂，上海民族乐器一厂，苏州民族乐器一厂、三厂，天津民族乐器厂，广州民族乐器厂等，这些企业为20世纪五六十年代民族乐器的发展和改革作出了重要贡献。

在西洋乐器方面，建国后形成的北京、上海、营口、广州四大钢琴厂，成为国产钢琴生产四大支柱，这种格局一直延续到改革开放初期。

此外，根据乐器市场需求，一批原来从事首饰业的劳动者转入西管乐器生产，逐渐发展成为具有一定规模的西管乐器生产企业。改革开放前，有代表性的西管乐器生产企业有北京管乐器厂、大连铜管乐器厂、上海管乐器厂、天津管乐器厂、广州管乐器厂等骨干企业。

其他类别乐器，具有一定规模的生产企业也逐步发展起来：上海地区以口琴为主，著名品牌有“国光”、“上海”；手风琴主要集中在天津，著名品牌有“鹦鹉”；提琴主要分布在广州、上海、北京、营口、成都，著名品牌有“红棉”、“星海”；响铜乐器集中在北京、武汉、苏州、山东周村等地。

据不完全统计，1978年各类乐器产量分别为：钢琴6326架，手风琴4.49万架，提琴13.11万把，风琴2.63万架，民族管弦乐器365.2万件，响铜乐器795.5吨，鼓乐器42.46万个，口琴399万只，西管乐器5.56万支。拥有企业110家，职工19.4万人，工业总产值18.86亿元，产品出口创汇1.7亿元。

中国乐器行业在改革开放中不断发展

回顾改革开放前，中国乐器行业体系初步建立，大多为国有或集体所有制企业，企业经营模式是只生产，不销售，生产模式大而全。企业销售受外部环境影响很大，曾因乐器市场不景气，出现过几起几落的不稳定状况。

1978年十一届三中全会召开，开启了改革开放新的历史时期。改革开放后中国政治稳定、经济腾飞、人民生活富裕、国际地位不断提高，给中国乐器行业创造了前所未有的发展机遇，中国乐器行业开始进入新的历史发展时期，主要分为以下三方面。

一、国有企业深化改革

改革开放前，乐器行业国有（集体）企业占主导地位，主要集中在北京、上海、广州、天津、营口、苏州等地，其主要产品包括钢琴、风琴、手风琴、提琴、吉他、西管乐器、民族乐器、电子琴等。这些国有（集体）乐器生产企业长期以来处于资金不足、设备陈旧的落后状态，存在着企业吃政府饭，职工吃企业大锅饭的弊病，企业负担沉重，难于发展。

1978年，农村实行联产承包制拉开了中国改革开放的序幕，1984年《中共中央关于经济体制改革的决定》标志城市经济体制改革全面启动，乐器行业国有（集体）企业改革进一步加快，通过一系列多种形式的体制改革，一大部分国有企业转制为民营企业。

目前，尽管乐器行业国有企业数量比重较小，但其规模效益、产品影响力却占行业主导地位。据2007年国家统计局资料显示，乐器行业国有企业总资产占全行业14%，销售收入占7.4%。如：广州珠江钢琴集团有限公司在改革开放前，钢琴年产量仅有1201架，经过改革开放30年发展，珠江钢琴总资产达到11.74亿元，工业总产值7.92亿元，钢琴年产量达8.15万架，是改革开放前的66.83倍，成为世界第一大钢琴生产企业。30年前，北京星海钢琴集团资产1000多万元，如今增长到7.6亿元，营业额从不足千万元增到5.6亿元，主要产品钢琴年产量从1977年的1807架增长到40000架。改革开放前，上海民族乐器一厂基本以手工作坊式生产为主，年工业总产值数百万元，经改革开放30年发展，企业销售收入达1.24亿元，是改革开放前的20倍。

二、非公经济快速发展

改革开放后，随着经济体制改革的不断深入发展，私有经济在国民经济中的作用越来越大，成为社会主义市场经济和基本经济制度的重要组成部分。在这一发展变化中，乐器行业私有经济成分迅速扩大，民营乐器生产企业数量不断增长。原国有企业配套加工点，逐渐发展扩大，独立自主经营，并与国有企业分离成为民营企业，其规模有的已超过原有国有乐器企业。如：广东四会华声乐器有限公司、泰兴凤灵乐器有限公司、海伦钢琴股份有限公司、天津津宝乐器有限公司等。此外，一些国有企业转制，买断原国有企业资产，转变成民营企业，如苏州民族乐器一厂、南京摩德利钢琴厂、大连铜管乐器有限公司、上海华新电子乐器有限公司等。目前，中国乐器行业非公经济成分企业总资产已占到规模以上生产企业的29.76%，销售收入占34.31%，实现利润占34.06%，成为整个乐器行业的重要组成部分。

三、销售领域从计划经济向市场经济转化

改革开放前，中国乐器销售实行计划经济体制下的“统购包销”，原材料由国家统一按计划调拨，产品按计划生产，统一交付当地文化用品公司、批发站，再向各省市商业中心分配，乐器生产企业基本不接触销售市场。

改革开放后，“统购包销”的经营模式逐步被取代，乐器生产企业完全靠文化用品公司销售的传

统方式遭遇“断奶”，乐器经营逐渐由计划经济向市场经济转变。

乐器经营环节的改革是双向的，一是企业由单纯生产型转变为“以销定产，以市场为导向”型，企业生产方式由单一品种转向多品种、小批量生产，企业逐步建立自有销售体系和遍及全国的经营网点。外部实行销售代理制、总代理制，内部实行销售承包制，企业销售人员收入与回笼资金挂钩，有效地实现了企业流动资金的良性循环。二是乐器流通环节的销售体系也在发生变化，乐器销售逐步从统一核算的大中型百货商店（场）退出，演变成个体民营性质的琴行。

同时，随着乐器市场经济形势的发展变化，计划经济下形成的教育设备订货会、广交会、文体用品订货会，其影响力和功能作用不断弱化，取而代之的是专业灯光音响乐器展览会。从20世纪80年代开始，在北京、广州每年举办一次乐器展览会，到21世纪初，一年一届的中国（上海）国际乐器展览会规模迅速扩张，至2008年已达65000平方米，参展企业达到1106家，起到连接国内外乐器市场、发挥乐器交易平台的重要作用。

中国乐器在改革开放中实现全球化

音乐无国界，乐器也无国界

改革开放后，中国乐器制造业的创造力和潜能被充分调动起来，不仅开辟了国内和国际两大市场，同时引进大量国际制造先进技术，中国乐器的质量、档次有了大幅度提高，品种更加丰富。

计划经济下的乐器出口主要是外商与外贸公司签约，再由外贸公司向企业订货，生产企业基本与国际市场隔绝，互不见面，这种出口模式一直延续到改革开放初期。

随着国门向世界打开，外国音乐如潮涌般进入中国，与西方音乐相关的数码钢琴、钢琴、管乐器、吉他以及电子乐器越来越多地被中国人所接受。渴望购买钢琴以及电子乐器的普通百姓与日俱增，企业日夜加班也难以满足市场需求，有许多消费者预交一年钱也买不到想要的乐器。钢琴、电子琴等新兴制造企业如雨后春笋般兴起。面对改革开放后迅速发展的乐器市场，外国乐器采购商大批进入中国，乐器进出口贸易额呈井喷式增长，中国成为世界上最为活跃和最重要的乐器市场之一。

“走出去，请进来”成为乐器行业改革开放的主旋律

在“走出去”的过程中，中国乐器行业经历了一个渐进阶段。第一步，一些大型出口型企业在政府简政放权进程中获得了自营出口权，企业可以直接对外签单，中国乐器开始大量出口到世界许多国家和地区，出口乐器产品普遍使用“OEM”形式，满足了世界上很多国家对中低档乐器的需求；第二步，企业在特区和港澳地区建立对外贸易窗口，如北京星海钢琴公司在深圳特区建立贸易公司，通过香港将乐器销售到世界各国及地区，再如广州珠江钢琴公司在澳门建立了钢琴厂等；第三步，多数企业走出国门，参加国际乐器展，如：德国法兰克福乐器展、美国NAMM乐器展以及日本、法国、意大利、巴西、俄罗斯、阿联酋等乐器展，中国参展商数量呈不断增长态势。据资料显示，2008年中国内地参展商已占到德国法兰克福乐器展全部参展商的5.5%，美国NAMM乐器展的7.4%；第四步，一些具有较大规模的中国乐器生产企业开始在海外建立分公司，电子乐器行业的美得理电子（深圳）有限公司、上海华新电子乐器有限公司以及吟飞电子有限公司等电子乐器企业，聘用国外销售人员实行产品直销。再如：钢琴及零配件行业的广州珠江钢琴公司分别在美国和欧盟建立海外分公司。海伦钢琴股份有限公司、泰兴凤灵乐器公司也在美国成立了销售公司。管乐器行业的河北金音乐器制造有限公司与美国企业合作在美国建立了乐器研究所，专项进行管乐器新产品研发，并将研究成果转入中国生产；第五步，乐器材料配件实行专业化生产，产品标准化程度及质量不断提升，开始被世界发达国家的乐器制造商配套采用，并大量出口。如：宁波东方琴业有限公司、宁波四海乐器配件有限公司、成都川雅木业有限公司、河北大厂华丰铸造有限公司生产的各种乐器配件每年都有大量出口订单。

在“请进来”的过程中，中国乐器行业也同样经历了不断深入扩大发展的阶段。第一步是与外商及中国香港、中国台湾建立“合资企业”。如改革

开放初期，香港粤华有限公司分别在广东中山建立合资钢琴厂、在上海建立合资钢琴配件厂、在北京建立合资民族乐器生产厂。日本雅马哈在广州与珠江钢琴合资成立珠江雅马哈钢琴公司，日本卡瓦依与北京星海钢琴公司合作生产钢琴，台湾功学社在天津、江阴等地建立爵士鼓、管乐器、乐器配件、口琴等合资生产企业。这些合资企业的建立，加速了中国乐器产品初期阶段的升级换代；第二步，乐器企业开始引进"人才"，提高国内乐器生产技术水平。如北京星海公司聘请德国钢琴技师切尔担任总工程师，广州珠江钢琴聘请托玛担任总设计师，其他一些企业如烟台龙凤钢琴公司、福州和声钢琴有限公司、海伦钢琴股份有限公司都相继聘请外国专家担任企业技术指导。引进外来人才的举措受到当地政府的肯定和赞扬；第三步，乐器企业加快技术引进，进口成套设备、原材料、乐器零部件。如：宁波东方琴业公司进口韩国成套击弦机生产设备，宁波海伦进口日本钢琴码克加工设备。其他如钢琴、提琴企业开始从俄罗斯、加拿大、欧洲进口原木或半成品材料；第四步，外国及中国香港、台湾地区的乐器企业陆续进入中国，由"合资"生产转变为"独资"建厂，收购或控股中国乐器企业，外国及中国香港、台湾地区的乐器公司在中国影响力及市场份额不断扩大。如，香港柏斯琴行除在中国内地的20多个省市建立了40余家连锁式琴行外，还在宜昌、上海、东莞相继建立钢琴生产企业，与日本卡瓦依钢琴公司合作生产宜昌卡瓦依钢琴。日本雅马哈钢琴公司在上海成立雅马哈乐器音响（中国）投资有限公司，下设杭州雅马哈钢琴公司、天津雅马哈电子乐器公司。美国鲍德温乐器公司除在上海设有贸易公司外，还控股广东中山、收购东北营口钢琴厂，德国施坦威钢琴公司在上海设有贸易公司，并在广州珠江、天津英昌定牌生产"艾塞克斯"，在广州珠江钢琴生产"朗郎"钢琴；第五步，与德国法兰克福展览公司共同举办中国（上海）国际乐器展览会，成为亚洲乃至世界最著名、最具影响力的乐器展览会之一。中国（上海）国际乐器展览会经过7年的发展，已吸引世界22个国家和地区，共计1100多家国内外参展商参展，这一国内外乐器贸易平台，让更多的中国乐器走向世界，也让世界了解到中国。

通过改革开放30年发展，中国乐器行业所实行的一系列"走出去，请进来"的发展策略，使中国乐器行业逐渐实现了向全球化发展，与世界乐器行业同步接轨、资源共享。中国成为全球最大的乐器生产基地和乐器消费市场，世界发达国家几乎所有著名乐器公司全部进驻中国。中国乐器企业进入全球乐器225强的数量也在不断增长，从原有5家到2007年18家企业。

乐器成为提高全民素质教育和文化事业发展的重要组成部分

"科教兴国"、"提高全民素质教育"、"大力发展文化事业和文化产业"等国家发展战略的实施，给乐器行业大发展带来了难得的机遇：

1985年，中共中央作出关于教育体制改革的决定，提出教育的根本目的是提高民族素质，多出人才，出好人才；

1995年，中共中央作出《关于加速科学技术进步的决定》，首次提出科教兴国的发展战略，坚持教育为本，把科技和教育放在经济、社会发展的重要位置；

1999年，中共中央国务院作出关于深化教育改革，全面推进素质教育的决定，把德育、智育、体育、美育有机地统一在教育活动的每个环节中；

2007年，党的十七大报告提出推动社会主义文化大繁荣大发展，大力发展文化产业，实施重大文化产业项目带动战略，加快文化产业基地和区域性特色文化产业群建设，培育文化产业骨干企业，繁荣文化市场，增强国际竞争力。

根据党中央、国务院在改革开放不同时期，加强教育和文化事业的一系列方针政策，教育和文化部门相继出台有关音乐艺术教育及活动方面的办法和政策措施。1987年国家教委专门成立了艺术教育委员会，1994年颁布了九年义务教育全日制小学、初级中学音乐教学大纲，2003年颁布了全国学校艺术发展规划（2001—2010年）。2002年，国务院办公厅转发了文化部等三部委"关于加强基层文化建设指导意见"，2005年国务院下发了"关于加强非物质文化遗产保护工作的意见"。

通过以上相关政策和措施的出台和贯彻落实，

乐器作为为音乐教育的必要手段和设备已经全面纳入到国家以及地方各省市推行素质教育，大力发展文化产业的工作范畴之中。在推行音乐艺术教育，提高全民特别是青少年素质教育，活跃城乡人民文化娱乐活动，加强精神文明建设中，各类乐器充分显示出强大的生命力和不可或缺的作用。

改革开放30年来，音乐教育的目的已从精英教育开始向大众教育的方向发展，乐器从过去“不是百姓生活必需的奢侈品”逐渐成为大众喜闻乐见的娱乐器材。国家统计局也将乐器列入文化产业的相关产品当中，并把钢琴和中高档乐器作为耐用消费品列入统计范畴。

在改革开放后国家所实施的一系列文化教育政策影响下，以及人民生活水平的不断提高，大大带动了人们学习音乐的热情，从而促进了乐器产业的发展。据国家统计局年度统计，城镇居民平均每百户钢琴拥有量从2000年的1.26架上升到2007年的2.36架，8年时间递增了87.30%。

乐器大量进入大、中、小学，乐器进课堂，民族乐队、铜管乐队、交响乐队、电子乐器以及各类乐器培训学校纷纷建立。进入21世纪以后，除各专业音乐学院、艺术学院、师范类学校以外，70%以上的普通理工科综合性大学建立了音乐艺术类学院（科），学校中的器乐教育除用于培养音乐专业人才以外，被大量用于培养和提高学生的道德、修养等综合能力。2006年温家宝总理在视察北京四中艺术教育工作后说，“学理工的学生，不仅要学习理工科知识，还要学习一些文艺类知识。

另外，改革开放后，乐器用于国际交流活动所发挥的作用越来越明显。如“女子十二乐坊”的表演轰动了美国、日本等国；中央民族乐团等艺术团体登上奥地利维也纳金色大厅，使世界人民通过民族乐器更进一步了解了中国文化；朗郎、吕思清等著名华裔演奏家在世界各地的巡回表演都大大提高了中国文化在世界上的声望。

改革开放30年中国乐器行业的主要成就

经过30年改革开放，中国已经成为世界乐器生产大国，初步建立起一个门类齐全、多元化发展、融入全球化经济的乐器生产体系，中国乐器行业在全世界人民面前展现出繁荣局面。总结改革开放乐器行业的主要成就，归纳起来有以下几个方面：

一、乐器在国民经济和社会发展中的地位明显提高

从2000年起，钢琴和中高档乐器与冰箱、彩电等一起被国家统计局列入耐用消费品目录中。国家质检总局分别于1997年、1999年对风琴和钢琴实行国家级产品质量监督检测，钢琴和二胡被列人中国名牌产品评价目录，钢琴、管乐器进人中国驰名商标行列，民族乐器中以二胡为代表的蟒皮制品乐器被国家林业局列入重点保护、利用、开发、实施标记化管理的产品，一批重点乐器生产企业、领导、技术人员受到国家和省市级的表彰和奖励。改革开放以来，乐器行业有3人被选为全国人大代表，其中提琴制作大师郑荃被选为人大常委、政协常委，广州珠江钢琴集团公司等3家企业获得五一劳动奖状，4人获得全国劳动模范、五一劳动奖章表彰，5人获轻工业劳动模范称号，多人当选省市级人大代表、政协委员。不少乐器生产企业得到国家和当地政府政策支持，企业具备了较强发展后劲，具有较大的发展空间。胡锦涛、江泽民、吴邦国、习近平、李源潮、李岚清等党和国家领导人以及各省市主要领导都曾多次视察乐器企业，对发展乐器生产作出过重要指示。

二、乐器成为发展文化产业、教育事业的重要手段

国内外各类大型文艺活动，出国访问演出活动都安排器乐节目，许多著名器乐演奏家通过乐器开展国际交流，弘扬中国优秀文化。一些国家领导人在出访时将乐器作为国礼赠送给外国领导人或者学校。在教育事业方面，乐器已经被列入教育部颁布的“九年义务教育全日制音乐教学器材设备目录”，一些乐器开始进入课堂，全国大小型城市中小学普遍建立了各种类型的乐队和培训中心。全国参加乐器考级人数达到上千万人。

三、企业规模效益明显，产品质量水平、科技含量有较大提高

在企业规模方面：2007年乐器行业规模以上企业工业总产值达到136亿元，是改革开放前的7.2倍，

实现利润为5.02亿元，是改革开放前的10倍，出口交货值57.89亿元，是改革开放前的8.5倍。目前已经形成了广州珠江钢琴集团股份有限公司、北京星海钢琴集团公司、海伦钢琴股份有限公司、泰兴凤灵乐器有限公司、天津津宝乐器有限公司，河北金音乐器制造有限公司、美得理电子（深圳）有限公司等一批现代乐器企业，这些企业在企业规模、经济效益、生产技术等方面都令世界瞩目。钢琴、提琴、西管乐器、吉他、口琴、手风琴以及电子乐器的年产量都居世界第一位。在产品质量方面，中国乐器生产经过坚持不懈的努力，强化企业内部管理，实行ISO和QC体系认证，基本上确立“质量是生命”的指导思想，把产品质量放在一切工作的首位，从而使中国乐器产品质量有了明显的提高，在外观和使用性能上大大缩短与发达国家高档乐器的差距，基本达到国内外普及品生产标准。

在科技含量方面。中国乐器生产从改革开放前的仿制阶段开始向自行设计、自主开发方向过渡，加工方式从“贴牌”生产，到自主品牌生产过渡，生产技术由购买外国专利向自主创新过度。据统计，目前中国乐器行业已有各项乐器专利2468项，其中发明专利912项，实用新型专利1339项，外观设计专利217项。

四、中国成为世界最大乐器生产国，也是世界最大的乐器出口国

改革开放30年来，中国乐器行业充分抓住经济全球化的机遇，从极少量出口到成为世界最大乐器出口国，既给中国乐器行业带来极大的经济效益，同时也满足了世界乐器市场对中低档乐器的需求，对世界音乐教育事业扩大音乐人口作出了重要的贡献。据海关数据显示，1986年乐器出口额为1173万美元，1987年为1724万美元，到2006年中国乐器出口额达到10.17亿美元，2007年达到12.22亿美元，30年增长104倍。中国乐器出口世界166个国家和地区，占全世界所有国家比例的80.97%，中国乐器已经覆盖世界六大洲的大部分国家。

五、企业所有制结构改革基本到位

改革开放30年，中国乐器行业的企业所有制格局已经从国有企业占垄断地位转变成多种经济成分共同发展，国有企业、民营企业、外资企业都有各自的优势，具备不同特点，企业发展前景基本都处于良性循环。国有企业仍居乐器行业的主导地位，具有坚实的企业传统管理基础，珠江钢琴、星海钢琴、敦煌民族乐器在市场上仍占有较大的份额，品牌影响力牢牢地扎根在普通消费者的心目中。民营企业大都为中小企业，由于机制灵活，生命力旺盛，表现为企业对市场适应能力较强，产品质量稳步上升。外资企业具有资金雄厚、技术先进、装备精良的优势，在进入中国后表现出强大的发展势头，与中国民族乐器工业展开较量。中国有着潜力巨大、广阔的乐器市场，国有、民营、外资长期共存，共同发展的形势将会维持较长一段时间。

六、覆盖全国的乐器经营体系初步形成，并担负着推动城市文化建设的任务

随着乐器在大众群体消费者的普及度不断提高，改革开放30年乐器流通领域已建立横向遍及全国各个省市，纵向从直辖市到省地以及二级城市的全国乐器经营销售网络。同时这种网络具有销售、培训、售后服务等综合性功能，还兼有承办和组织推动当地文化产业、文化事业发展，开展国际艺术文化交流，城市大型文化娱乐庆典活动的功能，为地方文化事业作出了重要的贡献。

七、专业化分工、紧密合作的生产体系基本建立

改革开放30年，中国乐器生产模式发生巨大的变化，钢琴、西管乐器、提琴等乐器已基本从传统的大而全、小而全生产方式转变为零部件专业化生产、成品厂组装的生产方式，从而大大降低了乐器生产技术难度，提高了乐器标准化和生产效率，对迅速提高乐器产量，扩大企业规模起到了至关重要的作用。

中国乐器行业发展的基本经验

乐器行业改革开放30年来所取得的成就是史无前例的。经过30年的努力，乐器行业不仅为社会经济创造了巨大的物质财富，并在国家文化建设、构建和谐社会中担负着重任，为乐器行业持续发展积累了一些重要经验。主要有以下几项：

一、坚定不移地进行企业改革

泰兴凤灵乐器公司所取的成绩就是个典型例子。改革开放前，凤灵公司的前身泰兴提琴厂仅是上海提琴厂的一个加工点，职工十几人，年产值数十万元，靠赚取微薄的加工费维持发展。在这种情况下，厂长李书大胆进行改革，大力发展外向型经济，产学研相结合，创立自主品牌，转变经济增长方式。30年后的泰兴凤灵乐器公司已经成为世界最大的提琴生产厂，提琴产量占全世界28%，总资产1.2亿元，年销售收入2.08亿元，上缴利税2100万元。一个农村乡镇企业的发展引起了全世界的关注，美国、日本、英国等十几个国家的电台、报纸、刊物都曾相继报导过这个被喻为中国农村经济发展缩影的乡镇企业。

二、引进、消化、吸收，实现乐器行业的技术跨越

改革开放前，中国乐器制造业特别是西洋乐器，基本是采取从国外购买样品后进行仿制。改革开放后，乐器行业重点企业全面引进国外先进制造技术，在人才、设备、工艺、材料等各个方面都投人大量资金，学习外来先进的东西，然后变成企业自有技术，运用到企业的各个关键技术环节，从而缩短了乐器产品质量提高的时间，缩小了中国乐器与国外的差距。在这方面，广州珠江钢琴、北京星海钢琴等许多企业取得了较大成功。

三、适时调整企业发展战略，树立品牌发展战略和创新意识

改革开放30年，企业从过多依靠外部条件的影响和国家政策，从“等、靠、要”到突破创新，逐步确立了企业在社会经济发展中的主体地位。特别是进入21世纪后，在市场竞争异常激烈的情况下，多数乐器企业争创名牌产品和创新发展的战略思想有了明显的加强。目前乐器行业已有“中国名牌产品”4个，“中国驰名商标”4个，省市级名牌产品28个，著名商标19个。

四、把经济发展和文化产业有机地结合起来，企业自觉履行社会责任

改革开放后，大部分企业已认识到乐器产品与其他商品的不同及特殊性，认识到企业必须与社会相关文化艺术部门合作，共同开展形式多样的音乐普及教育活动，走进学校，走进社区，使更多的人热爱音乐，加入到学习音乐的行列中来，只有这样乐器行业才能在不断增加音乐人口过程中得到进一步发展。许多乐器生产企业已把大力开展丰富多彩的文化活动、器乐比赛等当作是企业的日常工作纳入到企业发展规划中，在履行社会责任的同时，企业的经济效益也得到很大的提高。上海民族乐器一厂连续多年坚持用文化促生产发展，并与国家和上海市的新闻媒体和文化团体多次合作，举办各种活动，大大提高了企业的知名度，产品销售市场占有率也在不断增长。

五、把企业行为和行业协调有机结合，充分发挥行业协会的作用

改革开放后，企业与政府的关系，已经从领导与被领导关系转变为服务型关系，中国乐器协会在履行行业协调的责任中，加强与企业的沟通和联系，随时把来自政府有关政策导向性的信息传递给企业，为企业决策提供参考，使企业与协会间的关系不断加强。

六、充分发挥地区资源优势，形成具有特色的区域乐器经济

改革开放后，乐器生产从主要集中在大城市，单一经济成分生产模式，发展为分散在全国各地区，形成不同类别、不同特色的区域型乐器经济，真正实现“百花齐放，共同发展”。目前中国已形成以地方文化为特色的乐器区域，如扬州古筝之乡；以当地特色工业为特色的乐器区域，如宁波乐器五金区域；以乐器材料为特色的乐器区域，如河南兰考民族乐器生产基地、浙江余杭笛箫生产基地；以传统工业形成的乐器区域，如江苏泰兴小提琴之乡；苏州二胡和提琴弓生产基地、天津静海、山东龙口、河北武强等地区的管乐器生产基地、山东潍坊电吉他生产基地、广州地区吉他加工基地等。这些相对集中的乐器区域经济在改革开放中不断发展，并且走向世界。不仅创造了巨大的物质财富，同时为活跃当地经济，安置就业人员起到了重要的作用。

中国乐器行业面临的新形势、新任务

中国乐器行业在改革开放30年中取得了令世人瞩目的成就，但与世界发达国家相比还存在一定的差距，主要有以下几方面。

中国主要乐器还处于世界中低档水平，缺乏世界名牌；

乐器生产企业缺少懂理论、会演奏、能操作的技术及管理人员；

乐器行业缺乏对基础理论的研究，科技水平还较低；

乐器标准工作还停留在较低水平上，标准化工作力量薄弱，体系不完善；

乐器生产与经营市场有待于进一步规划整合，企业低水平重复建设，市场竞争不规范等问题有待更好地解决。

党的十七大为中国乐器行业的未来发展指明了方向，今后乐器行业的主要目标是：

认真贯彻学习党的十七大精神，把行业和企业的所有工作纳入到高举社会主义特色旗帜，贯彻科学发展观，构建和谐社会，为全面实现小康社会而奋斗的轨道上来；

加快乐器行业转变经济增长方式，推动产业结构优化升级，使中国乐器行业走出一条新型工业化、又好又快的发展道路；

大力推进乐器行业品牌战略，不断提升中国乐器产品质量档次，努力创造世界名牌乐器，实现中国乐器做大做强的宏伟目标。

纪念改革开放三十周年专文之二

中国钢琴从仿制到自行设计成为世界钢琴生产大国
——访国内钢琴生产企业专家、负责人

赵守中（北京育美乐器有限公司总经理，曾任北京星海钢琴集团有限公司副总工程师、广州珠江钢琴集团有限公司三角钢琴厂厂长）

我从1950年进入钢琴行业以来，已经58年了，目睹了中国钢琴业的产生和发展过程。总的说，前28年中国钢琴业经历了一个从无到有、从小到大的过程。新中国成立初期，尤其是1950年以后，当时的新中国乐器厂（现北京星海钢琴集团有限公司）生产了中国的第一台钢琴，这台钢琴可以说是用从各个地方拼凑来的零件组装而成，那时我们根本没有自己的钢琴设计。当时一个英国钢琴公司在上海成立钢琴装配厂——摩德利，我们基本是在摩德利派来的师傅指导下，按照人家原来的钢琴结构图，设计制造的中国第一台钢琴。

此后，又陆续成立了一些钢琴厂，到1978年改革开放以前，国内主要有四大钢琴厂—北京钢琴厂、上海钢琴厂、广州钢琴厂、东北营口钢琴厂。从当时生产规模看，北京和上海相对较大，但全国的年产量也不过几千台。

1978年改革开放以后，四大钢琴厂中进步最快的就是广州珠江钢琴厂，率先达到了年产量1万台。现在国内年产量超过1万台的钢琴厂也就十几家，大多数还是只有几千台。

改革开放以后，钢琴行业得到了快速发展。1978年以前，全国钢琴总产量也就是2、3万台，而在2007年，全国钢琴年产量已经达到了近40万台，连续多年位列世界钢琴产量第一，标志着中国已经

是世界钢琴生产大国。

在整个发展过程中，虽然还是以北京、上海、广州、营口四个老厂为主，但也有了一些新的变化。

从企业数量来看，新成立的一些钢琴厂发展也很快，典型的代表有：海伦钢琴股份有限公司、宜昌金宝钢琴有限公司、杭州嘉德威钢琴有限公司等。从产品产量来看，除了广州珠江一枝独秀，年产超过8万架以外，其他厂家的年产量都在4万以下，而且相互的差距并不大。

从产品质量上看，应该说各家钢琴企业都有了一定程度的提高和突破。但是还没有能够真正使我们的钢琴在国际市场上达到一种品牌效应。还没有达到国际顶级品牌的地位。而创造属于中国自己的世界顶级品牌，在名牌钢琴中占有一席之地，这是中国钢琴业的一个奋斗目标。相信有这么多年的基础，在不远的将来一定会达到这个目标。无论是中国哪个企业的品牌实现这个目标，都是值得我们中国钢琴业庆祝的事情。

从竞争形势来看，现代的市场竞争日趋激烈，竞争范围也更加广泛，这也使得钢琴业在竞争中不断发展，不论是数量还是质量等各方面，都有了很大的提高。

从生产方式上看，钢琴生产已经基本摆脱了过去的小作坊式生产，在技术上也有很大提高。但是和世界水平相比，在技术水平和产品质量上还有差距。这就需要继续努力，使中国不但是钢琴生产的大国，也要成为钢琴生产的强国。

从钢琴生产的专业化来看，这是改革开放以后的一个重要变化。过去的钢琴生产是在一个厂内生产几乎所有的零配件。比如过去的四大钢琴厂都要自己生产击弦机、键盘、金属零件等。这些年随着竞争范围的不断扩大和深入，零部件的生产更加专业化，逐步形成了独立于钢琴厂的专业化零配件生产厂，产品不但供应国内的钢琴厂，也供应国外的钢琴厂，这样就会在专业技术水平上更加投入。现在国内像击弦机、键盘的专业生产厂家就有好几个。其他像弦轴板、音板等也都有专业化加工配套厂。这有利于在各地普及钢琴的生产，但弊端就是有些小钢琴厂由于没有自己的核心技术，也没有自己的配件，因而生产出来的钢琴质量就很难达到较高的水平。

当然，从目前的分工来看，也不要求所有的配件都由自己生产，但要想达到世界顶级的钢琴质量，就必须拥有钢琴制造的核心技术，要有一批这方面的专业人才，并不断培养和训练这些人才。从这方面着手去提高钢琴制造的整个水平。应该说我们在一定程度上已经有了这样的能力，但是如何在工业化生产过程中做到这一点，还有待于一段时间的发展。

总体来说，改革开放30年的发展，不仅使我国钢琴生产的数量在国际领先，钢琴质量和技术水平也得到了极大的提高。但是，我们也要看到，钢琴水平不像数量那样占据世界领先地位，还处在比较靠后的位置，需要我们继续不断的提高。另外，我国出口的钢琴处于中等偏低的价格，还无法和先进的钢琴生产国家（德国、日本）相比。

目前来看，尽管钢琴生产形势从去年开始受到国际经济大环境以及国内诸多因素的影响而有所下滑，但我国的钢琴生产仍然处于一个最好的发展阶段。随着人们收入的增加，对文化生活需求的提高，钢琴的生产、销售一定会有进一步的增加。我国目前钢琴的普及率还很低，钢琴市场潜力是巨大的，有这么多年打造成的钢琴生产基础，只要保持目前的发展势头，中国还是能够继续保持世界钢琴生产大国地位。

翟康乐（原北京星海乐器有限公司董事长）

改革开放以前，钢琴是以出口和单位用琴为主，个人很少购买。但是，改革开放以后，尤其是1983年，城市改革开始以后，形成了一股钢琴热。而当时企业还是以手工业生产方式为主，这就形成了急剧膨胀的钢琴需求与落后的手工生产方式之间尖锐的矛盾。于是就有了北京钢琴厂的第一次技术改造（1985年—1992年）。

1984年时北京钢琴厂的年产量是4500台，生产任务非常忙，为了实现年产5500台钢琴，我作为负责生产的副厂长，每天和工人一起加班，由于生产方式落后，生产比较混乱，而且职工生活也很困难，都不愿意加班，我当时就给大家鼓劲说："今天加班就是为了明天不加班。"同时，也开始抓均衡生产，这是当时钢琴生产的一项主要工作。经过几年的努力，终于实现了均衡生产。

当时虽然技术改造受到各方面的影响，非常困难，但还是在一步步推进中。边生产、边改造、边还贷。在技术改造过程中，随着现代化设备的逐渐使用，厂房逐渐扩大以后，由于落后的生产方式形成的落后的思想意识也严重阻碍了企业的发展。当时就提出要解决思想问题，要提高干部、职工适应市场的能力，提高企业经营和管理的水平。

在这个思想的指导下，我们除了举办一些学习班、职工培训、企业咨询以外，就想到在引进先进设备的同时，也要引进先进技术和理念，其中最关键的一步就是聘请洋专家。

对这个决定的争议和不同意见还是有的，但是由于企业发展到了那样一个关键时刻，广大职工和干部的思想转变还是比较快的。而且，从市政府、市经委，到一轻局等上级领导部门都是坚决支持的。另外由于当时特定的环境，广大职工还是非常理解的，形势发展到那种程度，你不变也得变，就像有一只无形的手在推着你。那时的中国企业引进一个洋厂长，是一个很新鲜的事情，大家都很关注，对北京钢琴厂寄予了很大希望。

通过聘请洋专家来扭转职工的思想，影响和引导大家逐步树立市场经济的思想和理念。同时依靠自身技术实力研发新产品。并抓好内部管理，搞文明生产，改变企业形象。

经过一期技术改造，产量从1985年的年产5500台发展到1993年的年产3万台，建筑面积也扩大到8万平方米，出口量也逐年增长。

原来北京钢琴厂的产品出口都是通过轻工外贸部门，在洋专家切尔先生来了以后，看到这完全不符合国际市场的要求，他说："国外商人对你们的产品要求（设计、质量）无法和你们直接沟通，要货源也要经过外贸，这非常影响我们的销售，必须直销。"于是，北京钢琴厂就向上级部门领导提出外贸自主的这个要求，开始也受到一些阻力，后来在市里领导的大力支持下，终于获得了外贸自主权。同时，也争取到了"星海"商标的所有权。

在第一次技术改造之后的两年，1993年和1994年，企业发展处在一个徘徊的阶段，市场遇到了一些问题，企业的生产、经营能力也遇到了一些问题。在原材料价格上涨，职工工资上涨，而产品价格上涨不了的情况下，提高产量就是保证利润的唯一方法。因此，又酝酿进行二期技术改造，这次技术改造进行的非常顺利，用了不到三年时间，使星海钢琴厂具备了年产钢琴五万台的能力。生产条件也得到了大幅改善。在硬件改造的同时，职工的思想意识和觉悟也有了极大提高。为今后的健康、稳定发展奠定了扎实的基础。

在改革开放三十年的发展过程中，星海钢琴厂还做了以下几项重要工作：

1．统一了北京的乐器行业

在1994年，合并了管乐厂、民族乐器厂，共同成立了乐器有限公司。在历经坎坷，顶住压力，最终取得了成功。使得这些厂的职工避免了分流、买断、失业等问题，这些问题都直接被钢琴厂消化了，可以说为社会减轻了负担。把"减员分流"改成"减员增效"。

2．实行横向联合

没有"横向联合"，就没有今天的北京星海钢琴厂。搞"全能"厂是不可取的。现在企业都是专业化协作，如果所有零件都由自己生产，将会需要多少职工，多少土地，多少资金，这是不可想象的。以前，我们还担心配件的质量不好，现在配件厂是专家。他们有专业化的研究、制作，产品质量也非常好，对提高钢琴的整体质量做出了巨大贡献。

这样北京钢琴厂由最初的代料加工，由钢琴厂提供材料，加工企业只负责加工，于是就发生资金周转不开、材料浪费等情况。经过一年的过渡期，实现了加工企业自己进料加工。既减少了企业资金的压力，又避免了浪费。

3．"三大"引进

引进智力，实现了企业思想观念的转化，加强了新产品的开发；引进技术、管理，和日本卡瓦依合作建设一个卡瓦依车间，给广大星海职工确立了一个标杆；引进卡瓦依退休技工，让技术骨干直接和工人接触，潜移默化的改变工人的思想和技术。

4．建立一支有效的营销队伍，制定了切实可行的营销政策

市场竞争越来越激烈，有卖方市场转变为买方市场，我们提出一个观点，要重组优化营销队伍。队伍向营销队伍倾斜。提出营销人员的工资可以超过厂长、经理。在市场经济中订单是第一位的。没

有订单就没有生产、技术等。后来又把以销售额为标准修改为以收回来钱作为奖励的标准。

可以看到，改革开放给我们这一代人提供了很好的平台，给企业的发展创造了很好的机遇，如果没有这个平台，一切都无从谈起。和改革开放的大环境相比，个人的作用是微不足道的。

金先彬（中国乐器协会钢琴调律师分会会长、原北京中加海资曼钢琴有限公司总经理）

中国的钢琴工业可以追溯到20世纪20年代，解放初期，新中国第一架钢琴是1950年10月生产出来的，那时的工业化水平很低，可以想象那架钢琴的质量会是什么样子。从1950年到1978年的28年间，中国钢琴工业所走过的道路可以说是非常坎坷的。它从手工业开始，发展到工业化的雏形就几乎停顿了，这里面既有历史的原因，也有自然灾害的原因。

到1978年，全国形成了四大钢琴支柱企业——北京、广州、上海、营口，全国钢琴的总产量不到8000架。那时北京钢琴厂的年产量大约4000台，占到全国产量的一半。这个时期北京钢琴厂的发展就代表了中国钢琴产业发展的轨迹。但由于体制的关系，它后期的发展不如广州钢琴公司。

当时钢琴的销售全部通过文化用品公司包销，而且不是很好卖，销售很成问题。从1978年改革开放以后，仅仅三年的时间，北京钢琴厂的产品就脱销到连样品都抢购，而且没有挑选的余地。从那以后，钢琴产量每年都以两位数的速度增长。

那时钢琴的销售价是1490元，而且不分大小、立式还是三角，价格都统一。产品基本上是什么型号都有，品种很齐全，但每种产品的产量都很小，质量也就可想而知。以后，产品质量档次拉开了，有人专门选择某种型号的琴，价格也逐渐拉开了。到现在，钢琴的价格上涨了将近10倍。但比起同期原材料和其他产品价格上涨的幅度都要小。比如1987年卖1490元的琴，现在只卖10000元，上涨还不到7倍，九尺三角钢琴也仅仅上涨了10倍左右，其他型号钢琴上涨都还不到10倍。所以，现在钢琴的性价比是很不错的。

那时全国都处在物资短缺的环境，钢琴也要凭票供应，一般人要想买到一架钢琴，那是要费劲周折的。随着产量的提高，供求关系的平衡，“钢琴票”很快就从市场上消失了。

通过改革开放30年的发展，国产钢琴的质量有了质的飞跃。在80年代初期，我作为当时的副厂长，带着中国钢琴参加德国法兰克福乐器展览会的时候，和国外的钢琴相比，我就感到无地自容，很难受。而现在参加国际展览，我就感到很自豪。因为我们的钢琴出口只卖1000美元左右，摆在展位上和其他国家的琴没有多大差异。我们的琴在国外很受欢迎，因此很多德国人就感慨说：“我们德国钢琴很难办了，市场都被中国钢琴夺去了，你们生产的一千美元的钢琴，质量也不错，我们生产的两三万美元的钢琴就不好卖了”。现在，雅马哈、卡瓦依、英昌等公司纷纷跑到中国来办厂，甚至有些德国的世界顶级品牌也到中国办厂。这也间接表明中国的钢琴工业不错，中国的劳动力技能不错，中国的原材料价格便宜，中国的劳动力成本便宜，中国钢琴生产的环境不错，中国的钢琴大市场不错。

中国钢琴年销量达到将近30万架，有20%多出口，但北京、广州、上海等大城市居民的钢琴家庭占有率也仅仅是5%左右，离饱和还很远。所以，全世界的钢琴制造厂家都把目光投向了中国。许多外国公司的钢琴都摆上了中国的钢琴市场，一架普通钢琴就卖2万多块钱，但是，由于我们的钢琴企业竞争激烈，大家卖不了好价钱。拿星海钢琴厂来说，总资产有六个亿，年产钢琴四万架，但它的产品利润率连1%都达不到，基本上是保本。

我们国产钢琴的质量如何呢？中国造的钢琴，包括珠江、星海等等，质量是相当不错的。也正因如此，他们的出口量年年增长。因此，我们中国可以骄傲的说，我们的钢琴质量已经达到国际标准了。只是我们还没有冲击高端产品的能力，但是已经具有冲击中端产品的能力。

总而言之，改革开放这三十年，整个国家经济得到了巨大的发展，同时乐器工业也得到了更快的发展，尤其是钢琴工业，已经成为独一无二的世界钢琴生产大国。年产量占到世界的50%以上，这是多么令人自豪的一个数字。中国是继日本、韩国之后发展起来的钢琴大国，是成长最快的，当之无愧的钢琴生产大国。

我们这一代老钢琴人，衷心的希望我们后一

代钢琴人，能够下大力把中国钢琴工业再上一个台阶，研制出中高档的钢琴，使我们中国成为世界瞩目名符其实的钢琴大国、强国。

王润培（广州珠江钢琴集团股份有限公司总经理）

改革开放三十年，珠江钢琴发生了翻天覆地的变化，从改革开放前全国四大钢琴厂（北京、上海、广州、营口）的老三，一跃成为中国钢琴制造行业的龙头企业，产销量连续22年排行第一。2007年钢琴产量达到81500台，比1976年我刚进厂时的年产900台增长了90倍，从原来只生产114型号的钢琴，到现在能够生产演奏型三角钢琴。品牌有高档的珠江·恺撒堡钢琴，此外还有李特尔、郎朗、艾塞克斯等，年产值从最初的900多万元，现在达到了10亿人民币。在日趋激烈的市场竞争中，面对国外品牌如雅马哈等的挑战，从产品质量和品牌入手，努力发展，对民族乐器工业做出了巨大的贡献，

当前，国内大大小小的钢琴厂有300多家，而随着原材料价格的上涨、劳动力成本的增加，必将会有一批企业倒闭，国内钢琴市场将面临一次变革。我作为一个有着40年工龄的钢琴人，为珠江钢琴业已取得的成绩感到光荣，在未来的发展中珠江钢琴将继续战斗在时代的前沿，争取永远扛着国产钢琴的旗帜。

冯汉辉（广州珠江钢琴集团股份有限公司总经理助理兼总装配厂厂长）

我是1980年1月8日进入珠江钢琴厂的，可以说改革开放的三十年就是我在珠江的三十年。最初的总装配车间只有20到30人，月产钢琴少的时候只有200台～300台。生产工艺也比较传统，击弦机、键盘、踏板系统都是整台安装的。从支架到键盘的安装，再到整理、总装配，完成整台钢琴后，再去做踏板，全部工作都是一个人完成，而且调律也是同一个人完成。

改革开放三十年，钢琴制作的工艺有了较大改进。1983年到1985年，这段时间珠江发展的比较快，整个生产工艺和技术也不断进步，劳动生产率和产量不断提高，整个工艺流程也是在不断调整。

从80年代末到90年代初，珠江钢琴再次得到发展壮大的机遇，是珠江钢琴的一次大飞跃，生产工序也得到了进一步的细化，从原来的四大工序演变成三十多个小工序。工序的做精做细，对提高产品的工艺质量有好处，对人员的培训和对新人的使用，都可以依据每个人的不同性格特点、不同技术特长，选择更适合于他的特点的工序让他去做。

从1993年到1997年，珠江钢琴产量以每年一万架的速度增长。品种也从过去比较单一，只有十多个品种，逐步发展到更多的品牌、型号。珠江钢琴在90年代以前没有生产过三角钢琴。直到90年代中期才正式开发了三角钢琴，这几年的发展也比较快，现在每年的三角钢琴产量都在5、6千架。三角钢琴的型号也由最初的两个，发展为现在的30多个品种。

纵观珠江这些年的发展过程，从产品结构调整，提高产品质量到增加技术含量，都聘请了不少外国专家，这些专家对增强珠江钢琴的设计制造能力，包括钢琴的外观和技术内涵的提高都做出了重要贡献。

从2000年以后，珠江钢琴基本上保持了原有产量，但在产品结构上进行了较大调整，从几十个品种发展到100多个品种和型号。进入2007年，黄伟林接任珠江公司董事长后，加大了对高端产品的开发，按照欧洲高档钢琴的配置来生产，提高技术含量。目前，已经基本形成了高、中、低档钢琴都有，按照一定比例均衡发展的格局。

今后我们还要加大产品结构调整力度。珠江钢琴改革开放三十年来发展比较快，我亲身经历目睹了珠江钢琴三十年来的变化.从原来四大钢琴厂中最小的小厂发展成最大的过程，这是改革开放的结果，能够亲身经历这个过程是一个荣幸。

陈惠庆（上海乐器行业协会会长、上海钢琴有限公司研究所所长）

上海钢琴生产的历史源于1870英国摩德利洋行。

在我国钢琴行业初创时期，上海钢琴厂成为全国钢琴制造行业人才培训的基地，全国各地钢琴企业的工人、技术人员，一批又一批络绎不绝地在这里学习，接受培训。

1971年上海钢琴厂出口钢琴达到1046架，到1974年钢琴内销开始逐渐增加。1976年钢琴内外贸

销量达到2022架。

1977年—1987年，改革开放推进企业新的发展，根据市场需求，公司急需扩大规模，提高生产能力，为此公司采用外联办法成立了木制品、铁排等三家联营厂，在东北、浑江、八道沟与当地合作建立了钢琴配件基地，扩大钢琴生产的规模。

1987年，为了进一步发展上海钢琴事业，经上海市第二轻工业局批准，筹建上海钢琴公司，并把乐器修配厂、上海樟木箱厂并入上海钢琴厂，于同年12月正式成立上海钢琴公司。

1995年,上海钢琴有限公司已具备七个制造基地的规模，其中包括三家分厂，四家合资企业，拥有专业钢琴制造设备600多台，年最高产量达二万八千台，在上海有6个销售中心和20多个加盟店，其销售网点遍布全国。与此同时，公司产品还远销欧洲、亚洲、美洲、澳洲等60多个国家和地区。今天，上海钢琴有限公司已成为华东最具规模的企业，成为中国钢琴制造业的一个重要基地。

近年来随着改革开放的深入，市场经济的发展，由于适应性不够和种种历史原因使公司经营连续滑坡，隶属于上海红双喜集团有限公司后，在公司上下全体员工的努力下，进行了产品结构、生产格局和组织结构的调整，强化了基础管理。公司在2001年通过ISO9001质量管理体系认证。在2005年8月又通过了ISO14001环境体系认证，提升了企业质量管理的能级，而且步上了绿色环保，产品优良，信誉卓越的良性发展。经过三年的调整，公司按现代化国际流行的生产流水线的加工要求，在宝山新工业区建立了全气候式新型钢琴生产流水线，在全体技术设计开发人员的努力下形成了五大码克系列，四十几种规格型号的钢琴成品四大系列：世纪系列、经典系列、爱乐系列、外销系列。而公司原址经过精心改造形成钢琴营销中心。通过以上三个方面的调整，结合公司实际，将走品牌经营创新路线，使之成为有支柱品牌、有精良品质、有文化底蕴、有高附加值的钢琴制造企业，再现上海施特劳斯钢琴的昔日辉煌。近十年来公司申请各项专利30多项，持有自主知识产权的发明专利3项。

上海钢琴公司在漫长的三十年发展中受到社会各界的赞赏，并受到轻工部及上海市政府的多次表彰，获得各种大小奖项63项。

回顾过去，我们成绩斐然，展望未来，我们信心满怀。

（刘勇）

纪念改革开放三十周年专文之三

改革、创新、抓本质
——访中国民族管弦乐学会会长 朴东生

『朴东生会长，作为当前中国民族管弦乐的领军人物，在民族器乐事业上投入了巨大的精力，目睹了中国民族器乐的发展历程。朴会长主要从民族器乐的演奏、创作、制造、普及和民乐在国外的发展等方面，对民族管弦乐的发展历程做了回顾，并客观分析了当前存在的一些问题，以及应当重点改进的方面。对民族器乐的前景充满希望。』

改革开放三十年，民族乐器的发展

中国的民族管弦乐在建国以后才有了真正的发展，经过了漫长的六十年，尤其是改革开放三十年的发展，才取得了目前的大好局面。首先，在民族器乐的演奏艺术方面，包括民族管弦乐团的总体数量以及演奏技法的丰富程度和高度，都有了极大的提高。解放初期，要是能拉《良宵》，大概都能当教授，而现在可能连个附小都考不上，今天可以说是人才辈出。

其次，在民乐创作方面也是这样。在解放初

期，基本都是业余创作，像赵春峰是一边吹奏一边写了不少作品，而冯子存连乐谱都不识，但是也吹奏了这么多好作品。那时的音乐教育既没有学制化，也没有学校，连民族音乐作曲家都没有几个。中央音乐学院培养的第一个民乐作曲家是1960年才毕业，后来在1962年才出现了像刘文金、赵咏山等专门学习民乐作曲的艺术家。而改编和指挥等也都是业余的，包括秦鹏章、彭修文等，原来都是搞演奏的，业余时间搞点儿创作、配器，需要时也上去指挥，都是在边指挥边学习的过程中发展起来的。后来，尤其是改革开放以后，许多专业作曲家也加入到民乐创作队伍中，呈现出一个越来越丰富，多元化的局面。也可以说改革开放这三十年，从民乐创作、演奏和团队的发展上，都呈现出一个非常繁荣的景象。

再者，就是民族乐器制造方面。现在制造民族器乐的厂家，从过去的国营、国有、个体作坊，发展到现在的合资、民营和私企。期间还经历了80年代末90年代初的困难阶段，很多乐器厂都处于要倒闭的状态，举步维艰，连师傅、技术人员、工人都养不起，而现在古筝的年产量就超过20万架。

这三十年，除了在民族器乐的专业演奏、教育培养和乐器制造方面获得了大的发展以外，还有一个很重要的特点就是民乐的大普及。例如现在学习古筝的人很多，出现这个局面的最根本原因就是国家富强了，人民的生活水平提高了。三十年前，给你一台古筝你往哪儿放？家里房子只有十几平方米，却有四口人住。钢琴就更别想了，白给你都没地方放。所以，现在生活水平提高了，居住面积由人均几平方米，到现在的二、三十平方米。生活富裕了，才会有文化方面的需求。

在这个过程中，由于民乐的大普及，经济的全面发展，文化地位的不断提升，再加上考级活动来推动，促使广大青少年逐渐喜爱民族器乐艺术。通过考级、辅导、团队活动的方式，以及从乐器协会掌握的厂家的产量、琴行的销售数据分析，保守估计，全国学习民族器乐的青少年大概有五六百万人。这是一个值得高兴的事情。乐器厂家的销售好，排除价格因素，毕竟还是因为有较大的需求，同时也带动了民族乐器的出口。

综合这一切，可以认为改革开放三十年是民族器乐发展的最好时期。

中国民族器乐在其他国家的发展情况

在谈到中国民族器乐在外国的发展状况时，朴东生会长说："我们了解到改革开放以后，在港澳台和海外其他国家地区的发展都很好。而且这个规模是越考察，越了解，就越值得兴奋。"

"新加坡是一个不到四百万人口的小国，而华乐团队就有二百来个。其中有很多学校都有自己的乐团，而且还有很多是华人办的乐团——华乐团。马来西亚今年六月又要搞全国学生华乐团的比赛。我参加过1999年的那次大赛，大约有四十支华乐团参加，都是学生乐团，还有几十个乐团没能参加，但都派代表来观摩，然后开研讨会。比赛评奖都是一种形式了，最后的颁奖典礼特别感人，好多孩子，不管得奖还是没有得奖的，趴在舞台上大哭，既激动又兴奋。后来我问一些华侨团体出钱的老板，他们说：我们就是要让我们的后代知道我们的根在哪里。这不单单是一个文化现象，民族乐器的问题，它是用民族乐器，用乡音，用民族的音韵去凝聚海外华人、华侨感情深处的东西。这些东西是非常感人的。"

"所以，我觉得弘扬民族文化，繁荣我们的民族器乐艺术不是一句空话。很生动的，有很多具体、大量、感人的事实来佐证的。港澳台就不必说了，你看香港有多少个团，专业团就是香港中乐团，新加坡是新加坡华乐团，他的下面就像广大农村包围城市似的，校园团队就特别多，台湾也是一样，小学、中学都有乐团，呈现出一片繁荣景象。日本大阪有一个85人编制的华乐团，除了总监是上海音乐学院毕业的一个博士以外，其余全是日本音乐家，有的钢琴弹的非常好，吹笙，还吹低音笙。有的大提琴手很好，参加华乐演奏，还演奏革胡独奏。另外在京都又办了一个华乐团，这个规模小一些，以弦乐为主。在日本二胡很热，都脱销，京都就办了一个华乐团，以二胡为主，附带着培训学校，传授。而且还从日本华乐团派留学生，到上海音乐学院，到香港去学习、取经。先培养自己的人才，再回到日本去传授。美国洛杉矶就有两三个中国民族乐团，很早就有，好像在80年代末旧金山就有很庞大的古筝乐团，纽约也有，还成立了华乐协会。英国也很早就有，虽然不成规模。澳大利亚、菲律宾、泰国等也都有华乐团，太多了。所以，我就觉得我们在国内，立足国内，放眼世界来看，都是一片喜人的形势。”

新加坡的华乐普及率，演奏水准，包括乐器质量，都很不错。从这些方面看，我们民族器乐艺术的发展是大有前景的，甚至呈现出了一种国际化的趋势。不只在国内是博大精深，源远流长。随着改革开放，经贸交流带动了文化交流，执行‘走出去，请进来’的文化政策。我们既然可以把交响乐引进来，作为一种高雅艺术，当然也可以把民族器乐带出国门。这种文化交流是伴随着世界经济一体化，文化多元化而呈现出的这样一个局面，是很可喜的一个局面。

作为一个老民乐人，朴东生会长认为出现这样一个态势的最根本原因就是中国民族文化的艺术魅力是无穷的。在维也纳金色大厅连续十一年举办的新春民族音乐会，以及众多的欧洲巡演活动，都充分表明了西方主流音乐界对我国民族器乐艺术的认同。西方一些很有名的评论家，媒体认为过去他们一直都想不到，中国的民族器乐能组建一个乐队，能演奏这么好的作品，演出这么优秀的作品，是很耐人寻味的。这都和我们几千年的历史文化传承联系起来。

从乐器的本质入手，提高乐器的制作工艺

朴会长在谈到乐改时，他说，面对如此大好的局面，我们中国民族乐器应该抓住机遇，积极发展，不断创新，解决好传统与继承，创新与发展的关系，未来的前景一定是很光明的。当然我们也有些不同的声音，有说中国民族管乐是对西洋交响乐的照搬，其实不然，西方交响乐里的乐器种类远不如我们丰富，单独打击乐都可以成立一个独立的乐团了，有打击乐艺术节、鼓乐节，鼓的种类就很多，我搞了一辈子，前几年才知道在皮鼓、木鼓、铜鼓等以外，还有个水鼓，而其他鲜为人知的乐器品种就更多了。

朴会长谈到民族乐器存在一些具体问题。比如我们的民族乐器要随着现代科技的不断发展而不断进一步完善。像韩国、日本的鼓就做的非常精致，很值钱，也很贵重，有的都可以当作一个装饰品。而我们做的一些鼓，甚至连油漆都不过关，蒙皮的边也不好好修一修，工艺很不讲究。也正因如此，我们鼓的价格便宜，制作的速度也很快。但只有这些是远远不够的，乐器生产要特别注意工艺质量，国外一把小提琴，价值几百万美金，我们的二胡即使卖到国外，也就是几千块钱。可如果你要是把它做成精品，就可能卖到几万、十几万。而且多年以后，提起这是哪个师傅做的，它就是一个工艺品，是一个文化，甚至有收藏价值，所以我们要在工艺上再多下功夫。

当然，我们的乐器生产也取得了很大的变化，改革开放这三十年，随着市场的互相竞争，提高质量。

另外在工艺水平上，应该更注重一些乐器本质上的东西。不要像某些手表那样，本身可能就值一千块钱，但是镶上两颗不值钱的碎钻石，就能卖两万，其实表还是那块表。还有把多少年的棺木挖掘出来制作古筝的面，这种材料能有多少啊。我们要避免在外表的东西上下太大功夫，既没价值，又很费劲，有那些时间还不如多生产几台，年产量又增加几百台。有的乐器厂的古筝外表就很朴实，质量也很好，价格也合理，自然会卖的很好。所以我们应该解决一些实质性的问题，在古筝的音色、音准等方面多下功夫。包括原料问题、生产问题、工艺问题等，使乐器让演奏家使用起来非常顺手。

尊重知识产权，大力推进民族乐器改革

朴会长最后说，随着知识产权法律法规的完善及观念的普及，那些有发明、创造专利权，对于乐器改革确实有贡献的人，就能够真正获得很实惠的收益。过去我们的一些评奖活动，像一些科技奖项，评完了就结束了，放那儿也没人用，既不推广也不普及，都浪费了，能有什么用。像杨竞明对二胡的改革，以前二胡的定弦是通过拧轴来操作，手都能磨出茧子来，很费劲，现在加上微调就很方便了。他的这种改革如果都计算专利费的话，获得几千万的财富都不成问题。

希望今后各方面能够多交流，多合作，互相交流信息。好的改革、创新成果可以通过协会，通过专业委员会，通过院校专家进行推广，配合乐器的生产、销售，以及一些改革。希望我们研究出具有自己知识产权的这些东西，并通过改革能够带动起来。香港中乐团本身就成立了一个改革小组，尝试在低音革胡上使用人造皮来代替蟒皮，我们在这方面有些滞后。这么大个国家，有乐器协会，有这么多厂家，还有科技部门，像文化部科技司，都应该把好的经验、好的成果、好的发明推广起来，不要让资源共享成为一句空话。

所以说乐器生产也能够推动器乐艺术的发展，器乐艺术的大普及又带动了乐器的生产。改革、创新、生产、扩大、普及，这么多的环节扣在一起，才是真正的新的时期。文化大发展大繁荣，这个口号在哪里体现？就是在这个圈子里，能把资源共享，通过信息的沟通形成一个循环链，把好的科研成果往院校、院团去普及使用，促进各个方面的协调发展。

我们国家现在特别注重民营经济的发展，从开始的小个体户，一步一步发展到大的民营企业，已经在整个国家的经济生活当中占据相当重要的地位。而对于那些只考虑个人利益，完全置行业的发展于不顾的人和集体，应该从行业规则上加以规范，做出惩罚措施，否则会败坏整个行业的声誉，带来很不好的影响。

现在政府在逐渐转变职能，重视行业管理，越来越强化行业协会在政府的宏观指导下多做点儿事情。伴随这样一个发展步伐，在各个不同的乐器行业组织间要不断加强合作，互相支持，共同为行业的健康发展出力。

（刘勇）

改革开放三十周年专文之四

民族乐器在改革中百花齐放

中国乐器协会　丰元凯

中华民族是由56个民族组成的大家庭，每个民族都有本民族的乐器。中国的民族乐器主要由汉民族乐器和少数民族乐器构成，在国内叫“民乐”，在台湾地区叫“国乐”，而在新加坡、马来西亚以及泰国则称“华乐”。

新中国成立以后，特别是经过改革开放30年的发展，民族乐器这一相对落后的“古老乐器”，经过不断改良，无论在演奏方法、外观造型、加工工艺等方面都有重大而深刻的发展变化。

今天，民族乐器不仅遍布中国的大江南北，并且迅速走向五湖四海，世界上只要有华人生活居住的国家和地区就会有中国民族乐器的身影，世界各国人民通过学习中国民族乐器，了解中国的文化，看到中国的强大。

民族乐器是中国乐器行业的重要组成部分，分为常规民族乐器（主要是汉民族乐器，以下简称民族乐器）生产和少数民族乐器生产。改革开放前，民族乐器生产主要集中在沿海大城市，以北京、天津、上海、广州、苏州为主，其他城市如郑州、长沙、沈阳、成都、徐州、泉州、武汉也都建有民族乐器厂，这些企业基本上是国有或集体所有制。

少数民族乐器生产主要分布在中西部地区，主要生产企业有新疆民族乐器厂、贵州玉屏箫笛厂、呼和浩特民族乐器厂、延边民族乐器厂、昆明乐器厂等，也都是国有或集体企业。除此以外，大部分少数民族乐器是以农村个体家庭手工形式进行生产。

改革开放初期，由于我国实行对外开放政策，西洋音乐开始大量流入中国，电子音乐、西方音乐在一段时间里形成了热潮，“钢琴热”、“电子琴热”、“吉他热”持续不断，而民族音乐受到了冷落，不少民族乐器厂处于停产、半停产、转产的状态。

首先受到影响的是天津和广州的民族乐器生产。天津民族乐器厂是我国重要的民族乐器生产厂之一，以三弦和笙制作著名，由于研制成功笙簧片激光切割机、远红外线木材干燥设备走在了行业的前面。广州民族乐器厂以生产高胡和扬琴著名。由于当时市场问题，这两个地区的民族乐器生产很快衰落下来。而北京民族乐器厂、上海民族乐器一厂、苏州民族乐器一厂虽然是国内民族乐器大厂，也不得不用转产来维持生存。北京民族乐器厂开始生产风琴、百叶窗帘；上海民族乐器一厂生产电子琴、儿童乐器；苏州民族乐器一厂则开始生产钢琴；其他各省市的民族乐器厂基本上都相继转产或者停产，职工分流。

当时的轻工业部二轻局文体用品处为了帮助民族乐器企业渡过难关，提出"借庙躲雨，留根保苗"，要求国内各民族乐器生产企业不放弃民族乐器生产，封存机器，保留技术人员，不散摊子。

"借庙躲雨，留根保苗"为以后民族乐器的大发展起到十分重要的作用。1985以后，改革开放继续深入发展，继"钢琴热"后，很快出现了"民乐热"，学习民族乐器的人开始越来越多了，特别是由于民族乐器的"根"在中国，吸引了大量东南亚地区，日本、韩国以及中国台湾、香港地区乐器采购商，他们争先恐后地走进中国，向北京、上海、苏州等地的民族乐器生产企业直接订货，大量的民族乐器开始进入日本、台湾、香港，这些商人也因此获得高额利润。同时，也推动和促进了我国民族乐器生产有了一个新的发展，开辟了国内和国外两个市场，中国民族乐器从此大步走向国际市场，在世界上许多国家，特别是东南亚地区的影响力越来越大，如新加坡、马来西亚以及台湾、香港的所有的中小学普遍建立了民族乐团（队），全部是用中国民族乐器武装起来的。

1990年后，我国实行进一步对外开放政策，民族乐器以国有集体为主的经济结构开始向多元化经济转变。一些外商开始与我国民族乐器生产企业成立合资公司，当时，北京民族乐器厂与香港粤华乐器有限公司成立了北京粤华民族乐器有限公司，上海民族乐器一厂与香港合资成立上海敦煌乐器有限公司，苏州民族乐器一厂与台湾商人成立了合资公司。天津民族乐器厂也与日本成立了生产口琴的合资公司。

与此同时，北京地区的民族乐器生产向河北地区转移，原来作为北京民族乐器厂的一些加工企业，如河北饶阳北方民族乐器厂、河北成乐民族乐器有限公司、河北乐海民族乐器有限公司、河北怀来锣厂等都先后解除了与北京民族乐器厂的联营加工关系，开始独立生产经营。也有一些北京民族乐器厂的技术工人下海，办起了个体手工做坊，使北京地区的民族乐器生产逐渐从集中向分散的多元化生产格局发展，北京民族乐器厂只保留了以扬琴生产为主的北京星海粤华公司。

苏州是我国重要的民族乐器生产基地之一，改革开放前有苏州民族乐器一厂、二厂、三厂。一厂生产拉弦弹拨吹管乐器，二厂生产西乐器，三厂生产打击乐器鼓镲。改革开放后，苏州民族乐器生产经历了多次体制上的改革，先后经历了苏州民乐一厂和三厂合并，苏州民族乐器一厂国有资产由职工买断，转制成为纯民营企业。苏州以二胡生产著称，20世纪90年代后，苏州民乐生产也从集中走向分散，一个个以二胡生产为主的手工做坊不断涌现，形成了具有工艺特色的苏州二胡生产群体。目前苏州大约有四五十家二胡生产手工做坊。近年，无锡市郊区也出现了大约近10家二胡生产作坊，但是大多冠以"中国苏州"字样，为使产品好卖一点。

上海是我国最大的民族乐器生产基地。原有上海民族乐器一厂、二厂、三厂。一厂以生产拉弦、弹拨、吹管乐器为主，二厂生产鼓乐器、三厂生产风琴、儿童乐器。

上海民族乐器一厂虽几经搬迁，但始终保持稳定发展，企业规模不断扩大，经济效益快速增长。特别是在1998年，王国振担任上海民族乐器一厂厂长后，企业经营思想、发展策略有重大调整，大力发展外向型经济，走联合发展道路，以文化营销促进企业经济发展，取得了显著的业绩，2007年销售收入达到1.2亿元。上海民族乐器一厂成为中国民族乐器行业国有集体企业的一面旗帜。

与此同时，国内各地区民族乐器生产也呈现蓬勃发展的良好局面。其中包括江苏扬州的古筝之乡、江苏扬中民族乐器厂、浙江余杭笛箫之乡，河南兰考乐器原材料供应基地、河北饶阳肃宁民族乐器生产基地，天津静海民族乐器村、湖北武汉响铜乐器生产都已形成具有浓郁特色的民族乐器生产集散地，形成了本地区民族乐器生产从原材料种植到采购、加工、零件配套、销售、服务一条龙产业链。

在传统民族乐器快速发展的同时，部分少数民族乐器也从零星的家庭手工生产向规模化生产发展。目前，我国已经形成了新疆喀什的“民族乐器村”，大量生产具有维吾尔族特色的冬不拉、热瓦甫、艾捷克等乐器；云南昆明的民族乐器厂批量生产具有浓郁民族特色的巴乌、葫芦丝等乐器；内蒙呼市的民族乐器厂主要以生产马头琴为主，并且进行了大量的乐器改良，形成高、中低音系列马头琴。

总结改革开放以来，我国民族乐器生产主要有以下几个特点。

1．民族乐器生产从过去以重点城市为中心，重点企业占主导地位的生产结构，向分散生产，具有区域特色的民族乐器生产结构发展

目前，民族乐器生产企业基本上覆盖全国各主要地区，民族乐器生产企业的数量也从改革开放前的100多家发展到现在的大约2000多家。

2．多种经济成分并存，规模效益成倍增长

改革开放后，我国民族乐器生产企业形成了以民营企业占主导地位，国有、民营、外资企业共同发展的态势。

据国家统计局统计，2007年我国民营民族乐器企业已经占到48.38%，国有企业占3.22%，外资民族乐器企业占35.48%。2007年民族乐器行业总产值达到9.02亿元，较改革开放初增长45倍。民族乐器生产基本上摆脱了起伏不定，大起大落的局面，生产形势逐年稳定增长。

3．民族乐器改良工作不断发展，产品工艺性增强，附加值提高

改革开放前，民族乐器给人以加工简单，工艺粗糙，价格低廉的印象。经过改革开放，特别是近10年来的发展，各民族乐器企业不断转变经济增长方式，加强企业内部质量管理，新产品、新技术层出不穷。据统计2005～2007年，各企业申请的各类民族乐器专利达223项。民族乐器的改良工作又有了新的推进，如扬琴、阮、笙、唢呐、鼓、古筝等乐器改革都取得十分重要成果，基本上形成能够满足民族管弦乐大型乐队编制需要，高、中、次中、低音声部完备的民乐体系。

产品质量不断提高，特别是工艺性加强，如古筝、葫芦丝、埙等乐器与中国传统工艺制作相结合，创造性研制出各类具有中国传统工艺特色的乐器工艺品，使中国民族乐器不仅具有使用性，还有观赏性，收藏价值。使民族乐器在附加值上有了较大幅度的提高，民族乐器向着中高档次发展，品牌效应开始显现，“敦煌”、“虎丘”、“月坛”、“乐海”等一批民族乐器进入各省市名牌产品，著名商标行列。

改革开放以来，回顾中国民族乐器行业走过的历程，感受到中国民族乐器行业不断发展，在国内百花齐放，并在世界乐器的大花园里，开始绽放出夺目的光彩，中国民族乐器的未来将会更加灿烂美好！

纪念改革开放三十周年专文之五

管乐器行业的未来更美好

曾泽民（北京星海钢琴集团公司党委书记、原北京管乐厂厂长）
李书芳（中国音协圆号学会副会长、原北京管乐厂厂长）
于海（中国音协管乐协会会长、中国人民解放军军乐团团长）

中国管乐行业是从新中国成立初期起步，五十年代初到改革开放以前，处于自力更生，艰苦创业的阶段。在这个阶段中，国内先后成立了五大管乐厂——北京管乐厂、上海管乐厂、天津管乐厂、广州管乐厂和大连管乐厂。

当时的管乐器品牌主要有北京星海、上海百

灵、大连前进、天津鹦鹉和广州珠江。乐器品种由最初的黑管、长笛等几个品种逐步发展到门类基本齐全，产量很小，全国年产管乐器只有不足2万支。

应该说改革开放前这26年管乐器发展的初级阶段就是我国西管乐器行业学习、消化国外先进技术、经验的一个过程。

管乐行业发展的第一阶段（1978—1992）

1978年，党的十一届三中全会胜利召开，随着改革开放的全面展开，我国经济建设进入了全新的发展时期。从改革开放初期到1992年，这个阶段管乐器行业的改革主要体现在以下三个方面：

1. 销售方式的转变

改革开放使企业面临由计划经济转变为市场经济的考验，各个企业都从原来计划经济体制下的由内外贸专业公司的包销，逐步转变为企业自主经营、自负盈亏的方式。以北京管乐厂为例，80年代以前是由市外贸公司和文化用品公司100%包销管乐厂全部产品，但从1982年开始，市场逐步转化，到1984年9月，北京管乐厂接到北京市轻工进出口公司的通知，原定的1万支管乐器的订单减少为5000支，同时还从外贸库存退回6000支管乐器。面对这样一个从未遇到的困境，厂领导经过研究决定，由书记、厂长带队，分四路人马出去开辟销售点。最后用了三个多月时间，在国内建立了三十多个自己的乐器直销门市部，这样，就把外贸返回来的和取消订单的乐器全部都销售出去了。

2. 生产方式和企业结构的转变

改革开放把企业推向市场、让企业走出国门以后，企业经历了由震惊、思考、到行业协作的一个过程。1985年，北京管乐厂的曾泽民、上海管乐厂的陈宝财和天津管乐厂的张秉仁一起参加了由中国轻工进出口公司组织的德国法兰克福展览参观团。这是我国管乐行业第一次走出国门，看到国外展览的乐器和狂欢节上的乐器演奏，国外管乐器的质量、品种使他们震惊。在回来的飞机上，大家统一了思想，决心国产管乐器行业要打破国内行业封锁，学习国外先进技术，开展全国范围的技术合作。

在当时的轻工行业主管部门领导下，国内管乐器骨干企业成立了西管乐器行业技术协作小组，从1985年一直工作到1992年左右。每年都搞很多活动，有联合攻关、技术交流、行业的学习互动、引进外资等。

3. 社会化分工和横向联合

改革开放促进的社会化分工和横向联合的不断扩大又使管乐器行业得到了快速的发展，同时也培养了民营企业技术力量。以前的工厂生产，都是从材料到零配件全由工厂自行生产，很少有配套的加工厂。改革开放以后，由于市场的放开，工厂的订单开始增多，进一步促进了社会化分工和协作。此后，在北京、天津、河北、山东、上海、辽宁等地先后成立了很多管乐器的配件厂。通过这些配套厂的建立，使管乐器的零部件标准化和生产规模都得到快速的提升。同时，管乐器行业还和上海的铜材厂联合搞攻关，解决了行业用原材料的问题。同时配套厂还通过对原材料、配套产品和半成品的加工，发展到可以生产一些短线产品，像短号、长号、低音号、圆号等，成为现在民营管乐企业的基础。

管乐行业发展的第二阶段（1992—1996）

随着改革开放的深入，管乐器企业通过加强自身的发展和学习国外先进技术，管乐器行业中的中外合资、中外合作企业以及国外客户都有很大的增长。北京的民耀乐器公司就是当时最早生产黑管的中外合作企业，还有台湾功学社在北京成立的双燕乐器公司等。这些合资、合作的管乐器厂就把国外的先进工艺、设备、经营理念、以及零配件和资金等都引入进来，创造了许多出口创汇的机会。

这个时期可以说是中国管乐器产品进入国际市场的初级阶段，由于我国市场经济大门没有完全打开，还以合作生产为主，就出现了雅马哈和台湾功学社等来中国建厂，而法国的布菲和塞尔玛则是在国内选厂加工定做。与国外公司的这些合作就使得我们的管乐器生产开始和国外管乐器的水平接轨，提升了我国管乐器的生产技术水平，基本上能够满足国外用户的需求。

管乐行业发展的第三阶段（1996—2007）

这个阶段的特点就是挑战与机遇共存。随着我国民营管乐企业的快速发展和管乐器市场机遇的不断扩大，在管乐器生产上就出现了如下一些矛盾和问题：

（1）配套厂的生产能力扩大和主厂的市场开发能力、控制能力不足之间的矛盾。由于主厂无法完全消化配套厂所生产的乐器配件，这就使得配套厂不得不自己寻求产品销路。

（2）国外客户（包括美籍华人、台湾生产商、经销商、国外大品牌的采购代理等）都开始重新选择厂家来采购，这就给民营企业带来了巨大的发展机会和空间，使一些企业在短时期内得到了快速的发展。

（3）材料、工艺和加工设备的国际化交流不断加强。各乐器生产企业产量的增长使得行业分工越来越细，而零件标准化程度的不断提高，也使得乐器加工变得相对简单，更加促进了管乐器产量的大幅度增长。产量由原来的十几万，发展到2007年的近一百三十万支。

在以上三方面因素的共同作用下，促使了中国管乐器行业的快速发展，尤其是民营管乐器厂的发展。其中有代表性的企业有河北金音、天津津宝和天津圣迪，以及河北华声、山东龙口等。这些企业由于抓住了历史机遇以及在前期打下的良好基础，从而获得了巨大的成功。使得管乐器产业的主力由原来的国营企业转向民营企业和外资、合资企业。原来的五大管乐厂，则由于改革步伐较慢，相对保守，市场和产品开发不同步等问题，发展反而落后。

总体而言，我国的管乐行业在这个阶段取得了快速发展，并且无论是管乐器的产量、还是质量品种，都有了极大的提升，在外观、音准、手感等方面与西方名牌管乐器的差距也在不断缩小。

管乐行业的未来（2008至今）

总结过去的三十年，中国的管乐行业发展很快。现在，除了日本、美国和欧洲几个主要管乐器厂家以外，管乐器普及品的市场几乎都被中国企业占领。

在这三十年的发展中也存在一些突出的问题，一个是市场定位。目前我国生产的管乐器从全球来看还处于一种普及型、低价位的市场定位，这就造成了中国的管乐器生产企业产量很大，但利润很低。另一个问题就是品牌。在管乐器品牌的创立、经营、管理和长远发展的规划上还不足。2007年我国有90万支管乐器出口，占总产量的近72%，但是，绝大多数企业是以OEM方式生产，在出口产品上少有自己的品牌。另外，在技术投入，产品的持续开发，专利的研究等方面做的也不够。

面对中国这么大的管乐市场和国际乐器市场的发展形势，我们应该及时调整经营策略，认真总结发展方向、产品定位和市场定位。现在中国经济快速发展，世界经济一体化趋势加快，随着大量的劳动力成本问题、原材料价格上涨问题、外汇升值等一系列问题，造成了我国乐器加工企业成本的快速上涨，中国乐器的价格优势正在逐步减小，企业的生存空间也越来越小，中国作为世界乐器加工厂的地位正在向印尼、越南、马来西亚转移。作为业内人士，我们要高度重视企业的品牌建设，中国管乐的长远发展一定要从提高技术水平和产品质量上入手，通过专业级乐器精品的开发来替代和提升普及型乐器，坚持走长远的品牌战略路线。

乐器制造业还要与相关的商业、教育和文化产业联合，提高中国管乐器的教学水平和扩展文化娱乐市场，这也是管乐行业一个很大的机会。目前，世界其他国家的乐器市场都是平稳或是下降趋势，而中国巨大的潜在市场空间，能把其他国外品牌全都吸引过来。在这样的一个市场环境下，如果我们能够和教育、商业和文化产业相结合，创造一个更好的教育培训和娱乐活动的环境，提升国内的管乐消费市场，那么我们管乐行业的生存空间还是很大的。

另外，还应该通过和原材料系统的跨行业联合，包括在金属、木材等原材料的生产以及管乐器声学品质研究方面的联合等来促进和提高管乐行业的专业水平。在欧洲，西管乐器的大力发展主要是源于欧洲先进的科学技术和研究开发水平。它们都有专门的机构在研究像弹簧、活塞以及振动学、声学等方面的内容，这些研究成果都对行业发展起到了很大的推进作用。

在未来的管乐发展中，我们还应该注意以下几点：首先要避免盲目投资，特别要避免盲目扩大规模。虽然现在国际市场对中国管乐器仍有较大的需求，但由于价格和汇率等问题，出口势头会有所下降，企业经营者要对市场发展趋势保持清醒的头脑；其次，要注意调整产品结构、配套结构和档次结构；再者，要大规模培养专业技术人才队伍，通过提高产品的标准化水平来代替劳动力数量的增加，把劳动力密集型企业逐渐转变为技术密集型企业，提高工作效率，标准化和机械化加工水平。

中国的管乐市场潜力巨大，和国外先进国家相比，还有很大的发展空间。只要我国的管乐器企业能够正确分析目前的世界管乐形势，自身存在的问题，以及未来的管乐发展方向，从企业自身的技术水平和产品质量入手，提升产品档次，转变盈利模式，同时注意抓好品牌战略和知识产权战略。必将会在管乐器的未来发展中不断向前。

管乐团的发展和未来

中国的管乐团有了很大的发展。伴随着管乐器的不断发展，中国的管乐团也得到了快速的发展。从建国初期的解放军军乐团和为数不多的其他军区、兵种及社会上的军乐、管乐团开始，发展到今天已经有了近五千个管乐团。这不仅是因为管乐是最能满足大众音乐文化需求的一个载体，也因为管乐团的活动方式也是非常丰富的，有音乐会、庆典演奏、行进队列表演等等。同时，各地对管乐的认识也是越来越高，重视程度都在增加。对举办管乐活动也有了更多的要求。

中国的管乐团和西方发达国家管乐团的发展相比，还有很大差距和不足，主要有一下几个方面：

1．管乐团的数量少、发展不平衡，普及力度不够

据了解，日本的人口是我国人口的近六分之一，却有两万多个注册的管乐团，是我国管乐团数量的近四倍；美国的人口是我国人口的近五分之一，乐团数量是我们的近十倍。这就可以预见我国管乐未来发展的前景有多大。在我国经济较发达的地区，像在北京市仅学校的管乐团就有五百多支，深圳的管乐团也有一百二十多支，广州、上海就更不必说了。然而，管乐在中国西部等边远地区的发展还比较落后，甚至有些地区都找不出一个完整的乐团。我们也要重视农村中、小学的艺术教育，教育对每个人都是平等的，不能因为缺少设备和师资，就剥夺了他们对艺术的渴望。

2．管乐团在整体质量上还有差距

国外管乐团的训练都是很规范、很严格的，训练的水平很高，方法也很正规。而我国的好多乐团甚至连基本的训练方法都不对，演奏的也不对。这不仅是因为没有师资，教育水平低，也是因为我国的好多乐器都很简陋，性能很差，尤其在边远城市，质量更不行，所以导致乐队的演奏水平不够，整体质量上也不行。

3．管乐团师资的培养远远落后于发达国家

国外为什么有那么多好的乐队呢？主要就是因为他们的管乐队中有很多都是音乐学院的老师、专业团体的人员在从事乐队辅导。在日本雅马哈乐器公司，连检验乐器的工人都是音乐学院毕业的，而且演奏水平还很高，但我国目前还无法做到这一点。

通过和美国、日本及欧洲一些国家管乐界的接触和考察，我们了解到他们所取得的快速发展无一不是借助了一种契机，一个机会，比如说像奥运会、世博会等大型活动都是很好的机会，日本的管乐团更是这样发展起来的一个典型。2008年，中国将举办第二十九届奥林匹克运动会，这不仅是我国加快经济建设的大好机会，也是我国管乐团进一步发展的大好契机，我们对中国管乐团的未来发展充满了信心。于海会长讲："中国管乐团的未来，我可以肯定地预见到在未来的十年、二十年中会更加快速的发展。"

纪念改革开放三十周年专文之六

昂首阔步 中国提琴制造业走向新阶段
——访中国乐器协会提琴制作师分会会长、中央音乐学院教授 郑荃

中国提琴制造业能够取得如此骄人的成绩，改革开放，无疑是中国提琴业发展的动力。

从新中国成立到改革开放前，中国的提琴制造业经过了一个从无到有的过程。这个创业的过程十分困难：由于闭关锁国，缺少国际交流，在国内很少能够看到国外好的提琴，中国的提琴作品也没有机会到国际上展示。大多数提琴制作师只能根据很少的一些资料、实物，琢磨着制造提琴。

中国提琴制造业在这个阶段经历了几次大起大落，最明显的就是“大跃进”和“文化大革命”时期。1958年，上海音乐学院小提琴教授、我国著名的提琴制作界老前辈谭抒真，在上海举办了一次高级提琴制作学习班，为期一个月，毕业的学员们在上海、广州、北京、苏州、成都和营口等地建立了一些比较有规模的提琴工厂，初步形成了那个时代我国提琴制造业的基本格局。

文化大革命时期，由于“上山下乡”运动，学校关门，许多家长为了避免小孩从城里到乡下插队，纷纷让孩子学习小提琴（艺术类学生可以不用下乡）。这就造成了当时市场上的小提琴供不应求，因为小提琴比较紧缺，一些做缝纫机台板、收音机外壳、家具的工厂就纷纷转产做小提琴，全国各地一下子出现了60多家提琴制造工厂，形成了我国提琴制造业的第二次大发展。文化大革命结束以后，随着恢复高考，大学重新开始招生，国内小提琴的需求就减少了，一些小厂纷纷转产、倒闭，提琴制造企业也就剩下北京、上海和广州等地几个规模较大的提琴厂。应该指出，国内也有一些专业的研究机构很早就开始进行高级提琴的研究和制作，上海音乐学院校办工厂、上海乐器研究所、上海提琴厂、北京提琴厂的高级提琴生产车间、北京乐器研究所、广州乐器厂、广州乐器研究所等。北京乐器研究所还专门有一个乐器情报中心，收集了不少提琴制作方面的资料。

应该说改革开放以前，我国的提琴生产已经具备一定的工业化生产规模，产品也有一定的数量，但由于缺乏和国际提琴界的交流和接轨，提琴的质量还不高，低端产品占了绝大多数，高级琴的产量很少。在提琴制作领域的骨干力量，有上海的谭抒真、朱象教、蔡生、袁铸，广东的徐弗、陈锦农、梁国辉，北京的王梅、戴洪祥、王福全、王兰田、王崇贵等。他们分别作为所处地区的提琴制作核心，为我国提琴制作业的起步和发展作出了重大的贡献。

1978年以后，随着改革开放的逐渐深入，我国提琴制作界也开始走出国门，和国外的提琴制作界和音乐界等进行交流，学习到很多经验和先进技术，同时也开始注重国内提琴制作专业人才的培养和提琴制作技术的研究工作。

1978年，在谭抒真先生的创导下，上海音乐学院管弦系第一次招收本科提琴制作专业学生4名，开创了我国在大学本科教学层次招收学生的先河；中央音乐学院和上海音乐学院分别成立了提琴制作研究室，为我国提琴制作师队伍的培养和壮大发挥了重要的作用；在出国留学方面，1979年，上海音乐学院和中央音乐学院派出周修玮、张准前往德国米腾瓦尔德国立提琴制作学校学习提琴制作；1983年，郑荃受文化部派遣到意大利克莱蒙娜国际提琴制作学校学习；从此以后，公派和自费到欧美各国的学习就一直没有间断过，而这些留学的学生或回国工作，或在国外谋生，通过各种途径，他们给国内提琴制作界带来了很多新的技术和信息。

参加各种国际的提琴制作比赛也是一个重要的

交流途径。改革开发以后，我国老一代提琴制作师就率先向国际提琴制作比赛的巅峰发起了冲击，并取得了令世界提琴界瞩目的成绩。

1980年，广东乐器厂的陈锦农获得美国第4届国际提琴制作比赛"音质金奖"，这是我国提琴制作师在国际大赛中获得的第一枚金牌；1982年，广东乐器厂的徐弗在美国第5届国际提琴制作比赛中获得工艺奖和音质奖两个奖项；1983年，北京提琴厂的戴洪祥和广州乐器研究所的梁国辉分别获得德国斯波尔国际提琴制作比赛音质金奖和优异奖。

此后，在20世纪80年代中期，我国还涌现出了一大批优秀的青年提琴制作师，他们师从名家，并有出国留学的经历，在各类国际提琴制作比赛中也是屡获殊荣，其中最典型的代表有郑荃、朱明江、华天礽、葛树声、林海德、曹树　等。他们精湛的制琴技艺不仅为祖国赢得了荣誉，提高了我国提琴制造在国际提琴界的地位，也为我国高水平提琴制作人才的培养，为我国提琴制造业的发展作出了巨大的贡献。

1988年，在郑荃教授的倡导下，中央音乐学院正式开设提琴制作本科专业，并从1991年开始培养硕士研究生学历的提琴制作人才。和上海音乐学院以及广州的弦乐器制作中专班一起，为我国提琴制作行业培养出了像江锋、江山、赵世全、周晓伟、徐申养、顾建华、李建民等一大批优秀的提琴制作师。

随着国内提琴制作水平的不断提高，我国提琴界也先后组织了两次提琴制作比赛和多次的弦乐器展览会，取得了圆满的成功。在日益增强的国际提琴经贸往来中，有些外国商人对中国出口的提琴产品提出各种各样的要求，这也促进了中国提琴制造企业不断加大科研力度，提高产品质量。

改革开放以后，提琴制造业的发展从根本上得益于生产制度的改变，由以国营企业生产为主转向以民营企业生产为主，国有、外资等多种经济成分并存。乡镇企业、民营企业得益于成本低和税收优势、得益于扶持政策，迅速进入提琴制造业和其他乐器制造业，促进了我国和乐器制造业的快速发展，成为我国提琴制造业的主力军。

据最新统计，2007年我国11家主要提琴生产企业的年产量达到81万把（其中：泰兴凤灵33.6万把，北京华东18.9万把，河北金音7.8万把），是改革开放初期全国提琴产量的6倍多，占到世界提琴总产量的70%左右，名副其实成为世界提琴制造大国。同时，我国提琴制作师的数量也由最初的几名，发展到目前仅在中国乐器协会提琴制作师分会注册的会员就有两百多名。在提琴制作专业人才的培养上，也逐渐走上了以正规音乐院校系统培养为主的道路。

我国生产的提琴质量也有了很大的提高。随着不断的国际交流、自主创新和技术引进，我国的提琴制造业由改革开放初期只能生产有限的低档产品，发展到现在是高、中、低档各类产品品种齐全，规格众多。而在品牌建设上，也由最初的红棉、星海等几个品牌，发展到数十个品牌，并且有的品牌如红棉、凤灵等，还走上了国际市场。

纵观改革开放这三十年的发展历程，我国提琴制造业取得了巨大的成绩，但随着行业的发展，以及国内外市场形势的变化，原本存在的一些隐患也都逐渐暴露出来。像部分以薄利多销取得市场份额的企业，一旦原材料价格上涨、汇率变化就难以生存；一些以牺牲职工福利赢利的企业，随着新劳动合同法的全面实施，也将很难生存。

在所有的问题中，提琴制造行业存在的最主要的问题就是行业的准入门槛低。由于准入门槛低，什么样的企业都能生产，使得提琴制造队伍水平良莠不齐，一些小的企业由于技术和质量水平较低，就采取低价竞销策略，使得产品的附加值非常低，严重扰乱了提琴生产和销售的正常秩序。这不仅大量消耗原材料资源，也降低了提琴作为高雅艺术品的应有价值。对中国提琴的国际形象造成了严重的损害。

另外，目前国内的提琴产量中有一半以上的产品是为国外企业贴牌生产，并没有属于自己的品牌，这对于国内企业进一步拓展国际市场以及对国际乐器市场环境变化的应变是很不利的，极大地制约了国内优秀企业向国际化发展。

中国的提琴制造业要想持续、健康的发展，这些问题都要逐渐加以解决。规范用工制度、保障职工利益、提高行业准入门槛、加强监管、抵制恶性竞争……只有这样，才可能对企业的长期发展给以必要的保障。另外从企业自身角度也应当提高产品的质量和附加值，并对企业所处形势和市场有个科学的评估，从长远考虑和制定企业的发展战略。只有这样，中国的提琴制造业才可能拥有更美好的未来。

最后，面对当前的世界经济现状和趋势，中国的提琴业，乃至整个中国乐器行业都应当有这样一个思考：过去的三十年，我们取得了长足的进步，取得了傲人的成绩，今后的三十年，我们应该达到什么样的目标，应该朝什么方向去发展呢？

纪念改革开放三十周年专文之七

中国电子乐器行业在改革开放中催生成长

盛子斐（中国乐器协会电鸣乐器分会会长）

改革开放催生了中国电子乐器制造业

改革开放前甚至到20世纪80年代初，中国没有真正意义上的电子乐器制造业，那时只能生产簧片式电子琴，它的键盘以簧片为触点，音色用模拟滤波器来产生，自动伴奏用脉冲信号触发一个简单的鼓发生器来实现，这类电子琴连音都不准，更谈不上其他的音乐因素了，用当时电子工业部质量司的说法是误人子弟，因而它们充其量只能算作电子玩具，谈不上是乐器。

那个年代中国已从国外引进了许多电视机生产线，电视机的核心芯片可以向外商购买，中国具备了生产国产电视机的能力。然而国外的乐器商只卖给中国电子琴整机而不卖电子琴的芯片，国内电子厂家明知电子乐器有巨大的市场需求却无力孕育国产的电子琴。

要追溯我国电子乐器制造业的开创，不得不提及得理电子集团的创始人郑刚先生。毕业于清华大学电子学系的他迫于国内文革的政治环境不得不于1973年去香港拼搏。80年代改革开放的春风吹暖了他报效祖国的心，改革开放的环境使他有机会来内地搞电视机和计算机项目的技术合作，在这期间，他看到了国内消费者买不到国产电子琴又买不起昂贵的进口电子琴，于是萌发了开创中国电子乐器制造业的思想。凭着他扎实的电子技术基础和长期积累的研发经验，组织开发了电子琴芯片，其最为成功的是MC-3电子琴芯片，他积极向国内电子厂推广和辅以良好的技术服务，于是电子琴厂在全国各地如雨后春笋般建立起来。据统计在80年代末，中国生产电子琴的厂家竟达114家之多，而采用MC-3芯片在国内生产的电子琴创造了在全球销量100万台的奇迹，可谓真正翻开了中国电子乐器工业史卷灿烂的第一页。80年代末在杭州电视机厂举行的全国电子琴评奖大会的总结报告里，电子工业部质量司的领导说郑刚先生对中国电子琴国产化作出了重大贡献。

在80年代后期的电子琴繁荣时期，比较著名的品牌有上海的华星、杭州的西湖、南通的通美、上海的新建、常州的佳音、上海的金角、如东的百花、太原的春竹等，做OEM比较大的有如东无线电厂、深圳通理电子公司和广东电白的华立电子厂。

值得一提的是当时国产电子琴的名星是上海“华星”，曾有一段时间，华星牌电子琴在上海市内各大商场刮起了一股抢购风，使得商家频频向厂家告急，这是件足以令华星人勾起美好回忆的往事，也是一幅足以令如今的电子琴生产厂羡慕的情景。

改革开放推动电子乐器行业的优胜劣汰和体制改革

改革开放逐步形成的市场经济加快了电子乐器行业优胜劣汰和体制改革的步伐，上述的114家电子琴厂绝大多数于80年代末至90年代初在剧烈的市场竞争中纷纷落马，而上面提到的具有电子琴知名品牌的国营企业在竞争的第一回合都是胜者。

1988年私营经济的合法地位第一次被写进了宪法；1992年邓小平南巡讲话和党的十四大提出了以公有制经济为主体，个体经济、私营经济、外资经济为补充；1997年党的十五大进一步把非公有制经济定位为我国社会主义市场经济的重要组成部分，并把这一重大国策写进了1999年的宪法修正案中；同一年私营生产企业获得了自营进出口权，非公经济作为市场竞争的主体登上了历史舞台。

改革开放30年中电子乐器行业的体制和经济成分也发生了重大变革。曾作为胜者的上述国营企业在改革的浪潮中开始演化，有的消失、有的分化、有的改制。

曾获国家银质奖的西湖牌电子琴是由当时全国500强企业中排名居中的杭州电视机厂生产和销售的，电子琴放在电视机这个大锅里很难存活成长，为此当时专门成立了音响设备厂来产销电子琴，划小核算单位尽管是一种初级的机制改革，但立竿见影。由大国营企业生出的这个小国营企业终于在90年代后期暴露出管理上的种种弊端，而不得不改成私有制，但终因经营不力未能摆脱困境，西湖牌电子琴从此消失。幸好创造西湖电子琴品牌的一些骨干依然在其他电子乐器企业或新创办的电子乐器企业中发挥着重要作用。

“新建”是国营上海无线电二十一厂的品牌，曾获金音奖。电子琴与该厂拳头产品示波器放在一起照样不行，也必然走上划小核算单位的改革之路，电子琴项目又于1994年转到含有小部分国有资本的股份制企业上海21世纪公司里，生产玩具类电子琴出口美国，现已完全转行产销小家电，新建牌电子琴彻底告别乐器行业。

“佳音”是国营常州电子仪器厂的品牌，80年代初做玩具琴，1985年起生产乐器类电子琴，曾获金音奖，90年代上期开始衰落，公司于2000年改制，佳音牌电子琴从此销声匿迹。幸运的是于1994年在常州创办了另一个民营的电子乐器企业——常州吟飞公司，曾到深圳发展了几年，现仍迁回常州继续为电子乐器行业作贡献，现已在行业中名列前茅。

“百花”是国营如东无线电厂的品牌，1984年采用得理开发的芯片设计生产了十万台小电子琴出口。80年代中转到其子公司深圳百花电子公司，又于2000年改制成民营的百华公司，电子乐器没能继续存活，现已完全转行产销小家电，百花牌电子琴也早就不复存在了。

至于上海的“金角”和南通的“通美”没能在90年代中存活。

80年代知名品牌中唯有“华星”留存至今，华星是上海华新电子仪器厂注册的品牌，当时该厂是个只有几万元固定资产的街道集体所有制企业，但新上任的林伯龙厂长具有敏锐的市场洞察力和刻苦钻研技术的精神，在他带领下毅然走进电子乐器制造业，不久就扭亏为盈走出困境，经过几年奋斗终于在电子乐器行业独占鳌头，各种桂冠也随之而来，1991年荣获国家银质奖，1996年开发成功H-6000数码电子琴获国家五部委颁发的国家重点新产品证书，此外曾获得过“全国用户满意产品”、“轻工业部优原产品”、“上海市名牌产品”、“上海市著名商标”、“全国用户满意企业”等多项殊荣。华星电子仪器厂直到2004年初才改制为股份制企业——华星乐器有限公司，它是目前电子乐器制造业中唯一含有少量国有资本的企业。

“十五”末期，全国民营工业企业的数量占规模以上工业企业的比重已达68.3%，而在电子乐器行业尤为突出，90年代中后期电子乐器制造业几乎已是清一色的非公有制，这些诞生在市场经济时代的企业，与生俱来有着强烈的市场意识和以客户为导向的经营理念，因而它们朝气勃勃充满生机。中国乐器协会电鸣乐器分会会员名单中，绝大多数制造企业都是90年代初创建的后起之秀，个别的才是由老企业改制的新企业：深圳得理公司（会长单位）、上海华新公司（副会长单位）、常州吟飞公司（副会长单位）、北京乐器研究所（副会长单位）、上海韵乐公司（副会长单位）、武汉致嘉公司（副会长单位）、上海渐华公司、晋江力达公司、浙江友谊公司、广州凯诺公司、揭西美声公司，揭西美科公司、杭州沃尔特公司、东莞超联公司、武汉铼特公司、武汉盛帝公司、四川简阳现代公司、北京龙羽时代公司、深圳和普公司、广州鹏联公司等等。

销售电子乐器的国内商业渠道也在改革开放中发生了根本性的变化，改革开放前电子乐器几乎全在商场销售，改革开放后大批涌现的民营琴行则取而代之成为销售的主力军，它们还同时开办乐器培训班和设立修理点。这一变化使得销售点布局更广泛更合理，销售人员更专业，服务项目更齐全，从而把电子乐器市场开发得更广阔更深入。

说起乐器的销售，有必要提及拥有“火箭”品牌的北京中音公司，它与上海华新公司等公司合作的佳作“火箭MIDI键盘”从中国一直火红到欧美，于是人们往往因其拥有强大的营销能力而误以为它是一家专业的贸易公司，其实中音的成功绝对不是单独依赖有力的销售，由深厚音乐功底和对电子乐器应用的深入研究而合成的新品方案策划能力以及应用软件开发能力才是其成功的根源。

总之，厂家和商家体制的变革大大促进了电子乐器的生产和销售，中国产品在中国的市场从零到站稳脚跟，直到如今敢于与著名的洋品牌叫板争夺国内外市场份额，这个成就实在令人感慨不已！

改革开放全面促进了电子乐器行业的大发展

一、销售额、产品门类和生产规模的发展

改革开放的30年正好是电子乐器行业从诞生到茁壮成长的30年，全行业销售额从零逐年增长到2007年的20亿元以上，以该行业的龙头企业得理电子（深圳）有限公司为例，自1993年成立起，该公司的销售额年年增长，近几年连续以15%以上的速度递增，2007年的销售额已达2.8亿元人民币，居电子乐器行业首位。目前销售额超过1亿元的企业还有常州吟飞电子有限公司和上海华新乐器有限公司。

改革开放初期全国上百家企业只生产电子琴一种电子乐器，现在的电子乐器门类丰富得多，已投产的有电子钢琴、电子鼓和配套音箱、MIDI键盘、双排键电子琴、全自动电子琴、吉他效果器、合成器等等，还有些新的门类正在策划或开发中，例如电子提琴、电子二胡、电子手风琴等。

销售额和产品门类的发展带动了各企业生产规模的发展，笔者考察过的电子乐器企业很少，只能以深圳得理和常州吟飞为例。1993年得理公司建厂初期只有一层厂房，随着生产的发展，增加到3层，继而6层、12层，又一跃到20层，如今已达25层，但仍然不够，公司终于在珠海买下了近10万平方米土地建设工业园来彻底解决场地始终跟不上发展的尴尬状况，即将竣工的第一期工程有一幢主厂房、三幢辅厂房、配套的职工宿舍有四幢，尚有空地留待二期开发。

1994年吟飞公司起家只有四、五百平方米的研发办公楼，如今已在常州买下了5.33万平方米土地，第一期建设了6万平方米的办公楼和生产厂房，盖了二幢职工宿舍，尚有空地留待二期开发。

仅举这两个例子就能反映出电子乐器行业的规模在改革开放30年里迅猛发展的全貌。

二、国际市场的拓展

改革开放初期，国营企业缺乏外销渠道，民营企业没有进出口权，因而大多数企业都全力争夺国内市场。当时出口做得好的不多，较为突出的举三个例子，其一，1988年广东电白华立电子厂生产小电子琴，产值达2千多万元，以OEM形式出口创汇180万美元。其二，深圳通理电子有限公司于1988年成立，是香港得理公司与如东无线电厂的中外合资企业。其三，深圳杭理电子有限公司于1990年底成立，是香港得理公司与杭州电视机厂的中外合资企业，这二家中外合资企业以出口为主，产品销往五大洲几十个国家，各家年销售额达几千万元人民币，年利润达数百万元。

1999年之前，国内产品欲进国际市场，主要靠三种渠道：成立外资公司、成立中外合资公司、通过外贸公司出口，这大大限制了国内产品开拓国际市场的活力和潜力。1999年改革开放的强劲东风又吹开了对私营企业封闭的出口大门，赋予全国范围内非公有制经济直接从事对外贸易的权利，这一国策的改变既是非公有制企业的愿望又符合外商直面生产企业的要求，带来的直接效果是中国出口额高速增长，同时使得国外先进的技术和管理经验渗透进国内企业，把出口产品的质量和品种提高到一个新的高度。这一开放政策对于非公有制为主的电子乐器行业的促进更大。从此它们真正成为两栖企业，一头占国内市场，一头占国外市场。据了解电鸣乐器分会会员绝大部份都有自己的出口渠道，而且大部分企业的外销额超过内销额，这也就是改革开放30年来，电子乐器总销售额连年增长的重要原因之一，中国(上海)国际乐器展览会的规模逐年扩大也充分体现了这一点。

三、改革开放推动了电子乐器行业技术进步和自主创新的发展

电子乐器行业技术进步和自主创新在改革开放30年中得以迅速发展的原因有五个：第一、科学技术是第一生产力的邓小平理论奠定了电子乐器行业发展的思想基础；第二、国家鼓励科技进步和自主创新的一系列优惠政策是激励电子乐器企业追求技术进步的动力；第三、电子乐器行业30年历程中不同企业的兴衰存亡历史使业内人士悟出了道理，形成了技术落后必为历史所淘汰的压力；第四、在与国外先进企业技术和生产合作中接触到了他们先进的产品设计水准，学习到了先进的新品研发管理程序，懂得了严格的生产工艺要求和产品质量要求；第五、电子技术本身的高速发展。

中国电子乐器的技术发展划分为三个阶段，改革开放前到20世纪80年代中是分立电子元件构成产品的第一阶段，前面已述，那时的产品充作乐器实质为玩具。第二阶段从80年代中至90年代中，可称为FM音源技术时期，FM音源技术是模拟音频信号合成技术或称作调频技术，当然这门技术的发展是有赖于数字技术和半导体技术的发展。采用FM技术的产品算是迈进了电子乐器的门槛，音准有了保证，FM音源产生的音色纯净、清晰而明亮，不仅能制造各种传统乐器的音色，还能模拟自然界的音色，甚至“无中生有”地创造出自然界不存在的音色、音响。除了能产生丰富多样的音色，还具备任何传统乐器无法做到的自动伴奏系统，这个系统是由一系列不同风格的自动和弦节奏所组成，产生一个伴奏乐队的效果。上面所述的MC-3芯片是中国FM音源时期的代表作，当时国内采用MC-3芯片的厂家达几十家之多。然后，得理公司又抛出FM技术的MC-10芯片，这被当时业界人士称为经典之作，是步入专业电子乐器制造领域的一个标志，它具有专业演奏用琴的功能框架，自动伴奏系统相当完整、合理。一时间，国内各电子琴厂对MC-10芯片趋之若鹜，纷纷用MC-10芯片制作整机。FM时期华星的电子琴代表作是H-616和H-818，其音源芯片是世辉公司开发的H-882。第三阶段是90年代中开始的PCM音源技术时期，PCM技术是波表合成技术，是一种脉码调制模式。这是比FM更高层次的数字音频合成技术，它同样是数字技术和半导体技术发展基础上的产物。第二阶段的FM音源所产生的音色过于干净，缺少乐器现场演奏感，即这种音色缺乏逼真度，而第三阶段PCM音源音色就克服了这个缺点，音色十分逼真，自动伴奏音乐接近乐队的现场效果的时代也就此来到。1995年3月得理公司推出了中国第一款PCM电子琴MC-78并在法兰克福乐器展上展出，具有一种里程碑式的意义，它标志着国产电子琴开始步入PCM阶段。得理陆续推出属国内创新的PCM系列，如DP-10型88键电子钢琴(1996年)，第一款带有软驱的高档演奏琴PK-7，第一款有民族音色的MC-150，第一款显示简谱的MC-560，第一款PCM电子鼓DD-306等等。PCM初期1996年华新公司的电子琴代表作是H-6000，1997年与美国公司合作开发成功H-7600和H-8800电子钢琴。吟飞则于本世纪初研发成功中国第一台PCM双排键电子琴，为中国电子乐器填补了一项空白。

音色和自动伴奏音乐是电子乐器的灵魂，以上突出了它们30年来的技术进步，然而电子乐器的其他性能和功能同样取得了令人瞩目的发展。如电子键盘乐器的硬件灵魂——键盘从只起开关作用发展到音量跟随弹奏力度而变，键盘寿命从20万次发展到100万次，从无手感到有钢琴的手感。近期获悉武汉铼特公司研制成功的“具有二次重力变化手感的电子钢琴弹奏键盘”已获得专利，它具有如同传统钢琴般的手感和演奏性能(专利号：ZL2007 20086277.6)，而华星早在1998年获得了88键重锤力度键盘的专利，华星键盘的水准是华星的骄傲。我们还期待着北京乐器研究所投入大量人力物力所研制的高档键盘的诞生。电子乐器的数字接口也日益丰富，如带MIDI接口、USB接口和SD卡接口等。显示器从只能显示数字的数码管到能提供菜单、能显示五线谱和简谱的液晶显示器。功能的发展如移调、节奏速度调节、多轨录音等。效果方面有回响效果、合唱效果、混响效果、双音色效果、延音、颤音、滑音等。安全性能也大大提升，有关门类的电子乐器均能通过中国和国外的安全和电磁兼容性能的强制性认证。

电子乐器的技术进步和自主创新已经不局限于原来的这些电子乐器企业，譬如以前只从事传统乐器研究的北京乐器研究所也已进入电子乐器领域，他们研制成功钢琴自动演奏系统和钢琴静音系统，并已投入小批量生产，他们与法国合作研发音源芯片。又如珠江钢琴集团等传统钢琴制造厂已经或正在进入电子钢琴的领域，有的民乐厂和手风琴厂也把传统乐器电子化的研发提到工作日程。

电子乐器的核心技术在控制软件和音源芯片，拥有核心技术是技术进步和自主创新的关键因素之重，电子乐器行业中具有这种能力的企业还不够多。得理集团早在80年代初中期就具备控制软件开发能力，自1993年起软件开发基地从香港转移到上海，成立了得理电子(上海)有限公司，该公司实力雄厚，在国内外已有相当的知名度。继得理之后有控制软件开发能力的是上海华星公司、常州吟飞公司、广州白云凯诺公司、上海渐华公司、北京中音公司、北京乐器研究所。然而目前国内仅有上海得理公司一家拥有开发音源芯片的能力。

我们期待电子乐器行业中的软件水平有更大的突破，早日引领我国电子乐器行业奔向国际先进水平，我们欢迎传统乐器行业的企业早日进入中国乐器协会电鸣乐器分会的大家庭，让我们共同把电子乐器事业搞得更好更大。

中国电子乐器事业的问题和前景

电子乐器行业目前遇到的最大问题也就是各行各业都遇到的全球经济风云引起的成本问题，但可以聊以自慰的是电子乐器产业介于劳动密集产业与科技产业之间，其劳动成本、资源消耗成本、资金成本和环境成本的提高处于中等水平，因而虽遭受打击尚不至于像其他行业那样倒闭一大批。对本行业杀伤力最大的是汇率成本，尤其是对国外市场过多依赖的企业。

已困扰电子乐器行业近六年之久的问题是电子琴的内销量连年下降，能坚持研发电子琴的企业已为数不多。究竟原因何在？观点各异，笔者不认为是新兴的电子钢琴、电子鼓、MIDI键盘、双排键电子琴冲减了电子琴销量，因为上述产品的绝对销量毕竟有限。更不认为与CPI上升有关。笔者认可的原因之一是教育部门取消了电子琴考级成绩对儿童升学优惠的政策。原因之二是中国的音乐教育界、广大家长和琴行对电子琴认识不足甚至偏见，致使电子琴作为一种乐器没有取得应有的地位。可以这么认为，钢琴是西洋古典音乐之产物，而电子琴是流行音乐之产物。在欧、美、日等流行音乐发达的国家，电子琴是一种独立的乐器——名叫键盘（KEYBOARD），它具备的音色之多令人乍舌，每一种音色就是一种乐器，它具备的自动伴奏系统简直可以替代一个伴奏乐队，而且这个“乐队”竟能做出上百种音乐风格的伴奏。如此丰富的音乐元素有哪一个传统乐器能企及，因而它肯定是种独立而优越的乐器，同时必然应该具有独特的教学理念和教学方法。据美国人调查认为，日本儿童得益于全球最发达的电子乐器工业而成为全球音乐素养平均水平最高的孩子。然而，电子琴在中国不被认为是种独立的乐器，误以为是钢琴的廉价的替代品，而电子琴的教师又绝大多数是钢琴教师出身，于是电子琴更难逃脱被公众当作过度品或替代品的命运，甚至被手头不甚宽裕的家长们当作无可奈何的选择。在国外有电子琴演奏家，他们具有的极高的音乐修养和演奏水平，进而把电子琴的身份抬得更高。在中国不仅缺乏著名于全国的电子琴独奏明星，有多少人能从小坚持学到大都成问题。

千万莫为上述两个问题所困惑，从而对电子乐器行业前景丧失信心，前一个问题是中国经济成长中的烦恼，后一个问题随着国民音乐素养的提高和教学思维的更新迟早会改变的(当然也需要引导)。纵观历年来电子乐器出口形势不是一直很好吗？至于国内，有更充分的理由看好前景。其一，中国经济持续发展的基本面没改变，人民生活日趋富裕的基本面就不会改变，尤其广大农村的市场潜力总有一天会显现。其二，国民的音乐素养正随经济和文化的发展而不断提升，就以深圳为例，笔者2002年或2003年在深圳听过一场国外著名钢琴家的演奏会，听众本来就只寥寥无几，还有一部份在打瞌睡，一曲终了，我和那些醒着的人使劲鼓掌企图唤醒邻座并掩饰听众缺乏礼貌和音乐修养的难堪场面。而如今深圳市提出“文化立市”和建立“钢琴城”的宏大目标，精彩音乐会的火爆场面令人振奋，更让我们充满希望的是不断涌现出世界量级的音乐尖子以及与日俱增的孩子们学习乐器的比例。其三，从一个反差来看中国乐器市场的前景。先讲央视音乐台一档节目中谈及的国外的一个预言：西洋音乐起源于欧洲，欧洲占据世界音乐中心的地位长达二个多世纪，之后由于美国音乐教育水平的超前和展开双臂接纳国外优秀的音乐人才，故而上一世纪的音乐中心地位让位于美国，而中国将成为下一个世界音乐中心。再看一组数据，欧洲2006年人均乐器消费9.4美元，作为世界音乐中心的美国达25.15美元，而中国仅仅是0.64美元。不难想象人均0.64美元的乐器消费与未来的世界音乐中心地位之面的空间是多么地巨大，可见中国的乐器市场目前才刚刚打开一点点。其四，电子技术持续飞速地发展强有力地推动着电子乐器的持续进步，今后音色会越来越逼真，功能会越来越强，门类会层出不穷，因而可以断言电子乐器事业的发展方兴未艾。

最后，笔者认为电子乐器行业的美好前景只属于勇者和勤奋者，勇于创新和勤于改革者就能克服困难和扫清障碍，必然引来灿烂前景。然而美好前程决不会赋予不追求技术进步、不讲究质量、不重视产品结构调整、不重视效率、不讲诚信和不懂行业自律的企业。

让我们携起手肩并肩共同奋斗下一个30年，相信到那时中国的电子乐器行业一定能达到国际先进水平，为实现中国成为下一个世界音乐中心的预言推波助澜。

纪念改革开放三十周年专文之八

团结协作 共创口琴行业美好明天

周伟义（中国乐器协会口琴专业委员会秘书长）

2009年是中国改革开放三十周年，口琴行业作为乐器行业大家庭中的一员，伴随着乐器行业在改革开放中不断地发展壮大。近三十年来口琴行业的规模在扩大，不断开发新产品、新品种，应用新技术、新设备、新工艺，虽然口琴行业在目前遇到了原材料价格居高不下，劳动力资源不足，人员流动增大，加工费用上涨，人民币升值加速等各种困难，但总体上继续保持平稳增长幅度，在发展中不断进步，而且口琴行业团结协作，努力奋进，为克服种种困难和不利的因素，共创口琴行业美好的明天，做出了一定的成绩。

从1931年8月建立中国第一个口琴厂——新乐器制造股份有限公司（上海国光口琴厂的前身）起，至今已有77年的口琴制造史。1933年3月中国有史以来第一只自产口琴——20孔“宝塔”牌口琴在中国新乐器制造股份有限公司正式问世，从此以后口琴除在国内生产外，产品还行销到国外。当时国民政府主席林森为此作了“为国争光”的题字，1934年起，中国新乐器制造股份有限公司将“国光”两字作为产品牌子和商标，并将公司改名为国光口琴厂。从新中国成立初期到公私合营时期，大大小小的口琴厂有好几家，到改革开放初合并为只有两个半口琴厂（上海口琴总厂、上海国光口琴厂和营口东北乐器厂口琴车间）。三十年来口琴行业得到了迅速发展，至今全国有近二十家口琴生产企业，大多数口琴厂原来为上海国光口琴厂和上海口琴总厂加工生产口琴芯，后来发展到自己生产口琴，创立品牌，或办合资企业。由于在计划经济年代口琴的销售都是包销的，内销由当地的文化用品采购站经销，外销由文体进出口公司经销。全国主要的二个口琴厂上海国光口琴厂和上海口琴总厂所生产的“国光”、“英雄”、“上海”、“胜利”、“敦煌”牌等口琴主要给上文站和上海文体进出口公司（现改为上海兰生公司）经销。由于当时口琴产量远远满足不了内外销的需求，二厂纷纷寻找加工点，起先在本市内建立加工点，后逐部扩大到江浙二省，从70年代末的江阴申江口琴厂（现为江阴激扬乐器有限公司），80年代的无锡乐声口琴厂、靖江天鹅乐器有限公司、无锡金蝶口琴厂（现为无锡铃木乐器有限公司），90年代的江苏东方乐器有限公司、兰生豪呐乐器有限公司、浙江海盐东方口琴厂，到目前的上海笛生乐器有限公司、上海凯恩乐器有限公司，口琴企业还在不断涌现，主要分布在上海、江苏江阴、江苏靖江、浙江海盐等地。在党的国有经济为主体和多种所有制经济共同发展方针的指导下，口琴行业的资本结构有了较大的转化。除上海口琴总厂仍属于国有制企业外，其余企业多发生了新的变化，涌现出许多个体、私营、股份制、独资和合资企业，壮大了我国口琴行业的规模，推动了口琴行业的快速发展。

在口琴行业的发展中许多企业利用多年来，甚至几十年来创立的品牌，积极参与市场竞争。早在20世纪80年代和90年代上海国光口琴厂生产的“国光”牌、“英雄”牌口琴，上海口琴总厂生产的“上海”牌口琴曾先后被评为轻工业部优质产品，上海市优质产品。特别是国光牌口琴近年来在国内市场一直占据着领先的地位，保持了“国光”品牌的知名度。这些年来口琴行业继续创名牌、树品牌，有了新的发展。江苏奇美乐器有限公司“奇美”牌竖笛、口风琴、口琴、管风琴2003-2010年连续四届被认定为“江苏省名牌产品”称号；“奇美”商标2001—2010年连续三届被认定为“江苏省著名商标”。江苏天鹅乐器有限公司“天鹅”牌口琴也多次被认定为“江苏省著名商标”、“江苏省名牌产品”，使天鹅的知名度进一步得到了提高。江苏天鹅乐器有限公司和江苏奇美乐器有限公司由于在各方面工作的突出，2007年度被中国乐器行业推荐为在口琴行业中的强势公司。江阴激扬乐器有限公司多年来在激烈的市场竞争中逐渐创出了自己的“金杯”牌、“老时”牌口琴等系列产品，并将品牌延伸至手风琴、管乐器等新产品，通过长期参加国内外乐器展扩大了企业的规模。

口琴行业在改革开放中深深地感到要立足市场竞争，就必需采用新技术、新工艺，必需牢牢抓好口琴的产品质量，必需不断地开发新的产品、新品种投向市场。口琴行业最重要的技术设备改革是使用调音仪替代风琴调音。原来口琴的音准调音是使用风琴的发音来校正音的高低，调音工完全靠听觉来辨别，培养一个调音工起码要半年以上的时间，不仅劳动生产率低，而且音准也不能很好的保证。80年代天津通宝乐器有限公司成立后在调音工序上使用调音仪进行调音，当时的调音仪均从日本进口，价格较贵，后来国内根据调音仪的原理，研制成功了专用的口琴调音仪，并在口琴行业推广应用，风琴调音已逐步淘汰。点焊机点焊口风琴座板及口琴座板上音簧替代订压簧的工艺也是口琴工艺的一项改革，点焊机点簧保证了音簧的牢固度，防止了口琴、口风琴在使用过程中容易产生的沙音、哑音。值得一提的是近年来口琴行业采用了数控机床刨簧，如今江苏奇美乐器有限公司和上海兰生豪呐乐器有限公司拥有多台数控刨簧机，为确保刨簧簧片的音准起到了一定的质量保证，同时也提高了劳动效率。口琴行业还在口琴盖板上采用电脑激光雕刻替代打钢印，使口琴盖板钢印清晰平整。在提高和重视产品质量的同时口琴行业不断开发新产品、新品种，70年代在欧美、日本已很流行半音阶口琴及10孔20音布罗斯口琴，但在国内的口琴企业基本上还是在生产普通的24孔、16孔复音口琴，为了出口的需要和国内口琴团体、口琴队、口琴爱好者的需求，口琴总厂最早设计了国内第一代12孔48音半音阶口琴，曾获得了轻工业部颁发的重大科技成果四等奖。在80年代末和90年代，江苏天鹅乐器有限公司也相继研制开发了10孔40音、12孔48音、16孔54音等高档半音阶口琴、填补国内半音阶口琴制作的空白。一些口琴企业也纷纷制作各种调别的10孔20音布罗斯口琴销往国外，当时有上海国光口琴厂的“英雄”牌，有上海口琴总厂专门为美籍华人口琴演奏家黄青白先生制作的黄牌口琴，还有上海东方乐器厂为德国豪呐公司定牌制作的豪呐口琴。如今刚成立不久的上海凯恩乐器有限公司将企业的定位放在开发高档口琴、高级演奏口琴上，目前生产的12孔48音半音阶口琴及伴奏使用的和弦、倍司口琴受到了国内外口琴团体的喜欢，他们还精心制作以红木及全铜为琴格的半音阶口琴、10孔20音口琴，供口琴爱好者作收藏和使用。

三十年来中国的口琴行业基本形成了品种齐全，质量稳定提高，生产技术、规模、企业管理已达到一定水平，口琴的生产、经营和出口均占据世界第一。总结口琴行业的发展，我们深深感到改革开放给口琴行业带来了巨大变化，也是我们口琴行业相互支持、帮助、交流、信息互通、资源共享所取得的重大成果。我们口琴行业有一个很好的习惯，就是大家经常多走动、多联系、多沟通，为了行业的生存和发展多出主意、多想办法、多提建议，如今每年一次的行业年会已成为我们的制度，大家的经验交流和相互学习已成我们的习惯。虽然目前口琴行业面临各种困难因素，但我们相信口琴行业能在不利环境中，团结一致，克服困难，为了企业自己的生存和发展创造条件，为共创口琴行业美好的明天而努力奋斗，相信口琴行业明天一定会更加灿烂。

纪念新中国成立六十周年专文

『编者按：伴随着新中国成立六十周年走过的道路，中国乐器行业也经历着从起步、发展、壮大、成熟的历程。今天的中国已经发展成为世界最大的乐器生产和出口国家，中国乐器行业所取得的辉煌业绩令人鼓舞和振奋，每一个奋战在乐器行业的企业和广大员工从来也没有象现在这样扬眉吐气，令人感到自豪。

忆往昔，峥嵘岁月稠。在隆重纪念国庆六十周年的日子里，我们始终不会忘记老一辈企业领导、工人、技术人员，是他们在新中国成立最艰苦的岁月里，风餐露宿，披星载月，艰苦创业，为我们打下了今天乐器行业的一片天地。当今中国乐器行业已经进入新的历史发展时期，机遇和挑战并存，中国乐器行业前景无限，让我们坚持走科学发展观道路，继承老一代乐器人自强不息的创业精神，为实现先辈未尽的事业而努力。

“新中国成立六十周年纪念专文”，回顾中国乐器行业走过的六十甲子，使其成为“激励士气，提振信心，克服金融危机影响，开创我国乐器行业新局面，加快实现中国乐器做大做强目标”的一面镜子。』

纪念新中国成立六十周年专文之一

新中国乐器工业60年

中国乐器协会

60年前，中华人民共和国向全世界庄严宣告成立，从这个时刻开始，新中国乐器工业也随之创立。

30年前，改革开放使我们伟大的祖国迎来了思想解放、经济发展、教育勃兴、文艺繁荣，而与此同时，新中国乐器工业实现了历史性的跨越，跃上了“世界乐器大国”。

回顾新中国乐器工业60年发展历史进程，主要分为两个阶段：第一阶段从1949—1978年，为新中国乐器工业创立和打基础阶段；第二阶段从1979—2009年，为新中国乐器工业快速发展，经济增长方式发生根本性转变的阶段。

第一阶段：1949—1978年

这一阶段分为“国民经济恢复时期”、“社会主义经济建设初期”、“文化大革命时期”三个历史时期

国民经济恢复时期（1949—1952年）

新中国成立初期，百废待兴，百业待举。当时的乐器行业隶属于轻工业部主管。乐器行业基本空白，90%以上是私营企业和个体手工作坊，主要集中在北京、天津、上海、广州、苏州、营口、宁波等沿海城市。

北京的乐器生产。1949年北平和平解放后，由延安来的陈艾生与何汇泉聘请了从事钢琴修理的王来安，于1949年6月1日成立新中国第一家乐器厂——“人民艺术服务社”（北京钢琴厂前身）。他们凭着上级拨给的一间房屋和10万元旧币（合人民币10元）迈出国产钢琴生产第一步。1950年6月，朱德总司令曾到该厂视察。新中国成立初期，北京的民族乐器生产已经有了雏形，当时在和平门琉璃厂和前门打磨厂一带，集中有数十家弹拨、拉弦、吹打、响铜乐器的手工作坊，其中较知名的有文盛斋、文兴斋、马良正等，每个作坊的从业人员由一、二名到十余人不等，多数是从河北衡水、张家口进城谋求生计的农民。北京管乐器生产于1952年开始，由一家经销西管乐器的艺华商行组建而成，起名私营艺华乐器厂，招收了部分从事金属和金银首饰加工的失业人员，仿制生产小号、长笛、单簧管等西管乐器。

上海的乐器生产。早在19世纪末20世纪初，英国谋德利洋行就在上海开设了谋德利琴厂，从英国进口钢琴、风琴零部件，派技工并雇佣中国廉价劳动力，在上海制作外壳再装配成钢琴、风琴。当时有许多宁波人到上海，在英国人开办的琴厂打工，这就是中国钢琴制造业的先驱者中有许多来自宁波的原因。据历史考证，上海的民族乐器生产可追溯到清道光年间，新中国成立前上海城隍庙就有马正兴等20余家乐器铺，新中国成立以后，这些乐器铺基本维持生产经营，这些手工作坊成为上海民族乐器一厂的前身。

广州的乐器生产历史悠久，新中国成立前就有多家乐器作坊从事民间拉弦乐器生产。1930年，华侨在广州创办了广东琴行，经营提琴、吉他、曼陀林等西洋乐器，琴行还成立了维修车间。与此同时，香港谋德利琴行老板梁彼德在广州开设彼德琴行，生产“总统”牌钢琴。新中国成立以后，1950～1951年间，广州乐器业发展到124户，从业人员500余人，除生产传统中西乐器以外还仿制西管乐器，民族乐器新增加了阮琴和中低音二胡。

辽宁营口是新中国成立以后新兴的乐器生产基地，这与50年代初的抗美援朝战争相联系。当时，为了满足朝鲜战场上急需的乐器，政府将上海一些乐器生产作坊包括工人和设备整编制地迁往营口，这就是东北乐器厂和东北钢琴厂的前身。

新中国成立初期，由于生产关系的巨大变革，大大推动了生产力的发展，各种庆祝活动热烈开展，扩大了对乐器的需求，萧条冷落的乐器生产得到了复苏。据当时的乐器生产工人回忆，那时工人们每天都要加班加点赶制乐器送到商业部门，再分别送往朝鲜战场供战地宣传以及各单位开展运动使用。而当时的乐器产销，是实行联购、联产、联销的形式，生产企业统一承接加工订货任务组织乐器生产。联营企业大多由三五家到十几家组成。当时由于乐器需求的大幅度增加，使得乐器作坊得到急速扩张，逐渐形成规模。并相继成立了乐器手工业合作社，如北京乐器社，广州乐器社，上海乐器社等。

社会主义经济建设初期（1953—1965年）

即：“一五”计划和“三年困难”时期

在这12年时间里，我国经济社会发展经历了1953—1958年的“一五”计划和1961年开始的三年自然灾害的困难时期。这是新中国乐器工业的重要发展时期，以公有制为主体的乐器工业生产体系初步建立，其主要标志有以下几个。

1. 乐器行业基本上完成了手工业社会主义改造

这是新中国成立以后乐器行业所进行的一次重要的体制改革，乐器行业95%以上劳动力和生产资料以及成百上千个乐器手工作坊经过改制成立“乐器生产合作社”。一批国营、公私合营、集体所有制乐器生产企业也由此而诞生，如北京民族乐器厂、北京管乐器厂、上海钢琴厂、上海民族乐器一厂、广州珠江钢琴厂都在那个时期建立。与此同时，各省市也都相继成立乐器厂，如新疆乌鲁木齐民族乐器厂、郑州乐器厂、长沙乐器厂、呼和浩特民族乐器厂、延边民族乐器厂、昆明乐器厂、贵州乐器厂也都先后成立，新中国乐器制造业开始有了工业化的雏形。

北京地区，1954年由10名个体乐器手工业者联合成立“北京市第一乐器生产合作社”，1956年27家私人乐器作坊联合成立公私合营北京民族乐器厂。此后相继成立了北京市第二、第三、第四乐器生产合作社。1956年12月，轻工业部科学研究院成立乐器研究所，而这时的北京钢琴厂转制为地方国营企业，正式注册“星海”商标。

上海地区，1955年同业公会乐器组有会员61家，从业人员402人，其中生产工人300余人。到1956年，上海市乐器作坊达148家，734人，全部实行了合作化，组成了七家生产合作社。1958年，乐器行业归口上海市轻工业局文教用品公司，七家乐器生产合作社改组成立三家地方国家工厂，上海民族乐器一厂制作拉弹吹打综合性民族乐器，二厂以制作锣鼓类民族乐器为主，三厂主要生产凤凰琴和风琴。同年由3个中心厂、29家小厂合并的上海乐器厂成立（上海钢琴厂前身）。1958年，轻工业部为加快我国乐器工业的发展，在上海乐器厂召开“全国乐器工业现场会议”。

广州地区，1953年，广州市第一乐器生产合作社成立（后改为广州长征提琴社）。1954年，又组建了第二乐器生产合作社（后改为广州幸福民族乐器合作社）、第三乐器生产合作社（后改为广州星海民族乐器合作社）和广州国群乐器杂件生产合作社。1956年，和平乐器生产合作社、和声管乐器生产合作社、岭南乐器箫管生产合作社、聂耳乐器生产合作社以及红十萧笛生产合作社成立。另外，经过公私合营后，组成了广州钢琴厂、南联乐器厂、珠江乐器厂、同兴乐器厂和华英乐器厂。广州提琴制作实验室（后与广东乐器厂合并）也在这个时期成立。1957年公私合营的南联乐器厂、同兴乐器厂和珠江乐器厂合并为广东乐器厂。1958年6月，成立广州市五羊狮鼓生产合作社（后改为中娱鼓乐生产合作社），至此，广州乐器行业基本组织起来，全行业有厂家12个，职工925人，主要产品有二弦、三弦、二胡等23个品种约70个型号规格。

2．乐器生产开始向半机械、半手工的工业生产模式转变

北京、上海、广州、苏州等地区的乐器生产企业广大技术人员和工人们开展的群众性技术革命和技术革新运动取得了十分突出的成果。钢琴、民族乐器、提琴、西管乐器等乐器的材料加工和半成品零部件的初加工基本上实现了半机械化，一般的木加工通用设备基本应用于乐器制造中，一大批乐器加工专用设备研制成功并投入使用，如二胡铣杆机、笛子打眼机、提琴铣板机、琵琶掏膛机、吉他打品机等，北京钢琴厂在获得轻工业部61万元的科技项目拨款后，从国外引进了击弦机加工设备20台，实现了击弦机全套零件自行加工。乐器设备的改造和创新大大改变了新中国乐器工业的生产方式，有效地提高了劳动生产率。

3．乐器改良取得历史性突破，新产品不断问世

新中国的成立促进了音乐事业的繁荣和发展，不仅群众性音乐艺术活动十分活跃，同时专业演出团体，音乐教育单位相继成立，如：中央音乐学院、中国广播民族乐团、中央歌舞团，上海音乐学院、广州星海音乐学院等，大大推动了中国音乐事业的繁荣和发展，同时在乐器改良和创新方面取得了十分突出的成绩。音乐教育家、演奏家们与乐器制造业的技术人员和工人们一起对旧有的民族乐器进行彻底的改革和改良，并在当时技术资料十分缺乏的情况下仿制钢琴、提琴、管乐器、吉他等西洋乐器，取得了重要的成果，现已基本定型并在舞台上经常使用。纳入音乐学院专业教学的许多民族乐器都是在20世纪50年代研制而成的。同时，各类经过仿制的钢琴、管乐器、提琴、吉他等乐器产品也形成规模化生产，产品投放全国各地乐器市场，极大地满足了社会和群众性音乐文化活动或生活的需要，北京钢琴厂为向国庆十周年献礼，自行研制了堪称世界上最大的“十五英尺大型三角钢琴”献给了人民大会堂，充分显示了新一代乐器工人自力更生、敢于攀登技术高峰的创业精神，该台钢琴至今还陈放在人民大会堂。

在“三年自然灾害”的困难时期里，由于人民生活水平普遍下降，甚至连温饱问题都解决不了，乐器作为文化娱乐用品，需求量大大降低，市场萎缩，乐器制造业从高潮转入到低潮。这时有相当一批乐器生产企业停产、改产，改行生产刀把、梳子、电视机壳、钟壳等，中国乐器工业进入第一次“低谷”。

文化大革命时期（1966—1976年）

从1966年开始历经十年的“文化大革命”使党和国家遭到建国以来最严重的挫折和损失。刚刚建立起来的乐器工业生产体系也深受其害，在极困难的形势下曲折、缓慢发展。同时，由于乐器生产企业大多数属于“独立核算，自负盈亏”的集体所有制企业，这些企业在“文革”中尚能勉强维持生产经营活动，没有受到严重损失。

1965年北京乐器行业实行调整，组建了北京市乐器总厂，将全市包括市属、区属和街道乐器企业，统一归口乐器总厂管理。经过10余年发展，到1980年，北京乐器总厂下属9个分厂，1个研究所，1个乐器技校，职工3327人，工业总产值1728.3万元。年产钢琴3316架，风琴4852架，手风琴5036架，西管乐器13265支，提琴10655把，吉他25000把，民族乐器11.8万件。

1966年广州乐器工业公司成立，下属乐器企业11个，1个乐器研究所，职工1414人。1970年，将全市乐器行业的11个厂合并为3个厂：广州乐器厂、

广州民族乐器厂和广州管弦乐器厂。1974年，实行专业管理，乐器行业又经调整，成立广州市乐器总厂。总厂下设8个分厂，职工1732人。1974年至1977年，行业先后新组建了手风琴厂和第二提琴厂。除钢琴以外，广州市乐器制造业新增手风琴、风琴、键子唢呐、低音拉管、低音喉管、603小号、扁筒二胡、定音器和特大号吉他等10多个新品种。1977年，工业总产值达到1000.93万元。

“文革”时期的乐器市场起伏不定，畸形发展。一方面专业演出团体基本解散，只保留了“八个样板戏”，大多数文艺工作者没有工作。为了配合“样板戏”的精益求精，专门成立了为“样板戏”服务的“琴筝瑟”乐器改革小组，进行乐器改良工作，从全国各大乐器厂抽调骨干力量使弹拨乐器筝、琵琶、阮、低音拉弦乐器、管乐器加键唢呐、排笙的改良工作取得了重要的进展，这些改革成果都为以后民族管弦乐团（队）整建制的发展和提高奠定了基础。另一方面由于“文革”中专业演出团体基本瘫痪，但为基层群众性普及文艺活动提供了一个难得的机遇。当时普及国内城镇、农村的“乌兰木骑宣传队”、“小靳庄文艺宣传队”十分活跃，为乐器生产与经营提供了很大的商机，乐器生产出现“第二次高潮”，先是民族乐器鼓、锣、镲销售旺盛、后是西管乐器、打击乐器开始热销，再后来又出现了提琴、吉他热。

1976—1978年，“文革”给我国经济带来了严重的破坏，中国乐器工业进入第二次“低谷”。据广州乐器志记载，广州民族乐器生产，阮琴、月琴、杨琴、二胡等滞销积压，传统的民族乐器生产如萧笛、琵琶、普及扬琴、柳琴、三弦、二弦等10多个产品停产，其他民族乐器也处于半停产状态。这时，北京、天津、上海、苏州等全国各地乐器生产企业也都困难重重。据《中国轻工业年鉴》记载：“文革”结束后，1978年我国各类乐器年产量：钢琴6326架、手风琴4.49万台、提琴27.44万把、风琴2.63万架，民族管弦乐器365.2万件，响铜乐器795.5吨、鼓乐器42.46万个、口琴399万支，西管乐器5.56万支。

第二阶段：1978—2009年

这一阶段分为“改革开放初期”、“改革开放第二次高潮时期”、“经济社会科学发展 文化事业大繁荣时期”三个历史时期

改革开放初期（1978—2001年）

1978年党的十一届三中全会召开，开启了我国改革开放历史新时期。这是中国改革开放的第一次浪潮。

改革开放初期，西方音乐文化开始涌入国门，过去被认为是封、资、修的西洋乐器，钢琴、萨克斯、爵士鼓重新回到人们的怀抱，一向冠以“靡靡之音”的电子音乐赢得广大百姓的喜爱，乐器市场出现了新的特点，钢琴、西管乐器、西洋打击乐器、电子琴等乐器在市场上需求量大增，产品处于供不应求的状况。钢琴出现“短缺”现象，需要凭票供应，电子琴也被列入出国人员服务部的“小件商品”名单，这时的钢琴和电子琴生产有了突飞猛进的发展，各地争上钢琴和电子琴生产项目，到1985年各地钢琴企业多达100余家，电子琴生产企业也有上百家之多。但民族乐器却受到极大的冷落，市场销量大减，国内主要民族乐器企业都纷纷改产、减产，如上海民族乐器一厂建立了一条电子琴流水线，苏州民族乐器一厂改产钢琴、木制工艺品，北京民族乐器厂改产风琴、百叶窗帘等，一些小型民族乐器厂也面临停产倒闭的境地。当时轻工业部曾提出“保根留苗，借庙避雨”的政策，以尽可能保留传统民族乐器生产。

20世纪80年代初，乐器行业生产总值占全国轻工生产总值不足千分之三，但轻工部考虑到乐器行业的重要性，将乐器从文体用品行业单独划出，成为轻工44个行业之一。1982年10月轻工部成立了中国轻工协会乐器协会。1988年，在轻工部机构调整中，专门成立中国乐器协会，由轻工部的行业管理指导司负责管理协调。

由于乐器在国民经济和人民生活中的地位和重要性不断提高，各级政府及轻工部门对乐器行业发展十分关注和支持，实施一系列有利行业发展的政策措施。如在国家对轻工业实行“六优先”政策期间，国家计委拿出7000万元贷款，以后又追加到2亿多元来支持发展钢琴工业。从而建立我国钢琴制造业四大支柱企业，北京钢琴厂、上海钢琴厂、营口钢琴厂、广州钢琴厂。通过这些技术改造项目的实施，使新中国钢琴制造业彻底改变了传统落后手工生产的面貌，基本建成具有一定规模，技术设备齐全，产品质量不断提高的现代化钢琴制造业，也为中国发展为世界钢琴大国奠定了基础。

北京钢琴厂在首期技术改造中新建厂房22460平方米，引进国外设备202台套，自行研制设备118台套，建成5条生产流水线，钢琴生产设计能力3万架。并于1989年聘请德国钢琴制造专家劳瑟·切尔担任技术副厂长、总工程师，开创了乐器行业引进外国技术人才的先河。

1985年，面对钢琴市场不断发展的新形势，广州市二轻局安排贷款8000万元人民币实施广州钢琴厂第一期技术改造，将广州钢琴厂从原来的芳村区搬到鱼尾桥西路，也就是现广州珠江钢琴集团股份有限公司厂址，建筑面积2万平方米，钢琴设计能力达10万架。

营口东北钢琴厂1980年从东北乐器厂分离后于1983年建新厂，占地30万平方米，企业先后进行了三次较大的技术改造，1988年买断瑞典“诺地斯卡”钢琴公司全部生产设备、产品商标和技术图纸、工艺文件，“诺地斯卡”钢琴成为该厂主导产品。

在计划经济时期，国家也曾有计划地扶持发展了一批骨干企业，如天津手风琴、北京管乐器厂、上海管乐器厂、苏州民族乐器厂、广州吉他厂等。在原材料供应方面实行按定额计划调拨。在技术进步和产品质量方面，1983年成立了轻工业部乐器质量监督检测中心和全国乐器标准化中心、乐器情报站（后改名为全国乐器信息中心），从事乐器行业的质量、标准、信息工作。在此期间，轻工部还相继组织开展乐器行业产品质量评比，如1981年在湖南长沙举行全国钢琴制作质量评比，1982年在湖北武汉举行全国五种响铜乐器质量评比，1983年在北京举行了全国西管乐器质量评比和二次全国提琴制作比赛。并对乐器行业的优秀人物进行了表彰，戴洪祥、徐弗、陈锦农、郑荃等被授予中国提琴制作大师的称号。

1984年，《中共中央关于经济体制改革的决定》正式公布，乐器行业所进行的一系列改革主要体现在以下几个方面。

1．国有企业改革

改革开放前，我国乐器行业主体是全民所有制和集体所有制企业，经过一系列改革进程，乐器国企改革结果有几个流向，一是少数企业继续保留国企身份，虽然是独立经营，但受当地政府部门管理；二是一部分国有企业转制成为民营企业；三是一部分国有企业由个人承包经营；四是部分国有企业经营不善，资不抵债，倒闭破产。广州珠江钢琴公司是乐器国企改革成功的案例。1982年珠江钢琴首先在企业内部改革人事制度，取消干部终身制，实行聘任制，改革分配制，取消八级工资制，实行工资奖金与效益挂钩的浮动工资制，彻底打破了大锅饭的局面，员工生产积极性得到充分调动，企业各项工作充满活力，生产效率明显提高。年钢琴产量从1000余架迅速提高到24000 架，1987年开始跃居全国钢琴产量第一。

2．乡镇企业，个体经济快速发展

改革开放初期，国有乐器企业为完成各项生产指标，克服资金和劳力不足的困难，在企业所在城市街道建立“劳动服务公司”，在周边农村建立“加工点”，这种生产格局对于乐器生产的扩大，培养乐器技术人员起到了十分重要的作用，同时也逐渐形成了一批具有一定规模的农村乡镇乐器企业。这些乐器乡镇企业主要集中在江苏、河北、河南、山东、浙江等省市。比如，现今泰兴凤灵集团公司就是原上海提琴厂的加工点，广东四会华声公司是广州红棉吉他的加工点，河北饶阳民族乐器厂原是北京民族乐器厂的加工点，山东龙口管乐厂是北京管乐器厂的加工点。

改革开放也使一批有理想有抱负的乐器企业技术人才得到了广阔的发展空间，他们纷纷下海，有的自办企业，有的被乡镇企业聘用担任技术顾问，一度形成了乐器企业技术人员跳槽风。如1984年上海钢琴厂四名技术人员辞职到浙江湖州地区办起了钢琴厂，在社会上引起了较大的震动，也曾引起了不同的议论。新建的生产企业象雨后春笋般的兴起。乐器行业开始从以国有集体企业为主很快向以国企为主体，非公经济多元化快速发展。

3．乐器销售向市场化经营转变

改革开放前，乐器销售实行“统购包销”的计划经济模式。企业只负责生产，不负责销售，内销乐器由当地文化用品公司负责。外销乐器由各地进出口公司安排计划，下达给企业生产，企业与消费者及国外客户不见面。

改革开放后，在向市场经济发展的进程中，乐器销售体系发生了深刻的变革：一是乐器销售逐步从大型综合性百货公司退出，形成遍及在城市中的专业乐器销售琴行；二是乐器生产及销售之间的批发环节由弱化到消失，形成了企业自建销售网络，直接建立企业与琴行之间的销售渠道。三是乐器生产企业逐步从单品种，大批量的生产管理模式向“以销定产”、“多品种，小批量”市场化管理模式过渡。

改革开放第二次高潮时期（1992—2001年）

1992年，正值邓小平同志“南巡”重要讲话和党的十四大召开，国民经济和社会发展“八五”和“九五”计划时期，这10年是中国改革开放推进到第二次高潮，现代化建设进入新阶段的重要历史时期。

在这一时期，乐器行业结束了三起三落徘徊前进的发展局面，保持着持续上升不断发展的状态，初步建立了完整的现代化乐器工业体系，是建国以来乐器行业发展最快的时期。据《中国轻工业年鉴》记载，1991年，全国乐器行业工业总产值5.43亿元，2001年国家统计局统计规模以上乐器生产企业工业总产值达到120亿元，10年增长22倍。

1．一批重点乐器产品、重点乐器企业进入世界领先水平

到20世纪末，中国钢琴、提琴、西管乐器等乐器产量已位居世界第一，提琴制作师在国际提琴制作比赛中屡屡获奖。

钢琴产业有265个生产企业，包括成品钢琴企业70余个，木材加工企业35个，零配件加工企业150个，其中，广州珠江钢琴集团公司、北京星海钢琴集团公司、东北营口钢琴公司等钢琴企业都在80年代经过较大规模的技术改造，无论在企业规模、技术装备、产品产量和质量等方面都进入了世界大型钢琴企业行列。广州珠江钢琴公司经过连续三次技术改造，自1993年起以每年递增一万架钢琴产量，利润递增1000万元的速度快速发展，到1997年总资产规模达到12亿元，销售收入7亿多元，年产钢琴7万架，利润近1亿元，当年即位居日本雅马哈公司之后，排名世界钢琴产量第二位。北京星海钢琴集团公司也在同时进行了第二次大规模技术改造，投资7000万元，扩建厂房2万平方米，引进设备55台套，钢琴设计生产能力达到5万架。东北营口钢琴公司在买断“诺地斯卡”钢琴以后，在组织三角钢琴的研发和扩大出口方面，取得明显成效。

提琴产业，江苏泰兴凤灵集团、北京平谷华东乐器有限公司等提琴生产企业经过20世纪90年代从国企“加工点”及“乡镇企业”的快速发展阶段，小提琴产量很快达到10万余把，凤灵集团成为世界最大的提琴生产企业，中国也成为世界提琴生产第一大国。此外，以手工提琴制作为生产方式的工艺提琴，从1982年广东的陈锦农首次在国际提琴制作比赛上获得金奖后大大推动了中国高级工艺提琴的制作技艺，以郑荃、朱明江、华天礽为代表的提琴制作师在10年期间，共获得了101个国际提琴制作比赛奖项，为中国争得了荣誉，同时也大大提高了中国提琴的国际地位和知名度。

2．以公有制为主体，多种所有制经济共同发展，门类齐全，配套完整的乐器生产体系基本建立

在广州珠江、北京星海、上海民族乐器一厂等国有乐器企业快速发展的同时，民营乐器企业也在不断发展壮大，成为我国乐器制造业的重要组成部分。这部分民营乐器企业，有的是原国有企业经过转制后建立，如南京摩德利钢琴厂、苏州民族乐器一厂等，有的是农村乡镇集体所有制企业改制为民营企业，如江苏泰兴凤灵提琴公司、江阴金杯手风琴厂、天津津宝乐器有限公司等，有些民营企业是由行业中具有乐器制造专长或管理经验的个人所开办，分布在农村和城市，规模大小不一，人数从几个人到上百人不等，也有热衷于乐器行业的人士注资建厂或者从事乐器经营的，这些人包括乐器演奏家、音乐教师、钢琴调律师以及行业外的实业家投资办乐器厂等等情况，如：杭州嘉德威钢琴、上海玛珂钢琴、上海欧亚钢琴、武汉艾立卡电子有限公司以及刘诗昆艺术中心、鲍蕙荞钢琴城等。民营企业的特点是分布广，几乎全国各省市都有不同类型的民营乐器企业，有的经过多年发展，逐步形成了相对集中的产业集群，如广东广州的吉他提琴，江苏扬州古筝、泰兴溪桥提琴、苏州二胡提琴弓，浙江湖州钢琴、余杭竹笛、宁波余姚乐器五金配件，

湖北武汉电子乐器，山东昌乐电声乐器、龙口管乐器，河北武强管乐器、饶阳肃宁民族乐器，天津静海管乐器和民族乐器，河南兰考民族乐器等。

改革开放后，港澳台及外资乐器企业进入中国，初期主要形式是合资建厂，当时就有台湾功学社教育用品公司在天津杨村、江苏江阴建立的打击乐器、管乐器和口琴厂，台湾先进乐器公司在苏州建立的民族乐器厂。此外，台湾的一批吉他企业转移到广东惠州地区，形成一批台商独资吉他生产企业；美国在河北廊坊建立长笛生产厂；港商水文彬与上海民族乐器一厂建立合资厂；香港粤华行在广东中山建立合资钢琴厂，在上海建立钢琴配件厂，在北京建立民族乐器厂；日本雅马哈在广州与珠江钢琴建立珠江·雅马哈钢琴厂，在天津建立雅马哈电子乐器公司，在杭州萧山建立钢琴配件厂；日本卡瓦依在北京与星海建立合作生产；日本通宝在天津与天津民族乐器厂建立口琴厂；韩国英昌建立天津英昌乐器有限公司；韩国在山东昌乐县建立一批电声乐器（吉他）厂……这些外资乐器企业进入中国的原因是多方面的：一是中国广阔的市场、廉价的劳动力、丰富的土地和资源对外国资本的巨大诱惑力。二是世界经济快速发展，全球经济一体化，发达国家乐器公司为了降低生产成本，扩大世界市场范围，逐步将一些技术含量较低，资源消耗较大的乐器产品向发展中国家转移，刚刚开放的中国是他们的第一选择。随着国内商业市场的进一步开放，香港的通利琴行、柏斯琴行也先后进入中国内地。通利琴行在上海开设了分公司，柏斯琴行在广州开设第一家分店以后，迅速向北京、上海等全国主要大城市扩张，先后在国内十几个城市开办了20个琴行。外资乐器生产及销售在短时间以席卷之势进入中国，是对中国民族乐器经济的严峻考验，但与此同时，也带来了外国乐器生产经营的先进技术和管理经验，使中国乐器制造业无论在产品质量，生产技术和管理以及市场化经营等方面得到迅速的提高。

到20世纪末，我国已经基本形成了较为完整的乐器工业生产体系，门类齐全，基本可以加工世界上所有大类乐器，品种众多，大约有钢琴、提琴、西管乐器等不同类别1200多个型号，3万多个规格，钢琴等大类乐器产品已经形成专业化生产格局，钢琴铁板、音板、击弦机、外壳、码克等主要钢琴部件专业加工厂开始形成规模，宁波东方琴业有限公司、宁波海伦乐器制品有限公司、成都川雅木业有限公司、河北华丰铸造有限公司等企业在业内的影响力不断增加，这些企业的发展壮大，不仅为我国钢琴制造业的快速发展发挥了重要的作用，同时大大降低了钢琴制造的技术难度，为中小钢琴生产企业带来了发展空间。

3．中国乐器大踏步地走向世界

改革开放前，中国乐器基本以内销为主。在20世纪80年代开始，一些主要乐器生产企业，如广州珠江钢琴公司，北京星海乐器公司等相继得到自营出口权，企业可以自行对外出口，有不少企业通过参加在德国举办的法兰克福乐器展和在美国举办的NAMM乐器展，与外商接触，得到出口订单。这些都使我国乐器行业大大开阔眼界，更深入地了解到世界乐器市场对中国乐器的需求，一批国内出口型乐器企业逐步形成。

到20世纪90年代，随着我国进一步对外开放，在出口退税等优惠政策鼓励下，大量民营乐器企业，个体生产者也都参与到乐器出口的行列中来，乐器出口逐步成为推动乐器行业增长和发展的重要因素，国有和民营乐器生产企业都把扩大出口作为企业的发展战略，积极发展外向型经济，使乐器企业自身实力明显增强，如江苏泰兴凤灵提琴、河北金音管乐器、天津津宝打击乐器管乐器等企业都是通过扩大出口贸易得以迅速发展壮大的。但当时的乐器出口企业多以“OEM”贴牌加工为主。据海关资料显示，1990年中国乐器海关出口总金额3990万美元；钢琴出口10353架，金额683万美元；提琴出口21.47万把，金额345万美元；吉他出口19.2万把，金额130万美元；西管乐器出口金额151万美元。2001年乐器海关出口总金额4.07亿美元，比1991年增长10.2倍，出口到世界151个国家和地区。其中，钢琴出口47829架，比1991年增长4.61倍；弓弦乐器出口961476把，金额2798万美元，比1991年增长8.11倍；其他弦乐器385万把，金额4487万美元，比1991年增长34.51倍；西管乐器253万支，金额1445万美元，比1991年增长9.56倍。

到21世纪初，中国乐器在世界乐器市场的影响力和竞争力初步显现，中国乐器的低价优势、资源优势和不断提高的产品质量赢得了大多数国际乐器制造商、经销商和消费者的青睐。

4．乐器在国民经济和社会发展中的地位明显提高

20世纪90年代，我国开始进入建设小康社会，乐器已不再是一种谋生的手段（文革期间有的人学乐器是为了能不上山下乡，参加宣传队可以留在城里，可以谋取一个好的职业）和仅仅是专业演奏者必备的器材，已成为人民大众常用的娱乐工具和青少年提高音乐文化素质的重要途径。特别是1999年，中共中央国务院作出深入教育改革全面推进素质教育的决定以后，乐器在国民经济和社会发展中的地位有了明显提高。国家对乐器行业发展也十分重视。2000年2月24日江泽民主席到广州珠江钢琴集团有限公司进行视察，2002年6月13日，时任国家副主席的胡锦涛到营口东北钢琴集团公司进行视察，此外，吴邦国、尉健行、李岚清、李铁映等中央领导同志都曾分别到广州珠江钢琴集团公司、北京星海钢琴集团公司、烟台龙凤钢琴有限公司视察。中国轻工业联合会陈士能会长在中国乐器协会四届一次理事会上讲话中指出：乐器行业在轻工产品22大类44个行业中有着特殊的地位，它是一种特殊的商品，既是工业产品，又是文化产品，它既产生经济效益，更具有十分重要的社会效益。乐器的功能与作用也由过去单纯供娱乐用的玩具、从事专业演奏的设备逐渐成为重要的宣传工具，开展对外交流、大型活动的载体，实施素质教育、提高青少年智商的必要器材。

5．行业管理进一步适应市场经济和乐器行业发展的新形势

中国乐器协会于1989年3月23日正式成立。从1989年到2001年期间，中国乐器协会经历了从一届到三届理事会的发展历程。在这过程中，中国乐器协会紧密团结，依靠全行业广大企业和全体员工，在政府的大力支持下，配合有关企业有效地开展了各项工作，主要体现在以下方面：一是加速企业的改组改造，增强企业实力；二是配合企业积极调整产品结构；三是扩大横向联系，先后建立了东北浑江钢琴木材加工基地，河南兰考民族乐器木材加工基地；四是协助国家有关部门加强产品质量监督，争创优质产品工作，组织开展对风琴和钢琴国家产品质量监督抽查，以及对钢琴、手风琴、口琴、吉他、风琴和风琴音簧、西管乐器进行了产品质量调查，这些措施都有效地促进了乐器产品质量的提高。

在20世纪末的10年里，新中国乐器工业取得飞快的发展，开始进入世界乐器大国的行列。但是，中国与世界乐器生产发达国家相比，还存在着很大的差距，主要表现在：产品技术含量低，处于中低档水平，缺乏专业级演奏乐器产品的生产技术和标准要求；区域发展不平衡，乐器生产地区集中于东南部沿海地区，中西部地区基本处于空白；资源消耗过大，大量消耗木材等自然资源；产品价格低，市场不规范，低价竞争激烈等等。这些问题集中说明了经过改革开放后的快速增长，中国乐器行业虽然已经发展为世界乐器大国，但要成为世界乐器强国，将面临着经济增长方式的转变和产品结构调整的艰巨任务。

经济社会科学发展 文化事业大繁荣时期（2002—2009年）

2002～2009年是党的十六大、十七大召开，党中央提出“三个代表”、“全面建设小康社会”、“学习实践科学发展观”、“大力发展文化事业和文化产业”等一系列战略目标和任务的重要时期。在这一时期，我国经历了中国入世、非典、汶川地震、北京奥运会、世界金融危机等一系列大喜大悲的重大历史事件。

我国乐器行业在这些重大历史事件中经受住各种严峻的考验，从高速发展走向可持续协调发展的新阶段，在新中国成立六十周年前夕，中国已经成为世界最大的乐器生产国，钢琴、提琴、吉他、西管乐器、手风琴、口琴等乐器产量都居世界第一，中国的民族乐器生产在传承和弘扬的基础上，结合新时代时尚元素得到了更好更快的发展，电子电声乐器生产顺应世界数字音乐潮流，取得了快速发展和突破。广州珠江、北京星海、宁波海伦、泰兴凤灵、天津津宝、河北金音、上海民乐一厂、深圳美得理、常州吟飞、上海华新、四会华声等一批国内外知名的乐器生产企业迅速地崛起。中国乐器正在从中低档普及型产品向中高档演奏级产品发展，全世界都在看好健康发展中的中国乐器行业和乐器市

场。

1．入世八年中国已成为全球乐器经济最具活力的国家

2002年，中国加入世界贸易组织，给乐器行业带来了难得的发展机遇，中国乐器以前所未有的速度向世界大量出口，中国乐器的低价优势和不断提高的产品质量打破了世界乐器市场原有格局和平衡，全世界的乐器制造和经销商都惊呼“中国因素”，许多国际知名乐器跨国公司纷纷在中国建厂和建立贸易公司或把全部乐器生产厂移至中国。中国乐器的大量出口满足了世界各国对普及型乐器的需求，为推动和发展世界音乐教育事业做出了重要贡献。据海关统计，2008年中国乐器海关出口金额达到15.22亿美元，是2002年中国乐器出口的3.10倍，1992—2001年的10年间，中国乐器总出口金额为23.69亿美元，而2002—2008年的七年间中国乐器总出口金额达到65.73亿美元，增加了2.77倍。中国乐器已经出口到全世界167个国家和地区，占全世界所有国家和地区 74.22％。

中国出口乐器的技术含量和产品结构以及出口贸易方式也发生了深刻的变化。广州珠江钢琴、宁波海伦钢琴、泰兴凤灵等企业都在美国和欧洲等地区建立了分公司，直接销售中国乐器。一些乐器零部件企业的产品也直接出口美国、日本、欧洲等国家,为这些国家乐器配套。与此同时，钢琴、提琴、西管乐器、吉他以及电声乐器等产品生产企业通过“OEM”合作方式或聘请外国乐器演奏家、制造方面的专家担任企业技术专家或顾问，指导中国乐器的生产技术，使中国乐器在最短的时间里缩短了与世界发达国家的距离。

到2006年，几乎所有国际著名乐器公司都落户中国。如德国施坦威钢琴在上海建立贸易公司，法国布菲在北京建立销售公司，日本雅马哈在杭州建立钢琴生产企业，卡瓦依与北京星海钢琴集团公司、宜昌金宝乐器公司合作生产卡瓦依钢琴，卡西欧分别在天津、珠海建立电子琴生产基地，韩国现代收购了英昌公司以后进一步扩大了天津英昌钢琴的生产规模，世正公司在山东青岛建立“青岛世正乐器公司”进行钢琴和吉他生产，美国鲍德温钢琴在收购广东中山钢琴公司后,又成立了鲍德温（上海）贸易公司，进而收购营口东北钢琴公司。21世纪初的中国乐器市场已经成为世界上中外乐器公司展开激烈竞争的战场，都力图在中国市场占有自己的一席之地，因为他们都普遍看好中国的未来发展前景。

从2002年开始到2009年，已经连续成功举办8届的中国（上海）国际乐器展览会是中国乐器全球化的缩影。经过8年的连续发展，上海乐器展览会的展览面积已经达到65000平方米，有来自中国和世界20多个国家和地区1100多个参展商和3万多名国内观众和2000多位海外观众，无论是展会的规模、人气，还是展会管理和服务水平，都使上海国际乐器展览会成为全球第三大乐器展览会，受到世界各个国家的关注和重视，每年世界各国主要的乐器生产、经销商以及中国国内乐器厂商都会云集上海，参与国际乐器贸易和音乐文化交流活动，了解世界乐器市场发展动向，增进互相合作与沟通友谊，中国（上海）国际乐器展览会已经成为真正意义上的国际化展览会。

2．实施品牌战略，建立自主创新体系，中国乐器经济增长方式发生质的转变

进入21世纪后，乐器消费结构的不断升级，消费者观念的转变，国外乐器品牌不断进入中国，使得中国乐器行业在经过近10年“量变”后，开始发生“质变”。国内乐器生产企业，过去那种缺乏自主技术和自主品牌、低价、低质，以及产品供大于求，“同质化”等结构性矛盾严重，现有的经济增长方式得到了迅速改变。

乐器行业多数重点企业进一步意识到进入新世纪以后，中国乐器行业发展之路必须“求质”、“做强”，走品牌化，自主创新发展的道路。2003—2009年六年时间，中国乐器共获得“珠江”等4个“中国名牌产品”，“星海”等5个“中国驰名商标”，“敦煌”等29个省级名牌产品和“鹦鹉”等20个省级著名商标。全行业大多数企业都把树立企业自主品牌摆在最重要的发展战略上，各地乐器品牌专卖店如雨后春笋兴起，消费者购买品牌乐器的意识有了明显增强。与此同时，中国乐器以“贴牌”加工为主的出口模式有了初步改观，各种乐器生产贴牌加工比例逐步降低，自主品牌比例不断提高，一批知名民族品牌开始在国际乐器市场有了自己的一席之地，中国民族品牌乐器在国际市场

的影响力逐步增强。

3. 乐器融入文化产业，成为文化大发展不可或缺的重要力量

2000年，党的十五届五中全会首次提出“文化产业”概念，近十年来，我国文化产业和文化事业快速发展，大力发展文化事业和文化产业已经成为党的重大理念创新，乐器也被列入文化产业“相关产品”类别。近年来乐器产品文化内涵越来越丰富，乐器在实现我国“文化大发展、大繁荣”中将发挥着更加重要的作用。

近年来越来越多的企业和琴行把乐器的生产和销售与音乐教育文化事业、扩大音乐人口和乐器消费群体相结合，以实际行动，采取更加丰富的手段，让社会上更多的人喜欢音乐，热爱音乐文化活动，为构建和谐社会，全面建设小康社会履行企业的社会责任。

近年来，许多乐器生产企业和琴行跨越单纯生产经营模式，把组织或者参与社会音乐活动，开展乐器培训，举办各类器乐比赛作为企业的重要工作之一，每年投入大量的资金和人力开展这类有益于社会的活动，如珠江钢琴公司赞助的“全国高等音乐学院教师基本功比赛”，星海钢琴公司、中央音乐学院主办的“星海杯全国少年儿童钢琴比赛”、香港柏斯琴行主办的“亚洲青少年音乐比赛”、上海民族乐器一厂、泰兴凤灵、广州珠江钢琴公司、宁波海伦钢琴公司积极参与支持“CCTV钢琴、提琴、民族器乐大赛”都引起了社会强烈反响,受到政府和人民群众的充分肯定和称赞。乐器产品逐步融入文化产业体系，几年来泰兴凤灵乐器有限公司、宁波海伦钢琴有限公司相继被文化部命名为“文化产业示范基地”，广州珠江钢琴集团有限公司和泰兴凤灵乐器有限公司列入了商务部和文化部的“2007—2008年度国家文化出口重点企业目录”和“2007—2008年国家文化出口重点项目目录”。福州和声钢琴有限公司、青岛世正乐器公司、天津圣迪乐器有限公司、杭州嘉德威钢琴有限公司、河北金音乐器有限公司等一批企业列入各省市评定的“省级文化产业示范基地”。

与此同时，乐器作为一种特殊的文化产品，其社会影响和作用也日益显著，2003年11月7日，古琴被联合国教科文组织列入世界第二批“人类口头和非物质文化遗产”以后，国务院相继在2007年、2008年公布第一批和第二批国家级非物质文化遗产名录和代表传承人名单。民族乐器中的苗族芦笙、玉屏箫笛以及民族制作技艺（山西省长子县长子响铜乐器制作技艺、吉林省延边朝鲜族自治州朝鲜族民族乐器制作技艺、江苏省苏州市民族乐器制作技艺、福建省漳州蔡福美传统制鼓技艺、新疆维吾尔自治区疏附县维吾尔族乐器制作技艺）都被列入其中。

乐器在重大社会活动中所发挥的作用，到2008年北京奥运会和残奥会举办期间达到高潮。无论是在北京奥运会筹备活动时或者是奥运会举办当中都有大量的乐器作为重点使用器材全程参与了整个活动。据中国乐器协会不完全统计，从2007年8月8日北京奥运会倒计时一周年计算，到2008年9月20日北京残奥会结束，共有15个乐器生产企业的钢琴、民族乐器、电声乐器、打击乐器等，参加了与北京奥运会和残奥会相关的数十次活动，大约有数亿观众现场或者通过电视转播看到了在北京奥运会、残奥会期间的精彩器乐表演。其中比较突出的活动有：在北京天安门广场上举行的北京奥运会倒计时一周年活动中使用了宁波海伦钢琴有限公司生产的红色九尺三角钢琴；上海民族乐器一厂敦煌民族乐器全程参加在北京奥林匹克公园中心区举办的“北京奥运‘中国故事’文化展”；在北京奥运会和残奥会开闭幕式上有北京星海钢琴集团公司生产的星海钢琴、上海民族乐器一厂与日本罗兰公司为北京奥运会专门研制的电声二胡、北京格申工艺美术品有限公司生产的缶、北京钧天坊古琴技术研发中心的古琴、天津津宝乐器有限公司的军鼓等一批传统与现代乐器参加演出为北京奥运会残奥会增光添彩。

4. 乐器行业逐步走上科学、规范、稳定的发展之路

2009年，乐器行业经过了20世纪末的快速发展，新世纪以来大步迈出国门，走向世界，对外探索跨行业联合，有机地与音乐艺术、教育培训、收藏、旅游、房地产、对外交流相结合，对内建立创新型体制，转变经济增长方式，使乐器这一传统产业插上了科学、现代的翅膀，飞得更高、更远。

近年来，乐器行业虽然受到人民币升值、原材料能源涨价、劳动力成本上升等一系列因素的影

响，特别是2008年底百年未遇的世界金融危机，给我国社会经济造成了重大影响。但是，我国乐器行业由于与文化产业紧密相联，有着与文化产业“逆势上扬”相同的特点，大部分企业在困难面前表现出“沉着应对，化危机为机遇”的坚定信心和乐观精神，虽然世界金融危机给我国乐器行业带来了一定的影响，但大部分企业经过2009年上半年的调整以后，2009年下半年各项经济指标都开始恢复到原有水平，整个乐器行业将继续保持稳定增长的发展态势。

在乐器行业和企业发展的进程中，积极探索，走出一条科学、规范、稳定的发展之路，不断强化乐器企业自身实力和核心竞争力。如珠江钢琴和海伦钢琴正在探索股份制上市。上海民族乐器一厂以“传承经典，引领时尚”的文化发展思路，开展了一系列卓有成效，社会影响较大的活动，在2008年企业参加北京奥运会的各项活动以后，在2009年迎接国庆60周年的各项活动中，他们又投资协办2009北京国际古筝音乐节，取得重大的社会反响。此外，泰兴凤灵乐器公司、北京星海钢琴集团公司、北京平谷华东乐器公司、湖北宜昌金宝乐器公司等企业积极开发“工业旅游”项目助推企业发展，这些企业把乐器与文化相结合，兴建乐器博览馆、乐器制作体验区等吸引游客到厂内参观，扩大了乐器行业和企业自身的社会影响。福州和声钢琴有限公司利用海峡两岸关系出现积极变化的有利条件，不断扩大与台湾乐器贸易往来，提高了企业的经济与社会效益。各地乐器行业中小企业突出区域优势，逐步形成一批各具特色的产业集群。现已初具规模、发展较为成熟的有：江苏泰兴溪桥“提琴之乡”、山东昌乐县鄌郚镇“电声乐器生产基地”。此外，还有北京平谷东高村镇的提琴产业，浙江湖州洛舍镇的钢琴产业，天津静海的手风琴、管乐器、民族乐器产业，苏州的民族乐器、提琴弓，浙江余杭竹笛，江苏扬州的古筝，河南兰考民族乐器，河北衡水管乐器、民族乐器，山东龙口的管乐器等产业集群。

在我国乐器行业发展成为全球最大乐器出口国的同时，一个世界上发展潜力最大的乐器市场也已初步建立。中国是世界上最大的发展中国家，13亿人口中有2.3亿在校生，52万所学校。中国的文化产业快速发展方兴未艾，2008年文化产业增加值达到7600亿元，这些都为我国乐器行业扩大内需创造了极为有利的条件。目前我国乐器销售已经初步形成覆盖全国大中小城市的琴行经营网络，据不完全统计，各类乐器专卖店、连锁店等琴行大约有一万多家，这些琴行与乐器生产企业紧密相连，互相配合，不但促进了乐器销售，同时也成为音乐培训，各类社会音乐文化活动构建和谐社会的重要阵地。

在中华人民共和国成立六十周年前夕，经过60年发展的中国乐器行业已经成长为在国际上具有较强影响力，在国民经济和社会发展中的地位不断上升，受到政府进一步重视和关注，市场潜力巨大、有助于民生工程的朝阳行业。在国务院制定的“轻工业调整和振兴发展规划”和“文化产业振兴发展规划”的指引下，未来的中国乐器行业一定会迈出新步伐，跨上新台阶。

纪念新中国成立六十周年专文之二

神州踏歌，大哉粤音
——记广东省乐器行业辉煌六十年

李爱群　何谐（广东省乐器协会）

2009，中华人民共和国成立六十载。六十载春秋岁月，在历史的长河中不过弹指一挥间，而中国社会于这短短几十年里却发生了翻天覆地的变化，各行各业之兴替在其中缤纷演绎。

新中国成立六十年亦是中国乐器制造业大步向前的六十年，风采如歌，旧貌换新颜。而“全国乐器看广东”，广东作为全国乐器制造业的骄傲，正以自己的丰硕成绩展示着行业的大好形势。

南粤大地上的广东省，音乐文化事业有着深厚的历史渊源，乐器制造业更是风景这边独好，独占半壁江山。经过半个多世纪的耕耘，广东乐器制造业已具规模，硕果累累，出现了一批又一批的优秀乐器制作师，崛起了一个又一个全国知名乃至世界著名的乐器制造企业，如今的广东乐器制造业让世人刮目相看。珠江钢琴集团是全球最具规模的钢琴制造企业，广东四会市华声乐器有限公司，得理电子（深圳）有限公司是全国著名的吉他和电声乐器龙头企业，广州格利蒙那提琴有限公司是全国高档提琴产量最大的生产企业，广州罗曼士乐器制造有限公司是全国最大的琴弦生产企业，广州保嘉乐器制造厂有限公司在全国爵士鼓生产企业中位列前茅。广东的提琴制作师在国际提琴制作比赛中屡屡获奖，其获奖数约占全国40%。广东乐器行业拥有一个中国名牌；一个中国驰名商标；六个广东省名牌产品。2007年广州珠江钢琴集团有限公司、得理电子有限公司、深圳市帕思高电子有限公司、广东四会市华声乐器有限公司、广州保嘉乐器制造厂有限公司、秋长全丰音乐用品厂等六家企业进入全球音乐制品行业225强，占中国大陆该年度进入全球225强的三分之一。广东得天独厚的地理环境、特有的改革开放政策，使之成为了世界乐器重要生产基地，销售收入、总资产、实现利润等主要经济指标和知名企业及名优产品数量均位居其他各省市之首。

从新中国成立初期的小规模经营，到社会主义建设大潮中向大规模国有化迈进，再到改革开放后各种经济类型企业的全盛大兴，广东乐器制造业六十年来的辉煌发展，来源于乐器行业全体同仁的齐手共筑，离不开党的产业发展政策，得益于珠三角的区位优势与广东整体经济的高速发展，得益于政府的鼓励支持和文化大省政策的宏观指导。在21世纪的今天，广东乐器制造业立于机遇与挑战并存的风口浪尖，积极参与产业升级，誓做中国乐器产业之龙头，力争世界乐器制造的新贵之位！

一、起步与成长（1949—1978年）

新中国成立后，各种文化活动十分活跃。人民群众建设新家园的热情洋溢在满是音乐的氛围中。每逢节日锣鼓喧天，文艺演出遍及各机关团体、学校及村社，乐器销量盛极一时。当时的广东乐器制造业主要集中在广州市，有乐器手工小作坊124户、536人。除生产传统的民族乐器外，借着20世纪前期的舶来品，广东乐器行业早早地开始了对西管乐器包括15键单簧管、小号、长号和萨克管等西管乐器的仿制；民族乐器阮琴、中音二胡和低音二胡，尤其是腰鼓、铜鼓和狮鼓更是流行。此阶段的产品以小提琴、秦琴和扬琴为主，这三种乐器的产量约占全省乐器产量的80%。新中国成立初期广州的小提琴在国内就小有名气，也是今日广东提琴走向世界的基础。

1953年，手工业的社会主义改造开始，广州市第一乐器生产合作社成立，到1956年又建立了第二乐器生产合作社、第三乐器生产合作社和广州国群乐器杂件生产合作社、和平乐器生产合作社、和声管乐器生产合作社、岭南乐器箫管生产合作社、聂耳乐器生产合作社以及红十箫笛生产合作社等诸多乐器制作合作社。期间，由广州八家修理钢琴及风琴的乐器作坊经工商业社会主义改造成立广州钢琴厂，集中了广州市的乐器制作人才。当年11月，由该厂自制的第一台“珠江牌钢琴”，年底运往香港美华琴行试销成功。1958年底，乐器行业的手工业生产合作社逐渐转为全民所有制企业，1961年又先后退转为集体所有制。乐器行业经历体制变革的激荡，逐步得到恢复和发展，这一年广州市的乐器工业总产值317万元。

1964年，广州市文教体育用品工业公司成立，集中管理乐器企业。1966年，广州市又成立了乐器工业公司，专业管理乐器企业11个，并成立了乐器研究室，职工1414人，产品55个品种，工业总产值854.73万元。这一年广东全省乐器工业企业15个，职工1891人，工业总产值920万元，出口交货值64.5万元。产品有55种，年产钢琴376台、提琴16606套、吉他1.4万把。这一年广州市的乐器工业总产值占全省的90%以上。

1966年，“文化大革命”早期，因城乡文艺宣传队纷纷建立，乐器需求增加，一度乐器产量大增。潮汕地区的锣鼓与潮州音乐的专用乐器也很走俏。1970年，随着文艺宣传队返回生产单位，乐器行业开始同其他工业一样在文革中受到冲击，产量减小，发展放缓。1968年，广州钢琴厂与红卫乐器厂、广东乐器厂实行“同类国营厂”合并，改名为“广州乐器厂”，生产钢琴的同时，又生产小提琴、吉他、花铃鼓，狮鼓和铜号等多种乐器。1970年，广州市11个厂合并为广州乐器厂、广州民族乐器厂和广州管弦乐器厂3个厂。乐器工业公司并入市文教体育用品工业公司。1974年，实行生产专业管理，乐器行业再次从文教用品工业公司分出，成立广州市乐器总厂，总厂下设8个分厂，职工1732人。总厂成立后，时逢国际国内市场对乐器的需求量大增，1975年产值又突破1000万元，恢复到1966年的生产水平。1974年至1977年，又先后组建了手风琴厂和第二提琴厂。全行业中西乐器品种38个、270多个规格。

综观新中国成立后到1978年间，广东的乐器产业已具初步规模，现今的大部分乐器企业都成立于此。

二、发展与壮大（1978—2000年）

1978年，党的十一届三中全会精神给各行各业的发展带来了春风，乐器制造业新一轮的发展在广东悄悄兴起。各种经济类型的乐器企业如雨后春笋在广东沿海地区蓬勃发展。

经济发展，文化繁荣。西方的生活方式渐渐被国人接受，1979年音乐茶座、歌舞厅及各种音乐会进入人们的生活，钢琴、风琴、吉他和提琴为主的西洋乐器需求量激增，1980年钢琴产量500台、风琴4000部、吉他10.82万把。而民族乐器则停滞积压，为适应市场的形势，笛箫、柳琴、二弦、三弦、阮琴等10多个品种开始停产或半停产。

进入80年代以后，随着改革开放政策的深入实施，西方、港台流行音乐及各种轻音乐会进入国内，音乐教育事业发展迅猛，各种器乐培训班在学校兴起，在城市开始对少年儿童进行音乐教育；群众文化艺术馆在社区中普及，在发达地区乡村的文化室成为了农民农闲时欣赏普及音乐文化的主要场地。

这一时期，广东省乐器行业也发生了巨大的变化，各种经济体制的乐器生产企业齐头并进，出现了腾飞的局面。1980年广州市乐器总厂恢复广州市乐器工业公司名称，调整产品结构，实行以“西乐为主，出口为主，高中档产品为主”的生产方针，大力发展钢琴、提琴和吉他三个适销对路产品，保持重点民族乐器生产。当时，潮州的铜锣厂产量达23吨、广州中娱厂为5吨，大部份产品出口东南亚。这年，广州陈锦农所制的红棉牌高级小提琴，参加美国第四届国际提琴制作比赛获音色金质奖，这是中国乐器制造业有史以来首次获得的最高殊荣，宣告了广东提琴制造走向世界高端的启程。1986年中山钢琴厂、1988年顺德陈村钢琴厂经轻工部批准成立。1985年起，广州市先后投资3593.31万元（对乐器企业）进行厂房改建扩建，增添生产设备，聘请国外专家、技术顾问，进一步拓展钢琴、提琴和吉他的生产。1987年，管理体制进一步改革，广州钢琴厂从乐器公司分出，珠江钢琴工业公司成立。从此，珠江钢琴产销量一直稳居全国之最。1995年，珠江钢琴占据了国内钢琴产量的“半壁江山”,同年与日本雅马哈合作，1996年改制为集团公司暨企业集团。1999年12月29日珠江牌钢琴被国家工商局、商标局认定为“中国驰名商标”，成为全国乐器行业中唯一获得此称号的商标。当年珠江钢琴产量近7万台，利润突破亿元大关。2000年时任国家总书记的江泽民同志视察珠江钢琴集团，对珠江钢琴的发展给予了充分的肯定。

2000年美国《音乐贸易》杂志公布1999年度世界225家最大乐器供应商名单，珠江钢琴集团名列第29位；珠江钢琴50年的辉煌让世界同行翘首称赞，2006年国际音乐制品协会（NAMM）104年来第一次将“里程碑”奖颁发给中国企业。这是国际上对中国钢琴制造业的肯定。

在广东实行体制改革中，大部分国有乐器制造企业逐步退出市场，仅存的大型国有企业珠江钢琴集团独占鳌头。与此同时，广东的民营乐器生产企业百花齐放、蓬勃发展，如广东四会市华声乐器有限公司、广州保嘉乐器制造厂有限公司、美得理电子（深圳）有限公司、广州格利蒙那提琴有限公司、广州罗曼士乐器制造有限公司、长城乐器有限公司、广东吉声乐器有限公司、鲍德温（中山）钢琴乐器有限公司、广州索弗亚高迪乐器有限公司、广东汇丰乐器有限公司、广东哈利臣钢琴有限公司等，均已成为广东乐器制造业的骨干企业。广州成为以钢琴为主体、提琴与吉他为两翼的乐器制造重镇；四会、淡水成为广东吉他生产重地；深圳是电声乐器的龙头基地；佛山、汕头乐器制造业虽起步晚也已成气候；潮州地区锣鼓、潮州音乐专用乐器的家庭手工作坊也有着良好的发展势头。此外，落户广东的外资企业数量也是我国各省份中最多的省市之一，主要有吉他、钢琴、电子乐器等产品，分布在广州，东莞、珠海、惠州、中山、深圳等地区，这些企业规模不断扩大，经济效益十分突出。到20世纪末，广东省已形成国有、民营、外商及港澳台投资等多种经济成分乐器生产企业齐头并进，均衡发展的态势，为广东的乐器制造再添实力。与此同时，广东乐器制造借着地区和劳动力的优势，兴起了贴牌生产，通过OEM，在促进行业扩大发展的同时提高了行业技术水平，为日后的自主创新打下了技术和资金的基础。

改革开放后至2000年是广东乐器制造业迅猛发展的时期，在这一时期广东乐器制造业进行了多种结构调整：体制结构调整，原先以国有企业为主的经济体制逐渐转变为国有、民营、外商及港澳台投资的多种经济类型并存的乐器行业新格局；生产结构调整，许多生产企业从生产零配件调整为生产乐器成品；营销结构调整，从内销为主向外销为主的外向型经济转变；科技结构调整，从劳动密集型向劳动与科技相结合型生产发展；产品结构调整，走高端产品生产的路子，为可持续性发展打下了坚实的基础。

至2000年，广东的钢琴产量达84482架，占全国总产量23万架的36.73%，是1979年1701架的49.67倍；吉他产量达151.75万把，占全国总产量160万把的94.84%，是1979年的8.9万把的17.94倍；提琴产量达80240把，占全国总产量的88340把的90.83%，是1979年的40800把的2.17倍。1987年全国电子琴产量48.82万架，广东产量1.25万架，占全国的2.56%；2000年产量53.5万架，占全国总产量117.1万架的45.69%，是1987年1.25万架的42.8倍；西管乐器产量1.1万支，是1980年0.21万支的5.24倍。2000年广东的乐器工业总产值达20多亿元，是1979年的100倍！在国内同行分地区排名中，广东从全国排行第四跃居全国第一，广东的钢琴、吉他、提琴、电声乐器、鼓乐、琴弦生产企业居全国领头羊地位。广东已成为名副其实的乐器生产大省。

三、升级与创新（2000—2009年）

跨入21世纪，广东乐器制造进入了日新月异的发展新时期。广东省音乐文化事业在省委省政府的推动下，不断繁荣发展，乐器行业更上一层楼。2002年国家轻工业乐器质量监督检测中心（广州）、广东省乐器产品质量监督检验站在广州成立。到2004、2005年广东省的乐器制造业在全国的领先地位确立无疑。刚刚过去的2008年全球性金融海啸严重冲击了我国出口贸易，许多企业减产停产，但广东的乐器制造业在艰难困境中一枝独秀，主动寻找机会，努力化危为机。2008年，广东乐器制造业规模以上企业销售收入为42.75亿元，占全国30%以上，同比增长20.43%，新产品产值率3.73

亿元，亦占全国的30%，同比增长17.07%；出口交货值18.28亿元，占全国的27%。钢琴产量10万台，提琴9万把，分别比2000年产量增长20%；吉他产量278.25万把，比2000年产量将近翻了一翻。广东乐器行业面对挑战，企业转变经营理念，不断通过加大产品结构调整，加强自主创新能力，加强内部管理，大力开拓国际、国内市场等有效举措，才使得乐器行业激流勇进，度过难关，终得各项经济指标位列全国第一。其中钢琴、吉他、高档提琴、琴弦、电声乐器全国第一。

21世纪，面对新的时代需求，广东开始以国际顶尖的标准打造乐器强省，朝着管理现代的“做强”目标进行升级。一方面调整产业产品结构，改良技术，从生产普及型乐器逐渐向生产国际中档，甚至高档乐器转型，减少普及型乐器产量比例，增加总体产值，往高精尖方向发展；另一方面，配合结构调整，提高自主创新能力，打造自主品牌成为关键。保证规模和产能提高的同时，乐器行业积极开展创名牌、抓质量，树品牌工作。企业走高、精、尖产品的发展路子，树品牌、创名牌，增大自主品牌出口，逐步使广东由乐器贴牌加工生产大省向乐器自主品牌强省过渡。

广东省乐器行业在贴牌加工的过程中吸收了许多国外的先进管理经验，掌握了先进的生产技术，这为在未来打造高端产品品牌和自主品牌积累了深厚的品牌理念和经营经验。在众多优秀的企业中，不少企业在广东省政府的培育下、在广东省乐器协会的引导下、在企业自身的努力下，已逐渐培育起了自主品牌：“珠江钢琴”荣获“中国名牌”称号及“中国驰名商标”；“红棉牌吉他”、“星臣牌吉他”、“红棉牌提琴”、“保嘉牌爵士鼓”、“美得理牌电子琴”和“里特米勒钢琴”荣获“广东省名牌产品”称号；“红棉牌”商标荣获“广东省著名商标”。

除品牌优势以外，长期的规模化生产和贴牌生产带来的技术积累使广东乐器制造技术走向成熟，走向独立，走向创新。钢琴、提琴、吉他和电声乐器等方面尤甚。20世纪80年代起，广东乐器行业劳模涌现，不仅体现了政府的重视，更是对行业精英创造能力的肯定。在提琴制造方面，广州三代提琴师青出于蓝，屡获国际大奖，广州的提琴制作水平已领先进入国际高端行列。在钢琴制造方面，珠江钢琴在全国独占鳌头，近年来率先引进国外技术专家，加大资金和技术投入，力图打造中高档钢琴品牌。如今，新品牌“恺撒堡”钢琴受到了广泛的好评。

六十载春华秋实，广东乐器行业从小至大，告别简陋的生产环境和手工操作，一步步走向尖端，迈向国际，发展成为全国重要的乐器生产和出口基地，变化翻天覆地。

回顾历史，我们感慨满怀，展望未来，我们在历史转折点上充满信心，豪情万丈。2009，将是中华民族在21世纪的新起点，也是广东乐器制造业的新起点。肩负社会各界的厚爱和政府的支持、政策的引导，沐浴科学发展的春风，未来的广东乐器行业将在和谐社会的大好形势下再接再厉，不懈奋斗，借着“天时、地利、人和”，再创佳绩，誓为中国制造新的骄傲！

纪念新中国成立六十周年专文之三

天津市乐器行业六十年发展历程

天津是我国乐器行业的重要基地，经过新中国成立60年的发展，形成了多品种，多种经济体制共同发展，具有一定规模的乐器生产与经营体系，西管乐器、打击乐器、手风琴是天津乐器行业具有较强影响力的拳头产品，满足国内外乐器市场的需求。回顾天津乐器行业走过的60年历史，既有与中国乐器行业发展历史的共同特性，也有其自身发展的轨迹。

从1949年新中国成立后到改革开放以前，天津市乐器行业经历了由新中国成立初期手工作坊式生产，转变为国有和集体企业的过程。1952年为当时中央音乐学院下属的修理厂，1958年组建天津乐器厂，产品注册商标“天坛”，下设手风琴、提琴、管乐三个车间。同时成立的还有天津民族乐器厂（以生产各类民族乐器为主）、天津凯旋乐器厂（综合生产各类乐器）、天津锣厂（以生产民族响铜乐器为主）、天津中华乐器厂（以生产吉他和电吉他为主）等。20世纪60～70年代，由于生产规模扩大，提琴和西管乐器相继从天津乐器厂剥离，单独成立天津提琴厂和天津管乐器厂，原有天津乐器厂以生产手风琴为主，并使用“鹦鹉”商标。

改革开放初期，天津市文体公司管理的天津乐器生产企业建立了以手风琴为主，民族乐器、提琴、管乐器、吉他等各类乐器为辅的综合类乐器生产体系。手风琴、大三弦、笙、阮、吉他等产品在国内有较高的知名度。鹦鹉牌手风琴最高年产量曾达到4万架左右。

20世纪80年代后，随着经济体制改革的不断深入，天津乐器行业的产业结构、产品结构和企业归属也发生深刻的变化，由单一国有（集体）经济向国有、民营、外资的多种经济形式转变，产品类别也相应扩大和增加，钢琴、电子乐器开始纳入到主导产品中。到2008年，天津市规模以上乐器生产已经名列国内各省市第3位，完成工业销售产值21.36亿元，出口交货值15.11亿元人民币。

1984年，原属天津文体公司的十余家乐器生产企业，与天津文体公司分离，单独成立了天津市乐器公司，下属12个企业，员工3000余人，其中，生产手风琴为主的天津乐器厂最大。1994年天津二轻集团公司再次进行体制改革，撤销天津市乐器公司，将12家乐器生产企业划属新成立的隆兴集团公司管理。

值得一提的是“鹦鹉”商标纠纷问题。“鹦鹉”商标是1964年天津乐器厂手风琴开始使用的商标，经过十多年的发展，鹦鹉牌手风琴成为国内外享有盛名的著名品牌乐器，是20世纪末曾获得过国家质量金质奖产品。但是，在鹦鹉牌手风琴出口不断扩大的过程中，天津轻工外贸公司在国际市场上注册了鹦鹉商标，并由此取得了鹦鹉手风琴对外出口权，从而严重影响了天津乐器厂手风琴对外出口业务。在天津市政府的多次协调下，有关部门曾经作出“天津乐器厂拥有内外销售权，天津轻工外贸仅拥有外销权”的规定，该规定时限为2000年，但2000年后鹦鹉商标仍然归属企业和外贸共同使用。

进入20世纪90年代以后，由于企业机制和市场的原因，天津市国有和集体企业生产逐步回落，天津凯旋乐器厂、天津锣厂、天津管乐器厂、天津提琴厂、天津中华乐器厂相继停产撤编。天津乐器厂也于2004年被位于静海中旺镇的天津华韵乐器公司并购。天津民族乐器厂在生产经营面临困难时采取划整分零，承包重组的多种形式保持了传统民族乐器的生产，以后又增加提琴生产。

天津民营乐器生产企业具有传统优势，20世纪50年代大部分企业转为国有集体企业的情况下，还保留了个别手工作坊，如天津“笙王”，从王印兰传到第五代王俊华所制作的笙在国内及港台地区都有较大的知名度。改革开放后天津市的民营乐器企业快速发展，形成了一批在国内具有较大影响力的知名企业、产品和产业集群。

成立于1984年的天津津宝乐器有限公司，原是宝坻县为北京提琴厂加工零部件的一家街道集体企业，1998年转制为民营企业，获得较大发展。进入新世纪以后，通过技术改造，企业总资产达到2.5亿元，主导产品：西管乐器年产量达到21万支，打击乐器年产22万套，产品出口到70多个国家和地区。2006年企业获得全国总工会颁发的“五一劳动奖状”，津宝牌乐器获得中国驰名商标称号。

静海县是天津市的乐器集中产区，主要分布在蔡公庄镇、中旺镇、子牙镇等地区，共有乐器生产企业近百家，从业人员6000余人。蔡公庄镇是西管乐器集中产区，该镇四党口村在1976年兴办第一家为天津管乐器厂作抛光的手工作坊，后又增加铸造业务。20世纪80年代后，开始生产轻步号。随着四党口村西管乐器业务迅速扩大，又开办了数个管乐器生产厂，加工品种和产量不断增加，规模逐步扩大。发展到2009年，静海县的20余家民营西管乐器生产企业总资产达到近2个亿，生产各类西管乐器30万～40万支，其中规模较大的企业有圣迪、奥维斯、汉邦、德誉等。中旺镇是手风琴集中产区，天津华韵乐器有限公司成立于1986年，初期为天津乐器厂联营企业，当时为天津乐器厂二分厂，1996年改名为天津华韵乐器公司，除生产手风琴外，增加风琴、架子鼓、古筝等产品。进入新世纪后，天津华韵乐器公司不断扩大发展，企业实力明显增强，2004年并购天津乐器厂，鹦鹉商标国内使用权归天津华韵，为此企业另注册了“天津鹦鹉乐器有限公司”，进一步扩大鹦鹉手风琴生产。到2009年通过企业技术创新及组织产品宣传活动，使鹦鹉手风琴的社会影响力重新恢复和提高。子牙镇是民族乐器的集中产区，该镇潘庄子村王泽云兄弟从1962年起就开始生产笙、管、笛、箫、唢呐等民族管乐器，规模逐步发展壮大，经过改革开放30年，该地区已经有十余家生产民族乐器的民营企业，生产的竹笛和葫芦丝在国内市场占有较大份额，影响力不断扩大。近年来，随着天津静海县乐器生产规模不断扩大，得到本地区政府的重视和支持，乐器产业成为静海县支柱产业之一，天津圣迪乐器有限公司被授予“天津市文化产业示范基地”。

改革开放后，天津市外资乐器企业得到迅速发展，企业数量不断增加，生产规模不断扩大，经济效益大幅提升，进一步促进了天津乐器生产的快速发展。其中主要外资企业有功学社（天津）乐器公司、天津英昌乐器公司、天津雅马哈电子乐器有限公司等。功学社（天津）乐器公司是台湾功学社教育用品有限公司于1994年在天津杨村建立的独资企业，主要产品是爵士鼓、西管乐器和乐器支架，产品基本上全部出口。天津英昌乐器公司是韩国英昌乐器公司在1995年与天津东丽区合资成立的钢琴生产企业，是最早进入中国的外资钢琴企业之一。2006年韩国现代企业收购了韩国英昌公司，天津英昌乐器公司收购了当地生产大队以土地入股的8%股权，继续保持原有生产规模。1989年成立位于天津市经济技术开发区的天津雅马哈电子乐器有限公司是国内第一家也是最大的电子琴外资企业，年生产各类电子琴100万台，占全世界电子琴总产量的1/3。除此以外，还有日资天津通宝乐器有限公司、韩资天津沈劳乐器公司（生产提琴）及与美国AXL公司合作的天津超拨乐器公司等。

此外，天津市还建有归属于天津市技术监督局的“天津市乐器产品质量检验站”，该乐器检验站始建于1990年，原隶属于天津乐器厂，后相继升格为天津市二轻局检测站及天津市产品检测67站。2006年该站通过整顿验收，重新组建天津市乐器产品质量检测站。

天津市是乐器内外贸十分活跃的沿海城市，各种类型的国内外乐器贸易公司在天津比比皆是，许多外国乐器公司在天津成立贸易公司，一些国内乐器生产企业也在天津设有办事处。天津市的乐器琴行大约有50余家，主要分布在和平区、河西区、南开区、河北区等。2009年，天津音乐学院周边地区正在兴建乐器一条街，将于年底开业，届时将会有一批乐器琴行入驻。随着我国环渤海经济区的逐步形成，天津市乐器行业在国内的地位将会进一步提升。（丰元凯）

纪念新中国成立六十周年专文之四

上海市乐器行业发展六十年历程

上海是中国乐器行业重要生产基地，新中国成立以前就有了乐器制造的萌芽和雏形，从新中国成立初期直到改革开放后，基本建立了钢琴、风琴、口琴、管乐器、手风琴、提琴、民族乐器、电声乐器、乐器配件等多门类、多品种乐器生产体系。20世纪七八十年代，聂耳牌钢琴，百灵牌管乐、提琴，敦煌牌民族乐器，百乐牌手风琴，国光、上海牌口琴都是当时国内很有名气的乐器，在消费者心目中享有较高声誉。而从20世纪90年代起到本世纪初，随着经济体制改革的不断深化，原来以国有企业为主体的上海乐器行业经过不断转制变型，各种类别乐器企业出现了不同情况的发展：敦煌民族乐器在继续保持国有企业体制上加速发展，扛起国内民族乐器龙头企业的大旗；钢琴从原仅有一家上海钢琴厂发展为多家钢琴成品厂与配件厂并存的局面，成为国内钢琴企业数量最多的地区之一；口琴产品维持着原有的生产格局；华新电子乐器、上海管乐器、上海提琴生产由国企改制为民营企业；手风琴在本世纪初停止生产，退出乐器市场。

在新中国成立六十周年前夕，将上海乐器行业各个类别乐器发展情况作简要回顾。

钢琴生产发展概况

上海钢琴发展可追溯到1870年英国谋德利洋行在上海闸北、宝山区开设谋德利琴厂。当时从英国进口钢琴、风琴部件，英国技工到中国进行技术指导，雇佣中国工人在上海制作外壳并装配成钢琴、风琴。建国后，党和政府大力发展文教事业，兴办各级学校，因此各地钢琴、风琴需求量急增，当时上海市工会组成“上海钢琴、风琴行业联合组”组织调配劳动力生产钢琴，期间出台优先录用业内工人等政策，使得上海钢琴生产技术力量进一步扩大。到1953年，上海钢琴、风琴生产有了一定规模和生产能力。

1956年1月，上海钢琴行业完成公私合营。1958年由三个中心厂，29家小厂合并，在原英商谋德利琴厂的原址成立上海乐器厂。1965年，上海累计生产钢琴7374架，风琴49440架。

1958年，轻工业部为加快我国乐器工业发展，在上海乐器厂召开“全国乐器工业现场会议”，并在同期成立了乐器研究所。当时的上海乐器厂成为全国钢琴制造行业人才培训的基地，曾接受各地委托，先后抽调一批技术骨干到国内各钢琴厂帮助建厂。

1967年，上海乐器厂改名为上海钢琴厂，在“文革”期间，钢琴、风琴生产受到严重影响，市场萎缩，企业面临转产。

“文革”结束后，随着市场对钢琴需求量的逐步扩大，上海钢琴厂恢复生产，并进一步扩大生产规模，在生产场地不足的情况下，通过外联成立了木制品、铁排等三家联营厂，在东北、浑江、八道沟建立了钢琴用料配件基地，使钢琴生产量有了快速增长。

1987年，上海钢琴厂转为上海钢琴公司，并把乐器修配厂、上海樟木箱厂并入上海钢琴公司。

20世纪90年代后，上海钢琴生产格局发生了重大变化，在国内外钢琴市场迅速扩张的形势下，一些有志于发展钢琴生产的民营企业人士，利用上海特有的地域优势，在上海建立钢琴成品生产和配件厂。在产业结构的不断调整过程中，上海钢琴公司作为国有企业经过几次变革和资产重组，基本上保持着原有的生产规模，而其他钢琴企业，如“海立”，“中雅”、“欧亚”、“玛珂”、“马歇尔”、“帕拉天奴”等近20多家钢琴企业迅速崛起。另外还兴起一批钢琴外壳、击弦机、榔头等配件企业，分布在上海市郊各区。进入21世纪以后，德国施坦威等一些外资钢琴企业也看中上海的国际化商业大城市的地位，在上海建立贸易公司，德国贝希斯坦与韩国三益合作在上海共同建立了钢琴企业。

民族乐器生产发展概况

上海民族乐器生产始于清乾隆、嘉庆年间。新中国成立以后，上海民族乐器生产有了迅速发展，1955年同业公会乐器组有会员61家，从业人员402人，1956年，上海市的乐器手工作坊达到148家，工人734人，1958年全部实行了合作化，组成了七家生产合作社。以后，这七家乐器生产合作社，改组为三家集体所有制企业，上海民族乐器一厂生产拉弹吹打综合性民族乐器，二厂以制作锣鼓类民族乐器为主，三厂主要生产凤凰琴和风琴。改革开放以后，上海民族乐器二厂和上海民族乐器三厂转制成为民营企业。而上海民族乐器一厂在集体所有制基础上加快发展，在企业规模和敦煌牌民族乐器产品质量上都有很大的提升，先后组建了上海敦煌乐器公司、上海瑰宝乐器公司、上海兰考乐器公司等三家子公司。产品销售覆盖全国30多省市，而且大量出口。进入新世纪后，上海民族乐器一厂以“传承精典，引领时尚”为指导思想，在抓好企业经济效益的同时，大力发展文化产业。2008年企业销售收入达到1.26亿元，10年时间翻了三倍。敦煌乐器连续几年被评为上海市著名商标和名牌产品，企业相继参加了北京奥运会、残奥会及“CCTV民族器乐大奖赛”等多项重大社会活动，敦煌乐器的社会影响力不断扩大，上海民族乐器一厂成为国内民族乐器生产的龙头企业。

口琴生产发展概况

上海是国产口琴的发源地，1934年国光牌口琴就在上海开始设厂生产，新中国成立初期，上海大约有七八家私营口琴厂。公私合营后，留下国光口琴厂和中央口琴厂两家。“文革”后期，中央口琴厂改名为上海口琴总厂（由上海罗丝厂、中央口琴厂、东方口琴厂三家企业组成）。20世纪80年代后，由于国内外市场对口琴产品的大量需求，各口琴厂分别扩大生产规模和产量，相继在江苏农村建立加工点。如上海国光口琴厂在靖江和无锡设立加工点（现江苏天鹅乐器有限公司和江苏无锡铃木乐器有限公司），上海口琴总厂在江阴建立加工点（现江阴金杯乐器有限公司）。20世纪90年代后，地处江苏和浙江的一批乡镇口琴企业逐步从加工点生产形式转变为有品牌的成品生产。上海口琴企业的结构也发生了变化，上海口琴总厂被上海煤气公司收购，上海东方口琴厂停产，上海国光口琴厂经过合并重组体制改革，成立民营上海国光口琴有限公司。目前，上海口琴生产的格局基本由上海国光口琴有限公司、上海口琴总厂、上海兰声口琴厂、上海兰声豪纳口琴厂、上海国兴口琴厂等企业构成。上海作为国产口琴的发源地，其规模和产量都已不如江苏，但上海仍然具有较大的口琴生产技术优势。经过建国后60年的发展，口琴品种不断升级换代，由16、24、25孔普及型口琴发展为28孔专业演奏型口琴，还研发了贝斯口琴、和弦口琴、口风琴等新品种，不断满足市场的需求。

管乐器生产发展概况

上海管乐器生产由新中国成立初期几家小手工作坊发展起来的，公私合营后合并成立上海管乐器厂，开始仿制西洋管乐器。1958年形成批量生产，产品出口到英国等国家，该厂生产的百灵牌、海鸥牌管乐器也逐渐出现在国内市场。2002年5月，上海管乐厂转制为上海管乐厂有限公司，2003年在上海嘉定区建新厂，新厂占地25亩，员工180余人。以后该厂与美国AXL公司紧密合作，大力开拓海外市场，2006年企业走上良性循环的发展轨道。百灵牌管乐器基本形成了多品种的中高档产品生产体系。

电声乐器生产发展概况

上海电声乐器生产在20世纪70年代末起步，由上海文体用品研究所研发出国内第一架电子琴，向国庆节献礼，受到社会高度关注。但这时的电子琴生产处于科研阶段，并没有形成产业化。上海电声乐器真正形成批量生产是上海民族乐器一厂在1983年—1984年生产卡西欧电子琴。1985年起，上海华新电子厂、上海无线电21厂、上海金鹿无线电厂上马研制并生产国产电子琴，成为当时上海市场炙手可热的紧俏商品。1986年前后，全国有200多家电子乐器生产企业一哄而上，但上海市仍以三家电子乐器生产企业为主。到20世纪90年代，电子乐器生产由于市场和产品质量的问题，国内大部分生产企业下马，上海的两家电子乐器企业陆续退出电子乐器行业，而上海民族乐器一厂也因民族乐器市场开始火热而停止了电子琴生产。在20世纪末到本世纪初，上海市电子乐器行业基本上是以上海华新电子乐器厂为主。该厂经过企业转制后，成立上海华新电子有限公司得到快速发展，初步形成了中高档电子琴，数码钢琴等电子乐器和MIDI键盘等计算机音乐产品两大类电子产品生产体系，出口以“OEM”为主，大量出口到欧美，日本等西方国家。从2006年开始，上海华新数码钢琴年出口量达到1.2万～1.3万架。

提琴生产发展概况

新中国成立前，上海就有弦乐器生产手工作坊。建国后，提琴作坊联合成立仙乐乐器厂，注册商标仙乐牌。1958年到“文革”期间，上海仙乐乐器厂改名为上海提琴厂，一直保持着国内提琴生产的主导地位，产品商标为百灵牌和金钟牌。当时的上海提琴厂除生产提琴以外，还生产西洋乐器和民族乐器琴弦。改革开放以后，兴起了“提琴热和吉他热”，上海提琴厂又开发了吉他生产，生产处于严重供不应求的状况。为了扩大生产，上海提琴厂大力发展乡镇加工生产业务，与江苏溪桥提琴厂（现泰兴凤灵乐器公司）进行联营，扩大产能。20世纪80年代末到90年代初期，由于体制和市场的原因，上海提琴厂生产规模逐渐萎缩。2004年上海提琴厂改制为民营性质的上海百灵金钟乐器有限公司，主要以生产中高档提琴为主。

手风琴生产发展概况

上海百乐牌手风琴也曾有过一度辉煌，新中国成立初期上海有几家生产手风琴的作坊，公私合营成立上海手风琴厂。20世纪80年代是企业发展的顶峰时期，生产品种从2-24贝斯到32-120贝斯手风琴应有尽有。2-24贝斯玩具手风琴年产30万台，演奏手风琴年产3万多架，801、901、903型回声高档演奏型手风琴形成批量生产，后又研制成功了钮扣式、巴扬手风琴。上海手风琴厂和天津手风琴厂成为当时国内手风琴生产的两大主体。20世纪90年代末期由于企业成本不断上升，市场份额被国内新兴的手风琴厂挤占，上海手风琴厂于2005年倒闭，上海手风琴市场被原来的加工点——江苏扬中华联手风琴厂取代。

乐器琴行和贸易公司发展概况

上海乐器琴行在新中国成立后到改革开放之前仅有两家专业琴行，即万里琴行和声歌琴行。除此以外，乐器销售主要是市百一店，市百六店、市百九店和华联商厦的乐器柜台销售。改革开放以后，由于人民生活水平的提高，乐器需求日益增长，遍及全国的乐器专业销售琴行如雨后春笋般兴起，到21世纪初，上海市已有琴行200余家，主要集中在金陵东路，大约43家，其中规模较大的琴行有上海知音琴行、柏斯琴行、海音琴行、海曼琴行、大音琴行等。上海知音琴行已有12年的发展历史，目前有10家连锁店和8家培训学校，年销售收入1.6亿元，成为国内销售额最大的琴行，并入围全球乐器与音响225强。

其次是形成一批跨国乐器贸易公司。其中主要有上海超拨实业有限公司，香港柏斯琴行总部。上海超拨实业有限公司是美国AXL国际乐器公司的中国公司，其业务范围是在国内组织生产乐器及配件，通过美国公司出口中国乐器，并同时进口乐器在国内销售，年销售收入达到7000万美元。香港柏斯琴行是香港最大的乐器琴行之一，自1993年进入中国以后，先后在国内各大城市建立了50家琴行，其总部设在上海。同时还在宜昌建有宜昌金宝乐器有限公司专业生产钢琴。

三是国际上各主要乐器公司都在上海设立贸易公司，除德国施坦威在上海建有施坦威（上海）贸易公司以外，日本雅马哈、卡瓦依、卡西欧、罗兰公司都在上海设有贸易公司。这些公司利用上海优越的进出口环境，开展全球乐器贸易活动，对扩大和推动中国乐器全球化起到重要的作用。

从20世纪90年代初到2009年，上海乐器行业随着经济体制改革的不断深入和发展以及上海市作为国际化大都市的形象在世界上的影响力不断加大，原来以国有企业为主体的上海乐器行业发生了转型和变革，各类企业加快了调整步伐，大量外资和民营资本注入上海乐器行业，使得上海乐器行业成为多种经济所有制共同发展，充满活力，日益繁荣的中国乐器生产与贸易的重要基地。特别是2002年起，由中国乐器协会、上海国际展览中心有限公司，德国法兰克福展览有限公司共同举办的“中国（上海）国际乐器展览会”，连续举办8年后，使上海国际乐器展览会成为目前世界上第三大乐器展览会，国内外音乐艺术及乐器贸易的交流平台和信息窗口，上海乐器行业在促进和推动中国与世界的乐器经济的发展，扩大国内乐器贸易的各项业务中发挥着举足轻重的作用。（陈惠庆）

纪念新中国成立六十周年专文之五

星海钢琴六十载

曾泽民（原北京星海钢琴集团有限公司党委书记）

2008年8月8日晚间的一刻，全世界十多亿观众通过电视屏幕聚焦在第29届奥林匹克运动会闭幕式场景：

一架白色的星海牌钢琴在青年钢琴家郎朗的指尖奏响一曲“晨光”，它那具有时代气息的外观和令人心醉的悠美音色至今历历在目，难以忘怀。

这架星海钢琴记载着“星海人”六十年的成长足迹和改革开放三十年的发展历程。今天，在纪念共和国六十年华诞的神圣日子里，浮想联翩，与新中国同龄的“星海钢琴”往事一幕幕显现……

“白手起家”创辉煌

1949年6月1日，“星海钢琴”的前身“人民艺术服务社”成立，当时主要靠钢琴维修调音、修理旧琴和旧琴翻新后出租或出售来维持生计，最初，服务社只有三人，逐渐发展到20多人。1950年，“人民艺术服务社”更名为“新中国乐器工厂”，增大了制作乐器的比重，一个工厂的雏形逐步形成，“新中国乐器工厂”首先选择钢琴作为主打产品。1953年初，“新中国乐器工厂”更名为“北京市乐器厂”，随后成立了以北京钢琴厂为核心的“北京乐器总厂”。1956年以中国最具影响力的音乐家冼星海的名字作为北京乐器产品的商标，“星海”商标启用当年，星海钢琴就开始出口到东南亚和北欧的芬兰等一些国家。1985年10月，北京星海乐器联合公司宣告成立。1994年11月，正式改制为星海乐器有限责任公司。

新中国第一架国产钢琴的诞生，经历了极其艰难的孕育过程。当时，并不具备生产钢琴的条件。但是，工人师傅们想方设法解决困难，用各种替代品代替钢琴零部件，经过反复测量，艰苦努力，终于制造出第一架立式钢琴，至此，中国人只能修钢琴，不能制造钢琴的历史宣告结束。

时至今日，60年的风雨征程，星海人已生产钢琴697961架。改革前30年星海钢琴从无到有仅生产了25999架。伴随着改革开放的春风，企业逐步发展壮大，改革开放后的30年星海人生产钢琴达671962架，是改革开放前的25.8倍。

“抽丝破茧”闯“江湖”

改革开放之前，计划经济体制下，星海钢琴厂作为“国有企业”，实行的是以生产为中心，原材料供应产品销售“统购包销”。改革开放的80年代初，改革开放以后，在计划经济向市场经济过渡的经济体制深入改革的形势下，星海钢琴开始向自找客户，自寻市场谋出路。那种“衣食无忧”、“皇帝的女儿-不愁嫁”的日子一去不复返。星海钢琴开始步入市场经济发展轨道。

星海钢琴在前进的道路上营造出三个自我发展的市场：

一是建立起东北林区的木材原材料供应基地，彻底解决了钢琴木材来源的根本问题。

二是建立星海钢琴公司营销体系。从1983年11月星海公司在北京召开第一届全国订货会起，到2009年，星海公司共召开过38届星海产品订货会，内销成交额持续增长，星海钢琴地级以上城市覆盖

率100%，

三是建立国际营销网络。20世纪90年代初，星海公司开始探索自行出口之路。一方面企业内部进行组织机构调整，筹建负责对外贸易的进出口部，另一方面积极申请自行出口权。1992年4月外经贸部批准了北京钢琴厂的自营出口权，从此星海产品的自营国际贸易正式启动。时至今日，每年的德国法兰克福国际乐器博览会、美国洛杉矶国际乐器展览会，以及大量的出国考察，国际交流，为星海产品跻身国际市场创造了宝贵商机。1993年钢琴出口2624架，创外汇185万美元。到了2004年出口钢琴猛增到10099架，创汇1338万美元。至今，已累计出口钢琴达111236架，创汇11887万美元。

“拜师学艺”长本事

星海钢琴的生产工艺和制造技术，是老一辈星海人从测绘开始，在长期的实践中摸索出来的。200多年来，钢琴生产一直由欧美垄断，以后日本、韩国相继崛起。为了赶上日韩等国际钢琴制造大国的步伐，星海需要“拜师学艺”

为此，星海钢琴走过了三步曲：

第一步，请洋专家。1989年3月，北京市引智办在日坛饭店召开外国专家协议签字仪式，北京钢琴厂正式与德国钢琴制作专家劳瑟·切尔先生签订技术指导协议，任命切尔先生为北京钢琴厂副厂长兼总工程师。不到一年的时间，在切尔先生的带领下，以“奥托麦斯特尔”品牌命名的一批新款式、新材料、新工艺制造的钢琴推向了市场。在当年举办的德国法兰克福国际乐器博览会上，“切尔琴”受到了国际客商的热捧，一次展会接到了3000架钢琴的订单。

第二步，与外国钢琴企业“合资”、“合作”。1989年10月22日，北京钢琴厂与加拿大泛亚绿洲集团、中国技术进出口公司北京分公司三家创办“北京海资曼有限公司”，成为全国乐器行业第一家合资公司。一百多年历史的国际品牌和星海专业技术队伍有机融合，使北美风格的海资曼钢琴融入了国产钢琴的大家庭。

1995年星海与日本卡瓦依公司开始技术合作，按照日本卡瓦依钢琴的技术和工艺，抽调精兵强将组建了卡瓦依分厂。在十几年的技术合作中，星海公司先后派遣赴日本卡瓦依公司实习的技术人员多达百人次，并邀请日本卡瓦依公司技术人员长期来京指导。走出去，请进来，星海人制造国际高档钢琴的技艺在不断攀升。今天，星海人自行生产，质量严格把关的卡瓦依品牌钢琴已增加到15个型号、20多个款式。年产卡瓦依钢琴从1995年650架增到2007年8000余架，其中四分之一出口。

“强身健体”三级跳

市场经济的不断深入，产品竞争的不断激化，大大加快了星海钢琴技术改造的步伐。六十年来，星海钢琴彻底完成了从“手工作坊式生产”到“现代工业化生产”经济增长方式的转换。

1978年星海公司吸收外贸支持贷款10.9万元，购置27台木工机械，提高了木加工精度。80年代贷款40万美元，引进日本、德国钢琴关键设备，使星海向机械化生产迈进了一步。

1985年12月，国家计委批准钢琴厂技术改造项目，总投资5770万元。1992年6月，一大批国外先进设备安装投产，一万平米总装楼竣工使用，一期技术改造顺利完成。钢琴年产量从4500架增到14228架，增长了41%，实现利税1820万元，增长4倍多。技术改造最成功的键盘车间和挂弦流水线等达到国内一流水平，实现了大规模生产转移和扩产。对老企业的全面改造，使星海钢琴步入了一个崭新的发展期。

一期技改之后，1995年、1996年星海钢琴开始运作第二期技术改造，总投资8000万元，扩建厂房14000平方米，更新设备，扩大产能，快速完善和提升了技术改造成果。十年磨一剑，星海人坚韧不拔的意志和惊人的创造力改变了中国乐器制造业的历史，钢琴年产量从不足2000架扩大到3万架，资产从不足2000万元扩大到5亿元。

2002年开始策划星海工业园建设方案，公司领导亲自组织专项小组，经过详细考察论证选址，于2003年4月在北京经济技术开发区，征地389亩，建设星海工业园。经过660余天的艰苦奋斗，一个3.6亿元投资，13万平米厂房，现代化的生产线和一流的技术设备，5万架立式钢琴、5千架三角钢琴产能的“星海工业园区”在北京东南部兴起。

“脱胎换骨”获新生

星海公司在我国经济社会各个发展阶段中，体制、机制不断改革，不断完善，走上了一条“新型工业化”的发展道路。

20世纪80年代，星海公司企业结构发生重大变化，由原来单一乐器企业，相继并入北京钟表机床厂、北京灯具厂、北京照明器材二厂等企业，并托管北京电池厂。

1994年11月，星海公司迈开了整体经营体制改革的步伐，组成北京星海乐器有限责任公司，注册资本6513.6万元，公司总资产3.69亿元。1995年11月吸收新注资，企业注册资本增到6862.37万元；2003年、2007年两次扩股增资，注册资本增至2.1亿元，总资产达到6.5亿元。

2004年，“北京星海乐器有限责任公司”更名为“北京星海钢琴集团有限公司”。公司的现代体制改革，既体现了国有资本的重组和发展，又发挥多元化投资的作用，同时伴随着企业决策层、执行层、监督保证体系的完善，制度建设的提升。星海钢琴集团形成了以钢琴为主，西管乐器、民族乐器、配套产品为辅的星海产品群，形成了以钢琴年产能5万架的主生产线为龙头，5家合资精品线辅佐，星海钢琴商城、星海音乐培训学校、乐器研究所全方位配合的乐器制造基地。

“励精图治” 企业兴

进入21世纪后，面对新的历史时期和日益激烈的市场竞争，星海公司提出了创“五新”的发展思路（即新材料、新工艺、新设备、新产品和新的管理方法）和“三精战略”（精品、精益化生产、精兵简政），企业取得了突飞猛进的发展。

在扎扎实实创五新，轰轰烈烈打市场的同时，公司从基础工作入手，不断强化规范管理，在全国同行业率先通过了ISO9002国际质量管理体系认证（1998年），通过了ISO14001国际环境管理体系认证，2008年又通过了职业健康安全管理体系认证，并实现质量、环境和职业健康安全三体系整合。三个体系的建立实施，通过持续开展三个体系的管理和认证，星海钢琴集团在管理上开始与国际先进企业看齐，企业的专业素质和核心竞争力年年攀升。

30年改革开放的创业中，星海公司越来越认识到星海品牌是企业的宝贵财富，争创中国名牌、世界名牌是星海人梦寐以求的愿望。经过不懈地努力，星海钢琴于2003年获得“中国名牌”殊荣，2006年又连获“中国名牌”，同年“星海”商标被认定“中国驰名商标”。

“海纳百川”铸文化

星海公司六十年发展历程，一直以人民音乐家冼星海为榜样，把“团结、拼搏、求实、创新”作为“星海精神”，铸造企业文化。

1959年，当时的中国十大建筑之一人民大会堂落成，周恩来总理在视察人民大会堂时指出，中国人自己要制作一架与大会堂内万人大礼堂舞台相匹配的钢琴。遵照总理的指示，第一代星海人奋发图强，用不足百天的时间就自行设计制作出了一架至今“国内仅有，世界罕见”的十五　三角钢琴，向国庆十周年献礼。今天，这台世界上最大的钢琴依然摆放在人民大会堂的中央大厅。

1985年3月，第一届北京市少年儿童钢琴比赛由中央音乐学院和星海钢琴的共同创办，周广仁为评委会主席，刘诗昆、鲍蕙荞等14位钢琴家组成评判委员会。从1987年开始，第二届北京市少年儿童钢琴比赛正式冠名“星海杯”，从第三届“星海杯”少儿钢琴比赛开始，改成了全国性的比赛。至今坚持每两年举办一届。2008年第十二届“星海杯”迎来了数以万计的全国少年选手参赛。20多年来，“星海杯”的影响力越来越大，“星海杯”的覆盖面越来越广，郎朗、王笑寒等许多青年钢琴家都是通过参加星海杯钢琴比赛而成才、成名的。

60年来，星海钢琴为实现“科教兴国”战略，繁荣文化音乐事业开展了大量有益的社会公益活动。

——向国家大剧院捐赠音乐会用琴；

——为邓小平百年诞辰和冼星海百年诞辰音乐会特制钢琴；

——为第11届亚洲运动会特制钢琴；

——为中央电视台春节晚会特制钢琴；

——为香港回归提供100架钢琴用于广场音乐会；

——为澳门回归提供21架三角钢琴在中国历史博物馆助演；

——作为CCTV电视青年歌手大奖赛和央视许多

文艺频道的音乐节目，以及“龙的传人”颁奖晚会和长城文化节等重大文娱活动的指定用琴。

……

环渤海大经济圈在呼唤，黄木场、大运河在催促，亿万音乐爱好者在期盼。2010年，星海将以实现年产钢琴5万台，西管乐器8万支，销售收入7亿元的发展目标跻身于世界钢琴生产的前列。星海人曾经创下了光辉的历史，也必将迎来更加光辉灿烂的未来。

“自信人生二百年，会当水击三千里”，自信自强的星海人一定会面对挑战，超越自我，让星海钢琴奏出更加华彩的新乐章。

纪念北京奥运会专文之一

看奥运　亦品中国文化
听民乐　尽享沪上风情

为让世界关注中国、了解中国，第29届奥运会组委会和中华人民共和国文化部联合主办“中国故事”文化展示活动，以“关注中国国家级非物质文化遗产和传统民族、民俗、民间文化”为主旨思想，为全国各省、自治区、直辖市提供了一个展示本地区民族文化艺术的窗口。展示时间从2008年8月9日至9月17日，奥运会及残奥会期间。

上海市非物质文化遗产保护中心按照奥委会的要求，参加本次展示活动的主题为“中国故事——锦绣上海”，以中国民族乐器为主打展示项目，配合其他非物质遗产保护项目资源进行多维展示。展示活动以实物展览和现场演示的方式，结合多媒体播放，展现上海最具代表性民族、民俗、民间的“三民”文化。

主办方为上海提供90平方米的展区，“锦绣上海”将分为四个区域：氛围营造区、静态展示区、动态演绎展示区、来宾互动区（图1、图2）。

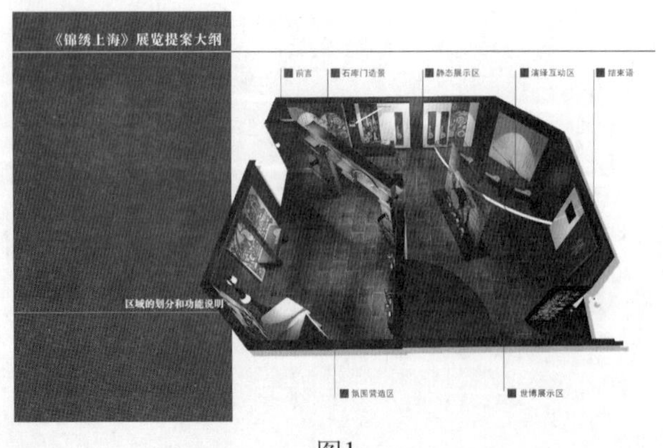

图1

图2

氛围营造区——上海石库门的建筑风格；多媒体视频播放；金山农民画、顾绣、海派剪纸和面塑、竹刻等等，再配以江南丝竹、老上海音乐、新民乐等音乐背景，营造出浓郁的上海风情氛围。

静态展示区——展示30余件各具特色的中国民族乐器，按照乐器的发声方式分为四个展区：一、弦鸣弹拨、拉弦乐器展区；二、气鸣乐器展区；三、体鸣乐器展区；四、膜鸣乐器展区。按乐器的形制和风格可分为4种类型：常规型民族乐器、珍贵藏品型乐器、仿制型乐器和时尚新品型乐器。

本次展览乐器资源由上海民族乐器一厂提供。

（1）气鸣乐器展区：奥运笛、仿唐笙和竽、仿明清式笛和箫、排箫、骨哨和埙等。

气鸣乐器中占主导地位的是笛子，其音色嘹亮悠扬。此款“奥笛”为2008北京奥运专制作品。骨哨和埙起源约7000年，是中国最古老的乐器。仿唐笙和竽的形制和制作方法与今日笙几无二致，仅吹口不同，以薄竹片制成激发振动的簧片，实在是祖先们智慧的印证，后世西方的风琴亦移植此理（图3）。

（2）弦鸣乐器展区：闵惠芬用二胡、极品雕饰二胡、电声二胡、仿唐四弦琵琶、汉龙琴首书法琵

图3

琶、极品金饰古筝、直项精品中阮、纪念版月琴、古琴、京胡、小三弦等。

著名二胡演奏家闵惠芬1963年“上海之春”大奖赛夺魁用二胡（图4）。

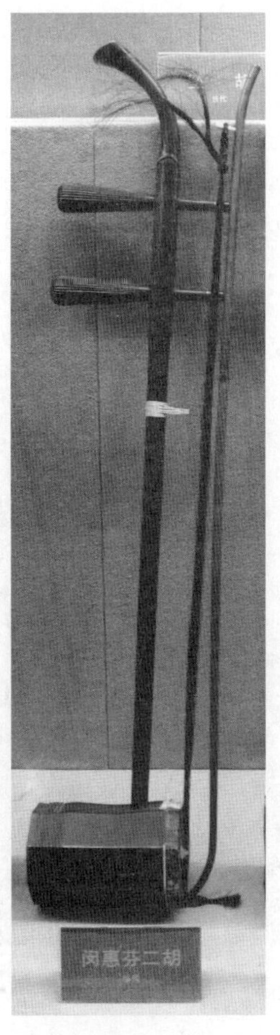

图4

“行云流水”极品雕饰二胡，上海民族乐器一厂之珍品，以百年名木制成，象牙饰之，通体镌以云水之状。琴首流畅的线条配以玲珑的雕饰，顶球内操琴人栩栩如生，尽显海派生活的精巧与精心（图5）。

图5

仿唐琵琶，为仿制日本正仓院中国唐代乐器藏品，紫檀木背板泽栗木腹板，仅100厘米 4弦4柱拨片弹奏（图6）。

图6

汉龙琴首骨粉书法琵琶，最富盛唐色彩。此款琵琶琴首刻龙“活龙活现”，而背板书法“毕恭毕敬”，互为衬托，相得益彰。

据考，四弦琵琶系传自伊朗加以发展演变而成今制。

“金鹤朝阳”极品金饰古筝，篦选良材，“筝父”徐振高率众弟子悉心打磨历时年余。金饰工出百年“老凤祥”，图承原意更作新笔，平嵌云纹巧配浮雕以凸显鹤之灵、松之苍、日之辉，于豪放中见细微。金饰底纹的流畅与金鹤的细密相得益彰。云鹤图大气而生动，体现了海派生活的优雅品位和气韵（图7）。

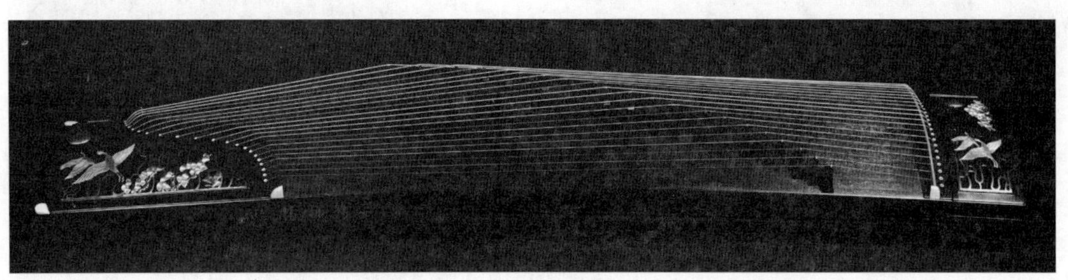

图7

（3）体鸣乐器展区：京剧用老红木板，京剧乐队由板和鼓、锣、京胡、月琴等组成，板和鼓是乐队“指挥”。

磬，由诸多定音石片组成的编磬在先秦时期就已出现。如果说编钟具有男性特征，编磬则有大家闺秀的风韵。

（4）膜鸣乐器展区：虎座鸟架鼓巨型乐器、战国时期楚国贵族的常用打击乐器。本复制品为体现中国鼓文化的浩荡之气，按原件比例放大，通高2600 mm，鼓直径 1338mm，与实物之比为：1：2.76。鼓架全部采用非洲花梨木雕刻而成，鼓皮为特制水牛皮，重量为：325 kg。（图8）

另外，展区还展出一批纪念版“世博情怀”仿真中国小乐器，其做工精巧别致，按实物乐器比例缩小了数倍，制作材料与实物乐器完全相同，是旅游馈赠之佳品（图9）。

动态展示区——由上海民族乐器一厂的“敦煌新语组合”现场民乐演奏，曲目有江南丝竹八大曲选，《欢乐歌》、《三六》；民乐合奏《喜洋洋》、《春江花月夜》；民乐独奏《十面埋伏》、《梅花三弄》等，乐队成员有较高的艺术造诣和良好的形象气质，她们身着海派旗袍服装表演，人们

图8

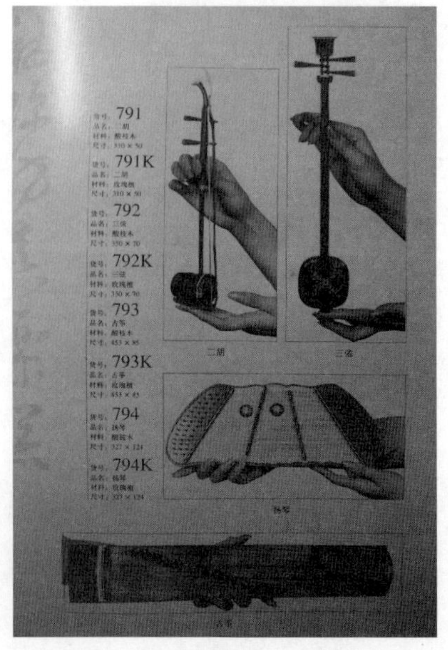

图9

图10

可一饱眼耳福（图10）。

新民乐演奏“老上海”音乐：《夜上海》、《夜来香》、《何日君再来》、《玫瑰玫瑰我爱你》等，听着这些音乐，仿佛使人们想起了二三十年代的老上海情景。

来宾互动区——“锦绣上海”团队特别在出口处开设了来宾互动区，这里展览了83项第一批上海市非物质文化遗产名录项目，参观者可向工作人员咨询上海非物质文化遗产保护工作情况，可以在留言簿上发表感想，可以购买微型小乐器、微刻艺术品和其他非物质文化遗产作品。

奥运年品尝中华“三民”文化，沪上情（琴）尽显民乐风采！本次“锦绣上海”文化展示是以中国民族乐器为主体的有机整体展出，它与顾绣、竹刻等“非遗”展品，均被视为“非遗”文化和“三民文化”展示的载体。同时，营造系列化而多风格的展示区域，并通过适当的、多种展示方式和手段，将各类上海“非遗”展品有机地、巧妙地融入主体的中国乐器展示体系之中，形成一种整体的、具有上海风情的中国文化的体现。

（文 刘京虹）

纪念北京奥运会专文之二

一个人 一棵树 一个产业 一种精神
——访北京奥运会河南段火炬手开封中原民族乐器有限公司总经理代胜民

2008年7月26日，北京奥运火炬传递活动在河南省开封市举行，代胜民作为兰考县两名代表之一，也是全国乐器行业唯一的火炬手参加了火炬传递。

上午10点许，31岁的代胜民身着197号运动服，手持祥云火炬，昂首健步，挥舞双臂，向周围群众表达着一位来自兰考县新型农民说不完的心声。

短短的30米，代胜民只跑了36步，这不平常的36步让代胜民终身难忘……

代胜民跑完了火炬接力后，记者对他进行现场采访，他多次说的一句话是：一个人，一棵树，一个产业，一种精神；有了“四个一”才有了我今天。

一个人是焦裕禄；一棵树是泡桐树；一个产业是民族乐器制造产业（现在兰考县有四大支柱产业：板材及木制品加工、民族乐器、纺织、纸业包装）；一种精神是焦裕禄精神。

兰考城郊有一种泡桐树，兰考人把它亲切地称为“焦桐”。如此称呼为的是缅怀一位兰考人民深切怀念的人——县委书记的好榜样焦裕禄。

泡桐又是制作民族弹拨乐器最佳的音板材料，全国所有民族乐器生产企业所使用的音板原料几乎全部产于兰考。现在，兰考县泡桐种值面积超过46万亩，林木蓄积量达80多万立方米，整个兰考县泡桐产业2007年总产值接近10亿元，其中以泡桐为主要原材料的民族乐器生产企业数量达到30余家，为此，兰考县成立了民族乐器行业协会。“焦桐”不仅是焦裕禄精神的象征，也给兰考人民带来了一个致富产业。

记者问代胜民："你为什么能够有幸成为一名北京奥运火炬手？"

"我之所以能够成为一名火炬手，代表兰考县80万人民，同时也成为乐器行业唯一的一名代表参加火炬传递，是我的光荣和骄傲。我要感谢我们兰考县的老书记——焦裕禄，要感谢今天整个乐器行业的大发展。我是靠焦书记和乐器行业发展才当上火炬手的。43年前，焦裕禄为治理兰考的风沙、内涝、盐碱'三害'，在城郊亲手栽种了泡桐树。今天，泡桐幼苗早已成材，枝繁叶茂，成为兰考发展最红火的桐木加工业。几十年来，兰考县靠泡桐发展了乐器制造业，成立了数十家乐器生产企业，我们河南生产的古筝、琵琶、扬琴各种民族乐器在国内外销售，品种和档次不断提高，市场影响越来越大。2007年，中央电视台"小崔说事"栏目专门报导了焦裕禄当年种下的泡桐现在已经形成了具有深远影响力的文化产业，乐器制造在兰考县蓬蓬勃勃地发展起来的情况，从此乐器制造业成为兰考县的四大产业之一。我作为兰考县最大民族乐器生产企业的总经理，兰考县乐器行业协会的副会长，得到了兰考县领导的高度重视。近年来，我连续当选并获得兰考县人大代表，兰考县十大新型农民，河南省科技创新先进个人，开封市首届优秀社会主义建设者等荣誉称号。当初，北京奥组委在设计火炬传递路线时，因焦裕禄的深远影响下达给兰考县的两个名额自然落到因焦裕禄而致富的新型农民头上，因此，经过若干次审核、面试使我有幸成为一名北京奥运火炬手，令我终身难忘。"

"当你跑完火炬传递以后，此时此刻，你的感受和体会是什么？"

"我是一个农民的儿子，今天我能够有幸参加奥运火炬传递，对于我来说是一种最高的奖励，我从内心感到幸运。这些天，我和其他火炬手们在一起，这其中有许多是为国家作出过重要贡献的人，有许多名人，有领导，与他们相比，我感到自己有许多差距。在跑完火炬传递以后，我产生了一种想法，火炬传递其实是一种象征，通过它是要把全世界的人民团结起来，向着光明、和平、幸福前进，这是一种精神，我作为乐器行业的代表，我想的是今后如何把奥运精神带到乐器行业中来，使我们的乐器行业向着更高、更快、更强的方向发展。体育是没有国界的，它属于全世界人民，同样音乐也是没有国界的，也属于全世界人民，我要为之而努力。"

"作为兰考县的两名火炬手之一，乐器行业唯一火炬手，对于你来说，这是一种无尚的光荣，面对兰考县人民和全行业对你的期待，你有什么想法和打算？"

"是兰考县80万人民养育了我，是乐器行业造就了我，我十分珍惜今天所取得的来之不易的成绩，但我也不满足于所取得的成绩。今后，我要从传统的民族乐器制造业的生产模式跳出来，用创新的姿态，以更快、更远、更高的奥运精神，大力发展兰考县的乐器行业，大力推进技术改造，转变经济增长方式，确立兰考民族乐器的品牌发展战略，奥运火炬传递给了我人生一次难得的机会，我要充分利用好这次机会，又快又好地发展兰考县乐器事业。"

记者采访完代胜民，来到他的企业——兰考县固阳镇开封中原民族乐器有限公司参观。透过满眼高大粗壮的泡桐树林，一排排红色砖房显露在眼前。代胜民领着记者参观了样品室、木材储备库，古筝琵琶加工，油漆，雕刻车间。

这里虽然没有乐器生产的大型企业那么气派，但还是简捷，朴实。样品室里挂着江泽民观看中州古筝弹奏，温家宝来到兰考县视察乐器企业的照片，企业获得各种证书、奖牌比比皆是。

代胜民告诉记者："开封中原民族乐器有限公司成立于1988年，是我父亲在兰考县建立的第一家民族乐器生产企业。1993年与台湾合资，经过20年的发展，现在企业占地30亩，年销售收入1000多万元，主要生产古筝、琵琶、扬琴、阮等各类民族乐器。我于2005年担任公司总经理，克服了资金、人员等方面的困难，使企业逐步走上了良性发展的轨道。几年来企业销售收入每年以30%的速度增长，同时我加大原材料的储备，完成了多项民族乐器机械设备的改进，大大提高了乐器生产效率。"

记者在参观当中，也看到代胜民近年来的民乐改革成果：古筝零部件标准化生产、三弦麻花轴机械加工，琵琶标准定位打孔等，在样品室里也看到了改革成功的蝶式筝，转调筝以及文琴等新型改革乐器。

刚过而立之年的代胜民，年轻有为，思路敏锐，记者从他身上看到未来兰考民族乐器发展希望。他的一句话引发了记者的深思。

代胜民对记者说："我出差时经常到大城市的宝马、奔驰汽车专卖店里去看，去听，虽然我买不起车，但我通过看一看，聊一聊，我会学习到许多先进的东西，了解现代企业的管理理念和细节，这是我们所不具备的，学习这些，运用到企业中来，会提升我们企业的管理素质，我知道了企业今后的发展目标。"

纪念北京奥运会专文之三

传统民族乐器插上科技的翅膀
——"罗兰-敦煌"电声二胡诞生记

2008年8月26日，今夜无人入睡，北京奥运会闭幕式文艺表演精彩绝伦，出神入化，其中一幅场景：64名美丽的少女，用中国传统民族乐器二胡研制创新的新品种——电声二胡，为《北京、北京，我爱你》动感十足的歌曲舞动伴奏。

演奏二胡的美女来自南京演艺集团和南京艺术学院，美女们手中的二胡是由日本罗兰电子公司和上海民族乐器一厂共同研制成功的"罗兰-敦煌"电声二胡，这是献给奥运会闭幕式的一份特殊礼物，是奥运会闭幕式音乐总监卞留念经过一年多研制成功的改良型民族乐器。据卞留念说，这项研发成果也是人文奥运和科技奥运结合的产物，使二胡这个传统的艺术插上了现代科技的翅膀,民族乐器将演绎更加完美的艺术。

北京奥运会结束后不久，记者采访了承担"罗兰-敦煌"电声二胡的主创单位负责人，上海罗兰电子贸易公司总经理程建桐和上海民族乐器一厂厂长王国振，请他们讲述"罗兰—敦煌"电声二胡的研制过程。

电声二胡研发过程历经两年半

此话还要从擅长二胡演奏的新民乐倡导者，作曲家卞留念谈起，2005年当他接受北京奥运会闭幕式音乐总监重任以后，在科技奥运理念的指导下，卞留念萌发了将中国民族乐器二胡引入北京奥运会的想法，但是二胡本身存在"音量小，音域窄，只能坐姿演奏"等局限性，使二胡无法胜任超大型音乐会广场演奏的需要。于是一种创新型二胡的方案在卞留念脑海中勾画。

据程建桐总经理介绍，2005年10月，卞留念在北京中央音乐学院与日本罗兰电子公司总裁梯郁太郎接触，谈及研制电声二胡的构想，得到罗兰公司方面的积极响应。日本罗兰电子公司以研发和生产具有现代科技水准的电子乐器产品在国际上享有较高知名度，特别是BOSS吉他效果器更是全世界业内人士认可的国际第一品牌，罗兰公司成熟的电子开发技术使其具备了研发电声二胡的先决条件。

于是，在卞留念与罗兰公司的数次研讨后，确定了第一代电声二胡设计方案：为了适应北京奥运会闭幕式大型广场音乐的需要，电声二胡采用站立式演奏方式，使用电子效果器附加在传统二胡底托下端的合成方式，在保持传统二胡演奏方法及原生形态和音质，克服传统二胡存在的不足部分，增加"扩大低八度音域、延音、混响、和声"等四大功能，使传统二胡应用范围和表现力方面有一个较大的拓宽。演奏者只要单个或者同时按动安装在琴杆上的不同功能按钮，便可使电声二胡产生不同音质的音响效果。

第一代电声二胡经过卞留念和日本罗兰公司一年多的共同研发努力，于2007年10月获得成功，为了尽快使电声二胡这一科研成果产业化，并迅速走向市场，让更多的人能够认识电声二胡，使用电声二胡，罗兰公司开始与国内最大的民族乐器生产企业，上海民族乐器一厂寻求合作，使新型电声二胡形成规模效益。

当上海民族乐器一厂开始与罗兰公司接触后，一贯以“传承经典，引领时尚”为企业宗旨的王国振厂长立即表示接受与罗兰公司的合作建议，并组织技术、生产骨干与日方共同发起了一场中西合璧，传统与现代交融的科技攻坚战，对于这样一个具有创新理念的民族乐器改革项目，程建桐与王国振有着共同的心声：

程建桐认为：“中国民族乐器是世界上最有魅力的乐器之一，虽然过去罗兰公司电子乐器研发方向和注意力在欧美，但是应当注意到未来中国乐器市场具有广阔的发展潜力，今后罗兰公司的电子乐器必须加入中国元素，才能适应中国市场的发展。中国民族乐器不能与国际接轨,还有律制的问题，作品演奏不能融合，如果加上电子技术，将来中国民乐可能与爵士乐、摇滚乐一起演奏，用科技的手段可以弥补二胡的不足，现在作曲家就敢写了。二胡\古筝\扬琴能保持到现在说明它们是有生命力的。今后乐器如何走？只有创新，用科技手段辅助他，使乐器有更大的发展空间。不是由电子乐器代替传统乐器，而是补充，是两者的结合，肯定是今后的方向，新的乐器合成器是另外的一种嫁接，罗兰有这个技术和开发能力，有奥运会对我们的认可。”

王国振表示：“我们一直在探讨的话题是：中国民族乐器如何走向世界？一种形式是保持原来的传统特色，用中华民族历史悠久的民族文化去影响世界，感染世界；另一种形式是通过创新，与世界上各种音乐形式结合，如爵士乐、流行音乐相组合，来展示中国民族乐器的包融性，在世界舞台上展示中国文化元素，电声二胡就是后一种设想。中国民族乐器发展要有多种途径进行探索，使我们的民族乐器更加具有时代感，高科技，更加适应当今青年内在的期望值，我们要沿着这条道路走下去，一定能够走出一条新的道路。如果我们故步自封，墨守成规，我们只能在原有基础上停滞不前。北京奥运会提出‘同一个世界，同一个梦想’的口号，我们应当作这方面的先行者。”

2007年底，电声二胡的研发成功，并与上海民族乐器一厂共同完成批量生产，首批70把由著名二胡技师王根兴等二胡名师制作的新型电声二胡问世，并通过南京演艺集团年轻二胡演奏家的手，苦苦训练了四个月，在上海民族乐器一厂和罗兰公司的持续跟综服务后，最终确保了64位二胡手高水准的演奏技艺，北京奥运会闭幕式上精彩的亮相，不仅使全世界的观众记住了“北京、北京、我爱你”旋律，同时也记住中西方交融的产物——电声二胡。

后奥运时代，创新民乐方兴未艾

北京奥运会已经落下帷幕，“民乐创新热”刚才兴起……

电声二胡成为人文奥运永久保留的遗产，被人们争相收藏……

电声二胡成为科技奥运新的起点，一个个新民乐的创新方案不断涌出……

王国振厂长说：“这次特地为北京奥运会闭幕式制作的电声二胡，是上海民族乐器一厂二胡制作大师王根兴限量版二胡，以后他将不再批量制作二胡了，每把二胡市场售价一万元，上有设计人卞留念、制作人王根兴和监制人王国振的三人签名证书。目前仅有的60把二胡市场销售非常抢手，每天争购二胡者电话铃声不断，日本商人要求订购5把，只能给2把，新加坡客商要求8把，只能给5把，此外南京演艺集团带队领导一把，卞留念老师一把……分来分去，这几十把二胡已经不够分的了。这些二胡都有着极高的收藏价值，它已经不是简单二胡的概念了，而成为北京奥运会的永久纪念，若干年以后，北京奥运会上所使用的二胡将会有较大升值空间，所以人们都到厂里来争相购买。”

程建桐总经理介绍：“电声二胡是罗兰公司将现代科技注入传统乐器的一种尝试，具有较高的科技含量，比如初学者由于听力不够，很难掌握二胡定音技术，而电声二胡能轻而易举地解决了调弦问题，电声二胡的内外弦上有两指示灯，当调音者调音时红灯在闪动，当出现绿灯闪亮时表示音调准了，调完一根弦，可以再调另一根弦。这种科学调音方式是罗兰公司把电吉他的技术应用到二胡，用这种方法也同样可能使用在古筝的调音上，这将大大方便传统民族乐器的演奏使用。”

在谈及电声二胡今后发展及其延伸方案时，程建桐总经理和王国振厂长都非常珍惜北京奥运会给中国民乐带来的丰厚的礼物，一致表示要借科技奥运的理念将中国传统民族乐器的改革工作推向一个新阶段。

（1）在第一代电声二胡的基础上研发第二代电声二胡，旨在采用更为简便的效果器，降低成本，使更多的二胡兴趣爱好者能够用上电声二胡。

（2）研发人工蟒皮，借鉴罗兰电子鼓皮的研制成果，与美国一家公司合作研制二胡代蟒皮，目前上海民族乐器一厂已经向美国公司提供野生蟒皮的样本。

（3）将电声二胡的研发成果推广到其他民族乐器，如古筝、琵琶上，改进现有古筝体积，使其更便于携带。

对于中国民族乐器未来的发展方向，王国振厂长有一段精彩的答话："中国民族乐器创新，电声二胡是一个起点，这是一个漫长的过程，不会一帆风顺的，但是这条路一定要走下去，它会给中国民族乐器开辟一个新的天地，现在使用者可能是少数人，将来一定会被大多数人所接受。只有不断探索，才会不断有新的希望，美妙的前景才会展示在我们面前。鲁迅说过，路是人走出来的，人不走不会有路，走的人多了，小路会变成大路，这一点，我是坚信不移的。"

坚定信心 迎接挑战 转危为机

『2009年，面对全球金融危机影响带来的各种严重困难和挑战，乐器行业众多企业和广大员工纷纷“摩拳擦掌”、“跃跃欲试”，做好打“恶战”，打“大仗”的充分思想准备，誓夺战胜金融危机的最后胜利。“坚定信心 迎接挑战 转危为机”专文系列真实记录了乐器行业在全球金融危机的非常时期里所发生的一件件可圈可点的事迹。』

乐器行业应对全球金融危机专文之一

面对危机，沉着应对

——新年伊始，乐器行业各企业在金融危机到来时，积极采取各项措施转“危”为“机”

2008年底发生的美国次贷危机迅速漫延发展成全球性金融危机。2009年初，春节前后，我国乐器行业面对这场百年未遇的金融危机，积极应对，制定各种抗危机，渡难关的措施和办法。在危机和困难面前，他们信心百倍，胸有成竹。

在“两会”期间，广州珠江钢琴集团公司受广州日报记者就金融危机背景下广州经济如何发展的话题采访。“珠江钢琴在经济寒冬中化危为机，逆市而上”典型事例受到广州市政府和社会各界的广泛关注。记者报导，国内乐器行业的龙头企业、全球最大的钢琴制造商，珠江钢琴集团在2008年产销稳居全球第一、利润保持两位数增长的基础上，2009年又取得了良好开局。珠江钢琴集团公司董事长黄伟林向记者说：“今年以来，在全球金融危机的复杂环境下，珠江钢琴在困难中寻求崛起，保持产销平稳，加快结构调整，取得了良好开局，实现了新年销售的‘开门红’，1月～2月销售收入、出口额及效益分别有7.31%、14.31%和一倍多的增长。珠江钢琴逆势而上的经验是深入学习实践科学发展观的结果。”黄伟林认为，“对于有核心技术、自主品牌、优秀的研发队伍以及整体运作能力强的企业而言，危机反而是机遇！危机和机遇是一起来的，行业‘洗牌’正是整合全球技术人才资源、提升企业核心竞争力的好机会。”

北京星海钢琴集团有限公司在1月20日召开了公司工作会议，全面部署2009年的工作。总经理祝承伟在报告中说，新的一年，我们会面临更加严峻的挑战，任务艰巨，责任重大。我们要继续发扬“团结、拼搏、求实、创新”的星海精神，直面困难，勇于创新，扎实工作，用我们的双手开创星海新的未来。2009年主要工作及措施是：1、加大市场投入，加强品牌建设，稳步扩充市场；2、加强科技创新，提高质量，促进效益提升；3、强化精益化生产，调整产品结构，用精品支撑市场；4、完善人才管理机制，发挥人力资源最大效能；5、加强综合管理，为企业发展提供保障；6、深入学习实践科学发展观，抓好班子队伍建设，推动企业文明建设。

上海民族乐器一厂在2008年末召开经济形势研讨会，提前就2009年的工作做出安排。厂长王国振面对金融危机袭来，发出“勇者不言难，智者不惧危，求真务实”的豪言壮语，他说：“2009年，对世界来说都是不平凡的一年，全球经济诸多不确定因素，复杂多变的经济形势，让这一年注定充满了挑战与机遇。在中央的宏观调控之下，全国已打响了一场声势浩大的‘保增长，扩内需、调结构’的保卫战，这无疑是一次发展机遇，如何充分抓住机遇，迎接挑战，对整个乐器行业和上海民族乐器一厂来说都将是一次考验。上海民族乐器一厂紧抓品牌经营不放，力争在激烈的市场竞争中进一步提升市场占有率，把品牌建设再提升到一个新的高度。在这一年里，无论外界环境如何变化，已历经五十载风雨的上海民族乐器一厂，都会发挥‘勇者不言难，智者不惧危，求真务实’的精神，以超常规的思维、出人意料的举措来积极应对特殊的经济形势，力求出奇制胜。”

江苏凤灵乐器集团董事长李书在中国乐器协会召开的工作会议上全面提出了提琴行业如何克服金融危机的措施。他说：“2009年在全球金融危机蔓延扩散的形势下，全球乐器市场也出现了新情况、新挑战、新机遇和新突破。面对新的发展形势，提琴行业总体指导思想是：坚持以‘科学发展、服务协调、共同提高’为宗旨，认真履行行业协会的基本职能，努力探索为企业服务的新思路、新措施、新方法，要加强信息的互通，树立‘团队’理念，抱团作战，共同应对金融危机带来的后续影响，要加强交流，相互学习，组织会员到各地代表企业交流学习，加强技术、管理和经营等方面的交流，提高整个提琴行业的竞争力；积极筹办中国提琴创意产业园和中国国际提琴博览馆；积极争取在2009年～2010年间举办首届中国提琴制作比赛；动员提琴企业两条腿走路，在继续重视开拓国际市场的同时，配合国家拉动内需的总方针，加大国内市场开发力度，推动国内提琴教育、提琴文化、提琴市场的发展。”

武汉艾立卡电子有限公司面对世界金融危机，总经理张鉴堂自信地说：“我们宁让利润，不让市场，坚持稳住市场、稳住客户，开拓经营，不断创新，同时对员工承诺‘不裁员、不降薪、不减福利’，主动承担社会责任，取得了出色的经济和社会效益，在全球金融危机的大环境中逆势成长，2008年出口创汇1061万美元，首次突破了千万美元大关，较上年同比增长34%。”

河北华丰铸造有限公司在春节前召开全公司大会，杨文举总经理以“面对金融危机，我们如何应对？”为题提出企业2009年各项工作指导思想和采取的措施，“一是利用这段时间很好的打造产品质量，生产出用户无可挑剔的产品；二是为客户提供更优良完好的服务，降低加工价格；三是利用这个机会解决大炉冒黑烟的环境污染问题，全部采用电炉加工。四，作好职工思想和稳定工作，少一些争议，多一些包容。总的要求是‘科技领先人为本，质量求存先为魂’、‘有利的情况和主动的恢复，产生于再坚持一下的努力之中。’”

青岛世正乐器有限公司也在2月19日召开全国经销商会议，对过去一年公司的经营情况进行了深度剖析，并对2009年的经营工作做出了具体部署和安排。公司营业部部长李德祥在会上指出：全球经济遇到了前所未有的困难，世正深信这是一个难得的机遇，我们能够抓住这个机遇，凭借的不仅仅是勇气，更多的是自信和实力。2008年世正钢琴国内销售比去年同期增长了9.3%，取得了逆市上扬的佳绩。董事长辛龙泰说：“每一次全球性的经济危机都会催生新的市场秩序，世正很早就制定了未来的长远发展计划，世正的目标并不会因为这场危机而动摇。”总经理南范洙说：“世正需要在这场危机中‘冬泳’，将这种不利的因素化解在我们的努力中。”

记者3月5日前往天津静海地区乐器生产企业进行调研，在三个企业里看到：工人们火红朝天生产，车间里秩序井然。

天津鹦鹉乐器有限公司试制车间正在加紧进行手风琴生产工艺改革的最后调试，总经理罗松森说：“这项手风琴工艺改革彻底改变原有传统手风琴的生产工艺，属公司首创，国外没有（该新工艺已于2008年6月获国家知识产权局发明专利）。2008年我公司的手风琴生产经营情况仍属于供不应求状况，从去年下半年开始对手风琴生产工艺实行彻底改革，到今年5月份将全面投产，年底全部到位，新产品问世以后使国产手风琴质量上一个大台阶，将不会受到金融危机的影响，2009年手风琴销售将继续保持旺盛的势头，主要是内需拉动，学校招标持续不断。另外根据静海县实行文化兴县的发展方针，我公司将在原来4000平方米厂房的基础上扩建10000平方米建筑面积，筹建‘静海市乐器检测中心、展示中心、培训中心，研发中心’四位一体的乐器文化产业基地，天津鹦鹉手风琴在天津及静海的影响力将越加显著。"

记者在天津圣迪乐器有限公司看到一幢幢宽大明亮的厂房拔地而起，代替了原来阴暗窄小的手工作坊，"天津市文化产业示范基地"的牌子刚刚挂在公司大门一旁，公司董事长王玉春对记者说："圣迪公司近年来快速发展，全面改造了生产厂房，现公司占地面积80多亩，建筑面积8万多平米，去年公司完成情况很漂亮，实现工业销售收入8000多万元，今年金融危机对公司业务有影响，订单有所减少。面对金融危机，我认为这正好为我们开发新产品提供了很好的机会，过去生产忙没有时间开发新产品，现在有了时间和空余人员，我们研究决定，虽然订单减少，但是不裁员，把富余人员抽调去研发新产品，今年准备研发出十余种新品种新款式，为今后生产忙的时候作好充分准备。"

作为天津静海县政协委员，天津静海盛兴乐器厂厂长王泽云对记者说："我们厂以生产笛箫、葫芦丝、巴乌为主，年生产各类笛箫15万支，葫芦丝8万多把，巴乌3万多支，就单件品种数量已言，已是全国最大民族乐器生产厂之一，农村乐器企业的兴起和发展，不仅使我一家人致富，同时也拉动了我们村和周边地区的经济，800余人就业涉及乐器经济。作为一个农村民营企业，我们靠的是党的惠农政策，这些年我们连年参加上海和北京的乐器展览会，产品影响力不断扩大，满足国内外市场的大量需求，在我们这里看不到有金融危机的影响，今年我们将继续扩大生产，提高产品质量和产量，更好的弘扬民族优秀文化。"记者采访结束后，驱车来到位于静海开发区的盛兴乐器厂的新厂址，"真是好气派！"占地20亩，完全是一片现代化的厂房，王泽云告诉记者，这是企业的第四次搬迁，今年五一节前后新厂将全面投入生产。

以上仅是记者在近期了解到的部分乐器企业面对金融危机的一些动向，随着金融危机影响不断扩大和深化，乐器行业还会受些影响和发生一些事情，在他们之中还会有许许多多战胜危机的动人事迹，我们还将进行连续报导。

寒冬过去以后，伴随着的是春天的到来，乐器行业无疑又将是一个明媚的春天。

乐器行业应对全球金融危机专文之二

迎接挑战 积极应对 化危为机
——乐器企业老总访谈录

2009年上半年，我国乐器行业面对世界金融危机所带来的各种严重困难，沉着冷静，积极应对，团结奋战，取得明显成效，各主要乐器生产企业主要经济指标基本保持与去年持平的生产局面和发展趋势，没有出现严重滑坡。从各种统计数据和企业生产经营的实际情况可以充分说明，我国乐器行业已经度过了最困难的时期，正在企稳回暖。下半年随着国家"保增长、扩内需、调结构、促发展"各项政策逐步见效，建国六十周年大庆的到来，我国乐器经济将会继续向好的方向发展。全球金融危机爆发以来本刊记者先后采访了多位乐器企业老总，请他们讲述在今年上半年是如何按照党中央国务院战胜金融危机的一系列战略部署，变"危"为"机"的。他们是：泰兴凤灵乐器集团公司董事长李书、福州和声钢琴有限公司总经理池家森、烟台博斯纳钢琴有限公司董事长孙强。

广州珠江钢琴集团公司　董事长　黄伟林

在全球金融危机的复杂环境下，乐器行业及企业面临的竞争和冲击进一步加大，行业整合的机遇也更大。珠江钢琴集团紧紧抓住国家出台的拉动内需、刺激消费政策，以及《珠江三角洲地区改革发展规划纲要》的实施、加快建设现代产业体系等机遇，加快提升企业核心竞争力和可持续发展能力，并已取得初步成效，实现第一季度销售收入、出口额及效益分别有8%，18.9%和44.7%的增长。我们的主要作法是：

1、狠抓技术进步，加快产品结构调整，精心培育自主知识产权并加快技术成果的产业化，使企业的核心竞争力和抗风险能力不断增强。其中，新推出的“珠江·恺撒堡”高端钢琴品牌在国内外市场广受欢迎，被列入2008-2009年国家重点新产品计划，获评为“中国轻工业联合会科学技术进步奖二等奖”，并得到周广仁、刘诗昆、殷承宗、黄楚芳、朱雅芬等众多著名钢琴家的高度评价；珠江钢琴公司也被国家认定为“国家级企业技术中心”、“高新技术企业”，获评为2008年“广东省自主创新标杆企业”。

以技术进步为基础，珠江钢琴2009年大量推出精品钢琴——恺撒堡、三大系列及三角钢琴等自主品牌中高档新产品成为企业在市场上的主导产品，不断满足市场对高品质高档次的需求与梦想。同时，计划全年技术创新投入同比增长21.91%，正在深入钢琴核心技术的发源地——欧洲市场，加快整合全球技术、人才资源推进自主创新，推动珠江钢琴尖端技术有新突破。

2、狠抓营销服务，强力拓展国内外市场，确保平稳增长。在北京建立钢琴静置整理工厂，着力扩大内需，抢抓出口订单，不断完善珠江钢琴营销网络；大力提升服务，策划组织多种形式的维修、服务和回访活动，提升顾客满意度，致力创建更加优秀的服务品牌。

3、狠抓品牌建设，不断提升企业形象和品牌地位。在技术进步提高品质实现品牌提升的基础上，以推广大众音乐、弘扬高雅艺术、传播先进文化、促进社会主义文艺大发展、大繁荣为宗旨，积极推进与教育部联合举办“珠江·恺撒堡”全国青少年钢琴比赛。大赛由著名作曲家、教育家、社会活动家吴祖强担任艺术总监，著名钢琴演奏家、钢琴教育家周广仁担任艺术总顾问，聘请著名钢琴演奏家刘诗昆，俄罗斯钢琴演奏家伏拉吉米尔·维阿杜等20多位钢琴演奏家、教育家担任大赛评委。目前已基本策划完成，参赛报名于5月在全国范围内全面启动，10月下旬在广州举行总决赛。本次大赛旨在激励和鼓舞广大社会钢琴琴童与专业钢琴学生的钢琴学习热忱和图强进取精神，发现和鼓励青、少、幼年优秀钢琴人才，为我国社会主义乐坛和文艺舞台培养新生力量，促进青少年儿童的和谐发展健康成长。

同时，以推广音乐文化、培养艺术素质、成就优秀人才为宗旨，加快建设珠江钢琴艺术培训中心，预计四月份可以投入运营，积极发展音乐教育产业，延伸服务功能，提升企业品牌形象。

4、狠抓管理创新，不断提升企业的国际运营水平。不断提高公司治理水平，提升现代企业管理能力，推动体制创新迈上新台阶。以股份公司正式挂牌为契机，研究引进战略投资者，积极探索推进企业管理和技术骨干持股，为择机上市奠定基础，促进企业长远发展。

北京星海钢琴集团公司　党委书记　曾泽民

星海钢琴公司今年一季度经济形势好于预期，内销没有出现明显滑坡，按三年平均国内销售额同比增长提高6%，资金流保持稳定。但是，外贸出口一季度下降10%。一季度星海公司经济运行呈现几个特点：

一是国内经济形势逐步趋稳，一月份由于元旦春节假期影响，虽然发货回款正常，但市场终端客户销售不畅，库存有所增长，零售降低20%。二月份开始恢复，三月份回稳。

二是国外市场出现不同情况，美国市场继续疲软，日本及中小国家、欧洲市场持平，欧洲客户数量有所增加。外贸发货出现结构性变化，由原来的整装集装箱发货改为小批量、多品种拼装发货。

星海公司应对金融危机主要采取三项措施：

第一，继续实行“三精”战略，用高质量的产品拉动内需市场。星海公司即将迎来建厂60周年厂庆，为此准备推出5款纪念版钢琴，以拉动市场。

第二，应对供大于求的三角琴市场，将三角钢琴生产转入以新产品开发为主，进一步调整产品结构，培训技术队伍，以保存有生力量等待时机。

第三，继续挖掘企业内部潜力，降低产品成本，提高市场竞争力。主要在改进包装箱，降低采购成本，合并生产工序，节能减排上下功夫。

星海公司作为学习实践科学发展观的第二批单位，目前已经进入调研阶段。通过学习公司领导总结了11个方面重点问题和差距，现正在深入调研，提出解决办法。星海公司已经渡过困难的一季度，二季度将迎来建厂60周年，三季度各项工作将取得成效，全年完成各项经济指标看来比较乐观。

上海民族乐器一厂　厂长　王国振

上海民族乐器一厂今年一季度各项经济指标完成情况非常理想，销售收入同比增长1.2%，利润同比增长30%，在金融危机全球性蔓延的困难形势下，我们能够基本保持稳定，利润有较大增长确实不易，预计今年下半年经济形势会更好一点。

上海民乐一厂之所以能够在大多数行业都出现滑坡的形势下，逆势上扬，保持稳定增长局面，首先是我们树立"勇者不言难，智者不惧危，求真务实"的指导思想。在困难面前，全厂统一思想，态度鲜明，在逆境中积极探索，寻求克服困难的发展机遇，推动企业可持续发展。

第一， 加强敦煌乐器品牌的宣传建设，今年一季度我们开展并策划一系列活动：

——"敦煌新语"乐团准备赴莫斯科参加俄罗斯"中国年"活动，并坚持"敦煌新语"乐团全国巡演；

——组织"迎世博，文明行"活动，"敦煌艺术学校深入到上海的社区和学校，进一步普及民乐推进和谐社会建设；

——加盟"上海之春艺术节"，参与全国笛子演奏比赛，通过比赛扩大宣传敦煌品牌的知名度和影响力；

——大力进行敦煌仿冒产品的打假活动。近期市场出现大量仿冒敦煌乐器，上海闵行区工商局局长亲自到厂内现场办公，表示要积极配合进行全国性的打假活动，目前已经对江苏江阴和河南兰考的仿冒行为进行了查处。

通过以上宣传活动，使敦煌民族乐器的社会知名度和影响力有较大提高。

第二，抓好敦煌乐器的市场扩展建设。一是抓好有需求的重点城市的市场建设，关注北京、上海及东南沿海发达城市的特大乐器市场，研制这些地区需求的市场高端产品；二要抓好教育市场扩展，加强对大专院校和社会艺校的联系；三是旅游市场的建设，在全国范围建立10个旅游网点市场建设，推进微型乐器生产销售；四是继续抓好欧美，东南亚等国际市场的扩展；五是抓好网络销售。

第三，继续抓好产品创新工作，特别是动员全员创新，近期上海解放日报已经刊登了这方面的消息，我们要动员全体员工加入产品创新全方位工作中，通过这些举措，在金融危机中寻找新的机遇，推动企业发展。

泰兴凤灵乐器集团公司　董事长　李书

泰兴凤灵集团公司早已是国内外驰名的提琴生产企业，凤灵提琴连续12年稳座世界提琴产销量第一头把交椅。去年底，世界金融危机突然袭来，作为提琴产量98%出口的凤灵公司来说，虽然由于凤灵提琴的性价比占据优势，订单没有减少，受金融危机的影响有限，但是这场金融危机给各国实体经济所造成的影响和损失，给凤灵乐器有限公司董事长李书以强烈的警示。

"98%提琴出口，如此之高的外贸依存度对于企业来说，并不是好事，企业必须学会'两条腿走路'，大力开拓'国际和国内两个市场'，运用'双轮驱动，双轮齐转'的战略，重点开拓国内市场，'以内补外'确保企业在现阶段复杂的环境中，稳定发展。"李书如是说。

李书告诉记者："从今年春节过后，凤灵公司就开始调整战略，加大了对国内市场的开发力度，公司主要采取以下措施：一是充实调整国内贸易部门的人员结构，向国内乐器市场增派力量，建立了国内各地区18家办事处，专业从事市场开拓和营销服务；二是完善内销管理机制和模式，针对现有的市场情况，适时调整营销策略，以符合全国市场发展的需求和新趋势；三是制定建立国内销售网站点目标责任制，年内必须达到在全国各主要城市建立100个凤灵提琴省、市级总代理的目标。"

当李书的"扩内需"规划构想下达到公司各业务部门以后，公司上下都积极行动起来，一场凤灵提琴"扩内需，建网点，促销售"的突击战在全国打响，截止到六月份，凤灵提琴公司已经在全国范围内建成60多个"凤灵"提琴专柜，剩下的近40个专柜也将指日可待。

6月11日～6月26日，李书为了进一步了解乐器市场情况及"凤灵"专柜落实情况，开始了为期15天的长途跋涉，李书称之为凤灵提琴的"扩内需长征路”。他以银川为起点，沿途分别在兰州、西宁、乌鲁木齐、成都、拉萨、深圳、武汉等8省市停留，行程共计二万六千多公里，李书走遍了中国西南，西北边陲重镇，所到之处，受到所在省市乐器琴行老总们的热情欢迎。琴行老总们都表示，国内最大的提琴生产企业老总亲自到中西部地区进行联盟合作，本身就是一种“真诚”和“友谊”，更是一种“双赢”和“强强联合”，厂商联合共同打造凤灵提琴市场、开拓凤灵提琴市场，维护凤灵提琴市场是双方都愿意走的路。李书每到一地，很快就与对方达成合作协议，李书还亲自参与“凤灵”专柜的设计、装潢和样品陈列等一系列工作。李书在短短的15天时间里，与各地琴行共建了15个“凤灵”旗舰式专柜，“凤灵”提琴全国营销网络初见成效。

李书说：“我的下一步目标是向东北拓展。在参加琴行分会一届二次会议期间，我在长春与三个琴行建立了联系”，接下来，我还要在最近几天到哈尔滨、大连、石家庄，与那里的琴行建立联系，扩大凤灵提琴在当地影响。2009年“凤灵提琴”国内市场年销售额将增加2000万元左右，国内销售比例将从1%上升到8%～10%。”7月3日～15日，李书分别前往了吉林长春、辽宁沈阳、大连、锦州、黑龙江哈尔滨、北京、河北石家庄、山西太原、上海等省市调研，建立了20家专柜，形成意向性销售300多万元，比预期翻了一番。

当谈到创建提琴名牌的问题时，李书说：“提琴和其他产品有所不同，目前不仅中国还没有创造出一个世界知名的品牌，就连世界上也还很少有知名的提琴品牌，主要是以产地和制作者的名字来体现一把提琴的含金量，比如，产于意大利克雷莫纳的提琴有着较高的知名度，而以制作者来说明一把提琴的价值更是屡见不鲜了，如16～18世纪的斯特拉第瓦利、阿马蒂、瓜奈里和近现代中国的戴洪祥，陈锦农，到郑荃、朱明江等，他们制作的提琴都具有较高的收藏价值。而我毕生为之奋斗，现在正在进行的一切工作都是为了把‘凤灵’提琴打造成一个世界性品牌。多年来，凤灵提琴走遍全世界，参加了美国、德国、俄罗斯、巴西、日本、意大利等国家的乐器展览会，至今全世界大约有50多个国家的媒体对凤灵提琴给予了报导，包括中央电视台在内的国内多家新闻单位也都曾多次报导出自江苏农村的‘凤灵提琴’是如何创造奇迹，经过短短十几年的艰苦创业，把一个名不见经传的提琴加工点发展成世界产量第一的提琴厂的。‘凤灵提琴’所产生的巨大社会效应和经济效益，充分反映出新中国成立后‘社会主义新农村建设’给国家、给农民所带来的巨大变化。十几年来，‘凤灵提琴’通过多次举办‘凤灵杯’提琴演奏比赛，CCTV电视大奖赛，知名小提琴演奏家吕思清作为‘凤灵提琴’的国内形象大使举办多场高水准的提琴演奏会，使‘凤灵’提琴在国内消费者心目中已经深深扎根。下一步，我还要利用‘凤灵集团公司’被文化部命名为文化产业示范基地以及江苏省授予的‘国家工业旅游景点’的契机，继续加大‘凤灵提琴’的宣传力度，我将聘请三位美国小提琴演奏家作为‘凤灵’提琴的国际文化大使，加快‘凤灵提琴’走向世界的步伐，我要在有生之年，竭尽全力让‘凤灵’提琴跨入世界知名提琴的行列，为中国争光，为人民造福。”

福州和声钢琴有限公司　总经理　池家森

2009年上半年，当金融危机席卷全球，逐步影响我国实体经济的同时，福州和声钢琴有限公司正值学习实践科学发展观活动和国务院“关于支持福建省加快建设海峡西岸经济区的若干意见”发布实施阶段，党中央的声音使他们进一步明确前进方向，困难使他们变得更加坚定和成熟。

经过学习实践科学发展观和国务院关于支持福建加快海西建设意见以后，福州和声钢琴有限公司总经理池家森显得比过去更加胸有成竹，信心十足了。他说：“和声钢琴经过两年多的企业内部调整，实施新产品研发和技术创新等一系列措施，企业已基本实现可持续发展，在产品产量、品种、质量等方面可以完全满足市场需要，和声钢琴的关键是如何开拓市场，不断提高和声钢琴的市场占有率。2009年以来，和声钢琴同样受到金融危机的影响，1～3月份钢琴产量同比有所下降，但到4月份以后，生产全面回升，5～6月产销情况要好于去年同期，2009年上半年各项经济指标与去年基本持平，进入下半年后，将保持比较好的势头，估计全年各项经济指标将高于去年。”

池家森说："5月14日，国务院作出了支持福建加快海西经济区建设《意见》，《意见》中关于'大力发展文化创意产业，建立海峡两岸文化产业合作中心，着力培育专、精、特、新文化企业，努力使海峡西岸经济区成为全国重要的文化产业基地'的有关精神，无疑是对和声钢琴的极大鼓舞，对于一个落户福建的钢琴企业来说，我们感到不仅意义重大，而且感到身上的责任重大，实现目标责无旁贷。台湾当地以往以日本钢琴占据主要市场，目前我们正在积极筹备在台湾建立和声钢琴的销售窗口，为促进两岸音乐艺术交流尽一份努力。"

记者在对池家森总经理的采访中，由衷地感到十七大所提出的"发展是第一要务，以人为本"和邓小平提出的"思想再解放一点，步子再迈得大一点"在和声钢琴的领导观念和思想中都有所体现。

近年来，记者曾经对福州和声钢琴作过多次报导，在近几届领导和上级公司华闽集团的领导下福州和声钢琴始终保持着健康稳定的发展势头，是我国钢琴行业几个保持良性循环的中型企业之一。事实也是如此，据池家森说，目前福州和声是福建省国字号企业中盈利势头比较良好的企业之一，一直受到华闽集团的高度重视。但是福州和声钢琴的领导并没有以此居功自傲、止步不前，而是进一步解放思想，不断探索新的发展思路，迈出新步伐。自金融危机发生以后，和声钢琴公司以池家森总经理为首，先后分四条路线，到北京、辽宁、吉林、陕西、山西、四川、广东、广西、山东等10多个省市进行市场调研，全面了解市场动向，为企业决策提供参考。

经过学习科学发展观和市场调研，和声钢琴公司企业领导在以往传统作法的基础上上，大胆进行改革，换之以新的作法。

一、从传统召开年度经销商会议，改变为开办"哈曼尼"培训班

池家森告诉记者，目前和声钢琴国内客户大约有90多家，以往每年召开一次经销商会议，以联络感情。但是通过走访市场我们了解到现在琴行老板每天都非常忙，他们没有时间了解和向消费者宣传和声钢琴产品的技术特性以利于销售。为此，从今年开始，我们分三批在福州和声钢琴公司举办钢琴技术培训班，先后共有来自国内29个省市的琴行业务员来参加培训，有的琴行经理亲自参加培训，培训内容主要是和声钢琴的技术特性，培训如何宣传介绍和声钢琴，这种培训效果非常好，今后我们准备把这种形式固定下来，每年都搞。

二、从走精品路线，向重质与重量相结合

和声钢琴副总经理黄苏东对记者说："这些年来，哈曼尼钢琴一直走的是精品、高端路线，价值比较高。但是目前市场上不仅有中高档琴的消费层面，同时也有包括教学琴采购以及普及琴消费层面，对于和声钢琴来说是丢掉了这部分市场，因此和声钢琴今后也应当不断地调整产品结构，不仅要考虑到精品琴的消费层面，也要注意发展普及琴生产。

三、从不注重本地销售，向筹备成立和声钢琴福州专卖店发展

池家森说："最近我通过市场调研，了解到珠江、星海等钢琴的本地销售都具有很大优势，在原产地占有很大市场份额和产品影响力。但是和声钢琴却在福建省和福州市没有太大的影响，年销售台数仅几百架，占不到10%。为此，我们也准备大力扩大和声钢琴在本地的销售力度，在华闽集团的大力支持下，我们首先在福州建立专卖店，并由此向福建省主要城市辐射。"

四、从只注重内销，向逐步扩大出口外销发展

池家森说："过去和声钢琴主要发展内销市场，外销较少，正因为这点，和声钢琴公司受金融危机的影响相对小一点，但是这不等于我们今后不向国际市场发展，我们采取的政策是在稳固国内市场的基础上，分阶段地适时走向国际市场。今年我参加了德国法兰克福乐器展，基本上掌握了国际钢琴市场的发展概况，结识了一些国际商业界的朋友，并为下一步开展国际贸易作好准备。"

五、从只注重产量，向增加产品技术含量和附加值发展

池家森说："和声钢琴过去以'哈尼曼'122型为主流产品，经过这几年新产品的开发，我们已经有了一批换代产品，且逐步形成批量，如123型'R'板技术等。今年我们要逐步扩大附加值好的产品，使123型以上钢琴比例逐年增加。"

烟台博斯纳钢琴有限公司　董事长　孙强

烟台博斯纳钢琴有限公司——从21世纪兴起的山东省钢琴重点生产企业之一。

董事长孙强——钢琴行业内的企业管理行家，他曾带领职工在20世纪90年代开创了山东钢琴制造业的辉煌。

从2006年起，作为一家以出口为主的钢琴生产企业，在百年不遇的经济危机冲击下，烟台博斯纳近况如何？记者十分关切。采访中，孙强说："美国的金融危机引发了全球性的经济危机，全球无一国家幸免。但到了2008年9月份，正当许多企业深感举步维艰时，我公司的压力相对减少了。因为由于经济萧条大量工厂停产、减产，使原材料的价格停止了疯涨，并开始有所回落；人民币与美元的汇率相对稳定了，这对于我们来说是很有利的。目前我公司生产保持适度紧缩，产销平衡，没有库存，没有发出商品的外欠货款。公司上下人心奋进，团结一致，坚定信心，抗击危机。"

在采访中，我们又得出另一个观点，市场瞬息万变，不以人的意志为转移，这次经济危机给成千上万个企业带来的损害是毁灭性的，使企业顷刻倒闭。在瞬息万变的市场经济中，关键是企业自身如何及早认清形势的变化，保持清醒的头脑而正确决策，才能战胜困难，战胜危机。有的企业在市场大浪淘沙中消失，有的企业却能够顽强的生存下去。寒冬过后必是万紫千红的春天，危机越大，过后的反弹越大，新的发展机遇就会越大。

孙强讲述了这几年企业发展所遇到的困难及对策：

"我公司是从2003年建厂，一直到2005年上半年属于高速起步发展阶段，我公司的发展方针是：'规模适中，质量最好，管理最严，效益最佳。'2005年7月21日，由于国家开始实行了新的浮动外汇汇率的市场机制，人民币汇率从8.27人民币兑换1美元，不断升值到6.81元人民币兑换1美元，对于我们这样一个90%左右产品出口的企业来说，无疑蒙受了巨大的损失，每年我们在出口换汇上的直接损失高达400万元人民币；与此同时，从2005年下半年起，包括木材、钢材、有色金属、化工在内的所有钢琴原材料的价格开始大幅度甚至成倍上涨。如钢琴键盘配重用的铅从每吨3000元一直涨到2.5万元，上涨了8倍之高，现在仍然高达1.5万元/吨。由于原材料价格上涨，又使公司的成本支出每年增加了500万元；而且劳动力成本也不断增长，不断调高最低工资标准，不断提高缴纳劳动保险的最低标准又使公司成本支出每年增加了100万元等等，使企业每年增加成本支出和损失高达1000万元左右。在同样的产量、同样的销量下却造成了巨大的收入减少和巨大的支出增加，从而使公司的流动资金到了'捉襟见肘'的地步，资金的困难严重影响了生产的正常运行。"

孙强说，这种形势可以说是我参加工作40多年以来，除了文化大革命的无政府状态时期外，企业所遇到的最为严重的经济形势和困难。

从2006年起，面对突变的客观形势，公司经常召开全体员工大会，向全厂员工讲当前形势及公司遇到的困难；讲如何坚定信心，战胜困难；讲公司是怎么想的，打算采取什么办法，今后有什么计划来战胜危机，等等，一切都同员工交流、沟通，让全体员工心中有数，全厂上下，同心同德，共克时艰。

孙强说："当时我们采取了许多有效措施，一是停止了厂房基建，收紧资金；二是调整产品方向，逐步调整内、外销比例，减少出口，扩大国内市场；三是调整产品品种，增加附加值高的产品；四是二次适当上调了产品价格；五是加快企业内部的技术升级，不断提高产品设计和技术水平，等等。通过采取有效措施以后，公司整个经济运行形势逐步好转，到2008年上半年基本见底，开始好转。而且从2008年9月份以后至今，我们正在加紧做好各种准备，进一步搞好与德国贝希斯坦钢琴公司的广泛、深入的合作，全面迎接经济危机过后的市场大发展时期的到来。"

最后，对于如何面对金融危机，孙强谈了自己独特的观点："历史证明，每次经济危机之后，都会伴随着经济上更大发展时期的到来。这次国家采取了应对危机措施之一的家电下乡，看起来对钢琴行业没有直接联系，但是我认为，对于钢琴行业未来发展是有影响的。因为钢琴是人类的一种文明和文化的需求，它源于物质，高于物质，当家电下乡农民的物质生活有了较大提高以后，钢琴必然会更快、更广泛地进入到农民的生活中。而且，我国正在加快城市化进程，城市的今天，就是农村的明天。我们现在就要加紧做好包括产品设计、技术升级、质量提高、生产能力的提升和国内、外市场的不断稳步的开发在内的一系列准备工作，去迎接钢琴行业新高潮的到来。”

江苏奇美乐器有限公司　总经理　张龙贵

江苏奇美乐器有限公司建于1986年，是一家位于江苏靖江市专业从事竖笛、牧笛、口琴、口风琴等校园类乐器的生产企业。各类乐器产量居国内同行领先位置，近60%的产品出口到世界许多国家，目前是我国最大的儿童乐器生产基地之一。一年前，金融危机袭来时，该企业也受到不同程度的影响。张龙贵总经理告诉记者：“从去年十一月份开始，我们出口印尼和土耳其的口风琴和竖笛订单减少了20%左右，出口德国牧笛订单减少了30%左右。主要原因是外国客户由于银行货款从严，他们从银行里拿不到钱，也无法到中国来订货。即使有的客户能够到中国来订货，他们也是拼命压低价格，这些在当时情况下都对我们正常生产带来了一定的困难”

张龙贵说：“近年来在国内外乐器需求不断增长形势下，奇美公司抓住了这一难得的机遇，始终保持快速增长的态势，企业规模和产品市场覆盖率不断扩大。突如其来的金融危机打破了我们预先制定的规划方案，为克服金融危机所造成的困难，我们不得不调整企业的发展战略。主要采取了四条措施：

一、加大国内市场的投入

张龙贵说，我们准备下半年在国内七个省进行“奇美杯”儿童课堂乐器（竖笛）演奏比赛，由各地区教委主办，奇美公司赞助50万元，通过各县、市、地、省层层选拔，最后进行决赛，这将是一次规模空前的拉动内需的竖笛比赛，这其中大约有数十万名学生参加这次活动，竖笛的产销量将会是一个很大的数字，完全可以弥补外销给我们造成的影响。

二、加大新产品的开发力度，加快技术创新以及新产品开发步伐

今年以来，为了适应国际市场的需求，我们相继有一批新产品问世。其中有套笛（竖笛类）、中低音牧笛、低音口风琴、儿童节奏乐器、四种调式的葫芦丝等，这些新产品投放市场受到外商的极大欢迎。

三、加快技术改造的速度，为文化大发展高潮作好准备

首先为了适应口风琴潜在市场的需要，我们从2008年10月起开始动工，2009年5月完工，建成了4000平方米的生产大楼，专门用于口风琴的生产。另外我们抓住国家对企业采购设备所实行抵扣税收的的优惠政策，用近300万元资金购置了大型注塑机和模工加工设备（冲床、数控车床），大大改善和提高了企业的装备能力，降低了企业生产成本，提高效率和产品质量，增强了产品在国际市场的竞争力。

四、加紧产品出口，不退缩，不放弃

面对十分困难的出口环境，我们采取了三项措施：一是让利。根据客户的要求在允许范围内适当让利；二是不断向客户提供他们所需求的新品种，新款式；三是在国际市场大力推销自主品牌产品。现在英文‘QIMEI’牌商标已经在世界30多个国家注册，在我们与外商谈判时，凡购买‘QIMEI’牌乐器的，我们再让利5%。由于近年来‘QIMEI’在国际上的影响力不断扩大，许多外商，特别是印尼和土耳其的客户很愿意订购‘QIMEI’乐器，这样他们的采购成本也会再降低一些。”

面对金融危机的影响，奇美乐器公司积极有效及时地采取各种措施，取得了明显的效果。张龙贵说：“目前，奇美公司去年底20%的出口下降幅度，到2009年上半年下降幅度已经减少到10%。由于内需市场的拉动，公司已经完全弥补了出口的损失，上半年销售收入完成情况与去年同期持平，1～9月份比去年同期增长10%，估计到年底公司销售收入将比去年同期增长15%～20%左右。对出口方面，过去我们是6：4，60%出口，40%内销，现在我们内外销比例已经调整成4：6，40%外销，60%内销。”

总结金融危机给企业所带来的经验和教训，张龙贵深有体会的说：“这场金融危机虽然给我们企业带来严重的影响，但是又给我们上了一堂很好的课，它教会我们今后如何面对危机，如何能够规避风险。我的体会是，今后不同形式的‘危机’还要

不断产生，我们企业要想生存发展下去，一是要走品牌发展的道路，特别是国外市场，要通过扩大自主品牌的市场份额来逐步控制市场，这样才能提高企业的抗风险能力和安全感，才能走出一条可持续发展之路；二是一定要加快企业技改速度，加强企业自主创新能力，提高企业的管理能力和企业的核心竞争力。"

宁波珂乐乐器有限公司　总经理　蔡赋勇

宁波珂乐乐器有限公司是一家从事乐器对外贸易兼营钢琴缓降器生产的民营公司。总经理蔡赋勇告诉记者，在今年三、四月份时，公司出口订单比去年同期下降85%，出口业务几乎全面停顿，情况万分危机!

蔡赋勇说，那段时间是公司最困难的时候，出口业务呈现三个特点，一是正常出口订单与去年相比大幅减少，二是即使拿到外商订单，在价格方面比过去更加苛刻，外商在订货时坚持要求降价，连几美元都要斤斤计较；三是交货后的付款期比过去更加延迟，有的甚至要求4～5个月后再付货款。

针对这种情况，公司并没有在困难中退缩，而是想方设法，变被动为主动，在困难中寻找新的商机。他们采取了以下几方面措施：

一、调整出口方向，从过去以欧美为重点转向侧重中东和非洲

蔡赋勇说："过去我们很少注意利比亚、阿联酋等国家的乐器需要，现在我们注意到国际乐器市场招标中也经常出现这些国家的名字，说明这些国家对音乐教育开始重视，乐器需求在不断扩大。另外非洲乐器市场也处于上升趋势，这些都引起了我们的注意，目光开始转向这些地区，我们下了一些力量，作了较大的投入，从而取得了效果。2009年上半年，我们在欧洲乐器市场减少的60%～70%，在中东市场得到了20%～30%的弥补。"

二、扩大内需市场

蔡赋勇说："在出口市场受挫的情况下，我们更加关注国内市场是否也受到金融危机影响，结果发现，国内钢琴市场要比国际市场好的多，因此，我们把过去的纯出口贸易进行相应调整，增设国内贸易部销售各类乐器，也取得了一定效果。

三、加大技术研发力量，不断提高钢琴缓降器的技术含量

蔡赋勇说："目前我公司生产的钢琴缓降器的科技含量已经达到日、韩同类产品技术水平，是国内少数几家技术领先的公司之一。由于钢琴缓降器属钢琴配件，钢琴厂对其安全性、安装合理性、寿命期等方面都有很高的要求。近年来我们加大技术研发力度，在材料上采用航天精密材料，液压传动已经升级换代到第五代产品，与日韩产品的差距正在不断缩小。金融危机发生以后，我们在原有产品技术创新基础上，加快速度突破技术难点，不断提高零部件的加工技术和工艺精度，不仅满足了国内市场需求，并开始向国外出口。我公司的最新产品各项技术指标已经通过了日本雅马哈钢琴公司的检测，均达到他们的使用要求。

宁波珂乐乐器公司正是在最困难的形势下，不气馁，抢占先机，使公司的生产经营形势发生了转机，到2009年6～7月份，出口订单已经恢复到往年的60%，预计到年底能够回升到往年的90%，但实现利润可能比往年增长20%。这是因为虽然出口有所减少，但内销扩大，而且缓降器的收入比去年增长了50%，这些都是企业利润增长的原因。

蔡赋勇在谈到今年下半年以及明后两年的形势时说："估计2009年下半年有可能恢复到去年的水平，现在国际乐器市场出现新迹象，一些小客户都开始脱离原有采购渠道，直接到中国来进行采购，6～7月国外订单明显增加，英国、法国客户订单陆续下来，虽然这些订单比过去要求高，难度大，但是还是有空间的。明后两年形势如何，我们必须有足够的准备。总的来说，这次金融危机给我们上了一课，金融危机今年有，以后还会有。一个有生命力的公司应具有能够应对这些危机的能力，因此，我们在形势好的时候一定要多储备一些资金，作好各种充分的预防准备，公司就一定会发展下去。"

年度报告

2008年中国乐器行业年度报告

中国乐器协会信息部

一、综述

2008年，对于中国人来说，无疑是充满意外、挑战和困难的一年，百年不遇的自然灾害，经济危机接踵而来，令人难以承受。

2008年，与世界经济、中国经济社会发展脉搏一起跳动的乐器行业，也同样经历着在自然灾害和经济危机的惊涛骇浪中跌宕起伏，不断前行的发展历程。虽然外部环境不可抗力同样给乐器行业的正常发展带来前所未有的挑战，但乐器行业全体同仁从来没有像今天这样紧密团结，从来没有像现在这样对未来充满信心与勇气。

2008年，一个个历史性日子，将永远铭刻在我们的记忆之中。

2008年1月1日，新《劳动合同法》开始实施，经过三年审定后出台的新劳动合同法是我国劳动领域近十年来最重要的一个法律文件。

乐器行业规模以上企业7万余职工将在新劳动合同法的规范下，开始与企业签订新型劳资合同。从此，各企业相继对员工福利待遇政策进行不同程度的调整，不同经济体制的企业员工各方面利益进一步得到保证。同时企业单位的人力成本也随之增加，对于一些劳动密集型、技术含量低的民营企业压力增加尤为明显，过去以低劳动成本为基本竞争手段的企业发展模式，开始向以构建企业和谐劳动关系、提高企业创新能力为基本竞争手段的企业发展模式转型。

1月10日开始的20天里，一场低温、雨雪冰冻灾害袭击我国南方10多个省市，南北大动脉京广铁路中断，17个省市实行拉闸限电。

南方一些乐器生产企业停水停电，房屋倒塌，部分设备被砸毁，严重妨碍着乐器生产的正常进行。同时由于低温停电的影响，乐器琴行出现了市场冷落无人问津的萧条景象。面对首次受到雪灾影响考验的乐器行业展现出“大雪压青松，青松挺且直”的气概，不少企业都涌现出员工冒冰雪坚守岗位，领导送温暖“以人为本”关心职工生活，共度难关的感人场面。

5月12日14时28分，四川汶川发生8级以上强烈地震，截至9月份，共造成69227人遇难，37.46万人受伤，17923人失踪。

在这场新中国成立以来破坏性最大、波及范围最广、历史罕见的地震灾害中，乐器行业表现出与全国人民一样的爱心与真情。从地震发生起，在短短半个月的时间里，捐款503万元人民币，其中广州珠江钢琴集团公司就捐助116.5万元，四川川雅木业公司捐献价值100万元的轻体木结构房，乐器企业举办各种义演活动、赠送乐器与实物的更是不计其数。

6月7日，在我国第三个“文化遗产日”到来之际，国务院公布了第二批国家级非物质文化遗产名录，共计510项；以及第一批国家级非物质文化遗产扩展项目名录，共计147项。

山西省长子县的长子响铜乐器制作技艺、吉林省延边朝鲜族自治州的朝鲜族民族乐器制作技艺、江苏省苏州市的苏州民族乐器制作技艺、福建省漳州市的漳州蔡福美传统制鼓技艺、新疆维吾尔自治区疏附县的维吾尔族乐器制作技艺均被选入第二批名录。

乐器行业与文化产业的关系越来越密切，乐器行业与文化产业相结合，已经成为推动我国乐器行业发展的新特点。继泰兴凤灵乐器有限公司之后，2008年10月15日，宁波海伦乐器制品有限公司被文化部授予第三批文化产业示范基地，此外，杭州嘉德威钢琴公司、青岛世正乐器公司、河北金音乐器公司、福州和声钢琴有限公司等四家乐器企业分别被浙江、山东、河北、福建评为省级文化产业示范基地。同时各企业广泛开展的音乐文化、器乐比赛，音乐教育与培训等项活动蓬勃开展，其中比较重要的活动有珠江钢琴公司承办的第五届珠江钢琴全国高校音乐教育专业大学生基本功比赛；北京星海钢琴集团有限公司主办的第12届“星海杯”全国少儿钢琴比赛以及宁波海伦钢琴公司和泰兴凤灵提琴公司赞助的“2008CCTV钢琴、小提琴大赛”等都在社会上产生了较大的影响。

8月8日，中华民族百年期盼的第29届奥运会在北京隆重举行开幕式。

从3月24日北京奥运圣火在希腊雅典采集开始，到8月24日奥运会闭幕，再到9月20日残奥会闭幕，在长达180天的时间里，乐器行业用自己的实际行动实践“人文奥运、科技奥运、绿色奥运”的庄严承诺，一桩桩、一件件事可圈可点：奥运会举办之前，北京星海钢琴集团公司严格遵守北京奥运交通管制措施，“讲奉献、保奥运、比贡献”，宁肯影响生产，也要为北京奥运让路；河南开封中原民族乐器有限公司总经理代胜民代表河南兰考和乐器行业担任奥运火炬传递开封段火炬手；珠江钢琴集团公司、香港柏斯琴行、宁波海伦钢琴公司等单位用自己生产的乐器参加本地或北京举办的为迎接北京奥运会而进行的文艺演出活动。奥运会期间，在国家奥体中心鸟巢附近举行的《中国故事》文化展区上海馆里人流不息，上海民族乐器一厂制作的全套仿唐乐器吸引了大量中外观众参观，“琴棋书画”之首的中国民族乐器向全世界展现了中华民族七千多年的历史文化。以倒计时形式，击打由北京格申工艺美术品有限公司研制的2008个现代与传统技艺相融合的“缶”，表现奥运会开幕式正式开始的场景至今使人难以忘怀。青年钢琴家郎朗用北京星海钢琴集团公司制作的全透明三角钢琴的激情演奏、64名少女使用罗兰电子公司与上海民族乐器一厂共同研制的电子二胡在残奥会闭幕式的精彩表演都已传遍世界各个角落。

3月11日，二胡进入2008年中国名牌产品评价目录后，在相继进行了企业申报、统计数据上报以及专家评审等项工作后，因发生三鹿奶粉事件而被暂时搁置。乐器行业6家企业的9个国家免检产品也由于国家质检总局发文废止《产品免于质量监督检查管理办法》而失去了名份。

9月15日，美国第四大投资银行之一雷曼兄弟公司宣布破产，全球股市和国际油价暴跌，世界金融危机以汹涌之势席卷全球并逐渐对中国经济产生影响。

包括乐器行业在内的国内各行各业，面对百年不遇的金融海啸，大家普遍关心的是乐器行业将受到多大影响，前景如何？为此，中国乐器协会信息部展开一系列的调查研究，分析摸底，得出初步结论：危机确实存在，但大可不必惊慌失措。当前金融危机虽然是百年不遇，但也应当看到中国经济列车在经过持续多年的快速发展以后，眼下中国经济已经进入下行周期，审时度势，中国乐器进入稳定可持续发展周期也属正常。就中国乐器发展而言，一方面应当看到，虽然世界金融危机已经在全球蔓延，但是中国乐器经济运行的稳定增长态势并没有改变，规模以上企业主要经济指标完成情况、海关出口金额继续保持在两位数的增长，乐器产品价格稳中有升，员工队伍保持稳定，中国乐器作为文化产业的相关产品，在目前及今后较长的时间里仍然是国内外市场需求保持增长和发展的产品。随着国家“保增长，扩内需，调结构”一系列政策出台和落实，乐器市场将会有进一步扩大。从另一方面看，由于乐器生产企业过度发展所产生的供大于求，生产大于消费的矛盾，以及乐器生产本身所存在的高、大、低（外贸依存度过高，资源消耗过大，技术含量较低）与国内外市场需求之间的结构性矛盾还没有得到改善，因此，乐器行业不可避免地会出现一次洗牌，一些不适应市场发展的落后企业就会被淘汰，保留的是一批具有市场竞争力，品牌效应和技术实力较强的企业。

9月17日，中国乐器协会琴行分会成立大会在杭州举行。

2008年中国乐器协会加大了对分支机构的管理和协调力度，在这之前相继进行了吉他、手风琴、西管乐器、打击乐器、材料配件等分支机构的换届选举。经过9年曲折经历后筹备成立的琴行分会，标志着我国乐器流通领域将从分散走上有组织管理的新阶段，有助于乐器市场的规范、团结、统一，实现乐器行业可持续发展。

9月19日，党中央发出全党深入开展学习实践科学发展观活动的号召。

中国乐器协会、广州珠江钢琴集团公司作为第一批学习单位开始学习实践科学发展观。到2008年底的三个多月时间里，经过第一阶段学习调研过程，中国乐器协会一方面认真组织学习科学发展观的基本理论，一方面两手抓、两不误，两促进，认真履行中轻联“深入学习实践科学发展观，强化双向服务的能力和实力，推动轻工业科学发展，实现由大国向强国的跨越”的指导精神，对行业生产经营状况进行了认真的调研分析，同时切实做好为企业服务工作，参与调整出口产品退税率、国家产品结构调整指导目录（2008年版）修订，提出名牌企业技术改造优惠政策建议，积极向政府和有关部门反映企业诉求。广州珠江钢琴集团公司边学习，边调研，边整改，注重实践，注重实效，坚持解放思想，着力破解发展难题。结合企业实际，不断加大自主创新和自主品牌建设力度，大力推进技术创新、管理创新和体制创新。2008年珠江钢琴公司获得了五部委联合签发的“国家级企业技术中心”称号。珠江钢琴集团通过一系列的技术创新，不断提升产品的品质和档次。2008年，珠江钢琴集团研制出GH275大型音乐会演奏用琴、静音钢琴、自动弹奏钢琴和数码钢琴，并全新推出了里特米勒经典钢琴、珠江精品钢琴和提升版钢琴三大系列新产品。而从整个乐器行业来看，党的十七大系统提出科学发展观的理念以来，乐器行业在深入学习科学发展观后也取得了显著成效，以自主品牌主导企业的发展思路明显加强，出口型企业自主品牌比例占到全部出口产品的20%左右，除珠江、星海、敦煌等知名民族品牌以外，海伦、凤灵、金杯、津宝、金音、得理、华新、星臣、超拨、摩德利等企业和自主品牌乐器产品在国际市场影响力不断扩大，比重逐步上升；自主研发的创新机制逐步建立，2008年1月～11月，乐器行业规模以上生产企业新产品产值达到8.88亿元人民币，占全部工业总产值的5.24%，同比增长75.52%。2008我国乐器专利申请公布总件数达到491件，其中发明专利116件，实用新型专利223件，外观设计专利152件。

10月9日，2008年全国钢琴调律职业技能竞赛在中国（上海）国际乐器展览会举办期间举行隆重的颁奖仪式。

颁奖会上，共有3名全国技术能手、17名行业技术能手、40名优秀选手受到表彰，中国轻工业联合会步正发副会长亲临会场颁奖并讲话。这次钢琴调律职业技能竞赛共有来自24个省市的344名选手参加，范围广、时间长（历时四个月）、参与人数多、社会和企业影响力大都是空前的，这次比赛对于检验钢琴调律师的技术能力，提高钢琴调律师水平，推动全行业学习职业技能都具有十分重要的意义。

10月21日，国家标准委批准建立的全国乐器标准化技术委员会成立大会在京举行。

中轻联副会长杜同和，国家标准化技术委员会工业二部消费处王莉处长等领导出席。全国乐器标委会的成立标志着我国乐器标准化工作进入新的发展阶段。此前，我国拥有乐器国家标准3项，行业标准58项。全国乐器标准化技术委员会将担负着领导组织制定乐器标准工作的任务，会议制定了今后一段时间的乐器标准化工作指导思想、工作目标和主要任务。

12月18日，纪念党的十一届三中全会召开30周年大会在北京隆重举行，全国人民各行各业激情回顾改革开放30周年来中国所发生的翻天覆地的变化。

乐器行业在改革开放30周年里所取得的成就有口皆碑，有目共睹，从品种单一、经济效益低下的手工业生产发展成为与国家文化事业和文化产业密切相关、经济效益快速增长、在国民经济和社会发展中发挥重要作用的现代制造业。据不完全统计，2008年与改革开放30年前的乐器产量相比，钢琴增长62倍，手风琴4倍，民族乐器13倍，提琴7倍，西管乐器23倍，口琴4倍，工业总产值7倍，产品出口创汇51倍，中国乐器出口世界166个国家，占全世界所有国家的80.97%，中国乐器已经覆盖世界六大洲的大部分国家。中国乐器行业已有各项乐器专利2468项，其中发明专利912项，实用新型专利1339项，外观设计专利217项，中国乐器今非昔比，成为名符其实的世界第一生产大国和最大乐器市场。

二、钢琴制造业

世界钢琴制造业概况

据业内人士评估，2008年世界知名钢琴生产企业约48家，比上年减少6家；钢琴总产量42.4万架，比上年减少4.3万架。以上数字反映出：2008年整个世界钢琴行业呈现大幅下滑态势，形势相当严峻。

2008年，世界钢琴制造业格局处在调整变化中。美国、欧洲和亚洲仍为构成世界钢琴制造业的三大引擎。

美国市场进口钢琴主要来自中国、印尼和日本。从2008年第2季度起，印尼成为美国进口声学钢琴首要来源国。2008年前6个月，有累计数量达7404架钢琴来自在印尼设厂的三益、卡瓦依和雅马哈三大钢琴制造商。同期美国从日本进口钢琴7397架，从中国进口钢琴6970架。

据美国《乐器制造商评论》杂志（Musical Merchandise Review）对全美7980家乐器零售商所作的年度零售报告表明，有4247家琴行销售钢琴等键盘乐器，占琴行总数的53.22%。可见，钢琴仍是美国琴行销售的主要乐器种类；地域上，以加利福尼亚州琴行最多，达1018家，列第二和第三位的是纽约州和得克萨斯州，琴行数量分别为491家和428家，可见加州当之无愧为音乐大州，也是美国钢琴销售的重点地区。

2008年第三季度开始蔓延的美国次贷危机，紧接着发生的全球金融风暴，致使房地产市场急转直下，导致钢琴市场销售下滑，为数不少的美国琴行倒闭裁员，一些大型钢琴展销中心关门，部分琴行把钢琴售出以后握住现金不再进货，从而使钢琴物流梗阻，同时由于一些为生产商与经销商作信用担保的银行也纷纷倒闭，使钢琴生产商与经销商之间的信用链折断，增大了钢琴生产商销售风险。美国国际音乐制品协会（NAMM）前主席、美国爱阿华州韦斯特琴行总裁斯蒂芬总结说，钢琴销售和房地产市场密切相关。

2008年欧洲钢琴制造行业重要事件有：奥地利贝森朵夫公司被雅马哈收购；雅马哈将旗下在英国、法国、西班牙、瑞典、意大利的6家销售公司整合为一家，扩展了包括钢琴在内的乐器销售；此外，德国Seiler钢琴被韩国三益钢琴公司收购，成为其旗下子公司。亚洲钢琴制造发展的迅猛之势，也在影响着欧洲大陆。欧洲钢琴的一些生产基地发生转移，如波哈米亚钢琴公司把原设在布拉格南部吉拉瓦的生产基地转至捷克的赫拉德克，以求降低生产成本。

在亚洲，日本雅马哈继续看好“新兴”钢琴市场。梅村充社长曾在访谈中谈到，2008年日本国内乐器市场较为稳定，为公司带来发展业绩的主要靠巴西、俄罗斯、中国和印度等市场，如雅马哈在俄罗斯、印度开设了销售分公司，即可说明新兴市场在其对外营销中的重要性。

日本国内市场发展较为成熟，为促进国内乐器市场的发展，在刚刚结束的2009年NAMM乐器展上，梅村充社长根据日本音乐人口的年龄结构、乐器市场成熟度并结合市场形势、音乐对人的心理调节作用等，在NAMM主题论坛上力推“三代同堂”乐器演奏新理念，为日本乐器市场提出了发展新范式。

《日本音乐贸易》对日本国内82家琴行作了调查，结果显示，销售立式钢琴下降的琴行有55家，销售增长的仅10家，保持稳定的17家；销售三角钢琴下降的琴行有41家，销售增长的22家，保持稳定的17家。

中国钢琴制造业概况

据中国乐器协会对国内钢琴生产企业自报钢琴产量统计为31.25万架（不包括天津英昌和营口鲍德温的产量），比上年减少7.91万架；中国钢琴出口61694架，比上年减少16407架，下降20.93%。

受上半年通涨，下半年金融危机影响，2008年中国钢琴生产与销售形势变化很大，上半年由于沿续2007年原材料及劳动力成本的上涨，造成钢琴生产成本居高不下，再由于钢琴行业产大于销，使钢琴价格难以调整上涨，导致企业利润空间减少，更有部分企业亏损，不得不采取调整内部结构，缩小规模和产量以维持生产。而下半年由于美国次贷危机和全球金融危机造成了中国钢琴出口大幅减少，国内市场压力明显增大，市场竞争更加白热化，钢琴销售量减少。从钢琴市场销售来看，出现了向两极发展的趋势，一头更加注重品牌销售，消费者更注重于选购名牌钢琴，珠江·恺撒堡、星海·卡瓦依等品牌都受到市场认可。另一头是价格偏低的钢琴市场也有扩大的趋势，一些商家在金融危机中为了满足一些消费者对低价钢琴的需求，也在选择没有品牌，价格较低的钢琴进行销售，以实现其减少亏损，增加利润的目的。

不同类型钢琴生产企业情况各异，中国的钢琴行业难说已开始洗牌。2008年，中国钢琴产量在连续10年上升后，钢琴产量开始下降，结构发生变化，不同类型的钢琴生产企业都在发生着不同情况的变化。

国有企业的珠江、星海钢琴基本保持了原有产量，仍处于主导地位，上海施特劳斯钢琴产量有所减少。广州珠江钢琴集团股份有限公司在年底正式批准挂牌，新开发的恺撒堡高档演奏级钢琴已经形成批量生产规模，大量投放市场，市场影响力不断扩大。北京星海钢琴集团公司，星海卡瓦依及星海精品钢琴不断扩大产量使中高档产品的比例不断扩大。上海钢琴公司迁入新址以后采取稳健的发展战略，保持了企业适度规模的发展。

民营企业都有不同程度的发展，宁波海伦、杭州嘉德威、南京摩德利保持着旺盛的发展势头，销售收入和实现利润同步增长。这些企业都有各自的特点，他们从不同方面大力发展民族品牌，扩大国产钢琴在国内外市场的影响。海伦钢琴通过聘请外国专家，研发专业级大型三角钢琴，参加央视钢琴小提琴演奏比赛等一系列措施使海伦钢琴品牌知名度有了进一步提升；嘉德威钢琴通过参与钢琴标准制定，实施ERP企业管理，增强了企业实力；摩德利钢琴通过新厂建设扩大企业自身实力，使企业经济效益保持稳定。此外，福州和声钢琴有限公司根据市场变化加强技术创新，近年来研发了"R"版系列钢琴新产品，并从单纯生产内销立式钢琴向部分出口并研发三角钢琴转移；烟台博斯纳及时调整企业发展战略，通过不断地调整产品结构，扩大内销比例，增加高附加值产品等方式，使企业得到快速发展。

而小型钢琴企业面对严峻的形势和金融危机也显示其顽强的生命力，如处于上海周边地区和浙江湖州地区的众多小型钢琴厂继续在狭缝中生存，生产基本上没有受到太大影响，主要是因为他们是以组装形式生产钢琴，投入小，风险低，能进能退，而且由于小企业也在不断提高产品质量，加上其独具的低价优势，从而赢得一些国内外经销商的青睐。

在国际钢琴市场处于严重滑坡的形势下，中国钢琴市场无疑是外国所有钢琴企业竞争角逐的主战场。这在2008年上海乐器展得到充分体现：日本雅马哈、卡瓦依；德国施坦威、贝希斯坦、博兰斯勒；美国鲍德温、梅森汉姆林；意大利法齐奥利；韩国三益、英昌、世正；捷克佩卓夫、波哈米亚；奥地利贝森多夫；英国肯鲍等几乎所有国际知名钢琴大牌悉数参展，中国是世界钢琴市场的亮点已成为众多海外国际钢琴制造商的广泛共识。他们纷纷看好中国市场的发展前景。施坦威等国际知名钢琴制造商谈到，要想使钢琴品牌打入中国市场，钢琴质量是第一位要素，辅以优质的经销模式和客户服务。除此之外，国外品牌钢琴在数年前就开始加快在中国投资建厂的步伐，其中尤为杭州雅马哈，其近年的钢琴产量快速增长，2008年钢琴产量从上年的17907架猛增到31504架，增长75.93%，其中80%在中国销售。2008年香港柏斯琴行在湖北投资建设的宜昌金宝钢琴公司在完成征地规划阶段后，三角琴生产基地已建成投产，钢琴生产保持稳定发展。过去一年，也不是所有外资钢琴企业发展都是一帆风顺的。营口鲍德温钢琴产量锐减，其市场销售也受到影响。另外，还有一些外资钢琴在2008年生产与销售也处于下滑的状况。

经过过去一年的考验和洗礼，虽然中国钢琴行业遇到前所未有的挑战和困难，企业的生产经营和出口异常艰难，经济效益有所下降，但是无论是大型企业，还是中小型企业都渡过了这段艰难的历程，企业受到锻炼。应当说，到目前为止，中国还没有出现象日本一样大量钢琴企业经过整合洗牌，最后只剩下雅马哈和卡瓦依两个企业的现象。

面对2009年更为严峻的钢琴市场形势，所有中国钢琴企业已经准备好了，他们有信心战胜困难抱团过冬，迎接钢琴市场又一个春天的到来。

三、提琴制造业

根据中国乐器协会和国家轻工业乐器信息中心对部分提琴生产企业产量统计，2008年，我国提琴总产量为865942把。

海关数据显示，2008年，我国弓弦乐器（提琴）出口数量125.73万支，同比下降6.37%；出口金额5007.16万美元，同比增长10.55%。我国弓弦乐器（提琴）出口世界114个国家和地区，主要出口国为美国、英国、德国、韩国、日本等国家和地区，其中出口美国数量最大，达34.58万支，同比下降19.03%，出口金额1705.34万美元，同比下降5.82%。2008年中国从德国、法国、意大利等14个国家和地区进口弓弦乐器（提琴）723支，同比下降89.06%，进口金额52.12万美元，同比下降27.71%。主要进口国为德国、法国、意大利等14个国家和地区。

2008年中国（上海）国际乐器展览会国内外提琴参展商达138家，比上年增长36.63%，是2002年首届上海乐器展览会的8.6倍。包括有来自意大利（10家），德国（2家）、法国（6家）、台湾（2家）、韩国（1家）、捷克（1家）、日本（1家）等7个国家和地区提琴制造商参展。国内提琴参展商主要来自北京（56家）、江苏（23家）、上海（11家）等10个省市，江苏泰兴凤灵乐器有限公司、北京华东乐器有限公司、北京天力提琴制造有限公司、北京艺苑乐器制造有限公司、广州珠江钢琴公司提琴厂等国内主要提琴厂均参加展览。

2008年提琴行业的产品质量及工艺技术有了新的进展和提高。当年发布的提琴专利29件，包括发明专利3件，实用新型10件，外观设计专利16件，其中泰兴凤灵乐器公司发布专利12件。2008年5月中国乐器协会提琴分会与泰兴市溪桥镇政府共同开展的地区性提琴质量监督检测推动了该地区对产品质量的重视。参与检测活动的企业共30家，年生产能力60多万支，占全国提琴总产量的60%。2008年7月，全国乐器标准化中心组织国内提琴生产企业在广州召开标准审定会审定并通过了《中提琴》、《中提琴弓》、《倍大提琴》、《倍大提琴弓》等6项行业标准。

2008年，我国提琴行业的基本情况是：

（1）提琴行业总体产销形势受全球经济危机影响不大，在稳定中有发展，发展中有困难，困难中有突破。

（2）提琴企业经营压力加大。由于劳动力成本和原材料价格上涨，企业的利润空间进一步减少，同时迫于市场竞争的压力，又不能大幅度提高产品价格，从而又进一步加剧提琴市场的价格竞争。

（3）提琴市场呈现出国内市场国际化、国际市场国内化和消费层面多样化的特点。国外诸多提琴品牌大量进入中国，在中国境内设厂生产、定点销售，形成了国内市场国际化的局面。而众多国内提琴生产企业专为国外企业进行定牌（OEM）生产，产品大量出口。因此，许多国际上的品牌提琴实际上都是中国生产，客观上又形成了国际市场国内化。

（4）国产提琴产品质量进一步提高。经过多年向国外同行的学习和自身的努力发展，提琴企业的产品设计能力、技术创新能力、加工制作工艺等都有了极大改进和提高，不再只是生产低档普及型提琴，很多企业已具备生产中高档演奏级提琴产品的能力，且比重不断加大。

（5）消费者消费观念更加成熟、理性，具有较高的品牌意识和认知度。现在越来越多的乐器消费者都懂乐器（提琴），都会自己演奏乐器（提琴），同时随着音乐教育的普及，以及网络信息化时代的到来，消费者开始从过去注重乐器产品价格转向更注重乐器产品的功能、品牌、质量、售后服务等方面，有利于乐器市场的健康发展。

（6）提琴生产进一步向规模化，大型化发展，已形成一批具有较强实力和国际影响力的提琴企业，如：江苏凤灵、北京华东、广州红棉等。这些企业通过走自主创新发展道路，逐步从“中国制造”向“中国创造”升级，在提琴生产规模、产销量、技术创新能力、出口创汇等诸多领域都有了长足的发展。如：2008年凤灵集团完成提琴产品33.8万支，同比增长20%；实现销售收入2.28亿元，利税2200多万元，同比分别增长18.6%、20.3%；出口创汇780万美元，同比增长31.2%。出口国家从61个增加到71个，国外代理商由26个发展到38个，国内连锁专柜由23个发展到62个，办事处由8个发展到16个，实现历史最好水平。

（7）提琴行业与文化产业相融合，加大实施“文化兴企”力度。江苏凤灵、北京华东等提琴企业以“国际强企、行业标杆”为目标，全方位实施“铸魂塑形”工程，以品牌强企，以文化聚企，以和谐立企，促进了企业更好更快地发展。2008年1月6日，江苏省委常委、宣传部部长杨新力，副省长张桃林率省委宣传、文化、科技、教育、广电、新闻出版等14部门的领导40多人在泰州市委书记朱龙生、泰兴市委书记曹苏民的陪同下前往江苏凤灵集团视察提琴文化产业建设情况。在这一年中凤灵集团连续获得“国家文化出口重点企业”、“国家文化出口重点项目”、“全国电子商务信用企业”、“全国轻工业企业信息化先进单位”、“江苏省厂协合作优秀企业”、“江苏省精神文明建设先进单位”等荣誉，企业事迹在中央电视台CCTV1、2、3、4、7、9、音乐频道等都作了新闻报道，董事长李书还应邀参加了中央电视台2套《财富故事会》、中央电视台9套《外国人看中国》、上海东方电视台《财富人生》、江苏教育电视台《苏商》等节目的专访，荣获“全国创业之星”、“全国企业信息化优秀领导奖”、“江苏省创业明星”等荣誉。李书在获得“全国创业明星”会议上受到国务院副总理回良玉的亲切接见。此外，在电视、报刊等媒体上多次亮相出镜的还有北京华东、北京艺苑、泰兴琴艺、珠江红棉等提琴企业，为持续不断地扩大提琴行业在社会上的影响，提升企业知名度开展大量的工作。凤灵提琴还积极参与了2008CCTV钢琴小提琴大赛活动、举办了“凤灵琴声”杯小提琴大赛、2008CCTV中华宝宝才艺展示大赛、2008上海音乐厅“凤灵提琴之夜”吕思清小提琴独奏音乐会等活动。北京华东乐器聘请了14位西班牙音乐家到北京平谷做客，扩大了企业和品牌影响力，弘扬了企业的文化理念。

2008年，我国手工高档专业提琴制作也有了新的进展。2008年8月中旬在意大利第二届依索湖国际提琴制作比赛中，在意大利克雷蒙那学习的中央音乐学院提琴制作专业的四名毕业生全部获奖。其中，苏琪获得自由组大提琴第一名（金牌）、中提琴第二名（银牌）；逯翔获学生组大提琴第四名和声音奖、小提琴自由组第四名；于杰获学生组小提琴第五名、自由组小提琴第六名；台湾籍进修生王婷婷获学生组小提琴第四名。

美国提琴制作师协会主办的第36届年会暨第18届国际提琴制作比赛于2008年11月3日～9日在美国西海岸俄勒冈州首府波特兰举行。这是当今世界上规模最大的提琴制作比赛，吸引了美国、意大利、德国、法国、英国、波兰、捷克等各国制琴高手，来自世界各地的50多位华人提琴制作家也参加了这次比赛。据了解参加此次比赛的各种参赛弦乐器（提琴）总数达429件，包括小、中、大提琴和低音提琴354把以及75支琴弓，其中华人参赛作品有112件。由于近二十几年来，华人提琴制作水平的突飞猛进，华人制琴家在各项国际比赛中频频得奖，已经达到真正的国际一流水平。美国提琴制作师协会特地邀请了多位华人制作家和演奏家担任比赛的评委，其中，郑荃（中央音乐学院提琴制作系主任）担任提琴工艺评委；秦嵘（著名华裔琴弓制作家）担任琴弓评委；上海四重奏乐团及在波特兰大学任教的大提琴家胡和坤博士担任提琴音色评审。由华人担任国际提琴制作比赛的评委表明国际提琴界对中国提琴制作水平的认可又上了一个新台阶，中国不仅能制作出世界一流的提琴，还能鉴定和指导其他国家制琴师们制作的提琴作品。经过20位评委（包括6位华人评委）的评鉴，在400多件提琴作品的73个奖项中，中国提琴制作师共赢得了4项银奖：北京江山获得小提琴音色银奖、广州陈劭赢得小提琴工艺银奖、上海凌震华荣获中提琴音色银奖和四重奏组音色银奖。另外还获得十三项优异奖。朱明江被正式接纳为美国国际提琴大师协会会员，这是中国继郑荃、华天礽之后的第三人。

四、西管乐器制造业

据中国乐器协会和国家轻工业乐器信息中心对国内20家西管乐器生产企业的统计，2008年我国西管乐器产量135.26万支，同比增长7.30%。其中，小号40.86万支，萨克斯26.51万支，长笛21.95万支，单簧管17.28万支。总出口数量为109.20万支，占总产量的80.73%。目前我国西管乐器生产企业主要集中在北京、河北、天津、山东、上海、浙江、辽宁等省市，以河北省产量最大。2008年河北的6家企业生产各类西管乐器57.96万支，占总产量的42.85%；出口量为49.60万支，占总出口量的45.42%。天津3家企业共生产各类管乐器45.45万支，出口量为39.25万支。山东2家生产企业共生产各类管乐器12.23万支，出口量64000支。2008年西管乐器产量前三位的企业为：河北金音乐器公司、天津津宝乐器有限公司、天津圣迪乐器有限公司，分别生产各类西管乐器32.81万支、23万支、20.95万支；出口量分别为26.62万支、19万支、18.85万支。

根据海关总署提供的2008年西管乐器进出口数据，出口金额1.16亿美元，同比增长30.63%。其中铜管乐器出口金额7919.78万美元，同比增长36.13%，其他管乐器出口金额3759.52万美元，同比增长22.47%。中国铜管乐器出口到世界105个国家和地区，主要出口国为美国、德国、英国、巴西、日本。其中，出口美国1764.13万美元，同比增长17.71%；其他管乐器出口美国、英国、德国、加拿大、巴西等101个国家和地区，其中出口美国1572.45万美元，同比增长66.01%。

2008年中国进口西管乐器金额352.15万美元，同比增长15.58%。其中铜管乐器金额102.54万美元，同比下降19.36%，铜管乐器主要从日本、美国、德国等13个国家和中国台湾地区进口，从日本进口铜管乐器金额43.59万美元，同比增长26.07%。其他管乐器进口金额249.60万美元，同比增长40.67%。其他管乐器主要从日本、法国、台湾、德国、美国等14个国家和地区进口，从日本进口其他管乐器金额144.67万美元，同比增长11.67%。

2008年西管乐器生产企业参加中国（上海）国际乐器展览会的参展商数量有较大增加，达到78家。其中，外国管乐器生产厂家，如德国Adler & Moennig Woodwind Instruments公司、英国Howarth of London公司、法国布菲乐器公司、马里高斯公司、瑞古达公司、美国Burkart Flutes & Piccolos公司、台湾功学社、日本雅马哈公司等，国内管乐器生产厂有金音、津宝、圣迪、奥维斯、銮宇、华声、先明斯，中轻北方、山东龙口、山东泰山等，2008年上海乐器展管乐器参展商数量比上年增长了30%，是2002年第一届上海乐器展的四倍。

2008年西管乐器专业委员会进行了换届选举，于5月28日在北京召开了西管乐器专业委员会二届一次会议。出席这次会议的单位有：河北金音乐器有限公司、天津市津宝乐器有限公司、功学社（天津）乐器有限公司、大连铜管乐器有限公司、山东泰山乐器有限公司、北京管乐器厂、天津圣迪乐器有限公司、天津奥维斯乐器有限公司、江阴激扬乐器有限公司、河北华声乐器制造有限公司等单位。会议推选河北金音乐器制造有限公司为新一届西管乐器专业委员会会长单位，功学社（天津）乐器有限公司、天津市津宝乐器有限公司为副会长单位。会议通过了西管乐器专业委员会行规行约。会上，陈学孔会长就新一届西管乐器专业委员会下一步工作指导思想和任务提出具体意见：

（1）致力科技创新，为提升产品品质服务。逐步建立起西管乐器材料处理与科学选配、工艺创新、音质改良、声学品质的检测与研究等为主要内容的研究开发中心。

（2）积极开展职业技能培训和鉴定工作。按照“管乐器制作工”的职业要求，积极与中国轻工业职业技能鉴定指导中心和乐器行业特有工种职业技能鉴定站联系，积极组织员工参加“管乐器制作工”的职业技能培训和鉴定工作，以推动本行业技能水平的提高。

（3）坚持开展技术交流活动，每年至少组织一次西管乐器产业发展论坛或科学技术经验交流活动，聘请国内外乐器专家、乐器制作大师来现场讲学或现场操作表演。

（4）促进合作共同发展。定期出刊通讯简报加强企业间的信息沟通，加强企业高层间互访，交流企业管理、创品牌经验；企业自愿融合做强做大做优等，以提高管乐器行业企业的实力和综合竞争力。

（5）强化行业自律，规范乐器市场。成立行规行约自律检查小组，平时接受和处理违规违约举报，每年集中一次行业内的全面检查评比。同时要加强监督，并配合有关行政部门严厉打击不法生产者、贩卖者，以净化市场环境，树立西管乐器行业的良好形象。

（6）奋斗目标。在未来任期内争取实现“十一五规划”中的发展目标：年增长率10%，期末年产量达到160万支；增加中高档产品30%以上，新品占20%以上；优质品率达到40%；年申报专利20项；能耗及原材料消耗降低6%以上。

会上，其他西管乐器生产企业也分别介绍了各自企业的生产经营概况，一致表示，今后要加强西管乐器生产企业之间的合作与交流，共同建立一个规范有序的管乐器市场。

2008年西管乐器行业加强了与音乐教育单位的合作，广泛参加各种会议及管乐器艺术节等活动。2008年11月20日，有近200人出席的2008中国音协管乐学会年会在总政军乐团军乐厅召开，大连铜管乐器有限公司、河北金音乐器集团公司、天津津宝乐器有限公司以及布菲乐器北京有限责任公司、雅马哈乐器音响中国投资有限公司、北京双燕有限公司等厂商代表参加了会议，会上所交流的管乐艺术教育信息和发展前景规划，对我国西管乐器生产和发展起到了重要的促进作用。

日本雅马哈管乐器和台湾杰普特加强了在国内的音乐推广活动，通过开展这些活动促进乐器销售，提高品牌的知名度。雅马哈公司分别于2008年1月在广州举行广东省首届管乐节、3月在南京举行大型管乐器展示会，6月在广西艺术学院举行雅马哈管乐展示会暨长笛学术交流会和在深圳举行雅马哈管乐产品说明会（长笛）。台湾功学社也于2008年3月在河北省石家庄市举行杰普特管乐器推广会。通过这些活动扩大了消费者对管乐的认识，对推进管乐社会化有明显效果。

2008年国家知识产权局发布有关西管乐器专利总计30项，比上年有了明显的增长（上年仅有4项），其中发明专利7项，实用新型15项，外观设计专利8项，天津津宝乐器有限公司共申请专利27项，其中西管乐器专利有多功能小号、行进圆号、行进式次中音号、行进上低音号、行进长号等。

2008年，我国河北金音、天津津宝两大西管乐器生产企业获得了较为突出的业绩。其中，河北金音乐器公司经过20多年稳健而迅猛的发展，已拥有8家子公司，员工2100名，集生产、研发、销售为一体的大型企业。主要生产西管乐器、吉他、提琴等乐器类产品，其中管乐器年产27万支。2007年跻身《全球乐器与音响产品供应商225强》的第134位，2008年被授予河北省第一批文化产业示范基地称号，总经理陈学孔获得“2008河北十大经济风云人物”桂冠，成为河北省乐器行业唯一获此殊荣的企业家。

天津津宝乐器有限公司的“津宝”商标、山东泰山乐器有限公司“Taishan”商标获得中国驰名商标称号。此外，2008年天津市津宝乐器有限公司也获誉“天津市A级劳动关系和谐企业”的称号。

五、电声乐器制造业

2008年我国规模以上电声乐器生产企业共计37家，工业总产值32.05亿元，同比增长9.26%；新产品产值4.46亿元；工业销售产值31.72亿元，同比增长8.44%，占乐器行业工业销售产值的19.90%；出口交货值20.18亿元，同比下降2.95%，占乐器行业出口交货值的29.31%；产品销售率98.96%。

电声乐器规模以上生产企业主要集中在广东、天津、山东、江苏、辽宁、福建、湖北、上海、浙江、河北、黑龙江、北京等12个省市。排在前四位的省市为：广东12个电声乐器生产企业，完成工业销售产值11.99亿元，同比增长23.05%；天津1个企业，完成工业销售产值8.96亿元，同比下降11.53%；山东6个企业，完成工业销售产值2.90亿元，同比增长25.06%；江苏3个企业，完成工业销售产值2.49亿元，同比增长52.51%。天津、广东、山东为电声乐器出口大省，2008年出口额分别为7.37亿元，同比下降16.77%；6.70亿元，同比增长11.41%；1.34亿元，同比增长18.93%。2008年电声乐器出口增长的省市有北京、江苏、山东、黑龙江、广东、辽宁；出口下降的省市为福建、湖北、浙江、天津、上海、河北。

电声乐器是中国乐器出口数量和出口金额最大的乐器类别。2008年两大类电声乐器共计出口数量为1561.8万件，同比增长52.94%，出口金额为5.76亿美元，同比增长34.26%，占中国乐器出口总额的37.89%。其中，电子键盘乐器出口111个国家，主要出口地为美国、中国香港、日本、比利时和英国。出口数量下降了5.43%，出口金额仅增长4.43%。其他通过电产生或扩大声音的电声乐器出口形势大好，出口数量比上年增长141.56%，出口金额比上年增长88.03%，出口121个国家，主要出口国和地区是美国、英国、日本、德国和比利时。

2008年我国从国外进口电声乐器共计22.41万件，同比下降12.32%，进口金额为1987万美元，同比增长10.26%。其中，从印尼、日本、韩国、意大利及中国香港等10个国家和地区进口的通过电产生或扩大声音的键盘乐器进口17.38万件，同比下降22.78%，金额1675万美元，同比增长4.54%。从美国、印尼、日本、韩国等15个国家进口的其他通过电产生或扩大声音的乐器5.03万件，同比增长64.63%，进口金额311.98万美元，同比增长

56.16%。

2008中国（上海）国际乐器展览会上有59家电声乐器厂商参展，比上届增长40.47%，是2002年首届上海展的3.2倍。国外参展商主要来自韩国、捷克、泰国、意大利、等国家和中国台湾和香港地区。国内参展商主要来自广东、山东、北京、浙江等11个省市。包括美得理电子（深圳）有限公司、上海华新乐器有限公司、武汉艾立卡电子有限公司、吟飞电子有限公司、武汉致嘉钢琴制造有限公司、深圳市蔚科电子科技开发有限公司、广州市白云区凯诺电子厂、杭州沃尔特数码钢琴有限公司等国内骨干企业都参加了这次展览。

2008年我国共发布电声乐器专利12项。包括实用新型专利1项（武汉致嘉钢琴公司的“锤式数码钢琴键盘手感仿真装置”），外观设计专利11项。

2008年各电声乐器生产企业加强了与音乐教育界的合作，开展各种形式的电子乐器新产品推介会及计算机音乐知识论坛。如4月，由吟飞电子有限公司赞助的中国音协电子琴学会三届一次会长会议在常州召开；8月，由中国教育学会音乐教育专业委员会等单位主办、吟飞电子有限公司承办的首届“吟飞”双排键电子琴比赛在厦门举行。美得理（深圳）电子有限公司赞助并承办深圳第四届电子琴艺术节；10月，上海华新电子有限公司在上海乐器展期间举行的“计算机电子音乐发展研讨峰会”等。

2008年7月11日中国乐器协会电鸣乐器分会在深圳召开三届二次会议，总结了一年来中国乐器协会电鸣乐器分会开展的工作：

（1）2008年7月《电子鼓通用技术条件》和《MIDI键盘通用技术条件》行业标准审定会议在深圳召开，这两项行业标准由得理（上海）有限公司、得理乐器（珠海）有限公司和得理电子（深圳）有限公司等三家企业共同完成。两项标准结合目前我国电子鼓和MIDI键盘生产实际采用了国外最新技术要求和国际通行的规范。

（2）由上海华新乐器公司编制的《电鸣乐器制作工国家职业标准》已完成起草工作，并已通过中国轻工业联合会初审。

（3）2008年10月11日，乐器音箱生产企业采购成本研讨会在上海举行。会议为乐器音箱整机厂提供相互学习交流产品结构调整和降低生产成本的平台，同时也为整机厂和供应商之间拓宽合作渠道，提供供需双方共同探讨如何降低成本以增强双方市场竞争力的机会。

（4）在2008年上海乐器展期间，进行了电鸣乐器产品第二次“3C”证书核对工作，分二组进行核查。第一组核查19家电子乐器厂商，其中有16家的内销产品持有3C有效证书，有3家无证书，有证率为84.2%。第二组核查18家音箱厂商，仅有4家持有有效3C证书，有证率仅为38.89%。经过此次核对后认为：①3C认证制度执行情况不平衡，电子乐器厂商3C认证执行情况较好，而音箱厂商较差。②有个别单位弄虚作假。

（5）筹备成立电鸣乐器知识产权管理委员会。

六、民族乐器制造业

2008年国内29家规模以上民族乐器生产企业完成工业总产值9.59亿元，同比增长21.59%；新产品产值27.3万元；工业销售产值9.43亿元，同比增长24.8%；出口交货值3.03亿元，同比增长19.23%；产品产销率98.40%。

我国规模以上民族乐器生产企业主要集中在河南、山东、广东、上海、河北、江苏、湖北、福建、江西等9个省市，2008年福建、山东、河南、广东等省增长幅度较大，分别同比增长124.30%、55.23%、28.32%和21.94%。出口交货值以福建、江苏、河北等省市较为突出，分别增长124.30%、89.58%、17.07%。

据中国乐器协会和国家轻工业乐器信息中心统计，2008年主要民族乐器生产企业产品产量为656566件，其中古筝172532件，二胡255198把，琵琶52188把，扬琴25271件。

2008年民族乐器发布专利共计110项，占全部乐器专利的22.40%，专利发布数量仅次于乐器配件。其中发明专利15项，实用新型专利59项，外观设计专利36项。

2008中国（上海）国际乐器展览会的民族乐器参展商为127家，比上届提高了3.25%，是2002年首届上海乐器展览会的7.4倍。参展商来自国内16个省市，参展企业最多的地区是江苏（41家）、浙江（19家）、天津（15家）、河北（12家）。主要生产企业有上海民族乐器一厂、北京民族乐器厂、饶阳北方民族乐器制造有限责任公司、河北成乐民族乐器有限责任公司、无锡新区古月琴坊、无锡新区梅村林生乐器加工场、扬州天韵琴筝有限公司、扬州市正声民族乐器厂、贵州省玉屏县箫笛厂、武汉洪发高洪太铜响器有限责任公司、武汉市邢氏乐器制造有限公司等。上海民族乐器一厂的展位令人瞩目，该厂展位设计凸现敦煌文化与奥运精神的主题。展位面积达到211平方米，比往年增加了一倍多。巨型蝴蝶系列古筝引来无数国内外观众驻足观望，拍照留念。在整个民乐展馆里独树一帜。

2008年，民族乐器行业可谓大事多，喜事多。

（1）民族乐器制作技艺入选第二批国家级非物质文化遗产名录。2008年6月，在全国第三个“文化遗产日”到来之际，国务院公布了第二批国家级非物质文化遗产名录510项及第一批国家级非物质文化遗产扩展项目名录147项。乐器行业的山西省长子县的长子响铜乐器制作技艺、吉林省延边朝鲜族自治州的朝鲜族民族乐器制作技艺、江苏省苏州市的苏州民族乐器制作技艺、福建省漳州市的漳州蔡福美传统制鼓技艺、新疆维吾尔自治区疏附县的维吾尔族乐器制作技艺均被入选第二批名录中。

（2）2008年5月，国家质检总局正式启动2008年中国名牌产品的申报工作，民族乐器二胡正式列入2008年中国名牌产品评价目录，这是继钢琴之后，乐器行业第二个中国名牌评价产品。上海民族乐器一厂、苏州民族乐器一厂有限公司、河北乐海乐器有限责任公司等三家企业申报，后因三鹿奶粉事件的发生，中国名牌评价工作暂停。

（3）河南中原乐器有限公司总经理代胜民作为乐器行业唯一奥运火炬手在7月26日参加了北京奥运火炬接力开封市传递活动。

（4）2008年10月8日，中国轻工业联合会副会长步正发到上海民族乐器一厂考察工作时强调，乐器行业要发展，要创新，乐器要更加普及，争取走向千家万户，让更多的人能够提高自身的音乐素养，丰富人民的文化生活。

（5）国家林业局十分重视蟒蛇的人工繁育利用工作，2008年12月26日，国家林业局保护司在海南省文昌市南阳镇海南东盛弘蟒蛇研究所召开“蟒蛇繁育利用现场会”。国家林业局保护司、海南省林业局，海南省动植物保护局、海南省文昌市等单位领导出席会议。乐器行业有上海民族乐器一厂、上海敦煌乐器有限公司、苏州民族乐器一厂有限公司、苏州平江区琴艺乐器社、苏州市相城区江南民族乐器厂、无锡市新区古月琴坊、无锡市新区梅村林生乐器加工场、河南开封中原民族乐器有限公司、河北饶阳北方民族乐器有限公司等9家二胡定点生产企业负责人应邀参加会议。在这次会议上及时总结并深入推广人工繁育蟒蛇的试点经验和成果。

（6）在北京奥运会和残奥运开闭幕式以及北京奥运期间所举办的“中国故事”展览，多次、多处展示中国古老和现代的民族乐器，对民族乐器的宣传效果达到高峰。2008年8月8日，在北京奥运会开幕式倒计时上采取击打2008尊中国古代打击乐器——缶，发出动人心魄的声音，这2008樽缶是由北京格申工艺品有限公司生产的。开幕式中还使用了古琴、琵琶等中国民族乐器。而残奥会闭幕式上出现的64名少女演奏的电子二胡是由日本罗兰公司和上海民族乐器一厂专门为北京奥运会研制的。这种将现代高科技与中国传统技艺相结合的成果使中国民族乐器的功能得到了大幅度的扩展和提升。此外，奥运会期间举办的“中国故事”上海馆祥云小屋里展出的数十件民族乐器，全部由上海民族乐器一厂提供，参观人群川流不息，使中华民族的传统乐器得到了最大的推广和弘扬。

（7）龙头企业取得新突破，各地民乐生产呈普遍上升趋势。2008年7月4日，作为国内最大的民族乐器生产厂，上海民族乐器一厂举行隆重的“五十周年庆典”活动。2008年上海民族乐器一厂销售收入达到1.24亿元，“敦煌牌”商标自2001年起连续三届荣获上海市著名商标称号，“敦煌牌”古筝、二胡、琵琶又获得上海名牌产品称号，使企业知名度和社会影响力有了进一步提高，从而受到上海市领导的重视。

其他地区的民族乐器生产也有不同的特点。2008年8月19至22日，由中国音乐家协会、扬州市人民政府主办的中国古筝艺术第6次学术交流会在扬州举行。此次学术交流会共有418人出席，除全国各省区市以及香港、台湾等地外，还有日本、美国、新加坡、新西兰、加拿大等国的代表参加，扬州市8家古筝生产企业提供赞助支持。扬州地区的古筝产业一直处于稳定发展状态，2008年扬州部分企业通过技术改造，加大自主创新力度，企业实力不断增强。

处于中西部地区的贵州玉屏箫笛厂在2008年克服了南方冰冻灾害的影响，坚持生产，保持稳定发展的形势。该企业生产的“玉屏箫笛”在国家工商总局商标局成功注册，成为全国首个获得地理标志证明商标的乐器类产品，为进一步推动玉屏箫笛产业化发展提供了保障。

2009年1月9日，中共中央、国务院在北京人民大会堂隆重举行国家科学技术奖励大会。由陕西省推荐，西安音乐学院翟志荣等完成的“中国拉弦乐器——系列秦胡的研制与应用项目”荣获2008年国家科学技术进步奖二等奖，这是迄今为止，乐器类产品所获得的国家最高科技成果奖。

七、吉他制造业

2008年，中国乐器协会和国家轻工业乐器信息中心对部分吉他生产企业的产量统计为4393373把。

据2008年国家海关统计数据，我国共向世界139个国家和地区出口其他弦乐器（吉他）类产品1112.28万支，同比增长9.76%，出口金额2.26亿美元，同比增长34.73%。主要出口国为美国、德国、巴西、英国、日本等国家和地区，其中出口美国的其他弦乐器共计372万支，同比增长5.96%，出口金额7931.80万美元，同比增长46.01%。2008年中国从世界21个国家和地区进口其他弦乐器类产品1.22万支，同比下降8.49%，进口金额70.52万美元，同比增长7.66%。主要进口国为印尼、美国、法国等，其中从印尼进口其他弦乐器6728支，同比增长46.39%，进口金额37.44万美元，同比增长55.08%。

2008年中国（上海）国际乐器展览会有90家吉他生产企业参展，比上届展览会增长5.88%，是2002年首届上海乐器展吉他参展商数量的11.25倍。其中境外参展商39家，分别来自西班牙（13家）、德国（3家）、韩国（2家）、美国（1家）、日本（1家）、中国台湾（3家）、中国香港（1家）、印尼（1家）、英国（13家）、意大利（6家）。境内吉他参展商主要来自广东省，共有44家参展商，占国内参展商的68.75%。国内及国际著名的吉他生产企业，包括广东四会市华声乐器有限公司、广州吉声琴业有限公司、上海奋达乐器有限公司、广州红棉吉他有限公司、惠州全丰育乐用品有限公司、乐盟国际股份有限公司、广州市新艺宝乐器有限公司、阿兰普拉吉他、激声博韵（上海）乐器贸易有限公司等吉他企业都参加了上海乐器展。

2008年我国乐器行业共发布吉他专利63件，其中发明专利8件，实用新型专利24件，外观设计专利31件。其中有广州吉声琴业有限公司申报的“改进型折叠式吉他”，武汉艾立卡电子公司的“光电控制电吉他变调器”，揭阳市长城乐器有限公司的“一种带有喇叭的两用木吉他”等。

2008年5月9日，中国乐器协会吉他专业委员会在上海举行换届会议，参加会议的有上海奋达乐器公司、四会市华声乐器有限公司、广州珠江钢琴集团有限公司吉他厂、广州吉声琴业有限公司、佛山市三水区美莱迪乐器制造有限公司、宁波北伦超拨乐器配件厂、河北金音乐器制造有限公司吉他厂等吉他生产企业。会议选举产生新一届吉他专业委员会领导成员，审议通过吉他专业委员会行规行约、研究讨论今后专业委员会的工作。会议推选上海奋达乐器有限公司为新一届吉他专业委员会会长单位，四会市华声乐器有限公司、广州珠江钢琴集团有限公司吉他厂、广州吉声琴业有限公司为副会长单位，秘书长由上海奋达乐器公司夏华林担任。新一届吉他专业委员会的工作目标是制订一个高标准的吉他行业标准，加大调整产品结构力度，共同打造具有自主品牌的吉他产品。

八、打击乐器制造业

2008年我国向世界129个国家和地区出口各类打击乐器1782.50件，同比增长9.45%，出口金额1.40亿美元，同比增长3.42%。主要出口国为美国、德国、荷兰、尼日利亚、巴西等国家和地区，其中出口美国的打击乐器数量353.21万件，同比增长1.76%，出口金额4664万美元，同比增长17.45%。2008年中国从31个国家和地区进口各类打击乐器数量19.40万件，同比下降0.90%，进口金额440.08万美元，同比增长17.99%。主要进口国为美国、日本、荷兰等国家和中国台湾地区，其中从美国进口打击乐器数量2.57万件，同比增长98.87%，进口金额86.14万美元，同比增长80.31%。

参加2008年中国（上海）国际乐器展的打击乐

器参展商共计38家，比上届增加6家，是2002年首届上海乐器展的4.2倍。境外参展商来自德国、美国、泰国、日本等国家和中国台湾地区。境内参展商主要来自天津、浙江、河北、北京等8个省市，包括天津津宝乐器有限公司、广州保嘉乐器制造有限公司、北京家训马林巴厂等著名打击乐器厂。国外参展商有美国的American Drum，日本的Canopus Co. Ltd，泰国的泰官乐器有限公司等。

2008年打击乐器发布专利42项，其中发明专利3项，实用新型专利25项，外观设计专利14项，仅各种鼓的专利就达18项。其中天津津宝乐器有限公司申报鼓专利有5项，广州保嘉乐器制造有限公司申报专利1项，雅马哈公司申报专利1项。

2008年5月，中国乐器协会打击乐器专业委员会在北京召开了三届一次会议。出席这次会议的单位有：天津市津宝乐器有限公司、功学社（天津）乐器有限公司、河北省怀来锣厂、霸州市威名乐器有限公司、天津文生巴哈乐器有限公司、廊坊市永信实业有限公司等十余家企业。会议推选天津市津宝乐器有限公司为新一届会长单位，功学社（天津）乐器有限公司、河北怀来锣厂、天津文生巴哈国际贸易有限公司为副会长单位，秘书长由天津市津宝乐器有限公司刘海忠担任。会议通过了打击乐器专业委员会自律公约，并研究讨论了打击乐器今后发展趋势和所要开展的各项活动。

九、手风琴、口琴、口风琴、竖笛制造业

据国家海关数据显示，2008年我国手风琴出口数量46.60万架，同比下降22.69%，出口金额1845.33万美元，同比增长29.58%。口琴出口数量1198.71万支，同比增长1.22%，出口金额1259.27万美元，同比增长18.65%。以上数据反映出，2008年我国手风琴出口状况与上年相比基本持平，但出口产品结构正在发生变化，大琴出口数量明显增加，小琴数量显著减少。2008年手风琴进口120架，比上年减少59.46%，进口金额9.71万美元，同比下降21.82%。主要从意大利进口85架手风琴，价值8.78万美元，同比增长27.51%。口琴进口数量54.48万支，进口金额40.16万美元，同比增长17.23%，主要从日本、中国香港和德国等国家地区进口。

2008年，国内7家手风琴生产企业，共计生产各类手风琴227514架；口琴1413.42万支，口风琴326.84万支，竖笛937万支。

2008年，中国（上海）国际乐器展览会共有手风琴参展商9家，口琴及竖笛参展商10家，基本与上届展会持平。其中，来自国外的参展商有捷克1家（Harmonikas s.r.o），意大利1家（Long-Wing International Trading Co Ltd）。国内参展商有天津鹦鹉乐器有限公司、沧州市金狮乐器有限公司、香河天音乐器有限公司、上海申乐手风琴有限公司、江阴金杯安琪乐器有限公司、江阴市申佳乐器有限公司。口琴和竖笛的参展商有上海国光口琴厂有限公司、上海凯恩乐器有限公司、上海口琴总厂、江苏东方乐器有限公司、江苏奇美乐器有限公司、江苏天鹅乐器有限公司、江阴嘉德瑞乐器有限公司、江阴兄弟乐器有限公司、无锡铃木乐器有限公司、北京华韵阿波罗艺术发展中心、广州大铃乐器制造有限公司、天津裕来乐器有限公司等十余家企业。

2008年我国发布手风琴专利5件，其中发明专利1件，实用新型专利1件，外观设计专利3件。口琴专利发布10件，其中发明专利4件，实用新型专利5件，外观设计专利1件。其中有南京铃木乐器教具有限公司的“移动式半音阶口琴”、江苏天鹅乐器有限公司的“一种口琴用膜覆盖的加工方法”、江苏奇美乐器有限公司共发布10件竖笛和1件口风琴专利。其中，天津鹦鹉乐器有限公司发布的手风琴贝斯低音传动机构发明专利是手风琴制造技术的重大突破，据称就连世界一流的意大利手风琴生产都尚未掌握这项技术。

2008年不断推出新型手风琴，其中包括罗兰数码手风琴问世。罗兰数码手风琴让演奏者摆脱了传统手风琴重量大和演出位置固定的局限，使他们可以在舞台的各个位置与观众尽情交流。罗兰公司这种新品手风琴在2008年全国师范院校手风琴多元化发展教学研讨会上，得到了全国各地手风琴专家的宠爱，丰富的音色及功能为手风琴开展多元化教学提供了强大的基础。而国产手风琴生产企业也有不俗的表现，其中，江阴金杯乐器有限公司推出96BS大波音流行手风琴，这种手风琴的特点是双波音，声音清脆悦耳，适合演奏华尔兹、波尔卡、爵士、桑巴等风格的音乐。天津鹦鹉乐器有限公司在2008年对手风琴的内部结构进行革命性改革，在产品耐用性、稳定性和标准化等方面有明显的提高。2009年，经过全面工艺改进的手风琴将全面推向市场。

2008年口琴行业基本概况。口琴专业委员会会员单位13家（上海6家、江苏5家、浙江1家、天津1家）每年定期召开年会，5月22日至23日在江苏江阴市召开了四届三次会议暨2008年年会，参加会议的有15个单位30多人。各单位在会上作了交流发言，代表们就口琴行业发展动向进行深入探讨，普遍认为除要继续适当提高口琴的销售价格外，更要不断提高口琴的产品质量，采用替代材料，以保证口琴行业的健康发展。大家还针对口琴出口越来越严的要求及检测项目，一致认为，为了适应出口要求，必须不断提高口琴产品质量，特别要求铜材配比既要符合出口标准，又要降低材料加工成本。这次会议是在5·12汶川大地震后不久召开的，口琴行业一致表示愿意提供一定数量的口琴来捐助受灾的学校，为广大中小学生接受口琴音乐教育提供机会，为传播口琴音乐艺术作出贡献。

2008年口琴行业各企业为应对金融危机做了大量的工作，克服了种种困难和不利的因素，取得了一定成绩，主要有以下几个方面：

（1）绝大多数企业在发展中不断进步，继续保持平稳增长。2008年口琴行业和其他行业一样遇到了人员流动增大，加工费用上涨，人民币升值等各种困难，但在总体上口琴行业仍继续保持平稳增长态势，在发展中不断进步。“国光”、“天鹅”、“奇美”牌口琴继续在国内市场上保持着同行业领先的地位，甚至在中小学学校开学季节口琴供不应求。

（2）在创名牌、树品牌中发挥企业优势取得了显著成绩。江苏奇美乐器有限公司的“奇美”牌竖笛、口风琴、口琴、管风琴被认定为“江苏省名牌产品”称号；“奇美”商标被认定为“江苏省著名商标”；江苏天鹅乐器有限公司“天鹅牌”口琴被认定为“江苏省著名商标”、“江苏省名牌产品”。使“天鹅”、“奇美”的品牌知名度进一步得到了提高。口琴行业的其他许多企业利用多年来创立的品牌，积极参与市场竞争。如：江阴激扬乐器有限公司在激烈的市场竞争中逐渐创出了“金杯牌”、“老时牌”口琴等系列产品，通过长期参加国内外乐器展扩大了企业的规模和影响。上海国光口琴厂老一辈口琴工人创立的“国光”、“英雄”品牌。始终注重产品质量，重视对员工的技术培训，立足市场竞争，使国光牌口琴在国内市场一直占据着领先的地位，保持了“国光”、“英雄”品牌的知名度。

（3）在口琴生产中不断推广新技术、新工艺，积极开发新产品、新品种。如：在改革使用调音仪替代风琴调音、点焊机点焊口风琴座板上音簧替代订压簧的工艺后，又推广采用数控机床刨簧，确保了簧片的音准质量，提高了劳动效率；口琴盖板采用电脑激光雕刻替代打钢印，使口琴盖板彩印清晰平整；在口琴盖板及塑盒的彩印上添置印刷设备，使印刷的图案及文字清晰亮丽，并将口琴包装或吸塑成既是小乐器，又是玩具和礼品。以及12孔48音半音阶口琴及伴奏用和弦、倍司口琴等高档演奏用口琴等一系列新工艺、新技术、新产品、新品种的开发。

（4）积极传播口琴音乐艺术，支持口琴事业发展。口琴是最受中小学生喜爱的启蒙乐器，也是国家教委指定乐器进课堂的教具并且得到了广大海内外口琴团体、口琴会组织及口琴爱好者的支持。为此口琴专业委员会和生产企业积极支持关心口琴音乐教育事业，支持和赞助口琴团体组织开展口琴活动，如：江苏奇美乐器有限公司在全国主要城市举办口风琴师资培训班；天津通宝乐器有限公司赞助天津口琴会开展口琴的普及教育活动；上海口琴总厂、上海国光口琴厂有限公司和上海凯恩乐器有限公司资助上联口琴会举办口琴音乐会，资助兰州市口琴艺术交流学会开展口琴活动；去年许多口琴生产厂家还积极参与杭州市举办的亚太地区口琴比赛，以此积极推动口琴音乐的传播和普及。

十、乐器零配件制造业

2008年乐器零配件制造业继续保持稳定增长态势，企业数量进一步增长，专业分工更加明细，在乐器行业中所占比重及发挥的作用明显提高。

（1）规模以上企业55家，实现工业总产值20.54亿元，同比增长27.55%，高于乐器行业平均增幅1.17倍。新产品产值334.7亿元，比上年增长111%。工业销售产值20.58亿元，同比增长23.46%，占乐器行业工业销售产值的12.91%，比上年增加1.65%。

出口交货值4.32亿元，同比下降9.29%，占乐器行业总出口额的6.27%，比上年减少3.95%，产销率100.21%。

我国规模以上乐器零配件生产企业分布在国内13个省市，2008年有9个省市工业总产值处于增长态势，其中辽宁、天津、山东等省市增长幅度较大，分别增长153.69%、76.14%、63.43%。江苏、北京、上海、浙江处于负增长态势，其中上海和北京分别比上年下降16.04%和11.95%。

乐器零配件生产主要集中在浙江和广东，浙江省有10个企业，广东省有14个企业。2008年浙江省乐器配件实现工业销售产值5.50亿元，同比下降5.02%，出口交货值2.52亿元，同比下降10.03%。广东省乐器配件实现工业销售产值3.97亿元，同比增长29.75%，出口交货值3492万元，同比下降57.19%。

（2）2008年海关出口各类乐器零配件保持两位数增长，出口金额达到2.08亿美元，增长41.49%，比中国乐器出口平均增幅高出72.20%，其中乐器用弦292万美元，同比增长159.91%。钢琴零件附件3933万美元，同比增长14.55%；弓弦乐器零配件2273万美元，同比增长13.14%；电声乐器零配件2202万美元，同比增长38.40%；其他零配件6001万美元，同比增长66.51%。

2008年乐器零配件进口总金额为1.14亿美元，同比增长14%，占中国乐器总进口额的58.16%；乐器用弦进口761万美元，同比增长95.30%；钢琴零件附件2053万美元，同比增长23.05%；弓弦乐器零配件1099万美元，同比增长2.27%；电声乐器零配件3445万美元，同比下降9.22%；其他乐器零配件4135万美元，同比增长31.98%。

（3）2008年乐器零配件企业开始从从属和幕后地位向骨干和前台地位转变。据2008中国（上海）国际乐器展览会参展商统计，有近300家从事乐器零配件企业参展，比2002年的11家增长27倍，比2007年240家增长25%。参展企业类别覆盖了绝大部分乐器行业，如生产钢琴配件的宁波东方琴业；电子乐器配套产品的武汉艾立卡电子有限公司、深圳伊诺电子有限公司、深圳蔚科电子有限公司；生产琴弦的北京福音琴业有限公司等。特别以生产提琴弓著称的苏州地区，共有40多家企业参展，充分展示该地区生产乐器配件的优势。上述企业经过多年的发展和技术创新已经使乐器配件产品形成乐器行业中的一个重要类别产品，经济效益大幅提升，不少企业产品已经独立注册商标，大量出口到世界许多国家和地区，成为许多国际名牌乐器产品的重要配套部件。

（4）中国乐器协会材料配件专业委员会二届一次会议于2008年5月19日～20日在宜昌召开，参加会议的有浙江东方琴业有限公司、成都川雅木业有限公司、宁波四海琴业有限公司、宜昌金宝乐器有限公司、上海丁锋标准件有限公司、上海漆包线厂、宁波珂乐乐器有限公司、宜昌三盈乐器制造有限公司等单位。会议推选浙江东方琴业有限公司为中国乐器协会材料配件专业委员会会长单位，成都川雅木业有限公司、宁波四海琴业有限公司为副会长单位，秘书长由张华君兼任。在这次会议上，研究并确立乐器配件专业委员会的行业定位和发展思路；讨论决定专委会机构建设方案和工作安排；研究加强自身建设和企业间合作，提升行业地位和企业竞争力；促进专业委员会各成员企业间的沟通和交流、联络感情、增进友谊等。会议经过认真讨论，明确以下指导思想：①行业定位：“品牌、高端、质量、责任”。要把中国制造的乐器材料与零配件打造成像INTEL电脑芯片一样在世界上知名，要努力提高企业的产品和服务质量，增强社会、人文、环保等责任意识。②发展思路：走专业化，联合发展道路。③加强行业自身建设，每年举行1次～2次行业活动，开展国际间的交流，提升乐器材料配件的国际地位。

（5）乐器配件行业已经形成一批有一定规模，技术含量较高，创新能力较强，经济效益显著的企业，这些企业在推动乐器行业转变经济增长方式，提高乐器产品标准化进程中发挥着越来越重要的作用。如，宁波东方琴业有限公司，该公司目前是我国最大的钢琴零配件生产企业，击弦机及榔头的产品产量占国内钢琴行业需求量的40%左右，并为国外多家著名品牌钢琴生产配套。2008年该公司加大产品技术创新力度，申请国家专利十余项，并购国外企业的击弦机流水线，企业技术实力不断增强。成都川雅木业有限公司地处我国中西部地区，企业主导产品为钢琴音板，占有国内较大市场份额。该企业在2008年汶川大地震中坚持生产，同时以实际行动支援抗震救灾，为灾区振灾和重建工作作出贡献。5·12地震发生后，川雅公司发动员工连夜赶制两栋木结构多功能抗震办公房，并于5月13日下午，送到都江堰市体育中心（抗震指挥中心）。同时川雅木业公司积极参与援建重灾区学校，大力支持其下游企业捐助并重建地震中受到严重破坏的一所中学和一所小学。河北华丰铸造有限公司是我国最大的钢琴铁板生产企业，产量占国内钢琴铁板市场的30%左右。2008年在钢琴市场萎缩，钢琴产量下降的不利形势下，企业以“科技领先人为本，质量求存先为魂”为指导，克服各种困难，以更好的产品质量，周到的服务取得了比上一年还好的经济效益。武汉艾立卡电子有限公司是以外向出口为主的乐器零配件生产企业，近年来企业有了快速发展。2008年5月，该企业生产的“电声器件”类产品获得湖北省名牌产品称号，“艾立卡”被认定为湖北省著名商标。企业在金融危机中坚持“不裁员、不减薪、不减福利”，2008年出口额1061万美元，首次突破了千万美元大关，逆势增长34%。

（6）乐器原材料价格呈现下降走势。2008年初，乐器原材料受上年外界经济形势的影响，木材、钢材、五金、化工等材料价格一直保持高位运行，造成整个乐器行业生产成本上升，另一方面，由于人民币汇率升值，乐器市场供大于求致使产品价格难以上调，利润不断缩减的挤压。下半年，全球金融危机所带来的经济不景气和通缩形势，又造成了乐器原材料价格大幅跳水，导致一些企业前两年大量购进的原材料大幅贬值，而另一方面原材料价格的大幅下调，也给企业带来了适时购料、加紧存材的机会，可谓喜忧参半。

2008年中国乐器行业规模以上企业经济运行状况

中国乐器协会信息部

2008年中国乐器行业278家规模以上生产企业实现工业销售产值159.35亿元，同比增长12.59%，出口交货值68.85亿元，同比增长0.84%。工业总产值（现价）160.45亿元，同比增长12.68%。以上数据表明，2008年中国乐器行业规模以上生产企业继续保持稳定增长态势，但工业销售产值增长幅度比去年减少1.49%，出口增长幅度降减少4.44%，为历年来最低。

其中，西乐器工业销售产值97.60亿元，同比增长10.86%，出口交货值41.32亿元，同比增长2.84%；中乐器工业销售产值9.43亿元，同比增长24.80%，出口交货值3.03亿元，同比增长19.23%；电子乐器工业销售产值31.72亿元，同比增长8.446%，出口交货值2.01亿元，同比下降2.95%；其他乐器实现销售收入20.93亿元，同比增长23.46%，出口交货值4.31亿元，同比下降9.29%。

2008年乐器行业规模以上生产企业分布国内17个省和直辖市，广东、山东、天津、浙江、江苏、河北、辽宁、北京、上海、河南是中国乐器主要生产地区，完成工业总产值151.98亿元，占整个乐器行业总产值的95.37%，企业数量256个，占国内规模乐器企业总数的92.08%。工业总产值增长较快的是河南、辽宁、广东、湖北等省市，比去年有所下降是天津、上海和北京三个直辖市，上海下降幅度最大，同比下降7.91%。广东、天津、山东、浙江、江苏是我国五大出口省市，总出口额达到53.85亿元，占规模以上企业全部出口的78.21%，其中河北省出口同比增长65.91%，增长幅度位居各省第一位。广东、江苏、北京、湖北、上海、天津等省规模以上企业出口都比去年有所下降，下降幅度最大的是天津，达18.76%。

2008年中国乐器行业规模以上企业主要经济指标完成情况

（按产品类别划分）

行业名称		中乐器制造	西乐器制造	电子乐器制造	其他乐器及零件制造	合计
企业数		29	157	37	55	278
工业总产值（现价）	累计（千元）	959229	9825859	3205949	2054076	16045113
	同比（%）	21.59	10.32	9.26	27.55	12.68
新产品产值	累计（千元）	273	600582	446334	3347	1050536
	同比（%）		42.75		111.70	
工业销售产值	累计（千元）	943894	9760240	3172671	2058442	15935247
	同比（%）	24.80	10.86	8.44	23.46	12.59
出口交货值（人民币）	累计（千元）	303108	4132243	2018290	431709	6885350
	同比（%）	19.23	2.84	-2.95	-9.29	0.84
累计工业产品销售率（%）		98.40	99.33	98.96	100.21	99.32

2008年中国乐器行业规模以上企业主要经济指标完成情况

（按地区划分）

地区	企业数	工业总产值（现价）		新产品产值		工业销售产值		出口交货值（人民币）	
		累计（千元）	同比（%）	累计（千元）	同比（%）	累计（千元）	同比（%）	累计（千元）	同比（%）
广东	59	4275198	20.43	372697	17.07	4282529	20.18	1827726	-0.97
山东	40	2501626	12.37	1104	-34.05	2517529	17.49	954537	21.91
天津	15	2136560	-1.04	562620	/	2100150	-6.84	1511660	-18.76
浙江	26	1753928	10.15	63715	-22.91	1741239	11.30	691955	9.40
江苏	27	1243283	15.50	22860	-5.14	1222364	21.04	399898	-2.06
河北	23	997477	21.38	/	/	979382	21.45	306927	65.91
辽宁	12	670821	25.91	12938	43.88	677039	20.00	387407	26.20
北京	19	642986	-1.86	10535	-63.70	628833	-2.40	219931	-2.16
上海	26	618071	-7.91	447	37.54	616006	-9.10	168283	-5.78
河南	9	358195	28.12	273	/	352110	26.41	114407	7.85
湖北	7	335542	20.41	/	/	325295	31.33	96472	-3.26
福建	5	230074	9.46	/	/	224474	2.71	163800	1.86
吉林	4	130731	17.32	3347	111.70	127498	15.69	/	/
安徽	1	58974	/	/	/	56896	/	/	/
黑龙江	3	56751	28.90	/	/	49162	22.30	42347	17.92
四川	1	23896	14.74	/	/	23741	15.49	/	/
江西	1	11000	3.77	/	/	11000	6.64	/	/
总计	278	16045113	12.68	1050536	/	15935247	12.59	6885350	0.84

2008年中国乐器进出口形势综述

面对全球金融危机的冲击，2008年中国乐器出口比2007年增长幅度高出4.21个百分点，继续保持稳定增长的态势。

国家海关总署数据显示，2008年中国乐器出口金额15.21亿美元，同比增长24.39%，进口乐器金额1.96亿美元，同比增长19.28%，进出口贸易总额17.17亿美元，同比增长23.79%，贸易顺差13.25亿美元。

在全部21大类出口乐器中，有17类保持增长，其中乐器用弦、电声乐器、乐器零件、铜管乐器、弦乐器的增长幅度较大，分别为159.91%、88.03%、66.51%、36.13%、34.73%。电子键盘乐器、电声乐器、其他弦乐器、打击乐器、钢琴、乐器零件、铜管乐器成为中国乐器主要出口类别，分别为2.88亿美元、2.87亿美元、2.26亿美元、1.52亿美元、1.40亿美元、0.99亿美元、0.79亿美元，总出口额为12.74亿美元，占中国乐器总出口额83.70%。在出口额同比下降的四类乐器中，排除百音盒、百音盒机械装置和其他乐器外，实际上只有钢琴出口处于负增长态势。其中，立式钢琴出口下降7.88%，三角钢琴出口下降27.24%。数字显示，中国钢琴出口从鼎盛的2005年，中国钢琴出口总额1.11亿美元，占中国乐器总出口额的14.14%，此后钢琴出口逐年下降，到2008年出口金额为8897万美元，仅占中国乐器总出口额的5.84%，以上数据反映出中国乐器出口产品结构正在发生重要变化，尽管钢琴等大件乐器出口下降，所占比重减少，但由于电子乐器、小件乐器和乐器零配件等乐器出口的快速增长，保证了中国乐器出口仍然处于稳定增长态势。

2008年共计出口钢琴61964架，同比下降20.93%，其中出口立式钢琴53083架，同比下降17.40%，出口世界100个国家和地区，比上年增加了7个。其中出口排在前五位的是美国、德国、韩国、中国香港、荷兰。2008年中国向美国出口立式钢琴10107架，比上年下降5.17%，德国下降23.18%，韩国下降46.90%、香港下降21.94%。有39个国家进口立式钢琴比上年有所增长，其中，波兰、沙特、卡塔尔、拉脱维亚等国有较大幅度增长。如波兰上年只进口了一架中国立式钢琴，而2008年进口了39架，捷克也从上年的73架琴增加到285架，俄罗斯从124架增加到418架。进口中国立式钢琴比上年有所减少的有42个国家，其中日本上年进口中国立式钢琴4259架琴，而2008年仅进口了2096架琴，下降达50.79%。

三角钢琴出口8881架，同比下降37.03%，出口到世界88个国家和地区，比上年增加了18个国家和地区。中国三角钢琴主要出口美国和德国，数量分别为3919架和1054架，占中国三角钢琴总出口量的55.99%。其他国家均在400架以上。2008年中国出口美国的三角钢琴比上年下降了44.95%，出口德国的三角琴也下降了39.39%。2008年有35个国家进口中国三角钢琴比上年有所增长，比较突出的是印度尼西亚上年仅进口了一架中国三角钢琴，2008年进口了45架，捷克由2架增加到32架，俄罗斯从43架增加到176架。而比去年有所下降的有26个国家和地区，韩国从1435架降到353架，香港从317架降至125架，美国从7119架降至3919架，德国从1739降至1054架，下降幅度都较大。

从中国钢琴出口形势的变化，可以看到中国钢琴出口下降的主要原因是发达国家进口锐减，但同时从中也发现了一些有利因素，中国钢琴出口的国家并没有减少，一些发展中国家进口中国钢琴有明显的增长。

2008年中国共向世界167个国家出口乐器，比2007年增加1个国家，亚洲、大洋洲出口国和数量完全一致，非洲和南美洲略有增加，欧洲和北美洲略有减少。北美洲、欧洲、亚洲是中国乐器主要出口地区，2008年共出口各类乐器13.41亿美元，占中国乐器总出口额的88.22%。而出口增长幅度最大的却是南美洲和非洲，分别增长了38.84%和32.31%，中国乐器出口南美洲的钢琴零件、手风琴、弓弦乐器、铜管乐器均有较大的增长幅度，立式钢琴和三角钢琴金额增长了30%以上。

美国、德国、日本、中国香港、英国、比利时、韩国、巴西、荷兰、加拿大成为2008年中国乐器出口前10位的国家和地区，2007年中国乐器出口澳大利亚第9位的排名被荷兰取代。以上10个国家和地区2008年从中国进口乐器达10.73亿美元，占中国乐器总出口额的70.59%，美国2008年从中国进口乐器4.85亿美元，占中国乐器总出口额的31.90%，比上年增长了31.24%。美国从中国主要进口的乐器是电声乐器、其他弦乐器、电子键盘乐器、打击乐器、钢琴、铜管乐器、弓弦乐器、其他管乐器，总金额为4.15亿美元，占中国乐器总进口额的85.57%。2008年中国出口到美国乐器增长幅度较大的是乐器用弦、电声乐器、其他管乐器和其他弦乐器，分别增长了835.06%、133.98%、66.01%、32.98%。处于下降趋势的乐器是三角钢琴、弓弦乐器、手风琴，分别下降了42.83%、5.82%、7.38%。由以上数据可以看出，虽然美国受到次贷危机的影响，经济和人民生活都受到很大创伤，但属于文化教育产业的乐器产品需求量并没有严重下滑，除钢琴以外，其他乐器的市场还有一定的空间发展余地。

2008年中国从47个国家和地区进口乐器，进口量比上一年增长3100万美元，进口来源主要从亚洲、欧洲、北美洲进口，亚洲1.39亿美元，欧洲1954万美元，北美洲621万美元，分别比上年增长14.93%，25.72%和96.09%。进口的主要乐器是乐器零配件（钢琴、电子、弦乐器）、立式钢琴、三角钢琴，总进口额达到1.45亿美元，占总进口金额的73.9%，2008年中国从国外进口立式钢琴29999架钢琴，同比增长51.34%，多进口了10177架琴，三角钢琴进口了3818架，同比下降26.61%，比上年减少了1384架钢琴。增长幅度最大的是乐器用弦、立式钢琴、电声乐器、其他管乐器及三角钢琴，分别增长了95.30%、75.71%、56.16%、40.67%、34.64%。

主要进口的国家和地区是日本、韩国、中国台湾、德国和美国以及从中国复进口的乐器。值得关注的是中国从日本进口乐器同比增长32.96%，其中立式钢琴进口24509架，比上年多进口7818架，按进口单价计算，每架琴合852美元（按人民币汇率6.8计算，约5800人民币），说明日本二手琴流入中国的数量有较大幅度增长。

2008年中国钢琴生产形势分析

2009年1月12日，中国乐器协会，国家轻工业乐器信息中心联合发布2008中国钢琴产量统计结果。

经过对国内主要钢琴生产企业自报产量统计，2008年中国钢琴总产量为312487架，其中立式钢琴产量295060架，三角钢琴17427架，立式与三角钢琴共计出口量为68696架。列入统计的钢琴生产企业为26家，比上年减少8家企业。

列入统计的26家钢琴生产企业中，年产一万架钢琴以上的企业有7家，比上年少了4家，目前有广州珠江、北京星海、杭州雅马哈、宜昌金宝、宁波海伦、青岛世正、杭州嘉德威，合计产量22.18万架，占中国钢琴产量的71%。中国钢琴生产前三位，广州珠江钢琴遥遥领先，总产量81070架，占中国钢琴产量的25.94%。北京星海37271架，占11.93%，杭州雅马哈31504架，占10.08%。与上年相比，2008年有9家企业钢琴产量比上年有所增长，增长幅度最大的是上海超拔实业公司，增长87.27%，杭州雅马哈增长75.93%。有17家企业钢琴产量比上年下降，最高降幅达71.93%。此外，由于天津英昌、营口鲍德温等几个有一定影响力的钢琴企业没有参加本次钢琴产量统计，这在一定程度上导致2008年钢琴产量统计数据比去年下降幅度较大。

以上数据反映出，在世界经济大环境的影响下，中国钢琴产业在2008年受到较大冲击，除少数企业保持稳定以外，不少钢琴生产企业都处于产量起伏较大，生产不稳定的状况。但在目前国际钢琴市场很不景气的形势下，仍有少数企业产量节节攀升，杭州雅马哈钢琴产量比上年猛增13597架就是一个例子。

2008年三角钢琴生产更加不尽如意，产量大幅减少是和出口锐减有着直接关联。目前国内三角钢琴生产千台以上的有7家企业，广州珠江、青岛世正、宁波海伦、上海超拨、上海玛珂、宜昌金宝，北京星海，年产量合计为12393架，占三角琴总产量的71%，广州珠江年产量达3760架，位居第一位，占21.57%。2008年除上海超拨、上海玛珂的三角钢琴有所增长以外，其他具有三角琴生产能力的18家企业三角钢琴产量均有不同幅度的下降，最大幅度达到84%。

2008年钢琴出口下降35.37%，比上年减少出口37593架琴。2008年钢琴出口量在5000架以上的有6家企业，分别是广州珠江、青岛世正、宁波海伦、杭州嘉德威、北京星海、杭州雅马哈，出口量45225架，占中国钢琴全部出口量的65.83%。从总的趋势来看，大部分（19家）企业出口比去年降低，而南京摩得利、上海超拨实业、杭州雅马哈钢琴出口却有较大的增长幅度，分别达到167.79%、133.51%、38.83%。

2008年中国钢琴生产主要分布在8个省市，集中在沿海地区生产，占钢琴总产量92%，中西部地区钢琴产量仅占8%。2008年仅有浙江、福建、湖北钢琴产量同比有所上升，其他5个省份钢琴产量均有下降，其中上海降幅最大，达44.65%，其他省市，山东、江苏、广东分别下降15.19%、8.53%、7.73%。三角钢琴生产以上海、广东、浙江位列三甲，但在2008年均有下降，分别下降18.30%、51.86%、30.42%。钢琴出口以浙江、广东、山东位列国内前三位，2008年除浙江和江苏出口略有提升以外，其他各省市钢琴出口均处于下降的形势。

按企业的经济类型分析，2008年国有企业钢琴产量为13.01万架，占总产量的41.64%，同比下降3.55%，三角钢琴产量4880架，占总产量的28%，同比下降26.81%，出口24287架，占总出口量的35.35%，同比下降31.43%；民营企业钢琴生产9.47万架，占总产量30.31%，同比下降17.28%，三角钢琴生产9266架，占三角钢琴总产量的53.17%，同比下降24.69%，出口量33692架，占总出口量的49.04%，同比下降3.58%；外资企业钢琴生产8.75万架，占28%，三角钢琴3281架，占三角钢琴产量18.82%，钢琴出口18350架，占总出口量的26.71%。

2008年全国钢琴产量及出口量地区分布

（单位：架）

地区		广东	浙江	上海	北京	湖北	山东	江苏	福建
企业数		4	6	7	1	1	2	3	2
总产量	2008年	93898	73378	39671	37271	25100	20333	12595	10241
	2007年	101763	61470	71670	39803	24588	23976	13770	9699
	同比%	-7.73	19.37	-44.65	-6.36	2.08	-15.19	-8.53	5.59
立式钢琴产量	2008年	90043	69711	35440	36226	24000	17987	11531	10122
	2007年	93755	56200	66491	38353	23100	19385	12231	9550
	同比%	-3.96	24.04	-46.70	-5.55	3.90	-7.21	-5.72	5.99
三角钢琴产量	2008年	3855	3667	4231	1045	1100	2346	1064	119
	2007年	8008	5270	5179	1450	1488	4591	1539	149
	同比%	-51.86	-30.42	-18.30	-27.93	-26.08	-48.90	-30.86	-20.13
出口量（包括立式和三角钢琴）	2008年	11675	24171	10321	5810	1609	11212	3607	291
	2007年	21212	23785	15897	8839	2658	15368	3233	257
	同比%	-44.96	1.62	-35.08	-34.27	-39.47	-27.04	11.57	13.23

2008年不同经济类型企业钢琴产量及出口量分布

(单位：架)

经济类型		国有	民营	外资或合资	合计
企业数		4	16	6	26
总产量	2008年	130168	94797	87522	312487
	2007年	134964	114605	142079	391648
	同比%	-3.55	-17.28	-38.40	-20.21
立式钢琴产量	2008年	125288	85531	84241	295060
	2007年	128296	102301	126486	357083
	同比%	-2.34	-16.39	-33.40	-17.37
三角钢琴产量	2008年	4880	9266	3281	17427
	2007年	6668	12304	15593	34565
	同比%	-26.81	-24.69	-78.96	-49.58
出口量（包括立式和三角钢琴）	2008年	16654	33692	18350	68696
	2007年	24287	34946	47596	106829
	同比%	-31.43	-3.59	-61.45	-35.69

2009年中国乐器行业年度报告

中国乐器协会信息部

一、综述

2010年伊始，一些媒体在2009“年终撰稿”中多采用“险象环生、巨浪滔天、跌宕起伏”一类词汇描述2009年世界和中国经济遭受百年一遇世界金融危机的严重冲击的景象。在历史罕见困难面前，13亿中国人民紧紧团结在党中央周围，以中华民族战胜困难的坚定信心和勇气，终于在年底交出了一份出色的答卷，“中国经济在全球率先实现回升向好，成为世界经济触底反弹的新引擎”。

今天，在我们这篇2009年中国乐器行业年度报告中，应当用什么词汇来形容过去一年中国乐器行业的发展历程呢？好像应当是：

山重水复疑无路，柳暗花明又一村；

两岸猿声啼不住，轻舟已过万重山。

2008年9月15日，当美国雷曼兄弟公司轰然倒下，金融危机似决堤而出时，对于以出口为主的诸多中国乐器生产企业来说，无疑是在人民币升值、能源及原材料涨价、劳动力成本增加以及汶川地震所带来诸多困难上“雪上加霜，伤口上撒盐”。2009年初，国内部分乐器生产企业产销形势急转直下，大有“黑云压城城欲摧”之势，形势紧急。

北京华东乐器有限公司总经理刘云东说：“2008年四季度公司的订单减少了30%，当时已经做出裁员200人的决定。”宁波珂乐乐器有限公司总经理蔡赋勇说：“2009年三四月份公司出口订单同比下降85%，出口业务几乎全面停顿，情况万分危急。”

2009年初的美国NAMM乐器展与德国法兰克福乐器展展商与观众数量也不同程度受到影响，美国乐器展展商数量同比下降3.53%，中国大陆参展商数量下降27.59%，法兰克福乐器展展商数量比上年少了90家，国际观众数量同比下降3.5个百分点，钢琴馆取消，钢琴参展商拼在打击乐器馆内。

2009年2月份，国家统计局公布的乐器行业规模以上生产企业主要经济指标，工业销售产值同比增长从两位数下降为一位数，利润指标历年来首次出现负值。乐器出口形势更为严峻，2009年一季度中国乐器出口额2.28亿美元，同比下降15.97%，这是14年来中国乐器首次出现出口额同比下降局面，近3/4省市乐器出口均同比下降，其中，山东、上海、江苏、广东、浙江等出口大省下滑20%以上。

面对这样的危急形势，中国乐器行业企业家表现出的是一种前所未有的大无畏的精神。广州珠江钢琴集团股份有限公司董事长黄伟林说："在这个经济寒冬里，珠江钢琴将与全国乐器同行一起，抱团过冬，共同发展。"上海民族乐器一厂王国振说："无论外界环境如何险恶，我们都满怀信心，勇者不言难，智者不惧危，求真务实，危中求机，难中求新。"北京星海钢琴集团公司总经理祝宁伟说："直面困难，我们要勇于创新，扎实工作，用我们的双手开创星海新的未来。"泰兴凤灵乐器集团董事长李书说："最重要的是要有信心，信心可以战胜一切。"河北华丰铸造有限公司董事长杨文举借用现代京剧《沙家浜》中一句台词"有利的情况和主动的恢复，产生于'再坚持一下'的努力之中"以鼓励全厂职工。武汉艾立卡电子有限公司董事长张鉴堂说："宁让利润，不让市场，要稳住市场，稳住客户，稳住员工，危机面前我们坚决作到'不裁员、不降薪、不减福利'"。

春节过后，2月16日，以专题研究乐器行业如何有效应对金融危机为主题的中国乐器协会工作会议上，王根田理事长郑重表示：2009年全乐器行业及中国乐器协会工作的重中之重是力争最大限度地克服金融危机对乐器行业带来的影响，把企业的损失减少到最低点。

2009年4月份开始，一场以积极有效应对金融危机，减缓乐器行业主要经济指标下滑，保持全行业稳定增长的硬仗打响了。当时对能否战胜这场硬仗谁心里也没有底，因为这是一次百年未遇的金融危机，世界与中国经济到底什么时候见底，就连最权威的经济学家也拿不准主意。

处在这种境况下的中国，真正体现出集中力量办大事的"国家能力"。面对来势凶猛的金融危机，适时提出"保增长、扩内需、调结构、促改革、惠民生"的战略决策，即刻采取两年内新增投资4万亿元等一系列出拳重、措施实、力度大的"组合拳"，为包括乐器行业在内的全国各行各业在这关键时刻里，大大鼓舞了士气，明确了方向。

"信心比黄金和货币更重要"、"最重要的是要把自己的事情办好"成为非常时期乐器行业战胜金融危机的行动准则，面对金融危机的激流险滩，乐器行业"八仙过海，各显其能"，各有各的招术。

"从以出口为主向扩大内需转变，大力开发国内乐器市场"。外贸依存度高达80%以上的企业都开始把目光转向国内市场，纷纷在国内建立乐器销售网络。泰兴凤灵乐器集团以往提琴出口率高达98%，6月份，董事长李书用了15天时间，走访西北、东北、西南等8个省市，数十个琴行，行程2.6万公里，迈出"扩内需新长征路"，与各地琴行共建了15个"凤灵"专柜，大大拓展了凤灵提琴的国内市场。

"从以生产普及级乐器为主向专业级乐器转移"。金融危机的冲击促进了乐器经济增长方式的转变，推动了乐器行业从"中国制造"向"中国创造"发展。大部分乐器企业都把大力开发高附加值中高档产品作为企业度过金融危机的重要手段，许多企业虽然销售收入与去年持平，但利润却有了明显的增长。广州珠江钢琴大幅增加高档专业级钢琴"恺撒堡"、"里特米勒"规模，2009年1～11月企业利润同比增长48%。

"从以OEM贴牌生产为主，向增加自主品牌产品出口比例发展"。随着中国乐器产品质量的不断提高，中国乐器在国际市场的话语权得到不断提升，特别在金融危机下，中国乐器以自主品牌出口大大推动了国际市场的开拓，增强中国乐器在国际市场的影响力，提升了出口的经济效益。2009年珠江、海伦、摩德利钢琴，津宝牌打击乐器、西管乐器等自主品牌乐器出口比例都有了较大幅度的增加。

"从以欧美等发达国家出口为主，转向开拓全球乐器市场，特别是南美、亚洲、俄罗斯市场"。过去中国乐器一直以欧美作为出口重点国家和地区，2008年占中国乐器出口比例达57.88%。金融危机后，欧美乐器市场萎缩，乐器需求量下降，给中国乐器出口带来了困难。在这种形势下，乐器行业调整出口战略，积极开拓欧美以外乐器市场。2009年，上海民族乐器一厂和福州和声钢琴公司首次参加了台湾乐器展；中国乐器协会琴行分会及南京摩得利钢琴、上海华新、吟飞电子首次参加了俄罗斯乐器展；中国乐器协会与上海国际展览中心共同组团访问巴西，为上海乐器展开拓南美乐器市场。一些企业在把出口重点从欧美转向其他国家后，出口形势得到了改观。宁波珂乐蔡赋勇说："我们开发了中东市场后，原出口欧美市场的损失得到了弥补。"

一年一度的上海国际乐器展览会是国内乐器生产企业的重要宣传窗口和产品销售平台，为了尽量减少参展企业的负担，中国乐器协会和上海国展中心采取降低参展费用，增加企业服务项目，扩大展会活动内容等一系列措施，降低企业参展成本，同时使企业通过展会获得更大的效果与收益。2009年间，中国乐器协会组织人员多次深入到多个省市地区开展调研，全面了解企业的困难，及时向政府反映企业的呼声，帮助企业宣传克服金融危机的经验和成绩。

在战胜金融危机的这场硬仗中，乐器行业的每一个企业并不是在孤军作战，这里既有企业间团队合作，同时有着政府强大力量的支持和帮助，像"阳光"和"及时雨"一样滋润着每一个企业，为企业排忧解难。天津市市委书记张高丽、浙江省委书记赵洪祝、广州市市长张广宁、中轻联会长步正发等领导在金融危机期间都分别到天津津宝乐器公司、宁波海伦钢琴公司、广州珠江钢琴公司视察了解情况。3月9日，文化部与中国进出口银行签订了《关于扶持培育文化出口重点企业、重点项目的合作协议》，五年内，中国进出口银行将提供不低于200亿元人民币，扶持文化重点出口企业。5月18日，国务院公布了《轻工业调整和振兴规划》，为我国乐器行业近期和长远发展指明了方向。7月22日，国务院公布了《文化产业振兴规划》，中央财政将在每年为文化产业投入10亿元的基础上大幅增加，成立中国文化产业投资基金。广州市计划从市财政连续三年拨款30亿元，支持企业自主创新和发展高新技术产业，广州珠江钢琴被列入广州市的重点企业，北京星海钢琴公司获得北京市发改委发展高新技术拨款300万元。此外，宁波海伦、泰兴灵凤、北京华东、武汉艾立卡、宜昌金宝都获得了政府额度不等的资金支持，为企业发展"输血"，大大增强了企业的活力。

乐器行业95%是中小企业，中小企业是金融危机受害最深的"弱势群体"，为了扶持中小企业，特别是农村的中小乐器生产企业，在《轻工业调整与振兴规划》中除出台专门应对中小企业的银行贷款，融资优惠政策以外，还特别强调"大力发展产业集群和特色区域"。8月份，中国乐器协会与中国轻工业联合会共同授予了"山东昌乐县鄌郚镇电声乐器产业基地"、"北京平谷东高村镇提琴产业基地"，并将泰兴溪桥"中国提琴之乡"升格为"中国提琴产业之都"，中国乐器行业的区域优势得到进一步的发挥。

中国乐器行业与金融危机的"搏斗"是一场全体总动员的拼搏。"人心齐，泰山移"，经过半年多拼搏和金融危机最严酷的洗礼，刚刚度过了新中国成立60周年的喜庆，10月13～16日，上海国际乐器展览会上人们看到了乐器企业家们脸上绽放出一丝丝胜利的喜悦。四天的展会，各个乐器展位前"门庭若市、车水马龙、风光依旧"。半年前曾经为"上海乐器展览会能否盛况依旧"的担心就此一扫而光。近年国际市场不断下滑的钢琴产业在上海乐器展却是热闹非凡，参展商达72家，比上年增加38.46%。民族乐器馆里人满为患，参展商应接不暇。河北乐海乐器有限公司总经理宋从甲说："这次展会上我拿到几百万元的订单，明年上海展上我要预定16个展位。"当中国乐器协会信息部的记者向国内外乐器商进行采访时，普遍反映"金融危机最困难的时候已经过去，到年底基本可以达到持平，而利润却比上年有了较大的提高。"

2009年12月召开的中央经济工作会议，把这一年定为"中国经济新世纪以来最困难的一年"。而在这难忘的一年里，中国经济交出了一份令全球瞩目的答卷，GDP增幅呈现出一个漂亮的V字型，中国经济昂首回升，启稳向上。

中国乐器协会信息部也按照相同模式将国家统计局和海关发布的全球金融危机一年来乐器行业的主要经济指标进行分析和排列，同样也呈现出V字型走势。

新世纪第一个十年，中国乐器行业一路高歌，顺利前行，2009年涉险过关，化“危”为“机”又划上了一个圆满的句号。

二、钢琴制造业

2009年世界钢琴制造业受金融危机影响，继续呈低迷态势，而中国钢琴业阻止了2007～2008年连续下滑势头，“风景这边独好”，企稳发展。与此同时，中国钢琴销售市场也逐步规范、健康发展。钢琴生产与销售同步稳定发展的态势，奠定了中国继续保持世界钢琴制造和销售大国的强势地位。

世界钢琴制造业基本状况

2009年世界钢琴主产区仍然在欧洲、亚洲，总产量42.9万架，同比增长1.1%，主要生产企业大约50家；欧洲钢琴生产主要在德国、捷克、英国、法国、奥地利、意大利等国家，产量约1.5万架，比上年有所下降；美国钢琴产量约7000架左右。亚洲钢琴生产总产量约40万架，占世界产量的90%以上，中国钢琴产量占世界产量的70%左右。

2009年美国钢琴市场受到重创，回暖速度缓慢。据美国《音乐贸易》报导：信贷危机和房地产市场早在2006年第4季度起就已对钢琴销售产生影响，钢琴是所有音乐制品种类里受影响最早的，已连续11个季度销售下滑，三角钢琴销售量2009年第2季度下滑12.40%，第3季度下滑8.4%，立式钢琴第2季度下降10.60%，第3季度下滑5.5%。美国AXL乐器公司总裁Alan Liu说，美国钢琴市场受挫非常严重，我认为今后3～5年是起不来的。

2009年欧洲钢琴生产平缓，企业面临调整重组形势。施坦威公司在金融危机影响下表现了良好的业绩。2009年10月21～22日，施坦威乐器集团在美国召开了全球经销商大会，会上向与会者表达了明确的信息，施坦威钢琴在经济复苏中发挥着“引领性”角色，他们在经济不景气的形势下，推出了全线改装的新款波士顿钢琴生产线，加大了网络销售的力度，运用网络销售的技术特点，加强产品宣传和营销。同时加大对团体用户销售力度，使美国的学校团购量有了大幅度的增加，“全施坦威学校”数量不断提升。2009年施坦威在中国的投资回报率要比美国和欧洲高，波士顿和艾塞克斯钢琴在中国销售强劲，施坦威钢琴在中国销售亮点是促成了总价为120万美元的单架钢琴最大交易。

另外，德国钢琴产量最大的舒密尔钢琴公司面对金融危机所造成的现金流动短缺问题，制定了新的经营计划，于2009年7月31日提交了破产保护申请，该申请只用于德国国内的钢琴经营业务，而美国AXL乐器公司成为舒密尔公司的破产保护担保人，持有部分股份，舒密尔钢琴在德国和波兰的工厂仍继续生产钢琴，AXL公司作为舒密尔钢琴在中国销售的总代理。

捷克佩卓夫钢琴公司在2009年举办了成立145周年的庆典，根据市场发展需要，公司“因时制宜，因地制宜”把工作重心向亚洲，尤其是向中国市场转移，并与中国海伦钢琴公司签订了合作协议，双方将实行全面的技术与销售合作，共同提高钢琴品质，开拓欧洲和亚洲钢琴市场。

2009年亚洲地区钢琴市场，除中国以外，日本、韩国、印尼是主要钢琴生产地。日本钢琴市场已经饱和，由于强大的雅马哈、卡瓦依、罗兰等日本乐器制造业距守国门，使外国乐器制造商很难在日本打开市场。2009年日本钢琴的基本形势仍然是雅马哈、卡瓦依两大制造商继续向海外拓展市场，开辟新的基地。同时，日本二手钢琴在世界各地区交易更为活跃，流入中国以及其他国家的二手钢琴数量明显增长。雅马哈在全球已经关闭了在我国台湾和英国的钢琴厂，只保留了中国大陆、印尼两家钢琴厂，对本土的钢琴厂全力进行整合、重组。而在中国杭州的雅马哈钢琴产量已达到3万余架，同比增长8.1%，已经进入中国钢琴生产的第三位。2009年雅马哈继并购奥地利蓓森朵夫钢琴和日本富士音响公司后，又并购了法国顶级音响制品产销公司。卡瓦依钢琴则把营销重心放在中国，在与北京星海和宜昌金宝的合作中，使产品质量和销售业绩又取得新的进展，卡瓦依声学钢琴对专业使用者的影响力不断扩大。此外，卡瓦依格外注重对环保材料的使用，采用碳纤维材料取代木材，不仅节约了木材资源，而且提高了钢琴零部件的质量。

韩国规模型钢琴企业目前仅保留三益和英昌两家，三益钢琴在2009年10月28日认购了施坦威乐器集团新发行的170万新股，占有施坦威的19%股权，进入施坦威公司董事会，使施坦威的董事总数达到9名。韩国英昌钢琴总部在韩国，生产基地在中国天津，50%产品在中国销售，另外50%销往美国、欧洲、马来西亚、新加坡等国家。2009年韩国本国钢琴市场受金融危机影响较大，下降大约20%，韩国钢琴市场在二十世纪90年代已经达到顶峰，目前已经饱和。

2009年世界钢琴产销形势呈现4个特点：

（1）世界钢琴产销量总体保持稳定，没有大起大落。

（2）世界各国钢琴企业都在全力进行整合重组，以图渡过金融危机对钢琴制造业带来的影响。

（3）世界钢琴市场呈现发展不平衡的形势，中国钢琴市场活跃，各国钢琴企业都把重点向中国市场转移，原有世界钢琴主要销售地区，北美钢琴市场受到重创，各国钢琴企业都在加紧进行产业结构及产品结构调整以适应北美市场的变化。

（4）传统声学钢琴需求量有所降低，电子数码钢琴市场呈现上升态势。

2009年世界钢琴产量分布

洲别	国家和地区	2009年		2008年	
		企业数	产量（万架）	企业数	产量（万架）
亚洲	中国（规模企业）	26	31	27	30
	韩国	2	2	2	2
	日本	3	5.7	3	5.7
	印尼	3	2	2	2
欧洲	德国	8	1.1	7	1.8
	捷克、英国、法国、意大利、奥地利	4	0.4	3	0.2
北美	美国	4	0.7	4	0.7
总计		50	42.9	48	42.4

中国钢琴制造业基本状况

汇总各方面反映的意见认为：2009年中国钢琴生产与国内钢琴市场销售形势要比2008年好，钢琴出口受到世界金融危机冲击，影响较大。

2009中国钢琴总产量为32.39万架，同比增长3.68%，由于一部分数据是企业自报，会与国内钢琴实际产量有所出入，但可以据此分析上一年国产钢琴的发展趋势，有64%的钢琴企业产量比上年有所增长。其中，珠江钢琴总产量85457架，同比增长5.41%，占中国钢琴产量的26.37%，比上年增加了0.43个百分点；北京星海38909架，同比增长4.39%，占中国钢琴产量的12.01%，比上年增加0.08个百分点；杭州雅马哈34058架，同比8.10%，占10.51%，比上年增加0.43个百分点。2009年产1万架钢琴以上的企业继续保持在七家，与上年持平，合计产量22.75万架，占中国钢琴产量的70.23%。2009年中国三角钢琴生产摆脱连续数年大幅下滑的阴影，止跌回稳，同比增长4.95%，在19个三角钢琴生产企业中有12个企业产量有所增长，三角钢琴产量1000台以上的8家企业，2009年共计生产14732架，占三角琴总产量的80.54%。

2009年钢琴出口共计48186架，同比下降22.23%，其中立式钢琴出口世界93个国家和地区，计42840架，同比下降19.30%；三角钢琴出口世界71个国家，计5346架，同比下降39.80%。

2009年中国钢琴生产状况有以下几个特点。

1．中国钢琴制造业开始走向成熟发展期

中国钢琴制造业从20世纪90年代初期开始，国有、民营、外资等各种经济体制企业在竞争中求发展，在近20年的时间里，初步形成了中国钢琴业的“三大板块”。一是以珠江、星海、雅马哈为代表的第一板块。2009年珠江钢琴继续保持着中国钢琴第一把交椅的地位，不仅产量有所扩大，达到8.5万架，创历史新高，同时“京珠”北上扩充市场，德国分公司成立，数码钢琴产品投产，为上市作好战略部署，显示出珠江钢琴雄厚的实力。北京星海多年来坚持的“三精”、“五新”战略，使企业始终保持稳步发展；日本雅马哈钢琴自从在杭州成立独资公司以后，加大技术投入，扩充市场，强化售后服务，产量快速递增，2009年产量达到3.4万架，跻身第三把交椅。中国钢琴的“第二板块”由外资、民营企业组成，“英昌”、“世正”、“鲍德温”、“博兰斯勒”、“海伦”、“宜昌金宝”、“嘉德威”、“门德尔松”、“帕拉天奴”等，体现出大投入稳健发展的趋势。第三板块是钢琴年产量在2000～8000架，分4种类型的企业，一类是以福州和声、南京摩德利、烟台博斯纳为代表的具有特色经营的企业；第二类是具有一定特色，效益比较好的企业；第三类是机制比较好，特色不明显的企业；第四类是开始走下坡路的企业。除此以外，还有一些小型、生产不够稳定的企业，均不在此分析之列。应当说中国钢琴三大板块，各类企业2009年经济效益均比2008年有不同程度的提高，这些企业通过加大投入，技术进步、人才培训、机制改革进一步实现专业化生产，有的企业还在积极筹备上市以聚集更多的资金发展生产。

2．出口受阻，重点转向国内

中国钢琴在2007年以后受到金融危机、人民币汇率升值和劳动力成本上升等因素的影响，出口受到严重挑战，迫使企业纷纷调整企业结构和产品结构，以适应扩大内需市场的要求。

3．钢琴新产品研发速度加快，加速了产品升级换代

2009年各钢琴生产企业迫于原材料涨价，成本上升，利润空间减少的压力，都加大产品创新速度。研发主攻两个方向，一是旨在提高声学品质和演奏性能，如：珠江·恺撒堡钢琴等，二是外观造型设计变化，主要对钢琴外观造型，尺寸大小以及仿古、现代、欧式、美式等款式进行创新。

2009中国钢琴市场销售呈现以下几个特点：

（1）低价钢琴逐渐退出销售市场，市场主流产品升级换代，向中档琴转变，销售价格从8000～9000元升到13000～15000元。

（2）政府采购低价钢琴数量有所增长。由于教育系统加大对音乐素质教育的扶持力度，支持中西部地区，贫困地区中小学音乐教育，投入大量资金，各地区政府采购钢琴数量有明显增长，但价位偏低，而且运输和售后服务成本较高。

（3）专业演奏钢琴需求量有明显上升。随着文化艺术单位和音乐院校体制改革的深化，我国文化艺术事业繁荣发展，消费者对钢琴质量的要求不断提升，专业演奏用钢琴的需求量也在不断增长。一些大型立式钢琴和三角钢琴的销售量有明显增加。

（4）进出口钢琴数量趋向持平。2009年中国出口立式和三角钢琴总计48186架，而同年进口立式和三角钢琴总计47180架，出口钢琴数量仅高出进口钢琴2.13个百分点。而2008年中国钢琴出口61964架，进口钢琴33817架，出口高出进口钢琴83.23%。以上数据充分反映中国钢琴市场的需求发生明显变化，消费者对品牌钢琴，进口钢琴，档次较高的钢琴需求量有明显上升。在全部进口钢琴中日本钢琴占主导地位，2009年中国从日本进口32242架钢琴，比上年增长31.55%。

三、西管乐器制造业

中国乐器协会与国家轻工业乐器信息中心联合发布2009年中国西管乐器企业产量统计：共18家企业自报西管乐器总产量138.3万支，相比2008年的135.3万支，增长2.2%，增速下降4.9%，基本保持稳定增长态势。其中，全年乐器产量实现增长的企业共有9家，依次为河北金音乐器、山东泰山管乐器、河北华声乐器、萧山雅马哈乐器、河北克发乐器、河北銮宇乐器、北京多丽纳乐器、龙口锦盛乐器和北京京东管乐器；增长幅度在10%以上的企业，依次为京东管乐器、龙口锦盛乐器、河北銮宇乐器、河北克发乐器、河北金音乐器、萧山雅马哈乐器。2009年，18家企业自报西管乐器出口量约为108.17万支，同比下降0.9%，出口量占全年总产量的78.2%。从18家企业自报单品产量看，萨克斯、长笛、单簧管三类产品均有不同幅度增长，个别企业的萨克斯、长笛产量增长幅度较大。另据海关总署2009年乐器进出口数据统计，2009年铜管乐器出口71.2万支，同比下降16.9%，出口金额6967.6万美金，下降12%；其他管乐器出口数量752万支，同比下降

11.6%，出口金额3333.5万美金，下降11.3%。

根据2009年世界经济形势和国际市场环境，综合国内经济走势和成本、价格等因素，各项数据变化，基本符合行业发展预期。

2009年西管乐器产销市场有以下几个特征：

（1）在世界经济危机的影响与冲击下，2009年，中国西管乐器生产依然保持稳定增长，虽增幅有所减缓，但总体向好的发展趋势基本未变；

（2）各企业注重新产品开发，新技术、新材料应用，提升企业科研水平、加速专利技术产品转化，成为西管乐器企业应对国内外市场形势变化的重要途径；

（3）提升品牌、资金、技术等企业软硬件实力，成为中国西管乐器行业发展的重要支撑，企业综合实力竞争将进一步加剧。

2009年西管乐器制造企业地域分布及企业发展状况基本分析：

从连续参加行业数据统计的企业地域分布看，18家企业中，北方有河北5家、天津3家、北京4家、山东2家、辽宁1家，南方地区有上海1家，浙江2家。综合历史沿革、投资规模、技术骨干和劳动力成本等因素，西管乐器制造企业多集中于北方地区的河北、京津一带，且企业数量和生产规模均呈稳定增长。京津和河北地区西管乐器企业产量占全国总产量78.7%，占出口总量的80.9%，仍为中国西管乐器主要生产与出口地区。辽宁、上海等老工业基地西管乐器制造历史较久，生产技术基础良好，企业数量和生产规模变化不大，行业发展稳定。近年，浙江、山东等省市的西管乐器制造趋于活跃，以优于其他地区的外贸条件，西管乐器出口呈上升趋势。

目前，在西管乐器企业中，包括民营、私营、股份制、集体、合资、外商独资、国有等多种所有制形式并存，其中民营企业产量占全国总产量一半以上，产量、出口额均据行业重要地位。从发展趋势看，多元化股份制形式，即突破独家投资，积极引进多方投资的混合所有制形式，将在行业资本中占主导地位。

2009年西管乐器企业参加中国（上海）国际乐器展览会的参展商数量又有增长，达到89家，同比增长14.10%，2009年西管乐器专利发布数量为15件，比2008年下降50%，其中发明专利5项，实用新型专利8项，外观设计专利2项。

2009年也是举办各类西管乐器音乐艺术活动较多的一年。4月30日～5月2日，在上海世博会倒计时一周年之际，由上海世博会协调局及中国管乐学会等单位主办的中国第三届行进管乐器展演活动中，有国内外的28支管乐队2500人参加展演，天津津宝、台湾功学社、雅马哈（上海）贸易公司、布菲乐器（北京）公司等9家企业为这次活动提供支持。在建国60年庆典中解放军联合军乐团的精彩表演给全世界留下了极为深刻的印象，在全部1300多件乐器中，有来自天津津宝、大连铜管乐器、台湾功学社、布菲乐器、国际爱攀集团、海湾敦善、大音文化、北京源成莱茵、博卡乐器、萨尔斯乐器等12家企业，其中80%是国产管乐器。

2009西管乐器企业的发展状况分析

受经济危机的冲击，个别企业的生产和出口形势面临重大挑战。而外资和民营企业则借助长期积累的技术、品牌或资金优势，化危机为机遇，取得重大突破，为西管乐器行业发展提供良好的经验和借鉴。5月18日，河北金音乐器公司成立20周年，企业更名为河北金音乐器集团，企业整体实力不断增强；天津津宝乐器公司的企业知名度也有了进一步的提高，2009年初，政治局委员、天津市委书记张高丽到企业视察工作，公司总经理被授予五一劳动奖章；而外资的雅马哈新工厂在萧山开建，将成为全球最大管乐器生产基地，新工厂总投资4600万美元，注册资本3700万美元，新工厂将分两期建设，其中一期于2010年7月建成，预计建成后年销售额将达到8亿元。新工厂不仅拥有完整的管乐器生产线，还将开发和生产打击乐器和金属部件。

西管乐器产品国内、国际市场现状分析:

2009年西管乐器国内外市场需求开始发生变化。国际市场需求下降，特别是美国市场持续低迷，多数企业继续加大对国内市场的开发与推广力度。在中国扩大内需和大力发展文化产业政策指导下，中国西管乐器内销数量呈上升走势。特别是2009年适逢中华人民共和国建国六十年华诞，从中央到地方的各类大型庆祝活动中，作为行进和交响乐队的关键成员，西管乐器的需求量猛增，中、高端产品的内销增长更为突出。采购者对国产乐器在外观、音质和演奏性能等方面的要求都有提高，品牌竞争更加激烈。

国际市场方面，2009年海关统计数据显示，铜管乐器出口世界103个国家和地区：出口量前十位的国家和地区依次是美国、德国、英国、日本、巴西、越南、韩国、智利、比利时、墨西哥；出口金额前十位的国家和地区依次是美国、德国、英国、日本、比利时、巴西、中国台湾、墨西哥、韩国、西班牙。美国仍是中国铜管乐器产品的最大进口国，2009年出口美国的铜管乐器数量14.4万支，比2008年减少24.8%，金额达1813万美元，比上年下降12.7%，占全球出口市场份额20.2%，比2008年下降2.1%。2009年欧洲、亚洲地区市场的表现较好，德、韩等国的进口量与金额均有不同程度增长，巴西市场降幅较大，英、日等国也有不同程度的下降。其他管乐器，2009年出口量减少11.6%，金额下降11.3%。其他管乐器出口量最大的是美国市场，其次是墨西哥、德国、韩国等欧洲和亚洲市场。

西管乐器行业存在的问题及未来展望

2009年，对中国西管乐器企业影响最大的仍是国际市场需求量下降的问题，劳动力成本上升、人民币汇率增长、原材料价格波动等因素仍是企业所要持续关注的重点问题，而低投入低价位的竞争状况因大部分企业在经营层面提升所取得的成果而有所缓解。限制企业发展的多重问题，随企业自身实力的提升开始有所突破，逐步摆脱价格竞争的困境，是中国西管乐器行业在2009年所取得的重要发展。

2009年，国内重大庆典活动绝大部分选用国产西管乐器产品。这一方面肯定了中国西管乐器制造行业的发展与实力，国产西管乐器已能够满足大型演出活动的各项要求。同时，也体现出国家对西管乐器制造行业的认同与支持。2009年底，在国家商务部等六部门联合发布的《2009－2010年度国家文化出口重点企业目录》和《2009－2010年度国家文化出口重点项目目录》中，9家入选乐器生产企业中的河北金音乐器、天津津宝乐器，均是西管乐器制造行业的大型生产企业。随着2010年，《关于进一步推进国家文化出口重点企业和项目目录相关工作的指导意见》的出台和各项优惠措施的落实，将为中国西管乐器制造企业和行业的健康、有序发展创造更多的机遇，实现行业的更大发展。

四、提琴制造业

根据中国乐器协会和国家轻工业乐器信息中心对2009年全国部分提琴生产企业产量统计，2009年我国提琴总产量为84.53万把，同比下降2.37%。江苏凤灵、北京华东、河北金音是我国三大提琴生产企业，总产量达到71.58万把，占中国提琴产量的84.67%。

2009年海关出口弓弦乐器（提琴）金额4755.63万美元，同比下降5.02%；出口世界107个国家和地区，比上年减少7个国家；出口金额前十位的国家和地区依次为：美国、英国、德国、韩国、日本、加拿大、澳大利亚、法国、巴西和西班牙。其中，美国仍居中国弓弦乐器产品出口数量和金额首位，出口量34.54万支，同比下降0.12%；出口金额1526.37万美元，同比下降10.49%。同时，2009年中国从德国、法国、意大利等13个国家和地区进口弓弦乐器（提琴）1154支，同比增长59.61%；进口金额57.97万美元，同比增长11.22%。其中，从德国进口各类弓弦乐器709支，金额33.58万美元；从法国进口提琴8支，金额15.7万美元；从意大利进口提琴25支，金额7.07万美元。

2009年上海国际乐器展览会提琴参展企业达144家，同比增长4.34%，是2002年首届上海乐器展的9倍。其中境外参展商31家，主要来自德国、意大利、法国、韩国、捷克、日本、西班牙、印度、中国台湾。意大利参展商13家，德国4家，法国8家。中国提琴参展商106家，来自国内15个省市，北京地区参展企业达到50家，占全部提琴参展商的47.16%，其次是江苏（21家）、上海（9家）、广东（8家）。外国提琴参展商展出了欧洲古典小提琴、中提琴、大提琴和法国老弓，还有采用专用材料精心制作的琴弦产品。这种琴弦可以充分提升音质并能减轻对琴的压力。包括：DOGAL低音系列、碳纤维、铬合金、砖石、Dogalive、蒙大尼那、威尼斯以及维瓦尔弟等系列。

2009年发布提琴专利数量为58项，同比增长

100%。其中发明专利16项，实用新型12项，外观设计专利30项，有电声提琴、数码提琴、提琴盒、提琴止滑器等多项专利。

2009年是提琴行业产业集群建设取得突出成果的一年。江苏省泰兴市溪桥镇、北京市平谷区东高村镇分别被中国轻工业联合会和中国乐器协会联合授予“中国提琴产业之都”和“中国提琴产业基地”称号。中国轻工业联合会会长步正发，副会长潘蓓蕾，全国人大常委、中央音乐学院提琴研究中心主任郑荃分别参加两个提琴产业基地授牌仪式。江苏泰兴溪桥镇于2005年被中国轻工业联合会、中国乐器协会共同授予“中国提琴之乡”称号，成为乐器行业第一个特色经济区域。经过四年的发展，泰兴溪桥镇的提琴产业又有了进一步发展。溪桥镇提琴产业不仅成为全镇及周边乡镇发展经济、富裕人民的重要产业，而且还成为“文化部文化产业示范基地”、“江苏省特色产业集群”。截止到2008年全镇共有专业生产提琴企业56家，配套企业110家，年产各类提琴55.6万把，溪桥镇的提琴年产量约占全国总产量的60%，占世界提琴总产量的30%。全镇直接或间接从事提琴生产人员2万余人，2008年全镇提琴总销售收入3.9亿元人民币，实现利税5800万元，全镇提琴从业人员发放工资及各项福利1.4亿元，年平均收入为15000元，超过本地区人均收入的1.5倍。四年来溪桥镇提琴产业所取得的成绩主要有：龙头企业彰显实力，产业集群迅猛扩大；品牌效应明显增强，科技创新加速发展；文化事业蓬勃发展，世界媒体广泛关注；行业协会功能完善，提琴产业规范发展；领导关怀形成动力，社会赞誉推动进步。

北京市平谷区东高村镇提琴产业近年快速发展，目前拥有提琴生产企业20家，配件生产农户150户，企业资产总额2.5亿元，占全镇工业总资产比重20%，从业人员3000人，2008年全镇生产各类提琴近30万把，产值3.5亿元，营业收入3亿元，利润2500万元，上缴税金2000万元。东高村镇业已形成提琴产业链，对于推动本地区经济发展、扩大就业、活跃农村文化娱乐生活、提高人员素质、实现农村城镇化转型发挥着十分重要的作用，因此受到北京市平谷区的高度重视，已将其纳入市区文化创业规划，并陆续投入大量资金，建造“乐器文化产业园区”取得明显效果。

另外，2009年11月25日，商务部、文化部、广播电影电视总局、新闻出版总署联合发布2009—2010年度国家文化出口重点企业和重点项目目录，乐器行业有9家企业列入该目录，中国提琴主要生产企业，泰兴凤灵乐器有限公司、河北金音乐器集团有限公司入围。

2009年，作为提琴产业的重要组成部分，手工高档专业提琴制作产业发展迅速，活动频繁。2009年8月在意大利举行的第三届依索湖提琴制作比赛中，中央音乐学院提琴制作专业的三名学生全部获奖。2009年提琴制作师分会成立了发烧友组织的“提琴之友”协会，首批50余会员办理了登记入会手续。2009年5月26日～27日，中国乐器协会提琴制作师分会二届二次全体会议在北京中央音乐学院召开，会议决定2010年在中国举办国际提琴制作比赛。提琴制作师分会会长郑荃在接受中国乐器协会记者采访时说：“中国提琴制作经过了20年的快速发展，已经被国际提琴界广泛看好，正是因为中国提琴的快速成长，被国际提琴界所认可，就更需要进一步加强与国际提琴界的技艺切磋和交流、比较，这就是我们举办中国国际提琴制作比赛的目的。”中国举办国际提琴制作比赛的消息不胫而走，国际提琴界也反映强烈。首届中国国际提琴制作比赛已在紧张有序地筹备当中，2010年五月初拉开序幕。

五、民族乐器制造业

2009年，国内33家规模以上民族乐器生产企业完成工业总产值12.25亿元，同比增长15.73%；工业销售产值12.11亿元，同比增长16.46%；出口交货值4.54亿元，同比增长4.02%；产品产销率98.84%。

2009年我国规模以上民族乐器生产企业主要集中在天津（1）、河北（7）、上海（4）、江苏（2）、浙江（2）、福建（1）、江西（1）、山东（2）、河南（9）、湖北（2）、广东（2）等11个省市。以工业总产值排序，河南、山东、河北、上海、广东为前五位，分别为3.17亿元、2.26亿元、2.23亿元、1.21亿元、0.97亿元。增幅较大的为浙江、江苏、山东等省，分别增长了69.97%、69.79%、43.28%。按出口交货值排序，河南、河北、广东为前三位，分别为1.54亿元、1.32亿元、0.61亿元。增长幅度最大的浙江和江苏，分别增长142.81%和141.67%。

据中国乐器协会和国家轻工业乐器信息中心统计，2009年主要民族乐器生产企业产品产量为581772件，同比下降11.39%。其中古筝156712件，同比下降9.48%；二胡247409把，同比下降3.05%；琵琶52405把，同比增长0.41%；扬琴25993架，同比增长2.85%。

2009年民族乐器发布专利共计58项，同比下降47.27%，占全部乐器专利的13.79%。其中发明专利5项，实用新型专利30项，外观设计专利23项。

2009中国（上海）国际乐器展览会的民族乐器参展商为143家，比上届提高了10.23%，是2002年首届上海乐器展览会的8.23倍。参展商来自国内14个省市，参展企业最多的地区是江苏（42家）、浙江（23家）、天津（19家）、河北（15家）、山东（13家），这些地区的民族乐器参展企业数量都比上届有所增加。来自中西部地区的民族乐器企业都具有浓郁的民族特点，如：内蒙骏马乐器厂的马头琴，吉林省天韵乐器有限公司的改良葫芦丝、全加键葫芦丝、景泰蓝葫芦丝、改良巴乌、全加键巴乌等。云南省有七个民族乐器生产企业参展，他们带来的是苗族、壮族等少数民族乐器，葫芦丝、巴乌、竹笛、洞箫、芦笙、小闷笛、哦比、洞巴、吐良等丰富多彩，多种多样。上海民族乐器一厂依旧是民族乐器馆中最大的亮点，在展台设计上和展品风格上都凸显国庆六十周年元素，整个展台红墙黄瓦，色调贴近北京天安门城楼，展品荟萃了国庆纪念版乐器、巨型乐器、极品乐器、精品特色乐器、微型乐器等。另外来自扬州的古筝企业、北方的扬琴企业、苏州的二胡企业都展示了强大的集群效应，中筝集团公司首次以音乐文化培训的角色出现在展馆内，把民族乐器产业从生产制造向更深层次的方向引导，受到各方面的关注。

2009年是我国进入新世纪以来经济形势最为困难的一年，乐器行业逆势上扬，受到的影响有限。民族乐器行业属我国优秀民族文化艺术组成部分，在迎接建国六十周年的喜庆日子，各企业不断克服金融危机带来的困难，继续保持着稳定发展的态势。民族乐器行业中最大的生产企业，上海民族乐器一厂在2009年充分发扬“勇者不言难，智者不惧危，求真务实”的精神，实现了经济效益，社会效益双丰收，销售收入完成1.26亿元，同时企业协办了规模空前、艺术水准高、参加人数空前的首届北京国际古筝艺术节；协办了CCTV央视民族乐器大赛活动，敦煌牌民族乐器成为比赛指定用乐器。上海民族乐器制造技艺首次被列入到上海市非物质文化遗产名录当中。而民族乐器行业中的其他区域性或者地方特色的民族乐器生产企业也在不同程度上有所上升，河北乐海乐器有限公司在金融危机中，进行了产品结构调整，对乐器规模化和标准化生产进行了改造，使其更为科学、合理，改变了传统的手工做坊式生产。天津静海县盛兴民族乐器厂大力发展农村乐器经济，惠及一方百姓，葫芦丝年产量达10万支，销售收入2000万元，成为行业闻名的“葫芦丝大王”。作为二胡主要原材料——蟒皮的主要来源地，海南东盛弘蟒业科技有限公司2009年各项工作绩效突出，人工繁育蟒蛇科技项目取得重要突破，人工繁育蟒蛇获得成功，并且实现了产业化，取得规模效益。到2009年存栏蟒蛇达4万余条，年生产销售二胡用蟒皮7000余条。该成果受到国家林业局和海南省政府的肯定和支持。

2009年民族乐器行业发生的主要大事有以下几项：

（1）河南开封中原民族乐器有限公司被评为河南省第三批文化产业示范基地。

（2）“玉屏箫笛”在国家工商总局注册成为全国首个地理标志证明商标的乐器类产品。

（3）中国国家博物馆首次收藏了由河南汤红伟专业古琴作坊制作的两张纪念北京奥运会而特制的“圆梦”“中国心奥运情”古琴。

（4）文化部公布了第三批国家级非物质文化遗产（朝鲜族民族乐器、山西长子县铜响器、新疆维吾尔少数民族乐器）代表传承人名单。

（5）民族乐器行业标准会在北京举行，涉及民族气鸣乐器、响铜体鸣乐器两大类，12种乐器，共14项行业标准的修订及制定。

六、电声乐器制造业

2009年中国电声乐器产品出口虽然仍位居中国

乐器出口的最大份额（36.89%），但出口数量与金额均双双下降。据国家海关进出口数据统计显示，2009年，电声键盘乐器和其他电声乐器两大类电声乐器共计出口数量为950.5万件，同比下降39.1%，出口金额为4.49亿美元，同比下降22%。

电子键盘乐器出口128个国家和地区，出口总量同比下降13.78%，出口金额下降9.88%，居出口量前十位的国家和地区依次为：美国、日本、中国香港、比利时、德国、英国、加拿大、印度、阿联酋和荷兰；其他电声乐器出口118个国家，出口量比上年减少54.57%，出口金额比上年减少34.2%，居出口量前十位的国家和地区依次为：美国、日本、中国香港、英国、德国、荷兰、巴西、加拿大、比利时和澳大利亚。

2009年，中国进口电声乐器共计30.7万件，同比增长37.2%，进口金额为1901万美元，同比减少4.3%。其中，电声键盘乐器的进口数量和金额较上年均有所减少，降幅分别达到39.75%和14.46%，而其他电声乐器的进口数量则大幅上升，增幅达303.08%，金额增幅也在50%以上。另外，2009年，中国内地从印尼、韩国、日本、中国香港和意大利等11个国家和地区进口的电声键盘乐器共计10.4万件，金额1433.4万美元，其中，中国复进口产品数量和金额分别占总进口的95.46%和81.44%。中国从日本、印尼、美国、韩国、德国等12个国家和地区进口的其他电声乐器共计20.2万件，金额486.2万美元，其中，中国复进口产品数量和金额分别占总进口的91.57%和63.46%。

2009年，中国电声乐器规模以上企业共38家，实现工业总产值32.26亿元，同比下降8.70%；业销售产值29.80亿元，同比下降9.61%；新产品产值2.29亿元，同比下降51.61%；出口交货值13.81亿元，同比下降31.03%；工业产品销售率98.50%。按地区划分，分布在广东（11）、天津（2）、山东（6）、江苏（5）、浙江（5）、上海（2）、辽宁（2）、福建（1）、湖北（1）、北京（1）、河北（1）、黑龙江（1）等12个省市，按工业总产值排序：广东、天津、山东、江苏、浙江位于电声乐器前五名，2009年实现工业总产值分别为10.33亿元、6.92亿元、4.51亿元、3.83亿元、1.33亿元。出口交货值以天津、广东、山东排名前三位，分别为5.37亿元、3.78亿元、1.34亿元。

经中国乐器协会和国家轻工业乐器信息中心联合统计发布，2009年我国电声乐器主要生产企业电声乐器总产量达到107.45万台，同比下降56.33%，其中电子琴产量73.01万架，同比下降61.23%，数码钢琴20.31万台，同比下降33.35%。天津雅马哈电子乐器有限公司、美得理（深圳）电子有限公司、常州吟飞电子有限公司产量居电子乐器生产企业前列。

2009年电声乐器专利发布数量为47件，是2008年的3.91倍，其中，发明专利14项，实用新型专利11项，外观设计专利22项，电声乐器比较突出的专利有，触摸型手掌电子琴、内置MP3播放器的电子琴、键盘音调表等。

2009中国（上海）国际乐器展览会上有55家电声乐器厂商参展，比上届少了4家，其中国外参展商来自5个国家，分别是韩国、捷克、美国、日本、意大利。国内参展商主要来自广东（15）、山东（10）、北京（7）、上海（4）、浙江（4）、天津（3）、福建（2）、湖北（2）、河北（1）、江苏（1）等10个省市。

2009年电声乐器行业区域性产业集群效应突显。山东潍坊市昌乐县鄌郚镇是我国电声乐器生产企业相对集中的地区，该地区从1972年成立第一个电声乐器生产企业起，到2008年全镇电声乐器及配件生产企业达到68家，乐器主营业务收入30.2亿元，生产吉他、电吉他320万把，音箱40万支，乐器配件480万套。在金球经济危机环境下全镇乐器生产仍保持平稳较快增长。2009年5月12日～15日，中国乐器协会前往山东昌乐县进行工作调研。调研期间，走访参观当地乐器生产企业，与山东省轻工业协会、潍坊市轻工办公室及昌乐县、鄌郚镇政府的多位领导进行工作交流，并召开有企业老总参加的座谈会，详细听取昌乐县乐器经济发展概况及在金融危机下政府对企业的支持，了解企业“抱团过冬”共同克服困难的成功经验。2009年3月，中国轻工业联合会，中国乐器协会正式授予昌乐县鄌郚镇“中国电声乐器产业基地”称号，为昌乐县电声乐器产业的进一步发展提供了广阔的平台。

2009年，中国乐器协会电鸣乐器分会开展有效工作不断推动电声乐器行业发展。6月，在电鸣乐器分会提议和倡导下，中国乐器协会制定了维护知识产权自律公约，并聘请律师担任法律顾问，为乐器行业所涉及侵权行为提供咨询及法律诉讼服务。7月28日，电鸣乐器分会参与在武汉召开的由艾立卡公司起草的《电鸣乐器放音设备音乐性能评价规范》、《电鸣乐器均衡类音效装置通用技术条件》2项国家标准的审定会。7月30日，电鸣乐器分会三届三次会员大会在武汉艾立卡电子有限公司召开，就加强电鸣乐器行业维护知识产权工作、上海乐器展期间开展3C认证情况核查等问题展开了讨论。10月15日，电鸣乐器分会在上海召开“第二届电鸣乐器生产企业降低采购成本研讨会”，与会的12家电鸣乐器生产企业和8家供货企业共同交流采购经验，探讨如何降低生产成本，提高与会企业的市场竞争力，企业之间增进了解与沟通。

2009年电鸣乐器行业主要生产企业，美得理（深圳）电子有限公司和武汉艾立卡电子有限公司业绩突出，6月8日，得理乐器（珠海）工业园一期工程正式落成，该工程于2007年12开工，历时一年多时间，2009年1月竣工，厂房5.5万平方米。正式投入生产后，产值将超过5亿元。得理乐器珠海工业园一期虽然建成投产，但原深圳得理生产部门，仍保留20%左右大客户定单生产线，待珠海各方面配套及通关等效率提升及企业过渡顺利才考虑逐步转并珠海。预期在三年内，第二期用地投入建设，总投资建成面积将超过9万平方米，年产值规模将达到10亿元。美得理公司在成功塑造“美得理”品牌后又开始启动“魔鲨”双品牌战略并取得初步成效。此外，美得理电子琴核心技术，音源芯片技术实现了完全国产化，批量应用到电子琴生产上。武汉艾立卡电子公司通过14年坚持不懈的努力于2008底进入全球乐器与音响225强第217名，企业荣获武汉市五一劳动奖章，武汉市首届“十佳创业企业”。

广州珠江钢琴集团有限公司下属以生产电声乐器为主导产品的广州艾茉森电子有限公司在2009年有了较大的发展，5月30日与意大利VISCOUNT（威斯康）国际公司的技术战略合作协议签约。珠江钢琴集团在钢琴为企业主打产品外，把数码乐器列入发展战略的一个重要组成部分，实现高起点起步，高强度投入。9月30日，艾茉森与意大利VISCOUNT国际公司合作产品正式下线，于10月中旬在上海国际乐器展上隆重推出。

七、打击乐器制造业

2009年，我国出口各类打击乐器1210万件，同比下降32.12%，出口金额1.08亿美元，同比下降22.68%。出口金额居中国各类乐器出口第四位，占全部出口乐器的8.87%。在131个出口国家和地区中，出口金额前十位的国家和地区依次为：美国、德国、荷兰、尼日利亚、巴西、英国、日本、墨西哥、韩国和加拿大。其中，出口美国的打击乐器数量和金额均居首位，分别为290.7万件，同比减少17.69%，出口金额3060.9万美元，同比减少34.37%。

2009年，中国从30个国家和地区进口各类打击乐器数量14.16万件，同比下降27%，进口金额349.15万美元，同比减少20.66%。主要进口国家和地区为中国台湾、美国、荷兰、中国大陆（复进口），日本、德国、以色列、加拿大、泰国、印尼。其中从中国台湾进口打击乐器9.29万件，同比增长25.9%，占打击乐器进口总量的65.59%，进口金额93.93万美元，同比增长78.8%，占打击乐器进口总金额的26.9%。

参加2009年中国（上海）国际乐器展的打击乐器参展商共计37家，比上届少1家，境外参展商来自德国（1家）、中国台湾（4家），海外参展商数量和国家都比上届少。国内参展商主要来自天津、北京、河北、浙江、山东、广东等6个省市，天津参展商数量最多，为13家，其他地区参展商数量都在4～5家左右，各企业参展主要产品是爵士鼓，马林巴、儿童打击乐器、康巴鼓等。

2009年发布打击乐器专利36项，同比下降14.28%，其中发明专利10项，与上年相比有较大增长，实用新型专利15项，比上年减少，外观设计专利11项，与上年持平，其中，天津津宝乐器有限公司19项，其中有“新型行进军鼓”、“新型桶鼓座”等，台湾功学社公司8项，其中有“带镶嵌式鼓肚的乐器鼓”等。

2009年打击乐器行业的重要活动主要有两项，一是在上海世博会倒计时一周年之际，4月30日～5月2日，由上海世博会协调局，中国管乐学会共同举办的“中国第三届非职业优秀行进管乐团队展演”。二是联合军乐团在建国六十周年国庆担任阅兵和群众游行活动的音乐表演。这些重要活动的举办极大的推动了打击乐器的创新，对我国刚刚兴起的行进管乐队的鼓、镲等打击乐器提出了新的要求。为此，我国打击乐器主要生产企业与军乐队等演奏团体紧密结合，深入乐队，针对打击乐演奏的实际需求对现有打击乐器进行多项改革，创造出多种适应不同场合使用的打击乐器，既有适合行进使用的打击乐器，也有适合演奏员长时间演奏的乐器，他们所创造的新型打击乐器都在2009年我国所举办的重大活动中发挥了作用，受到有关领导和演奏团体的赞扬和肯定。

2009年我国打击乐器行业在新产品开发方面，特别是传统打击乐器和电声乐器相结合方面取得了长足的进步，电子鼓等新兴电子打击乐器迅速风靡市场，青少年学习电子鼓的热情一浪高过一浪，上海乐兰电子有限公司和美得理（深圳）电子有限公司所研发的电子鼓因其满足不同消费层次需要，市场扩张迅速。上海乐兰电子有限公司为了扩大电子鼓市场，在2009年学生暑假期间举办了第四届全国青少年打击乐器比赛暨打击乐夏令营，而美得理公司在推出两款新型电子鼓后，为加大“魔鲨”电子鼓的宣传力度，在全国进行巡回展演，聘请了国内五名知名打击乐鼓手作为品牌代言人，全程赞助魔鲨杯中国鼓手联合会首届全国鼓手大赛。

广州保嘉乐器制造厂有限公司和天津津宝乐器有限公司是我国打击乐器骨干企业，保嘉乐器于1997年6月在广州经济技术开发区注册成立，厂区占地面积达8万多平方米，公司拥有完备的产品设计和开发队伍，以及精密的数控机床及相配套的一系列加工机械，经过十几年的发展，产品品牌效应影响力有了较大提高，美国DW、DDRUM、SP、GRETSCH，日本的YAMAHA，英国的PREMIER，意大利的TAMBURRO等等都在保嘉工厂定牌生产，同时企业拥有自主知识产权的民族品牌“保嘉”牌鼓乐产品，该产品在2006年度荣获“广东省名牌产品”，公司连续六年被广州市工商行政管理局评为“守合同、重信用”的企业，2007年度也荣获广州市税务系统“A级纳税人”的光荣称号。2009年保嘉乐器已跃居成世界知名的打击乐器制造厂家之一，年销售额逾2亿元人民币。

津宝乐器是我国最大的打击乐器、管乐器生产厂家之一，在2009世界金融危机影响下，企业同样受到国际市场不景气带来的巨大压力。但是津宝乐器充分利用建国六十周年为国庆联合军乐团制造各类打击乐器的有利时机，加快自主研发的步伐，不断进行新产品开发、新技术的引进。实施知识产权战略，提升核心竞争力，正因为如此，津宝在同行业中和市场上具备较强实力。在2009年金融危机影响下，公司全年销售额仍然保持了与去年同期持平。“快人一拍，先人一步，胜人一筹，多人一码”是津宝乐器的企业发展的战略。公司下设一个市级企业技术中心，高薪聘请20多名国内外专家，引进、培养顶尖人才，建立了一支100多人的专业研发队伍，专门从事新设备设计、制造和研究开发新产品工作，每年投入技术、设备研发资金近千万元，几乎月月都有新专利诞生。公司现拥有的专利总数达120个，成果转化率近80%。据统计，2009年，津宝乐器通过技术、产品创新，实现销售收入3.01亿元，其中新产品收入4500万元。津宝的产品能赢得市场，可以说是靠对产品的精雕细刻和不断创新。

八、吉他制造业

2009年，中国乐器协会和国家轻工业乐器信息中心对全国12家吉他生产企业的产量统计结果，总产量为549.63万把，同比增长25.10%；出口468.52万把，同比增长34.65%。其中广东390.43万把，同比增长40.32%；江苏51.6万把，同比下降31.92%；山东27.56万把，同比下降29.99%；河北40.30万把，同比增长35.13%。

2009年海关数据显示，中国向世界148个国家和地区出口其他弦乐器（吉他）类产品金额2.15亿美元，同比下降5.01%。位居出口金额前十位的国家和地区依次为：美国、德国、英国、巴西、荷兰、意大利、澳大利亚、日本、法国和加拿大。出口美国的吉他等弦乐器共计268.9万支，同比降低27.7%，出口金额6050.32万美元，同比减少23.7%。

2009年，中国从世界20个国家和地区进口吉他类产品1.21万把，同比下降1.4%，进口金额101.7万美元，同比增长44.26%。主要进口国为印尼、美国、法国、日本等，其中从印尼进口其他弦乐器9106支，同比增长35.3%，进口金额51.52万美元，同比增长37.6%。

2009年中国（上海）国际乐器展览会有109家

吉他生产企业参展，同比增长21.11%，境外参展商29家，比上届少5家，分别来自西班牙（9家）、德国（2家）、韩国（6家）、美国（2家）、日本（2家）、中国台湾（3家）、中国香港（1家）、印尼（1家）、英国（13家）、意大利（1家）、英国（3家）等9个国家和地区，与上届相比增加了英国参展商，韩国、美国、日本参展企业比上届有所增加，西班牙，德国参展企业比上届有所减少。境内12个省市80家吉他生产企业参展，以广东省参展商数量最多，达到53家，比上届增加9家，占吉他参展商的66.25%。其他参展商主要来自山东、福建、江苏、北京、上海等地。

2009年我国乐器行业共发布吉他专利49件，同比下降22.22%，其中发明专利7件，实用新型专利14件，外观设计专利28件。除实用新型专利数量有所下降外，其他类型专利与上年持平，其中：广东揭阳长城乐器有限公司的“带喇叭的木吉他”、广州罗士曼乐器制造有限公司的“一种具有校音及存放拨片功能的吉他变音夹”、广州吉声琴业有限公司的“改进型折叠式吉他”、武汉艾立卡电子公司的“光电控制电吉他变调器”等。

2009年，群众性吉他音乐普及活动进一步推广，8月13日河北省音乐家协会吉他艺术委员会成立大会在河北省会石家庄市召开。省、市音协领导、国内吉他界嘉宾及省内十一个城市的近百名代表出席大会。会议期间，来自河北省各市的吉他、打击乐、键盘乐等制造业的代表以无记名投票选举产生了第一届理事会，为吉他艺术委员会加强与各领域的广泛合作，提供更广泛的发展空间奠定了良好的基础。此外，11月6日日本吉他大师铃木严先生应邀到秦川艺校举办大师班讲座，中国国际文化交流中心、河北省国际经济文化交流中心、河北省吉他艺术委员会的有关领导、秦川音乐艺术学校的吉他教师和部分学员参加了讲座。讲座内容包括指法、弹奏速度的把握、演出的姿势、对作品的理解以及感情的投入等等，给大家留下了深刻的印象。

2009年，我国最大的吉他生产企业，广东四会华声乐器有限公司不断克服金融危机的影响保持生产基本稳定局面，再度获得广东省名牌产品的称号，这是星臣吉他连续十年荣获该殊荣。10月15日星臣吉他在上海隆重举行星臣吉他代言人以及品牌推广签约仪式，与著名吉他演奏教育家赵长贵和北京现代乐手广告有限公司建立战略合作伙伴关系。

九、手风琴、口琴、口风琴、竖笛制造业

2009年我国手风琴及类似产品、口琴在出口数量和金额上，较上年均有所减低。其中，手风琴出口数量44.56万架，同比下降4.38%，出口金额1557.24万美元，同比下降15.61%；口琴出口数量870.36万支，同比下降27.39%，出口金额1069.27万美元，同比下降15.09%。手风琴出口前10位的国家是韩国、美国、巴西、哥伦比亚、智利、墨西哥、意大利、日本、法国，出口韩国手风琴数量189372架，出口金额244.63万美元。口琴出口前10位的国家和地区是德国、美国、日本、土耳其、印尼、英国、中国香港、韩国、西班牙，出口德国的口琴数量为1125404支，出口金额250.40万美元。

2009年手风琴进口188架，比上年增长56.67%，进口金额27.02万美元，同比增长178.19%。其中从意大利进口手风琴113架，金额26.32万美元，同比增长199.57%。口琴进口数量16.77万支，减少69.22%，进口金额21.52万美元，同比降低46.41%，主要从中国香港、日本和德国等国家和地区进口。其中，中国复进口数量13.58万支，占进口总量80.99%，金额10.48万美元，占进口总额48.72%。

2009年，国内7家手风琴生产企业，共计生产48BS以上大型手风琴59441架；8家口琴生产企业共计生产各类口琴1416.16万支，同比增长0.19%，口风琴293万支，同比下降10.35%，竖笛790万支，同比下降15.68%。

2009年发布手风琴专利1项，即：江阴金杯乐器有限公司申报的手风琴外观设计专利。标准化工作《竖笛》行业标准得到修订。

2009年手风琴获中国轻工业联合会科学技术优秀奖1项，即天津华韵乐器有限公司的“采用新材料新工艺研制高品质手风琴”。

2009年，中国（上海）国际乐器展览会共有手风琴参展商9家，口琴及竖笛参展商12家，与上届展会参展商数量持平。手风琴参展商来自捷克2家（在上届参展的Harmonikas s.r.o外又增加了Akordeon Servis），上届意大利Long-Wing International Trading Co., Ltd这次没有参展。国内参展商有天津天琴乐器有限公司、天津华韵乐器有限公司、天津鹦鹉乐器有限公司、香河天音乐器有限公司、沧州市金狮乐器有限公司、江阴金杯安琪乐器有限公司、江阴市申佳乐器有限公司和广州珠江实业有限公司。口琴和竖笛的参展商全部是国内企业，共12家，其中有上海国光口琴厂有限公司、上海凯恩乐器有限公司、上海深蓝乐器有限公司、上海口琴总厂、江苏东方乐器有限公司、江苏奇美乐器有限公司、江苏天鹅乐器有限公司、江阴嘉德瑞乐器有限公司、江阴兄弟乐器有限公司、无锡铃木乐器有限公司等。

口琴专业委员会于2009年5月17日至18日在上海崇明岛举行了口琴专业委员会四届四次会议暨2009口琴专业委员会年会。参加会议的单位有上海口琴总厂、上海国光口琴厂有限公司、上海凯恩乐器有限公司、江苏奇美乐器有限公司、江苏天鹅乐器有限公司、上海兰生豪呐乐器有限公司、江苏江阴激扬乐器有限公司、江苏东方乐器有限公司、无锡铃木乐器有限公司、天津通宝乐器有限公司、上海新效铜材厂、浙江海盐东方口琴厂等十二家会员单位。海门威尔精密螺丝有限公司、江苏金坛市河头工艺纸品厂和靖江市新柯实业有限公司等配套加工单以及上海国际展览有限公司也派人列席了会议，会议代表共有30多人。会议传达了中国乐器协会2009年工作要点及2009年初中国乐器协会在北京召开的工作会议精神。副会长兼秘书长、上海国光口琴厂有限公司董事长周伟义作了关于口琴专业委员2008年工作小结及2009年工作打算。中国乐器协会理事长王根田在会议中听取了大家对协会的工作意见和建议并在会上讲话，王理事长针对当前世界的金融危机，分析了乐器生产的形势和未来发展趋势，同时对口琴专业委员会的工作提出希望和要求。会上上海凯恩乐器有限公司、江苏奇美乐器有限公司、江苏天鹅乐器有限公司等单位作交流发言。口琴专业委员会2009年的工作重点主要是改进口琴的技术工艺，提高口琴生产的自动化程度和新技术、新设备的运行。

2009年口琴骨干企业，江苏奇美乐器有限公司在2009年金融危机影响下，仍然保持着较为突出的业绩，成为该企业近年经济增长最快的一年，口琴、口风琴、竖笛连续获“江苏省名牌产品”称号，“奇美”牌商标连续三年获“江苏省著名商标”称号，截至2009年企业已拥有专利40项，为了应对金融危机影响，企业投资80万元参加全国课堂教学，使奇美课堂教学战略逐步形成规模。江苏天鹅乐器有限公司面对金融危机认真查找影响企业的“短板”，找准突破口，扎扎实实练好内功。2009年公司业绩不但没有下滑，而且实现销售收入5280万元，同比增长8%，利税458万元，同比增长6%，出口创汇256万美元，同比增长18%。内销业务增长30%以上。手风琴骨干企业，天津鹦鹉乐器有限公司在金融危机面前，变挑战为机遇，大力进行产品技术创新，彻底改革了传统手风琴机芯结构，大大提高了工艺先进性和产品稳定性，并且推动了企业经济效益的全面增长，2009年销售收入8000万元，利润1000万元，手风琴产量达到32000架。

十、乐器零配件制造业

2009年乐器零配件制造业规模以上企业78家，比上年增长了23家，实现工业总产值29.45亿元，同比增长14.15%，新产品产值2599万元，工业销售产值30.15亿元，同比增长17.32%，出口交货值4.94亿元，同比下降13.19%，产销率102.4%。

2009年，我国乐器零配件生产主要集中在12个省市，按工业总产值排序分别为：广东、浙江、山东、辽宁、吉林、河南、上海、天津、江苏、河北、黑龙江、北京。广东有26个企业，工业总产值8.92亿元，同比增长11.24%；浙江有15个企业，工业总产值5.96亿元，同比下降6.48%。有8个省市工业总产值与上年相比有所增长，其中，山东省比上年增长了87.44%。有4个省市与上年相比有所下降，分别是浙江、天津、北京、上海。其中，上海下降了50.35%。按乐器零配件出口交货值排序分别为：浙江、广东、上海、天津、河北、黑龙江、辽宁、山东、江苏，9个省市出口交货值为4.94亿元。其中，浙江2.55亿元，同比下降3.72%，占全部乐器配件出口交货值的51.61%。2009年乐器配件出口除河北省有所增长以外，其他各地区均有所下降。

2009年，各类乐器零配件出口金额1.51亿美元，同比减少29.43%，其中乐器用弦出口金额417.9万美元，同比减少45.01%；钢琴零件附件出口金额2562.3万美元，同比减少43.13%；弓弦乐器零配件2344.9万美元，同比减少8.85%；电声乐器零配件

2732万美元，同比减少10.37%；其他零配件6633.2万美元，同比减少33.63%。

2009年，乐器零配件进口总金额为9151.3万美元，同比减少20.38%，占中国乐器总进口额的50.89%；其中，乐器用弦进口306.48万美元，同比减少59.73%；钢琴零件附件1917.57万美元，同比减少6.62%；弓弦乐器零配件686.37万美元，同比减少37.59%；电声乐器零配件3166.67万美元，同比减少8.08%；其他乐器零配件3074.2万美元，同比减少25.66%。

2009年乐器零配件专利发布56项，比上年下降53.33%，其中发明专利14项，实用新型专利26项，外观设计专利16项。其中有王家训的“马林巴乐器升降支架”，雅马哈株式会社的“电子乐器踏板装置”等。标准化工作，2009年《钢琴用毡》、《钢琴零部件名称》、《钢琴弦轴板》、《琴弦通用技术条件》、《提琴弦》、《吉他弦》行业标准得到修订。

2009年乐器零配件企业参加2009中国（上海）国际乐器展览会参展商有289家，比上年减少3.66%，境外乐器零配件参展企业有61家，分别来自奥地利、澳大利亚、德国、法国、韩国、加拿大、捷克、美国、日本、斯洛伐克、意大利、印度、印尼、英国等国家和中国香港、中国台湾地区，参展企业数量最多的国家是韩国（12家），其次为德国（7家）、法国（7家）。境内共有228家乐器零配件企业参展，分别来自国内16个省市。其中，广东、江苏、河北、浙江、北京分别有59、52、19、18、17家企业参展。

继2008年宜昌会议后，2009年12月3日中国乐器协会材料配件专业委员会在成都召开了二届二次会议，出席会议的有会长罗建峰、副会长何四海，副会长兼秘书长张华君以及广州市中南钢琴乐器有限公司董事长陈荣有，上海晨川琴业材料有限公司执行董事石光思，宁波市北仑乐器配件制造有限公司总经理俞兆祥，上海国荣漆包线有限公司总经理廖国华，上海丁锋标准件有限公司总经理施国庆等。此外，北京乐器研究所所长张振启，全国乐器标准化信息中心副主任王伟，中国乐器协会琴行分会会长黄茂强，广州珠江钢琴集团股份有限公司技术部经理张鸿超、木材资源部经理陈少云，杭州嘉德威钢琴有限公司采购部经理胡国忠，成都川雅木业有限公司副总经理张庆恩等也参加了会议。这次会议的主要内容为分析研究当前乐器行业动态和市场形势；研究材料配件专业委员会的发展思路，商讨如何整合优势资源，加强信息沟通交流，提升企业间合作能级，通过集中展示、集中宣传来提升行业地位和企业竞争力；研究金融危机下我国乐器行业走势和材料配件行业的出路与对策等。通过研讨与会代表达成了共识，大家认识到配件企业存在和发展的必要性和必然性，坚定了乐器行业未来更好发展的信心，确定了材料配件行业“高端、专业、合作”的发展路线；下决心要积极推动乐器材料和配件的标准化和检测工作，建立健全行业标准体系；加强宣传力度，丰富宣传手段，拓展宣传对象；会议还对更多地邀请钢琴生产企业、琴行和研究所等有关部门参加会议的机制表示认同，今后应继续坚持，并初步确定下次会议将于2010年11月在浙江宁波市召开。

2009乐器零配件的创新工作又有了新的进展，新产品、新工艺、新材料、新技术不断推陈出新，其中比较突出的有海南东盛弘蟒业科技有限公司的蟒蛇繁育工作取得突破性的进展，获得了初步成功，逐步实现乐器用蟒皮生产的产业化，缓解了乐器用蟒皮的紧张局面。此外，京胡用“人造蛇皮的制造方法”也由北京乐器学会会长刘正辉发明成功，获第三届北京发明创新大赛金奖。钢琴方面，由宁波珂乐乐器有限公司研发的钢琴键盘缓降器，可使钢琴键盖在关闭过程中缓慢闭合，以保护钢琴使用者双手安全，并延长钢琴使用寿命。该产品既可用于新琴出厂前内置安装，也可用于出厂后普通钢琴二次安装。

2009年乐器零配件生产企业在金融危机影响下积极应对挑战，在困难面前不退缩，取得突出业绩，其中，成都川雅木业有限公司2009年销售收入同比增长19%，企业工作重点转向发展高端钢琴音板、肋木、背板、琴键板。河北华丰铸造有限公司在金融危机下以“再坚持一下”的精神，努力克服各种困难，注意发展低碳经济，关注民生，构建和谐企业，使公司主导产品继续保持稳定，钢琴铁板占钢琴行业的半壁江山。

2009年中国乐器行业规模以上生产企业经济运行状况

中国乐器协会信息部

2009年我国乐器行业315家规模以上生产企业实现工业销售产值174.37亿元，同比增长3.94%，工业总产值（现价）174.20亿元，同比增长1.66%，新产品产值9.86亿元，同比增长0.37%。出口交货值54.39亿元，同比下降21.04%。在世界金融危机影响下，除出口交货值有较大下降以外，其他各项经济指标继续保持稳定增长态势，但增幅有所减小。

其中，西乐器工业销售产值102.29亿元，同比增长3.66%，出口交货值31.09亿元，同比下降19.86%，中乐器工业销售产值12.11亿元，同比增长16.46%，出口交货值4.54亿元，同比增长4.02%，电子乐器工业销售产值29.80亿元，同比下降9.61%，出口交货值13.81亿元，同比下降31.03%，其他乐器实现销售收入30.15亿元，同比增长17.32%，出口交货值4.94亿元，同比下降13.19%。

2009年乐器行业规模以上生产企业分布国内15个省和直辖市，工业总产值达到10亿元以上的广东、山东、天津、浙江、江苏、河北等六个省市区，完成工业总产值143.85亿元，占整个乐器行业总产值的82.49%，企业数量227家，占国内规模乐器企业总数的72.06%。工业总产值比上年增长的是湖北、山东、河北、河南、江苏、吉林、江西、浙江，增长最大的是湖北，增长了23.86%；比上年有所下降的是广东、辽宁、北京、上海、福建、天津。下降幅度最大的是天津，下降了16.59%。

新产品开发速度最快的是广东、天津，广东省2009年新产品产值达到4.20亿元，天津新产品产值2.76亿元。

天津、广东、浙江、山东、江苏位于我国乐器出口前五名，2009年总计出口交货值达43.18亿元，占全部出口额的79.38%，各地区出口交货值分别为13.04亿元、12.60亿元、0.70亿元、0.65亿元、0.38亿元，在13个乐器出口省市中，只有河南、江苏出口有所增长，其他11个省市均处于下降态势，黑龙江、广东、上海、湖北下降30%以上。

2009年中国乐器行业规模以上企业主要经济指标完成情况

（按产品类别划分）

行业名称		中乐器制造	西乐器制造	电子乐器制造	其他乐器及零件制造	合计
企业数		33	166	38	78	315
工业总产值(现价)	累计（千元）	1225489	10223943	3026043	2945025	17420500
	同比（%）	15.73	0.40	-8.70	14.15	1.66
新产品产值	累计（千元）	/	731725	229075	25998	986798
	同比（%）	/	45.60	-51.61	/	0.37
工业销售产值	累计（千元）	1211299	10229825	2980594	3015789	17437507
	同比（%）	16.46	3.66	-9.61	17.32	3.94
出口交货值（人民币）	累计（千元）	454361	3109192	1381034	494778	5439365
	同比（%）	4.02	-19.86	-31.03	-13.19	-21.04
累计工业产品销售率（%）		98.84	100.06	98.50	102.40	100.10

2009年中国乐器行业规模以上企业主要经济指标完成情况

（按地区划分）

地区	企业数	工业总产值（现价）		新产品产值		工业销售产值		出口交货值（人民币）	
		累计（千元）	同比（%）	累计（千元）	同比（%）	累计（千元）	同比（%）	累计（千元）	同比（%）
广东	70	4481619	-3.61	420635	12.86	4539691	-2.56	1260848	-31.81
山东	38	3013246	20.12	350	-68.30	2987514	18.55	657252	-29.04
天津	28	2160269	-16.59	276347	-40.97	2183260	-5.57	1304243	-15.68
浙江	35	2063713	1.68	88154	-2.92	2083982	4.33	706528	-10.26
江苏	32	1469594	16.80	32781	43.40	1422220	15.38	389600	16.47
河北	24	1197286	19.22	/	/	1182366	19.94	225239	-26.38
辽宁	11	641911	-4.15	138967	/	683469	1.11	288775	-25.46
上海	28	618496	-14.61	/	/	636311	-12.33	102052	-38.86
北京	16	567658	-7.52	6013	-42.92	547745	-10.66	177333	-18.67
河南	11	455909	19.19	/	/	446432	19.68	154573	21.31
湖北	7	329402	23.86	/	/	297208	14.85	15631	-52.95
福建	6	196166	-14.74	/	/	190981	-14.92	127694	-22.04
吉林	4	146052	11.72	23551	/	157254	23.34	/	/
黑龙江	4	67779	-0.82	/	/	67674	12.15	29597	-30.11
江西	1	11400	3.64	/	/	11400	3.64	/	/
总计	315	17420500	1.66	986798	0.37	17437507	3.94	5439365	-21.04

2009年中国乐器进出口形势综述

国家海关总署公布2009年中国乐器进出口数据，2009年中国乐器出口额12.17亿美元，同比下降19.93%；进口乐器金额1.79亿美元，同比下降8.66%；进出口总额13.96亿美元，同比下降18.69%；贸易顺差10.38亿美元。

2009年纳入海关乐器编号的21大类乐器出口金额全部呈下降态势。其中，其他弦乐器和弓弦乐器下降幅度最小，分别为5.01%和5.02%，下降幅度较大的三角钢琴、电声乐器，分别下降35.30%和34.20%。电子键盘乐器、其他弦乐器、电声乐器、打击乐器、铜管乐器共计出口8.42亿美元，占全部出口乐器金额的69.18%。

2009年共计出口立式和三角钢琴48186架，同比下降22.23%，其中出口立式钢琴42840架，同比下降19.30%，出口世界93个国家和地区，比上年少7个。出口国家和地区排在前五位的是美国、德国、中国香港、韩国、法国，共计出口金额为2802万美元，占立式钢琴总出口金额的55.30%。2009年中国向美国出口立式钢琴8065架，比上年减少20.20%；向德国出口5025架，减少20.63%；向中国香港出口4305架，增长15.57%；向韩国出口2609架，减少35.39%；向法国出口2442架，减少7.74%。有25个国家进口中国立式钢琴架数比上年有所增长，其中，乌兹别克斯坦从3架增加到168架，留尼汪从1架增加到15架，尼日利亚从4架增加到19架，朝鲜从116架增加到429架。56个国家和地区减少了对中国钢琴的进口，俄罗斯从418架减少到112架，中国澳门从933架减少到284架，荷兰从2900架减少到1558架，日本从2096架减少到1291架。

2009年中国出口三角钢琴5346架，同比下降39.80%，出口世界71个国家，比上年减少17个国家和地区。三角钢琴主要出口美国、德国、英国、加拿大、巴西，共计出口3495架琴，占全部出口架数的65.37%。出口美国2286架，同比下降41.67%，出口德国554架，同比下降47.44%，出口英国261架，同比下降25%，出口加拿大207架，同比下降23.90%，出口巴西187架，同比下降1.58%。2009年中国三角钢琴出口有30个国家和地区有所增长或持平，其中乌兹别克斯坦从3架增加到23架，朝鲜从3架增加到20架，卡塔尔从1架增加到6架，叙利亚从1架增加到5架，越南从3架增加到11架，中国台湾从8架增加到25架。有38个国家和地区减少进口中国三角钢琴数量，俄罗斯联邦从176架减少到19架，韩国从353架减少到90架，丹麦从59架减少到15架，意大利从272架减少到94架，德国从1054架减少到554架，日本从236架减少到137架。

2009年中国共向全世界173个国家和地区出口乐器，比2008年增加6个国家，亚洲增加1个、非洲增加2个，南美洲增加4个，欧洲增加3个，大洋洲减少4个，2009年中国向欧洲、北美、亚洲出口乐器总金额10.61亿美元，占中国乐器总出口额的87.18%。出口欧洲的中国乐器首次超过北美，位居各大洲第一位。2009年中国乐器出口各大洲均处于下降态势，下降幅度最大的是北美洲，下降32.41%，下降幅度最小的是南美洲，为11.84%，亚洲下降12.48%，非洲下降13.83%。

2009年中国大陆乐器出口前10位的国家和地区是美国、德国、中国香港、日本、英国、韩国、比利时、巴西、荷兰、加拿大。中国向这10个国家和地区出口乐器金额为8.39亿美元，占中国乐器总出口额的68.94%。其中，出口美国的乐器金额3.22亿美元，同比下降33.64%，占中国乐器出口总额的26.45%，比上年减少5.45个百分点。出口美国的乐器主要是电声乐器、其他弦乐器、电子键盘乐器、打击乐器、铜管乐器、弓弦乐器等，总金额为2.45亿美元，占中国出口美国乐器总金额的76.08%。出口美国的钢琴总金额为1855万美元，仅占中国乐器出口美国总金额的5.59%。

2009年中国从54个国家和地区进口乐器，进口国增加7个，进口金额1.79亿美元，同比下降8.66%。主要进口国家和地区分别是日本、中国大陆（产品出口返销）、德国、韩国、中国台湾。2009年进口总金额为1.48亿美元，占中国进口乐器82.68%，其中从日本进口乐器7771万美元，从德国进口乐器1756万美元，从韩国进口乐器1362万美元，从中国台湾进口乐器1247万美元。

从日本进口立式钢琴32242架，金额2667万美元，三角钢琴2178架，金额1252万美元。从德国进口三角钢琴194架，金额724万美元，钢琴零件金额351万美元，立式钢琴140架，金额102万美元。从韩国进口立式钢琴9983架，金额177万美元，三角钢琴30架，金额9.48万美元。从中国台湾进口打击乐器金额93.93万美元，铜管乐器金额60.36万美元。

2009年中国钢琴生产形势分析

2010年1月21日，中国乐器协会、国家轻工业乐器信息中心联合发布2009中国钢琴产量统计数据。

经过2009年国内主要钢琴生产企业自报产量的汇总，2009年中国钢琴总产量为323961架，同比增长3.68%。其中立式钢琴产量305671架，同比增长3.59%；三角钢琴18290架，同比增长4.95%。立式与三角钢琴合计出口61404架，同比下降10.61%。纳入统计口径的钢琴生产企业共计25家，比上年减少1家。

在被统计的25家钢琴生产企业中，年产10000架钢琴以上的企业有7家，与上年持平，分别是广州珠江、北京星海、杭州雅马哈、宜昌金宝、杭州嘉德威、海伦钢琴、青岛世正，合计产量22.75万架，占中国钢琴产量的70.23%。中国钢琴生产前三位，广州珠江钢琴总产量85457架，同比增长5.41%，占中国钢琴产量的26.37%，比上年增加了0.43个百分点；北京星海38909架，同比增长4.39%，占中国钢琴总产量的12.01%，比上年增加0.08个百分点；杭州雅马哈34058架，同比8.10%，占10.51%，比上年增加0.43个百分点。

与2008年相比，2009年有16家企业钢琴产量比上年有所增长，占全部钢琴企业的64%，比上年增加了7家企业。增长幅度较大的是湖州杰士德钢琴有限公司增长50.65%、上海邦加钢琴有限公司增长33.28%、汇丰乐器（中国）有限公司增长28.40%、南京摩得利钢琴有限公司增长20.79%。有5家企业钢琴产量比上年有所下降。

以上数据反映出，在世界钢琴生产继续萎缩形势下，2009年中国钢琴生产呈现出“小幅回升，出口下降收窄，逆势上扬”的好形势。珠江、星海、雅马哈等大型钢琴生产企业稳中有升，中小型钢琴生产企业产量有较大幅度的增长。

2009年中国三角钢琴生产终于摆脱连续数年大幅下滑的阴影，止跌回稳同比增长4.95%，与2008年下降49.58%的尴尬局面形成鲜明反差。在19个三角钢琴生产企业中有12个企业三角琴产量有所增长，增长幅度最大的是杭州嘉德威钢琴、上海中雅钢琴，分别增长203.84%和202.38%。目前国内三角钢琴生产1000台以上的有8家企业，分别是广州珠江、杭州嘉德威、上海玛珂、宁波海伦、青岛世正、北京星海、上海欧亚、宜昌金宝，共计生产14732架，占三角琴总产量的80.54%。广州珠江年产量达4606架，位居第一位，占25.18%。

2008年中国钢琴出口继续呈下降趋势，同比下降10.61%，但比上年降幅达35.37%的形势有了相当的缓解。2009年钢琴出口量在5000架以上的有3家企业，分别是广州珠江、杭州嘉德威、青岛世正，比上年少了三家。出口量27311架，占中国钢琴全部出口量的44.47%。2009年钢琴出口同比有所增长的有11家企业，占22家出口企业的50%，上海中雅钢琴出口同比增长了103.55%。

2009年中国钢琴生产主要分布在9个省市，排在前三位是广东、浙江、上海，2009年分别生产了98369、74835、45026架。与去年相比，产量有所增长的是上海、广东、北京、福建、浙江，分别增长了13.50%、4.76%、4.39%、3.16%、1.99%。湖北、山东、江苏钢琴产量有所下降。浙江、上海、广东排在2009年钢琴出口量的前三位，2009年共计出口44701架，占总出口量的72.79%。2009年上海和广东省钢琴出口分别增长了20.74%和3.44%，其他省市钢琴出口均继续呈下降趋势，下降幅度最大的是江苏省，下降了76.46%。

按企业的经济类型分析，2009年国有企业钢琴产量为13.68万架，同比增长5.17%，占总产量的42.27%；三角钢琴产量5791架，同比增长18.67%，占总产量的31.66%；出口16276架，占总出口量的26.50%，同比下降2.27%。民营企业钢琴生产9.62万架，占总产量29.72%，同比增长1.57%；三角钢琴生产9785架，占三角钢琴总产量的53.49%，同比增长5.6%；出口量28677架，占总出口量的46.70%，同比下降14.88%。外资企业钢琴生产9.07万架，占28%，同比下降10.35%；三角钢琴2714架，占三角钢琴产量14.83%，同比下降17.28%；钢琴出口16451架，占总出口量的26.79%，同比下降10.35%。

2009年全国钢琴产量及出口量地区分布

（单位：架）

地区		广东	浙江	上海	北京	湖北	山东	江苏	福建	辽宁
企业数		3	5	8	1	1	2	2	2	1
总产量	2009年	98369	74835	45026	38909	25000	19064	10629	10565	1564
	2008年	93898	73378	39671	37271	25100	20333	12595	10241	/
	同比%	4.76	1.99	13.50	4.39	-0.40	-6.24	-15.61	3.16	/
立式钢琴产量	2009年	93665	69995	40945	37838	24000	17421	10279	10446	1082
	2008年	90043	69711	35440	36226	24000	17987	11531	10122	/
	同比%	4.02	0.41	15.53	4.45	0.00	-3.15	-10.86	3.20	/
三角钢琴产量	2009年	4704	4840	4081	1071	1000	1643	350	119	482
	2008年	3855	3667	4231	1045	1100	2346	1064	119	/
	同比%	22.02	31.99	-3.55	2.49	-9.09	-29.97	-67.11	0.00	/
出口量（包括立式和三角钢琴）	2009年	12077	20162	12462	4635	1020	9507	849	279	413
	2008年	11675	24171	10321	5810	1609	11212	3607	291	/
	同比%	3.44	-16.59	20.74	-20.22	-36.61	-15.21	-76.46	-4.12	/

2009年不同经济类型钢琴企业产量及出口量分布

（单位：架）

经济类型		国有	民营	外资或合资	合计
企业数		4	15	6	25
总产量	2009年	136897	96287	90777	323961
	2008年	130168	94797	87522	312487
	同比%	5.17	1.57	3.72	3.67
立式钢琴产量	2009年	131106	86502	88063	305671
	2008年	125288	85531	84241	295060
	同比%	4.64	1.14	4.54	3.60
三角钢琴产量	2009年	5791	9785	2714	18290
	2008年	4880	9266	3281	17427
	同比%	18.67	5.60	-17.28	4.95
出口量（包括立式和三角钢琴）	2009年	16276	28677	16451	61404
	2008年	16654	33692	18350	68696
	同比%	-2.27	-14.88	-10.35	-10.61

年度评选

关于表彰“2008~2009年度中国乐器行业强势公司、先进集体和优秀人物”的决定

中乐协［2010］17号

2009年是我国乐器行业广大企业和职工在党的十七大、十七届四中全会精神指引下，努力奋斗、开拓进取，克服世界金融危机的影响，取得新成绩的一年，各项经济指标保持平稳，出口市场基本稳定，内需有较大增长，乐器行业与国内音乐教育事业联系越来越紧密，乐器产业越来越受到政府和社会的广泛关注，乐器行业在国民经济和社会发展中的地位进一步提高，一批重点乐器生产企业开始转变经济发展方式，加快产品结构调整，企业实力明显增强，乐器行业又涌现出一批强势公司、先进集体和优秀人物。

为了表彰先进，树立榜样，继续推动乐器行业在今后的发展中取得新的业绩。中国乐器协会按照评选规则，根据指标测评和广泛征求意见，做出决定：授予广州珠江钢琴集团股份有限公司等50家单位为“2008~2009年度中国乐器行业强势公司”称号，电鸣乐器分会等3个中国乐器协会分支机构为“2008~2009年度中国乐器行业先进集体”称号，黄伟林等14位同志为“2008~2009年度中国乐器行业优秀人物”称号。

希望获得强势公司、先进集体和优秀人物的单位和个人，谦虚谨慎，再接再厉，继续发挥模范表率作用，作出新的更大贡献。希望全乐器行业，以受表彰的乐器行业强势公司、先进集体和优秀人物为榜样，学习他们与时俱进的企业发展战略，开拓创新的进取精神，艰苦奋斗的优秀品质，求真务实的工作作风，高举中国特色社会主义伟大旗帜，以邓小平理论和“三个代表”重要思想为指导，深入贯彻落实科学发展观，同心同德、奋发图强，为实现乐器行业的更大发展和进步、为全社会带来更多美好音乐生活而不懈奋斗！

附件：2008~2009年度中国乐器行业强势公司、先进集体和优秀人物名单

中国乐器协会
2010年5月10日

注：入选“2008~2009年度中国乐器行业强势公司、先进集体和优秀人物”的业绩报告，分别见“企业篇”及“人物篇”。

附件：

2008~2009年度中国乐器行业强势公司名单

序号	行业类别	单位	序号	行业类别	单位
1	钢琴(10)	广州珠江钢琴集团股份有限公司	26	电鸣乐器(4)	美得理电子（深圳）有限公司
2		杭州雅马哈乐器有限公司	27		吟飞科技(江苏)有限公司
3		北京星海钢琴集团有限公司	28		武汉艾立卡电子有限公司
4		宜昌金宝乐器制造有限公司	29		东莞市三基音响科技有限公司
5		海伦钢琴股份有限公司	30	打击乐器(3)	功学社(天津)商贸有限公司
6		杭州嘉德威钢琴有限公司	31		天津市津宝乐器有限公司
7		上海欧亚钢琴乐器有限公司	32		河北省怀来锣厂
8		烟台博斯纳钢琴制造有限公司	33	民族乐器(4)	上海民族乐器一厂
9		南京摩德利钢琴有限公司	34		河北乐海乐器有限责任公司
10		福州和声钢琴有限公司	35		扬州雅韵琴筝有限公司
11	琴行(9)	上海知音琴行有限公司	36		扬州天韵琴筝有限公司
12		南京乐博乐器有限公司	37	材料配件(3)	宁波森隆乐器股份有限公司
13		浙江天目琴行有限公司	38		成都川雅木业有限公司
14		长春新威琴行有限公司	39		宁波四海琴业有限公司
15		河北秦川文体乐器有限公司	40	吉他(4)	四会市华声乐器有限公司
16		四川盛音乐器有限公司	41		广州红棉吉他有限公司
17		武汉银可可琴行有限责任公司	42		上海奋达乐器有限公司
18		北京育鹏乐器有限公司	43		广州吉声琴业有限公司
19		青岛海韵琴行有限公司	44	口琴(2)	江苏奇美乐器有限公司
20	提琴(3)	泰兴凤灵乐器有限公司	45		江苏天鹅乐器有限公司
21		北京华东乐器有限公司	46	手风琴(4)	江阴金杯安琪乐器有限公司
22		广州格利蒙那提琴有限公司	47		扬中市华联手风琴有限公司
23	西管乐器(3)	萧山雅马哈乐器有限公司	48		天津华韵乐器有限公司
24		河北金音乐器集团有限公司	49		广州珠江乐器实业公司
25		天津圣迪乐器有限公司	50	综合（1）	上海超拨乐器有限公司

2008~2009年度中国乐器行业先进集体名单

中国乐器协会电鸣乐器分会
中国乐器协会口琴专业委员会
中国乐器协会琴行分会

2008~2009年度中国乐器行业优秀人物名单

黄伟林	广州珠江钢琴集团股份有限公司 董事长
祝宁伟	北京星海钢琴集团有限公司 总经理
王国振	上海民族乐器一厂 厂长
李　书	泰兴凤灵乐器有限公司 董事长
盛子斐	得理乐器(珠海)有限公司 副总裁
张鉴堂	武汉艾立卡电子有限公司 董事长
陈学孔	河北金音乐器集团有限公司 总经理
吴天延	宜昌金宝乐器制造有限公司 总经理
黄茂强	四川盛音乐器有限公司 总经理
刘运斌	天津市津宝乐器有限公司 总经理
秦传功	河北秦川文体乐器有限公司 总经理
张华君	成都川雅木业有限公司 总经理
罗松森	天津华韵乐器有限公司 总经理
程晋垣	乐器编辑部 主任

乐器展览

2008中国（上海）国际乐器展览会总结报告

中国（上海）国际乐器展览会组委会

*** 展览面积达65000平方米**

*** 观众人数增加14%，达43238名**

*** 新品层出不穷，引领业界潮流**

*** NAMM大学课程、CMIA琴行论坛、院长论坛全方位打造乐器文化新理念**

*** 鼓手节、现场演奏、drum circle激情上演，引爆展会现场**

作为第十届中国上海国际艺术节展博览部分的重头戏，由中国乐器协会、上海国际展览中心有限公司和法兰克福展览（香港）有限公司共同主办的2008中国（上海）国际乐器展览会于10月12日在上海新国际博览中心圆满闭幕。展会自2002年首次在上海举办至今，历经7年岁月，已成为亚洲规模最大最具影响力的专业性乐器展览会，在国内外广受赞誉，是爱乐人士的年度音乐盛会。

与此同时，展会也得到了多方面的肯定。上海市对外经济贸易委员会、上海市会展行业协会的有关权威人士组成评审小组，秉承客观、公平、公正原则，经过长达两年的现场调查、数据核实，一致选评中国（上海）国际乐器展览会作为上海会展史上首批15个“上海市品牌展览会”之一，代表了目前上海展览行业的最高水平。早在两年前，由中国轻工业联合会组织有关权威机构和业内专家举行的评选中，中国（上海）国际乐器展览会以其行业领先、业界公认、具有鲜明国际化和市场化特征而被授予“中国轻工行业十大品牌展会”的荣誉称号。

展商概况

本届展会共吸引来自中国内地、美国、英国、奥地利、荷兰、澳大利亚、丹麦、法国、德国、印度、印度尼西亚、意大利、日本、西班牙、加拿大、捷克、瑞士、泰国、韩国、新加坡等国家以及中国香港及中国台湾地区的1106家企业参展，其中奥地利、德国、法国、英国、意大利、西班牙等国家以及中国台湾地区更是以展团的形式参展。整个展览会面积达到65000平方米，较去年同期新增5000平方米。本届展会一如既往地获得了业界的大力支持和踊跃参与，汇聚了如珠江钢琴、星海乐器、海伦钢琴、英昌钢琴、柏斯琴行、知音琴行、凤灵提琴、上海民乐、河北金音、津宝管乐、四会华声、YAMAHA、GIBSON、BALDWIN、KHS、JUPITER、ROLAND、WARWICK、STEINWAY、KAWAI等国内外知名品牌和商家。各大企业展示了钢琴、打击、电声、民乐、弦乐、铜管等乐器产品以及乐器配件、音乐出版物、音乐相关的电脑器件等延伸产品。

随着全球经济一体化发展，中国经济与世界经济的联系日益密切。今年，由于全球金融危机中国经济面临诸多困难和挑战。受次贷危机的影响，美国市场对中国乐器的吸纳能力有所下降，在一定程度上影响展商的参展热情，主办方针对今年的特殊情况，提前做了大量的工作，积极引导、定期了解展商需求、提高自身服务、扩大专业观众规模、增加投入，共同推动中国乐器行业的健康发展。经过各方努力，今年总体招展势头良好，展商总数较去年增加87家，其中国内展商增加60家，海外展商增加27家，一度出现预定展位火爆的情景。

展会得到了展商更多的好评与肯定。

据现场调查的展商数据显示：92%的展商对观众质量持肯定态度；90%的展商对现场订单表示满意；95%的展商对展前的工作持满意态度；96%的展商对主办单位的工作予以肯定；91%的展商表示会继续参加明年的展会。

广州珠江钢琴集团有限公司　董事长 黄伟林

今年的上海乐器展已经成为世界及中国乐器市场的窗口，是名列世界前茅的乐器品牌展。通过中国（上海）国际乐器展览会这一平台，在繁荣世界乐器市场的同时，推动了世界及中国乐器行业的发展和进步。在全球经济环境不甚乐观，金融海啸对中国经济的影响已经凸显的情况下，上海乐器展的成功举办，对全球和中国乐器行业的发展起到了坚定信心、促进交流、增进合作、寻求共赢的重要作用。

宁波海伦乐器制品有限公司　董事长 陈海伦

上海乐器展作为行业的一个大舞台，在全世界乐器厂家都到来后，我们可以通过参展了解到所有国际品牌产品的品质和我们公司产品品质的对比，了解到我们还欠缺什么，在哪方面还需要努力，展会为我们向国际大品牌学习和了解创造了契机。

福州和声钢琴有限公司　总经理 池家森

每次盛会都是大家在一起交流的难得机会，很多企业都趁着展会的机会召开经销商大会，我们和声今年的经销商会议就有120多名经销商以及他们的朋友来参加，这也是增进相互了解，交流感情，加深合作的很好机会。

河北金音乐器制造有限公司　总经理 陈学孔

通过这次展会，不仅给公司带来了订单、客户，也让公司员工在展会上了解同行业的发展，以及其他一些可以为我所用的技术，例如高频加热技术、环保胶、环保油漆等，加强交流，提高技术。

AXL公司　总裁 刘祥德

今年展会办得非常精彩，较去年又进了一大步。我们公司今年的展位位置较好，代理的品牌公司对展台设计以及展品陈列都提了很好的建议。整个情况都很好，来我们展台参观的客户比去年多了20%，订单数也增加20%多。

施坦威钢琴（上海）公司　董事长 维尔纳·胡斯曼

中国是施坦威公司在世界的第二大市场，汉堡生产的钢琴专供中国市场。施坦威的在华营销战略不会改变。现在还在考虑拓展新兴市场，不过这不会是简单的施坦威钢琴经销点数量的增加，公司十分注重经销商资质及对钢琴品牌的高度维护，以此来提高产品品位，增强客户满意度，展会是很好的平台与途径。

法国乐器协会（CSFI）　副主席 Laurence O'Neill

上海乐器展对法国乐器行业非常重要，它是联结法国和亚洲乐器界的桥梁，特别是以中国内地为平台，辐射到新加坡、中国香港及本地区的其他国家。在历年参展中，我们和亚洲的经销商结下了很多合作分销关系，并通过一年一度的上海乐器展加以巩固。

德国握威（上海）公司　总经理 Nicolas Jouvenceau

作为中国最主要的行业展会，上海乐器展提供了非常好的市场推广机会，作为全球主要乐器企业，我们必须要参加这一盛会。展会日益国际化，也更加生动有趣，对于品牌的宣传非常重要。

观众概况

为期四天的展会共吸引了来自中国内地、韩国、美国、日本、德国、新加坡、澳大利亚等75个国家以及中国台湾和中国香港地区的43238名海内外观众，其中，国内观众共计40612人，较去年增长14%，海外观众共计2626人，观众整体质量也较去年有明显的提高。

由于全球金融危机以及北京奥运会对海外人士签证的影响，给我们今年的观众推广工作带来了一些难度。海外观众方面，我们多次与外经贸沟通联系，通过政府部门发出函邀请；国内方面则加大内需市场的推广投入，结合首次举办的CMIA琴行论坛的推广工作，对艺术团体、音乐院校、文化机构等分发展会资料及信息，后期更是进行了部分电话邀请。展会前一个月针对江浙沪的音乐培训学校及上海重要文艺团体，进行重点的一对一电话邀请，确保信息准确地到达。由于今年展会包含双休日，我们特别加大了校园推广工作，搭建大型路演舞台，并在上海文化娱乐机构和上海爵士周上分发展会宣传资料。值得一提的是，今年我们对上海的高端消费人群特别是音乐爱好者进行了一对一的邮件邀请，邀请人数近50万。在全球经济不景气的情况下，本届展会观众数量仍较去年增加14%实属不易。

在专业观众对展会感到满意的同时，国内外的参展商也感受到了乐器展观众的变化，观众们同样也对上海乐器展表示了肯定与赞扬。

激声博韵（上海）乐器贸易有限公司
市场部副经理 张中华

今年展会的时间安排非常好，公众日安排在了周六、周日双休日，对我们公司来说，上海是我们最难做的市场之一，我们非常希望在上海乐器展上对公众展示我们公司的形象和实力，向他们推出最新款的产品，进而推广品牌、培育市场，今年较多的公众满足了我们的需求。

瑞士儿童乐器制造企业Pico Instrumenten公司
Peter Bucher

我公司专门为5～8岁的儿童设计乐器。在上海乐器展上，我们展示了弦乐器，管乐器也首次在中国亮相。买家们很感兴趣，反响也很热烈。我们很兴奋，在这里见到了包括伊朗和伊拉克等各国在内的全球买家。

专营乐器出口的Kuffner国际公司 Hap Kuffner

我们非常需要上海乐器展，它已发展成为亚洲最大、最有活力的展会，汇聚了欧洲、美国、拉美地区以及亚洲各地的业内人士，是彼此认识、交流的好地方。

法国 Ori Chamla

我已是第四次来到中国上海参观乐器展，我们公司主要从中国、韩国和日本进口产品，所以参加上海乐器展对公司业务至关重要，中国的展会组织能力也得到了长足进步。

观众数据分析

观众感兴趣的产品

传统中国乐器	17.63%
钢琴及键盘	14.27%
电声及电子乐器	10.56%
弦乐器	12.52%
打击乐器	10.29%
铜管乐器	9.22%
木管乐器	5.91%
乐谱	5.65%
乐器配件	6.61%
音乐相关电脑硬件软件	4.27%
协会/媒体	1.82%
其他	1.25%

观众调查显示，今年观众最感兴趣的产品依旧是中国民族乐器、钢琴和弦乐器分别列在一、二、三位。

观众业务性质

零售/批发	19.29%
进出口/代理	14.97%
音乐类院校及音乐培训机构	15.01%
少年宫/小学/中学/大学	18.02%
制造商	11.27%
文艺团体	13.6%
媒体	2.91%
协会	2.27%
其他	2.66%

从观众的业务性质分析，零售、批发商、进出口/代理商、音乐院校、文艺团体占观众比例的大部分，其他大多来自少年宫、大中小学校、音乐培训机构的音乐爱好者。

观众工作性质

采购	15.6%
乐手	17.75%
管理层	21.64%
音乐爱好者	14.64%
销售/市场推广	12.25%
音乐教师	9.61%
技术员	4.71%
其他	3.80%

作为业内贸易平台，此次展会上采购人员、管理层以及销售/市场推广约占观众总人数的50%。

参观目的

看样订货	27.37%
收集市场和产品信息	17.19%
观看现场演奏	12.15%
寻求合作伙伴	8.48%
观摩鼓手节	6.45%
联络固有的供应商和销售商	4.59%
观摩齐鼓乐	7.26%
比较不同产品/供货商/同行对手	5.33%
参加计算机电子峰会	1.10%
确定下届是否参展	1.67%
参加NAMM大学课程培训	1.70%
参加CMIA第一届琴行论坛	1.47%
参加院长论坛	2.46%
其他	2.78%

从观众参观目的来看，看样订货、收集市场和产品信息以及联络固有的供应商和销售商等商业目的约占50%，另外来看展会表演的有25%，Music China已成为了业内一年一度的音乐盛会。

同期活动

2008全国钢琴调律职业技能竞赛颁奖仪式

由中国轻工业联合会、中国就业培训技术指导中心、中国乐器协会、中国财贸轻纺烟草工会全国委员会共同举办的2008全国钢琴调律职业技能竞赛颁奖仪式在展会第一天上午10时隆重举行，中国轻工业联合会副会长步正发、中国财贸轻纺烟草工会副主席查学明、中国乐器协会理事长王根田、中国就业技术指导中心综合处副处长庞建国、中国乐器协会钢琴调律师分会会长金先彬以及国内外社会各界人士、广大钢琴调律师等共计200余人出席颁奖仪式。颁奖仪式上步正发副会长指出，本次竞赛活动全面检阅了当前全国钢琴调律职业技能培训状况，推动地区、企业、院校之间钢琴调律技术的广泛深入交流，在行业里营造了崇尚科学、尊重技能、尊重技术、尊重人才、鼓励创造的良好氛围。此次竞赛共评选出优秀选手40名，行业技术能手20名（含全国技术能手3名），竞赛引导和激励了全国广大钢琴调律从业人员，学习知识、创新技术，进一步提高技能水平。

NAMM大学课程

上海乐器展组委会与美国国际音乐制品协会（NAMM）合作的NAMM大学课程，2008年进入第三个年头。从最初的概念引进到逐步调整选题内容、适应中国国情和行业实际，NAMM大学课程这一品牌活动在中国业界已树立较好的口碑，并日益受到关注。今年宏观问题专家论坛的主题紧跟美国次贷危机和美元贬值的现实，探讨全球性经济疲软对于乐器行业的影响，积极寻求行业的应对措施。在“如何操作”环节，力邀业界精英授课，围绕品牌推广、音乐培训、员工计划、分类销售等八节集专业性、实效性、实用性于一体的行业培训课程。听众们对于本届NAMM大学课程的评价很高，八成以上的听众对课程内容和嘉宾人选表示满意并表示会将此课程推荐给其他人，另有超过七成的听众认为此课程对他们的业务发展有明显的促进作用。

CMIA第一届琴行论坛

今年首次举办的琴行论坛得到了业界的广泛关注，共吸引180人参加，成为现场最受欢迎的单场次活动。论坛主题是“生存与发展——中国数万家琴行如何面对？”，并围绕“音乐教育与文化传播的创新”、“不同地域琴行因地制宜发展”、“厂家、琴行、消费者的共赢”、“连锁经营、规范经营的思路”、“针对不同产品的市场策略”五个颇受业界关注的问题进行讨论。现场所做的意见征询显示，听众对琴行论坛的接受度很高，约75%的听众对论坛主题和嘉宾表示肯定，认为对自身业务较有帮助，并表示会将此论坛推荐给其他人。香港柏斯琴行总裁吴天延先生认为，展会期间首次举办琴行论坛，相信对行业发展起到促进作用。琴行分会的未来发展方向还需要协会从行业角度加以规范和引导，避免出现不利于行业的情况。

第二届院长论坛

继去年首次开设“院长论坛”大获好评后，

“第二届院长论坛”于本年展会期间再次闪亮登场。来自四川音乐学院、上海音乐学院、西安音乐学院、沈阳音乐学院、清华大学艺术教育中心、浙江师范大学、上海师范大学等近三十所高等音乐院校、师范大学音乐学院、艺术学院院长、副院长，以及来自香港大学的相关人士共同参加了为期两天的论坛活动。院长与企业家们就“音乐人才培养的机遇与挑战”、“音乐教育界与乐器行业的交流与合作”等一系列双方关心的问题进行面对面的交流。两场圆桌研讨会的主题较去年更具针对性、讨论性。院长们纷纷表示在讨论碰撞中获取了更多有价值的信息和认知，并在现场与更多的乐器厂家面对面交流了关于乐器生产、使用和维护的实践情况。其中有多位院长携专门负责乐器设备的采购人员，经过良好的供求信息沟通，现场与企业达成了购买意向。

上海国际计算机电子音乐发展研讨峰会

首次与上海音乐学院、上海计算机音乐协会合作的上海国际计算机电子音乐峰会，邀请了上海音乐学院音乐工程系吴粤北教授、中央音乐学院电子音乐中心张小夫教授、武汉音乐学院刘健教授、南京艺术学院庄曜教授、上海计算机音乐协会何鉴秋、美国杜克大学博士H.JAMES.HARKINGS等国内外计算机电子音乐领域的重量级人物参加。嘉宾们就“如何运用电子技术搞音乐创作”、“计算机音乐与电子音乐之间的交融与区别”、“各个专业院校在计算机电子音乐教育方面遇到的问题与实践经验”等问题进行了介绍与讲解。此次计算机电子音乐发展研讨峰会，为中国计算机电子音乐的变革、普及和未来发展提供了新思路。峰会吸引了大批来自制造企业、高等院校以及媒体人士前来参与会议，现场气氛热烈。

第四届中国国际鼓手节

今年的鼓手节空前火爆，两天演出吸引了来自国内外的几千名鼓乐迷到场。日本鼓王神保彰、台湾信乐团鼓手Micheal Huang、国内最具实力的激情鼓手刁磊以及首届一指的女鼓手段丝梨等乐手们一登台，就受到鼓迷们的尖声欢呼。整个活动成为展会现场人气最旺的区域之一，四处洋溢着鼓的激扬节奏和人的动感活力。同时，Yamaha、Paiste、Zildjian、Jinbao、Evans、Shure等品牌的精品也在鼓手节同期现场展出。在欣赏精彩演出的同时，乐迷们也可以与他们心仪的乐器零距离接触。

音乐缤纷季——现场演奏会

展会期间，在外场的两个舞台上先后上演了近三十场涵盖中西乐器、内容各异、五彩缤纷的音乐演出，吸引人们驻足观看和聆听。国内顶尖吉他手陈磊的签名吉他演示会、握威爵士摇滚秀——TM Stevens、上海音乐学院与上海师范大学音乐学院师生的联合互动演出、上海美国国际学校学生管弦乐队的精彩演出成为最受欢迎的几场。现场数百位观众围绕舞台四周，一同感受音乐的气息。

Drum Circle“齐鼓乐”

今年展会现场，首次将日本的这一品牌活动带入中国。90分钟一场的打击乐互动，近百人手持大小有别、形态各异的打击乐器，跟随日本著名打击乐手KUMI的节奏指引，敲击出曼妙的节奏乐感。参与其中的多为从未接触过打击乐的人们，在规律的节拍，随意的动作中，体会了音乐原始的感染力。

媒体推广综述

专业媒体方面，今年新增至21家合作媒体，其中11家杂志，10家专业网站。在展前、展中及展后都对展会陆续进行了报导和跟进。今年更是增加了展会的软文报道，形式多样化，从多方面介绍展会的进展情况和同期相关活动。

公众媒体方面，本届展会选择了在11个电视频道、16个电视栏目、9个电台频率、18个广播栏目、8家网站进行宣传。本届展会在保持传统新闻宣传的同时，特别邀请上海首个外语频道各大相关重要栏目到场拍摄，还邀请了覆盖亚太地区的新加坡亚洲新闻台和凤凰卫视对展会进行宣传。平面宣传方面采用硬性广告、软性广告、新闻报道三种方式相结合，以上海为中心，兼顾江浙两省、北京、广州、香港等地。

本届展会的户外宣传采用的是人流量聚集的地铁。今年在地铁沿线进行为期1个月的宣传，并全部采用12封大灯箱，兼顾1号、2号、3号、4号和5号线，起到了良好的宣传效果。

展会服务

细致、专业的展会服务一直以来是中国（上海）国际乐器展览会的一大特色，今年我们事先把展馆须知、布展撤展注意事项等发放给展商，并电话询问接收情况。另外，考虑到E5、E6馆距南广场较远，主办单位特别租赁了E1-E6的馆内班车，方便E5、E6馆展商和观众的参观。

去年投诉较多的音量问题，在主办方的努力下，今年有了很大程度的改善。展前主办方就开始总结去年发生的问题，讨论改善的措施和办法，并整理出历年音量控制不当的展商名单，在招展的同时对这些企业进行提醒，并邮寄书面的音量控制条款，通过中国乐器协会、行业内杂志网站等多种渠道重申相关注意事项。展会前，收集所有展商展台表演时间表，并对相邻展位有表演的情况进行了错开和调整。在主办方的努力下，今年的音控工作取得了较好的效果。

展前，针对展馆安保、消防、车辆、保洁、场馆内小摊位等问题，主办方与场馆方进行了多次沟通，就以往展商反映较集中的问题，向展馆有关方面进行了多次强调并提出要求，尽最大的努力与展馆协调处理相关事宜。

当然展会现场的服务还有待进一步改善和提高，主办方将再接再厉，也希望各位展商及广大同仁能给予更多的理解和支持。

总的来说，今年的展会达到了预期的效果并得到了业内的充分肯定，我们期待明年能在各参展商和广大业界人士的共同努力下获得更大的成功，我们也真诚希望听取来自各方的意见和建议，集思广益，共同把上海乐器展打造成国际品牌展。

2008中国（上海）国际乐器展览会数据分析

——展会规模

展会面积达到65000平方米，比上年增长8.33%，是2002年第一届展览会的4.33倍。

——参展商数量

参展商数量 1106家，较上年增长8.54%，其中国内参展商820家，比上年增长7.89%，比第一届展会增长了4.63倍。国外及港澳台地区参展商达到286家，比上年增长10.42%，比第一届展会增长2.95倍。

——参展商分布地区

国内参展商主要来自华东、华北、华南地区，共计801家，占国内参展商总数93.03%，其中华东地区377家，占43.78%，华北地区288家，占33.44%，华南地区136家，占15.79%，东北地区17家，占1.976%，西南地区13家，占1.5%，西北地区1家，占0.1%。数据显示，上海乐器展展商主要来自长三角、珠三角及环渤海地区。

国内参展商来自27个省市，新增贵州和广西，减少了宁夏和甘肃。参展商最多的省市是北京、江苏、广东、上海，参展商数量均超过100个，合计达到520家，占国内展商总数的60.39%，河北、北京、江苏、天津、上海、山东等12个省市参展商有所增加，辽宁、河南等6个省市参展商有所减少。

来自21个国外及港澳台地区的参展商共计286家，占参展商总数的25.86%，同比增加0.45%。欧洲参展商数量为172家，比上届展会增加26家，增长17.81%，亚洲参展商90家，比上届增长15家，增长20%，北美洲参展商22家，比上届减少14家，减少38.89%，大洋洲2家。

本届上海乐器展海外参展商情况：全球六大洲，非洲和南美洲没有参展商，欧洲和亚洲有所增加，北美洲大量减少。从参展国家来看，意大利、泰国、捷克、日本、英国、德国等6个国家参展商数量有所上升，特别是意大利，从上届的13家增长到本届展会的29家，增长1.2倍。展商数量排在前五位的国家和地区是德国、意大利、韩国、中国台湾、法国。欧洲地区参展商数量占全部海外参商60.13%。

——参展产品类别分布

在总计1106家参展商中，西乐器参展商483家，比上届展会增长17.8%，中乐器127家，比上届增长3.25%家，乐器零配件298家,比上届增长24.16%，乐器相关产品15家，比上届增加15.38%，乐器相关单位189家，比上届增加11.83%，乐器销售商达到106家，增长7.07%，音乐出版商39家，比上届增长1.6倍。

主要乐器产品中，所有参展商数量均比上届有所增加，其中电声乐器、提琴、管乐器、口琴、乐器配件参展商数量增长较大，分别增长了40.48%、36.63%、30%、28.57%、25%。就连业内人士普遍认为不景气的钢琴制造业，参展商也增长了5.56%。

——参展乐器类别所在地区分析

本届上海乐器展，钢琴产品主要来自上海（20家），海外（8家）及浙江（6家）的参展商，西管乐器主要来自国外（26家）、北京（11家）、河北（11家）、天津（10家）、山东（7家）；提琴主要来自北京（56家）、国外（32家）、江苏（20家）；吉他主要来自广东（46家）、国外（28家）；民族乐器主要来自江苏（40家）、浙江（19家）、天津（14家）、河北（13家）；乐器配件主要来自江苏（54家）、广东（52家）、河北（20家）、浙江（20家）、天津（15家），不同地区的乐器配件类别有所不同，江苏主要是苏州的提琴弓，广东是吉他配件，河北、天津是民族乐器配件，浙江是钢琴配件。

——与乐器相关产品及服务单位分析

参加本届乐器展的仪器仪表，化工油漆，五

金材料，专用机械等与乐器相关产品共计有15家企业，比上届有所增长，其中韩国的京都化学工业株式会社展出各种乐器涂料，石家庄灿高高频机械有限公司展出钢琴码板、肋木、音板、音板、音板框、侧板、背架、三角琴弯壳高频胶合机；吉他音梁高频压粘机；高频拼板机。东莞市粤铭激光技术有限公司展出激光切割机，激光雕刻机，激光打标机引起乐器制造商的兴趣。与乐器产业链接的音乐文化传媒（5家）、音像资料（5家）、音乐书刊（39家），中介组织（15家）等单位也在这次展位上引起观众浓厚的兴趣。奥地利联邦商会、法国企业国际发展局、西班牙吉他手工匠公会、意大利乐器制造商协会、意大利对外贸易委员会上海代表处等一批政府和行业组织也都出现在这次上海乐器展。

——观众情况

2008上海乐器展观众人数达到43238人，同比增长14%，比2002年的第一届展会增长1.39倍，其中，国内观众达到40612人，比上届增长15.98%，比第一届增长1.45倍，海外观众2626人，比上届下降7.08%，比第一届增长75.06%，有来自世界91个国家和地区的海外观众参观了上海乐器展，其中亚洲26个，欧洲33个，南美洲12个，非洲15个，大洋洲2个，北美洲3个。来自韩国（387人）、中国台湾（305人）、日本（275人）、中国香港（252人）、美国（191人）的观众最多，共有1410名观众，占海外观众比例为53.69%。

2009中国（上海）国际乐器展览会总结报告

中国（上海）国际乐器展览会组委会

*** 展览面积达65000平方米**
*** 专业观众质量高，人数达42499名**
*** 新品推广平台，世界顶级乐器完美展示**
*** NAMM大学课程、CMIA琴行论坛、院长论坛，现场火爆，体现品牌价值**
*** 管乐培训班、国乐系列活动、数字化主题论坛，全方位打造音乐文化理念**

由中国乐器协会、上海国际展览中心有限公司和法兰克福展览（香港）有限公司共同主办的2009中国（上海）国际乐器展览会于10月16日在上海新国际博览中心圆满闭幕。作为亚洲规模最大最具影响力的专业性乐器展览会，已经连续7年被列为中国上海国际艺术节的品牌项目，吸引了众多来自世界各地的供应商、经销商、专业买家、音乐家及艺术家，成为爱乐人士的年度音乐盛会。

展商概况

尽管2008—2009年度的经济危机席卷全球，中国广阔的市场前景和政府强有力的政策以及应对措施，更加坚定了广大企业对中国经济持续增长的信心。今年的展览会在平稳中逆势上扬，企业的参展热情不减反增，整个展览会面积达到65000平方米，参展国家和展商总数再创新高。本届展会共吸引来自美国、英国、奥地利、荷兰、澳大利亚、丹麦、法国、德国、印度、印尼、意大利、日本、西班牙、加拿大、捷克、韩国、芬兰、冰岛、斯洛伐克、挪威、瑞典、中国内地、中国香港及中国台湾等24个国家和地区的1164家企业参展，其中捷克共和国、法国、德国、意大利、斯堪地那维亚、西班牙、荷兰、英国等国家以及中国台湾地区更是以展团的形式参展。

本届展会一如既往地获得了业界的大力支持和踊跃参与，汇聚了如广州珠江、Yamaha、Warwick、上海超拨、功学社、北京星海、Steinway、Kawai、天津英昌、上海民乐一厂、Gibson、柏斯琴行、知音琴行、泰兴凤灵、天津津宝、河北金音、深圳得理等国内外知名品牌和商家，成为业内企业发布新品、推广品牌的首选展会。各大企业展示了钢琴、键盘乐器、打击乐器、电声乐器、民族乐器、弦乐器、铜管乐器等音乐产品以及乐器配件和与音乐相关的电脑器件等延伸产品。

聚拢行业人气，促进企业经营

据现场调查的展商数据显示：94%的展商对观众质量持肯定态度；88%的展商对现场订单表示满意；94%的展商通过展会建立了新的业务关系；93%的展商对主办方展前工作持满意态度；92%的展商对主办方现场服务予以肯定；91%的展商表示会继续参加明年的展会。

观众概况

为期四天的展会共吸引了来自中国内地、韩国、美国、日本、德国、新加坡、澳大利亚以及中国台湾和中国香港等86个国家和地区的42499名海内外观众，其中海外观众共计2498人，专业观众、买家质量较去年有所提高。

由于2008至2009年度的全球金融危机，德国法兰克福展与NAMM展观众数量都受到了很大影响，本届上海乐器展的海外观众也有一定程度的减少，对此主办方在年初也已预见到海外推广工作的难度，及时调整了方案，加强了南美、亚洲、港澳台地区的推广，取得了相应的效果。

另一方面，针对今年展期未包含双休日的情况，主办方相应调整了国内推广策略，特别加强了国内专业观众的邀请工作，举办了各类专业的论坛及会议，如针对音乐专业类院校的院长论坛、面向经销商的CMIA琴行论坛、NAMM大学课程、为中小学管乐教师开设的管乐培训班、推广民乐文化的国乐系列活动以及数字音乐教育论坛等，吸引了众多的专业买家。今年的推广着重于高质量的专业人士与买家，主办方也邀请了很多中央及各地重要的交响乐团、民族乐团的团长来参观，其中包括中国交响乐团、中央民族乐团、中央芭蕾舞团交响乐团、辽宁交响乐团、星海音乐学院交响乐团、新加坡华乐团等，取得了很好的效果。因此，专业观众的质量也得到了业界的认可。

观众数据分析情况

观众感兴趣的产品

民族乐器	45%
铜管乐器	22%
木管乐器	15%
钢琴及键盘	31%
弦乐器	29%
电声乐器	25%
打击乐器	23%
乐器配件	22%
乐谱	20%
音乐相关电脑硬件软件	11%
协会/媒体	6%
其他	3%

今年的观众调查显示，民族乐器、木管和铜管乐器、钢琴分别列在了感兴趣产品的前三位。

观众业务性质

零售/批发	21%
制造商	16%
音乐类院校及音乐培训机构	14%
文艺团体	13%
少年宫/小学/中学/大学	12%
进出口/代理	11%
媒体	2%
协会	2%
其他	9%

从观众的业务性质来看，零售、批发商、音乐院校、文艺团体、制造商占观众比例的大部分，专业性较强。

观众工作性质

管理层	24%
乐手	16%
音乐爱好者	15%
市场部/销售部	12%
采购	11%
音乐教师	10%
技术员	7%
其他	4%

展会吸引了高质量的人群，采购人员、管理层以及市场部/销售部的人员占绝大部分，同时展会也吸引了一定数量的音乐爱好者参观。

参观目的

看样订货	36%
参加会议论坛	29%
收集市场和产品信息	23%
观看现场表演	21%
寻求合作伙伴	13%
比较不同产品/供货商/同行对手	9%
联络固有的供应商和销售商	8%
确定下届是否参展	5%

从观众参观目的来看，看样订货、收集市场和产品信息仍是观众来参观上海乐展的首要目的。另外，专业观众及买家来展会的目的也日益多样化，参加专业会议与论坛、观看现场表演的比例达到了50%。

同期活动

CMIA琴行论坛

今年举办的第二届琴行论坛，得到了业界的广泛关注，共吸引181人参加。演讲嘉宾集六位资深前辈、新生力量、资深媒体人士于一堂。嘉宾构成比去年要多元化、年轻化，为听众带来不同的新鲜感受。现场所做的意见征询显示，听众对琴行论坛的接受度很高，近9成的听众对论坛主题和圆桌嘉宾表示肯定，认为对自身业务较有帮助，并表示会将此论坛推荐给其他人。

NAMM大学课程

NAMM大学课程这一活动在中国业界已树立较好的口碑，并日益受到关注。今年，共有140余人参加了宏观问题主题研讨会，962人次分别参加了八场如何操作培训课程，总数较去年增长了15%。其中，河北秦川文体乐器有限公司总经理秦川所做的“培训学校的综合管理”课程最为火爆，单场吸引约170名听众。根据现场意见征询，听众对本届NAMM大学课程的评价较高，8成听众对课程内容表示满意并表示会将此课程推荐给其他人，另有超过七成的听众认为此课程对他们的业务发展有明显的促进作用。其中，还有为数不少的听众已参加过数次，充分体现出该活动的品牌价值。

第三届院长论坛

音乐教育的健康发展是乐器行业的福音。为推动音乐教育界与乐器行业齐头并进，今年展会继续与中国教育学会音乐教育分会有效合作举办第三届院长论坛，30余位来自全国各地师范院校音乐学院的院长们，围绕《新形势下高师音乐学院办学策略分析与展望》这一主题，深入探讨办学模式、剖析就业情况、反思招生方式、比较课程设置、交流实习体制等热点教育问题。展会还首次与中国教育学会高师钢琴学术委员会合作，从《面向当前音乐教育格局的高师钢琴教学对策》入手，座谈中国钢琴教育、钢琴使用的相关论题。

2009年全国中小学管乐指挥培训班

为进一步提高中小学的音乐教育，今年展会首次举办了全国中小学管乐指挥培训班，本次活动由国家教育部体艺卫司主办、中国音乐家协会管乐学会、上海乐器展组委会承办，组织了来自上海、江苏、浙江、广东等8个教育重点省、直辖市共计40位在校中小学管乐团指挥老师、音乐老师，参加为期一周的密集培训。

2009国乐系列活动

在国庆60周年之际，由上海乐器展组委会、中国民族器乐学会主办，中筝文化集团、华音网协办，联合上海音乐家协会等多家单位共同策划的2009国乐系列活动是本届展会的重头戏，也是展会推广民族器乐文化的重要尝试，成功聚集了多位知名演奏家、作曲家以及民乐老师和民乐爱好者。

企业知识产权战略讲座

为提高广大参展企业及业内人士对知识产权保护的意识，普及相关法律知识，主办方特邀知名律师于展会现场开展企业知识产权战略讲座。

数字音乐节

由中国音乐家协会数字化音乐教育学会与上海乐器展组委会首次共同主办，围绕“数字化音乐”展开一系列主题活动。活动内容包括《数字化音乐教育拉动传统乐器消费》高层圆桌论坛和多场数字化音乐教学讲座，以全新的音乐形式与理念拓展音乐范畴，开启全民音乐新生活。

音乐缤纷季——现场演奏会

展会现场还是一个持续4天的音乐嘉年华——电声、吉他、打击、钢琴、民乐、管乐，十八般乐器层出不穷，编织出古典、摇滚、乡村、流行等不同音乐风格的梦想。值得一提的是今年的户外舞台整体配合演出内容特色，体现出一定的设计品质；音响种类、数量配置以及调音效果都比往年明显提高。三个舞台的演出时段全部排满，演出内容丰富，风格迥异，众多音乐人带来了近30场充满激情的音乐演出，古典情趣与激烈情怀在这里较量、融合，吸引了不少观众伫足观看和聆听。

Drum Circle“齐鼓乐”

不论年龄学历，不计音乐造诣，鼓乐爱好者均可自愿参与，跟随日本著名打击乐手KUMI的节奏指引，与身边陌生人一同拿起各色打击乐器，享受集体鼓乐的舞动魔力，自由随意中，体会音乐原始魅力。

媒体推广综述

专业媒体方面，今年共有20家合作媒体，其中11家杂志，9家专业网站。在展前、展中及展后都对展会陆续进行了报导和跟进。今年更是增加了展会的软文报道，形式多样化，从多方面介绍展会的进展情况和同期相关活动。

公众媒体方面，本届展会选择了在7个电视频道、13个电视栏目、7个电台频率、12个广播栏目、8家点击率较高的门户网站进行宣传。根据展会特点，选择上海东方广播电台音乐频道为主要宣传的广播频率。同时，再次在江、浙两省的电台上进行宣传，扩大展会在长江三角洲的影响力。在平面媒体方面，主要以上海为中心，兼顾江浙两省、北京、广州、香港等地。本届展会主要通过地铁广告进行户外宣传。

展会服务

细致、专业的展会服务一直以来都是中国（上海）国际乐器展览会努力的方向，主办方不断总结往年的经验和不足，把对展商的服务做得更为仔细和周到。今年，主办方尤其重视将展会动态及各项服务信息及时、有效、迅速地传递给展商。如展前，陆续向展商邮寄或快递了多期展会快讯、展会参展手册、知识产权通知、音量控制规定、展前预览等相关资料，并定期在展会网站上发布，使展商能及时了解到展会的进展情况。临近展会开幕，主办方还事先通过邮寄、电话等方式，确保将展馆须知、布展撤展注意事项等重要信息通知到所有展商，方便展商全面做好参展准备工作。

另一方面，主办方对展商的现场服务也在不断的改善和提高，今年，总结了去年展商提出的一些问题和不足，并采取了一系列改进措施，取得了较好的效果。

如往返E1馆-E6馆的馆内电瓶车和小巴，方便了展商和观众有选择性地到达各馆；往返龙阳路地铁站与场馆南、东大厅的免费大巴，给展商与观众的参展和参观带来了便利，并且主办方还增加了班车的营运数量，但今年由于世博前期的道路施工，场馆周边的交通环境受到一定的影响；特别值得一提的是，针对去年场馆停车场离南、东大厅入口较远的问题，主办方今年专门安排了停车场与南、东入口大厅的车辆接送，并在停车场增设了上客点，方便了展商和观众。

就馆内音量控制的问题，主办方在展会之前已对参展商邮寄了展台音量控制规定，联系和收集所有展商展台表演的时间段，合理安排错开相邻展位的表演时间，并多次在展会资料中重申音控问题。虽然主办方花了大量的时间和精力，但今年展商反映的音控问题仍比较多，为了更好地缓解噪音对整个参展环境的影响，我们将继续做好和加强音量控制的管理工作，更为合理的安排展品的分类，并根据不同展品演出的需求设定不同的音量限制；另一方面也希望展商能提高音控意识，积极地配合主办方共同创造良好的参展观展环境。

另外，今年展商反映的展品进馆手续繁琐等问题，主办方也向场馆方做了了解，今年场馆为了确保场馆安全，控制盲流人员进入，扰乱展会的秩序，特别与当地的警方合作，加强了安保及管理的力度，所以，今年的盲流现象相对得到控制；但同时严格的管理也确实为展商带来了不便，希望展商能够理解，今后我们将与场馆方进一步协调，尽量为展商提供方便。

总体来讲，在全球金融危机的背景下，今年的展会达到了预期的效果并得到了业内和各界的肯定。与此同时，我们也真诚的希望聆听来自各方的意见和建议，不断提高和完善展会各方面的服务，不仅打造展会的商贸平台，更要拓展音乐教育、文化交流的多元化平台，来丰富展会的内涵和质量。

2009中国（上海）国际乐器展览会数据分析

中国乐器协会信息部

——展会规模

展会面积65000平方米，连续二年保持展览面积历史最高水平，为2002年第一届展览会的4倍。在全球金融危机影响下仍然保持着这一水平，实属不易。

——参展商数量

参展商数量1164家，比上届增长5.24%，是第一届展会参展商的4.24倍。其中国内参展商892家，比上届下降0.35%，是第一届展会的5.04倍。国外及港澳台地区参展商达到272家，比上届下降4.89%，是第一届展会的2.80倍。

——国内参展商分布地区

国内参展商来自华东地区384家，比上届增长5.49%，占国内参展商的43.04%；华北地区286家，比上届增长2.50%，占国内参展商的32.06%；中南地区192家，占国内参展商的21.52%；东北与西北地区均与上届相同西南地区10家，比上届减少3家。国内参展商来自23个省市，比上届少了2个省市。参展商最多的省市是广东、江苏、北京，广东省参展商166个，江苏参展商137个，北京参展商128个，增长幅度较大的地区是山东、广东、湖北，与上届相比，分别增长了37.25%、36.07%、25%。而上海和江苏地区的参展商分别比上届减少了1.11%和2.14%。国内参展商主要集中在华北、华东和中南地区，共计862家，占96.63%，中西部和东北地区只有28家企业参展，占3.37%。

——海外参展商分布地区分析

本届乐器展览会国外及港澳台地区参展商共计272家，比上届下降4.89%，占全部参展商的23.37%。欧洲参展商为168家，比上届增长5.66%，占海外参展商的61.76%；亚洲参展商85家，比上届上升18.05%，占海外参展商的31.25%；北美洲参展商19家，比上届增长5.55%，占海外参展商的6.98%；大洋洲仅有澳大利亚2家企业参展，南美洲和非洲均无企业参展。德国、法国、意大利、中国台湾、韩国参展商数量位于海外参展商的前五位，日本、英国、法国等国家和中国香港地区参展商数量比上年有所增长，奥地利、西班牙、捷克、美国、德国有所减少。瑞典和挪威首次参展。

——参展产品类别划分

2009中国（上海）国际乐器展览会，在总计1164家参展商中，西乐器参展商达到541家，比上届增长12%，占总参展商的46.19%；中乐器140家，比上届增长10.23%，占总参展商的11.95%；乐器零配件299家，比上届增长0.3%；乐器销售商69家，比上届下降34.90%；音乐出版商58家，比上届增长48.71%，其中英国音乐出版商14家、荷兰10家、德国7家。

主要乐器产品中，钢琴、口琴、手风琴、吉他、管乐器、打击乐器、民族乐器、提琴等产品的参展商数量均比上届有所增长，而乐器配件和电声乐器参展商数量比上届有所减少，钢琴产品显示了“风景这边独好”的形势，参展商数量达到72家，比上届增长了26.32%。

——参展乐器类别所在地区分析

钢琴参展商，来自海外13家企业，主要有意大利、德国、捷克、日本等国。国内有上海25家、浙江11家、江苏3家、福建2家、广东8家、山东3家、湖北2家。西管乐器参展商，来自海外28家，主要是美国、捷克、法国、德国等国家和中国台湾地区。此外还有北京10家、天津14家、河北14家、山东8家。提琴参展商，来自海外37家，主要有意大利16家、法国11家、德国4家。另外还有北京48家、上海8家、江苏24家、广东11家。吉他参展商，来自海外有31家，主要是英国、西班牙、韩国和德国等。还有广东48家、山东8家等。民族乐器140家参展商，主要来自上海4家、江苏41家、山东13家、天津17家、浙江23家、云南7家。乐器配件299家参展商，来自海外66家，主要是德国、法国、韩国、美国、意大利、英国等。德国带来的钢琴音板及制作管乐器的乌木，法国是木管乐器的衬垫、簧片和工具，意大利是高级提琴材料。国内生产乐器配件地区主要集中在北京20家、广东60家、河北18家、江苏53家、山东17家、天津18家、浙江16家、广东地区以电子校音器、吉他配件、琴弦为主，河北以乐器箱包为主，江苏以琴弓为主，浙江以谱架和电子元器件为主。

——乐器相关产品参展商分析

乐器相关产品主要包括仪器仪表、化工油漆、五金材料、专用机械等，本届上海乐器展共计有21家企业参展，比上届增加6家。其中有来自韩国的京都化学工业株式会社，专业生产木料涂料，如重型涂层、工业涂料和各类型树脂涂料（第二次参展）；德国的ESI Audiotechnik GmbH 生产电脑影像产品如接口、录音软件、录音棚相关器材；北京北化裕泰化工有限公司天然树脂材料、简易琴弦缠绕机。

——乐器相关部门参展商服务性质分析

乐器相关部门主要指乐器经营及从事音乐教育、宣传媒体、音像资料、音乐书刊、中介组织等单位。本届上海乐器展除69家从事音乐制品经营的贸易公司和琴行以外，前来参展的音乐教育单位有5家、媒体21家、中介组织14家。意大利对外贸易委员会上海代表处、法国企业国际发展局、捷克乐器协会、意大利提琴制作大师联会均有展位。

——观众情况

本届上海乐器展览会，观众总人数达到42499人，比上届减少1.070%。国内观众40001人（来自31个省市600个城市），比上届减少1.50%。来自上海本地观众占总观众的54.62%，国内观众占37.62%。海外观众2498人（来自86个国家和地区）占6.14%，其中来自亚洲1524人、欧洲462人、北美洲253人、南美洲113人、大洋洲106人、非洲40人。观众超过90人以上的国家和地区是韩国（316人）、中国台湾（282人）、美国（221人）、中国香港（220人）、日本（205人）、马来西亚（109人）、澳大利亚（94人）、德国（90人）。

历届中国（上海）国际乐器展览会数据分析

历届上海乐器展基本情况

	2002年	2003年	2004年	2005年	2006年	2007年	2008年	2009年
展览会总面积（平方米）	15000	26000	30000	40000	60000	60000	65000	65000
参展商数量（个）	274	419	619	756	999	1019	1112	1164
国内参展商数量（个）	177	317	437	554	747	760	895	892
海外参展商国家及地区数量（个）	14	15	18	19	24	22	21	23
海外参展商数量（个）	97	102	182	202	252	259	286	272

2002—2009年历届上海乐器展总面积

（单位：平方米）

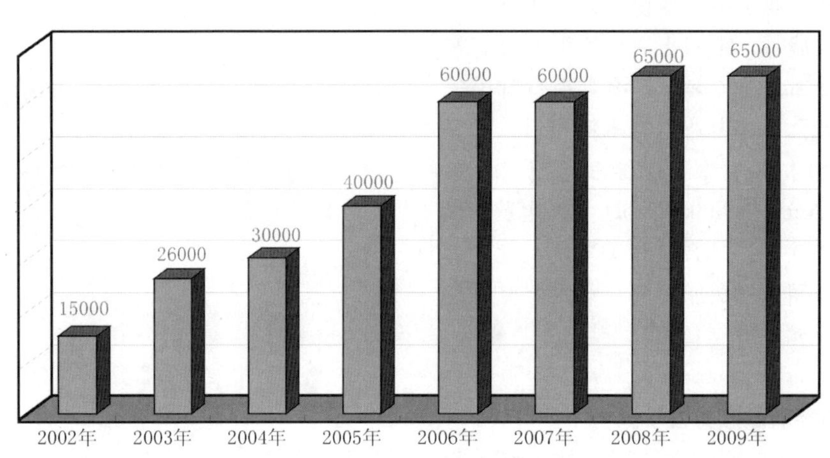

2003—2009年历届上海乐器展海外观众来自国家和地区

洲别	国家或地区	2003年		2004年		2005年		2006年		2007年		2008年		2009年	
		人次	比例%	人次	比例%	人次	比例%	人次	比例%	人次	比例%	人次	比例%	人次	比例%
亚洲	韩国	194	13.7	220	11.29	235	10.17	282	13.83	486	17.2	387	14.74	316	12.65
	中国台湾	252	18	314	16.11	347	15.02	251	12.31	314	11.11	305	11.61	282	11.29
	中国香港	159	11.4	171	8.77	169	7.31	175	8.58	241	8.53	252	9.60	220	8.81
	日本	126	9	180	9.24	187	8.09	225	11.03	256	9.06	275	10.47	205	8.21
	马来西亚	53	3.7	62	3.18	102	4.41	63	3.09	67	2.37	79	3.01	109	4.36
	新加坡	59	4.2	82	4.21	91	3.94	79	3.87	95	3.36	95	3.62	98	3.92
	泰国	18	1.2	46	2.36	59	2.55	61	2.99	87	3.08	79	3.01	90	3.60
	印度尼西亚	15	1	30	1.54	41	1.77	38	1.86	55	1.95	38	1.45	57	2.28
	印度	5	0.3	24	1.23	20	0.87	22	1.08	53	1.88	32	1.22	36	1.44
	菲律宾	/	/	/	/	/	/	30	1.47	32	1.13	43	1.64	30	1.20
	伊朗	5	0.3	23	1.18	32	1.38	14	0.69	34	1.2	30	1.14	22	0.88

洲别	国家或地区	2003年		2004年		2005年		2006年		2007年		2008年		2009年	
		人次	比例%	人次	比例%	人次	比例%	人次	比例%	人次	比例%	人次	比例%	人次	比例%
亚洲	越南	/	/	/	/	/	/	4	0.2	8	0.28	3	0.11	10	0.40
	中国澳门	/	/	/	/	/	/	1	0.05	11	0.39	8	0.30	10	0.40
	阿联酋	/	/	/	/	/	/	13	0.64	16	0.57	15	0.57	8	0.32
	以色列	/	/	/	/	/	/	/	/	9	0.32	4	0.15	8	0.32
	阿富汗	/	/	/	/	/	/	/	/	/	/	/	/	6	0.24
	黎巴嫩	/	/	/	/	/	/	2	0.1	7	0.25	3	0.11	3	0.12
	沙特阿拉伯	/	/	/	/	/	/	/	/	3	0.11	2	0.08	3	0.12
	叙利亚	/	/	/	/	/	/	4	0.2	7	0.25	1	0.04	3	0.12
	巴基斯坦	/	/	3	0.15	2	0.09	1	0.05	1	0.04	2	0.08	2	0.08
	斯里兰卡	/	/	/	/	/	/	13	0.64	1	0.04	4	0.15	2	0.08
	乌兹别克斯坦	/	/	/	/	/	/	2	0.1	1	0.04	5	0.19	2	0.08
	格鲁吉亚	/	/	/	/	/	/	/	/	/	/	/	/	1	0.04
	孟加拉国	/	/	/	/	/	/	3	0.15	/	/	2	0.08	1	0.04
	哈萨克斯坦	/	/	/	/	/	/	/	/	2	0.07	2	0.08	/	/
	吉尔吉斯坦	/	/	/	/	/	/	/	/	1	0.04	/	/	/	/
	缅甸	/	/	/	/	/	/	2	0.1	1	0.04	2	0.08	/	/
	土库曼斯坦	/	/	/	/	/	/	1	0.05	/	/	/	/	/	/
	文莱	/	/	/	/	/	/	/	/	1	0.04	3	0.11	/	/
	亚美尼亚	/	/	/	/	/	/	/	/	1	0.04	/	/	/	/
	约旦	/	/	/	/	/	/	/	/	1	0.04	5	0.19	/	/
欧洲	德国	52	3.7	73	3.75	96	4.15	100	4.9	98	3.47	94	3.58	90	3.60
	英国	22	1.5	34	1.74	65	2.81	29	1.42	66	2.34	64	2.44	82	3.28
	意大利	11	0.7	48	2.46	61	2.64	38	1.86	44	1.56	45	1.71	50	2.00
	法国	19	1.3	26	1.33	34	1.47	27	1.32	46	1.63	38	1.45	45	1.80
	俄罗斯	/	/	/	/	/	/	51	2.5	48	1.7	27	1.03	36	1.44
	西班牙	16	1.1	36	1.85	19	0.82	24	1.18	25	0.88	32	1.22	28	1.12
	荷兰	12	0.8	21	1.08	19	0.82	14	0.69	27	0.96	16	0.61	17	0.68
	土耳其	12	0.8	17	0.87	23	1	11	0.54	19	0.67	16	0.61	15	0.60
	丹麦	/	/	/	/	/	/	1	0.05	11	0.39	8	0.30	14	0.56
	乌克兰	/	/	/	/	/	/	2	0.1	5	0.18	10	0.38	9	0.36
	比利时	8	0.5	6	0.31	10	0.43	6	0.29	4	0.14	5	0.19	8	0.32
	捷克	/	/	/	/	/	/	4	0.2	5	0.18	8	0.30	8	0.32
	奥地利	/	/	3	0.15	14	0.61	4	0.2	9	0.32	7	0.27	7	0.28
	瑞典	/	/	/	/	/	/	8	0.39	13	0.46	19	0.72	7	0.28
	芬兰	5	0.3	11	0.56	12	0.52	8	0.39	9	0.32	11	0.42	6	0.24
	瑞士	/	/	/	/	/	/	8	0.39	9	0.32	12	0.46	6	0.24
	波兰	/	/	/	/	/	/	5	0.25	7	0.25	9	0.34	5	0.20
	挪威	6	0.4	10	0.51	4	0.17	8	0.39	6	0.21	4	0.15	5	0.20
	塞尔维亚	/	/	/	/	/	/	1	0.05	3	0.11	1	0.04	4	0.16

洲别	国家或地区	2003年		2004年		2005年		2006年		2007年		2008年		2009年	
		人次	比例%	人次	比例%	人次	比例%	人次	比例%	人次	比例%	人次	比例%	人次	比例%
欧洲	斯洛文尼亚	/	/	/	/	/	/	2	0.1	1	0.04	1	0.04	4	0.16
	爱尔兰	/	/	/	/	/	/	7	0.34	1	0.04	8	0.30	3	0.12
	葡萄牙	/	/	/	/	/	/	3	0.15	6	0.21	6	0.23	3	0.12
	匈牙利	/	/	/	/	/	/	/	/	5	0.18	6	0.23	3	0.12
	塞浦路斯	/	/	/	/	/	/	1	0.05	1	0.04	1	0.04	2	0.08
	希腊	/	/	/	/	/	/	5	0.25	5	0.18	3	0.11	2	0.08
	阿尔巴尼亚	/	/	/	/	/	/	/	/	/	/	/	/	1	0.04
	白俄罗斯	/	/	/	/	/	/	1	0.05	/	/	2	0.08	1	0.04
	立陶宛	/	/	/	/	/	/	/	/	1	0.04	1	0.04	1	0.04
	爱沙尼亚	/	/	/	/	/	/	/	/	1	0.04	1	0.04	/	/
	克罗地亚	/	/	/	/	/	/	1	0.05	3	0.11	3	0.11	/	/
	拉脱维亚	/	/	/	/	/	/	2	0.1	2	0.07	2	0.08	/	/
	罗马尼亚	/	/	/	/	/	/	3	0.15	1	0.04	2	0.08	/	/
	马耳他	/	/	/	/	/	/	/	/	1	0.04	/	/	/	/
	斯洛伐克	/	/	/	/	/	/	2	0.1	3	0.11	5	0.19	/	/
	乌兹别克斯坦	/	/	/	/	/	/	/	/	2	0.07	/	/	/	/
南美洲	巴西	/	/	/	/	/	/	16	0.78	30	1.06	42	1.60	53	2.12
	墨西哥	/	/	/	/	/	/	13	0.64	23	0.81	33	1.26	18	0.72
	哥伦比亚	/	/	/	/	/	/	4	0.2	9	0.32	3	0.11	15	0.60
	阿根廷	/	/	/	/	/	/	6	0.29	8	0.28	14	0.53	8	0.32
	危地马拉	/	/	/	/	/	/	3	0.15	1	0.04	2	0.08	6	0.24
	秘鲁	/	/	/	/	/	/	/	/	9	0.32	3	0.11	3	0.12
	巴拿马	/	/	/	/	/	/	4	0.2	/	/	/	/	2	0.08
	哥斯达黎加	/	/	/	/	/	/	1	0.05	1	0.04	1	0.04	2	0.08
	委内瑞拉	/	/	/	/	/	/	1	0.05	/	/	3	0.11	2	0.08
	智利	/	/	/	/	/	/	8	0.39	5	0.18	7	0.27	2	0.08
	玻利维亚	/	/	/	/	/	/	2	0.1	1	0.04	2	0.08	1	0.04
	厄瓜多尔	/	/	/	/	/	/	2	0.1	4	0.14	6	0.23	1	0.04
	巴哈马	/	/	/	/	/	/	1	0.05	/	/	/	/	/	/
	波多黎各	/	/	/	/	/	/	/	/	3	0.11	3	0.11	/	/
	古巴	/	/	/	/	/	/	/	/	1	0.04	1	0.04	/	/
	萨尔瓦多	/	/	/	/	/	/	2	0.05	/	/	/	/	/	/
非洲	摩洛哥	/	/	/	/	/	/	/	/	10	0.35	4	0.15	7	0.28
	尼日利亚	/	/	/	/	/	/	3	0.15	6	0.21	3	0.11	6	0.24
	南非	/	/	/	/	/	/	9	0.44	22	0.78	23	0.88	5	0.20
	埃及	/	/	/	/	/	/	3	0.15	4	0.14	2	0.08	4	0.16
	乌干达	/	/	/	/	/	/	1	0.05	/	/	1	0.04	3	0.12
	阿尔及利亚	/	/	/	/	/	/	/	/	1	0.04	1	0.04	2	0.08
	突尼斯	/	/	/	/	/	/	5	0.25	3	0.11	1	0.04	2	0.08

洲别	国家或地区	2003年		2004年		2005年		2006年		2007年		2008年		2009年	
		人次	比例%	人次	比例%	人次	比例%	人次	比例%	人次	比例%	人次	比例%	人次	比例%
非洲	埃塞俄比亚	/	/	/	/	/	/	/	/	/	/	/	/	1	0.04
	博茨瓦纳	/	/	/	/	/	/	/	/	/	/	/	/	1	0.04
	布基纳法索	/	/	/	/	/	/	/	/	/	/	/	/	1	0.04
	刚果	/	/	/	/	/	/	/	/	/	/	/	/	1	0.04
	加纳	/	/	/	/	/	/	2	0.1	1	0.04	5	0.19	1	0.04
	津巴布韦	/	/	/	/	/	/	/	/	1	0.04	1	0.04	1	0.04
	科特迪瓦	/	/	/	/	/	/	/	/	2	0.07	2	0.08	1	0.04
	肯尼亚	/	/	/	/	/	/	/	/	1	0.04	1	0.04	1	0.04
	卢旺达	/	/	/	/	/	/	/	/	/	/	/	/	1	0.04
	毛里求斯	/	/	/	/	/	/	/	/	2	0.07	4	0.15	1	0.04
	坦桑尼亚	/	/	/	/	/	/	/	/	1	0.04	1	0.04	1	0.04
	多哥	/	/	/	/	/	/	1	0.05	/	/	/	/	/	/
	利比亚	/	/	/	/	/	/	1	0.05	/	/	/	/	/	/
	尼日尔	/	/	/	/	/	/	/	/	1	0.04	1	0.04	/	/
大洋洲	澳大利亚	23	1.7	48	2.46	78	3.38	47	2.31	93	3.29	78	2.97	94	3.76
	新西兰	/	/	/	/	/	/	4	0.2	13	0.46	9	0.34	12	0.48
	斐济	/	/	/	/	/	/	/	/	2	0.07	/	/	/	/
北美洲	美国	81	5.6	188	9.65	251	10.86	201	9.86	259	9.16	191	7.27	221	8.85
	加拿大	25	1.7	25	1.28	32	1.38	32	1.57	30	1.06	33	1.26	32	1.28

历届上海乐器展参展商数量对比图

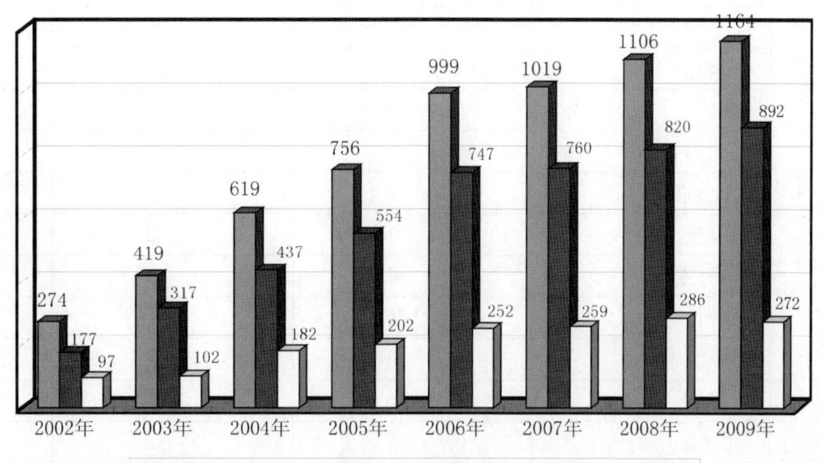

2007—2009年上海乐器展海外参展商数量及来自国家和地区统计表

（单位：个）

洲别	国家或地区	2007年	2008年	2009年
亚洲	中国台湾	26	30	27
	韩国	24	27	27
	中国香港	10	9	15
	日本	8	12	13
	印度	2	2	2
	马来西亚	1	/	/
	泰国	1	1	/
	土耳其	1	1	/
	印度尼西亚	/	/	1
	新加坡	/	1	/
	合计	73	83	85
欧洲	德国	39	41	36
	法国	27	27	30
	意大利	13	31	30
	英国	16	19	25
	西班牙	19	21	13
	捷克	7	13	11
	荷兰	10	10	10
	瑞典	/	/	5
	丹麦	/	1	2
	芬兰	/	/	2
	奥地利	11	6	1
	冰岛	/	/	1
	挪威	/	/	1
	斯洛伐克	/	/	1
	比利时	2	/	/
	瑞士	1	2	/
	塞尔维亚	1	/	/
	合计	146	171	168
大洋洲	澳大利亚	3	2	2
北美洲	美国	36	20	17
	加拿大	/	2	2
	合计	36	22	19
合计		258	278	272

2007—2009年上海乐器展海外参展商数量及来自各大洲分布图

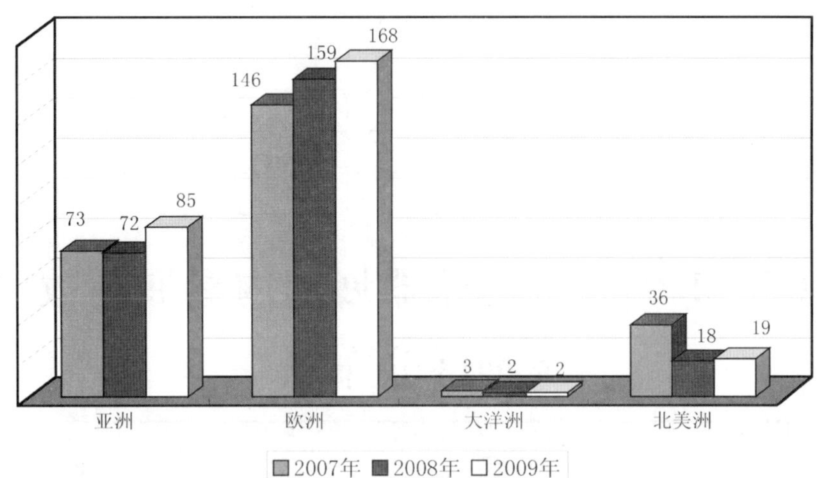

历届上海乐器展国内参展商数量及来自省市地区

（单位：个）

序号	大区	地区	2002年	2003年	2004年	2005年	2006年	2007年	2008年	2009年
1	东北	辽宁	3	6	11	16	16	13	10	8
2		黑龙江	2	3	2	3	5	5	5	6
3		吉林	/	2	1	2	1	3	2	3
4	华北	北京	18	38	58	71	112	118	132	128
5		天津	20	35	48	52	70	73	85	93
6		河北	10	18	30	38	51	45	59	63
8		内蒙古	/	/	/	/	/	1	1	1
7		山西	/	/	/	/	/	2	2	1
9	华东	江苏	24	61	74	86	117	116	140	137
10		上海	38	59	85	96	82	88	90	89
12		山东	5	8	18	20	31	47	51	70
11		浙江	7	21	25	49	73	62	64	67
13		福建	4	3	5	7	11	12	16	17
14		江西	1	1	1	2	1	4	2	3
15		安徽	/	/	2	1	/	1	1	1
16	西北	陕西	1	1	1	1	2	2	1	1
18		甘肃	/	1	1	/	/	/	/	/
17		宁夏	/	1	1	1	1	1	/	/
19	西南	云南	/	/	4	5	6	9	8	7
21		四川	1	/	1	3	1	1	1	2

序号	大区	地区	2002年	2003年	2004年	2005年	2006年	2007年	2008年	2009年
20	西南	重庆	/	/	/	/	/	3	3	1
22		贵州	/	/	/	1	/	/	1	/
24	中南	广东	26	50	62	85	113	124	122	166
23		湖北	5	5	10	9	14	16	12	15
25		河南	1	3	3	2	7	11	8	9
26		湖南	/	1	/	/	3	3	3	2
27		广西	/	/	/	/	/	/	1	/
合计			166	315	441	549	716	759	820	892

2007—2009年上海乐器展国内参展商数量及地区分布图

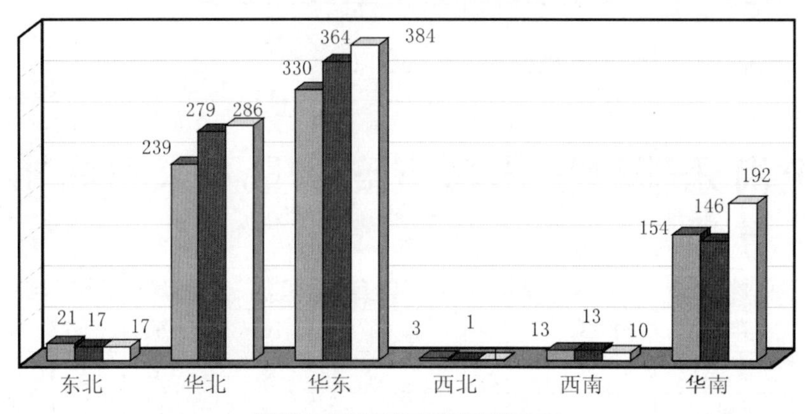

历届上海乐器展参展商数量及产品类别分布

（单位：个）

序号	产品与业务类别	2002年	2003年	2004年	2005年	2006年	2007年	2008年	2009年
1	配件	11	36	46	181	214	240	300	299
2	提琴	16	43	73	107	109	101	138	144
3	民族乐器	17	39	54	87	99	123	127	140
4	吉他	8	21	25	80	69	85	90	105
5	管乐器	20	27	36	62	66	60	78	89
6	媒体（期刊）	2	9	11	14	9	27	39	79
7	钢琴	33	46	52	79	66	54	57	72
8	销售商	21	42	63	20	118	99	106	69
9	电声乐器	18	24	39	30	56	42	59	58
10	打击乐器	9	15	25	29	34	32	38	42
11	口琴	7	9	8	7	6	7	9	11
12	手风琴	3	4	8	15	17	9	9	11
13	竖琴	1	2	3	1	5	4	5	3

2007—2009年上海乐器展参展商数量及产品类别分布图

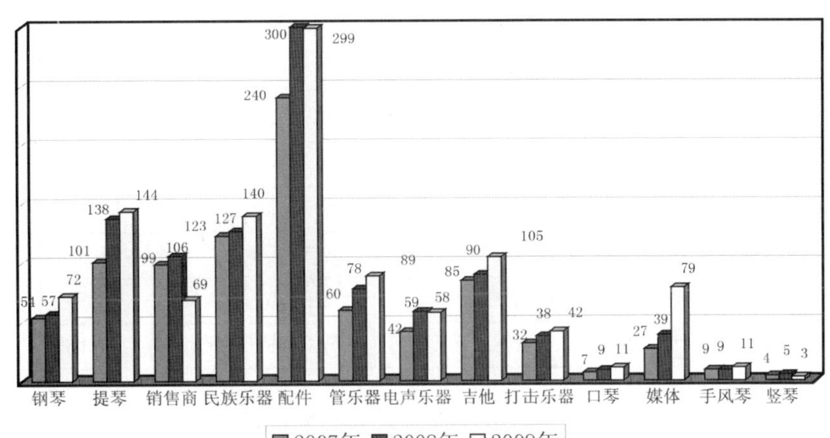

历届上海乐器展观众分析——参观目的

参观目的	2002年	2003年	2004年	2005年	2006	2007	2008年	2009年
看样订货	10%	17.30%	24.01%	16.61%	19.26%	20.69%	27.37%	36%
参加会议论坛	5%	4.20%	3.62%	2.87%	2.71%	2.23%	参加计算机电子峰会 1.10% 参加NAMM大学课程培训 1.70% 参加CMIA第一届琴行论坛 1.47% 参加院长论坛 2.46%	29%
收集市场和产品信息	22%	16.20%	21.43%	16.07%	17.74%	13.78%	17.19%	23%
观看现场表演	3%	4.80%	13.37%	11.31%	9.59%	13.29%	12.15%	21%
寻求合作伙伴	12%	8.30%	11.02%	7.64%	9.38%	6.82%	8.48%	13%
比较不同产品/供货商/同行对手	7%	5.80%	7.07%	5.48%	5.34%	2.73%	5.33%	9%
联络固有的供应商和销售商	9%	5.30%	50.65%	3.62%	4.57%	4.83%	4.59%	8%
其他	2%	2.50%	0.29%	/	4.21%	0.81%	2.78%	/

历届上海乐器展观众分析——从事的职业

观众从事的职业	2002年	2003年	2004年	2005年	2006年	2007年	2008年	2009年
批发零售商	11%	24.50%	16%	15.02%	11.50%	17.07%	19.29%	21%
制造商	27%	21.30%	14%	13.80%	14.71%	11.28%	11.27%	16%
音乐类院校及音乐培训机构	16%	7.30%	10%	17.49%	6.42%	11.76%	15.01%	14%
文艺团体	6%	3.60%	10%	9.74%	21.52%	7.73%	13.60%	13%
少年宫/小学/中学/大学								12%
进出口/代理商	26%	33.90%	26%	27.33%	26.70%	34.45%	32.99%	11%
协会	2%	0.70%	4%	2.54%	1.55%	1.82%	2.27%	2%
媒体	2%	0.70%	3%	2.36%	2.17%	2.73%	2.91%	2%
其他	10%	7.10%	12%	7.05%	15.43%	13.16%	2.66%	9%

历届上海乐器展观众分析——感兴趣的产品

观众感兴的产品	2002年	2003年	2004年	2005年	2006年	2007年	2008年	2009年
民族乐器	8%	14%	28.63%	14.35%	32.81	23.66	17.63%	45%
钢琴和键盘乐器	28%	14.70%	31.61%	15.03%	31.52%	20.97	14.27%	31%
弦乐器	6%	10.90%	27.24%	12.92%	28.22%	18.78	12.52%	29%
电声乐器	18%	9.40%	26.24%	11.69%	26.17%	18.87	10.56%	25%
打击乐器	6%	8.20%	20.29%	10.11%	23.56	16.59	10.29%	23%
乐器配件	12%	7.90%	10.77%	5.33%	10.66%	6.85	6.61%	22%
铜管乐器	4%	9.40%	19.88%	8.91%	19.88	13.75	9.22%	22%
乐谱和音乐书籍	1.50%	4.40%	15.26%	7.48%	15.93	10.13	5.65%	20%
木管乐器	4%	7.80%	14.43%	6.70%	14.51	11.59	5.91%	15%
音乐相关电脑硬件和软件	1.50%	3%	9.64%	3.97%	8.15	4.65	4.27%	11%
相关服务协会媒体	4%	2.30%	5.57%	2.45%	5.28	3.04	1.82%	6%
专业音响及录音设备	7%	5.40%	3.76%		8.15%	6.85		
其他				1.06%	3.17	2.15	1.25%	3%

第107届美国国际乐器展览会(2009 NAMM SHOW)简况

2009年1月15日至18日，第107届NAMM展在美国阿纳海姆国际会议中心举行。据NAMM官方报道，本届NAMM展共有来自美国、中国、德国、加拿大等36个国家及地区的1505家企业参展，较2008年减少55家，下降3.53%。为期四天的注册参观人数共计85799人，较去年下降3%，其中国际观众数量下降约2%。

在国际经济萎靡的大环境下，中国乐器市场的现状与发展态势为更多人所关注。今年NAMM展上，中国成为继美国之后参展商数量最多的国家。据统计，中国参展企业数量共计122家，其中中国大陆84家，较去年减少32家，下降27.59%；中国台湾35家，与去年持平；中国香港3家，减少1家。中国大陆参展企业中，来自广东的参展企业共计27家，继续保持第一，但较2008年减少12家，下降幅度高达30.77%。其次为北京、浙江、天津等省市，除浙江参展企业数量较去年有所增长，其余均较以往总数减少。

本届NAMM展主题为“共聚”，意在当前紧张的经济形势下，为广大业内人士提供良好的机会与同行相聚一起，进一步了解行业发展趋势，洞察市场前景，学习乐器营销技巧，为全年的经营奠定基础。

第107届美国国际乐器展览会(2009 NAMM SHOW)参展国家(地区)概况

国家及地区		2008年参展商数	2009年参展商数	增幅(%)
亚洲	中国大陆	116	84	-27.59
	中国台湾	35	35	0
	韩国	33	35	6.06
	日本	17	19	11.76
	土耳其	8	9	12.50
	印度	6	7	16.67
	中国香港	4	3	-25
	巴基斯坦	1	7	600
	泰国	1	3	200
	新加坡		2	
欧洲	德国	61	60	-1.64
	意大利	29	22	-24.14
	西班牙	27	23	-14.81

国家及地区		2008年参展商数	2009年参展商数	增幅(%)
欧洲	法国	23	23	0
	英国	23	31	34.78
	瑞典	6	8	33.33
	瑞士	6	5	-16.67
	比利时	5	3	-40
	荷兰	4	2	-50
	奥地利	4	3	-25
	捷克	3	1	-66.67
	波兰	2	2	0
	爱尔兰	1	1	0
	克罗地亚	1	1	0
	拉脱维亚	1	1	0
	匈牙利	1	1	0

国家及地区		2008年参展商数	2009年参展商数	增幅（%）
欧洲	芬兰	1	2	100
	挪威	1	1	0
南美洲	巴西	12	15	25
	阿根廷	3	2	-33.33
	墨西哥	1	1	0
	厄瓜多尔		1	
北美洲	美国	1265	1230	-2.77
	加拿大	52	60	15.38
大洋洲	澳大利亚	8	7	-12.50
	新西兰	1	2	100

第107届美国国际乐器展览会 (2009 NAMM SHOW) 中国大陆参展商名录

北京

北方国家集团天津同鑫进出口有限公司
北京倍利可轻工进出口有限公司
北京晨光乐器有限公司
北京东方鹿鸣国际展览有限公司
北京蓝摇乐器公司
北京连怡乐商贸有限公司
北京喜洋洋乐器有限公司
北京星海钢琴（集团）公司
北京艺苑乐器制造有限公司
北京中音信雅艺术设备有限公司
北京声望声电技术有限公司
中展海外展览有限公司
斯洛帕尼卓越的小提琴工作室

福建

晋江市深港电子玩具有限公司

广东

广州大铃乐器制造有限公司
广州格利蒙那提琴有限公司
广州花都区康施德乐器厂
广州吉声乐器实业公司
广州声德电子有限公司
广州市华成乐器制造有限公司
广州市罗曼士乐器制造有限公司
广州市新艺宝乐器有限公司
广州市紫罗兰乐器厂
广州兴宝科技有限公司
广州伊思曼乐器有限公司
广州市天樱电子有限公司
广州市朗晴发展有限公司
深圳市阿诺玛乐器有限公司
深圳市宝业恒实业发展有限公司
深圳市大普激光科技有限公司
深圳市伏荣科技开发有限公司
深圳市帕思高电子有限公司
深圳市蔚科电子科技开发有限公司
深圳市伊诺乐器有限公司
深圳市卓乐科技有限公司

深圳宇音电子有限公司
深圳市金鹰乐器有限公司
佛山市新昇电业制造有限公司
卡赛特电子有限公司
御驾舞台设备有限公司
臻声乐器制造有限公司

河北

霸州市鎏宇乐器有限公司
霸州贝司克思乐器有限公司
衡水新星乐器有限公司

湖南

长沙诺比电子有限公司

湖北
武汉斯欧克乐器制造有限公司

江苏

南京爱韵贸易实业有限公司
南京密尔顿钢琴有限公司
吟飞电子常州有限公司
常州新音电子有限公司
江阴激扬乐器有限公司
江阴金杯安琪乐器有限公司

上海

上海欧亚钢琴乐器有限公司
上海银笛音响有限公司
兰声泓乐进出口有限公司
上海尚胜电子有限公司
上海美食精密仪器有限公司

山东

青岛格力特乐器有限公司
潍坊宏韵乐器有限公司
潍坊雅风乐器有限公司
悠扬乐器器材有限公司
青岛港艺进出口贸易有限公司

天津

比扬（天津）乐器制造有限公司
天津创丰乐器进出口贸易有限公司
天津福利特配件有限公司
天津津宝乐器有限公司
天津开发区三禧联合有限公司
天津日兴国际贸易有限公司
天津优尼柯乐器有限公司
三金国际贸易（天津）有限公司
天津鑫海笛乐器有限公司

浙江

杭州斯达特乐器有限公司
杭州沃尔特数码钢琴有限公司
宁波日兴电子有限公司
宁波市江北雪海音响有限公司
宁波市鄞州艾通电子有限公司
宁波思杰电子科技有限公司
宁波天升嘉华塑胶制品有限公司
宁波音王集团有限公司
宁波飞扬音响技术有限公司
宁波特诺奇音响有限公司
中德利钢琴有限公司
宁波朗格电子科技有限公司

注1：广州珠江钢琴集团股份有限公司以美国分公司名义参展

注2：本文中所涉及的数据均来自NAMM官方网站及2009 NAMM展会会刊

第108届美国国际乐器展览会(2010 NAMM SHOW)简况

2010年1月13日，第108届NAMM乐器展在美国阿纳海姆会展中心举行。据主办方美国国际音乐制品协会（NAMM）公布，本届NAMM乐器展共有1373家展商参展，注册观众87569人，总数较去年增长2个百分点，但国际观众人数下降2%。尽管参展商数量较去年有所减少，但可喜的是，有近250家新公司参展，创下百年展会一次性吸引新展商参展的新高。

本届展会，包括香港和台湾在内的中国参展商共计134家，其中大陆参展商95家，较去年增长13.1%。来自广东的参展企业数量最多，共计34家，较2009年增加7家，其次为浙江、北京、天津等省市。与以往不同的是，钢琴企业的参展数量较以往有所减少，相反，电声乐器企业大放异彩。

展会期间，NAMM主持召开了年度国际乐器联盟大会，为各国乐器行业组织、生产商、销售商及媒体等提供研究、交流的高端平台。本届展会的NAMM大学讲座共计40余节免费课程，每半小时一场。涉及音乐制品行业的各个方面，如乐器公司财务分析、琴行有效经营管理、音乐人口开发、乐器营网络销、音乐教育公关等各个方面内容。

第108届美国国际乐器展览会(2010 NAMM SHOW)参展国家(地区)概况

	国家和地区	2010年参展商数	2009年参展商数）	增幅(%)
亚洲	中国大陆	95	84	13.10
	中国台湾	31	35	-11.43
	韩国	36	35	2.86
	日本	17	19	-10.53
	土耳其	7	9	-22.22
	印度	4	7	-42.86
	中国香港	2	3	-33.33
	泰国	1	3	-66.67
	新加坡	1	2	-50.00
欧洲	德国	45	60	-25.00
	意大利	18	22	-18.18
	西班牙	14	23	-39.13
	法国	22	23	-4.35

	国家和地区	2010年参展商数	2009年参展商数）	增幅(%)
欧洲	英国	30	31	-3.23
	瑞典	5	8	-37.50
	瑞士	8	5	60.00
	比利时	2	3	-33.33
	荷兰	1	2	-50.00
	奥地利	5	3	66.67
	捷克	3	1	200.00
	波兰	1	2	-50.00
	爱尔兰	2	1	100.00
	克罗地亚	1	1	0.00
	拉脱维亚	1	1	0.00
	匈牙利	1	1	0.00
	芬兰	3	2	50.00

	国家和地区	2010年参展商数	2009年参展商数）	增幅（%）
欧洲	挪威	1	1	0.00
	葡萄牙	1	0	/
	保加利亚	1	0	/
南美洲	巴西	9	15	-40.00
	阿根廷	3	2	50.00
	墨西哥	3	1	200.00
北美洲	美国	1127	1230	-8.37
	加拿大	36	60	-40.00
大洋洲	澳大利亚	6	7	-14.29
	新西兰	1	2	-50.00

第108届美国国际乐器展览会(2010 NAMM SHOW)中国大陆参展商名录

北京

北方国家集团天津同鑫进出口有限公司
北京榜首科技有限公司
北京倍利可轻工进出口有限公司
北京晨光乐器有限公司
北京东方鹿鸣国际展览有限公司
北京捷宁珍珠贝壳制品有限公司
北京蓝摇乐器公司
北京连怡乐商贸有限公司
北京喜洋洋乐器有限公司
北京星海钢琴（集团）公司
北京艺苑乐器制造有限公司
北京长安乐器有限公司
中音集团
中展海外展览有限公司

福建

厦门欧丽斯乐器有限公司

广东

恩平市邦华电子有限公司
奥新电子科技有限公司
恩平市华纳电声器材厂
恩平市卡赛特电子有限公司
恩平市新盈科电声科技有限公司
广东省恩平市平石茶坑亿科电子厂
广州大铃乐器制造有限公司
广州杜氏音响有限公司
广州花都区康施德乐器厂
广州吉声乐器实业公司
广州市白云区同和天拓麦克风制造厂
广州市迪声音响有限公司
广州市华成乐器制造有限公司
广州市朗晴发展有限公司
广州市罗曼士乐器制造有限公司
广州市天樱电子有限公司
广州市新艺宝乐器有限公司
广州市紫罗兰乐器厂
龙声乐器制造有限公司
深圳市阿诺玛乐器有限公司
深圳市宝业恒实业发展有限公司
深圳市大普舞台灯光科技有限公司

深圳市伏荣科技开发有限公司
深圳市佳浩科技有限公司
深圳市隽乐电子技术发展有限公司
深圳市蓝精灵乐器有限公司
深圳市咪发发科技有限公司
深圳市帕思高电子有限公司
深圳市蔚科电子科技开发有限公司
深圳市兴天炽电子科技有限公司
深圳市伊诺乐器有限公司
深圳市正威电子有限公司
深圳市卓乐科技有限公司
深圳宇音电子有限公司

河北

霸州市銮宇乐器有限公司
衡水多丽乐器有限公司

湖北

武汉斯欧克乐器制造有限公司

江苏

泰兴凤灵乐器有限公司
南京爱韵贸易实业有限公司
吟飞电子常州有限公司
江阴激扬乐器有限公司
江阴金杯安琪乐器有限公司
常州对外贸易有限公司

上海

上海银笛音响有限公司
兰声泓乐进出口有限公司
上海尚胜电子有限公司
上海美食精密仪器有限公司

山东

山东泰山管乐器制造有限公司
潍坊宏韵乐器有限公司

天津

比扬（天津）乐器制造有限公司
天津市久跃科技有限公司
三瑞（天津）国际贸易有限公司
天津金雅佳乐器有限公司
天津圣迪乐器有限公司
天津兆隆国际贸易有限公司
天津创丰乐器进出口贸易有限公司
天津福利特配件有限公司
天津津宝乐器有限公司
天津同鑫进出口有限公司
天津日兴国际贸易有限公司
三金国际贸易（天津）有限公司
东联（天津）国际贸易有限公司

浙江

嘉兴金利达电子有限公司
宁波柏人艾电子有限公司
宁波普洛咪科技有限公司
宁波市向阳集团有限公司
宁波市鄞州奥创电子有限公
宁波市鄞州甬港电子元件厂
杭州斯达特乐器有限公司
杭州沃尔特数码钢琴有限公司
宁波日兴电子有限公司
宁波市镇海磊磊音响器材厂
宁海弘鼎乐器有限公司
宁波市江北雪海音响有限公司
宁波市鄞州艾通电子有限公司
宁波远东进出口有限公司
宁波天升嘉华塑胶制品有限公司
宁波音王集团有限公司
宁波飞扬音响技术有限公司
宁波特诺奇音响有限公司

注1：广州珠江钢琴集团股份有限公司以美国分公司名义参展

注2：本文中所涉及的数据均统计自NAMM官方网站及2010 NAMM展会会刊，仅供参考

第30届法兰克福国际乐器展览会(2009 Musikmesse)简况

2009年第30届德国法兰克福国际乐器展于4月1日至4日在法兰克福展览馆举办，本届展会吸引了世界各地的1558家参展商，国际展商来自48个国家或地区。有些国家的展商数量有小幅增长，意大利多了4家，芬兰多了5家，比利时多了3家。拉脱维亚以及东欧的罗马尼亚、克罗地亚、斯洛文尼亚和保加利亚等也有所增长，而来自西欧、亚洲和北美等国家和地区的展商数量均有减少。本届法兰克福展览会上，德国展商数量最多，达582家。除德国外，前10大展商来源国家和地区分别是美国（145家）、意大利（122家）、中国大陆（104家）、英国（71家）、西班牙（66家）、法国（54家）、瑞士（40家）、中国台湾（35家）以及荷兰（34家）。

从观众数量情况分析，共有来自125个国家和地区的11万名观众参加展会，其中德国观众数量增长了2700名，增幅3.8%，但国际观众数量与2008年相比下降约3.5个百分点。从观众来源国看，观众来源最多的国家是德国、荷兰、比利时、瑞士、法国、意大利、奥地利、英国、波兰、瑞典、西班牙和捷克；欧盟之外来源观众最多的国家是美国、韩国、中国和日本。

据调查，96%的法兰克福乐器展观众对展会所展示的产品和预期参展目标感到满意；展商表示展会取得良好成效，结识了专业观众，拿到了大量新订单，73%的展商感到满意、很满意。国际参展商也对2009年度法兰克福乐器展感到满意。

第30届法兰克福国际乐器展览会(2009 Musikmesse)中国参展商名录

北京

北京星海钢琴集团公司
中国教学仪器设备总公司
中轻文教体育用品进出口总公司
北京晨光缘乐器有限公司
北京艺苑乐器制造有限公司
北京菁菁杰乐乐器有限公司
北京蓝摇乐器公司
北京怡雅勤乐器有限公司
北京华东乐器有限公司
北京长安乐器有限公司
北京双喜乐器有限公司
北京德勇乐器有限公司
北京Airtone乐器有限公司
北京捷宁珍珠贝壳制品有限公司

天津

天津津宝乐器有限公司
天津爱玲国家贸易有限公司
汇源隆国际贸易天津有限公司
天津津仕达国际贸易有限公司
天津世纪乐器有限公司
天津福利特配件有限公司
三瑞（天津）国际贸易有限公司
天津波菲曼国际贸易有限公司
三金国际贸易（天津）有限公司
天津予华国际贸易有限公司
天津星汉国际贸易有限公司
天津优尼柯乐器有限公司
天津凤丹乐器制造有限公司
天津日兴国际贸易有限公司

天津创丰乐器进出口贸易有限公司
北方国际集团天津同鑫进出口有限公司
天津开发区三禧联合有限公司
天津隆兴集团进出口有限公司
天津市久跃科技有限公司
天津益博乐器有限公司
天津Master进出口公司
AL Corporation

上海

上海民族乐器一厂
上海钢琴有限公司
上海中雅钢琴钢琴有限公司
上海国光口琴厂有限公司
上海华兴乐器有限公司
上海威柏仕乐器有限公司
上海凯伦钢琴乐器有限公司
兰生泓乐进出口有限公司

广东

广州花都区康施德乐器厂
广州大铃乐器制造有限公司
广州保嘉乐器制造厂有限公司
广州罗曼士乐器制造有限公司
广州吉声乐器实业公司
广州朗晴发展公司
广州轻工集团文体用品有限公司
广州万图雅乐器制造有限公司
广州珠江钢琴集团股份有限公司（欧洲分公司）
广州衡昇乐器制造厂
广州花都区天声乐器厂
广州市威柏乐器制造有限公司
广州阿尔达米拉乐器有限公司
乐盟国际股份有限公司
广州华成乐器制造有限公司
深圳市蔚科电子科技开发有限公司
深圳伊诺乐器有限公司
深圳卓悦科技有限公司
深圳市伏荣科技开发有限公司
深圳市阿诺玛乐器有限公司
瑞特箱包(深圳)有限公司
佛山明德乐器有限公司
佛山美莱迪乐器制造有限公司
佛山市金沙达成弦乐制造厂
惠阳市秋长声柏乐器木器厂
惠阳倍铃乐器配件有限公司
揭阳长城乐器制造厂有限公司
亿达音响制造有限公司

江苏

泰兴凤灵乐器集团
南京爱韵贸易实业有限公司
南京摩德利钢琴有限公司
苏州明星琴弓乐器有限公司
常州林音电子有限公司
常州宏浩科技软件有限公司
吟飞电子常州有限公司
江苏新世纪乐器有限公司
江阴激扬乐器有限公司
江阴金杯安琪乐器有限公司
苏州齐河乐器公司
江苏天鹅乐器有限公司

浙江

杭州嘉德威钢琴有限公司
宁波海伦乐器制品有限公司
杭州沃尔特数码钢琴有限公司
宁波思杰电子科技有限公司
宁海弘鼎乐器有限公司

河北

河北金音乐器有限公司
河北霸州銮宇乐器有限公司
廊坊市圣爱工艺品有限公司
霸州贝司克斯乐器有限公司
衡水新星乐器有限公司

山东

山东外经集团进出口有限公司
山东泰山管乐器制造有限公司
潍坊炀森博韵乐器有限公司
聊城山石麦尔乐器有限公司

龙口金鸣乐器有限公司
Hima Case

湖北

武汉艾立卡电子有限公司
武汉致嘉钢琴制造有限公司
武汉海平乐器制造有限公司
武汉邢氏乐器制造有限公司

湖南

长沙诺比电子有限公司

安徽

乐森黑马乐器厂

第31届法兰克福国际乐器展览会(2010 Musikmesse)简况

2010年法兰克福国际乐器展览会共有2340家展商参展，其中乐器类展商1510家，灯光音响类展商829家，国际展商比例达到62%，来自128个国家和地区的近11万名观众参观，德国之外的国际观众约4万名，展商和观众数量较去年（2009年2388家展商、112478名观众）相比略有下降，但主办方称，总体来看，世界金融危机对乐器和灯光音响方面的影响有限，本届法兰克福国际乐器展览会的参展商和观众人数均超过预期，进一步稳固了行业领域国际乐器大展的地位。

参展商对行业未来发展前景持较为审慎的态度。据主办方调查统计，展商对本届展会的满意度约为70%，观众满意度约为80%，反映出行业前景发展态势良好。

第31届法兰克福国际乐器展览会(2010 Musikmesse)中国大陆参展商名录

北京

北京星海钢琴集团公司
北京长安乐器有限公司
中轻文教体育用品进出口总公司
北京双喜乐器有限公司
北京欧佩斯乐器国际贸易有限公司
北京菁菁杰乐乐器有限公司
北京晨光缘乐器有限公司
北京艺博提琴制造有限公司
北京德勇乐器有限公司
北京蓝摇乐器公司
北京艺苑乐器制造有限公司
北京迈氏演艺器材有限公司
北京Airtone乐器有限公司

天津

天津津宝乐器有限公司
天津爱玲国际贸易有限公司
比扬（天津）乐器制造有限公司
天津福利特配件国际贸易有限公司
汇源隆国际贸易天津有限公司
天津津仕达国际贸易有限公司

天津日兴国际贸易有限公司
三瑞（天津）国际贸易有限公司
天津凤丹乐器进出口贸易有限公司
天津华韵乐器（集团）有限公司
天津久跃科技有限公司
天津金雅佳乐器有限公司
天津隆兴集团进出口有限公司
三金国际贸易（天津）有限公司
天津波菲曼国际贸易有限公司
天津创丰乐器进出口贸易有限公司
天津福格斯进出口贸易有限公司
天津市鑫海笛乐器有限公司
天津予华国际贸易有限公司
北方国际集团天津同鑫进出口有限公司
天津星汉国际贸易有限公司
天津大兴乐器有限公司
天佑缝制（天津）有限公司
天津大成乐器厂
天津Master进出口公司

上海

上海民族乐器一厂
上海中雅钢琴有限公司
上海华兴乐器有限公司
晶琴乐器（上海）有限公司
兰生泓乐进出口有限公司
江苏东方乐器有限公司
上海市新忠乐器哨片厂

河北

河北金音乐器有限公司
河北霸州銮宇乐器有限公司
廊坊圣爱工艺品有限公司
香河天音乐器有限公司

山东

山东泰山管乐器制造有限公司
烟台金斯波格钢琴有限责任公司
潍坊宏韵乐器有限公司
潍坊盛大音响有限公司
山东昌乐逸群乐器有限公司
聊城山石麦尔乐器有限公司
龙口东星乐器有限公司
龙口金鸣乐器有限公司
龙口锦盛乐器有限公司
龙口市金英乐器制造有限公司

湖北

武汉艾立卡电子有限公司
武汉海平乐器制造有限公司
武汉邢氏乐器制造有限公司
宜昌金宝乐器制造有限公司

安徽

淮南市乐森黑马乐器有限公司

广东

广州珠江钢琴集团股份有限公司
广州罗曼士乐器制造有限公司
广州轻工集团文体用品有限公司
广州红棉吉它有限公司
广州吉声乐器实业公司
广州阿尔达米拉乐器有限公司
广州市花都区康施德乐器厂
广州市迪声音响有限公司
广州市汇友箱包制造有限公司
广州鲁益乐器箱包有限公司
广州大铃乐器制造有限公司
广州市华成乐器制造有限公司
广州市花都区天声乐器厂
广州威柏乐器制造有限公司
广东衡昇乐器制造厂
广州顺昌乐器有限公司
乐盟国际（中国）股份有限公司
广东三基音响系统工程有限公司
广东明科环保节能有限公司
高要市金信乐器金属制品厂
深圳伊诺乐器有限公司
深圳市阿诺玛乐器有限公司
深圳蔚科电子科技开发有限公司
深圳市卓乐科技有限公司
深圳市伏荣科技开发有限公司

深圳市浩佳科技有限公司
深圳市咪发发科技有限公司
深圳市朗韵乐器有限公司
深圳市蓝精灵乐器有限公司
深圳市隽乐电子技术发展有限公司
深圳郎韵乐器有限公司
佛山佰添乐器有限公司
惠阳市秋长声柏乐器木器厂
佛山市南海区金沙达成弦乐制造厂
惠州市乐音乐器有限公司
惠阳倍铃乐器配件有限公司
揭阳市长城乐器制造厂有限公司
惠阳铭仕乐器配件有限公司
宇声乐器（惠州）有限公司
Kingstar Int' l Enteprise Ltd.
SOAR INT' L TRADING LTD.
Pokar Industrial Ltd.

江苏

泰兴凤灵乐器集团
江苏天鹅乐器有限公司
江苏新世纪乐器有限公司
江阴金杯安琪乐器有限公司
江阴激扬乐器有限公司
吟飞科技（江苏）有限公司
南京摩德利钢琴有限公司
南京爱韵贸易实业有限公司
常州林音电子有限公司
常熟市中安宏方乐器有限公司
苏州明星琴弓乐器有限公司
苏州市相城区骑河乐器配件厂

浙江

杭州沃尔特数码钢琴有限公司
杭州爱尔科电子有限公司
宁波爱歌电声电器有限公司
宁波保税区依格拉工艺品有限公司
宁波市鄞州甬港电子元件厂
宁波市鄞州正美电子元件厂
宁波威信乐器有限公司

2008中国国际专业音响·灯光·乐器及技术展览会概况

2008年5月29至6月1日，“第十七届中国国际专业音响·灯光·乐器及技术展览会”由中国演艺设备技术协会、中国技术市场管理促进中心和国研会展私人有限公司共同举办，展会历时4天，展览面积达7万平方米，参展商约1100家，规模超过上届。

2008年展览会主题定为“奥运·繁荣·共享”，旨在宣传“奥运”、融合“奥运”、服务“奥运”，将行业的资源为“奥运”服务，为北京奥运会提供强有力的设备、技术、设计支持，为营造“奥运”前夕的人文环境添彩。

展览会展品涵盖专业音响、专业灯光、舞台机械、会议系统、视频系统、中西乐器等领域的设备与器材，数万种展品集中地展示该领域科技成果。

2009中国国际专业音响·灯光·乐器及技术展览会概况

第18届“中国国际专业音响·灯光·乐器及技术展览会”（PALM展）于2009年5月28日～5月31日在北京中国国际展览中心和全国农业展览馆举办。

据主办方统计数据显示，本届展览会参展商1100余家；展馆面积达到85000平方米。展览内容涵盖专业音响、专业灯光、舞台机械、会议系统、视频系统、公共广播系统、中西乐器等领域的设备与器材。

为办好此次展会，展览组委会采取了具体措施：（1）组织专业观众观展；（2）保护知识产权；（3）细化产品分类；（4）控制展馆内噪声；（5）举办丰富多彩的活动。主要有：第七届中国国际演艺设备与科技论坛，第四十三届全国演艺设备技术信息交流、贸易洽谈、技术交流活动，“2009年度行业优质产品”特色展区，Install 音视频集成展演，第四届贝塔斯瑞电吉他大赛决赛，PALM EXPO 2009高端论坛暨电子音乐展演，改良民族乐器展演，2009帕拉天奴作曲（艺术歌曲、合唱作品）比赛决赛等。

2008中国（广州）国际专业音响、灯光、乐器展览会概况

2008中国（广州）国际专业音响、灯光、乐器展于4月5至7日在广州中国进出口商品交易会琶洲展馆举办。

本届展会参展商总计100多家，展位面积约5000平方米。展会上民乐参展商占三分之一，提琴、吉他展商其次，乐器配件展商受到青睐，钢琴、管乐、打击乐器厂商较少。

2009中国（广州）国际专业音响、灯光、乐器展览会概况

2009广州乐器音响展于3月5日~7日在广州中国出口商品交易会琶洲展馆举办，本届展会参展企业500多家，其中乐器企业130家，总体展览面积25000平米，分布四个场馆。本届乐器展突出的特点是民乐企业多，其次是提琴、电子乐器、乐器配件等，钢琴和管乐器较少。

展会吸引专业观众18323人，其中非广东本地的观众占51.15%，海外观众来自63个国家和地区，较为集中的是中国香港、韩国、印尼、俄罗斯、印度、日本、泰国、中国台湾、新加坡等地，占全部海外观众的56%。

2008年世界乐器展览会综述

2008年，世界各地举办的乐器展览会更显亮丽夺目，这些展会在促进国际乐器行业深入发展、持续繁荣方面起着积极的推动作用。2008年是中国备受世界瞩目的年份，世界将把目光更多投向中国，国际买家越来越倾心中国乐器行业，世界乐器同行更加关注中国乐器行业的发展。综观2008全球乐器展览会，有如下特点：

世界前三大展会为全年展会奠定基调

美国NAMM展和法兰克福展分别在1月和3月举办，范围涵盖世界主要国家，对新一年世界乐器行业产生重要影响。

中国（上海）国际乐器展览会迎来了第七个年头，辐射范围则在亚太地区，从时间和区位上与年初两大展会遥相呼应，其意义和重要性不容小觑。上海展会已具相当规模，内涵越来越广，突出体现了中国乐器行业过去几年取得的显著成就，展会的成功举办是中国乐器行业健康发展的有力佐证，为社会主义文化大发展、大繁荣作出了了积极贡献。

世界最重要的三大乐器展仍将奠定这一年乐器行业的基调。以美国NAMM展和德国法兰克福展揭开一年的精彩，以上海乐器展为后续奠定一年的圆满结束，其间各地举办的乐器展点缀其中，描绘一幅别具特色的世界乐器发展画卷。

从数量上看，2008年展会较2007年有所减少，是因为俄罗斯圣彼得堡乐器展(Musikmesse St. Petersburg)、韩国仁川乐器展（Music Korea）、日本横滨乐器展（MIFJ）等均每两年举办一次，2008年均不再举办，可以预见2009年又将迎来乐器展会量的突破。

从举办地点来看，除非洲外，世界各大洲均有乐器展举办。2008年全年都沉浸在“音乐的海洋”中，年初的NAMM展首先奏响“开场白”，而最后的上海乐器展则为一年此起彼伏的“交响乐”划上圆满句号。

综合性和专业性乐器展览会密切结合

德国法兰克福乐器展览会、美国NAMM冬季乐器展览会和中国上海乐器展览均为乐器综合性大展，展出范围涵盖乐器行业的所有产品门类。因此呈现出规模大、门类全、产品新的特点。具专业性展览会特色的有意大利和日本两家。意大利克雷蒙娜乐器展主要展出弦乐器，以小提琴为主，汇集意大利全国提琴制造各派名流。又如日本弦乐器制造商协会每年举办一届弦乐器展已成惯例。

不同地区展会同台竞技，新老乐器展交相辉映

在NAMM、法兰克福、上海三大乐器展中间有加拿大乐器展、迪拜乐器展、捷克国内乐器展等地区性质的展会，如迪拜乐器展的主要对象是阿拉伯及中东国家，加拿大乐器展则以加拿大和部分美国展商为主，捷克的乐器展以国内展商为主，兼顾东欧地区。尽管几家展会主要侧重国内或该地区，但主办方不遗余力向世界其他地区推销展会，以期扩大展会影响。为达到更好展览效果，2008年英国的伯明翰乐器展（BMF）与其他相关展会合并，移师伦敦，易名“伦敦国际乐器展”。

2008年世界乐器展览会一览

展会名称	展会届别	展会日期	展会地点	主办单位	展品范围	上届展会规模
美国洛杉矶阿纳海姆冬季乐器展（The NAMM Show）	第106届	2008.1.17~1.20	阿纳海姆	美国国际音乐制品协会	各类音乐制品	展商1560家，观众总计88128人。
德国法兰克福国际乐器、乐谱及附件展览会（Musikmesse 2008）	第29届	2008.3.12~3.15	法兰克福	德国法兰克福展览公司	各类乐器、乐器配件、乐谱、音乐硬软件、音乐出版物等	乐器展商1652家，观众总数112000人
中国(广州)国际乐器展览会（SLM EXPO）	第5届	2008.4.5~4.7	广州	广东省科学技术厅、广东省文化厅、国家轻工业乐器信息中心	各式乐器	参展商总计100多家，展位面积约5000平方米
中东（迪拜）乐器博览会（MUSAC 2008）	第4届	2008.4.27~4.29	阿联酋迪拜	中东IIR展览公司	东西方各类乐器、阿拉伯民俗乐器等	展商800余家，专业观众人数7000多名
中国国际专业音响•灯光•乐器及技术展览会（PALM Expo）	第17届	2008.5.29~6.1	北京	中国演艺设备技术协会	乐器、民族乐器等	展览面积7万平方米，参展商总计约1100家
伦敦国际乐器展（LIMS）	首届	2008.6.12~6.15	伦敦	英国乐器协会；MB Media Ltd	鼓、吉他、钢琴、管乐器、音乐出版物等	
美国NAMM夏季乐器展(Summer NAMM Show)	每年夏季	2008.6.20~6.22	纳什维尔	美国国际音乐制品协会	以美国国内乐器商展示和音乐教育人士使用的乐器为主	展商500家左右
加拿大乐器展（MIAC 2008）	第37届	2008.8.24~8.25	多伦多	加拿大乐器协会	乐器及配件、键盘、音乐软件、专业音响等	展商160余家；观众3000人次

展会名称	展会届别	展会日期	展会地点	主办单位	展品范围	上届展会规模
巴西圣保罗国际乐器展览会（Expomusic 2008）	第25届	H20.9.1	圣保罗	FRANCAL展览公司	各种乐器及配件、相关媒体及专业刊物	展出总面积近13000平方米
意大利克雷蒙娜乐器展（Cremona Mondonmusica）	第21届	2008.10.3~10.5	克雷蒙娜	克雷蒙娜乐器展组委会	弦乐器，以提琴为主	展商300余家
中国（上海）国际乐器展览会（Music China）	第7届	2008.10.9~10.12	上海	中国乐器协会，上海国际展览中心有限公司，法兰克福（香港）展览公司	钢琴、弦乐器、电声乐器、乐器配件、民族乐器、铜管乐器、打击乐器、相关协会媒体、乐谱、音乐书籍等。	展览面积达65000平方米，1106家企业参展，观众达43238名

2009年世界乐器展览会综述

2009年，各国继续应对国际金融环境的重大挑战，乐器行业迎来了全新的一年，乐器展会在搭建行业平台、推动行业发展方面发挥着特有魅力。

2009年，世界各地举办的乐器展用音乐为世界增添了暖意洋洋的融融氛围。主要国家举办形式多样，特色各异的乐器展，充分证明乐器展会在经济的严冬中保持着“逆风劲扬”的昂扬态势。据不完全统计，2009年世界各大洲共举办了19个主要乐器展览会。从时间来看，世界展览会“接力赛”烽火相传，不时秀出新亮点，展出新风采；从规模上看，德国法兰克福、美国NAMM和中国（上海）国际乐器展仍是助推、引领世界乐器展展览会的“三架马车。

纵观2009年世界乐器展，美、日、欧以及绝大多数国家或地区的乐器市场受世界金融危机影响，展商数量、展出规模受到不同程度的下降，而突出的亮点是中国（上海）国际乐器展览会经过8年的发展，已走上平稳发展时期，在严峻的全球经济形势下仍在世界乐器市场中保持“一枝独秀”的独特景象，为世界乐器市场的发展做出了积极贡献，受到世界各国乐器同行的热烈关注。

2009年世界乐器展览会一览

展会名称	展会届别	展会日期	展会地点	主办单位	展品范围	上届展会规模
美国洛杉矶阿纳海姆冬季乐器展（The NAMM Show）	第107届	2009.1.15~1.18	阿纳海姆	美国国际音乐制品协会	各类音乐制品	展商1505家，观众总计85799人。
中国(广州)国际乐器展览会（SLM EXPO）	第6届	2009.3.5~3.7	广州	广东省科学技术厅、广东省文化厅、国家轻工业乐器信息中心	西乐器、民族乐器	乐器参展商130家，专业观众18323人
德国法兰克福国际乐器、乐谱及附件展览会（Musikmesse 2008）	第30届	2009.4.1~4.4	法兰克福	德国法兰克福展览公司	各类乐器、乐器配件、乐谱、音乐硬软件、音乐出版物等	乐器展商1558家，观众总数11万
中东（迪拜）乐器博览会（MUSAC 2008）	第4届	2008.4.27~4.29	阿联酋迪拜	中东IIR展览公司	东西方各类乐器、阿拉伯民俗乐器等	展商800余家，专业观众人数7000多名
中国国际专业音响•灯光•乐器及技术展览会（PALM Expo）	第18届	2009.5.28~5.31	北京	中国演艺设备技术协会	乐器、民族乐器等	乐器、音响、灯光参展商总计约1100家
伦敦国际乐器展（LIMS）	第二届	2009.6.11~6.14	伦敦	英国乐器协会（MIA）	鼓、吉他、钢琴、管乐器、音乐出版物等	参展展商200余家
美国NAMM夏季乐器展(Summer NAMM Show)	每年夏季	2009.7.17~7.19	纳什维尔	美国国际音乐制品协会	以美国国内乐器商展示和音乐教育人士使用的乐器为主	383家展商参展，观众数量较上年减少26%
加拿大乐器展（MIAC 2008）	第38届	2009.8.23~8.24	多伦多	加拿大乐器协会	乐器及配件、键盘、音乐软件、专业音响等	展商120余家；观众2500人

展会名称	展会届别	展会日期	展会地点	主办单位	展品范围	上届展会规模
巴西圣保罗国际乐器展览会（Expomusic 2008）	第25届	2009.9.23~9.27	圣保罗	FRANCAL展览公司	各种乐器及配件、相关媒体及专业刊物	展出总面积14000平方米，共计160家展商参展
莫斯科乐器展（Music Moscow）	第15届	2009.9.24~9.27	莫斯科	莫斯科Soko-lniki文化中心	乐器、音响	展出面积约2万平米，3个展馆
意大利克雷蒙娜乐器展（Cremona Mondon-musica）	第22届	2009.10.1~10.5	克雷蒙娜	克雷蒙娜乐器展组委会	弦乐器，以提琴为主	共计254家展商参展，观众11094人
中国（上海）国际乐器展览会（Music China）	第8届	2009.10.13~10.16	上海	中国乐器协会，上海国际展览中心有限公司，法兰克福（香港）展览公司	钢琴、弦乐器、电声乐器、乐器配件、民族乐器、铜管乐器、打击乐器、相关协会媒体、乐谱、音乐书籍等。	展览面积达65000平方米，观众人数达42499名

职业技能鉴定

发挥调律师分会专业特点，为促进中国钢琴制造业发展而努力

钢琴调律师分会工作回顾

中国乐器协会钢琴调律师分会会长　冯高昆

调律师分会作为中国乐器协会的分支机构，从1995年建立以来，在中国乐器协会的领导下积极开展了一系列卓有成效的工作和活动，特别是2009年第三届调律师分会会员代表大会产生新一届分会领导班子以来，在加强与地方调律师组织（有关各省市的调律师分会）相互联系的同时，依照《钢琴调律师》国家职业标准，发挥北京、广州、上海三个职业技能鉴定站的作用，为推动调律师培训和资格鉴定及组织发展起到了指导和示范的作用。目前已有二千多名调律师经过职业技能鉴定站的考核成为注册钢琴调律师，取得了国家职业资格证书。2009年分会在参加澳大利亚举行的国际调律师大会上（IAPBT），取得了2013年在中国举办IAPBT的主办权。借助这次国际会议，向世界同行展示调律专业人才的水平，展示中国钢琴业的设计、制造、工艺、生产、销售的规模。我们的口号是："世界给了我们一次机会，我们回报给世界一个惊喜"。

今后，钢琴调律师分会要有计划的组织行业、地方调律师的培训和学习活动，配合有关部门积极开展社会和企业技术培训和职业技能鉴定工作，积极推动调律技能培训教材新版本的出版工作。

今后钢琴调律师分会的工作原则是：

（1）钢琴调律师分会要以促进钢琴制造业发展为己任，加强与企业的互动关系，要以企业为依托，促进中国钢琴生产与钢琴售后服务工作的质量提升。

（2）钢琴调律师分会应以提升钢琴技师、调律师整体素质和技术水平为宗旨，为钢琴企业的人力资源开发、产品售后服务提供社会化、标准化的人才保障。

（3）钢琴调律师分会要以培养队伍、提高业务水平和服务质量为工作的主要内容。要利用钢琴调律师的技能大赛来推出更多的技术能手，树立良好的社会形象，提高行业的知名度，完善行业自律及各项措施。

（4）钢琴调律师分会要与钢琴演艺文化互动发展，通过与钢琴教育、演艺活动的合作，参与钢琴普及活动和推广，为拉动钢琴消费市场，扩大调律人员的就业而做出贡献。

2008年全国钢琴调律师职业资格考核鉴定情况统计表

鉴定站（所）	鉴定日期	五级/初级技能	四级/中级技能	三级/高级技能	二级/技师	一级/高级技师	合计
北京鉴定站	2008年1月（调律班）	26	1	10	2		39
	2008年4月（鉴定）	2	14	19			35
	2008年6月（调律班）	14					14
	2008年6月（沈阳）	10	11	13	3	4	41
	2008年7月（长春）		8	4			12
	2008年10月（调律班）	16					16
	2008年10月（鉴定）	3	15	20			38
	2008年11月（竞赛）			5	14	1	20
	2008年12月（郑州）	2	17			2	21
	2008年12月（调律班）	16					16
	2008年12月（技师）				10	4	14
小 计		89	66	71	29	11	266
广州鉴定站	2008年1月（调律班）	14					14
	2008年4月（考核鉴定）	11	20	6			37
	2008年10月（调律班）	10	15	10			35
	2008年10月（调律班）	17	4				21
小 计		52	39	16			107
上海鉴定所	2008年4月（考核鉴定）	27	14	1			42
	2008年10月（考核鉴定）	15	7	2			24
小 计		41	21	4			66
北京电子科技职业学院（毕业生）		4	29				33
南京艺术学院爱乐学院（毕业生）			20	2			22
北京联合大学特殊教育学院（毕业生）			9	4			13
小 计		4	58	6			68
总 计		187	184	96	29	11	507

2008年通过钢琴调律师国家职业资格考核鉴定名单

北京鉴定站

姓名	性别	证书号	级别
李　杰	男	0858003001100001	一级/高级技师
马　堃	男	0858003001100002	一级/高级技师
杨　承	男	0858003001100003	一级/高级技师
邵申弘	女	0858003001100004	一级/高级技师
晋东军	男	0858003001100005	一级/高级技师
魏淑芳	女	0858003001200001	二级/技师
李　忠	男	0858003001200002	二级/技师
赖华坚	男	0858003001200003	二级/技师
霍　鹏	男	0858003001200004	二级/技师
金立国	男	0858003001200005	二级/技师
李力佳	男	0858003001200006	二级/技师
赵东旭	女	0858003001200007	二级/技师
郑海燕	女	0858003001200008	二级/技师
王　展	男	0858003001200009	二级/技师
李　晨	男	0858003001200010	二级/技师
刘丽娜	女	0858003001200011	二级/技师
冯　霄	女	0858003001200012	二级/技师
吴智杰	男	0858003001200013	二级/技师
肖　锋	男	0858003001200014	二级/技师
吴更生	男	0858003001200015	二级/技师
李燕莉	女	0858003001200016	二级/技师
徐文翠	女	0858003001200017	二级/技师
张益骅	男	0858003001200018	二级/技师
王欣源	男	0858003001200019	二级/技师
王　涛	男	0858003001300001	三级/高级技能
刘　静	女	0858003001300002	三级/高级技能
李燕莉	女	0858003001300003	三级/高级技能
卢晓琪	男	0858003001300004	三级/高级技能
李力佳	男	0858003001300005	三级/高级技能

姓名	性别	证书号	级别
梁晓云	女	0858003001300006	三级/高级技能
杜月春	女	0858003001300007	三级/高级技能
凌　静	女	0858003001300008	三级/高级技能
付桂林	男	0858003001300009	三级/高级技能
孙向军	男	0858003001300011	三级/高级技能
刁珂冰	男	0858003001300012	三级/高级技能
赵　飞	男	0858003001300013	三级/高级技能
邢　勇	男	0858003001300014	三级/高级技能
赵吉全	男	0858003001300015	三级/高级技能
周常健	男	0858003001300016	三级/高级技能
贾子星	男	0858003001300017	三级/高级技能
赵　明	男	0858003001300018	三级/高级技能
曹　健	男	0858003001300019	三级/高级技能
王兴盛	男	0858003001300020	三级/高级技能
赵　睿	男	0858003001300021	三级/高级技能
张云佳	女	0858003001300022	三级/高级技能
马　可	男	0858003001300023	三级/高级技能
吴江江	男	0858003001300024	三级/高级技能
鲁　凤	女	0858003001300025	三级/高级技能
毕福江	男	0858003001300026	三级/高级技能
王　晶	女	0858003001300027	三级/高级技能
秋清海	男	0858003001300028	三级/高级技能
宋国松	男	0858003001300029	三级/高级技能
李方云	男	0858003001300031	三级/高级技能
李　佳	男	0858003001300032	三级/高级技能
郭　威	男	0858003001300033	三级/高级技能
张晓晨	男	0858003001300034	三级/高级技能
杨　康	男	0858003001300035	三级/高级技能
任志军	男	0858003001300036	三级/高级技能
蔺建伟	男	0858003001300037	三级/高级技能
何　松	男	0858003001300038	三级/高级技能
张黎明	男	0858003001300039	三级/高级技能
孙　军	男	0858003001300040	三级/高级技能
张　颂	男	0858003001300041	三级/高级技能
金万伟	男	0858003001300042	三级/高级技能
邓育才	男	0858003001300043	三级/高级技能

姓名	性别	证书号	级别
田广宇	男	0858003001300044	三级/高级技能
张　和	男	0858003001300045	三级/高级技能
陈晓苏	女	0858003001300046	三级/高级技能
李　茜	女	0858003001300047	三级/高级技能
王　键	男	0858003001300048	三级/高级技能
魏新宇	男	0858003001300049	三级/高级技能
顾元刚	男	0858003001300050	三级/高级技能
费　宝	男	0858003001300051	三级/高级技能
李宏全	男	0858003001300052	三级/高级技能
郭子兴	男	0858003001300053	三级/高级技能
王　展	男	0858003001300054	三级/高级技能
朱　婷	女	0858003001300058	三级/高级技能
陈　涛	男	0858003001300059	三级/高级技能
王　洋	男	0858003001300060	三级/高级技能
张洪峰	男	0858003001300061	三级/高级技能
肖浩铖	男	0858003001300062	三级/高级技能
夏　洋	男	0858003001300063	三级/高级技能
梁　阳	男	0858003001300064	三级/高级技能
于杉杉	女	0858003001300065	三级/高级技能
林宝林	男	0858003001300066	三级/高级技能
吴庆丰	男	0858003001300067	三级/高级技能
高和顺	男	0858003001300068	三级/高级技能
邓　佳	男	0858003001300069	三级/高级技能
康新鹏	男	0858003001300070	三级/高级技能
韩朦捷	男	0858003001300071	三级/高级技能
高　辉	男	0858003001300072	三级/高级技能
任　旻	男	0858003001300073	三级/高级技能
李安然	女	0858003001300074	三级/高级技能
马小飞	男	0858003001300075	三级/高级技能
李家良	男	0858003001300076	三级/高级技能
郭　璐	男	0858003001300077	三级/高级技能
吴立新	男	0858003001300078	三级/高级技能
张　凡	男	0858003001300079	三级/高级技能
许维涛	男	0858003001300080	三级/高级技能
周子鹏	男	0858003001300081	三级/高级技能
姜　昊	男	0858003001300082	三级/高级技能

姓名	性别	证书号	级别
朱 婷	女	0858003001400001	四级/中级技能
魏 博	男	0858003001400002	四级/中级技能
李 军	男	0858003001400003	四级/中级技能
李自强	男	0858003001400004	四级/中级技能
张 炜	男	0858003001400005	四级/中级技能
郑 晶	女	0858003001400006	四级/中级技能
凡建宇	男	0858003001400007	四级/中级技能
李立海	男	0858003001400008	四级/中级技能
武秋虎	男	0858003001400009	四级/中级技能
李承权	男	0858003001400010	四级/中级技能
钟斌林	男	0858003001400011	四级/中级技能
杜 可	男	0858003001400012	四级/中级技能
张晶涛	男	0858003001400013	四级/中级技能
吴 琼	女	0858003001400014	四级/中级技能
苏永祥	男	0858003001400029	四级/中级技能
孔 羽	女	0858003001400030	四级/中级技能
李 健	男	0858003001400031	四级/中级技能
黄 猛	男	0858003001400032	四级/中级技能
贾莹莹	女	0858003001400033	四级/中级技能
董雪飞	女	0858003001400034	四级/中级技能
李银芳	女	0858003001400035	四级/中级技能
刘 畅	男	0858003001400036	四级/中级技能
李雪飞	女	0858003001400037	四级/中级技能
鄂纪宇	男	0858003001400038	四级/中级技能
吴 丹	女	0858003001400039	四级/中级技能
贾丽婷	女	0858003001400040	四级/中级技能
安 婷	女	0858003001400041	四级/中级技能
张思远	男	0858003001400042	四级/中级技能
徐 媛	女	0858003001400043	四级/中级技能
杨 倩	女	0858003001400044	四级/中级技能
刘思宇	男	0858003001400045	四级/中级技能
丁 洁	女	0858003001400046	四级/中级技能
韩 硕	男	0858003001400047	四级/中级技能
耿玉硕	男	0858003001400048	四级/中级技能
王 悦	女	0858003001400049	四级/中级技能

姓名	性别	证书号	级别
尚　鹏	男	0858003001400050	四级/中级技能
王　从	女	0858003001400051	四级/中级技能
赵晓月	女	0858003001400052	四级/中级技能
冯　璨	女	0858003001400053	四级/中级技能
武　炜	男	0858003001400054	四级/中级技能
刘国斌	男	0858003001400055	四级/中级技能
王盛楠	女	0858003001400056	四级/中级技能
关六合	男	0858003001400057	四级/中级技能
孙秋晨	女	0858003001400058	四级/中级技能
孟　璐	女	0858003001400059	四级/中级技能
崔晓鹏	男	0858003001400060	四级/中级技能
王继业	男	0858003001400061	四级/中级技能
李丹丹	女	0858003001400062	四级/中级技能
施霄鹏	男	0858003001400063	四级/中级技能
潘高波	男	0858003001400064	四级/中级技能
张　巍	男	0858003001400065	四级/中级技能
赵　阳	男	0858003001400066	四级/中级技能
张　帅	男	0858003001400067	四级/中级技能
徐海波	男	0858003001400068	四级/中级技能
丁　栎	男	0858003001400069	四级/中级技能
成　波	男	0858003001400070	四级/中级技能
陈晓明	男	0858003001400071	四级/中级技能
徐　辉	男	0858003001400072	四级/中级技能
王　磊	男	0858003001400073	四级/中级技能
魏彦林	男	0858003001400074	四级/中级技能
王广东	男	0858003001400075	四级/中级技能
吕雪琪	女	0858003001400076	四级/中级技能
王隽茵	女	0858003001400077	四级/中级技能
蒋　舒	女	0858003001400078	四级/中级技能
黄延平	男	0858003001400079	四级/中级技能
郭家乐	女	0858003001400080	四级/中级技能
周　彤	女	0858003001400081	四级/中级技能
吕　付	女	0858003001400082	四级/中级技能
张利岩	女	0858003001400083	四级/中级技能
王一娇	女	0858003001400084	四级/中级技能
黄飞达	男	0858003001400085	四级/中级技能

姓名	性别	证书号	级别
何　凡	女	0858003001400086	四级/中级技能
郝　沁	女	0858003001400087	四级/中级技能
张　帅	男	0858003001400088	四级/中级技能
何　淼	女	0858003001400089	四级/中级技能
李知会	男	0858003001400090	四级/中级技能
赵羚君	女	0858003001400091	四级/中级技能
杨　飞	男	0858003001400092	四级/中级技能
梁福德	男	0858003001400093	四级/中级技能
黄　猛	男	0858003001400094	四级/中级技能
郑　波	男	0858003001400095	四级/中级技能
徐付春	男	0858003001400096	四级/中级技能
陈兆峰	男	0858003001400097	四级/中级技能
李贵印	男	0858003001400098	四级/中级技能
柏雁朋	男	0858003001400099	四级/中级技能
刘　维	女	0858003001400100	四级/中级技能
崔丁月	女	0858003001400101	四级/中级技能
秦立晗	男	0858003001400102	四级/中级技能
孙　敬	女	0858003001400103	四级/中级技能
周学媛	女	0858003001400104	四级/中级技能
陈伟坚	男	0858003001400105	四级/中级技能
李丽莎	女	0858003001400106	四级/中级技能
刘永祥	男	0858003001400114	四级/中级技能
吴维城	男	0858003001400115	四级/中级技能
叶　强	男	0858003001400116	四级/中级技能
洪布法	男	0858003001400117	四级/中级技能
邢建军	男	0858003001400118	四级/中级技能
朱文海	男	0858003001400119	四级/中级技能
逯志锐	男	0858003001400120	四级/中级技能
王凤鹏	男	0858003001400121	四级/中级技能
林忠安	男	0858003001400122	四级/中级技能
刘　伟	男	0858003001400123	四级/中级技能
薛　伟	男	0858003001400124	四级/中级技能
李　强	男	0858003001400125	四级/中级技能
闫文荣	男	0858003001400126	四级/中级技能
董　斌	男	0858003001400127	四级/中级技能
张　利	男	0858003001400128	四级/中级技能

姓名	性别	证书号	级别
樊月龙	男	0858003001500001	五级/初级技能
韩瑞雪	男	0858003001500002	五级/初级技能
王峻铭	男	0858003001500003	五级/初级技能
张 翀	男	0858003001500004	五级/初级技能
张慧芳	女	0858003001500005	五级/初级技能
貊虎发	男	0858003001500006	五级/初级技能
秦晓松	女	0858003001500007	五级/初级技能
孙俊波	男	0858003001500008	五级/初级技能
尹丹丹	女	0858003001500009	五级/初级技能
王萌萌	女	0858003001500010	五级/初级技能
迟海田	女	0858003001500011	五级/初级技能
王妍妍	女	0858003001500012	五级/初级技能
李 辉	女	0858003001500013	五级/初级技能
王秀云	女	0858003001500014	五级/初级技能
萧伟青	男	0858003001500015	五级/初级技能
林世春	男	0858003001500016	五级/初级技能
申龙浩	男	0858003001500017	五级/初级技能
锁 宁	男	0858003001500018	五级/初级技能
安 璐	女	0858003001500019	五级/初级技能
钱 磊	男	0858003001500020	五级/初级技能
陈进平	男	0858003001500021	五级/初级技能
蒋 勇	男	0858003001500022	五级/初级技能
王 硕	男	0858003001500023	五级/初级技能
海 鑫	女	0858003001500024	五级/初级技能
贺晓红	女	0858003001500025	五级/初级技能
王 静	女	0858003001500026	五级/初级技能
曲 艺	男	0858003001500027	五级/初级技能
窦世国	男	0858003001500028	五级/初级技能
宋莉萍	女	0858003001500056	五级/初级技能
苗向阳	男	0858003001500057	五级/初级技能
于程珊	女	0858003001500058	五级/初级技能
申 通	男	0858003001500059	五级/初级技能
朱伟智	男	0858003001500060	五级/初级技能
王诗友	男	0858003001500061	五级/初级技能
杨 磊	男	0858003001500062	五级/初级技能

姓名	性别	证书号	级别
朱乾明	男	0858003001500063	五级/初级技能
黄少辉	男	0858003001500064	五级/初级技能
高　迎	男	0858003001500065	五级/初级技能
顾程琳	女	0858003001500066	五级/初级技能
黄万敏	女	0858003001500067	五级/初级技能
胡金荣	女	0858003001500068	五级/初级技能
杨永浩	男	0858003001500069	五级/初级技能
魏文婵	女	0858003001500070	五级/初级技能
朝　元	男	0858003001500071	五级/初级技能
李　金	男	0858003001500072	五级/初级技能
裴金波	男	0858003001500073	五级/初级技能
周铭哲	男	0858003001500074	五级/初级技能
姬维旭	男	0858003001500075	五级/初级技能
欧志贤	男	0858003001500076	五级/初级技能
杨　涛	男	0858003001500077	五级/初级技能
赵旭明	男	0858003001500078	五级/初级技能
武　迪	男	0858003001500079	五级/初级技能
王　翀	女	0858003001500080	五级/初级技能
王　馨	女	0858003001500081	五级/初级技能
许　伟	男	0858003001500082	五级/初级技能
张思宇	女	0858003001500083	五级/初级技能
王立民	男	0858003001500098	五级/初级技能
张丹丹	女	0858003001500099	五级/初级技能
李　凯	男	0858003001500100	五级/初级技能
李春成	男	0858003001500101	五级/初级技能
徐　烨	男	0858003001500102	五级/初级技能
郭　靓	男	0858003001500103	五级/初级技能
王　建	男	0858003001500104	五级/初级技能
侯冬鸣	男	0858003001500105	五级/初级技能
李玉龙	男	0858003001500106	五级/初级技能
肖颖红	女	0858003001500107	五级/初级技能
张　羽	女	0858003001500108	五级/初级技能
魏　洁	女	0858003001500109	五级/初级技能
秦　龙	男	0858003001500110	五级/初级技能
陈　易	男	0858003001500111	五级/初级技能
张政伟	男	0858003001500112	五级/初级技能

姓名	性别	证书号	级别
杨晓军	男	0858003001500113	五级/初级技能
贺中辉	男	0858003001500114	五级/初级技能
马　健	男	0858003001500115	五级/初级技能
李春雷	男	0858003001500116	五级/初级技能

广州鉴定站

姓名	性别	证书号	级别
李松辉	男	0858003002300001	三级/高级技能
丁建全	男	0858003002300002	三级/高级技能
董　翔	男	0858003002300003	三级/高级技能
王欣源	男	0858003002300004	三级/高级技能
熊秋荣	男	0858003002300005	三级/高级技能
冯志星	男	0858003002300006	三级/高级技能
丁　勇	男	0858003002300007	三级/高级技能
虞文贤	男	0858003002300008	三级/高级技能
孔庆鸣	男	0858003002300009	三级/高级技能
廖全文	男	0858003002300010	三级/高级技能
谢培锦	男	0858003002300011	三级/高级技能
郭永灵	男	0858003002300012	三级/高级技能
李冬青	男	0858003002300013	三级/高级技能
刘志坚	男	0858003002300014	三级/高级技能
李思兰	男	0858003002300015	三级/高级技能
黄　庆	男	0858003002300016	三级/高级技能
林小波	男	0858003002400001	四级/中级技能
吴宝卿	女	0858003002400002	四级/中级技能
黄志强	男	0858003002400003	四级/中级技能
兰新文	男	0858003002400004	四级/中级技能
向　蓉	女	0858003002400005	四级/中级技能
孟　浩	男	0858003002400006	四级/中级技能
王　庆	男	0858003002400007	四级/中级技能
冯全顺	男	0858003002400008	四级/中级技能
杨彦华	女	0858003002400009	四级/中级技能
王　智	男	0858003002400010	四级/中级技能
林小荣	男	0858003002400011	四级/中级技能
杜　斌	男	0858003002400012	四级/中级技能

姓名	性别	证书号	级别
肖浩铖	男	0858003002400013	四级/中级技能
詹骏斌	男	0858003002400014	四级/中级技能
李　云	女	0858003002400015	四级/中级技能
鲁毅成	男	0858003002400016	四级/中级技能
许维国	男	0858003002400017	四级/中级技能
李快华	男	0858003002400018	四级/中级技能
朱进强	男	0858003002400019	四级/中级技能
李林祥	男	0858003002400020	四级/中级技能
李剑超	男	0858003002400021	四级/中级技能
常海涛	男	0858003002400022	四级/中级技能
郭　威	男	0858003002400023	四级/中级技能
李　琮	男	0858003002400024	四级/中级技能
金　军	男	0858003002400025	四级/中级技能
李腾飞	男	0858003002400026	四级/中级技能
朱　勇	男	0858003002400027	四级/中级技能
杨　山	男	0858003002400028	四级/中级技能
罗银桥	男	0858003002400029	四级/中级技能
李　云	女	0858003002400030	四级/中级技能
谢滴浓	男	0858003002400031	四级/中级技能
张腾峰	男	0858003002400032	四级/中级技能
陈益峰	男	0858003002400033	四级/中级技能
陈民阳	男	0858003002400034	四级/中级技能
徐旅龙	男	0858003002400035	四级/中级技能
孙　辉	男	0858003002400036	四级/中级技能
丘道先	男	0858003002400037	四级/中级技能
魏　勇	男	0858003002400038	四级/中级技能
魏　刚	男	0858003002400039	四级/中级技能
张　璐	女	0858003002500001	五级/初级技能
黄健聪	男	0858003002500002	五级/初级技能
吴晓红	女	0858003002500003	五级/初级技能
伍小月	女	0858003002500004	五级/初级技能
陈家广	男	0858003002500005	五级/初级技能
高　磊	男	0858003002500006	五级/初级技能
吴海伦	男	0858003002500007	五级/初级技能
王　俊	男	0858003002500008	五级/初级技能

姓名	性别	证书号	级别
林禹萱	女	0858003002500009	五级/初级技能
陈　曼	男	0858003002500010	五级/初级技能
张梦怡	女	0858003002500011	五级/初级技能
张　兵	男	0858003002500012	五级/初级技能
鲁冠东	男	0858003002500013	五级/初级技能
张伟建	男	0858003002500014	五级/初级技能
李士彧	男	0858003002500015	五级/初级技能
杨荣发	男	0858003002500016	五级/初级技能
李嘉颖	男	0858003002500017	五级/初级技能
文　员	男	0858003002500018	五级/初级技能
陈　鹰	男	0858003002500019	五级/初级技能
黄志慧	男	0858003002500020	五级/初级技能
李景辉	男	0858003002500021	五级/初级技能
廖智娥	女	0858003002500022	五级/初级技能
郑桂敏	女	0858003002500023	五级/初级技能
夏旭东	男	0858003002500024	五级/初级技能
陈　帅	男	0858003002500025	五级/初级技能
攸子铭	男	0858003002500026	五级/初级技能
姜　宇	男	0858003002500027	五级/初级技能
崔耀华	男	0858003002500028	五级/初级技能
张振浩	男	0858003002500029	五级/初级技能
熊育丰	男	0858003002500030	五级/初级技能
徐　韵	女	0858003002500031	五级/初级技能
奚　望	男	0858003002500032	五级/初级技能
岳浪舟	男	0858003002500033	五级/初级技能
黎文锋	男	0858003002500034	五级/初级技能
何伟生	男	0858003002500035	五级/初级技能
蒋良福	男	0858003002500036	五级/初级技能
李　斌	男	0858003002500037	五级/初级技能
尹文韬	男	0858003002500038	五级/初级技能
饶芷榕	女	0858003002500039	五级/初级技能
姜　红	男	0858003002500040	五级/初级技能
黄家洪	男	0858003002500041	五级/初级技能
潘成鸿	男	0858003002500042	五级/初级技能
杨云清	男	0858003002500043	五级/初级技能
郭锐锋	男	0858003002500044	五级/初级技能

姓名	性别	证书号	级别
邵海雄	男	0858003002500045	五级/初级技能
赵 海	男	0858003002500046	五级/初级技能
杨建军	男	0858003002500047	五级/初级技能
王富勇	男	0858003002500048	五级/初级技能
段 朦	男	0858003002500049	五级/初级技能
李志远	男	0858003002500050	五级/初级技能
陈晓雨	男	0858003002500051	五级/初级技能
周晚婉	女	0858003002500052	五级/初级技能

上海鉴定所

姓名	性别	证书号	级别
孙丽莉	女	0858003001300030	三级/高级技能
李敬东	男	0858003001300055	三级/高级技能
李奇平	女	0858003001300056	三级/高级技能
王 捷	男	0858003001300057	三级/高级技能
李 锋	男	0858003001400015	四级/中级技能
王金龙	男	0858003001400016	四级/中级技能
干云新	男	0858003001400017	四级/中级技能
沈滨凯	男	0858003001400018	四级/中级技能
徐增建	男	0858003001400019	四级/中级技能
干 超	男	0858003001400020	四级/中级技能
任小安	女	0858003001400021	四级/中级技能
赵广智	男	0858003001400022	四级/中级技能
张 宁	男	0858003001400023	四级/中级技能
赵 锐	男	0858003001400024	四级/中级技能
滕 峰	男	0858003001400025	四级/中级技能
马万朋	男	0858003001400026	四级/中级技能
许世杰	男	0858003001400027	四级/中级技能
高振广	男	0858003001400028	四级/中级技能
陶旭东	男	0858003001400107	四级/中级技能
王志远	男	0858003001400108	四级/中级技能
俞 曦	男	0858003001400109	四级/中级技能
王 芳	女	0858003001400110	四级/中级技能
雷远能	男	0858003001400111	四级/中级技能
周卫国	男	0858003001400112	四级/中级技能

姓名	性别	证书号	级别
吴新涛	男	0858003001400113	四级/中级技能
张绍栋	男	0858003001500029	五级/初级技能
吕建军	男	0858003001500030	五级/初级技能
李明锴	男	0858003001500031	五级/初级技能
李　晨	女	0858003001500032	五级/初级技能
徐　扬	男	0858003001500033	五级/初级技能
任宪京	男	0858003001500034	五级/初级技能
周　彩	女	0858003001500035	五级/初级技能
何　盼	男	0858003001500036	五级/初级技能
卢　俊	男	0858003001500037	五级/初级技能
汤　俊	男	0858003001500038	五级/初级技能
叶　舟	男	0858003001500039	五级/初级技能
夏　冰	男	0858003001500040	五级/初级技能
董　梁	男	0858003001500041	五级/初级技能
徐　永	男	0858003001500042	五级/初级技能
张　思	女	0858003001500043	五级/初级技能
黄　江	男	0858003001500044	五级/初级技能
王未来	女	0858003001500045	五级/初级技能
陈思远	男	0858003001500046	五级/初级技能
童　牧	男	0858003001500047	五级/初级技能
王　薇	女	0858003001500048	五级/初级技能
赵　磊	男	0858003001500049	五级/初级技能
马继迟	男	0858003001500050	五级/初级技能
程　思	男	0858003001500051	五级/初级技能
帅　印	男	0858003001500052	五级/初级技能
钱　超	男	0858003001500053	五级/初级技能
王锦辉	男	0858003001500054	五级/初级技能
王开贵	男	0858003001500055	五级/初级技能
贾鸿志	男	0858003001500084	五级/初级技能
唐　弘	男	0858003001500085	五级/初级技能
许　印	女	0858003001500086	五级/初级技能
郑　俊	男	0858003001500087	五级/初级技能
谢忠诚	男	0858003001500088	五级/初级技能
姜　涛	男	0858003001500089	五级/初级技能
徐向宏	男	0858003001500090	五级/初级技能

姓名	性别	证书号	级别
张世界	男	0858003001500091	五级/初级技能
陈贵毅	男	0858003001500092	五级/初级技能
王　斌	男	0858003001500093	五级/初级技能
陈　倩	女	0858003001500094	五级/初级技能
范怀吉	男	0858003001500095	五级/初级技能
姚　望	男	0858003001500096	五级/初级技能
李　群	女	0858003001500097	五级/初级技能

2009年全国钢琴调律师职业资格考核鉴定情况统计表

鉴定站（所）	鉴定日期	五级/初级技能	四级/中级技能	三级/高级技能	合计
北京鉴定站	2009年4月(竞赛优秀选手)			14	14
	2009年4月(鉴定)	5	14	11	30
	2009年4月(调律班)	17			17
	2009年9月(调律班)	19			19
	2009年10月(鉴定)	4	11	9	24
	2009年11月(郑州)		37	3	40
小计		45	62	37	144
上海鉴定所	2009年4月(鉴定)	24	4	1	29
	2009年10月(鉴定)	15	8	5	28
小计		39	12	6	57
广州鉴定站	2009年1月(调律班)	8			8
	2009年4月(鉴定)	20	16	9	45
	2009年8月(调律班)	16		1	17
	2009年10月(鉴定)	14	7	3	24
	2009年12月(调律班)	17			17
小计		75	23	13	111
北京电子科技职业学院(毕业生)		1	17		18
北京联合大学特殊教育学院(毕业生)			18	1	19
南京艺术学院流行音乐学院(毕业生)			7	9	16
小计		1	42	10	53
总计		160	139	66	365

2009年通过钢琴调律师国家职业资格考核鉴定名单

北京鉴定站

姓　名	性别	证书号	级别
韩作岩	男	0958003001300001	三级/高级技能
曹志强	男	0958003001300002	三级/高级技能
卢志毅	男	0958003001300003	三级/高级技能
刘东林	男	0958003001300004	三级/高级技能
杨金瑞	男	0958003001300005	三级/高级技能
王建光	男	0958003001300006	三级/高级技能
胡莉莉	女	0958003001300007	三级/高级技能
文金全	男	0958003001300008	三级/高级技能
王嘉路	男	0958003001300009	三级/高级技能
邱若溪	男	0958003001300010	三级/高级技能
谢吉多	男	0958003001300011	三级/高级技能
陈　意	男	0958003001300012	三级/高级技能
孙　锐	男	0958003001300013	三级/高级技能
查宝莲	女	0958003001300014	三级/高级技能
李维强	男	0958003001300016	三级/高级技能
乔　军	男	0958003001300017	三级/高级技能
林玉树	男	0958003001300018	三级/高级技能
张明星	女	0958003001300019	三级/高级技能
于立娇	女	0958003001300020	三级/高级技能
郭　婧	女	0958003001300021	三级/高级技能
朱　骏	男	0958003001300022	三级/高级技能
郭辉峰	男	0958003001300023	三级/高级技能
李国柱	男	0958003001300024	三级/高级技能
荣立慧	男	0958003001300025	三级/高级技能
崔慧颖	男	0958003001300026	三级/高级技能
王　秋	女	0958003001300027	三级/高级技能
徐　蕾	女	0958003001300042	三级/高级技能
徐　峰	男	0958003001300043	三级/高级技能
张　强	男	0958003001300044	三级/高级技能
雷荣发	男	0958003001300045	三级/高级技能
许国众	男	0958003001300046	三级/高级技能

姓　名	性别	证书号	级别
孙　辉	男	0958003001300047	三级/高级技能
王玉杰	男	0958003001300048	三级/高级技能
李　震	男	0958003001300049	三级/高级技能
唐小可	男	0958003001300050	三级/高级技能
杨全红	男	0958003001300051	三级/高级技能
吕　德	男	0958003001300052	三级/高级技能
吴亚锋	男	0958003001300053	三级/高级技能
白永辉	男	0958003001400022	四级/中级技能
高喜柱	男	0958003001400023	四级/中级技能
乔　宇	男	0958003001400024	四级/中级技能
吴培强	男	0958003001400025	四级/中级技能
阴玉兵	男	0958003001400026	四级/中级技能
姜　军	男	0958003001400027	四级/中级技能
朱道富	男	0958003001400028	四级/中级技能
金东俊	男	0958003001400029	四级/中级技能
郑艾明	男	0958003001400030	四级/中级技能
莫新新	女	0958003001400031	四级/中级技能
吴兆峰	男	0958003001400032	四级/中级技能
李　乐	女	0958003001400033	四级/中级技能
王　楠	男	0958003001400034	四级/中级技能
王海涛	男	0958003001400035	四级/中级技能
王　聪	男	0958003001400036	四级/中级技能
冀朋涛	女	0958003001400037	四级/中级技能
张亚楠	女	0958003001400038	四级/中级技能
张　洋	女	0958003001400039	四级/中级技能
吕　超	男	0958003001400040	四级/中级技能
刘国全	男	0958003001400041	四级/中级技能
谢　君	女	0958003001400042	四级/中级技能
韩山晓	男	0958003001400043	四级/中级技能
刁晓超	男	0958003001400044	四级/中级技能
康景瑜	女	0958003001400045	四级/中级技能
梁　健	男	0958003001400046	四级/中级技能
李顺利	男	0958003001400047	四级/中级技能
刘　岩	男	0958003001400048	四级/中级技能
刘　兵	男	0958003001400049	四级/中级技能

姓　名	性别	证书号	级别
王　啸	男	0958003001400050	四级/中级技能
尚宜彤	女	0958003001400051	四级/中级技能
王　威	男	0958003001400052	四级/中级技能
徐士傑	女	0958003001400053	四级/中级技能
魏　萍	女	0958003001400054	四级/中级技能
郭晓恒	男	0958003001400055	四级/中级技能
陈志红	男	0958003001400056	四级/中级技能
贾昌海	男	0958003001400057	四级/中级技能
官雄东	男	0958003001400058	四级/中级技能
康文英	女	0958003001400059	四级/中级技能
包锡强	男	0958003001400060	四级/中级技能
林　鹏	男	0958003001400061	四级/中级技能
殷　冉	女	0958003001400062	四级/中级技能
张　奕	女	0958003001400063	四级/中级技能
刘高斌	男	0958003001400064	四级/中级技能
石　浩	男	0958003001400065	四级/中级技能
赵　津	男	0958003001400066	四级/中级技能
周　颖	女	0958003001400067	四级/中级技能
么传锡	男	0958003001400068	四级/中级技能
郭海鹰	女	0958003001400069	四级/中级技能
郭林钢	男	0958003001400070	四级/中级技能
马　彪	男	0958003001400086	四级/中级技能
朱小金	男	0958003001400087	四级/中级技能
李永文	男	0958003001400088	四级/中级技能
屈建义	男	0958003001400089	四级/中级技能
管　龙	男	0958003001400090	四级/中级技能
刘　亮	男	0958003001400091	四级/中级技能
李伟伟	男	0958003001400092	四级/中级技能
姚黎敏	女	0958003001400093	四级/中级技能
黄　斌	男	0958003001400094	四级/中级技能
焦成广	男	0958003001400095	四级/中级技能
韩瑞涛	男	0958003001400096	四级/中级技能
张定国	男	0958003001400097	四级/中级技能
孙中伟	男	0958003001400098	四级/中级技能
楚晓攀	男	0958003001400099	四级/中级技能
邓少彤	男	0958003001400100	四级/中级技能

姓　名	性别	证书号	级别
崔世杰	男	0958003001400101	四级/中级技能
李飞龙	男	0958003001400102	四级/中级技能
左　悦	女	0958003001400103	四级/中级技能
宁玉龙	男	0958003001400104	四级/中级技能
耿意钦	男	0958003001400105	四级/中级技能
李　攀	男	0958003001400106	四级/中级技能
王　凯	男	0958003001400107	四级/中级技能
马昆婷	女	0958003001400108	四级/中级技能
陈赛君	女	0958003001400109	四级/中级技能
高玉平	女	0958003001400110	四级/中级技能
李白茹	女	0958003001400111	四级/中级技能
周轶魁	男	0958003001400112	四级/中级技能
张声威	男	0958003001400113	四级/中级技能
刘邵波	男	0958003001400114	四级/中级技能
陈真真	女	0958003001400115	四级/中级技能
拓利杰	女	0958003001400116	四级/中级技能
刘　璐	女	0958003001400117	四级/中级技能
刘　洁	女	0958003001400118	四级/中级技能
杨　玲	女	0958003001400119	四级/中级技能
陈雪姣	女	0958003001400120	四级/中级技能
周义统	男	0958003001400121	四级/中级技能
田　苑	女	0958003001400122	四级/中级技能
郭溟慧	女	0958003001400123	四级/中级技能
周　谦	女	0958003001400124	四级/中级技能
吕晓梅	女	0958003001400125	四级/中级技能
王亚敏	女	0958003001400126	四级/中级技能
陈春翰	女	0958003001400127	四级/中级技能
苏　芮	女	0958003001400128	四级/中级技能
于莉丹	女	0958003001400129	四级/中级技能
王延涛	女	0958003001400130	四级/中级技能
付立东	男	0958003001400131	四级/中级技能
周　波	男	0958003001400132	四级/中级技能
陈　楠	男	0958003001400133	四级/中级技能
刘　强	男	0958003001500044	五级/初级技能
邹基兴	男	0958003001500045	五级/初级技能

姓　名	性别	证书号	级别
林　伟	男	0958003001500046	五级/初级技能
吴雨生	男	0958003001500047	五级/初级技能
李波夔	男	0958003001500048	五级/初级技能
王博渊	男	0958003001500049	五级/初级技能
倪　剑	男	0958003001500050	五级/初级技能
吴勇旌	男	0958003001500051	五级/初级技能
刘泽远	男	0958003001500052	五级/初级技能
姜雯雯	女	0958003001500053	五级/初级技能
朱崇林	男	0958003001500054	五级/初级技能
曹维亮	男	0958003001500055	五级/初级技能
张伯璟	男	0958003001500056	五级/初级技能
刘　爽	女	0958003001500057	五级/初级技能
高宝财	男	0958003001500058	五级/初级技能
袁　丽	女	0958003001500059	五级/初级技能
吴乾康	男	0958003001500060	五级/初级技能
孟宙光	男	0958003001500061	五级/初级技能
龚文安	男	0958003001500062	五级/初级技能
姜　辉	女	0958003001500063	五级/初级技能
田韫铖	男	0958003001500064	五级/初级技能
余仕超	男	0958003001500065	五级/初级技能
杨　宁	男	0958003001500066	五级/初级技能
杨庆松	男	0958003001500067	五级/初级技能
李　萠	男	0958003001500068	五级/初级技能
羡良策	男	0958003001500069	五级/初级技能
胡　琦	女	0958003001500070	五级/初级技能
李　伟	男	0958003001500071	五级/初级技能
魏静渊	男	0958003001500072	五级/初级技能
苏慧英	男	0958003001500073	五级/初级技能
权国华	女	0958003001500074	五级/初级技能
刘亮亮	男	0958003001500075	五级/初级技能
王彩霞	女	0958003001500076	五级/初级技能
付铁英	男	0958003001500077	五级/初级技能
袁冠发	男	0958003001500078	五级/初级技能
李华涛	男	0958003001500079	五级/初级技能
张秋实	男	0958003001500080	五级/初级技能
易安萍	男	0958003001500081	五级/初级技能

姓　名	性别	证书号	级别
张晨明	男	0958003001500082	五级/初级技能
魏　丹	女	0958003001500083	五级/初级技能
樊海波	男	0958003001500084	五级/初级技能
张　叶	男	0958003001500085	五级/初级技能
王有雄	男	0958003001500101	五级/初级技能
鲍洪州	男	0958003001500102	五级/初级技能
刘秀清	女	0958003001500103	五级/初级技能
王　婵	女	0958003001500104	五级/初级技能

广州鉴定站

姓　名	性别	证书号	级别
刘国铨	男	0958003002300001	三级/高级技能
高英超	男	0958003002300002	三级/高级技能
黄义军	男	0958003002300003	三级/高级技能
赵东俊	男	0958003002300004	三级/高级技能
曲东方	男	0958003002300005	三级/高级技能
陈福有	男	0958003002300006	三级/高级技能
李品刚	男	0958003002300007	三级/高级技能
马俊涛	男	0958003002300008	三级/高级技能
李仕栏	男	0958003002300009	三级/高级技能
郭永青	男	0958003002300010	三级/高级技能
叶勇灿	男	0958003002300011	三级/高级技能
吴道响	男	0958003002300012	三级/高级技能
杨　飞	男	0958003002300013	三级/高级技能
宋小伟	男	0958003002400001	四级/中级技能
林焕鑫	男	0958003002400002	四级/中级技能
张贤峰	男	0958003002400003	四级/中级技能
张汉忠	男	0958003002400004	四级/中级技能
胡　浩	男	0958003002400005	四级/中级技能
刘小华	男	0958003002400006	四级/中级技能
魏丹琼	女	0958003002400007	四级/中级技能
孙骏杰	男	0958003002400008	四级/中级技能
徐　斌	男	0958003002400009	四级/中级技能
吴江怀	男	0958003002400010	四级/中级技能
陈镇安	男	0958003002400011	四级/中级技能

姓　名	性别	证书号	级别
李科文	男	0958003002400012	四级/中级技能
王晓东	男	0958003002400013	四级/中级技能
戴茂勇	男	0958003002400014	四级/中级技能
陈志军	男	0958003002400015	四级/中级技能
刘　恪	男	0958003002400016	四级/中级技能
梁　俊	男	0958003002400017	四级/中级技能
沈　嵘	男	0958003002400018	四级/中级技能
钟　刚	男	0958003002400019	四级/中级技能
林文凤	男	0958003002400020	四级/中级技能
杜小勇	男	0958003002400021	四级/中级技能
杨一贞	女	0958003002400022	四级/中级技能
陈绍俊	男	0958003002400023	四级/中级技能
崔晓明	女	0958003002500001	五级/初级技能
李里通	男	0958003002500002	五级/初级技能
陈道亮	男	0958003002500003	五级/初级技能
艾　亮	男	0958003002500004	五级/初级技能
陈俊雄	男	0958003002500005	五级/初级技能
聂维克	男	0958003002500006	五级/初级技能
王建新	男	0958003002500007	五级/初级技能
黄国宇	男	0958003002500008	五级/初级技能
杨德明	男	0958003002500009	五级/初级技能
王翠娟	女	0958003002500010	五级/初级技能
刘耀东	男	0958003002500011	五级/初级技能
林秋凤	女	0958003002500012	五级/初级技能
琚龙军	男	0958003002500013	五级/初级技能
王健立	男	0958003002500014	五级/初级技能
陈亚四	男	0958003002500015	五级/初级技能
周　锋	男	0958003002500016	五级/初级技能
张　卓	女	0958003002500017	五级/初级技能
郭伟群	男	0958003002500018	五级/初级技能
李清波	男	0958003002500019	五级/初级技能
余庆坤	男	0958003002500020	五级/初级技能
李　平	男	0958003002500021	五级/初级技能
林松滨	男	0958003002500022	五级/初级技能
侯莹莹	女	0958003002500023	五级/初级技能

姓　名	性别	证书号	级别
萧致祥	男	0958003002500024	五级/初级技能
师　蕊	女	0958003002500025	五级/初级技能
关志全	男	0958003002500026	五级/初级技能
卢家纯	男	0958003002500027	五级/初级技能
罗伟挺	男	0958003002500028	五级/初级技能
Sappasit	男	0958003002500029	五级/初级技能
WERAYUTH	男	0958003002500030	五级/初级技能
刘　辉	男	0958003002500031	五级/初级技能
汤晓君	女	0958003002500032	五级/初级技能
曾国峰	男	0958003002500033	五级/初级技能
陆世顺	男	0958003002500034	五级/初级技能
周　洪	男	0958003002500035	五级/初级技能
龙敏芳	男	0958003002500036	五级/初级技能
徐　俊	男	0958003002500037	五级/初级技能
张跃华	男	0958003002500038	五级/初级技能
洪　艳	女	0958003002500039	五级/初级技能
汤　源	男	0958003002500040	五级/初级技能
杨　彬	男	0958003002500041	五级/初级技能
王汉城	男	0958003002500042	五级/初级技能
王寒冰	男	0958003002500043	五级/初级技能
曾迪祥	男	0958003002500044	五级/初级技能
奚　德	男	0958003002500045	五级/初级技能
严俊钊	男	0958003002500046	五级/初级技能
房卓怡	女	0958003002500047	五级/初级技能
冯颖怀	男	0958003002500048	五级/初级技能
余秀香	女	0958003002500049	五级/初级技能
陈雅文	女	0958003002500050	五级/初级技能
陈彦宏	男	0958003002500051	五级/初级技能
黄龙兹	男	0958003002500052	五级/初级技能
胡　鹏	男	0958003002500053	五级/初级技能
康　兵	男	0958003002500054	五级/初级技能
于跃平	男	0958003002500055	五级/初级技能
苏少彬	男	0958003002500056	五级/初级技能
黄镇宇	男	0958003002500057	五级/初级技能
钟华锋	男	0958003002500058	五级/初级技能

上海鉴定所			
姓　名	性别	证书号	级别
范福琳	男	0958003001300015	三级/高级技能
孙　瑱	男	0958003001300028	三级/高级技能
翟　标	男	0958003001300029	三级/高级技能
朱香韵	女	0958003001300030	三级/高级技能
李　宁	男	0958003001300031	三级/高级技能
倪　敏	女	0958003001300032	三级/高级技能
曾　铝	男	0958003001300033	三级/高级技能
吴小虎	男	0958003001300034	三级/高级技能
焦　赫	男	0958003001300035	三级/高级技能
王淑娟	女	0958003001300036	三级/高级技能
刘冬梅	女	0958003001300037	三级/中级技能
王晓春	男	0958003001300038	三级/中级技能
陈　杰	男	0958003001300039	三级/中级技能
黄　昆	男	0958003001300040	三级/中级技能
林天送	男	0958003001300041	三级/中级技能
汪国俊	男	0958003001400018	四级/中级技能
张　政	男	0958003001400019	四级/中级技能
郭　政	男	0958003001400020	四级/中级技能
邱俊勇	男	0958003001400021	四级/中级技能
曹静霞	女	0958003001400071	四级/中级技能
任　源	女	0958003001400072	四级/中级技能
赵文婷	女	0958003001400073	四级/中级技能
葛　琳	女	0958003001400074	四级/中级技能
王　珏	女	0958003001400075	四级/中级技能
马会婷	女	0958003001400076	四级/中级技能
顾　亮	男	0958003001400077	四级/中级技能
宁　芳	女	0958003001400078	四级/中级技能
赵　伟	男	0958003001400079	四级/中级技能
柳　杨	男	0958003001400080	四级/中级技能
刘　军	男	0958003001400081	四级/中级技能
潘明丽	女	0958003001400082	四级/中级技能
应春林	女	0958003001400083	四级/中级技能

姓　名	性别	证书号	级别
欧阳华清	男	0958003001400084	四级/中级技能
仇铃杰	男	0958003001400085	四级/中级技能
吴　迪	男	0958003001500020	五级/初级技能
朱玉丽	女	0958003001500021	五级/初级技能
汪晶晶	男	0958003001500022	五级/初级技能
陈玉佩	女	0958003001500023	五级/初级技能
余　乐	女	0958003001500024	五级/初级技能
张登勇	男	0958003001500025	五级/初级技能
周宇敏	男	0958003001500026	五级/初级技能
苏　孙	男	0958003001500027	五级/初级技能
黄　舒	女	0958003001500028	五级/初级技能
陈卫军	男	0958003001500029	五级/初级技能
王　伟	男	0958003001500030	五级/初级技能
韦婷婷	女	0958003001500031	五级/初级技能
陈纯洁	女	0958003001500032	五级/初级技能
王响玲	女	0958003001500033	五级/初级技能
卢智聪	男	0958003001500034	五级/初级技能
郭辰涧	男	0958003001500035	五级/初级技能
郑　坤	男	0958003001500036	五级/初级技能
施　义	男	0958003001500037	五级/初级技能
王淑雅	女	0958003001500038	五级/初级技能
黄建锋	男	0958003001500039	五级/初级技能
袁聪玮	男	0958003001500040	五级/初级技能
全　帆	男	0958003001500041	五级/初级技能
黄　展	男	0958003001500042	五级/初级技能
刘　岗	男	0958003001500043	五级/初级技能
孙　绮	女	0958003001500086	五级/初级技能
马　瑞	男	0958003001500087	五级/初级技能
吴哲龙	男	0958003001500088	五级/初级技能
陈　弦	男	0958003001500089	五级/初级技能
何　罡	男	0958003001500090	五级/初级技能
郭　锋	男	0958003001500091	五级/初级技能
柯伟雷	男	0958003001500092	五级/初级技能
史　思	女	0958003001500093	五级/初级技能
沈　灏	男	0958003001500094	五级/初级技能

姓　名	性别	证书号	级别
韦　妮	女	0958003001500095	五级/初级技能
赵　伟	男	0958003001500096	五级/初级技能
侯润中	男	0958003001500097	五级/初级技能
吴文俊	男	0958003001500098	五级/初级技能
任秋林	男	0958003001500099	五级/初级技能
龙铁球	男	0958003001500100	五级/初级技能

信息检测标准

中国乐器协会信息部工作总结（2008年～2009年）

2008年至2009年，中国乐器协会信息部在中国乐器协会领导下，按照中国乐器协会年度工作计划，紧紧围绕为行业服务，服务企业的宗旨，积极适应新形势的需要，不断完善和健全各种信息渠道，实现了信息工作质和量的新突破。《中国乐器》、“中国乐器协会网”、《中国乐器年鉴》、《会员通讯录》、《乐器行业专刊》在信息报导内容、形式以及版面质量上不断向更高标准看齐，努力满足会员单位对国内外乐器行业和市场信息的要求，扩大向有关领导部门以及音乐院校、文化艺术等相关单位的宣传报道。为了加强会员间沟通，从2008年起，每年出版《中国乐器协会会员通讯录》。同时，为了保证行业重大事件及统计数据的连续性，隔年出版一册《乐器行业专刊》，是对每两年一版的《中国乐器年鉴》的有力补充。传统平面媒介及行业门户网站共同构建一个立体的信息网络，为整个乐器行业提供大量的及时、可靠、详实的信息。

信息部工作主要围绕以下几个方面开展：

1、《中国乐器》杂志（月刊），乐器行业内部刊物。以报道国内外乐器市场发展趋势及动态，注重可靠性、新颖性、快速性，以行业性强、信息量大、数据丰富为特色。经过多年的发展，已拥有许多固定读者，其内容和形式得到了业界的广泛好评。2008年，《中国乐器》在保持原有特色、风格的基础上，加强对杂志的整体策划，调整了内容版式，并对栏目设置、文章选题、编辑质量、版面效果等方面进行了全面改版。特别是从2008年第7期起，还将杂志由黑白印刷改为全彩印刷，对大量照片、稿件进行精挑细选，增加了照片的使用量，使《中国乐器》刊物质量有了大幅度全面提升，其内容更丰富，涉及面更广，更加注重细节。

2、“中国乐器协会网”，乐器行业服务型门户网站。聚焦全球乐器行业生产、销售、贸易、展会资讯，搭建国内外商贸信息平台。中国乐器协会网利用网络优势，继续发挥其时效性的特点，进一步拓展和改进网站功能，便于访客能够快捷的根据所需找到相关信息。2008至2009年累计发布新闻2684条，其中行业快讯324条，企业信息387条，海外信息208条。一直备受关注的“视频中心”栏目，将行业内的大事真实、生动记录下来，供行业参考。两年来累计采编播出18条，浏览量超过1万人次。

3、《中国乐器年鉴》，每两年出版一册。以总结我国乐器行业主要工作完成情况，概括行业生产、经营、改革、发展的基本状况，提供国内各省市乐器制造业信息和国外乐器市场发展动态为主要内容，是查询乐器行业信息资料的大型工具书。2008年9月24日，《中国乐器年鉴（2007-2008）》正式向国内外发行，并在中国（上海）国际乐器展览会期间现场向一千余家中外展商免费赠阅。该年鉴是自2002年起，中国乐器协会编印的第四本乐器年鉴，《年鉴》的出版加强了乐器行业间的信息交流，为扩大中国乐器行业国内外影响，推动中国乐器行业更好更快的发展也起到了很好的作用。

4、协会信息部不断加强与国际间乐器协会、团体及企业建立经常性的联系与沟通，加强中国与世界乐器行业信息沟通。两年间，先后与美国国际音乐制品协会（NAMM）、英国乐器协会（MIA）、意大利乐器制造商协会（ACISA）、巴西乐器制造商协会（ANAFIM）等国家乐器行业协会进行互访，及时交流彼此乐器市场的发展态势，互换意见，为推进各国乃至全球乐器行业的发展起到了重要作用。同时，信息部注重与世界知名乐器制造企业间的互访与沟通，先后与捷克佩卓夫钢琴公司、法国布菲管乐器公司、美国萨尔玛管乐器公司、美国AXL乐器公司、日本东洋钢琴制造公司等公司进行友好的交流，较好地把握了当前世界乐器行业发展趋势。

5、2008年3月，以信息部主任丰元凯为领队的中国乐器协会一行参加2008年第29届法兰克福国际乐器展，在6号馆设置“中国乐器协会”展位，并向大会新闻中心提供了《中国乐器行业发展现状报告》。在为期4天的展会中走访和接待国际重点展商和观众40余人次，广泛接触和采访了众多国际厂商及乐器行业组织有关人士，进一步扩大了中国乐器行业以及上海乐器展的国际影响。

6、2008年是中国改革开放30周年，为隆重纪念这一具有伟大历史意义的重要事件，中国轻工业联合会决定编辑出版“中国轻工业改革开放30周年大型纪念文集”。按中轻联的部署，由中国乐器协会信息部、广州珠江钢琴集团有限公司、上海民族乐器一厂分别撰写中国乐器行业以及广州珠江钢琴集团有限公司、上海民族乐器一厂改革开放30周年的纪念文章。这三篇纪念文章全面总结了我国乐器行业以及广州珠江钢琴公司改革开放30年来的发展业绩及基本经验。此外，由协会信息部在这一年内通过采访业内有关专家或约稿的形式，发表了民族乐器、管乐器、提琴、电声乐器、口琴、钢琴等7篇纪念文章，全面回顾和总结了乐器行业改革开放30年的发展历程。

7、国家林业局于2008年7月启动了对野生动物行政许可事项实施情况开展监督检查工作，乐器行业的蟒皮等一批资源消耗量高，受国内外关注，具有行业代表性的行政许可事项，列入2008年监督检查的重点领域。为此，国家林业局委托中国乐器协会负责开展此项工作，中国乐器协会接此任务后于8-11月组成工作小组分赴北京、天津、浙江(杭州、宁波)、上海、江苏(苏州)、陕西(西安)、山西(太原)、山东(青岛、济南、临沂)等相关地区蟒皮乐器生产企业以及蟒皮进口及贸易公司就蟒皮采购行政许可事项以及各地琴行蟒皮乐器标识执行情况开展调研和检查，并如期向国家林业局上报调查情况。

8、此外，信息部还针对各乐器企业开展的音乐文化活动进行了跟踪报道，精心安排和组织，圆满完成了多次重大企业文化活动的采访报道，获得了企业的好评和认可。

中国乐器协会信息部在工作上，力求做到在第一时间向企业提供信息，凡行业重要活动，均派员现场采访，及时发布消息，对企业所提供的信息资料，及时上网，当月上杂志。在信息报导中，严格掌握客观真实的报道原则，不虚夸、不遮掩、不以赢利为目的，实实在在地为企业服务。

国家轻工业乐器信息中心工作总结（2008年～2009年）

作为中国轻工乐器行业的专业科技、商贸信息传播与交流机构，国家轻工业乐器信息中心承担全国乐器行业信息网络工作，开展相关乐器行业信息、技术交流，在国内首创乐器行业网络信息平台——“中国乐器信息网”，编辑出版国内外公开发行资质的乐器科技类月刊——《乐器》杂志，以及行业内部信息交流刊物——《中外乐器信息》等平面媒体平台。

目前，国家轻工业乐器中心设置有：国内信息部、国外信息部、策划设计部、网络技术部、科技资料室等部门，开展包括主办中国（广州）国际乐器展览会、主办和发行行业科技期刊《乐器》（月刊）、行业内部刊物《中外乐器信息》（月刊）、运营“中国乐器信息网”和《中外乐器信息》电子期刊，以及从事与行业信息、技术交流和传播等相关活动在内的多项日常业务工作。

多年来，国家轻工业乐器信息中心致力于收集、整理和发布国内外有关乐器生产、经营、科研的前沿信息和最新情况，从事乐器行业刊物的出版、发行、广告业务，创建并推动中国乐器行业的网络信息化建设，开设各类网上信息数据业务，开展各种国际、国内信息交流活动。

1、创刊三十余年的《乐器》杂志，是一本以乐器科技信息、音乐文化服务为主要内容的公开发行刊物。遵循“为促进我国乐器工业现代化服务，为繁荣我国音乐艺术服务，为提高我国民众艺术素质服务”的办刊宗旨，《乐器》杂志一方面关注乐器行业的技术进步和行业发展，同时也注重传播乐器演奏艺术、乐器文化的推广，是国内外公认的行业品牌杂志，成为乐器行业信息发布的重要窗口，也是展示中国器乐艺术、及音乐艺术和教育事业发展的重要阵地。

2、由国家轻工业乐器信息中心，于2000年创建的“中国乐器信息网”，是乐器行业专业的网络化信息平台。10年来，经过网络技术人员的不断完善与推广，“中国乐器信息网”现已成为乐器行业信息交汇的重要平台，平均日访问量达百余次。其中，作为消费者和专业人士交流平台的“中国乐器超级论坛”，论坛发帖总数近10万，点击次数超1200万，总计访问量在200万次以上。2009年，“中国乐器信息网”实现全新改版上线，对网站的功能性服务进行了较大的调整与扩充。同时，网络中心还将进一步完善企业名录数据库、乐器专利数据库的网上发布和查询功能，用三年时间实现乐器行业在线服务系统的建设工作，扩大网站影响力，充分发挥乐器专业网站的信息化服务水平。

3、行业内部交流刊物——《中外乐器信息》杂志，创刊于2003年。多年来，该杂志以覆盖国内外乐器行业信息、企业经营动态、乐器市场资讯、新产品和新技术成果等宽领域相关内容的报道，面向乐器制造商、经销商、从业者及音乐爱好者，发布和传递与行业发展相关的政策、法规、商贸信息等，为业内人士提供了又一个交流信息、沟通合作的新渠道。2008、2009年，信息中心与中国乐器协会合作开展全国乐器生产企业产量调查。此项工作得到了全国企业的积极支持和配合，调查后所形成的分行业产品产量统计表和分析文章也得到越来越多行业人士的认同。在2009年的新闻报道中，除关心行业时事外，信息中心重点关注国际国内行业、企业受金融危机的影响，以及行业、企业的分析和应对举措，先后报道中国乐器制造企业、商业单位应对金融危机的举措、国际乐器销售市场动态，国外应对金融危机的创新经营思路等专题文章，坚持求真务实的工作理念，坚持积极向上的舆论导向，不单纯以营利为目的，力求通过媒体的声音鼓舞行业，倡导行业公平竞争、健康发展。

4、2008年、2009年，为配合北京奥运会、新中国成立60周年等重大国事活动变化，由国家轻工业乐器信息中心与广东国际科技贸易展览公司共同主办的中国（广州）国际乐器展览会克服办展时间变更、经济危机等不利影响，如期举办展会，并取得展览面积持续增长的良好发展态势。从2003年广州乐器展览会创办至今，主办方始终坚持“为乐器行业服务”的办展宗旨，不断总结办展经验，坚持拓展展会规模和影响力。于2010年3月12日-15日举行的 2010年广州乐器展，参展规模创历史新高，场馆总体面积达3.5万平方米，同比增长约50%，有近500家音响、灯光、乐器和麦克风企业参展。其中，乐器展示涉及钢琴、提琴、打击乐、管乐、吉他、民族乐器等各类产品，广州珠江钢琴、中国海伦乐器、杭州嘉德威钢琴、天津津宝乐器、广州保嘉乐器、河北銮宇乐器、广州罗曼士和北京星海民乐等诸多国内外知名品牌企业携其最新产品与技术亮相展会。作为中国华南地区最具规模与影响力的专业乐器展，广州乐器展览会已成为乐器信息中心汇聚行业精英、交流商贸资讯、传递行业新技术和新产品发展动态的重要品牌活动。

5、在不断提高“两刊一网”运营水平、坚持办好品牌乐器展示活动的同时，作为行业信息机构，积极组织、参与乐器行业及相关音乐艺术推广活动，也是信息中心拓展业务、加强服务的重要内容。在各类相关行业工作会议、企业技术和产品推广会、以及音乐界、艺术界、教育界开展的各类音乐文化活动中，乐器信息中心作为行业传媒机构，或深入参与报道，或承担组织工作，充分发挥行业服务机构的桥梁作用。2008年，乐器信息中心积极参与在北京举办的乐器行业高峰论坛、在深圳举办的乐器行业发展高峰论坛，还组织策划了首届中国（广州）琴行业发展论坛，为乐器行业发展出谋划策。2009年，信息中心工作人员多次参加中国乐器协会、全国乐器标准化技术委员会、国家轻工业乐器质检中心活动，深入到全国各地企业调研和采访，作为媒体合作伙伴对全国三大乐器专业展览会进行深度报道。

6、做好《乐器消费指南》的前期准备工作

针对国内乐器市场的繁荣发展，特别是乐器消费的日趋理性，为更好地推介乐器文化与乐器制品，从品牌、质量、服务等采购商、消费者的关注焦点入手，为各类乐器消费提供参考指标，国家轻工业乐器信息中心自2007年开始组织策划生活消费类实用性图书——《乐器选购指南》，重点讲解乐器选购、使用和保养常识，介绍中国知名乐器品牌及相关企业信息，力求多侧面、多角度、全方位地推介乐器品牌，满足乐器领域日益突现的理性消费需求，进一步促进中国乐器市场的品牌化进程，推动我国乐器行业的快速、健康和可持续发展。

《指南》的编辑和出版是我国乐器行业领域的一件大事，在指导消费的同时，又具有保护消费者正当权益、维护品牌乐器合法利益的重要作用，也是企业推广品牌产品、树立良好品牌形象、占领消费市场的绝佳平台。目前，此书文字内容基本完成，正在向全国知名企业发出入编邀请，截至目前，国内知名企业：珠江、星海、博兰斯勒、凤灵、金音、敦煌、正声、金韵、天韵、龙凤、乐海、北方等30多个知名品牌入编本书。

7、建设中国乐器行业科技资料数据库

为加快信息中心自身建设步伐，解决国内乐器科研资料匮乏的基础性难题，找准信息中心公益服务型发展定位，提升信息中心的科技信息服务水平，自2008年，信息中心开始着手中国乐器行业科研资料数据库的科研项目工作。其主要内容有：国内外乐器专利数据库，国内外乐器标准数据库，整理日本乐器工业标准，乐器科技论文数据库，分类整理乐器科技文章并形成电子文件，国内外乐器制造业企业名录数据库，开发乐器科研数据库在线服务功能并与现有网站相结合，实现科研资料电子化，提供方便的后台添加和前台索引功能等。

以上目标，计划分3年完成，2008年已基本完成国内外专利数据库、国内外乐器标准数据库、乐器科技论文数据库、国内乐器制造业企业数据库文本资料收集和整理任务，2009年实现乐器专利数据库、企业名录数据库的网上发布和查询功能，并不断更新发布乐器资讯，实现更为迅捷的网络信息化服务。

两年间，乐器信息中心得到了上级主管部门的关心和帮助，也获得了行业伙伴的信任与支持。作为公益性信息服务机构，乐器信息中心将坚定第三方的公正视角，本着求真务实的工作态度，积极拓展信息渠道和服务领域，努力提升工作水平，多元化发展，为乐器行业提供更优质的服务！感谢行业同仁给予信息中心的长期关注与支持，让我们携手共进，共同创造中国乐器行业发展的新辉煌！

《乐器》杂志社工作总结（2008年～2009年）

《乐器》杂志作为具有30 多年办刊历史的乐器科技类期刊，由中国轻工业联合会主管，全国乐器工业信息中心、中国乐器协会主办的国内乐器行业公开出版、海内外发行的杂志。多年来，《乐器》杂志坚持以乐器科技为导向，以传播器乐文化为己任，贴近市场，贴近读者。2009年度，《乐器》杂志共发表各类乐器科技文献，社会音乐文化活动和行业市场专题报道超过60余万字。《乐器》杂志紧跟行业发展脉搏，共参与并重点报道国内重大国际乐器展览会3次，独立策划并发表“我国大型琴行经营之道”深度报道40余篇，在促进琴行销售业经营思维交流互动，为我国中小琴行的生存与发展提供建设性意见进行了大量的媒体信息传播工作。2009年，在世界经济形势动荡的背景下，《乐器》杂志为配合中国乐器协会工作，参与策划琴行新生代营销论坛，对于琴行销售业新老交替，新时代琴行销售业经营理念等问题的深入报道与探讨深受好评。

2009年度，《乐器》杂志继续坚持走市场化运作道路，杂志面向乐器演奏家，音乐家，院校师生，乐器厂商以及广大音乐爱好者，内容设置坚持时效性、针对性和实用性的方针与原则，从乐器科技、音乐教育、器乐文化、电声乐器、行业市场信息五大领域展开栏目内容的组织与运作。

首先，“技术天地”栏目内容以钢琴制造与调律科技，提琴制作艺术与发展，民族乐器改革，西洋管乐、打击乐乃至电子乐器科技创新推广为栏目基石，以乐器选购、乐器维修、乐器制作、乐改探索等具有服务性的文章，弘扬乐器科技创新，力邀乐器制作名家畅谈科技创新的思路，为乐器制作专业人士提供经验交流平台。我国是乐器消费大国，其中钢琴、提琴、管乐一直占据消费市场的主导地位，受众对乐器品质的认识更加趋于理性。为此，《乐器》杂志与院校专家结盟，就钢琴的整音与维护，钢琴调律，提琴制作声学课题，管乐品牌评测与维修展开了大量丰富实用的知识内容，受到院校师生与厂商技师的欢迎与认可。

其次，《乐器》杂志从厂家生产、商家销售、客户使用的良性循环角度入手，面对院校师生和普及乐器爱好者，继续组织与安排了乐器教育和器乐文化的内容，协助乐器厂商共同培育乐器消费市场，让更多社会人群领略乐器学习与演艺的文化魅力。在厂商急需扩大音乐人口的前提下，《乐器》杂志顺应市场需求，将音乐教育与器乐文化内容定位在器乐文化普及和促进院校器乐教育发展。在“乐器学堂”栏目中，聘请国内院校的专家与教授亲自撰文，采用图文并茂的形式，由名家现身说法，教授乐器演奏的知识与实用技巧。感悟名家心路历程，感受缤纷器乐文化，在”漫步乐林“栏目中，《乐器》记者主动出击，展开了大量的人文访谈工作，本着做读者的朋友，帮助读者答疑解惑的访谈宗旨，我们提出的问题尽量避免泛泛之谈，针对读者的知识需求和疑问，提出了更多有针对性和指导意义的访谈问题，受到广大乐器爱好者的好评。

最后，为赢得年轻消费群体的需求，《乐器》杂志在“电声广场”栏目设置了丰富多彩的电脑音乐制作、吉他演奏技巧等多项知识，其中“E鼓时尚”紧跟时代脉搏，向读者介绍了大量电鼓选购、评测和练习的实用内容，深受读者欢迎和肯定。此外，该栏目中还设置有“明星走廊”、“谈音聊乐”等人文访谈板块，带领读者走进国内外电声乐手、制作人的音乐世界。可以说，2009年《乐器》杂志无论从内容还是到精良的印刷包装，《乐器》杂志通过更新、更细、更实际、更丰富的栏目内容满足了多元化读者的乐器知识需求。同时，利用《乐器》杂志媒体平台，乐器杂志常年协助乐器商家完成品牌文化建设，加强乐器厂家与商家的和谐互动，为促进行业市场健康有序发展，《乐器》杂志同样以第一时间，围绕乐器生产厂家和经销商的社会文化活动，完成了大量积极的信息传播工作，以高品质的图文报道，获得厂商与读者的首肯与好评。

在新的一年，《乐器》将继续立足乐器科技，用最新、最具时效性和实用性的知识信息，在厂商、院校师生、普及乐器爱好者间搭建沟通互动的全新平台。

国家轻工业乐器质量监督检测中心工作总结（2008年～2009年）

2009年乐器检测中心的工作是紧张而又繁忙。在过去一年里，我们积极开展工作，努力完成各项任务。

GB/T10159—2008《钢琴》国家标准于2008年6月18日发布，2009年5月1日起正式实施。根据我国钢琴行业实际生产情况，《钢琴》国标（2008版）在修订时，新增了一些内容，作了一些必要的调整，其适用性及企业执行新国标情况如何？2009年4月，受全国乐器标准化中心委托，乐器检测中心组织对国内各钢琴生产企业的钢琴产品进行新国标实施情况检查，为了深入了解企业生产现状和更好的与企业沟通，采取现场检查、检测的方式，组织专业人员带着仪器设备到企业生产现场进行检测，足迹遍及江苏、浙江、上海、福建、广州、北京、天津、山东、辽宁等省市的30余家企业，共检测钢琴119台。在严格按照2008版新国标检测的同时，帮助企业分析检测中发现的问题，对照与新国标存在的差距，提出改进的建议，以加深企业对新国标的理解和认识，有效的宣传、贯彻、执行新国标，得到企业普遍的认同和欢迎。从检测结果看，大多数企业能够按照新国标组织生产，技术指标能够达到新国标的要求。

这次颁布、实施的GB/T10159—2008《钢琴》国家标准中，增加了一些新的内容，其中一项是音准稳定性，标准要求使用专用设备连续、有效击键10000次，为此，我中心在2007年就开始进行钢琴键盘振奏仪的开发、研制工作，其特点是：振奏仪参照人手最大弹奏力度击键，采用光电控制使琴键回复到原位后再进行下一次击键，并自动计数、计时。该振奏仪为国内首创，能实现击键力度和击奏频次可控。2009年4月由中国轻工业联合会主持，中国乐器协会及有关专家参加，对振奏仪进行了科技成果鉴定和评价，5月振奏仪正式投入使用，此项研制成果已申请国家专利。

检测中心肩负着乐器行业全国范围的音准仪计量校准工作，是国家质量监督检验检疫总局批准、中国轻工业联合会授权的行业最高音准仪计量传递单位。音准仪作为对乐器音高频率的计量仪器，是乐器生产及使用中必不可少的，它的准确度直接影响乐器产品的音准质量，进而影响乐器使用者的音准听觉能力。2009年我中心依然将其作为重点工作之一。在对音准仪计量校准工作加大宣传力度的同时，为了方便企业，派人携带校准设备，专程到使用音准仪较集中的区域，现场开展音准仪计量校准工作，全年共校准音准仪30余台，并出具校准报告30余份。

在进行乐器产品常规检测工作的同时，开展了对河北、江苏、上海等地区乐器产品的专项质量检测工作：2009年4月～9月，检测中心先后对河北、上海、江苏等地的管乐器、民族乐器生产企业的产品进行了抽样检测，检测了单簧管、萨克斯、扬琴、琵琶等10多个品种，共60余件样品。与此同时，2009年7月，我中心与中国乐器协会扬州地区古筝协会合作，共同开展了扬州地区古筝产品质量监督检测活动，此项活动的目的旨在净化市场环境、监督产品标准执行情况、提升产品品质和促进古筝制作工艺水平的进一步提高。该项活动得到了扬州广大古筝生产企业的广泛拥护和支持，在扬州古筝协会的通力配合下，对该区域具有一定规模、代表性的20余家古筝制造企业进行了普及品和专业品级的质量监督检测，共检测古筝40余台。

在开展以上工作的过程中，我们将主观鉴定专家对样品的鉴定意见和评价结果记录汇总后，作为附件和检测报告一起发给受检企业，使企业及时了解专业使用者对其样品的意见和建议，有利于企业制定进一步改进产品的措施。此项工作的开展，虽然增加了工作量和检测成本，但作为建立乐器生产者与使用者沟通的平台，促进乐器产品质量的提高是极为有益的，并且得到企业的广泛欢迎。今后，我们将本着建立沟通平台、促进产品质量提高的原则，继续开展、增加其他项目的检测工作。

2009年国家轻工业乐器质量监督检测中心共检测了钢琴、手风琴、提琴、吉他、萨克斯、单簧管、小号、长笛、二胡、古筝、扬琴、琵琶、爵士鼓、口琴、口风琴、电教板、电吉他等各类乐器产品二十多个品种、300多台件。这些工作的开展，使中国轻工业联合会有关部门、中国乐器协会等对国内乐器产品质量状况有了进一步了解和掌握。从检测结果看，乐器产品质量稳步提高，说明企业的产品质量意识也在不断提高，我国乐器市场在进一步规范。

2009年检测中心在做好检测/校准工作的同时，全力开展申请国家实验室的评审工作，该项工作得到中国合格评定国家认可委员会的评审认可后，获得CNAS标识，可使我中心的实验室达到一个更高的层面，所出具的检测报告可以得到国际间的互认，能够更好地为社会提供帮助和支持，特别是能为出口的乐器产品提供有力的支撑。目前我们已经按照国家认可委的具体要求，首创国内唯一乐器产品质量检测主观鉴定专家库，其专家库成员以国内最具权威的音乐学府——中央音乐学院的专家、教授为主，兼有国内知名演奏团体的专业演奏人员，专家库成员经过严格的推荐、审核及必要的培训。我们将以此为契机，在提升我中心检测能力、水平、地位的同时，切实搞好乐器产品的质量检测工作，搭建起乐器生产企业与乐器演奏、使用领域相互交流、沟通的平台，共同促进我国乐器产品质量的快速提升，为使我国从乐器生产大国走向强国作出更大的贡献。

2009年检测中心加大了资金投入、人员调整，并加强了技术培训工作。根据实际需要添置实用的检测仪器设备，完成了消声室项目规划、设计等工作的同时，合理调整知识层面，聚集更年轻人才，为开创新局面，更快、更好的发展夯实牢固基础。

国家轻工业乐器质量监督检测中心（广州站）工作总结（2008年～2009年）

2008年虽然经历了全球金融风暴，但中国的乐器界仍然有春意盎然的一面。这一年，对钢琴调律师来说，是一个兴奋之年。这一年举行了相隔十六年后的又一次全国钢琴调律师竞赛，广州技能鉴定站承担了这次竞赛的（赛区）初赛和复赛任务，第一场是广东省钢琴调律师竞赛，同时也是全国竞赛的初赛，第一名取得了广东省劳动模范称号，优胜者分别获得广东省技术能手称号和优秀调律师称号；第二场是广州赛区竞赛即复赛，参赛地区有广东省、福建省和湖北省，赛出的优胜者参加全国钢琴调律师竞赛决赛。通过这次竞赛，一方面大大地提高了这些地区调律师技能水平和职工学习技能的积极性；另一方面，对于技能鉴定站来说，从两场竞赛中取得了很宝贵的组织竞赛的经验。

2008年～2009年，广州技能鉴定站按中国乐器协会的要求，每年都举行两次钢琴调律师鉴定和两次钢琴调律师培训班，为钢琴行业的钢琴调律师队伍培养和输送新鲜血液。在2009年的钢琴调律师培训中，我们还接收了两名来自泰国的学员（前几次的外籍学员还都是华人，虽然他们不懂中文，但还能听懂中国话），这次对我们来说是一个新的挑战，为此，我们克服语言的障碍，积极发挥同学间的互助精神，利用有的同学懂得英文，而泰国同学也略懂英文的有利条件，我们将教材的主要内容翻译成英文，加上老师的肢体语言，终于使两个外国学员学有所成，我们还将试卷译成英文，进行考试，使他们顺利通过了技能鉴定。经过几个月的学习，老师、学员都学会使用简单的英文，泰国学员也学到了一些简单的中文，这也算是意外的收获，学员和老师间都结下了深厚的感情。从这件事可以看出，中国的钢琴调律师培训已开始逐步走向世界。

在产品检测方面，我们继续履行对产品的质量监督作用，不断为企业产品质量的提高发挥作用，既承担省质监局的产品监督任务，还承担企业委托的产品检测任务。

在2008年～2009年间，我们还积极参与行业的标准化工作，主动承担行业标准的起草和标准的验证工作。两年间，共参与修订《琴弦通用技术条件》、《提琴弦》、《钢琴零部件名称》、《键盘乐器键宽系列尺寸》等行业标准4个，新制订《中提琴》、《倍大提琴》、《中提琴弓》、《倍大提琴弓》、《吉他弦》行业标准和《钢琴用毡》国家标准共6个。与此同时，还积极参与《电鸣乐器放音设备音乐性能评价规范》、《电鸣乐器均衡类音效装置通用技术条件》、《钢琴弦轴板》国家标准和《竖笛》行业标准的审定工作，提出具体的修改建议和意见。2009年11月，我们积极协助乐器行业标准化技术委员会承办了在广州举行的标准审定会，为会议的顺利进行做了一定的工作，同时，也锻炼了我们的团队。

全国乐器标准化中心工作总结（2008年～2009年）

一、2009年乐器标准化工作

1．在中国轻工业联合会的指导下，乐器标准化中心作为全国乐器标准化技术委员会秘书处所在单位，在承担乐器标准化管理和技术归口工作以外，在全行业支持下，开展了一系列标准化工作：经标准化行政主管部门批准列入2009年度乐器行业国家、行业标准制、修订项目计划有国标4项，行标18项，参与乐器行业基础、方法、通用和产品等国家、行业标准的制、修订项目11项；根据乐器产品特性完善乐器产品标准化体系（表），对标准起草制订过程中涉及有关国家法律，法规予以宣传贯彻，针对标准化对象所提出的要求、方法进行调研、论证和实证；组织标准化相关知识的培训，参加由国标委组织的GB/T1.1培训；组织有关专家和科研、检测、商业、企业的标准化人员及工程技术人员对乐器标准进行审定以及报批等项工作。

全国乐器标准化技术委员会自2008年10月正式组建成立以来，始终将乐器行业标准体系（表）的建立和编制工作作为乐器领域标准化工作的重中之重，放在首位。但由于乐器类属多，品种繁杂，涉及领域广泛，此项工作的开展需要大量的时间、精力进行调研，在此基础上将分散、独立的众多标准，按科学合理的原则汇集在一起，并将现行的、近阶段和今后所能预计到的应制定的全部标准，按上下从属、左右门类关系，层次分明，互有联系地组成一个标准系统和产品分类相结合的体系。从乐器行业标准化工作的现状而言，要在短期内建立和编制完善乐器行业标准化体系表尚存在一定的难度。

2．国家标准委批准的乐器国家标准项目（2008～2009）共4项，工业和信息化产业部批准的行标项目（2008～2009）共18项，到2009年底，已完成审定、报批的标准项目共10项，其中制订国标4项，行标2项；修订行标4项。分别是国家标准：《电鸣乐器放音设备音乐性能评价规范》、《电鸣乐器均衡类音效装置通用技术条件》、《钢琴弦轴板》、《钢琴用毡》；行业标准：《琴弦通用技术条件》、《提琴弦》、《吉他弦》、《竖笛》、《钢琴零部件名称》和《键盘乐器键宽尺寸系列》。余下的12项行业标准中，涉及民族弦鸣乐器类标准11项，乐器用材标准1项。为此，乐标委组织有关单位成立了民族弦鸣乐器标准制修订起草工作组。目前，工作组已召开5次工作会议，为完成民族乐器标准的制、修订任务打下了基础，预计12月底完成11项标准（征求意见稿）。

目前，国家标准化主管部门共批准的乐器标准项目计划共22项，已完成10项，余下12项将在2010年完成。这22项标准的属性均为推荐性，包括基础标准3项，方法标准1项，通用标准2项，材料标准2项，产品标准14项。22项乐器标准分别由国家轻工业乐器质量监督检测中心（广州）、广州珠江钢琴集团股份有限公司、武汉艾立卡电子有限公司、杭州嘉德威钢琴有限公司、宁波森隆乐器股份有限公司、江苏奇美乐器有限公司、广州红棉吉他有限公司、北京乐器研究所、北京华泰尔毛纺新技术有限责任公司、国家毛纺织产品质量监督检验中心（北京）、四川川雅木业有限公司、上海民族乐器一厂、苏州民族乐器一厂有限公司、扬州市邗江天艺民族乐器厂、扬州天韵琴筝有限公司、开封中原民族乐器有限公司、河北乐海乐器有限公司等17个单位承担。

3. 按照工信部（104号文）提出的“全面清理工业行业标准及开展行业标准复审工作”的部署和要求，标委会对现行乐器领域行业标准进行了梳理，确定有18项乐器行业标准（包括民族气鸣乐器类、民族体鸣乐器类、琴弦类以及口琴、校音器等）属本次复审范围。2009年4月24日，全国乐器标委会在北京召开了民族乐器类行业标准复审工作会议，中国乐器协会、国家轻工业乐器信息中心、国家轻工业乐器产品质量监督检测中心、北京乐器研究所、上海民族乐器一厂、苏州民族乐器一厂有限公司、河北乐海乐器有限公司、河北怀来锣厂、扬州天艺乐器厂、扬州天韵琴筝有限公司、开封中原民族乐器有限公司、全国乐器标准化中心及全国乐器标委会等共13个单位参加了会议，会议对确定的民族气鸣乐器类、民族体鸣乐器类和所辖的2项通用标准及14项产品标准进行了复审，就标准的适用性、技术水平并结合实际生产和使用需求等方面进行了评估、论证。经会议审查后认为上述各项现行标准中：民族气鸣乐器类通用标准1项、产品标准4项的共同特点是：⑴标准的适用性已滞后，表述内容已不符合当前生产实际；⑵标准规定的技术指标已不能反映当前产品的技术特点和水平；⑶标准条款内容表述有误。综上原因并考虑到气鸣乐器产品标准与通用标准是互为关联配套使用的标准，所以对以上5项民族气鸣乐器类标准，4项产品标准做出了"修订"的复审结论，并申报列入2010年的修订计划。

民族体鸣乐器类通用标准1项、产品标准8项，经审查后作出"继续有效"的复审结论，其理由是：⑴标准所规定的技术指标尚能反映当前的技术水平；⑵对产品生产还具有指导作用；⑶对标准范围所涉及产品的技术指标和要求未发生变化；⑷产品的制造工艺、工艺流程和使用的原材料未发生变化。

QB/T 1299-1997《口琴》和QB/T2417-1998《校音器》两项产品行业标准亦属本次复审范围。2009年5月，全国乐器标准化中心以公函形式委托中国乐器协会口琴专业委员会，对上述两项行业标准作出评估，提出复审意见。中国乐器协会口琴专业委员会经审查后回函提出复审意见：⑴对《口琴》标准需进行修订，理由是其标龄过长，技术内容已不能准确反映当前生产和使用实际，已失去指导生产和保护消费的作用。特别是标准化对象主体发生较大变化，需对产品重新进行分类界定。在对直接接触人体的口琴产品所使用的材料中，应限定有害物质的量值和规定出符合人体卫生安全健康指标；⑵对《校音器》标准提出修订，其理由是：除因标龄过长、内容滞后外，应对以测试、校验乐器产品音准使用的校音器等调、校音设备的准确度等级重新规定判定方法，以区分出不同用途、不同等级的调、校音装置。全国乐器标委会对以上复审意见确认后，同意对QB/T 1299-1997《口琴》和QB/T2417-1998《校音器》两项行业标准作出修订的复审结论，并报国家标准化主管部门将其列入2010年行业标准修订计划。

QB/T 1817-1993《琴弦通用技术条件》、QB/T 1818-1993《金属提琴弦》两项行业标准已在工信部"104号文"前，列入2008年修订计划，并得到国家工信部的批准，目前该两项标准已完成审定和报批。

在本次复审工作过程中，全国乐器标委会和参与复审工作的乐器标委会委员以及有关各方，对复审所涉及的每一项标准，根据乐器行业和市场需求的实际，用发展的眼光对原有标准进行分析、评价，提出新的意见与要求以及切实可行的复审结论，做到了审查项目不遗漏、不缺项，复审结论依据准确，理由充分。此次复审工作对乐器标准制修订工作的进一步开展具有积极的推动作用。

5.全国乐器标委会自2008年成立以来，依据国家标准委2009年1月印发的《全国专业标准化技术委员会管理规定》对全国乐器标委会《章程》进行了相应的调整，完善了秘书处工作细则，建立了符合国家财会规定的经费收支制度，秘书处承担单位——北京乐器研究所兑现了每年向秘书处负担经费用于支持秘书处日常工作的承诺，实现了国标委规定对《技术委员会》委员定期进行标准化培训的要求，并依据标委会成立以来的运行情况，经上级部门批准，对本委员会委员进行适当调整和增补。

二、2010年乐器标准化工作重点

1. 继续加强乐器标准体系（表）的编制工作

标准体系（表）的编制是一项重要的基础工作，也是标准化工作的指导性技术文件。通过标准体系（表）可以一目了然地反映出本行业范围内各项标准和产品分类的全貌和相互关系，并能清楚的反映出本行业内技术标准的现状、级别、数量、配套程度和今后标准制订工作的任务。标准体系（表）可对标准化工作和编制（制、修订）标准计划提供依据，对标准化领域和整个标准工作都具有重要的指导性意义，有助于改进标准化工作，克服由于缺乏全面统筹和内容重复的被动局面。也为研究分析和有效提高标准化水平提供可靠的依据以及具有内在联系的、整体性的工作蓝图。

此项工作的难点是由于乐器产品种类繁多且涉及面广，所以应采用国际通行的现代乐器分类法作为原则和基础，并按照该分类法对乐器的族系和品种进行划分的基础上收集有关资料，对乐器各品种进行反复研究、分析、论证，同时考虑乐器体系（表）本身在国民经济中的作用、效果以及在行业中具体情况等因素后，最终确定每项标准宜定的层级。编制体系表是根据国家标准委《国家标准体系建设工程》总体要求和编制原则，在按照GB/T4754《国民经济行业分类》、GB/13016《标准体系表编制原则和要求》和GB/T2317《乐器分类》三项标准的内容和要求的同时，积极贯彻国家采标政策。

2. 目前，涉及乐器的各类基础、材料、方法、检测、环保等标准严重缺失。为此，全国乐器标委会在今后的工作中将进一步依靠乐器科研、质检、企业和相关音乐院校、文艺团体等单位，遵循市场化原则，以出口主导产品、国家实施强制性认证的产品、以及市场有影响 尚无统一技术规范、标龄过长的标准列为制定的重点。同时增加和补充对基础、材料、方法、检测、环保标准的制定并积极采标。

3. 继续保质、保量按时完成各级标准化主管部门批准下达的计划项目和2009年延续的乐器标准制、修订项目以及新年度标准计划的编制。

三、加强和改进乐器标准化工作的措施与建议

落实2009年《全国轻工标准工作座谈会》的精神与要点，充分认识标准化工作主体源于市场，优化标准化工作机制，加快重点产品标准制、修订速度，优先解决好先进技术、科技成果向标准的转换，扩大和利用现有的渠道，加强对标准化工作信息平台的构建，加强国际间标准化工作的交流。今后乐器行业标准制、修订工作将面临项目多、任务重的新情况，为此全国乐器标委会秘书处建议企业不但应该积极参与标准化工作，而且应该积极争取标准的主导权，成为市场竞争中游戏规则制定者。企业在积极参与乐器行业标准化工作的同时，首先要建立完善企业自身的标准体系，并以此作为对行业标准体系建设的支撑。标准是科技创新成果转化的重要途径，企业在把科研成果、技术专利转化或应用到产品上的同时，也可将科研成果、技术专利转化为标准内容，以带动和促进行业的共同进步，此举更是对乐器标准化工作的贡献。秘书处特别吁请标委会各委员在履行职责时，要有责任感和使命感，要从全行业角度考虑乐器领域标准体系建设，各委员可以打破界限，跨行业（类属）、跨种类（产品）提出乐器领域急需制定和补充完善的基础、方法、检测、环保等标准项目，并积极承担这些项目制定任务，以减少乐器领域标准的缺失、空白和应对全球日趋激烈的市场竞争。

《中华人民共和国轻工国家、行业标准目录》乐器部分

国家标准

1. GB/T 10159-2008　钢琴
2. GB/T 12105-2007　电子琴通用技术条件
3. GB/T 12106-2007　电子琴的环境试验要求和试验方法
4. GB/T 23146-2008　十二平均律的频率与音分的计算
5. GB/T 23151-2008　乐器产品使用说明的编制原则
6. GB/T 23173-2008　乐器分类

行业标准

1. QB/T 1153-2006　吉他
2. QB/T 1207.1-1999　民族弦鸣乐器通用技术条件
3. QB/T 1207.2-1999　琵琶
4. QB/T 1207.3-1999　筝
5. QB/T 1207.4-1999　阮
6. QB/T 1207.5-1999　三弦
7. QB/T 1207.6-1999　月琴
8. QB/T 1207.7-1999　京胡

9. QB/T 1207.8-1999 二胡
10. QB/T 1298-2006 手风琴通用技术条件
11. QB/T 1299-1997 口琴
12. QB/T 1477-2003 电子钢琴
13. QB/T 1657.1-2002 唇振动气鸣乐器通用技术条件
14. QB/T 1657.2-2002 小号
15. QB/T 1657.3-2002 圆号
16. QB/T 1658.1-2002 簧管气鸣乐器通用技术条件
17. QB/T 1658.2-2002 长笛 短笛
18. QB/T 1658.3-2002 单簧管
19. QB/T 1658.4-2002 高音双簧管
20. QB/T 1658.5-2002 巴松
21. QB/T 1658.6-2002 萨克斯风
22. QB/T 1817-1993 琴弦通用技术条件
23. QB/T 1818-1993 金属提琴弦
24. QB/T 1947.1-1994 民族气鸣乐器通用技术条件
25. QB/T 1947.2-1994 笛子
26. QB/T 1947.3-1994 笙
27. QB/T 1947.4-1994 箫
28. QB/T 1947.5-1994 唢呐
29. QB/T 1948-2004 柳琴
30. QB/T 1949-2004 扬琴
31. QB/T 1984-2000 风琴
32. QB/T 1985-2000 风琴音簧
33. QD 2100-2007 十二平均律音名标注方法
34. QB/T 2167-2003 4/4小提琴
35. QB/T 2168-2003 4/4小提琴弓
36. QB/T 2169-2006 电吉他
37. QB/T 2175.1-1995 响铜体鸣乐器通用技术条件
38. QB/T 2175.2-1995 虎音锣
39. QB/T 2175.3-1995 武锣
40. QB/T 2175.4-1995 苏锣
41. QB/T 2175.5-1995 手锣
42. QB/T 2175.6-1995 抄锣
43. QB/T 2175.7-1995 水镲
44. QB/T 2175.8-1995 吊镲
45. QB/T 2175.9-1995 军镲
46. QB/T 2279-2004 钢琴击弦机
47. QB/T 2417-1998 校音器
48. QB/T 2444-1999 钢琴零部件名称
49. QB/T 2587-2003 4/4大提琴
50. QB/T 2607-2003 提琴弓通用技术条件
51. QB/T 2663-2004 4/4大提琴弓
52. QB/T 2740-2005 口风琴
53. QB/T 3912-1999 键盘乐器键宽尺寸系列
54. QB/T 2838-2006 爵士鼓
55. QB/T 2841-2007 乐器调音装置准确度级判定
56. QB/T 2916-2007 自由低音手风琴
57. QB/T 2978-2008 钢琴音板
58. QB/T 2979-2008 乐器用材 钢琴锯材
59. QB/T4014-2010 电子鼓通用技术条件
60. QB/T4015-2010 MIDI键盘通用技术条件
61. QB/T4016-2010 中提琴弓
62. QB/T4017-2010 倍大提琴弓
63. QB/T4018-2010 倍大提琴
64. QB/T4019-2010 中提琴

（全国乐器标准化中心提供）

名牌产品

2008~2009年度乐器产品获国家、省（市）级名牌产品、著名商标名录

分类		品牌名称	企业名称	产品类别
中国名牌产品		珠江	广州珠江钢琴集团股份有限公司	钢琴
		星海	北京星海钢琴集团有限公司	钢琴
		Nordiska	营口东北钢琴（集团）公司	钢琴
		HAILUN	宁波海伦乐器制品有限公司	钢琴
中国驰名商标		珠江	广州珠江钢琴集团股份有限公司	钢琴
		星海XINGHAI及图	北京星海钢琴集团有限公司	钢琴
		津宝及图	天津津宝乐器有限公司	爵士鼓、军鼓、萨克斯
		Taishan	山东泰山管乐器有限公司	管乐器
		嘉德威	杭州嘉德威钢琴有限公司	钢琴
省(市)名牌产品	上海市	施特劳斯	上海钢琴有限公司	钢琴
		敦煌牌	上海民族乐器一厂	古筝、二胡、琵琶
		海曼	上海中雅钢琴有限公司	钢琴
		华星	上海华新电子电器总厂	电子琴
	天津市	津宝	天津津宝乐器有限公司	爵士鼓、号
		鹦鹉	天津鹦鹉乐器有限公司	手风琴
		雅乐	天津华韵乐器有限公司	脚踏风琴、手风琴
		圣迪	天津圣迪乐器有限公司	西管乐器
	江苏省	润韵	扬州天韵琴筝有限公司	古筝
		碧泉	扬州市正声民族乐器厂	古筝
		凤灵	泰兴凤灵乐器有限公司	吉他、提琴系列产品
		奇美	江苏奇美乐器有限公司	琴、笛
		摩德利	南京摩德利钢琴有限公司	钢琴
		凤灵	泰兴凤灵乐器有限公司	提琴
		天鹅	江苏天鹅乐器有限公司	琴笛
		雅韵	扬州龙凤琴筝有限公司	古筝
		虎丘	苏州民族乐器一厂有限公司	二胡
	广东省	PaoChiaBlueDiamond	广州保嘉乐器制造厂有限公司	鼓乐
		红棉	广州珠江钢琴集团股份有限公司	提琴

<table>
<tr><td rowspan="12">省(市)名牌产品</td><td>广东省</td><td>美得理（MEDELI）</td><td>得理电子（深圳）有限公司</td><td>电子琴</td></tr>
<tr><td rowspan="4">河北省</td><td>JY</td><td>河北金音乐器制造集团有限公司</td><td>长笛</td></tr>
<tr><td>月坛</td><td>饶阳北方民族乐器制造有限公司</td><td>二胡</td></tr>
<tr><td>成乐</td><td>饶阳成乐民族乐器有限责任公司</td><td>扬琴</td></tr>
<tr><td>乐海</td><td>乐海乐器有限责任公司</td><td>民族乐器</td></tr>
<tr><td rowspan="2">山东省</td><td>金斯波格</td><td>烟台金斯波格钢琴有限公司</td><td>钢琴</td></tr>
<tr><td>SEJUNG（世正）</td><td>青岛世正乐器有限公司</td><td>钢琴</td></tr>
<tr><td rowspan="2">湖北省</td><td>TOYAMA(托雅玛)</td><td>宜昌金宝乐器制造有限公司</td><td>钢琴</td></tr>
<tr><td>艾立卡</td><td>武汉艾立卡电子有限公司</td><td>电声器件</td></tr>
<tr><td>福建省</td><td>HARMONY（哈曼尼）</td><td>福州和声钢琴有限公司</td><td>立式钢琴</td></tr>
<tr><td>河南省</td><td>中州</td><td>开封中原民族乐器有限公司</td><td>古筝</td></tr>
<tr><td rowspan="20">省(市)著名商标</td><td rowspan="3">上海市</td><td>施特劳斯</td><td>上海钢琴有限公司</td><td>钢琴</td></tr>
<tr><td>海曼</td><td>上海中雅钢琴有限公司</td><td>钢琴</td></tr>
<tr><td>敦煌</td><td>上海民族乐器一厂</td><td>民族乐器</td></tr>
<tr><td rowspan="3">天津市</td><td>津宝</td><td>天津津宝乐器有限公司</td><td>军鼓、爵士鼓、萨克斯</td></tr>
<tr><td>鹦鹉</td><td>天津鹦鹉乐器有限公司</td><td>手风琴、提琴</td></tr>
<tr><td>雅乐尔</td><td>天津市雅乐尔乐器有限公司</td><td>风琴</td></tr>
<tr><td rowspan="6">江苏省</td><td>摩德利</td><td>南京摩德利钢琴有限公司</td><td>钢琴</td></tr>
<tr><td>天鹅</td><td>江苏天鹅乐器有限公司</td><td>口琴,口风琴</td></tr>
<tr><td>凤灵</td><td>泰兴凤灵乐器有限公司</td><td>小提琴</td></tr>
<tr><td>奇美</td><td>江苏奇美乐器有限公司</td><td>手风琴</td></tr>
<tr><td>雅韵</td><td>扬州龙凤琴筝有限公司</td><td>筝、胡琴、七弦琴</td></tr>
<tr><td>虎丘</td><td>苏州民族乐器一厂有限公司</td><td>二胡</td></tr>
<tr><td rowspan="4">河北省</td><td>JY</td><td>河北金音乐器制造集团有限公司</td><td>长笛、小号、萨克斯</td></tr>
<tr><td>成乐</td><td>饶阳成乐民族乐器有限责任公司</td><td>扬琴</td></tr>
<tr><td>月坛</td><td>北方民族乐器制造有限公司</td><td>二胡</td></tr>
<tr><td>乐海</td><td>乐海乐器有限责任公司</td><td>民族乐器</td></tr>
<tr><td>山东省</td><td>KINGSBURG及图</td><td>烟台金斯波格钢琴有限公司</td><td>钢琴</td></tr>
<tr><td>浙江省</td><td>嘉德威</td><td>杭州嘉德威钢琴有限公司</td><td>钢琴</td></tr>
<tr><td>福建省</td><td>HARMONY（哈曼尼）</td><td>福州和声钢琴有限公司</td><td>钢琴</td></tr>
<tr><td>河南省</td><td>中州</td><td>开封中原民族乐器有限公司</td><td>古筝</td></tr>
</table>

地方协会

上海市乐器行业协会工作总结（2008年～2009年）

一、上海乐器行业面临的宏观经济形势

根据国务院上海发展现代服务业的要求,上海在建设国际金融中心和国际航运中心的工作中已经起步。根据上海市委市政府提出的“十一五”发展规划，上海提出重点发展九大新兴产业和十大先进制造业，成为上海以及长三角地区最具实力、最具活力，最有发展前景的产业及集群。上海乐器行业属于劳动密集型附加值较低的传统制造业,面临结构调整产品升级的新任务，这对上海乐器行业的发展提出了新的挑战。

2009年上海第三产业的GDP比重已经接近60%。突破了近几十年的历史高点，取得了好的成绩。在上海大力发展第三产业，推动现代服务业发展壮大的形势下，隶属于现代服务业的上海文化产业，已经迎来并将得到更大的发展。上海的乐器生产与销售也将迎来新的机遇。

2008年～2009年国际金融危机对我国经济造成严重影响，上海乐器行业在这场金融危机中承受了巨大的冲击。上海有些乐器生产企业的产量下降35%，出口额下降25%。众多企业在艰难时刻仍在为渡过金融危机后的发展努力。有部分企业以其在国际上的品牌，质量、价格等优势，仍维持较好的销售业绩，成为上海地区乐器行业的明星。如：上海柏斯琴业有限公司，上海民族乐器一厂，上海华新乐器有限公司等。国际金融危机带给上海乐器行业的思考是：上海地区经济面临新转型的历史时期，传承百年的上海乐器行业将在发展模式、增长方式、品牌建设、管理模式等方面迎来新的时期。

在2008年年底至2009年年初，面对世界性的金融危机，上海乐器行业中，无论是生产企业，还是销售企业，都采取不同应对措施,抱团取暖，共度难关。

上海钢琴有限公司，认清形势，锐意创新，利用旧厂房在市区的优势，将其改建为施特劳斯钢琴营销旗舰店。与此同时，又在东方CJ电视上拓展钢琴直销。这在钢琴行业还是首创。第一批70架钢琴一销而空。2009年共销售300多架钢琴。

上海柏斯琴业有限公司，对“体验式营销”更为注重，为抢占市场，以取得乐器销售主动权，在上海音乐学院门前开设了面积达3000平方米的销售中心，使2009年公司销售在经济危机影响下不降反升，增幅达15%以上。

作为中国民族乐器的标志性企业，上海民族乐器一厂将民族乐器的附加值定位于“文化”，积极参与“上海星期广播音乐会”和中央电视台古筝大赛等活动，力图通过媒体扩大民族乐器的影响力，扩大民族乐器一厂产品的市场占有率。经过全厂领导和职工的共同努力，今年也创造出销售上升15%左右的佳绩。

作为计算机音乐领头羊的上海华新乐器有限公司，多年来致力于计算机音乐硬件软件的研究开发及生产的领先水平。由于华新公司在键盘设计生产上的实力，世界上许多著名公司的乐器品牌委托华新生产。在广州广东大厦二楼多功能厅举办的“2009新产品推广会”，上海华新乐器有限公司在推广会上展示了最新的几款乐器产品。着重介绍了SC-11数码钢琴、HP-8088彩屏数码电钢琴、MG-100小三角数码钢琴、HD-010电子鼓、HD-008数码电子鼓等产品。各地经销商代表对新产品表示出浓厚的兴趣。

二、2008～2009年上海乐器行业协会的工作

1、统一认识积极谋划共度难关

上海市乐器行业协会在上海市工信委、经济团体联合会、社团局等上级机关团体的指导下，积极迎战国际金融危机，紧紧团结和依靠广大会员企业，克服困难，在“促进产业，规范行业，服务企业”方面做了大量工作，取得了一定的成绩。协会在2009年年初和年中分别召开行业年会和理事会议，传达上级有关会议精神，化危为机，抱团取暖，统一对策，共渡时艰。

市工经联领导到协会指导和帮助工作时，对协会的工作表示了肯定和赞赏。市社会服务局党委还专门组织文汇报记者报导了协会的工作。

2、参办2009年上海国际乐器展览会，扩大企业影响，主动占领市场

自2002以来，上海市乐器行业协会始终积极参与举办中国（上海）国际乐器展览会工作，目前该展会已成为上海地区最有影响力，增长速度最快的国际乐器展会。在上海市大力推进现代化服务业的工作中，受到上海市政府的高度重视。经过几年的努力已经发展成为亚洲第一乐器行业专业展览会。2009年展会规模已达到6.5万平方米，来自全球24个国家和地区1164家企业参展;来自世界各地86个国家和地区的42499名海内外观众参观了展览。协会会员单位如柏斯琴行、上海民族乐器一厂、上海钢琴有限公司、玛珂琴业有限公司、上海口琴总厂和上海国光口琴厂等单位积极参展，以求扩大影响，抢占市场。上海民族乐器一厂特制60把60周年国庆限量版二胡，在展览会上一销而空，特别是价值50万元的金饰古筝和巨型琵琶的展示，更给观众留下深刻的印象。

在展会期间，协会领导走访各有关展商摊位，了解展览期间的组织工作等情况，并在展览会结束后的二个星期向上海国际展览中心有限公司提交一份报告，反映参展商对上海国际乐器展的评价和改进工作的建议，以期上海乐器展办得更好！得到上海国际展览中心有限公司领导的好评。

三、上海乐器行业协会积极组织参加多项全国行业性的大型活动

1、中国乐器协会钢琴调律师分会第二届大会在上海召开

中国乐器协会钢琴调律师分会第二届会员大会2008年在上海召开。上海乐器行业协会为此做了大量的准备工作。届时来自全国钢琴调律师的代表欢聚一起，畅谈交流了业务技术，代表们对钢琴调音调律市场的发展充满了信心，对钢琴调律师专业队伍的发展充满了希望。在会上，专家和权威人士交流、传授了钢琴调音调律技术和知识，使参会人员得益匪浅。

2、参办第一届全国钢琴调律职业技能竞赛

2008年上海乐器行业协会和中国乐器协会、上海轻工工会联合会一起积极参办第一届全国钢琴调律职业技能竞赛。本届竞赛有北京、上海、广州等地344名技术能手积极报名参加比赛。共有60名选手获奖。扩大了参赛企业的影响力，使企业中一批中、高级技术人才脱颖而出。为企业发展的长远规划，提供了技术力量的保证。

3、2009年10月，在大连举办的第一届轻工展览会上，上海民族乐器一厂的古筝、二胡、琵琶分别取得了金、银、铜牌的奖励，得到了消费者一致好评。

四、上海乐器行业协会组织建设取得较大发展

1、遵循协会章程，2008年成功完成协会换届选举

在上海市经委和市社会服务局的指导下，协会遵循《章程》规定，有计划、有步骤地做好本届协会的换届选举工作。

在换届工作中，协会多次召开会员企业座谈会，特别是理事单位会议，倾听、采纳企业会员对协会工作的意见和建议，把换届工作变成是全体会员企业自己份内的事。在大家共同努力下选举出上海市乐器行业协会第二届理事会。选举产生十四家会员单位为协会理事和会长、副会长等人选。并经会长提名，理事会一致通过聘任了新一届秘书长、副秘书长人选。

2、适应市场需求，成立上海钢琴调律师俱乐部

针对上海钢琴调音调律和修理市场的发展现状，协会专门做了大量的调研工作，发现在这个专业市场中有需求，但也有不完善之处，特别是调律和维修价格不统一，需要规范。于是，协会在统一思想，明确意义的基础上决定成立上海钢琴调律师俱乐部。

上海钢琴调律师俱乐部，目前已聚集了31名具有中级（四级）以上的上海钢琴调律师界技术精英和技术能手。在协会的指导帮助下，首先规范了调律师服务准则，统一了钢琴调律师维修服务价格，并组织了钢琴调律师技术交流会三场，邀请了日本雅马哈公司退休的技术科长、调律技师进行钢琴整音的技术讲座。同时建立了上海调律师论坛网站，使广大调律

师可以在平时能进行上网交流切磋技艺。推进上海钢琴调律师队伍和调音、调律、维修市场的健康有序发展，规范市场，服务消费。

3、2008年成立了“网络部”、“艺术培训中心”

在浦东潍坊街道配合下，深入社区，宣传乐器乐理知识，介绍乐器保养知识，开展艺术培训工作，在支持群众文艺活动等方面迈出了新的步伐，受到社区居民的欢迎，也进一步扩大了上海乐器行业协会在群众中的影响。

4、成立乐器维修服务部

2009年天山路乐器维修服务部成为签约的第一家。

五、上海乐器行业协会服务会员单位取得成效

1、构建服务企业平台。秉承为企业服务的宗旨，作为协会的首要工作之一。2008年为帮助上海民族乐器一厂创建品牌工作，协会主动协助企业开展产品满意度调查工作。在协会工作人员的努力下，依靠协会工作平台，向消费者发出上千份产品满意度调查问卷，并按时回收，了解消费调查满意情况，客观公正地提出报告，为企业创品牌提供服务。

2、为企业创品牌组织申报。协助上海民族乐器一厂开展上海市名牌产品的申报工作，2008年12月，上海民族乐器一厂二胡、琵琶、古筝荣获上海市名牌产品的光荣称号。

3、制定“钢琴销售示范合同”文本。针对上海市场上乐器销售中存在假冒名牌损害消费者权益等现象，协会在市工商局支持配合下，制定了“钢琴销售示范合同”文本，经批准已在行业内六家钢琴企业推广运用。这样做既保证了消费者的利益，也维护了企业的信誉，扩大了销售，取得了一定的经济效益。该“示范合同”的工作市工商局将进一步在行业内外推广。

4、承担接待顾客对乐器质量的投诉工作，维护乐器市场正常秩序。上海地区消费者对标有外国标识的钢琴质量问题投诉比较集中，接到这种投诉，协会认真听取消费者意见，切实地帮助顾客解决实际问题。并结合乐器保养，介绍乐器的基本常识，很受顾客欢迎，也同时保护了会员企业的信誉。

5、为会员单位提供信息服务。协会依靠上海市经济团体联合会、上海市工业经济联合会、上海市咨询业行业协会、上海市中小企业服务中心等单位团体，联合举办市场经济、财务、企业管理等一系列辅导讲座，帮助企业在金融危机的困难时期练好内功。面对金融危机的冲击和国家有关政策的出台，帮助企业了解和掌握更多的信息和政策，如“金融危机的应对”、“信用风险”、“企业风险管理流程”、“中小企业技术创新有关政策”等等，迎接挑战，受到会员企业的欢迎。

6、组织钢琴调律师培训、鉴定，为企业发展培养专业人才。

在培训、鉴定钢琴调律师技能等级工作中，协会承担二个社会职能。首先是全国钢琴调律师职业技能鉴定站上海分站，负责华东地区六省一市钢琴调律师职业技能培训、鉴定工作。其次是上海职业技能鉴定中心的钢琴调律师鉴定站点，每年春秋二季，协会都坚持做好调律师技术等级鉴定工作，不仅培养壮大了钢琴调律师队伍，提高了调律师技术职能等级，也为企业发展培养了一批又一批的专业技术人才。

六、积极参加各项社会活动，扩大乐器行业在消费者中的影响

1、2009年7月参加上海市质量月活动。在市工经联和卢湾区商委的组织下，在雁荡路一条街开展产品质量咨询活动。原上海市副市长蒋以任、上海市经济团体联合会会长也亲临现场指导。我协会组织安排三位技术人员，带了钢琴键盘模型和有关企业的宣传资料进行现场咨询，向消费者宣传选购乐器的常识、乐器的维护与保养，为消费者解疑答惑，扩大了协会的影响力，宣传了企业的品牌，解决了消费者的困难，受到广大市民的赞赏。

2、协会学术部专门组织了奥地利音乐家来沪演出。在乐器厂商的配合下，为该音乐表演团队在奥地利国庆招待会上的演出筹备器材。演出获得成功。

3、组织兼职的民乐队参加各种庆典活动，扩大协会的社会知名度。如组织参加上海市现代服务业联合会国庆六十周年庆祝活动、上海市中药行业协会国庆六十年大庆活动、上海市质量咨询活动开幕式等。

广东省乐器协会工作总结（2008年～2009年）

概述

2008年一场突如其来的金融海啸，令全球经济几乎陷入瘫痪，乐器行业亦因此受到冲击。在广东全乐器行业同仁的努力下，广东省乐器协会在政府相关部门的支持与帮助下，团结带领广东乐器制造业临危不乱，化危为机，迎来新一轮的发展。

2008年广东乐器制造行业规模以上企业销售收入为42.75亿元，占全国的30%，同比增长20.43%，新产品产值3.73亿元，也占全国的30%，同比增长17.07%；工业销售产值42.83亿元，同比增长20%，占全国30%以上；出口交货值18.28亿元，占全国的27%，同比下降0.97%。

2009年我国乐器行业315家规模以上企业实现工业销售产值174.37亿元，其中广东规模以上企业70家，工业销售产值45.4亿元，占全行业26.09%。新产品开发速度广东领先全国，2009年广东乐器新产品产值4.2亿元，同比增长12.86%。广东是乐器出口大户，全年出口交货值为12.6亿元。

2008年与2009年广东乐器制造业各项指标对比，在金融海啸的逆境中依然保持增长，企业适时调整产品结构，加大自主创新力度，开发生产高附加值产品，精心打造自主品牌，扩大国内市场份额。整个行业的经济发展模式有所改变，产业整体技术水平得以提高。

美国《音乐贸易》杂志2009年第12期公布了2008年全球乐器与音响供应商225强名单，中国大陆共有20家企业入榜，广东8家企业名列其中：广州珠江钢琴集团有限公司、得理电子有限公司、深圳市帕思高电子有限公司、秋长全丰音乐用品厂、乐盟国际股份有限公司、广东四会市华声乐器有限公司、广州保嘉乐器制造厂有限公司、深圳市蔚科电子科技开发有限公司，占中国大陆该年度入榜企业总数的40%。

2008-2009年广东主要乐器品种情况如下：

钢琴：2008年总产量94646架，占全国的30.29%；2009年总产量98369架，占全国的30.36%。世界最大的钢琴制造商广州珠江钢琴集团公司基本保持原有生产规模和产量，开发新品牌恺撒堡系列中高档钢琴，并形成批量生产规模，产值持续上升。我省的钢琴制造业在金融危机中依然领先全国，在金融危机的冲击下，广东的钢琴制造业快速应变，逆势发展。

吉他：2008年全国主要吉他生产企业的产量为4393373把，广东占60%；2009年全国主要吉他生产企业的产量为5496343把，广东占71%。许多国际知名品牌的吉他均在广东贴牌。四会市华声乐器有限公司、广州市红棉吉他有限公司、广州吉声乐器有限公司、揭阳市长城乐器有限公司等吉他制造企业，其工艺、技术、品质已达到国内同类产品水平，部分出口产品达到国际同类产品水平。

提琴：广东是中高档提琴制作的重镇，已经完成从生产大省向生产强省的转型过渡。广东提琴制造业调整产品结构走中高档产品路线，中高档提琴产量居全国首位。产品大量出口，远销世界各地，深受消费者的赞誉。广东的几大自主品牌如格利蒙那、红棉、华星等品牌畅销欧美市场。许多国内外著名演奏家都选择广东提琴制作师制作的提琴作品。广东的提琴产业已达国际先进技术水平。整个产业正在进入高端产业链通道。2008年在美国第18届国际提琴制作比赛中，广东省提琴制作师朱明江获小提琴工艺优异奖、中提琴工艺优异奖；林海德和吴祖亮组合获大提琴音色优异奖、四重奏组音色优异奖；陈劭获小提琴工艺银奖；麦水德获小提琴音色优异奖。

电子乐器：随着电子技术向音乐领域渗透，电子乐器已发展成为乐器产业的重要组成部分，正处于成熟、稳定发展阶段。广东是国内电子乐器生产第一大省，龙头企业美得理电子（深圳）有限公司早在2000年就跃居成为国产品牌中的“第一”，并将该优势一直保持至今。该公司从创立伊始就坚持自主创新、科技创新，近十年来每年投入研发经费高达800万元，不断开发新产品以适应不同客户需求，逐年收窄贴牌加工的生产比例，2008、2009年在国内市场占有率居全国首位。2008年开发的魔鲨牌电子鼓填补了国内空白，产品颇受鼓迷的欢迎。

鼓乐：鼓乐生产企业广州保嘉乐器制造厂有限公司产品大部分出口，深受国外消费者欢迎。在金融危机下，企业抓质量、抓国内市场开发，扩大国内市场份额，集中力量打造自主拥有的保嘉牌鼓乐。高度的市场敏锐度，及时的调整市场，顺利的应对金融海啸。鼓架配件一度供不应求。

琴弦：国内生产琴弦的企业屈指可数，广州市罗曼士乐器制造有限公司是全国最大的琴弦制造企业，大部分产品以自主品牌出口俄罗斯及欧美市场。至2009年，该公司获得批准的专利有27项。公司每年花三百万元进行技术革新改造，自行研制出中国制弦行业中具有国际先进水平的全自动数控缠弦机，生产的琴弦声学品质物理性能达到国内先进水平，填补了国内高档琴弦空白，减少了琴弦的进口。其开发的产品已覆盖民族乐器、西洋乐器、弹拨乐器。

手风琴：广东的手风琴制造企业广州珠江乐器实业公司，产品填补了国内空白。

2008、2009年广东省主要钢琴生产企业情况表

单位：架

企业名称	2008年			2009年		
	立式钢琴	卧式钢琴	出口量（包括立式和卧式钢琴）	立式钢琴	卧式钢琴	出口量（包括立式和卧式钢琴）
广州珠江钢琴集团股份有限公司	77310	3760	10169	80851	4606	10978
鲍德温（中山）钢琴乐器有限公司	6764	0	201	6086	0	102
汇丰乐器（中国）有限公司（含广州百济实业有限公司）	5221	95	1305	6728	98	997
广东哈利臣钢琴公司	748	748	0			
总计	90043	4603	11675	93665	4704	12077

2008、2009年广东省主要吉他生产企业情况表

单位：把

生产企业	年度	产量	木吉他	电吉他	其它	出口量
广州红棉吉他有限公司	2009	869690	843319	11871	14500	648082
四会市华声乐器有限公司	2008	840877	543988	231070	65819	334612
	2009	787023	409284	377739		628709
广州市威柏乐器制造有限公司	2008	690000	460000	200000	30000	500000
	2009	600000	500000	100000		500000
广州珠江钢琴集团公司管弦乐分公司吉他厂	2008	493163	487319	5844		376910
	2009	706880	643303	10453	53124	561598
广东揭阳长城乐器有限公司	2008	340000	280000	60000		340000
	2009	520000	460000	60000		480000

生产企业	年度	产量	木吉他	电吉他	其它	出口量
广州吉声琴业有限公司	2008	293451	280440	13011		285944
	2009	320755	305703	15052		318015
秋长全丰育乐用品厂	2008	125000	90000	35000		125000
	2009	100000	60000	40000		100000
总 计	2008	2782491	2141747	544925	95819	1962466
	2009	3904348	3221609	615115	67624	3236404

2008、2009年广东省主要提琴生产企业情况表

单位：把

企业名称	年份	产量	小提	大提	倍司	其它	出口量
广州珠江钢琴集团公司管弦乐分公司提琴厂	2008	47500	45453	1207	29	811	17395
广东揭阳长城乐器有限公司	2008	25000	20000	5000			25000
	2009	25000	20000	3000	2000		25000
广州格利蒙那提琴有限公司	2008	27830	21433	2697	58	3642	34934
	2009	26866	18992	2817	60	4997	35398
广州市红棉提琴有限公司	2009	50002	47687	1592	12	711	14109
广州吉声琴业有限公司	2008	9305	9305				7442
	2009	9328	9328				7560
总 计	2008	109635	96191	8904	87	4453	49837
	2009	111196	96007	7409	2072	5708	46669

2008、2009年广东省主要电子琴、数码钢琴生产企业情况表

单位：万台

企业名称	2008年		2009年	
	电子琴	数码钢琴	电子琴	数码钢琴
美得理电子（深圳）有限公司	37.65	5.84	34.8	7.3
广东揭西美科电子电器厂	3.3	3.3	3	3
总 计	40.95	9.14	37.8	10.3

广东省乐器行业大事记

2008年5月，广东乐器企业以各种方式支援汶川地震灾区，据不完全统计，广东省乐器制造行业为汶川赈灾共筹得善款205万元。

2008年广东省乐器协会会长、原珠江钢琴集团董事长童志成荣获改革开放30周年功勋企业家称号，这是活动主办方广东省企业联合会、广东省企业家协会、广东省企业管理咨询协会对童志成带领珠江钢琴团队走向辉煌的充分肯定，将对广东省乐器制造业的再发展起着鼓舞作用。

2008年，广州珠江钢琴集团有限公司生产的“里特米勒”钢琴被评为广东省名牌产品。

2008年，广东省乐器协会在广东省劳动保障厅、广东省总工会、广东省工业工会及广东省职业技能鉴定指导中心的支持和指导下，成功举办了“2008年广东省钢琴调律职业技能竞赛”。协会为该次竞赛做了大量而充分的准备工作，如修订秩序册、制定比赛规则、安排培训课程等等，使竞赛有序地展开，获得业内好评。钢琴企业、琴行的调律人员竞相报名参赛，通过赛前培训、理论考试和实际操作考试，理论与实操更好地结合，提高自己的业务水平。广东省政府相关部门十分重视，对此次竞赛，广东省总工会授予竞赛总分第一名选手“广东省五一劳动奖章”；广东省劳动和社会保障厅授予竞赛总分前五名选手“广东省技术能手”称号。广东省乐器协会授予竞赛总分前三十三名及残疾人选手第一名“广东省优秀钢琴调律师”称号。全国职业技能竞赛委员会授予广东省乐器协会“2008年全国职业技能竞赛优秀组织奖”；中国轻工业联合会、中国就业培训技术指导中心、中国乐器协会、中国财贸轻纺烟草工会全国委员会授予广东省乐器协会 “最佳组织奖”。通过竞赛，提高了广东省钢琴调律队伍的整体水平，为钢琴制造业注入技术元素，为产业升级夯实基础。

2008年美得理电子（深圳）有限公司负责起草《电子鼓通用技术》和《MIDI键盘通用技术条件》行业标准。

2008年9月1日由美得理电子（深圳）有限公司负责修定的《电子琴通用技术条件》和《电子琴的环境要求和试验方法》行业标准正式颁布与实施。

2008年10月12日，广州珠江钢琴集团荣获国家级企业技术中心称号。

2009年3月27日，广州珠江钢琴集团股份有限公司正式挂牌，成为我国乐器行业首家完成股份制改造的大型国有乐器企业。珠江钢琴集团国家级技术中心也在同日顺利挂牌，成为中国乐器行业唯一拥有这一资质的国家级高新技术企业。

2008年广东省乐器协会积极向政府部门推荐行业内的先进技术人员，在协会的不懈努力下，小提琴制作大师朱明江同志被广东省政府授予“广东省劳动模范”称号。这是广东省乐器协会通过几年的跟踪和主动向有关部门建言，引起政府部门的重视，才得以申报成功的结果。2009年广东省乐器协会继续向广州市天河区总工会、广州市总工会和广东省总工会推荐朱明江为“全国劳动模范”提名人选。2008年5月，广州珠江钢琴集团股份有限公司董事长黄伟林和总装厂调律班班长杜伟培被中共广州市委、广州市人民政府授予“广州市劳动模范”称号；广州珠江钢琴集团股份有限公司木材厂被授予“广州市先进集体”称号。

2009年6月8日，得理乐器（珠海）工业园一期工程正式落成暨开工典礼在珠海市金湾区隆重举行。珠海市委常委、常务副市长霍荣荫及金湾区委、联港工业区管委领导等出席典礼，为乐器工业园落成开工剪彩。

2009年10月26日，中国质量协会公布2009年全国质量奖评审结果，广州珠江钢琴集团股份有限公司榜上有名。

2009年，四会市华声乐器有限公司生产的星臣牌吉他、广州市红棉吉他有限公司生产的红棉牌吉他、广州保嘉乐器制造厂有限公司生产的保嘉牌鼓乐顺利通过广东省名牌产品的复评；揭阳市长城乐器有限公司生产的杜鹃花牌吉他成为广东省乐器行业中第7个获得广东省名牌产品称号的乐器产品。

2009年7月22日由美得理电子（深圳）有限公司冠名赞助的魔鲨MUZA杯——中国鼓手联合会首届全国鼓手大赛在北京隆重举行。来自全国各地的近300位选手参加北京的总决赛，中国著名鼓手赵明义、赵年、陆勋、王澜、尚巍出任大赛评委。

2009年11月7至9日，“2009珠江·恺撒堡”全国青少年钢琴大赛在星海音乐学院与星海音乐厅举行。此次大赛由珠江钢琴集团与中国艺术教育促进会联合主办、广州星海音乐学院协办。吴祖强、周广仁、刘诗昆等著名钢琴演奏家、音乐教育家担任大赛评委，297位参赛选手齐聚广州进行最后角逐。

2009年11月，《钢琴用毡》国家标准、《钢琴零部件名称》及《键盘乐器键宽尺寸系列》行业标准审定会议在广州举行。

广东省乐器协会所做工作

一、办好《广东乐器世界》及协会网站www.chinamusicindustry.com.cn

2008年是《广东乐器世界》创刊十周年，见证着广东乐器制造业的飞速发展。该刊及时报导行业的政策导向，注重宣传省内的优秀企业及名牌产品，对广东省乐器行业的健康发展有着积极的作用，为建设广东文化大省添砖加瓦。2008年-2009年，《广东乐器世界》编辑部高质量地完成12期的出版任务，在2009年更得到伍氏兴隆明式家具艺术有限公司的支持与资助，令制木与音乐这对无声跟有声的艺术和谐融合，交相辉映。

协会主办的网络平台www.chinamusicindustry.com.cn运行正常，更新及时，点击率持续上升。该平台还具有商务平台功能，已加入的企业表示取得较好的宣传效果，拓宽了产品销售的渠道。这一平台也已成为协会宣传行业的主要平台。

二、选准时机举办展览，搭建交流平台，促进行业发展

1、中国（深圳）国际文化产业博览交易会

中国（深圳）国际文化产业博览交易会是由国家文化部、商务部、新闻出版总署、国家广播电影电视总局、广东省人民政府、深圳市人民政府主办的集文化产品博览、文化产品要素交易、文化产业信息交流为一体的文化产业盛会，极具国际化、专业化、市场化、规范化、精品化的特点。广东省乐器协会承办了2008、2009年中国（深圳）国际文化产业博览交易会的乐器展区，均取得企业的良好反响。

2008年乐器第一次集中亮相文博会，在多方支持下乐器展区面积达4000多平方米，汇聚了以广东为主，辐射全国的乐器厂商。2009年的乐器展区，以知名乐器制造企业为主，中西乐器品种齐全。中央领导刘延东、蔡武等同志视察了乐器展区所在的演艺产业馆；广东省委书记汪洋更是两度亲临该馆参观；广东省文化厅余其铿副厅长在参观完乐器展后，勉励我省乐器企业要自主创新，做大做强。领导的多番莅临，体现了国家、政府对文化艺术产业发展的高度重视。乐器参展商在展会后表示，深圳文博会有别于一般的乐器展，协会给他们提供的是一个全新的平台，展会强而有力的宣传，有利于企业的品牌推广与发掘新的客户。

2、2009年精品提琴·品牌乐器与经典民族乐器展

广东是中高档提琴生产的重镇，改革开放三十年间取得辉煌的成就，在国际上共获62个奖项。为了弘扬广东的提琴文化、展示广东提琴制作师的成果，扩大民族乐器的影响，广东省乐器协会特意策划、组织了“2009年精品提琴·品牌乐器与经典民族乐器展”，2月13至22日在广州岭南会展览馆向市民免费开放。这是一次中西交融的乐器文化盛宴，给广州市民带来一次高雅艺术文化的享受。

三、表彰优秀提琴制作师

广东的提琴制作师勤于钻研技艺，自改革开放以来在国际上屡获奖项，取得辉煌成绩，获奖数约占全国的35%。为了表彰广东省优秀的提琴制作师勇于攀登制作技艺高峰和对事业执着追求的精神，鼓励提琴制作师不断提升技艺、不断创新，提高作品的艺术含金量与各种艺术风格的音色内涵，引导广东提琴制作业继续走精品研发路线。经理事会一致通过，协会授予陈益、朱明江、谭巧明、关尚持、徐永成、徐长成、苏建能、李伟明、吴祖亮、陈劭、麦水德、何恩、何广宏、谭建华、麦素梅、陈钊明等十六位同志“广东省优秀提琴制作师”称号。

四、走访企业，乐观面对不利因素，主动从困境中寻找新出路

协会人员于2008年走访了扬州华厦琴筝博物馆、天津市津宝乐器有限公司、杭州佳音乐器有限公司、余杭铜岭桥乡的竹笛生产基地、无锡诗韵琴坊等外省企业，实地调研，吸收省外企业的先进经验，并通过《广东乐器世界》及协会网站的报导，

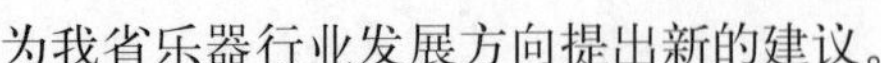

为我省乐器行业发展方向提出新的建议。

国家统计局2009年11月公布的全国乐器生产相关数据，某些地区的乐器产品出口首次超越广东。协会根据行业现状，以函件形式召开会员大会，及时分析当前乐器行业的形势，与企业共同探讨下滑原因，探索新的发展思路。

2009年受金融海啸的影响，出口下降是必然的，虽然广东省乐器行业保持着良好的发展势头，其他沿海地区近几年的发展速度也是惊人的，广东的乐器企业要居安思危，认真审慎地规划企业的发展蓝图。乐器行业以民营的经济类型为主，是劳动密集型产业，要重视政府的宏观性引导和充分利用政府提供的资源。企业要不断提升产品品质和企业竞争力，在提高现代化管理水平，推进行业与国际接轨，拓展国内外市场。

五、热心参与公益事业

2009年“五·一二”地震发生一周年之际，协会再次发起 “为汶川灾区重建献爱心，义卖《广东乐器世界》筹善款”活动，再次得到企业、制作师、各大琴行的踊跃支持。

为了让山区的孩子感受关爱；激发他们努力学习，将来回报社会的决心，广东省乐器协会与中山大学校团委艺术中心以及“蓝信封留守儿童关爱组织”联合用音乐的方式，为来自韶关8个县的245名贫困孤儿献上一份特殊的爱意。

在金融危机的寒冬中我们踏雪寻梅、乘风破浪、共同创造辉煌。

MUSIC

中国乐器年鉴

CHINA MUSICAL

INSTRUMENT YEARBOOK

2009-2010

只有看得更远，才能走得更远

——专访全国人大常委、中央音乐学院教授郑荃

2009年3月，第十一届全国人大二次会议、全国政协十一届二次会议召开期间，记者就当前乐器行业的现状及发展采访了全国人大常委、中央音乐学院教授郑荃。

这次专访是在当前中国经济发展面临全球金融危机影响的背景下进行的，因此中国乐器行业如何应对这次金融危机成为采访最直接切入的话题。在谈到中国乐器企业如何应对这次金融危机时，郑荃教授指出：中国的乐器企业要想应对金融危机对国际市场的影响，保持稳定发展，就要立足于做好做大国内市场。大多数国家乐器的发展开始都是着眼于本土文化的需求，只有中国出现了国内市场很小，直接发展国外市场的模式。这主要是因为中国的劳动力比较便宜，但这是一个暂时的现象，中国的乐器行业要想长远发展，就必须立足于本国文化事业的发展，这才是一个稳定的市场。三年前我就提出，中国是最大的市场，为什么没有人做？为什么只盯着外国市场？如果不转变这种模式，一旦国际市场出现波动，企业发展就会受到影响，甚至很难生存。只有在中国本土建立起例如学校等的销售渠道，这才是稳定的市场。而且国内市场的建立和繁荣会对国家文化事业的发展会起到一定的社会效益，而不仅仅是经济效益。我认为中国的乐器制造业应该看得更长远一些，立足于本土文化的发展，本土文化的繁荣，在这个领域里寻找自己的位置，确立企业发展的稳定市场。

记者在问到中国企业发展道路时，郑荃教授坦率地讲道：中国企业在外向型发展中采取低价位的廉价竞争，很少去树立品牌，做高端市场。我曾经在一些大的乐器企业谈到，要集中力量做些精品乐器，哪怕一年只出几台，但要达到国际水平。现在的企业大多看得不够长远，考虑的是如何创造更多短期的既得的利润。现在国外的乐器制造业进入中国，国外乐器制造的精湛水平确实为国内的乐器制造企业提出了一个新的要求，中国乐器企业要保证利润，就要逐步向高端产品迈进。中国人并不比别人笨，也不比别人差，但由于前几年过于着重眼前的利益，发展起来之后就用扩大生产的方式寻求更大的利润，这实际上是违背科学发展观的，也造成了现在遇到困难后出现了摇摆的局面。遇到困难是坏事也是好事，我们要将坏事变成好事，强迫自己往高端产品发展，提高质量。我们现在所说的提高质量局限于普通乐器，自己和自己比，但我们需要不同门类，不同档次的产品，而且这些产品要经得起竞争。比如我们做的高档小提琴，在这个领域，我们可以和国际竞争，如果我们做的小提琴和意大利的小提琴品质一样，甚至比他的还要高，不仅中国人会来买我们的琴，外国人也会来买我们的琴。这样国内消费者就不会考虑去意大利买哪个制作家的琴，而率先考虑买我们的琴，这就占据了小提琴市场。在小提琴这个领域，我们从高端开始竞争，同时也有中端和低端的产品，因此在中国的提琴制作领域的发展是比较均衡的。但是像钢琴这样的大件乐器，我们的精品还是比较少，与国际高水平的乐器制作还有较大的差距。雅马哈品牌进入中国市场，为什么雅马哈用中国的工人就可以制作出雅马哈的质量，国内工厂同样用中国工人就做不出那样的品质。我认为主要是管理方面的问题，而不单单是技术方面的问题。技术是通过管理贯彻下去的，我们现在的管理模式从思想上和观念上都比较落后，只有提高管理水平，才能促进生产出高质量的产品。在国际市场变化的情况下，中国乐器企业要把握未来发展方向，做好技术升级，争取未来的可持续性发展。

乐器是承载文化艺术功能的工具，它的文化属性决定了文化事业的发展和乐器行业的发展是息息相关的。温家宝总理在政府工作报告中指出，“促进文化发展和繁荣，既可以拓展消费领域，也有利于丰富人民精神文化生活。”当记者问及文化事业发展和乐器行业的发展相辅相成的关系时，郑教授指出：乐器制造业自身的发展，需要较好的经济环境，同时也需要较好的文化环境。当前在全球金融

危机影响下，乐器行业生产既有困难，也有机遇，乐器行业应当看到人们对文化艺术需求增长的机遇。我们需要自己推广文化，制造购买群体，而不是等待。国外市场的成熟得益于很多年来文化普及的工作，长时间的文化积淀才培育出了市场，并且在这个市场里有非常健全的商业网络，保证其有秩序，有信誉的经营。我国的乐器生产企业就像杀出的一匹黑马，一味地想着怎样扩大自己的地盘。值得我们思考的是怎样在国内建立起一个有序的良性循环的市场。在音乐培训、群众文艺的推广方面，乐器制造业也应该担负起一定的责任。但这不是立竿见影的因果关系，不是做了文化推广就可以马上卖出乐器，但这应该是一个长期的发展规划，是企业的一个长期战略。人民的文化修养提高了，对音乐的需求就会随之增大，对乐器的需求也会增大，形成一个良性的循环。中国的乐器行业不要急于求成，中国乐器企业家要在国家的经济建设、文化建设整体发展中找到自己的方向，树立发展乐器行业的信心，并在当前经济形势下，积极发挥出乐器行业的作用。

郑荃教授长期从事音乐教育工作，在谈到国民素质教育问题时，郑教授感触很深，他指出：加强国民的艺术教育，培养国民的艺术素质，这体现了国家的文化软实力建设。这种软实力对于建设和谐社会是不可或缺的。我希望大家都能认识到这一点。让国民认为音乐就像阳光和水一样是人的基本需求，而不是出于功利的目的去学习音乐。人的素质的提高比经济发展要难得多，很多人看到了中国经济的落后，但对中国人素质的落后认识得不够。我们应该看到自己的不足，如果不看到差距，就不会给予充分的重视和投入来改善。乐器制造业是为国民素质教育提供物质载体的，品质精良的乐器是提高国民艺术素质的需要，所以乐器的品质也是十分重要的。比如提琴制作领域，有些人认为我们拿到了几个金奖就是世界第一了，我一直认为我们和世界第一还有很大的差距，所以我始终致力于把国外的专家请到中国讲学，带中国的制作家去国外看看人家的琴是怎样制作出来的。让国内的制作师认识到自己还有很大的差距，这样才会有继续努力钻研制琴的动力。美国的文化教育比较普及，很多州政府通过立法要求政府采购，用纳税人的钱购买乐器，再分发到各个学校去。就有美国学校到我们这里成批成批的购买小提琴，让小孩子从小接触乐器，培养她们的艺术素养。这就是政府的投资行为，取得的社会效应。在中国的教育发展大纲里，美育一直被放在可有可无的位置上，以为唱唱歌、跳跳舞就是美育教育了，就可以培养艺术修养了，其实不尽然。在这方面我们还有很多工作要做，而且在短时间内是看不到成果的，这和发展经济不一样，经济可以常年保持两位数字的增长，但文化素质的提高却需要长年累月的积淀。

非物质文化遗产涉及到传统技艺和民间流传形态，乐器制造业也存在这样的传承方式，记者在问及现在乐器的非物质文化遗产保护面临的问题时，郑教授讲到：很多民族乐器的制造方法和使用方法都在消失，现在是各省、各地区建立法规、保护条例来收集保护诸如民歌、祭奠仪式使用的乐器等。制作小提琴的技巧本身就是一种非物质文化遗产，现在制作小提琴的技巧复兴了，但在二次大战期前，意大利制作小提琴的技艺已经失传了，是在振兴意大利民族文化的时候，从德国、匈牙利请老师回来教授意大利人怎样制作小提琴，才恢复了意大利的小提琴制作水平。相比较而言，我国这种民族乐器的制作技艺太多了，如果不加以保护，消磨起来非常得快。因此需要争取多种形式的保护措施，保存传统精华。

当记者问郑荃教授非物质文化遗产保护是否要走产业化道路，抑或有其他可行的方法？郑荃教授指出：原汁原味的保护是必要的，同时使用价值也需要附加到产品上去，这也是社会发展的一个过程。比如我们的二胡，一开始用的是羊肠弦，现在用钢弦，那么羊肠弦的制作技艺就慢慢丢失了。现在演出中用的都是钢弦，但我们要知道，曾经有一段时间用的是羊肠弦，而且羊肠弦的声音是不能用钢弦代替的。小提琴开始也是羊肠弦，后来被钢弦代替了，又发展成了钢绳弦，尼龙弦，最后发现还是羊肠弦音质最好。但现在的羊肠弦的制作技巧已经不仅仅是300年前的制作技巧，是有所发展的，加入了蚕丝套，缠上铜、银、镍等以增加其密度。如果在出现了钢弦和尼龙弦之后就把羊肠弦的技艺丢掉的话，再想挖掘羊肠弦是什么样子就不可能了。保护传统工艺为发展现代工艺提供了可能性。人对很多事物的认识是有局限性的，很多东西最初不被看好，当发现改良之路错了的时候，或不能达到预期的效果的时候，就必须把原点保护好。比如300年前小提琴的油漆被证明是最好的，但当时的工艺失传了，现在用各种手段都找不回原来的配方，这说明我们保护传统的工艺有多么的重要。

采访结束时，记者请郑荃教授谈谈对乐器行业的期望：现在整个社会比较浮躁，什么对自己有利就做什么，比较短视，这与中国经济在近些年迅猛发展的特定社会经济形态有一定的关系。在遇到问题时要善于思考，静下心来思考的人在今后的发展中就会更加稳妥一些。眼光要看得远，才能走得更远。总的说来，乐器行业这几年取得了很大发展，但快速发展中也潜藏着许多不确定因素。在现在这种市场经济不稳定的时候，这种不确定因素就会暴露出来。乐器企业不同程度的受到这次金融危机的影响，很多企业都遇到了困难，希望渡过难关。我认为首先要树立信心，因为我们这几十年来发展到现在是很不容易的，根据生存发展的实践经验，第一就是要根据新的形势及时调整产品结构、经营模式、基本的战略思路；第二就是放远眼光，不能仅看到暂时的困难，要看到在政府的政策扶植下，经济复苏之后，乐器行业会有更大的发展空间。只有放远眼光，才能建立信心。总的说来，乐器行业在今后的健康发展是有基础的，我很有信心把困难转变成为发展的动力。困难是眼前的，辉煌的前途才是永恒。

（国家轻工业乐器信息中心　蒋悦）

用科学发展观构建中国琴行业

遍及全国各地的琴行网络，不仅是乐器行业完成生产—流通—使用三个环节中最为重要的纽带环节，同时也是采集信息，适时反映行业动态的触角和神经末梢。改革开放30年来，随着市场经济日趋成熟，中国经济融入全球经济一体化进程加快，琴行已经成为中国乐器行业的窗口，乐器市场的前沿阵地。中国琴行业实现科学发展，将推进中国乐器行业迈向世界乐器强国的进程和未来发展大局。

新中国成立以来中国琴行业所走过的历程

新中国成立以来，特别是改革开放30年，中国琴行业发展经过三个历史阶段：

第一阶段，20世纪50年代到70年代末，处在计划经济指导下的乐器“统购包销”时期。

新中国成立初期，我国全面实行政府指导下的计划经济，乐器作为文体用品商品，实行的是“统购包销”，几乎100%的国有（集体）乐器生产企业基本没有销售功能（20世纪60年代，北京民族乐器厂曾在北京琉璃厂新文化街建有门市部，上海民族乐器一厂在南京路建有门市部）。企业经济指标主要考核产值，生产的产品全部交给商业系统的文化用品公司和外贸进出口公司。当时的乐器商业网络并没有像现在这样的独立运行系统，而是一个综合性商业网络，分别由全国性的一级采购站和地区性的二级、三级采购站负责全国各类商品调配。而在各大城市中负责乐器销售的是商场和百货公司里统一结算的乐器柜台。当然也有个别传统的老字号琴行，如北京王府井宏声琴行，新街口清华乐器行、上海万里琴行，广州长江琴行等。而承担乐器出口业务的是中国轻工业品进出口公司，中国工艺品进出品公司以及各地区进出口公司。国内外市场需要的乐器只能通过外贸公司和内贸文化用品站订购，与企业是不见面的，同时也不允许企业直接与外商或者其他城市乐器销售网点发生关系。当时的乐器商业体制基本上是一种政府管理模式，其职能是根据各个时期的商品销售计划进行全国范围的商品调配，与此相适应的乐器交易平台是政府所提供的三个主要的综合性贸易平台：全国文化用品交易会、全国教育设备采购交易会、广州进出口商品交易会。

第二阶段，20世纪80年代到90年代末期，琴行出现从“万马齐喑”有计划的市场经济向“百花齐放”的完全市场经济过渡。

改革开放初期的1983年，我国实行城市社会主义经济体制改革，以供求关系作为调节杠杆的市场经济取代了长期以来计划经济下的企业吃政府大锅饭，职工吃企业大锅饭的弊端，“断奶”后的乐器生产企业开始主动向市场找饭吃，定期召开订货会，邀请全国各地的乐器商业单位参加，逐步建立维系企业生存的销售网络，并寻求建立与外商联系，取得企业自主进出口权。与此同时，随着我国人民生活水平不断提高，中西方文化交融，乐器在人民生活中的需求量不断增大，全国各地琴行“雨后春笋”般涌出来。到20世纪末，琴行出现了“一退四进”。

一退：乐器销售逐渐从国营商场百货公司退出，取而代之是规模较小，独立性较强的琴行，原有乐器销售人员脱离原单位“下海”经商，开创私营琴行的一番新天地。

四进：一是国内具有一定规模的乐器生产企业纷纷在全国范围内建立自身较为稳固的专卖、总代理等各种形式的销售网络。如珠江钢琴、星海钢琴、上海民乐一厂都逐步建立遍及本地区和全国的乐器销售网络；二是国外乐器公司开始进入。其中具有代表性的是雅马哈乐器音响（上海）贸易公司，卡瓦依乐器（上海）贸易公司、施坦威钢琴（上海）贸易公司、法国布菲乐器（北京）公司，这些外国贸易公司除了在中国建立贸易总部以外，还在各地区都设有琴行总代理。另外香港柏斯琴行、香港通利琴行、台湾功学社教育用品公司都在全国数十个大城市建立了专卖店、连锁经营、总代理店等，国外乐器经销商的进入将国际先进的乐器营销理念带入中国，加快了国内琴行从形式到内容的改组改造；三是专业从事音乐教育及演奏人士开始进入乐器销售领域。由于乐器销售的专业性，消费者更乐于光顾具有一定音乐素质人开办的琴行，使得一大批专业从事器乐演奏以及音乐教学的演奏者和老师进入了乐器销售圈，其中不乏一些名人借用本人社会名望开办琴行或者艺术中心，如鲍蕙荞钢琴城，刘诗昆艺术中心等；四是业外音乐兴趣爱好者大量进入，其中有社会上不少掌握了钢琴、吉他、提琴、西管乐器等乐器的基本知识后，在有一定的资金条件下开办了不同规模的琴行。

市场经济下所形成的中国琴行发展格局，最大特点是彻底改变了琴行从业人员的结构，琴行销售人员音乐素质和文化修养水平有了较大提高，琴行与使用者相互关系进一步融合，琴行在整个行业中所发挥的作用加强和地位进一步提高。

与此同时，我们也看到乐器作为文体用品的综合性交易形式正在不断弱化，乐器生产企业对广交会、文体及教育设备交易会的重视程度越来越小，而对专业性较强的乐器音响展览会越来越关注。从20世纪90年代初开始的北京、广州乐器展览会，一直到21世纪初开始在上海举办的中国（上海）国际乐器展览会逐步受到全球乐器界的广泛关注。随着中国经济实力的不断增强，中国成为全球最大的乐器生产国和市场，每年一届的中国（上海）国际乐器展览会成为全球第三大乐器展览会，更多地吸引着来自世界数十个国家的乐器生产商、采购商、经销商来到中国，与中国乐器生产商和销售商彼此之间进行进出口贸易，由此使中国琴行的国际化色彩更加浓厚。

第三阶段，20世纪末到21世纪初，琴行从单一的销售功能向多功能化转变，琴行正在成为实现文化大发展大繁荣的重要阵地。

党的十六大后，大力发展文化产业和文化事业成为新时代国民经济和社会发展的重要内容，特别是在党的十七大，胡锦涛总书记提出了“迎接文化大发展，大繁荣”的战略号召，给我国乐器行业发展带来了难得的机遇。乐器作为兼具物质与精神双重功能的特殊商品，在历史发展新时期，其商业色彩有了相应减弱，而文化性功能有了明显的增强。作为乐器销售的主体，琴行的职能和业务范围有了进一步的拓宽，除了乐器销售外，又增加了三项新的职能：一是成为本地区音乐艺术文化事业的组成部分，部分琴行成为当地音乐考级定点单位，二是开展各项音乐活动的承办单位（承办节假日大型音乐庆祝活动，国际音乐交流演出等）、三是从事音乐教学的培训中心（学校），在造就各类音乐人才，扩大就业，繁荣音乐文化事业的文化建设和社会建设中发挥着十分重要的作用，从而得到本地区政府的政策支持以及社区百姓的喜爱。

中国琴行业现状

改革开放30年来，经过市场经济洗礼的中国琴行业，逐步形成覆盖全国，各种经济类型并存、具有多项功能、充满生机活力的社会细胞，成为构建和谐社会，实现文化大发展大繁荣的重要载体。

综观中国琴行现状，具有以下几个特点：

1、琴行数量快速增长，以省会城市为中心逐步向二三级城市渗透。据不完全统计，目前我国有各类琴行一万多家，比改革开放前大幅度增加，主要集中在经济比较发达的东部沿海大城市。近年来，随着中小城市乐器需求量的上升，二三级城市琴行也开始涌现，由大城市向地市县批发乐器的格局有所改变。

2、琴行成为本地区文化艺术事业的重要组成部分，音乐人开琴行（如北京姜杰钢琴城，河北秦川文体乐器有限公司），琴行办音乐学校（如上海知音音乐培训中心、杭州天目艺术专修学校、秦川音乐艺术学校）已经司空见惯，音乐人与乐器从业者的界线正在消失。一些专业音乐学院周边地区琴行林立，满足着音乐专业和业余演奏者需要，这些琴行有的是外来人开的琴行，也有不少音乐学院自身开设的琴行（如成都盛音乐器有限公司），北京、上海、沈阳、武汉、成都、西安等地音乐学院附近都有类似的琴行。

3、琴行集中组合现身城市，成为城市文化建设的架构之一，不少城市的“乐器一条街”，充分体现了琴行的扎堆效应。目前，上海金陵东路，汾阳路；北京的琉璃厂、新街口；沈阳的三好街；天津的文化街；广州的大新路以及成都、昆明、武汉等不少城市也都可以找到购买乐器的集中地，同时也成为城市一道景观。

4、琴行正在深入居民社区和商业区，与消费者零距离。由于消费者文化需求的增长，普通百姓学习乐器的热情高涨，将销售与培训捆绑在一起的琴行正在步步渗透到大商场、大超市以及居民社区，走在大城市的居民小区里可以经常看到××钢琴培训中心，××吉他培训中心的招牌，走进去，里面既有乐器教学，又有乐器销售。此外，在北京、上海、广州等大型商业广场也可以看到琴行的身影，如位于北京新源燕莎商城中具有现代商业气息的柏斯琴行。

5、琴行成为培训各类音乐与乐器人才重要场所，扩大就业门路的重要渠道。由于乐器类别繁多，又与音乐息息相关，因此琴行的发展和成功依赖于高素质的音乐和乐器人才，中国琴行业十几年的快速发展，造就了数以万计的乐器演奏者、钢琴调律师以及钢琴、民族乐器、西管乐器、电子乐器的维修技工等行业特殊技能人才。他们不仅是中国琴行业发展的中坚力量，同时，他们也在不断地走向社会，从事着与音乐、乐器相关的行业，为全面提高国民音乐素质增添了有份量的砝码。

6、琴行真正成为企业与使用者之间的纽带，与企业之间的联系日益密切。品牌专卖店在全国各地数量的不断增长，企业为了推广产品所进行的产品推介会，各种类别的全国性青少年乐器演奏比赛各地区分赛区往往都是通过本地区关系密切的琴行所开展的。为数不少的遍及全国的琴行已经成为实现乐器生产企业品牌推广和营销策略的贯彻者。

7、琴行已经从单一销售功能向多功能转化，除增加音乐教育、乐器培训、音乐推广等业务活动以外，不少琴行兼有音乐图书、音乐类音像制品的经营内容，有的还增加休闲场所，设有茶艺、咖啡厅等，使琴行向着综合性文化场所拓宽。

用科学发展观构建中国琴行业

中国乐器行业包括琴行业在改革开放30年来的快速发展以及它所取得的成绩有目共睹，但琴行业在发展过程中所存在的问题同样客观存在，主要有以下一些：

一是各地琴行目前仍处于自由松散发展阶段，行业管理缺位，存在无序竞争现象，琴行之间缺少联系和沟通；

二是个别琴行不按市场规则和国家法律法规办事。如：乐器市场存在个别皮包商与个别老师结合实行产品直销以达到避税的目的、销售“三无”产品（无商标、无保修、无产品合格证）、销售无3C证明的电子产品，无标识卡的蟒皮制品乐器等。

三是个别琴行以盈利为目的，采取对消费者不负责任的经营态度，销售假冒伪劣产品，为中介者给以高额回扣，严重侵害了消费者的利益，损害了整个琴行的形象，虽然近年来这种状况有所改善，但在个别地区的个别琴行中依然相当普遍。

四是个别琴行侵害企业经济利益的现象，如从企业进货后，迟迟不返回企业货款，使用企业产品资金再盈利，造成乐器生产企业资金周转困难，个别甚至出现停产以至倒闭。

五是各地区琴行发展不平衡，不少琴行内部管理水平较低，杂乱无章，短期行为严重，甚至有的琴行采取打一枪换一个地方，不断更换营业执照的不正当手段，以逃避国家法规及企业消费者的追款问责。

以上情况表明，虽然经过新中国成立以来特别是改革开放以来的不懈努力，我国乐器行业包括琴行的各项事业取得了很大的成绩，令世界乐器界关注，不少发达国家的乐器跨国公司都希望了解和掌握中国琴行的网络体系，以便他们能够更快地进入中国市场。但中国琴行与我国长期处于社会主义初级阶段的基本国情是一样的，我国经济虽然快速发展，但与发达国家相比还有很大的差距。同样，中国琴行在发展过程中还有许多问题需要改进和克服。因此我们必须始终保持不断进取的精神，把中国琴行事业提高到一个新水平，特别是在当今国内外经济金融形势严峻，我国乐器市场受到极大考验的状态下，更要科学地分析我国乐器行业面临的新机遇新挑战，把握住中国琴行今后的发展方向。

中国乐器协会琴行分会的成立为今后发展提供了一个新的契机，中国琴行业如何做大做强，实现更好更快发展的目标。

为了中国琴行业实现科学发展的目标，应在现有发展基础上实现六个转变：

1、进一步转变发展观念。琴行业发展有广义和狭义两种概念。狭义是局部地区或是单个琴行的建立和发展，乐器行业当前存在的供大于求的矛盾，除了有外部环境的影响以外，还由于前几年乐器生产企业和琴行盲目发展所造成的生产大于消费的结构性矛盾。近年来，虽然乐器的消费需求量较以前有了大幅度增长，但是乐器消费者占总人口的比例还很小。我国的音乐人口还是极少数，尤其是中西部地区，农村市场还远远没有开辟，乐器需求仅在东部沿海地区、大中城市占较大比例，这是客观事实。因此，在局部地区和单个琴行的建立和发展中，一定要考虑到本地区的经济文化发展实际情况，本地区音乐人口的数量，琴行的能力等等因素，谨慎地对待琴行各项事业的发展。广义的琴行发展是整个琴行业的发展，未来琴行发展要考虑集行业之力，团结合作创造和谐发展的市场环境，努力办成几件大事，将会对中国琴行的整体形象产生较大的影响。

2、进一步转变经营指导思想，处理好琴行经济效益和社会责任两者之间的关系。“作买卖就要赚钱，赔钱的买卖不干”这既是每个商家的训条，但是在当今社会更要树立“以人为本”的指导思想，维护和考虑到消费者和生产企业的利益，使消费者、琴行、生产企业三者之间实现共赢

3、进一步转变经济增长方式，使琴行从粗放式经营向市场化、品牌化经营方式转变。随着乐器行业全球化进程加快，消费者的乐器品牌理念不断提高，琴行要逐步向以经营品牌产品为主的模式转变，要不断提升琴行形象和经营模式，向国际先进经营理念学习，逐步与国际乐器经营模式接轨。

4、进一步拓展琴行经营服务范围，从单一乐器销售向多角度、多功能文化产业转变。今后在较长一段时间里，我国将在以经济建设为中心的大前提下，全面推进经济建设、政治建设、文化建设、社会建设，构建和谐社会的战略方针，迎接文化大发展、大繁荣的高潮。可以预见音乐文化事业在人民生活中的比重将会不断加大，因此，琴行向文化产业方向拓展势在必行，为此要作好人才、环境、管理方式等各方面的准备。

5、进一步提高社会责任意识，使琴行从单纯经营实体向具备社会服务职能转变。目前，随着琴行参与社会文化活动的频率不断加大，琴行的社会地位和公众形象有了明显提高，今后这方面的职能将会进一步加强，琴行将会更多地承办由政府和社区所组织各项音乐艺术文化活动，在繁荣本地区的文化艺术生活，培训音乐人才的工作发挥着重要作用。

6、进一步增强学习意识，使琴行从业人员，包括领导在内，从传统，经济型管理向现代文化知识型管理模式转变。要大力提倡每一位琴行从业人员努力学习各方面的知识，适应构建和谐社会，大力发展文化产业的各种需要。

总之，中国琴行前程无限，任重道远。

（中国乐器协会　丰元凯）

扩大国产西管乐器内需市场的思考

中国乐器协会西管乐器专业委员会会长

河北金音乐器制造有限公司总经理

陈学孔

当前，我国各行各业正面临着世界金融危机带来的严峻挑战。“保增长、扩内需、调结构”是每个行业和企业战胜困难，变“危”为“机”的重要策略。针对西管乐器制造业如何能够在这场百年一遇的“危机”中走出困境，真正实现国产西管乐器由“大”变“强”的目标，我谈一点个人看法。

我国西管乐器制造业源于北京、天津、上海、大连、广州等5家国有管乐器厂的创业和发展。从20世纪80年代开始，随着国内市场经济发展及外贸体制改革，催生了一批民营西管乐器生产企业，位于北京、天津、河北、山东等地区的管乐器企业风起云涌，并逐步形成生产规模，河北金音乐器制造有限公司、天津津宝乐器有限公司、天津圣迪乐器有限公司、天津奥维斯乐器有限公司、山东泰山乐器有限公司等一大批民营西管乐器生产企业不断发展壮大，成为国产管乐器行业的核心企业。上海管乐器厂、大连铜管乐器厂由原国有集体企业转制为外资或私营企业。据不完全统计，目前我国有各类西管乐器生产企业80余家，生产品种及规格数百种，产量从1999年产26万支，到2008年生产135万支，10年间增长了5倍，出口量从11.65万支增长到109万支，增长9倍，出口量占总产量的80.74%。中国已经成为全世界西管乐器最大的生产国。

改革开放以来，中国西管乐器制造业取得的成绩与进步，主要有以下几点：

1、产品质量显著提高。原材料材质、产品声学品质、装配精度、外观工艺，零配件标准化等指标较10年前管乐器生产技术和加工水平都有较大程度提高和改进，基本满足国外采购商对管乐器产品的质量和技术需求。

2、产品研发能力明显增强，规格品种不断增加。目前我国管乐器生产品种已经从过去的“老四件”，黑管、长笛、小号、萨克斯向多品种、全系列方向发展，即单件乐器扩大音域，如在高音黑管的基础上扩大了中音黑管，低音黑管；萨克斯从中音萨克斯，次中音萨克斯发展了高音萨克斯，低音萨克斯，铜管乐器除小号、长号、圆号以外又逐步研发上中音号、下中音号、低音号，抱号等；木管乐器除黑管、长笛、萨克斯外，双簧管、大管等高档管乐器已逐步形成批量生产；个性化管乐器产品附件，零配件、箱包与成品配套，以满足不同演奏者的需求。此外根据当前西管乐器发展的需要，行进性管乐器正在加紧研发，逐步配套上市。

3、加工设备逐步从传统车钳铣刨向数控高科技设备过渡，一些大型西管乐器生产企业，如河北金音乐器制造有限公司、天津津宝乐器有限公司等企业已经引进了具有世界先进水平CNC数控铣床、数控加工中心、激光雕刻机等，同时自主研发了一批具有先进技术水平和使用功能的设备，如：三坐标测量仪、静电喷涂设备、净化除尘设备等，大大提高了西管乐器零部件加工精度和工作效率。

4、工人操作技术及演奏能力有较大提高，新一代精制作，会演奏，懂理论的技术工人及管理队伍逐渐形成。

5、一批具有一定实力的管乐器生产企业显示出强大的生命力，西管乐器品牌效应逐步显现。天津津宝和山东泰山管乐获得了中国驰名商标称号，河北金音、天津圣迪获得省市名牌产品，著名商标及省市级文化产业示范基地称号。

6、西管乐器生产企业与音乐教育界的合作越来越密切，频繁参与并赞助了各种形式的管乐比赛和表演活动，社会普及及音乐教育工作，为推动西管乐器在中国的发展和普及作出了重要的贡献。

7、2008年我国铜管乐器已经出口到世界105个国家和地区，出口数量达85.66万件，金额7919万美元，木管乐器出口到世界101个国家和地区，出口数量851.57万支，金额3759.52万美元。全世界有47.7%的国家和地区都从中国进口西管乐器，为世界管乐器音乐教育普及和推广事业作出巨大的贡献。

在总结我国西管乐器制造业取得成绩的同时，我们也应当客观地认识到当前西管乐器行业发展中所存在的问题和差距，主要有以下几点：

1、产品质量在国际市场处于中低档水平。

2、市场销售层面处于学生用普及品市场。

3、出口远远大于内销，外贸依存度较高，出口比例大约为80%左右。而国内高端管乐器市场逐步被欧美、日本及台湾管乐器所占领的不正常现象。

4、品牌知名度较低，大部分国产西管乐器采用“贴牌”（OEM）加工。

5、产品价格低，企业利润空间小，缺乏可持续发展后劲。

6、企业无序发展，市场混乱，不正当恶性竞争，假冒产品价格欺诈现象时有发生。

产生以上问题和差距的原因是：西管乐器属于西方乐器，至今已有三四百年的历史，生产和制造工艺复杂，要求制作工人具有丰富的实践经验和一定的音乐知识和乐器演奏能力。西方管乐器生产历史悠久，一些国际品牌都具有较高知名度和社会影响力，同时产量小，生产工艺和产品质量容易控制，但产成品价格较高，基本上是满足专业演奏的需要。

相比之下，我国管乐器生产至今不过50多年的历史，尚未积累成熟的加工技术和生产经验，特别是由于企业经济体制的转变，我国西管乐器生产基本上从城市国有企业向农村个体私营转移，目前西管乐器生产80%以上的劳动力来自农村，这对于长期务农从未见过西方乐器的农民工来说，要全面掌握管乐器生产技术尚需有一个长期持久的学习过程。

改革开放30年，借助于国家的好政策和中华民族勤劳智慧的双手，特别是一大批农民走上管乐器制造技术工人的岗位，使这些农民的生产环境，生活质量有了很大的改善，农民收入有了显著提高，从而极大激发中国新一代管乐器制作工人的激情，由此而转换出来的生产力使中国西管乐器制造业迅速发展，工艺技术水平和生产效率大为提高，产量有数十倍增长，具有较大规模的管乐器生产企业创造出一套完整的管乐器大生产方式，这些就为我国西管乐器走出国门，大量出口，以满足国际乐器市场对管乐普及品需求创造了极为有利的条件。也正是由于中国西管乐器的规模生产为推动国际青少年管乐音乐教育和普及推广作出了不可或缺的重要贡献。

当我们看到中国西管乐器行业取得历史性进步的同时，也应当看到西管乐器生产属于一项技术密集型产业，一支质量上乘的管乐器包含着极其复杂的综合性技术，需要由具有多年丰富制作经验的技术人员来完成，这对于时间短、底子差、基础知识薄的我国管乐器制作工人来说还需要经过若干年的训练和在生产实践中不断的经验积累才能实现。这就是当前我国管乐器还不具备品牌影响力，在整个产业链条中只能处于加工贸易的从属位置，产品质量仍处于低档水平，产品销售市场以满足学生及大众普及品消费为主的原因。

另外，在国家实行的各种优惠政策激励下，目前我国西管乐器行业生产企业过度发展，出口远远大于内销的原因是大部分管乐器生产企业都是以出口为主，甚至有的企业达到98%产品出口，出口形式主要采取“OEM”贴牌加工贸易，这种生产方式对于处于初级阶段的中国管乐器生产来说，具有技术含量低、易上马、见效快，回款快等特点。因此可以说，广阔的世界乐器市场造就了中国数以百计的西管乐器企业。但任何事物都会有它的两重性，中国管乐器以出口为主的生产模式，形成了它对于国际市场的过度依赖，对国内市场的不重视和不熟悉。一旦国际市场出现风吹草动，或者出现饱和，就会给中国管乐器生产带来巨大的影响。

当前世界金融危机对我国经济的影响，使我们需要提前考虑西管乐器制造业如何在前一阶段快速发展的道路上，走出一条科学发展、可持续发展，又好又快发展的新路。

如何应对金融危机，克服眼前的困难，度过这场危机，我认为中国管乐器制造业必须在继续保持原有各项出口业务和出口渠道的同时，不失时机的扩大内需，保增长，提高国内管乐器市场份额，真正实现“两个市场，两条战线”同时并举的战略，即国际市场和国内市场并举，普及品和专业品并举。

就“占领国际市场”和“发展管乐器普及品生产”战略而言，经过多年的发展，中国管乐器制造业已经初步积累了一些成功的经验，具有一定的优势。当前，中国西管乐器制造业的发展关键在于如何进一步扩大内需市场。

在国家关于文化大发展、大繁荣的方针政策指引下，目前我国音乐教育，文化产业的健康深入发展为国产管乐器制造业扩大内需提供了很好的机遇和市场空间。

1、乐器是音乐艺术的重要组成部分，属文化产业相关产品，在当前金融危机到来时，与其他制造行业相比，受到影响较小，正如文化部负责人在十一届二次人代会记者招待会上所说，“文化产业具有反经济周期的特点，世界上以往所发生的经济的衰退往往不会导致文化产业的萎缩，反而会让文化产业逆势而上，持续发展。”当前，国家为拉动内需所投入的4万亿元资金，其中教育文化事业被列入扩大内需的重点项目。

2、我国大中小学校普遍建立管乐队，管乐教育成为各地区教委开展素质教育的重要内容。据北京市教委体美处负责人介绍，北京中小学大约有数百个管乐队，2008年投入资金1000万元用于加强各校的管乐队建设，同时各大高等院校也在相继组建管乐团队，进行行进式管乐表演活动。

3、管乐器已经成为各地政府及社会组织各类活动的重要演艺器材，全国城乡各地以管乐演奏为内容的活动蓬勃开展。以中国人民解放军军乐团团长于海为会长的中国管乐学会成立四年来，积极开展了大量丰富多彩的管乐展演活动，全国各省市都普遍建立了管乐学会（协会）组织，负责推动和组织各地的管乐音乐教育、管乐演奏比赛、艺术展演活动。近年来先后举办了上海世博号角艺术节，南昌军乐节、深圳管乐节等活动，上海管乐艺术节期间有来自中国、美国、日本等6个国家的45支管乐队，参演人数达3000人，期间还组织了非职业优秀行进管乐团队表演。南昌军乐节每两年举办一次，军乐节期间进行军乐游行，达到南昌城里万人空巷的境地，受到南昌市民的普遍欢迎，政府也以此为城市名片。即将在2010年召开的上海世博会，将有近200个国家7000万人参加，世博会期间举办和开展各项户外活动，将提供100个场地进行各种吹奏仪式和管乐器行进表演。这些活动方案都在加紧策划之中。而在农村拉动内需中，随着农村文化产业的兴起，一大批农民管乐队也都纷纷成立。最近从网上看到，一个61岁的河北文安县农民自筹10万余元，办起了农民西管乐队，在当地十分活跃，成了文安农村群众文化生活中一道靓丽的风景。

以上都显示出管乐器已经成为当前构建和谐社会，政治建设、经济建设、文化建设、社会建设及对外交流，对外宣传活动中最重要，使用场合最多的乐器之一，普遍受到广大群众的喜爱。

在面临国产管乐器发展大好机遇的同时，也存在着挑战。这就是外国管乐器品牌也看中了中国市场的巨大发展空间，已经或者正在加快全面进入中国管乐市场的步伐，他们凭借国产管乐器尚处于没有自主品牌的发展期，试图占领中国管乐器中高档市场和专业演奏产品市场。这也是国产管乐器扩大内需的瓶颈。

为改变国产管乐器在国内市场的现状，转变国产管乐器经济增长方式，实现国产管乐器向中高档和专业演奏级管乐器的战略突破，我认为应当考虑采取和实施以下策略和措施：

1、打造具有国际竞争力的自主品牌管乐器，以此作为中国管乐器发展的长远战略目标。关于这一点，过去这方面意识不强，是可以理解的，因为以民营企业为主体我国管乐器制造业发展到现在不过10年时间，还处于创业和资本原始积累时期，主要是解决企业生存问题，还顾不上考虑自主品牌。但是中国管乐器制造业发展到今天，已经成为世界最大管乐器生产国，就不能始终停留在“打工族”的地位上，一定要确立中国自己的民族品牌。如何打造民族品牌管乐器？我认为要抓好以下三方面工作：

一是制定规划，采取全面发展，重点突破的方针，每个企业都会有自己的核心产品，通过调研分析、品牌定位、品牌架构、品牌形象、品牌文化等内容制定出核心产品实施名牌战略的规划。

二是加大推广力度，提高在消费群体中的品牌知名度、增加美誉度、培育忠诚度，改善消费者对品牌的联想度。

三是作好包括产品质量、产品服务、产品价格、产品渠道等各层面的工作，最终以一个完美价值链的形式让消费者感受到产品的优势与价值。

2、建立一支具有较高综合素质和实践能力的技术工人和管理人员队伍。国外名牌管乐器制造业的技术工人大多具有高等学历，甚至是音乐院校毕业的学生在从事管乐器生产，只有有了人才，中国管乐器才能从根本上得到提高和进步。

3、开展形式多样的社会活动，把管乐行业更加融合到丰富多彩的文化事业发展当中。当前，我国正在加紧实施中长期文化产业发展规划，特别是在金融危机的情况下，国家加大对文化教育的投入，我们一定要利用好这次机遇，有意识、有规划地主动深入到学校，农村，社区中，让更多的人了解管乐器，喜欢管乐器，学习管乐器，演奏管乐器，也可以实行管乐器下乡，以企业的名义，投资组建一批农民管乐队，建立中小学的管乐团队，举办管乐艺术节和音乐会等。在这方面日本雅马哈和台湾杰普特管乐都有很成熟的经验，值得国产管乐器行业很好借鉴。

以上策略和措施的实施，不仅是应对当前金融危机，扩大管乐器内需的应急办法，同时也是从根本上解决影响国产管乐器未来发展的重大战略措施，必须坚持不懈，持之以恒的努力工作。

我国乐器木材资源现状、思考及对策

中国林业科学研究院木材研究所　研究员　姜笑梅

一、我国森林与木材资源现状

1. 我国森林资源现状及特点

目前我国森林覆盖率为18.21%，居世界第130位，仅相当于世界平均水平的61.52%；全国森林面积1.75亿hm^2，人均占有面积为0.132hm^2，不到世界平均水平的1/4，居世界第134位；森林蓄积124.56亿m^3，人均森林蓄积量为9.421m^3，不到世界平均的1/6，居世界第122位。人工林保存面积0.53亿hm^2，即7.95亿亩，蓄积15.05亿m^3，人工林面积居世界首位。我国森林资源的特点是：资源分布不均，东部地区森林覆盖率为34.2%，中部地区为27.12%，西部地区为12.54%；森林资源总体水平不高，全国林分平均每公顷蓄积量只有84.73m^3，相当于世界平均水平的84.86%，居世界第84位，林分平均胸径只有13.8cm，林木径级、龄级分布结构不合理，可供采伐利用的资源少。

我国森林资源问题变化有以下几个重要特点：

（1）森林面积持续增长；（2）森林蓄积稳步增加；（3）森林质量有所改善；（4）林种结构渐趋合理；（5）林业所有制形式和投资结构趋向多元化；（6）林业发展后劲较大。

我国森林资源问题依然十分突出：

（1）总量不足；（2）分布不均；（3）质量不高；（4）林地流失依然严峻；（5）林木过量采伐仍相当严重。

2. 我国木材供需状况及特点

近几年来，我国木材总供给和总需求是基本平衡，对未来木材市场的总需求和总供给，还是比较乐观的。原因如下：（1）现在每年消耗资源3.65亿m^3，但林木蓄积生长量每年都在4.97亿m^3以上，有的年份要超过5亿m^3以上，每年森林净增长大约1.78亿m^3，消耗量只有生长量的70%左右；（2）现有的用材林当中，到2010年，有近30亿m^3的近熟林的蓄积将进入成熟林，也就意味着可以进行采伐，可供利用；（3）从2001年已经启动了速生丰产用材林的建设工程，目前完成了370万亩，规划到2015年，可达到2亿亩以上的速生丰产林，届时每年可以从速生丰产林当中生产出木材1.3亿m^3左右；（4）国际木材市场进出口贸易都在2.5亿m^3左右，可以将一些结构性的用于装饰材料的木材进口，补充国内的一些缺口，但这个是很少的。

我国已是木材及木制品加工大国。2005年全国商品材消费1.8亿m^2，人造板产量6393万m^2，已居世界第一位。胶合板出口量由1997年的43.77万m^2，迅速增长到2006年的830.7万m^2，2006年比上年增长48.8%。2004年家具产值320亿美元，比上一年增长41%，其中出口103.5亿美元，同比增长41%，我国已经成为第一家具出口国。2005年，我国林产品进出口贸易总额达412.8亿美元，其中林产品出口贸易额为205.7亿美元，进口额207.1亿美元，比2004年增长了62.8亿美元。

3. 我国2006年木材进口情况分析

2006年我国进口木材原料（包括原木、锯材、薄板、胶合板、纤维板、枕木、刨花板）3973.75m^3，比上年3683.1万m^3，增加290.6万m^3，增幅7.89%（见表1）。

（1）原木

进口数量：2006年我国进口原木3215.3万m^3，比2005年增加9.47%，其中针叶原木进口1970.8万m^3，比上年增加7.87%；阔叶原木进口1244.5万m^3，比上年增加12.12%。

进口国别：俄罗斯进口原木占绝大的比重。按进口量排序：①俄罗斯 2182.6万m^3；②巴布亚新几内亚 206.4万m^3；③马来西亚 141.2万m^3；④缅甸 102.7万m^3；⑤加蓬 95.8万m^3；⑥新西兰89.99万m^3；⑦所罗门群岛77.4万m^3；⑧德国46.8万m^3。以上8国进口量合计2942.89万m^3，共占进口总量的91.53%。

国内用材需求：俄罗斯进口原材占绝大部分，主要是弥补我国东北林区天然林禁伐、限伐后的用材缺口，对国内基本建设用材起到了支撑作用。而木制品行业需求的阔叶树种，由于亚洲、东南亚资源供应量的减少，正逐步向非洲、南美洲地区开

表1　2006年我国进口木材情况

品种	进口数量/万m³（万t）			进口数量/万美元			进口单价/（美元）		
	2006	2005	%	2006	2005	%	2006	2005	%
1原木	3215.3	2937	9.47	392926	324356	21.14	122.21	100.44	10.65
针叶原木	1970.8	1827	7.87	171174	138796	23.33	86.86	75.97	14.33
阔叶原木	1244.5	1110	12.12	221752	185560	19.5	178.18	167.17	6.59
2锯材	606.8	597.3	1.59	168851	150779	11.98	278.26	252.43	10.23
针叶锯材	210.8	188	12.13	37931	31699	19.66	179.94	168.61	6.72
阔叶锯材	396	409.3	-3.25	130920	119080	9.94	330.61	290.94	13.63
3薄板	10.05	11.4	-11.84	11816	12124	-2.54	1175.72	1063.51	10.55
4纤维板	56.7	67.7	-16.28	19571	22926	-14.63	345.17	338.64	1.93
5胶合板	41.3	58.4	-29.28	19717	27589	-28.53	477.41	472.41	1.06
6枕木	8.5	8.2	3.66	920	9.3	1.88	108.23	110.12	-1.71
7刨花板	35.1	3.1	1032.3	10173	834	1119.8	298.83	269.03	7.73
合计	3973.75	3683.1	7.89	623974	539511	15.66			

拓，资源供应地区性结构正在发生变化。

（2） 锯材

进口数量：2006年进口锯材606.8万m³，比上年增加1.59%。其中针叶锯材210.8万m³，比上年增加12.13%；阔叶锯材396万m³，比上年减少3.25%。

进口国别：俄罗斯锯材进口量仍占较大比重。按锯材进口总量排序：①俄罗斯117.4万m³；②美国102.2万m³；③泰国70.6万m³；④印度尼西亚45万m³；⑤加拿大39.8万m³；⑥马来西亚37.6万m³；⑦巴西34.06万m³；⑧新西兰28.1万m³。

市场分析：2006年我国进口锯材虽然总量仍然是增加的，但主要是针叶锯材进口量增加，而阔叶锯材进口量是下降的。针叶锯材进口量增加，主要是俄罗斯锯材进口量增加，这与俄罗斯的林业政策调整有关。而阔叶锯材的进口出现了以下情况：一是亚洲、东南亚包括印度尼西亚、马来西亚、缅甸等国，由于资源减少造成进口量逐年减少；而南美洲、非洲地区成为新开拓的资源基地，其阔叶树种已成为替代品种；二是进口的新品种越来越多，已达数百种，主要用于家具、地板、木门及中、高档人造板的生产原料。阔叶锯材的进口地区结构正在发生明显的变化。

（3） 2006年进口木材平均价格上涨

进口原木平均单价122.21美元/m³，比2005年上涨10.65%。其中针叶原木86.86美元/m³，比2005年上涨14.33%；阔叶原木178.18美元/m³，比2005年上涨6.59%。

进口锯材平均单价278.26美元/m³，比2005年上涨10.23%。其中针叶锯材179.94美元/m³，比2005年上涨6.72%；阔叶锯材330.61美元/m³，比2005年上涨13.63%。

二、 国家有关木材税收政策的调整和政府导向

1. 对木材资源型的初级产品如原木和锯材，国家实行“零关税”进口政策以鼓励进口。对于出口则严格控制，受配额限制。

2. 对实木地板等资源高消耗性的木制品，在国内销售时加征5%的消费税。出口时不仅对国家征收

的增值税不退税，而且要加征10%的出口关税，体现出国家对全木型木制品限制消费的政策导向。

3. 对综合利用木材型的强化木地板，在出口时仍享受出口退税，但退税率也有下降。在国内销售时不征收5%的消费税。胶合板、木窗、木门也纳入这一范围。

4. 对利用次小木材生产的纤维板和刨花板等，出口时仍维持原来的退税率13%，没有下降。竹地板也属于此类产品。

从以上各类木材及木制品的国家税收政策中可以看出国家税收调控的目的在于防止木材资源过度消耗，鼓励发展节约代用型产品。

2006年我国对木材制品的税收政策进行了4次调整，主要包括4类内容：消费税的征收、出口退税率的调整、限制部分商品的进出口、出口税的征收。主要体现了国家鼓励木材原料进口，控制木材资源商品出口，保护森林资源的目的。税收政策的调整，将进一步促进我国木制品行业的产业结构整合，通过企业的优胜劣汰提高产业集中度和行业整体竞争力。对我国木制品行业可能产生的影响：（1）国际竞争力将有所下降；（2）产业结构将进一步整合；（3）产品结构将进一步调整。

三、有关乐器用木材的思考

乐器与我们木材行业有密不可分的关系。有的乐器主要部件由木材制成，如提琴和某些民族乐器等，用材的树种与其品质好坏都与乐器的质量紧密相关。虽然乐器的实际用材量不大，但对材质的要求很高。长期以来大部分木质乐器有一贯使用少数树种的用材传统和习惯，这些木材绝大部分来自珍贵树种。但近年来，由于国内外有关木材的资源和政策都发生了较大的变化，对于乐器用木材，特别是进口的珍惜木材紧缺，应该如何应对，是值得我们思考和探讨的。

1. 木材的特性

木材以其独特的可再生性及环境协调性，在与人类生存发展紧密相关的资源和环境等重大问题中，具有不可替代的作用，尤其在当今世界资源与环境危机日趋严峻的形势下，合理利用木材是符合人类社会可持续发展的要求。木材是一种天然高分子复合材料，具有独特的性质，是钢铁、水泥、塑料等材料无法比拟的。

优点：（1）可再生性和再循环使用；（2）木材质轻、强度高，强重比大，易于加工，节约能源；（3）木材是电和热的不良导体和有隔音性；（4）木材吸收能量大，耐冲击，是弹性塑性复合体，使用过程中具有安全感；（5）木材有调湿性能，居住木结构房屋，有舒适感；（7）木材具有美丽的花纹，具装饰作用。

缺点：（1）木材易干缩湿胀，会引起变性或翘曲；（2）易腐朽、虫蛀；(3)易燃烧；（4）木材变异性大；（5）木材本身存在天然缺陷。

2. 适用或替代做乐器用的木材（以提琴为例）

我国是世界最大的提琴制造基地，最近两年产量均在100万把左右，出口约80多万把，约占世界年总产量的60%以上。出口提琴主要是普及品、工厂琴。其木材的消耗量很大。

适合或替代制作提琴的木材列表见表2。

3. 主要乐器用材近三年价格的变动

由于上述的种种原因，致使进口木材（特别是

表2　适用或替代做提琴（小、中、大提琴及低音提琴）的木材

部位	材质要求	适用或替代树种
提琴音板（面板）	木材密度小，结构均匀，纹理直，早晚材细胞渐变、相差不大，晚材率不超过30%，年轮不宽（每厘米4～10轮）。均匀一致，共振性能良好，色白，无任何缺陷，径切，含水率4%~6%。	一般用云杉类的树种。我国通常用东北产的鱼鳞云杉，但音响性试验证明西南产的丽江云杉的共振性能更好。近年试用泡桐类的树种，其效果亦佳。次等者可用红松，甚至用冷杉等类的树种。

部位	材质要求	适用或替代树种
提琴背板、侧板和琴头	木材要求结构细致、均匀，油漆和叫年性能优良。木材强韧并富于弹性，不变形，无任何缺陷，更需要特殊花纹——琴背纹理。	通常用槭木类树种，广州还用笔木、水纹笔（即径面具琴背纹理的笔木）。
提琴指板、弦轴（走准或弦准）、弦总、腮托及马尾库	木材结构细致、均匀、耐磨擦、坚硬，不变形，握钉力强，光泽性强，材色美观。	通常采用进口材乌木。代用树种进口者有绿心木、紫檀、酸枝木及坤甸木等类树种；国产者有海南降香黄檀、黑檀木，次为铁力木、格木、蚬木及金丝李等类的树种，再次有枣木、梨木、柿木、石斑木类的树种。普及琴的腮托、弦总用塑料。
提琴琴弓（弓杆）	木材富于弹性和韧性，坚硬，不变形，尺寸稳定。	高级琴弓公认巴西苏木最好；但一般认为树小，不好栽培，不是靠进口就是找其他木材代替（影响售价）。代用树种进口者有紫檀、酸枝木、坤甸木及绿心木等类的树种；国产者有黑檀木、海南降香黄檀、红心红豆、青皮、子京及蚬木等类的树种，但生产上反映其效果不好，尺寸稳定性差。普及琴弓用槭木类树种。
提琴弓托（弓后跟）		进口材用紫檀、酸枝木与乌木等类的树种，国产者有黑檀木、降香黄檀及蚬木等类的树种。
琴码（琴桥、码子）		槭木、悬铃木、笔木及水青冈等类的树种。

珍贵木材）的价格不断攀升。近三年的有关钢琴、民族乐器用材的价格分别列入表3和表4，供参考。

四、在新形势下有关乐器木材匮乏的对策

据报道乐器原材料涨价，使企业倍感压力，其中木材类原材料价格平均涨幅116.79%，相比五金、化工、土畜等类原材料居二位。如何应对进口木材价格的波动，从我们搞木材的人员来讲，想提几点建议供参考。

（1）在科研和开发的基础上，改变原有用材的习惯，采用木材性质、特别是声学性质和装饰效果相近的树种进行替代。同时此种木材必须有一定的市场资源，价格较为便宜。如表2中所提及的一些树种。

（2）大力提倡种植珍贵树种。以巴西苏木为例，巴西苏木也叫波城巴西，生长在巴西热带雨林中。它被认为是制作提琴琴弓的最上乘材料，人们用这木材制作琴弓已经有500多年的历史，市场需求量很大。由于此种木材材质很好，又具有极高的经济价值，成为非法采伐者的目标。致使巴西苏木列入濒临物种名单，巴西制定了相关法律，严禁采伐；并鼓励琴弓制造者自己种植巴西苏木。据专家报道这种树木至少要生长25年才能制作琴弓，80年才完全成熟。据当地琴弓厂家报道，制造琴弓很浪费木料，例如3300磅木材，只有220磅或440磅用来制造琴弓，80%的木料在雕刻过程中被浪费。一根长15英尺的树干，只能生产几根琴弓。为了满足提琴琴弓对此种木材的需求，国际琴弓制造者协会和国际巴西苏木保护协会组织和号召建立了大量的苏木种植基地，这样将不会失去赋予巴西国民的濒临珍稀树种和交响乐中美妙的提琴声音。同样，我国政府和一些企业也在海南等地种植了海南降香黄檀、紫檀和花梨木的人工林，为下一代所需红木家具和乐器等用材，种植了新的资源。“前人种树，

表3 钢琴用材近三年（2005～2007年）价格变动表

木材名称	计量单位	规格	2005年价格 (元)	2007年价格 (元)	涨幅%	应用范围
云杉	立方米	原木	800	2000	150%	音板
云杉	立方米	板材（优质）	8000	11000	37.5%	音板
云杉	立方米	板材（普通）	3000	6000	100%	
槭木	立方米	原木	1000	2200	120%	
槭木	立方米	板材	3000	8000	166.7%	
中密度纤维板	立方米		1700	2700	58.8%	
进口三合板	张		40	100	150%	
实木音板	张		150	400	166.7%	
复合音板	付		110	170	54.6%	
肋木	付		50	80	54.6%	

表4 民族乐器用木材近三年（2005～2007）价格变动表

木材名称	计量单位	规格	2005年价格（元）	2007年价格（元）	涨幅%	应用范围
紫檀	吨	原木	100000	500000	400%	二胡
紫檀	份	二胡套料	380	3200	742.1%	二胡
卢氏黑黄檀	吨		35000	100000	185.7%	二胡、琵琶
红酸枝	吨		8600	20000	132.6%	二胡、琵琶
白酸枝	吨		10000	20000	100%	二胡
花 梨	吨		8000	13000	62.5%	扬琴
槭 木	立方米		1300	1600	23.6%	扬琴
泡 桐	立方米		800	1500	87.5%	二胡

后人乘凉”，为我们的子孙留下更多的制作乐器的木材。

（3）我国的人工林面积已居世界第一，近年来已有人工林木材在市场上供应。有些可以用来制作提琴，如泡桐、云杉、楸木等。此外，其他的人工林木材（我国主要树种为杨树、杉木等）可通过物理或化学方法改性，提高其密度和木材性质，及其改变木材纹理、颜色等，这些“科技木”等新材料可以尝试在乐器上使用。

（4）提倡生产制造高附加值的高档乐器，以保障稀有木材的高效利用。同时提倡用过的乐器上的配件和用旧的乐器可以考虑循环使用、或部分再利用，以节约珍贵木材。

人民币升值对我国乐器出口的影响

随着世界经济全球化，特别是2003年中国加入世贸组织以后，我国乐器行业大踏步进入国际市场。据海关数据统计，入世以前，1995～2002年，我国乐器出口金额由1.69亿美元增至4.90亿美元，年均增长率为21.9%。2003～2007年，乐器出口额由6亿美元增至12.22亿美元，年均增长率为26.16%。中国乐器出口金额，为加入世贸组织前的四倍，中国已经成为世界第一大乐器出口国，中国乐器出口企业在为自身创造显著经济效益的同时，也为世界音乐事业的发展和乐器普及做出了巨大贡献。

乐器出口与其他产品出口一样，人民币汇率直接影响乐器出口产品的利润和企业经济效益。当人民币汇率向下浮动时，乐器出口利润相对较高，就会刺激出口，反之，利润较低，就会影响出口。

影响一个国家货币汇率浮动的国内外因素是相当复杂的，包括国际收支、通货膨胀、利率、经济增长率、财政赤字、外汇储备等各方面因素。1978年，改革开放前，我国经济占世界经济总量很少，进出口贸易量也不大，实行固定汇率制度，人民币对美元汇率是1.68。改革开放后，在金融政策方面，国家通过人民币贬值，进一步打开国际市场刺激出口。1994年人民币汇率最低达到8.62，即一美元可兑8.62元人民币，从那个时候起，“中国制造”产品开始大量进入国际市场。与此同时，中国政府为了鼓励中国产品出口，实行了出口退税政策。1994年1月1日开始施行的《中华人民共和国增值税暂行条例》规定，纳税人出口商品的增值税税率为零，对于出口商品不但在出口环节不征税，而且税务机关还要退还该商品在国内生产、流通环节已负担的税款，使出口商品以不含税的价格进入国际市场，以提高中国出口产品的市场竞争力。目前我国乐器出口退税率大都为11%～13%不等，出口退税政策经过若干年的执行，也使我国乐器出口型企业得到长足的发展，企业实力不断增强。

近年来，由于中国经济的快速发展已经在很大程度上进一步影响到世界经济发展的格局，国际金融和货币组织以及部分发达国家要求以人民币升值来达到平衡世界贸易关系，迫使我国从2005年7月21日起开始采用浮动汇率并实行人民币升值来协调中国与全球经济发展关系。当时的人民币汇率是8.27，即一美元兑8.27元人民币，到现在为止，人民币升值过程已经达三年之久，目前的人民币汇率是6.82，三年间人民币升值率达17.53%。

众所周知，人民币汇率升值对我国经济会带来积极和负面的双重影响，积极的影响是有利于中国从国外进口产品和原材料，国内企业对外投资能力增强，提高国内消费者国际购买力。但负面影响也是明显的，主要是给中国外贸出口带来极大压力，降低中国出口企业的产品利润率，给国内就业和通货紧缩带来较大影响。

三年来，人民币升值给中国乐器行业带来什么样的影响呢？

1、人民币升值导致绝大多数乐器出口企业成本增加5%以上

乐器制造业大多数企业基本上属于劳动密集型产业，原材料成本占据生产成本的主要部分。据资料显示，90%以上的乐器原材料采购来自于国内，只有10%的原材料采购来源于国外。因此，国内原材料价格的涨幅直接影响到乐器生产成本的增加。据中国乐器协会信息部测算，各类乐器材料成本占到产品生产成本的70%左右，由于目前我国各类乐器生产企业大部分属于粗放型增长方式，强劲的需求和大量资源消耗带动了原材料价格的全面上涨，也直接影响到乐器企业生产成本大幅上涨。但由于目前国内大部分乐器产品处于供大于求的形势，因此原材料价格的大幅上涨并没有使乐器成品价格随之上浮，特别是订单以美元结算的出口企业一方面是美元贬值，另一方面原材料价格上涨都在很大程度上增加了产品成本，导致企业利润大幅度下降，降低了企业的发展后劲。

2、90%的出口企业对人民币升值的容忍度在5%以下

目前，我国乐器行业大多数企业属于中小型企业，据国家统计局资料显示，275家规模以上乐器生产企业，中小型企业占到98.9%，小型企业占到88.7%。这些企业大部分是在改革开放后建立和发展起来的，在企业的技术质量管理等各方面基本上都处于初级阶段，产品的技术含量处于中低档乐器水平，在面临激烈的市场竞争中，大部分企业只能靠价格竞争，以牺牲效益为代价换取较大的市场份额。因此大部分企业的利润率都在6%～10%左右，甚至有的企业在出口产品方面并不赚钱，完全是靠出口退税来取得点滴效益。当前人民币升值三年来达到17.53%的幅度已经造成了对乐器出口的严重影响，虽然从整体上讲，我国乐器出口仍然呈现上升的趋势，2008年一季度乐器出口额为2.71亿美元，同比增长25.58%，但如果用人民币为货币计量单位，同比仅增长了15.14%。再以2007年我国出口各类乐器为例，2007年我国出口钢琴78371架琴，金额1.04亿美元，与三年前相比，中国钢琴生产企业实际损失了1823万美元。出口各类弦乐器总计数量1147万件，金额2.13亿美元，与三年前相比，损失了3733万美元。各类管乐器出口数量707万支，金额8886万美元，与三年前相比，损失了1557万美元。

由于人民币升值的影响，对于一些具有一定规模，产品附加值较高，抗风险能力较强的企业来说，还能够抗的过去。但是恰恰我国乐器行业大部分企业处于微利的境地，遇到形势好的时候还过得去，一旦遇有风吹草动，形势不好，特别是赶上人民币连续不断地升值，企业自然会感到十分吃紧，甚至会面临难以生存的处境。

3、大多数乐器出口企业正在加快转变经济增长方式

人民币汇率三年来不断升值的走势还将继续，据预计2008年人民币将近在“6”上周旋，2009年还可能会破“6”进“5”。大多数出口企业针对外部形势严峻的考验，在产品结构、管理模式等一系列企业宏观发展战略作出相应调整，从不适应到适应，从被动应付到主动出击，开始寻求在新形势下企业自身生存发展之路

首先，有的出口企业敢于对“美元”说不，在出口贸易中提出不以美元结算，而是采用人民币或者欧元结算，使出口企业保持相对稳定的贸易利润，减少由于人民币不断升值所带来的出口损失。

二是采取小幅调价的措施抵消人民币升值和生产成本上涨等因素造成的损失。

三是研发新产品，替代老产品，实行新的价格与外商谈判，弥补汇率损失。

四是加快推进品牌战略的实施，从全部生产定牌、贴牌出口产品逐步向出口自主品牌产品过渡，扩大中国民族品牌乐器的国际影响力。

五是调整产品结构，向中高档产品发展，提高产品附加值，增加企业的销售利润率，增强企业后劲。

六是从完全依靠出口逐步扩大内需市场，采取两条腿走路，国内外市场并举的方针。

综合以上观点，人民币汇率升值从暂时来讲，给我国乐器出口型企业带来了一定的压力和困难，但是从另一个角度来讲，也是推动企业向更高层次发展，早日实现世界乐器强国目标的一种动力。

从20世纪末到21世纪初，我们乐器行业实现并完成了第一次发展高潮，完成了量的变化，中国乐器下一个目标是从量的变化到质的飞跃，将会在中国经济的再次腾飞中获得更大的进步。

（中国乐器协会　丰元凯）

中国与世界主要国家和地区乐器贸易综述

中国乐器协会信息部

一、中国与美国

进入21世纪，出口贸易已成为中国乐器经济快速发展的重要支柱，而其中向美国市场出口一直被出口型乐器生产企业高度关注，中国乐器能否在美国市场占有一席之地，不仅是每个乐器企业，同时也是全乐器行业的重点战略目标。

据海关总署统计资料显示，中国乐器出口美国的比重占总出口额的35%左右。最高年份是2002年，出口美国乐器金额为2.04亿美元，占中国乐器总出口额的41.63%。而从2006年开始，虽然中国乐器出口美国的金额仍有较大增长，但比重出现下降趋势。2007年出口金额为3.69亿美元，占30.20%，是历年来的最低点。2008年中国乐器出口总额为15.21亿美元，其中出口美国4.85亿美元，占31.89%。

据2001年—2008年出口额数据表明，中国乐器出口一直保持着稳定增长的态势，年均增长率为20.54%。2003年最高增长率达33.16%，2005年最低仅10.18%。2008年虽然受金融危机影响，但增长率为24.46%，仍稍高于年均增长率。而中国乐器出口美国的年均增长率为19.97%，略低于中国乐器出口年均增长率，其中2003年最高增幅达到40.86%，最低为2005年下降至5.21%，2008年又回升到31.43%。

由此可以看出，不仅过去和现在，乃至今后美国仍将是中国最大的乐器出口国，占中国乐器出口比重三分之一的格局短期内不会改变。因此，中国乐器行业必须高度重视发展对美国的乐器贸易。

剖析2008年中国向美国出口的乐器产品结构：按出口金额统计，在全部22大类乐器商品中有10类产品同比下降，12类产品同比上升，几乎各占一半，下降的产品主要是钢琴零配件、三角钢琴、手风琴和弓弦乐器，分别下降了45.37%、42.83%，7.38%，5.82%；出口金额上升的产品主要是乐器用弦、电声乐器、其他管乐器、其他弦乐器、铜管乐器、打击乐器、口琴、立式钢琴、电子键盘乐器等。而出口数量下降的产品以立式钢琴和三角钢琴为主，立式钢琴数量减少551架，下降5.17%，三角钢琴减少3200架，下降44.95%；出口数量上升的产品主要是电声乐器和其他管乐器两大类，电声乐器出口数量增长了305.72%，其他管乐器出口数量增长了109.58%。

以上数据反映出近年来中国乐器出口美国总体形势仍然保持稳定上升，并没有因金融危机而严重受挫，但是也应当看到，中国乐器出口美国的产品结构正在发生变化，出现剧烈动荡。

2001—2008年中国出口美国主要乐器类别

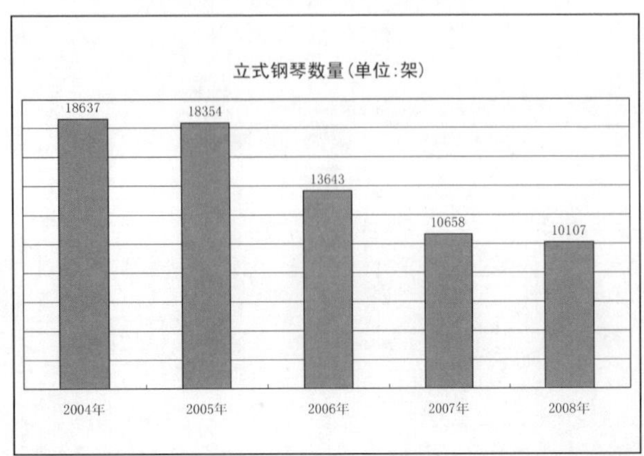

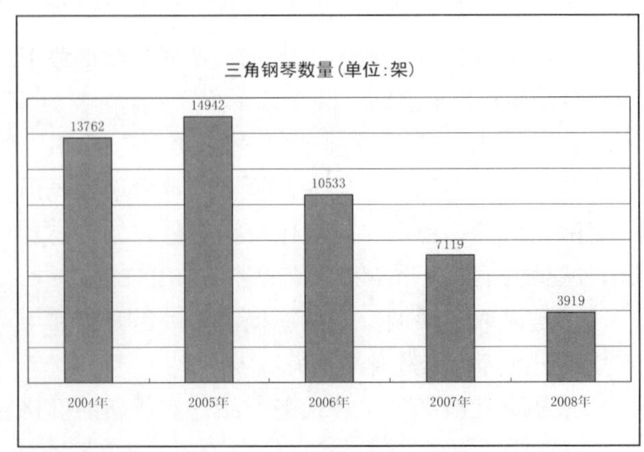

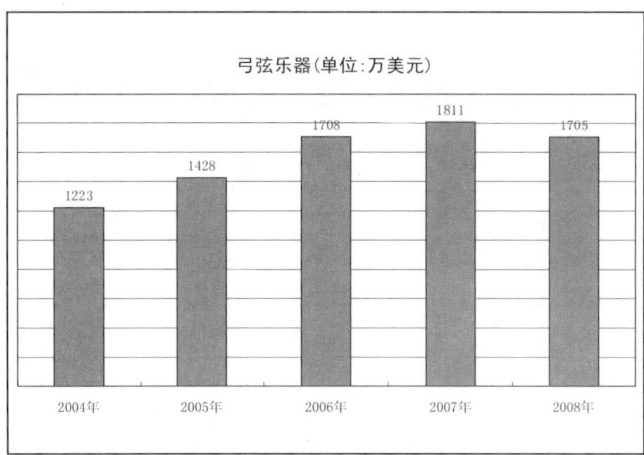
弓弦乐器(单位:万美元)
1223
1428
1708
1811
1705
2004年
2005年
2006年
2007年
2008年

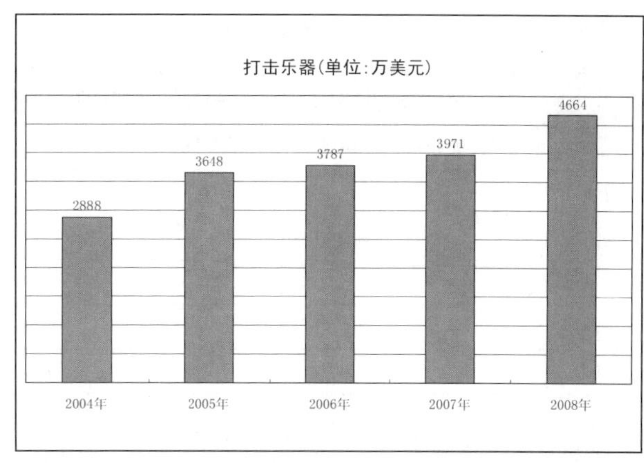
打击乐器(单位:万美元)
2888
3648
3787
3971
4664
2004年
2005年
2006年
2007年
2008年

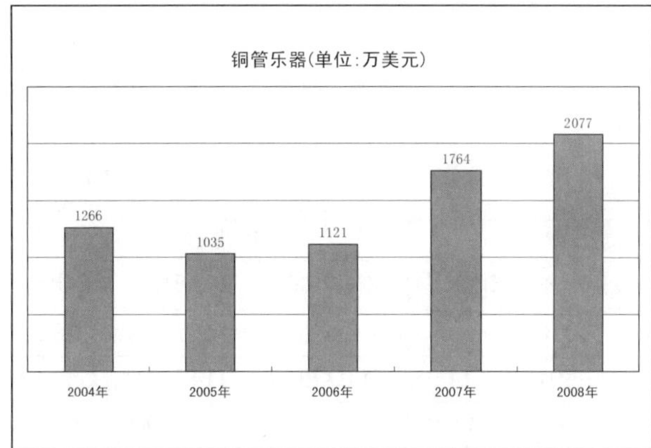
铜管乐器(单位:万美元)
1266
1035
1121
1764
2077
2004年
2005年
2006年
2007年
2008年

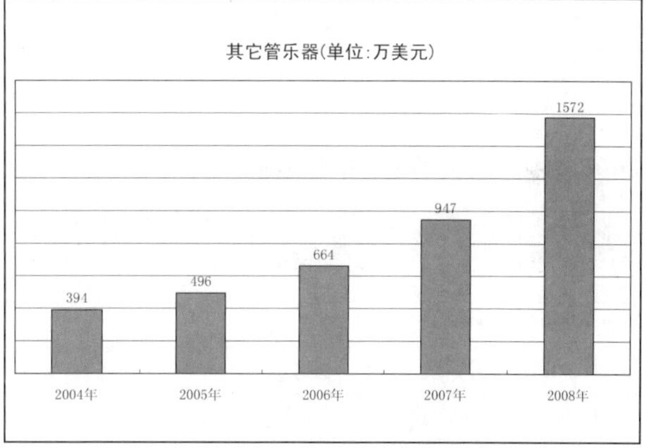
其它管乐器(单位:万美元)
394
496
664
947
1572
2004年
2005年
2006年
2007年
2008年

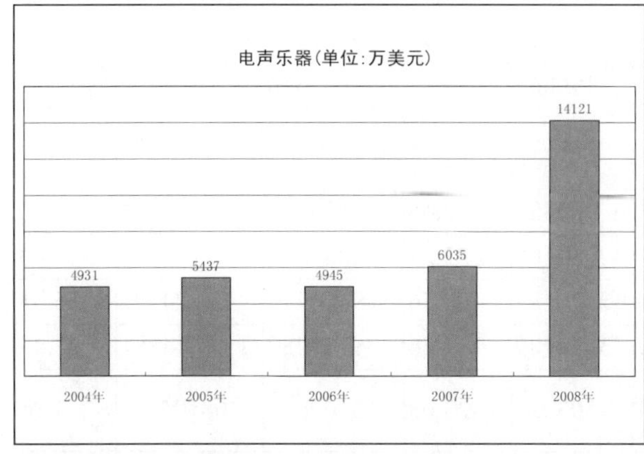
电声乐器(单位:万美元)
4931
5437
4945
6035
14121
2004年
2005年
2006年
2007年
2008年

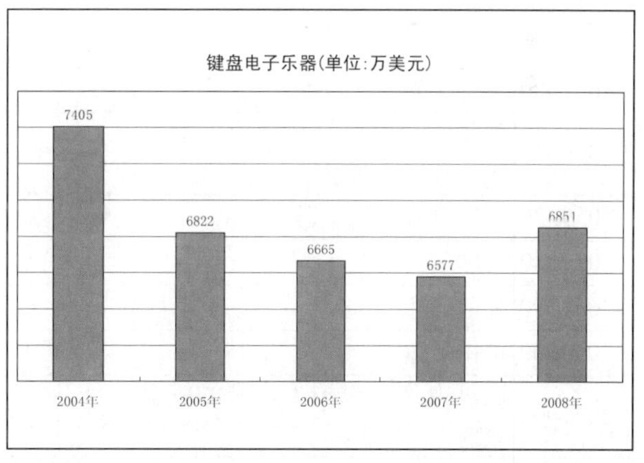
键盘电子乐器(单位:万美元)
7405
6822
6665
6577
6851
2004年
2005年
2006年
2007年
2008年

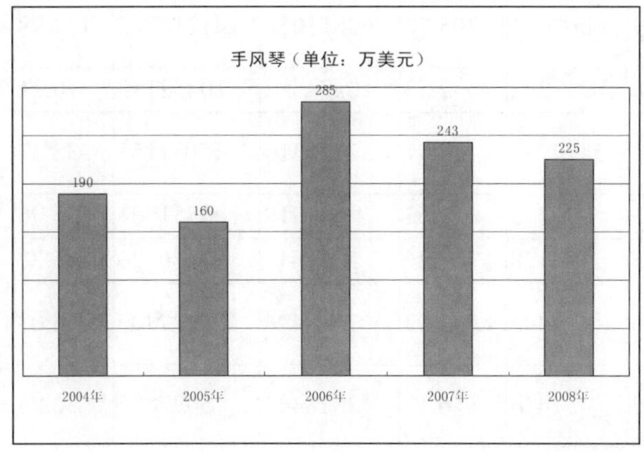
手风琴（单位：万美元）
190
160
285
243
225
2004年
2005年
2006年
2007年
2008年

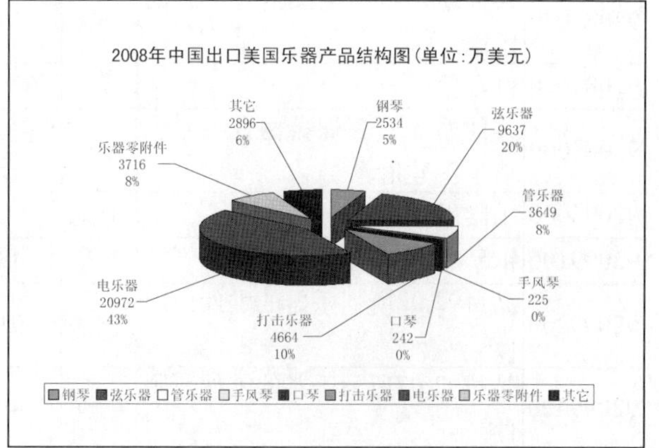
2008年中国出口美国乐器产品结构图(单位:万美元)
其它 2896 6%
钢琴 2534 5%
弦乐器 9637 20%
乐器零附件 3716 8%
管乐器 3649 8%
手风琴 225 0%
电乐器 20972 43%
打击乐器 4664 10%
口琴 242 0%
钢琴 弦乐器 管乐器 手风琴 口琴 打击乐器 电乐器 乐器零附件 其它

2001—2008年中国乐器出口美国基本概况

年度	中国乐器出口总金额（亿美元）	中国乐器出口年增长率（%）	中国乐器出口美国金额（亿美元）	中国乐器出口美国比重（%）	中国乐器出口美国年增长率（%）
2001年	4.08		1.45	35.54	
2002年	4.90	20.09	2.04	41.63	40.68
2003年	6.00	20.24	2.30	38.33	12.74
2004年	7.99	33.16	3.24	40.55	40.86
2005年	9.23	15.51	3.45	37.38	6.48
2006年	10.17	10.18	3.27	32.15	-5.21
2007年	12.22	20.15	3.69	30.20	12.84
2008年	15.21	24.46	4.85	31.89	31.43
合计	69.80	年均增长率：20.54	24.29	年均比重：35.96	年均增长率：19.97

2008年中国向美国出口乐器量值

商品编号	商品名称	计量单位	数量			金额（美元）		
			2007年	2008年	同比%	2007年	2008年	同比%
92011000	竖式钢琴，包括自动钢琴	台	10658	10107	-5.17	12966573	13859788	6.89
92012000	大钢琴，包括自动钢琴	台	7119	3919	-44.95	20077309	11477214	-42.83
92019000	拨弦古钢琴及其他键盘弦乐器	台	4582	50	-98.91	305365	6060	-98.02
92021000	弓弦乐器	只	427105	345841	-19.03	18107837	17053413	-5.82
92029000	其他弦乐器	只	3510982	3720091	5.96	54323367	79318007	46.01
92051000	铜管乐器	只	312929	190846	-39.01	17641310	20766459	17.71
92059010	键盘管风琴；簧风琴等游离金属簧片键盘乐器	只	7222	8718	20.71	92972	19841	-78.66
92059020	手风琴及类似乐器	只	48213	50432	4.60	2434035	2254334	-7.38
92059030	口琴	只	4110490	2989186	-27.28	2248313	2419139	7.60
92059090	其他管乐器	只	1229300	2576139	109.56	9471774	15724509	66.01
92060000	打击乐器	只	3471235	3532189	1.76	39713289	46644381	17.45
92071000	通过电产生或扩大声音的键盘乐器	只	1953884	1503020	-23.08	65769901	68505111	4.16
92079000	其他通过电产生或扩大声音的乐器	只	1494529	6063613	305.72	60351050	141210743	133.98
92081000	百音盒	个	6717128	6211292	-7.53	10474572	10452199	-0.21
92089000	其他乐器；各种媒诱音响器、哨子、号角等	个	12389191	15474777	24.91	22528316	15011153	-33.37
92093000	乐器用弦	千克	34343	86418	151.63	411919	3851701	835.06
92099100	钢琴的零件、附件	千克	485825	154178	-68.26	2336411	1276326	-45.37
92099200	品目92.02所列乐器的零件、附件	千克	910970	1294402	42.09	7193496	7627400	6.03
92099400	品目92.07所列乐器的零件、附件	千克	490645	457434	-6.77	3818444	5077877	32.98

商品编号	商品名称	计量单位	数量			金额（美元）		
			2007年	2008年	同比%	2007年	2008年	同比%
92099910	节拍器、音叉及定音管	千克	79921	74665	-6.58	2760195	2335483	-15.39
92099920	百音盒的机械装置	千克	123116	51470	-58.19	2732886	1138786	-58.33
92099990	其他乐器的零件、附件	千克	3571412	3804772	6.53	14058872	19325138	37.46
合计						369818206	485355062	31.24

2008年中国从美国进口乐器量值

商品编号	商品名称	计量单位	数量			金额（美元）		
			2007年	2008年	同比%	2007年	2008年	同比%
92011000	竖式钢琴，包括自动钢琴	台	10	22	120.00	4208	35077	733.58
92012000	大钢琴，包括自动钢琴	台	5	35	600.00	31774	298303	838.83
92019000	拨弦古钢琴及其他键盘弦乐器	台	2	1	-50.00	15663	3000	-80.85
92021000	弓弦乐器	只	10	88	780.00	24129	7247	-69.97
92029000	其他弦乐器	只	138	941	581.88	59222	76286	28.81
92051000	铜管乐器	只	354	489	38.14	189197	268261	41.79
92059010	键盘管风琴；簧风琴等游离金属簧片键盘乐器	只	1	9	800.00	10000	1353	-86.47
92059090	其他管乐器	只	333	105	-68.47	42366	35190	-16.94
92060000	打击乐器	只	12913	25680	98.87	477745	861438	80.31
92071000	通过电产生或扩大声音的键盘乐器	只	2	14	600.00	45662	10833	-76.28
92079000	其他通过电产生或扩大声音的乐器	只	745	4119	452.89	335120	865732	158.33
92081000	百音盒	个		1132			5852	
92089000	其他乐器；各种媒诱音响器、哨子、号角等	个	1367	22708	1561.16	3998	14308	257.88
92093000	乐器用弦	千克	44476	77952	75.27	1448307	5494889	279.40
92099100	钢琴的零件、附件	千克	1285	4323	236.42	110998	75177	-32.27
92099200	品目92.02所列乐器的零件、附件	千克	36449	52344	43.61	696813	861140	23.58
92099400	品目92.07所列乐器的零件、附件	千克	188256	170400	-9.48	1234725	1654635	34.01
92099910	节拍器、音叉及定音管	千克	10	187	1770.00	50	19722	39344.00
92099990	其他乐器的零件、附件	千克	32126	57488	78.95	873518	1181383	35.24
合计						5603495	11769826	110.04

二、中国与日本

中日两国一衣带水，同属亚洲国家。公元8世纪以后，中国和日本两国间的音乐文化交往频繁，日本经常派“遣唐使”、“学问僧”和留学生前来中国，他们在中国演奏日本音乐，同时又把唐朝的音乐和乐器带回日本。1200年前曾是日本首都的奈良正仓院至今珍藏有当时东渡日本的琵琶、古琴、横笛、阮、笙、尺八等中国民族乐器，供游人观赏。

20世纪中叶到21世纪初，中日两国乐器制造业都呈现出快速发展态势，日本是目前世界上的乐器大国与强国，雅马哈、罗兰、卡瓦依、卡西欧等都是世界著名跨国乐器公司，在全球乐器225强中有29家日本乐器公司，2007销售额为85亿美元，多年来日本向世界各国出口乐器一直保持着强劲的势头。而自中国加入世贸组织后，中国乐器制造业也表现出旺盛发展实力，年均增长率达到20.54%。据各国海关统计，2007年全球乐器出口贸易额为59.56亿美元，同比增长4.84%，中国乐器出口排在第一位，出口额为12.22亿美元，日本排在第二位，出口额为6.65亿美元。

纵观中日两国乐器双边贸易，也显示出迅速增长的发展势头。中国海关数据显示，2001年—2008年，中国向日本出口各类乐器总计5.24亿美元，年均出口金额为6550万美元，占中国出口乐器总额的7.85%，平均年增长率为11.67%，日本一直保持着仅次于美国的中国乐器第二大出口国的位置。日本也是中国最大的乐器进口国，2007年中国从日本进口乐器金额为5448万美元，2008年为7244万美元，同比增长18.78%，占中国进口乐器总金额的34.90%。

分析近年来中日乐器贸易进出口数据，呈现两个特点，一是中国出口日本乐器起伏较大，2002年同比减少17.02%，而2004年同比增长35.71%，2006年同比增长26.25%，2008年同比减少7.92%。二是中日乐器双边贸易基本持平。2008年中国出口乐器总金额15.21亿美元，进口金额1.96亿美元，贸易顺差为13.25亿美元；而2008年，中国向日本出口乐器金额为9282万美元；中国向日本进口乐器金额为7244万美元，贸易顺差2038万美元。

分析中日乐器进出口产品结构，近年来中国向日本出口主要乐器类别是电声乐器、乐器配件、弦乐器三大类，三类乐器出口金额为7262万美元，占中国出口日本乐器总金额的77%，而中国向日本进口的主要乐器类别是钢琴和乐器配件，两类乐器进口金额为6771万美元，占中国进口日本乐器总金额的94%。

中国（上海）国际乐器展览会自2002年开办以来，到2008年已经成功举办7届，已发展成为中国乃至亚洲规模最大的乐器展览会。每届展会都有来自世界五大洲的20多个国家和地区近300家海外参展商参展，其中日本是重要的参展国之一。据统计，7届展会共有26家日本乐器生产企业和贸易公司参展，参展商数量与年递增，2002年日本乐器参展商仅有5家参展，到2008年有15家企业参展，日本乐兰株式会社、KMS Shokai. Co.Ltd、雅马哈乐器音响（中国）投资有限公司、伊藤真音楽株式会社、河合乐器制作所等国际知名乐器公司连续多年在上海乐器展会亮相，展示新产品。

近年来，中日两国乐器贸易与日俱增相互往来，合作共赢，双方之间既有竞争，更有融合，有效地推动了两国音乐教育事业与乐器制造技术的发展进步。

20世纪90年代初，由敦煌研究院与北京民族乐器厂按照敦煌壁画仿制的整套计50余件乐器就曾被日本伊丹县订制，并向日本公众展出、举行敦煌乐器音乐会等；21世纪初，上海民族乐器一厂为了向国内介绍1200多年前传到日本正仓院的中国民族乐器，精心组织技术力量仿制了十余件日本正仓院乐器，陈列在上海闵行区民族乐器博览馆常年展示，供人观赏，这些陈列品还远赴在新加坡举办的中国民族乐器展，使国内外许多乐器爱好者对这一象征中日两国友谊的古老乐器有所了解。

需要特别提及的是在中日两国乐器行业的共同努力下，中国传统音乐元素进一步与现代科技成果相融合。1997年前后，日本罗兰公司开发的电子合成器音源采集首次与北京乐器研究所合作，将二胡、琵琶、古筝、笛子等具有中国民族乐器音色制作成集成块输入到代表现代科技的电声乐器中，

2008年9月，由日本罗兰公司与上海民族乐器一厂共同研制成功的电子二胡在北京奥运会闭幕式上，64名少女的二胡演奏，让世界数亿观众大开眼界，电子二胡的问世开启了中日共同推动乐器技术创新新的一页。

除了中日之间进行乐器生产技术合作以外，近十几年来，随着中国改革开放的深入，两国之间乐器制造业沟通与合作在许多产品上深入开展，雅马哈、河合、罗兰、卡西欧等日本跨国乐器公司都已全面进入中国发展业务，并在中国境内建立合（独）资企业，利用中国的劳动力和资源，生产日本品牌的钢琴、管乐器、电子乐器、吉他等乐器产品，除部分产品销往其他国家外，相当一部分产品在中国销售。目前，中国已成为日本在世界上最大的乐器市场之一，日本也成为中国乐器最大的竞争对手之一。受当前金融危机的影响，世界乐器市场出现低迷的情况下，日本相继关闭在世界其他国家的乐器工厂，相反在中国的乐器工厂规模和产量却越办越大。日本除依靠中国市场取得产品销售的最大利润以外，许多乐器的部件来自中国生产，如：钢琴音板和五金配件基本上都由中国生产。日本乐器的生产与销售已经离不开中国。

在日本乐器大步进入中国，对国产乐器制造业的压力逐渐显现的同时，我们也应当看到，日本先进乐器生产技术的引进，推动了国产乐器的进步和技术跨越，带动了中国乐器生产企业技术水平和产品质量的提高，也不断发展出一批中日合作的品牌产品。如：珠江钢琴与雅马哈的前期合作使珠江钢琴学习到日本钢琴生产的先进管理，河合公司与北京星海及宜昌金宝的长期合作使目前星海卡瓦依和宜昌卡瓦依钢琴都成为钢琴市场的畅销产品，而宁波海伦钢琴也是通过引进日本的五轴联动加工设备后大大提高了产品精度，促进了企业的快速发展。

应当看到，在中国这个世界最大的潜在乐器市场中，中日两国乐器行业在竞争中合作，在合作中发展，共同在世界乐器大家庭中发挥着重要和显著的作用。

2001—2008年中国出口日本主要乐器类别

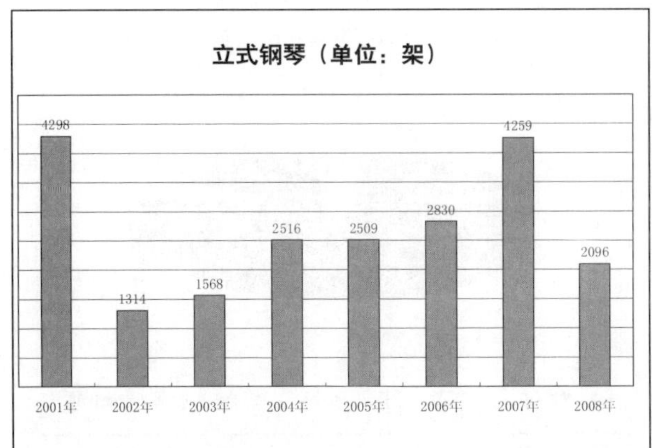

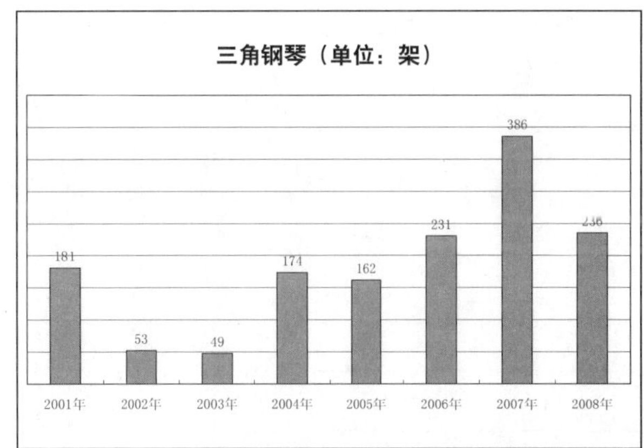

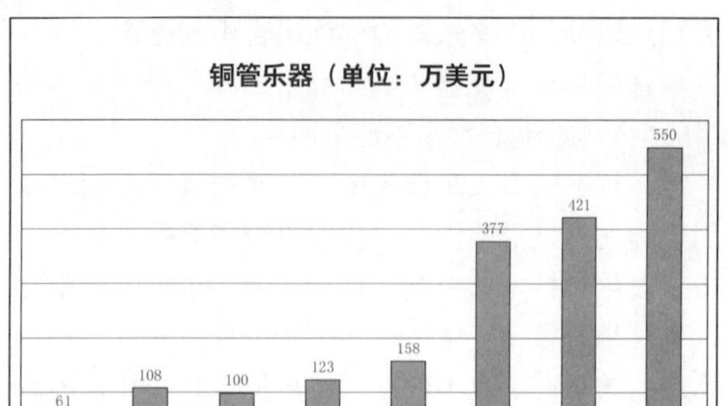
铜管乐器（单位：万美元）
61
108
100
123
158
377
421
550
2001年
2002年
2003年
2004年
2005年
2006年
2007年
2008年

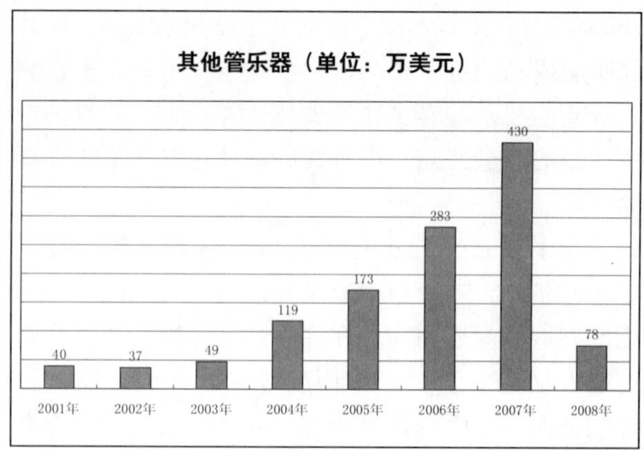
其他管乐器（单位：万美元）
40
37
49
119
173
283
430
78
2001年
2002年
2003年
2004年
2005年
2006年
2007年
2008年

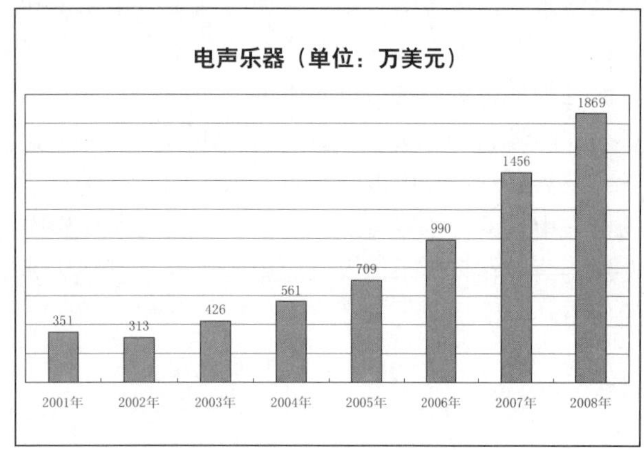
电声乐器（单位：万美元）
351
313
426
561
709
990
1456
1869
2001年
2002年
2003年
2004年
2005年
2006年
2007年
2008年

键盘电子乐器（单位：万美元）
1621
1302
1345
2314
2161
2756
3521
2380
2001年
2002年
2003年
2004年
2005年
2006年
2007年
2008年

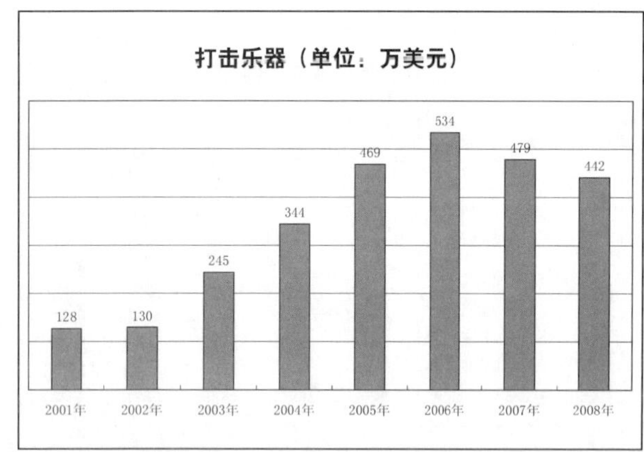
打击乐器（单位：万美元）
128
130
245
344
469
534
479
442
2001年
2002年
2003年
2004年
2005年
2006年
2007年
2008年

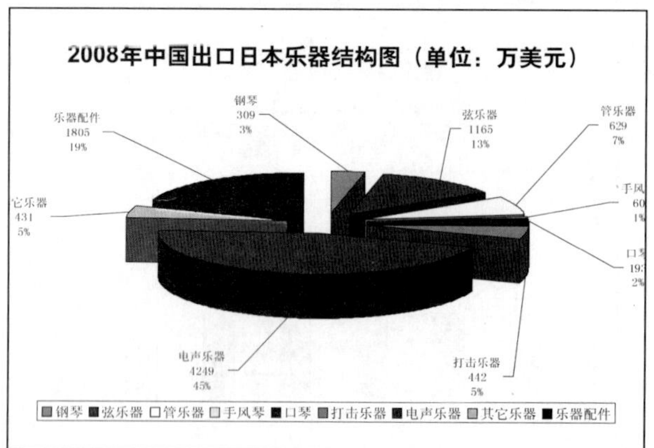
2008年中国出口日本乐器结构图（单位：万美元）
钢琴 309 3%
乐器配件 1805 19%
弦乐器 1165 13%
管乐器 629 7%
它乐器 431 5%
电声乐器 4249 45%
打击乐器 442 5%
钢琴 弦乐器 管乐器 手风琴 口琴 打击乐器 电声乐器 其它乐器 乐器配件

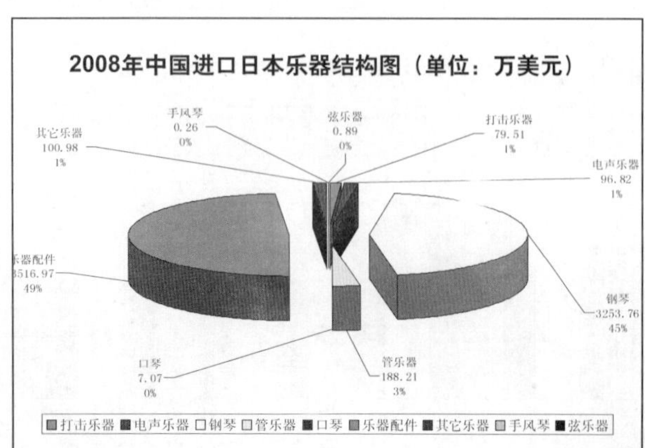
2008年中国进口日本乐器结构图（单位：万美元）
手风琴 0.26 0%
弦乐器 0.89 0%
打击乐器 79.51 1%
其它乐器 100.98 1%
电声乐器 96.82 1%
钢琴 3253.76 45%
口琴 7.07 0%
管乐器 188.21 3%
打击乐器 电声乐器 钢琴 管乐器 口琴 乐器配件 其它乐器 手风琴 弦乐器

2001—2008年中国乐器出口日本基本概况

年度	中国乐器出口总金额（亿美元）	中国乐器出口年增长率（%）	中国乐器出口日本金额（亿美元）	中国乐器出口日本比重（%）	中国乐器出口日本年增长率（%）
2001年	4.08		0.47	11.45	
2002年	4.9	20.09	0.39	7.86	-17.02
2003年	6	20.24	0.42	7.02	7.69
2004年	7.99	33.16	0.57	7.13	35.71
2005年	9.23	15.51	0.66	7.19	15.78
2006年	10.17	10.18	0.80	7.84	21.21
2007年	12.22	20.15	1.01	8.24	26.25
2008年	15.21	24.46	0.93	6.10	-7.92
合计	69.8	年均增长率：20.54	5.24	年均比重：7.85	年均增长率：11.67

2008中国向日本出口乐器量值

商品编号	商品名称	计量单位	数量	金额（美元）
92011000	竖式钢琴，包括自动钢琴	台	2096	2344816
92012000	大钢琴，包括自动钢琴	台	236	743654
92019000	拨弦古钢琴及其他键盘弦乐器	台	241	54486
92021000	弓弦乐器	只	35032	2087758
92029000	其他弦乐器	只	264086	9561510
92051000	铜管乐器	只	43385	5504457
92059010	键盘管风琴；簧风琴等游离金属簧片键盘乐器	只	248150	1392788
92059020	手风琴及类似乐器	只	13322	604799
92059030	口琴	只	710216	1933024
92059090	其他管乐器	只	352465	780679
92060000	打击乐器	只	1645182	4415391
92071000	通过电产生或扩大声音的键盘乐器	只	505611	23803016
92079000	其他通过电产生或扩大声音的乐器	只	650888	18687986
92081000	百音盒	个	678710	963147
92089000	其他乐器；各种媒诱音响器、哨子、号角等	个	2580128	976906
92089000	其他乐器；各种媒诱音响器、哨子、号角等	个	4300	1075
92093000	乐器用弦	千克	31809	525673
92099100	钢琴的零件、附件	千克	625716	4351128
92099200	品目92.02所列乐器的零件、附件	千克	376564	2640560
92099400	品目92.07所列乐器的零件、附件	千克	614457	5786005
92099910	节拍器、音叉及定音管	千克	20788	698061
92099920	百音盒的机械装置	千克	18044	220875
92099990	其他乐器的零件、附件	千克	884949	4747107
合计				92824901

2008中国从日本进口乐器量值

商品编号	商品名称	计量单位	数量	金额（美元）
92011000	竖式钢琴，包括自动钢琴	台	24509	20881906
92012000	大钢琴，包括自动钢琴	台	2718	11655648
92019000	拨弦古钢琴及其他键盘弦乐器	台	190	182928
92021000	弓弦乐器	只	10	947
92029000	其他弦乐器	只	23	7936
92051000	铜管乐器	只	670	435909
92059010	键盘管风琴；簧风琴等游离金属簧片键盘乐器	只	2	266732
92059020	手风琴及类似乐器	只	7	2571
92059030	口琴	只	4954	70659
92059090	其他管乐器	只	3464	1446237
92060000	打击乐器	只	7045	795135
92071000	通过电产生或扩大声音的键盘乐器	只	858	822105
92079000	其他通过电产生或扩大声音的乐器	只	611	146075
92081000	百音盒	个	1631	338612
92089000	其他乐器；各种媒诱音响器、哨子、号角等	个	10732	29227
92093000	乐器用弦	千克	37475	302609
92099100	钢琴的零件、附件	千克	2744327	11643437
92099200	品目92.02所列乐器的零件、附件	千克	15899	585620
92099400	品目92.07所列乐器的零件、附件	千克	765943	8163733
92099910	节拍器、音叉及定音管	千克	13532	192288
92099990	其他乐器的零件、附件	千克	154833	14474346
合计				72444660

三、中国与欧盟

近年来中国与欧盟乐器贸易发展迅速，欧盟已成为居美国之后的中国第二大乐器贸易伙伴。

中国与欧盟乐器贸易交往频繁，历史悠久，2008年除卢森堡和塞浦路斯以外，均与中国有乐器贸易往来。据中国海关数据显示，中国出口欧盟乐器呈逐年递增态势，年增长率一直保持在两位数。2001年中国乐器出口欧盟金额9700万美元，到2008年出口金额达3.95亿美元，占中国乐器出口总额的25.99%，年平均增长率为22.08%，出口金额仅低于美国。2001—2008年中国出口欧盟的乐器总金额达17.20亿美元，占中国出口世界乐器总额24.64%。

2008年中国出口欧盟的主要乐器包括电声乐器、电子键盘乐器、其他弦乐器、打击乐器、铜管乐器、其他乐器零件和立式钢琴，占出口总金额79.94%，其中电声乐器和电子键盘乐器占36.35%。与2001年相比较，中国出口欧盟乐器产品类别基本没有变化。2001年中国出口欧盟立式钢琴14850架，占出口总金额的14.29%，2008年中国出口欧盟立式钢琴19801架，占出口总金额比例下降到5.24%。2001年中国出口欧盟三角钢琴227架，出口金额占0.56%，2008年中国出口欧盟三角钢琴2600架，数量增长了10倍，出口金额比例增长到2.14%。

与2007年相比，2008年中国出口欧盟的22大类乐器中有16大类有所上升，升幅较大的是电声乐器、乐器用弦、铜管乐器、其他弦乐器、口琴等，出口金额分别增长了73.33%、42.08%、35.36%、33.48%、24.62%。立式钢琴和三角钢琴等6大类乐器出口金额同比下降，其中立式钢琴下降2.81%，三角钢琴下降11.30%.

欧盟27个成员国与中国乐器贸易金额较大的依次是德国、英国、比利时、荷兰、意大利、法国等，2008年中国出口这6个国家的乐器总金额达3.25亿美元，占出口整个欧盟乐器的82.32%，其中德国24.56%，英国19.60%，比利时13.80%，荷兰10.13%。

德国位居中国乐器出口国第二位，2008年中国出口德国的乐器主要是电声乐器、其他弦乐器、电子键盘乐器、铜管乐器和打击乐器，出口金额分别为：1605、1324、1091、871、857万美元。出口立式钢琴6331架，比2007年下降23.18%，三角钢琴1054架，比2007年下降39.39%

英国位居中国乐器出口国第5位，2008年中国出口英国的乐器主要有电声乐器、电子键盘乐器、其他弦乐器、铜管乐器、打击乐器，出口金额分别为2088、1308、1047、828、502万美元。立式钢琴出口1945架，同比下降16.77%，三角钢琴出口348架，同比下降27.95%。

比利时位居中国乐器出口国第6位，2008年中国出口比利时的乐器主要有电声乐器、电子键盘乐器、其他弦乐器、其他乐器零件、打击乐器，出口金额分别为2242、1037、603、406、402万美元。出口立式钢琴774架，同比增长32.08%，三角钢琴166架，同比增长100%。

荷兰位居中国乐器出口国第9位，2008年中国出口荷兰的乐器主要是电声乐器、打击乐器、其他弦乐器、电子键盘乐器、立式钢琴，分别为819、737、703、582、329万美元。出口立式钢琴2900架，同比下降2.49%，三角钢琴263架，同比下降6.07%。

2008年中国海关从欧盟进口乐器总金额为2442.02万美元，同比增长27.17%，位居中国向世界各国和地区进口乐器的第4位。主要进口乐器为三角钢琴、钢琴零件、立式钢琴，进口金额分别1008、305、167万美元。进口三角钢琴216架，同比增长21.35%，进口立式钢琴252架，同比增长26.63%。进口增幅较大的是口琴、弓弦乐器、立式钢琴、手风琴，2008年进口数量分别达到口琴1456支、其他弦乐器842支、其他管乐器3860支，手风琴111架。

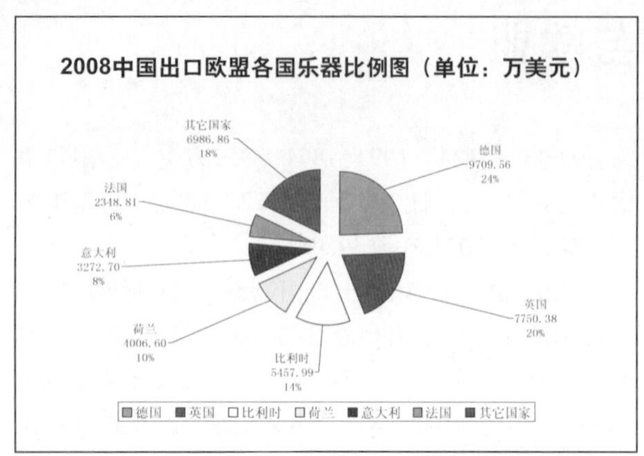

2008中国出口欧盟各国乐器比例图（单位：万美元）

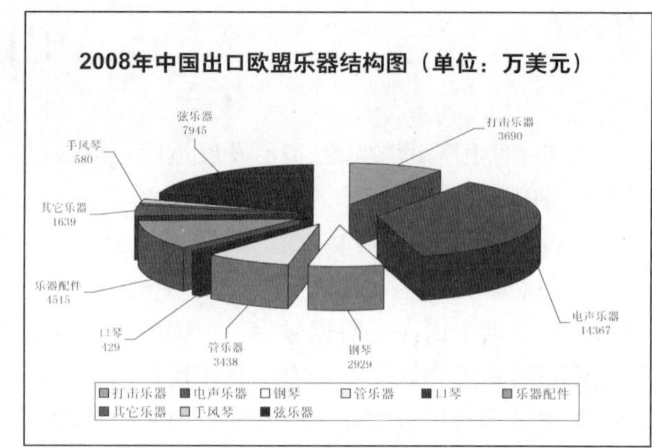

2008年中国出口欧盟乐器结构图（单位：万美元）

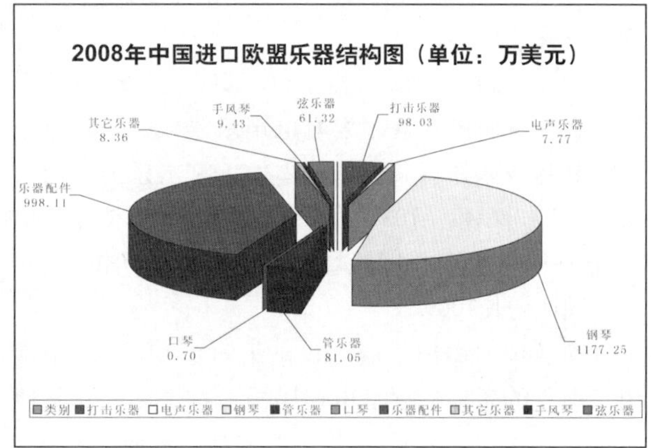

2008年中国进口欧盟乐器结构图（单位：万美元）

2001—2008年中国乐器出口欧盟基本概况

年度	中国乐器出口总金额（亿美元）	中国乐器出口年增长率（%）	中国乐器出口欧盟金额（亿美元）	中国乐器出口欧盟比重（%）	中国乐器出口欧盟年增长率（%）
2001年	4.08		0.97	23.84	
2002年	4.9	20.09	1.10	22.46	13.4
2003年	6	20.24	1.44	24.02	30.9
2004年	7.99	33.16	1.84	22.98	25.69
2005年	9.23	15.51	2.22	24.03	20.65
2006年	10.17	10.18	2.52	24.76	13.51
2007年	12.22	20.15	3.16	25.83	25.39
2008年	15.21	24.46	3.95	25.99	25
合计	69.8	年均增长率：20.54	17.20	年均比重：24.64	年均增长率：22.08

2008年中国向欧盟出口乐器量值

商品编号	商品名称	计量单位	数量			金额（美元）		
			2007年	2008年	同比%	2007年	2008年	同比%
92011000	竖式钢琴，包括自动钢琴	台	22711	19801	-12.81	21319020	20720671	-2.81
92012000	卧式钢琴，包括自动钢琴	台	3403	2600	-23.60	9539947	8461926	-11.30
92019000	其他钢琴（包括自动钢琴、弹拨古钢琴等）	台	447	523	17.00	374292	106398	-71.57
92021000	弓弦乐器	只	302218	326250	7.95	11691573	14324082	22.52
92029000	其他弦乐器	只	2682350	3145029	17.25	48790715	65126706	33.48
92051000	铜管乐器	只	272790	281440	3.17	19084257	25832686	35.36
92059010	键盘管风琴；簧风琴等游离金属簧片键盘乐器	只	18775	15894	-15.34	156260	98066	-37.24
92059020	手风琴及类似乐器	只	72788	97575	34.05	4947807	5804363	17.31
92059030	口琴	只	2894632	3654224	26.24	3440664	4287797	24.62
92059090	其他管乐器	只	1416334	1364028	-3.69	8317497	8543974	2.72
92060000	打击乐器	只	7552295	8327773	10.27	44496314	36902945	-17.07
92071000	键盘电子乐器	只	1306144	1394437	6.76	57433126	67069212	16.78
92079000	电声乐器	只	1004954	1583195	57.54	44194813	76604237	73.33
92081000	百音盒	个	3913556	6992472	78.67	6030738	12079078	100.29
92089000	其他乐器（包括游艺场风琴、手摇风琴等）	个	8564884	13638348	59.24	2603361	4212928	61.83
92093000	乐器用弦	千克	31955	34022	6.47	586649	833532	42.08
92099100	钢琴的零件、附件	千克	700213	514027	-26.59	4291240	3106758	-27.60
92099200	编号92.02所列零件、附件	千克	944948	1318253	39.51	4845998	6524466	34.64
92099400	编号92.07所列零件、附件	千克	832789	974226	16.98	3725300	5905807	58.53
92099910	节拍器、音叉及定音管	千克	87459	99791	14.10	3179016	3948731	24.21
92099920	百音盒的机械装置	千克	75074	96214	28.16	756322	1042102	37.79
92099990	其他乐器的零件、附件	千克	3860752	4906178	27.08	15836044	23792510	50.24
合计						315640953	395328975	25.24

2008年中国从欧盟进口乐器量值

商品编号	商品名称	计量单位	数量			金额（美元）		
			2007年	2008年	同比%	2007年	2008年	同比%
92011000	竖式钢琴，包括自动钢琴	台	199	252	26.63	1053113	1677788	59.32
92012000	卧式钢琴，包括自动钢琴	台	178	216	21.35	7790599	10082011	29.41
92019000	其他钢琴（包括自动钢琴、弹拨古钢琴等）	台	12	77	541.67	197154	12683	-93.57
92021000	弓弦乐器	只	1999	341	-82.94	279418	477899	71.03
92029000	其他弦乐器	只	401	842	109.98	108332	135335	24.93
92051000	铜管乐器	只	2143	259	-87.91	257904	120746	-53.18
92059010	键盘管风琴；簧风琴等游离金属簧片键盘乐器	只	3	304	10033.33	1884472	1870	-99.90
92059020	手风琴及类似乐器	只	66	111	68.18	70733	94286	33.30
92059030	口琴	只	20	1456	7180.00	18	6956	38544.44
92059090	其他管乐器	只	2184	3860	76.74	197840	689773	248.65
92060000	打击乐器	只	13986	4995	-64.29	905608	980307	8.25
92071000	键盘电子乐器	只	18	22	22.22	22118	28407	28.43
92079000	电声乐器	只	106	107	0.94	37904	49319	30.12
92081000	百音盒	个	1558	1083	-30.49	60382	59856	-0.87
92089000	其他乐器（包括游艺场风琴、手摇风琴等）	个	16968	17256	1.70	3973	21842	449.76
92093000	乐器用弦	千克	118368	110289	-6.83	1013300	1063550	4.96
92099100	钢琴的零件、附件	千克	127537	75597	-40.73	2554019	3058230	19.74
92099200	编号92.02所列零件、附件	千克	70204	159663	127.43	991374	1464276	47.70
92099400	编号92.07所列零件、附件	千克	83519	224903	169.28	813365	1944301	139.04
92099910	节拍器、音叉及定音管	千克	405	1830	351.85	11146	50969	357.29
92099920	百音盒的机械装置	千克		108			1674	
92099990	其他乐器的零件、附件	千克	12568	30996	146.63	950605	2398146	152.28
合计						19203377	24420224	27.17

2001—2008年中国出口欧盟立式钢琴数量（单位：架）

年份	2001	2002	2003	2004	2005	2006	2007	2008
欧盟	14850	15430	14064	20707	21492	22581	22711	19801
德国	2348	2454	2597	5345	6931	8193	8241	6331
荷兰	2327	4617	1535	3216	3604	3191	2974	2900
法国	1901	2323	2185	2659	2977	3190	3215	2647
意大利	1594	1496	1229	1736	1609	2536	2502	2418
英国	3130	2603	3512	3688	2429	2624	2337	1945

2001—2008年中国出口欧盟三角钢琴数量（单位：架）

年份	2001	2002	2003	2004	2005	2006	2007	2008
欧盟	227	854	352	913	2146	2052	3403	2600
德国	37	24	35	270	694	636	1739	1054
荷兰	4	606	6	71	209	260	280	263
法国	11		2	16	133	124	185	126
意大利	5	43	74	109	236	246	221	272
英国	158	156	204	303	447	353	483	348

2001—2008年中国出口欧盟弓弦乐器金额（单位：万美元）

年份	2001	2002	2003	2004	2005	2006	2007	2008
欧盟	686.64	611.78	739.19	850.77	916.47	1082.94	1169.16	1432.41
德国	139.04	88.56	136.67	173.42	228.65	289.37	297.15	351.19
荷兰	64.28	25.11	38.26	48.22	49.50	44.19	51.48	61.80
法国	79.60	66.38	112.21	90.80	80.91	75.32	89.10	99.41
意大利	37.56	58.45	64.41	82.21	61.62	74.58	69.07	91.60
英国	220.29	237.96	219.29	261.50	256.13	306.20	357.73	446.79
比利时	37.03	34.22	48.02	68.53	77.35	93.83	96.76	127.73

2001—2008年中国出口欧盟铜管乐器金额（单位：万美元）

年份	2001	2002	2003	2004	2005	2006	2007	2008
欧盟	225.88	291.90	532.87	936.43	1118.36	1222.82	1908.43	2583.27
德国	61.42	89.49	174.14	437.37	482.32	521.29	733.41	871.06
荷兰	10.21	3.60	28.12	31.93	31.84	35.99	81.07	66.57
法国	1.13	8.19	9.63	23.20	21.68	49.61	72.41	95.95
意大利	1.13	8.19	9.63	23.20	21.68	49.61	72.41	95.95
英国	105.31	125.02	128.84	179.84	258.34	263.43	508.52	828.30
比利时	0.12	9.11	89.41	108.70	101.13	105.63	117.84	266.52

2001—2008年中国出口欧盟其他管乐器金额（单位：万美元）

年份	2001	2002	2003	2004	2005	2006	2007	2008
欧盟	202.32	221.18	396.01	439.21	651.80	725.04	831.75	854.40
德国	85.20	66.37	110.23	128.47	222.65	242.27	298.05	237.68
荷兰	3.14	5.80	2.85	8.21	8.07	12.58	39.66	63.66
法国	11.83	10.97	10.28	21.00	39.56	49.33	63.35	46.53
意大利	20.69	36.17	50.77	104.76	106.64	135.35	120.73	128.80
英国	68.23	62.91	183.48	128.76	176.97	151.21	198.17	243.72
比利时	0.51	0.27	2.71	7.65	27.78	25.80	8.77	16.01

2001—2008年中国出口欧盟打击乐器金额（单位：万美元）

年份	2001	2002	2003	2004	2005	2006	2007	2008
欧盟	734.88	929.87	1107.77	1781.24	2569.53	2962.92	4449.63	3690.29
德国	203.21	218.22	311.95	449.34	641.42	766.76	1008.40	857.81
荷兰	24.86	25.84	31.89	88.53	137.26	133.97	326.02	738.00
法国	61.52	89.85	98.42	119.27	120.90	144.54	268.02	193.81
意大利	59.60	81.82	108.68	195.03	269.80	321.40	410.25	314.93
英国	143.33	174.07	172.46	307.20	566.58	727.20	847.62	502.62
比利时	197.15	263.81	246.37	355.08	431.47	320.01	687.00	402.90

2001—2008年中国出口欧盟电声乐器金额（单位：万美元）

年份	2001	2002	2003	2004	2005	2006	2007	2008
欧盟	730.59	1043.86	1525.55	2173.73	2846.51	3373.70	4419.48	7660.42
德国	69.10	140.06	266.50	452.48	721.99	778.84	1148.60	1605.39
荷兰	314.61	381.22	377.24	530.23	453.81	514.04	656.47	819.37
法国	19.81	31.75	54.72	73.64	79.23	110.69	110.01	202.93
意大利	46.41	33.75	76.60	106.13	137.82	229.83	238.14	624.48
英国	139.25	211.43	351.05	533.73	766.52	922.46	1130.65	2008.83
比利时	79.50	153.90	227.42	249.79	295.31	242.88	424.19	1037.71

2001—2008年中国出口欧盟键盘电子乐器金额（单位：万美元）

年份	2001	2002	2003	2004	2005	2006	2007	2008
欧盟	3215.24	3646.58	4506.30	4239.97	4340.60	5274.82	5743.31	6706.92
德国	1124.65	1191.06	738.98	786.00	842.67	650.54	788.90	1091.70
荷兰	3.02	0.35	6.33	62.56	79.66	233.99	448.12	582.48
法国	215.19	316.90	318.98	169.20	99.44	111.33	223.03	345.57
意大利	192.09	248.55	338.78	319.09	360.87	226.69	229.43	209.86
英国	1053.96	1244.40	1345.91	1268.10	1229.83	1194.32	1232.56	1308.10
比利时	438.85	348.71	1355.68	1225.76	1258.63	2212.85	2081.21	2242.69

2001—2008年中国出口欧盟手风琴金额（单位：万美元）

年份	2001	2002	2003	2004	2005	2006	2007	2008
欧盟	217.07	257.42	240.79	280.50	347.70	424.32	494.78	580.44
德国	147.79	178.61	151.05	142.74	189.18	209.93	237.66	239.88
荷兰	1.78	7.46	12.73	21.17	20.81	38.77	35.96	34.54
法国	0.64	6.73	11.61	17.07	22.09	40.04	45.58	35.83
意大利	23.25	12.04	23.41	21.63	27.38	41.31	61.71	96.32
英国	14.75	21.20	16.15	25.42	25.33	26.60	33.54	29.56
比利时	0.02	0.45	0.23	1.04	1.73	5.50	6.64	17.98

2008年中国出口欧盟各国乐器金额（单位：美元）

序号	国家或地区	2007年（美元）	2008年（美元）	同比%
1	德国	84321650	97095562	15.15
2	英国	63808866	77503834	21.46
3	比利时	43843191	54579887	24.49
4	荷兰	26645348	40066010	50.37
5	意大利	26225312	32727004	24.79
6	法国	18857240	23488107	24.56
7	西班牙	14850634	20101490	35.36
8	瑞典	8026504	10508328	30.92
9	丹麦	5879676	7678432	30.59
10	芬兰	5375453	6309073	17.37
11	波兰	2785751	4054825	45.56
12	希腊	2883141	3782299	31.19
13	拉脱维亚	1568142	3034770	93.53
14	爱尔兰	2551415	2800557	9.76
15	捷克	1871508	2373908	26.84
16	匈牙利	1216155	2284151	87.82
17	葡萄牙	1244258	1573319	26.45
18	奥地利	2048373	1492433	-27.14
19	罗马尼亚	279279	852771	205.35
20	斯洛文尼亚	485232	806378	66.18
21	立陶宛	208697	669683	220.89
22	爱沙尼亚	59335	573320	866.24
23	斯洛伐克	256056	402048	57.02
24	保加利亚	221200	379969	71.78
25	马耳他	106552	190817	79.08

四、中国内地与港澳台地区

港澳台是中国乐器出口的主要地区之一，出口总额基本上与日本相近。自2001年以来，香港一直保持中国乐器出口前五位，台湾和澳门与中国内地乐器贸易也呈现稳定增长态势。

据中国海关资料显示，2001—2008年中国内地累计向港澳台地区出口各类乐器5.4亿美元，占中国乐器出口总金额的7.75%，平均年增长率为20.87%。其中向香港出口4.09亿美元，占出口港澳台地区总金额的75.74%，向台湾出口1亿美元，占出口港澳台地区总金额18.51%，向澳门出口2992万美元，占出口港澳台地区总金额5.5%。

2008年中国内地出口港澳台地区的主要乐器是键盘电子乐器、乐器零件附件、立式钢琴、其他弦乐器和电声乐器，其中键盘电子乐器和乐器零件附件金额分别为5321万美元和3208万美元，总金额比例占到67.97%。2008中国内地向港澳台地区出口立式钢琴4922架，同比下降21.24%，出口三角钢琴152架，同比下降59.02%。在全部出口的22类乐器产品中，有10类上升，其中铜管乐器、乐器用弦、其他管乐器分别上升了214.38%、121.70%、57.25%，而其他弦乐器、打击乐器、电声乐器、手风琴同比有所下降。

香港是中国乐器出口重要地区，也是中国乐器通往世界许多国家和地区的中转站。香港回归前后，通利琴行、曾福琴行以及粤华行等香港乐器贸易公司都曾大量从中国进口乐器，再转口到其他国家和地区。据统计，2001—2008年，中国内地累计向香港出口立式钢琴30706架，三角钢琴2959架，铜管乐器128万支，其他管乐器173万支，弦乐器208万把，其他弦乐器299万把，键盘电子乐器552万台，电声乐器122万把，手风琴87930台。2008年，中国内地出口香港主要乐器是键盘电子乐器、其他乐器的零件附件、立式钢琴、电声乐器。出口金额同比上升的有乐器用弦、其他管乐器、三角钢琴、键盘电子乐器、口琴等，三角钢琴虽然从上年的317架减少到125架，但金额却从152万美元上升到179万美元，说明香港乐器市场对国产三角钢琴的品种规格要求有所提高。

多年来，台湾与中国内地的乐器贸易一直保持着缓慢上升的态势，2008年海峡两岸局势发生明显好转后，乐器贸易也有了十分显著的改变，2007年以前中国内地出口台湾地区乐器年平均增长率为5.13%，而2008年同比增长达到29.50%。2001年～2008年中国内地累计向台湾地区出口立式钢琴2283架，三角钢琴143架，铜管乐器13.1万支，手风琴9735架，打击乐器653万件，键盘电子乐器20.46万台，弓弦乐器23.5万把，其他弦乐器41.53万把。2008年，中国内地出口台湾地区的乐器主要是其他乐器的零件附件、铜管乐器、钢琴零件附件、键盘电子乐器、其他弦乐器等。与去年同期相比增长较大的是铜管乐器、乐器用弦、打击乐器、其他管乐器、手风琴等，其中铜管乐器增长幅度达到371.24%。

中国内地乐器出口澳门地区的数量和金额相对港台两地都要小。2008年中国内地出口澳门的乐器主要是乐器零件附件、立式钢琴、电声乐器等，与去年同期相比，增长幅度较大的是铜管乐器和钢琴零件附件，分别增长了297.21%和297%。

2008年中国内地出口港澳台地区乐器比例图

（单位：万美元）

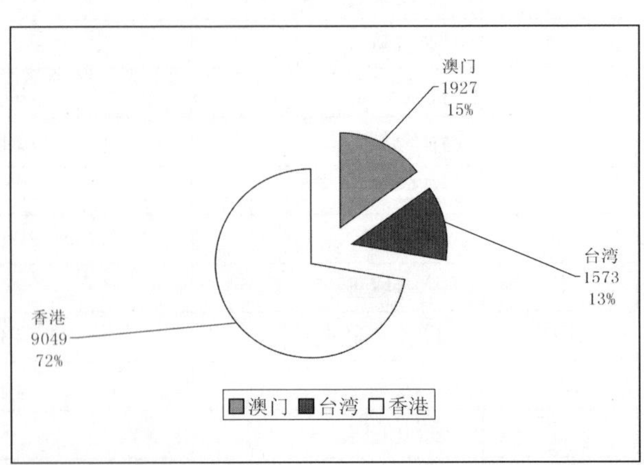

2001—2008年中国内地乐器出口港澳台地区基本概况

年度	中国乐器出口总金额（亿美元）	中国乐器出口年增长率（%）	中国乐器出口港澳台地区金额（亿美元）	中国乐器出口港澳台地区比重（%）	中国乐器出口港澳台地区年增长率（%）
2001年	4.08		0.35	8.67	
2002年	4.90	20.09	0.35	7.06	-2.14
2003年	6.00	20.24	0.51	8.56	48.45
2004年	7.99	33.16	0.53	6.67	3.63
2005年	9.23	15.51	0.61	6.63	14.92
2006年	10.17	10.18	0.81	7.92	31.55
2007年	12.22	20.15	0.99	8.09	22.75
2008年	15.21	24.46	1.25	8.25	26.96
合计	69.80	年均增长率：20.54	5.40	年均比重：7.75	年均增长率：20.87

2008年中国内地向港澳台地区出口乐器量值

商品编号	商品名称	计量单位	数量			金额（美元）		
			2007年	2008年	同比%	2007年	2008年	同比%
92011000	竖式钢琴，包括自动钢琴	台	6264	4922	-21.42	5275225	5001267	-5.19
92012000	卧式钢琴，包括自动钢琴	台	371	152	-59.03	1638815	1863140	13.69
92019000	其他钢琴（包括自动钢琴、弹拨古钢琴等）	台	656	583	-11.13	43987	18240	-58.53
92021000	弓弦乐器	只	38849	46590	19.93	967334	1063700	9.96
92029000	其他弦乐器	只	494129	256203	-48.15	4500355	3747235	-16.73
92051000	铜管乐器	只	10871	13415	23.40	721113	2267025	214.38
92059010	键盘管风琴、簧风琴等	只	14286	9220	-35.46	100564	81535	-18.92
92059020	手风琴及类似乐器	只	29172	2305	-92.10	95767	65446	-31.66
92059030	口琴	只	957440	794068	-17.06	592084	650187	9.81
92059090	其他管乐器	只	308551	279034	-9.57	1077357	1694126	57.25
92060000	打击乐器	只	531880	644985	21.27	3071760	2541437	-17.26
92071000	键盘电子乐器	只	740299	603360	-18.50	47199807	53216487	12.75
92079000	电声乐器	只	231465	139578	-39.70	4352209	3432793	-21.13
92081000	百音盒	个	6039156	4265739	-29.37	3139468	3396977	8.20
92089000	其他乐器（包括游艺场风琴、手摇风琴等）	个	4935980	3004553	-39.13	611329	596317	-2.46
92093000	乐器用弦	千克	8827	7584	-14.08	71436	158372	121.70
92099100	钢琴的零件、附件	千克	444176	406028	-8.59	2823958	2657392	-5.90
92099200	编号92.02所列零件、附件	千克	258549	236552	-8.51	1857832	1594779	-14.16

商品编号	商品名称	计量单位	数量			金额（美元）		
			2007年	2008年	同比%	2007年	2008年	同比%
92099400	编号92.07所列零件、附件	千克	719844	864458	20.09	4120085	5880214	42.72
92099910	节拍器、音叉及定音管	千克	48507	38503	-20.62	1243384	1041395	-16.25
92099920	百音盒的机械装置	千克	433579	427227	-1.47	2729030	2429188	-10.99
92099990	其他乐器的零件、附件	千克	1683074	5382871	219.82	12600729	32086062	154.64
合计						98833628	125483314	26.96

2008年中国内地从港澳台地区进口乐器量值

商品编码	商品名称	计量单位	数量			金额（美元）		
			2007年	2008年	同比%	2007年	2008年	同比%
92011000	竖式钢琴，包括自动钢琴	台	175	219	25.14	90745	108569	19.64
92012000	卧式钢琴，包括自动钢琴	台	19	38	100.00	13756	26950	95.91
92019000	其他钢琴（包括自动钢琴、弹拨古钢琴等）	台	1		-100.00	639		-100.00
92021000	弓弦乐器	只	32	12	-62.50	1286	21590	1578.85
92029000	其他弦乐器	只	86	15	-82.56	8420	2047	-75.69
92051000	铜管乐器	只	1792	669	-62.67	471656	198615	-57.89
92059020	手风琴及类似乐器	只	3	1	-66.67	398	99	-75.13
92059030	口琴	只		56649			43787	
92059090	其他管乐器	只	2833	3519	24.21	207279	313817	51.40
92060000	打击乐器	只	65531	73834	12.67	623455	568722	-8.78
92071000	键盘电子乐器	只	28	76	171.43	10821	26887	148.47
92079000	电声乐器	只	27	697	2481.48	6960	185563	2566.14
92081000	百音盒	只	31627	13327	-57.86	7028	16984	141.66
92089000	其他乐器（包括游艺场风琴、手摇风琴等）	个	448290	231149	-48.44	62906	27452	-56.36
92093000	乐器用弦	个	41	190	363.41	9086	4622	-49.13
92099100	钢琴的零件、附件	千克	410908	260092	-36.70	1139767	873015	-23.40
92099200	编号92.02所列零件、附件	千克	423794	515270	21.59	1464750	2181809	48.95
92099400	编号92.07所列零件、附件	千克	131129	118983	-9.26	1202484	1613872	34.21
92099910	节拍器、音叉及定音管	千克	74	48	-35.14	4990	4736	-5.09
92099920	百音盒的机械装置	千克	77274	22355	-71.07	412528	184247	-55.34
92099990	其他乐器的零件、附件	千克	1037625	1020389	-1.66	10088797	12184164	20.77
合计						15827751	18587547	17.44

2001～2008年中国内地出口港澳台地区各类乐器数量及金额

商品名称	计量单位	年份 / 地区	2001年	2002年	2003年	2004年	2005年	2006年	2007年	2008年
立式钢琴	数量（架）	港澳台地区	4232	4414	4312	5401	6494	5517	6264	4922
		香港	2901	3305	3288	3677	5010	4028	4772	3725
		台湾	1	204	260	419	376	474	285	264
		澳门	1330	905	764	1305	1108	1015	1207	933
三角钢琴	数量（架）	港澳台地区	51	201	264	717	952	578	371	152
		香港	40	200	250	641	877	509	317	125
		台湾			6	31	44	31	23	8
		澳门	11	1	8	45	31	38	31	19
弓弦乐器	金额（万美元）	港澳台地区	152.01	173.93	166.26	152.36	113.34	121.99	96.73	106.37
		香港	60.87	76.69	58.82	76.67	50.61	53.70	51.82	45.01
		台湾	90.86	96.96	105.73	73.08	62.59	67.87	43.52	60.05
		澳门	0.28	0.27	1.72	2.61	0.14	0.41	1.39	1.31
铜管乐器	金额（万美元）	港澳台地区	26.31	68.31	44.12	46.46	45.33	41.82	72.11	226.70
		香港	7.50	5.94	11.34	20.00	22.04	20.32	28.01	18.89
		台湾	18.80	62.37	32.68	26.46	23.29	21.41	44.08	207.74
		澳门			0.09			0.09	0.02	0.07
其他管乐器	金额（万美元）	港澳台地区	109.03	99.96	153.09	244.02	192.45	140.10	107.74	169.41
		香港	6.04	26.25	90.62	153.86	107.52	124.92	96.98	152.91
		台湾	103.00	73.71	62.46	90.15	84.93	15.13	10.76	16.50
		澳门			0.00	0.01	0.00	0.05		
打击乐器	金额（万美元）	港澳台地区	66.12	93.65	103.88	131.83	146.28	227.65	307.18	254.14
		香港	43.76	65.39	45.71	58.44	78.81	153.55	234.02	112.92
		台湾	22.13	28.18	57.82	73.09	67.13	73.97	72.75	140.91
		澳门	0.23	0.08	0.35	0.30	0.34	0.13	0.40	0.31
电声乐器	金额（万美元）	港澳台地区	91.04	96.32	140.38	401.26	399.01	646.87	435.22	343.28
		香港	78.36	89.38	93.07	226.81	263.33	546.80	333.82	294.41
		台湾	12.68	6.92	13.29	25.17	24.34	36.82	51.86	42.77
		澳门		0.02	34.02	149.28	111.34	63.25	49.54	6.11
键盘电子乐器	金额（万美元）	港澳台地区	335.04	1054.33	2465.28	1945.25	2035.53	3179.70	4719.98	5321.65
		香港	227.73	944.18	2262.05	1698.35	1829.41	3043.98	4509.80	5133.49
		台湾	107.30	110.15	203.16	246.44	206.03	135.59	189.22	186.25
		澳门	0.01		0.07	0.46	0.09	0.14	20.97	1.91
手风琴	金额（万美元）	港澳台地区	2.50	5.52	7.79	4.86	36.18	20.74	9.58	6.54
		香港	1.07	2.22	5.11	1.15	31.66	15.15	6.79	2.66
		台湾	1.40	3.30	2.40	3.71	4.49	5.20	2.78	3.89
		澳门	0.03		0.28		0.03	0.39	0.01	

MUSIC

中国乐器年鉴
CHINA MUSICAL
INSTRUMENT YEARBOOK
2009-2010

海外信息篇之一：全球乐器与音响制品行业225强

2007年全球乐器与音响制品行业225强综述

苹果（Apple）数字媒体播放器iTunes网站有1300万首歌曲供网友下载，这样一个令人惊愕的数字，不得不让人联想到为这些歌曲提供最基本配乐的乐器制造业当前的蓬勃发展。不可否认，入榜的225家企业均为乐器制造企业或销售商，除此之外，这225家企业之间鲜有共同点。入榜企业涉及软件开发、提琴制作、音响制造、音像出版、钢琴制造以及乐器销售等各个门类，种类繁多。从榜首到榜尾的企业都是从一个相对狭小的专业领域发展起来的，每个企业都能把握住市场契机，事实上，要想满足世界乐器制造商的需求也需要一个更广泛的专业知识。

榜单中的225家企业分别来自全球29个国家和地区，这足以证明实现全球范围内乐器行业一体化已成为现实，乐器行业已进入全球化时代。排名较前的Yamaha、Fender以及Gibson公司在市场上是激烈的竞争对手；同时，榜单中有一半的公司又被称为合作伙伴；经销商中，德国的Musik Meyer公司以及日本的Kanda Shokai代理了榜单中近30%的制造企业生产的产品；包括生产打击乐器的Maxtone公司、制造吉他的Fujigen公司以及从事电声乐器开发的香港金山公司同时也在为其他知名品牌进行OEM贴牌生产；再例如，制造扬声器的Celestion、Eminence以及Selenium公司同时也在为榜单中几十家甚至上百家企业提供货源。

另一方面，225强榜单也反应出全球间的密切往来。制造技术和销售模式遍及世界各个角落，事实上，不同类型的产品也都正在美国、亚洲、欧洲以及澳大利亚几乎世界的各个角落生产着。与此同时，某些国家继续保持着在某些领域的传统技艺和独特优势。我们都知道，先不论其高昂的制作成本，法国的Buffet和Selmer公司仍统领专业木管乐器的消费市场；Yamaha、Kawai、Roland、Korg以及Casio这几家日本公司长久以来雄霸电子键盘乐器市场；德国人一直以来以其杰出的麦克风制作工艺而自豪，世界三大顶级麦克风制造巨头都位于德国这座古老的工业大国；尽管来自亚洲国家的低端吉他产品充斥着世界吉他市场，但美国的Fender、Gibson、Martin、Taylor、PRS、Music Man以及其他高级精品制造坊仍占据着全球高端吉他市场。

2007年榜单中225家企业的销售收入共计201亿美元，较2006年的181亿增长10.8%。员工总数共计122904人，较2006年129061人减少4.8%。如果说榜单中的企业涉及到如此广泛的业务，那么很多因素都将成为这样一个销售收入数据中的构成元素。尽管2007年美国乐器市场表现平平，榜单中的制造企业都获益于部分欧洲市场的强劲消费能力，尤其是前苏联国家。中国的乐器市场仍保持较高的增长速度，榜单中来自中国的数据均以2007年12月31日当天的汇率转换成美元，由于美元的疲软表现，汇率将使现在的销售收入增长2%。

至于员工总数下滑的原因很显然，其中，中国劳动力成本上涨，因此多数中国企业加大自动化设备的投入，消减制作过程中的劳动力成本。因此榜单中乐器企业员工总数减少6000人很大程度上要“归功”于中国企业的大幅裁员。

粗略一瞥，225强榜单似乎很稳定，变化不大，雅马哈公司长期摘得桂冠，成为世界第一大乐器制造企业。仔细剖析榜单可以看到，实际上榜单一直处于不断的变化之中，每五年为一个周期，榜单将会重新调整。今年，又有11家企业新进入榜，例如A&T贸易公司是一家俄罗斯本土乐器销售的领头军，它的入榜也反应出俄罗斯乐器市场近期的发展。再例如，软件制造商Ableton公司，以其在计算机音乐编曲及录制方面的大胆革新而在榜单中博得一席之地。为了维持榜单的平衡，有新进入选势必

就要有遭到淘汰的企业，这其中不得不提到一直排名较前的Kaman公司，由于被Fender公司收购，今年已退出榜单。同样的原因，奥地利知名钢琴企业Bösendorfer公司也是被雅马哈公司收购后退出了225强。当然，消费者品位的变化以及激烈的竞争都将导致今后榜单的再次“洗牌”。

榜单中有相当一部分企业的主营业务不属于传统意义的乐器产品范围内。例如，Shure公司生产用于通讯产品以及播音设备的扬声器；雅马哈公司还生产浴盆及家具；QSC公司生产用于影院音效系统的功率放大器；乐兰公司生产打印机；Selenium公司制造车载音响扬声器；而香港金山公司又是一家合约型电子制造企业，生产大量的非乐器产品。可能的话，我们在统计时应该排除这些非乐器产品的销售收入。然而，如果我们无法确定一个精确的计算方式，我们仍将以整个企业的销售收入为对象进行统计。

由于统计中包含了部分非乐器产品的销售收入，因此，2007年225强企业的总销售额为201亿美元，而该年全球乐器市场的总销售收入仅为182亿美元。导致数据偏差的另一个原因是销售收入的重复计算。例如香港金山公司，2007年销售收入2.5亿美元，其收益的大部分来自于旗下生产的产品，这其中相当一部分产品又被榜单中其他企业进行再销售，显然这部分产品的销售收入被重复计算了。再如，Remo鼓皮的销售被计算在Remo公司的年度销售收入之中，但同时其他使用Remo鼓皮制作打击乐器的生产企业以及销售Remo鼓皮的经销商，也都将它的销售收入纳入其企业名下的销售收入。在缺少行之有效的方法解决统计中重复计算的问题之前，我们所能做的就是维持现状，统计企业的总销售收入。预计，因重复计算大约会增加30%的总销售收入。

该榜单统计的数据是2007财政年度期间各企业的销售收入。数据来源于不同渠道：入榜企业中有21家为上市公司，其数据对外公开；一些欧洲国家，尤其是法国、英国以及意大利的数据则是通过公开呈报获得详细的数据；其他没有公开呈报的公司，我们通过他们自身提供的数据、综合评估以及相关协会提供的数据进行汇总统计。为了提供更好的可比性，我们将所有数据均转换为美元计算。

（高萍编译自美国《音乐贸易》2008 No.12）

1、2007年全球乐器与音响制品行业225强基本情况

排名	国家和地区	公司数量		销售收入（美元）		
		2007年	2006年	2007年	2006年	同比%
1	日本	29	31	8 504 182 900	7 786 922 425	0.09
2	美国	86	89	5 574 652 032	5 507 065 016	0.01
3	德国	17	15	1 245 945 000	1 116 974 600	0.12
4	中国内地	18	18	633 168 165	607 455 000	0.04
5	中国台湾	10	10	550 835 931	544 976 420	0.01
6	中国香港	4	4	454 048 000	532 803 000	-0.15
7	加拿大	6	7	396 053 000	392 400 000	0.01
8	韩国	6	5	394 025 000	413 680 000	-0.05
9	法国	4	4	290 900 000	278 553 000	0.04
10	英国	8	8	290 577 000	266 730 000	0.09
11	意大利	7	7	243 162 000	219 082 000	0.11
12	新加坡	1	1	215 500 000	203 900 000	0.06
13	澳大利亚	4	4	156 500 000	85 750 000	0.83

排名	国家和地区	公司数量		销售收入（美元）		
		2007年	2006年	2007年	2006年	同比%
14	丹麦	1	1	135 000 000	117 000 000	0.15
15	瑞士	2	2	108 200 000	91 940 000	0.18
16	瑞典	3	2	96 330 000	86 650 000	0.11
17	巴西	3	3	75 475 000	65 500 000	0.15
18	俄罗斯	1	/	75 000 000	/	/
19	比利时	1	1	50 719 000	49 725 000	0.02
20	捷克	2	2	42 300 000	45 000 000	-0.06
21	西班牙	3	3	39 415 844	40 487 256	-0.03
22	阿根廷	2	2	37 800 000	28 261 000	0.34
23	菲律宾	1	1	32 250 000	34 900 000	-0.08
24	墨西哥	1	1	29 250 000	29 500 000	-0.01
25	以色列	1	/	26 100 000	/	/
26	印度	1	/	19 800 000	/	/
27	奥地利	1	2	18 600 000	32 150 000	-0.42
28	智利	1	1	13 300 000	15 750 000	-0.16
29	挪威	1	1	13 200 000	12 100 000	0.09

2、2007年全球乐器与音响制品行业225强名录

排名		公司名称	2007年销售收入（美元）	员工人数	公司负责人	国家和地区
2007年	2006年					
1	1	YAMAHA CORPORATION	4 795 000 000	19 785	Misuru Umemura	JAPAN
2	4	ROLAND CORPORATION	1 085 600 000	2 528	Hidekazu Tanaka	JAPAN
3	2	KAWAI MUSICAL INSTRUMENTS MFG. Co.	716 451 000	2 888	Hirotaka Kawai	JAPAN
4	5	FENDER MUSICAL INSTRUMENTS	672 000 000	3 100	William Mendello	USA
5	3	HARMAN PROFESSIONAL(DIV. OF HARMAN INTL.)	560 656 000	1 870	Dinesh C. Paliwal	USA
6	6	SENNHEISER ELECTRONIC	501 000 000	1 650	Jorg Sennheiser	GERMANY
7	7	SHURE INC.	435 000 000	2 400	Sandy LaMantia	USA
8	8	STEINWAY MUSICAL INSTRUMENTS	406 314 000	2 200	Dana D. Messina	USA
9	13	GIBSON GUITAR CORP.	32 500 000	3 550	Henry E. Juskiewicz	USA
10	9	KHS/MUSIC CO. LTD. (功学社乐器股份有限公司)	305 000 000	4 200	Larl Leong(谢武弘)	TAIWAN (中国台湾)

排名		公司名称	2007年销售收入（美元）	员工人数	公司负责人	国家和地区
2007年	2006年					
11	10	AUDIO-TECHNICA CORPORATION	286 780 000	490	Kazuo Matsushita	JAPAN
12	12	GOLD PEAK GROUP(金山工业公司)	278 000 000	1 450	Lo Chung Wing (罗仲荣)	HONG KONG (中国香港)
13	11	YAMANO MUSIC COMPANY LTD.	245 000 000	500	Masamitsu Yamano	JAPAN
14	17	BEHRINGER CORPORATION LTD.	215 500 000	3 100	Michael Deeb	SINGAPORE
15	14	KORG INC.	214 000 000	330	Tsutomu Katoh	JAPAN
16	19	DIGIDESIGN (DIVISION OF AVID)	210 064 000	450	Dave Lebolt	USA
17	18	JAM INDUSTRIES LTD.	207 000 000	385	Martin Golden	CANADA
18	15	LOUD TECHNOLOGIES	204 000 000	527	Rodney Olson	USA
19	20	PEAVEY ELECTRONICS CORP.	193 000 000	1 600	Hadley Peavey	USA
20	22	HOSHINO GAKKI MFG. CO. LTD.	158 500 000	114	Kimihide Hoshino	JAPAN
21	24	HAL LEONARD CORPORATION	145 200 000	395	Keith Mardak	USA
22	21	SAMICK MUSICAL INSTRUMENTS CO.LIMITED	137 950 000	3 500	Jong Sup Kim	SOUTH KOREA
23	27	TCI GROUP	135 000 000	450	Anders Fauerskov	DENMARK
24	23	CASIO KEYBOARDS(DIVISION OF CASIO COMPUTER)	129 000 000	N/A	Kazuo Kashio	JAPAN
25	25	TOM LEE MUSIC CO. LTD. (通利琴行有限公司)	12 500 0000	500	John Lee(李敬章)	HONG KONG (中国香港)
26	30	ALGAM	121 000 000	198	Gerard Garneier	FRANCE
27	38	THE MUSIC SALES GROUP	129 000 000	420	Robed Wise	U.K.
28	28	PARSON MUSIC(柏斯琴行有限公司)	119 798 000	2 300	Terence&Arling Ng (吴天延)	HONG KONG (中国香港)
29	29	D'ADDARIO & COMPANY	118 000 000	1 100	James D'Addario	USA
30	33	PEARL RIVER PIANO GROUP (广州珠江钢琴集团股份有限公司)	117 000 000	3 500	Wei Lin Huang (黄伟林)	CHINA (中国内地)
31	32	ESP CO. LTD.	109 000 000	750	Masatoshi Chuma	JAPAN
32	35	HERMES	107 000 000	325	Alberto Kremerman	USA
33	34	PEARL MUSICAL INSTRUMENTS CO. LTD.	106 000 000	900	Masani Yanagisawa	JAPAN

排名		公司名称	2007年销售收入（美元）	员工人数	公司负责人	国家和地区
2007年	2006年					
34	26	YOUNG CHANG AKKI LTD.	105 000 000	2 750	B.J.Park	SOUTH KOREA
35	100	AUSTRALIAN MUSIC GROUP(BILLY HYDE-MUSICLINK)	104 000 000	400	Lan Unwin	AUSTRALIA
36	41	FIRST ACT	100 000 000	210	Mark Izen	USA
37	31	M-AUDIO CORP.(DIVISION OF AVID)	99 329 160	199	Niels Larsen	USA
38	40	MUSIK MEYER GROUP	94 000 000	215	Matthias Meyer	GERMANY
39	46	MUSIK HUG AG	93 500 000	360	Erica Hug	SWITZERLAND
40	42	QSC AUDIO	91 250 000	325	Barry Andrews	USA
41	36	MARTIN GUITAR COMPANY	88 707 000	813	Christian F. Martin IV	USA
42	53	LINE 6	86 900 000	251	Mike Muench	USA
43	39	GEWA GMBH	84 500 000	250	Hans Peter Messener	GERMANY
44	60	PROEL SPA	82 104 000	169	Fabrizio Sorbi	ITALY
45	44	HOHNER MUSIK INSTRUMENTE GMBH&CO.KG	81 000 000	400	Dr H. Braeuning	GERMANY
46	55	SOUND HOUSE INC.	80 500 000	110	Rick Nakajima	JAPAN
47	43	BUFFET CRAMPON GROUP	79 900 000	300	ANTOINE Beaussant	FRANCE
48	56	CORT MUSICAL INSTRUMENT CO. LTD.	79 800 000	1 100	Young H. Park	SOUTH KOREA
49	54	NUMARK INDUSTRIES	79 500 000	115	John O'Donnell	USA
50	52	SOUNDKING GROUP CO. LTD. (宁波音王集团有限公司)	79 000 000	2 200	Leo Wang(王祥贵)	CHINA (中国内地)
51	N	A&T TRADE	75 000 000	350	Aleksey Kurochkin	RUSSIA
52	50	ROLAND MEINL MUSIKINSTRUMENTE GMBH	74 000 000	200	Reinhold Meinl	GERMANY
53	58	SAMSON TECHNOLOGIES CORP.	73 500 000	120	Scott Goodman	USA
54	49	AXL MUSICAL INSTRUMENTS	73 347 120	1 345	Alan Liu	USA
55	48	BEIJING XINGHAI MUSICAL INSTRUMENT (北京星海钢琴集团有限公司)	72 350 000	3 800	Huichen Zhao赵惠臣	CHINA (中国内地)
56	45	TASCAM(DIVISION OF TEAC CORP.)	72 000 000	140	Yoshiaki Sakai	JAPAN
57	51	ALFRED PUBLISHING COMPANY	71 500 000	285	Steve Manus	USA
58	47	SEJUNG MUSICAL INSTRUMENT CO. LTD.(青岛世正乐器有限公司)	70 000 000	2 500	Young Tae Shin (李在锡)	CHINA (中国内地)

排名		公司名称	2007年销售收入（美元）	员工人数	公司负责人	国家和地区
2007年	2006年					
59	57	US MUSIC CORPORATION	68 007 000	187	Rudolf Schlacher	USA
60	61	BEYERDYNAMIC	65 000 000	390	Fred R. Beyer	GERMANY
61	62	THE RAPCO HORIZON COMPANY	61 986 000	640	Dale Williams	USA
62	63	TAYLOR GUITAR	59 900 000	574	Kurt Listug	USA
63	69	ERNIE BALL / MUSIC MAN	58 500 000	390	Sterling Ball	USA
64	67	YORKVILLE SOUND	57 653 000	265	Steve Long	CANADA
65	68	AVEDIS ZILDJIAN COMPANY	56 700 000	140	Craigie Zildjian	USA
66	64	KANDA SHOKAI CORPORATION	55 600 000	80	Masayuki Suzuki	JAPAN
67	65	MARSHALL AMPLIFICATION PLC	53 000 000	210	Dr. Jim Marshall	U.K
68	70	PRIMA GAKKI CO. LTD.	52 623 900	110	Hitoshi Ohashi	JAPAN
69	86	ADAM HALL GMBH	52 000 000	120	David Kirby	GERMANY
70	72	EMD MUSIC GROUP	50 719 000	135	Leonardo Baldocci	BELGIUM
71	71	NONAKA BOEKI CO. LTD.	50 500 000	100	John Nonaka	JAPAN
72	73	RELIANCE INTERNATIONAL CORP. (宏寰贸易股份有限公司)	50 455 000	50	Joseph Chen(陈少宏)	TAIWAN (中国台湾)
73	66	STANTON GROUP	50 000 000	111	Tim Dorwart	USA
74	79	STAMER GROUP	49 900 000	200	Hans & Lothar Stamer	GERMANY
75	75	REM0 INC.	48 000 000	300	Brock Kaericher	USA
76	78	HANSER MUSIC GROUP	46 500 000	89	Jack Hanser	USA
77	N	TROPICAL MUSIC GROUP	46 250 000	44	Oscar Mederos	USA
78	76	HENRI SELMER ET CIE.	46 000 000	600	Patrick Selmer	FRANCE
79	91	SKB CORPORATION	45 500 000	390	Dave Sanderson	USA
80	82	JA MUSIK GMBH	45 250 000	320	Jakob von Wolff	GERMANY
81	81	PENN ELCOM INC.	45 000 000	250	Phil Stratford	USA
82	84	VANDOREN S.A.	44 000 000	195	Bernard Vandoren	FRANCE
83	74	MEDELI ELECTRONICS CO. LTD. (美得理电子有限公司)	43 750 000	1 200	George Cheng(郑刚)	HONG KONG (中国香港)
84	83	GODIN GUITAR COMPANY	43 550 000	400	Robert Godin	CANADA
85	80	EM NORDIC AB	43 530 000	120	Benny Englund	SWEDEN
86	90	SF MARKETING	43 500 000	130	Sol Fleising	CANADA
87	77	PHONIC CORPORATION (全域股份有限公司)	43 250 000	900	Stephan M L Wang (王敏烈)	TAIWAN (中国台湾)
88	87	COSMOS CORP.	43 000 000	85	Kwankil Min	SOUTH KOREA
89	96	MOGAR MUSIC S.P.A.	42 358 000	77	Carlo Bonami	ITALY

排名		公司名称	2007年销售收入（美元）	员工人数	公司负责人	国家和地区
2007年	2006年					
90	95	WARWICK GMBH & CO.-MUSIC EQUIPMENT	40 500 000	92	Hans-Peter Wilfer	GERMANY
91	89	DRUM WORKSHOP INC.	40 000 000	200	Chris Lombardi	USA
92	97	SELENIUM LOUDSPEAKERS	39 975 000	350	Marcelo Favieiro	BRAZIL
93	85	LUTHMAN SCANDINAVIA KB	39 700 000	60	Niclas Luthman	SWEDEN
94	94	KYORITSU CORP.	39 500 000	114	Shinichi Suzuki	JAPAN
95	92	ALESIS CORP.	37 500 000	80	John O'Donnell	USA
96	116	ZOOM CORPORATION	37 400 000	50	Masahiro Lijima	JAPAN
97	93	SUZUKI MUSICAL INSTRUMENT MFG LTD.	37 300 000	180	Manji Suzuki	JAPAN
98	103	PAUL REED SMITH GUITARS	37 250 000	245	Paul Reed Smith	USA
99	98	KONIG & MEYER	36 750 000	250	Martin Konig	GERMANY
100	104	MAXTONE MUSICAL INSTRUMENT MFG.CO.(高琳乐器制造有限公司)	36 500 000	80	Oscar Wu(吴懋仁)	TAIWAN (中国台湾)
101	59	ZEN-ON MUSIC CO. LTD.	35 000 000	175	Keiichiro Nakamura	JAPAN
102	102	HARRIS-TELLER INC.	34 500 000	72	Michael Harris	USA
103	135	ARMADILLO ENTERPRISES	33 660 998	44	Elliott Rubinson	USA
104	118	M. CASALE BAUER SPA	32 500 000	24	Patrizia Bauer	ITALY
105	99	G.A. YUPANGCO & CO.	32 250 000	375	Philip Yupangco	PHILIPPINES
106	N	FREDTEBBANDSONSINC.	32 000 000	120	Tom Tebb	USA
107	158	BEST FRIEND MUSIC CO. LTD. (上海知音琴行有限公司)	31 713 165	620	Wenyu Zhu(朱文玉)	CHINA (中国内地)
108	106	SCHIMMEL PIANO FORTE FABRIK	31 000 000	260	H.M. Schimmel-Vogel	GERMANY
109	N	SCHREIBER & KEILWERTH MUSIKINSTRUMENTE	30 900 000	330	Dr.Armin Eckert	GERMANY
110	108	ARAI & CO. INC.	30 150 000	55	Kaz Matsuda	JAPAN
111	126	ViC FIRTH INC.	29 628 445	137	Vic Firth	USA
112	109	CASA VEERKAMP S.A. DE C.V.	29 250 000	125	Gerhardt Veerkamp	MEXICO
113	112	NADY SYSTEMS	29 000 000	90	John Nady	USA
114	181	GCI-GEMINI CORTEX IKEY	28 250 000	45	Alan & Artie Cabasso	USA
115	115	FERNANDES CO. LTD	28 150 000	45	Shigeki Saito	JAPAN
116	107	EKO GROUP	27 800 000	44	Stelvio Lorenzetti	ITALY
117	110	YAKO(雅歌乐器企业股份有限公司)	27 250 000	350	M.J.Liao(廖明幸)	TAIWAN (中国台湾)
118	121	EMINENCE SPEAKER LLC.	26 750 000	151	Robet Gault	USA

排名		公司名称	2007年销售收入（美元）	员工人数	公司负责人	国家和地区
2007年	2006年					
119	120	SABIAN LTD.	26 500 000	150	Andy Zildjian	CANADA
120	117	PETROF PIANO SRO.	26 400 000	400	Susan Petrof	CZECH REPUBLIC
121	N	RBX INTERNATIONAL CO.LTD.	26 100 000	110	Yoel Brand	ISRAEL
122	114	PIANODISC	26 000 000	165	Gary& Kirk Burgett	USA
123	N	PASGAO GLOBAL SOUND (深圳市帕思高电子有限公司)	25 995 000	100	Gabriel Lin(林俊杰)	CHINA (中国内地)
124	119	NEIL A. KJOS MUSIC COMPANY	25 500 000	72	Neil A. Kjos. Jr.	USA
125	157	PRIDE MUSIC	25 250 000	60	Lucio Grossman	BRAZIL
126	101	HUAKAI MUSICAL INSTRUMENT (广东四会市华声乐器有限公司)	25 150 000	2 400	Bingjin Huang (黄炳金)	CHINA (中国内地)
127	125	SUZUKI CORP.	25 000 000	25	Howard Feldman	USA
128	144	TIANJIN JINBAO MUSIC INSTRUMENT (天津津宝乐器有限公司)	24 500 000	1 800	Liu Ming(刘明)	CHINA (中国内地)
129	150	ELECTRO-HARMONIX	24 400 000	67	Mike Matthews	USA
130	142	WHIRLWIND	24 185 000	150	Michael Laiacona	USA
131	124	AUSTRALIS MUSIC GROUP PTY. LTD.	24 000 000	35	Geoff Gazzard	AUSTRALIA
132	127	ALLEN ORGAN COMPANY	23 900 000	239	Steve Markowitz	USA
133	130	GLOBAL & CO. INC.	23 600 000	48	Tadamichi Fukuda	JAPAN
134	137	HEBEI JINYIN MUSICAL INSTRUMENTS (河北金音乐器制造有限公司)	23 450 000	1 400	Chen Xue Kong (陈学孔)	CHINA (中国内地)
135	129	CARVIN CORP.	23 250 000	155	Carson Kieset	USA
136	123	MORIDAIRA MUSICAL INSTRUMENTS CO. LTD.	23 200 000	44	Yoichi Minagawa	JAPAN
137	131	M&M MERCHANDISERS INC.	23 150 000	80	Marty Stenzler	USA
138	146	IAG LTD.(IAG国际音响集团)	23 125 000	1 700	Bernard Chang	CHINA (中国内地)
139	134	TKL PRODUCTS CORPORATION	23 000 000	80	Thomas Dougherty	USA
140	139	MAPES PLANO STRING COMPANY	22 750 000	200	William L. Schaff	USA
141	133	FUJIGEN INC.	22 580 000	120	Yuichiro Yokouchi	JAPAN
142	105	GHS / R0CKTRON	22 500 000	115	Russell S. McFee	USA
143	138	VISCOUNT INTERNATIONAL	22 400 000	110	Loriana Galanti	ITALY

排名		公司名称	2007年销售收入（美元）	员工人数	公司负责人	国家和地区
2007年	2006年					
144	149	BBE SOUND / G&L	22 350 000	75	John McLaren	USA
145	145	HHB COMMUNICATIONS LTD.	22 207 000	50	Ian Jones	U.K.
146	122	JOHN HORNBY SKEWES & COMPANY LTD.	22 000 000	42	Dennis Drumm	U.K.
147	163	THE MUSIC PEOPLE	22 000 000	42	James Hennessey	USA
148	140	AKAI(允有兴业股份有限公司)	21 950 000	400	N/A	TAIWAN (中国台湾)
149	113	NINGBO LUO MUSIC CORPORATION (浙江东方琴业有限公司)	21 800 000	1 010	Jack Luo(罗森鹤)	CHINA (中国内地)
150	132	AMERICAN DJ INC.	21 750 000	95	Charles Davies	USA
151	151	FENG LING MUSICAL INSTRUMENTS(泰兴凤灵乐器有限公司)	21 670 000	1 280	Li Shu(李书)	CHINA (中国内地)
152	154	LOUIS RENNERGMBH	21 405 000	170	Dr.Siegfried Hofmann	GERMANY
153	141	D.B.MUSICAL INSTRUMENT CO. LTD.	21 280 931	500	Tony Huang	TAIWAN (中国台湾)
154	153	CELESTION	21 200 000	50	Brian Li	UK
155	192	TODOMUSICA S.A.	20 600 000	90	Rafael Pedace	ARGENTINA
156	147	RODGERS INSTRUMENTS LLC	20 500 000	125	Lloyd Robbins	USA
157	162	SCHECTER GUITAR RESEARCH	20 093 989	33	Michael Ciravolo	USA
158	N	SARA-TRANS GROUP	19 800 000	609	Jasbeer Singh	INDIA
159	152	CHESBRO MUSIC	19 750 000	75	Vanetta Wilson	USA
160	168	TEAM INTERNATIONAL MUSIC (乐盟国际股份有限公司)	19 415 000	60	C.C. Tsai	CHINA (中国内地)
161	165	EASTMAN STRINGS	19 300 000	60	Qian Ni	USA
162	172	PRO-MARK CORP.	18 840 820	42	Maury L. Brochstein	USA
163	155	FATAR S.R.L.	18 700 000	100	L.Rangni	ITALY
164	148	THE MUSIC LINK	18 675 000	36	Steve Patrino	USA
165	160	THOMASTIK-INFELD GMBH	18 600 000	190	Peter Infeld	AUSTRIA
166	186	AKAI PROFESSIONAL	18 500 000	55	John O'Donnell	USA
167	136	GUANGZHOU BOURGADE (广州保嘉乐器制造厂有限公司)	18 450 000	1 800	Xing Baojia(邢宝嘉)	CHINA (中国内地)
168	143	FOSTEX CORPORATION	18 200 000	68	Shigeki Osawa	JAPAN

排名		公司名称	2007年销售收入（美元）	员工人数	公司负责人	国家和地区
2007年	2006年					
169	164	GRAND REWARD EDUCATION CO. LTD.(秋长全丰音乐用品厂)	18 100 000	900	C W Tsai(蔡经纬)	CHINA (中国内地)
170	166	LARRIVEE GUITARS	17 850 000	100	Jean Larrivee	CANADA
171	174	DUNLOP MFG.	17 750 000	130	James Dunlop	USA
172	184	SEYMOUR DUNCAN	17 500 000	130	Cathy Carter Duncan	USA
173	156	GENERALMUSIC S. P. A.	17 300 000	82	Raffaele Galanti	ITALY
174	194	TEVELAM S.R.L	17 200 000	40	Hugo Leonardo Martellotta	ARGENTINA
175	178	SHIMRO	17 175 000	420	Jae Yup Shim	SOUTH KOREA
176	180	NINGBO HAILUN MUSICAL INSTRUMENT CO. LTD. (宁波海伦乐器制品有限公司)	17 150 000	900	Mark Chen(陈海伦)	CHINA (中国内地)
177	173	TAKAMINE GAKKI SEISAKUSHO CO. LTD.	16 900 000	100	Ichiro Katayama	JAPAN
178	177	DEAN MARKLEY STRINGS	16 500 000	48	Dean Markley	USA
179	128	KUAN CHOU CHEN ENTERPRISE CO. LTD.(冠舟企业有限公司)	16 250 000	800	M.Chen(陈国瑶)	TAIWAN (中国台湾)
180	175	SHADOW ELEKTROAKUSTIK	16 100 000	125	Joe Marinic	GERMANY
181	176	MESA/BOOGIE LTD.	16 000 000	116	Randall Smith	USA
182	183	CHARLES DUMONT & SON	15 920 000	54	Charles J. Dumont	USA
183	159	AMATI-DENAK S.R.O.	15 900 000	330	Vaclav Hnilicka	CZECH REPUBLIC
184	195	GEMSTONE. LLC	15 750 000	50	Gerardo Discepolo	USA
185	179	THE KEYBOARD CORP.	15 650 000	125	Dennis Robey	USA
186	191	CALZONE / ANVIL CASE CO.	15 500 000	105	Joseph E. Calzone	USA
187	161	MEL BAY PUBLISHING	15 250 000	70	William Bay	USA
188	190	RICKENBACKER INTERNATIONAL	15 200 000	90	John C. Hall	USA
189	205	CMI AUSTRALIA	15 150 000	35	Drago Trojkovic	AUSTRALIA
190	189	COMMUNITY PROFESSIONAL	15 000 000	115	Bruce Howze	USA
191	169	WESTHEIMER CORP.	14 900 000	14	Jack Westheimer	USA
192	200	SOUND TECHNOLOGY PLC	14 770 000	45	David Marshall	U.K.
193	201	STENTOR MUSIC CO. LTD.	14 750 000	31	Michael Doughty	U.K.
194	188	PAISTE HOLDING AG	14 700 000	95	Erik Paiste	SWITZERLAND
195	216	ENRIQUE KELLER S.A	14 606 844	90	Jorge Keller	SPAIN
196	203	MAKEMUSIC! INC.	14 580 000	79	John Paulson	USA

排名		公司名称	2007年销售收入（美元）	员工人数	公司负责人	国家和地区
2007年	2006年					
197	170	TAYE COMPANY LTD. (TAY-E乐器有限公司)	14 500 000	100	Chen Ell Chiang	TAIWAN (中国台湾)
198	209	KWO HSIAO MUSIC WOODEN FACTORY(国巧乐器木器厂)	14 400 000	500	C.M.Tsai(蔡经茂)	TAIWAN (中国台湾)
199	171	QRS MUSIC TECHNOLOGIES	14 050 000	42	Thomas Dolan	USA
200	207	GETZEN COMPANY	14 000 000	102	Thomas R. Getzen	USA
201	214	KIKUTANI MUSIC CO. LTD.	13 773 000	25	Toshi Kikutani	JAPAN
202	206	WAVES INC.	13 750 000	38	Gilad Keren	USA
203	111	ROSETTI LIMITED	13 650 000	30	Mark Ellis	U.K
204	211	RANE CORPORATION	13 550 000	70	George Sheppard	USA
205	213	PRO CO SOUND INC.	13 450 000	100	Charles Wicks	USA
206	202	AUSTRALASIAN MUSIC SUPPLIES PTY LTD	13 350 000	35	Kevin Hague	AUSTRALIA
207	185	AUDIOMUSICA S.A.	13 300 000	105	Armando Gotelli	CHILE
208	210	LYDROMMET AS	13 200 000	21	Christian Wille	NORWAY
209	208	FISHMAN TRANDUCERS	13 107 500	80	Larry Fishman	USA
210	N	CLAVIADIGITALMUSICSUPPLIESPTY LTD.	13 100 000	25	Hans Nordelius	SWEDEN
211	215	MANUFACTURAS ALHAMBRA S.L.	12 909 000	86	James Julia Abad	SPAIN
212	204	ELDER AUDIO(亿达音响制造有限公司)	12 800 000	400	Yao Rui(姚锐)	CHINA (中国内地)
213	197	LYON & HEALY HARPS	12 750 000	110	Antonio Forero	USA
214	N	CONNOLLYMUSICCOMPANY	12 500 000	25	John M. Connolly III	USA
215	N	ABLETON	12 400 000	100	Gerhard Behles	GERMANY
216	212	CAKEWALK	12 000 000	58	Greg Hendershott	USA
217	167	EQUIPSON S.A.	11 900 000	100	Jose Vila Ortiz	SPAIN
218	222	MURAMATSU INC.	11 725 000	62	Osamu Muramatsu	JAPAN
219	196	RINGWAY ELECTRONICS (SHANGHAI) TRADE CO (吟飞电子（上海）有限公司)	11 500 000	600	Zhao Ping(赵平)	CHINA (中国内地)
220	220	DEG MUSIC PRODUCTS	11 200 000	19	Mark W. Schafer	USA
221	219	LEEM PRODUCTS CO. LTD.	11 100 000	155	Ick Chan Leem	SOUTH KOREA
222	221	KAY GUITAR COMPANY	10 750 000	15	Tony Blair	USA
223	217	WERIL INSTRUMENTS MUSICALS LTDA.	10 250 000	220	Nelson Weingrill	BRAZIL

排名		公司名称	2007年销售收入（美元）	员工人数	公司负责人	国家和地区
2007年	2006年					
224	N	MIRAPHONE	10 240 000	99	Markus Theinert	GERMANY
225	218	YANAGISAWA WIND INSTRUMENT INC.	10 150 000	75	N. Ynaagisawa	JAPAN

3、中国内地乐器企业进入2007年全球乐器与音响制品行业225强基本情况

排名		公司名称	2007年销售收入（美元）	员工人数	公司负责人
2007年	2006年				
30	33	广州珠江钢琴集团有限公司	117,000,000	3,500	黄伟林
50	52	音王集团有限公司	79,000,000	2,200	王祥贵
55	48	北京星海钢琴集团有限公司	72,350,000	3,800	赵惠臣
58	47	青岛世正乐器有限公司	70,000,000	2,500	李在锡
107	158	上海知音琴行有限公司	31,713,165	620	朱文玉
123	N	深圳市帕思高电子有限公司	25,995,000	100	Gabriel Lin
126	101	广东四会市华声乐器有限公司	25,150,000	2,400	黄炳金
128	144	天津津宝乐器有限公司	24,500,000	1,800	刘 明
134	137	河北金音乐器制造有限公司	23,450,000	1,400	陈学孔
138	146	IAG国际音响集团	23,125,000	1,700	Bernard Chang
149	113	浙江东方琴业有限公司	21,800,000	1,010	罗森鹤
151	151	泰兴凤灵乐器有限公司	21,670,000	1,280	李 书
160	168	乐盟国际股份有限公司	19,415,000	60	C.C. Tsai
167	136	广州保嘉乐器制造厂有限公司	18,450,000	1,800	邢宝嘉
169	164	秋长全丰音乐用品厂	18,100,000	900	蔡经纬
176	180	宁波海伦乐器制品有限公司	17,150,000	900	陈海伦
212	204	亿达音响制造有限公司	12,800,000	400	Yao Rui
219	196	吟飞电子（上海）有限公司	11,500,000	600	赵 平

4、中国香港乐器企业进入2007年全球乐器与音响制品行业225强基本情况

排名		公司名称	2007年销售收入（美元）	员工人数	公司负责人
2007年	2006年				
12	12	金山工业公司	278,000,000	1,450	罗仲荣
25	25	通利琴行有限公司	12,5000,000	500	李敬章
28	28	柏斯琴行有限公司	119,798,000	2,300	吴天延
83	74	美得理电子有限公司	43,750,000	1,200	郑 刚

5、中国台湾乐器企业进入2007年全球乐器与音响制品行业225强基本情况

排名		公司名称	2007年销售收入（美元）	员工人数	公司负责人
2007年	2006年				
10	9	功学社乐器股份有限公司	305,000,000	4,200	谢武弘
72	73	宏寰贸易股份有限公司	50,455,000	50	陈少宏
87	77	全域股份有限公司	43,250,000	900	王敏烈
100	104	高琳乐器制造有限公司	36,500,000	80	吴懋仁
117	110	雅歌乐器企业股份有限公司	27,250,000	350	廖明幸
148	140	允有兴业股份有限公司	21,950,000	400	N/A
153	141	GRAND GLOBE鼓厂	21,280,931	500	Tony Huang
179	128	冠舟企业有限公司	16,250,000	800	陈国瑶
197	170	TAY-E乐器有限公司	14,500,000	100	Chen Ell Chiang
198	209	国巧乐器木器厂	14,400,000	500	蔡经茂

2008年全球乐器与音响制品行业225强综述

尽管全球有60亿人口，但彼此之间各不相同，也正是因为这样，乐器行业是一个多元化的行业：排名首位的雅马哈公司是个经营多项业务的跨国公司，它几乎生产每一类乐器，但与此同时，雅马哈公司也涉及家用电器和手机铃声等领域。榜单最后一位的Miraphone公司，是一家专业从事手工制作高档铜管乐器的公司，这两家公司没有任何的关联；在225家入榜企业中，主营业务也千差万别，软件开发、提琴制作、音响制造、音像出版、钢琴制造以及民族鼓制作等，种类繁多；同时，公司结构也不尽相同，入榜企业有经销商、制造商、也有一些既是零售商又是代理商。

由于乐器行业面对的是拥有不同文化背景的地方市场以及具有专业化需求的消费者，他们共同形成了目前这样一个复杂的行业：开发软件代码和制作提琴的技艺几乎没有任何共通点。因此，单独一个企业想要触及行业中的每一类产品，难度相当大；同样，一个经营和销售三角钢琴的公司很难成功跨越到重金属吉他市场；尽管过去几十年行业内出现过一些合并，但想要跨越到其他行业，这几乎是不可能发生的。例如，英特尔公司占有世界60%的芯片市场，然而，乐器行业的领头羊雅马哈公司，综合所有的业务，其市场占有率也不足20%。

抛开行业间各个企业的差异性，一个共同的纽带连接着225强，那就是全球化。榜单前十位公司的销售收入50%以上来源于出口，它们在全球很多国家铺设了生产和销售网络。然而，这种全球经销模式不局限于这些企业巨头，据估计，榜单中的每一个企业至少有20%的收入也来源于海外销售所得。

在全球化深入发展的时代，各经济体之间的合作日益紧密，经济全球化推进了生产的全球化进程。一件贴着“美国制造”标签的吉他，可能并非完全出自美国：击弦机由德国制造、电子配件来自日本、选用的木材出自非洲或印度尼西亚，美国所进行的工序仅仅是组装而已。全球化促进了行业生产、资源、人员等生产要素优化配置，最终目的是降低成本和提高效益。

全球化大背景下，“中国制造”的产品和榜单中的大多数企业有着密不可分的关联：上榜的160家制造企业中有123家企业部分产品出自中国工厂；57家经销商正在经营中国制造的产品；包括金山公司和fengleng公司在内的12家订单型制造企业，为其他品牌进行生产。现如今，诸如Martin吉他公司、Zildjian镲公司以及Vandoren管乐器公司这样仅在本国生产的企业，在225强榜单中已为数不多了。

关于“中国制造”的争论已经持续了十几年，并且还在继续。较低的生产成本吸引了美国、日本以及欧洲的众多企业将生产基地转移到中国，并关闭当地工厂，继而数千的工人遭到解雇。但是，低价位的中国产品充斥着市场，市场占有率不断扩大，行业总销售收入不断攀升，刺激了行业的发展。

乐器和音响制品不是“缺一不可的生活必需品”，面对经济危机带来的寒流侵袭，普通消费者开始精打细算，紧紧地捂住钱袋子，乐器和音响制品的功能和情感“价值”都大打折扣，销售自然会受到阻滞。尽管榜单中的企业表现各不相同，但无一例外都在承受着经济危机带来的压力。不同于以往的经济不景气，这次的金融危机迅速演变为一场席卷全球的经济危机，其负面影响辐射整个乐器行业中的各类产品。有迹象表明，2009年将比2008年还要糟糕，但直至目前，最坏时期已经过去，世界经济开始复苏。

榜单中一部分企业主营业务不同于我们定义的传统乐器行业的概念，或者说毫不相干。例如，Shure公司生产用于通讯和广播设备的扩音器；雅马哈公司除生产乐器之外，还生产浴缸和家具；QSC公司为电影院提供扩音器；罗兰公司生产专业的电脑打印机；Selenium公司制造车载音响；金山集团是一家订单型电子生产商，生产非乐器产品。在进行该榜单统计时，我们尽可能不把非乐器产品的销售收入计算在内，但如果不能精确区分出非乐器销售收入，则只能将其全部计算在内。

2008年，统计的37个国家和地区的乐器市场销售收入共计175亿美元，但225强榜单中的销售收入共计200亿美元，两个数据显然有冲突。造成误差的其中一个原因就是将非乐器销售收入也统计在榜单内。

另一个原因则是销售收入的重复计算。以金山集团为例，2008年销售收入为2.5亿美元，其收益的大部分来自于旗下生产的产品，这其中相当一部分产品又被榜单中其他企业进行再销售，最终，这两次销售的收入均被统计在225强的总销售收入中，造成数据的重复计算。再例如，Vandoren管乐器的销售额已被统计在Vandoren S.A.公司的全年销售收入中，但榜单中其他代理或经销Vandoren管乐器的公司，显然也将其销售额计算在内。因此，在缺少行之有效的方法解决统计中重复计算的问题之前，我们所能做的就是维持现状，统计企业的总销售收入。预计，因重复计算大约会增加30%的总销售收入。

关于225强榜单的统计工作有几点需要告知：首先，该榜单统计的数据是2007年度或最近一个财政年各企业的报表或评估。其次，统计的数据来源于不同渠道：榜单中有21家上市公司，它们的销售情况有案可查。一些欧洲公司，尤其是法国和意大利的公司，公开呈报使我们能够获取详细的销售数据。如果没有公开呈报的公司，我们则参考企业提交的数据、综合评估以及相关的协会提供的数据，进行汇总统计。

（高萍编译自美国《音乐贸易》2009 No.12）

1、2008年全球乐器与音响制品行业225强基本情况

排名	国家和地区	公司数量		销售收入（美元）		
		2008年	2007年	2008年	2007年	同比%
1	日本	27	29	8168694620	8504182900	-0.04
2	美国	83	86	5910388652	5574652032	0.06
3	德国	18	17	1292823243	1245945000	0.04
4	中国内地	20	18	658459715	633168165	0.04
5	中国香港	4	4	615500000	454048000	0.36
6	中国台湾	10	10	545375000	550835931	-0.01
7	韩国	6	6	411629000	394025000	0.04
8	加拿大	6	6	406800000	396053000	0.03
9	意大利	7	7	297544000	243162000	0.22
10	法国	4	4	277600000	290900000	-0.05
11	英国	7	8	252525000	290577000	-0.13
12	摩纳哥	1	N	221400000	N	/
13	澳大利亚	4	4	145052000	156500000	-0.07
14	丹麦	1	1	105000000	135000000	-0.22
15	巴西	4	3	100325000	75475000	0.33
16	瑞士	2	2	91600000	108200000	-0.15
17	瑞典	3	3	89500000	96330000	-0.07
18	俄罗斯	1	1	65000000	75000000	-0.13

排名	国家和地区	公司数量		销售收入（美元）		
		2008年	2007年	2008年	2007年	同比%
19	比利时	1	1	54269000	50719000	0.07
20	西班牙	3	3	52795000	39415844	0.34
21	阿根廷	2	2	45700000	37800000	0.21
22	捷克	2	2	33505000	42300000	-0.21
23	菲律宾	1	1	32750000	32250000	0.02
24	墨西哥	1	1	26500000	29250000	-0.09
25	以色列	1	1	24250000	26100000	-0.07
26	印度	1	1	20000000	19800000	0.01
27	奥地利	1	1	17950000	18600000	-0.03
28	智利	1	1	14250000	13300000	0.07
29	挪威	1	1	13300000	13200000	0.01
30	泰国	1	N	12706000	N	/
31	波兰	1	N	10100000	N	/

2、2008年全球乐器与音响制品行业225强名录

排名		公司名称	2008年销售收入(美元)	员工人数	公司负责人	国家和地区
2008年	2007年					
1	1	YAMAHA CORPORATION	4675600000	20068	Misuru Umemura	JAPAN
2	2	ROLAND CORPORATION	1025580000	2708	Hidekazu Tanaka	JAPAN
3	4	FENDER MUSICAL INSTRUMENTS	715000000	3150	William Mendello	USA
4	3	KAWAI MUSICAL INSTRUMENTS MFG. Co.LTD.	633087000	2797	Hirotaka Kawai	JAPAN
5	5	HARMAN PROFESSIONAL	611081000	1890	Dinesh C. Paliwal	USA
6	6	SENNHEISER ELECTRONIC	521900000	2117	Jorg Sennheiser	GERMANY
7	7	SHURE INC.	450000000	2400	Sandy LaMantia	USA
8	8	STEINWAY MUSICAL INSTRUMENTS	387413000	2007	Dana D. Messina	USA
9	9	GIBSON GUITAR CORP.	335000000	3500	Henry E. Juskiewicz	USA
10	11	AUDIO-TECHNICA CORPORATION	318171620	520	Kazuo Matsushita	JAPAN
11	10	KHS/MUSIC CO.,LTD.(功学社乐器股份有限公司)	310000000	4350	Larl Leong(谢武弘)	TAIWAN (中国台湾)
12	37	AVID TECH.(M-AudioDigidesign)	303205000	600	Garry Greenfield	USA
13	12	GOLD PEAK GROUP(金山工业公司)	298000000	1500	Lo Chung Wing (罗仲荣)	HONG KONG (中国香港)
14	14	BEHRINGER CORPORATION LTD.	221400000	3500	Michael Deeb	SINGAPORE

排名		公司名称	2008年销售收入(美元)	员工人数	公司负责人	国家和地区
2008年	2007年					
15	17	JAM INDUSTRIES	215000000	390	Martin Golden	CANADA
16	13	YAMANO MUSIC COMPANY LTD.	205000000	500	Masamitsu Yamano	JAPAN
17	15	KORG INC.	200000000	325	Tsutomu Katoh	JAPAN
18	19	PEAVEY ELECTRONICS CORP.	194000000	1500	Hadley Peavey	USA
19	18	LOUD TECHNOLOGIES	189400000	350	Rodney Olson	USA
20	20	HOSHINO GAKKI CO. LTD.	163335000	72	Kimihide Hoshino	JAPAN
21	21	HAL LEONARD CORPORATION	150300000	409	Keith Mardak	USA
22	28	PARSON MUSIC(柏斯琴行有限公司)	147000000	2400	Terence&Arling Ng (吴天延)	HONG KONG (中国香港)
23	22	SAMICK MUSICAL INSTRUMENTS CO.LIMITED	140000000	3500	Jong Sup Kim	SOUTH KOREA
24	29	D'ADDARIO & COMPANY	127000000	1018	James D'Addario	USA
25	30	PEARL RIVER PIANO GROUP (广州珠江钢琴集团股份有限公司)	125750000	3600	Wei Lin Huang (黄伟林)	CHINA (中国内地)
26	24	CASIO COMPUTER CO.LTD.	125500000	N/A	Kazuo Kashio	JAPAN
27	25	TOM LEE MUSIC CO.,LTD. (通利琴行有限公司)	125000000	500	John Lee(李敬章)	HONG KONG (中国香港)
28	34	YOUNG CHANG AKKI LTD.	115000000	2750	B.J.Park	SOUTH KOREA
29	26	ALGAM	114600000	200	Gerard Garneier	FRANCE
30	27	THE MUSIC SALES GROUP	110500000	400	Robed Wise	U.K.
31	36	FIRST ACT	110000000	225	Mark Izen	USA
32	31	ESP CO. LTD.	108000000	750	Masatoshi Chuma	JAPAN
33	23	TCI GROUP	105000000	375	Anders Fauerskov	DENMARK
34	42	LINE 6	100000000	268	Mike Muench	USA
35	33	PEARL MUSICAL INSTRUMENTS CO. LTD.	99000000	800	Masani Yanagisawa	JAPAN
36	35	AUSTRALIAN MUSIC GROUP(BILLY HYDE-MUSICLINK)	96000000	400	Mike Daws	AUSTRALIA
37	38	MUSIK MEYER GROUP	93000000	212	Matthias Meyer	GERMANY
38	46	SOUND HOUSE INC.	92500000	110	Rick Nakajima	JAPAN
39	41	MARTIN GUITAR COMPANY	91780000	791	Christian F. Martin IV	USA
40	43	GEWA MUSIC GMBH	91500000	250	Hans Peter Messener	GERMANY
41	40	QSC AUDIO	89000000	300	Barry Andrews	USA

排名		公司名称	2008年销售收入(美元)	员工人数	公司负责人	国家和地区
2008年	2007年					
42	48	CORT MUSICAL INSTRUMENT CO. LTD.	87000000	1100	Young H. Park	SOUTH KOREA
43	32	HERMES	85000000	295	Alberto Kremerman	USA
44	49	NUMARK INDUSTRIES	84000000	115	John O'Donnell	USA
45	54	AXL MUSICAL INSTRUMENTS	82500000	1360	Alan Liu	USA
46	39	MUSIK HUG AG	80000000	335	Erica Hug	SWITZERLAND
47	45	HOHNER MUSIK INSTRUMENTE GMBH&CO.KG	78803000	349	Dr H. Braeuning	GERMANY
48	44	PROEL SPA	78000000	165	Fabrizio Sorbi	ITALY
49	47	BUFFET CRAMPON GROUP	77500000	240	ANTOINE Beaussant	FRANCE
50	53	SAMSON TECHNOLOGIES CORP.	76000000	120	Scott Goodman	USA
51	50	SOUNDKING GROUP CO.,LTD. (宁波音王集团有限公司)	75500000	2200	Leo Wang(王祥贵)	CHINA (中国内地)
52	55	BEIJING XINGHAI MUSICAL INSTRUMENT (北京星海钢琴集团有限公司)	75000000	3800	Huichen Zhao赵惠臣	CHINA (中国内地)
53	52	ROLAND MEINL MUSIKINSTRUMENTE GMBH	74500000	200	Reinhold Meinl	GERMANY
54	57	ALFRED PUBLISHING COMPANY	74000000	285	Steve Manus	USA
55	58	SEJUNG MUSICAL INSTRUMENT CO.,LTD.(青岛世正乐器有限公司)	70000000	2500	Young Tae Shin (李在锡)	CHINA (中国内地)
56	62	TAYLOR GUITAR	67500000	595	Kurt Listug	USA
57	59	U.S. MUSIC	66800000	165	Rudolf Schlacher	USA
58	51	A&T TRADE	65000000	350	Aleksey Kurochkin	RUSSIA
59	60	BEYERDYNAMIC	63000000	355	Fred R. Beyer	GERMANY
60	64	YORKVILLE SOUND	62500000	285	Steve Long	CANADA
61	61	THE RAPCO HORIZON COMPANY	61000000	638	Dale Williams	USA
62	94	KYORITSU CORP.	60500000	102	Shinichi Suzuki	JAPAN
63	63	ERNIE BALL / MUSIC MAN	60000000	355	Sterling Ball	USA
64	N	MONZINO SPA	58660000	91	Antorio Monzino	ITALY
65	56	TASCAM	55000000	120	Yoshiaki Sakai	JAPAN
66	70	EMD MUSIC GROUP	54269000	135	Leonardo Baldocci	BELGIUM
67	65	AVEDIS ZILDJIAN COMPANY	54200000	132	Craigie Zildjian	USA
68	69	ADAM HALL GMBH	54000000	120	David Kirby	GERMANY
69	77	TROPICAL MUSIC GROUP	53400000	19	Oscar Mederos	USA

排名		公司名称	2008年销售收入(美元)	员工人数	公司负责人	国家和地区
2008年	2007年					
70	66	KANDA SHOKAI CORPORATION	53000000	80	Masayuki Suzuki	JAPAN
71	72	RELIANCE INTERNATIONAL CORP. (宏寰贸易股份有限公司)	52975000	50	Joseph Chen(陈少宏)	TAIWAN (中国台湾)
72	68	PRIMA GAKKI CO. LTD.	51880000	100	Hitoshi Ohashi	JAPAN
73	74	STAMER GROUP	50200000	200	Hans & Lothar Stamer	GERMANY
74	76	HANSER MUSIC GROUP	49500000	90	Jack Hanser	USA
75	71	NONAKA BOEKI CO. LTD.	48500000	100	John Nonaka	JAPAN
76	75	REM0 INC.	47500000	300	Brock Kaericher	USA
77	79	SKB CORPORATION	47000000	385	Dave Sanderson	USA
78	83	MEDELI ELECTRONICS CO.,LTD. (美得理电子有限公司)	45500000	1200	George Cheng(郑刚)	HONG KONG (中国香港)
79	73	STANTON GROUP	45000000	105	Tim Dorwart	USA
80	84	GODIN GUITAR COMPANY	44800000	400	Robert Godin	CANADA
81	89	MOGAR MUSIC S.P.A.	44634000	58	Carlo Bonami	ITALY
82	82	VANDOREN S.A.	44000000	200	Bernard Vandoren	FRANCE
83	88	COSMOS CORP.	43989000	82	Kwankil Min	SOUTH KOREA
84	96	ZOOM CORPORATION	43758000	52	Masahiro Lijima	JAPAN
85	86	SF MARKETING	43500000	130	Sol Fleising	CANADA
86	116	EKO GROUP	43000000	48	Stelvio Lorenzetti	ITALY
87	67	MARSHALL AMPLIFICATION PLC	42000000	168	Dr. Jim Marshall	U.K
88	N	C.BECHSTEIN PIANO FOR TEFABRIK AG	41600000	330	Karl Schulze	GERMANY
89	78	HENRI SELMER ET CIE.	41500000	575	Patrick Selmer	FRANCE
90	90	WARWICK GMBH & CO.-MUSIC EQUIPMENT	41000000	76	Hans-Peter Wilfer	GERMANY
91	80	B&S MUSIK GMBH	40000000	290	Jakob von Wolff	GERMANY
92	87	PHONIC CORPORATION (全域股份有限公司)	39500000	800	Stephan M,L, Wang(王敏烈)	TAIWAN (中国台湾)
93	91	DRUM WORKSHOP INC.	39000000	170	Chris Lombardi	USA
94	104	M. CASALE BAUER SPA	38550000	24	Patrizia Bauer	ITALY
95	100	MAXTONE MUSICAL INSTRUMENT MFG.CO.(高琳乐器制造有限公司)	38400000	75	Oscar Wu(吴懋仁)	TAIWAN (中国台湾)
96	95	ALESIS CORP.	38000000	80	John O'Donnell	USA
97	98	PAUL REED SMITH GUITARS	37500000	265	Paul Reed Smith	USA
98	85	EM NORDIC AB	37400000	110	Benny Englund	SWEDEN

排名		公司名称	2008年销售收入(美元)	员工人数	公司负责人	国家和地区
2008年	2007年					
99	93	LUTHMAN SCANDINAVIA KB	37000000	60	Niclas Luthman	SWEDEN
100	149	NINGBO LUO MUSIC CORPORATION (浙江东方琴业有限公司)	36032000	1001	Jack Luo(罗森鹤)	CHINA (中国内地)
101	99	KONIG & MEYER	36000000	250	Gabriela Konig	GERMANY
102	102	HARRIS-TELLER INC.	35000000	72	Michael Harris	USA
103	107	BEST FRIEND MUSIC CO.,LTD. (上海知音琴行有限公司)	33982715	180	Wenyu Zhu(朱文玉)	CHINA (中国内地)
104	103	ARMADILLO ENTERPRISES	33750000	60	EIliott Rubinson	USA
105	92	SELENIUM LOUDSPEAKERS	33500000	400	Marcelo Favieiro	BRAZIL
106	97	SUZUKI MUSICAL INSTRUMENT MFG. CO.LTD.	33000000	175	Manji Suzuki	JAPAN
107	105	G.A. YUPANGCO & CO.	32750000	375	Philip Yupangco	PHILIPPINES
108	109	SCHREIBER & KEILWERTH MUSIKINSTRUMENTE	30835243	301	Dr.A.Eckert&A. Jamieson	GERMANY
109	101	ZEN-ON MUSIC CO. LTD.	30500000	155	Keiichiro Nakamura	JAPAN
110	111	ViC FIRTH INC.	30348337	135	Vic Firth	USA
111	N	PRO SHOWS(Brasil)	30000000	40	H.Martellotta&V.de Souza	BRAZIL
112	114	GCI-GEMINICORTEXIKEY	29850000	48	Alan & Artie Cabasso	USA
113	110	ARAI & CO. INC.	28700000	58	Kaz Matsuda	JAPAN
114	155	TODOMUSICA S.A.	28500000	90	Rafael Pedace	ARGENTINA
115	118	EMINENCE SPEAKER LLC.	27779000	155	Robet Gault	USA
116	125	PRIDE MUSIC	27000000	60	Lucio Grossman	BRAZIL
117	112	CASA VEERKAMP S.A. DE C.V.	26500000	125	Gerhardt Veerkamp	MEXICO
118	113	NADY SYSTEMS	26000000	80	John Nady	USA
119	147	THE MUSIC PEOPLE	25700000	46	James Hennessey	USA
120	129	ELECTRO-HARMONIX	25600000	68	Mike Matthews	USA
121	124	NEIL A. KJOS MUSIC COMPANY	25500000	72	Neil A. Kjos. Jr.	USA
122	217	EQUIPSON S.A.	25420000	49	Jose Vila Ortiz	SPAIN
123	119	SABIAN LTD.	25000000	130	Andy Zildjian	CANADA
124	128	TIANJIN JINBAO MUSIC INSTRUMENT(天津津宝乐器有限公司)	24750000	1800	Liu Ming(刘明)	CHINA (中国内地)
125	130	WHIRLWIND	24500000	147	Michael Laiacona	USA
126	136	MORIDAIRA MUSICAL INSTRUMENTS CO. LTD.	24400000	46	Yoichi Minagawa	JAPAN
127	121	RBX INTERNATIONAL CO.LTD.	24250000	103	Yoel Brand	ISRAEL

排名		公司名称	2008年销售收入(美元)	员工人数	公司负责人	国家和地区
2008年	2007年					
128	145	HHB COMMUNICATIONS LTD.	24225000	52	lan Jones	U.K.
129	139	TKL PRODUCTS CORPORATION	24000000	80	Thomas Dougherty	USA
130	117	YAKO(雅歌乐器企业股份有限公司)	23900000	300	M.J.Liao(廖明幸)	TAIWAN (中国台湾)
131	108	SCHIMMEL	23250000	225	H.M. Schimmel-Vogel	GERMANY
132	123	PASGAO GLOBAL SOUND (深圳市帕思高电子有限公司)	23200000	100	Gabriel Lin(林俊杰)	CHINA (中国内地)
133	106	FREDTEBBANDSONSINC.	23000000	80	Tom Tebb	USA
134	132	ALLEN ORGAN COMPANY	22700000	235	Steve Markowitz	USA
135	146	JOHN HORNBY SKEWES & COMPANY LTD.	22550000	98	Dennis Drumm	U.K.
136	122	PIANODISC	22500000	112	Gary & Kirk Burgett	USA
137	137	M&M MERCHANDISERS INC.	22400000	80	Marty Stenzler	USA
138	153	D.B.MUSICAL INSTRUMENT CO.,LTD.	22350000	500	Tony Huang	TAIWAN (中国台湾)
139	142	GHS / R0CKTRON	22000000	115	Russell S. McFee	USA
140	115	FERNANDES CO. LTD	21900000	45	Shigeki Saito	JAPAN
141	135	CARVIN CORP.	21750000	150	Carson Kieset	USA
142	161	EASTMAN MUSIC COMPANY	21600000	60	Qian Ni	USA
143	134	HEBEI JINYIN MUSICAL INSTRUMENTS (河北金音乐器制造有限公司)	21550000	1400	Chen Xue Kong (陈学孔)	CHINA (中国内地)
144	157	SCHECTER GUITAR RESEARCII	21500000	33	Michael Ciravolo	USA
145	144	BBE SOUND / G&L	21250000	75	John McLaren	USA
146	140	MAPES PLANO STRING COMPANY	21000000	125	William L. Schaff	USA
147	150	AMERICAN DJ INC.	20500000	95	Charles Davies	USA
148	143	VISCOUNT INTERNATIONAL	20300000	108	Loriana Galanti	ITALY
149	156	RODGERS INSTRUMENTS LLC	20100000	121	Ikutaro Kakehashi	USA
150	158	SARA-TRANS GROUP	20000000	650	Jasbeer Singh	INDIA
151	131	AUSTRALIS MUSIC GROUP PTY. LTD.	19800000	33	Geoff Gazzard	AUSTRALIA
152	176	NINGBO HAILUN MUSICAL INSTRUMENT CO.,LTD. (宁波海伦乐器制品有限公司)	19600000	1000	Mark Chen(陈海伦)	CHINA (中国内地)
153	120	PETROF	19500000	210	Zuzana Petrof	CZECH REPUBLIC
154	127	SUZUKI CORP.	19400000	25	Howard Feldman	USA

排名		公司名称	2008年销售收入(美元)	员工人数	公司负责人	国家和地区
2008年	2007年					
155	138	IAG LTD.(IAG国际音响集团)	19350000	1500	Bernard Chang	CHINA (中国内地)
156	162	PRO-MARK CORP.	19325315	46	Maury L. Brochstein	USA
157	154	CELESTION	19150000	50	Brian Li	UK
158	166	AKAI	19000000	55	John O'Donnell	USA
159	148	AKAI(允有兴业股份有限公司)	18900000	350	N/A	TAIWAN (中国台湾)
160	141	FUJIGEN INC.	18750000	120	Yuichiro Yokouchi	JAPAN
161	164	THE MUSIC LINK	18675000	36	Steve Patrino	USA
162	151	FENG LING MUSICAL INSTRUMENTS(泰兴凤灵乐器有限公司)	18650000	1250	Li Shu(李书)	CHINA (中国内地)
163	192	SOUND TECHNOLOGY PLC	18550000	38	David Marshall	U.K.
164	169	GRAND REWARD EDUCATION CO.,LTD. (秋长全丰音乐用品厂)	18520000	900	C,W,Tsai(蔡经纬)	CHINA (中国内地)
165	171	DUNLOP MFG.	18500000	130	James Dunlop	USA
166	152	RENNERLOUIS GMBH	19200000	160	Dr.Siegfried Hofmann	GERMANY
167	160	TEAM INTERNATIONAL MUSIC (乐盟国际股份有限公司)	18140000	65	C.C. Tsai	CHINA (中国内地)
168	126	HUAKAI MUSICAL INSTRUMENT (广东四会市华声乐器有限公司)	18050000	2100	Bingjin Huang(黄炳金)	CHINA (中国内地)
169	159	CHESBRO MUSIC	18000000	70	Vanetta Wilson	USA
170	172	SEYMOUR DUNCAN/D-TAR	17955000	130	Cathy Carter Duncan	USA
171	165	THOMASTIK-INFELD GMBH	17950000	190	Peter Infeld	AUSTRIA
172	174	TEVELAM S.R.L	17200000	40	H.L. Martellotta	ARGENTINA
173	182	CHARLES DUMONT & SON	16583000	49	Charles J. Dumont	USA
174	190	COMMUNITY PROFESSIONAL	16500000	90	Bruce Howze	USA
175	167	GUANGZHOU BOURGADE (广州保嘉乐器制造厂有限公司)	16350000	1800	Xing Baojia(邢宝嘉)	CHINA (中国内地)
176	186	CALZONE / ANVIL CASE CO.	16250000	95	Joseph E. Calzone III	USA
177	170	LARRIVEE GUITARS	16000000	100	Jean Larrivee	CANADA
178	184	GEMSTONE.LLC	15800000	50	Dave Pirtle	USA
179	200	GETZEN COMPANY	15750000	105	Thomas R. Getzen	USA
180	181	MESA BOOGIE	15700000	115	Randall Smith	USA
181	193	STENTOR MUSIC CO. LTD.	15550000	32	Michael Doughty	U.K.
182	188	RICKENBACKER INTERNATIONAL	15500000	90	John C. Hall	USA

排名		公司名称	2008年销售收入(美元)	员工人数	公司负责人	国家和地区
2008年	2007年					
183	175	SHIMRO	15440000	400	Jae Yup Shim	SOUTH KOREA
184	187	MEL BAY PUBLISHING	15250000	75	William Bay	USA
185	189	CMI MUSIC & AUDIO	15152000	34	Drago Trojkovic	AUSTRALIA
186	210	CLAVIA DIGITAL MUSIC INSTRUMENTS	15100000	25	Hans Nordelius	SWEDEN
187	196	MAKEMUSIC! INC.	15000000	103	Ron Raup	USA
188	202	WAVES INC.	14600000	38	Gilad Keren	USA
189	168	FOSTEX COMPANY	14550000	32	Hirayuki Makiura	JAPAN
190	191	WESTHEIMER CORP.	14500000	14	Jack Westheimer	USA
191	163	FATAR S.R.L.	14400000	100	L.Rangni	ITALY
192	177	TAKAMINE GAKKI SEISAKUSHO CO. LTD.	14300000	100	Ichiro Katayama	JAPAN
193	207	AUDIOMUSICA S.A.	14250000	110	Armando Gotelli	CHILE
194	179	KUAN CHOU CHEN ENTERPRISE CO.,LTD.(冠舟企业有限公司)	14200000	700	M.Chen(陈国瑶)	TAIWAN (中国台湾)
195	209	FISHMAN TRANDUCERS	14174000	63	Larry Fishman	USA
196	211	MANUFACTURAS ALHAMBRA S.L.	14150000	100	Jose Maria Vilaplana	SPAIN
197	206	AUSTRALASIAN MUSIC SUPPLIES PTY LTD	14100000	38	Kevin Hague	AUSTRALIA
198	183	AMATI-DENAK S.R.O.	14005000	290	Vaclav Hnilicka	CZECH REPUBLIC
199	204	RANE CORPORATION	14000000	70	George Sheppard	USA
200	205	PRO CO SOUND INC.	13500000	100	Charles Wicks	USA
201	201	KIKUTANI MUSIC CO. LTD.	13333000	25	Toshi Kikutani	JAPAN
202	208	LYDROMMET AS	13300000	21	Christian Wille	NORWAY
203	214	CONNOLLY MUSIC COMPANY	13250000	25	John M.a Connolly III	USA
204	195	ENRIQUE KELLER S.A	13225000	90	Jorge Keller	SPAIN
205	180	SHADOW ELEKTROAKUSTIK	13200000	110	Joe Marinic	GERMANY
206	198	KWO HSIAO MUSIC WOODEN FACTORY(国巧乐器木器厂)	12800000	500	C.M.Tsai(蔡经茂)	TAIWAN (中国台湾)
207	N	TYCOON MUSIC CO.LTD.	12706000	150	Stephen Yu	THAILAND
208	197	TAYE COMPANY LTD.(TAY-E乐器有限公司)	12350000	100	Chen Ell Chiang	TAIWAN (中国台湾)
209	219	RINGWAY ELECTRONICS(SHANGHAI) TRADE CO(吟飞电子（上海）有限公司)	12300000	600	Zhao Ping(赵平)	CHINA (中国内地)
210	213	LYON & HEALY HARPS	12000000	110	Antonio Forero	USA

排名		公司名称	2008年销售收入(美元)	员工人数	公司负责人	国家和地区
2008年	2007年					
211	194	PAISTE HOLDING AG	11600000	90	Erik Paiste	SWITZERLAND
212	199	QRS MUSIC TECHNOLOGIES	11500000	35	Thomas Dolan	USA
213	215	ABLETON	11285000	116	Gerhard Behles	GERMANY
214	N	EMG	11000000	96	Robert A. Turner	USA
215	212	ELDER AUDIO(亿达音响制造有限公司)	10900000	380	Yao Rui(姚锐)	CHINA (中国内地)
216	218	MURAMATSU INC.	10850000	60	Osamu Muramatsu	JAPAN
217	N	WUHAN ELECA ELECTRONICS (武汉艾立卡电子有限公司)	10610000	310	Zhang Jian Tang(张鉴堂)	CHINA (中国内地)
218	N	CHERUB TECHNOLOGY CO.,LTD. (深圳市蔚科电子科技开发有限公司)	10225000	250	Zhe Zhou(徐建)	CHINA (中国内地)
219	221	LEEM PRODUCTS CO. LTD.	10200000	150	Ick Chan Leem	SOUTH KOREA
220	N	MEGA MUSIC SP. Z.O.O;	10100000	25	Dariusz Adamowicz	POLAND
221	N	CAEINC.	9850000	50	Jim Fackert	USA
222	223	WERIL INSTRUMENTS MUSICALS LTDA.	9825000	200	Nelson Weingrill	BRAZIL
223	220	DEG MUSIC PRODUCTS	9770000	17	Mark W. Schafer	USA
224	N	LPD MUSIC	9650000	24	Sonia Vallis	USA
225	224	MIRAPHONE	9550000	100	Markus Theinert	GERMANY

3、中国内地乐器企业进入2008年全球乐器与音响制品行业225强基本情况

排名		公司名称	2008年销售收入(美元)	员工人数	公司负责人
2008年	2007年				
25	30	广州珠江钢琴集团股份有限公司	125750000	3600	黄伟林
51	50	音王集团有限公司	75500000	240	王祥贵
52	55	北京星海钢琴集团有限公司	75000000	3800	赵惠臣
55	58	青岛世正乐器有限公司	70000000	2500	李在锡
100	149	浙江东方琴业有限公司	36032000	1001	罗森鹤
103	107	上海知音琴行有限公司	33982715	180	朱文玉
124	128	天津津宝乐器有限公司	24750000	1800	刘明
132	123	深圳市帕思高电子有限公司	23200000	100	林俊杰
143	134	河北金音乐器制造有限公司	21550000	1400	陈学孔
152	176	宁波海伦乐器制品有限公司	19600000	1000	陈海伦
155	138	IAG国际音响集团	19350000	1500	Bernard Chang

排名		公司名称	2008年销售收入（美元）	员工人数	公司负责人
2008年	2007年				
163	151	泰兴凤灵乐器有限公司	18650000	1250	李书
165	169	秋长全丰音乐用品厂	18520000	900	蔡经纬
167	160	乐盟国际股份有限公司	18140000	65	C.C. Tsai
168	126	广东四会市华声乐器有限公司	18050000	2100	黄炳金
175	167	广州保嘉乐器制造厂有限公司	16350000	1800	邢宝嘉
209	219	吟飞电子（上海）有限公司	12300000	600	赵平
215	212	亿达音响制造有限公司	10900000	380	姚锐
217	N	武汉艾立卡电子有限公司	10610000	310	张鉴堂
218	N	深圳市蔚科电子科技开发有限公司	10225000	250	徐建

4、中国香港乐器企业进入2008年全球乐器与音响制品行业225强基本情况

排名		公司名称	2008年销售收入（美元）	员工人数	公司负责人
2008年	2007年				
13	12	金山工业公司	298000000	1500	罗仲荣
22	28	柏斯琴行有限公司	147000000	2400	吴天延
27	25	通利琴行有限公司	125000000	500	李敬章
78	83	美得理电子有限公司	45500000	1200	郑刚

5、中国台湾乐器企业进入2008年全球乐器与音响制品行业225强基本情况

排名		公司名称	2008年销售收入（美元）	员工人数	公司负责人
2008年	2007年				
11	10	功学社乐器股份有限公司	310000000	4350	谢武弘
71	72	宏寰贸易股份有限公司	52975000	50	陈少宏
92	87	全域股份有限公司	39500000	800	王敏烈
95	100	高琳乐器制造有限公司	38400000	75	吴懋仁
130	117	雅歌乐器企业股份有限公司	23900000	300	廖明幸
138	153	D.B.乐器有限公司	22350000	500	Tony Huang
160	148	允有兴业股份有限公司	18900000	350	N/A
194	179	冠舟企业有限公司	14200000	700	陈国瑶
206	198	国巧乐器木器厂	12800000	500	蔡经茂
208	197	TAY-E乐器有限公司	12350000	100	Chen Ell Chiang

海外信息篇之二：全球乐器市场评估报告

2007年全球乐器市场评估报告

约翰·列侬（John Lennon）是英国著名摇滚乐队披头士（TheBeatles）成员，也被誉为摇滚史上最伟大的音乐家，他带领的披头士乐队以及他们的摇滚乐风靡整个乐坛。1976年，列侬向公众鼓吹披头士乐队以及摇滚乐在人们心中的影响力一定会超越耶稣。四十年后，当初看来有些自夸的列侬“豪言”显然已得到印证。据联合国公告，现如今194个成员国中有92个以信奉基督教为主。但据统计，吉他做为摇滚乐最完美的象征，在至少100个成员国的乐器市场上占有主要地位。如果能获知更多的有关撒哈拉以南之非洲地区及亚洲中部等地乐器市场的数据，相信吉他所占的比重还会更高。把宗教信仰和音乐品位放在一起进行比较，实属两个风马牛不相及的事，然而它却能充分说明西方的音乐传统已影响到全球范围。据2007年全球乐器与音响制品225强统计，这股流行趋势已创造出182亿美元的市场。尽管2007年全球销售收入较2006年没有太大变化，2008年整个行业趋势也不容乐观，但总的来说，较过去相比，乐器行业一直处于持续的增长阶段。

很多因素都影响着民众对音乐文化的兴趣与参与度，这其中最为关键的是社会繁荣与进步。社会繁荣使民众拥有大量的闲暇时间以及可供随意支配的收入，这是确保乐器和音响制品销售的必要条件。过去一个世纪中，经济循环体中出现过无数次的膨胀和紧缩，但不可否认，总的来说全球生活水平呈增长态势。尽管当前的经济形势不容乐观，但我们仍期盼经济能够再次增长。股神巴菲特（Warren Buffet）近期发表评论说，“对于美国很多竞争力强的公司，没有必要担心他们的长期前景。这些公司的利润也会时好时坏，但多数大公司在5、10、20年后都将创下新的利润记录。”乐器行业也不例外。

乐器行业也从人们长久以来对音乐的渴望中获益。从古至今，没有一个社会形态中缺少过音乐的存在。较以往相比，现在有更多的人在更多的地方通过更多的途径去接触更多类型的音乐，这对提升音乐参与度大有帮助。

全球乐器与音响制品行业全年182亿美元的销售额单看起来似乎是个庞大的数字，然而与全球市场32万亿美元销售收入相比下，又显得微不足道了。以下几个数据可以从侧面说明乐器行业的确是个小行业：全球范围内有超过400家乐器企业，全年仅创造出182亿美元的销售收入。即使现在的油价不断走低，乐器行业的年销售收入相当于美国两天半的汽油销售额以及沃尔玛超级市场11天的营业额。然而，这个看似缺乏份量的行业在复杂的环境中更容易被凸显。仅健怡可乐（Diet Coke）这一单品的销售额就能达到180亿美元，与之相比，乐器行业不得不生产出上千种类型各异的产品并通过复杂的分销渠道才能获得与之相等的收入。

乐器行业最值得一提的是其不断成熟的分销渠道，目前覆盖面如此广泛的各类产品以通过各种渠道销售到全球各个角落。然而，一个国家乐器市场发展的快慢主要取决于这个国家的经济实力、人口结构以及民众素质的高低。但是，尽管是最小最穷的国家，每一个知名乐器品牌或各类乐器都是可以购买得到的。列举一些知名的品牌，如Fender、Gibson、JBL以及Behringer旗下的产品可以在世界多达120个国家找到它们的“踪影”。如果把在非洲及亚洲中部存在的非正式分销网络也计算在内，这个数据远不止这些。

2007年全球乐器市场统计涵盖了37个国家和地区，其人口总和占全球人口的72%，乐器与音响制品的销售收入达182亿美元，较2006年变化不大。其中，有27个国家及地区的销售收入较2006年有所增长，另10个国家则出现不同幅度的下降。这里有一点需要说明的是，为了使统计数据更便于比较，所有国家的数据均以2007年12月31日的汇率兑换成美元后进行统计。2007年，欧元兑美元走高，因此汇率问题也是导致该报告中部分欧洲国家销售收入增长的原因之一。事实上，欧洲市场差强人意的表现也是受到美国市场疲软表现的影响。

2005年，美国经济学会将每两年颁发一次的约翰·贝茨·克拉克奖（JohnBates Clark Medal）授予牛津大学教授戴龙·阿西墨格鲁（DaronAcemoglu），以表彰他在劳动经济学、政治经济学以及制度分析等诸多领域做出的杰出贡献。他提出了一种全新的经济学模型，用来解释日益上涨的日用品价格是如何反作用于居民消费的，并无任何诋毁阿西墨格鲁这位获奖者，但事实上他的这套经济学模型很难适用于乐器零售业的情况。贯穿2007年的世界任何一个角落，制造商、经销商以及分销商均表示随着燃油和食品价格的不断攀升已直接影响到他们的利润，这也成为终结乐器行业连续四年增长的主要因素。

经济一蹶不振的压力下，各个类别的乐器也均受到不同程度的影响。2007年吉他的销售略有下降，预计销量下降2%，销售收入减少7百万美元；音响制品市场表现良好，销售收入增长1%；管乐器和小提琴市场表现出上扬的趋势；声学钢琴和打击乐器的销售在全球范围内都遭遇挫败。

物价上涨和经济疲软近乎是全球乐器行业共同关注的问题，每个国家面临着不同的挑战与机遇：俄罗斯以14%的涨幅成为2007年全球乐器市场中的“黑马”，其主要原因应归结于油价上涨促使经济繁荣以及分销网络奇迹般的扩展；铜价上涨智利获

2007年全球乐器市场前20位国家或地区

国家及地区	乐器销售额(万美元)	增幅%	人均乐器消费(美元)	占全球份额(%)
美国	758100	0.10	24.95	41.60
日本	260810	-6.00	20.49	14.30
德国	110700	4.80	13.44	6.10
中国内地	89500	5.90	0.67	4.90
英国	86520	-1.80	14.20	4.70
加拿大	80900	2.00	24.36	4.40
法国	79900	-0.20	12.47	4.40
意大利	36000	1.80	6.19	2.00
澳大利亚	35500	-3.40	16.90	1.90
韩国	29300	2.20	6.06	1.60
俄罗斯	24533	14.00	1.74	1.30
荷兰	20100	-3.60	12.08	1.10
巴西	20010	2.60	1.02	1.10
西班牙	18020	-4.20	4.45	1.00
墨西哥	17200	1.40	1.56	0.90
比利时	16630	2.40	15.98	0.90
瑞士	13120	1.20	17.31	0.70
中国香港	12730	-1.10	18.14	0.70
奥地利	10550	3.50	12.86	0.60
中国台湾	10330	3.20	4.50	0.60

益最大，其乐器市场增长4.6%；小麦和油价的上涨也使得加拿大市场收获颇丰；日本经济相对较为稳定，部分乐器产品表现良好，其中高端吉他表现尤为突出。然而日本面临严重的老龄化问题，处于乐器消费中坚力量的12至24岁群体比例逐年减少，2007年日本乐器市场销售收入下降6%。

表现平平的乐器市场似乎掩盖了一些值得关注的问题，那就是全球乐器产品分销渠道所获得的改进和完善。在北美洲、欧洲以及日本的经销商和供应商长期致力于培养民众对乐器和音响产品的兴趣，然后再利用有吸引力的广告等销售策略以扩大消费市场。这里我们要感谢互联网、通讯以及交通，将全球范围内更多的消费者揽入乐器这个新兴的市场之中。

乐器市场在不断的发展中，十年前，当我们首次开始着手于225强这项工作时，统计了包括美国、欧洲、亚洲共计25个国家和地区，占全球人口的50%。今年统计范围扩大到37个国家和地区，占全球人口总数的72%，约44亿人。覆盖面的扩大源于以下几个方面：不断完善的数据收集方法使我们能更准确的统计到较小市场的数据；同时，近期印度、俄罗斯以及前苏联等国家乐器市场快速发展，使得统计更容易被量化。

我们通常用两种不同的尺度去评估市场：销售收入和人均消费。销售收入很大程度上反应了经济状况和人口规模，通常国家越大，人口总数则越多。美国拥有3亿消费者，他们也是全球最富有的消费者，当然它的市场也是世界最大的。然而，捷克的生活水平较低，并仅有1千万常住人口，乐器销售收入低于2千万美元。

各国人均乐器消费大不相同，美国人均乐器消费24.93美元，而印度仅为0.05美元。试着找寻人均乐器消费差别的原因，结论是挑战。经济首先是其中的重要原因，在美国，民众的收入是印度的18倍。人口结构也能为我们破解答案提供一些线索：从文化和经济的角度来看，挪威、瑞典、丹麦以及芬兰十分相似。但挪威的出生率最高，新生力量较强，因此挪威的人均乐器消费同样也是最高的；澳大利亚的经济实力和奥地利、法国、德国相当，但其人均乐器消费却比它们高出20%。如果人口结构和经济情况还不能解释这种差异，结论就是文化传统的差异所致。调查显示，奥匈帝国的民众比欧洲大陆其他地区的人更倾向于将音乐作为一种闲暇时的爱好，因此人均乐器消费也较高。这个理由看似合乎情理，但又很难去定义和诠释。

该报告从某种角度上印证了自由贸易的诸多好处，产品的定价也是基于全球市场来考虑的。从地理政治学的层面考虑，这种贸易使国家之间的关系更加紧密，减少了冲突的可能性。从经济学的层面看，他也有很巨大的利益：全球化市场可以提供更多的产品，最终为终端用户提供了更高的价值。从一个更加人性化的角度来说，全球范围内消费者的满意度和愉悦度也会由于接触到更加多样化的产品而提高。

（高萍 编译自美国《音乐贸易》2008 No.12）

2008全球乐器市场评估报告

2008年，乐器行业也难逃全球经济大倒退的风浪，然而，逆境中，我们仍旧可以看到一些闪光点。技术革新与人口结构将有助于行业打个漂亮的翻身仗，再次回升指日可待。

全球经济持续低迷，市场需求继续疲软。在这种困境下，乐器行业继2007年再次跳水，遭遇两连败。2008年，全球37个主要乐器生产及销售国家或地区的销售收入共计175亿美元，较2007年182亿美元的销售收入下降3.5%。其中，第四季度降幅尤为显著。尽管如此，各个国家和地区的表现大相径庭，中国全年销售收入增长4%，与此同时，西班牙却遭遇8%的大幅下滑。很显然，这场金融危机几乎波及全球各个国家，引发了全球性的经济危机，对世界经济造成了强烈冲击，各种连锁反应，造成市场动荡。但各个国家对危机影响的反应速度各不相同。2008年下半年的危机已经蔓延到2009年。

对于“乐器制品”这个术语，不同的人有不同的定义。该份报告中所提及的乐器制品泛指电子及声学弦乐器、管乐器、键盘乐器、打击乐器、功放、录音设备、音乐软件、计算机终端、乐谱以及各类相关的配件。报告中涉及的数据及评论来自各国行业协会的统计资料、上市公司公开报表以及世界贸易组织的数据库。二十多年前，世贸组织制定的产品代码标准，为获取全球进出口数据提供了便捷条件。通过监控贸易流向，我们能更为准确地评估当地市场规模。

本报告囊括了37个国家和地区的乐器市场，约占世界人口的72%。为了便于比较，按2008年12月31日当日汇率，将各国的销售收入转换为美元后进行统计。2008年，欧元兑美元汇率急剧下跌，造成欧洲国家销售收入的增长。相比较，美国市场的表现较为平淡无奇。

由于中东、中亚以及非洲等国家没有建立规模化的销售网络以及乐器的销量非常小，该报告中没有纳入这些国家。

乐器如同房屋、汽车、家具、旅游产品等，都是相对不那么频繁的大宗购买。这类“非必需品”行业，是消费者可自由决定的购买，这种消费也可以被推迟。因此，乐器行业可以感到一丝慰藉，因为不止乐器行业在为应对危机而“奋战”。

评估市场规模以及市场表现相对容易，但若要找出形成不同地区市场差异的原因似乎是个艰巨的任务。决定市场规模的唯一原因便是经济繁荣程度。例如，南亚一些发展中国家的人均乐器消费远远低于美国和欧盟等发达国家。美国人均年乐器消费为23.21美元，而在印度仅为0.05美元。人口结构也决定着乐器市场的发展，一个步入老龄化的国家其乐器市场的发展必定有所受制。在意大利，也正是因为低出生率，乐器销售遭遇寒流，销售收入大幅下挫。

文化差异和其对乐器行业发展产生的影响难以被量化。在美国和加拿大，广泛开展系统全面的音乐教育课程，因此，这两国的人均乐器消费名列前茅。在欧洲，音乐教育趋向于专业化，而不单是以往的兴趣爱好的培养。但是，即便是在音乐教育背景、环境相似的情况下，差异还是存在的。例如，冰岛、挪威、丹麦、瑞典的人均乐器消费低于英国。

在东欧的音乐文化中，手风琴有着举足轻重的地位，颇受民众欢迎。因此，东欧市场手风琴一直非常畅销。有时候，很难解释清楚为什么有些市场能够接受国外的音乐传统文化。在过去四十多年里，日本、韩国以及中国，热衷于西方古典音乐，同时钢琴销量攀升也为他们带来了颇丰的收益。试着去解释其中的缘由，就好像是要解释为什么意大利人喜欢吃通心粉而瑞典人喜欢青鱼，个人喜好没有理由。

全球不同地区的不同表现是地方经济起了决定性的作用。房地产泡沫和次贷危机使得美国、爱尔兰、英国的乐器销量骤减。消费者净资产的减少以及信贷额度的缩水，使得这些讲英语的消费者不得不捂紧腰包，暂缓购买计划。美国尤为突出，乐器的销售紧随房价指数的变化而变化。相反，由于中国和德国民众对信贷消费比较节制，影响较小。与此同时，南美初级品市场的繁荣，加速了乐器的销售。

展望未来，两大因素将制约行业复苏：首先，产品缺乏革新。早在20世纪80年代初期，由于MIDI标准的推出以及数码乐器的诞生，扭转了当时乐器市场的萧条状态；90年代，低成本的录音设备也让行业平稳地渡过了“风浪”；到了2000年，大量“中国制造”的高性价比乐器充斥市场，也使得更多的经销商在全球范围内“展开拳脚”,开拓更广泛的市场。然而，当前行业中没能适时推出一批革新产品，来弥补或改变经济大背景下的萧条状态。尽管产品的革新很难精准的按照时间表执行，但幸运的是，从历史来看，革新产品必定会再次出现。第一款电子乐器——HammondOrgan于1935年经济大萧条期问世；40年代末期，电吉他闪亮登场；1983年，又一个经济低潮期，数码音乐初登音乐大舞台。如果说产品革新的历史进程有规可循，那么，下一次的革新即将到来。

其次，人口老龄化即将成为乐器行业发展的“绊脚石”。在1946年到1964年之间出生的人，被称为babyboomers，他们是购买高价位吉他的主要人群。随着更多的老年人开始学习音乐，他们成为乐器消费的新生军。但乐器行业的主要消费群体仍是12至28岁的青少年。在日本、中国以及大多数的西方国家，人口结构正在发生转变。美国平均年龄36.7，相对较为年轻，其他国家，诸如日本44.2、德国43.8、意大利43.4，正步入老龄化阶段。老龄化的问题预示着行业今后将要面临更大的压力和考验。相反，在一些欠发达国家，人口结构相对年轻化。随着这些国家经济实力的增长，民众可支配的收入越来越多，潜在消费市场可观，必定会拉动全球乐器行业增长。

该报告从某些方面来说，印证了自由贸易的长处。从地域角度来看，“粗放性”贸易把国与国之间紧密相连，相互促进；从经济学角度来看也是大有益处，全球市场需求量仍很大，消费市场潜力无限；从民众来说，种类繁多的产品满足了各个层次和各个国家消费者的兴趣和满意，丰富了音乐文化生活。

（高萍 编译自美国《音乐贸易》2009 No.12）

2008全球乐器市场前20位国家或地区

国家及地区	乐器销售额(万美元)	增幅%	人均乐器消费 (美元)	占全球份额(%)
美国	712900	-5.96	23.21	40.48
日本	254810	-2.3	20.05	14.47
德国	108490	-2	13.18	6.16
中国内地	93080	4	0.7	5.28
英国	80460	-7	13.17	4.57
加拿大	77580	1	23.17	4.42
法国	77500	-3	12.1	4.4
澳大利亚	35110	-1.1	16.51	2
意大利	34200	-5	5.88	1.94
韩国	29590	1	6.1	1.68
俄罗斯	24040	-2	1.72	1.37
巴西	20670	3.3	1.04	1.17
荷兰	19500	-3	11.66	1.11
墨西哥	17370	1	1.56	0.99
西班牙	16580	-8	4.09	0.94
比利时	16460	-1	15.81	0.93
瑞士	13150	0.2	17.29	0.75
中国香港	12860	1	18.22	0.73
奥地利	10350	-1.9	12.61	0.59
中国台湾	10230	-1	4.45	0.58

译者注：本表数据主要源于世界贸易组织产品进出口情况数据库。表中所列中国乐器销售额系指列入当年全球225强的中国内地企业销售额总和，据中国国家统计局统计资料，2008年国内规模以上乐器企业乐器销售额折合为20.98亿美元。

海外信息篇之三：美国乐器市场

2008年美国乐器市场调查

2008年，美国音乐制品销售额为71亿美元，与上年相比下降5.4%，几乎各类制品都无一例外受到销售下滑的影响。这次销售下滑的特点是速度快，比如，（美）2008年前3季度的销售情况要好于2007年，而到第4季度，股市低迷，消费者信心受挫，乐器零售突然降了下来，把行业整体销售带入亏损境地。与2005年最高销售业绩相差9个百分点。

本文跟踪了55种音乐制品销售情况，每种都具备特有的市场活力和竞争力，但都能感受到消费萧条。不管哪种产品，消费者都不愿像上年花更多钱购买，但更愿为子女购买乐器。这也就揭示了入门级吉他有所上升，校园乐器租赁市场情况不错的原因，同时也说明为什么高档吉他、三角钢琴销售和其他随意性较大的乐器有所滞销，消费者更愿购买零售价200美元以下的商品。正因如此，配件、琴弦、乐谱等销售看好。

2008年音乐制品销售商经营成本增加。中国劳动力成本明显上升，原材料价格上涨，交通运输成本增加，使得各类音乐制品的价格都出现了上涨，产品价格有了上涨，而平均销售额却有所下降。原因何在？在所有行业产品种类中，持有现金的消费者都看好那些低端价位的产品，想购买1000美元吉他的客户可能会选择750美元的吉他，想买750美元的可能会选择500美元的，依次类推。

有关2008年行业的情况。乐器制品销售数量共约2000余万件，这一数字和2007年相似。以美元为单位的销售额下滑主要是由于消费者转购低端价位产品。衡量经营情况的标准是美元为单位的销售额，而不是销量。所以乐器行业稳定的产品数量对逆境的企业起不到多少帮助作用。然而，数据还是能说明人们对各类乐器的兴趣并未减少。

无论从哪个角度看，目前的经济下滑是历史上最严重、影响最大的危机之一。事实表明行业确实面临挑战，但更多值得人们乐观：乐器销量几乎接近历史纪录，人们仍然保持着对乐器的兴趣，各项指标都在反弹。

本次报告所发布的是制造商向零售商销售的数据，而不是向终端消费者提供的数据，许多零售商的库存无法量化，只是在他们乐观销售预期的基础上得出的数据。

弦乐器

弦乐器包括声学吉他、电吉他，乐器功放，乐器用弦，去年经历了最大幅度的销售下挫，零售额降了6.6%，达15.5亿美元。这种下降体现在各个产品门类中，声学吉他降幅8.2%，电吉他下降5.9%，功放下降9.9%，只有乐器用弦独树一帜，增长2.5%。

这次下滑让行业感到惊异，如果仔细分析数字，就会发现弦乐器市场仍然充满活力。有人将本次经济窘境比作自20世纪30年代初经济危机以来最大的经济挑战。入门级吉他销售实际有所上升。200美元以下的声学吉他数量增长2%，而同一价位的电吉他则小幅下降0.6%。2008年，弦乐器销量共约103万件，较上年的102.2万件小幅上升1个百分点。

吉他仍保持全球乐器行业中心地位。比如一个叫ultimate-guitar.com的网站，有大量免费吉他培训课程，每天都吸引数万爱好者，成为世界最具人气的音乐相关网站。在世界最流行的网站中排名第522位，超大访问流量充分说明吉他的巨大魅力。

《吉他英雄》和《摇滚乐队》视频游戏更进一步体现吉他的超级流行魅力。目前，《吉他英雄》已卖出200万盘，《摇滚乐队》迅速飙升至100万盘。更好的消息是，一项由Fender公司赞助的调查显示，音乐视频游戏促使孩子们对吉他产生真正的兴趣。弦乐器第一次从外围受到关注。

过去一个时期，吉他市场的价格点从不同方向得到扩展。低成本的亚洲乐器制造商已使入门级的乐器制品价格变得很低。与此同时仿古吉他价格逐渐攀升，美国乐器制造商拓展了高端产品，开发

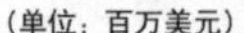

(单位：百万美元)

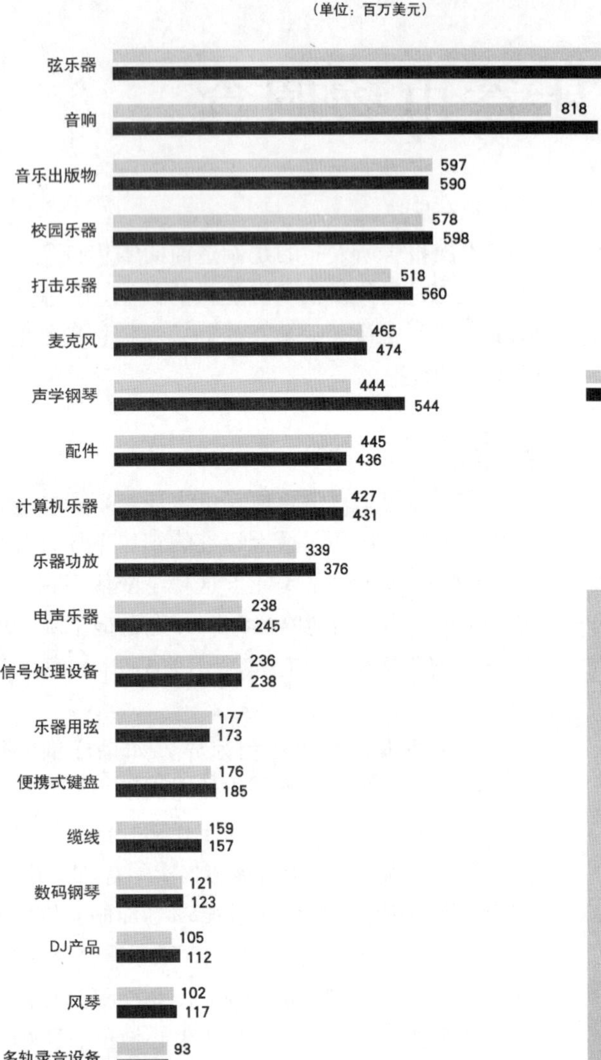

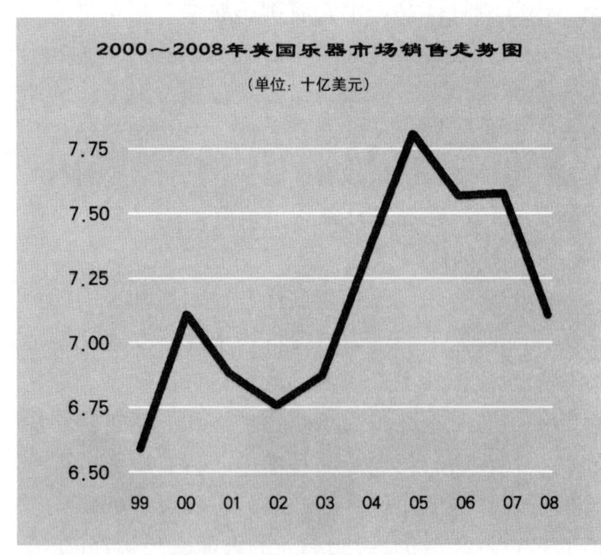

了更精致、更有独创性的吉他品牌。2008年，许多谨慎的消费者实现了购买品牌吉他的梦想，在市场上掀起超级“高端品牌”热潮。1500美元以上的声学吉他产量降了8%，同价位的电吉他销量则降了6.8%。

不少制造商认为，功放销售的主要推动力在于大多数吉他手追求“完美音效”，每半年就需对产品作出调整。然而追求“完美音效”的动机恰恰撞上了现实的经济危机，使功放销售大大降低。销售额损失超过了销售量下降，反映出产品结构进一步向低端产品转变。

牙膏、洗发香波等制造商都把销售预期寄望于人口增长上。同理，像吉他弦这样的乐器配件也有赖于弹吉他人口的多寡。8年来，整个行业约销售了2000万把吉他，也大大拓展了琴弦市场。

钢琴

2008年，各项经济因素对钢琴销售造成冲击。很难预想高档键盘乐器市场会恶化。突如其来的房产价值缩水让消费者急剧减少了家具、家电等相关家居购置。这种现象也对钢琴产生影响。信贷危机进一步使形势恶化，使消费者更难筹措购买大件产品的资金。在这种不确定的消费形势下，就不难理解为何2008年声学钢琴销售下降13.4%。

一直以来，三角钢琴销售要好于立式钢琴。2008年这种趋势却刚好相反，谨慎的钢琴买家选择低成本立式钢琴。三角钢琴销量下降21.9%，立式钢琴仅相对下降5.4%。

过去，由于数码钢琴和声学钢琴由不同制造商生产，并通过不同渠道分销，音乐制品行业往往把它们看成是不同门类产品。但在消费者中这种界限逐渐模糊。2008年，数码钢琴销量上升了1.8%。由于成本低廉的钢琴涌入（美国）市场，钢琴销售金额却下降1.3%。数码钢琴与声学钢琴看起来比较相似，如何把高质量产品和低成本的替代品区分开来，制造商似应考虑这个问题。从积极方面看，市场反弹反映出人们对键盘乐器抱有兴趣。

校园乐器

经过50年发展，校园乐器活动项目比任何人所料想的都要持久。当前预算受挫、教育侧重点倾斜、乐器爱好有所改变，来自其它课外活动项目增多，尽管如此，器乐活动参与率几十年来一直保持在学生总数的6%左右。2008年的情况再次证明校园乐器魅力不减。

去年入学人口增长2.2%，木管乐器销量增长4.7%，而铜管乐器销量下降0.4%。弦乐器销量下降16%，很显然，造成这一降幅主要是库存调整而不是实际需求减少。

当然这并不是说市场不受经济困难的影响。木管乐器和铜管乐器的平均销售价格都有所下降。原因是家长和学生削减了高价小号的购买力度。本刊（《音乐贸易》）所作的几次零售调查显示，2008年，校园乐器租赁市场一直很旺盛，高价乐器零售市场降幅在5%～8%之间。

不少州都面临着预算短缺的事实，但校园乐器所受影响最小：一是校园乐队开展活动经费不足会由各类组织赞助或家长承担；二是家长希望孩子通过音乐体验生活的乐趣。

电声乐器

与电脑相关的音乐制品含各类软件、音响、AD/DA转换器、声卡。电声乐器包括拾音器、电子鼓、电钢琴，2008年此类产品销售微降1.7%。消费者转而购买低价位产品，键盘拾音器销售增幅较小，但键盘控制器的销量增长11.4%，销售额增长4.6%，反映出电脑在音色合成中的作用越来越明显。

由于声学鼓市场份额减少，电子鼓成为乐器市场亮点，销售额上升2.1%。如果你住在公寓里，或需在控制音量的场所练习，电子鼓是个不错的替代选择。

打击乐器

鼓产品大幅降价使销售额扶摇直上。家长原本为孩子购买一鼓皮现在只需花不到500美元即可购买一整套鼓。经济形势变化则扭转了这种趋势，致使鼓皮销量下降10.2%。二手鼓皮对销售造成哪些影响尚难以精确量化，目前光“ebay”网站上就有8000件二手鼓皮，二手鼓皮对销售造成了一定影响。

除了鼓槌，其他打击乐器门类均受到经济困难的影响。鼓及配件销售下降6%，镲片销售下降6%，甚至教学类打击乐器销售都有所下降。亮点在于鼓槌和槌棒，二者销售均上升1.1%，这些用品价格低廉，也是鼓手必备用品，因此几乎成为“不受衰退影响”的用品。

便携式键盘乐器

便携式键盘乐器实则分为两种市场形态类别。零售价低于200美元的在沃尔玛等大型超市销售；高于200美元的主要通过专业乐器零售商分销。2008年，上述两大市场情况有所不同。大众渠道的乐器销量和销售额下降12%。制造商将原因归为两点：一是经济因素；二是主要零售商对便携式键盘乐器关注度下降。而高价音乐制品销量增长8.5%，销售额增长3.2%。谨慎买家选用数码钢琴或声学钢琴，从一定程度上带动了便携式键盘销售。

管风琴市场

家用和团体用管风琴市场2008年都深受经济影响。信用紧缩、房产缩水、股票下跌等都影响了老年人的购买力，他们是管风琴的主力。因此，销售下降17.9%。管风琴大户教堂也面临类似压力，捐赠和善款有所减少，这些原因使销售下降了8.5%。

乐器配件

化妆品巨头雅诗兰黛管理层对化妆品销售曾作出总结，过去3次经济衰退期中，口红销售却得到增长，这就是人们所说的“口红效应”，女士会把添置新鞋或衣服的费用花在相对便宜的口红上。在乐器配件行业中，也有一种类似效应。这里的“口红”包括箱包、背带、节拍器、口琴以及其他零售额在100美元以下的产品，这些都在困难的经济条件下保持了2.1%的销售增长幅度。对于这种现象最好的解释是配置高档乐器的演奏者必然会选用部分乐器零配件。

乐器零售商应密切关注发展动态，当前形势下把重点放在乐器配件和重新调整库存结构等方面。

吉他市场概况

	2008年销量（把）	同比%	市场份额	2007年销量（把）	同比%	市场份额	2006年销量（把）	同比%	市场份额
声学吉他									
199美元以下	537000	2	40.8	526600	-15.3	39.1	621439	-24.4	41.7
200-499美元	155500	2.2	11.8	152140	-8	11.3	165418	-10.5	11.1
500-1499美元	80200	-8.5	6.1	87650	1.4	6.5	86435	6.8	5.8
1500美元以上	23750	-8.3	1.8	25900	-8.5	1.9	28315	22.5	1.9
声学电吉他									
199美元以下	177000	1.1	13.4	175010	-9	13	192244	26.6	12.9
200-499美元	237000	-10.6	18	265200	-5.3	19.7	280169	-2.5	18.8
500-1499美元	81000	-7	6.1	87100	-0.9	6.5	87925	18.3	5.9
1500美元以上	26100	-8.1	2	28400	0.3	2.1	28315	7.2	1.9
声学吉他总计	1317550	-2.3		1348000	-9.5		1490260	-9.7	
电吉他									
199美元以下	493000	-0.6	34	496000	-4.8	32.6	520847	-16	34.7
200-599美元	395000	-7.7	27.2	428000	1.1	28.2	423282	5	28.2
600-1249美元	147000	-5	10.1	154800	19.9	10.2	129086	9.6	8.6
1250-1999美元	25200	-6.7	1.7	27000	12.4	1.8	24016	3.4	1.6
2000美元以上	14900	-6.3	1	15900	5.9	1	15010	50.8	1
空体电吉他									
200-499美元	33200	-15.1	2.3	39100	-16	2.6	46531	-36.2	3.1
500美元以上	27500	-11.6	1.9	31100	21.9	2	25517	2.6	1.7
电贝斯									
249美元以下	158000	-1.4	10.9	160200	-1.2	10.5	162108	-28.1	10.8
250-499美元	97000	-4	6.7	101000	3.5	6.6	97565	1.4	6.5
500-999美元	58000	-7.9	4	63000	16.6	4.1	54036	-9.5	3.6
1000美元以上	3300	-15.4	0.2	3900	29.9	0.3	3002	-39.7	0.2
电吉他总计	1452100	-4.5		1520000	1.3		1501000	-9.5	
吉他总计	2769650	-3.4		2868000	-4.1		2991260	-9.6	

声学钢琴市场概况

	2008年 销量（把）	同比%	2007年 销量（把）	同比%	2006年 销量（把）	同比%	2005年 销量（把）	同比%	2004年 销量（把）
按型号划分									
立式钢琴									
44″以下′	5697	-21	7249	-32	10698	-17.4	12952	-5.4	13692
44″-47″	16977	4.3	16275	-14	18960	-14.1	22058	6.8	20663
工作室用琴	8374	2.6	8157	-21	10204	-24.8	13553	-10.2	15098
自动演奏钢琴	413	-13.1	475	-19	589	-9.1	648	-7.7	702
立式钢琴总计	30435	-5.4	32156	-21	40451	-17.8	49211	-1.9	50155
三角钢琴									
5′以下	3959	-11.8	4484	-27	6154	-19	7597	4.9	7243
5′-5′5″	6210	-15.2	7321	-29	10312	-20.5	12977	13.6	11424
5′6″-5′10″	2999	-21.2	3850	-12	4390	-30.7	6333	2	6209
5′11″-6′4″	2455	-18.5	3012	6.2	2835	-28.2	3946	-5.3	4166
6′5″-7′10″	1666	-32.5	2467	11	2223	-25.1	2965	18	2513
7′11″及以上	1010	-4.3	1055	3.3	1021	-26.8	1393	14	1222
自动演奏钢琴	5448	-34.5	8191	-14	9580	-15.4	11132	1.5	10968
三角钢琴总计	23747	-21.9	30380	-17	36515	-21.2	46343	5.9	43745
声学钢琴总计	54182	-13.4	62536	-18.7	76966	19.5	95554	1.8	93900
按单价划分									
三角钢琴									
10000美元以下	5275	2.9	5125	-4	8471	-30.8	12240	-4.5	12817
10000美元以上	18472	-26.9	25255	-1	28044	-17.8	34103	10.3	30928
立式钢琴									
4000美元以下	18244	-7	19616	-27	27102	-22.1	34770	13.1	30745
4000美元以上	12191	2.8	12540	-6	13349	-7.6	14441	-25.6	79410
主要进口国家或地区									
立式钢琴									
中国	9721	-13.3	11208	-15	13176	-24.5	17431	-13.7	20191
印尼	7680	37	5574	-34	8371	-26.4	11369	60.5	7084
日本	4295	-8.7	4702	-3.7	4879	-28.4	6813	11	6142
美国	985	-85	6935	-21	8737	15.6	7554	-36	11827
韩国	523	-52	1069	8.1	988	-29.2	1395	-39	2291
三角钢琴									
中国	4736	-43	8237	-29	11764	-24.6	15599	-5.7	16541
印尼	7173	25	5710	-26	7725	-28.5	10796	47	7336
日本	6893	-4.3	7202	-19	8913	-26	10602	-7.7	11481
美国	1925	-15	2268	-13	2607	2.3	2546	-3.4	2636
韩国	598	-63	1644	74	944	-52	1959	-3	2763

校园乐器市场概况

（单位：件）

	2008年销量	同比%	2007年销量	同比%	2006年销量
六大畅销产品					
长笛	162926	9.2	149200	-0.7	150200
单簧管	116421	7.4	108400	-1.2	109700
小号	111935	1.3	110500	-1.7	112400
中音萨克斯	89100	4.1	85600	4.	82300
长号	51915	1.2	51300	2.2	50200
次音萨克斯	22900	2.7	22300	6.2	21000
主要进口国家或地区					
铜管乐器					
中国大陆	102430	1	93497	19.3	78343
中国台湾	30528	-12	34777	1.1	34415
日本	18536	-4	19292	8.2	17829
单簧管					
中国大陆	47062	47	32030	-32.7	47560
中国台湾	17278	43	9457	-51.1	19340
法国	10311	-14	11962	26.9	9424
萨克斯					
中国大陆	47278	16	40708	17.5	34640
中国台湾	37982	8	35237	-26	47642
日本	7042	-41	12011	9.1	11011
长笛					
中国大陆	118971	66	71512	-11.5	80821
中国台湾	40181	-17	48405	-3.3	50070
日本	8830	23	7190	-48.9	14062
弦乐器					
中国大陆	306180	-11	342174	0.3	341296
罗马尼亚	26086	-31	37976	0.8	37670

美国乐器市场销售概况

（单位：美元）

年份	销量	同比%	批发额	零售额	同比	平均单价
			吉他			
声学吉他						
2008年	1317550	-2.3	312042390	472791500	-8.2	359
2007年	1348000	-9.5	345007000	514936000	-6.1	382
2006年	1490260	-9.7	367438000	548415000	2.2	367
2005年	7657074	2	359521000	536599000	10.9	325
2004年	1618700	38.6	324274000	483991000	16.7	299
2003年	1168237	2	289377000	415142000	-6.3	355
2002年	973522	14.9	260647000	443172000	0.5	465
2001年	847388	4.2	259473000	441105000	-4.4	520
电吉他						
2008年	1452100	-4.5	376630464	566361600	-5.9	390
2007年	1520000	1.3	403286000	601920000	6.9	396
2006年	1501000	-9.5	382154000	562875000	-8.3	380
2005年	1658648	-1.5	416735000	621993000	15.4	375
2004年	1683970	43.5	361043000	538870000	10.4	320
2003年	1173314	21	305920000	488119000	2.1	416
2002年	969103	8.2	267536000	477885000	-0.7	538
2001年	895110	7.1	293399000	481175000	0.1	537
吉他总计						
2008年	2769650	-3.4	691036812	1039153100	-7	375
2007年	2868000	-4.1	748293000	1116856000	0.5	389
2006年	2991260	-9.6	749593000	1111290000	-4.1	372
2005年	3309722	0.2	776256000	1158592000	13.3	350
2004年	3302670	41	686317000	1022861000	13.3	309
2003年	2341551	20.5	595297000	903261000	-1.9	386
2002年	1942625	11.4	528183000	921057000	-0.13	529
2001年	1742498	5.6	552872000	922280000	-0.1	529
注1：声学吉他类含班卓琴、曼陀林及其他声学弦乐器						
注2：电吉他类含电贝斯						
			功放			
2008年	1096000	-1.4	220844000	339760000	-9.9	310
2007年	1112000	1.8	245029000	376968000	4.6	339

年份	销量	同比%	批发额	零售额	同比	平均单价
2006年	1092000	-12	234234000	360360000	-9.2	330
2005年	1240921	-3	258111000	397094000	6.7	320
2004年	1279300	31.3	241979000	372276000	9.8	291
2003年	974000	18	220318000	338952000	-5.6	348
2002年	825120	7.9	225000000	359000000	-0.6	435
2001年	764490	2	224381000	361255000	-1.6	472
			钢琴			
三角钢琴						
2008年	18299	-17.5	138789924	247839150	18.5	13544
2007年	22189	-17.6	170234000	303989000	-5.1	13700
2006年	26935	-23.5	179313000	320203000	-19.9	11887
2005年	35211	8.8	224077000	400137000	12.6	11364
2004年	32377	3	202634000	355499000	-1.7	10980
2003年	31433	2.1	207862000	361500000	-6.8	11500
2002年	30776	9.7	223699000	387777000	2.3	12599
2001年	28064	-16	218996000	378864000	-15.9	13500
2000年	33370	3.8	260401000	450495000	0.1	13500
立式钢琴						
2008年	30022	-5.2	66140121	116035300	-3.1	3865
2007年	31681	-20.5	68259000	119754000	-7.2	3780
2006年	39862	-17.8	73571000	129073000	14.2	3237
2005年	48527	-1.9	85747000	150433000	1.7	3100
2004年	49453	-12.3	85761000	147864000	15.6	2990
2003年	56401	5.9	100771000	175255000	-3.2	3107
2002年	53266	4.6	104684000	181104000	4.3	3399
2001年	50923	-16	100347000	173647000	-22	3409
2000年	60623	1	128779000	222789000	1.8	3675
自动演奏钢琴						
2008年	5861	-32.4	45293808	80881800	-33.2	13800
2007年	8666	-14.3	67844000	121150000	-8.7	13980
2006年	10169	-13.7	74286000	132654000	-10.3	13044
2005年	11780	0.9	82822000	147897000	4.1	12555
2004年	11670	22.5	79598000	142140000	26.2	12180
2003年	9530	-0.2	62925000	112595000	-9.3	11815
2002年	9550	0.8	68500000	124150000	-6.4	13000

年份	销量	同比%	批发额	零售额	同比	平均单价
2001年	9470	-17	71433000	132580000	-17	14000
2000年	11410	23.8	92335000	159740000	23.8	14000
钢琴销售总计						
2008年	54182	-13.4	250223853	444756250	18.4	8209
2007年	62536	-18.8	306338000	544894000	-64	8713
2006年	76966	-19.4	327170000	581930000	16.6	7560
2005年	95518	2.2	392647000	698469000	8.2	7312
2004年	93500	-4	367993000	645503000	-0.6	6903
2003年	97364	4	371558000	649350000	-6.3	6669
2002年	93592	5.8	396883000	693031000	1.1	7404
2001年	88457	-16	390776000	685091000	17.7	7744
2000年	105403	4	481515000	833024000	4.4	7903
数码钢琴						
2008年	122850	1.8	72825480	121375800	-1.3	988
2007年	120620	-3.5	73819000	123032000	14.4	1020
2006年	125000	-13.2	86250000	143750000	16.8	1150
2005年	144000	20.8	103680000	172800000	4.6	1200
2004年	119240	43.1	99088000	165147000	1	1385
2003年	83300	3.8	90330000	149000000	-2.2	1788
2002年	80200	-7	103605000	152380000	-6.1	1900
2001年	81619	-5.2	110185000	162421000	2.5	1990
2000年	86086	15.9	115693000	158500000	4.1	1841
1999年	74232	4.6	111007000	152175000	-8.7	2049
			校园乐器			
铜管乐器						
2008年	237800	-0.4	123596550	224721000	-4	945
2007年	238800	8.1	128713000	234024000	11.5	980
2006年	220950	4.5	115446000	209902000	5.6	949
2005年	211400	-6.7	109293000	198716000	-2.6	940
2004年	226595	7.5	112164000	203935000	-1.9	900
2003年	210836	-3.3	114381000	207967000	-3.1	986
2002年	217930	-7.5	119255000	214660000	-9.3	984
木管乐器						
2008年	391347	4.7	158202025	287640045	1.9	735
2007年	373800	1.7	155220000	282219000	2.4	755

年份	销量	同比%	批发额	零售额	同比	平均单价
2006年	367580	2	151626000	275685000	1.5	750
2005年	360282	-2.2	149408000	271652000	5.5	754
2004年	368336	7.2	141606000	257466000	-4.5	699
2003年	343714	0.43	148171000	269402000	10.8	784
2002年	345191	-5.5	167801000	302042000	-7.6	874
弦乐器						
2008年	350850	-16.7	36277890	65959800	-19.7	188
2007年	421074	2.9	45160000	82109000	5.6	195
2006年	409131	1.6	42754000	77734000	13.6	189
2005年	382331	11	37633000	68425000	12.9	178
2004年	341016	-4.5	32822000	58677000	3.2	170
2003年	357089	-2.9	31816000	57848000	-7.5	162
2002年	367793	5.6	34388000	62524000	-7.9	170
校园乐器总计						
2008年	979997	-5.2	318076465	578320845	-3.3	590
2007年	1033674	3.6	329093000	598352000	6.2	579
2006年	997661	2.4	309826000	563321000	4.5	564
2005年	954013	4.1	296336000	538793000	3.4	553
2004年	935947	2.6	286336000	521078000	2.6	556
2003年	911639	4	294368000	535217000	-7.6	532
2002年	930964	-2.1	321444000	579226000	-9	592
电声乐器						
键盘合成器						
2008年	79560	4	80304682	117748800	-3.2	1480
2007年	76523	-3.8	82980000	121671000	5.5	1590
2006年	79530	11.3	78647000	115315000	3.1	1449
2005年	71460	9.5	76271000	117834000	3.9	1565
2004年	65240	-0.5	73199000	107646000	3.3	1650
2003年	65555	2.5	70890000	104250000	0.3	1590
2002年	63964	-0.7	70679000	103941000	15.2	1624
2001年	64418		62978000	90185000	-5	1399
音源器						
2008年	8050	1.1	3980323	5836250	4.7	725
2007年	7962	-11	3801000	5573000	-11	700
2006年	8642	-34.2	4268000	6259000	5.7	724

年份	销量	同比%	批发额	零售额	同比	平均单价
2005年	13150	-0.4	4035000	5917000	-6.6	450
2004年	13200	-51.4	4308000	6336000	-65	480
2003年	27150	1.5	12350000	18100000	0.2	667
2002年	26750	-41.5	12278000	18056000	-7.3	674
2001年	45797	-8	13610000	19463000	-34.7	424
鼓机						
2008年	18280	-12.1	2867401	4204400	-15.8	230
2007年	20800	-15.9	3404000	4992000	-14.1	240
2006年	24731	-14.	3963000	5811000	-3.7	234
2005年	28757	45.1	4118000	6038000	1.6	210
2004年	19820	-28.3	4043000	5946000	-28.	300
2003年	27625	-22.	5850000	8260000	-24.8	299
2002年	35420	-22.1	7466000	10980000	-19.3	309
键盘控制器						
2008年	88000	11.4	12903440	18920000	4.6	215
2007年	79000	6.8	12338062	18091000	45.5	229
2006年	74000	421	8478000	12432000	22	168
2005年	14200	184	6972000	10224000	127	720
2004年	5000	-20.6	3150000	4500000	-52.4	900
2003年	6300	5	6615000	9450000	5.1	1500
2002年	6000	-45.5	6424000	8994000	-52	1499
电钢琴、专业管风琴						
2008年	19800	-8.4	24306480	35640000	-12.8	1800
2007年	21620	-18.4	27867000	40861000	-8.2	1890
2006年	26500	-19.7	30362000	44520000	-27	1680
2005年	33000	-8.3	41636000	61050000	-16.4	1850
2004年	36800	-0.7	51133000	73048000	-8.4	1985
2003年	37072	25	55793000	79705000	16.9	2150
2002年	29658	55.3	48714000	68200000	78.7	2299
电子鼓						
2008年	n/a	n/a	38022741	55751819	2.1	n/a
2007年	n/a	n/a	37240000	54605000	5.2	n/a
2006年	n/a	n/a	35399000	51906000	5.5	n/a
2005年	n/a	n/a	33554000	49200000	11.1	n/a
2004年	n/a	n/a	30996000	44280000	7.3	n/a
2003年	n/a	n/a	29000000	41255000	2.1	n/a

年份	销量	同比%	批发额	零售额	同比	平均单价
2002年	n/a	n/a	28851000	40392000	6.9	n/a
电声乐器销售总计						
2008年	n/a	n/a	162385066	238101269	-3.1	n/a
2007年	n/a	n/a	167632000	245794000	4	n/a
2006年	n/a	n/a	161117000	236243000	-3.2	n/a
2005年	n/a	n/a	166588000	244265000	1	n/a
2004年	n/a	n/a	166830000	241756000	-7.4	n/a
2003年	n/a	n/a	180498000	261020000	0.1	n/a
2002年	n/a	n/a	181310000	260708000	7.1	n/a
打击乐器						
套鼓						
2008年	199520	-10.2	81511901	123502880	18.3	619
2007年	222300	-18	99768000	151164000	-9.8	680
2006年	271167	-3.8	110603000	167587000	-3.3	617
2005年	281878	5.1	114414000	173355000	7.9	615
2004年	268200	24.3	107636000	160657000	11.4	599
2003年	215800	4.1	96500000	144154000	1.1	668
2002年	207275	11	96300000	142546000	6	687
2001年	786732	7.9	90233000	134447000	-2.8	719
鼓（含支架、踏板、相关零件等）						
2008年	n/a	n/a	44154311	66900471	-6	n/a
2007年	n/a	n/a	46972000	71170000	-7	n/a
2006年	n/a	n/a	50508000	76527000	0.9	n/a
2005年	n/a	n/a	39399000	75769000	9.1	n/a
2004年	n/a	n/a	36174000	69450000	6.4	n/a
2003年	n/a	n/a	33425000	65300000	2.8	n/a
2002年	n/a	n/a	32500000	63500000	5.3	n/a
2001年	n/a	n/a	30841000	60277000	-3.2	n/a
教学用打击乐器（含行进打击乐器、槌棒、工具等）						
2008年	n/a	n/a	39472248	59806437	-1	n/a
2007年	n/a	n/a	39870000	60410000	3.3	n/a
2006年	n/a	n/a	38597000	58480000	5.1	n/a
2005年	n/a	n/a	36689400	55590000	9	n/a
2004年	n/a	n/a	34170000	51000000	2.5	n/a
2003年	n/a	n/a	34845000	49780000	1.1	n/a

年份	销量	同比%	批发额	零售额	同比	平均单价
2002年	n/a	n/a	34100000	49250000	-0.9	n/a
2001年	n/a	n/a	34275000	49700000	1	n/a
镲片						
2008年	n/a	n/a	49417814	74875475	-6	n/a
2007年	n/a	n/a	52572000	79654000	-2	n/a
2006年	n/a	n/a	53645000	87280000	6.6	n/a
2005年	n/a	n/a	41936000	76248000	8	n/a
2004年	n/a	n/a	38830000	70600000	9	n/a
2003年	n/a	n/a	35785000	64770000	2	n/a
2002年	n/a	n/a	35085000	63500000	4.4	n/a
2001年	n/a	n/a	33577000	60775000	-1.7	n/a
鼓槌和槌棒						
2008年	n/a	n/a	61526497	93221966	1.1	n/a
2007年	n/a	n/a	60857000	92207000	6	n/a
2006年	n/a	n/a	57412000	86988000	6.9	n/a
2005年	n/a	n/a	41500000	81373000	12	n/a
2004年	n/a	n/a	37054000	72655000	13	n/a
2003年	n/a	n/a	32385000	64297000	8	n/a
2002年	n/a	n/a	29990000	59535000	8	n/a
2001年	n/a	n/a	27701000	55125000	4	
手鼓						
2008年	n/a	n/a	23257821	36917176	-5	n/a
2007年	n/a	n/a	24481000	38860000	-9	n/a
2006年	n/a	n/a	26903000	42703000	-2	n/a
2005年	n/a	n/a	27452000	43575000	5	n/a
2004年	n/a	n/a	26975000	41500000	3.2	n/a
2003年	n/a	n/a	26130000	40200000	2.6	n/a
2002年	n/a	n/a	25455000	39200000	0.8	n/a
2001年	n/a	n/a	25243000	38875000	-5	n/a
鼓皮						
2008年	n/a	n/a	39959680	63428064	-5	n/a
2007年	n/a	n/a	42062000	66766000	-1	n/a
2006年	n/a	n/a	42487000	67440000	1	n/a
2005年	n/a	n/a	42067000	66773000	5.5	n/a
2004年	n/a	n/a	46836000	63292000	6.3	n/a
2003年	n/a	n/a	37206000	59530000	3	n/a

年份	销量	同比%	批发额	零售额	同比	平均单价
2002年	n/a	n/a	36125000	57800000	5.3	n/a
2001年	n/a	n/a	34296000	54875000	3.9	n/a
打击乐器总计						
2008年	n/a	n/a	339300272	518652468	-7.4	n/a
2007年	n/a	n/a	366585000	560234000	-3.6	n/a
2006年	n/a	n/a	380155000	580999000	1.4	n/a
2005年	n/a	n/a	343458000	572684000	8.2	n/a
2004年	n/a	n/a	338033000	529149000	8.4	n/a
2003年	n/a	n/a	296276000	488031000	2.7	n/a
2002年	n/a	n/a	289555000	475331000	4.6	n/a
2001年	n/a	n/a	260166000	454074000	-1	n/a

注：“n/a”表示数据不适用、无统计。

（常杰编译自美国《音乐贸易》2009 No.4）

2009年美国乐器市场调查

每年的音乐制品销售都会受流行音乐、技术创新和社会潮流等具体因素影响，2009年也不例外。就是这一年，异常猛烈、不可预测的经济衰退形势给音乐制品销售蒙上阴影，这也是自本刊做年度分析回顾以来，销售同比跌幅最大的一年。

2009年，美国音乐制品销售总额为59亿美元，较上年的71亿美元减少了17.2%。这次经济衰退跌幅程度深，波及范围广，各类音乐制品的销售均有不同程度的下降，几乎不存在任何“销售亮点”。

销售额下降的原因，具体可归结为“就业前景欠佳”，“收入预期不够稳定”，“房产价值缩水”。在2009年的这种经济环境下，理性的消费者大大缩紧了开销，此外，联邦收紧贷款资金，银行停发信用卡，减少贷款额度，全美信贷资金供应削减了9000亿美元，这些金融举措也进一步降低了市场的消费意愿。宏观经济环境的严峻性加上主观的市场消费意愿降低，影响了大宗商品及日用消费品的销售—包括本报告所跟踪统计的各类音乐制品。

受到影响的不仅仅是消费额，还有美国人的消费方式，从中国进口的低成本商品大量涌入，造成美国乐器和音响制品的平均销售价格越来越低，回顾2009年，这种现象仍在持续。

此外，大众对高档商品的消费意愿似乎也不像过去那样强烈。从本次音乐制品销售统计来分析，商品零售价格每增加100美元，消费意愿就有较大程度降低。毫无疑问，抵制高价商品和经济环境的大形势密切相关，相应地，音乐制品制造商会把更多精力放在初级产品的生产和加工上。

音乐制品销售低迷是2009年的主旋律，只有一个领域是“增长的”：即商家为客户提供的产品型号。几乎在各种乐器门类中，厂商均声称能根据客户实际需求，提供型号选择余地较大的乐器制品。如吉他，就能选择多种材质的木材及种类多样的吉他效果器等；打击乐器方面，也有更多款式和涂漆可供选择；在录音器门类方面，则有更多流行音乐软件和外壳配件。

市场上音乐制品五花八门，种类繁多，某单一类乐器或设备很难对整体销售格局产生“视觉冲击”，让人不禁下定结论：“一鸣惊人”式的主流乐器乏善可陈，意味着音乐制品的产品创新步伐也在减缓。虽然市场上产品创新不再像过去一样“风起云涌”式的激进革新，不那么引人瞩目，但是仍在慢慢演进。无论产品创新步伐快慢，其结果都是相同：即音乐创作、翻拍、录制的方式在不断变化，不断赋予器乐演奏者更多操作选择。

从长远来看，音乐制品行业的发展很大程度上有赖于扩大新一代音乐人口数量。去年不甚景气的经济氛围似乎对人们接触音乐、演奏乐器的热情影响甚微，两大指标颇能说明问题：美国校园乐器租赁数量和初等入门级吉他销售在经济下滑的阴霾中“逆风飘红”。此外，去年美国钢琴销售欠佳，而数码乐器的销售却表现良好，这也说明，信贷消费紧缩虽然对产品购买造成一定影响，但并未减少乐器在人们日常生活中所产生的魅力。经济复苏的具体时间有待继续观察，吸引更多的人来参与音乐、演奏乐器，必将在形势好转后发挥出其带动行业发展的积极作用。

吉他

吉他可谓世界使用最为广泛的乐器，但仍未避免受经济衰退的影响。2009年，美国吉他销售为2273000把，较前一年的2769000把降低18%。其中声学吉他的销量下降16%，电吉他下降了20%。由于消费者倾向于购买成本更低的音乐制品，使美国吉他市场零售总额跌至8.2亿美元，较上年的10.3亿美元下降了21%。

2009年可谓吉他销售降幅最大的一年，300～600美元的初级吉他降幅达两位数，高档吉他降幅更大。原因在于，和专业吉他手选用的高档吉他相比，迫切想学吉他的初学者并不会因经济萧条而推迟购买。此外，高档吉他销售还有其他不太明显的因素。对初学者来说，单价1000美元以下的乐器质量就已不错，对这部分消费群体，似乎没必要购档次更高的吉他。实际上不少吉他公司在加工吉他背板、组装零件时，使用的都是同样机器，吉他档次的差别只体现在用料和涂漆工艺上。

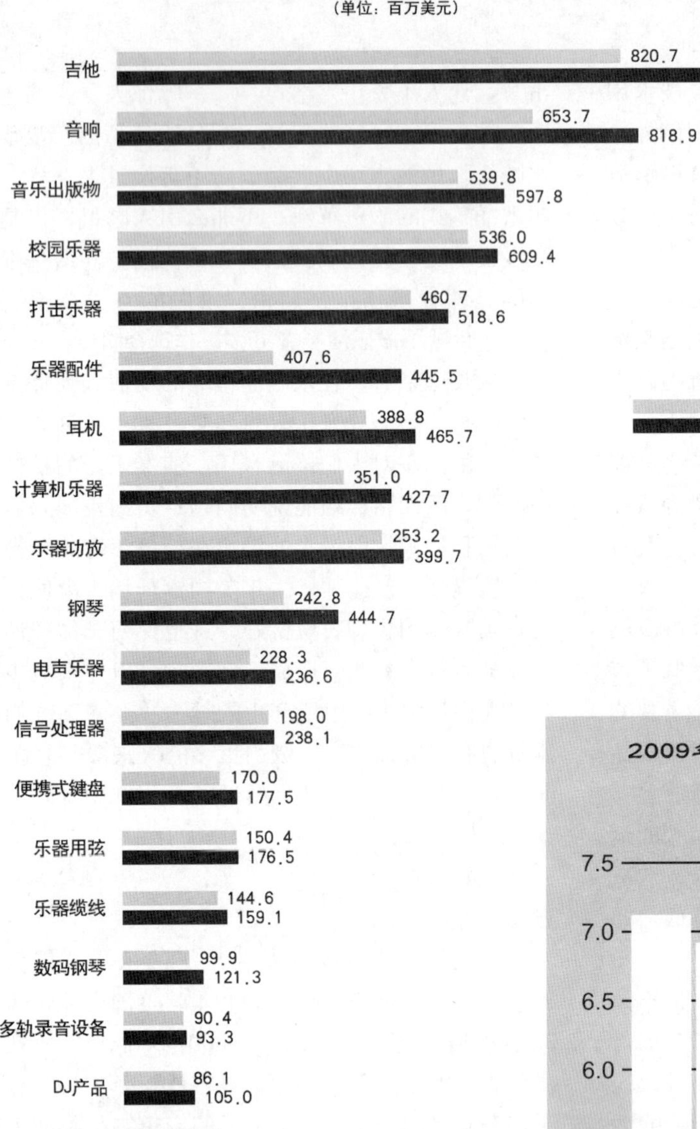

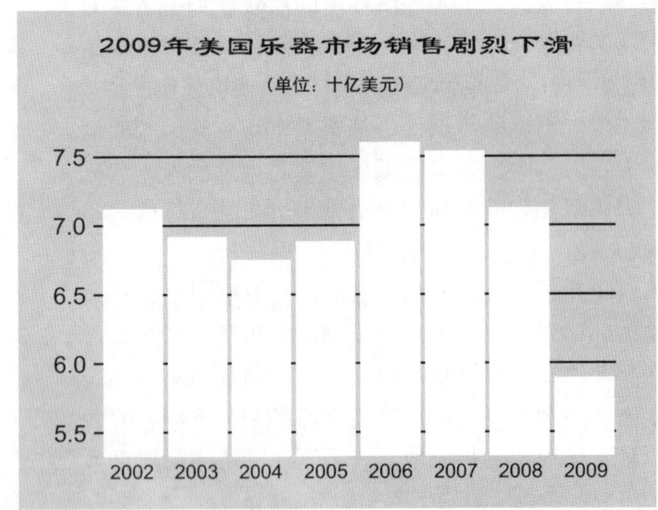

美国消费心理学者研究发现，经济萧条时大众有抵触高消费品的心理。汽车行业中劳斯莱斯高档品牌车的销售下降，音乐制品行业里精雕细刻的声学吉他销售也大幅减少；电吉他方面，吉他生产商也逐步转向运用低成本涂漆等工艺。总体趋势是经济不景气时，高档消费品销售下降。

吉他用弦及其附属品——功放销量的下降也映衬出电吉他市场不景气：销量减至873200只，降幅达20%，零售总额降至2.532亿美元，降幅为25.4%。采用电子技术的功放销量也超过传统功放，吉他价格倾向于成本更低的产品，也反映出经济下滑、购买人数减少的客观现象。

校园乐器

校园乐器涵盖铜管乐器、木管乐器及提琴等三大类乐器。市场也分为以乐器租赁为主体的初学者、以中高档乐器的专业学生和演奏人员群体和以大件乐器购买为主的学校等团体。2009年，上述三类市场销售情况表现各异。

2009年，全美入学率略增1个百分点，初等乐器销售也随之微涨，该档乐器或许在各类音乐制品中所受经济波动影响是最小的。如果学校开展音乐活动，家长为让孩子更好成长，接受优质教育，通常会全力支持他们积极参与乐器项目活动，因此，不管经济形势如何，校园音乐活动所产生的初级乐器需求具有很强的持久性。

相反，中高档市场则迎来扑面而来的萧条“扫荡”，不少客户迫于经济压力推迟购买高档乐器的计划，因此，单价超过1000美元的大号、长笛和单簧管销售下降了25%，萨克斯销售下滑幅度也达到两位数。

此外，校园乐器采购降低的另一个因素是联邦和地方税收减少。像大号这类几乎完全由学校采购的乐器下降了近30%，预计2010年，全国50个州有47个州的赤字继续增加，校园乐器销售实现快速反弹的可能性还不太大。

键盘乐器

键盘乐器含立式钢琴、三角钢琴、演奏钢琴、数码钢琴及管风琴，金融危机、房地产萧条、失业率上升等不利因素对键盘乐器造成很大影响。三角钢琴、立式钢琴和电钢琴的零售额下降了45%，数码钢琴零售额降至9900万美元，跌幅达17%。

负面因素对市场前景造成长远影响。信用贷款被压缩，也降低了客户购买意愿。一方面，全国音乐制品行业主要零售融资公司之一的Textron突然退出业务，使数百家乐器零售商无法获得足额贷款维持库存；另一方面，房产市场崩溃使得市场买家不愿购置家俱、家电及钢琴等与房产相关的商品。过去20年来，三角钢琴的销售远远超过立式钢琴。而2009年则情况发生变化，钢琴买家更青睐那些低成本钢琴。

上述同样因素也冲击到家用管风琴市场销售，2009年该产品销售下跌近40%。

打击乐器

打击乐器在市场萧条中遭遇重创，其中2500美元以上的高档套鼓降幅最为明显，买家兴趣纷纷转向低价位产品。套鼓的零售总额较上年的1.23亿美元降至9900万美元，跌幅近20%。单鼓以及鼓配件情况稍好，零售额为5840万美元，降幅仅为12%。教学鼓（含行进鼓、定音鼓、槌棒等）因政府经费预算早在2008年经济衰退来临之前即已做好，因此销售降幅仅为7%。到2010年，联邦财政开支收紧，预计打击乐器市场也将再次迎来较为严峻一年。

鼓槌、鼓膜等配件类产品从历史来看完全不会受到外部因素影响，但2009年零售商压缩了存货，全国琴行客户总数减少，对这类产品还是造成一定影响。

吉他市场概况

单位：把

	2009年销量	同比%	2008年销量	同比%	2007年量	同比%	2006年销量	同比%
声学吉他								
199美元以下	520201	-3.10	537000	2.00	526600	-15.30	621439	-24.4
200-499美元	123357	-20.70	155500	2.20	152140	-8.00	165418	-10.50
500-1499美元	64461	-19.60	80200	-8.50	87650	1.40	86435	6.80
1500美元以上	17361	-26.90	23750	-8.30	25900	-8.50	28315	22.50
声学电吉他								
199美元以下	144947	-18.10	177000	1.10	175010	-9.00	192244	26.60
200-499美元	155187	-34.50	237000	-10.60	265200	-5.30	280169	-2.50

	2009年销量	同比%	2008年销量	同比%	2007年量	同比%	2006年销量	同比%
500-1499美元	65936	-18.60	81000	-7.00	87100	-0.90	87925	18.30
1500美元以上	18288	-29.90	26100	-8.10	28400	0.30	28315	7.20
声学吉他总计	1109738	-15.80	1317550	-2.30	1348000	-9.50	1490260	-9.70
电吉他								
199美元以下	425117	-13.80	493000	-0.60	496000	-4.80	520847	-16.00
200-600美元	306253	-22.50	395000	-7.70	428000	1.10	423282	5.00
601-1250美元	111272	-24.30	147000	-5.00	154800	19.90	129086	9.60
1251-2000美元	18005	-28.60	25200	-6.70	27000	12.40	24016	3.40
2000美元以上	10477	-29.70	14900	-6.30	15900	5.90	15010	50.80
空体电吉他								
200-500美元	34412	3.70	33200	-15.10	39100	-16.00	46531	-36.20
500美元以上	10177	-63.00	27500	-11.60	31100	21.90	25517	2.60
电贝斯								
250美元以下	126093	-20.20	158000	-1.40	160200	-1.20	162108	-28.10
251-500美元	74353	-23.30	97000	-4.00	101000	3.50	97565	1.40
501-1000美元	44597	-23.10	58000	-7.90	63000	16.60	54036	-9.50
1000美元以上	3072	-6.90	3300	-15.40	3900	29.90	3002	-39.70
电吉他总计	1163828	-19.90	1452100	-4.50	1520000	1.30	1501000	-9.50

声学钢琴市场概况

单位：台

	2009年销量	同比%	2008年销量	同比%	2007年销量	同比%	2006年销量	同比%
按型号划分								
立式钢琴								
44″以下	3955	-30.58	5697	-21	7249	-32	10698	-17.40
44″-47″	10017	-41	16977	4.30	16275	-14	18960	-14.10
工作室用琴	5955	-28.89	8374	2.60	8157	-21	10204	-24.80
自动演奏钢琴	325	-21.31	413	-13.10	475	-19	589	-9.10
立式钢琴总计	20252	-33.46	30435	-5.40	32156	-21	40451	-17.80
三角钢琴								
5′以下	1974	-50.14	3959	-11.80	4484	-27	6154	-19.00

	2009年销量	同比%	2008年销量	同比%	2007年销量	同比%	2006年销量	同比%
5′-5′5″	3466	-44.19	6210	-15.20	7321	-29	10312	-20.50
5′6″-5′10″	1877	-37.41	2999	-21.20	3850	-12	4390	-30.70
5′11″-6′4″	1326	-45.99	2455	-18.50	3012	6.20	2835	-28.20
6′5″-7′10″	755	-54.68	1666	-32.50	2467	11	2223	-25.10
7′11″及以上	635	-37.13	1010	-4.30	1055	3.30	1021	-26.80
自动演奏钢琴	2775	-49.06	5448	-34.50	8191	-14	9580	-15.40
三角钢琴总计	12808	-46.06	23747	-21.90	30380	-17	36515	-21.20
声学钢琴总计	33060	-38.98	54182	-13.40	62536	-18.70	76966	19.50
按单价划分								
三角钢琴								
10000美元以下	2955	-43.98	5275	2.90	5125	-40	8471	-30.80
10000美元以上	9853	-46.66	18472	-26.90	25255	-10	28044	-17.80
立式钢琴								
4000美元以下	14255	-21.86	18244	-7	19616	-27	27102	-22.10
4000美元以上	5997	-50.81	12191	-2.80	12540	-6	13349	-7.60
主要进口国家或地区								
立式钢琴								
中国	6999	-28.00	9721	-13.30	11208	-15	13176	-24.50
印尼	4277	-44.31	7680	37	5574	34	8371	-26.40
日本	3221	-25.01	4295	-8.70	4702	-3.70	4879	-28.40
韩国	415	-20.65	523	-52	1069	8.10	988	-29.20
美国	425	-56.85	985	-85	6935	-21	8737	15.60
三角钢琴								
中国	2755	-41.83	4736	-43	8237	-29	11764	-24.60
印尼	3325	-53.65	7173	25	5710	-26	7725	-28.50
日本	3420	-50.38	6893	-4.30	7202	-19	8913	-26
韩国	300	-49.83	598	-63	1644	74	944	-52.00
美国	1255	-34.81	1925	-15	2268	-13	2607	2.30

美国乐器市场销售概览

(单位：美元)

年份	销量	同比%	批发额	零售额	同比%	平均单价
			吉他			
声学吉他						
2009年	1109000	-15.77	262253000	391423000	-17.21	353
2008年	1317550	-2.30	312042390	472791500	-8.20	359
2007年	1348000	-9.50	345007000	514936000	-6.10	382
2006年	1490260	-9.70	367438000	548415000	2.20	367
电吉他						
2009年	1163000	-19.85	287646000	429323000	-24.20	369
2008年	1452100	-4.50	376630464	566361600	-5.90	390
2007年	1520000	1.30	403286000	601920000	6.90	396
2006年	1501000	-9.50	382154000	562875000	-8.30	380
吉他总计						
2009年	2273000	-17.91	549900000	820746000	-21.02	361
2008年	2769650	-3.40	691036812	1039153100	-7.00	375
2007年	2868000	-4.10	748293000	1116856000	0.50	389
2006年	2991260	-9.60	749593000	1111290000	-4.10	372
注1：声学吉他类含班卓琴、曼陀林及其他声学弦乐器						
注2：电吉他类含电贝斯						
			功放			
2009年	873200	-20.33	164598200	253228000	-25.47	290
2008年	1096000	-1.40	220844000	339760000	-9.90	310
2007年	1112000	1.80	245029000	376968000	4.60	339
2006年	1092000	-12.00	234234000	360360000	-9.20	330
			钢琴			
三角钢琴						
2009年	10033	-45.17	71916000	128422000	-48.18	12800
2008年	18299	-17.50	138789924	247839150	18.50	13544
2007年	22189	-17.60	170234000	303989000	-5.10	13700
2006年	26935	-23.50	179313000	320203000	-19.90	11887

年份	销量	同比%	批发额	零售额	同比%	平均单价
立式钢琴						
2009年	19927	-33.63	41344000	72534000	-37.49	3640
2008年	30022	-5.20	66140121	116035300	-3.10	3865
2007年	31681	-20.50	68259000	119754000	-7.20	3780
2006年	39862	-17.80	73571000	129073000	14.20	3237
自动演奏钢琴						
2009年	3100	-47.11	23436000	41850000	-48.26	13500
2008年	5861	-32.40	45293808	80881800	-33.20	13800
2007年	8666	-14.30	67844000	121150000	-8.70	13980
2006年	10169	-13.70	74286000	132654000	-10.30	13044
钢琴销售总计						
2009年	33060	-38.98	136697000	242806680	-45.41	7344
2008年	54182	-13.40	250223853	444756250	18.40	8209
2007年	62536	-18.80	306338000	544894000	-64	8713
2006年	76966	-19.40	327170000	581930000	16.60	7560
数码钢琴						
2009年	102000	-16.97	59976000	99960000	-17.64	980
2008年	122850	1.80	72825480	121375800	-1.30	988
2007年	120620	-3.50	73819000	123032000	14.40	1020
2006年	125000	-13.20	86250000	143750000	16.80	1150
			校园乐器			
铜管乐器						
2009年	209500	-11.90	103957000	189012000	-15.89	902
2008年	237800	-0.40	123596550	224721000	-4.00	945
2007年	238800	8.10	128713000	234024000	11.50	980
2006年	220950	4.50	115446000	209902000	5.60	949
木管乐器						
2009年	359300	-8.19	146162000	265749000	-7.61	740
2008年	391347	4.70	158202025	287640045	1.90	735
2007年	373800	1.70	155220000	282219000	2.40	755

年份	销量	同比%	批发额	零售额	同比%	平均单价
2006年	367580	2.00	151626000	275685000	1.50	750
弦乐器						
2009年	290845	-16.70	44714000	81299000	-16.70	280
2008年	350850	-16.70	36277890	65959800	-19.70	188
2007年	421074	2.90	45160000	82109000	5.60	195
2006年	409131	1.60	42754000	77734000	13.60	189
校园乐器总计						
2009年	859645	-12.28	294833625	536061137	-12.12	624
2008年	979997	-5.20	318076465	578320845	-3.30	590
2007年	1033674	3.60	329093000	598352000	6.20	579
2006年	997661	2.40	309826000	563321000	4.50	564
电声乐器						
键盘合成器						
2009年	73779	-7.27	66418807	97388280	-17.29	1320
2008年	79560	4.00	80304682	117748800	-3.20	1480
2007年	76523	-3.80	82980000	121671000	5.50	1590
2006年	79530	11.30	78647000	115315000	3.10	1449
音源器						
2009年	6700	-16.77	3198580	4690000	-19.64	700
2008年	8050	1.10	3980323	5836250	4.70	725
2007年	7962	-11.00	3801000	5573000	-11.00	700
2006年	8642	-34.20	4268000	6259000	5.70	724
鼓机						
2009年	16200	-11.38	2673000	3920000	-6.75	242
2008年	18280	-12.1	2867401	4204400	-15.8	230
2007年	20800	-15.9	3404000	4992000	-14.1	240
2006年	24731	-14.0	3963000	5811000	-3.7	234
键盘控制器						
2009年	74500	-15.34	11177000	16390000	-13.37	220
2008年	88000	11.40	12903440	18920000	4.60	215

年份	销量	同比%	批发额	零售额	同比%	平均单价
2007年	79000	6.80	12338062	18091000	45.50	229
2006年	74000	421.00	8478000	12432000	22	168
电钢琴、专业管风琴						
2009年	16200	-18.18	19666152	28836000	-19.09	1780
2008年	19800	-8.40	24306480	35640000	-12.80	1800
2007年	21620	-18.40	27867000	40861000	-8.20	1890
2006年	26500	-19.70	30362000	44520000	-27.00	1680
电子鼓						
2009年	n/a	n/a	31938060	46830000	-16.00	n/a
2008年	n/a	n/a	38022741	55751819	2.10	n/a
2007年	n/a	n/a	37240000	54605000	5.20	n/a
2006年	n/a	n/a	35399000	51906000	5.50	n/a
电声乐器销售总计						
2009年	n/a	n/a	135073292	198054680	-16.82	n/a
2008年	n/a	n/a	162385066	238101269	-3.10	n/a
2007年	n/a	n/a	167632000	245794000	4.00	n/a
2006年	n/a	n/a	161117000	236243000	-3.20	n/a
打击乐器						
套鼓						
2009年	168000	-15.80	65419200	99120000	-19.74	590
2008年	199520	-10.20	81511901	123502880	18.30	619
2007年	222300	-18.00	99768000	151164000	-9.80	680
2006年	271167	-3.80	110603000	167587000	-3.30	617
鼓（含支架、踏板、相关零件等）						
2009年	n/a	n/a	38546713	58404111	-12.70	n/a
2008年	n/a	n/a	44154311	66900471	-6.00	n/a
2007年	n/a	n/a	46972000	71170000	-7.00	n/a
2006年	n/a	n/a	50508000	76527000	0.90	n/a
教学用打击乐器（含行进打击乐器、槌棒、工具等）						
2009年	n/a	n/a	36709191	55619986	-7.00	n/a

年份	销量	同比%	批发额	零售额	同比%	平均单价
2008年	n/a	n/a	39472248	59806437	-1.00	n/a
2007年	n/a	n/a	39870000	60410000	3.30	n/a
2006年	n/a	n/a	38597000	58480000	5.10	n/a
镲片						
2009年	n/a	n/a	44723121	67762305	-9.50	n/a
2008年	n/a	n/a	49417814	74875475	-6.00	n/a
2007年	n/a	n/a	52572000	79654000	-2.00	n/a
2006年	n/a	n/a	53645000	87280000	6.60	n/a
鼓槌和槌棒						
2009年	n/a	n/a	58757805	89026977	-4.50	n/a
2008年	n/a	n/a	61526497	93221966	1.10	n/a
2007年	n/a	n/a	60857000	92207000	6.00	n/a
2006年	n/a	n/a	57412000	86988000	6.90	n/a
手鼓						
2009年	n/a	n/a	20466882	32487115	-12.00	n/a
2008年	n/a	n/a	23257821	36917176	-5.00	n/a
2007年	n/a	n/a	24481000	38860000	-9.00	n/a
2006年	n/a	n/a	26903000	42703000	-2.00	n/a
鼓皮						
2009年	n/a	n/a	36762906	58353818	-8.00	n/a
2008年	n/a	n/a	39959680	63428064	-5.00	n/a
2007年	n/a	n/a	42062000	66766000	-1.00	n/a
2006年	n/a	n/a	42487000	67440000	1.00	n/a
打击乐器总计						
2009年	n/a	n/a	301385819	460774313	-11.16	n/a
2008年	n/a	n/a	339300272	518652468	-7.40	n/a
2007年	n/a	n/a	366585000	560234000	-3.60	n/a
2006年	n/a	n/a	380155000	580999000	1.40	n/a

注：“n/a”表示数据不适用、无统计。

（常杰编译自美国《音乐贸易》2010 No.5）

2008年美国音乐制品行业回顾

每当拳击家泰森赛前被问及对手的攻击方案时，他回答说，“除非受重创，每个人都有自己的如意计划”。虽说这位拳击手在讨论拳击攻略，但这种见解同样适用商业竞争。2008年的第10个月，美国经济遭受一系列未曾预料到的冲击后，迅速陷入衰退。两周之内，道琼斯指数跌破3000点，幸亏美联储及时融资出手，这才保住美国国际集团这一世界最大的保险公司免于破产。世界两大投资银行随之破产。销售一落千丈，通用公司和福特公司未来发展的“气数”难定；“金融危机”这个词条成了各大媒体报道的关键词。无疑，市场消费信心受挫。政学商三界都在热烈讨论这场持续蔓延危机的原因及影响……但有一点是确凿的：由于这次突如其来的冲击，各大公司原定的甚至精确到小数点的商业计划受经济所挫后也不得不重新推敲，大家都在努力应对着让人捉摸不定的“经济环境”。以至美国有线电视新闻网一位分析员断言，“如果想找到类似情况下的解决方案，往前回溯几十年……竟找不到过去哪种经济形势能与之平行”！

财富神话的破灭速度突如其来，一时迷失方向，致使国内音乐制品行业中一些人盲目屈从，对形势亦步亦趋：3月，众议院金融委员会主席巴尔尼把华盛顿政策“蒸馏”成一句话：“房产市场未现异常”；几个月后，金融巨头雷曼兄弟投行时任首席执行官约翰更信誓旦旦，“我们是经历了些融资困难，但公司基石仍然稳固”；9月，参议员麦凯恩在竞选总统时，使其致命失利的原因就因其作了4字断言：“经济良好”；当时业内有人预计12月份吉他销量非常看好，然而这种乐观态度，在政界、学界、金融界都定下的基调中就被忽略不计了。引用犹太人的一句谚语就是：“如果想让上帝笑，就把你的计划告诉他。”

以往，在每年的12个月份中，岁月可以抚平曲折事件的波浪式变化。如过去报道过的“技术改进催生新兴乐器”、“中国进口乐器带动国内乐器制品价格下降”等，都得到时间证实。但2008年，有些事情却出乎了初期预见：前10个月份可谓发展依旧。2008年第3季度起，从零售商报告中就看出了这样的端倪：国内乐器零售业绩实际与去年持平。弦类乐器和校园乐器的收益抵消了钢琴、MIDI和音响制品的销售下滑。在去年8月所做的“全美乐器零售调查”中，46%的零售商认为当前经济对生意没有消极影响，27%的人认为影响有“一点点”，只有9%认为影响“较重”。

自金融颓势迅速蔓延到经济实体中后，商业环境短时间内就经历了重大变化。要想破解这突如其来的变化，百思买百货公司首席执行官说，“零售行业一直处于裂变状态中”。塔尔盖特总裁告诉投资商，“我们步入这样的时期，市场不再青睐我们的型号，公司也无有效预见能力。”

无疑，房地产价格下降，消费者手头紧缩，需求有限等对乐器经营环境造成严峻影响。还有一些其他因素，利润下降，工厂裁员，国会休会……我们估计，消费者暂时缩减了市场消费，要重新打开他们钱袋子还尚需时日。我们也怀疑媒体在夸大经济起伏，事实并不像报纸标题那么糟糕。看看事实就知道了，只有4.8%的房子处于滞销状态，95.2%的人还是有房住；就业也一样，尽管最近失业率飙升到7%，但占93%的绝大多数比例人口还是能够就业。还有一个因素，要考虑到（美）新闻界的一条报道原则：飞机安全着陆并不属于报导范畴。

模拟视频乐器游戏助推乐器销售

在所有经济消息里，2008年有个非常积极的信号，反映出大众对音乐持有良好兴趣。《摇滚乐队》游戏风靡一时，视频游戏《吉他英雄》销量突破15亿大关，超出了人们预料，吉他中心首席执行官阿尔伯森较好地总结了这种以乐器为基调的游戏，他说，“如果少年儿童对‘摇滚’生活方式更感兴趣，这对音乐制品行业来说是件好事。”虽然没有精确数字量化其效果，但来自乐器行业的种种反馈在不断证实，《摇滚乐队》和《吉他英雄》游戏正让更多的孩子参与到现实乐器学习行列中。极其看好的视频游戏销量再次体现出乐器的深层次魅力。尤其是《吉他英雄》，在当前经济乏善可陈的环境下，吉他成为行业中较为看好的销售门类。

两大网上销售巨头

乐器制造的广泛魅力离不开全美两家最大的百货公司：百思买公司和亚马逊公司。2007年，这两大百货零售巨头在其经营的产品种类中增加了音乐制品。三年前，百思买公司在加利福尼亚州首先尝试“乐器零售店中店”概念，即在百货大楼中，设置专区零售乐器制品。发展到2008年底，百思买宣布要再开75～80家乐器零售店。每家店平均占地2500平米，有专业销售人员，每家琴行乐器库存量约为1200件。目前，百思买已在26个州开设了67家这样的网点。不久将会公布2009年计划。

网络零售巨头亚马逊公司的宗旨是“向客户供应各种所需商品”。音乐制品当然也不例外，把乐器列入其销售目录只是一个时间问题。它通过子目录和“Musician's Friend”和“Sam Ash”等在内的全美100多家琴行链接，但从今年起，亚马逊公司开始直接供货。

行业重组整合

2008年的并购风潮一浪接一浪。收购虽非一鸣惊人，但都是策略型收购。如雅马哈收购知名的贝森朵夫钢琴公司，决意保证奥地利乐器的特质；德国Seiler钢琴申请破产保护后，韩国三益钢琴将其收购，由此保证了其在Nuremberg工厂的正常生产；日本乐兰电子乐器公司竞购了Cakewalk软件公司的多数股份，该举措强化了两家公司的合作；施坦威公司付出450万美元，收购古典音乐网络专业零售商Arkiv.com。

还有一宗原本达成了共识，但未完成的并购案：丹麦的TC电子乐器公司于2008年2月宣称要通过吉普森的品牌和TC公司的数码技术加强合作，与美国吉普森吉他公司合并，但谈判两个月后该交易取消。

日本丰田汽车公司管理层曾提出“简约生产”概念，取得了其在汽车生产的全球主导地位。一时间，“简约生产”如雨后春笋出现在经营管理类书籍中。用在音乐制品行业里，本刊把“简约”浓缩为一点，即怎样做到“少投入多产出”。实际上，音乐制品行业都在潜移默化地践行这种理念。因此10月份金融危机开始后，美国国内外的乐器厂家都在不断整合，在保持原有规模的前提下重在提高效率，“简约化制造”模式最明显的例子可能是吉他中心，过去该连琐公司在快速“跑马圈地”，但现在放缓了新开琴行店面的速度，把重心放在提高现有琴行经营效率上。

另一方面，萨尔玛公司则扩大了在Elkhart管乐器生产，适用于旗下所有管乐品牌；2007年下半年芬得公司收购了卡曼公司后，将吉他生产转至康涅狄格州；PRS吉他公司发行了公司债券，拟筹资建设占地8万平米的新厂。这个新工厂全面生产声学吉他和吉他功放；曾经奉行“简约”概念的D’Addario公司，也增加了36000平米的产品分销中心，大大节省了为客户供货时间。

过去，本刊曾报道过美国音乐制品公司在中国的业务拓展活动。但2008年，由于劳力成本上升，产品的世界需求减少，国内市场增速下降，中国乐器市场出现了一定程度的整合迹象。这个新兴市场也在经历着日本、台湾和韩国等国家和地区所走过的发展道路。

庆典活动

有智者将持久经营归结为两条原则：1、不要破产；2、永远记住第一条。本刊自创刊起近120年中，写过音乐制品行业的大大小小企业，这些企业取得的成就让我们萌生敬意，历经多年，它们一直都是上面两条原则的实践者：首先要庆祝的是马丁吉他公司，在同一家族管理下已走过175个年头，从创业伊始的纽约转至现在的宾夕法尼亚州。

此外，2008年Zildjian公司庆祝家族制镲385年，其历史可追溯至土耳其帝国时期；汉密尔顿乐器支架公司，举行了125周年庆典；Washburn，曾是美国广泛认可的吉他品牌，走过了125周年；J.J.Babbitt管乐器橡胶吹嘴生产商刚刚走过90年；日本吉他制造先行者——Takamine公司诞生45周年；爵士吉他制造商Bob Bennedetto公司庆祝40周年；Dean吉他公司也庆祝了从业30周年。

新产品呈精细特点

音乐制品行业的特点是规模小和专业化。产品方面，2008年，音乐制品呈现出精细度更高，胜过创新性。电子打击乐器算不上新乐器，但乐兰公司在产品上使用了“HD-1”套装结构，解决了入门产品价格问题。两年前，该手握数码录音制品曾被我刊评为“年度产品”。显然这种产品受到关注，2008年，雅马哈和奥林巴斯公司也挤进来，力图在市场份额中分得一杯羹。

结束语

对未来12个月的预测如雾里看花，形势似“浑浊的水晶球”，从积极方面讲，美国仍是世界最有生产力的资源基地，人们对音乐和乐器有着热切需求，而且国内人口结构演化朝着合理化方向发展，如美国12-24岁的人口在众多发达国家中（含西欧各国和日本）所占比例是最大的；从消极因素看，主要是华尔街金融萧条。信贷肯定在近期内有所收紧。信用是商务发展的“能源和引擎”，如果对其限制或消除，会使经济放缓……在分析如上所有因素后得出的结论是，2009年，销售增速有限，但对有准备的商家来讲，孕育着巨大潜在机遇。若从历史找答案，市场份额转换最快的时间往往发生在经济困难时期。

（常杰编译自美国《音乐贸易》2009 No.1）

2009年美国音乐制品行业回顾

2009年，美国经济衰退，音乐制品行业一样受到影响，不少事件影响和冲击了行业发展，幸运的是，经济复苏之后，行业形势更显强劲。

自从1950年以来，我们预计行业总收入每隔6年会滑落一次，而此次危机和以往不同之处不仅在于其波及程度之深，更在于其所影响的音乐产品范围之广。可以说，本次经济衰退使音乐行业中各产品类别普遍陷入了负增长境地。

过量债务积聚，几乎每次都成为美国历史上金融危机的导火索。要了解目前全美财政的深度和广度，不禁让人联想到堆积如“珠穆朗玛峰”的债务：消费者最大限度地利用信用卡大量进行资产抵押，集聚了累累家庭债务。超越贷款权限的公司和颇受质疑的银行业务操作，还有联邦政府和州政府越堆越高的债务……美国消费支出较去年减少了20%。

如果说消费者手头缩紧还不算，行业还“分享”了华尔街带来的苦果。在2009年NAMM展举办之前，行业内著名的融资公司“Textron”管理层基于收益风险比较，宣布进行资产盘点，一夜之间，千余家零售商被迫挤兑当地银行，使出浑身解数要求融资，然而不幸的是绝大多数请求被驳回。即使那些声名卓著、具有良好信用的经销商也感受到了放贷者的冷落。克利夫兰的一家乐器零售商反映出一种普遍现象：“贷款利率竟从11.9%陡升至22%。”类似这样的信贷资金支持度降低在全美可谓上演过几千次，直接削弱了乐器零售。

“祸不单行“，音乐制品行业不仅仅是遭遇衰退的唯一行业，其他行业也到重挫。业界同仁只好从冷酷的现实中寻找丝丝慰藉：汽车销售下降40%；房地产剧烈下挫74%；百货零售的降幅达到35%，甚至更多。百思买刚刚卸任的首席执行官布莱德安德森的总结代表了很多人的经历，他说：“经济运行往往会突发剧变，我们先前所有的计划只能搁浅。而让人惊讶的是，音乐制品行业抗击经济衰退的韧性要好于其他行业。”雅马哈公司也生产家俱、厨卫用品及其他电子消费产品，而据其年报称，2009年该公司经营相对较好的产品还是乐器，销售仅仅下滑15%，而其他种类产品则下降了19.3%。

而哈曼公司音乐制品“JBL、Lexicon、dBx、AKG、Digitech”等品牌远远好于汽车制品（下降47%）和音响产品（降幅31%）。一方面，这里所比较的产品销售降幅相对较小，实际上等同于在一群逃课的学生中比较谁的成绩最好；另一方面，这实际也反映出人们对音乐制品需求的长久性。

经济衰退不仅仅影响了人们的开支额度，还影响到他们的开销方式。本次的衰退迫使买家转向低价位产品。10年来，从中国进口的音乐制品纷涌而入，把初级音乐制品推向新高。与之伴随的还有一个趋势是那些神秘买家购买质量“极致“的乐器，例如用高档家俱材料做成的套鼓，动辄标价9000美元；用稀有木材精雕细刻的吉他；为大牌演奏家配置的高档三角钢琴等。

消费者正把乐器购买的注意力从高档琴行转向沃尔玛超市，不象过去把大钞放在奢侈乐器上，原因很容易理解。首先，可供支配的流动美元减少；其次，乐器生产设备的技术在不断改良，便宜的玩意儿变得出奇好用，从音色和演奏性能来看，一把700美元的普通吉他堪与高于其3倍价格的吉他相媲美，一架仅售1000美元的套鼓也是如此。

经济衰退也对行业供应商产生了显著影响。1890年首期《音乐贸易》出版发行时，行业里的供应商通过年终返利、批量折扣、广告扶持、补充条款甚至旅游激励等举措鼓励零售商进货，他们认为，零售商会有十足动力来销售产品。但到今年年初，零售商向供应商集体发出这样一个强烈信息：“我们不要积压的库存，我们要的是顾客”。

供应商采纳了这些强硬的语言，变换新方式，使2009年被行业所铭记。一个重要的原因是供应商采取了史无前例的普及活动帮助零售商增加乐器顾客。如Fender在过去12个月的时间里举办了300多场乐器店内推广活动。在总结这一新举措时，Fender高级营销副总安迪认为，“公司员工已经有了新的认识，他们的工作是帮助零售商把吉他想方设法送到吉他用户手中”；泰勒吉他公司同样雄心勃勃，过去的一年里，该公司举行了200余场吉他零售专场活动，还把零售商统一接到圣地亚哥进行密集的促销培训。行业领头公司雅马哈则鼓足力量，为客户提供返利，产品直邮推广，增值服务，销售培训。目的只有一个：拓展乐器用户。雅马哈美国分公司高级副总裁里克说，“在这样的条件下，要开足马力推进乐器销售。”

经济收缩同样对零售商行动产生了显著影响。音乐教育是零售商长久以来推崇的重要销售手段。动用学生、音乐教师来推进乐器销售，而自己腾出时间制订更大的销售策略，何乐而不为呢？因为普通客户热情降低，使越来越多的零售商认识到了音乐教育的重要性，把它当成推动销售的“改良酒精”，纷纷虔诚地加入到音乐教育行列。尽管没有有力的数据佐证，但本刊通过调查、采访，发现零售商把教学当成促进销售的一大利器。据报道，GuitarCenter目前在做店外音乐教育活动，积累试点经验后加以推广。供应商和零售商均认为，这些举措都是硬功夫，达到的效果就是在经济复苏时能够满足更为强劲的市场需求。

在这样的形势下，律师们却把诉讼目光盯向以前被他们忽略的音乐制品行业。这群毫不疲倦的“司法十字征军”在联邦贸易委员会对音乐制品行业启动调查后，马上意识到起诉音乐制品行业是笔“好生意”。某个普通客户的电话、邮件投诉成为他们从这个行业赚钱的导火线。

目前已有36家公司起诉NAMM、GuitarCenter和Fender公司，指控他们于2003年至2007年间非法操纵价格，损害了普通吉他买家的利益。虽没有提出具体赔偿金额，但显然也是想从中拿到更多的钱。在起诉状中，律师们直接索要诉讼现金，而被控方只能被动地要求从中讨价还价打个折扣。

比起上述更为激进的是一起发生在加州的诉讼案件。本着对环境法只言片语的理解，DelMar法律公司就对21家吉他琴弦公司提起诉讼，声称数百万吉他手的健康会受到吉他琴弦所含不良物质的影响，并据此索求高达2000万美元的赔偿罚金。一名法官抛出这个案子，结果琴弦商们只好凑出10万美元应诉。厄尔尼琴弦公司的斯特林总结了众多琴弦公司的心声：“这起案件显然暴露出加州政府及其法律制度存在的缺陷。”

不过来自法制前线的报道并不总是坏消息——由Fender，PRS、Hoshino和Gibson组成的吉他生产商同盟共同起诉两家伪造名牌吉他生产的中国吉他制造商。这一美国同盟的法律顾问表态说：“判处当事人有期徒刑，将对其他伪造国际知名品牌的厂商起到一定遏制作用。”

投资未来

虽然过去一年充斥着不少阴霾消息，但也见证了行业人士努力改造产品，加大促销，改良厂房，积极为未来做准备。许多企业家执着投身音乐制品行业，虽然知道赚的都是辛苦钱，但仍然对音乐和乐器充满感情。D’Addario公司在加利福尼亚州的工厂完成了1000万美元的厂房扩建计划，提高生产效率的同时也提升了质量；Fender乐器集团加大了乐器产品的生产范围，推出EVH新吉他及功放；PRS吉他公司也开发了一条声学吉他及功放生产线。Gator箱包公司收购了XL打击乐器公司，在美国设立了工厂，专门生产打击乐器箱包。HalLeonard出版公司在明尼苏达州开办了音乐出版配送中心，增强了生产能力，并与英国MusicSales出版公司签订协议助其在美销售。贝希斯坦在捷克新开一家钢琴生产厂等等。

2009年最激进的拓展活动莫过于加拿大顶级分销商JAM industry进军美国市场，与American Music Sound结成业务伙伴。后者是科莎维尔音响的分销商，还收购了Washburn和Parker吉他的母公司USMusic。

其他收购方面的消息还有，Powell长笛公司控股E.K.Blessing，承诺保证其在印第安纳州的铜管乐器生产；韩国三益乐器买下施坦威乐器集团19%的股份，但施坦威管理层在公司仍拥有投票控制权，三益称，此次对斯坦威的投资计划为“纯资本性质的”。

困难时期的经济形势似乎并没有阻止局外人进入音乐制品行业。TomBedell年轻时在爱阿华州开了一家琴行，后来又因开办世界最大的渔具生产厂而成为富翁，但去年他又决定选择他的挚爱吉他，创办了Bedell吉他公司。此外，意大利EKO吉他厂又重新返回美国市场。

在扩张前沿，韩国世正集团在中国青岛扩建了钢琴生产基地；KMC乐器公司迁至康涅狄格州的布鲁菲尔德。FullCompass公司迁至占地14万平米的分销中心。德国握威乐器公司在纽约市开设一家办事处，维护与艺术家关系。

声学钢琴音色的复杂性几乎为电子工程师提出了几乎不可跨越的技术鸿沟，但仍阻挡不住他们攻克难关积极寻求电子替代品的决心。今年，雅马哈和罗兰公司研究开发了两种划时代意义的新产品，罗兰的V式钢琴使用了新一代全新的声学技术；雅马哈生产的“AvantGrand”声学/数码混合钢琴也堪称一大声学技术突破。这两家公司在电钢琴的表现力方面奔向了更高新标准。JamHub公司也进行了一大创意性的设计，拥有自主知识产权的混频器可以使整个乐队在演奏起来实现“虚拟静音”状态……

展望未来，最关键和未知的问题是，“我们是要按下暂停按钮还是重启按钮？”换言之，消费者是在屏息等待鼓舞人心的经济信号，或是预计未来金融形势扭转改变他们的购物习惯？这两种情况都有可能实现。“暂停按钮”可以理解为：乐器并未失去吸引力，还继续为人们所钟爱，在适时的情况下，经济恢复反弹后，人们还会大量购进乐器；“重启按钮”可比喻为一直坐在热炉旁，骤然变冷会让人非常不适应，消费者可能为先前过度消费买单，在将来一段时期内持过度谨慎的消费态度。

然而总体上形势是乐观的，我们选择“暂停按钮”，消费者信息恢复需要时日，放贷机构也要整肃债务，平衡借贷报表，虽然这个“暂停”时段较长，但乐观的是，即使在销售下滑的情况和竞争激烈的环境下，许多乐器零售模式和促销方式会发生变化，这将产生积极成效。回想2009年4月，当美国股指跌至十年新低时，财政部长TimGeithner曾就此发出金融警示，而同一天，Willis琴行盛大开业典礼吸引了1000多人参观。尽管琴行各方面活动组织到位，但促销效果却并非特别显著，这说明消费者还是注重对产品品质、服务方面认真遴选。目前的低靡状态让音乐制品行业的各家公司增强了提高产品价值意识。对生存的恐惧会带来焦虑、失眠甚至一点点心碎的感觉，竞争的结果不是更强就是被淘汰。但另一方面，困境也能让人鼓足勇气，强化意念和力量。回顾过去12个月的不平凡历程，完全有理由相信，这段曲折的过程会让行业在经济复苏时变得更有凝聚力，发展得更稳健。

（常杰编译自美国《音乐贸易》2010 No.1）

2008年度美国乐器、音响125强供应商分析

经济变动时期，各大公司纷纷出台举措谋求生存，经济挑战往往引发公司格局变动，这种现象最明显的体现即为美国音乐制品行业125强供应商位次的变化。2007年，芬达吉他收购当时排名第七的卡曼乐器公司，使芬达一跃成为销售排名第一的全美最大音乐制品供应商。6年来，榜单的前十家最大的乐器供应商所占市场份额已从2002年的42%增长到2008年的50%。促成这种趋势的战略似乎是规模越大越好，“以大保安全”。

创新和效率往往互补。创新需付出额外成本，往往与风险相伴，而与效率相冲突；相反，效率要求始终如一。20世纪80年代和90年代，音乐制品行业经历了前所未有的创新：MIDI有了标准、家用录音棚流行、电脑技术和音乐创作相互融合，似乎预示着行业重心已转至提高效率上，集中体现在行业的并购事件中：过去10年，榜单中15家最大的公司，有10家做出过收购决策，如雅马哈接管电脑软件先驱斯坦伯格公司，乐兰公司收购Cakewalk软件公司。

收购并不仅仅局限于高科技企业。越来越多的传统乐器公司也加入到收购浪潮中。除前面提到的芬达交易、吉普森收购了鲍德温钢琴和东北钢琴，卡曼乐器公司收购了竞争对手Musicorp、D’ Addario收购里格簧片公司等等……销售越来越集中到少数大型乐器集团。

销售125强榜单还能反映出消费者购买模式。公司经营的起起落落实质是管理技巧和市场趋势综合作用的结果。比如从本次榜单上看出，前50家最大的乐器供应商有一半经营吉他业务，吉他依然是人气指数很高的乐器。

本次出炉的榜单按销售额排名，美国乐器、音响制品零售总额为71亿美元。前125家销售总额却达81亿美元。为何会出现这种情况？原因有几点：一是销售数据中含出口数据，象芬达乐器、马丁吉他和施坦威乐器等销售额不仅仅限于美国，也包含美国外的大量收入。此外，还有的公司专营出口业务，将销售额进一步拉高；其二，象雅马哈、哈曼等公司的很多销售额不仅限于乐器业务，同时还有电子产品等其他日用消费品，因此不能完全排除非乐器业务的销售总额；第三，销售额有些数据是重复计算，两家公司所作的同一次买卖可能被重复计算两次。两个销售数据相互重叠，总体拉大了125强的总收入。

这种多样化组合就产生一个问题，“到底如何定义音乐制品公司？”从最基本意义来看，就是生产乐器和配件的各类公司，也包括生产功放和录音设备的音响公司。此外，行业中也有一些公司生产电脑和音乐制品。如按这种标准来看，苹果电脑公司是否属于乐器行业？过去的标准之一是，产品是否进入乐器行业分销渠道。但目前，“吉他中心”琴行也零售戴尔电脑，那么电脑制造商是否也属音乐制品行业？尽管具体标准有待讨论，但为便于统计，只要主营收入有赖于专业乐器零售渠道，均被计算在内。

2008年度美国乐器、音响125强供应商名单

排名	公司名称	2008年收入（美元）	员工人数	首席执行官
1	Fender Musical Instruments	715000000	3150	William Mendello
2	Yamaha Corporation of America ※	678685000	487	Hirofumi Osawa
3	Harman Professional	611081000	1890	Dinesh C.Paliwal
4	Shure Inc.	450000000	2400	Sandy LaMantia
5	Steinway Musical Instruments	387413000	2007	Dana D.Messina
6	Gibson Guitar Corp.	335000000	3500	Henry E.Juskiewicz
7	Avid Audio	303205000	600	Garry Greenfield
8	Jam Industries	215000000	390	Martin Golden
9	Peavey Electronics Corp.	194000000	1500	Hartley Peavey
10	Loud Technologies	189400000	350	Rodney Olson
11	Roland Corp.U.S. ※	160000000	190	Dennis M.Houlihan
12	Hal Leonard Corporation	150300000	409	Keith Mardak
13	D'Addario&Company	127000000	1018	James D'Addario
14	Sennheiser Electronic Corp. ※	114000000	125	John Falcone
15	First Act	110000000	225	Mark Izen
16	Line 6	100000000	268	Mike Muench
17	Martin Guitar Company	91780000	791	Christian F.Martin IV
18	Korg USA ※	90000000	717	Joe Castronovo
19	QSC Audio	89000000	300	Barry & John Andrews
20	Hoshino USA ※	85280000	126	Bill Reim
21	Hermes	85000000	295	Alberto Kreimerman
22	Numark IndustriesI	84000000	115	John O'Donnell
23	AXL	82500000	1360	Alan Liu
24	Behringer USA ※	79000000	55	Michael Deeb
25	Samson Technologies Corp.	76000000	120	Scott Goodman
26	Alfred Publishing Company	74000000	285	Steve Manus
27	Taylor Guitar	67500000	595	Kurt Listug
28	U.S. Music Corp.	66800000	164	Rudolf Schlacher
29	Kawai America Corporation ※	66000000	95	Naoki Mori
30	Audio-Technica ※	62000000	107	Phil Cajka
31	The Papcohorizon Company	61000000	638	Dale Williams
32	Ernie Ball	60000000	355	Sterling Ball
33	Yorkville Sound	57500000	265	Steve Long

排名	公司名称	2008年收入（美元）	员工人数	首席执行官
34	Casio	55750000	190	Kazuo Kashio
35	Avedis Zildjian Company	54200000	132	Craigie Zildjian
36	Tropical Music Group	53400000	19	Oscar Mederos
37	Hanser Music Group	49500000	90	Jack Hanser
38	Remo	47500000	300	Brock Kaericher
39	SKB Corporation	47000000	385	Dave Sanderson
40	Stanton Group	45000000	105	Tim Dorwart
41	Godin Guitar Company	44800000	400	Robert Godin
42	Samick Music Corp. ※	43750000	30	Baik Lee
43	SF Marketing	43500000	130	Sol Fleising
44	TCI Group America ※	41000000	65	John Maier
45	Jupiter(KHS America) ※	39500000	65	Tabor Stamper
46	Drum Workshop	39000000	170	Chris Lombardi
47	Alesis Corp	38000000	80	John O'Donnell
48	Paul Reed Smith Guitars	37500000	265	Paul Reed Smith
49	Harris-Teller	35000000	72	Michael Harris
50	Pearl Corporation	34500000	70	Takenori Isomi
51	Armadillo Enterprises	33750000	60	Elliott Rubinson
52	Hohner Inc ※	33000000	42	Clay Edwards
53	Vic Firth Inc	30348337	135	Vic Firth
54	GCI-Gemin	29850000	48	Antoine & Artie Cabasso
55	Buffet Crampon USA ※	29750000	21	Antoine Beaussant
56	Tascam ※	29500000	15	Norio Tamura
57	Eminence Speaker LLC	27779000	155	Robert Gault
58	ESP USA ※	26500000	45	Matt Masciandaro
59	Nady Systems	26000000	80	John Nady
60	The Music People	25700000	46	James Hennessey
61	Electro-Harmonix	25600000	68	Mike Matthews
62	Neil A.Kjos Music Company	25500000	72	Neil A.Kjos Jr.
63	Sabian Ltd.	25000000	130	Andy Zildjian
64	Whirlwind Audio	24500000	147	Michael Laiacona
65	TKL Products Corporation	24000000	80	Tom Tebb
66	Fred Tebb And Sons Inc	23000000	80	Thomas Dougherty
67	Allen Organ Company	22700000	235	Steve Markowitz
68	America Sejung Corporation ※	22596000	24	Yong Tae-Shin

排名	公司名称	2008年收入（美元）	员工人数	首席执行官
69	PianoDisk	22500000	112	Gary Burgett & Kirk Burgett
70	M&M Merchandiser Inc	22400000	80	Marty Stenzler
71	GHS/Rocktron	22000000	115	Russell S.McFee
72	Carvin Corp	21750000	150	Carson Kiesel
73	Eastman Music Company	21600000	60	Qian Ni
74	Schecter Guitar Research ※	21500000	33	Michael Ciravolo
75	BBE Sound	27250000	75	John McLaren
76	Mapes Piano Strings Company	21000000	125	William L.Schaff
77	American DJ	20500000	95	Charles Davies
78	Rodgers Instruments LLC	20100000	121	Ikutaro Kakehashi
79	Suzuki Corp. ※	20000000	25	Howard Feldman
80	Pro-Mark Corp	19325315	46	Maury L.Brochstein
81	Akai Professional	19000000	55	John O'Donnell
82	The Music Link	18675000	36	Steve Patrino
83	Dunlop MFG	18500000	130	James Dunlop
84	Chesbro Music	18000000	70	Vanetta Wilson
85	Seymour Duncan	17955000	130	Cathy Carter Duncan
86	Music Sales Publishing Group	16700000	100	Barrie Edwards
87	Charles Dumont Sons	16583000	49	Charles J.Dumont
88	Community Professional	16500000	90	Bruce Howze
89	Calzone/Anvil Case Co.	16250000	95	Joseph E.Calzone III
90	Larrivee Guitars	16000000	100	Jean Larrivee
91	Gemstone LLC	15800000	50	Gerardo Discepolo
92	Getzen Company	15750000	5	Thomas R.Getzen
93	Mesa Boogie	15700000	15	Randall Smith
94	Rickenbacker International LLC	15500000	90	John C.Hall
95	Mel Bay Publishing	15250000	15	Bryndon Bay
96	Make Music Inc	15000000	3	Ron Raup
97	Waves Inc	14600000	38	Gilad Keren
98	Westheimer Corp	14500000	14	Jack Westheimer
99	Fishman Tranducers	14174000	63	Larry Fishman
100	Rane Corporation	14000000	70	George Sheppard
101	Pro Co Sound Inc	13500000	0	Charles Wicks
102	Connolly Music Company	13250000	25	Jntonio M.Connolly III
103	Lyon&Healy Harps	12000000	10	Antonio Forero

排名	公司名称	2008年收入（美元）	员工人数	首席执行官
104	QRS Music Technologies	11500000	35	Thomas Dolan
105	EMG Pickups	11000000	96	Robert A.Turner
106	CAE Inc	9850000	50	Jim Fackert
107	DEG Music Products	9770000	17	Mark W.Schafer
108	LPD Music	9650000	24	Sonia Vallis
109	Verne Q Powell Flutes Inc	9350000	15	Steven Wasser
110	CAD Professional	9250000	20	Brig Carr
111	Mark of The Unicorn	9200000	20	Robert Nathaniel
112	Universal Percussion Inc	9133000	33	Thomas W.Shelley
113	Eventide Inc	9100000	38	CJ Scioscia
114	US Band And Oochestra Supply	9000000	25	Mark Ragin
115	Schimmel USA ※	8950000	5	Hannes Schimmel-Vogel
116	Kay Guitar Company	8825000	14	Tony Blair
117	Gallien Technology	8400000	70	Robert Gallien
118	Pearl River Piano USA ※	8230798	8	Jeanette Xu
119	Music Ddistribution Group	8200000	18	Steven Savvides
120	Schaff Piano Supply	7900000	36	Robert Johnson
121	Dean Marketing Strings	7800000	40	Dean Markley
122	Group One	7750000	12	Jack Kelly
123	Sabine Inc	7250000	50	Doran Oster
124	Cannonball Musical Instruments	6650000	17	Sheryl & Tevis Laukat
125	SHS	6600000	22	Guy Petty

注：※ 为外国在美设立的分公司；

以上销售数据来自公开发布数字、协会统计、企业自报等。

（常杰编译自美国《音乐贸易》2009 No.4）

2009年度美国乐器、音响100强供应商分析

从教堂用管风琴制造商到吉他生产商，再到其他各种门类的音乐制品供应商，如果都将其罗列在一份榜单上，要想找出其共同特点并非易事。然而有一点是相同的，即前100强音乐制品供应商管理层反馈的一大共识：2009年是其从业以来最为困难的一年，销售额减少，利润下滑，裁员增多，各种音乐制品以及美国各地区都无一例外地受到经济衰退影响。来自各大供应商管理层较为准确的反馈，从宏观层面上折射出过去的一年中，经济发展裹足不前。再看更具体的数据：2009年，榜单上86%的供应商反映销售下降或与上年持平；18%的供应商反映销售降幅超过20%。而在2008年，只有35%的供应商报告称销售下降，仅有3家上榜的公司反映销售降幅超过20%。

在过去困难的一年中，音乐制品行业的各家公司还是做出许多积极举措，提升经营能力，加大产品创新力度，运用创意的营销手段满足客户的音乐需求。不巧的是，经济衰退，房地产缩水，终端用户债务负担加重，银行信贷紧缩，使他们不得不在开支方面谨慎消费。一位音乐制品供应商无奈地做了个比喻，我们“万事具备”，只欠“消费东风”。不过，制造商所作的各项努力不会白费，经济衰退的局面或迟或早必将扭转，一旦形势转变，他们在逆境中所做的种种不懈努力反过来会从整体上推动行业的发展。

2008年夏，Bear Stearns和雷曼兄弟相继破产，许多银行一度陷入困境，当时业界很多人都在问，这究竟会对音乐制品行业带来哪些影响。到2009年，人们发现，金融信贷对规模相对较小的音乐制品行业也带来阵阵痛楚。过去的5年里，一直驱动美国音乐制品行业发展的“燃料”——信用贷款嘎然停止，比如选择Visa或Mastercard等信用手段支付的高档吉他买家有多少？使用消费抵押贷款购买三角钢琴的买家又有多少？据了解，答案是“为数不少”！一旦国内信用消费贷款的闸门关上，音乐制品消费便陡然下降。更糟糕的是，零售商发现自己贷款购货压力更大，所以被迫清空存货用来套现。

入围榜单公司的经营业绩，往往反映着客户消费偏好。过去，音乐制品类别多样化，部分上榜的公司或高或低于行业的整体发展水平。但今年，经济衰退似乎“均等”地影响到各个产品类别。无论是校园乐器、弹拨乐器、打击乐器、音响还是高技术音乐制品均受到不同程度影响。相对而言，美国钢琴供应商所受影响更大，因为客户通过信贷方式购买钢琴的比例很高。

各类音乐制品销售大幅下滑完全是经济因素造成的，可以从其他消费品行业得到佐证：纺织、电子消费品、钟表、汽车等行业的产品销售也出现不同程度下滑。最具讽刺意味的是，想“借酒消愁”的消费者发现酒也不那么好销，2009年酒类行业的产销也下降了17%。

对于那些想保持经营平衡的供应商来说，他们宁可相信销售受本轮经济波动影响，也不愿看到市场消费取向发生转移。不过据本刊所做调查来看，入门级音乐制品销售强劲，说明行业仍在不断吸纳着新的音乐人口。

经济形势往往会重塑行业发展新格局，过去12个月以来，它已对行业发展造成影响。回顾本刊自1993年对行业供应商100强所作的排名，会发现音乐制品行业实际上一直处于不断变化中。从最早的榜单来看，已有31家公司退出，其中18家公司被收购，5家公司停业，另有5家公司继续经营但离开乐器行业，3家公司破产已不复存在。而在今年的新排名中，有33家新公司进入125强榜单，其中有20家入围前100名。

由于退出榜单的这些公司分属不同音乐制品领域，要想找到其退出的原因，就会发现没有共同规律可循。每家公司都有自己独特的故事：一些实力较弱，在激烈的产品技术革新中败下阵；还有一些公司经营不错，但公司管理者年龄渐渐偏大，转让

了企业；还有的公司在业务重组中被大公司兼并；另有一些公司管理不善破产；还有的公司则因市场风云突变陷入困境……总而言之，没有固定的规律可循，就像四季交替，周而复始，最终尘埃落地。

而对于上榜的公司，家家都有自己的故事。一些公司靠的是传统音乐制品登上榜单，而另一些公司则通过技术创新开发新品上榜，也有一些公司介于二者之间。归纳起来，17年的时间里，这份榜单浓缩着音乐制品行业的起起伏伏，其发展变化规律就是产生、发展、消亡，与任何自然生态系统的演进都是一致的。

再看榜单上的数字。上榜的前100强公司是指美国境内根据销售额排名最大的公司，其中也包括外国公司在美设立的分公司或销售子公司。像Fender、Peavey、Steinway等美国本土公司包含了其世界市场销售总收入，而像雅马哈美国分公司，英国Korg美国分公司，则仅包含其在美国市场的销售数字。

据本刊所作的调查统计，美国乐器、音响零售总额为59亿美元。而仅上榜的前100家公司销售总额就有68亿美元。这是什么原因？答案有两方面：一是前100强公司的销售数据涵盖了各大公司的出口营业收入，像Fender、Peavey、Martin、Steinway等总部设在美国的国际化公司，其经营有很大一笔收入来自美国本土之外。此外，像Tropical Music和Hermes公司只做出口业务；第二，像雅马哈、Shure、Peavey、Harman等很多公司的销售收入不仅仅是音乐制品，还包括电子产品及其他消费品。这里本刊无法精确估算其来自行业外的销售收入所占比重，所以就将其各类销售收入统计在内；第三，榜单中有些数据是重复计算，无法予以精确量化。如一套ErnieBall琴弦公司把产品卖给了David&Hanser，而后者销售产品时，也会对前者再次统计，可能造成重复统计，所以“夸大”了前100强的收入。

一张榜单上却列有经营产品众多的公司，不禁让人产生疑问：“音乐制品公司究竟如何来定义？”从狭义层面看，包括所有生产乐器及配件的公司，同时也包括不少生产功放、DJ和录音制品的音响公司。目前，还有一些和计算机软件应用的公司也被列入“电脑相关”公司。如果照此定义，“苹果公司”也属于音乐制品领域？毕竟，Garage Band软件也声称是“应用最广”的电脑录音软件。过去，本刊判断入围公司的依据主要是看它的产品是否进入专业乐器销售渠道。而现在，这一界限逐渐模糊，戴尔电脑产品也出现在“吉他中心”的专卖店中，那么电脑生产商是否也被列为音乐制品公司？这些问题有待讨论，但为方便统计名单起见，只要产品主要是通过专业乐器经营渠道来销售的公司，本刊均统计在内。

2009年度美国乐器、音响100强供应商名单

排名	公司名称	2009年收入（美元）	员工人数	首席执行官
1	Fender Musical Instruments	600750000	2765	William Mendello
2	Yamaha Corporation of America ※	576885000	425	Hirofumi Osawa
3	Harman Professional	493000000	1550	Dinesh C.Paliwal
4	Shure Inc.	395000000	2300	Sandy LaMantia
5	Steinway Musical Instruments	306436000	2007	Dana D.Messina
6	Gibson Guitar Corp.	287500000	3100	Henry E.Juskiewicz
7	Jam Industries	255000000	425	Martin Golden
8	Avid Audio	253960000	500	Garry Greenfield
9	Peavey Electronics Corp.	165000000	620	Hartley Peavey
10	Hal Leonard Corporation	157600000	413	Keith Mardak
11	Loud Technologies	140000000	290	Rodney Olson
12	Roland Corp.U.S. ※	129000000	175	Dennis M.Houlihan
13	D'Addario&Company	121000000	1001	James D'Addario
14	Sennheiser Electronic Corp. ※	105000000	121	John Falcone
15	QSC Audio	88000000	301	Barry&John Andrews
16	Korg USA ※	87000000	105	Joe Castronovo
17	Line 6	85000000	260	Mike Muench
18	Martin Guitar Company	82750000	754	Christian F.Martin IV
19	AXL	80000000	1550	Alan Liu
20	Numark IndustriesI	77000000	76	John O'Donnell
21	Hoshino USA ※	71500000	105	Bill Reim
22	Samson Technologies Corp.	69500000	126	Scott Goodman
23	Alfred Publishing Company	68500000	285	Ron Manus
24	First Act	65000000	114	Mark Izen
25	Hermes	65000000	250	Alberto Kreimerman
26	Behringer USA ※	64550000	50	Uli Behringer
27	Yorkville Sound	62000000	285	Steve Long
28	Ernie Ball	60000000	350	Sterling Ball
29	Casio	58000000	180	Kazuo Kashio
30	Audio-Technica ※	55500000	117	Phil Cajka
31	The Papcohorizon Company	55000000	500	Dale Williams
32	Taylor Guitar	54000000	495	Kurt Listug
33	Kawai America Corporation ※	52000000	40	Naoki Mori

排名	公司名称	2009年收入（美元）	员工人数	首席执行官
34	Avedis Zildjian Company	49855000	130	Craigie Zildjian
35	Remo	45500000	141	Brock Kaericher
36	Tropical Music Group	45000000	21	Oscar Mederos
37	Hanser Music Group	41500000	88	Jack Hanser
38	Godin Guitar Company	41250000	375	Robert Godin
39	Stanton Group	41000000	83	Tim Dorwart
40	SKB Corporation	40500000	350	Dave Sanderson
41	SF Marketing	40000000	120	Sol Fleising
42	Jupiter(KHS America) ※	37900000	65	Tabor Stamper
43	Hohner Inc ※	34000000	43	Clay Edwards
44	TCI Group America ※	32500000	55	Anders Fauerskov
45	Harris-Teller	32500000	70	Michael Harris
46	Drum Workshop	30200000	119	Chris Lombardi
47	Paul Reed Smith Guitars	30000000	225	Paul Reed Smith
48	Vic Firth Inc	29900000	125	Vic Firth
49	Dunlop MFG	29500000	217	James Dunlop
50	Pearl Corporation	27500000	65	Takenori Isomi
51	GHS/Rocktron	26500000	125	Russell S.McFee
52	The Music People	26470000	45	James Hennessey
53	ESP USA ※	26000000	45	Matt Masciandaro
54	Samick Music Corp. ※	25750000	31	Baik Lee
55	Buffet Crampon USA ※	25500000	20	Antoine Beaussant
56	Armadillo Enterprises	25000000	45	Elliott Rubinson
57	Tascam ※	24900000	15	Norio Tamura
58	B－52 Pro Audio	24750000	125	Eli El-Liss
59	GCI-Gemin	24550000	45	Antoine&Artie Cabasso
60	Nady Systems	23925000	75	John Nady
61	Schecter Guitar Research ※	23750000	41	Michael Ciravolo
62	Electro-Harmonix	23500000	65	Mike Matthews
63	Sabian Ltd.	23000000	125	Andy Zildjian
64	Eminence Speaker LLC	22255000	160	Robert Gault
65	TKL Products Corporation	22000000	75	Thomas Dougherty
66	Eastman Music Company	21000000	66	Qian Ni
67	America Sejung Corporation ※	20800000	17	Yong Tae-Shin
68	M&M Merchandiser Inc	20500000	75	Marty Stenzler

排名	公司名称	2009年收入（美元）	员工人数	首席执行官
69	Whirlwind Audio	20250000	150	Michael Laiacona
70	Pro-Mark Corp	19715000	49	Maury L.Brochstein
71	Allen Organ Company	19200000	225	Steve Markowitz
72	BBE Sound	19000000	49	John McLaren
73	PianoDisk	18900000	125	Gary Burgett&&Kirk Burgett
74	The Music Link	18100000	42	Steve Patrino
75	American DJ	17500000	90	Charles Davies
76	Mapes Piano Strings Company	16800000	126	William L.Schaff
77	Seymour Duncan	16500000	130	Cathy Carter Duncan
78	Rickenbacker International LLC	16450000	90	John C.Hall
79	Suzuki Corp. ※	16250000	20	Howard Feldman
80	Charles Dumont Sons	16001000	48	Charles J.Dumont
81	Rane Corporation	16000000	87	George Sheppard
82	Make Music Inc	15750000	110	Ron Raup
83	Carvin Corp	15719000	110	Carson Kiesel
84	Community Professional	15500000	85	Bruce Howze
85	Calzone/Anvil Case Co.	15000000	80	Joseph E.Calzone III
86	ST.Louis Music	14500000	47	Mark Ragin
87	Chesbro Music	14250000	40	Vanetta Wilson
88	Lyon&Healy Harps	14150000	118	Antonio Forero
89	Rodgers Instruments LLC	14000000	110	Ikutaro Kakehashi
90	Mel Bay Publishing	13900000	49	Bryndon Bay
91	Connolly Music Company	13750000	16	Jntonio M.Connolly III
92	Fishman Tranducers	13605000	60	Larry Fishman
93	Mesa Boogie	13500000	104	Randall Smith
94	Waves Inc	13250000	35	Gilad Keren
95	Getzen Company	13000000	95	Thomas R.Getzen
96	Westheimer Corp	12250000	14	Jack Westheimer
97	Larrivee Guitars	12000000	85	Jean Larrivee
98	Neil A.Kjos Music Company	11000000	70	Neil A.Kjos Jr.
99	Pro Co Sound Inc	10850000	81	Charles Wicks
100	Gemeinhardt Co.	10000000	44	Dave Pirtle

注：※ 为外国在美设立的分公司；

以上销售数据来自公开发布数字、协会统计、企业自报等。

（常杰编译自美国《音乐贸易》2010 No.4）

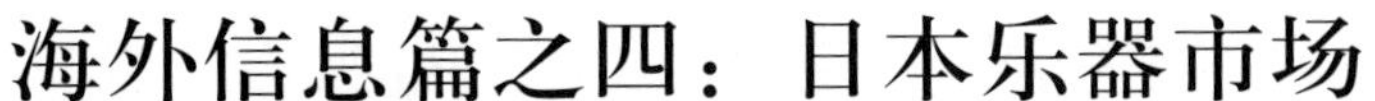

海外信息篇之四：日本乐器市场

1999年～2009年日本乐器产销量统计

品目	类别	年度	海外产量	国内产量	总产量	销售·出口·数量	销售·出口·金额(千日元)	销售·内销·数量	销售·内销·金额(千日元)	销售·销售总计·数量	销售·销售总计·金额(千日元)	库存量
声学乐器 钢琴	合计	1999	4309	134895	139204	91738	25486445	47982	26700734	13972	52187179	10432
		2000	6196	136396	142592	92679	27206329	47270	26315061	139949	53521390	14314
		2001	12082	118735	130817	88402	2384325	41936	23303110	130338	47146360	14755
		2002	14964	107589	122553	89258	24943400	37879	21557776	127137	46501176	10169
		2003	17023	116553	133576	96978	25564726	37356	21230153	134334	46794879	9249
		2004	17206	11555	132756	101814	27329710	31199	17638861	133013	44968571	8971
		2005	14383	121520	135903	10546	28057605	29309	16766395	134455	44824000	10399
		2006	17777	132480	150257	121355	29428196	28788	16706698	150143	46134894	10470
		2007	22966	133139	156105	129415	31935716	27029	16336800	156444	48272516	10115
		2008	24737	139726	164463	139385	29609913	22553	13835609	161938	43445522	12632
		2009	17816	97952	115768	99361	17183037	20132	11982490	119493	29165527	9173
	立式钢琴	1999	4093	101777	105870	69083	10040097	37568	16381542	106651	26421639	8297
		2000	5436	100356	105792	66195	8770132	37835	16488562	104030	25258694	11303
		2001	10405	86928	97333	65520	8633473	32973	14190181	98493	22823654	10138
		2002	12451	79349	91800	65277	9165048	28622	12538228	93899	21703276	8018
		2003	13394	84285	97679	71339	9844558	27478	11763619	98817	21608177	6747
		2004	14635	83427	98062	75469	10269774	22996	9752559	98465	20022333	6326
		2005	9488	89463	98951	76069	10344765	21388	9074880	97457	19419645	7806
		2006	13391	100461	113852	93047	11910751	20983	9021326	114030	20932077	7593
		2007	19284	102234	121518	102721	14142355	18821	8161477	121542	22303832	7564
		2008	20852	110710	131562	113456	13982543	15998	6858993	129454	20841536	9668
		2009	15773	83240	99013	87653	9570375	14521	6224943	102174	15795318	6779
	三角钢琴	1999	216	33118	33334	22655	15446348	10414	10319192	33069	25765540	2135
		2000	760	36040	36800	26484	18436197	9435	9826499	35919	28262696	3011
		2001	1677	31807	33484	22882	15209777	8963	9112929	31845	24322706	4617
		2002	2513	28240	30753	23981	15778352	9257	9019548	33238	24797900	2151
		2003	3629	32268	35897	25639	15720168	9878	9466534	35517	25186702	2502
		2004	2571	32123	34694	26345	17059936	8203	7886302	34548	24946238	2645
		2005	4895	32057	36952	29077	17712840	7921	7691515	36998	25404355	2593
		2006	4386	32019	36405	28308	17517445	7805	7685372	36113	25202817	2877
		2007	3682	30905	34587	26694	17793361	8208	8475323	34902	25968684	2551
		2008	3885	29016	32901	25929	15627370	6555	6976616	32484	22603986	2964
		2009	2043	14712	16755	11708	7612662	5611	5757547	17319	13370209	2394

品目		类别	年度	海外产量	国内产量	总产量	销售						库存量
							出口		内销		销售总计		
							数量	金额（千日元）	数量	金额（千日元）	数量	金额（千日元）	
声学乐器	弦乐器	合计	1999	329129	132951	462080	226096	3180824	233509	5150717	459605	8331541	31990
			2000	408925	138631	547556	322881	3487693	200812	4973011	523693	8460704	48326
			2001	508624	108544	617168	478117	4589903	157527	3533986	635644	8123889	42803
			2002	540053	104727	644780	517985	5074073	140756	3354359	658741	8428432	27465
			2003	569097	98572	667669	551075	5131457	109320	3111270	660395	8242727	27372
			2004	592466	84248	676714	580580	5000454	99183	2804105	679763	7804559	22800
			2005	517966	84039	602005	507459	4566525	95833	2721767	603292	7288292	20348
			2006	508960	108852	617812	505110	5325928	102845	6301359	607955	11627287	36337
			2007	577791	116561	694352	574746	5953037	113668	6655128	688414	12608165	40489
			2008	554118	251978	806096	698797	6527369	97619	3012100	796416	9539469	39876
			2009	713433	57944	771377	667333	5267344	86142	2246633	753475	7513977	64319
		吉他	1999	328152	28759	356911	201205	2671160	152387	2662869	353592	5334029	20728
			2000	406662	40684	447346	300427	2984911	125289	2489134	425716	5474045	34322
			2001	503675	39111	542786	465481	4227394	96846	1825865	562327	6053259	29050
			2002	535783	37153	572941	50613	4688610	83142	1723538	589272	6412148	14682
			2003	562290	33472	595762	538270	4728025	55613	1220186	593883	5948211	16283
			2004	587968	26461	614429	568323	4592249	49335	1152829	617658	5745078	12403
			2005	509413	33783	543196	492006	4049296	53069	1168987	545075	5218283	11017
			2006	487328	48045	535373	485509	4322548	44946	1006256	530455	5328804	15455
			2007	511795	60596	572391	516298	4842344	55550	1316861	571848	6159205	15439
			2008	501585	199399	700984	633933	5852407	54725	1769244	688658	7621651	28291
			2009	670372	9637	680009	627268	4844108	41849	1098572	669117	5942680	46305
		大正琴	1999		33358			33327	854122	33327	854122	854122	3336
			2000		35188	35188			35670	1074513	35670	1074513	2965
			2001	48	27012	27060			27528	819335	27528	819335	2017
			2002		24722	24722			24910	747668	24910	747668	1146
			2003	1565	23504	25069	5	118	25471	846992	25476	847110	976
			2004	501585	17223	17223	22	572	17475	522085	17497	522657	512
			2005		14722	14722	5	103	14697	467082	14702	467185	558
			2006		17809	17809	9	453	17553	535245	17562	535698	924
			2007	1894	12978	14872	75	1285	14708	469788	14783	471073	941
			2008	1482	9695	11177			10673	426102	10673	426102	1557
			2009	788	7742	8530			9390	353714	9390	353714	1132

品目		类别	年度	海外产量	国内产量	总产量	销售 出口 数量	销售 出口 金额(千日元)	销售 内销 数量	销售 内销 金额(千日元)	销售总计 数量	销售总计 金额(千日元)	库存量
声学乐器	弦乐器	其他弦乐器	1999	977	70834	71811	24891	509664	47795	1633726	72686	2143390	7926
			2000	2263	62759	65022	22454	502782	39853	1409364	62307	1912146	11039
			2001	4901	42421	47322	12636	362509	33153	888786	45789	1251295	11736
			2002	4270	42847	47117	11855	385463	32704	883153	44559	1268616	11636
			2003	5242	41596	46838	12800	403314	28236	1044092	41036	1447406	10113
			2004	4498	40564	45062	12235	407633	32373	1129191	44608	1536824	9885
			2005	8553	35534	44087	15448	517126	28067	1085698	43515	1602824	8773
			2006	9420	32877	42297	14091	494047	24804	816058	38895	1310105	11308
			2007	51176	33267	84443	53722	597708	25946	901379	79668	1499087	14928
			2008	51051	42884	93935	64864	674962	32221	816754	97085	1491716	10028
			2009	42273	40565	82838	40065	423236	34903	794347	74968	1217583	16882
	管乐器	合计	1999	2337	269496	271833	212320	12554538	67247	6908091	279567	19462629	27334
			2000	2621	274566	277187	206031	12189801	64807	6791919	270838	18981720	33680
			2001	1227	256873	258100	193775	12433179	60387	6518022	254162	18951201	37511
			2002	3332	259697	263029	194448	12078441	62949	6685858	257397	18764299	47253
			2003	5569	283143	288712	226078	14128942	62415	6940251	288493	21069193	47766
			2004	4086	283837	287923	231744	14726826	66381	7388848	298125	22115674	38205
			2005	3442	289529	292971	219212	14376697	70484	7675891	289696	22052588	41519
			2006	9869	296056	305925	237873	15516783	74627	8744852	312500	24261635	43601
			2007	89833	311926	401759	328696	19789494	76889	9165017	405585	28954511	39602
			2008	80702	326964	407666	328039	18993157	71459	8999111	399498	27992268	48483
			2009	175126	191589	366715	265264	14048634	61132	7602264	326396	21650898	89638
		木管乐器	1999	1737	184399	186136	149450	7881524	44212	4889130	193662	12770654	17225
			2000	2276	185712	187988	140832	7425280	42795	4828145	183627	12253425	21566
			2001	796	168827	169623	129047	7557555	38498	4517240	167545	12074795	23539
			2002	2785	174900	177685	135439	7806934	40943	4650250	176382	12457384	28981
			2003	4453	201914	206367	163855	9435579	40076	4868408	203931	14303987	31716
			2004	3801	200904	204705	167146	9848249	43835	5246909	210981	15095158	26122
			2005	3262	204180	207442	156730	9362511	46875	5512453	203605	14874964	29892
			2006	9051	207759	216810	174742	10198210	51597	6532338	226339	16730548	28917
			2007	67186	216925	284111	231833	12942464	52691	6781619	284524	19724083	28343
			2008	76828	223934	300762	244277	12807856	48742	6740487	293019	19548343	36597
			2009	95573	142876	238449	178930	8823661	42273	5677971	221203	14501632	54800

品目		类别	年度	海外产量	国内产量	总产量	销售						库存量
							出口		内销		销售总计		
							数量	金额（千日元）	数量	金额（千日元）	数量	金额（千日元）	
声学乐器	管乐器	笛子	1999	1574	96942	98516	79212	3319320	26293	2754289	105505	6073609	7875
			2000	2224	101046	103270	74638	3289100	24855	2760558	99493	6049658	11632
			2001	671	90577	91248	68225	3389393	22063	2556311	90288	5945704	12487
			2002	2124	94605	96729	74755	3665239	21610	2497288	96365	6162527	16025
			2003	3674	114567	118241	94936	4302299	21299	2648265	116235	6950564	18317
			2004	3146	111369	114515	96521	4312575	22353	2793965	118874	7106540	14640
			2005	2510	114449	116959	91282	4244030	22226	2736076	113508	6980106	18074
			2006	5115	106873	111988	93774	4018605	25163	3476469	118937	7495074	11391
			2007	33071	111658	144729	121097	4943316	25515	3536847	146612	8480163	9194
			2008	42764	109850	152614	121688	4623221	23823	3607581	145511	8230802	16813
			2009	75064	45236	120300	89505	2980194	21938	3220312	111443	6200506	25541
		黑管	1999	142	35528	35670	28692	1008736	8273	763372	36965	1772108	4119
			2000	49	33176	33225	25061	913078	7527	723531	32588	1636609	4756
			2001	153	27389	27542	19006	823899	6944	664251	25950	1488150	6348
			2002	346	26692	27038	20181	946762	6881	617636	27062	1564398	7289
			2003	166	29859	30025	24776	1181444	6815	653226	31591	1834670	5723
			2004	24	30565	30589	22053	1162982	7505	748564	30558	1911546	5754
			2005		31488	31492	22772	1162367	7905	759451	30677	1921318	6569
			2006	18	36234	36216	25052	1283667	7470	724713	32522	2008380	10263
			2007	12306	35972	48278	43245	1879072	7635	741765	50880	2620837	7661
			2008	21226	36985	58211	53850	2113552	7115	719001	60965	2832553	4907
			2009	11299	39438	50737	35110	1347685	6161	515725	41271	1863410	14373
		萨克斯	1999	23	51531	51554	41479	3504656	9260	1270884	50739	4775540	5061
			2000	3	50968	50971	41072	3175991	9984	1229000	51056	4404991	4976
			2001	17	50367	50350	41742	3291750	9089	1195675	50831	4487425	4495
			2002	307	53200	53507	40431	3136313	12029	1434253	52460	4570566	5542
			2003	595	56938	57533	44059	3881820	11487	1453890	55546	5335710	7542
			2004	607	57494	58101	47474	4291288	12744	1560167	60218	5851455	5425
			2005	747	57113	57860	42570	3862495	15662	1863685	58232	5726180	5053
			2006	3965	64013	67978	55819	4806062	18368	2173455	74137	6979517	7182
			2007	21807	68222	90029	67100	5945230	18695	2235938	85795	8181168	11416
			2008	12849	75862	88711	68432	5875477	16974	2150378	85406	8025855	14721
			2009	9206	55618	64824	52831	4206050	13389	1661777	66220	5867827	13956
		其他木管乐器	1999	2	398	396	67	49812	386	100585	453	149397	170
			2000		522	522	61	47111	429	115056	490	162167	202
			2001	11	494	483	74	52513	402	101003	476	153516	209
			2002	8	403	411	72	58620	423	101073	495	159693	125
			2003	18	550	568	84	70016	475	113027	559	183043	134
			2004	24	1476	1500	98	81404	1233	144213	1331	225617	303
			2005	1	1130	1131	106	93619	1082	153241	1188	246860	196
			2006	11	639	628	97	89876	596	157701	693	247577	81
			2007	2	1073	1075	391	174846	846	267069	1237	441915	72
			2008	11	1237	1226	307	195606	830	263527	1137	459133	156
			2009	4	2584	2588	1484	289732	785	280157	2269	569889	930

品目		类别	年度	海外产量	国内产量	总产量	销售						库存量
							出口		内销		销售总计		
							数量	金额(千日元)	数量	金额(千日元)	数量	金额(千日元)	
声学乐器	管乐器	铜管乐器	1999	600	85097	85697	6287	4673014	23035	2018961	85905	6691975	10109
			2000	345	88854	89199	65199	4764521	22012	1963774	87211	6728295	12114
			2001	431	88046	88477	64728	4875624	21889	2000782	86617	6876406	13972
			2002	547	84797	85344	59009	4271507	22006	2035608	81015	6307115	18272
			2003	1116	81229	82345	62223	4693363	22339	2071843	84562	6765206	16050
			2004	285	82933	83218	64598	4878577	22546	2141939	87144	7020516	12083
			2005	180	85349	85529	62482	5014186	23609	2163438	86091	7177624	11627
			2006	818	88297	89115	63131	5318573	2303	2212514	86161	7531087	14684
			2007	22647	95001	117648	96863	684703	24198	2383398	121061	9230428	11259
			2008	3874	103030	106904	83762	6185301	22717	2258624	106479	8443925	11886
			2009	79553	48713	128266	86334	5224973	18859	1924293	105193	7149266	34838
		小号类	1999	299	41727	42026	28932	1003022	13373	734088	42305	1737110	4499
			2000	78	41660	41738	28248	908999	12439	688130	40687	1597129	5564
			2001	215	43807	44022	30528	1132815	11896	654889	42424	1787704	7162
			2002	185	45404	45589	32246	1232168	11708	620732	43954	1852900	8792
			2003	496	43184	43680	31197	1281805	11994	673679	43191	1955484	9281
			2004	73	41721	41794	31803	1308710	11853	675885	43656	1984595	7419
			2005	243	41453	41696	30917	1397943	13163	765133	44080	2163076	5119
			2006	851	43905	44756	30546	1497229	12589	766856	43135	2264085	6809
			2007	14616	47574	62190	51688	2218697	13295	853162	64983	3071859	4016
			2008	3334	52122	55456	41878	1802752	12260	772310	54138	2575062	5536
			2009	52686	19701	72387	48049	1816462	10129	659256	58178	2475718	20077
		长号	1999	146	12953	13099	9033	478329	3888	344276	12921	822605	1814
			2000	111	13917	14028	9644	476521	3931	349338	13575	825859	2256
			2001	145	13495	13640	9455	476867	3948	349494	13403	826361	2491
			2002	188	12578	12766	7669	415279	4292	462075	11961	877354	3279
			2003	288	12772	13060	9491	540170	4154	383763	13645	923933	2694
			2004	204	13601	13805	10312	628254	4278	386469	14590	1014723	1909
			2005	6	14526	14520	9029	547239	4705	433999	13734	981238	2699
			2006	7	14029	14022	9726	590417	4617	423423	14343	1013840	2411
			2007	8046	16258	24304	19662	971738	4831	462264	24493	1434002	2216
			2008	560	19647	20207	16093	823475	4593	435975	20686	1259450	1737
			2009	21757	8239	29996	21121	1040578	3667	372037	24788	1412615	6945
		其他铜管乐器	1999	155	30417	30572	24905	3191663	5774	940597	30679	4132260	3796
			2000	156	33277	33433	27307	3379001	5642	926306	32949	4305307	4294
			2001	71	30744	30815	24745	3265942	6045	996399	30790	4262341	4319
			2002	174	26815	26989	19094	2624060	6006	952801	25100	3576861	6201
			2003	332	25273	25605	21535	2871388	6191	1014401	27726	3885789	4075
			2004	8	27611	27619	22483	2941613	6415	1079585	28898	4021198	2755
			2005	57	29370	29313	22536	3069004	5741	964306	28277	4033310	3809
			2006	26	30363	30337	22859	3230927	5824	1022235	28683	4253162	5464
			2007	15	31169	31154	25513	3656595	6072	1067972	31585	4724567	5027
			2008	20	31261	31241	25791	3559074	5864	1050339	31655	4609413	4613
			2009	5110	20773	25883	17164	2367933	5063	893000	22227	3260933	7816

品目		类别	年度	海外产量	国内产量	总产量	销售						库存量
							出口		内销		销售总计		
							数量	金额(千日元)	数量	金额(千日元)	数量	金额(千日元)	
声学乐器	打击乐器	合计	1999	20547	376070	396617	122636	2632030	261575	5710806	384211	8342836	98906
			2000	62364	338762	401126	196864	3791814	188242	5503351	385106	9295165	124783
			2001	85784	316067	401851	191040	4042589	229534	5307114	420574	9349703	110597
			2002	115086	319058	434144	220908	4392393	206061	5241015	426969	9633409	72901
			2003	184420	300593	485013	297236	4373738	211088	4660450	508324	9034188	73270
			2004	242660	277799	520459	357065	4932408	171951	4066898	529016	8999306	69167
			2005	451185	275100	726285	596917	4938146	370044	3310137	966961	8248283	75173
			2006	256352	279217	535569	365209	5415767	164067	3829035	529276	9244802	61631
			2007	264872	243167	508039	368976	5612886	133032	3357329	502008	8970215	62043
			2008	157506	380752	538258	395495	6450444	121688	3122942	517183	9573386	84421
			2009	111055	245267	356322	259479	4050757	107112	3083578	366591	7134335	61912
		音乐会鼓	1999	310	15475	15165	8589	285298	6662	398837	15251	684135	1708
			2000	107	17743	17850	11416	311839	6667	388646	18083	700485	1610
			2001	7845	19663	27508	19938	414029	5707	379167	25645	793196	3466
			2002	4972	15480	20452	14371	338208	5181	329206	19552	667414	1564
			2003	1088	4502	5590	1658	210725	4395	282124	6053	492849	1366
			2004	2206	3417	5623	399	86402	5479	306525	5878	392927	1189
			2005	2308	3546	5854	420	89748	5291	281638	5711	371386	1907
			2006	3054	2303	5357	362	71842	4665	263545	5027	335387	2113
			2007	3186	3315	6501	1541	265281	5640	281152	7181	546433	1627
			2008	3735	4391	8126	2504	382573	4882	284316	7386	666889	1759
			2009	2728	2673	5401	886	145460	4649	249859	5535	395319	1764
		行进鼓	1999	257	24567	24310	7192	134411	17353	271122	24545	405533	2515
			2000	40	28781	28741	7568	166306	20717	307874	28285	474180	3080
			2001	16	25093	25077	8432	178433	16053	269576	24485	448009	3661
			2002	5505	19067	24572	6341	135184	15970	25876	22311	393944	6295
			2003	1649	24941	26590	15168	231834	17670	245333	32838	477167	6503
			2004	4672	30012	34684	22195	330284	15942	249381	38137	579665	4528
			2005	4210	27729	31939	17982	272540	13608	220119	31590	492659	4879
			2006	5640	29477	35117	18796	293212	13073	211938	31869	50515	8609
			2007	5456	23970	29426	18424	321786	12228	198952	30652	520738	7390
			2008	4343	24012	28355	19277	313252	9759	174622	29036	487874	5348
			2009	4523	17147	21670	10540	205880	10478	146168	21018	352048	5097
		爵士鼓	1999	20017	158977	178994	96484	1512283	73623	1510202	170107	3022485	28891
			2000	58933	174983	233916	167256	2464103	61613	1230841	228869	3694944	35241
			2001	76447	140782	217229	154448	2553271	66530	1160053	220978	3713324	38666
			2002	104074	150689	254763	189662	3053434	69575	1117172	259237	4170606	39276
			2003	181751	146003	327754	270223	3048150	68457	1096208	338680	4144358	32458
			2004	235341	130757	366098	316470	3462119	60099	938839	376569	4400958	29736
			2005	225014	140951	365965	311084	3596780	55374	776845	366458	4373625	22066
			2006	237397	141976	379373	327708	4039620	49013	676047	376721	4715667	24313
			2007	228076	161534	389610	330366	4081980	50106	674405	380472	4756385	35166
			2008	121076	297928	419004	356011	4720021	43978	581409	399989	5301430	55604
			2009	84264	182043	266307	233576	2754154	42483	526501	276059	3280655	33979

品目		类别	年度	海外产量	国内产量	总产量	销售						库存量
							出口		内销		销售总计		
							数量	金额(千日元)	数量	金额(千日元)	数量	金额(千日元)	
声学乐器	打击乐器	其他打击乐器	1999	1057	145538	146595	11	134938	137864	2343008	137875	2477946	62354
			2000	3343	82210	85553		176745	70088	2399152	70091	2575897	80277
			2001	1510	98063	99573	16	246528	114728	2378826	114744	2625354	60017
			2002	532	100262	100794	1218	229665	90567	2502896	91785	2732561	21985
			2003	38	92718	92680	1530	160964	94755	2029607	96285	2190571	29746
			2004	441	81449	81890	8688	210647	67952	1586297	76640	1796944	30428
			2005	219654	74198	293852	258994	240298	275192	1103220	534186	1343518	42458
			2006	9343	76364	85707	9327	221767	77618	1794054	86945	2015821	22854
			2007	27556	26278	53834	10133	48022	44897	1334454	55030	1382476	14131
			2008	27729	26672	54401	8088	50982	44534	1202355	52622	1253337	18047
			2009	12057	23998	36055	7398	45948	29629	1320445	37027	1366393	17425
		立奏用木琴	1999	49	6474	6523	3353	468918	4344	634746	7697	1103664	1057
			2000	18	7873	7891	4061	587558	4286	626167		1213725	1489
			2001	13	7943	7956	4031	588546	3962	626069	7993	1214615	1452
			2002	9	7454	7463	3661	555478	3783	608705	7444	1164183	1421
			2003	21	7763	7784	4299	664101	377	588870	8069	1252971	1256
			2004	32	8580	8612	4794	778384	3673	599725	8467	1378109	1389
			2005	3	7809	7812	4271	685577	3308	554650	7579	1240227	1666
			2006	332	6818	7150	4452	724277	2954	530443	7406	1254720	1034
			2007	2	8260	8258	5230	841902	2940	509894	8170	1351796	1119
			2008	12	8667	8655	5733	929570	2703	528205	8436	1457775	1372
			2009	3	7233	7230	4804	860215	2496	501141	7300	1361356	1302
		桌用木琴	1999		13224	13224	4558	53926	11878	64135	16436	118061	441
			2000		18192	18192	4506	53667	14872	74009	19378	127676	706
			2001		17378	17378	2777	32493	13806	65756	16583	98249	1501
			2002		15734	15734	3606	43502	13165	55366	16771	98868	366
			2003		16058	16058	3022	36065	14354	59615	17376	95680	352
			2004		14189	14189	2896	34574	11207	48832	14103	83406	396
			2005		12385	12385	2819	33501	9989	50375	12808	83876	921
			2006		13928	13928	3006	37213	9914	48325	12920	85538	1426
			2007		11386	11386	2276	28711	9446	49931	11722	78642	1086
			2008		10905	10905	2646	34401	8592	48552	11238	82953	757
			2009	6887	2724	9611	1510	19606	7966	46382	9476	65988	874
		立奏钟琴	1999	10	4889	4879	133	15644	4876	394803	5009	410447	883
			2000	3	5036	5039	59	7746	4848	408711	4907	416457	1015
			2001	15	4354	4339	97	12096	4408	369366	4505	381462	849
			2002	6	4462	4456	155	15535	3920	313449	4075	328984	1193
			2003	51	3346	3295	94	8038	3478	290670	3572	298708	824
			2004	32	6341	6309	79	11057	6084	294680	6163	305737	925
			2005	4	2742	2738	42	4662	2869	252349	2911	257011	589
			2006	131	2654	2785	68	8074	2673	242899	2741	250973	513
			2007		2509	2509	56	12232	2502	228207	2558	240439	465
			2008	39	2614	2653	31	4110	2457	231545	2488	235655	639
			2009	1	7075	7074	63	9340	7147	247564	7210	256904	783

品目		类别	年度	海外产量	国内产量	总产量	销售						库存量
							出口		内销		销售总计		
							数量	金额(千日元)	数量	金额(千日元)	数量	金额(千日元)	
声学乐器	打击乐器	桌用钟琴	1999	1	6926	6927	2916	26612	4975	93953	7291	120565	1057
			2000		3944	3944	1995	23850	5151	67951	7146	91801	1365
			2001		2791	2791	1301	17193	4340	58301	5641	75494	985
			2002		5910	5910	1894	21387	3900	55461	5794	76848	801
			2003		5262	5262	1242	13861	4209	68023	5451	81884	765
			2004		3054	3054	1544	18941	1515	42619	3059	61560	576
			2005		5740	5740	1305	15040	4413	70941	5718	85981	687
			2006	455	5697	6152	1490	19762	4157	61784	5647	81546	769
			2007	600	5915	6515	950	12972	5273	80334	6223	93306	1059
			2008	596	5563	6159	1205	15535	4783	71938	5988	87473	895
			2009	600	2374	2974	702	10154	2264	45518	2966	55672	688
	校园乐器	合计	1999	924887	4607360	5532247	3031674	884739	2441440	4845901	5473114	5730640	1348982
			2000	1331812	4839011	6170823	3428222	860221	274882	5199147	6177042	6059368	1275865
			2001	1385726	4803747	6189473	3331378	859366	2539166	4908802	5870544	5768168	1584112
			2002	951484	3858219	4809703	2726520	785729	2037947	3144509	4764467	3930238	1755793
			2003	585399	4751762	5337161	3282695	995204	2354424	4072443	5637119	5067647	1497291
			2004	963591	4403793	5367384	3354618	1019482	2213880	3979483	5568498	4998965	1286620
			2005	969105	4697818	5666923	3384147	917100	2277584	4164791	5661731	5081891	1315905
			2006	1348291	4649331	5997622	3783180	1021154	2152484	4078420	5935664	5099574	1377570
			2007	1461102	4640712	6101814	3916589	1091856	2168998	4080742	6085587	5172598	1402634
			2008	1437358	4720496	6157854	3886763	1057971	2142018	4158017	6028781	5215988	1530164
			2009	3807765	1645774	5453539	3338626	861008	1959475	3351670	5298101	4212678	1684342
		口琴	1999	82106	630214	712320	19883	153154	462680	656118	661510	809272	281995
			2000	52277	817141	869418	203660	175755	639964	879654	843624	1055409	312924
			2001	82825	698464	781289	190389	143172	549088	787912	739477	931084	325035
			2002	208367	578614	786981	215686	168709	503469	610027	719155	778736	338645
			2003	59；946	557458	617404	173833	153556	441249	590267	615082	743823	350139
			2004	5979	552239	558218	186549	187465	350632	548019	537181	735484	343004
			2005	116409	471934	588343	253966	187955	360260	524629	614226	712584	341566
			2006	60758	462149	522907	251276	227976	295618	516699	546894	744675	306673
			2007	66761	554957	621718	297299	256321	320140	529998	617439	786319	311046
			2008	53096	524823	577919	268709	259951	291995	484867	560704	744818	327259
			2009	54276	417101	471377	254491	241079	259288	476939	513779	718018	285058
		键盘口琴	1999	20801	958691	979492	48088	75503	892203	2547511	940291	2623014	245746
			2000	10576	937403	947979	33934	57654	951834	2710672	985768	2768326	208636
			2001	25988	950428	976416	41336	59661	921545	2593549	962881	2653210	222160
			2002	36667	549710	586377	1958	5591	539990	1319400	541948	1324991	238382
			2003	92211	944652	1036863	145759	237484	918371	2284354	1064130	2521838	236459
			2004	96295	874558	970853	124595	195329	895747	2284491	1020342	2479820	205999
			2005	2967	949707	979377	57009	93523	937997	2445249	995006	2538772	186045
			2006	37613	942768	980381	61268	96694	931856	2408177	993124	2504871	166996
			2007	50716	925153	975869	47692	84414	917084	2383882	964776	2468296	186042
			2008	53790	1015991	1069781	49822	82773	976681	2557638	1026503	2640411	229185
			2009	763505	267799	1031304	43273	60444	831911	1891246	875184	1951690	385239

品目	类别	年度	海外产量	国内产量	总产量	销售 出口 数量	销售 出口 金额(千日元)	销售 内销 数量	销售 内销 金额(千日元)	销售 销售总计 数量	销售 销售总计 金额(千日元)	库存量
声学乐器 校园乐器	手风琴	1999	750	10141	10891	648	26009	10561	501169	11209	527178	4173
		2000	928	10120	11048	450	18198	10030	469437	10480	487635	4741
		2001	722	8169	8891	145	6241	9229	431534	9374	437775	4258
		2002	716	7790	8506	404	15932	7938	363830	8342	379762	4421
		2003	498	6126	6624	191	6735	7182	339054	7373	345789	3821
		2004	565	6454	7019	460	19652	6757	324300	7217	343952	3723
		2005	589	6979	7568	201	6815	6946	325114	7147	331929	4173
		2006	238	6276	6514	175	6206	6306	308736	6481	314942	4207
		2007	298	6262	6560	169	8246	5906	302762	6075	311008	4670
		2008	325	5540	5865	66	2504	5704	292412	5770	294916	4757
		2009	44	3473	3517	82	2481	4108	225085	4190	227566	4038
	录音设备	1999	821230	3008314	3829544	2784108	630073	1075996	1141103	3860104	1771176	817068
		2000	1268031	3074347	4342378	3190178	608614	1146992	1139384	4337170	1747998	749564
		2001	1276191	3146686	4422877	3099508	650292	1059304	1095807	4158812	1746099	1032659
		2002	705734	2722105	3427839	2508472	595497	98655	851252	3495022	1446749	1174345
		2003	432744	3243526	3676270	2962912	597429	987622	858768	3950534	1456197	906872
		2004	860752	2970542	3831294	3043014	617036	960744	822673	4003758	1439709	733894
		2005	822437	3269198	4091635	3072971	628807	972381	869799	4045352	1498606	784121
		2006	1249682	3238138	4487820	3470461	690278	918704	844808	4389165	1535086	899694
		2007	1343327	3154340	4497667	3571429	742875	925868	864100	4497297	1606975	900876
		2008	1330147	3174142	4504289	3568166	712743	867638	823100	4435804	1535843	968963
		2009	2989940	957401	3947341	3040780	557004	864168	758400	3904948	1315404	1010007
电声乐器	合计	1999	1438887	1897426	3336313	2067955	63789862	1223049	45949516	3291004	109739378	302325
		2000	1272042	1583958	2856000	1813397	57087338	917031	3944263	2730428	96529968	362856
		2001	1119097	1260879	2379976	1656024	54672095	787254	35011612	2443278	89683707	207966
		2002	1070478	1166395	2236873	1598924	54634623	655038	30396663	2253962	85031286	160003
		2003	1868571	1184321	3052892	2354430	66355147	677504	27306298	3031934	93661445	175913
		2004	2034705	1038903	3073608	2373577	70132400	713855	34570414	3087432	104752814	153063
		2005	2066976	1024168	3091144	2432660	68241316	638574	29957110	3071234	98198426	175123
		2006	1946933	1040660	2987593	2384098	72501672	592951	23008843	2977049	95510515	198784
		2007	2126296	1159029	3285325	2624184	83206579	648943	24498240	3273127	107704819	199229
		2008	2063160	1126018	3189178	2493979	79038078	675620	27779696	3169599	106817774	200154
		2009	1992216	615932	2608148	1984819	51528662	636336	24951864	2621155	76480526	194330
	电吉他	1999	126261	222139	348400	88928	2962640	198873	7842153	287801	10804793	25686
		2000	85407	174004	259411	117588	3079834	139892	6618212	25748	9698046	28110
		2001	142557	142348	284905	181644	3806863	103674	5892952	285318	9699815	26810
		2002	196669	128078	324747	243057	4681517	86000	5287555	329057	9969072	21950
		2003	197635	152958	350590	253676	4901019	92435	5242835	346111	10143854	25694
		2004	195642	131241	326883	255908	5035031	78056	5693450	333964	10728481	18361
		2005	197377	151526	348903	252087	4884141	103030	6666196	355117	11550337	15066
		2006	156585	162418	319003	214000	5293186	981	6500449	312100	11793635	23901
		2007	162172	174921	337093	249081	6015998	91341	6345085	340422	12361083	20249
		2008	150990	169462	320452	212383	4313647	104438	6895516	316821	11209163	23058
		2009	135219	111081	246300	165022	3695707	83074	6152989	248096	9848696	24736

品目	类别	年度	海外产量	国内产量	总产量	销售						库存量
						出口		内销		销售总计		
						数量	金额(千日元)	数量	金额(千日元)	数量	金额(千日元)	
电声乐器	电风琴	1999	247	40142	40389	10283	2186094	29054	11106651	39337	13292745	4166
		2000	31	32452	32483	8304	1164064	24687	9004214	32991	10168278	3808
		2001	258	27155	27413	8760	1191955	20035	7350125	28795	8542080	2400
		2002	98	30878	30976	5776	944374	24377	6759532	30153	7703906	3262
		2003	229	32590	32819	7366	825646	25546	49568	32912	5782446	3776
		2004	393	36304	36697	6656	1055109	30994	11313648	37650	12368757	1841
		2005	878	26814	27692	6191	702859	21751	7332185	27942	8035044	1943
		2006	1041	17726	18767	4870	618794	15001	4950841	19871	5569635	1872
		2007	726	17048	17774	3131	512955	14815	4378283	17946	4891238	1669
		2008	837	17718	18555	4104	715491	14675	4305454	18779	5020945	1522
		2009	1981	13963	15944	3204	486902	12727	3531736	15931	4018638	1510
	电钢琴	1999	84701	228782	313483	176500	17526472	137017	14920070	313517	32446542	25652
		2000	77460	213864	291324	169219	14856536	129386	13340052	298605	28196588	18993
		2001	101294	227071	328365	180504	15058686	140814	13067264	321318	2812595	29087
		2002	113600	215336	328936	19681	17824262	136076	11846885	332886	29671147	21103
		2003	134101	207149	341250	194324	17417943	144432	11123919	338756	28541862	24031
		2004	165017	211611	376628	214697	19018687	163926	11057750	378623	30076437	18502
		2005	191250	206034	397284	228464	18679018	167014	10287659	395478	28966677	20849
		2006	229216	168531	397747	230106	18619483	162477	9985556	392583	28605039	26893
		2007	329962	185886	515848	307922	22957512	197605	11771211	505527	34728723	37686
		2008	332800	192908	525708	351043	24928640	178908	10787911	529951	35716551	33466
		2009	381573	66456	448029	271104	16290878	184304	9979969	455408	26270847	26343
	电子键盘	1999	448042	533229	981271	552536	12869493	408248	5975321	960784	18844814	74948
		2000	476541	298252	774793	470474	10118206	320458	5019992	790932	15138198	58786
		2001	380172	204252	584424	334531	8869964	267988	4401914	602519	13271878	54327
		2002	357504	143352	500856	289682	7278093	221678	3220952	511360	10499045	29980
		2003	1164944	156806	1321750	1054749	19524989	255752	3295170	1310501	22820159	41113
		2004	1307919	145663	1453582	1179279	2017035	288014	3161663	1467293	23332013	27104
		2005	1213674	147875	1361549	1154664	17388185	198802	2190166	1353466	19578351	32829
		2006	1161877	133746	1295623	1118338	20475154	186851	1981020	1305189	22456174	22351
		2007	1198220	177229	1375449	1134508	19541855	224572	2275703	1359080	21817558	38996
		2008	1151194	179837	1331031	1091076	17499265	243658	2378043	1334734	19877308	34603
		2009	1110984	13330	1124314	896737	12167175	224901	2052275	1121638	14219450	35918

品目	类别	年度	海外产量	国内产量	总产量	销售						库存量
						出口		内销		销售总计		
						数量	金额（千日元）	数量	金额（千日元）	数量	金额（千日元）	
电声乐器	便携式电子键盘	1999	623094	34968	658062	509397	2742073	170581	408568	679978	3150641	11662
		2000	357701	42973	400674	257494	1726743	134757	435665	392251	2162408	20084
		2001	244201	33201	277402	155299	1310071	133789	300412	289088	1610483	8392
		2002	170679	17580	188259	102186	896139	89209	248027	191395	1144166	5299
		2003	146588	8624	155212	77665	635581	80277	212710	157942	848291	2569
		2004	136109	22395	158504	71336	598468	87745	898047	159081	1496515	4151
		2005	153778	28597	182375	92583	728165	86743	905226	179326	1633391	7180
		2006	138619	36324	174943	86138	605797	78341	740720	164479	1346517	14838
		2007	80080	35747	115827	54981	598711	73220	696609	128201	1295320	5264
		2008	85372	19905	105277	37123	580732	69145	499233	106268	1079965	4273
		2009	78275	849	79124	13967	195364	65581	435813	79548	631177	3849
	键盘拾音器	1999	213	113848	114061	97202	6872541	19697	1952188	116899	8824729	9302
		2000	1780	108114	109894	96760	7495787	14946	1431841	111706	8927628	8823
		2001	12947	128554	141501	121792	8925447	16666	1506784	138458	10432231	9984
		2002	31686	106844	138530	125292	9317260	14296	1187703	139588	10504963	7615
		2003	1807	96113	97920	89635	7943977	8846	873494	98481	8817471	5700
		2004	2648	101503	104151	93848	8273802	8706	794341	102554	9068143	7153
		2005	8054	89877	97931	88433	8019046	9109	805154	97542	8824200	7539
		2006	21062	89939	111001	97511	7811327	10417	813750	107928	8625077	10964
		2007	34180	75445	109625	98728	9094499	11407	784471	110135	9878970	10051
		2008	41701	65348	107049	95438	7913062	10925	818535	106363	8731597	9661
		2009	45934	20018	65952	57162	3797894	11276	795200	68438	4593094	8175
	其他电声乐器	1999	46306	556139	602445	385596	9247780	221558	3136243	607154	12384023	113389
		2000	134493	547558	682051	416345	9105668	120917	3061707	537262	12167375	191267
		2001	8186	375588	457448	417683	6081954	77130	2082983	494813	8164937	48834
		2002	35212	399411	434623	362937	4719331	60943	1438958	423880	6158289	49888
		2003	54398	273055	327453	279650	4771775	47235	1186263	326885	5958038	44600
		2004	31395	176062	207457	172931	3953475	28598	1145778	201529	5099253	43406
		2005	38426	132596	171022	141172	3873388	23519	1303714	164691	5177102	39828
		2006	51903	206682	258585	231291	4468011	27694	1504106	258985	5972117	59530
		2007	47937	221195	269132	258988	5312663	23081	1624047	282069	6936710	32683
		2008	65671	148056	213727	180961	4377912	20202	1458915	201163	5836827	37457
		2009	50538	130204	180742	153502	3117184	24924	1465704	178426	4582888	43715

品目	类别	年度	海外产量	国内产量	总产量	销售						库存量
						出口		内销		销售总计		
						数量	金额(千日元)	数量	金额(千日元)	数量	金额(千日元)	
电声乐器	乐器用功放	1999	110023	168179	278202	247513	9382769	38021	608322	285534	9991091	37521
		2000	138629	166741	305370	277213	9540500	31988	530947	309201	10071447	32985
		2001	155808	122710	278518	255811	9427155	27158	409178	282969	9836333	28132
		2002	165030	124916	289946	273184	8973647	22459	407051	295643	9380698	20906
		2003	168869	257029	425898	397365	10334217	22981	415107	420346	10749324	28430
		2004	195582	214124	409706	378922	12077478	27816	505737	406738	12583215	32545
		2005	263539	240849	504388	469066	13966514	28606	466810	497672	14433324	49889
		2006	198842	235415	434257	407345	15118800	29612	476201	436957	15595001	47085
		2007	285945	281278	567223	521496	19684086	30366	589931	551862	20274017	61812
		2008	234595	332784	567379	521851	18709329	33669	636089	555520	19345418	56114
		2009	187712	260031	447743	424121	11777558	29549	538178	453670	12315736	50084
总计		1999	2720096	7418906	10139002	5752419	108528438	4275596	95317717	10028015	203846155	1819983
		2000	3083959	7312063	10396022	6060078	104633446	4167690	88272864	10227768	192906310	1859828
		2001	3112540	6865467	9978007	5938748	100462210	3816363	78614966	9755111	179077176	1997799
		2002	2695401	5816242	8511643	5348053	101928528	3141083	70412268	8489136	172340796	2073682
		2003	3230079	6735281	9965360	6808502	116566319	3452474	67343634	10260976	183909953	1830919
		2004	3854714	6204438	10059152	6999405	123202692	3296729	70467781	10296134	193670473	1578905
		2005	4023057	6492179	10515236	7245545	121104315	3482028	64609581	10727573	185713896	1638502
		2006	4088182	6506831	10595013	7396834	129226910	3115986	62685210	10512820	191912120	1728429
		2007	4542860	6604621	11147481	7942620	147612346	3168664	64100984	11111284	211713330	1754117
		2008	4317581	6945944	11263525	7942469	141692898	3130957	60907475	11073426	202600373	1915734
		2009	6817400	2854462	9671873	6614888	92946084	2870329	53218499	9485217	146164583	2103714

2009年日本乐器出口前10位国家及地区

单位：千日元

国家及地区	立式钢琴	
	数量	金额
中国内地	33380	2830998
美国	6239	1406790
中国香港	4793	1035113
澳大利亚	4189	782612
比利时	2075	618337
越南	6478	584575
新加坡	2845	529928
加拿大	2340	470850
韩国	2994	394449
马来西亚	6239	377766
出口合计	71572	9031418

国家及地区	三角钢琴	
	数量	金额
美国	2873	2104100
比利时	1155	1236280
中国内地	2076	1133389
澳大利亚	688	565031
中国台湾	737	449773
韩国	658	416820
意大利	500	365977
加拿大	455	360182
德国	434	324207
英国	352	307258
出口合计	9928	7263017

国家及地区	键盘弦乐器	
	数量	金额
中国内地	46	4489
韩国	2	2500
德国	3	450
中国香港	3	426
阿拉伯	19	376
出口合计	73	8241

国家及地区	弓弦乐器	
	数量	金额
美国	1187	57111
比利时	674	44359
英国	228	14224
韩国	169	13446
加拿大	178	10143
阿拉伯	109	5544
俄罗斯	111	5159
中国香港	111	5006
澳大利亚	109	4088
新加坡	59	3383
出口合计	2935	162463

国家及地区	吉他及其他弦乐器	
	数量	金额
美国	8565	273105
挪威	3415	179552
加拿大	636	37594
德国	887	33583
巴西	456	24306
澳大利亚	434	20956
韩国	672	19257
比利时	524	14852
英国	37	13456
新西兰	178	10892
出口合计	15804	627553

国家及地区	铜管乐器	
	数量	金额
美国	14339	1829389
比利时	7743	783021
加拿大	1288	154213
英国	954	95480
瑞典	904	85409
澳大利亚	975	84688
德国	247	62740
中国台湾	392	61380
巴拿马	486	58603
中国香港	379	57437
出口合计	27707	3272360

国家及地区	其他管乐器	
	数量	金额
美国	171529	1610242
比利时	80477	1108449
德国	43026	754999
韩国	45831	549257
英国	106269	358857
中国香港	11577	209453
澳大利亚	8283	185079
中国台湾	71093	182637
加拿大	55235	178757
荷兰	5620	145742
出口合计	598940	5283472

国家及地区	鼓	
	数量	金额
美国	13443	387518
比利时	4080	151508
加拿大	2105	69936
阿拉伯	2430	48885
德国	1380	48654
英国	847	37811
瑞典	1036	34361
韩国	707	29982
意大利	972	29608
澳大利亚	679	26610
出口合计	27679	864873

国家及地区	其他打击乐器	
	数量	金额
美国	5267	569765
比利时	808	174202
中国台湾	1043	49549
加拿大	1536	39175
韩国	8661	24274
英国	14171	24214
荷兰	280	22635
中国香港	2599	21858
澳大利亚	682	19704
巴拿马	170	12189
出口合计	35217	957565

国家及地区	电子键盘乐器	
	数量	金额
比利时	22367	2557859
美国	25159	2501495
英国	5170	623502
德国	4805	457154
加拿大	4499	410113
中国内地	25261	329509
澳大利亚	2785	263295
瑞典	2257	252042
韩国	2778	177825
丹麦	1716	164264
出口合计	96797	7737058

国家及地区	电吉他	
	数量	金额
美国	25752	1251133
荷兰	8727	345594
德国	3349	251773
意大利	2397	177722
英国	2183	160237
澳大利亚	1903	116487
俄罗斯	1993	70416
中国香港	1008	64982
韩国	1043	64102
比利时	622	60226
出口合计	48977	2562672

国家及地区	其他电子键盘乐器	
	数量	金额
美国	9488	485291
比利时	2683	192903
德国	2184	158457
英国	2339	154577
印度	2958	102411
加拿大	847	58893
中国香港	643	46736
澳大利亚	611	44777
意大利	616	39359
西班牙	494	29692
出口合计	22863	1313096

国家及地区	八音盒	
	数量	金额
韩国	5791	5187
美国	2544	3811
中国内地	436	3531
法国	5451	3110
奥地利	1584	3024
中国台湾	5306	1521
中国香港	8	776
马来西亚	3800	530
瑞士	5	235
波兰	70	224
出口合计	24995	21949

国家及地区	乐器弦	
	重量	金额
美国	2903	36843
印度尼西亚	3392	6352
德国	574	6243
韩国	320	3530
阿拉伯	112	3344
中国内地	343	2542
比利时	202	2427
泰国	120	1520
中国香港	156	1441
中国台湾	588	1002
出口合计	8710	65244

国家及地区	钢琴零配件	
	重量	金额
中国内地	3088405	1588983
印度尼西亚	1652970	1010591
英国	123167	80573
中国台湾	48427	62587
美国	12514	61214
德国	16859	28359
比利时	1106	16303
中国香港	2520	15819
越南	2666	6189
加拿大	1771	4956
出口合计	4950405	2875574

国家及地区	弦乐器零配件	
	重量	金额
美国	21686	193700
中国内地	4890	44060
印度尼西亚	9227	31979
中国香港	3355	18669
墨西哥	731	15751
德国	1324	13068
西班牙	580	11491
英国	513	6729
意大利	754	6383
法国	816	6224
出口合计	43876	348054

国家及地区	电子乐器零配件	
	重量	金额
美国	141186	676615
印度尼西亚	111388	444949
中国内地	208580	364418
意大利	111499	325806
德国	37075	206040
中国香港	13779	165905
比利时	55045	126198
英国	22177	83889
法国	7056	39093
加拿大	7518	34610
出口合计	715303	2467523

国家及地区	节拍器、音叉	
	重量	金额
印度尼西亚	249455	1998735
中国内地	160656	1332364
美国	85050	291860
比利时	10148	133712
中国香港	11264	116846
德国	6537	55930
阿拉伯	3860	22614
韩国	2765	21815
中国台湾	2287	20834
加拿大	2876	17523
出口合计	534898	4012233

2009年日本乐器进口前10位国家及地区

单位：千日元

国家及地区	立式钢琴	
	数量	金额
印度尼西亚	1372	196293
德国	201	187742
中国内地	983	117370
捷克	146	61769
韩国	36	8550
越南	50	5318
意大利	3	2264
奥地利	1	2073
泰国	41	1173
美国	3	1132
进口合计	2836	583684

国家及地区	三角钢琴	
	数量	金额
德国	243	894582
奥地利	25	106844
中国内地	137	75177
意大利	15	69192
	17	57889
捷克	41	51909
印度尼西亚	73	26640
法国	9	18087
英国	3	6196
埃托尼亚	1	2075
进口合计	564	1308591

国家及地区	键盘弦乐器	
	数量	金额
意大利	9	7076
法国	6	5382
德国	2	2899
美国	5	2290
荷兰	1	1366
中国内地	5	470
英国	1	365
进口合计	29	19848

国家及地区	弓弦乐器	
	数量	金额
意大利	750	437357
德国	4639	404971
中国内地	23526	264472
法国	679	125685
英国	330	94613
罗马尼亚	1606	54095
美国	210	45965
捷克	1053	38950
匈牙利	132	18078
比利时	162	16691
进口合计	33087	1500877

国家及地区	吉他	
	数量	金额
美国	9801	1208373
中国内地	127547	873319
西班牙	2718	182993
印度尼西亚	16870	99938
德国	195	54298
墨西哥	2480	46863
英国	77	28970
澳大利亚	308	23288
加拿大	665	19984
捷克	176	13054
进口合计	160837	2551080

国家及地区	其他弦乐器	
	数量	金额
美国	5034	286329
中国内地	74533	195805
意大利	478	125208
德国	512	50121
越南	5904	19919
法国	39	10215
荷兰	130	7235
瑞士	12	5994
印度尼西亚	635	5718
中国台湾	228	5111
进口合计	87505	711655

国家及地区	铜管乐器	
	数量	金额
中国内地	28719	525171
德国	1406	498847
美国	3353	472192
中国台湾	5541	171366
法国	427	85498
瑞士	138	55760
英国	64	22269
西班牙	162	21561
芬兰	78	20388
奥地利	28	8898
进口合计	39916	1881950

国家及地区	风琴	
	数量	金额
荷兰	1	130900
瑞士	1	27604
法国	2	27399
德国	363	24614
美国	1	23103
意大利	1	1922
英国	2	1104
中国内地	400	223
进口合计	771	236869

国家及地区	手风琴	
	数量	金额
印度尼西亚	527381	469440
中国内地	140403	143219
意大利	158	31286
德国	2388	5243
捷克	39	2876
瑞士	4	1193
比利时	1	1132
法国	2	1128
英国	2	745
波多黎各	1	231
进口合计	670379	656493

国家及地区	口琴	
	数量	金额
中国内地	209384	62714
德国	41474	61977
巴西	2432	3197
爱尔兰	540	528
进口合计	293774	2019264

国家及地区	其他管乐器	
	数量	金额
印度尼西亚	871423	1700146
法国	7694	1563773
美国	1474	327499
德国	3238	248194
中国台湾	71381	243231
中国内地	273506	138622
捷克	66	20344
越南	562	18078
意大利	42	9127
瑞士	270	8513
进口合计	1229656	4277527

国家及地区	鼓	
	数量	金额
美国	55957	475296
中国内地	1100244	416041
中国台湾	128042	284740
加拿大	18469	115977
泰国	32650	103194
德国	24886	87217
瑞士	3777	41689
荷兰	291	41279
印度	74451	30665
土耳其	2184	22328
进口合计	1440951	1618426

国家及地区	电子键盘乐器	
	数量	金额
中国内地	552549	4408904
印度尼西亚	86636	2977477
美国	392	68148
瑞典	518	56479
德国	394	47082
意大利	2857	43133
中国台湾	1838	33702
荷兰	24	14991
韩国	1523	12080
加拿大	2	1323
进口合计	646733	7663319

国家及地区	电吉他	
	数量	金额
美国	30751	3262954
中国内地	240168	1676960
印度尼西亚	27490	349761
韩国	16671	339941
墨西哥	5762	166671
德国	626	59726
加拿大	637	40465
菲律宾	1122	20544
捷克	127	10609
越南	1122	7124
进口合计	324476	5934755

国家及地区	其他电子乐器	
	数量	金额
中国内地	58207	668494
印度尼西亚	3280	53789
中国台湾	3105	38788
意大利	311	28189
美国	299	19053
瑞典	90	6678
德国	124	5558
韩国	188	3416
捷克	35	2996
瑞士	2	669
进口合计	65641	827630

国家及地区	八音盒	
	数量	金额
瑞士	3910	158099
中国内地	589659	144991
美国	52	12698
德国	13	10659
英国	11	7745
越南	8124	2696
意大利	452	2676
中国台湾	10840	2183
法国	646	805
中国香港	900	546
进口合计	614607	343098

国家及地区	机械乐器	
	重量	金额
中国内地	63695	107626
中国台湾	9364	23175
加拿大	2277	14328
美国	820	5450
英国	499	3388
韩国	305	2590
墨西哥	23	825
瑞士	20	594
南非	40	453
中国香港	145	398
进口合计	77188	158827

国家及地区	乐器弦	
	重量	金额
美国	145462	1000490
德国	6201	303370
奥地利	1902	225731
中国内地	46465	121790
墨西哥	14675	111807
丹麦	234	36937
法国	1381	20736
韩国	7778	20259
意大利	1592	19654
英国	1841	18929
进口合计	227531	1879703

国家及地区	钢琴零配件	
	重量	金额
印度尼西亚	1879367	917935
中国	86518	61685
德国	2045	37609
韩国	4887	31781
马来西亚	48158	16010
美国	6658	8416
中国台湾	2158	3061
意大利	167	1649
哥斯达黎加	4900	1142
瑞典	70	1051
进口合计	2034928	1080339

国家及地区	弦乐器零配件	
	重量	金额
中国	369732	254325
法国	484	190338
美国	13426	174001
德国	5813	154848
中国台湾	52201	46927
瑞士	83	46311
加拿大	1818	35095
英国	1024	34879
越南	26483	32809
巴西	86	23541
进口合计	471150	993074

国家及地区	电子乐器零配件	
	重量	金额
中国内地	598780	806513
印度尼西亚	1523574	739562
美国	103133	652258
中国台湾	122265	256986
韩国	24390	94137
德国	5076	54053
意大利	9137	14311
菲律宾	2958	10187
加拿大	505	5050
英国	151	4023
进口合计	2389969	2637080

国家及地区	节拍器、音叉	
	重量	金额
中国内地	44851	257378
越南	19710	116177
德国	3734	31062
美国	519	11826
英国	75	1911
中国台湾	41	266
进口合计	68930	418620

国家及地区	风琴零配件	
	数量	金额
法国	3065	100377
瑞士	1277	11745
德国	1098	10450
荷兰	346	2303
葡萄牙	600	1960
美国	66	1052
意大利	44	619
进口合计	6496	128506

国家及地区	其他乐器零配件	
	数量	金额
法国	37947	1174027
美国	127231	781575
中国内地	383027	601750
印度尼西亚	50341	376842
中国台湾	251230	363326
德国	17884	224530
意大利	1023	134804
进口合计	868683	3656854

（高萍编译自《日本音乐贸易》2010.No.4）

日本钢琴产销市场及钢琴调律行业现状

【编者按：在2009年澳大利亚布里斯班召开的第16届世界钢琴调律大会上，共有43名日本钢琴调律师协会会员与会，仅次于东道国澳大利亚钢琴调律师协会的83位代表，日本钢琴调律师协会国际局理事西田完在会上对近年来日本钢琴市场产销状况和日本钢琴调律行业现状做了介绍。】

1709年在意大利诞生了世界第一架钢琴，到2009年已整整走过300年历史。钢琴勘称“乐器之王”，受到人们的很大关注。为此，日本钢琴调律师协会（JPTA）及其在全国所属的11个支部举行了300周年庆祝活动。

日本的第一架钢琴是1823年由一名德国医生带到日本 始在日本普及，有大量的钢琴生产商，建立了遍及全国的销售网，琴行中招收调律师的零售店也逐渐多了起来。到1960年，逐步有了专门培养钢琴调律师的培训机构。

1980年，日本钢琴产量达到世界第一，为38.8万架，其中国内销售30.6万架，出口8.2万架。到1990年，钢琴产量从38.8万架降至26.6万架。十年后的2000年，钢琴产量进一步降到8.7万架，而到2008年，日本钢琴产量为4.5万架。

钢琴产量不断减少是一种趋势，不仅在日本，在欧美各国也同样出现过这种情况。数码乐器、电子乐器的大量普及被认为是一大原因。

日本钢琴产量最盛时有50多家钢琴制造商，而现在钢琴及相关配件厂商加起来连10家都不到，当前日本钢琴产量只相当于最盛时期的11%。20世纪50年代多为手工生产，之后又改进了生产方式和工艺，提高效率，在国内生产了质优价廉的钢琴，也充实了世界钢琴市场，为钢琴的普及作出了贡献。

目前日本钢琴的社会拥有量约为500万～600万架。从普及的角度看，市场已经达到饱和。社会新生人口减少也是一个原因，再加上钢琴使用者都是幼儿和中小学生，处于学业繁忙阶段，练习钢琴的时间受到挤压，这也是一个原因。

另一方面，钢琴以及相关配套厂也逐步转向海外生产，20年前就开始向亚洲其他国家和地区转移，产出的钢琴又返销到日本。2008年，这类钢琴在日本市场销量约为2700架。

钢琴调律行业现状

日本钢琴调律师协会的历史较长，当时是由1917年在美国进修、学习钢琴调律技术的日籍人士发起成立，初期名为“钢琴技术者协会”，1973年经文部省批准成立“日本钢琴调律师协会”并一直发展至今。

日本钢琴调律师协会（社团法人）目前下属11个支部，有3000余名活跃在全国的会员，对钢琴调律事业发挥了显著作用。想加入协会的会员，凡学习钢琴调律技术满三年，并具备实际工作经验者，经入会技术水平考试合格后，方可取得会员资格。

协会活动

协会主要活动，一是组织召开各类技术研讨会；二是就钢琴管理、保养做启蒙指导，每年的4月4日是“钢琴调律日”，全国11个支部共同联手举办音乐会等纪念活动，宣传钢琴调律重要性；三是组织对钢琴调律技术研究；四是收集技术资料并做调查；五是发行协会会刊，进行国际钢琴调律行业的信息交流，积极参加国际钢琴调律师协会开展的调律技术交流；最后，开展符合本会宗旨的其他活动。

钢琴调律师培养

20世纪60年代的钢琴调律师培养方式大多是师傅带徒弟。学徒进入钢琴厂或修理厂，学习钢琴生产、组装的全部过程，而最终成为钢琴调律师。

目前日本钢琴调律师培养机构分为3类：音乐院校的钢琴调律师课程学习、钢琴制造厂商中的培养机构以及私立的钢琴调律师学校。在钢琴最盛时期，这类学校有20家左右，而现在仅为10余家。目前，每年新增200名钢琴调律师。

钢琴调律也有远程教育形式，几乎都是全日制的培训模式。每年要有1500至1800小时的学习时间，使他们边从事调律业务，边提高调律技术的实际运用水平，具备3年的钢琴调律经验后，方可取得入会资格。培训合格率为65%。

未来展望

近年日本的钢琴生产中，有三分之一配备了静音装置，协会今后有必要加强在此方面的知识培训。

另一方面，从市场角度看，应强化钢琴使用者和消费者的音乐意识，进行普及教育宣传活动，让他们对此感到兴趣，为推动日本音乐文化发展做出努力。

最后，在世界钢琴调律技术者云集的国际钢琴调律师组织中，日本钢琴调律协会愿进一步与各方加强沟通，促进钢琴调律行业的技术交流和信息交流。

1980年～2008年日本钢琴产量数据

年代	1980年	1990年	2000年	2008年
钢琴产量（架）	388000	266000	87000	45000
出口数量（架）	82000	110000	45000	
国内销售量（架）	306000	156000	42000	
总人口（万人）	11706	12361	12692	12776（2005年）
新生儿（万人）	157	122	119	111
世带家庭数（万户）	3582	4067	4678	4986
钢琴普及率（%）	19.2	23.3		25.2
日本钢琴调律师协会会员数（人）	1978	2750	2995	2947
新入会员数（人）	140	139	85	64

（注：世带家庭：在日本，每个家庭有一位60岁以上的老人与子女同住的合居家庭。）

（常杰编译自《日本钢琴调律师协会会刊》2009 No.11）

海外信息篇之五：各国乐器市场概述

2008年各国乐器市场概述

日本

据日本乐器制造商协会（以下简称“全制协”）统计，2008年日本音乐制品国内和出口销售额均有下降。国内销售额达609亿日元，较上年降低5%。出口有所减缓，降至1417亿日元。由于日元对主要国家货币升值，出口速度减缓并未出人意料，然而影响行业的最大因素是国内销售滞后，这种情况已延续了数年。

业内专家指出，虽然二手乐器交易一直很活跃，但从《日本音乐贸易》年初对日本国内市场所作的调查来看，统计数据对结果做出了验证。根据调查问卷结果来看，大多数乐器零售商称2008年消费需求低迷。

近年来音乐制品行业开展的活动有力地推动了音乐教育发展，不过仍需进一步努力开发乐器市场。

回顾去年发展历程，声学乐器业务情况良好，但去年这类乐器销售额降低了8个百分点，降至958亿日元。电声类乐器销售减少了1%，销售额为1068亿日元。

统计数据还显示，2008年，提琴、电吉他、电子键盘、功放等国内市场销售超过了上一年。由于产品平均单价提高，吉他、笛子、音乐会用鼓、木琴、键盘拾音器销售额增加，而上述乐器的销售量有所下降。

关于出口，立式钢琴、吉他、其他弦乐器、长笛、萨克斯管、音乐会用鼓、行进鼓、木琴、电子管风琴、数码钢琴等音乐制品销量也有所增长。尽管口琴、木管乐器、打击乐器和便携式电子键盘的销量减少，但这些音乐制品的零售额有较明显增长。

财务省关税局公布的进口数据显示，2008年日本乐器进口较上年降低10%（约56亿日元），为519亿日元。

日本乐器市场中，近年来中国制造的乐器份额显著提高。2008年，部分乐器制品继续保持较好成绩，但中国进口乐器总量首次出现下降。从韩国、印度尼西亚等国家和中国台湾地区的乐器进口也出现不同程度下降，去年意大利出口到日本的乐器增加，但2008年法国、德国、西班牙、美国和加拿大从日本进口的乐器有所减少。

意大利向日本出口了近880件弦乐器，出口额较上年增长了近3倍，达17.5亿日元。过去几年，日本对提琴需求稳步上升，似乎从意大利进口的乐器越来越有人气。

另据财务省关税局的统计，日本对美国乐器出口额略有减少，从2007年的247亿日元降低到2008年的236亿日元，而对中国、俄罗斯和巴西出口有显著增加。2008年对中国出口额达到81亿日元，增幅为25%。对俄罗斯出口增长6.7%，对巴西出口几乎增长一倍。日本乐器制造商还向东南亚、拉丁美洲和欧盟出口了更多乐器制品。因此2008年出口总额上升7%，达837亿日元，如把日本国外乐器生产企业算进去，出口总数还会更大。

需要说明的是，因调查方式不同，经济产业省和全国乐器制造商协会提供的数字存在差异，经产省的调查未含20人以下的小公司，全制协的调查则涵盖所有乐器制造商。

同样，全制协的数据不仅包括日本国内乐器生产厂商，还包括委托给第三方生产、制造、加工的OEM乐器制品。另一方面，经产省解释，数据包括OEM制品及其他委托给个体制造商加工的半成品乐器。

音乐制品市场概况

2008年	销售额（百万美元）	2600	人均消费（美元）	20.49	占全球市场份额（%）	14.30

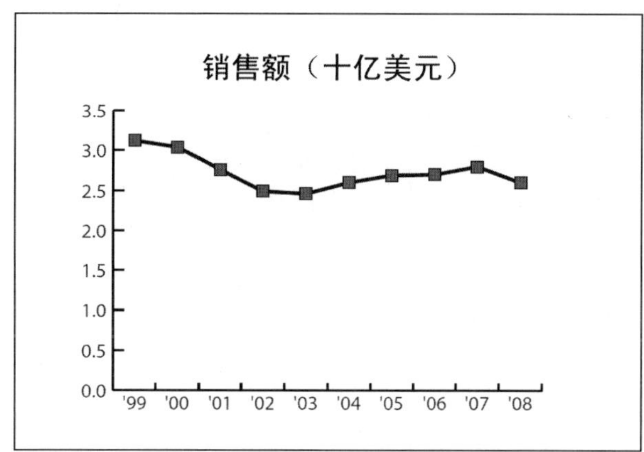

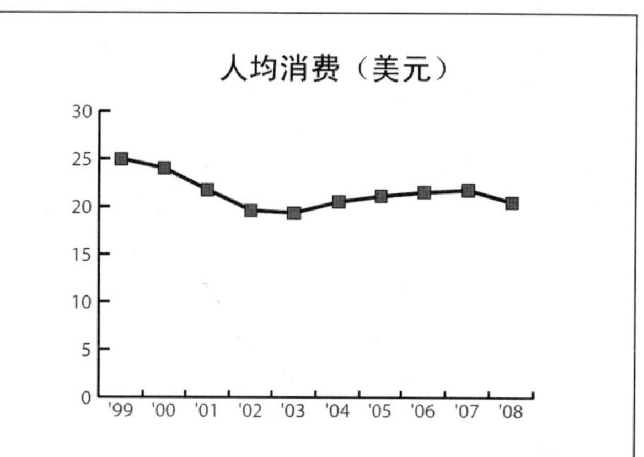

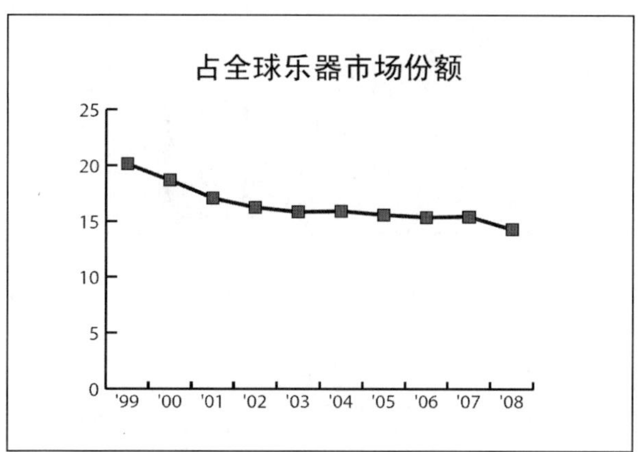

国内市场概况

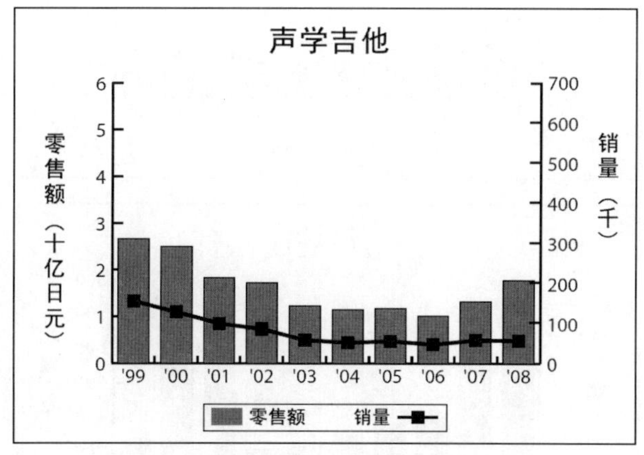

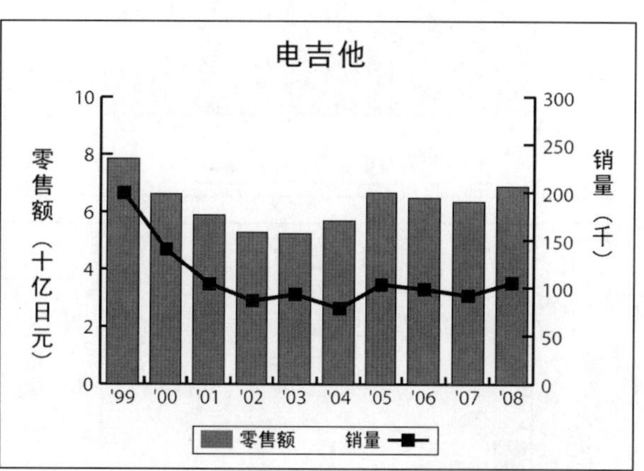

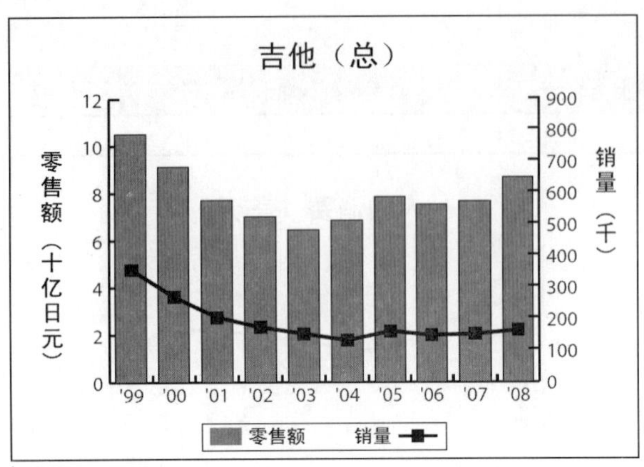

吉他（总）
零售额（十亿日元）
销量（千）
'99 '00 '01 '02 '03 '04 '05 '06 '07 '08
零售额 销量

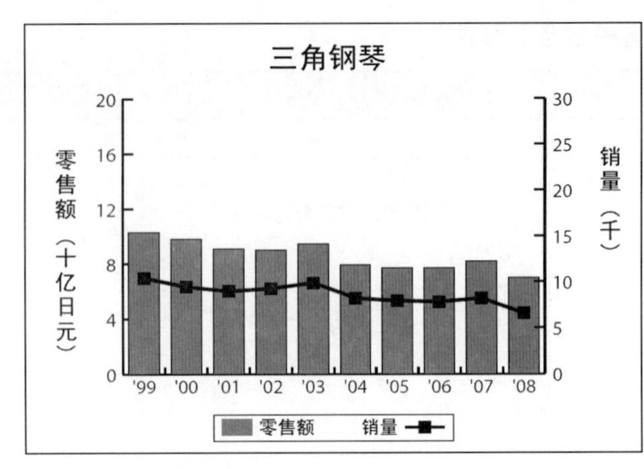

三角钢琴
零售额（十亿日元）
销量（千）
'99 '00 '01 '02 '03 '04 '05 '06 '07 '08
零售额 销量

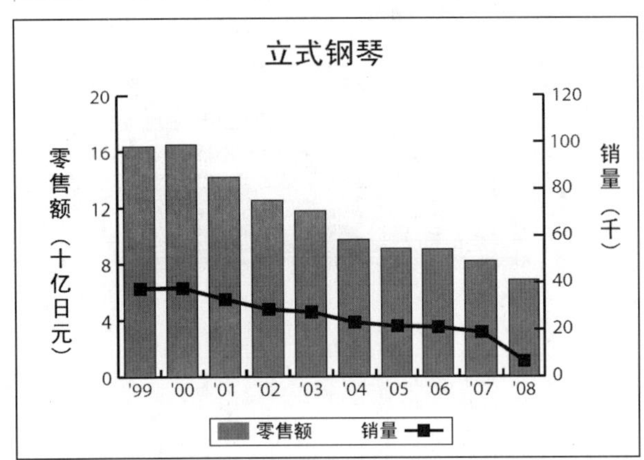

立式钢琴
零售额（十亿日元）
销量（千）
'99 '00 '01 '02 '03 '04 '05 '06 '07 '08
零售额 销量

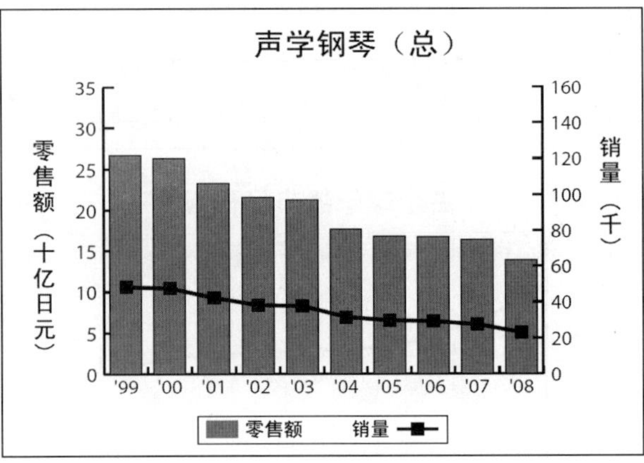

声学钢琴（总）
零售额（十亿日元）
销量（千）
'99 '00 '01 '02 '03 '04 '05 '06 '07 '08
零售额 销量

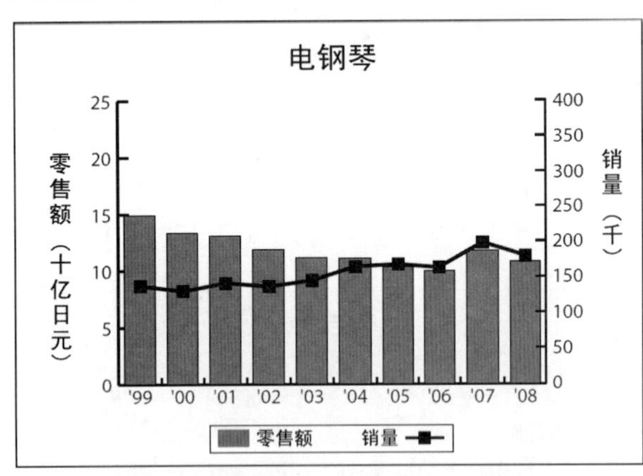

电钢琴
零售额（十亿日元）
销量（千）
'99 '00 '01 '02 '03 '04 '05 '06 '07 '08
零售额 销量

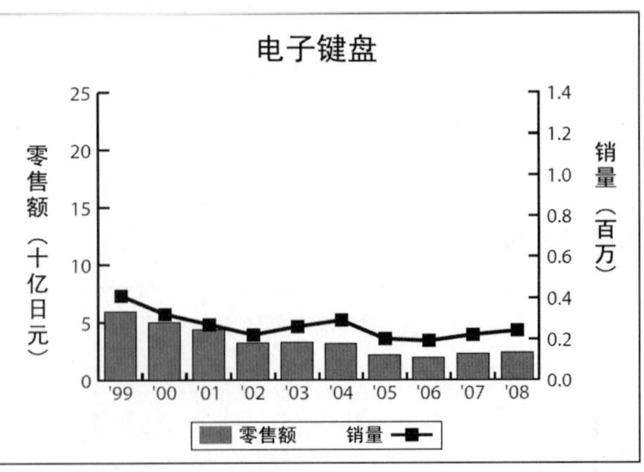

电子键盘
零售额（十亿日元）
销量（百万）
'99 '00 '01 '02 '03 '04 '05 '06 '07 '08
零售额 销量

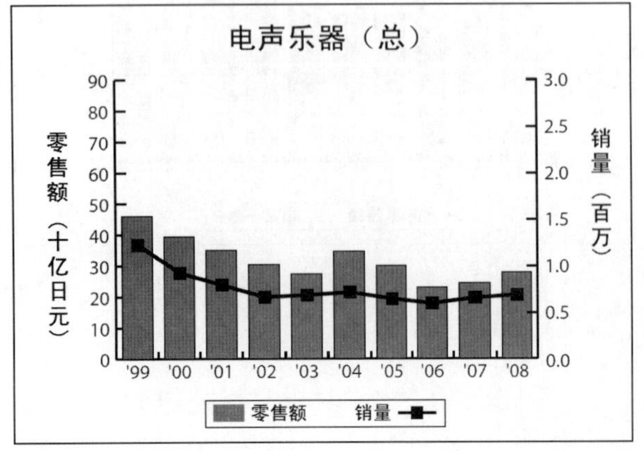

电声乐器（总）
零售额（十亿日元）
销量（百万）
'99 '00 '01 '02 '03 '04 '05 '06 '07 '08
零售额 销量

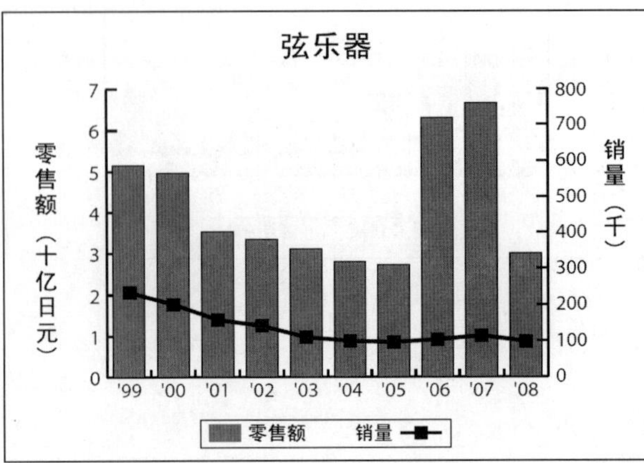

弦乐器
零售额（十亿日元）
销量（千）
'99 '00 '01 '02 '03 '04 '05 '06 '07 '08
零售额 销量

铜管乐器
零售额（十亿日元）
销量（千）
'99 '00 '01 '02 '03 '04 '05 '06 '07 '08
零售额 销量

木管乐器
零售额（十亿日元）
销量（千）
'99 '00 '01 '02 '03 '04 '05 '06 '07 '08
零售额 销量

管乐器
零售额（十亿日元）
销量（千）
'99 '00 '01 '02 '03 '04 '05 '06 '07 '08
零售额 销量

打击乐器
零售额（十亿日元）
销量（千）
'99 '00 '01 '02 '03 '04 '05 '06 '07 '08
零售额 销量

出口概况

声学吉他
出口额（十亿日元）
出口量（千）
'99 '00 '01 '02 '03 '04 '05 '06 '07 '08
出口额 出口量

电吉他
出口额（十亿日元）
出口量（千）
'99 '00 '01 '02 '03 '04 '05 '06 '07 '08
出口额 出口量

吉他（总）
出口额（十亿日元）
出口量（千）
'99 '00 '01 '02 '03 '04 '05 '06 '07 '08
出口额 出口量

三角钢琴
出口额（十亿日元）
出口量（千）
'99 '00 '01 '02 '03 '04 '05 '06 '07 '08
出口额 出口量

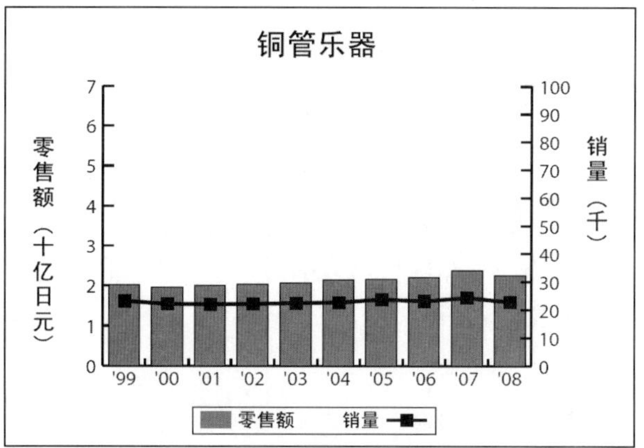

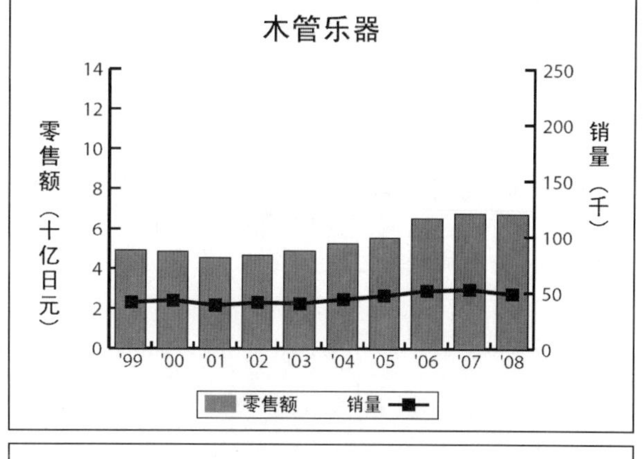

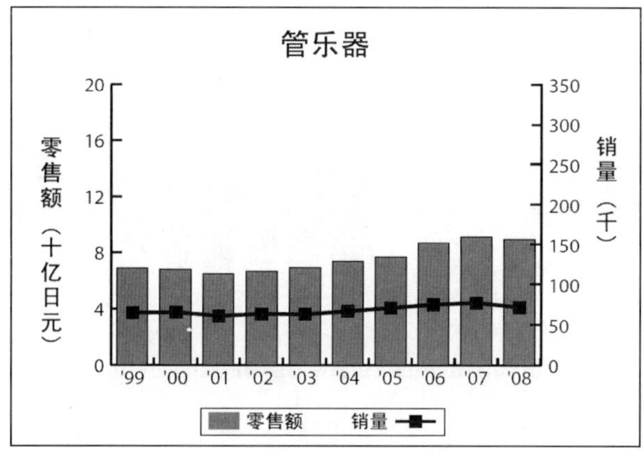

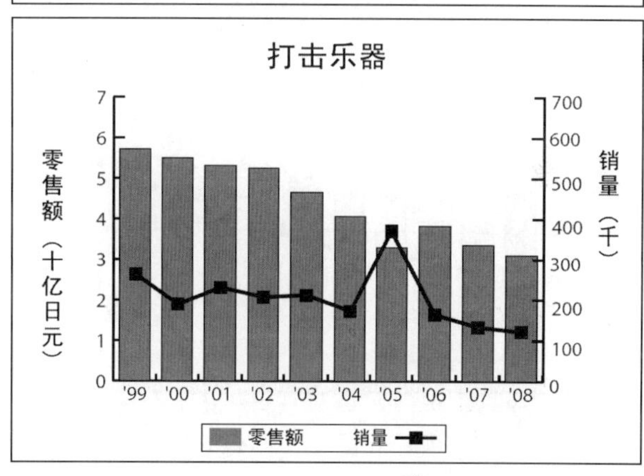

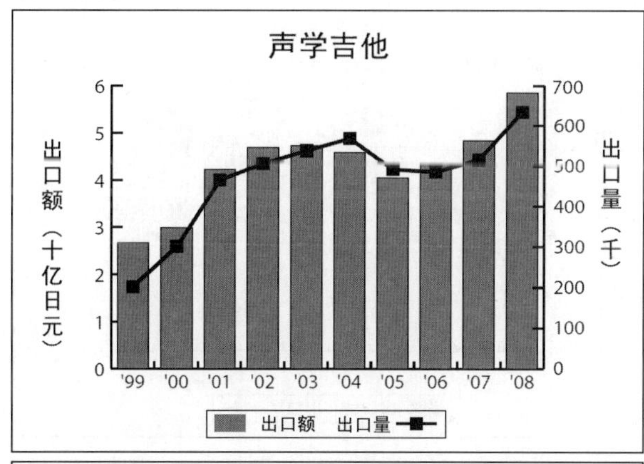

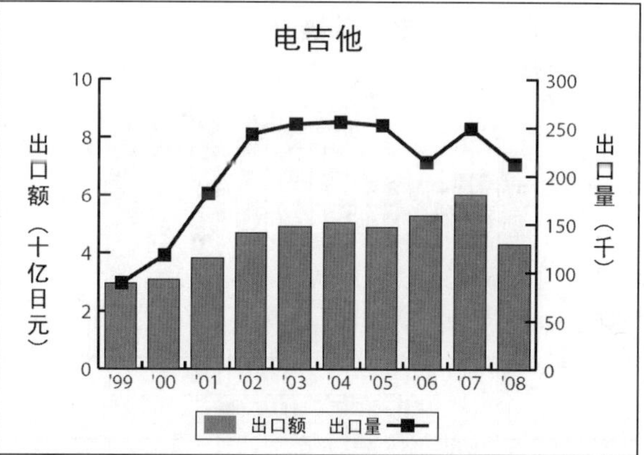

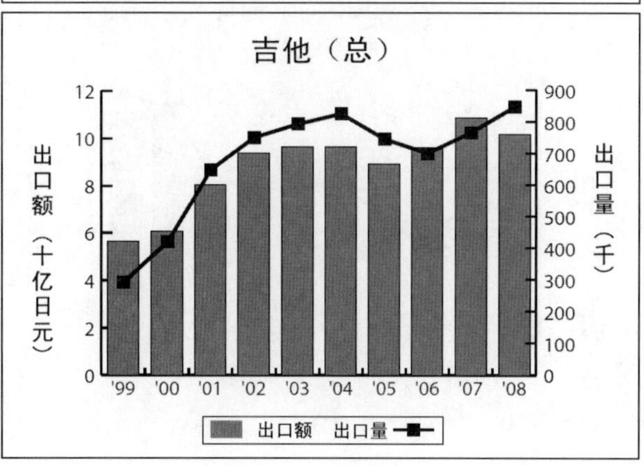

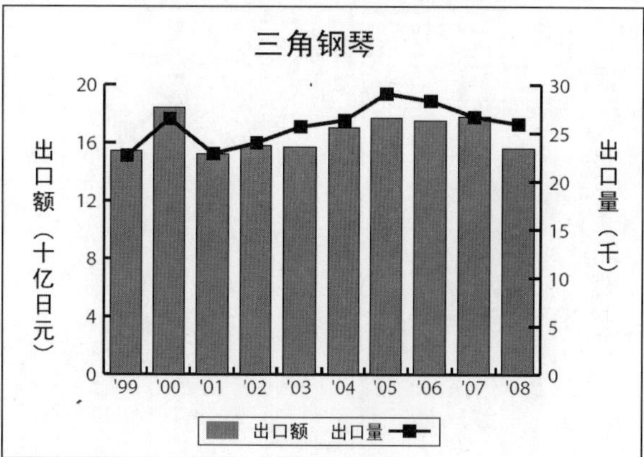

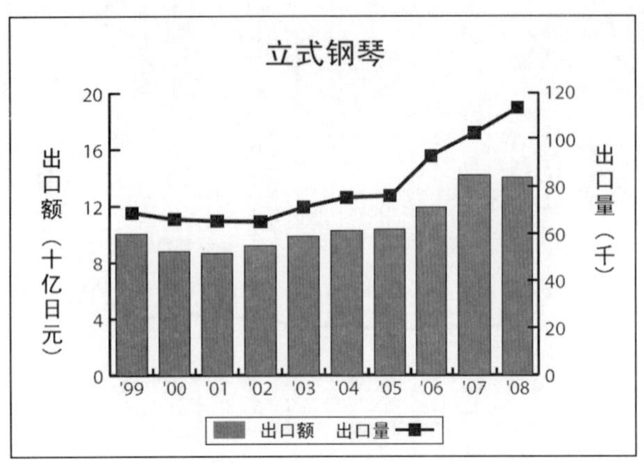
立式钢琴
出口额（十亿日元）
出口量（千）
0 4 8 12 16 20
0 20 40 60 80 100 120
'99 '00 '01 '02 '03 '04 '05 '06 '07 '08
出口额 出口量

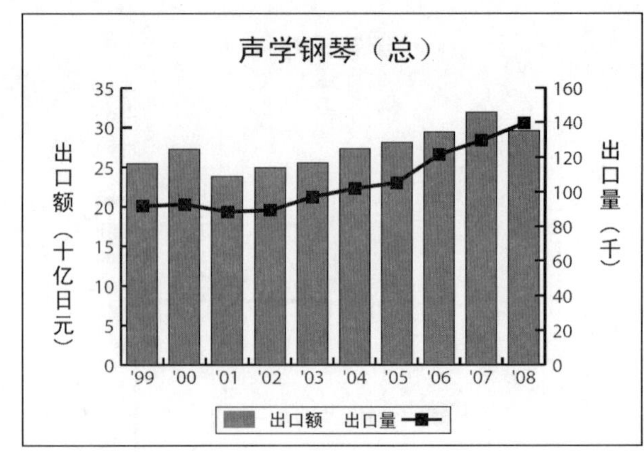
声学钢琴（总）
出口额（十亿日元）
出口量（千）
0 5 10 15 20 25 30 35
0 20 40 60 80 100 120 140 160
'99 '00 '01 '02 '03 '04 '05 '06 '07 '08
出口额 出口量

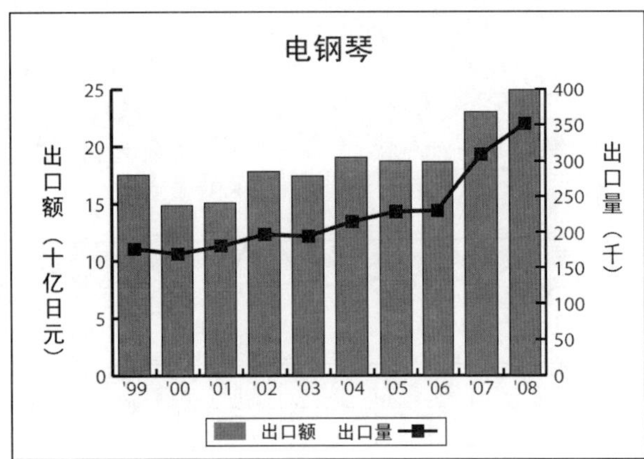
电钢琴
出口额（十亿日元）
出口量（千）
0 5 10 15 20 25
0 50 100 150 200 250 300 350 400
'99 '00 '01 '02 '03 '04 '05 '06 '07 '08
出口额 出口量

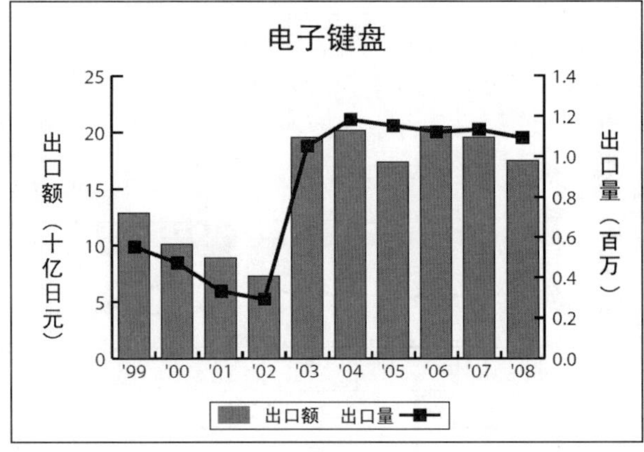
电子键盘
出口额（十亿日元）
出口量（百万）
0 5 10 15 20 25
0.0 0.2 0.4 0.6 0.8 1.0 1.2 1.4
'99 '00 '01 '02 '03 '04 '05 '06 '07 '08
出口额 出口量

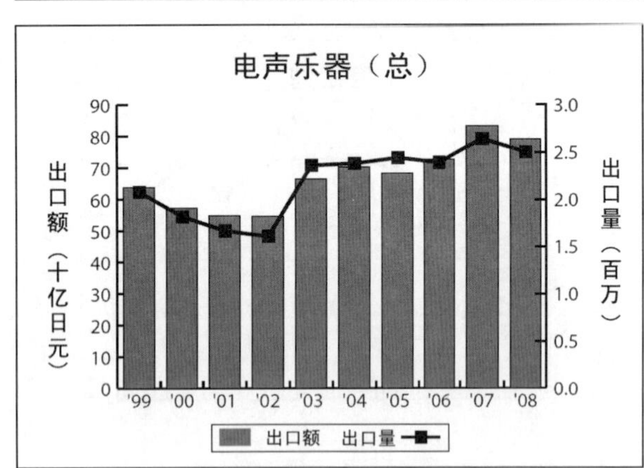
电声乐器（总）
出口额（十亿日元）
出口量（百万）
0 10 20 30 40 50 60 70 80 90
0.0 0.5 1.0 1.5 2.0 2.5 3.0
'99 '00 '01 '02 '03 '04 '05 '06 '07 '08
出口额 出口量

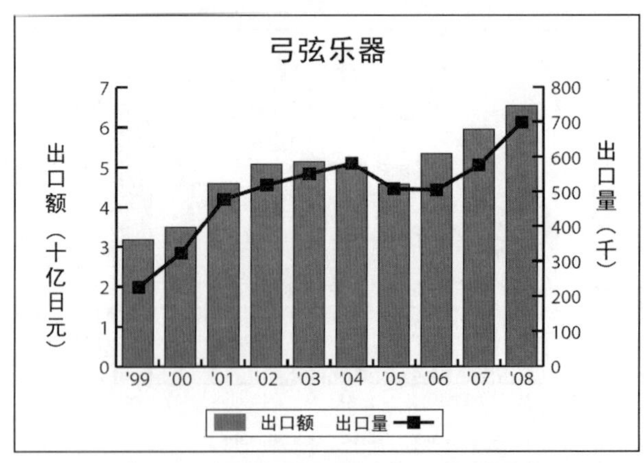
弓弦乐器
出口额（十亿日元）
出口量（千）
0 1 2 3 4 5 6 7
0 100 200 300 400 500 600 700 800
'99 '00 '01 '02 '03 '04 '05 '06 '07 '08
出口额 出口量

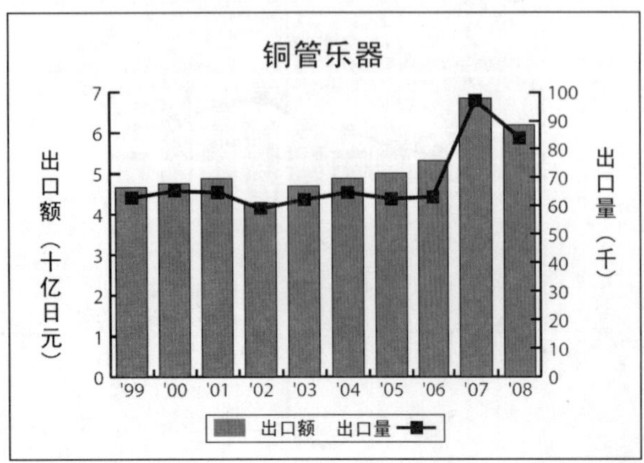
铜管乐器
出口额（十亿日元）
出口量（千）
0 1 2 3 4 5 6 7
0 10 20 30 40 50 60 70 80 90 100
'99 '00 '01 '02 '03 '04 '05 '06 '07 '08
出口额 出口量

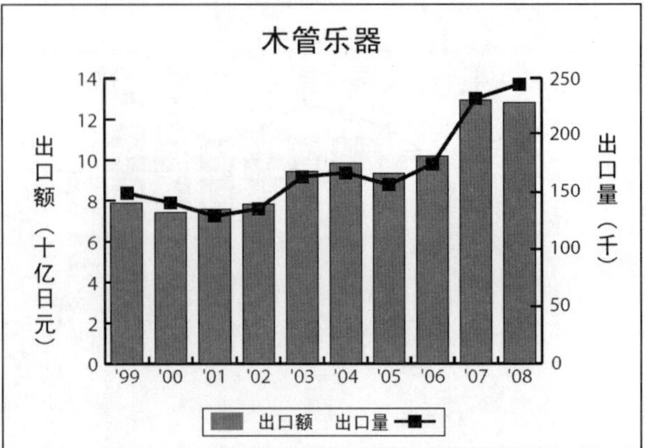
木管乐器
出口额（十亿日元）
出口量（千）
0 2 4 6 8 10 12 14
0 50 100 150 200 250
'99 '00 '01 '02 '03 '04 '05 '06 '07 '08
出口额 出口量

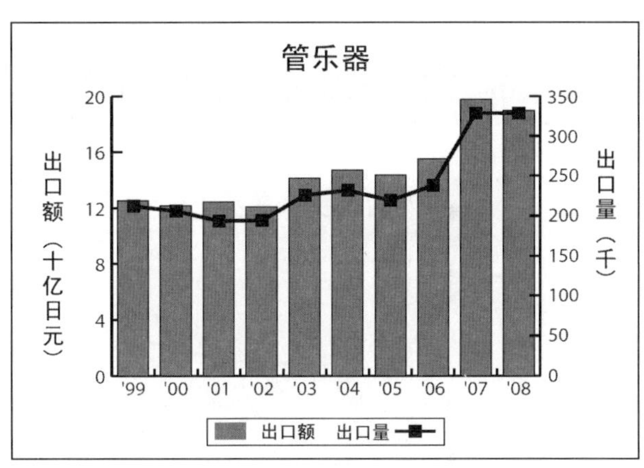

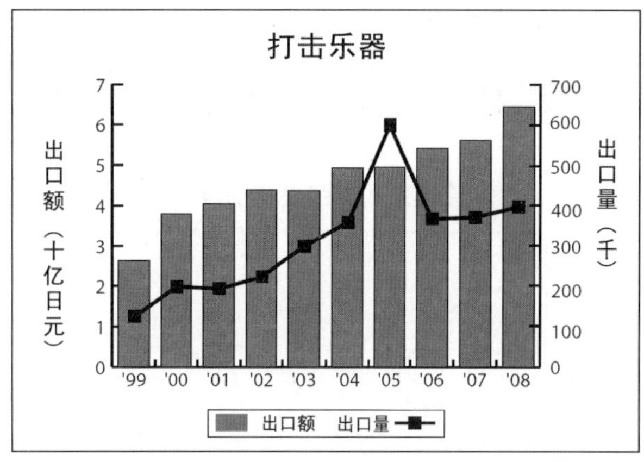

德国

仅2008年上半年，德国乐器制造商就已实现了全年任务。全德1700家公司、琴行的营业总额达7.7亿欧元，其中前几十家公司营业总额所占比例达50%。

德国乐器行业增长主要靠与其他国家的对外贸易推动，2008年国内增幅10%，公众对学校、幼儿园等校园音乐教育的关注度提高，认可其在基础教育中的重要性。像启动的“音乐课堂”活动正为乐器市场带来回报。

相反，经2008年上半年强劲增长后，下半年德国对外贸易受到重创，致使该年行业发展下降0.6个百分点。全球性的金融危机是阻碍发展的“始作俑者”，德国与欧盟国家的贸易额仍增长5.8%，而与非欧盟国家的贸易减少5.7%；对欧盟国家乐器出口比重为46%，向欧盟外国家乐器出口比重为54%。德国制造的产品有一半对外出口，大公司生产的产品有2/3供出口。

出口形势和德国国内乐器市场形势相似。对美国和英国的出口各降低了15%左右，在德国乐器出口总额中，对美国的出口比例降低了12%，在经济萧条的高峰时期，降幅几乎翻倍，为23%。

对日本出口较上年降低4个百分点，此外，对法国、荷兰、奥地利等欧盟一些最重要国家的出口也略有降低，对意大利出口显著减少。对瑞士出口降低8%，对西班牙出口减少5%。出口增长最显著的是中国，同比增长了43%。

铜管乐器、打击乐器、手风琴、口琴以及吉他等音乐制品出口增长超过两位数。降幅较为显著的是风琴，降幅在10个百分点左右的产品有立式钢琴、三角钢琴、小提琴，木管乐器也有小幅下降。弓弦乐器出口增长5.7%，管乐器出口减少8.3%，钢琴下降4.2%。乐器配件出口和去年相仿，如乐器用弦出口增长4.5%。

今后，德国音乐制品行业不会不受经济危机影响。行业的发展一直由出口市场推动。由于对出口市场存在依赖，2009年这将会影响到行业发展。

尽管目前德国国内市场和部分欧盟国家市场相对稳定，但估计市场总额还会下降5至10个百分点。

低成本的亚洲产品仍是受关注的热点。德国乐器市场中有30%的产品来自中国，中国是德国最大的乐器进口国，并对德国乐器造成价格压力和强大的产品竞争。去年中国从德国进口的乐器数量同比仅增长2.4%。

音乐制品市场概况

2008年	销售额（百万美元）	1100	人均消费（美元）	13.44	占全球市场份额（%）	6.10

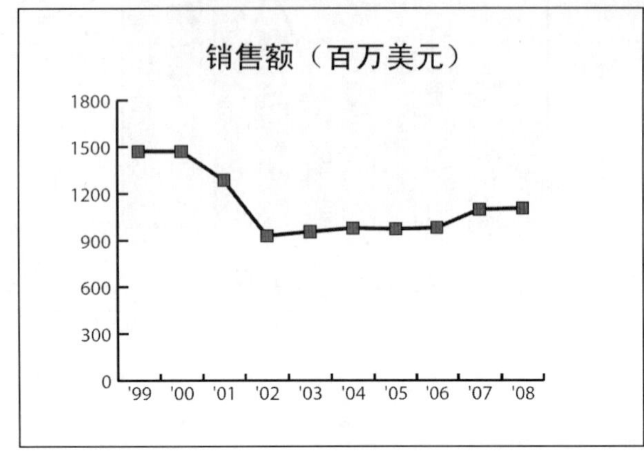

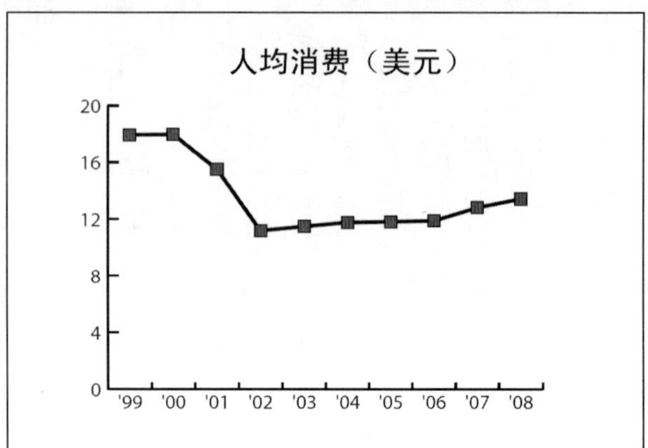

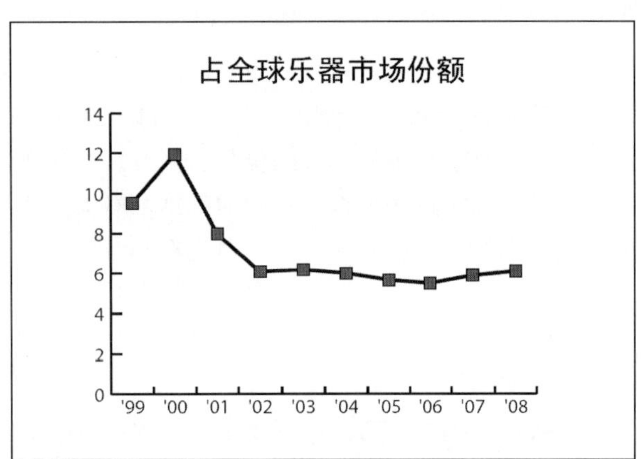

国内市场概况（数据采集自员工20人以上的公司）

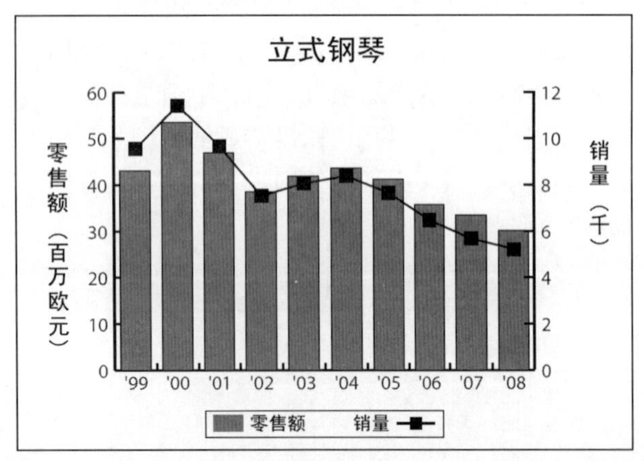

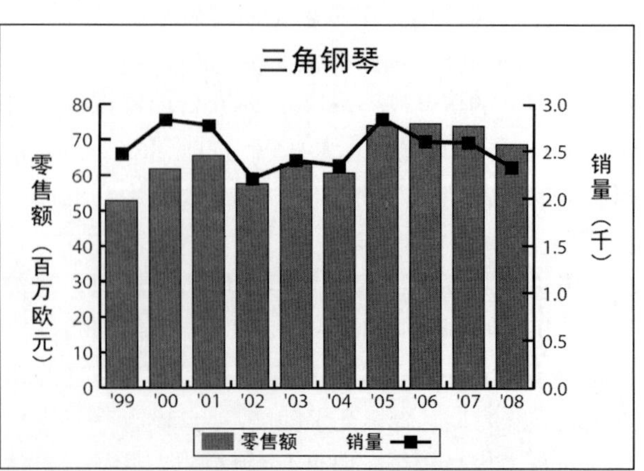

管风琴
零售额（百万欧元）
销量
0
5
10
15
20
25
30
0
20
40
60
80
100
120
140
160
180
'99 '00 '01 '02 '03 '04 '05 '06 '07 '08
零售额 销量

鼓及打击乐器
零售额（百万欧元）
销量
0
5
10
15
20
25
'99 '00 '01 '02 '03 '04 '05 '06 '07 '08
零售额 销量

木管乐器
零售额（百万欧元）
销量（千）
0
5
10
15
20
25
0.0
0.4
0.8
1.2
1.6
2.0
'99 '00 '01 '02 '03 '04 '05 '06 '07 '08
零售额 销量

铜管乐器
零售额（百万欧元）
销量（千）
0
5
10
15
20
25
30
35
0
5
10
15
20
25
'99 '00 '01 '02 '03 '04 '05 '06 '07 '08
零售额 销量

出口概况

三角钢琴
出口额（百万欧元）
0
10
20
30
40
50
60
70
80
'99 '00 '01 '02 '03 '04 '05 '06 '07 '08
出口额

提琴
出口额（百万欧元）
0
1
2
3
4
5
6
7
8
9
'99 '00 '01 '02 '03 '04 '05 '06 '07 '08
出口额

大键琴
出口额（百万欧元）
0.0
0.1
0.2
0.3
0.4
0.5
0.6
0.7
'99 '00 '01 '02 '03 '04 '05 '06 '07 '08
出口额

弓弦乐器
出口额（百万欧元）
0
4
8
12
16
20
'99 '00 '01 '02 '03 '04 '05 '06 '07 '08
出口额

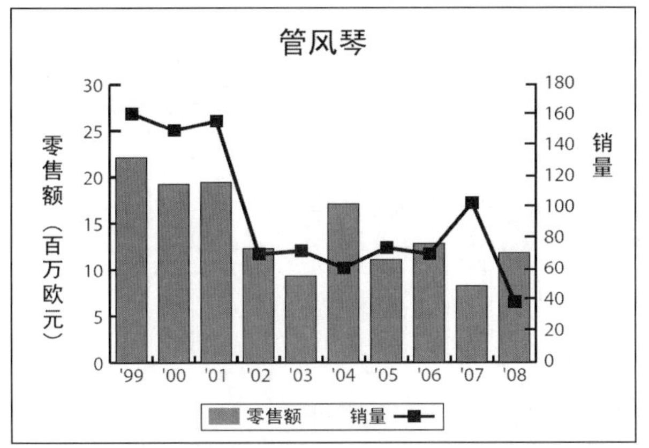

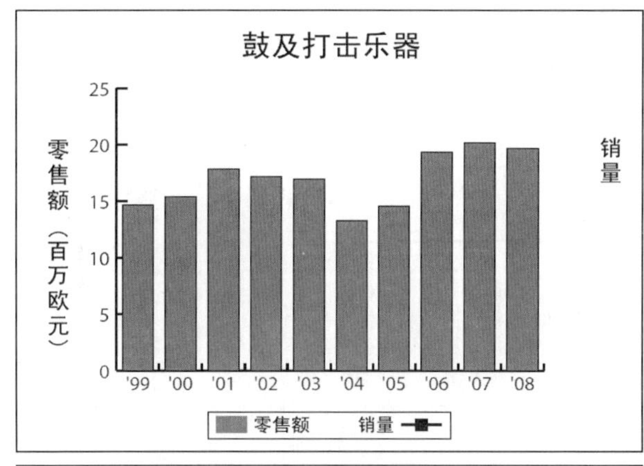

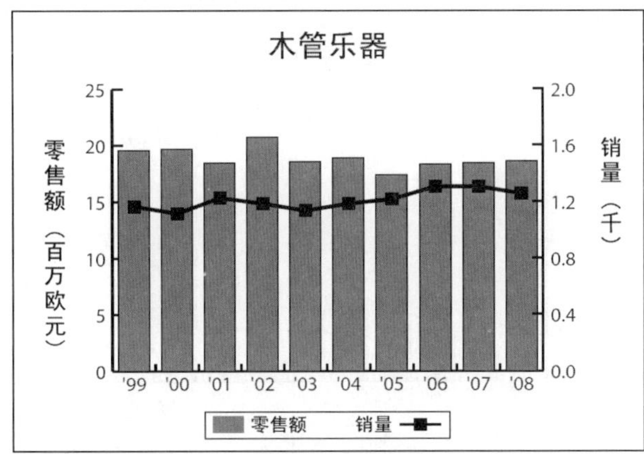

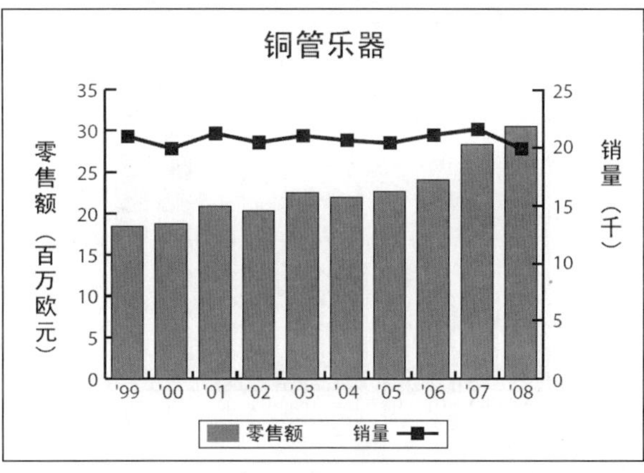

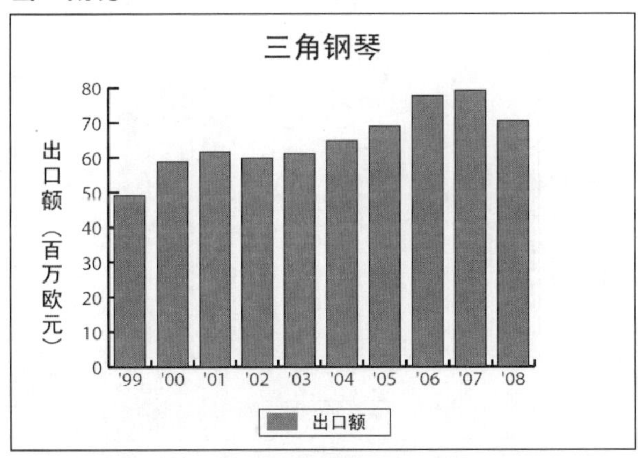

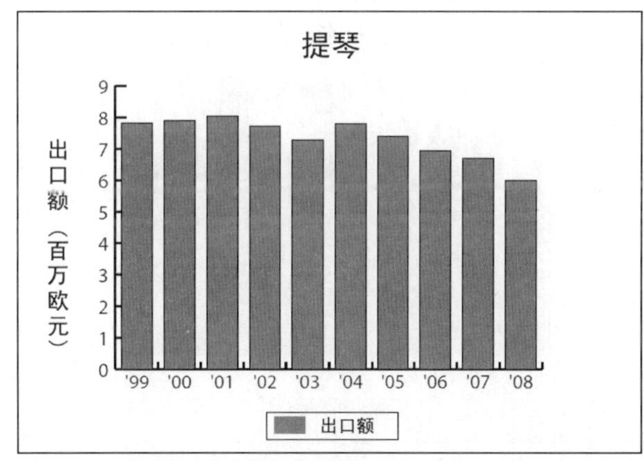

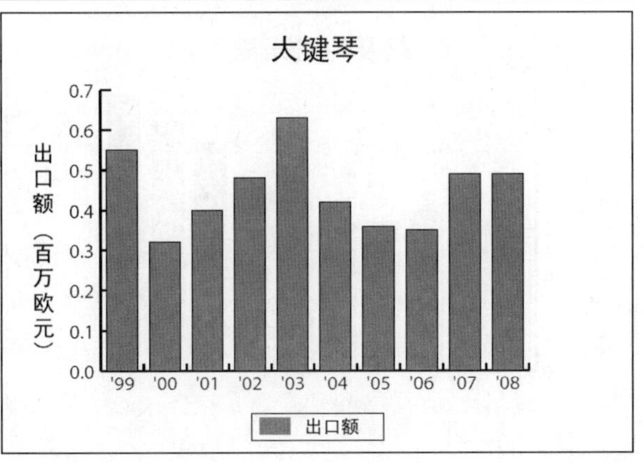

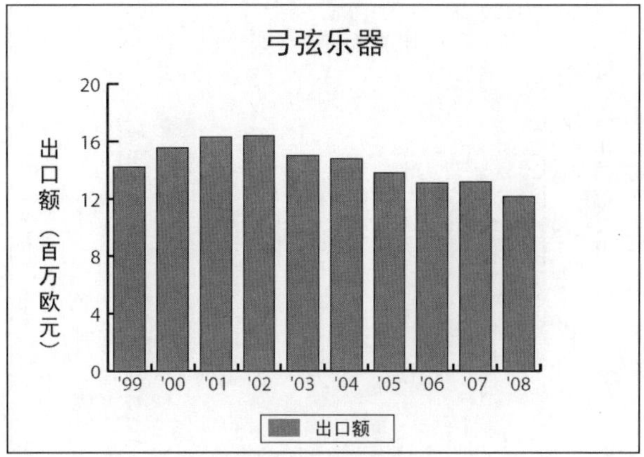

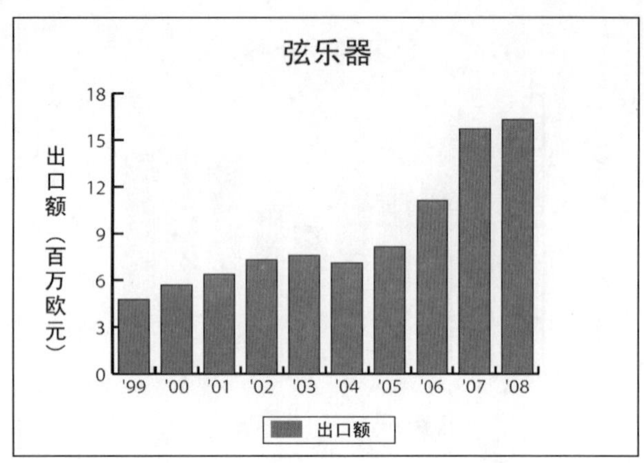
弦乐器
出口额（百万欧元）
18
15
12
9
6
3
0
'99 '00 '01 '02 '03 '04 '05 '06 '07 '08
出口额

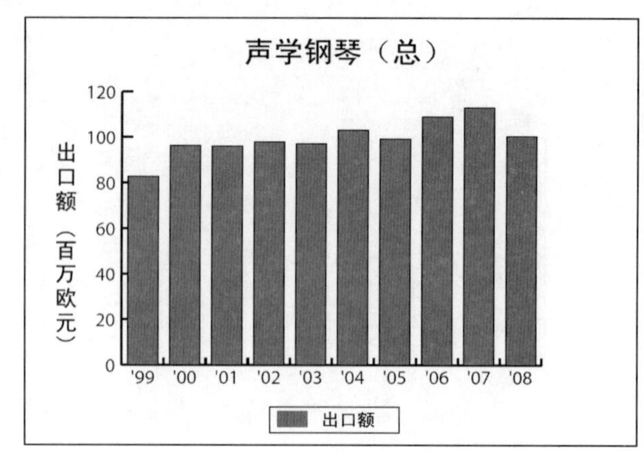
声学钢琴（总）
出口额（百万欧元）
120
100
80
60
40
20
0
'99 '00 '01 '02 '03 '04 '05 '06 '07 '08
出口额

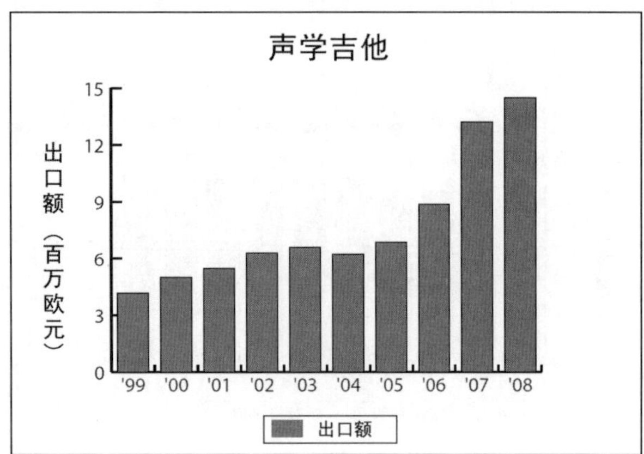
声学吉他
出口额（百万欧元）
15
12
9
6
3
0
'99 '00 '01 '02 '03 '04 '05 '06 '07 '08
出口额

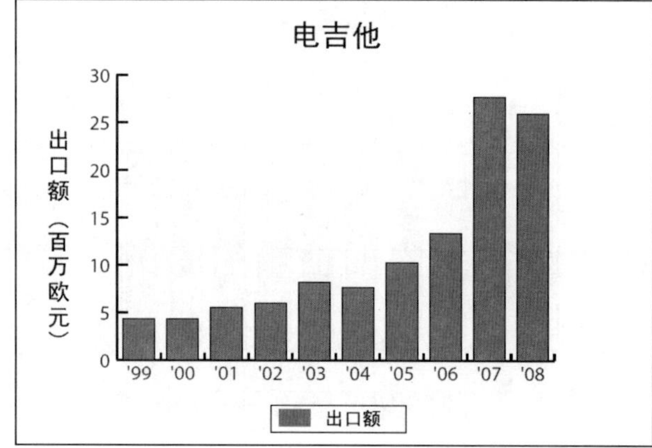
电吉他
出口额（百万欧元）
30
25
20
15
10
5
0
'99 '00 '01 '02 '03 '04 '05 '06 '07 '08
出口额

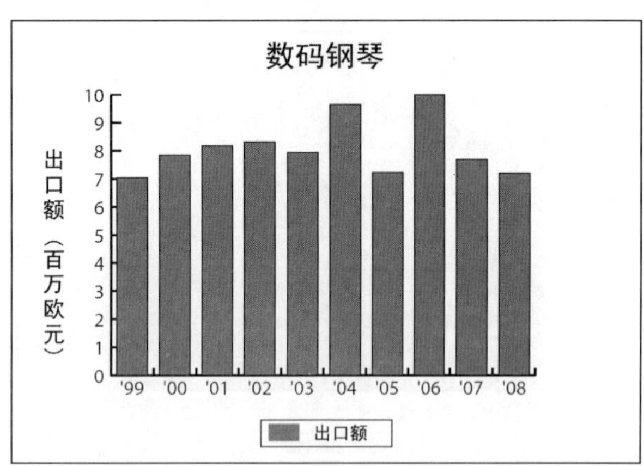
数码钢琴
出口额（百万欧元）
10
9
8
7
6
5
4
3
2
1
0
'99 '00 '01 '02 '03 '04 '05 '06 '07 '08
出口额

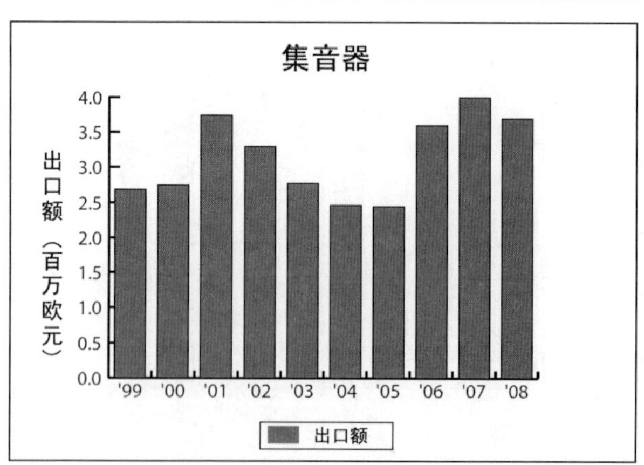
集音器
出口额（百万欧元）
4.0
3.5
3.0
2.5
2.0
1.5
1.0
0.5
0.0
'99 '00 '01 '02 '03 '04 '05 '06 '07 '08
出口额

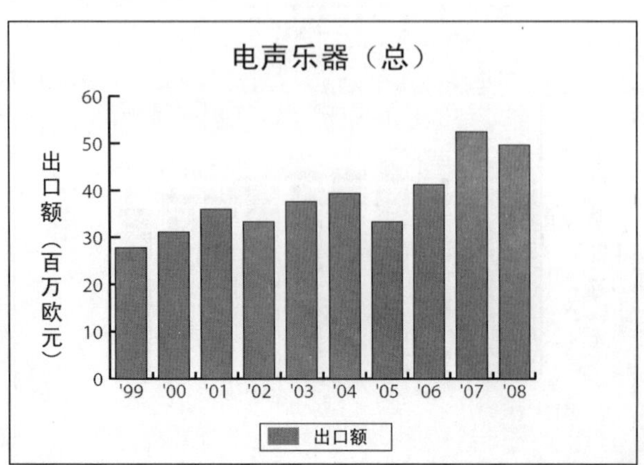
电声乐器（总）
出口额（百万欧元）
60
50
40
30
20
10
0
'99 '00 '01 '02 '03 '04 '05 '06 '07 '08
出口额

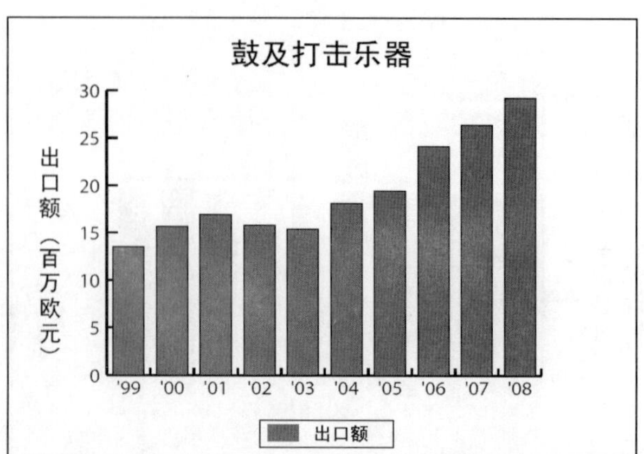
鼓及打击乐器
出口额（百万欧元）
30
25
20
15
10
5
0
'99 '00 '01 '02 '03 '04 '05 '06 '07 '08
出口额

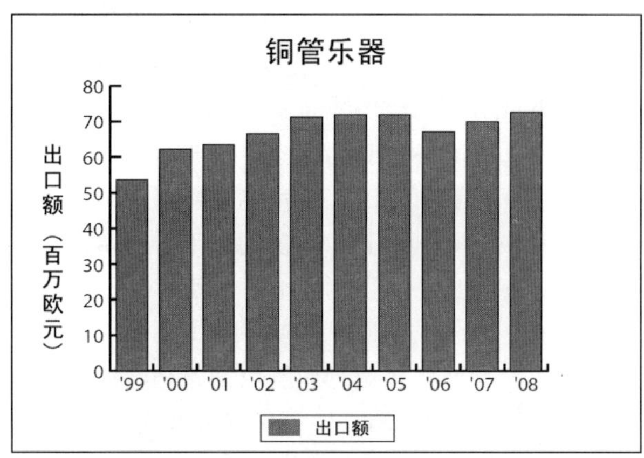
铜管乐器
出口额（百万欧元）
0
10
20
30
40
50
60
70
80
'99
'00
'01
'02
'03
'04
'05
'06
'07
'08
出口额

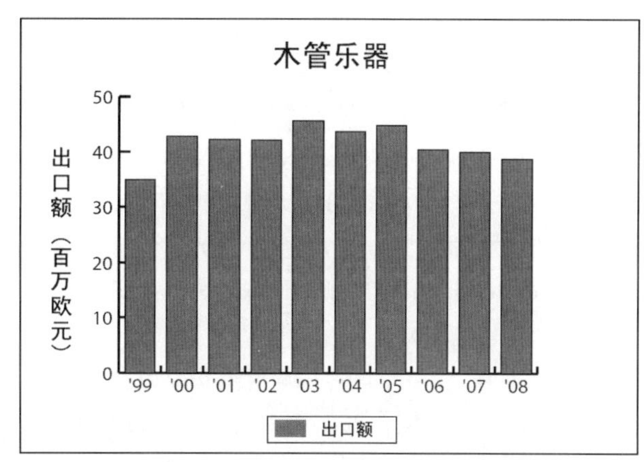
木管乐器
出口额（百万欧元）
0
10
20
30
40
50
'99
'00
'01
'02
'03
'04
'05
'06
'07
'08
出口额

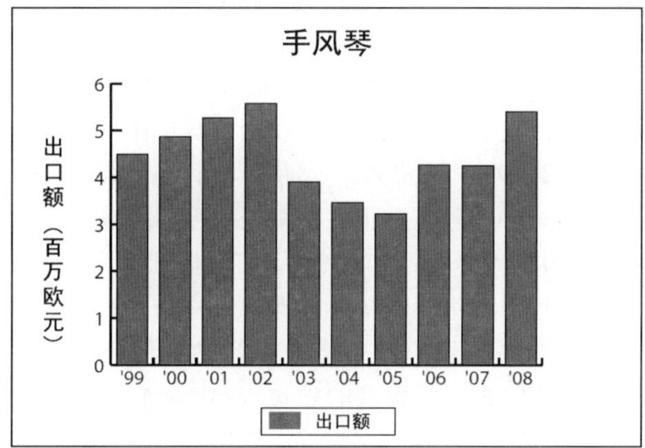
手风琴
出口额（百万欧元）
0
1
2
3
4
5
6
'99
'00
'01
'02
'03
'04
'05
'06
'07
'08
出口额

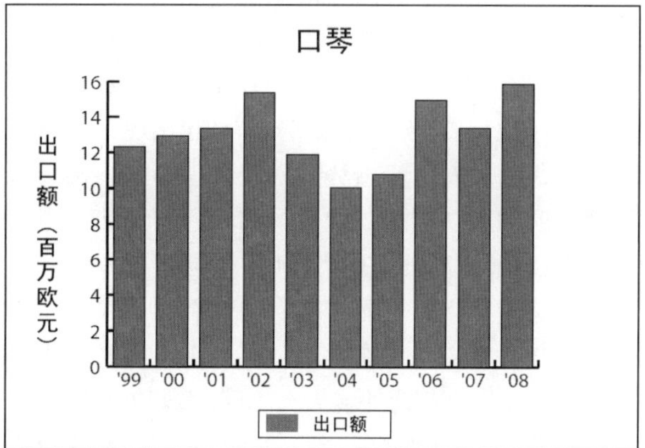
口琴
出口额（百万欧元）
0
2
4
6
8
10
12
14
16
'99
'00
'01
'02
'03
'04
'05
'06
'07
'08
出口额

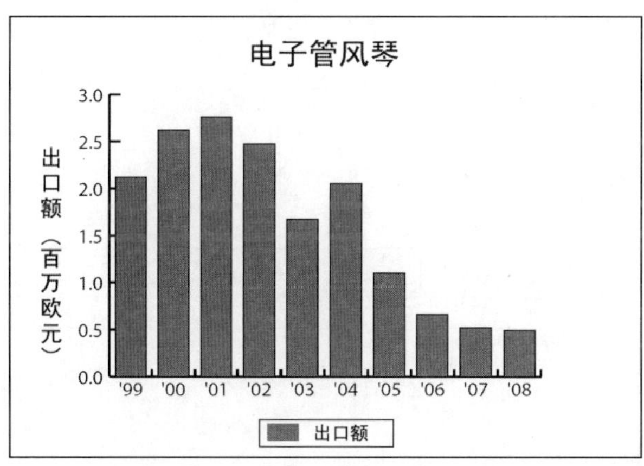
电子管风琴
出口额（百万欧元）
0.0
0.5
1.0
1.5
2.0
2.5
3.0
'99
'00
'01
'02
'03
'04
'05
'06
'07
'08
出口额

英国

对英国乐器行业来说，2008年经历了一系列挫折。Woolworth Zawi, MFI等大牌零售商纷纷倒下。乐器零售界也未能逃脱这种趋势，英国最大的乐器琴行“May of Sound Control”倒闭，还有几家零售商利润和销售额下降，不过大体还是盈利的。

总体来看，2008年全英耐用消费品及技术开支共470亿英镑，数据与2007年持平，应该说2008年有两大“分水岭”：因价格竞争日益激烈，对笔记本电脑和电视机需求加大，上半年电子消费品零售额强劲增长。2008年1季度，电子消费品零售总额较2007年相比增长9个百分点；而6月起出现了金融危机迹象，增长有下滑趋势并一直徘徊不前，最让人感到费解的是从“强劲增长”突然向“迅速衰退”的转变过程，原因何在？是确实不需要添置家当，还是缺乏消费意愿？显然二者兼而有之，失业率有较大上升，工资水平有所下降，拥有不动产的人的资产较前几个月相比处境大大不同。到2008年第4季度，信贷消费急剧降低，同比减少52%，如果这样描绘乐器零售行业发展前景未免过于简单。20世纪90年代早期的那场衰退中，英国国内家用电器产品所受冲击远比电子消费品大。斗转星移20年，2008年，历史再次重演，GFK公司调查的两个所受影响最大的领域是家电行业和园艺制品行业。换言之，目前不景气的市场往往和房地产密切相关，而侧重在“娱乐类”的制品所受影响则相对较小。

因此，2008年乐器行业的数据还是达到了平均发展水平，而2007年销售额仅增长0.3%，更有趣的是，销售增长下降在乐器行业呈现出“倒挂”现象。2008年下半年的英国乐器行业增长势头要高于上半年，特别是第4季度电吉他和功放增势非常明显。数码类打击乐器的销量和销售额也保持着强劲增长。2009年产品价格提高将影响到经销商实际收入，这对2008年的零售情况则没有多少影响。如果不是2008年第2季度发生突变，可以毫无疑问地说，乐器零售市场份额有望继续保持快速增长态势，而且当年年底也会有取得立竿见影的积极成果。所以在困难时期，消费者的忠实度和乐器行业息息相关，这从2009年年初形势就能看出：乐器零售市场的增长将超过其他普通零售市场的发展。

音乐制品市场概况

2008年	销售额（百万美元）	865.2	人均消费（美元）	14.20	占全球市场份额（%）	4.70

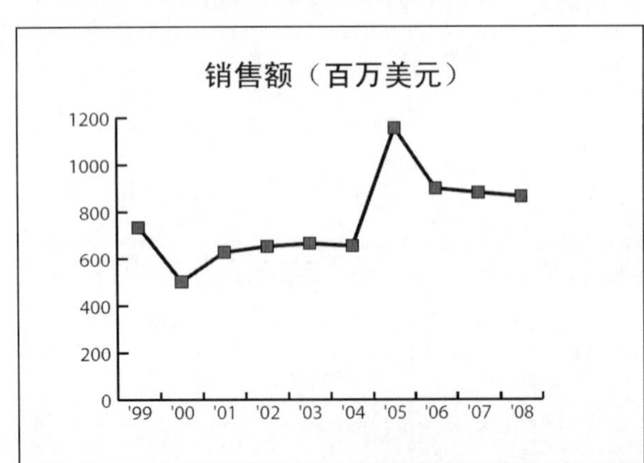

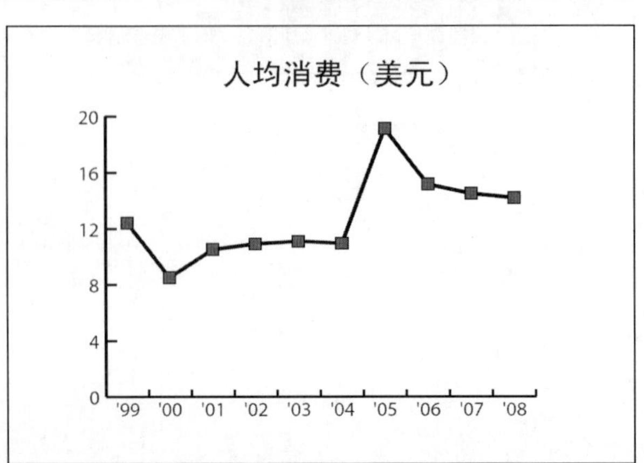

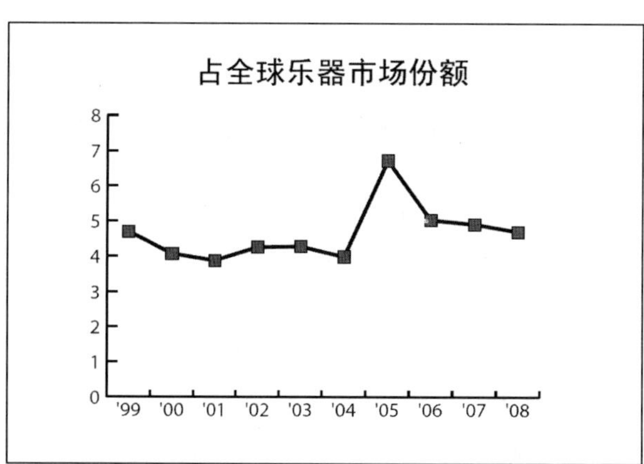

国内乐器市场销售额

	销售量（单位：千件）			销售额（单位：百万英镑）		
	2007年	2008年	同比%	2007年	2008年	同比%
电吉他	330.34	322.71	-2.30	80.19	80.36	0.20
贝斯吉他	72.17	65.47	-9.30	15.81	14.48	-8.40
电吉他总计	402.52	388.19	-3.60	96	94.83	-1.20
声学吉他	174.31	188.6	8.20	27.05	27.82	2.90
半声学吉他	102.45	104.48	2.00	23.44	25.48	8.70
古典声学吉他	173.3	179.75	3.70	7.57	9.36	23.60
声学吉他总计	450.06	472.83	5.10	58.06	62.67	7.90
吉他总计	872.19	909.28	4.30	155.49	161.57	3.90
数码钢琴	54.32	51.75	-4.70	42.93	41.74	-2.80
MIDI控制台	30.24	31.82	5.20	10.82	9.65	-10.80
便携式键盘	196.34	182.78	-6.90	25.33	24.58	-2.90
键盘类乐器总计	280.91	266.36	-5.20	79.08	75.97	-3.90
功放	267.81	267.32	-0.20	47.16	43.61	-7.50
乐器用弦	1,484.52	1,528.81	3.00	8.26	8.47	2.50
声学打击乐器	50.91	51.47	1.10	10.39	9.78	-5.80
数码打击乐器	38.29	44.32	15.80	12.52	12.92	3.20
多轨录音设备	23.36	21.1	-9.70	5.74	4.84	-15.70
麦克风	167.43	196	17.10	13.94	15.61	11.90
铜管乐器总计	30.25	29.28	-3.20	13.81	14.55	5.30
弓弦乐器总计	81.13	80.77	-0.40	14.38	14.05	-2.30
木管乐器总计	234.32	287.5	22.70	26.95	27.48	2.00
英国乐器市场总额	3,531.12	3,682.21	4.30	387.72	388.85	0.30

加拿大

2007～2008年度，根据在全球音乐制品市场中所占份额，加拿大排名靠前，成为继美国、日本、德国、中国和英国之后的第6大乐器市场，这是加拿大音乐制品行业的一大重要发展变化。

在美国《音乐贸易》杂志2008年第12期刊载的公司排名中，2007年加拿大音乐制品年销售额估计为8.09亿美元，约占全球音乐制品182亿美元市场份额的4.4%。

然而加拿大"人均乐器消费额"名列世界第2位，达24.36美元，只有处于第一位的美国（人均乐器消费额24.95）略高于加拿大。日本和中国香港则位列加拿大之后。

据加拿大乐器协会公布的行业报告显示，2007年～2008年加拿大音乐制品行业整体发展态势良好，保守估计2009年行业将与之持平，同时受全球经济萧条的时间影响，也有可能略显下降。

据"2008加拿大统计"信息显示，各类音乐制品与2007年相比零售额类比如下：

声学吉他	16%
电吉他	16%
立式钢琴	39%
三角钢琴	11%
数码钢琴	49%
弦乐器（带弓）	-8%
木管乐器总计	（均值）5%
铜管乐器总计	（均值）-5%
便携式键盘	-24%
打击乐器	（均值）-3%
音乐出版物	5%

音乐制品市场概况

2008年	销售额（百万美元）	809.0	人均消费（美元）	24.36	占全球市场份额（%）	4.40

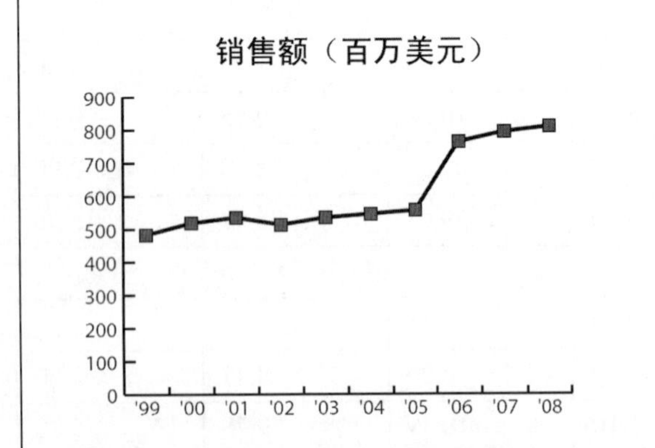

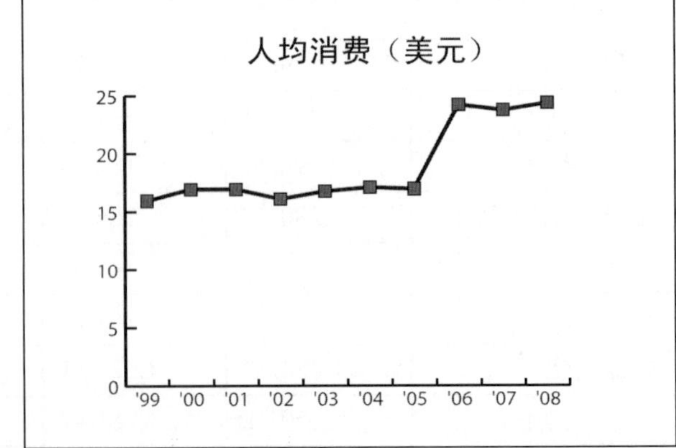

占全球乐器市场份额
5
4
3
2
1
0
'99 '00 '01 '02 '03 '04 '05 '06 '07 '08

进口概况

声学吉他
进口额（百万加元）
进口量（千）
'99 '00 '01 '02 '03 '04 '05 '06 '07 '08
进口额 进口量

电吉他
进口额（百万加元）
进口量（千）
'99 '00 '01 '02 '03 '04 '05 '06 '07 '08
进口额 进口量

吉他（总）
进口额（百万加元）
进口量（千）
'99 '00 '01 '02 '03 '04 '05 '06 '07 '08
进口额 进口量

三角钢琴
进口额（百万加元）
进口量（千）
'99 '00 '01 '02 '03 '04 '05 '06 '07 '08
进口额 进口量

立式钢琴
进口额（百万加元）
进口量（千）
'99 '00 '01 '02 '03 '04 '05 '06 '07 '08
进口额 进口量

钢琴（总）
进口额（百万加元）
进口量（千）
'99 '00 '01 '02 '03 '04 '05 '06 '07 '08
进口额 进口量

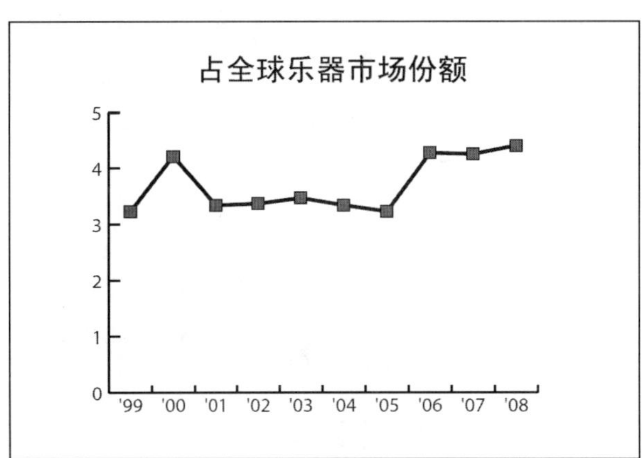

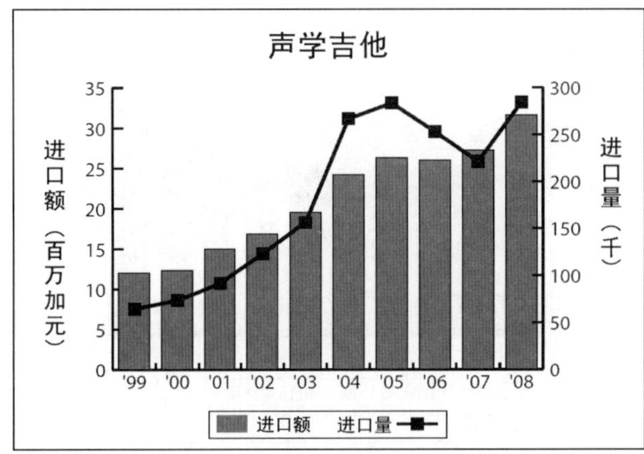

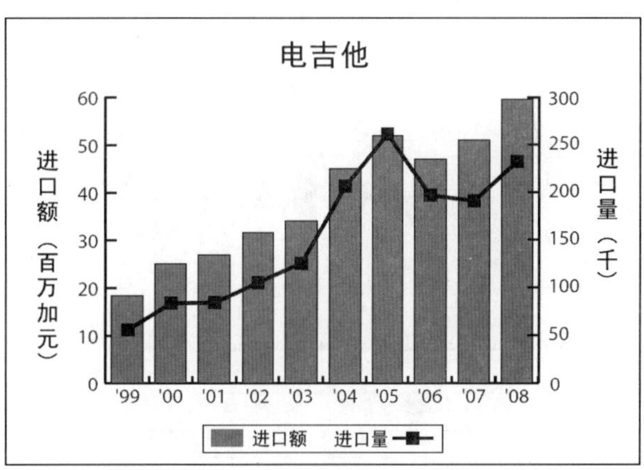

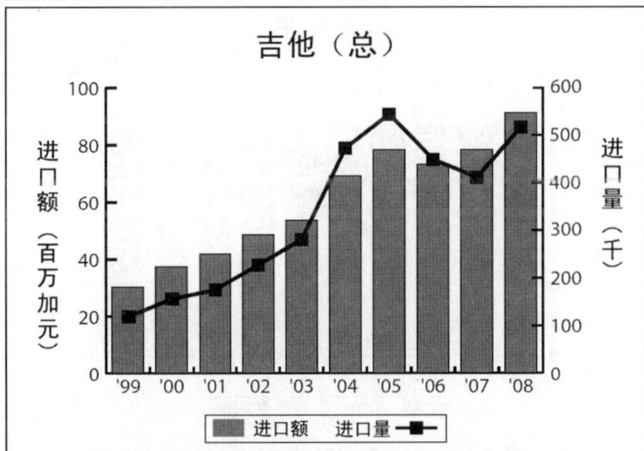

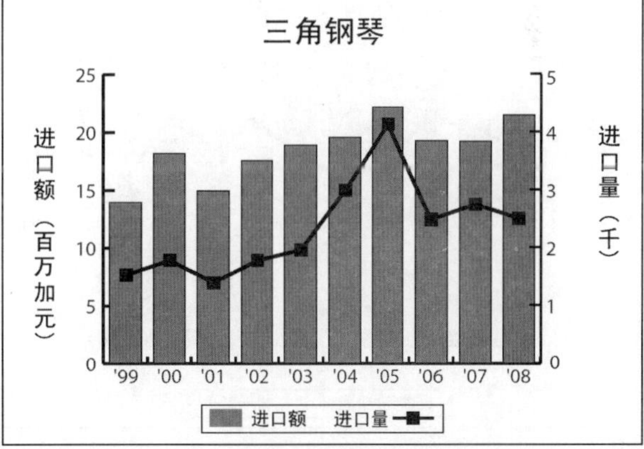

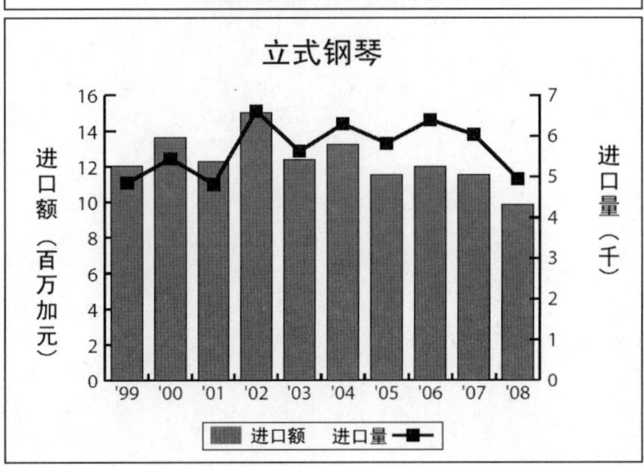

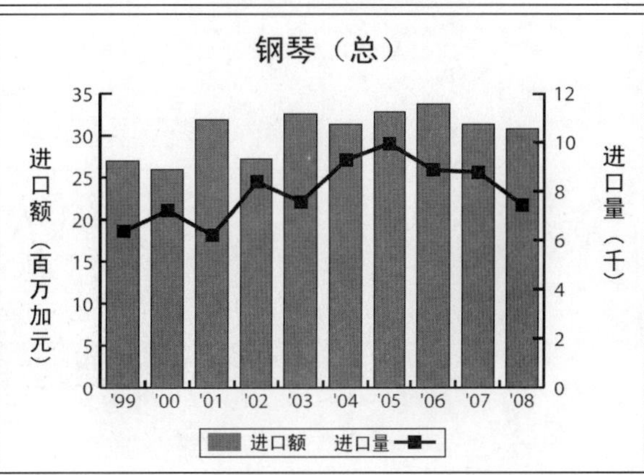

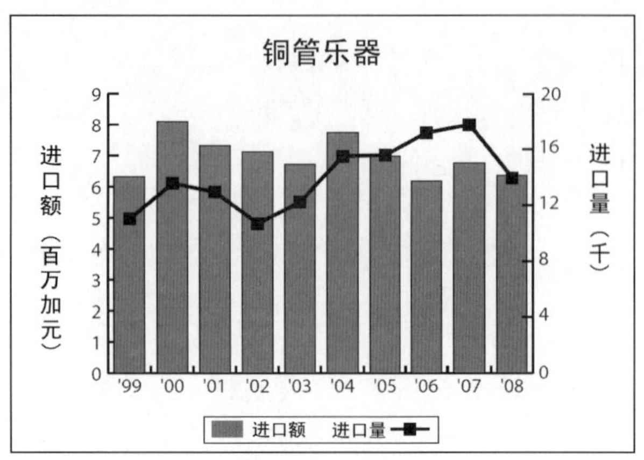

铜管乐器
进口额（百万加元）
进口量（千）
0 1 2 3 4 5 6 7 8 9
0 4 8 12 16 20
'99 '00 '01 '02 '03 '04 '05 '06 '07 '08
进口额 进口量

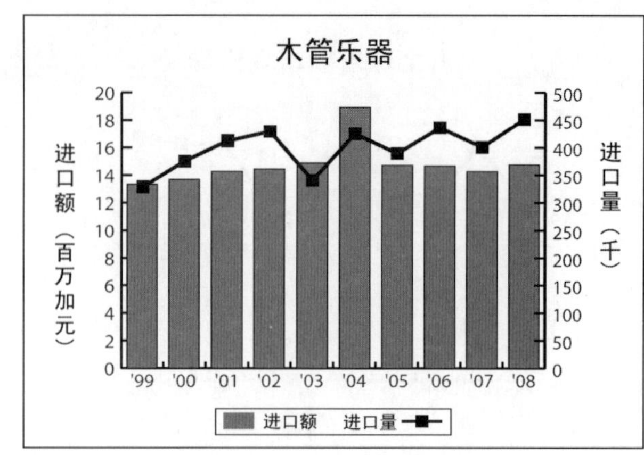

木管乐器
进口额（百万加元）
进口量（千）
0 2 4 6 8 10 12 14 16 18 20
0 50 100 150 200 250 300 350 400 450 500
'99 '00 '01 '02 '03 '04 '05 '06 '07 '08
进口额 进口量

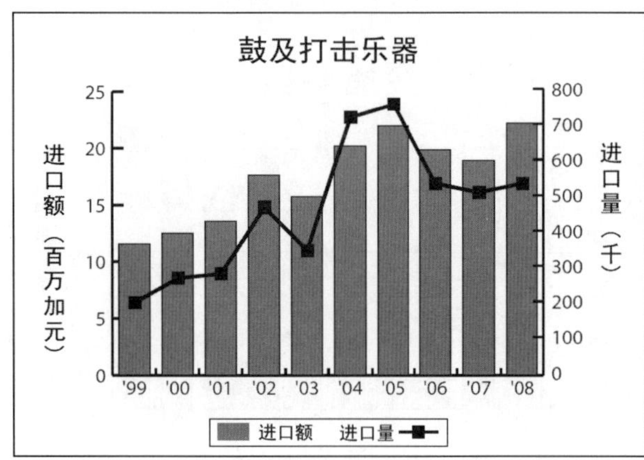

鼓及打击乐器
进口额（百万加元）
进口量（千）
0 5 10 15 20 25
0 100 200 300 400 500 600 700 800
'99 '00 '01 '02 '03 '04 '05 '06 '07 '08
进口额 进口量

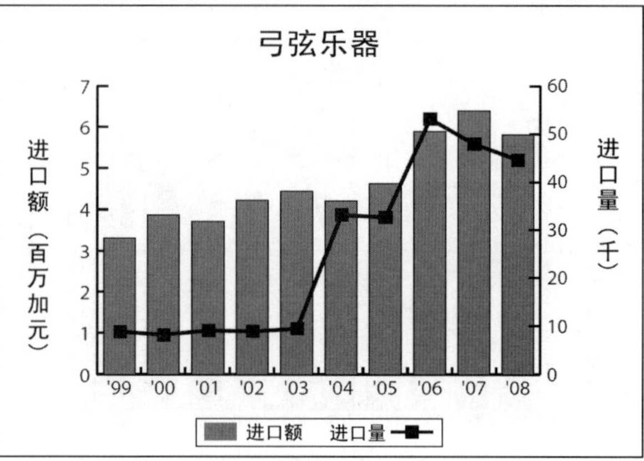

弓弦乐器
进口额（百万加元）
进口量（千）
0 1 2 3 4 5 6 7
0 10 20 30 40 50 60
'99 '00 '01 '02 '03 '04 '05 '06 '07 '08
进口额 进口量

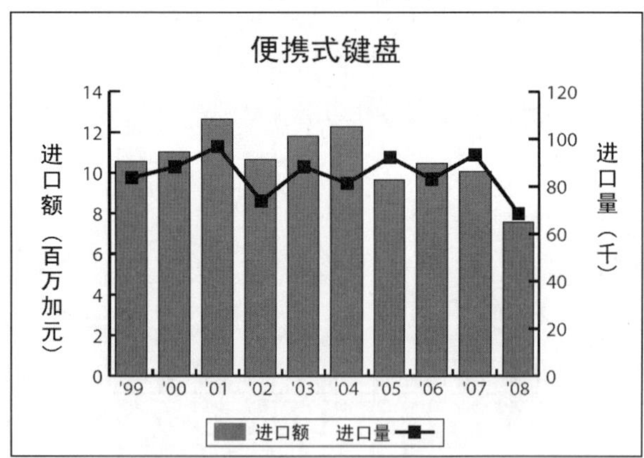

便携式键盘
进口额（百万加元）
进口量（千）
0 2 4 6 8 10 12 14
0 20 40 60 80 100 120
'99 '00 '01 '02 '03 '04 '05 '06 '07 '08
进口额 进口量

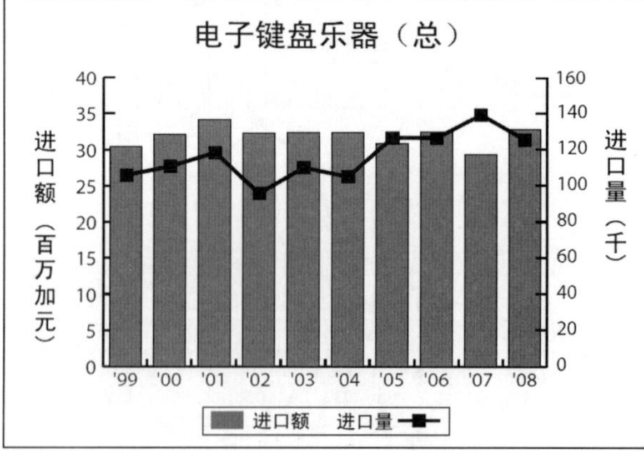

电子键盘乐器（总）
进口额（百万加元）
进口量（千）
0 5 10 15 20 25 30 35 40
0 20 40 60 80 100 120 140 160
'99 '00 '01 '02 '03 '04 '05 '06 '07 '08
进口额 进口量

意大利

2008年意大利国内生产总值（GDP）下降1%，增幅和近两年发展态势相佐：2006年增幅为2%，2007年增幅为1.6%。意大利家庭消费也突降0.9个百分点。进口和出口分别大幅下降4.5%和3.7%。

全意统计组织（ISTAT）数据显示，国内失业率居高不下，从2007年的6%上升到2008年的6.7%。

通过对2008年乐器和音乐出版物的统计分析，意大利乐器市场连续4年取得积极增长，在当前世界经济大背景下取得这一成效实属不易，也再次证明意大利公众对音乐，特别是乐器抱有很大兴趣。

这个分析可以从2008年各类音乐制品的销售情况得到证实：数码钢琴、吉他、弓弦乐器、乐器功放、套鼓、镲片、手风琴、耳机、效果器、电脑音乐制品、乐器配件等音乐制品销量呈上升态势。

意大利音乐制品市场总营业收入已迈过4亿欧元大关，其中2.1亿是乐器，可以说向前大大迈进了一步。

2008年，购买乐器的意大利人超过了100万人次，主要产品领域均价的下降表明这种购买趋势还将持续下去，加速达到欧洲其他伙伴国家营业收益水平。

音乐制品市场概况

2008年	销售额（百万美元）	360.0	人均消费（美元）	6.19	占全球市场份额（%）	2.00

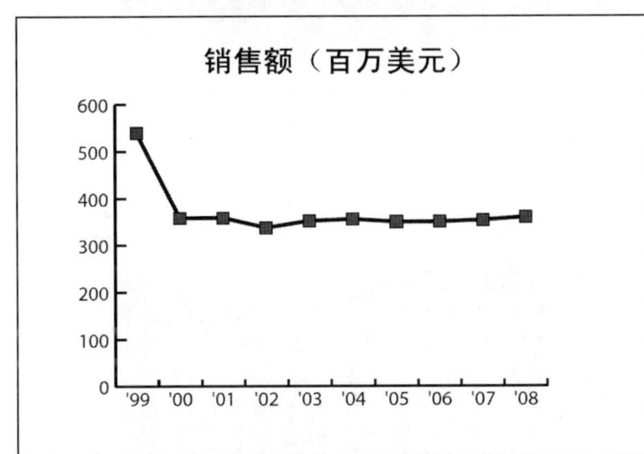

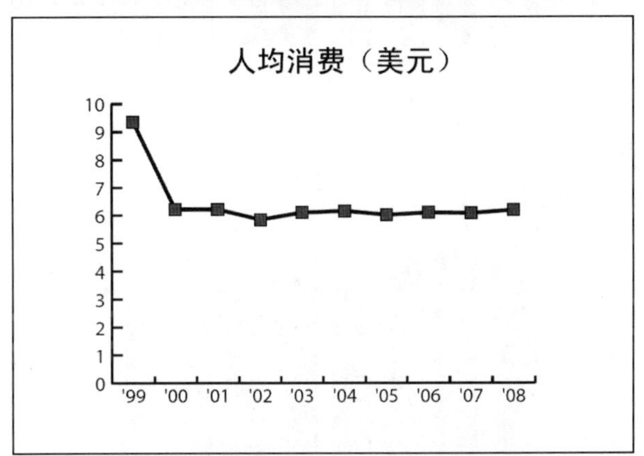

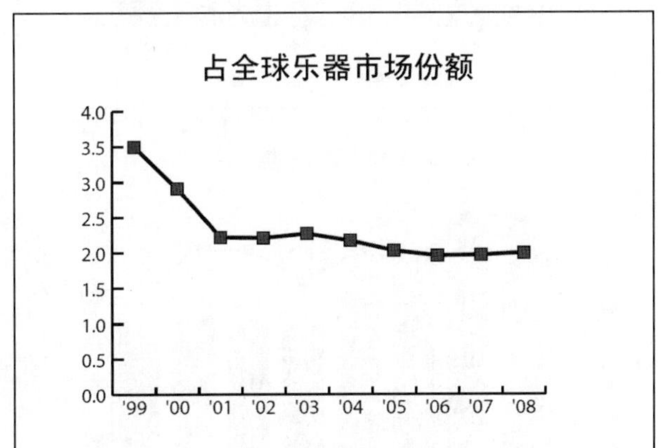

国内销售概况

声学吉他
零售额（百万欧元）
销量（千）
'01 '02 '03 '04 '05 '06 '07 '08
零售额 销量

电吉他
零售额（百万欧元）
销量（千）
'01 '02 '03 '04 '05 '06 '07 '08
零售额 销量

吉他（总）
零售额（百万欧元）
销量（千）
'01 '02 '03 '04 '05 '06 '07 '08
零售额 销量

三角钢琴
零售额（百万欧元）
销量
'01 '02 '03 '04 '05 '06 '07 '08
零售额 销量

立式钢琴
零售额（百万欧元）
销量（千）
'01 '02 '03 '04 '05 '06 '07 '08
零售额 销量

钢琴（总）
零售额（百万欧元）
销量（千）
'01 '02 '03 '04 '05 '06 '07 '08
零售额 销量

数码钢琴
零售额（百万欧元）
销量（千）
'01 '02 '03 '04 '05 '06 '07 '08
零售额 销量

便携式键盘
零售额（百万欧元）
销量（千）
'01 '02 '03 '04 '05 '06 '07 '08
零售额 销量

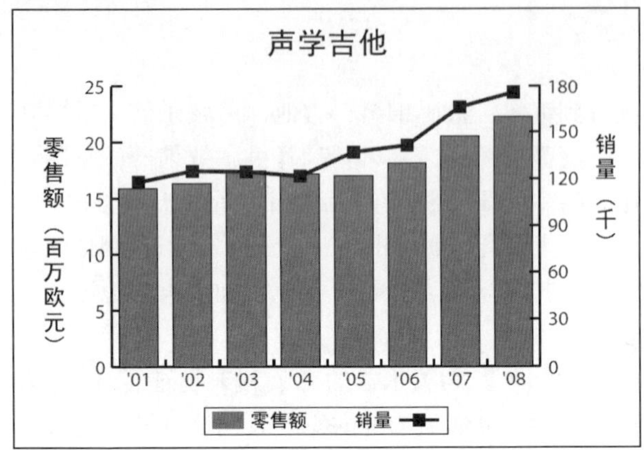

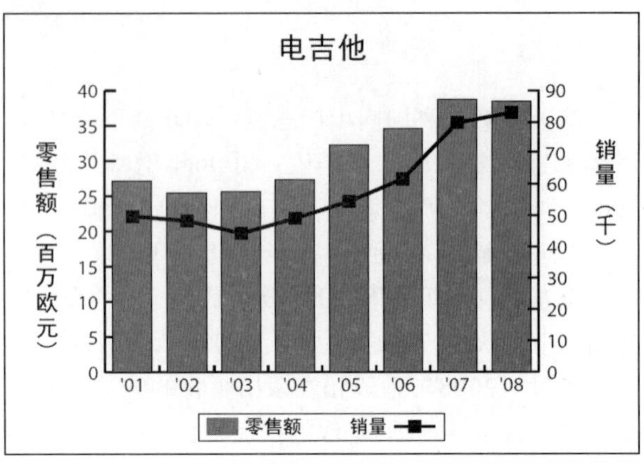

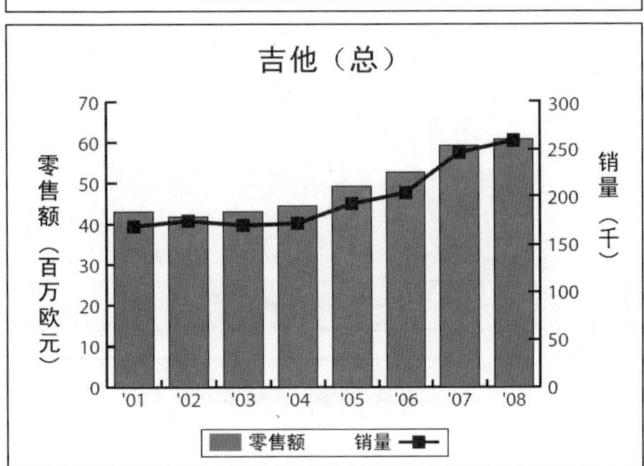

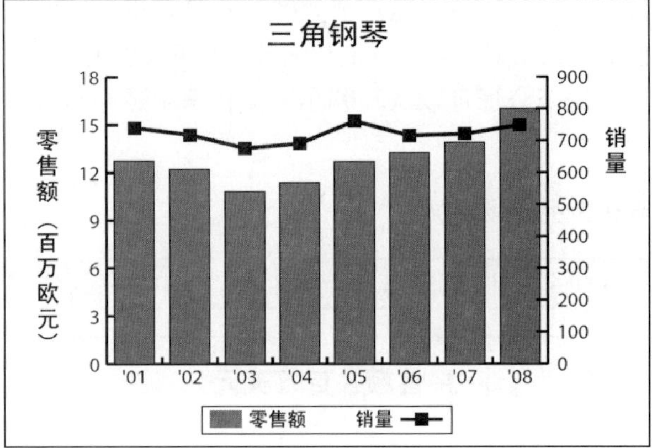

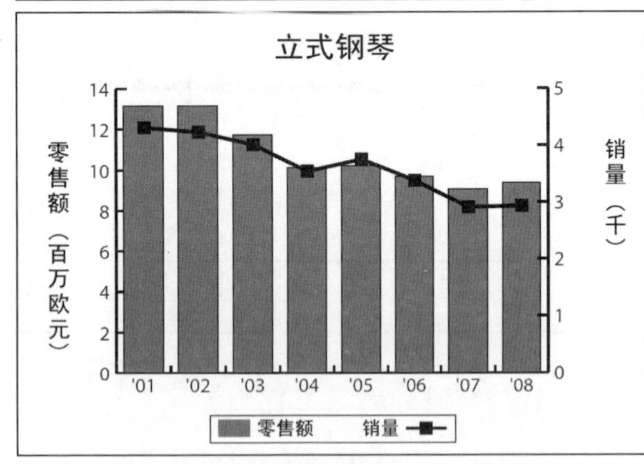

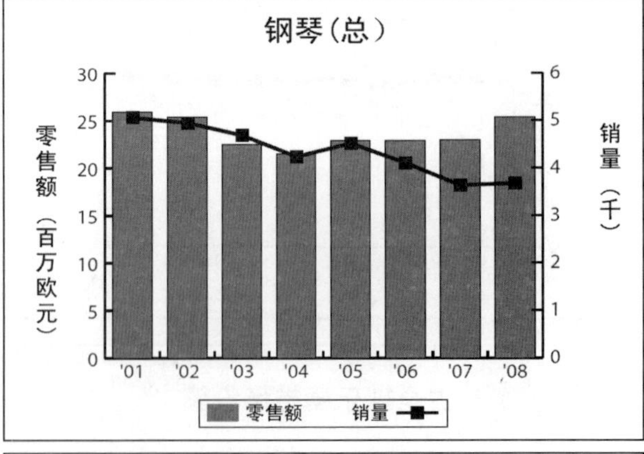

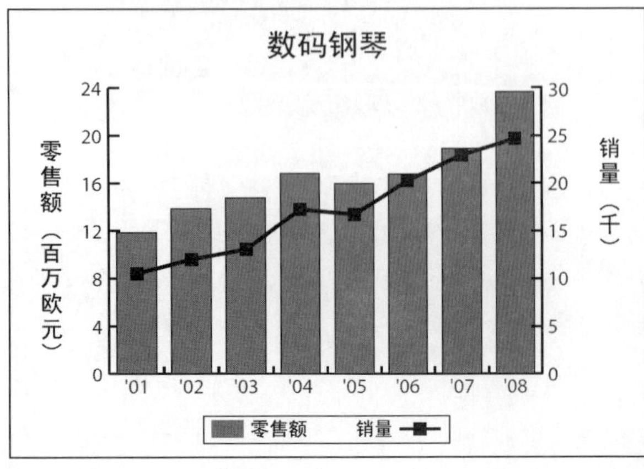

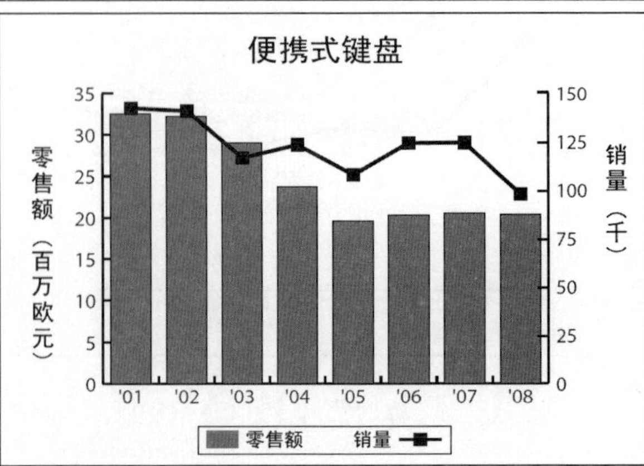

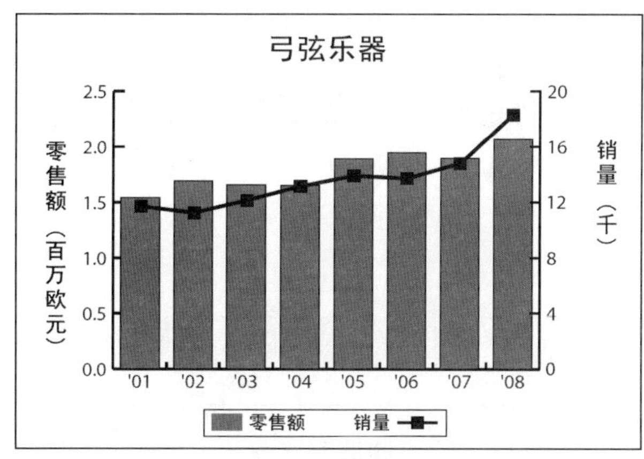

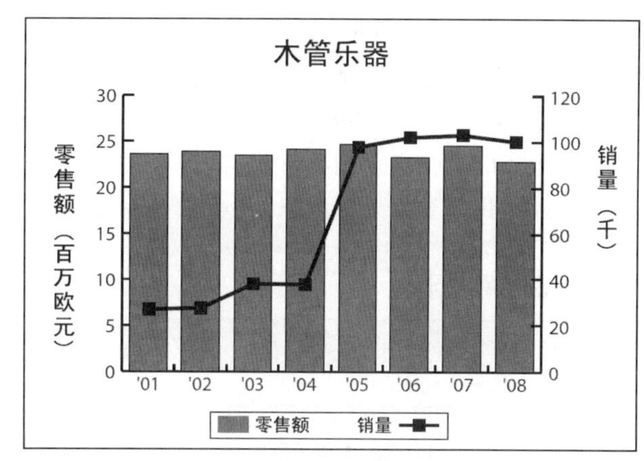

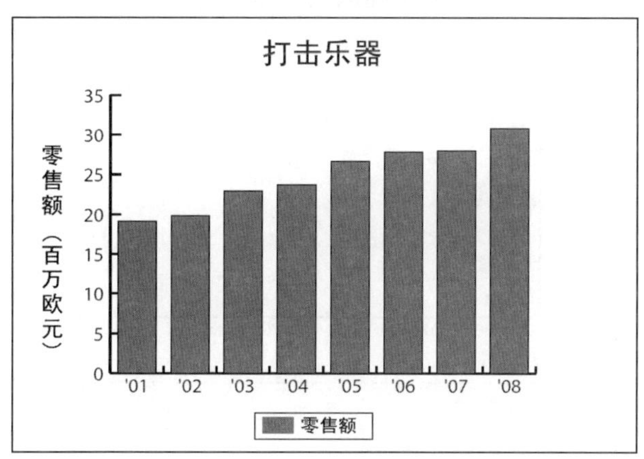

澳大利亚

2008年进口数据显示出澳大利亚音乐制品市场整体概况：进口量增长了6个百分点，可以看出澳大利亚对音乐制品的需求一直都很强，但进口额增幅趋缓，只增长了0.5%，低于平均值，抵消了进口量的增长。业务通常以销售额而不是销售量来衡量，因此，尽管销售量增长了6%，但从销售额来看，2008年的经营情况并不是那么乐观。

2008年澳音乐制品行业面临的最大挑战是澳大利亚元贬值。虽然各项经济指标较好，但并未阻止澳元贬值、澳元兑其它货币币值迅速下跌，消费者会在2009年更容易感到这种效应。

因原材料价格上涨、劳动力及运输成本增加致使产品价格上涨，这样的压力一直贯穿2008年全年。2008年澳大利亚市场的平均进口额与2007年相比减少近5个百分点。

2008年较上年相比，市场对价格波动更为敏感。平均单价降低的同时，市场对高价产品的需求保持强劲。与上年相比，2008年不少高价音乐制品进口需求旺盛，如三角钢琴的进口量刷新纪录，高档电吉他及声学吉他进口量（特别是从美国的进口）继续保持较好形势；再如单簧管，主要从法国进口，而钢琴、萨克斯和多数电声乐器以日本进口为主。当然，从欧洲特别是德国进口的音乐制品体现多的是技术含量。

数据汇总显示，2008年澳大利亚进口音乐制品（不含音乐出版物、乐器用弦、配件等）总量为223万件。进口总额为2.25亿澳元（约合1.8亿美元）。在所统计的35种音乐制品类别中，进口额增长的有20种，进口额持平的有15种。2008年，音乐制品市场整体降幅超过5%，其中过半数音乐制品品种的平均单价降低。

2008年市场销量最好的制品是电子键盘、声学吉他、电脑软件、音效处理器、单鼓和传统乐器。

市场份额负增长的品种有数码钢琴、二手钢琴，木管乐器、套鼓、镲片及麦克风等。

在此基础上，音乐制品行业需求一直保持强盛势头，虽然目前经济处于萧条，但随着未来更多的消费刺激方案出台以及校园活动的开展，强势需求很有可能保持下去。

预计2009年面临的重大挑战和2008年情况相仿，问题在于进口价格，而不是进口量的多少。

音乐制品市场概况

2008年	销售额（百万美元）	355.0	人均消费（美元）	16.90	占全球市场份额（%）	1.90

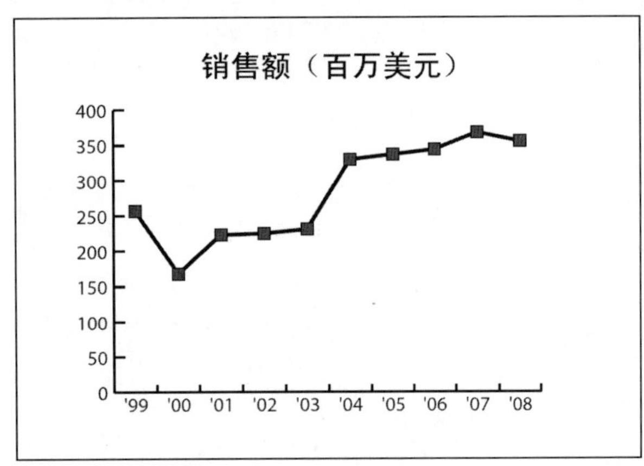

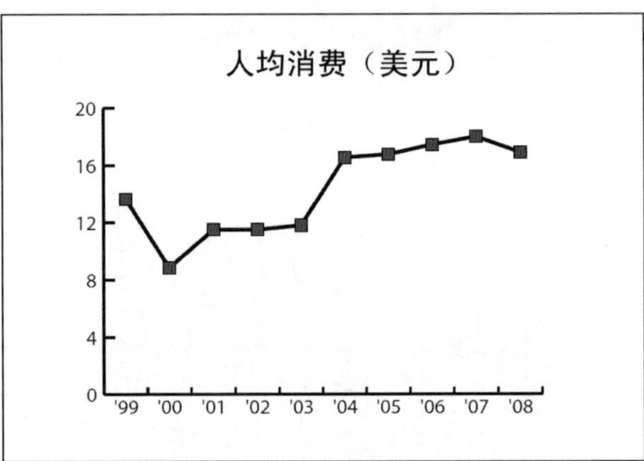

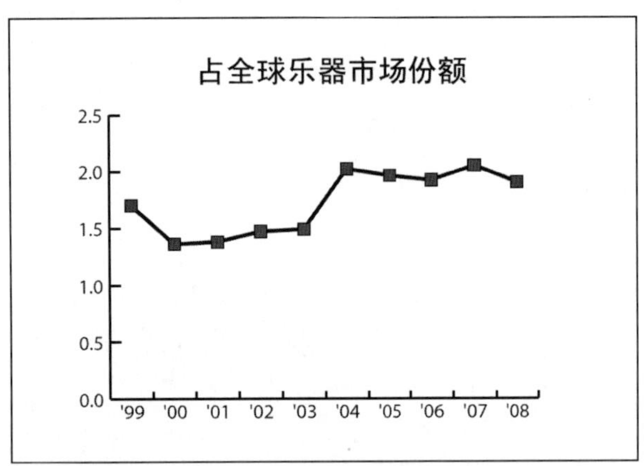

国内销售概况

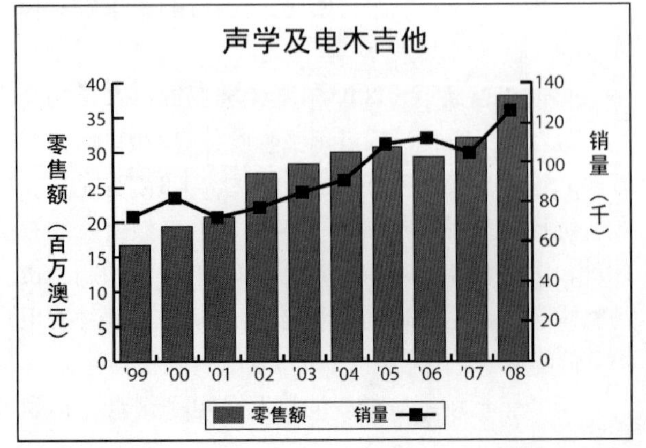

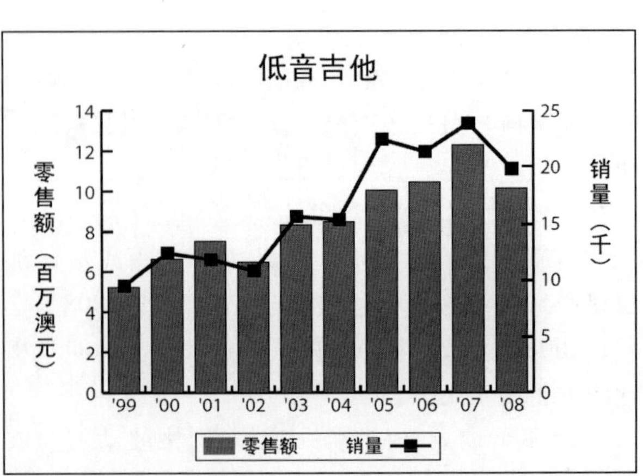

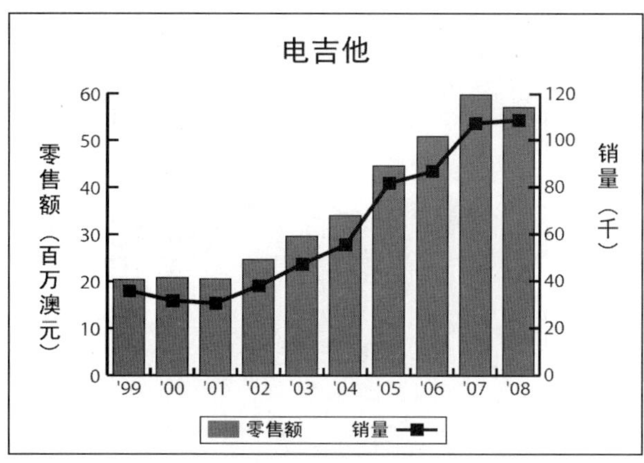

电吉他
零售额（百万澳元）
销量（千）
'99 '00 '01 '02 '03 '04 '05 '06 '07 '08
零售额 销量

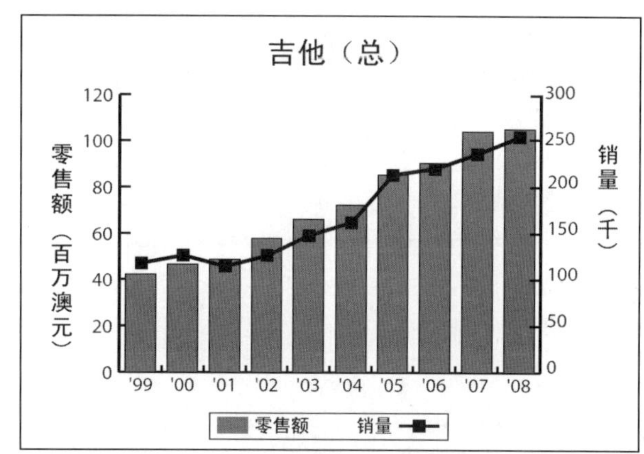

吉他（总）
零售额（百万澳元）
销量（千）
'99 '00 '01 '02 '03 '04 '05 '06 '07 '08
零售额 销量

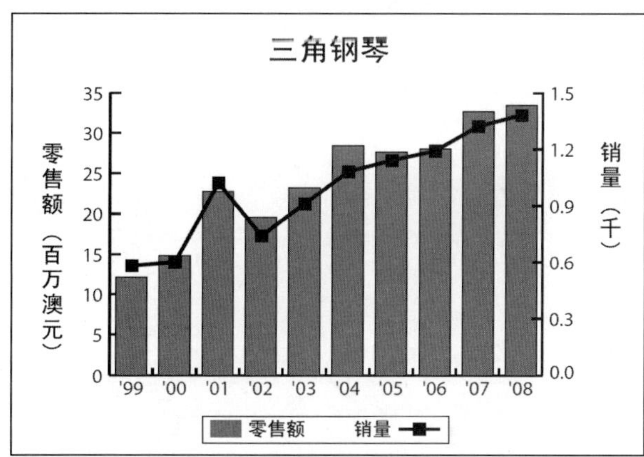

三角钢琴
零售额（百万澳元）
销量（千）
'99 '00 '01 '02 '03 '04 '05 '06 '07 '08
零售额 销量

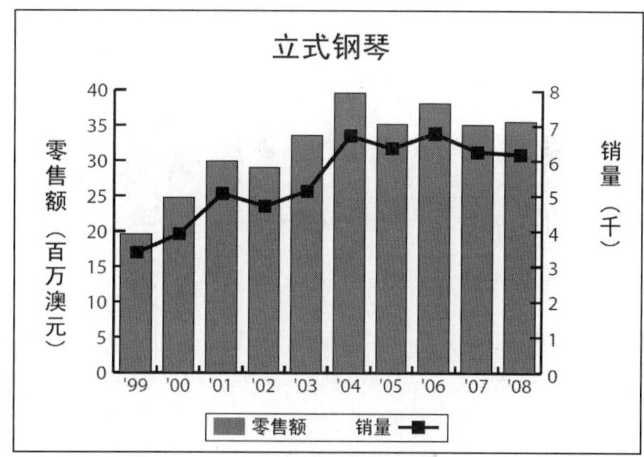

立式钢琴
零售额（百万澳元）
销量（千）
'99 '00 '01 '02 '03 '04 '05 '06 '07 '08
零售额 销量

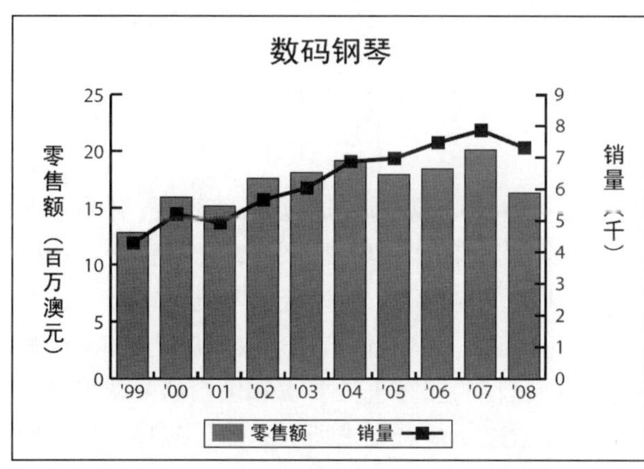

数码钢琴
零售额（百万澳元）
销量（千）
'99 '00 '01 '02 '03 '04 '05 '06 '07 '08
零售额 销量

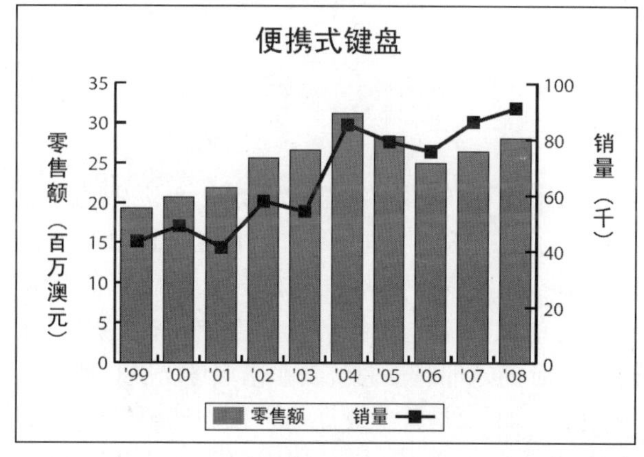

便携式键盘
零售额（百万澳元）
销量（千）
'99 '00 '01 '02 '03 '04 '05 '06 '07 '08
零售额 销量

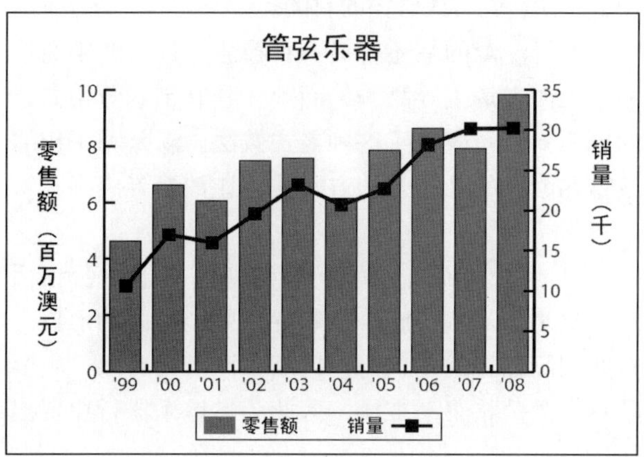

管弦乐器
零售额（百万澳元）
销量（千）
'99 '00 '01 '02 '03 '04 '05 '06 '07 '08
零售额 销量

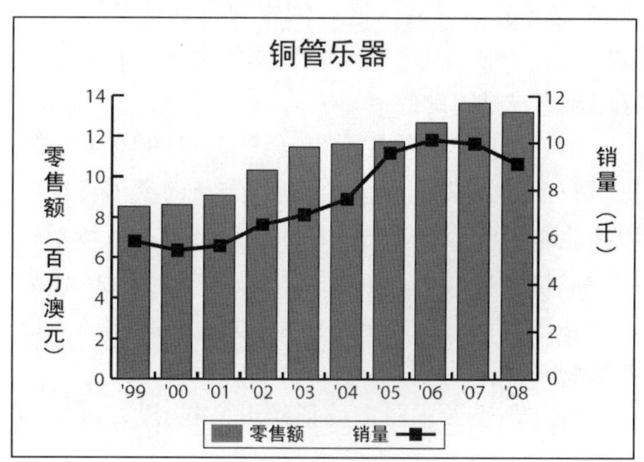

铜管乐器
零售额（百万澳元）
销量（千）
'99 '00 '01 '02 '03 '04 '05 '06 '07 '08
零售额 销量

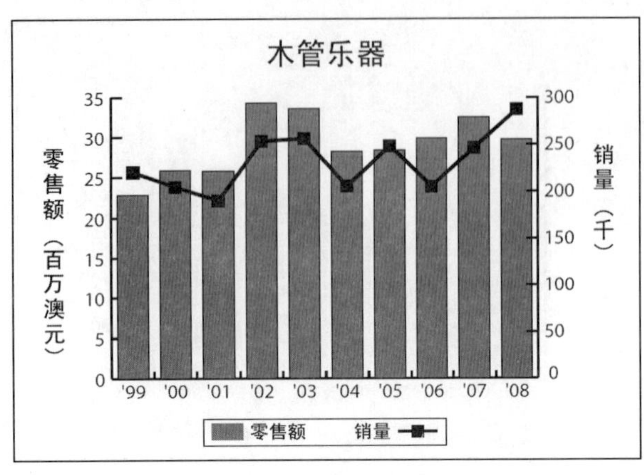

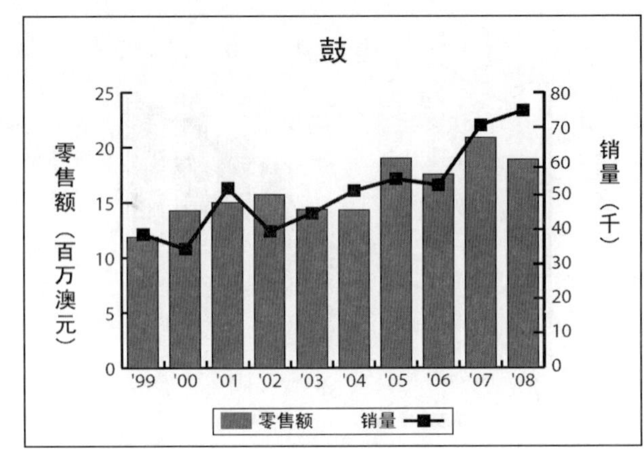

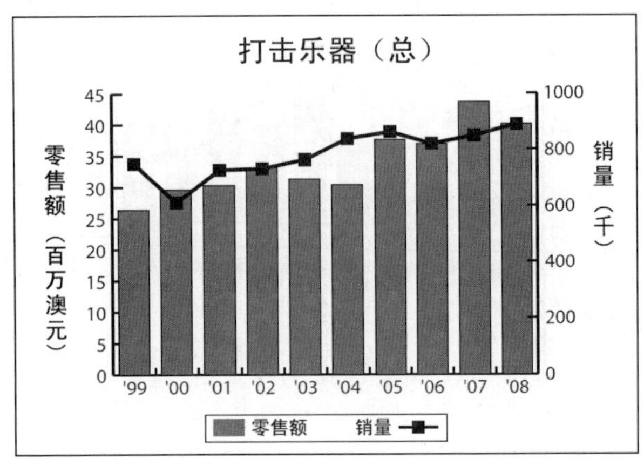

巴西

回顾巴西乐器市场走过的历史可以发现，市场经历了三次重要演进。第一阶段是严格限制期，即只有少数公司才被获准打造强有力品牌征服客户，其他公司不能自创品牌；第二阶段是是“科洛尔”时期，即时任总统费尔南多·科洛尔·德梅洛（1990～1992年）主政期间，限制开始解除，允许商品进出口贸易，这一阶段的特点是“适者生存”，由于竞争力不强无法抗衡外来者，有的公司濒临破产或被迫解散。

第三阶段是20世纪末期（1990～1999年），外国进口品牌大量涌入是巴西乐器市场的突出特征，巴西也催生了众多专营进口业务的公司。市场对外国产品接受度高、雷尔（巴西货币）兑美元的优惠汇率、政府对进口控制放松等也是外国公司进入巴西市场的有利因素。

目前，巴西乐器市场正经历第4阶段，被称为“跟踪”阶段，即政府通过电子手段掌控各类市场活动。公司之间产生业务往来时，计算机会自动核算出营业税，相当于公司接受了“电子审计”。只要产品运送到一家琴行后，分销商就要立即交纳相关税费，琴行的库存也被要求和供销商发票记录相链接。换言之，政府要求所有乐器供应环节环环相扣，以此达到有效监控的目的。

值得注意的是还有另一种趋势：过去分销商控制了巴西市场主导品牌，而现在具有创意营销概念的巴西新公司改变了这种老式做法。新公司采用的战略和激进的品牌营销方式往往让消费者感到耳目一新。

巴西本土制造公司继续积极参与市场营销活动，努力在消费者心中树起优于外国品牌的形象。有些国际品牌公司认为，巴西市场潜力有限，主要是靠产品价格驱动市场，因此为本地乐器行业留出一些机会。美国和欧洲还出现一种现象：网上购买日渐活跃，消费者得以自行到网上搜索价格，这就导致了产品价格和利润空间趋同化，也在一定程度上改变了企业间竞争模式。

音乐制品市场概况

2008年	销售额（百万美元）	200.1	人均消费（美元）	1.02	占全球市场份额（%）	1.10

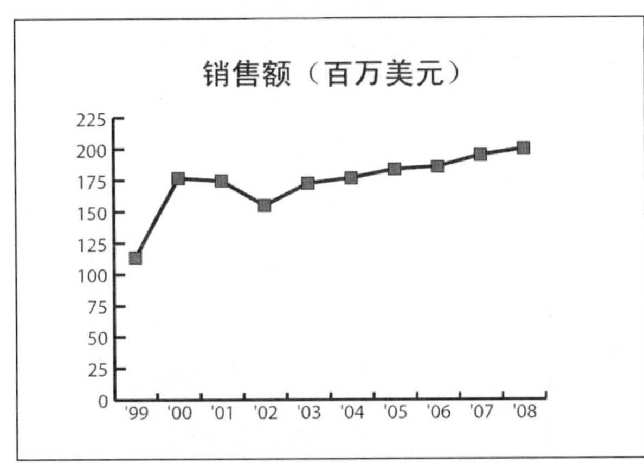

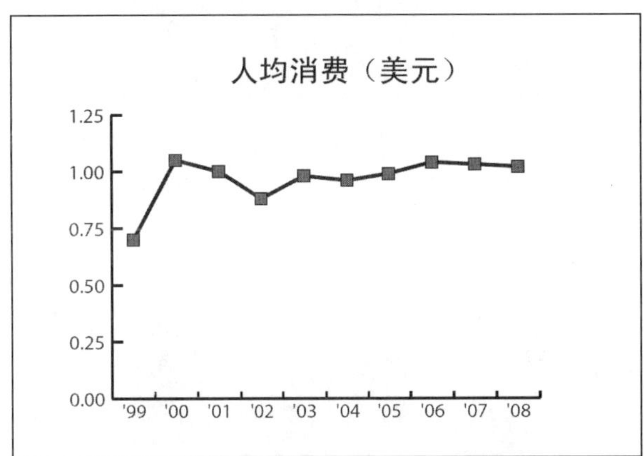

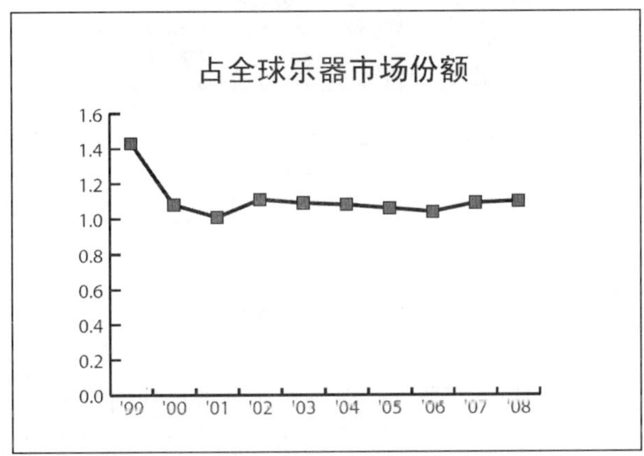

进口概况

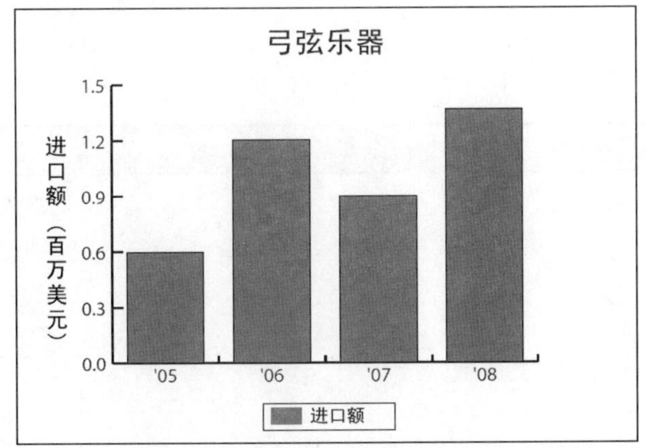

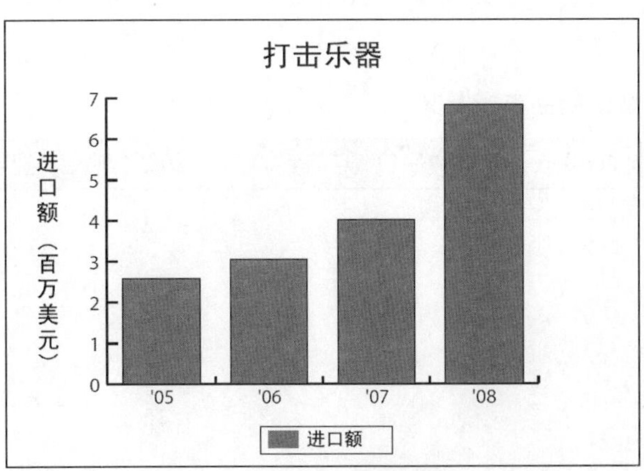

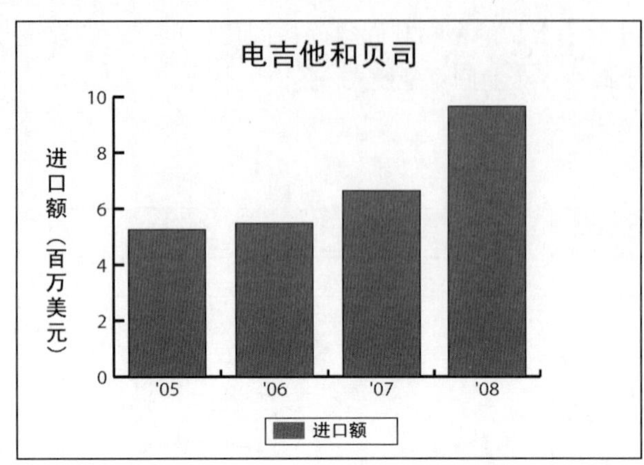

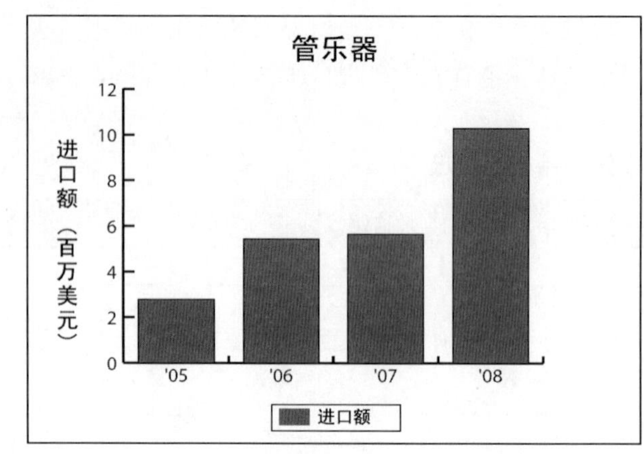

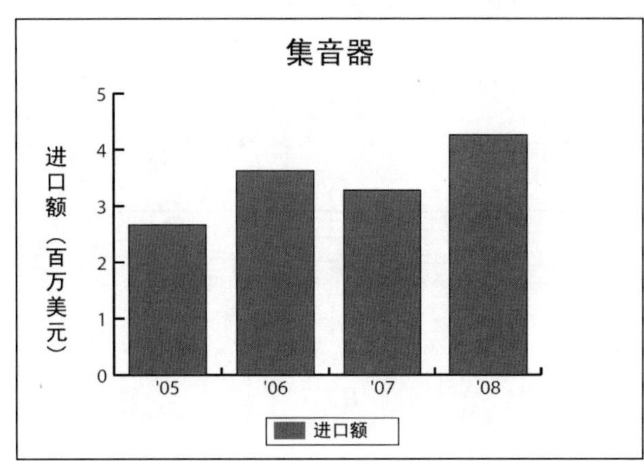

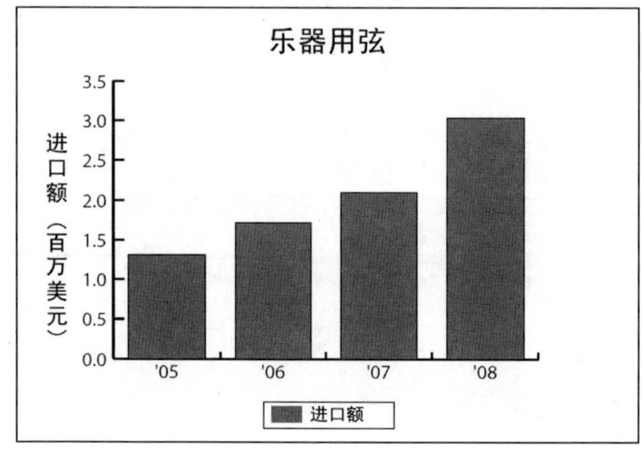

西班牙

因西班牙音乐制品协会（Comusica）准备的2008年度销售市场报告未按期完成，因此无法提供全面详细的西班牙乐器市场数据。

大致分析来看，2008年，西班牙乐器市场受挫，降幅达9%，这在该年上半年表现得特别明显。

各音乐制品类别中，西班牙销售降幅最大的音乐制品是管乐器和音响设备，而吉他、钢琴和配件销售的降幅则稍有下降。

音乐制品市场概况

2008年	销售额（百万美元）	180.2	人均消费（美元）	4.45	占全球市场份额（%）	1.00

销售额（百万美元）
225
200
175
150
125
100
75
50
25
0
'00 '01 '02 '03 '04 '05 '06 '07 '08

人均消费（美元）
6
5
4
3
2
1
0
'00 '01 '02 '03 '04 '05 '06 '07 '08

占全球乐器市场份额
1.0
0.8
0.6
0.4
0.2
0.0
'00 '01 '02 '03 '04 '05 '06 '07 '08

国内市场概况

声学吉他
零售额（百万欧元）
销量（千）
'98 '99 '00 '01 '02 '03 '04 '05 '06 '07
零售额
销量

电吉他
零售额（百万欧元）
销量（千）
'98 '99 '00 '01 '02 '03 '04 '05 '06 '07
零售额
销量

电贝司
零售额（百万欧元）
销量（千）
'98 '99 '00 '01 '02 '03 '04 '05 '06 '07
零售额
销量

电子键盘
零售额（百万欧元）
销量（千）
'01 '02 '03 '04 '05 '06 '07
零售额
销量

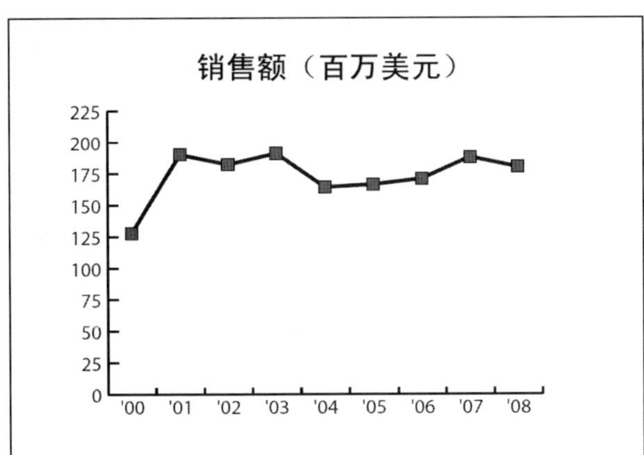

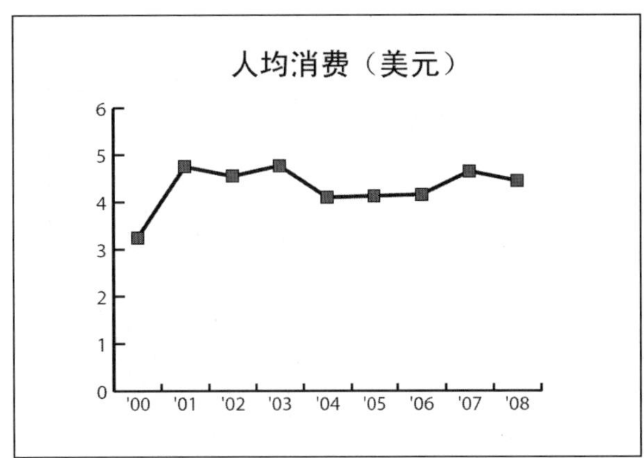

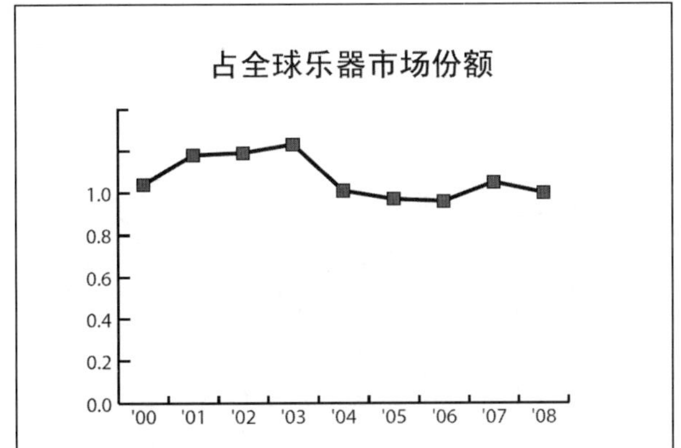

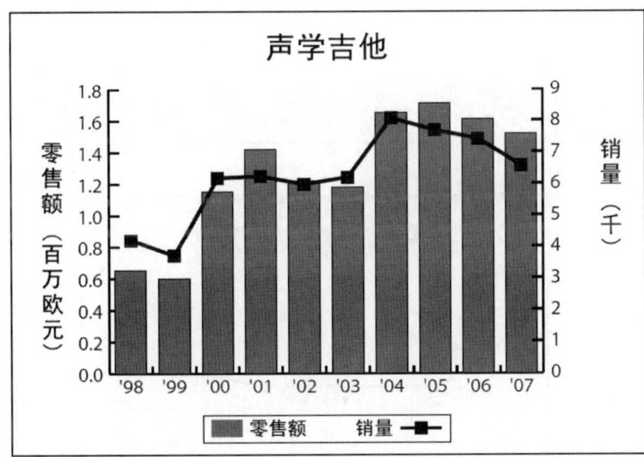

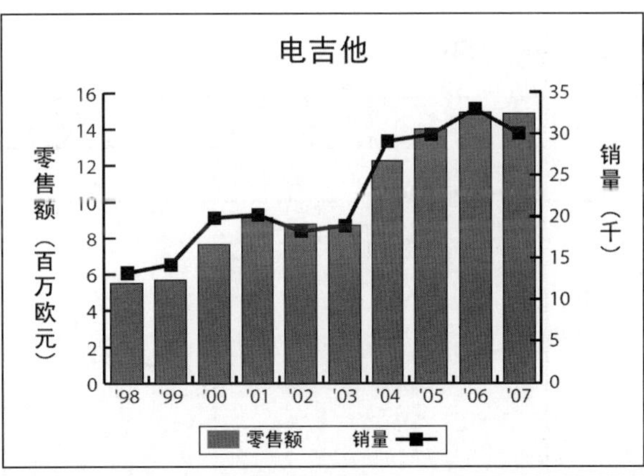

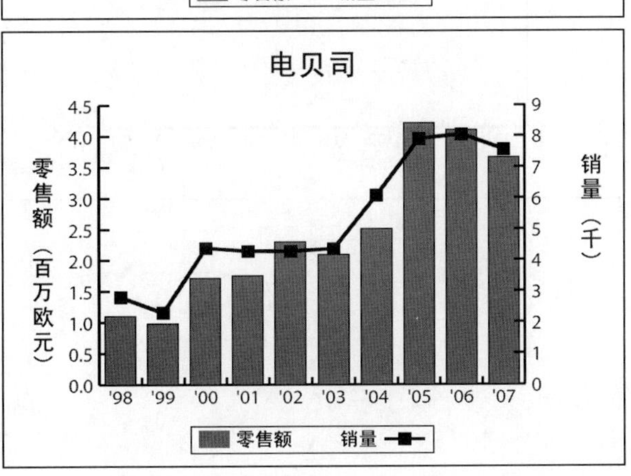

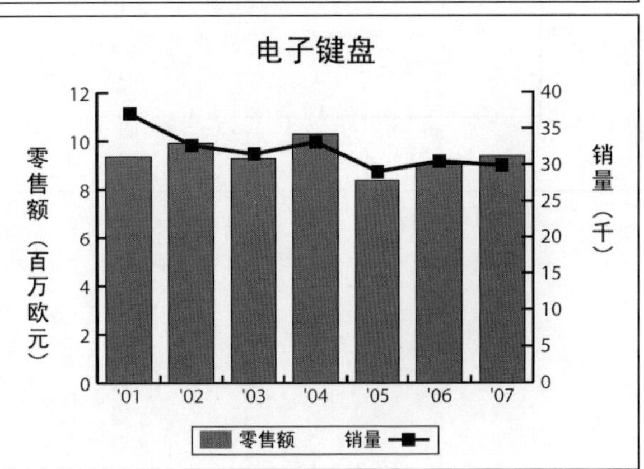

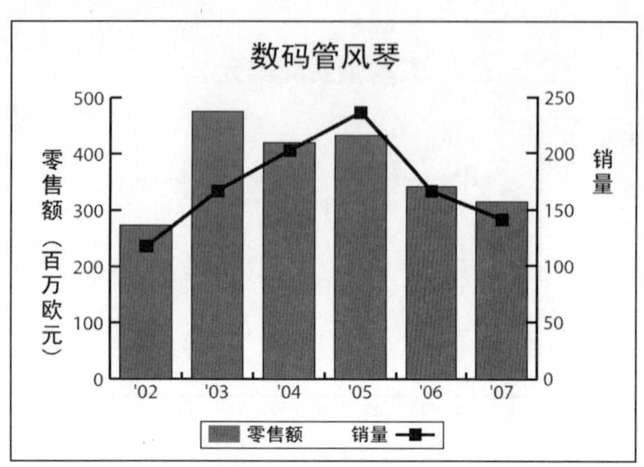

瑞士

较2007年相比，2008年瑞士乐器进口数量有所减少。但2008年进口总额较2007年相比上升了近5个百分点，比2006年增长10%。请注意上述数据只是反映了瑞士部分有代表性的琴行，有关音响、功放、配件、音乐出版物、音乐软件、效果器等数据均未列入官方统计数据中。

2008年瑞士市场取得很大发展。在遭受世界性的经济和金融危机背景下，乐器形势积极、稳定、基础扎实，2009年这种趋势将继续保持，特别是数码钢琴和电子鼓情况最好。

总体来看，2008年瑞士乐器行业未发生重要变化。

音乐制品市场概况

2008年	销售额（百万美元）	131.2	人均消费（美元）	17.31	占全球市场份额（%）	0.70

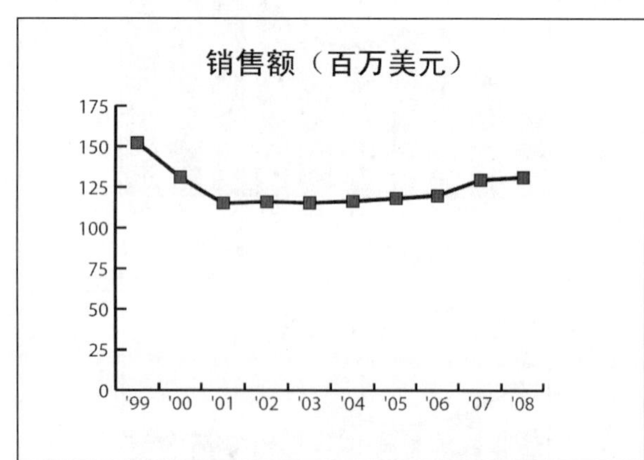

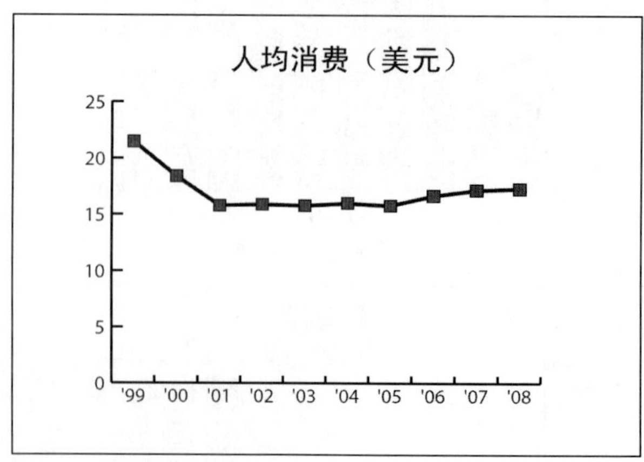

占全球乐器市场份额
1.2
1.0
0.8
0.6
0.4
0.2
0.0
'99 '00 '01 '02 '03 '04 '05 '06 '07 '08

进口概况

立式钢琴
进口额（百万瑞士法郎）
15
12
9
6
3
0
'99 '00 '01 '02 '03 '04 '05 '06 '07 '08
进口额

弓弦乐器
进口额（百万瑞士法郎）
20
16
12
8
4
0
'99 '00 '01 '02 '03 '04 '05 '06 '07 '08
进口额

弦乐器
进口额（百万瑞士法郎）
15
12
9
6
3
0
'99 '00 '01 '02 '03 '04 '05 '06 '07 '08
进口额

三角钢琴
进口额（百万瑞士法郎）
12
10
8
6
4
2
0
'99 '00 '01 '02 '03 '04 '05 '06 '07 '08
进口额

吉他
进口额（百万瑞士法郎）
8
7
6
5
4
3
2
1
0
'99 '00 '01 '02 '03 '04 '05 '06 '07 '08
进口额

乐器用弦
进口额（百万瑞士法郎）
2.5
2.0
1.5
1.0
0.5
0.0
'99 '00 '01 '02 '03 '04 '05 '06 '07 '08
进口额

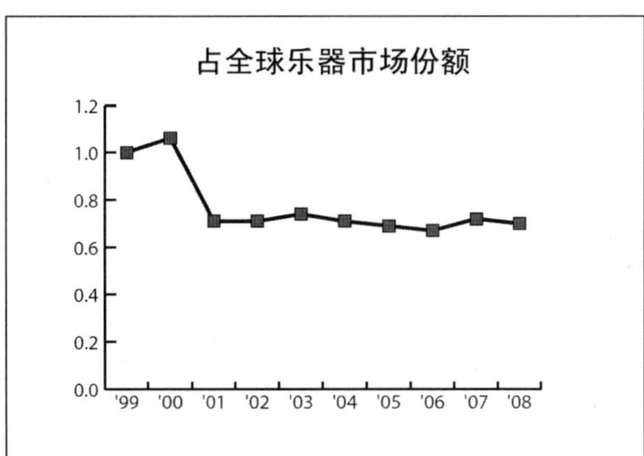

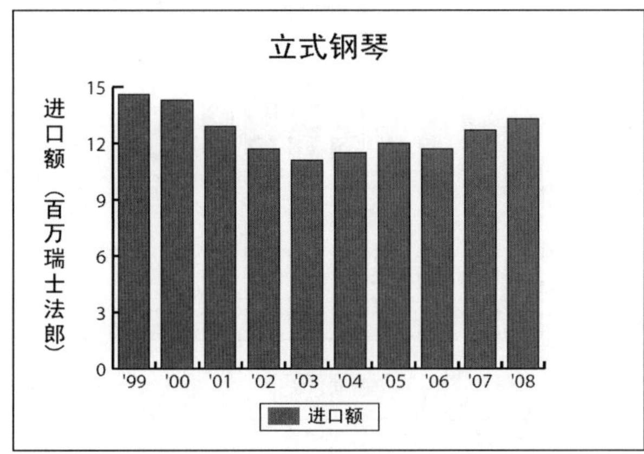

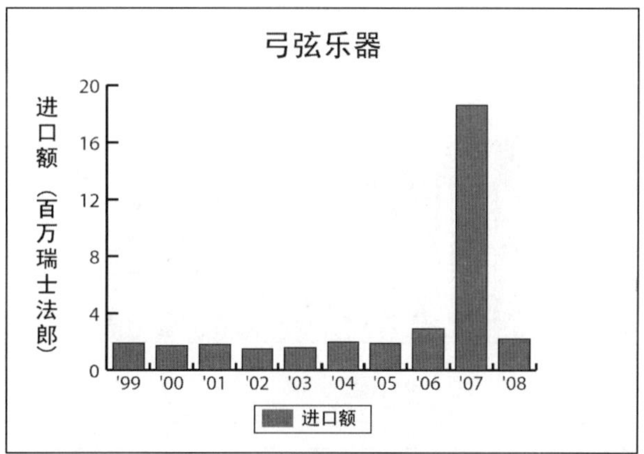

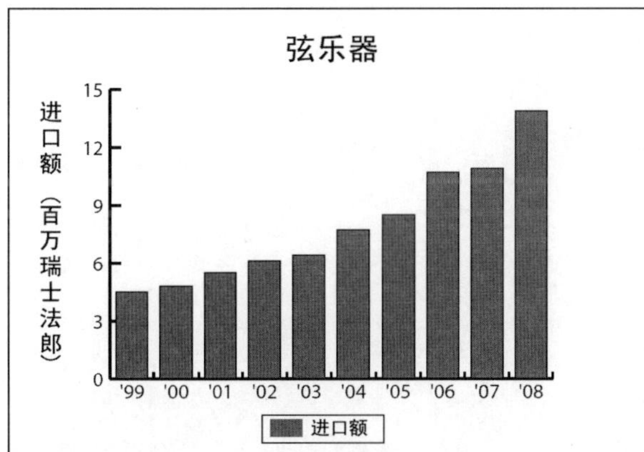

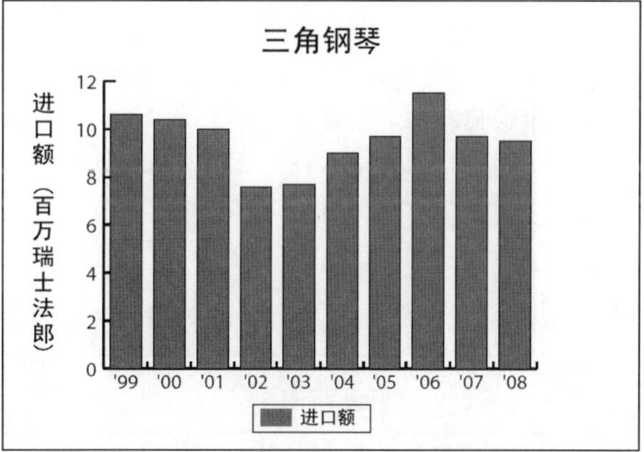

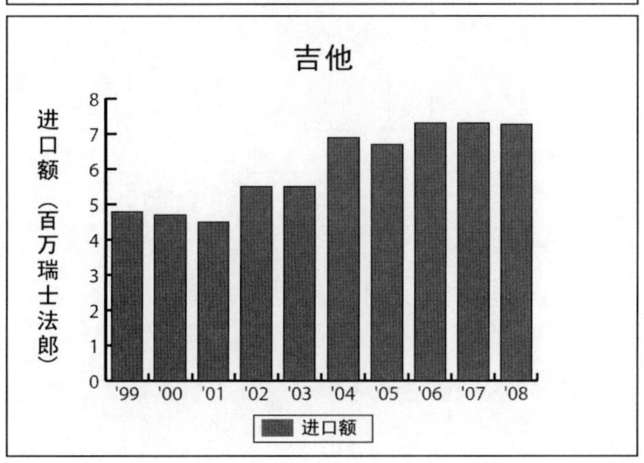

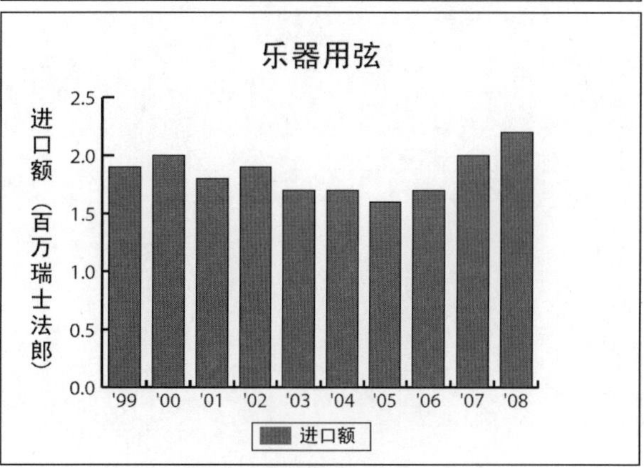

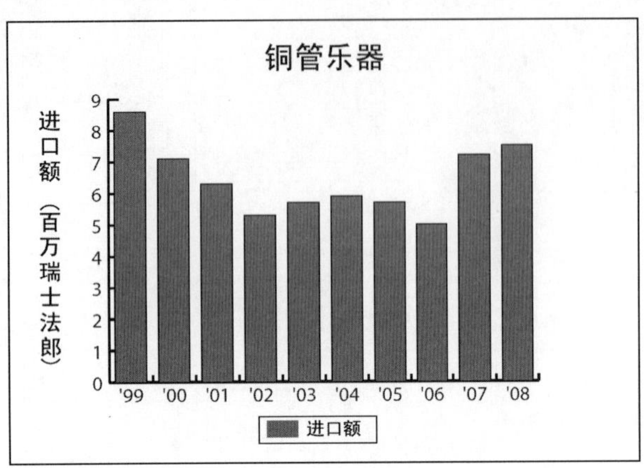
铜管乐器
进口额（百万瑞士法郎）
9
8
7
6
5
4
3
2
1
0
'99 '00 '01 '02 '03 '04 '05 '06 '07 '08
进口额

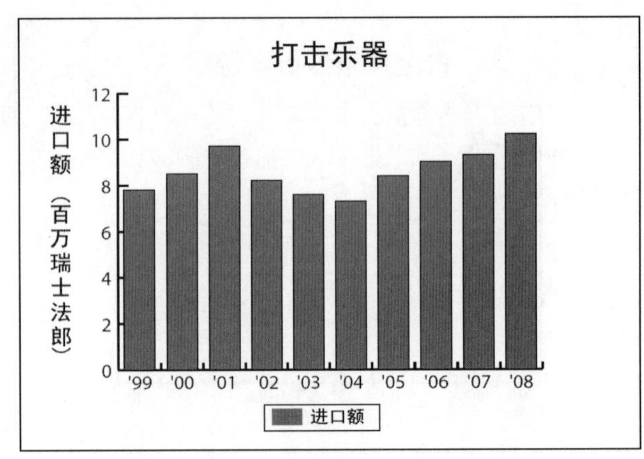
打击乐器
进口额（百万瑞士法郎）
12
10
8
6
4
2
0
'99 '00 '01 '02 '03 '04 '05 '06 '07 '08
进口额

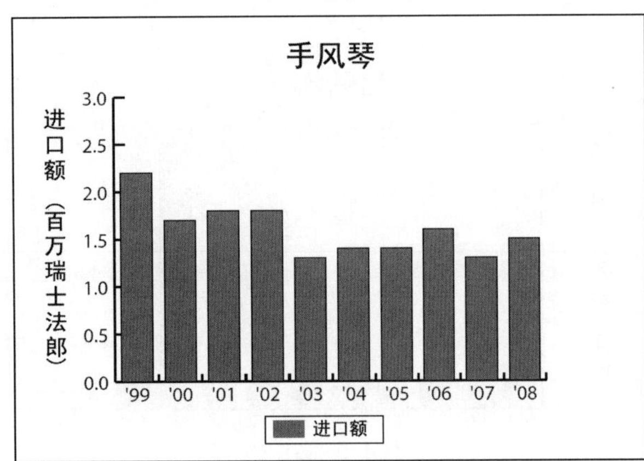
手风琴
进口额（百万瑞士法郎）
3.0
2.5
2.0
1.5
1.0
0.5
0.0
'99 '00 '01 '02 '03 '04 '05 '06 '07 '08
进口额

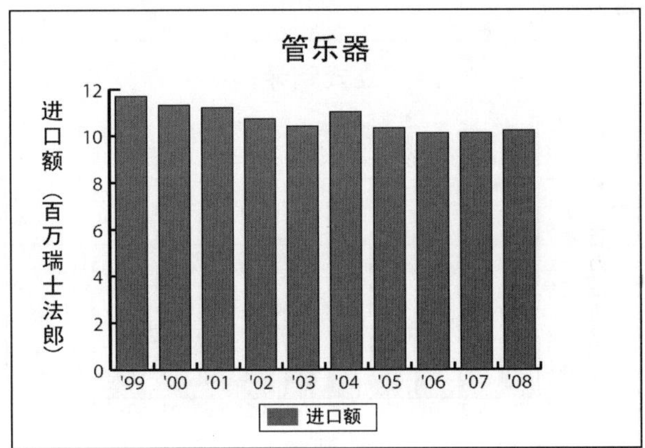
管乐器
进口额（百万瑞士法郎）
12
10
8
6
4
2
0
'99 '00 '01 '02 '03 '04 '05 '06 '07 '08
进口额

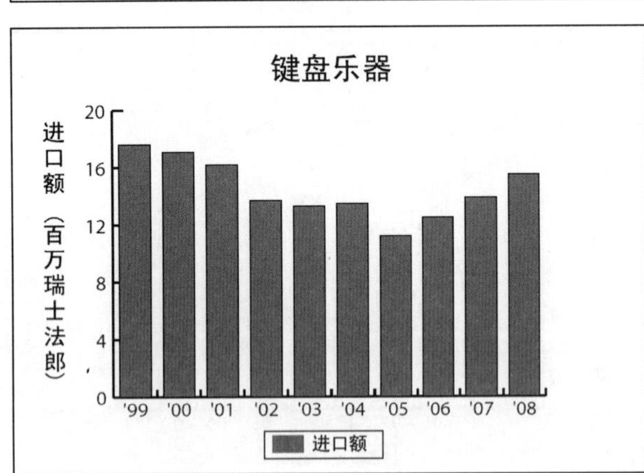
键盘乐器
进口额（百万瑞士法郎）
20
16
12
8
4
0
'99 '00 '01 '02 '03 '04 '05 '06 '07 '08
进口额

挪威

2008年挪威乐器进口总额4.83亿挪威元。据此测算，挪威乐器市场总额为10.5亿挪威元（2008年1美元=5.65挪威元，现行汇率是1美元=6.80挪威元）。

挪威人口480万，如以人均乐器消费额来计，2008年挪威人均消费额为219挪威元（39美元）。

下列图表由挪威乐器经销商协会提供。行业概况数据源自美国《音乐贸易》杂志。文字评述由该国乐器经销商协会会长Karl-Harald Johansen执笔。

2008年挪威乐器进口额与2007年相比，变化如下：

声学吉他	3%
声学打击乐器	15%
数码钢琴	-17%
电吉他	25%
三角钢琴	31%
键盘乐器	82%
弓弦乐器	15%
立式钢琴	38%
管乐器	-7%

音乐制品市场概况

2008年	销售额（百万美元）	73.1	人均消费（美元）	15.74	占全球市场份额（%）	0.40

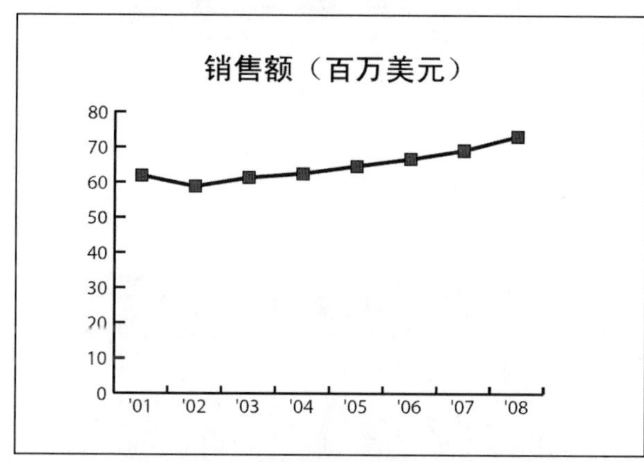

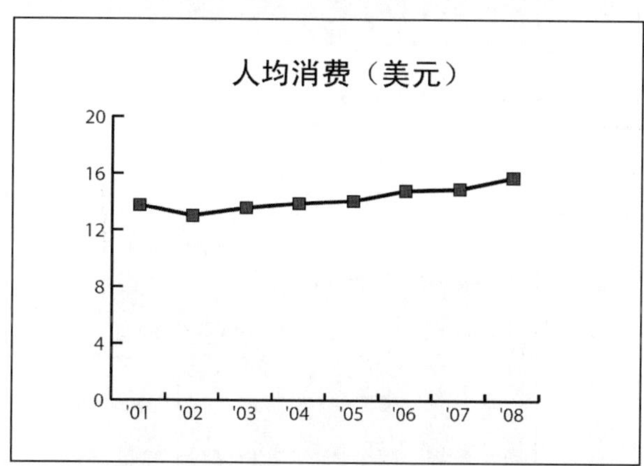

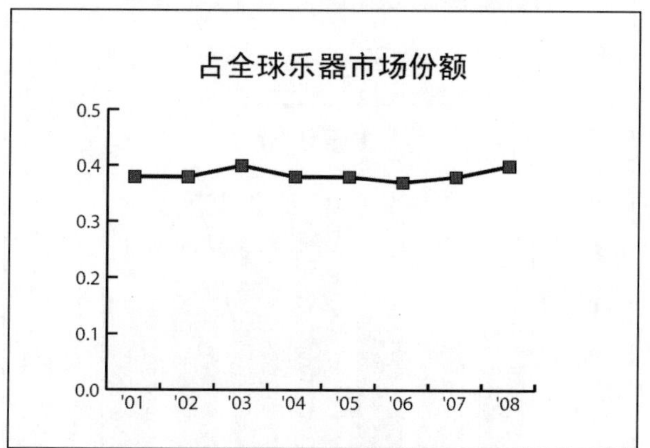

进口概况

声学吉他
进口额（百万挪威克朗）
进口量（千）
35 30 25 20 15 10 5 0
70 60 50 40 30 20 10 0
'02 '03 '04 '05 '06 '07 '08
进口额 进口量

电吉他
进口额（百万挪威克朗）
进口量（千）
35 30 25 20 15 10 5 0
30 25 20 15 10 5 0
'02 '03 '04 '05 '06 '07 '08
进口额 进口量

吉他（总）
进口额（百万挪威克朗）
进口量（千）
70 60 50 40 30 20 10 0
100 80 60 40 20 0
'02 '03 '04 '05 '06 '07 '08
进口额 进口量

三角钢琴
进口额（百万挪威克朗）
进口量
18 15 12 9 6 3 0
120 100 80 60 40 20 0
'02 '03 '04 '05 '06 '07 '08
进口额 进口量

立式钢琴
进口额（百万挪威克朗）
进口量（千）
25 20 15 10 5 0
1.2 1.0 0.8 0.6 0.4 0.2 0.0
'02 '03 '04 '05 '06 '07 '08
进口额 进口量

数码钢琴
进口额（百万挪威克朗）
进口量（千）
14 12 10 8 6 4 2 0
3.5 3.0 2.5 2.0 1.5 1.0 0.5 0.0
'02 '03 '04 '05 '06 '07 '08
进口额 进口量

铜管乐器
进口额（百万挪威克朗）
进口量（千）
20 16 12 8 4 0
5 4 3 2 1 0
'02 '03 '04 '05 '06 '07 '08
进口额 进口量

木管乐器
进口额（百万挪威克朗）
进口量（千）
20 16 12 8 4 0
35 30 25 20 15 10 5 0
'02 '03 '04 '05 '06 '07 '08
进口额 进口量

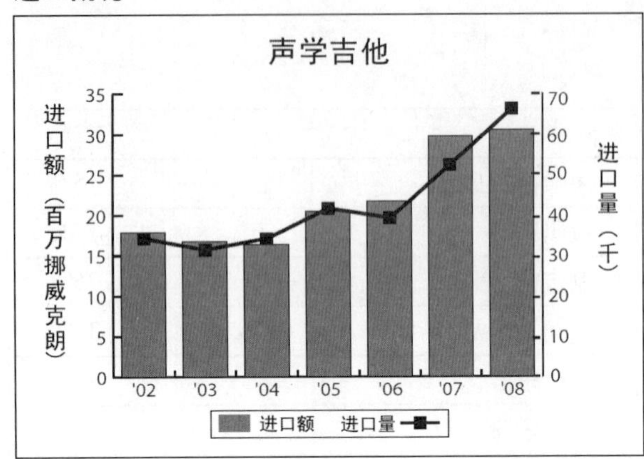

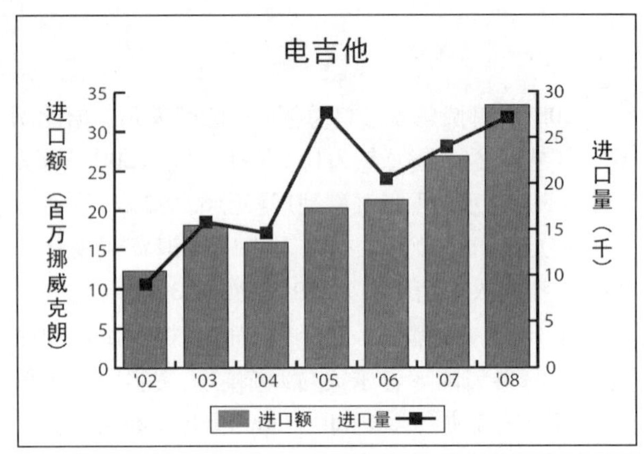

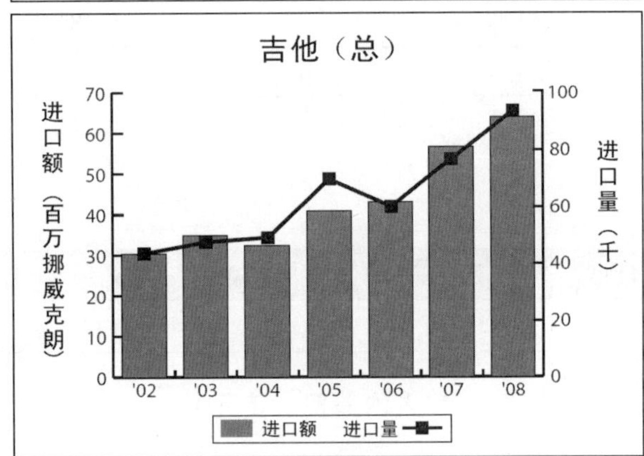

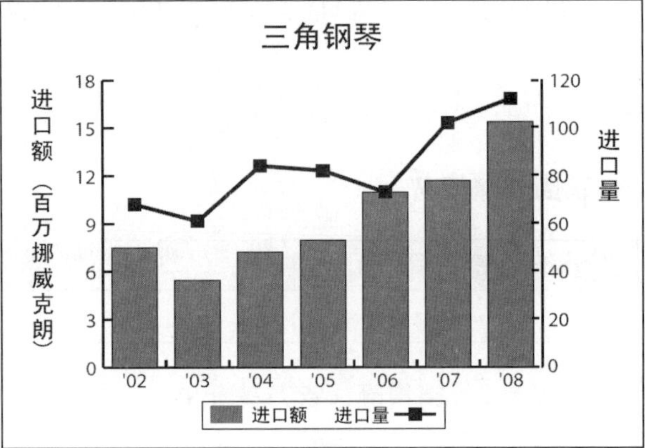

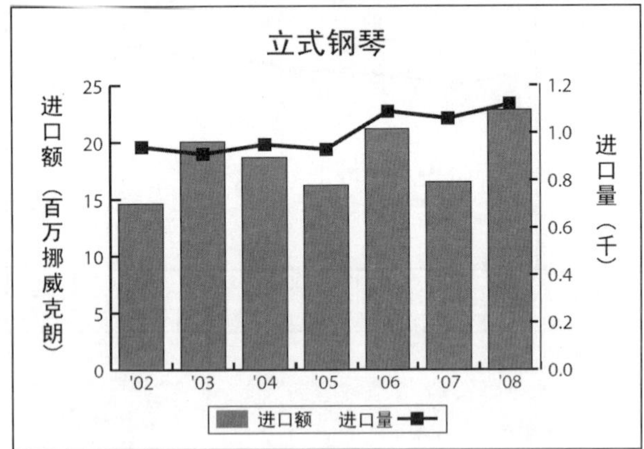

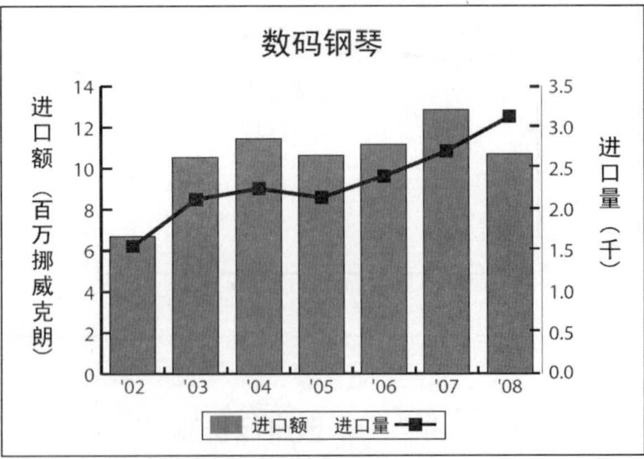

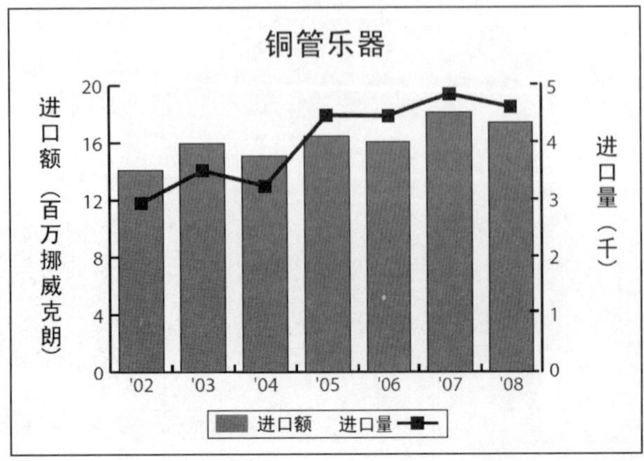

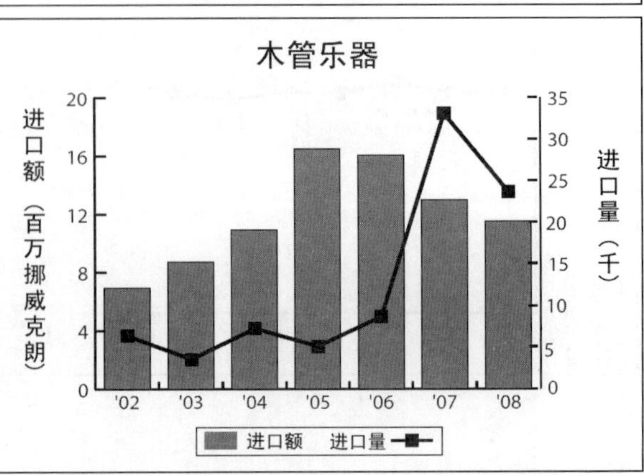

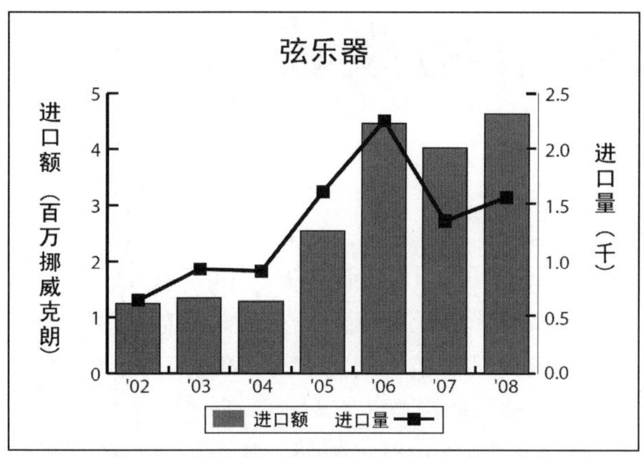

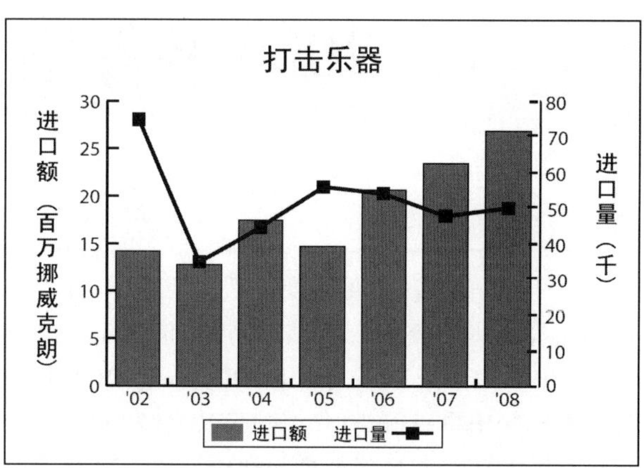

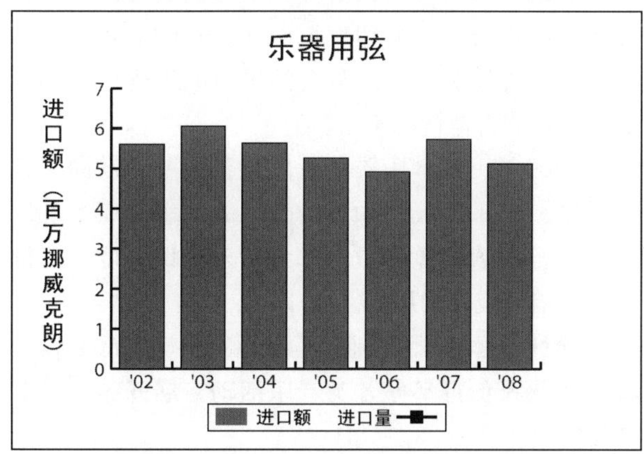

编译自2009 NAMM《全球乐器报告》

2009年各国乐器市场概述

日本

由于世界经济发展速度放缓，2009年日本音乐制品行业内外交困，内销额为532亿日元，减少13%；出口额下滑34%，降至929亿日元。2009年全行业内销和出口总额为1462亿日元，较2008年减少28%。除大环境不景气，日元持续升值，也对行业发展造成负面影响。

强势的日元迫使日本乐器制造商把生产基地向海外转移，以此将汇率波动的影响降至最低。但是，全球性金融危机再加上出口比重过高，致使业务经营受到不利影响。

2009年，钢琴等大宗乐器所受冲击最重。日本国内钢琴销量为2万架，同比下滑11%，海外钢琴销量为9.9万架，降幅为29%，声学钢琴总销售额为697亿日元，比2008年减少261亿日元。困境不乏亮点，立式钢琴销售在中国、越南、印尼、以色列、英国、法国、加拿大和澳大利亚等国外市场持增长态势。

据报道，今后巴西、俄罗斯、印度和中国等“金砖四国”经济将持续发展，国际社会对此高度关注。日本乐器出口中，中国市场“蒸蒸日上”，除个别乐器门类，对俄罗斯、印度和巴西的出口保持平稳。出口数据显示，在出口量中，小号和长号是唯一超过去年的乐器。

2009年，电声乐器内销总额为765亿日元，较上年同比下降300亿日元。

四弦琴、提琴、曼陀铃、竖琴等弦乐器以及行进鼓、数码钢琴、键盘集音器和其他数码乐器的内销量有所增长，但总销售额却出现同比下滑，表明2009年乐器销售单价明显下降。

由于流行音乐电视剧“Pop Music”的热播，电吉他销售一度火爆，但也有业内人士认为，只是剧中出现的某个特定电吉他品牌出现了热销。此外，一系列乐队音乐明星演出的电影不久将上映，将从侧面支持行业发展，扩大新的需求。

据财务省关税局统计，2009年日本乐器进口总额为420亿日元，比上年下降了100亿日元。对乐器进口商来说，日元升值是一大利好消息。尽管2009年日本国内乐器销售明显下滑，但日元升值因素对国内乐器销售的影响并不大。

除铜管乐器和电吉他外，从中国进口的乐器较去年有所下滑。而从印度尼西亚进口的立式钢琴和电声乐器却显著上升。从台湾进口的铜管乐器和从美国进口的吉他情况不错。

2009年，日本乐器行业出现了一些新动向，二手乐器、音乐出版物和乐器配件的需求有所增加。乐器琴行继续招揽学员，加大音乐培训力度，以抵消乐器销售疲软的颓势。

预计日本乐器行业不会因经济停滞而受到影响，从业人员可举办各类音乐活动，展开各类乐器产品促销。

注：近年来经济产业省的统计门类日益简化，日本音乐制品行业最可靠的数据来源是日本全国乐器协会，该协会掌握各类乐器产品生产、内销和出口的详细数据。另外，本文的数据分析中所涉及的进出口数据均源自财务省公布的数据。

下列图表是在日本全国乐器协会、经产省、财务省关税局提供的数据基础上制出，文字评论由《日本音乐贸易》杂志主编泽野优执笔。

音乐制品市场概况

2009年	销售额（百万美元）	2500	人均消费（美元）	20.05	占全球市场份额（%）	14.47

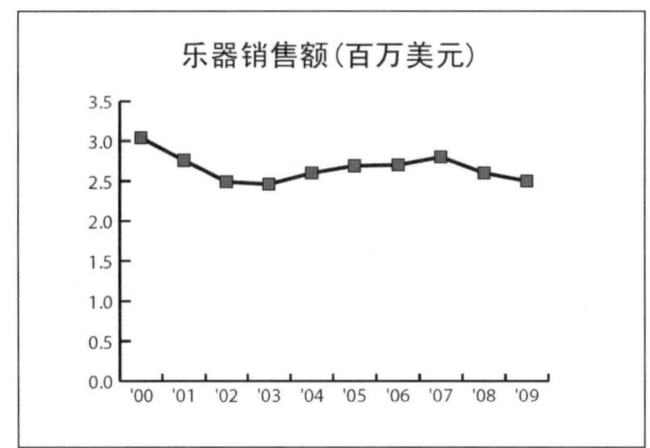

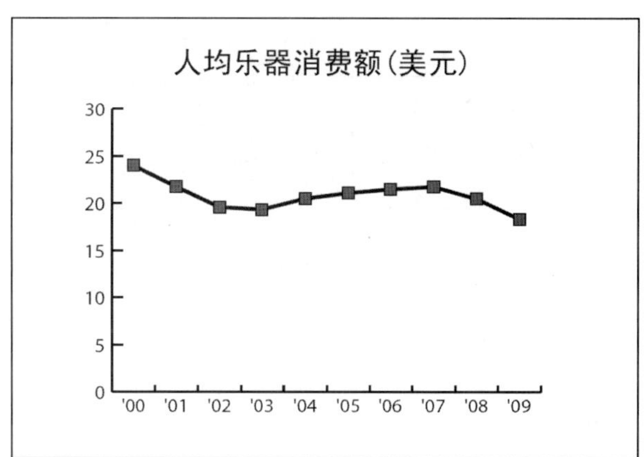

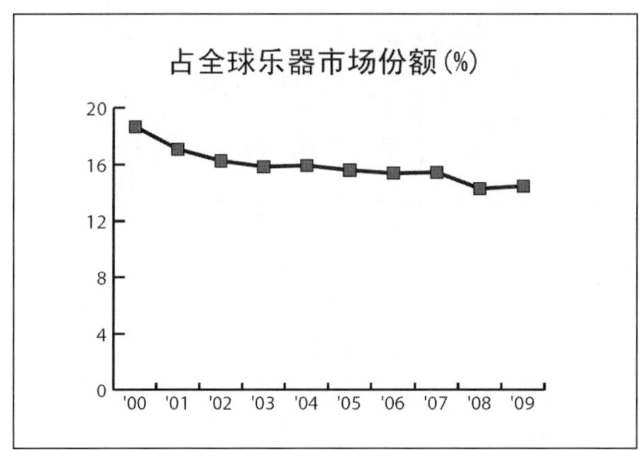

国内市场概况

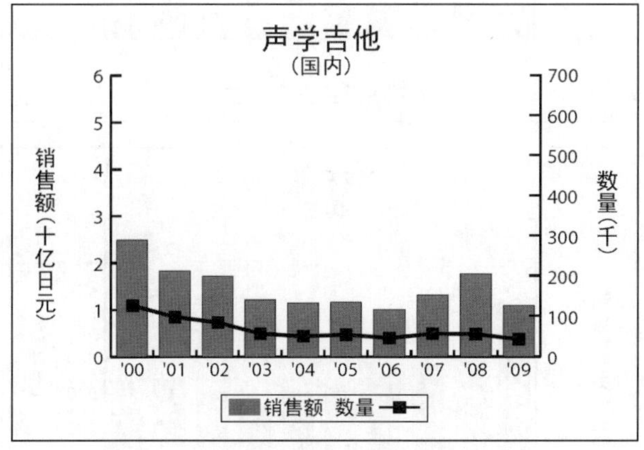

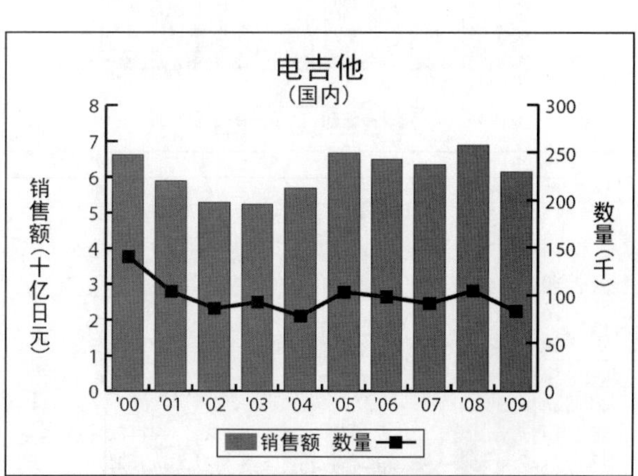

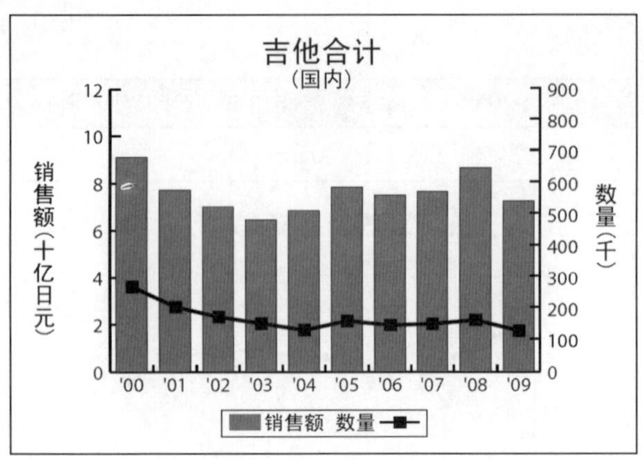
吉他合计
（国内）
销售额（十亿日元）
数量（千）
'00 '01 '02 '03 '04 '05 '06 '07 '08 '09
销售额 数量

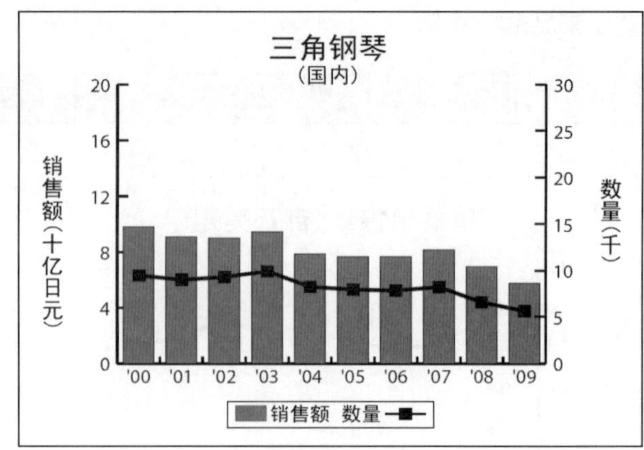
三角钢琴
（国内）
销售额（十亿日元）
数量（千）
'00 '01 '02 '03 '04 '05 '06 '07 '08 '09
销售额 数量

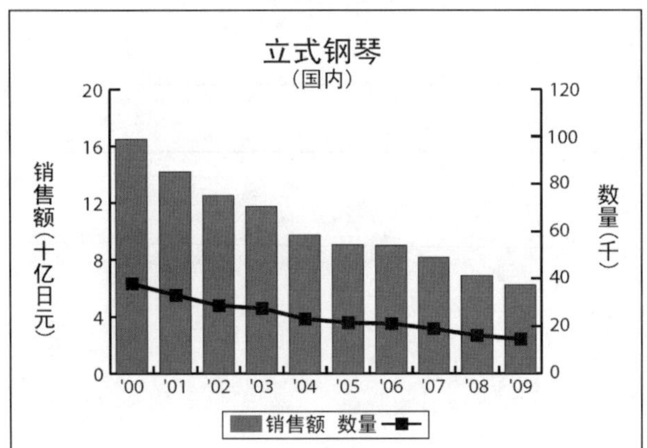
立式钢琴
（国内）
销售额（十亿日元）
数量（千）
'00 '01 '02 '03 '04 '05 '06 '07 '08 '09
销售额 数量

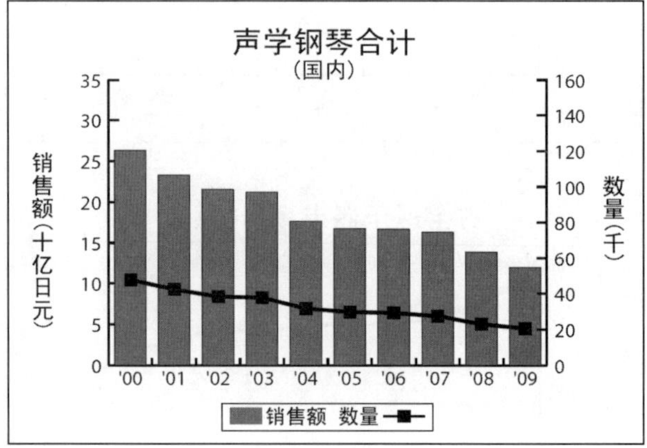
声学钢琴合计
（国内）
销售额（十亿日元）
数量（千）
'00 '01 '02 '03 '04 '05 '06 '07 '08 '09
销售额 数量

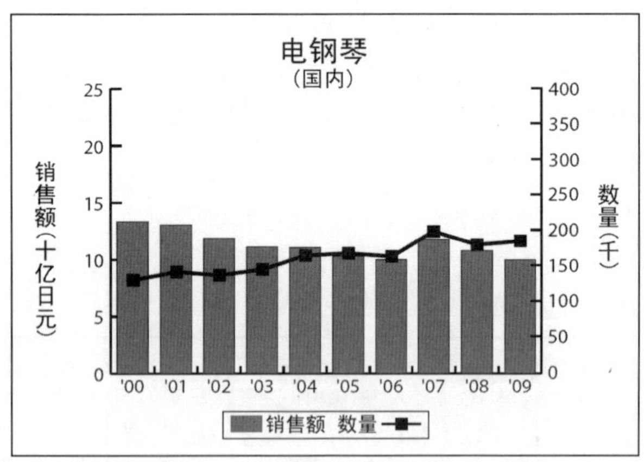
电钢琴
（国内）
销售额（十亿日元）
数量（千）
'00 '01 '02 '03 '04 '05 '06 '07 '08 '09
销售额 数量

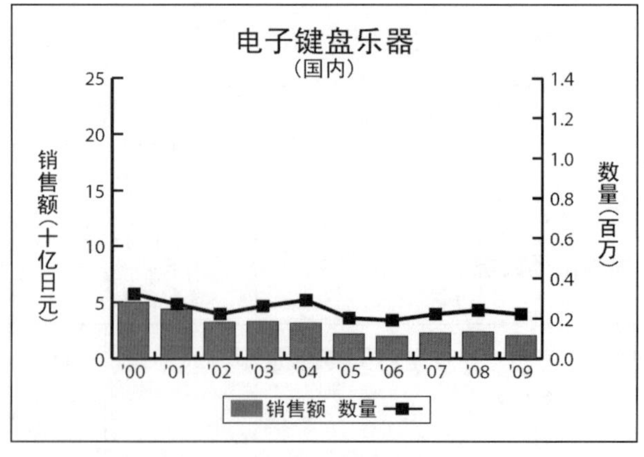
电子键盘乐器
（国内）
销售额（十亿日元）
数量（百万）
'00 '01 '02 '03 '04 '05 '06 '07 '08 '09
销售额 数量

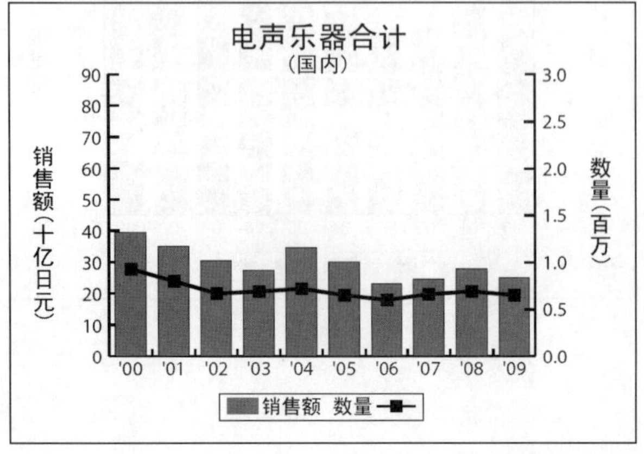
电声乐器合计
（国内）
销售额（十亿日元）
数量（百万）
'00 '01 '02 '03 '04 '05 '06 '07 '08 '09
销售额 数量

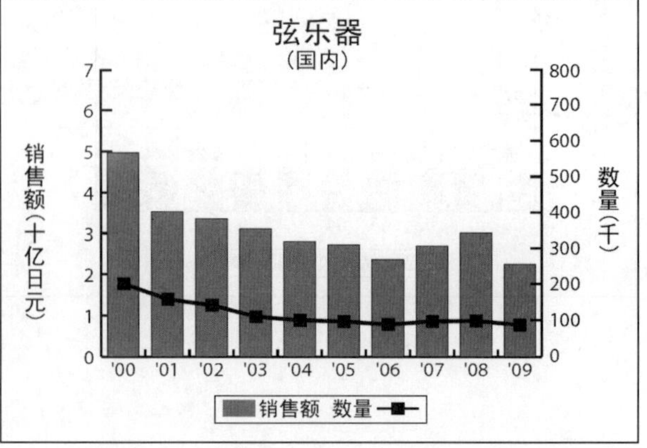
弦乐器
（国内）
销售额（十亿日元）
数量（千）
'00 '01 '02 '03 '04 '05 '06 '07 '08 '09
销售额 数量

铜管乐器
(国内)
销售额(十亿日元)
数量(千)
'00 '01 '02 '03 '04 '05 '06 '07 '08 '09
销售额 数量

木管乐器
(国内)
销售额(十亿日元)
数量(千)
'00 '01 '02 '03 '04 '05 '06 '07 '08 '09
销售额 数量

管乐器
(国内)
销售额(十亿日元)
数量(千)
'00 '01 '02 '03 '04 '05 '06 '07 '08 '09
销售额 数量

打击乐器
(国内)
销售额(十亿日元)
数量(千)
'00 '01 '02 '03 '04 '05 '06 '07 '08 '09
销售额 数量

出口概况

声学吉他
(出口)
销售额(十亿日元)
数量(千)
'00 '01 '02 '03 '04 '05 '06 '07 '08 '09
销售额 数量

电吉他
(出口)
销售额(十亿日元)
数量(千)
'00 '01 '02 '03 '04 '05 '06 '07 '08 '09
销售额 数量

吉他合计
(出口)
销售额(十亿日元)
数量(千)
'00 '01 '02 '03 '04 '05 '06 '07 '08 '09
销售额 数量

三角钢琴
(出口)
销售额(十亿日元)
数量(千)
'00 '01 '02 '03 '04 '05 '06 '07 '08 '09
销售额 数量

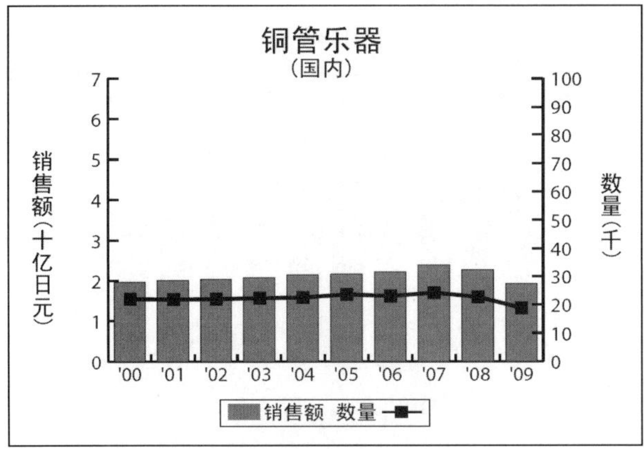

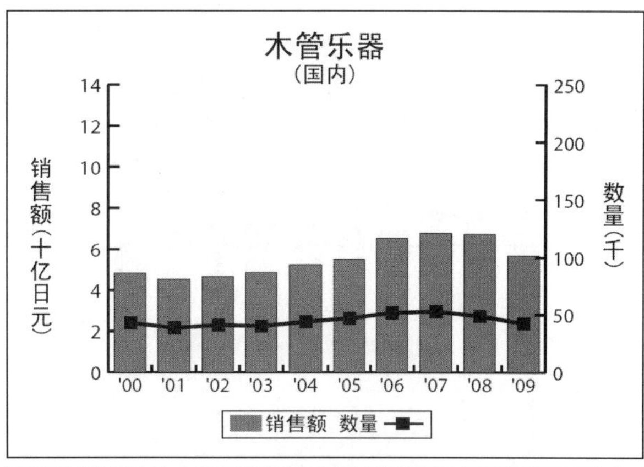

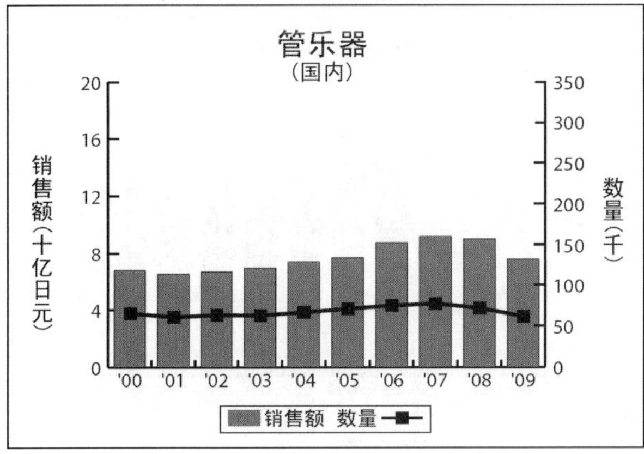

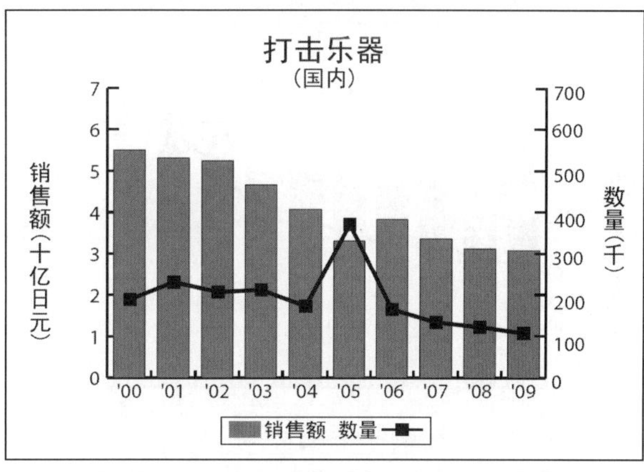

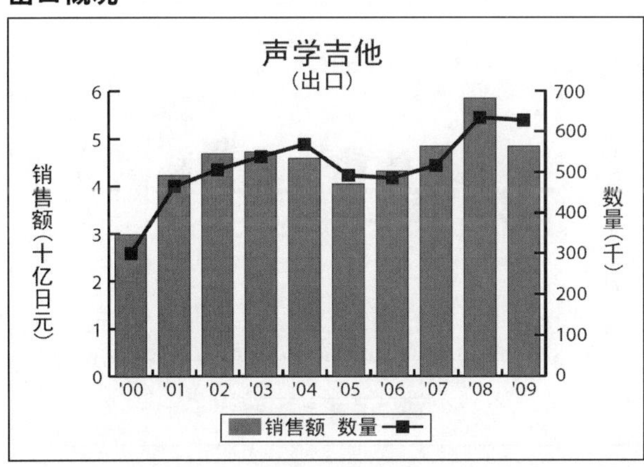

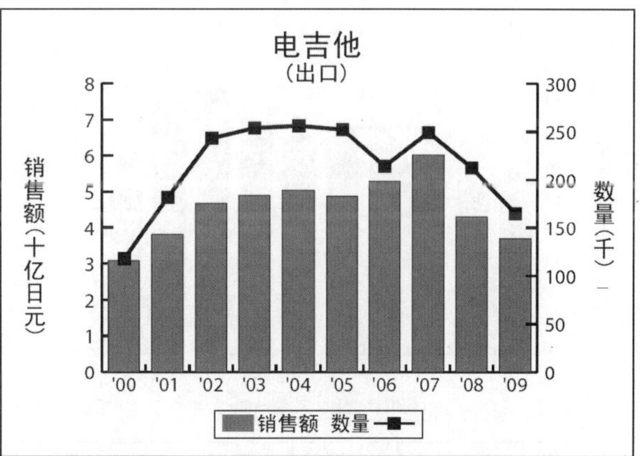

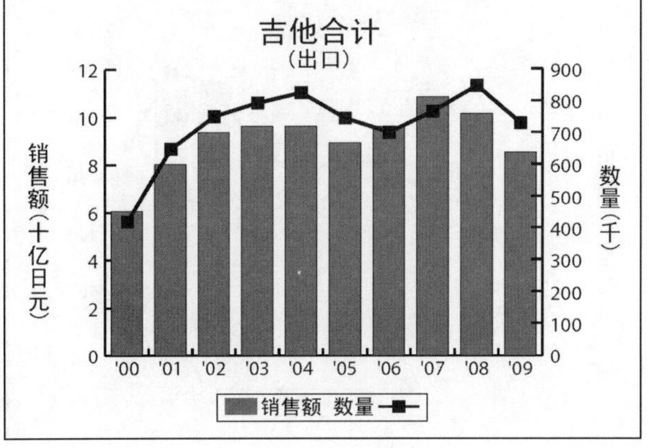

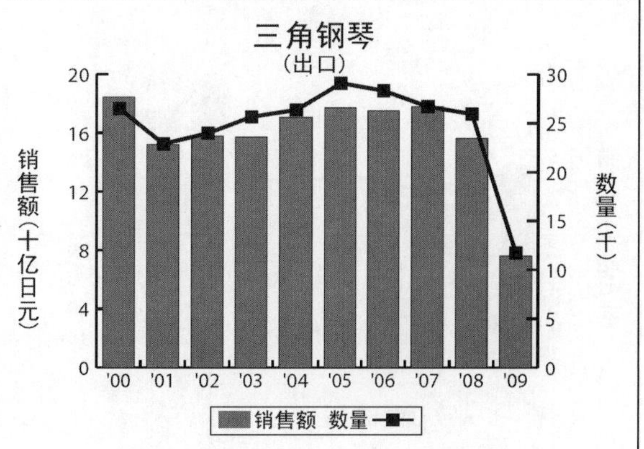

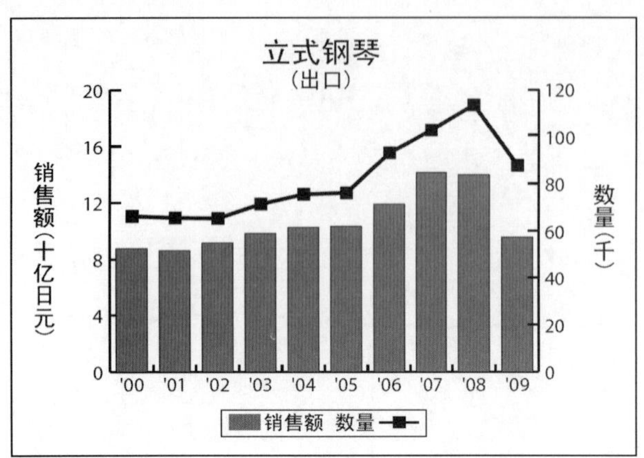

立式钢琴
(出口)
销售额(十亿日元)
数量(千)
'00 '01 '02 '03 '04 '05 '06 '07 '08 '09
销售额 数量

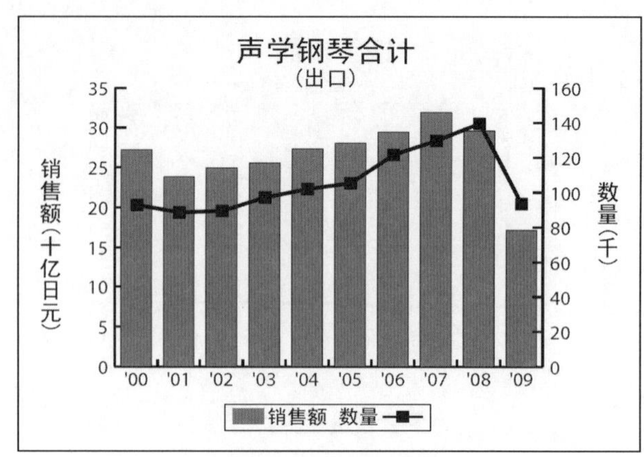

声学钢琴合计
(出口)
销售额(十亿日元)
数量(千)
'00 '01 '02 '03 '04 '05 '06 '07 '08 '09
销售额 数量

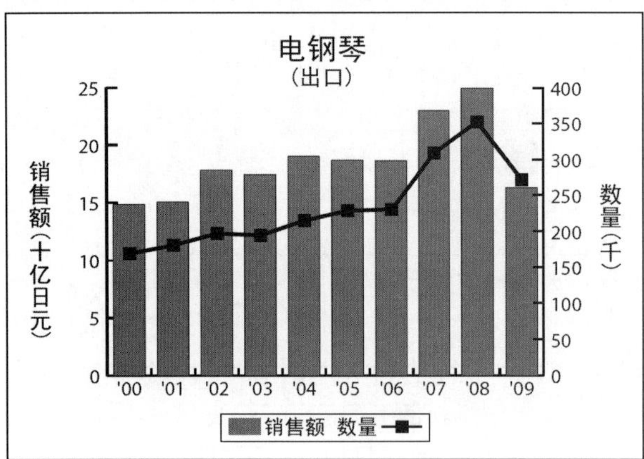

电钢琴
(出口)
销售额(十亿日元)
数量(千)
'00 '01 '02 '03 '04 '05 '06 '07 '08 '09
销售额 数量

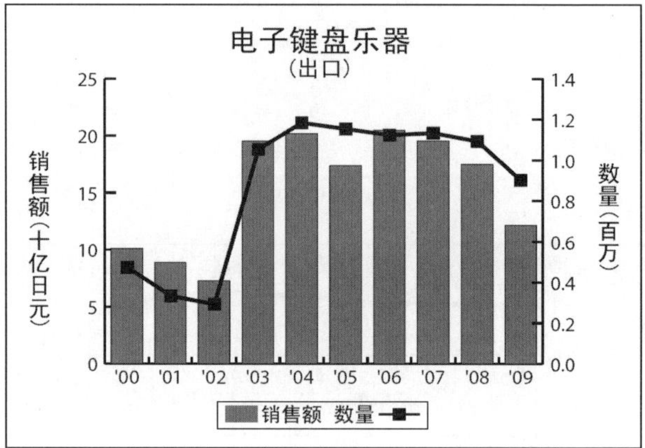

电子键盘乐器
(出口)
销售额(十亿日元)
数量(百万)
'00 '01 '02 '03 '04 '05 '06 '07 '08 '09
销售额 数量

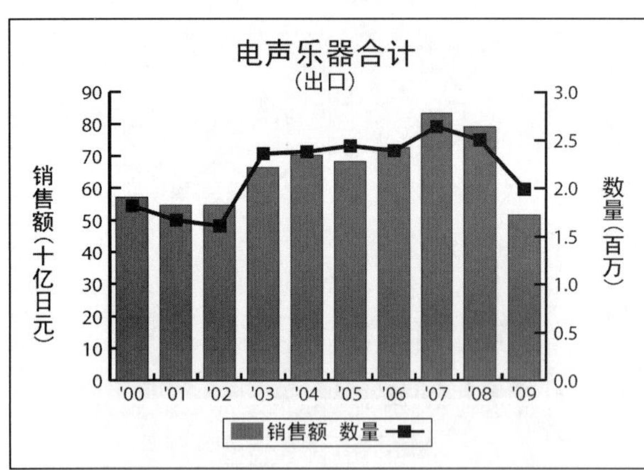

电声乐器合计
(出口)
销售额(十亿日元)
数量(百万)
'00 '01 '02 '03 '04 '05 '06 '07 '08 '09
销售额 数量

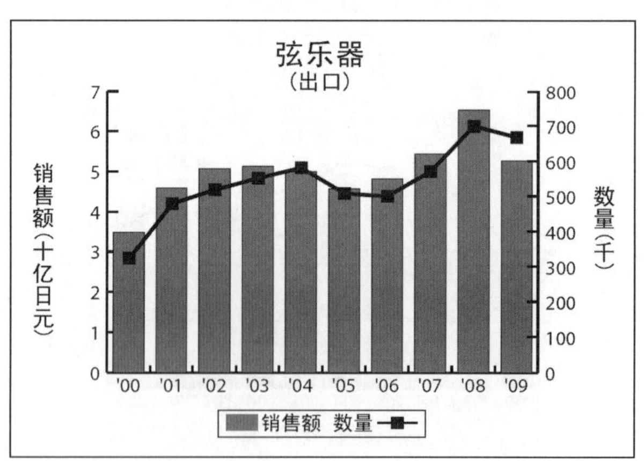

弦乐器
(出口)
销售额(十亿日元)
数量(千)
'00 '01 '02 '03 '04 '05 '06 '07 '08 '09
销售额 数量

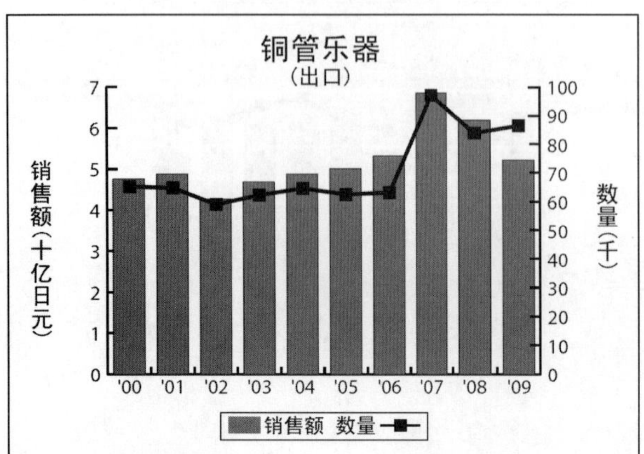

铜管乐器
(出口)
销售额(十亿日元)
数量(千)
'00 '01 '02 '03 '04 '05 '06 '07 '08 '09
销售额 数量

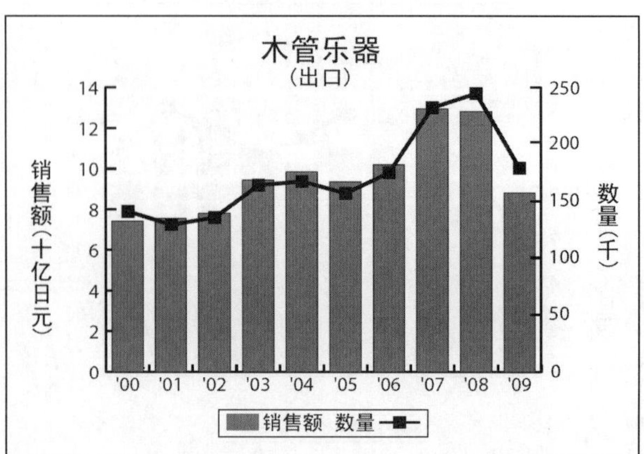

木管乐器
(出口)
销售额(十亿日元)
数量(千)
'00 '01 '02 '03 '04 '05 '06 '07 '08 '09
销售额 数量

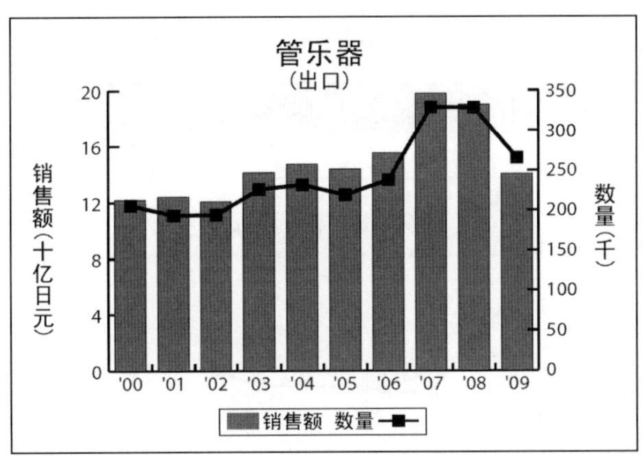

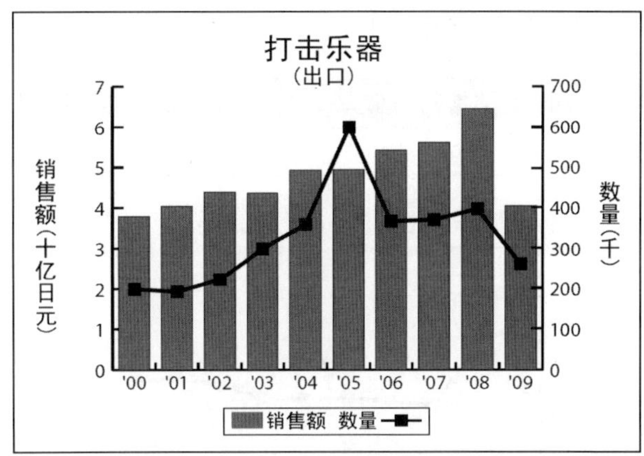

德国

2009年行业下滑幅度大

2009年德国乐器市场营业额出现明显下滑。行业共有1250家乐器公司，员工人数约6700名，总营业额为6亿欧元，同比下滑14个百分点。为数仅2%的最大乐器制造商集中了乐器行业50%的营业额。

国内营业额较小，国际贸易额降幅明显

最近几年，国际贸易一直是推动增长的重要因素，只有在经济发展较困难的年份，制造商才会关注国内乐器市场，而且其已被证明是重要的“稳定阀”。这显示出，制造商十分依赖于出口。2009年，国内营业额较2008年同比下降4%，而国外贸易额则同比下降20%。

德国乐器在欧元区国家的出口金额减少了30%，降幅比非欧元区国家高出两倍。从德国所有乐器出口目的地分析，43%的乐器出口流向欧盟国家，57%的乐器出口到非欧盟国家。近半数德国国产乐器均用于出口。而前几大乐器制造商所生产的乐器占到三分之二。

2010年行业发展形势仍将困难

经济形势依然困难。特别是德国公共部门开支缩减，进一步降低了乐器市场营业额。对于欧盟国家的出口，在2009年出口严重下滑的基础上，出口或许达到低位。欧盟之外，由于欧元币值疲软，有助于推动出口。所以从整体来看，行业表现平平，复苏的迹象会继续后延。

亚洲的低价位进口乐器也是德国乐器界关心的问题。中国已从世界性的经济危机中相对较快地复苏，再次显示出增长的迹象。

在德国进口的各类乐器中，来自中国生产的乐器比重为30%，成为德国最大的乐器进口国，也为德国乐器商带来价格压力。2009年数据显示，德国从中国的进口又增长了8%。

下列图表由德国乐器制造商协会（BDMH）提供。文字评述由会长Winfried Baumbach执笔。

音乐制品市场概况

2009年	销售额（百万美元）	1100	人均消费（美元）	13.18	占全球市场份额（%）	6.16

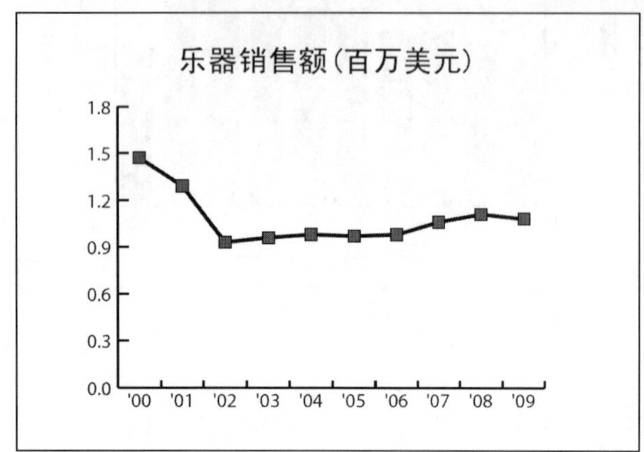

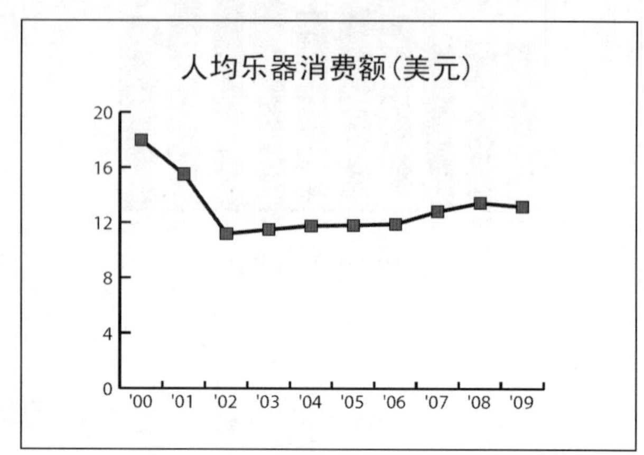

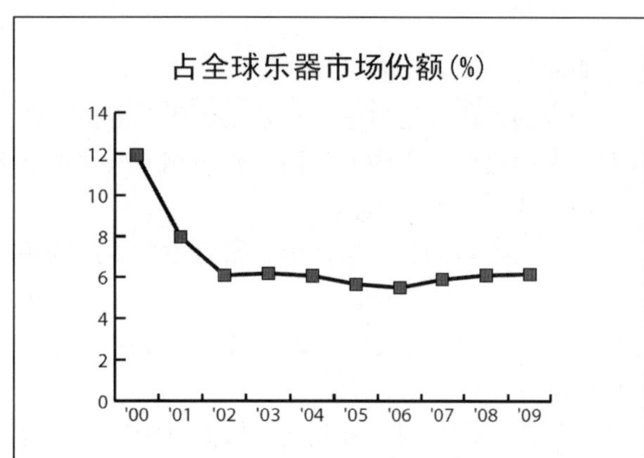

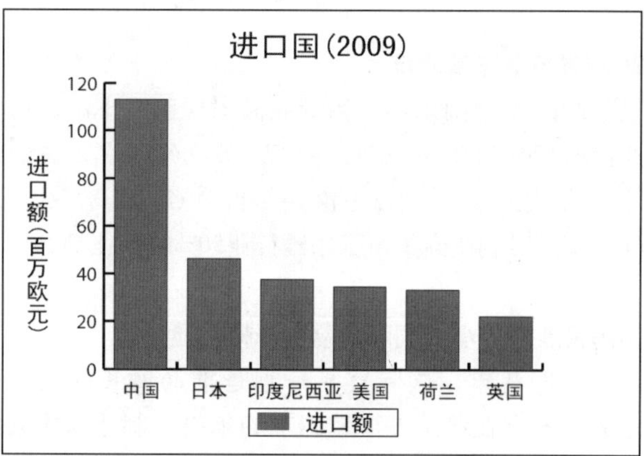

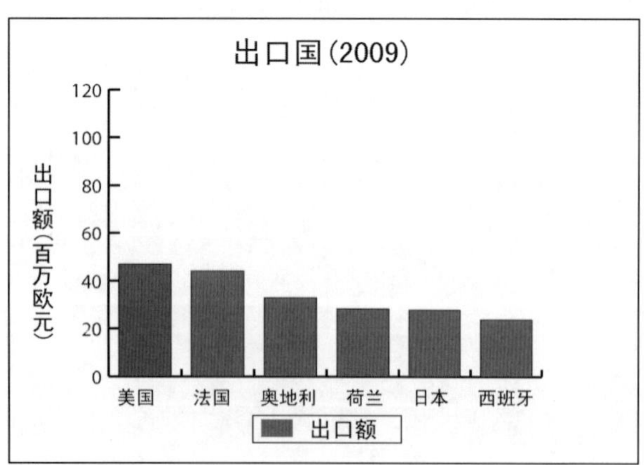

国内市场概况

立式钢琴
销售额(百万欧元)
数量(千)
'00 '01 '02 '03 '04 '05 '06 '07 '08 '09
销售额 数量

三角钢琴
销售额(百万欧元)
数量(千)
'00 '01 '02 '03 '04 '05 '06 '07 '08 '09
销售额 数量

风琴
销售额(百万欧元)
数量(个)
'00 '01 '02 '03 '04 '05 '06 '07 '08 '09
销售额 数量

鼓及打击乐器
销售额(百万欧元)
数量(千)
'00 '01 '02 '03 '04 '05 '06 '07 '08 '09
销售额 数量

木管乐器
销售额(百万欧元)
数量(百万)
'00 '01 '02 '03 '04 '05 '06 '07 '08 '09
销售额 数量

铜管乐器
销售额(百万欧元)
数量(千)
'00 '01 '02 '03 '04 '05 '06 '07 '08 '09
销售额 数量

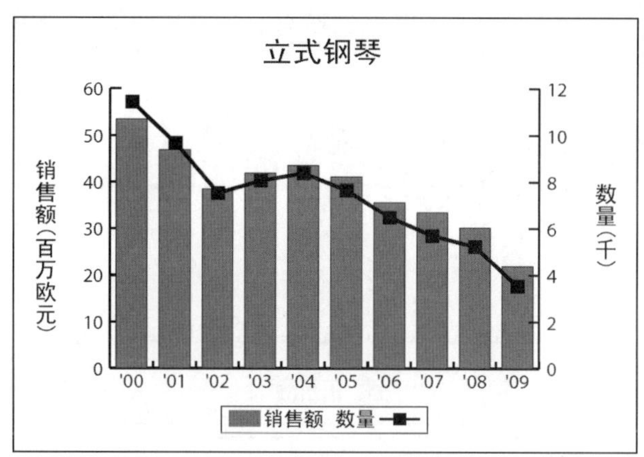

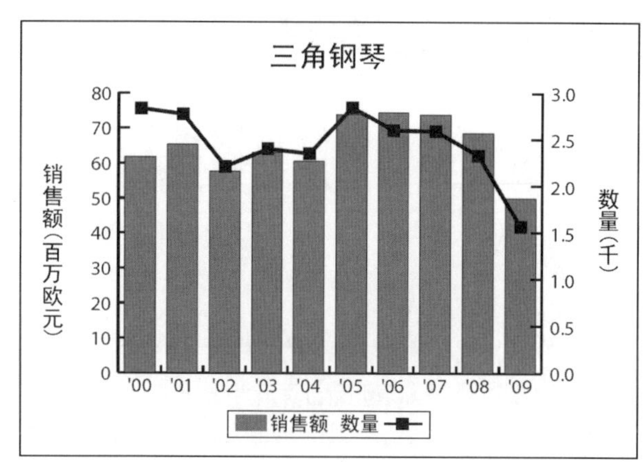

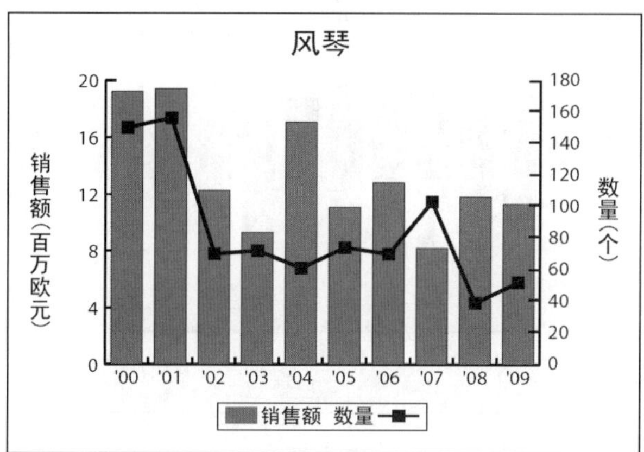

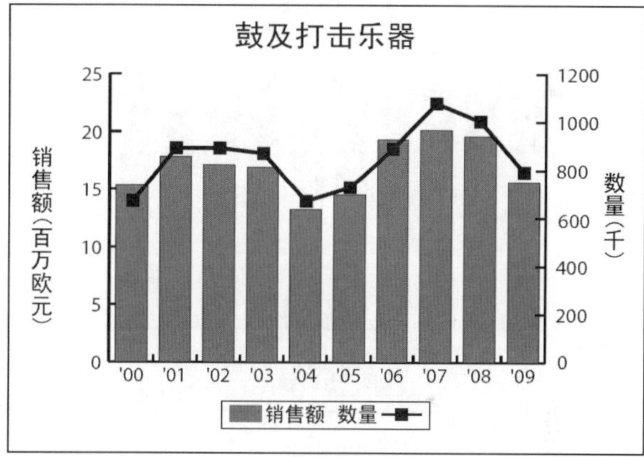

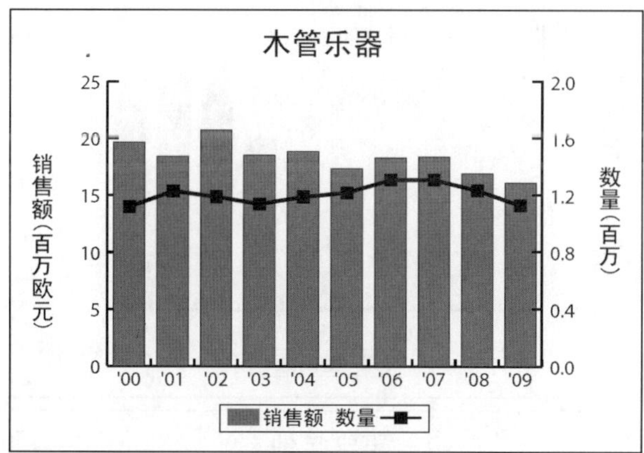

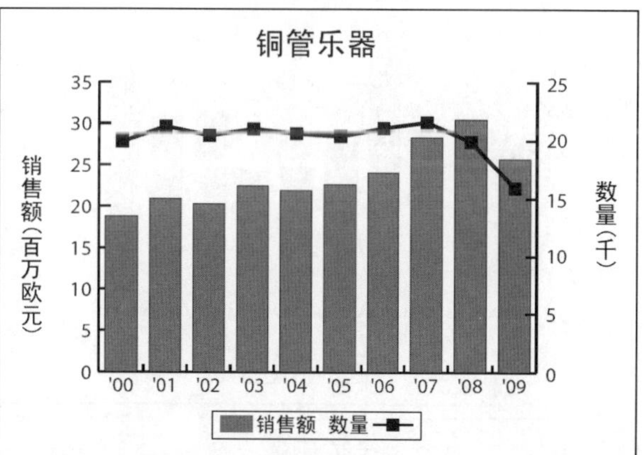

出口概况

三角钢琴
出口额（百万欧元）
0
10
20
30
40
50
60
70
80
'00 '01 '02 '03 '04 '05 '06 '07 '08 '09
出口额

声学钢琴合计
出口额（百万欧元）
0
20
40
60
80
100
120
'00 '01 '02 '03 '04 '05 '06 '07 '08 '09
出口额

数码钢琴
出口额（百万欧元）
0
1
2
3
4
5
6
7
8
9
10
'00 '01 '02 '03 '04 '05 '06 '07 '08 '09
出口额

提琴
出口额（百万欧元）
0
1
2
3
4
5
6
7
8
9
'00 '01 '02 '03 '04 '05 '06 '07 '08 '09
出口额

竖琴
出口额（百万欧元）
0.0
0.1
0.2
0.3
0.4
0.5
0.6
0.7
'00 '01 '02 '03 '04 '05 '06 '07 '08 '09
出口额

弦乐器
出口额（百万欧元）
0
3
6
9
12
15
18
'00 '01 '02 '03 '04 '05 '06 '07 '08 '09
出口额

弓弦乐器
出口额（百万欧元）
0
4
8
12
16
20
'00 '01 '02 '03 '04 '05 '06 '07 '08 '09
出口额

声学吉他
出口额（百万欧元）
0
3
6
9
12
15
'00 '01 '02 '03 '04 '05 '06 '07 '08 '09
出口额

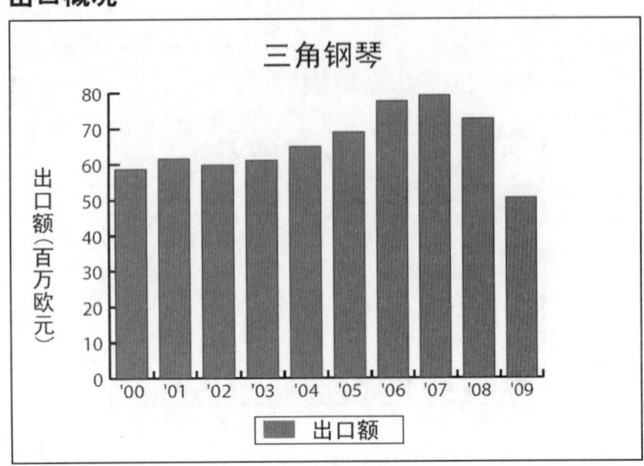

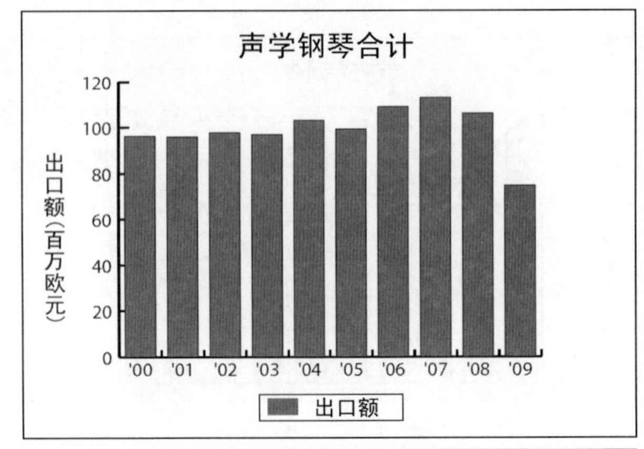

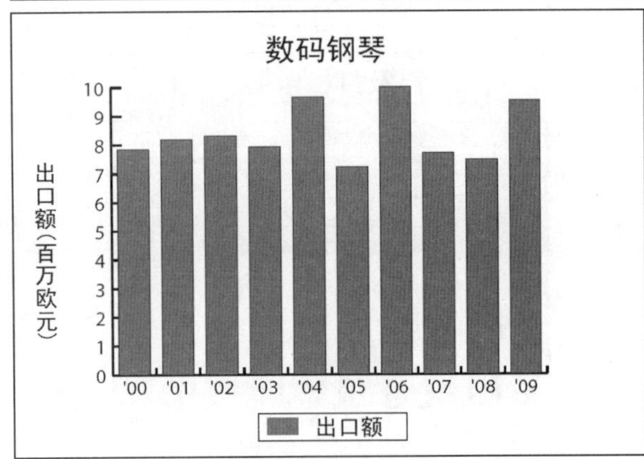

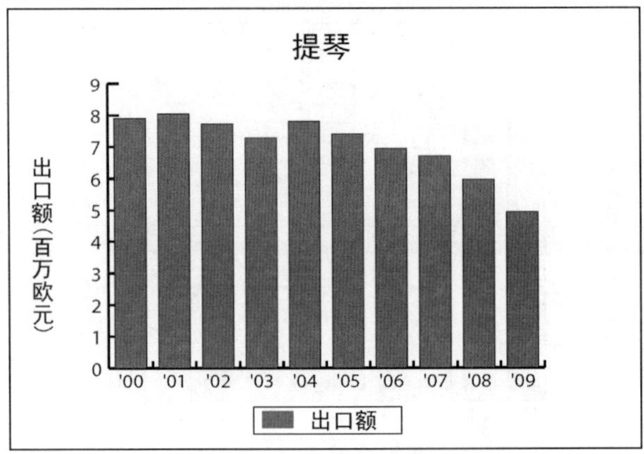

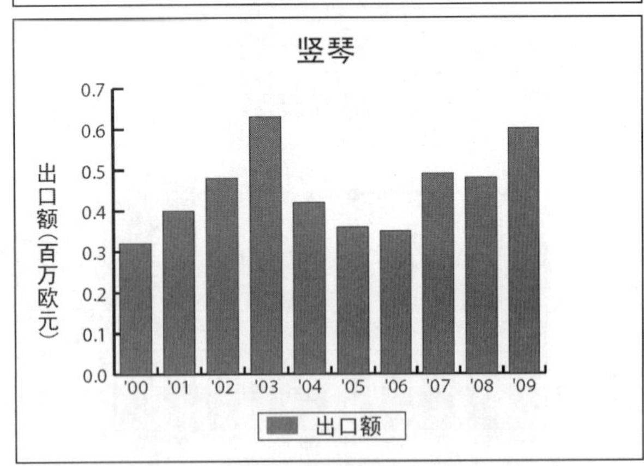

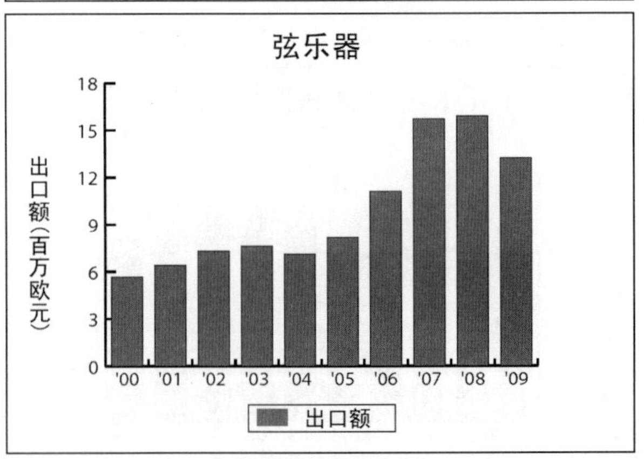

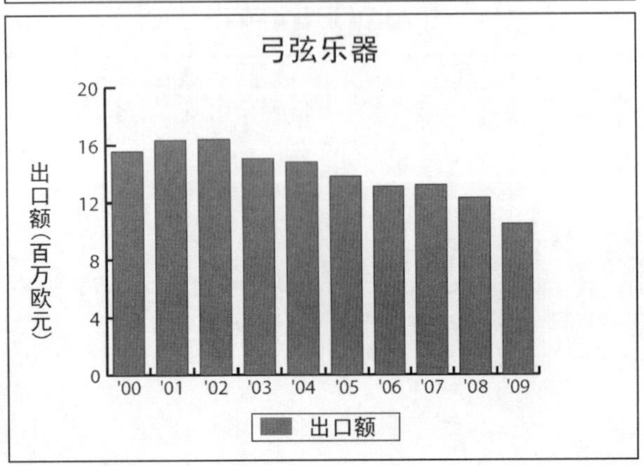

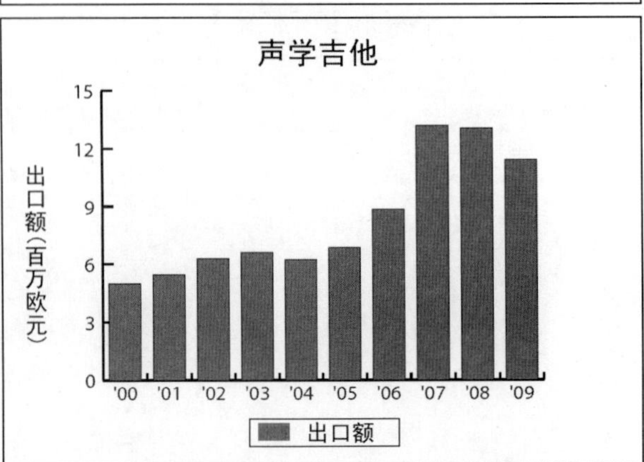

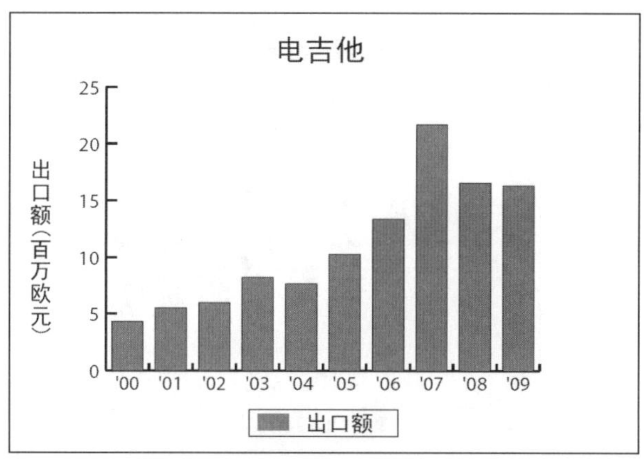

电吉他
出口额(百万欧元)
25
20
15
10
5
0
'00 '01 '02 '03 '04 '05 '06 '07 '08 '09
出口额

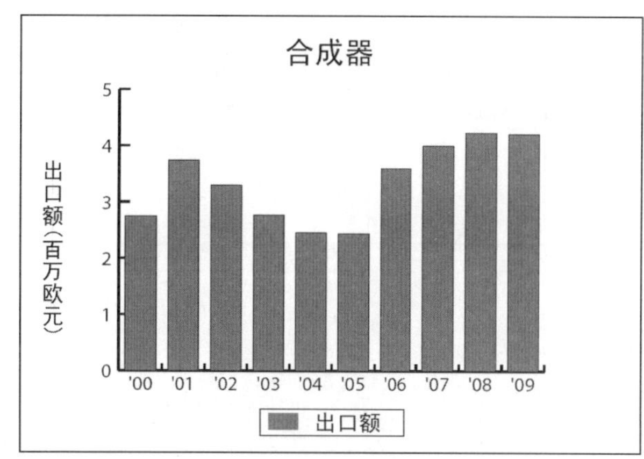

合成器
出口额(百万欧元)
5
4
3
2
1
0
'00 '01 '02 '03 '04 '05 '06 '07 '08 '09
出口额

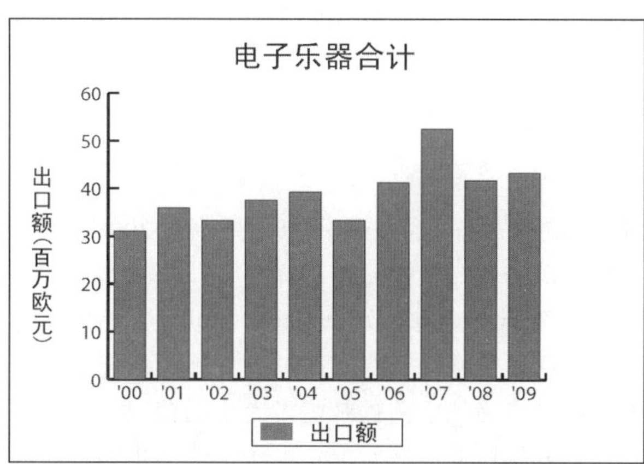

电子乐器合计
出口额(百万欧元)
60
50
40
30
20
10
0
'00 '01 '02 '03 '04 '05 '06 '07 '08 '09
出口额

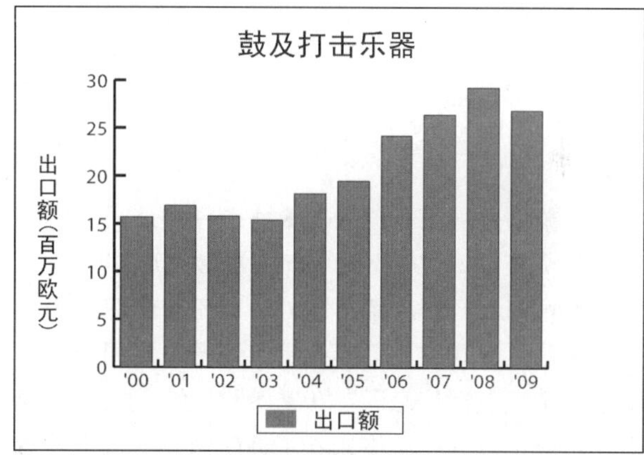

鼓及打击乐器
出口额(百万欧元)
30
25
20
15
10
5
0
'00 '01 '02 '03 '04 '05 '06 '07 '08 '09
出口额

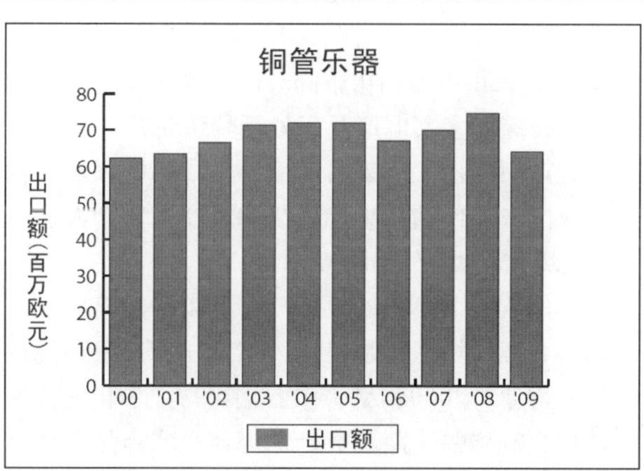

铜管乐器
出口额(百万欧元)
80
70
60
50
40
30
20
10
0
'00 '01 '02 '03 '04 '05 '06 '07 '08 '09
出口额

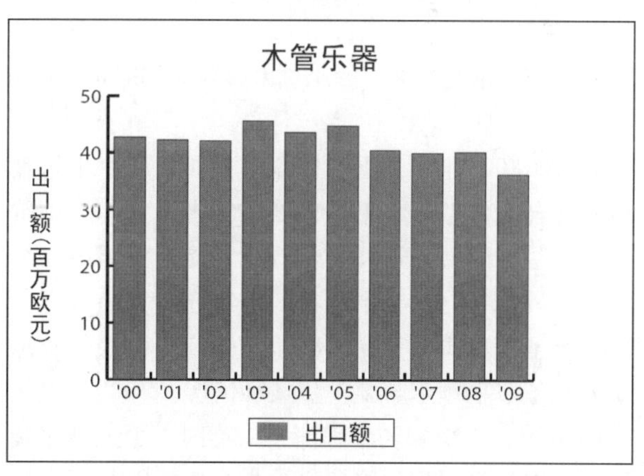

木管乐器
出口额(百万欧元)
50
40
30
20
10
0
'00 '01 '02 '03 '04 '05 '06 '07 '08 '09
出口额

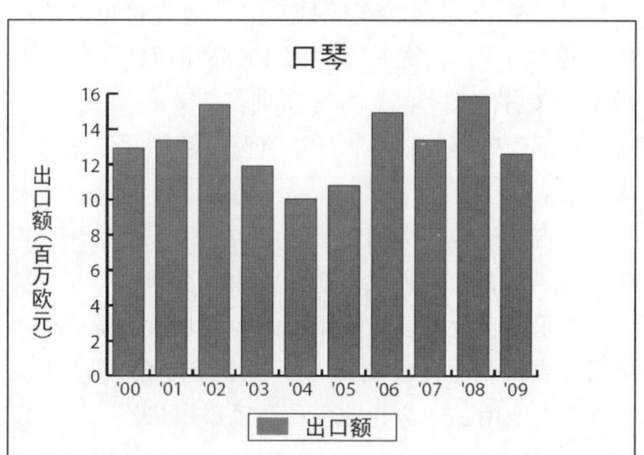

口琴
出口额(百万欧元)
16
14
12
10
8
6
4
2
0
'00 '01 '02 '03 '04 '05 '06 '07 '08 '09
出口额

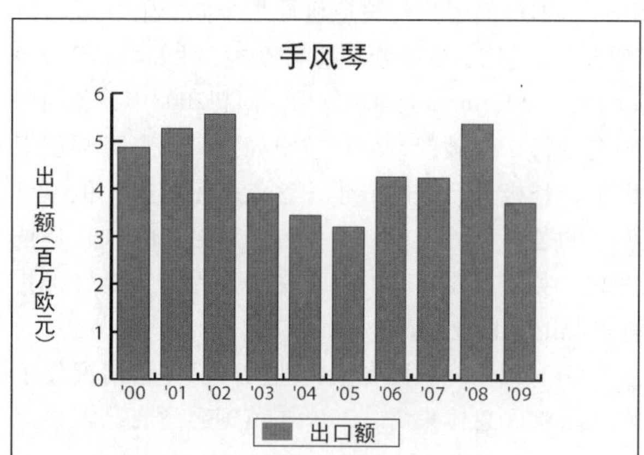

手风琴
出口额(百万欧元)
6
5
4
3
2
1
0
'00 '01 '02 '03 '04 '05 '06 '07 '08 '09
出口额

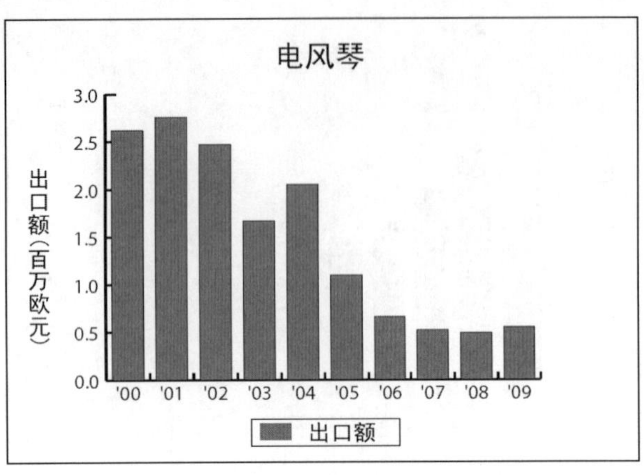

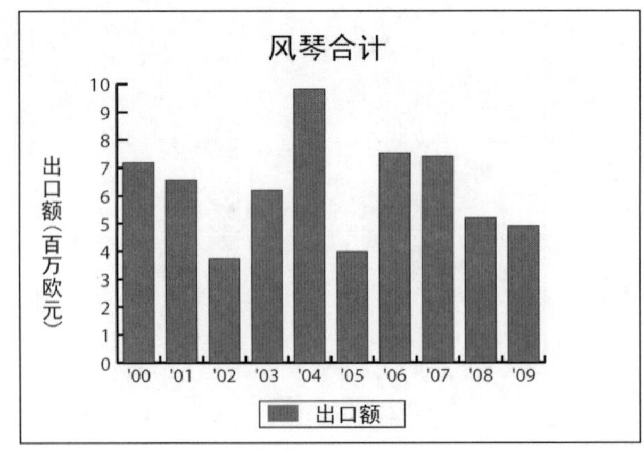

英国

本数据分析源自英国GFK技术分析公司。GFK公司和全英前200家最大的产品零售商及1000余户个体零售商有合作关系，此外公司还有专门的团队负责跟踪英国70家乐器琴行销售情况，每周或每月公布其销售数据信息。这70家琴行地域不同，规模不等，类型各异，总体代表了英国乐器零售市场概况。英国乐器协会会长Paul McManus委托该公司发布乐器行业相关数据，评论也由该公司的Matt Gibbs执笔。

回顾2009年，英国的乐器零售业发展水平再度超过社会零售总体水平。乐器在零售界并非“消费必需品”，而就是这样一个行业，能在英国滑向经济衰退最低谷之时交出这样一份答卷，实为难得。2008年圣诞节本应是销售旺季，而商业惨淡的英国零售业务似乎预示着要发生某种情况。2009年以及2010年初，不少知名品牌消失。英国不少大牌服装和鞋类零售商受到经济危机冲击走向重组甚至直接倒闭。在美国，家喻户晓的品牌电子技术产品Circuit City和Ritz Camera也面临窘境。回想2008年，英国一知名琴行一度破产，琴行空空如也，销售降幅创下纪录，是极为严峻的一年—这点毫无疑问。但不可否认的是，尽管困难重重，当时对形势的判断是正确的：英国乐器市场的表现在一定程度上要好于其他产品的零售业绩。

GFK公司对英国各大行业的产品零售情况作了密切跟踪。总体来看，2009年英国各类商品零售总额为455亿英镑（约合690亿美元），较2008年减少了15亿英镑（23亿美元），降幅为2.9%。当然，金额的下降最能反映出实际情况，那就是产品价格提高了。假设价格没有提高，就会发现零售金额下挫更为剧烈（当然，前提是需求不变的情况下）。再来分析具体行业零售状况：电子消费品年销售额为100亿英镑（152亿美元），降幅超过5%；IT类产品下降5%，家用电器销售下降3.5%。像笔记本电脑、液晶电视等许多家电产品正处于峰值阶段，却受到衰退的迎面冲击。再来看所受冲击最小的领域，我们发现汽车配件销售平稳，另外小家电和个人护理用品也因需求量较大而备受看好。

具体到乐器零售，尽管琴行数量有所减少，但销售金额的增速还是很快，超过GFK所跟踪统计的任何行业。2009年尽管乐器销量与上年相比持平但销售金额增幅达两位数。原因何在？当然是产品零售价格提高，即购买等量商品，要支付更高的价格，提高了销售总额。本次GFK公司所统计的乐器数据涵盖各门类产品。如下所列：

* 铜管乐器—军号、次中音号、法国号、小号、大号等；

* 吉他—含各类弦乐器、电吉他、贝斯、声学吉他、古典吉他、曼陀铃、班卓琴和四弦琴。

* 乐器功放—含专门用途的各类功放、键盘或吉他等乐器的信号传导装置（不包括音响类产品。）

* 吉他用弦—含其他多种弦乐器用弦。

* 键盘乐器—含数码钢琴、便携式键盘的音序器、音乐工作台、集音器、Midi控制器等。

* 麦克风—含各种声学麦克风或功能性麦克风，不含电子或无线麦克风。

* 多轨录音设备—含特定录音的装置，多功能回放录音设备。

* 打击乐器—含各种数码或声学鼓、镲片、数码鼓。不含手鼓或少数民族用鼓。

* 弓弦乐器—含大提琴、倍低音提琴、中提琴、小提琴。

* 木管乐器—含巴松、长笛、单簧管和萨克斯。

然而，销售总额提高和利润没有必然关系，由此证明乐器并非价格弹性大的商品—无论价格如何变化，消费者的购买意愿始终如一保持不变。当前，很难找到像乐器这样一种价格弹性小的商品，关键在于执着于音乐的人们对它抱有热情，因此价格因素就退居第二了；另一方面，2009年处于衰退时期，银行实行低利率的信贷环境使房产成本降低，尤其是在困难时期激发了更多人的消费意愿，据统计，公众对乐器的消费意愿远远高于GFK所统计的其他任一行业领域。

音乐制品市场概况

2009年	销售额（百万美元）	804.6	人均消费（美元）	13.17	占全球市场份额（%）	4.57

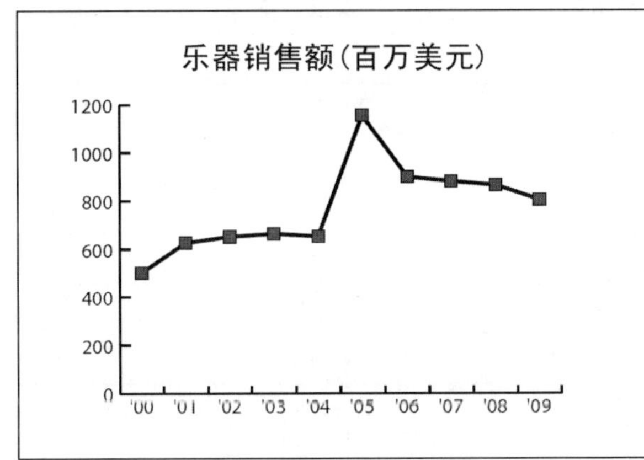

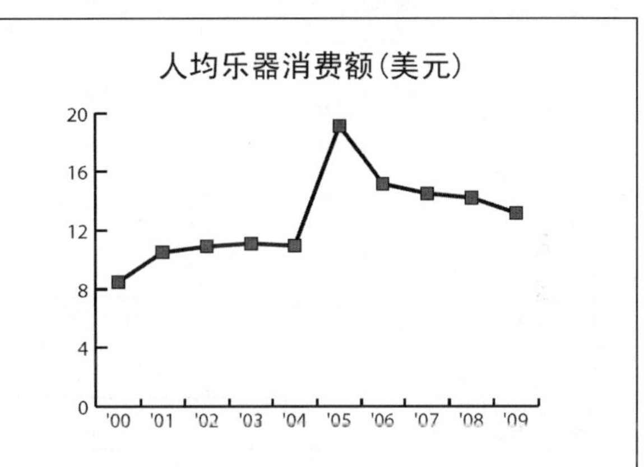

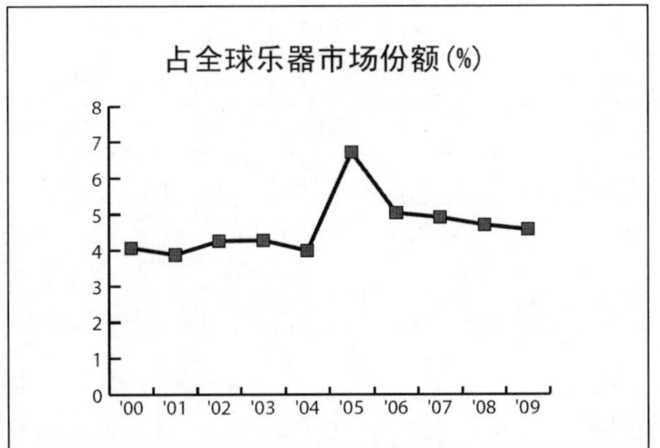

英国乐器销量

	乐器销量（千件）			同比（%）
	2007	2008	2009	2008-2009
电吉他	330.34	322.71	312.75	-3.10
贝司	72.17	65.47	63.64	-2.80
电吉他总计	402.52	388.19	376.39	-3.00
声学吉他	174.31	188.6	185.66	-1.60
半声学吉他	102.45	104.48	111.43	6.70
古典声学吉他	173.3	179.75	186.47	3.70
声学吉他总计	450.06	472.83	483.56	2.30
吉他总计	852.57	861.01	859.95	-0.10
数码钢琴	54.32	51.75	45.75	-11.60
Midi集音器	30.24	31.82	52.75	65.80
便携式键盘	196.34	182.78	166.4	-9.00
键盘乐器总计	280.91	266.36	264.9	-0.50
功放	267.81	267.32	275.02	2.90
乐器用弦	1,484.52	1,528.81	1,549.36	1.30
声学打击乐器	50.91	51.47	51.09	-0.70
数码打击乐器	38.29	44.32	44.54	0.50
多轨录音器	23.36	21.1	19.5	-7.60
麦克风	167.43	196	207.7	6.00
铜管乐器总计	30.25	29.28	27.89	-4.80
弦乐器总计	81.13	80.77	72.77	-9.90
木管乐器总计	234.32	287.5	278.3	-3.20
英国乐器销量总计	3,531.12	3,682.21	3,710.01	0.80

近三年英国国内乐器销售总额

	销售金额（百万英镑）			同比（%）
	2007	2008	2009	2008-2009
电吉他	80.19	80.36	93.41	16.20
贝司	15.81	14.48	17.31	19.60
电吉他总计	96	94.83	110.72	16.80
声学吉他	27.05	27.82	32.83	18.00
半声学吉他	23.44	25.48	29.18	14.50
古典声学吉他	7.57	9.36	11.07	18.30
声学吉他总计	58.06	62.67	73.07	16.60
吉他总计	154.06	157.5	183.8	16.70
数码钢琴	42.93	41.74	42.1	0.80
Midi集音器	10.82	9.65	13.44	39.40
便携式键盘	25.33	24.58	25.75	4.70
键盘乐器总计	79.08	75.97	81.29	7.00
功放	47.16	43.61	49.27	13.00
乐器用弦	8.26	8.47	9.89	16.80
声学打击乐器	10.39	9.78	10.19	4.20
数码打击乐器	12.52	12.92	15.4	19.20
多轨录音器	5.74	4.84	5	3.30
麦克风	13.94	15.61	17.22	10.30
铜管乐器总计	13.81	14.55	15.38	5.70
弦乐器总计	14.38	14.05	15.02	6.90
木管乐器总计	26.95	27.48	30.41	10.70
英国乐器金额总计	387.72	388.85	438.94	12.90

加拿大

三年来，加拿大乐器、音响行业在国际同行排名中经历了“渐进式上升”。2006—2007年，加拿大乐器市场成为世界第七大音乐制品市场，开始受到世界关注。紧接着，2007－2008年度又跃居第六位。而2008－2009年度，加拿大乐器排名再次靠前，跻身世界前5大乐器市场行列。

2007年度，加拿大乐器市场总额约为8.09亿美元，而在其后的经济衰退中遭受重创出现显著下滑，目前市场总额降至7.75亿美元，缩减了4.1%。目前，加拿大在全球乐器市场的比重为4.42%。

加拿大国力雄厚，人均乐器消费额高达23.17美元，仅次于美国的23.21美元，位列世界第二。

为更好描述加拿大2008－2009年的市场发展形势，分析加拿大前十大乐器制造商和分销商的营业收入后可看出，前十强的整体销售收入略有下滑。这种情况从某种程度上反映出加拿大音乐制品市场销售金额有所减少。

6家加拿大乐器、音响公司继续出现在美国《音乐贸易》杂志评选的年度“世界乐器、音响行业225强”榜单中。这六家公司分别是JAM Industries(第15位)；Yorkville Sound（第60位）；Godin Guitar（第80位）；SF Marketing（第85位）；SABIAN Ltd.（第123位）及Larrivee Guitar（第177位）。

《加拿大统计》提供的最新信息显示，加拿大乐器、音响行业产值与2008年同比如下：

声学吉他	-14.1%
电吉他	-9.2%
吉他总计	-10.9%
三角钢琴	-24.2%
立式钢琴	27.6%
钢琴总计	-8.0%
铜管乐器	1.5%
木管乐器	-19.2%
套鼓及打击乐器	-46.7%
弓弦乐器	-36.4%
便携式键盘	-26.6%
电子键盘总计	-22.2%
DJ制品	-19.4%
音乐出版物	-3.7%

下列图表由加拿大乐器协会（MIAC）提供，加拿大乐器协会会长Barbara Cole评述。

音乐制品市场概况

2009年	销售额（百万美元）	775.8	人均消费（美元）	23.17	占全球市场份额（%）	4.42

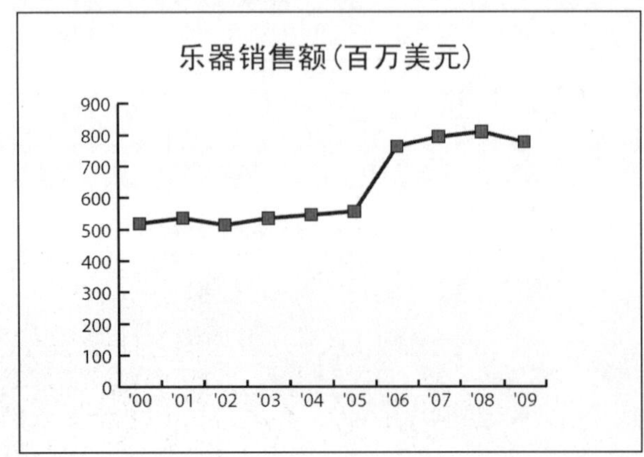

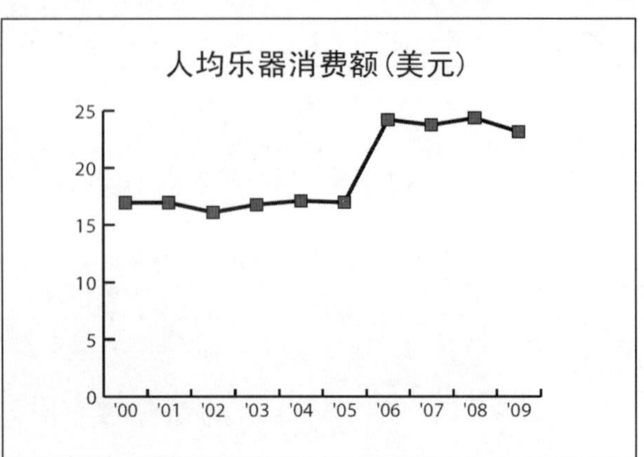

占全球乐器市场份额(%)
5
4
3
2
1
0
'00 '01 '02 '03 '04 '05 '06 '07 '08 '09

进口概况

三角钢琴
25
20
15
10
5
0
销售额(百万加元)
5
4
3
2
1
0
数量(千)
'00 '01 '02 '03 '04 '05 '06 '07 '08 '09
进口额
数量

立式钢琴
16
14
12
10
8
6
4
2
0
销售额(百万加元)
7
6
5
4
3
2
1
0
数量(千)
'00 '01 '02 '03 '04 '05 '06 '07 '08 '09
进口额
数量

钢琴合计
35
30
25
20
15
10
5
0
销售额(百万加元)
12
10
8
6
4
2
0
数量(千)
'00 '01 '02 '03 '04 '05 '06 '07 '08 '09
进口额
数量

声学吉他
35
30
25
20
15
10
5
0
销售额(百万加元)
300
250
200
150
100
50
0
数量(千)
'00 '01 '02 '03 '04 '05 '06 '07 '08 '09
进口额
数量

电吉他
60
50
40
30
20
10
0
销售额(百万加元)
300
250
200
150
100
50
0
数量(千)
'00 '01 '02 '03 '04 '05 '06 '07 '08 '09
进口额
数量

吉他合计
100
80
60
40
20
0
销售额(百万加元)
600
500
400
300
200
100
0
数量(千)
'00 '01 '02 '03 '04 '05 '06 '07 '08 '09
进口额
数量

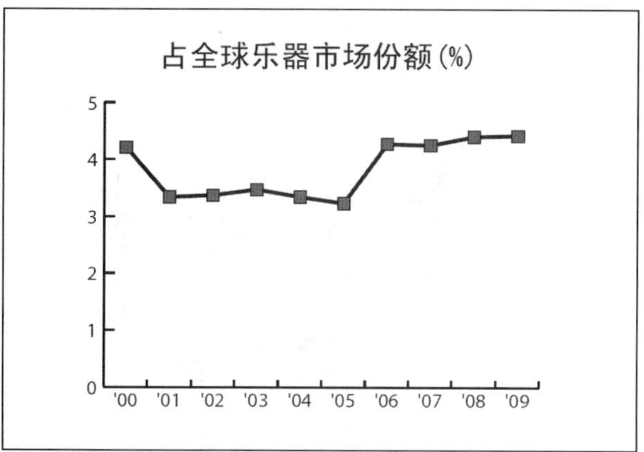

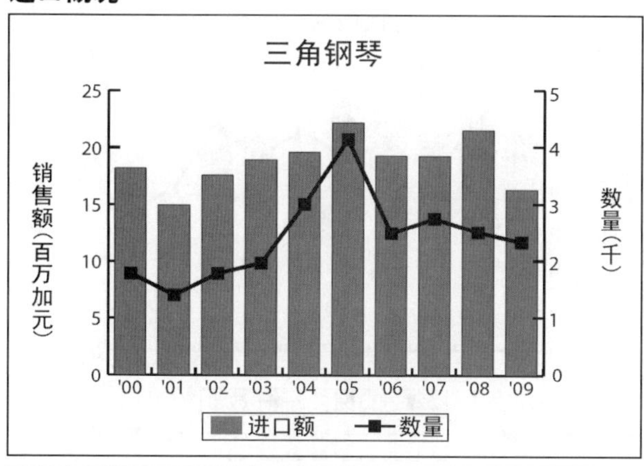

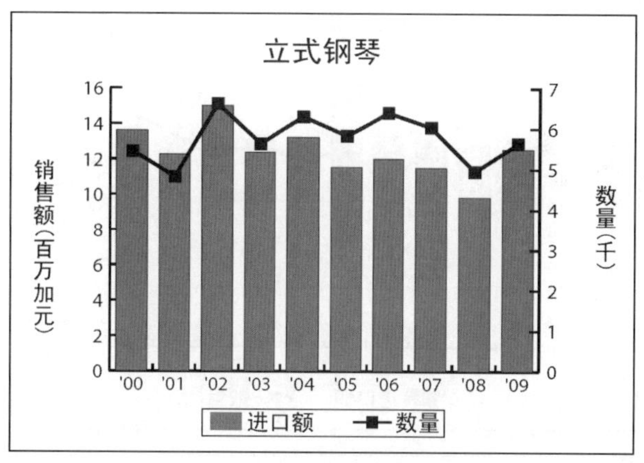

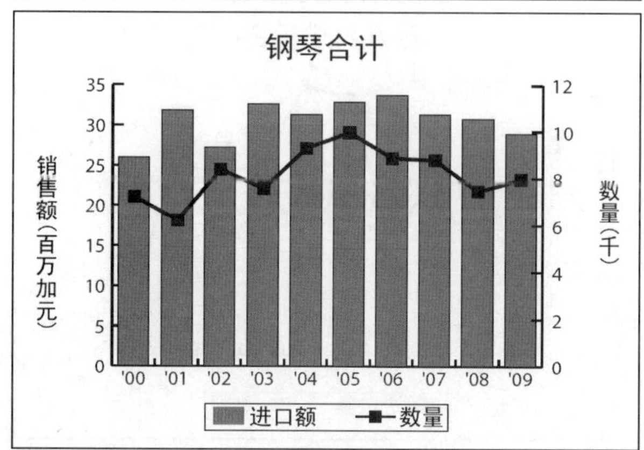

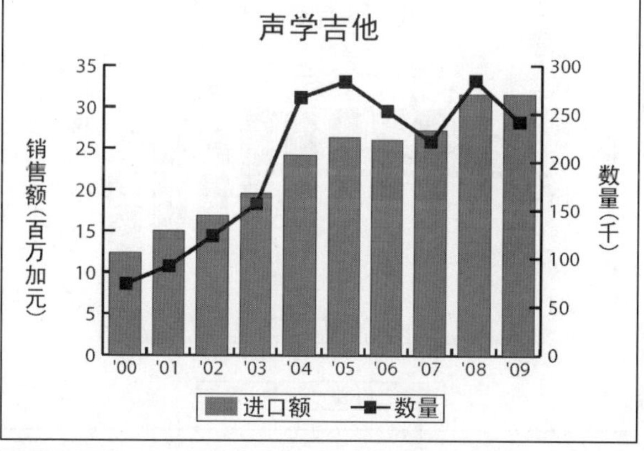

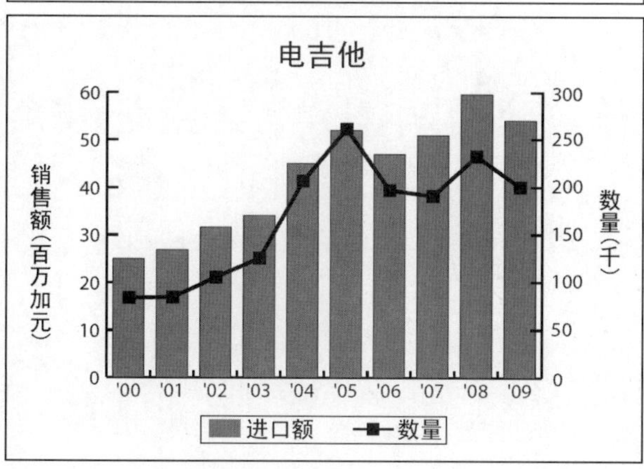

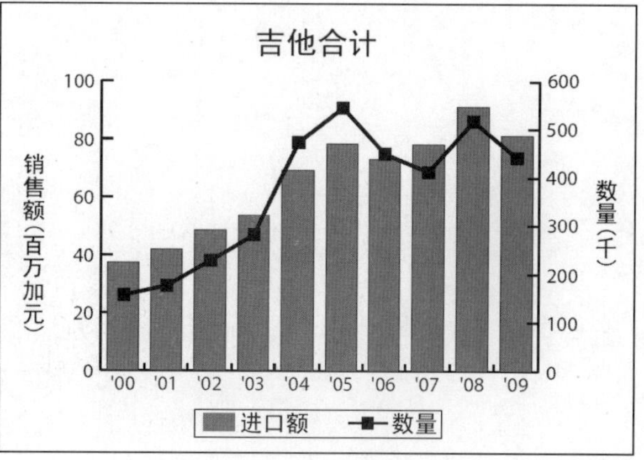

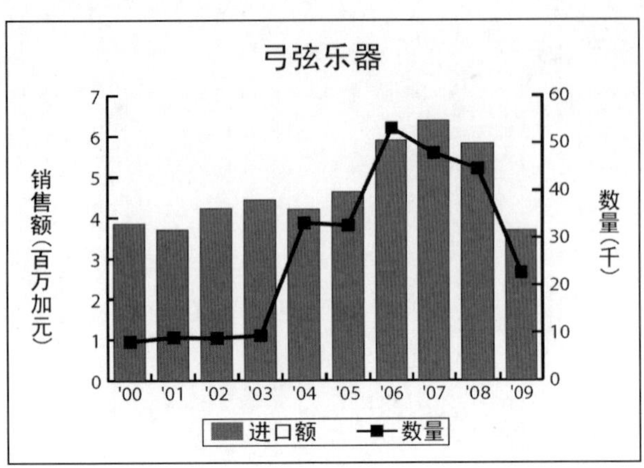
弓弦乐器
销售额(百万加元)
数量(千)
进口额
数量

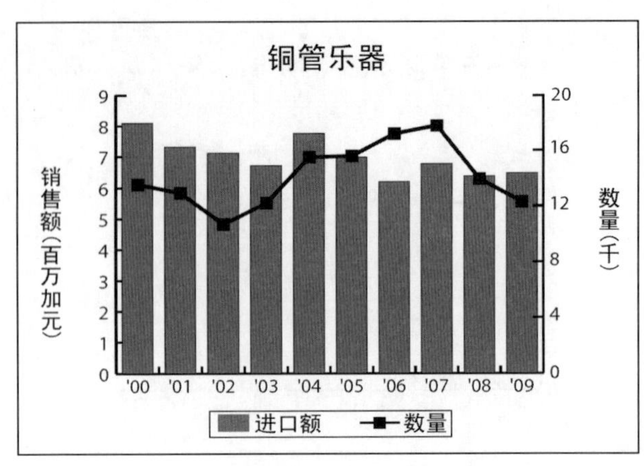
铜管乐器
销售额(百万加元)
数量(千)
进口额
数量

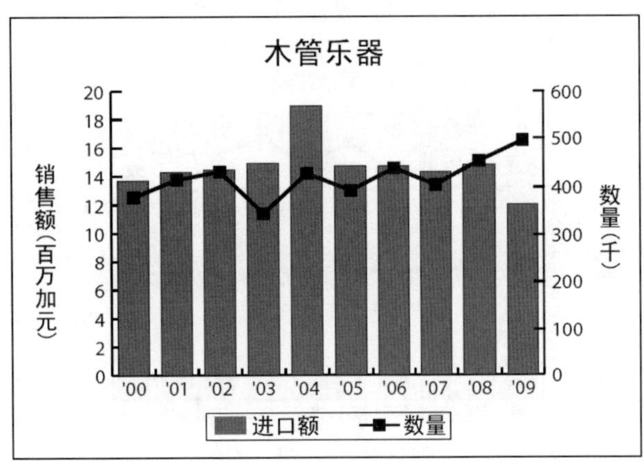
木管乐器
销售额(百万加元)
数量(千)
进口额
数量

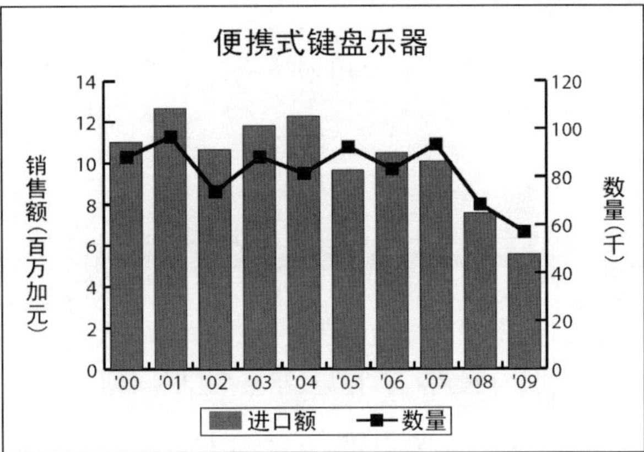
便携式键盘乐器
销售额(百万加元)
数量(千)
进口额
数量

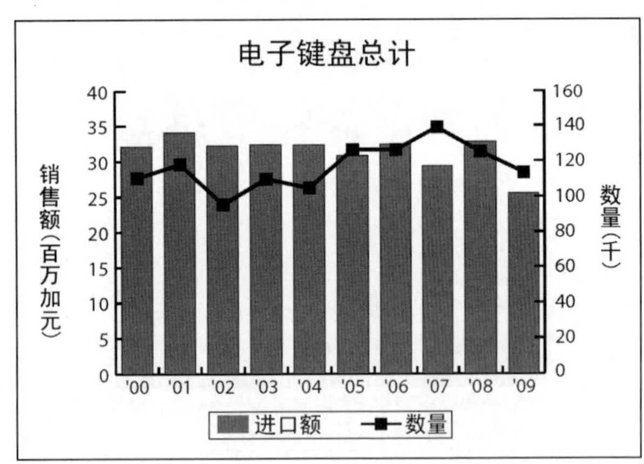
电子键盘总计
销售额(百万加元)
数量(千)
进口额
数量

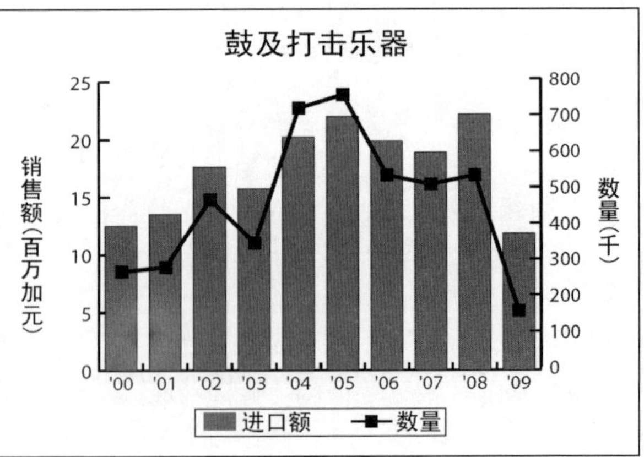
鼓及打击乐器
销售额(百万加元)
数量(千)
进口额
数量

澳大利亚

2009年，澳大利亚音乐制品行业和澳大利亚经济一样，基本上避开了全球性金融危机打出的“子弹”，仅此一项就值得“纪念”。与其说澳大利亚音乐制品市场的表现由钢琴、吉他或套鼓的销售情况所决定，还不如说很大程度由经济形势所决定。

2009年澳大利亚乐器进口金额达2.57亿澳元（约合2.33亿美元），与上年相比仅仅增长了0.5个百分点。乐器进口量略好于进口金额，达到230万件，比上年增长2个百分点，这一结果延续了澳大利亚乐器市场十几年来的一贯发展趋势，即进口乐器数量推动乐器销售金额的增长；与此同时，由于进口乐器的均价相对较低，价格因素的紧缩抵消了乐器市场销售金额增长的预期。2009年，乐器的市场价格再度停滞，与上年相比降低了2%。

澳大利亚经济底子本身较为稳固，因此乐器行业没有倒退，这是2009年最显著的成就。2008年底，澳许多媒体和经济评论家担忧美国和欧洲的世界性经济衰退会在2009年初影响澳大利亚，当时这种主流观点占上风，而那些认为不会陷入衰退、仅会带来阶段性影响的人士的观点则受到忽略。最终的事实证明，“少数派”即后者的观点更接近事实：澳大利亚的经济出现了一定程度下滑，而不是陷入“全面衰退”，分析原因，有以下几点：

* 信息预警到位。北半球出现经济下滑后，澳大利亚已敏感地意识到某种迹象，因此对症下药作了充分准备。

* 国库充盈。500亿澳元（约合430亿美元）。澳大利亚政府财政收入充足，经济预警工作到位，于2008年下半年及时出台一系列经济刺激计划并保持政策的连贯性，并延续至2009年底。

* 大宗产品和矿产资源丰富，有效保证了财政收入。特别是中国相对较强的国力及旺盛的能源需求，使澳大利亚各类高附加值的矿产、天然气、钢铁及其它资源备受青睐。

* 澳大利亚各公司裁员现象较少，即使失业率上升，还是远远低于预期。

和世界其他各地一样，金融危机源起之时，最初对澳大利亚经济表现的预期并不看好，2009年也一度出现增长放缓并面临各类不确定因素。但2009年4月或5月出现了明显的转机，表明金融危机的影响得到了有效遏制，最大程度地避免了危机带来的消极冲击。接下来的几个月时间形势显著好转，主要表现为澳元兑其他货币升值，该阶段澳元利率水准高于欧洲和美国；石油价格猛涨；尽管失业率上升，但最高时也仅为6%，低于8%的预期。

政府出台的经济刺激成效显著，社会商品零售业绩回暖。

种种迹象显示，澳大利亚经济经受住了衰退的考验，经济年增长率达0.5%—这一百分比和澳音乐制品行业的发展状况相似。

澳大利亚乐器行业在进入2009年初曾出现短暂的小幅停滞后，一路“高歌猛进”奔向2010年。在各种因素相互交错的不确定情况下，估计2010年行业发展形势可能还不如2009年。在整体形势回暖的大背景下，澳大利亚乐器市场的回暖速度会略有滞后。当前衰退的阴影已经散去，2009年乐器进口数据和往年相比，出现了一些显著的变化，特点如下：

* 8年来吉他进口首次下降，幅度为3%，而源于国内对高端、高品质声学吉他、电声吉他的强劲需求，吉他进口金额却创下新高。

* 电声类乐器继续取代其同类声学乐器，如钢琴、套鼓，2009年，数码钢琴销量首次超过声学钢琴。

* 音响领域表现继续加强。2009年进口金额和销售金额双双止涨，但音响制品的销量有所增长。基于政府对全国11000所学校加强教育基础设施建设，预计明年该领域会继续保持积极发展势头。

* 管乐器尚未恢复到历史最好水平，但与2008年相比已始现回暖的增长态势。

* 2009年各类音乐制品销售金额下降（吉他门类除外），目前这一势头仍在继续，而且在某些门类中还表现得较为突出，如果所售产品平均单价偏低，那么零售商和批发商的经营成本也会随之增加。显然，这给行业造成一定压力，

* 最后一个特点为行业众所周知：过去6年来，

平均单价每年一直在以2%左右的速度下滑，而另一方面，消费价格指数（CPI）和通货膨胀却以3%的速度递增。随着时间的推移，乐器的成本和其他行业的产品比起来，无形中增加了30%左右的隐性成本。这意味着，音乐制品行业每年要发展，就必须扩大产品销售，以稳住相应销售额。因此，从业公司经营效益健康与否，很大程度上体现在销售金额上。

澳大利亚音乐制品行业现状是对吉他及配套的音响制品需求强劲，电子鼓和电脑音乐制品不断推陈出新，使市场多多少少抵消通货膨胀和消费价格指数上涨带来的影响。5年来，音乐制品年销量增长6个百分点，带动销售均额增长4%。

2009年，销量和销售额间的平衡度发生变化。销量略有增加，而价格通货紧缩幅度保持在2%，致使行业总产值净损失2%。预计2010年澳大利亚音乐制品行业会与2009年相似，进口总量趋缓，进口金额再度降低。

过去几年里，澳大利亚音乐制品行业一直保持着稳定发展。谁都愿意看到增长一直保持下去，但我们也清楚，这并不符合经济发展的自然规律。当前澳音乐制品行业已走出经济危机的阴霾，即使2009年和2010年的业绩平平，也足以让我们万分庆幸了。

下列有关澳大利亚国内市场的相关数据，由澳大利亚乐器协会根据澳大利亚统计局的统计资料整理，文字评述由澳大利亚乐器协会首席执行官Ian Harvey执笔。

音乐制品市场概况

2009年	销售额（百万美元）	351.1	人均消费（美元）	16.51	占全球市场份额（%）	2

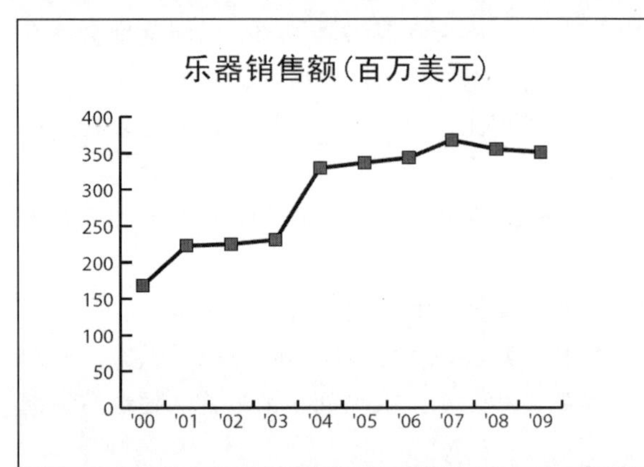

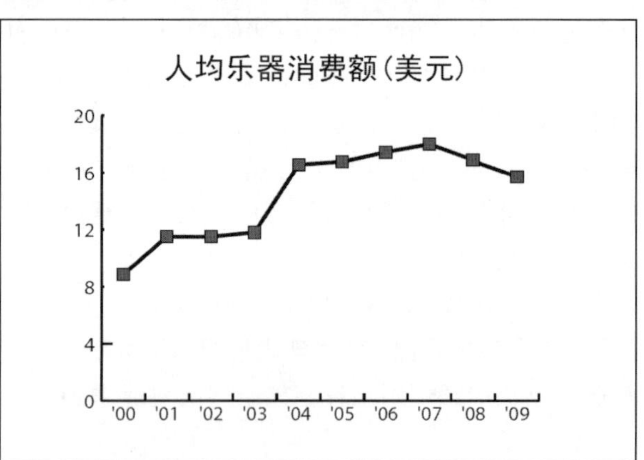

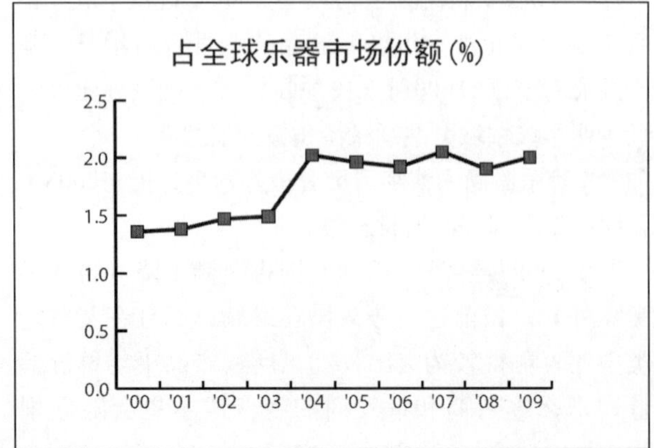

国内市场概况

声学吉他及电声学吉他
销售额(百万澳元)
0 5 10 15 20 25 30 35 40 45
数量(千)
0 25 50 75 100 125 150
'00 '01 '02 '03 '04 '05 '06 '07 '08 '09
销售额
数量

低音吉他
销售额(百万澳元)
0 2 4 6 8 10 12 14
数量(千)
0 5 10 15 20 25
'00 '01 '02 '03 '04 '05 '06 '07 '08 '09
销售额
数量

电吉他
销售额(百万澳元)
0 10 20 30 40 50 60 70
数量(千)
0 20 40 60 80 100 120
'00 '01 '02 '03 '04 '05 '06 '07 '08 '09
销售额
数量

吉他合计
销售额(百万澳元)
0 20 40 60 80 100 120
数量(千)
0 50 100 150 200 250 300
'00 '01 '02 '03 '04 '05 '06 '07 '08 '09
销售额
数量

三角钢琴
销售额(百万澳元)
0 5 10 15 20 25 30 35 40
数量(千)
0.0 0.3 0.6 0.9 1.2 1.5
'00 '01 '02 '03 '04 '05 '06 '07 '08 '09
销售额
数量

立式钢琴
销售额(百万澳元)
0 5 10 15 20 25 30 35 40
数量(千)
0 1 2 3 4 5 6 7 8
'00 '01 '02 '03 '04 '05 '06 '07 '08 '09
销售额
数量

数码钢琴
销售额(百万澳元)
0 5 10 15 20 25
数量(千)
0 1 2 3 4 5 6 7 8 9
'00 '01 '02 '03 '04 '05 '06 '07 '08 '09
销售额
数量

便携式键盘乐器
销售额(百万澳元)
0 5 10 15 20 25 30 35
数量(千)
0 20 40 60 80 100
'00 '01 '02 '03 '04 '05 '06 '07 '08 '09
销售额
数量

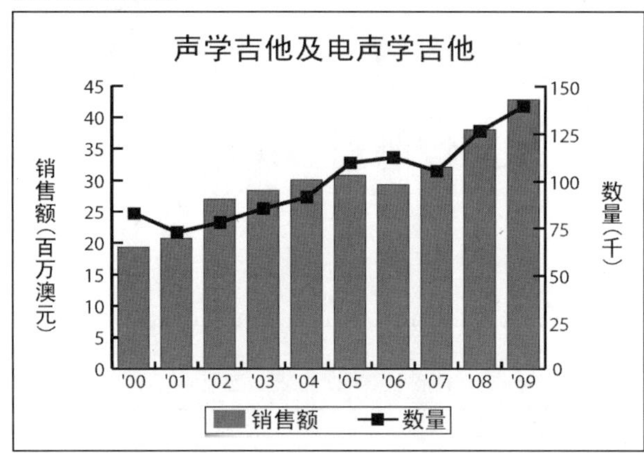

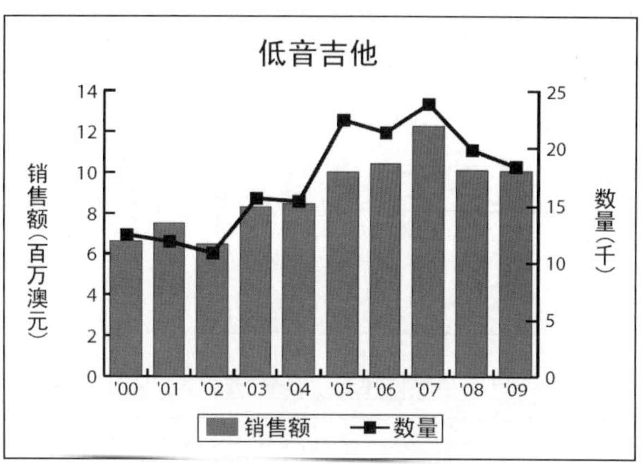

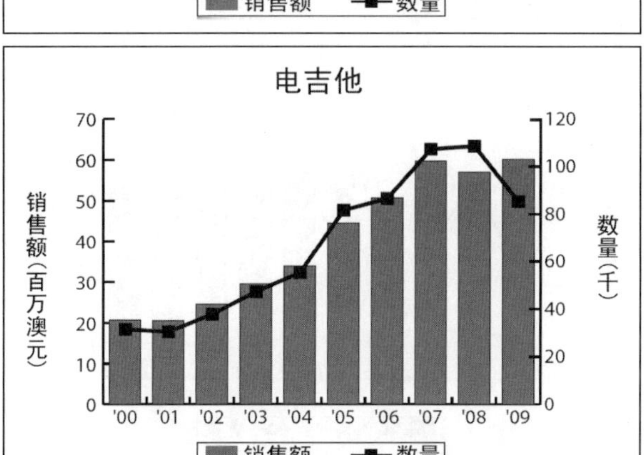

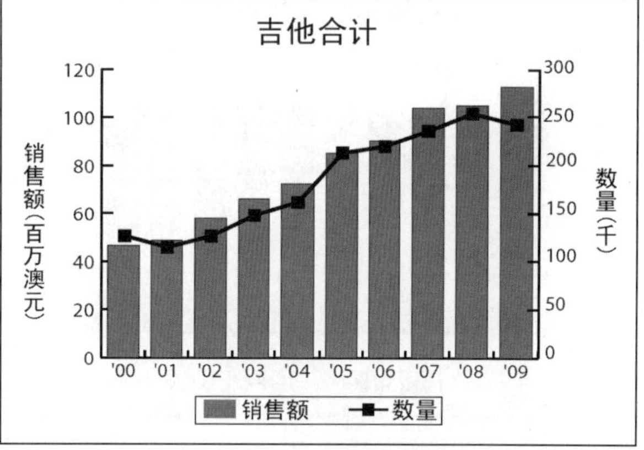

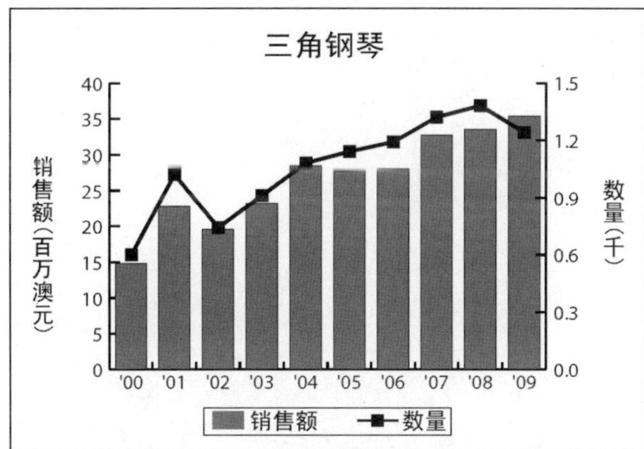

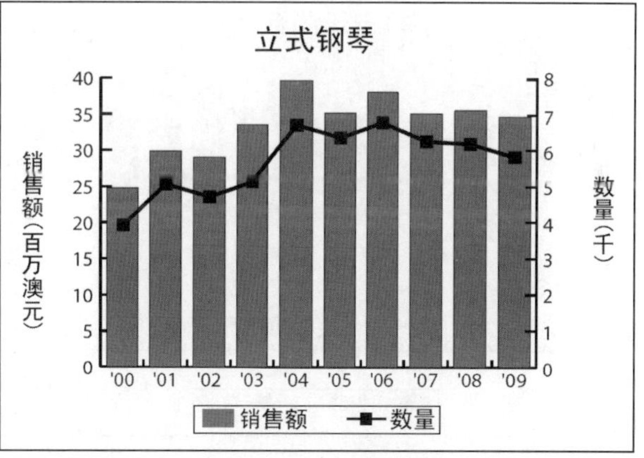

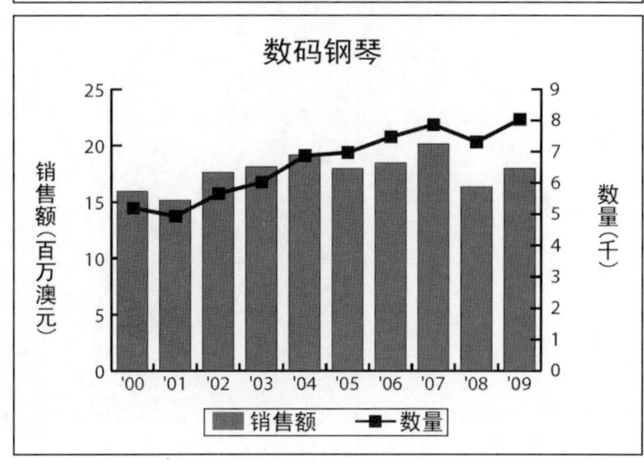

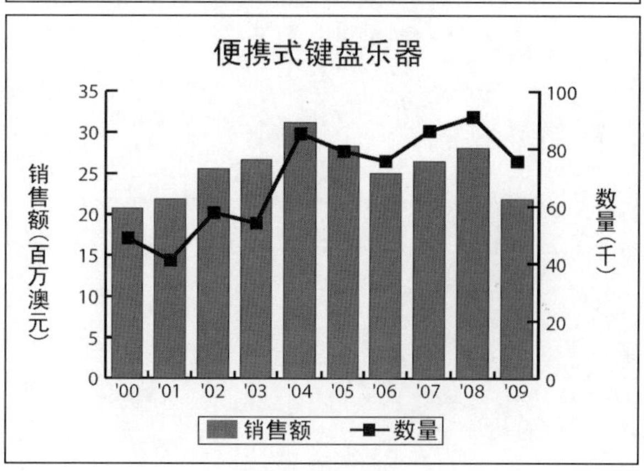

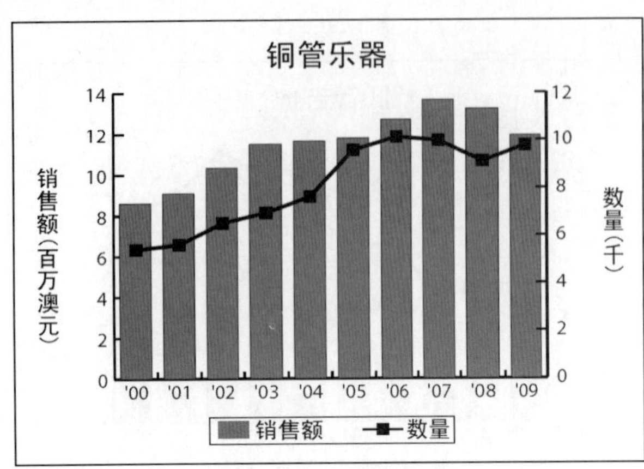

铜管乐器
销售额(百万澳元)
数量(千)
'00 '01 '02 '03 '04 '05 '06 '07 '08 '09
销售额
数量

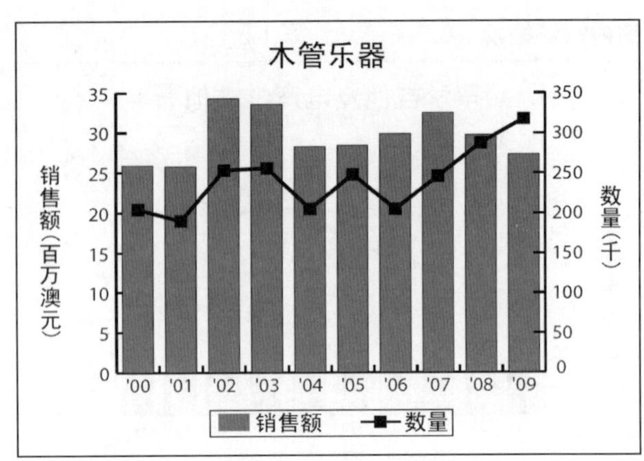

木管乐器
销售额(百万澳元)
数量(千)
'00 '01 '02 '03 '04 '05 '06 '07 '08 '09
销售额
数量

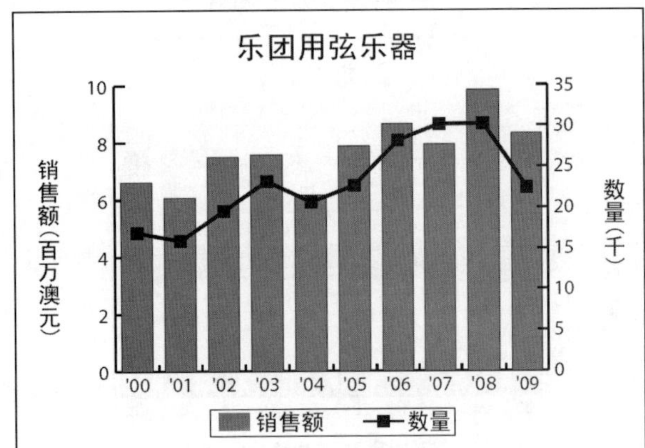

乐团用弦乐器
销售额(百万澳元)
数量(千)
'00 '01 '02 '03 '04 '05 '06 '07 '08 '09
销售额
数量

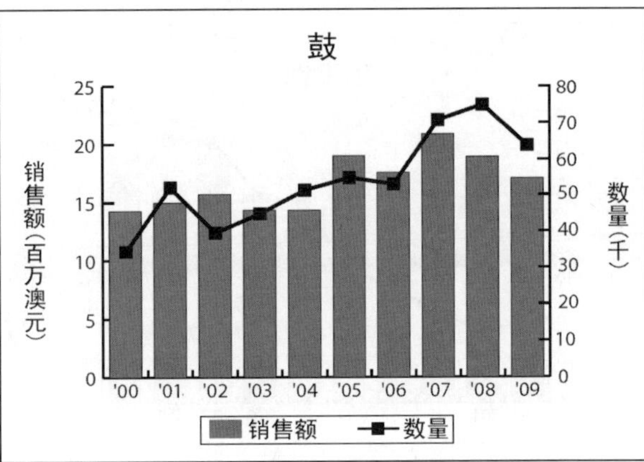

鼓
销售额(百万澳元)
数量(千)
'00 '01 '02 '03 '04 '05 '06 '07 '08 '09
销售额
数量

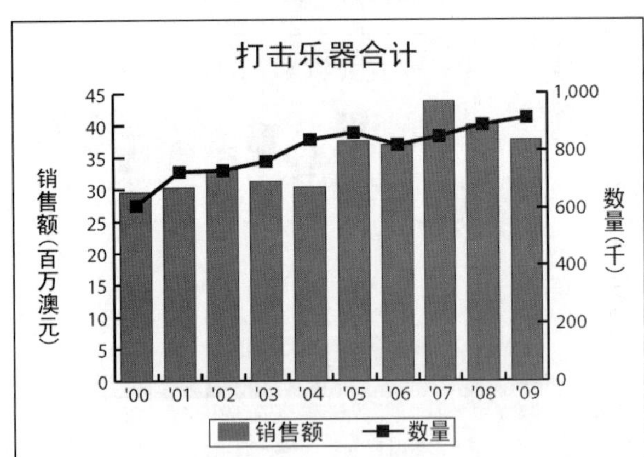

打击乐器合计
销售额(百万澳元)
数量(千)
'00 '01 '02 '03 '04 '05 '06 '07 '08 '09
销售额
数量

意大利

2009年意大利乐器市场出现了复苏的积极信号，市场份额增长了0.9%，尽管增幅极小，但释放出十分重要的市场信号，反映出意大利乐器行业的一系列重要特点。

首先，说明以前4年的乐器市场持续保持了稳定；其二，在全球经济最为困难的年份，意大利乐器市场安全度过了风险。

如果仔细分析2009年意大利乐器行业，就会看出，有8个乐器门类出现下滑，11个门类呈增长态势，两个门类（电吉他和课堂教育用乐器）持平。

声学钢琴市场连年下挫，2009年依然如故；而声学吉他和电吉他、特别是贝司功放增长强劲。

教堂用管风琴价格大幅下降，带动了销量大幅增加。与管风琴情况类似的门类还有曼陀林、班卓琴及提琴类（含小提琴、中提琴和大提琴）。套鼓、拉美打击乐器、交响类打击乐器和镲片等销量较小，但持续小幅增加。

销售额增长最显著的当属音响系统，接着是其各类配件，配件营业额首度超过五千万欧元。尤为值得关注的是录音器和麦克风，增长态势首现一枝独秀局面。

总体来看，意大利各乐器制造商、分销商、艺术家和经销商一直积极寻求克服国际经济危机的影响，妥善寻求应对措施。

2010年上半年可用“柳暗花明”来形容。从上半年发展形势，也能看出乐器生产有序进行，也对市场的发展作出积极贡献。而意大利就业水平仍在低位徘徊，抑或在一定程度上抵消乐器产业的积极成果。

下列图表由意大利乐器协会提供，评述由会长Claudio Formisano执笔。

音乐制品市场概况

2009年	销售额（百万美元）	342	人均消费（美元）	5.88	占全球市场份额（%）	1.94

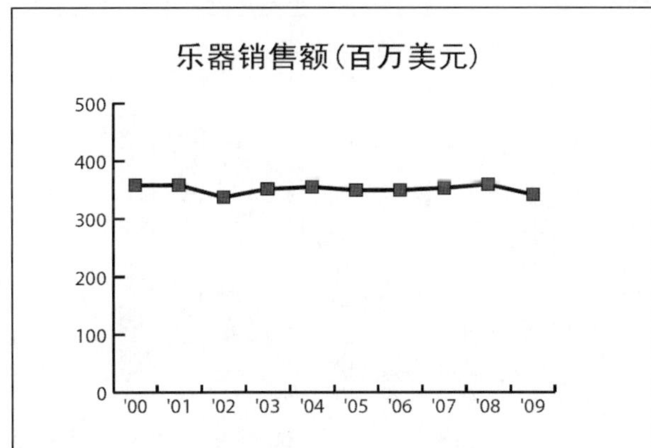

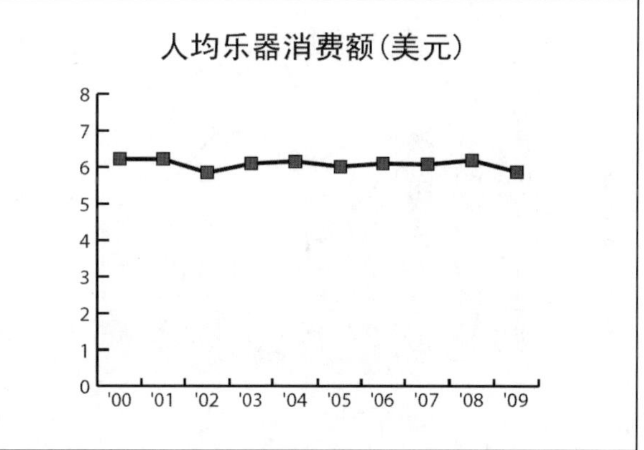

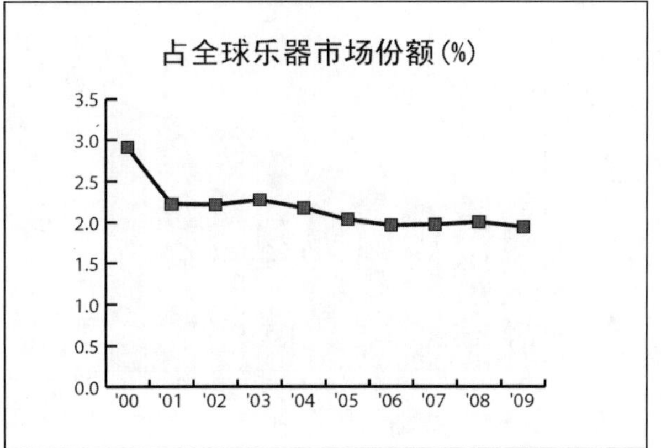

国内市场概况

三角钢琴
销售额(百万欧元)
0 3 6 9 12 15 18
数量(个)
0 100 200 300 400 500 600 700 800 900
'01 '02 '03 '04 '05 '06 '07 '08 '09
销售额
数量

立式钢琴
销售额(百万欧元)
0 2 4 6 8 10 12 14
数量(千)
0 1 2 3 4 5
'01 '02 '03 '04 '05 '06 '07 '08 '09
销售额
数量

声学钢琴合计
销售额(百万欧元)
0 5 10 15 20 25 30
数量(千)
0 1 2 3 4 5 6
'01 '02 '03 '04 '05 '06 '07 '08 '09
销售额
数量

数码钢琴
销售额(百万欧元)
0 4 8 12 16 20 24
数量(千)
0 5 10 15 20 25 30
'01 '02 '03 '04 '05 '06 '07 '08 '09
销售额
数量

便携式键盘乐器
销售额(百万欧元)
0 5 10 15 20 25 30 35
数量(千)
0 25 50 75 100 125 150
'01 '02 '03 '04 '05 '06 '07 '08 '09
销售额
数量

声学吉他
销售额(百万欧元)
0 5 10 15 20 25
数量(千)
25 50 75 100 125 150 175 200
'01 '02 '03 '04 '05 '06 '07 '08 '09
销售额
数量

电吉他
销售额(百万欧元)
0 5 10 15 20 25 30 35 40
数量(千)
0 10 20 30 40 50 60 70 80 90
'01 '02 '03 '04 '05 '06 '07 '08 '09
销售额
数量

吉他合计
销售额(百万欧元)
0 10 20 30 40 50 60 70
数量(千)
0 50 100 150 200 250 300
'01 '02 '03 '04 '05 '06 '07 '08 '09
销售额
数量

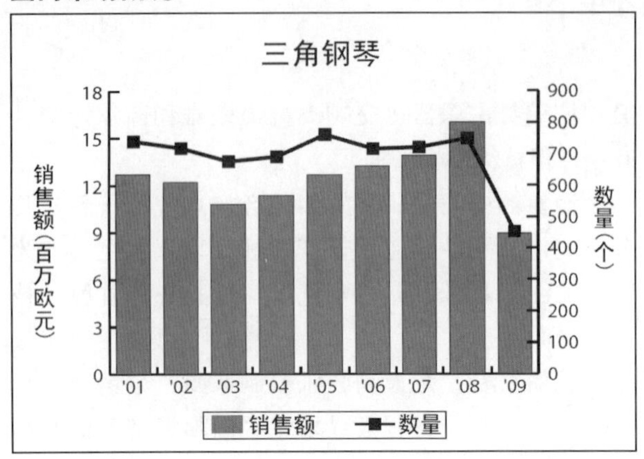

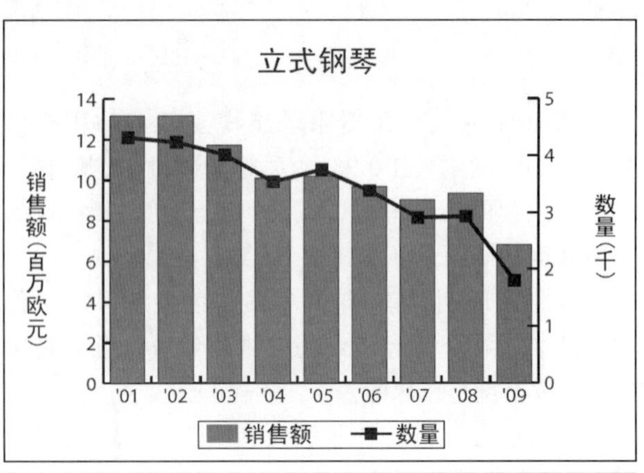

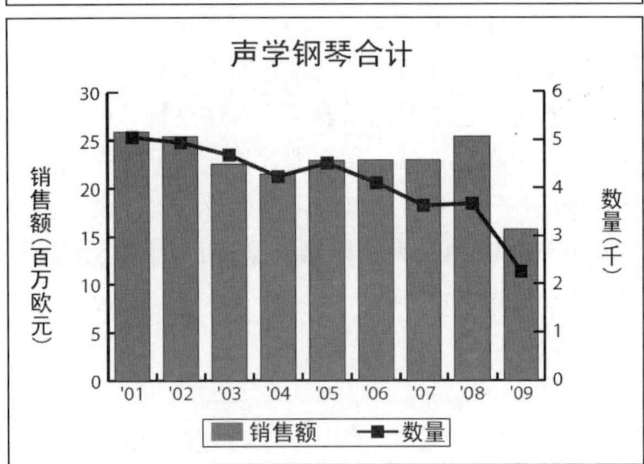

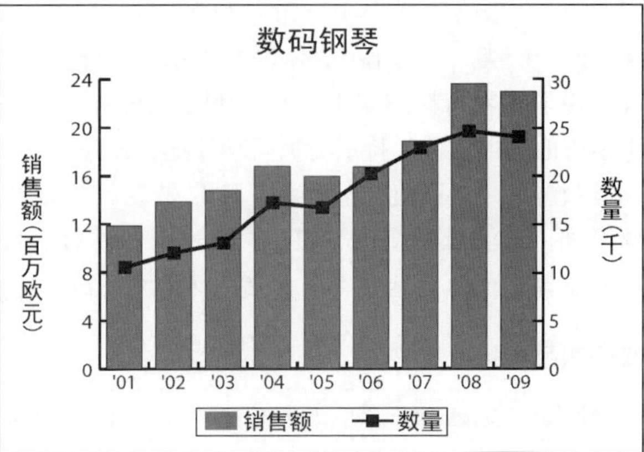

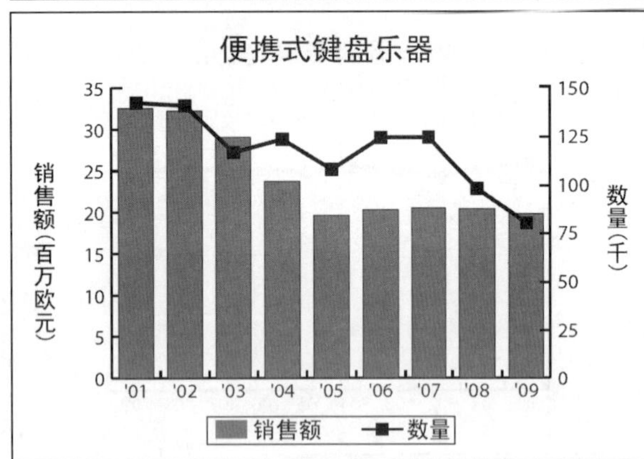

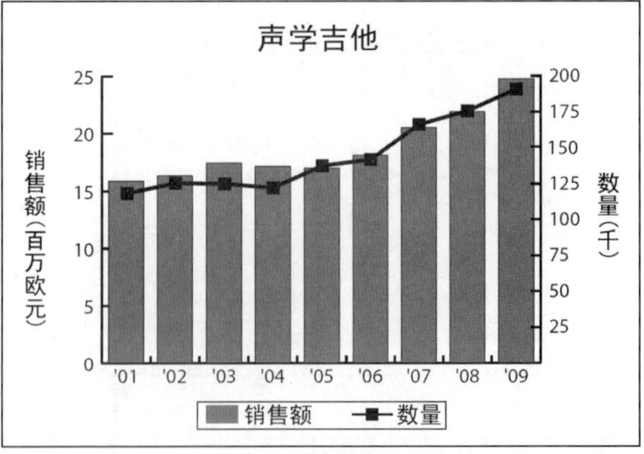

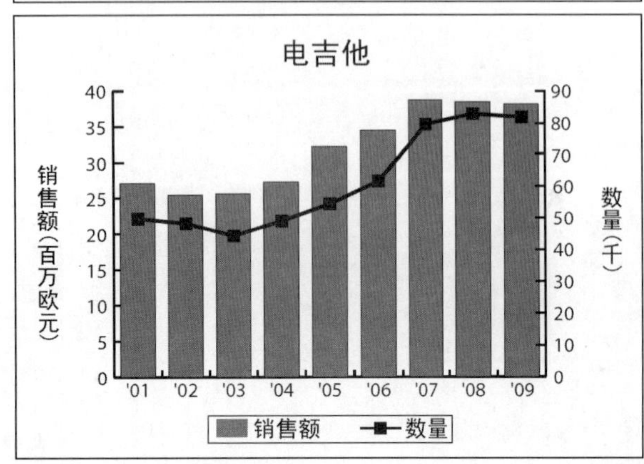

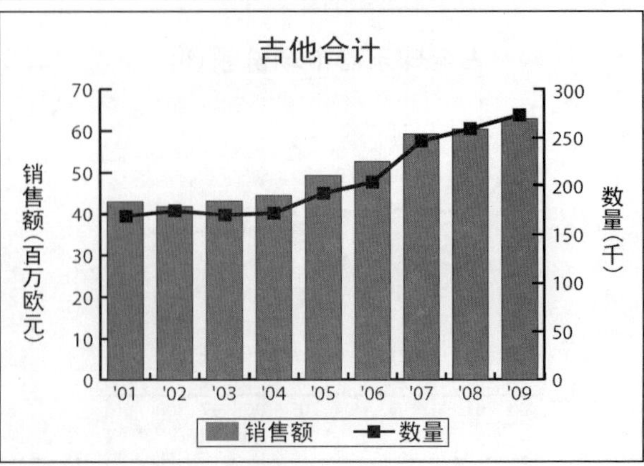

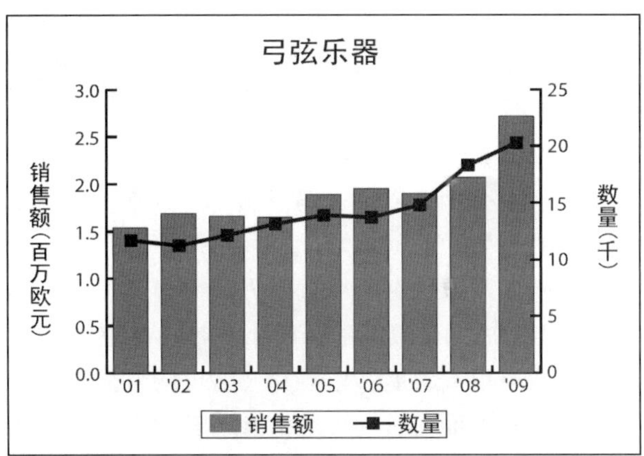
弓弦乐器
销售额(百万欧元)
数量(千)
'01 '02 '03 '04 '05 '06 '07 '08 '09
销售额
数量

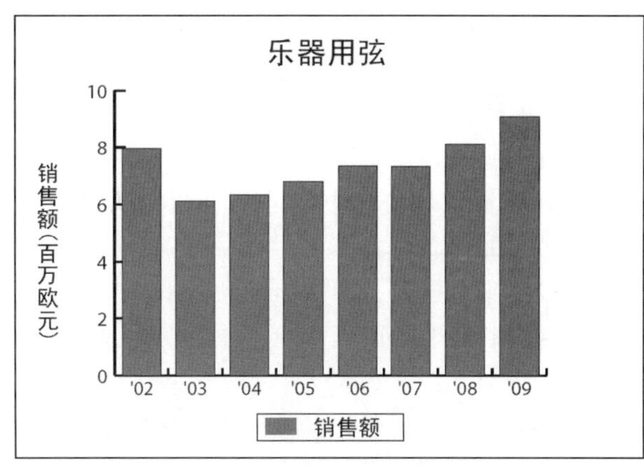
乐器用弦
销售额(百万欧元)
'02 '03 '04 '05 '06 '07 '08 '09
销售额

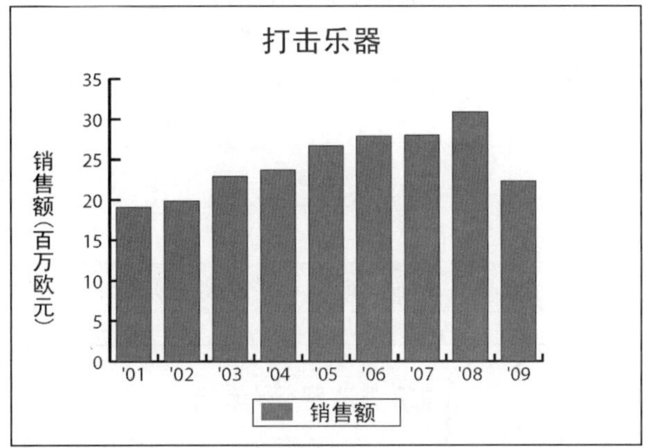
打击乐器
销售额(百万欧元)
'01 '02 '03 '04 '05 '06 '07 '08 '09
销售额

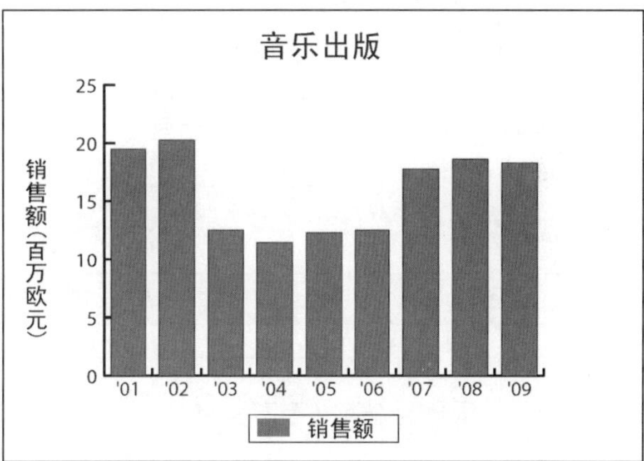
音乐出版
销售额(百万欧元)
'01 '02 '03 '04 '05 '06 '07 '08 '09
销售额

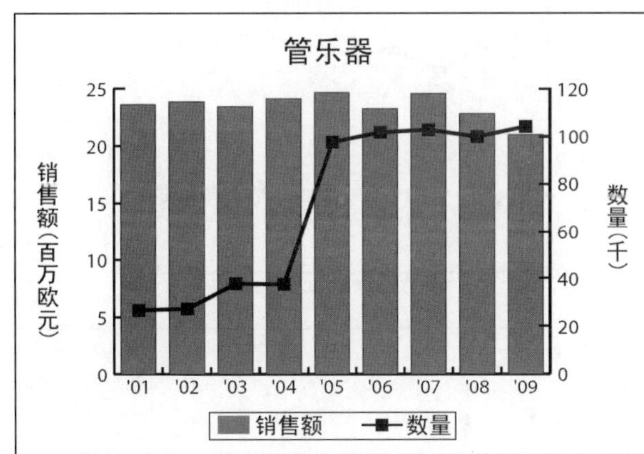
管乐器
销售额(百万欧元)
数量(千)
'01 '02 '03 '04 '05 '06 '07 '08 '09
销售额
数量

巴西

据官方统计，多年来，巴西乐器、音响市场份额在全球乐器市场份额中占1%。但非官方数据显示，1%可能被低估。

受经济平稳运行、2014年世界杯和2016年奥运会在巴西举行等利好因素影响，外国投资迅速涌入巴西。

2009年，巴西乐器和音响行业状况有所改善。2010年年初乐器界还有一起重要的并购事件，一家北美乐器集团收购了巴西的一家乐器公司。

巴西经济状况改善的另一显著特点是进口产品的利润空间出现变化。此外，外国乐器公司不仅运用新的销售系统增加了投资，还更加注重市场营销策略、产品分销渠道、市场份额及注重改善品牌意识。

巴西乐器市场有两个重要方面值得关注。一是由于巴西政府的政策因素，预计未来4年，各学校音乐教育将有很大发展，乐器和音响市场总量将扩大51%；另一方面，全国各地活跃的教堂音乐活动很大程度上推动了乐器和音响销售增长。

下列图表由巴西工业和贸易部、巴西商务开发局提供，评论由巴西《乐器市场》杂志主编Daniel Neves提供。

音乐制品市场概况

2009年	销售额（百万美元）	206.7	人均消费（美元）	1.04	占全球市场份额（%）	1.17

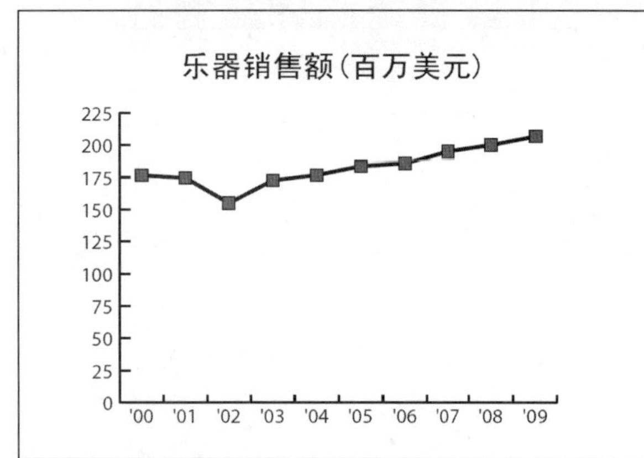

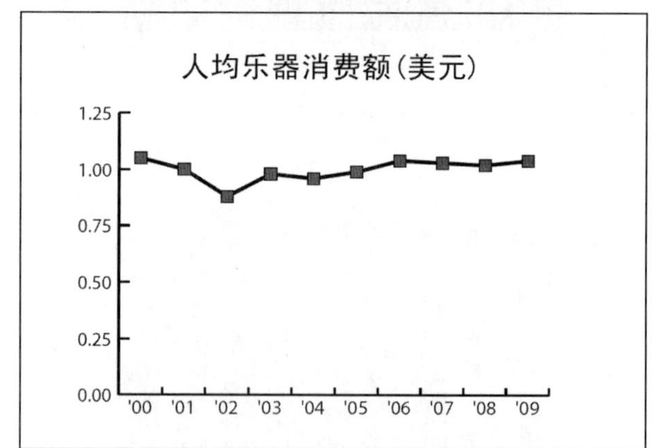

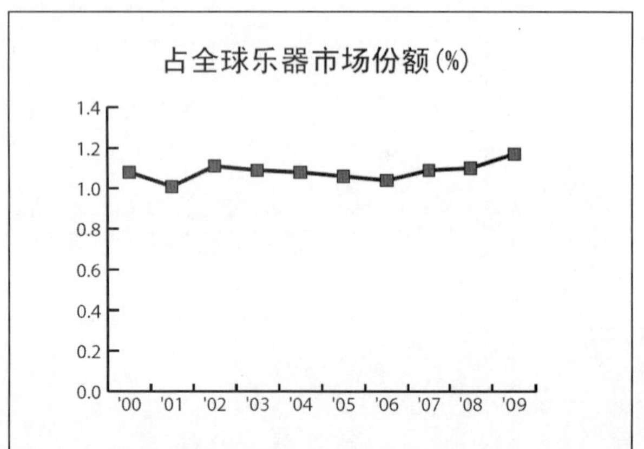

进口概况

电吉他和电贝司
进口额(百万美元)
12
10
8
6
4
2
0
'05
'06
'07
'08
'09
进口额

打击乐器
进口额(百万美元)
7
6
5
4
3
2
1
0
'05
'06
'07
'08
'09
进口额

合成器
进口额(百万美元)
5
4
3
2
1
0
'05
'06
'07
'08
'09
进口额

管乐器
进口额(百万美元)
12
10
8
6
4
2
0
'05
'06
'07
'08
'09
进口额

乐器用弦
进口额(百万美元)
3.5
3.0
2.5
2.0
1.5
1.0
0.5
0.0
'05
'06
'07
'08
'09
进口额

弓弦乐器
进口额(百万美元)
1.5
1.2
0.9
0.6
0.3
0.0
'05
'06
'07
'08
'09
进口额

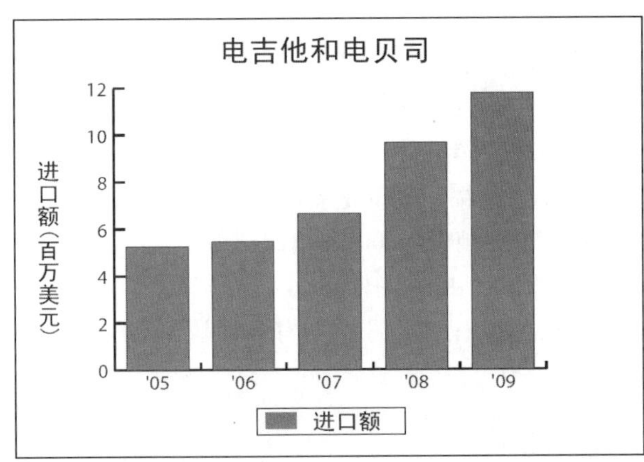

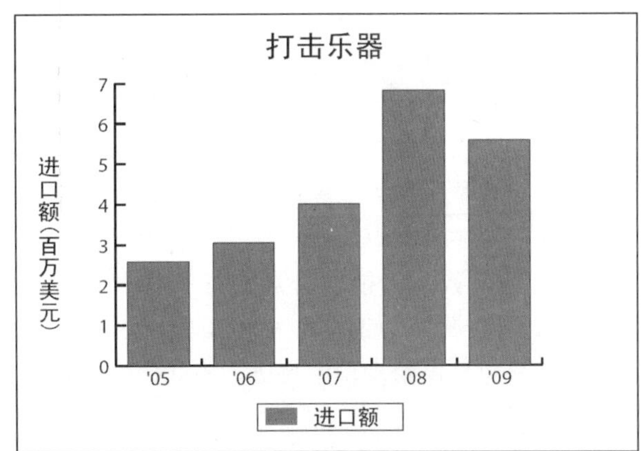

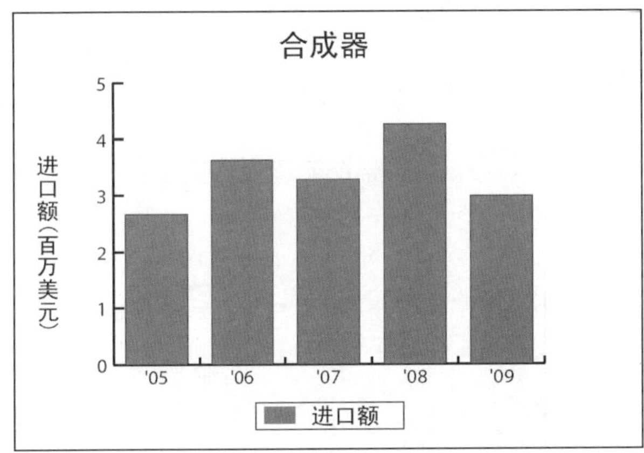

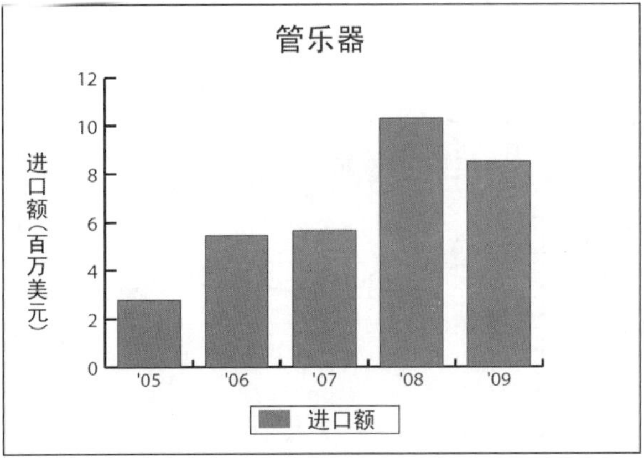

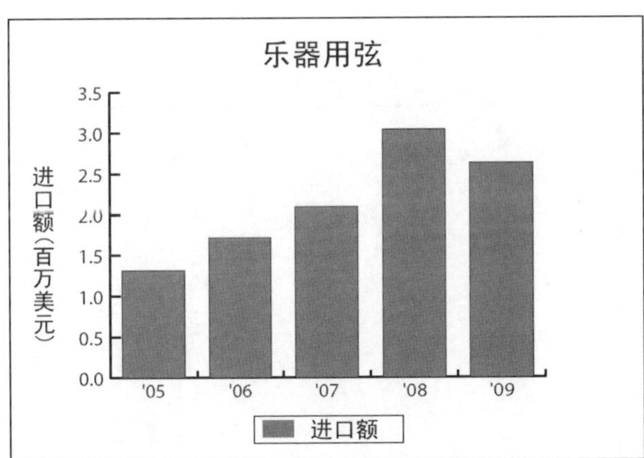

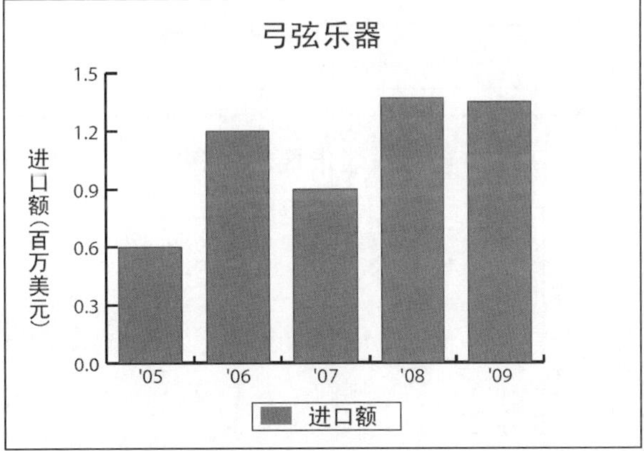

西班牙

2009年西班牙乐器市场仍未走出一度波及的全球性金融危机带来的影响。

乐器市场整体销售总额较上年相比减少了12%-15%。而音响行业降幅更大，高达25%。

各门类乐器品种销售总额均有下降，其中降幅最明显的当属声学钢琴和打击乐器。乐器销量减少，价格也有所松动，销售进一步转向低价位乐器。

从产品门类分析，管弦乐器、键盘乐器销售降幅最小。跌幅最大的是音响产品，其次是声学钢琴。乐器配件销售和2008年情况持平。

下列图表由西班牙乐器协会提供，Caprice S.L.公司总裁兼西乐协驻国际乐器联盟大会代表胡安格雷科斯分析评述。

音乐制品市场概况

2009年	销售额（百万美元）	165.8	人均消费（美元）	4.09	占全球市场份额（%）	0.94

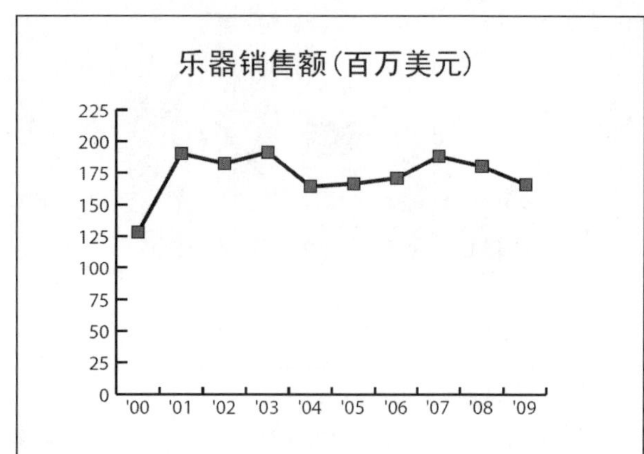

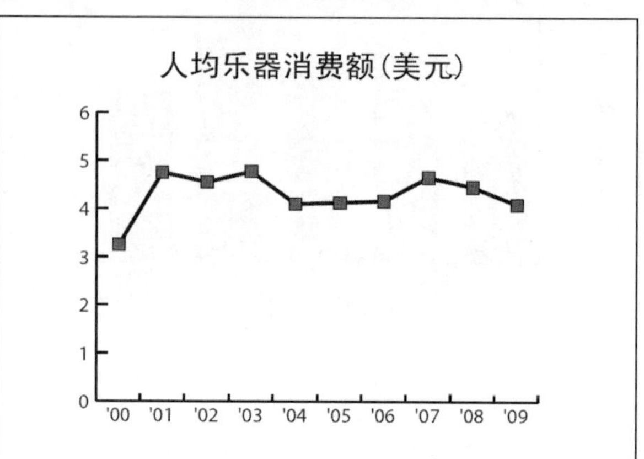

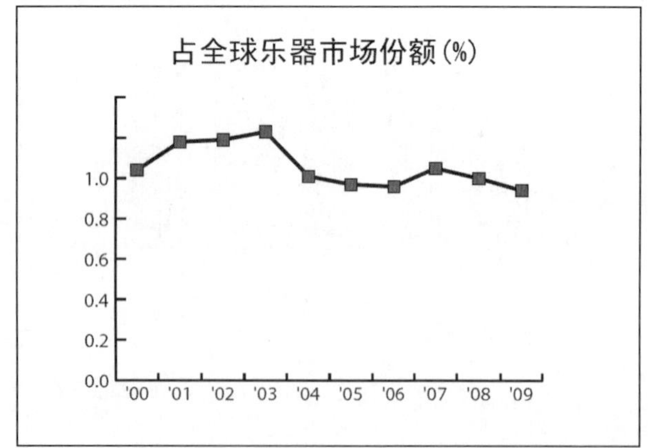

国内市场概况

键盘合成器
销售额(百万欧元)
数量(千)
'01 '02 '03 '04 '05 '06 '07 '08 '09
销售额 数量

键盘放大器
销售额(千欧元)
数量(个)
'00 '01 '02 '03 '04 '05 '06 '07 '08 '09
销售额 数量

吉他放大器
销售额(百万欧元)
数量(千)
'00 '01 '02 '03 '04 '05 '06 '07 '08 '09
销售额 数量

数码风琴
销售额(千欧元)
数量(个)
'02 '03 '04 '05 '06 '07 '08 '09
销售额 数量

数码鼓
销售额(百万欧元)
数量(千)
'01 '02 '03 '04 '05 '06 '07 '08 '09
销售额 数量

镲片
销售额(百万欧元)
数量(千)
'00 '01 '02 '03 '04 '05 '06 '07 '08 '09
销售额 数量

独立踏板
销售额(百万欧元)
数量(千)
'03 '04 '05 '06 '07 '08 '09
销售额 数量

打击乐器合计
销售额(百万欧元)
数量(千)
'00 '01 '02 '03 '04 '05 '06 '07 '08 '09
销售额 数量

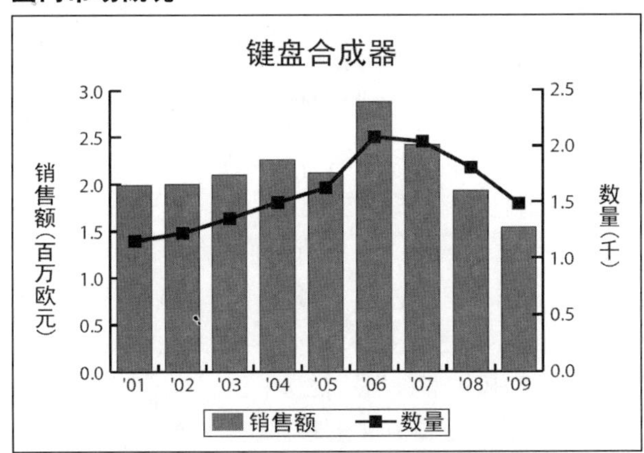

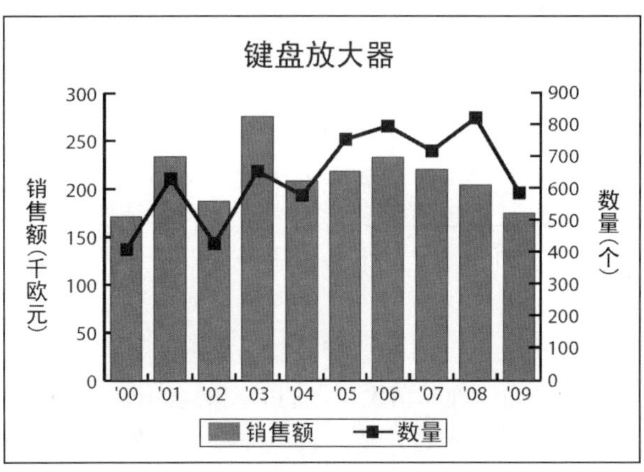

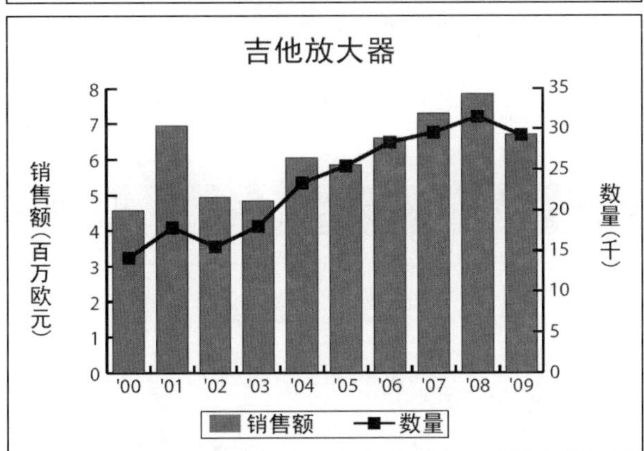

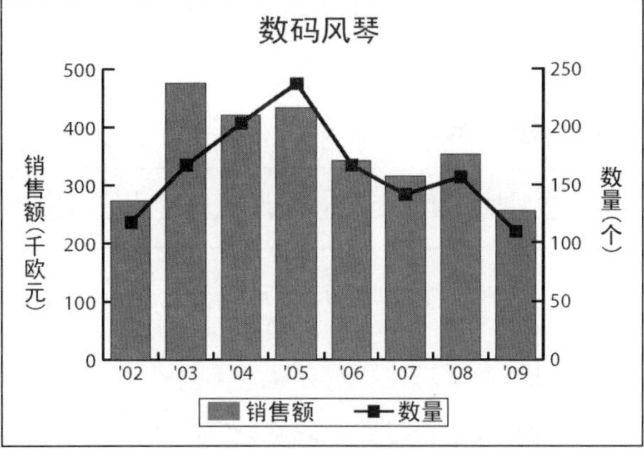

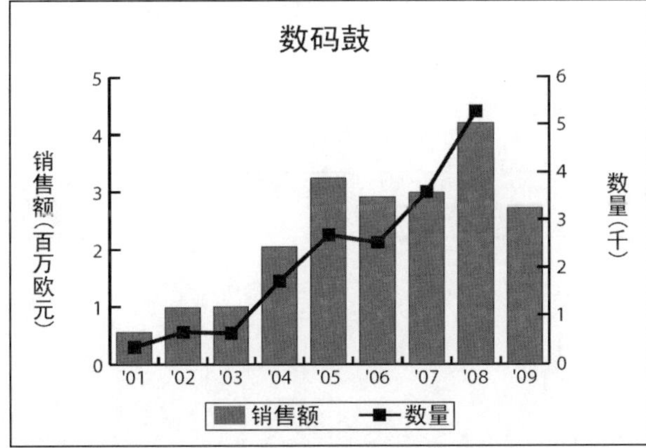

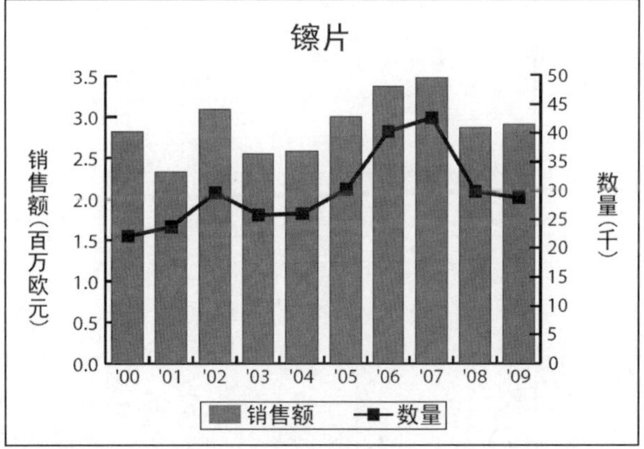

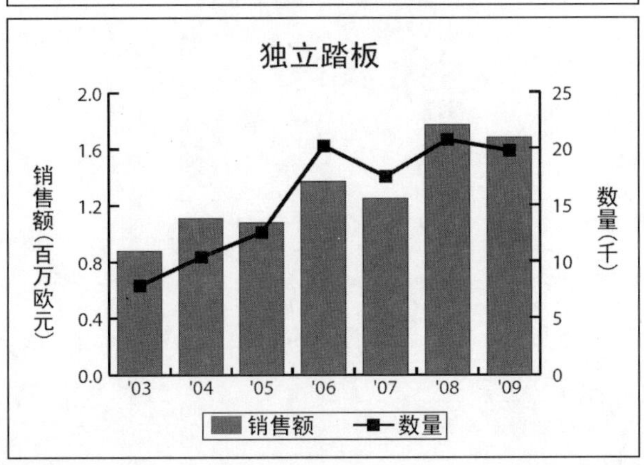

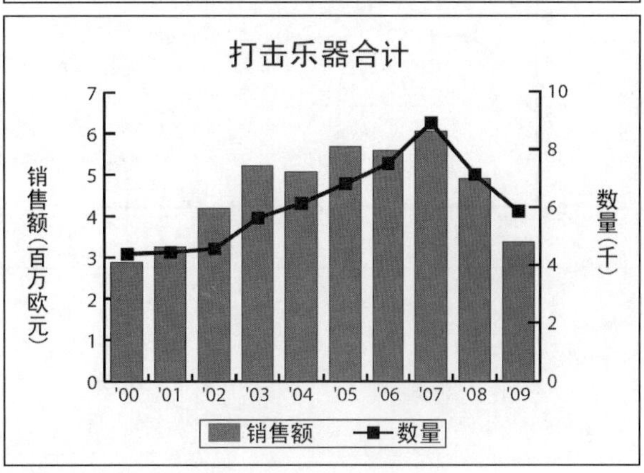

瑞士

受金融危机严重影响，世界许多国家产品出口放缓，业务减缩，但瑞士似乎并未受到冲击。在失业率攀升，出口萎缩背景下，瑞士国内消费继续保持稳定，2009年经济形势并未对乐器市场造成很大影响。

瑞士人花在国内旅游的支出较多，同时密切关注投资动向。换句话说，人们的理财意识较强。

据乐器经销商反映，2009年全年乐器经营业务不错，年底甚至迎来了业绩高峰,客户对品牌乐器几乎没有任何投诉。家庭乐器演奏蔚然成风，人们对音乐情有独钟，投资于音乐爱好上的消费较为可观。

2009年，瑞士进口数据同比减少近10%（原注：该统计数据不包括录音软件、音响系统、扬声器、效果器等电子技术驱动的制品）。按目前状况，预计2010年形势仍然较为平稳。

下列图表由瑞士联邦统计局提供，罗兰瑞士分公司总裁Michael Heuser分析评述。

音乐制品市场概况

2009年	销售额（百万美元）	131.5	人均消费（美元）	17.29	占全球市场份额（%）	0.75

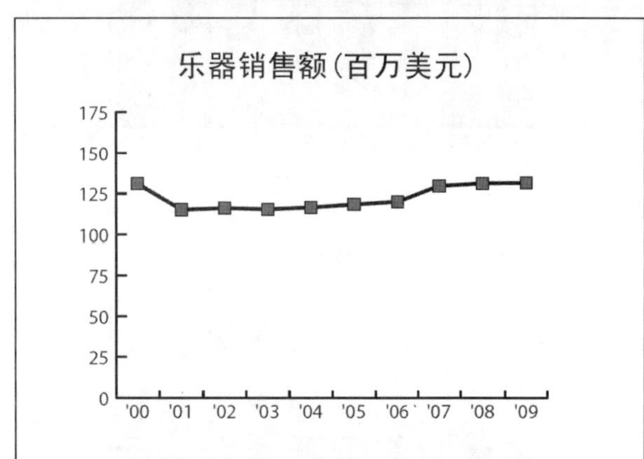

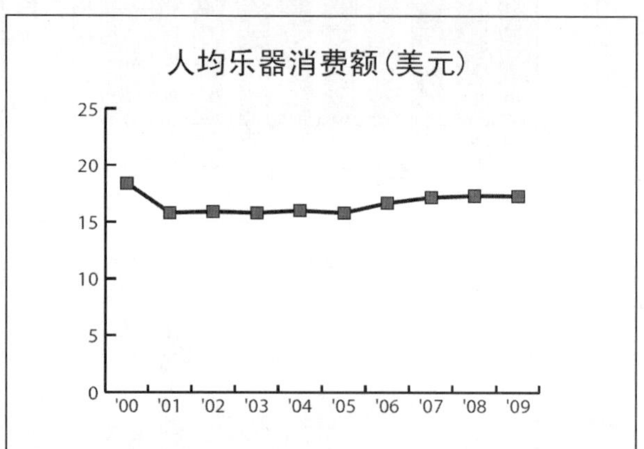

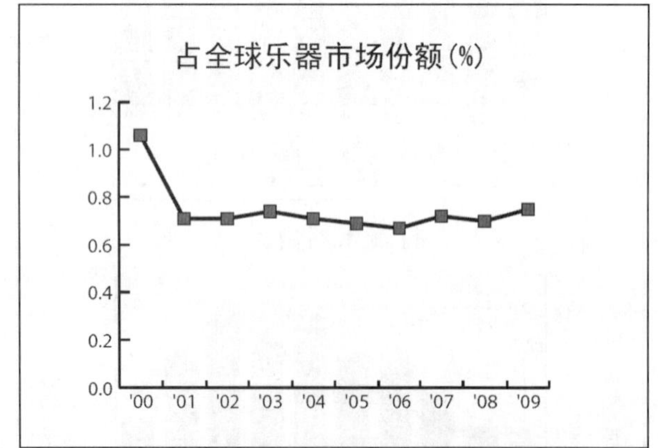

进口概况

三角钢琴
进口额（百万瑞士法郎）
0 2 4 6 8 10 12
'00 '01 '02 '03 '04 '05 '06 '07 '08 '09
进口额

立式钢琴
进口额（百万瑞士法郎）
0 3 6 9 12 15
'00 '01 '02 '03 '04 '05 '06 '07 '08 '09
进口额

弦乐器
进口额（百万瑞士法郎）
0 3 6 9 12 15
'00 '01 '02 '03 '04 '05 '06 '07 '08 '09
进口额

弓弦乐器
销售额（百万瑞士法郎）
0 4 8 12 16 20
'00 '01 '02 '03 '04 '05 '06 '07 '08 '09
进口额

吉他
进口额（百万瑞士法郎）
0 1 2 3 4 5 6 7 8
'00 '01 '02 '03 '04 '05 '06 '07 '08 '09
进口额

乐器用弦
进口额（百万瑞士法郎）
0.0 0.5 1.0 1.5 2.0 2.5
'00 '01 '02 '03 '04 '05 '06 '07 '08 '09
进口额

铜管乐器
进口额（百万瑞士法郎）
0 1 2 3 4 5 6 7 8 9
'00 '01 '02 '03 '04 '05 '06 '07 '08 '09
进口额

管乐器
进口额（百万瑞士法郎）
0 2 4 6 8 10 12
'00 '01 '02 '03 '04 '05 '06 '07 '08 '09
进口额

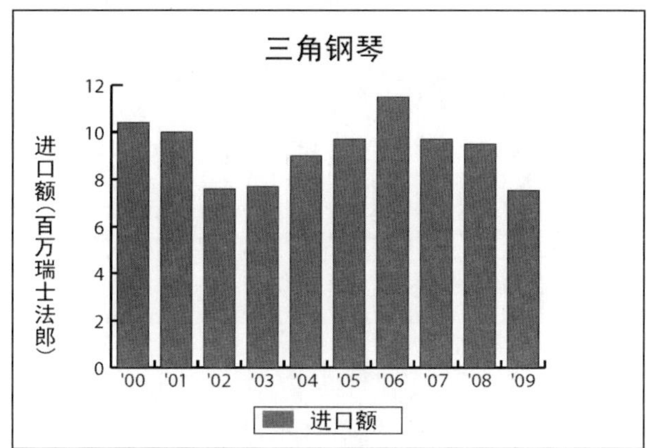

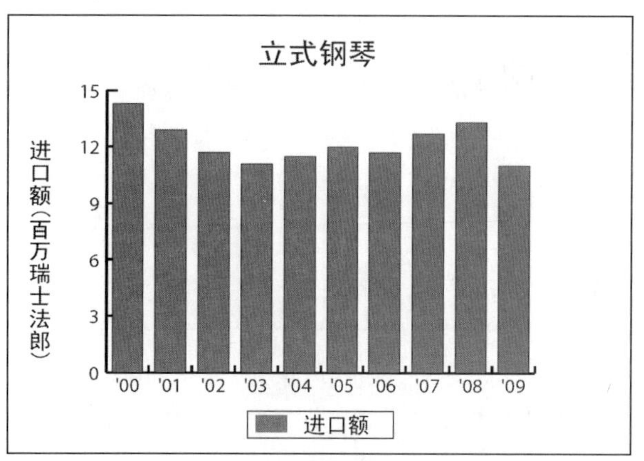

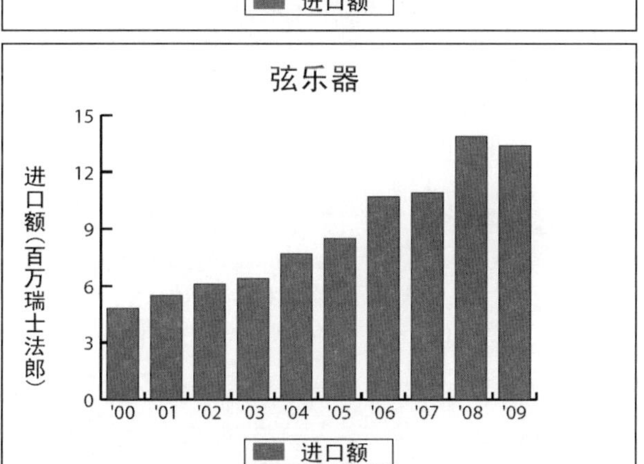

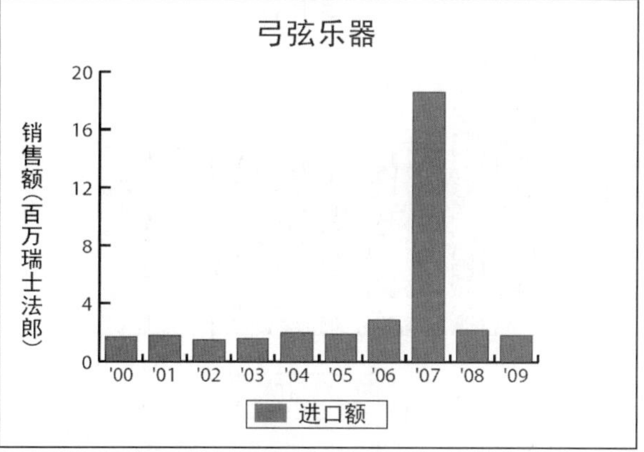

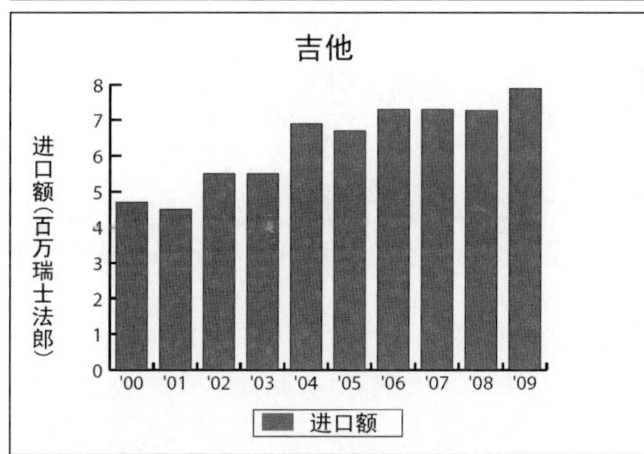

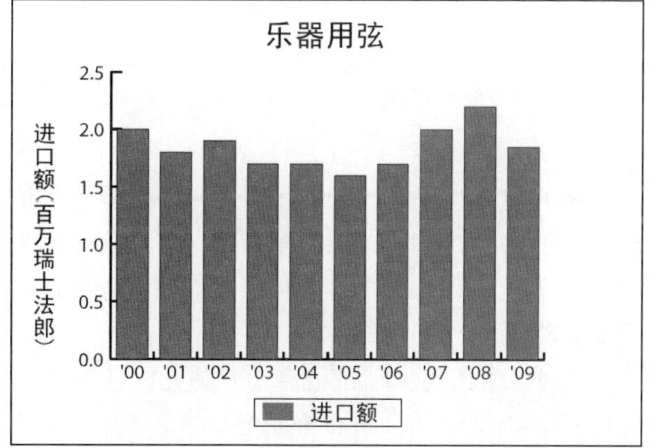

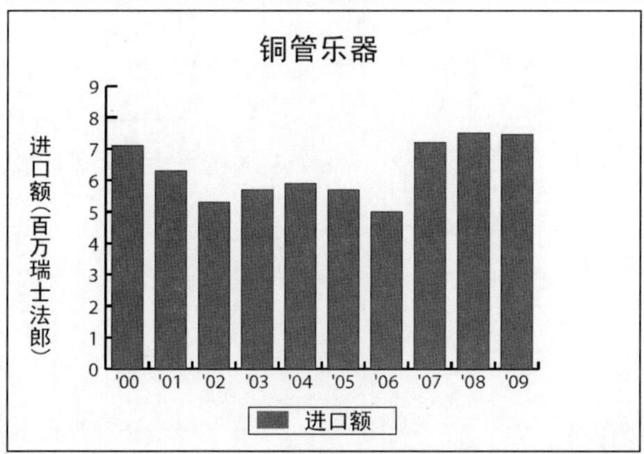

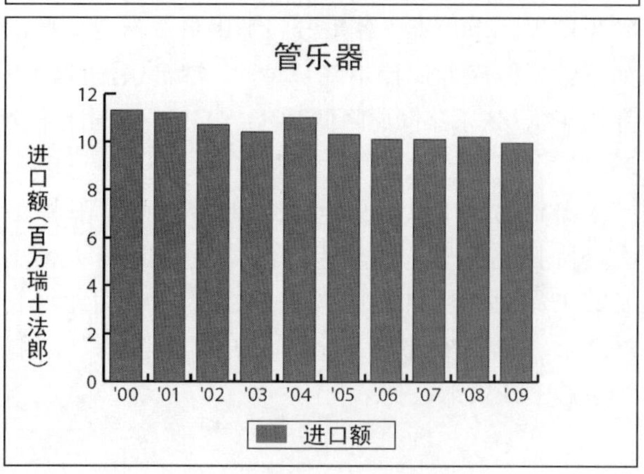

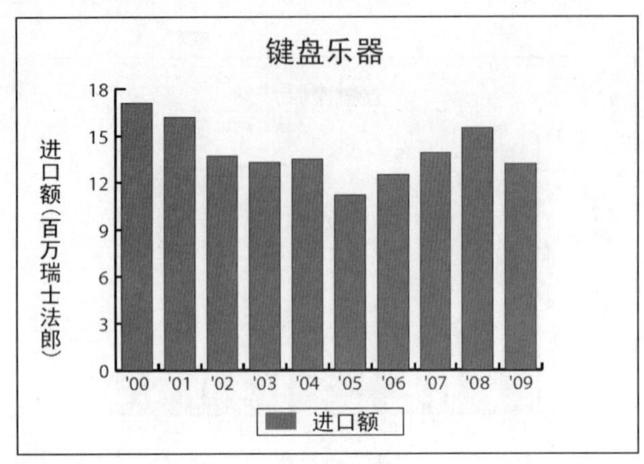

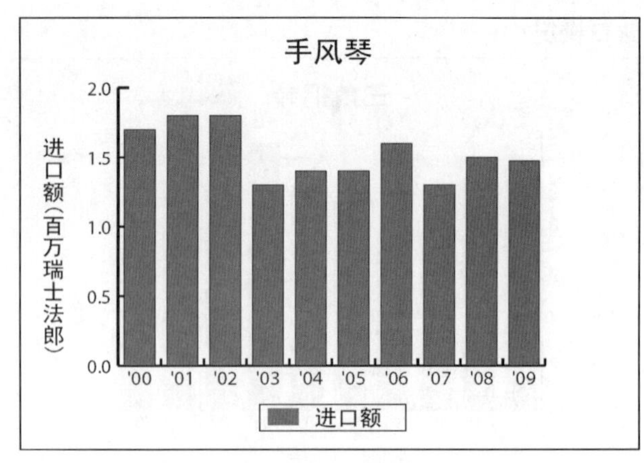

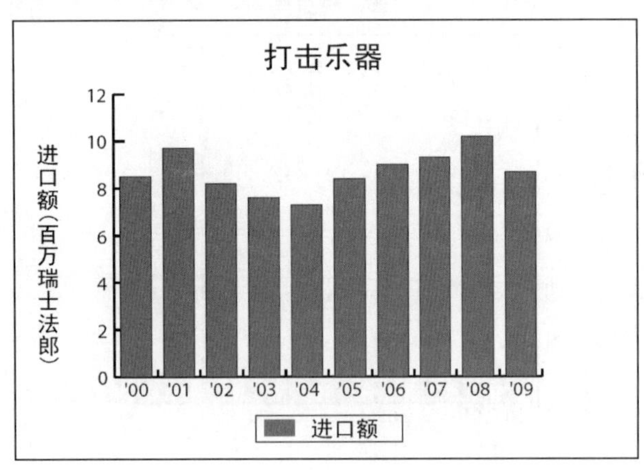

挪威

和其他国家一样，挪威也未能幸免世界性经济危机的冲击。2009年，国内乐器市场年销售总额为7380万美元，和2008年情况持平，而乐器进出口则全面下降。

其中，钢琴进口金额为450万美元，较2008年710万美元下降36%。进口金额增加的是管乐器，增幅为17%。2009年，各乐器门类进口金额变化情况如下：乐器配件同比下降12.4%，键盘乐器同比下降12.4%，弦乐器同比降低20%；打击乐器同比下降23.2%。

出口方面，2009年，键盘乐器出口降幅最大，降幅达49%。而管乐器出口较2008年大幅增长220%！其他出口门类如下：钢琴出口同比增长26.9%，乐器配件下降16.6%，弦乐器下降33.7%，打击乐器下降39.5%。

下列图表来自国际贸易中心的进出口统计数据，国际音乐制品协会数据研究员Erin Block作评述分析。

音乐制品市场概况

2009年	销售额（百万美元）	73.8	人均消费（美元）	15.84	占全球市场份额（%）	0.42

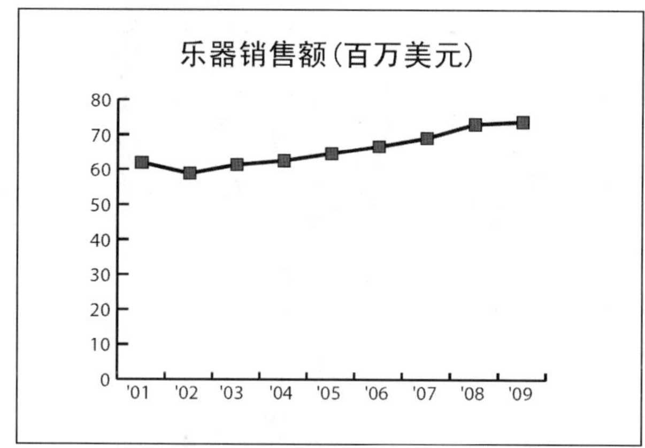

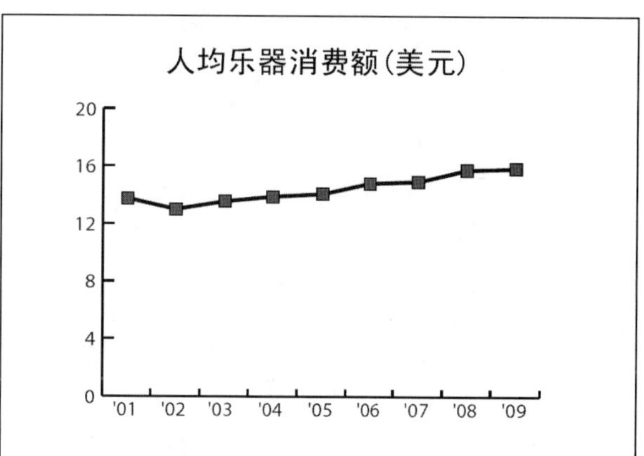

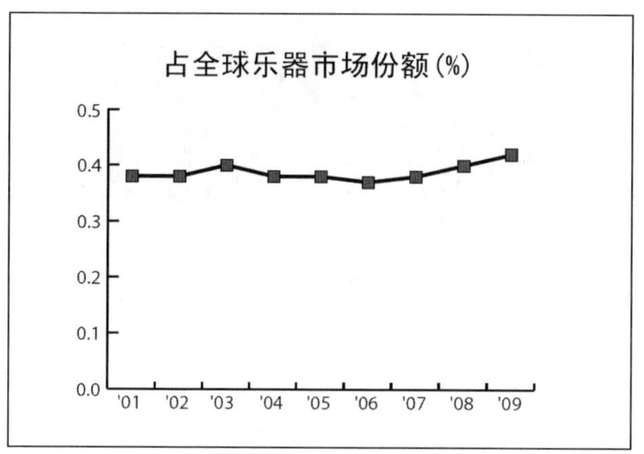

进口概况

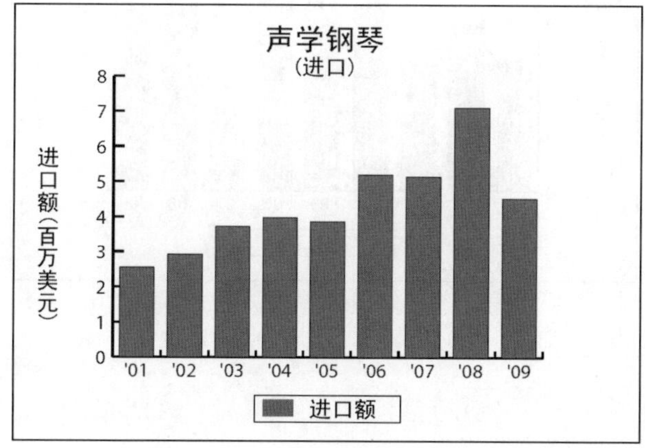

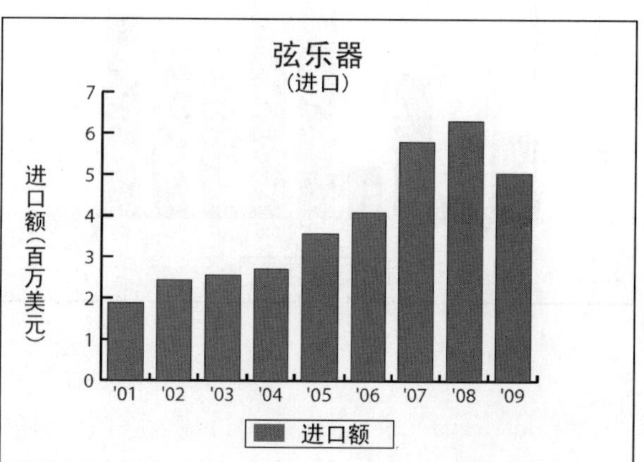

键盘乐器
(进口)
进口额(百万美元)
20
16
12
8
4
0
'01 '02 '03 '04 '05 '06 '07 '08 '09
进口额

管乐器
(进口)
进口额(百万美元)
9
8
7
6
5
4
3
2
1
0
'01 '02 '03 '04 '05 '06 '07 '08 '09
进口额

打击乐器
(进口)
进口额(百万美元)
5.0
4.5
4.0
3.5
3.0
2.5
2.0
1.5
1.0
0.5
0.0
'01 '02 '03 '04 '05 '06 '07 '08 '09
进口额

配件
(进口)
进口额(百万美元)
15
12
9
6
3
0
'01 '02 '03 '04 '05 '06 '07 '08 '09
进口额

出口概况

声学钢琴
(出口)
出口额(千美元)
250
200
150
100
50
0
'01 '02 '03 '04 '05 '06 '07 '08 '09
出口额

弦乐器
(出口)
出口额(千美元)
250
200
150
100
50
0
'01 '02 '03 '04 '05 '06 '07 '08 '09
出口额

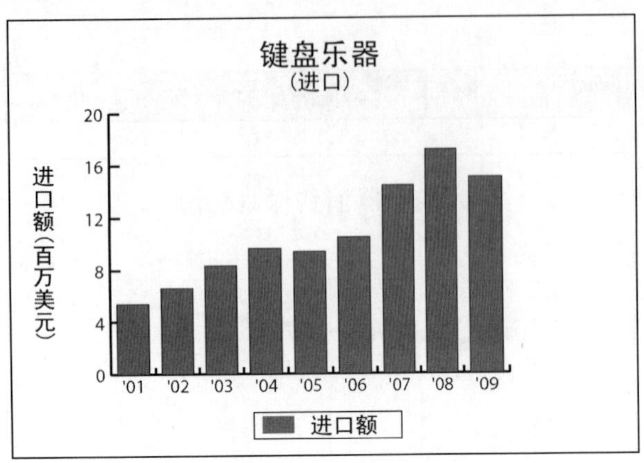

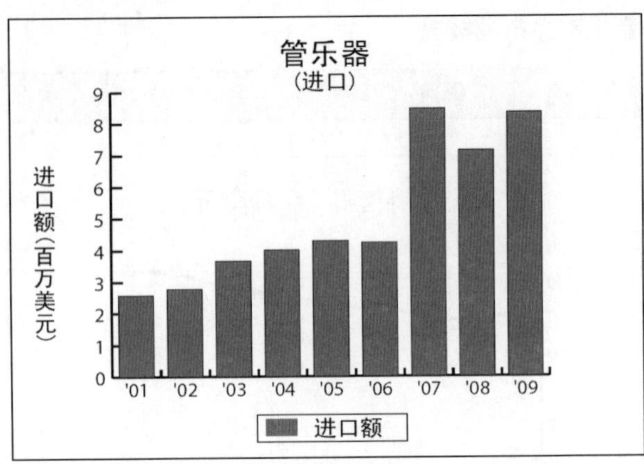

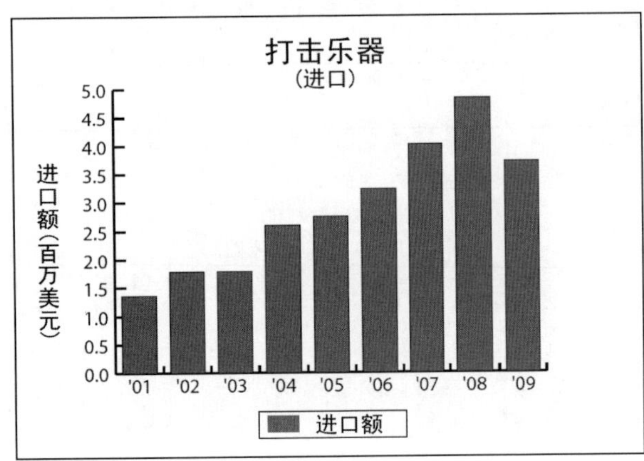

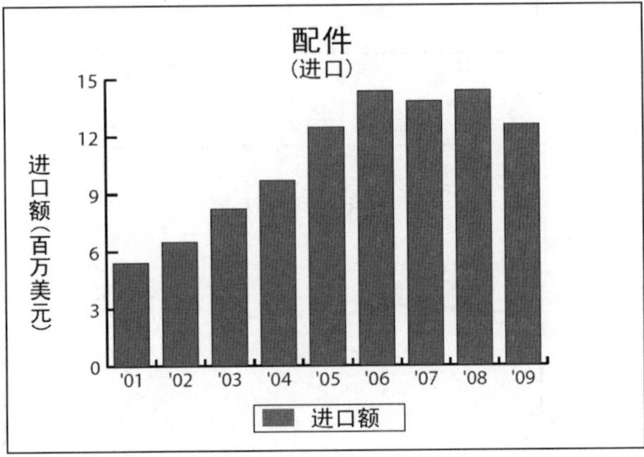

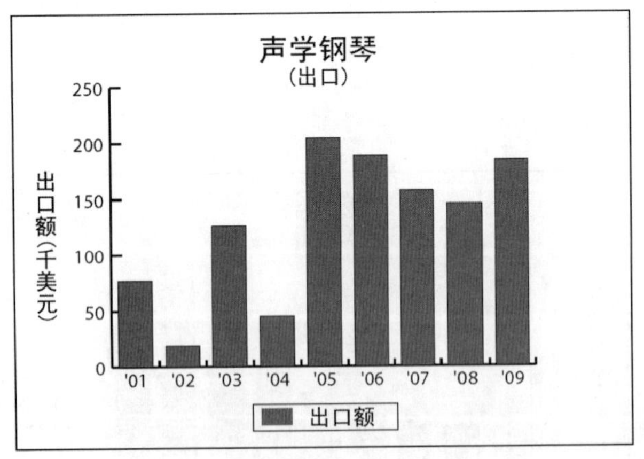

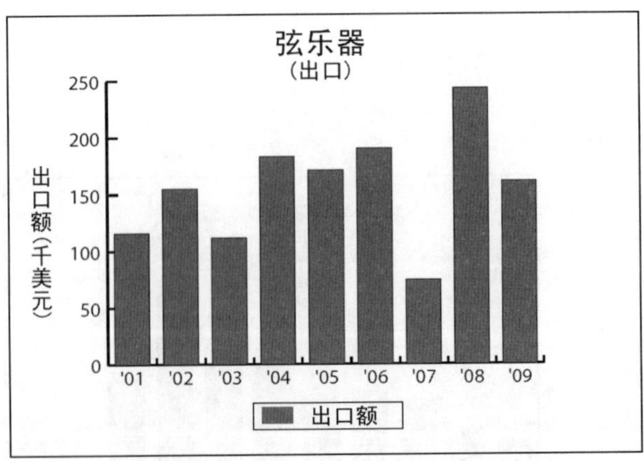

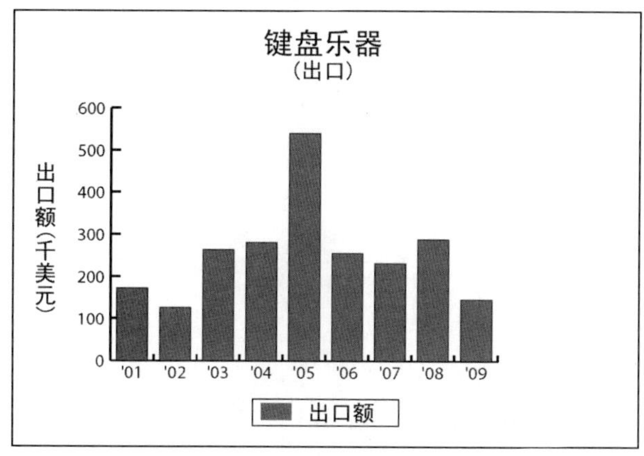

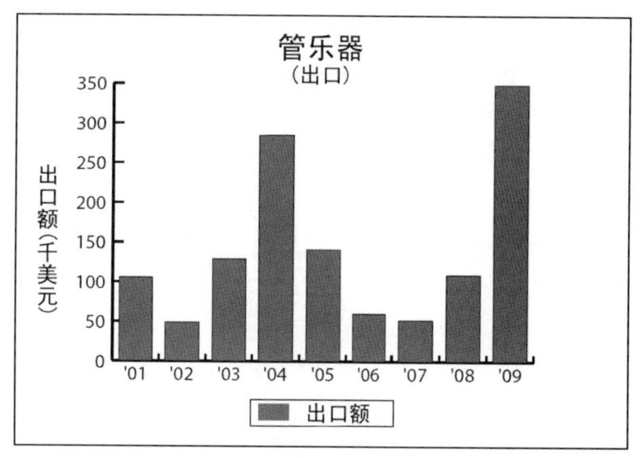

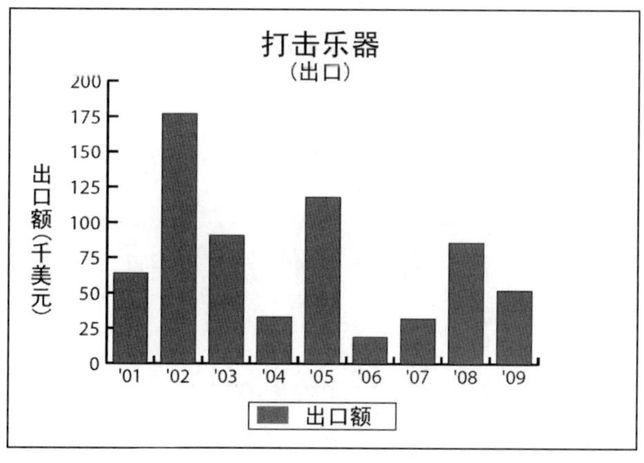

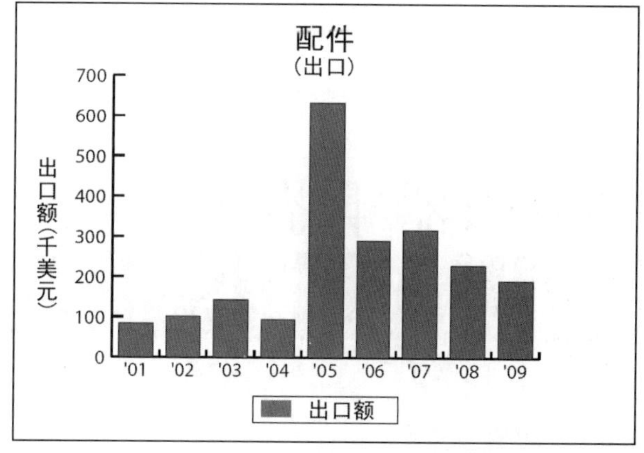

【注：由国际音乐制品协会（NAMM）收集整理的《全球音乐制品行业发展报告》内容主要有美国乐器行业概况、美国乐器进出口统计数据、有关国家乐器行业（澳大利业、奥地利、巴西、加拿大、中国、德国、意大利、日本、挪威、西班牙、瑞士和英国等）介绍，本年鉴摘要刊登。

其中中国部分数据系由中国乐器协会提供，本刊从略；美国乐器行业发展报告刊登在本刊“海外信息篇‘美国乐器市场’”，本文从略。

关于数据采集，本版NAMM全球报告数据源于相关机构及世界各国乐器行业协会，国际音乐制品协会（NAMM）未对信息作任何验证，既不会也不能对数据的准确性做任何保证。NAMM所采集的数据均为综合概况，NAMM工作人员未对任何信息进行加工整理。每部分数据来源可概括如下：有关美国乐器行业的销售和评论均由美国《音乐贸易》杂志提供，进出口数据由美国统计局提供。国际乐器销售信息和评论由各国乐器协会提供。涉及国际经济、人口和行业的数据摘录自中情局“世界今貌”。国际音乐制品行业数据源自美国《音乐贸易》杂志。】

MUSIC

中国乐器年鉴

CHINA MUSICAL INSTRUMENT YEARBOOK 2009-2010

广州珠江钢琴集团股份有限公司

2009年，广州珠江钢琴集团股份有限公司力推结构调整，加大自主创新，强化科学管理，实现了在金融危机下逆势高质量发展的态势。是年9月，珠江钢琴集团钢琴销量突破10000台，创国内钢琴行业单月销量新里程碑，并荣获广州市第一家、中国乐器行业唯一一家“全国质量奖”。

自主创新成效显著

在2007年“广州市高新技术企业”、2008年“国家级企业技术中心”认定的基础上，2009年获评为广州市创新型企业、广东省创新型企业百强示范基地。同时，成立了广州艾茉森电子公司，整合国际先进数码技术，大力发展数码乐器产业，2009年已有25款数码乐器产品问世。

钢琴产销规模稳居全球第一

在2007年珠江钢琴年产销量突破8万台的基础上，2009年9月钢琴月销量突破10000台，创国内同行业单月销售之最。同时，正在北京、欧洲建厂大力拓展高端钢琴产业，增强发展后劲。

高端研发取得质的突破

2007年推出的“恺撒堡”精品钢琴被列入2008-2009年国家重点新产品计划，2008年运用高端核心技术，改进钢琴生产工艺线，并推出三大系列新产品。2009年最新研制的“恺撒堡”大型音乐会用琴，以其卓越品质先后在建国60周年大型音乐舞蹈史诗《复兴之路》，中国音乐金钟奖，迎亚运倒计时1周年文艺晚会，文化部、中国文联、中国音协2010春节联欢晚会，中共中央2010元宵晚会等大型音乐文化活动中奏响民族品牌强音，并被刘诗昆、维阿杜等一批国内外钢琴大师赞誉为“质量技术水准已接近世界顶级钢琴品牌”。

音乐文化品牌建设不断进步

经教育部批准，2009年举办了“珠江·恺撒堡”全国青少年钢琴大赛，邀请了吴祖强、周广仁、刘诗昆、伏拉吉米尔·维阿杜等30多位国内外著名音乐艺术家组成评委会，全国20多个赛区参赛人数达万人以上，是目前国内规格最高、规模最大的钢琴比赛之一。同年5月成立珠江钢琴艺术中心，以推广音乐文化、培养艺术素质、成就优秀人才为宗旨，以珠江钢琴的品质信誉为依托，聘请刘诗昆、周广仁等十多位著名钢琴演奏家、教育家担任常年艺术顾问，从专业音乐院校招募优秀钢琴教育人才作为师资力量，大力推进艺术培训，建设音乐文化品牌。

北京星海钢琴集团有限公司

在世界金融危机的影响下，国内外乐器市场的供求关系也发生了始料不及的变化。面对这种发展趋势，“星海”及时把主要任务调整为抓质量、练内功，举“三精”，创“五新”。进一步采取一系列扩大内销、促进总量增长的政策和措施，保持企业的平稳发展，主营产品全年收入同比增长10%以上。

星海公司坚持名牌战略，以“中国名牌”、“中国驰名商标”为龙头，以星海精品和卡瓦依产品为突破口，持续加大营销力度，不断调整产品结构；

通过商业整合的形式，成立了北京星海钢琴商城，在南方一些重点城市建立品牌直销店，以推介会的形式在全国各地不断完善营销网络；

坚持“创五新”，狠抓科技进步，投入700余万元用于新产品研发和技术改造。其中，三角琴厂关键设备的启用，音源厂数控设备的应用，外壳厂机械手喷涂工艺的引进等，都取得了明显效果。

坚持专家路线，继聘请德国钢琴制造大师劳瑟·切尔先生以及与日本河合乐器制作所开展技术合作之后，又聘请了两名韩国三角钢琴制作专家，从而融汇了德、日、韩、中四国钢琴先进的设计理念，充分发挥企业技术中心的作用，把星海立式钢琴和三角钢琴的设计、研发水平提升到一个新的层面。星海产品的科技含量不断加大，扩充了星海精品钢琴的产品群，提升了星海产品的盈利水平。

2008年，星海公司荣获“应用数控技术加工钢琴弦轴板孔”中轻联科技优秀奖、全国钢琴调律技能大赛“特殊贡献奖”、全国文明单位、中国乐器行业强势公司、"北京市信息十大应用创新成果"应用典范奖等奖项。之外，星海还通过了职业健康体系、环境管理体系、质量管理体系等监督审核认证和清洁生产的验收工作。

2009年，国际金融危机持续蔓延，全球经济严重衰退。面对复杂严峻的经济形势，星海全体员工坚定信心、迎难而上，努力化挑战为机遇，有效地遏止了主要经济指标明显下滑的态势，实现了星海经济形势总体回升向好的局面。

回眸2009，星海在深入开展学习实践科学发展观活动中，对加强和改进新形势下党的建设工作做出了全面部署，为推动企业经济活动又好又快地发展提供了坚强的保证；

星海持续不断地加大市场开拓和营销的力度，统筹市场布局，细分营销渠道，强化管理机制，尝试主题营销。大力抢占国内市场份额，在不断提升市场运营效率和效益的同时也提高了产品的盈利能力。

星海以纪念版和荣耀版钢琴为突破口，不断提高星海产品的科技含量，许多新材料、新技术、新工艺、新设备不断融入新产品的研发和日常的生产实践中。

星海以隆重庆祝新中国成立60周年和隆重纪念星海建厂60周年为契机所组织的一系列活动，都充分彰显了"团结、拼搏、求实、创新"的企业精神。特别是"星海"在国家大剧院举办的盛大厂庆纪念活动和精彩的文娱演出，更加空前地凝聚了人心，鼓舞了士气。

星海在应对国际金融危机冲击、保持企业平稳较快发展的这场重大考验中，既取得了显著的经济成果，又积累了在复杂经济环境中推动企业平稳较快发展的重要经验。

近两年来，星海紧紧抓住国家大剧院的落成、奥运会、残奥会这些国家级、世界级等重大活动，凭借企业的实力、品牌的号召力，开展了一系列极具创造、富有成效的社会公益活动。

在不同国产钢琴激烈的角逐、严格的筛选中，星海钢琴以技压群芳的优秀品质独占鳌头，一举成为惟一入驻国家大剧院的国产音乐会演奏用琴。

为奥运会开幕式特制水晶钢琴、为残奥会开幕式特制大型三角钢琴；并获得具有法律效益的相关文件及张艺谋、张继刚亲笔签发的证书等。这一系列成功活动的取得，不断在行业内掀起了层层波澜，对星海品牌的宣传也产生了深远的影响。

第十二届"星海杯"全国少年儿童钢琴比赛，同样是企业又一道亮丽的风景。

星海为四川什邡市洛水镇因地震而致残的小琴童捐赠钢琴的事迹，也在全国同行业以及全社会引起了广泛的关注，在捐赠仪式上，北京日报、消费日报还专程从北京跟踪到成都作现场采访。当这台星海钢琴送到地震重灾区的小朋友家时，又在当地引起了轰动，不少村民围观、热议，成都两家电视台和多家新闻媒体都对此事作了报道。

四川大地震发生后，星海公司各基层党组织和广大共产党员、职工群众积极响应党委的号召，踊跃向灾区捐款。仅两天的时间，星海的党员、干部和职工群众就捐出爱心善款七万多元。此外，广大党员又另外踊跃地缴纳了七万多元的特殊党费。

正是因为星海公司在经济建设、社会建设和文明建设等工作中的突出表现，北京市国资委又特别推荐星海公司为全国文明单位。最终，星海在28个专家评委的投票中以25票并列第六名，成为获准通过入围的单位。这也是星海第二次被评选为全国文明单位。

上海民族乐器一厂

金融危机席卷全球，面对严峻的经济形势，上海民族乐器一厂充分发扬"勇者不言难，智者不惧危，求真务实"的精神，经过全体员工的共同努力，品牌建设收获佳绩，经济效益大幅提升，企业保持了良好的发展势头，为中国民族乐器行业的发展做出了突出贡献。

2009年，上海民族乐器一厂继续以弘扬民族文化为己任，坚持以文化为抓手来加强品牌建设，创新品牌运作举措，品牌建设取得了很大成效。7月，上海民族乐器一厂参与协办首届北京国际古筝音乐节，该音乐节被列为北京市庆祝新中国成立六十周年系列文化活动之一，吸引了来自国内外的古筝音乐家、演奏家、教育家、作曲家及古筝爱好者参加。敦煌牌古筝是音乐节唯一指定用筝。在这次音乐节中，不仅11场民族音乐会中有8场以“敦煌之夜”、“敦煌之声”冠名，而且举办了以“敦煌论坛”为名的学术论坛，一系列的大型活动，以全新的视角与创意激活了古筝艺术深厚的文化资源积淀，为全世界筝人提供了一个良好的交流平台。在上海世博会倒计时一周年之际，敦煌艺术学校深入社区，开展民乐知识普及讲座及表演活动，与社区携手共迎世博，为普及民乐教育做出贡献。敦煌新语组合乐队前往山东、天津等地进行巡演，并赴日本进行古筝、二胡的教学，促进了中日文化交流。此外，继2007年赞助首届CCTV民族器乐电视大赛之后，2009年上海民族乐器一厂继续赞助该大赛，进一步提升了敦煌品牌的知名度。

创新是企业发展的不竭动力，持续创新使中国民族乐器不断焕发出新的活力。2009年，上海民族乐器一厂提出全员创新制度，鼓励员工进行技术及产品创新，共落实了20多个开发项目，完成了10项专利申请。在新中国成立六十周年华诞，推出国庆纪念版乐器，设计制作了价值40万元的象牙琵琶，及根据清乾隆年间排箫仿制而成的巨型排箫等，这些新品乐器不仅追求品质的超越，更注重产品附加值的提升。为了提升民族乐器的产品质量，上海民族乐器一厂加强了产品质量的精细化管理，规范操作流程，细化操作步骤，全面提高了产品的内在外观质量。

针对民族乐器制作专业人才的匮乏，2009年，上海民族乐器一厂一方面强化员工的技能培训，开展岗位练兵活动，定期进行乐器制作比赛，提高了企业专业制作队伍的整体技能水平。另一方面，又陆续引进了部分专业人才，充实企业的人才队伍，注重后备梯队的培养，大胆启用新人。这些专业性人才不仅在各自的岗位上充分发挥自己的特长，更将创新的理念带给了企业，促进了企业的持续发展。

2009年，上海民族乐器一厂进一步提升企业的精细化管理水平，在加强内部基础管理，提升管理能级，完善规章制度，提高员工待遇，降本增效等方面都取得了明显成效，为企业的长足发展打下坚实基础。

泰兴凤灵乐器有限公司

2009年国际金融危机对全球乐器制造业影响较大，对于90%产品出口欧美市场的江苏凤灵乐器集团来说，无疑是一次极大的考验和挑战。公司确立了“保外销、拓内销、促转型”三着并举的经营策略，特别是内销市场的多渠道、全方位的拓展，实现了“堤外损失堤内补”的目标，集团总资产达16508万元，销售收入25800万元，实现利润1657万元，税金总额2016万元，出口交货值1548万美元，均比2008年增长10多个百分点。

一、巩固与开拓并举，保住国际市场主阵地

2009年凤灵乐器集团在美国市场的销售订单明显减少，特别是一些大客户和合作商受金融危机影响较大，订单较往年减少30%以上。为了把金融危机带来的损失降到最小，在外贸方面“抓大而不放小，巩固开拓并重”，调整了运营策略，通过参加国际国内的大小展会和各种文化活动，确保不错过每一个商机，外贸合作商不但没有减少，相反比2008年增加了10%，但外销金额有所下降，集团又加大了自营出口力度，全年销售达1000多万美元，保住了国际市场主营阵地。

二、二轮齐动 拉动内需

随着国家“扩内需”政策的有效刺激以及政府对包括音乐文化教育在内的素质教育的更加重视，集团按照新制定的国内市场开拓计划，扩充内销队伍，通过召开内贸交流大会等措施，借助品牌优势，迅速在全国62个城市设立了112个凤灵产品专柜，全年内销总额增长36%以上，凤灵产品覆盖了全国市场的70%。

三、加快结构调整，促进产品升级转型

凤灵集团依靠科技创新，加大了产品升级转型的步伐，在压缩低档琴产量的同时，加大了中、高档琴的技术投入，并组织了产品开发团队，开发了新型电声琴、音箱提琴、复合材料琴、多弦琴、礼品琴等新品种30多种，满足了不同市场和不同消费群体的需求，为企业新增订单近1000万元。2009年

集团被评为国家文化出口重点企业，提琴、吉他被评为国家文化出口重点项目，“木材生物改性与提琴音质改良”项目被中国轻工联合会授予“科学技术进步二等奖”。

四、拉长提琴产业链，加速发展文化旅游业

国家文化产业振兴规划进一步加大了对文化产业的支持力度，集团发挥“国家文化产业示范基地”和“全国工业旅游示范点”的优势，紧密结合旅游示范点的特色，在做好提琴、吉他系列产品的基础上，开发了饰品、家具等关联产品，推进文化旅游景区的建设进程，增加了经济效益。集团还引领所在社区乐器企业由量向质转变，打造世界知名的乐器产业集群，集团所在的溪桥镇通过了“中国提琴之乡”复审的基础上又被中国轻工联合会和中国乐器协会正式授予“中国提琴产业之都”荣誉称号。

2009年凤灵集团全体员工坚持克艰排难，不断开拓创新，提高了经济效益，加速了发展进程。

得理乐器（珠海）有限公司

2009 年是得理公司新的转折点。得理公司坚持“创新求发展”的原则，使各方面工作协调推进，在新的市场环境下，以世界眼光谋划未来发展，继续巩固和实施双品牌战略。2009年，在全球经济十分不景气的大环境中，得理公司通过全体员工和全国各大销售商的共同努力，实现了销售收入两位数的增长。

2009年初，得理与中国鼓手界五虎将（子曰乐队鼓手陆勋，黑豹乐队鼓手赵明义，唐朝乐队鼓手赵年，央视实话实说乐队鼓手鲁宇非，轮回乐队鼓手尚巍）携手，五位国内知名鼓手同为美得理旗下电声品牌“魔鲨（MUZA）”代言。此举在中国乐器界写下了浓墨重彩的一笔，整个鼓坛为之震动。

2009年3月，由得理公司冠名赞助的“魔鲨杯首届全国鼓手大赛”正式启动。大赛历时四个月，全国设置13个分赛区，参赛总人数达2300多人，最后参加北京总决赛有近300位来自全国各地的选手。如此大规模的鼓手大赛，在国内还是首次。这对于鼓手而言，是一个很好的学习和观摩机会。分赛区比赛中，涌现出了大批的优秀选手。这样的赛事活动对于中国打击乐的纵深发展，起到非常重要的推动作用。

2009年6月，得理集团珠海乐器工业园一期工程建成投产，占地55000平方米，产值将超过5个亿。预期三年内二期用地投入建设，总投资建成面积将超过90000平方米，年产值规模将达到10亿元。

得理公司在发展的同时，始终不忘肩负的社会责任。2008年5.12汶川大地震后，得理集团董事长郑刚先生调研并选择了两个教育慈善项目，一项是资助四川汶川威州中学10名品学良好的贫困学生直至高中毕业，其中考上大学的再资助到大学毕业。第二个项目是资助四川青神县南门小学的扩建工程。此两项教育慈善项目，分别于2009年2月9日和10日签署了“青神县南门小学捐助协议书”和“资助汶川威州中学贫困学生协议书”。值郑刚先生还于2008年末再次启动清华励学金项目，将于五年内每年资助20名电子工程系一、二年级的贫困学生。2009年2月17日，“清华校友郑刚、李竹林励学金捐赠协议书”在清华大学正式签署。

雄关漫道真如铁，而今迈步从头越。得理将在新的一年中，把研发、生产、销售、服务集中至珠海得理工业园区，这将大大提高新产品开发的速度和力度，缩减管理成本。我们期待得理给市场带来更加耀眼的产品，也期待美得理在新的一年中，迈步走向更新、更高的台阶。

海伦钢琴股份有限公司

海伦钢琴股份有限公司自2001年开始生产钢琴以来，一直保持着健康、快速的发展势头，在金融危机席卷全球的2009年，也保持了30%以上的增幅。2009年度海伦钢琴取得的业绩如下：

一、主要工作及获得的荣誉

1、1月，董事长陈海伦荣获“2009年度十大风云甬商--最佳市场开拓奖”。他的“品质决定市场开拓效率，品质决定市场价格定位，品质是企业做强做大的基础”三个理念给奖项评审团印象深刻；

2、2月，“HAILUN”荣获“浙江省著名商标”。这标志着海伦公司在实施品牌战略，打造民族自主品牌工作中，再上新台阶；

3、5月，海伦钢琴荣获“首届北仑区长质量奖”。说明海伦钢琴的企业发展战略、企业文化、人力资源开发、科技创新、经营业绩等方面的综合评价成绩突出；

4、5月15日，浙江省委书记赵洪祝在相关领导的陪同下考察了海伦钢琴，对企业在金融危机的影响下仍保持快速增长势头，打造民族自主品牌给予了高度评价；

5、11月25日，在“第二届中国服务贸易大会”上，海伦钢琴凭借成功打入欧洲钢琴主流市场的优秀业绩，被列为商务部、文化部等部门“2009-2010年国家文化出口重点企业和重点项目”；

6、10月，海伦钢琴成为捷克佩卓夫钢琴在中国的合作伙伴和总代理，海伦钢琴利用优秀的成本控制能力和严格的产品质量管理，借助佩卓夫公司的核心技术，生产品质优良而价格极具竞争力的世界名牌产品。

二、承办重大赛事

1、6月，“海伦之旅--上海师范大学国际音乐大师班”在上海师范大学隆重开幕，来自世界各地的音乐家、钢琴家给予海伦钢琴高度评价；

2、9月16日，“全国第二届高等艺术院校民族声乐大赛”举行颁奖晚会。海伦钢琴以出色的质量和品牌形象，作为本次活动的指定用琴；

3、8月，“海伦杯--第五届浙江省少儿钢琴比赛”决赛拉开帷幕，海伦钢琴做为本次决赛用琴，获得了评委老师和选手的一致好评；

4、10月，“海伦钢琴--全国高校音乐教育专业钢琴教师演奏与交流活动”开幕。海伦钢琴秉承对我国钢琴教育事业的支持，学校和老师们提供最好的海伦钢琴。

2010年，海伦钢琴将以更高的目标、更严的要求、更敏捷的行动，为打造品质一流的钢琴、树立中国民族品牌而努力。

宜昌金宝乐器制造有限公司

宜昌金宝乐器制造有限公司由香港柏斯琴行有限公司独资创立，是宜昌市高新经济技术开发区2000年重点招商引资项目之一。公司2001年正式投入生产，注册资金为1000万港币。公司目前主要以生产中高档钢琴为主，现有资产总额5.49亿元，员工人数1300余名。拥有一批优秀的国内技术人才和来自韩国、日本、德国、奥地利的乐器制造专家，配备有一流的现代化技术设备。

金宝公司主要生产TOYAMA（托雅玛）、KAWAI（卡瓦依）、SCH?NBRUNN（森柏龙）、BARRATT & ROBINSON（巴特·罗宾逊）、BRODMANN(波特曼)、长江等产品系列的立式、三角钢琴。其中TOYAMA、SCH?NBRUNN、长江为公司自主品牌，2007年TOYAMA被评为“湖北省名牌产品”。由于产品品质上乘，加之柏斯琴行良好的商誉及强大的销售网络，公司产品在市场上呈现出供不应求的状态。公司产品远销德国、奥地利、英国、美国、日本、东南亚、香港等地，得到世界各国音乐爱好者的喜爱。

公司始终坚持“以科技求胜、以质量求生”的经营理念，与专业技术大专院校和国际知名企业合作，不断采用新材料、新技术、新工艺提高产品档次，并取得良好的经济效益。公司研发中心通过自主研发已获得各类专利10余项，技术诀窍4项，2009年被省发改委认定为“省级企业技术中心”。同年，公司被湖北省文化厅命名为“省级文化产业示范基地”。

在未来的五年中，金宝公司将投资5亿元，扩大生产规模，把宜昌建成为中国最大的乐器制造基地之一，力争到2010年达到：立式钢琴年产量80000台、三角琴年产量7000台、五金铁板铸件60000件，以及击弦机、键盘、榔头、油漆、木材加工等各项生产，实现年工业产值10亿元人民币，销售收入8亿元人民币，公司员工达到4000人的规模。同时，公司将完成“四中心一校”的建设：即汇聚世界顶尖科研技术的研发中心；形成中国最大的钢琴生产中心；建立全国连锁经营网络总部和颇具规模的销售中心；建立生产技术培训基地，形成专业齐全的培训中心；开设音乐学校，推广音乐文化，培育音乐人才。

河北金音乐器集团有限公司

2009年，金音公司面对全球性金融危机和严峻复杂的国际贸易形势，坚定信心，迎难而上，经全体员工共同努力，取得了可喜的成绩。2009年实现销售收入31470万元，同比增长30%；利税4200多万元；纳税1130万元，同比增长13%。同时，带动了周边乐器生产企业60多家，从业人员3万多人，有力激发了当地的文化创新活力，形成区域特色文化产业群。同时，金音乐器集团被列入河北省文化产业振兴纲要，成为全省重点扶持的21家文化产业龙头企业之一。2009年12月，金音集团被国家商务部、文化部、广电总局、新闻出版总署授予"国家文化出口重点企业"，"金音"管乐器、提琴和吉他出口被列入"国家文化出口重点项目"。取得以上成绩公司主要采取了以下几项措施：

1．及时调整经营方针。在重点抓好国内市场的同时，继续加强国际合作，推动产业升级。金音公司始终瞄准世界科技前沿，2009年通过扩大与电贝司行业的世界第一品牌德国握威、美国凯利金等国际大公司合作，引进国际上最先进的抛光、焊接、除尘和激光打标设备，最大限度地改进工艺、提高生产效率和技术水平，基本实现了数控流水线自动化加工生产，使产品规范化、标准化，加快了公司向规模化、系列化、国际化龙头企业的发展步伐。大力开拓国际市场，新建了3家国外销售公司，并与世界最大的零售商沃尔玛公司进行产品销售合作，还成功与欧洲第一大电子商务零售商托曼公司建立了供销合作关系，从而使集团出口量增长8%；

2．坚持自主创新，适时调整产品结构。在不断自主创新的同时，根据客户的需求又开发了30余种新产品，提升产品技术含量，增加了中、高档产品产量，扩大品牌效应，加大国内外市场销售力度和强化自主品牌知名度，新产品产值率在20%以上。在产品创新的同时，还在产品配置上进行创新，新申报并被国家知识产权局受理的专利12项，同时取得CE、ROHS等有关安全、环保等多项国际认证和SGS检测，为以欧盟为重点的国际贸易提供了通行证。一系列的举措使金音公司国内外市场占有份额不断扩大，自营出口额也连年递增；

3．加大投入，不断新增项目。为进一步提升企业的发展后劲，我公司创建了生产一代、储备一代、研制一代的产品格局。多年来坚持每年拿出销售收入7-15%投入研发，不断上新项目。先后对乐器抛光、模具制造、产品改型等关键工序进行重大改造；2009年又投入1200万元新上了静电喷涂生产线和物流中心，均收到了良好的效果。在金音公司成立20周年之际，挂牌成立了河北金音乐器集团，加快了公司向规模化、系列化、国际化乐器龙头企业的发展步伐；

4．加强企业管理，制定新战略，不断引进人才。创业无止境，追求无止境。为了跟上21世纪音乐文化产业的前进步伐，应对信息时代，网络社会和知识经济的挑战，金音集团新引进了18名专业人才，充实各重要岗位，发挥关键作用。公司制定了全新的战略：在区域经济、国内市场和国际市场运营三大版块齐头并进，与国内外同行强强联合，构筑起一个具有国际竞争力的研发、生产、销售与服务体系，实现生产现代化、管理规范化、运营国际化、规模集团化；全力打造新型企业文化，以创造艺术人生为宗旨，努力转型成为创造艺术生活的公司，而不再仅是乐器生产销售商。

目前，金音集团正在全面进军音乐文化产业，大踏步地向集乐器生产、音乐教育和音乐文化经营于一体的音乐产业集团迈进。我们信心百倍，迎接新挑战，夺取新胜利。

天津市津宝乐器有限公司

回顾2009年全球经济危机给乐器制造业带来了巨大冲击。但相信危机面前机遇大于挑战，津宝公司坚持在逆境中发现和培育有利因素。

其一、积极开发新产品、新工艺、新设备。早在几年前津宝公司就成立了市级企业技术研发中心，高薪聘请20多名国内外专家，引进、培养顶尖人才，建立了一支100多人的专业研发队伍，专门从事新产品、新设备的设计、制造研发工作，每年投入研发资金近千万元，几乎月月都有新专利诞生。目前，公司拥有的专利总数达194个，成果转化率近80%。2009年津宝乐器通过技术、产品创新，增加销售收入4500万元。2009年投资2500万元进行技术改造，现已与西班牙斯通威乐器公司达成合作，合资成立中国天津斯通威公司，引入欧洲乐器行业一流研发制造技术和管理经验，形成自己的核心竞争力，进一步抢占乐器发展先机。

在开发新产品上，做到“人无我有则新，人新我精则妙，人妙我奇则智”。目前公司产品包括铜管乐器、木管乐器、爵士鼓、乐器支架、乐器包等六大系列300多个品种，不断推陈出新的新产品为企业发展注入了新鲜血液。2009年公司根据市场需要，针对儿童、专业乐团等不同用户量身打造出儿童迷你乐器、团体乐器、个性乐器等，产品趋于多元化、精品化。

其二、创新新工艺，引进新设备。采取“走出去”、“请进来”的发展战略，加强与国内外优秀演出团体和专家老师的合作，为其演出、教学提供专业产品，虚心听取他人意见，吸收先进的技术精华并加以改进，使工艺流程上更加“高、精、细”，以提效来带动品质提升。目前，公司设备已经达到1800台套，其中自制设备400台。

其三、加强品牌战略，注重品牌宣传。目前“津宝”牌已经被国家工商总局认定为中国驰名商标。在国际品牌推广上公司在全球多个国家对自主品牌进行注册保护和大力宣传，2009年自主品牌产品销售比上一年增长8%，占外销总额的11.6%，为将来与国际高端品牌竞争打下基础。2009年公司被评为“国家文化产品重点出口企业”。

继35周年、50周年国庆庆典后，2009年新中国成立60年国庆庆典仪式上又再次使用了津宝公司的产品。这是值得津宝人乃至整个乐器界的骄傲。

其四、开拓国外、国内市场。津宝乐器85%的产品出口全球60多个国家和地区，年销售额近3亿元，进入世界乐器供应商前200名。在外销方面，巩固与开拓并举，保住国际市场主阵地。公司在外贸方面做到“抓大而不放小，巩固与开拓并重”，把老客户的巩固和开拓新客户工作做到细微之处。在国际、国内的大小展会做到都参与，品牌展示活动都重视，各种文化活动都举办，确保不错过每一个商机，同时， 在内销方面，随着“扩内需”政策对经济的有效刺激，要扩大影响力、增强竞争力，来谋求自身的发展。将乐器制造与音乐教学、音乐演出相结合，实现乐器销售和艺术创造的有机统一，向音乐文化产业不断延伸。

其五、认真履行企业社会责任。企业之所以可以良好的发展，稳定、和谐的社会环境是基础。公司为了回报社会，2009年共捐献、赞助社会团体、学校、慈善机构等，共计84.2万元，将一如既往的支持各项公益事业，尽一份社会责任。

2010年乐器制造业面临全球经济危机还将延续，公司要全面提高核心竞争力，稳定低端市场、推进中端市场、瞄准高端市场，促进向高端市场转变，走津宝创新特色之路。继续坚持以创新为企业不竭动力，坚持品质是永恒的主题，认真是制造精品的基础，坚持与客户共赢，坚持经济效益与社会效益相结合。

四会市华声乐器有限公司

2009年，华声公司深入贯彻落实科学发展观，紧紧围绕“务实，进取，创新”的企业宗旨，制定了企业在新形势下的奋斗目标，各项工作均取得良好的成效。

遵循“以质量求生存，以信誉求市场，以创新求发展”的企业经营理念，公司领导班子号召全体员工在经济形势极为严峻的2009年，将以提高整体产品质量作为企业生存的头等大事，采取了一系列有效措施和制度，反复对广大干部员工做深入的技术培训和引导。公司斥巨资引进日本蓝氏DISK喷涂机，建立高科技无尘自动化喷涂立体干燥生产线。UV光固化涂料立体干燥技术在吉他生产工艺上的应用，创造性的完成了产品从喷光油及其后的免烘干打磨抛光的无尘化自动化生产，达到了降低成本，提高工效和产能，节能减排的目标；促进吉他产品的优化升级和乐器生产高端化，产品喷涂质量实现了历史性的跨越，使中国吉他生产工艺向世界先进水平又迈进了一大步。这一技术成果还获得四会市经贸局颁发的“2009年高新技术研发”奖。

一系列的有力措施使产品质量有了明显的提

高，受到了海内外广大客户和消费者的一致好评！使华声公司吉他产品一直处于供不应求的良好态势。

久负盛名的“星臣”牌吉他连续十年获得广东省名牌产品的荣誉称号、以年轻+时尚+摇滚定位著称的“克莱文”（Clevan）吉他品牌也得到广大吉他爱好者的关注和青睐。

在全体员工的共同努力下2009年公司还获得了“肇庆市十佳外来工用工企业”、“四会市创建平安和谐示范企业”等荣誉称号。吉他产品也成为四会市文化产业代表，公司更连续多年被评选为“四会市明星企业”。

武汉艾立卡电子有限公司

2009年，武汉艾立卡电子有限公司沉着应对金融危机，积极开拓国内外市场，提高企业竞争力，保持了生产经营的稳定、健康发展。继2008年以1061万美元的出口额首度闯入乐器行业世界225强之后，2009年出口额再次突破1000万美元大关，与上年基本持平。销售收入总计9717万元，较上年的7198万元增35%，上交税金521万元。

在市场开拓上，积极参加国际展览会，2009年除参加美国NAMM国际乐器展、德国法兰克福国际乐器展、上海国际乐器展之外，还参加了“中国品牌商品美国展”，抓住一切机会寻找商机。

在质量管理上，进行质量、环境、职业健康安全管理三合一（QEO体系）整合型管理体系创建与认证，在ISO9001：2000质量体系认证的基础上，2009年又通过了ISO14001：2004环境管理体系、OHSAS18001：2007职业健康安全管理体系认证。

在国标编制上，艾立卡起草制订《电鸣乐器放音设备音乐性能评价规范》、《电鸣乐器均衡类音效装置通用技术条件》两项国家标准，经过一年多的努力，于2009年7月通过了全国乐器标准化技术委员会的审定，成为湖北省首家起草制订乐器国家标准的民营企业。并于2009年10月通过了“标准化良好行为企业”4A级确认。

此外，艾立卡作为主要发起单位，从2008年开始筹备成立武汉市乐器行业协会，以促进全市乐器行业全面、持续、健康发展，为武汉乐器界的同行搭建一个相互交流、学习、合作的平台。2009年12月，举行了近百家武汉乐器企业参加的武汉乐器行业协会成立大会，武汉艾立卡电子有限公司当选为会长单位，总经理张鉴堂当选第一任会长。

艾立卡在2009年获得了良好的发展，得到各方肯定：2009年2月被武汉市人民政府授予首届“十佳创业企业”称号，5月被武汉市总工会授予“五一劳动奖状”，同月获湖北省工商行政管理局颁发的“湖北省著名商标”，11月被中国中小企业协会评为“最具自主创新能力企业”，12月荣获国家商务部、文化部、广电总局、新闻出版总署等4部委联合评选的“国家文化出口重点企业”，入选湖北省科技厅评定的150家“创新型企业建设试点单位”。并被中国轻工业联合会评为“2009年度全国轻工业卓越绩效先进企业”，《用于电吉他的延时类数字音效嵌入式系统》荣获“2009年度中国轻工业联合会科学技术进步二等奖”、《基于USB的吉他录放系统》荣获“2009年度中国轻工业联合会科学技术进步三等奖”。

功学社(天津)商贸有限公司

2009年功学社无意“回顾”以前取得的成绩，而是选择继续“行进山川百花中”。行进的主要方向是在保持并发展强项的基础上，从弱点出发。以强项为基础让我们在机会中行云自若；从弱点出发让我们因为了解 “危机意识”，而减少了危机，降低了营运风险。2009年，功学社在此方针下，内销、外销营业额、利润都有不同程度的增长。

外销迎来春暖花开

2009年初的NAMM展、法兰克福展及我国公布的出口数据，明显看出国外乐器市场的萧条与我国出口形势的严峻。功学社坚持“眼睛盯准市场，功夫下足现场”的原则，结合产品结构及出口战略，并与全国同行一起，抱团过冬，共同迎来春暖花开。

自有品牌和代理品牌双向开花

公司的自有品牌中，以鼓乐美派司Mapex和管乐杰普特Jupiter为主体，二者较2008年金额分别成长20%左右。除自有品牌外，功学社一直致力于结合世界各地合作伙伴打造全球化品牌，于中国地区建立垂直整合的服务系统，共同建立优质的音乐服务网络。Combo类长期代理的国际品牌Remo、Vic Firth销售增长外，年底亦与Zildjian公司达成了中国地区独家代理的合作策略。管乐整合策略也让我们2009年取得Vandoren独家代理权，2009年Vandoren销售也达到了双方期待的目标。强强联合让我们双向开花。

销售渠道遍地开花

外销从以欧美等发达国家为主，更加转向开拓全球乐器市场，特别是南美、亚洲等。将市场放到更广的范围。

中国地理区域广大，功学社更加关注于一些需求未被满足的市场，将市场的空间和范围进一步扩大，这样让整体的市场没有受到太大的结构性影响。从我们销售分析的地图上来看，通过全国经销商的努力及往下延展的渠道深耕策略，功学社已经遍地开花。

社会营销锦上添花

公司在保证品牌营销正常有序进行的同时，加大了社会营销的力度，加强公益形象的传递，经常举办多元化的社会营销活动，如亲子生日会、成长夏令营、小区合作活动、与时事结合的各类庆典活动，藉由寓教于乐的全民活动，得以加强人与人之间的互助互信互勉互学。为农民工子弟学校送去乐器与书籍，让他们享受同龄人应享受到的教育。社会营销不仅增强了消费者认同感，还增强了公司同仁的归属感，锦上添花。

上海超拨实业有限公司

2008年全球经融危机席卷而来，超拨公司作为综合型乐器出口大企业，在2009年乐器生产、贸易、音乐文化教育、公益事业四大方面，交出了一份让人欣慰的成绩单。其中生产经营产品包括：钢琴近8000架，吉他近40万把、管乐器3万支、手风琴2000架、数码电子乐器1000台、各类乐器音箱20万个，另外还有竖笛以及乐器支架、乐器背带、包装物等配件生产。贸易体系方面主要分为进出口贸易和国内贸易两大部分，一部分是由上海超拨实业公司与美国AXL国际乐器公司承担乐器进出口贸易业务。另一部分是负责上海超拨公司的国内销售的业务部门——超音及詹森，实现总销销售收入近4亿2千多万元人民币。

2009年，公司在音乐教育和文化事业方面投入的精力较多。先后赞助举办中国第一届百事可乐“群英争霸”乐队大赛、第二届帕拉天奴杯上海国际青少年钢琴大赛、第四届中央音乐学院帕拉天奴杯中国音乐创作比赛、首届Schimmel舒密尔杯全国音乐艺术院校钢琴比赛等赛事。

此外，公司常年设立了Palatino奖学金，优秀学生毕业后还可赴美国朱丽叶音乐学院和加州艺术学院交流访问，费用全部由公司承担。

2009年中，公司热心于公益事业，先后向光影基金及蓝天下的至爱捐款。

展望2010年，公司继续奉行开拓创新、保持行业领先地位的发展战略，不断提高乐器产品的质量，以优质的服务为将中国制造的乐器产品推向世界而努力。

上海知音琴行有限公司

上海知音琴行有限公司成立十三年来，始终秉承“诚信、专业、团队”的理念，坚持“我们只售有保障的乐器”。2009年，在金融危机带来巨大挑战的市场环境下，知音人团结奋进、迎难而上，实现当年销售总额超过2亿元，同比增长8%；门店总数达到16个，新增营业面积6000多平米；被美国《音乐贸易》杂志评为全球乐器与音响制品行业225强第103位，成为中国内地唯一上榜的乐器终端零售商。

一、探索经营模式，扩大琴行规模

近年来，知音琴行在考察国内外成功案例并结合自身发展经验的基础上，逐渐探索出一条适合琴行连锁经营的发展模式，即以专业化大型门店结合社区服务型门店，同时依托艺术培训事业推动乐器销售的连锁发展模式。按照这种发展理念，2009年上半年，知音琴行相继在上海瑞虹地区和联洋地区新开两家社区型门店和两所培训艺校，下半年更是在繁华的中山公园商圈打造了国内首屈一指的专业化旗舰店。营业面积近4000平方米的知音旗舰店集合了销售专区、培训艺校、客服中心以及知音音乐厅，提供了专业咨询、交流体验、器乐销售、维修保养、艺术培训等一站式的专业服务。

二、规范内部管理，夯实发展基础

知音琴行在2009年中，相继对物流、市场、音乐培训、售后服务等部门等进行了改革，通过梳理各个部门的业务定位和工作职责，对若干业务流程和工作环节进行改革。同时，进一步完善了对门店销售人员礼仪、接待、销售等方面的标准规范，努力将知音建设成真正专业化、规范化的连锁琴行。

三、注重人才建设，打造精英团队

知音深知人才对于企业发展的重要意义，因此一方面重视员工培训，另一方面大力引进人才，更努力为员工创造个人发展的渠道。知音2009年新任命的中层干部中有6位年龄在三十岁以下；各门店店长的平均年龄下降到34岁；员工学历水平和知识结构都有了较大提升。敢于破格提拔年轻干部已成为知音企业文化中最为突出的一部分。

四、推广音乐文化，强化社会责任

琴行的发展和音乐普及密不可分。知音长久以来与音乐院校、各类音乐机构密切合作，致力于推广音乐文化、扩大音乐人口。2009年，知音琴行先后承办了"珠江·恺撒堡"全国青少年钢琴大赛、"圣卡罗杯"上海市青少年钢琴大赛、首届雅马哈欢乐管乐赛等音乐赛事；此外，2009年知音琴行新建两个音乐厅，用以举办各类音乐会、讲座、沙龙，为爱乐人士提供了展示、交流、体验的良好条件。

四川盛音乐器有限公司

2009年，面临全球金融危机和汶川5.12特大地震持续带来的困难和各种经营压力，盛音公司一方面利用专业优势尽自己最大可能支援灾区建设和恢复，一方面稳定公司人员，困难面前公司未减过一次薪，未裁过一个人，且优先招聘重灾区灾民。在逆境中，公司加强内部培训，提升服务质量，主动出击，积极挖掘市场潜力，针对市场疲软状况，采取一系列措施，如：对二级市场经销商加大力度培训和帮助；加强各专卖店零售力量；在音乐传播推广和音乐培训上多下功夫；以多搞各种活动来活跃市场，提升人气和信心。通过多种方式方法，使得盛音公司2009年度经营业绩获得较大幅度增长，安然度过金融危机带来的负面影响，恢复并超过"5.12"地震前营销水平。

2009年，公司在以下工作中都取得了很好的社会效益和经济效益：

1、配合省市政府打造和谐四川、和谐成都理念，普及音乐素质，让音乐深入社区，扩展办学规模，2009年度新增六个社区分校；

2、社区音乐会义务展演，公司增加全套演出设备，包括多台视频自动演奏钢琴、专业音响功放，组织专业师生、业余学员、乐队到成都各社区巡演音乐会近30场；

3、在四川音乐学院音乐厅，举办了暑期音乐会和新年音乐会；在音乐街区公司各专卖店举行小型音乐会约20余场；

4、和钢琴厂家联合提供经费和钢琴，冠名赞助2009年四川省社会音乐类考级；

5、培植音乐土壤，让更多孩子学习音乐，尤其为让低收入家庭（特别是灾区）孩子也能学习音乐，参加考级，公司花大力气协调四川省音协、四川省考级委员会、四川音乐学院、教委等部门，筹备成立"四川省音乐家协会木（竖）笛专业委员会"，正式确定2010年四川省考级设立拥有众多孩子学习的"竖笛"专业。并组织国内专家编写出版《中国木（竖）笛考级教材》、《巴洛克木笛初级教材》；

6、组织"全国珠江.恺撒堡杯青少年钢琴大赛"四川赛区比赛，并有多名选手获全国总决赛前3名；

7、组办钢琴大师赵晓生教授四川音乐学院学术讲座和音乐会；

8、多次赞助地震重灾区绵竹、汉旺、德阳、都江堰地区纪念赈灾、慰问音乐会用钢琴及其他乐器和教师用琴；

9、只要是地震灾区中标乐器，不管是路途艰险还是各种困难麻烦，都尽全力克服，高质量的完成本公司灾区中标乐器以及负责受托代理国内乐器厂家，琴行灾区中标乐器数以万件计的储运、配送、培训和售后维修服务任务；

10、组织琴行分会成员单位到俄罗斯参观"莫斯科国际乐器展"，并和圣彼得堡市乐器经销商会谈交流；

11、组织并参与2009年上海国际乐器展"CMIA琴行论坛《如何跨越不同年龄段，进入城乡公共文化空间，扩大社会乐器消费群体》"，"数字化音乐教育拉动传统乐器消费""NAMM主题论坛《乐器零售业的现状及趋势——战略与策略》"；

12、组织并参与2009年度琴行分会理事扩大会暨长春"博乐钢琴城——音乐宝贝"论坛。

福州和声钢琴有限公司

2009年,福州和声钢琴有限公司克服了国际金融危机造成的钢琴市场不景气的严重困难，经过不懈努力，持续创新，在困难中前进，终于取得了比较令人满意的成绩。全年生产和销售钢琴 6000多台，比2008年增长5%以上,利润也同步增长。

2009年通过学习实践科学发展观，和声公司经营班子思想更加解放，不断探索新的发展思路，迈出新的步伐。我们先后分四条路线，到北京、辽宁、吉林、陕西、山西、四川、广东、广西、山东等10多个省市进行市场调研，全面了解市场动向，为企业决策提供参考，同时在股东的支持和指导下，解放思想，大胆进行了一些改革，取得了进步。几年来，和声钢琴通过坚持企业内部调整、坚持新产品研发和技术创新、坚持狠抓品质等一系列措施，在产品产量、品种、质量等方面均可满足市场需求的同时，哈曼尼等钢琴品牌的知名度不断提升。

和声公司坚持走精品路线，重质与重量相结合。这几年来，哈曼尼钢琴坚持走精品、高端路线，产品附加值较高。为了弥补和声钢琴在普及琴消费市场的不足，我们适时调整产品策略，根据市场需求不断调整产品结构，不仅考虑到精品琴的消费层面，也注意发展普及琴的生产，努力使产品结构合理化、全面化，以满足不同消费市场的需求。在"3.15"消费者权益日，和声钢琴再次召开有50多名骨干参加的大型品质会议；每季度坚持召开一至二次品质分析会；成立品质改善小组，在正常检验的基础上每月定期对入库前的钢琴进行抽检。从原材料采购到生产、仓储等各环节都注重品质的控制；在新购部分生产设备的同时，进行了部分现有设备的改造，为提高生产效率和产品品质奠定了基础。所有这些都旨在努力把和声钢琴做得"更精一些、更细一些、小毛病更少一些"，打造真正"精品和声钢琴"，实现产品结构全面化的同时，实现钢琴品质的精品化，真正做到重质和重量相结合。

2009年，和声公司生产经营中的重要变化是：三角钢琴实现批量生产、销售，根据收集到的客户反映，音色、手感不错，造型新颖且有特色,深受消费者的欢迎，填补了和声钢琴产品结构的空白。立式钢琴通过持续创新，新产品的开发，逐步实现了从以"哈曼尼122"系型为主流产品到"哈曼尼 R"版精品系列为主流产品的更新换代，"R"版技术广泛应用于和声钢琴的123以上系列产品，同时我们逐步扩大附加值高的产品的生产和销售，加快和声公司的7项实用新型专利技术和8项外观设计专利的应用，使123型以上"R"版钢琴的生产与销售比例有了明显的增加，年内基本实现123型以上的钢琴全部"R"版化。为打造和声特色的精品钢琴又迈出一大步。目前和声钢琴已经形成比较完善的产品结构，为今后的发展奠定了良好的基础。

回顾2009，展望2010，和声公司有信心克服困难，解放思想，持续创新，为中国钢琴事业的发展而不懈地努力。

烟台博斯纳钢琴制造有限公司

2009年，面对百年不遇的世界经济危机的强烈冲击与影响，烟台博斯纳钢琴公司采取了积极有效的应对措施，使公司在危机的狂潮中站稳了脚跟。公司全年共生产立式钢琴7800架，三角钢琴800架。实现销售收入10520万元，利税630万元。其中利润260万元，出口立式钢琴3000架，三角钢琴600架，出口创汇600万美元。

2009年，公司一方面及时调整销售策略，加大国内市场的拓展力度，实现国内销售收入的大幅跨越与提高，另一方面，积极开拓新的国外市场，在国际市场持续低迷的环境中，觅得了新的发展商机。公司产品不仅畅销北京、广州、深圳、天津、哈尔滨等七十余个大、中城市，而且远销欧洲、美国、加拿大、日本等五十个国家和地区，深受广大钢琴经销商、制造商及使用者的赞誉。

2009年，烟台博斯纳钢琴连续第三次被世界钢琴权威工具书《钢琴著》评为3A级产品，这是中国制造的钢琴在世界钢琴质量排名中取得的最高名次，也是该年度唯一进入3A级的中国钢琴。

2009年，烟台博斯纳钢琴制造有限公司与世界顶级钢琴制造商--德国贝希斯坦钢琴制造股份有限公司双方合作范围进一步扩大，从配件生产到成品提供，都取得了令双方满意的成果。德方委托烟台博斯纳公司制造世界品牌Hoffmann钢琴，一部分在中国销售，一部分返销德国工厂。德方就加工制作的有关核心设计和技术，进行了多次有效的培训与指导，使公司掌握了生产世界一流钢琴的要领及方法，从而使双方互惠互利，双赢共享，合作前景广阔。

2009年，烟台博斯纳钢琴制造有限公司承办了“博斯纳”杯美国钢琴公开赛--中国赛区的钢琴比赛，比赛用琴均为博斯纳品牌。来自全国80余个城市的五百多名参赛者及其指导老师和大赛组委会评委，对博斯纳钢琴给予了极高的评价和赞许。此次活动的举办，进一步扩大了博斯纳钢琴在国内及世界的影响力，树立了良好的公司形象，促进了公司的发展与进步！

南京摩德利钢琴有限公司

2009年是舒曼、摩德利钢琴重要的一年，摩德利公司完成了从老厂往新厂的全部搬迁工作；也是企业内部生产工艺及生产环境持续调整的一年，更是企业大发展的一年。

在金融危机的影响下，2009年上半年摩德利公司提前制定了一系列调整方针：减少部分原材料库存，腾出更多的资金来做市场。同时，加强对员工的危机教育，使员工对当前的经济危机有一个明确的认识，做好和企业同甘共苦，共渡难关的准备。经济危机中，公司没有一名员工下岗，尽管工资有所减少，但员工没有任何怨言，默默地与企业共患难。公司抓住这个空闲的好时机对自身“内功”进行修炼，按照往年惯例请来德国钢琴制造专家亲临公司，对钢琴制造工艺的精细化管理，培训员工过硬的操作技能，使自身技术骨干队伍得以加强、对钢琴制造精髓的理解得到进一步深化。

在度过2009年最难熬的上半年之后，公司迎来了下半年的硕果：投入做市场的资金逐渐增多；ERP的上线使管理效率进一步提高，生产能力不断上升；通过外国专家的指导以及内部培训，产品品质有了更大的提升；员工有了更多的抗风险意识，每个人都积极为企业分忧解难、共同担当；市场逐渐回暖，订单不断增多，舒曼、摩德利钢琴2009年度出口钢琴同比增长12.7%。

2009年初公司制订了一个三年奋斗目标，在3年时间内，每年将投入重金进行设备更新、技术改良、管理手段变革等，使企业有一个可持续的发展动力，为企业下一个十年的长远发展打下良好的基础。

今后，摩德利公司将不断提高自身的核心竞争力，不断突破、创新，抢抓新形势再创新优势，实现新发展。面对新形势，进一步坚定信心、创新思路、明确下一步发展目标和工作举措，为中国的乐器行业做出应有的贡献。

杭州嘉德威钢琴有限公司

2009年，杭州嘉德威钢琴有限公司实现钢琴总产量15559架，其中立式钢琴12946架，三角琴2613架；外销8532架，内销7027架。自2001年创业至今，纵观十年风雨路，是人才、产品、市场三个要素的紧密结合实现了嘉德威钢琴的大踏步发展。

近年来，嘉德威公司注重引进行业专家团队，不断加强新产品的研发力量。产品质量是企业立身之本，公司每年至少投入500万元用于技术创新。公司聘任Sandro.Cardinali为总顾问、Matthew为总设计师、徐惠卿为高级工程师、崔明琦为技术总监、季益富为调律总指导的核心专家团队，带领着嘉德威近500人的生产研发技术团队，保证了嘉德威钢琴的高品质。至今杭州嘉德威钢琴有限公司已形成了7大系列，近50种型号的产品生产线以及特别推荐系列。

近年来，嘉德威公司积极开拓美国、德国、英国、冰岛、西班牙、意大利、日本、马来西亚、新加坡等欧美及东南亚国家的外销市场，发展了近300家海外代理商；在国内，积极开拓北京、上海、深圳、广州等特大型城市为主的一级市场，杭州、武汉、长沙、沈阳、成都、宁波、温州等省会以及沿海城市为主的二级市场，嘉兴、湖州、丽水等地级市为主的三级市场，海宁、海盐、德清等县级市为主的四级市场，发展了近500家经销商。正是有了面向全球的营销网络，在2008-2009年全球经济危机的大环境下，嘉德威钢琴借欧美等西方发达国家消费降级的有利时机，以高性价比的产品与合理价格的双重优势抢占了国外中档钢琴销售市场。

嘉德威钢琴的广告营销推广在2009年也有了重大突破：一是实现了从产品营销到文化营销的重大转变。嘉德威钢琴品牌宣传模式已从早期的硬性广告宣传进入到引导受众消费，和消费者进行积极互动的音乐文化营销活动中来。2009年嘉德威钢琴成为由中国广播艺术团、中国电影乐团主办，国家广播电影电视总局、文化部全力支持的“首届北京米开朗基利国际钢琴音乐节”指定用琴。通过嘉德威杯大学生钢琴比赛及青少年钢琴比赛等一系列大型的赛事，以及对大型音乐会的友情赞助，更进一步提升了嘉德威钢琴品牌在广大音乐爱好者心目中的知名度、美誉度和忠诚度。二是“水泥加鼠标”，大力开拓网络营销市场。嘉德威钢琴现正筹划投资近100万元的嘉德威网上乐器商城，随着2010年10月新厂房的完工投产，数千平方米的嘉德威乐器城实体店也将闪亮登场。网上商城接客户订单，实体店做形象展示，公司仓库做物流配送的三位一体网络营销新模式。

上海欧亚钢琴乐器有限公司

2009年在国际金融危机影响下，国际乐器市场动荡造成的出口下降、国内市场竞争加剧、原材料价格持续上扬以及能源紧张、劳动力成本增加、人民币升值等诸多不利因素，给中国钢琴产业的发展带来了重大挑战和考验。

面对考验，欧亚钢琴公司采取“稳扎稳打，各个突破，稳中求升”的发展模式。在公司内部，以“严守质量，苦练内功，打造竞争优势”为原则，不断为企业注入新的人才，培训员工，提高全员素质，强化企业文化理念；加强企业制度规范化管理，使用自主研发的现代化智能网络管理系统，实现了经营者在德国对中国进行现场指导的现代化远程控制。

在产品质量上，始终坚持严谨的工作作风和不断创新的理念,先后开发设计了10余款新品，完成了世界迷你127三角钢琴、190三角钢琴的开发、摇盖定位器、联体背架、鼓形背架的设计等5项专利的申请。并将世界上少有的沙子加工音板技术，纯手工整音针扎工艺运用在钢琴制造中。

2009年，公司所有人员发扬团结一致的拼搏精神，各项工作均取得了可喜成绩，年度销售收入、实现利润等各项主要经济指标与2008年度同比增长20%。公司参加德国法兰克福乐器展、美国NAMM乐器展、中国上海乐器展，出色的产品研发能力和个性化的外观设计获得海内外一致好评，香港大公报、美国侨报、人民网、东方卫视、新浪、腾讯等20多家中外媒体给予了全面报道，并进入了世界最豪华的七星级酒店迪拜阿拉伯塔作演奏用琴。

2010年全球经济回暖，对于乐器生产企业，既面临着良好机遇，更面临着严峻挑战。在这良好的机遇中，继续扩大德国原装进口门德尔松钢琴在中国国内及国外出口的销售，凭借良好的经营理念、先进的生产技术和严格的质量监管系统，有信心与全国的乐器同行一起发展，为中国的音乐教育事业贡献力量。

成都川雅木业有限公司

川雅木业有限公司立足云杉属木材资源优势，凭借木材工业科技专长，以经营高端钢琴音板、肋木、背架、琴键板“四大件”为主，吉他、提琴、贝司等小乐器音板为配套。经过13年的努力，2009

年川雅木业生产销售钢琴配件近10万台套，小乐器配件30万台份，成为我国名副其实的乐器声学部件生产基地。

一、基本经营数据

2009年川雅木业在努力保障和服务客户，共克世界经济危机时艰的基础上，销售收入较2008年增加19%，资产增加21%；利税增加12%，木材储备同比增加29%，职工薪资和福利增长15%。

二、抓要点树品牌

川雅木业长期重视企业基础建设，一贯苦练内功，在做强企业上狠下功夫，以最终实现品牌化经营，2009年企业产品被四川省人民政府授予“四川省名牌产品”称号。在近年工作中，更加强化乐器木材的资源投资、开发和采购，巩固供应渠道，形成了以西部、东北（俄罗斯）和北美“金三角”供应格局，为企业的长远发展奠定资源基础；其次，为满足环境、专业和领先的要求，企业扩建恒温恒湿厂房和改造重点关键技术装备，以更胜任制造高端和可靠的产品；第三，从木材干燥入手，改进改革EMC+MC木材干燥系统装备、工艺流程、技术要求和企业综合管理，选培优秀人才充实关键岗位，夯实基础管理；第四，企业木材工程技术研究中心的科学试验、产品测试工作卓有成效，所承担的各级各类科研项目顺利完成。2009年企业获发明专利1项，实用新型专利3项，目前企业累计拥有26项专利技术。企业正式参编或起草《木结构设计规范》、《木结构施工验收规范》等三项重要国家标准。

三、经营企业文化凸显发展前景

川雅木业以人为本坚持企业文化，按照人力资源、ISO质量管理和价值流程三大管理体系、专项管理手册和规章制度要求开展工作，严格操作流程或程序，以系统科学的管理理论指导实践，又以具体生动的实践来推动管理，使公司各项工作更加体系化、模式化、制度化、流程化、规范化，不断趋向成熟。

2010年伊始，公司市场明显向好，木材资源充裕，预计产品销售收入增加30%以上，企业重点工作将继续以脚踏实地，认真建好工厂、管好企业、造好产品、用好专长、搞好经营为抓手，加强与用户的配合、交流，深化成本、质量和效率管理，以不断增加对材料、技术和服务的投入等手段保障客户，主动为客户分忧解难，至力于与客户共同创造竞争优势，分享成果，发展事业。

宁波四海琴业有限公司

宁波四海琴业有限公司位于风景秀丽的宁波市鄞州区，与东钱湖风景区相毗邻，是一家通过ISO9001：2008质量体系认证的企业。公司占地10000多平方米，拥有职工260人，其中大中专以上学历的技术人员占20%。公司拥有先进的五金加工设备和抛光、防锈、防腐的成套设备及成品测试仪器，另外还有钢琴外壳加工生产用的成套进口设备。公司总资产5500万元，拥有国内外稳定客户200多家。2009年公司销售收入4000万元，实现利润410万元，上交税金总额327.27万元，出口创汇220万元。

公司生产的钢琴五金配件，不论在外观、性能还是规格型号及其他特殊要求都能满足客户需求。公司在扩大生产的同时，严格控制产品质量，在客户中一直保持良好的信誉。公司有稳定的客户，如广州珠江集团、中山鲍德温、海伦乐器、南京摩德利等，还出口德国、捷克、马来西亚、以色列等国家。

2009年公司在原有设备的基础上，对低音弦生产设备进行技术改造，使公司低音弦年生产能力可达10万套。2009年公司生产销售低音弦5万套，除了内销，还出口马来西亚、俄罗斯等国，低音弦的音质音量得到国内外客户的一致好评。

公司高品质的钢琴外壳为海伦公司的钢琴质量得到有效保证。2009年钢琴外壳生产了10000套，公司在扩大生产的同时对外壳生产设备、场地进行扩建。为更好地保证产品质量，特对油漆工艺进行改革。增加设备、喷漆、刷三管齐下，有效保证钢琴外壳在美观度、光洁度、硬度等方面的质量要求。2009年钢琴外壳除了给海伦公司供货外，还出口德国、捷克等国家。2010年外壳产量将突破11500套。

2010年公司目标是：销售收入增加20%，利润、税金同比增加。相信四海琴业将为我国钢琴业的发展增添绚丽色彩。

广州吉声琴业有限公司

2009年，面对金融风暴的影响，公司坚持一贯稳步发展的战略，以多年来积极培养建立的良好国际市场声誉为基础，努力抓质量、促生产。公司保持了平稳较快的发展，主要业绩取得了全面的突破。

第一，以金融风暴为契机，实现扭亏为盈。当人们认为金融风暴是灾难时，吉声公司却把它当成了机会。2009年，公司全年累计生产吉他299513支、提琴4915支、曼陀铃3911支、乐器袋116324只。全年实现销售收入4298万元，比上年增长7%，利润比上年翻了两倍；出口额达619万美元，比上年增长12%，总资产也比去年翻了一倍，为国家纳税335万元。

第二、加大科研投入，积极开发新工艺和新技术。2009年公司又获得了2个发明专利授权，3个外观设计专利授权。同时，公司积极开发了水晶板吉他技术，该技术颠覆了传统生产工艺的技术理念，缩短了吉他生产周期，既环保又清洁，大大提高了生产率。目前该技术已成功进入批量生产阶段。

第三、积极开拓市场，以质优价廉的优势获得了国际市场大量订单。2009年公司分别参加了1月美国洛杉矶乐器展、3月德国法兰克福乐器展、5月北京乐器展、10月上海国际乐器展。公司产品的质量和服务不断获得国内外客户的肯定。

第四、积极培育自主品牌，争创名牌。2009年，公司确定了以“JISHENG”商标开创国际市场品牌战略，以“MARTIN”商标开创国内市场品牌战略。同时聘请法国、美国的高级技师长期驻厂进行技术指导，努力向国际顶尖品牌学习。目前，公司高档吉他的生产技术有了飞跃性的进步，品牌战略正逐步形成。

此外，公司注重人才的培养，为员工营造良好的工作和学习氛围。2009年，公司采取派遣员工外出学习及请培训师进公司培训相结合的方式，大力培养员工的责任感和管理能力，提升员工综合素质，努力创建良好的企业文化。

广州红棉吉他有限公司

实施名牌战略

名牌产品是高质量、高信誉、高知名度的象征，是科技创新、体制创新与管理创新的结晶，是衡量企业竞争能力的重要标志。红棉吉他2006年获得“广东省名牌产品”称号以后，更加注重名牌战略，明确市场定位，加大广告推介，如与广州魅格广告有限公司合作于广东青少年网络电台开展了一系列活动；在国际演艺杂志和解放军生活杂志也安排了一系列评选活动。另外还参与集团公司在CCTV-3《神州大舞台》全年向希望工程、春雷计划、现场观众等公益事业捐赠奖品等赞助活动。另外，公司成功通过了ICTI和C-TPAT标准体系认证。事实证明，创立和发展名牌产品对我司的生存和发展具有重要的意义和必要性。

科技创新与改革

近年来，公司加强对吉他新产品、新技术、新工艺、新材料的研究与应用，投入200多万元，进行技改、技革。拥有领先同行的吉他制造装备，如CNC数控加工中心，韩国吉他生产线，实现了公司生产的标准化、规范化、机械化。有高水准的产品测音室和材料化验室、恒温恒湿生产车间和干燥室，加强了产品质量的检测能力，使产品质量的稳定性大大提高。2009年公司改进静电喷漆生产线，使生产效率比手工喷漆高了6倍以上，减少了对环境污染和人体的毒害，达到了节能减排的良好效果。使用溶剂回收机回收有机溶剂，实现溶剂的多次循环使用，既节省成本又达到环保要求。此外，公司主要吉他环保材料也通过了欧盟和美国的产品技术壁垒。目前红棉吉他已在全国同行业中显示出品牌、市场、质量等优势，确保企业在日趋激烈的竞争形势下，保持高速增长的良好发展势头。

以顾客满意为标准

红棉吉他坚持质量至上的宗旨，并确立了“高品质的追求是红棉吉他生存与发展的依据、优秀产品优质服务是红棉吉他最忠诚的承诺”的质量方针，通过全面实施ISO9001国际质量管理体系，确保产品质量管理的稳定性和有效性。

红棉吉他重视产品生产过程的控制，坚持以顾客为关注焦点，实现顾客满意为质量工作的起点和归宿。公司建设完善售后服务网点共有110多个，实施了包退、包换、包修“三包”措施，建立专人对消费者意见及时跟踪处理制度。红棉吉他还坚持开展顾客满意度调查，委托广东省用户委员会开展客户满意度复查，追求持续改进，这都表明了红棉吉他坚持“以质量为核心，以顾客满意为标准”的经营理念能始终如一，且受到广大消费者的长期信赖。

上海奋达乐器有限公司

上海奋达乐器有限公司，自2004年开业以来，每年以20%的增长速度快速增长，无论是产品数量，产品品种，产品质量，企业效益等都得到了大幅度提升。2009年初受国际金融危机的影响，国外客户的订单大幅度下降，面临这突如其来的严峻形势，公司及时制定应急预案，积极采取措施，尽最大努力把金融危机带来的影响降到最低点。

首先，公司调整产品结构，大力开发新产品，新品种，新花色，新包装。奋达公司在全球首创仿古电吉他，并且将仿古吉他形成系列化，产品渗透到电吉他的各个型号和品种。开发的仿古吉他被美国专业乐器杂志评为年度金质奖，深得国际客户的青睐，并且得到大量订单，大大缓减由于金融危机带来订单减少的压力。

其次，攻克质量关，迎接新挑战。金融危机影响下，订单减少，公司充分利用这个机遇狠抓企业的质量管理。由于自开业以来的快速增长，内部一些潜在的管理问题，质量问题等没有得到根本的解决，趁订单减少的空隙，公司抓紧将办厂几年来存在的管理和质量问题进行了系统的整理，突出重点，逐个加以解决，使公司的管理和质量上了一个台阶。也为企业今后的发展打下坚实的基础。

降低企业的生产成本，是企业永恒的主题。特别是近年以来由于人民币的升值，对于出口企业来说是一场严峻考验。要解决汇率风险除了调整产品结构，提高产品的附加值以外，降低企业生产成本也是一条捷径。公司认真总结办厂以来的各项经济技术资料，修正和制定了对于原材料，辅助材料的定额管理，并且实行严格的考核，节约有奖。使2009年的材料消耗下降5%。

近年来，公司推行计件制，提高劳动效率。由于近年来劳动力市场发生了深刻的变化，招工难的问题尤为突出。员工流动性更加频繁。为了稳定员工的流动，提高员工的收入和企业的劳动生产率。2009年积极推行计件制，在有效控制质量的前提下，彻底贯彻多劳多得的原则，使劳动生产率提高30%以上。

2009年金融危机影响下，奋达公司采取了切实有效的措施，实现了年初提出的战略目标，也为今后全球经济复苏打下坚实基础。

北京华东乐器有限公司

2009年，华东乐器公司建成全国第一家提琴体验馆和规模化、特色化的展览厅、音乐厅，同时举办了盛大的建厂20周年庆典活动和“中国提琴产业基地”授牌仪式。即使在全球经济危机的大背景下，仍然能完成提琴18万把的产量，各项指标有重大突破。

1、加大销售力度，力求扩大市场

2009年初，由于受全球金融危机的冲击，公司订单减少，产量迅速下滑，针对这种情况，公司派业务员去广东各地调研，发展国内琴行客户。在保证质量的前提下，为客户提供更人性化的服务，客户满意度明显提高，增强了客户的忠诚度，为企业稳定发展奠定了良好的基础。以高质量，低价格，优服务，稳定老客户。积极开拓市场，开发新客户，扩大了销售范围。

2、坚持技改不停步，扩大生产创效益

为了降低能源消耗，扩大生产规模，促进生产长期运行，公司坚持技改不停步，向技改要效益。公司购买了大型的机械加工设备，经过反复实践和

摸索，完成了机器修音孔的工艺，使原来的人工修理，改进为机械加工，提高修音孔的速度，使产品更加完美。公司技术科2009年重新研制了电子小提琴，在上海乐器展已经看到了初步成果。

3、强化车间管理

公司定期召开产品质量分析会，解决生产中存在的实际问题，让全体职工了解本车间的技术指标和数据要求，提高产品质量。同时，公司注重员工综合素质的提高，在新的经济形势下，企业要在市场竞争中生存和发展，建立学习型和创新型的员工队伍是企业人力资源开发的重要途径。2009年公司认真组织了30多名干部参加了高中或中专以上培训，并取得了毕业证书。

4、加强财务监督，保障资金需求

为了保证生产经营、发展、技术改造的资金需求，一是加强了存货资金的管理，对库房、车间的材料、辅料进行了定额管理，实行以耗定进的办法减少库存和资金的占用；二是加大对应收账款的清收力度，坚持每月对应收账款逐一核查，编制销售月报表，督促业务销售人员对货款的回收，减少坏账损失，加快了流动资金周转。

经过全公司上下一心齐努力，公司不仅在物质文明方面取得了好成绩，在精神文明方面更是成绩斐然。公司被北京市工商联授予“社会与保障先进单位”。

广州格利蒙那提琴有限公司

广州格利蒙那提琴有限公司坚持“质量第一、诚信为先”的生产经营方针，积极学习国外先进的提琴制作技艺，致力于对提琴核心技术的研发。公司每年都召开技术研讨会，如研讨油漆特别配方、琴板弧度设计、琴板敲击声测定数据等独有技术。全面继承了意大利提琴制作传统工艺，并辅以现代生产管理模式和质量管理系统，令公司产品在国际提琴比赛中先后获得大、中、小提琴音色、工艺和琴弓的金牌、银牌、优异奖等共24个奖项。2009年成功开发的Chantalle香堤儿V19、V29、V39提琴系列，投放市场后获得极大成功。

虽然因金融海啸的重创，美国市场萎缩，但格利蒙那提琴公司凭借新产品优势，2010年在美国销售取得不俗成绩。2010年1～6月的销售已经超过2009年全年的销售总数。客户数量也比2年前增长4倍。

由于“格利蒙那”牌高级提琴优异的工艺、出众的音色，以最稳定的质量销售到国际市场，赢得了客户，赢得了市场。美国著名世界性弦乐器杂志“琴弦”，多次评价“格利蒙那”牌高级提琴为“美国年度最值得推荐产品”、“1000美元价格系列中最值得推荐产品”。

从成立至今，公司每年都荣获广州市外经贸委颁发的“产品出口企业证书”和广州市工商行政管理局颁发的“重合同、守信用单位”、以及“出口创汇大户”、“依法纳税大户”。连续荣获中国乐器行业“强势公司”称号；被中国质量技术推广中心评为“中国质量放心企业”等。

为适应国际贸易和市场竞争需要，该公司从2006年7月开始组织全体员工进行ISO9000认证工作的贯标计划，并于2007年对管理体系进行投入运行，并取得中国检验集团质量认证有限公司颁发的质量管理体系证书。

吟飞科技（江苏）有限公司

2009年吟飞公司继续以市场需求为导向，不断完善各项管理制度，发扬“诚信、勤奋、合作、奉献”的企业精神，减轻国际金融危机的不利影响，使企业得到更加稳步的发展。

1.做好新产品研发工作，不断满足用户需要

2009年，面对国际金融危机对乐器市场的影响，公司在新品研发方面，针对国内外市场的变化情况，对数码钢琴、电子鼓机和双排键产品的市场进行了分析，根据不同的市场需求，研发了多款数码钢琴产品、电子鼓系列产品，特别是研发了新款双排键电子琴，这些新产品的研发成功，公司2010年带来良好的经济效益。

2.抓好技术引进、技术改造工作，扩大企业的生产能力

2009年，针对目前产品的特点要求，为了更好地满足国内、外市场需要，提高企业生产效率，稳定产品质量，降低产品成本，从年初开始，公司投入了部分资金，对企业目前的部分生产设备进行改造，并新添了一些先进的专业设备。通过采用先进的工艺技术和设备，产品质量有了明显的提高，同时也缓解了生产能力不足的矛盾。

3.积极参与文化活动和普及音乐教育活动

过去的一年，公司积极地参与当地社会上的宣传活动，如广场音乐会、公演活动；公司艺术中心应邀为参加中国音协组织的“全国电子琴展演”活动的中小学生，献上了一台精彩的双排键音乐会，展示了国产双排键的音乐魅力；公司同中国教育学会音教分会一起组织了“全国高等师范院校电子琴、数码钢琴学术研讨会”；和中国音协电子键盘学会合作举办了全国“吟飞”双排键电子琴师资培训；与部分省、市音协组织“吟飞”电子乐器大赛等。通过参与这些有益的活动，一方面体现了公司的社会责任，另一方面得到了社会的认可。

东莞三基音响科技有限公司

2009年三基企业 “东莞三基音响科技有限公司”、“亿达音响制造有限公司”共实现销售收入10728万元，较2008年增长30%；实现利润138万元，上缴税金总额600多万元；全年出口同比增长20%。

2009年，三基企业投入100多万的研发设备和人力研发了20多种乐器产品和电声产品，并取得了良好的社会效应和经济效应。全年销售产品达到50多万台件。

近几年来，三基音响科技有限公司不断在产品革新方面下功夫。到目前为止，已经形成了较为规范的产品开发与技术转换体系。技术上，公司引用了国际上已经十分成熟的IEC和AES标准。并与国外知名公司合作、返聘外籍专家、组建国际开发团队等形式建立研发技术平台、整合革新技术信息资源。同时，公司花费近百万元引进了德国KLIPPEL音频测试系统、激光精密影像测试系统、LMS、LEAP CLIO DAAS等一批国际上较为选进的电声设计设备与软件，从传统的以人为主的研发模式向计算机辅助、人机交互、多维仿真等智能化、数字数据化的研发模式转变。工艺上，通过与国外知名品牌的合作与产品供应，不断的工作交流学习，在以ISO9001国际质量体系平台上，学习、探索更为先进与适用的生产工艺，从研发工艺文件设计的最优化到制程工艺的工时定额精量预定，从制程PE优化到工装夹具的研用，三基音响科技有限公司均在不断的努力革新。

2009年，公司组织主办了“β3全国吉他大奖赛”，取得了很好的社会效应。

江苏奇美乐器有限公司

2009年，是奇美发展史上增速最快的一年，取得了一系列喜人的成绩：生产的竖笛、口风琴、口琴、管风琴连续四届荣获“江苏省名牌产品”，奇美商标连续三届被认定为“江苏省著名商标”，企业顺利通过了ISO9001年度复审。至2009年底，已获得国家专利局外观和实用新型专利40项，注册商标总数达49件，并在10多个国家和地区商标注册成功。公司2009年度被靖江市劳动和社会保障局授予“靖江市劳动保障诚信示范企业”。技改新开模具30多付。高档木笛通过10年的努力，终于攻克技术难关，投入批量生产，产品全部出口德国、英国。公司制度化、规范化建设得到加强，各项管理水平得到提升。竖笛、口风琴、木笛、管风琴保证了国内外市场份额第一，并以每年20%的销售速度递增，实现销售额8000万元左右。口琴也跃居国内品牌市场份额前列，儿童打击乐器及葫芦丝市场正逐步打开，奇美完整的课堂乐器战略目标已逐步形成。公司电脑数字化设备在国内同行业已绝对领先。一批坚持原则、德才兼备，年轻化、知识化、专业化的管理人员队伍得到充实。工会（职代会）制度正逐步得到完善和加强，通过引进营销人才，销售队伍得到壮大和充实。全体员工满意度逐年提高，这些成绩的取得都是全体奇美人用汗水和智慧换来的，2009年度公司着重抓了如下几项工作：

1．建立ISO9001质量管理体系。2009年度公司按照ISO9001质量管理体系的要求设立管理者代表，代表公司对全公司的质量、生产、安全等工作进行全面管理，对公司的管理工作负总责，建立起不断改进创新并且适应公司发展的质量管理体系，把质量控制与管理及责任追究等工作真正落到实处，为公司的发展提供健康的不断改进创新的管理体系保证；

2．落实责任、严抓质量，为创中国名牌打下扎实的质量基础。质量是企业生命，时刻不能放松，公司要求各部门负责人加大监督检查的力度，各车间抽检的数量必须达到公司规定的比例要求，奖罚分明，不断改进创新公司现行的质量标准和处罚标准，把质量管理作为工作的重中之重；

3．加强学习，提高管理人员水平及员工素质。2009年公司要求所有部门负责人每季度组织一次本部门员工学习，引进国内外优秀企业管理经验，缩短与优秀企业的差距，提高员工素质；

4．市场领先地位。2010年公司将加大研发和产品技改创新投入，做到产品人无我有，人有我优，人有我新，预计2010年开发15个新产品，竖笛新产品3-5个，口琴加大半音阶和外贸小口琴多个新品的开发，低音口风琴1个，高音口风琴2-3个，同时将新产品的开发真正落到实处；

5．加大自主知识产权和品牌的保护。公司将以自有知识产权和自主品牌为主，OEM及配套加工为辅的经营策略，始终围绕自主品牌求发展。2009年度公司加强市场推广和广告宣传，增加商标注册数量，加大新产品的专利申请和保护力度，为企业发展创造知识产权和品牌条件；

6．加大市场营销力度，积极开拓国内外市场，提高市场占有率。2009年公司改进了原有销售合同和营销方法，把奇美课堂乐器作为完整的市场销售，使公司所有产品都能共同发展。特别是2010年，新产品销售作为重点推广，加大教委培训和比赛项目的扶持力度，调整和充实了营销队伍，为企业发展创造市场营销保证。

新的一年我们信心满怀，在全体员工的共同努力下，落实责任，严抓质量，提升管理，争创中国名牌，丰富企业文化，开拓创新，善用人才，加强财务监督核算管理，再创奇美新辉煌！

江苏天鹅乐器有限公司

2009年百年一遇的国际金融、海啸暴发以来，乐器行业受到了巨大的冲击。江苏天鹅乐器有限公司一方面认真查找影响企业发展的“短板”，找突破口；一方面扎扎实实练好“内功”，持续构建优势。2009年经营业绩不但没有下滑，反而呈现出增长的喜人态势。销售收入6256万元，同比增长9.31%，利税458万元，同比增长6%，出口创汇256万美元，同比增长18%。

一、赢在信心

金融风暴肆虐、乐器市场下滑，“天鹅”与全国所有乐器企业一样也正面临着市场不旺的窘境，增长步伐明显减慢。2009年春节一过，公司通过宣传引导和企业形势分析等多种渠道增强团队对危机的认识，号召员工要认清形势，理性看待危机。同时要求员工要用积极的心态、长远的眼光来应对这场危机，集中力量苦练“内功”。经过分析排查找出制约公司发展的“短板”是人才缺乏。因此，2009年上半年公司新招聘多名技术和销售型的人才，并对全公司员工进行了一次全面培训。通过培训大大提高员工的技能水平和综合素质，增强了抵御危机和抗风险能力。

二、赢在创新

创新产品塑造核心竞争力，是天鹅公司的经营宗旨。几年来公司不断加大技改投入和产品创新投入。2009年研发费用达到销售收入的1.9%；充分发挥企业技术开发研究所的作用，建立了《企业技术创新项目考核与奖励办法》等制度；增强了企业的自主研发能力。2009年企业申请专利32项，其中发明专利2项，实用新型专利9项、外观设计21项；特别是在高档半音阶口琴和高档演奏口琴上，取得了重大的技术突破，高新品种不断产出。塑造了“天鹅”的核心竞争力，获得江苏民营科技先进企业的称号。

三、赢在战略

2009年10月，公司全面进入了战略转型期，核心就是从“价格取胜”向“技术领先”转变；从“成本领先”向“品牌创新”转变；从“低价取胜”向“品质领先”转变。先后投资50万元对设备进行技术改造，添置先进的生产设备，提高产品的加工精度；砍掉了低档口琴的生产，开发适合市场需求的高档口琴。同时改变销售策略：一改过去向经销商“压库”的行业陋习；将考核批发商转为终端销售商，直接面对用户为经销商松绑减负。同时配合教育部门开展器乐进课堂活动，2009年公司先后赞助了在天津市召开的第三届全国新课程中小学器乐教学研讨会和沈阳全国中小学音乐研讨演唱会，大大提升了“天鹅”品牌在教育领域的知名度，销售量占到了总销售量的48%，获得了战略上的成功转型。

四、赢在责任

作为民营企业，不仅要实现自我价值，更应为实现社会回报和股东、员工利益最大化而不懈努力。在“天鹅”获得成功的今天，“天鹅”人没有忘记社会责任，这不仅是企业生存与发展的基础，也是企业品牌提升的良好互动。

2010年将是天鹅乐器加快推进战略转型、实现再次跨越的关键一年。我们将学习借鉴乐器行业成功企业的经验，继续发扬“天鹅人永不言败”的企业精神，着重抓好品牌建设，不断推动企业健康快速发展。

江阴金杯安琪乐器有限公司

近年来，公司立足提高产品质量，力求提升技术创新。严格按照国内、国际手风琴生产标准，从原料采购到成品出售，规范每一道生产工序，同时加大现场管理的监督力度，严格管理，精心操作，对每一台手风琴产品坚持“三自检”原则，实行下道工序对上道工序产品检验，质检员对产品的检验、车间与车间的相互监督检验，绝不让一件不合格品流入市场。

在提高传统产品质量的基础上，公司致力于高新技术产品的研发。通过采用新技术、新工艺、新材料等，大大增加产品的功能和附加值，从而创造市场新的需求，满足客户新的需要。

2009年，公司坚持“内强企业管理，外树企业形象”原则，不断健全车间生产组织，完善车间管理制度，促进技术革新。同时，注重优化仓库管理体系，提升仓库管理水平；开源节流，在保证完成生产任务的同时，力求降低生产成本，提高产品质量，把投入生产的各种要素以最优化的方式、最合理、最有效地组织起来，从而取得最高的经济效益。

2009年，公司以“参行业展会，拓国际市场”为理念，先后参加了美国NAMM展、德国法兰克福展、上海国际乐器展、广交会等有重大影响的国内外多样性展会，提高了金杯的市场占有率。2009年，公司以“绚丽舞台，闪烁金杯”的文化发展思路，开展了一系列卓有成效的活动。公司新组建成立了江阴市金杯艺术培训中心，学校与企业相互支撑，以企业为经济支柱，发展学校，同时借助学校的平台，推广企业产品，增强品牌意识。

天津华韵乐器有限公司

2009年，面对国际金融危机与市场竞争日趋激烈的经济形势，天津华韵乐器有限公司坚持以人为本，落实科学发展观；坚持以质量求生存，以创新谋发展；坚持以市场为导向，以科技进步为支撑；坚持以加大技术改造为动力，以研制开发新产品为切入点，增加投入蓄后劲，强化管理促发展，使公司产品在国内同行业中继续保持产品质量、技术创新、生产规模、市场占有率“四个领先”的位置，全年产量、销售收入、利税总额又迈上了一个新的台阶。回顾过去一年的工作，主要业绩集中在以下四个方面：

一、强化内涵管理，保持产品质量领先

公司生产的鹦鹉牌手风琴和雅乐牌脚踏风琴等乐器曾先后两次被评为“天津市名牌产品”和“天津市著名商标”。2006年，公司被商务部认定为第一批“中华老字号”企业。公司从健全制度入手，完善一系列品牌管理制度，严把材料使用关、生产工艺关、质量检验关、售后服务关，在企业内部订立了“下工序是上工序用户、车间是班组用户、客户是全厂用户”的质量管理体系，将质量隐患消灭在萌芽中，使公司产品以其工艺精湛、造形美观、音质优美、质量上乘而赢得国内外广大用户的青睐与好评，保持产销两旺的发展势头。

二、增强创新意识，保持科技领先

2009年，华韵公司坚持在继承中发展，在实践中创新的生产经营理念，进一步健全完善企业内部技术创新体系，加强技术研发中心建设，坚持以市场需求为导向，注重新产品研制开发，努力做到生产一代，研发一代，储备一代，使产品不断推陈出新。在2008年研制成功120BS新结构手风琴的基础上，2009年又开发研制了自由低音高档新型手风琴，现已投入批量生产，既提高了产品的技术含量和附加值，又增加了企业经济效益。另外，公司研制发明的新型贝斯机为全开式高精尖部件，耐磨性能强，使用寿命长，拆卸维修简便，达到了手风琴行业国内领先水平。目前，公司手风琴开发研制已从8BS、12BS到96BS、120BS等十几种规格系列化产品，满足了从少年到老年，从大众到大师的多层面市场需求。

三、加大技改投入，保持生产规模领先

2009年，华韵公司以永不满足，永不停步的锐意进取精神，把加快企业发展作为永恒的追求目标，制定了增投入蓄后劲，建平台促发展的工作指标，加大技术改造投入力度，保持新品研发和生产规模领先。截止目前，已投入资金1500多万元，在县经济技术开发区旭华道建设高标准综合办公楼与生产楼各一栋，总建筑面积8000多平方米，建设工程已通过有关部门验收。我们计划利用这两栋楼建立“三个中心、一个站”，即静海乐器展览中心、乐器产品技术研发中心、乐器演奏技能培训中心和天津市乐器产品质量监督检验站。与此同时，继续引进国内外先进设备与管理技术，进一步改进生产工艺，扩大生产经营规模，提高在同行业中的竞争能力。

四、完善服务体系，保持市场占有率领先

2009年，公司坚持以提高客户满意度为目标，把搞好售后服务视为企业长远发展之本，不断扩大在全国各地的销售网点，并在国内300多个营销网点实行全过程、全天候的亲情服务，采取多渠道多形式征求广大用户的意见与建议，为用户排忧解难，坚持做到“想客户之所想，急客户之所急，帮客户之所需”，赢得了国内外广大客户的一致好评。为进一步拓展国内外市场，在过去的一年中，公司踊跃参加了在北京和上海举办的乐器展，大力宣传自己的产品，提高自主品牌的知名度，扩大市场份额，在天津市、新疆维吾尔自治区等省市政府采购招标中，本公司连年中标。

广州珠江乐器实业公司

2009年，面对金融危机对全球的经济实体产生的巨大冲击，广州珠江乐器实业公司认真分析金融危机对乐器企业的影响，制定了应对策略，同时也看到了危机中存在的机遇。这一年，公司实现利润达到78万元，比上年同期增加88万元，实现扭亏为盈的目标，踏上了一个崭新的起点。

公司从2009年开始，对全公司的机构进行精简，明确了部门职责，理顺了管理流程，减少了扯皮内耗。公司通过对部份管理层员工进行户外拓展培训，提高其任务管理的能力，充分发挥其领导才能。同时，对公司全员进行团队合作精神培训，树立其互相配合和支持的团队精神，建立良好的沟通渠道，提高员工的工作热情。为适应改革要求，公司在员工培训时，以提高实际操作技能培训为主，通过严格的培训，车间相当一部份员工可在几个生产岗位上互换，节约了人力。

为提高员工的工作积极性，公司把效益工资与产量、日常管理等几项工作相挂钩，形成责任与职责的统一。通过绩效管理体系的实施，员工队伍思想观念不断更新，责任心明显增强，能主动按照岗位职责的要求完成本职工作。

2009年，公司面对生产原材料价格不断上涨和产品销售市场价格下压、以及全球金融危机等多重挑战，着力于节能减耗降成本，努力克服资金困难。

公司将着重于减少成本高且利润较少的60贝司

以下的低档手风琴的生产，加大力度注意对高附加值的120贝司的回声手风琴和B系统巴扬手风琴的生产和销售，以增加手风琴的利润空间。公司生产的琴凳产品将在不影响其产品性能结构的前提下，开发成本较低的多种用材，从而使产品在保证质量的前提下降低材料成本。

同时，公司管理人员深入基层，进行全面监控，加大现场管理的监督力度，严格质量管理，精心计算，以有效减少原材料浪费和资金流失。

珠江乐器实业公司将坚持改革创新的精神，不断变革，积极推陈出新，以优惠的价格，优质的质量，优秀的服务，求得更好、更快的发展。

扬中市华联手风琴有限公司

扬中市华联手风琴有限公司由原股份制企业改制为私营企业。现有员工385人，占地面积20000平方米，建筑面积17000平方米，拥有固定资产480万元。生产手风琴系列产品，具有较强的模具制作，产品设计，开发经营能力。2009年销售“神童”“英杰”牌手风琴32万架，其中“英杰”牌手风琴获江苏省名牌产品。企业获ISO9001-2000认证证书，企业连续多年荣获镇江市“重合同，守信用”单位，“扬中市文明单位”。2009年完成产值2620万元，利税208万元。

1.大力发展生产，努力降低成本

针对手风琴零件多，工序复杂，产品有外销，内销，因而以两种方式组织生产。首先以外贸定点的合同和网上联系的客户自营出口的合同，编好季度，月度表。再以供销员的内销合同，做到有组织有计划的调度生产，定期召开调度会，出现问题及时解决。

针对手风琴市场变化大，要货点多的特点，公司坚持按合同生产，不管大小琴，利润多少，保证及时供货。在管理上实行从严管理，努力降低外购件价格和原辅材料消耗，注重边角料的回收使用，以塑代木，提高经济效益。

2.狠抓产品质量，改进生产工艺

公司围绕以质量为中心，制订严格的考核制度，要求全厂树立“质量第一，用户至上”的观点。做到不合格的产品不流向下道工序，不出车间，对材料质量要求技术科鉴定，开报废单及处理单。对失职和忽视质量的人员，根据不同情节给予教育和经济处罚，在质量检验上实行职工自检，工序互检，检验员抽检，出厂总检的四检制。

工艺管理是企业内部管理的重要环节，针对手风琴工序多，工艺复杂的特点，公司组织了有关技术人员对手风琴工艺不断进行改进，设计了一整套合理，完整，准确的工艺文件，从而保证了产品质量。

3.改善经营方式，大力拓展市场

华联公司一直是以外贸出口为主，2009年由于金融危机，订单急剧下滑。公司采取双管并进的方式，一方面派专人去欧洲，美国市场，争取业务；再一方面发展国内市场，对各地区琴行和学校派专人联系，同时带手风琴到学校演奏，深受师生和客户的喜爱。

同时，公司还注重了“神童”、“英杰”商标和品牌的宣传。特别是“英杰”牌手风琴获江苏省名牌产品，在客户中享有一定的信誉。企业还吸收了一批精业务，文化层次高的中青年人员充实到供销队伍，加强拓展市场的后备力量。

今后公司将继续以手风琴为主，走自产自销道路，狠抓企业内部的各项管理工作，努力提高产品质量，为公司的发展再创辉煌。

河北怀来锣厂

河北怀来锣厂是国内生产响铜乐器的专业厂家，产品全部执行行业标准，其产品深受国内外客户的欢迎和认可。产品80%销往美国、日本、欧洲等国家并签定了长期合作协议，公司宗旨是向社会提供优质产品，优质服务。

公司总资产为2000万元。2009年实现年销售额约为2500万元，年生产响器250吨，生产戏剧锣、镲、民间铙、钹、交响乐军镲及各种吊镲近百种。产品质量可靠、规格齐全，在此基础上大力拓展国内外市场，在国际上拥有一定的市场份额，全力打造世界知名品牌，在国庆五十周年庆典仪式上所有军乐队使用的都是公司所生产的派士（PULSE）军镲。2009年又引进4台国际先进设备，能制造出声音更完美，外观更精致的产品。

2009年，在全体员工的共同努力下，实现年利润420万元，创历史新高。公司连续多年被评为诚信纳税企业，2009年全年缴纳税金总额约为280万元，实现出口交货值1200万元，取得了良好的业绩，为2010年实现新目标赢得新的突破，增加了强大的动力。

天津圣迪乐器有限公司

2009年面对严峻的市场挑战，圣迪公司紧紧围绕自身的奋斗目标，齐心协力，顽强进取，危机中抓机遇、求发展，以更高的标准和要求打造圣迪品牌，塑造一流的产品，努力营造了公司崭新的景象。2009年，公司主要做了以下几项工作：

一、加强经营管理，提高产品质量，搞好技术创新

1、在这次金融危机中，欧美是重灾区，致使公司的出口业务受到严重影响。根据这一情况，及时调整产品的经营方向，把出口比例由原先的95%调整到60%-75%左右，内销比例扩大到25%-40%，以增大内销比例弥补出口的下降，保证了公司正常稳定的发展。

2、调整职工队伍。公司在高速发展时期招收了大量的员工，员工水平参差不齐，面对这种状况，公司重新布置生产工序，调整简约生产环节，新购置了一批先进生产设备，辞退了一些不适合的员工，增强了公司技术骨干的积极性，提高了员工的工作效率和产品质量。

3、上下全员参与，把好质量关。建立完善质量保障体系，提高全体员工的质量管理意识，坚持完善三检原则，实施员工质量考核管理手册，确保了产品每个部件的质量。

4、加大开发新产品力度，继续完善技术创新体系，走引进、消化、吸收国外先进技术的道路，强化产品结构款式调整，提高市场竞争能力，不断提高和攻克技术难题，开发成功GS系列管乐器，加快生产进度，使公司的产品有了一个质的飞跃，更好更快地实现赶超国际同类产品的水平。

二、打造圣迪品牌，牢固树立品牌意识

2009年在做好品牌推广工作的同时，“圣迪”品牌被天津市工商局评为“天津市著名商标”，继续坚持“以质量促品牌，以产品促品牌，以文化促品牌，以服务促品牌”的品牌观，以优异的质量确保客户的信誉度，以新颖的产品款式确保品牌的先进性，以健全优质的服务确保品牌的持久性，提高了品牌的知名度，为争创中国驰名商标打下基础。

三、增强科学管理体制，提高公司效益

1、实施ERP信息信息管理工程，进一步完善销售、采购、仓库、生产统计、员工工资、办公和财务接口管理模块，使公司管理效率和质量实现新的跨越。

2、切实加强物资供应，保证采购物资的质量。为了确保公司的正常生产经营，要求采购部门必须掌握原辅材料供应厂家的资质和技术实力，保证采购物资的质量，实施仓库物资的动态管理，尽量减少物资压库。

3、开源节流、降本增效，优化公司的物流管理。通过规范化的标识管理和仓库管理电脑系统统一配合，加强仓库、车间的现场管理，产品存放的标准化，真正实现产品入库、出货、整理、盘点、追踪的一体化管理。争取以低量合理的库存、快速的周转，满足生产和客户要求不断变化的需求。

四、树立公司文化，努力营造圣迪新景象

树立科学发展观，讲究经营之道，培养公司精神，塑造公司形象，优化公司内外环境，全力打造具有自身特色的公司文化，为圣迪快速发展提供动力和保证。2009年继续通过国内外各大乐器展会来提升圣迪品牌的市场影响力，同时加强和教育系统合作，共同搭建中国管乐器的发展平台。2009年根据公司实际情况，继续加强公司乐队的培训计划，通过开展各种形式的培训和文化活动，调动员工的积极性、主动性和创造性，为圣迪创造一个崭新的新景象。

河北乐海乐器有限责任公司

2009年，公司的销量、产值再创新高，产品销售达到6239万元，实现利润680万元，缴纳税金260万元，出口交货值63万元。

2009年，公司与中央音乐学院中阮演奏家、教育家徐阳教授，共同研制开发了“阮族”牌系列产品，并申请了国家专利。《阮族》系列产品在外观、音色、音量上更加满足现代民族音乐审美及音乐表现的需要。公司还积极参与行业标准的修订工作。在《民族弦鸣乐器标准》修订工作中负责“扬琴”、“古筝”、“京胡”三个标准的修订。

近年来，经过全体员工的共同努力，公司的产品质量与服务质量有了质的飞跃，再次被授予“河北省名牌产品”和“河北省质量效益型先进企业”称号。

2009年，公司成功收购方冠祥二胡厂，并聘请方冠祥为公司技术顾问，负责板胡生产工艺制作。

2009年11月，占地30000多平米的新厂区也已竣工。目前已通过验收，投产试运营。正式运营后，可年产各类民族乐器20万余件，成为北方最大的民族乐器生产基地。

扬州天韵琴筝有限公司

扬州天韵琴筝有限公司发扬“开拓创新，超越自我”的企业精神，坚持经营的是文化，承诺的是诚信。依靠企业的制度创新，技术创新和管理创新，坚持质量第一，坚持持续改进，做到污染预防，做好环境保护工作，节约木材资源，减少废弃物的产生，增强消防意识，杜绝潜在隐患，为社会提供有特色的“绿色琴筝”。

2009年是扬州天韵琴筝有限公司创建以来，快速发展，成绩斐然的一年。面对全球经济下滑，金融危机和企业成本上升，市场瞬息万变和同行业的竞争，公司全体员工充分发扬“面对困难不低头，迎接挑战勇者胜”的精神，团结一致，坚持岗位，踏实工作，坚持高起点，高品位，努力打造古筝中国品牌——“润韵”、“天籁”，坚持把立足点放在提高科技含量，注重产品质量，大力开发绿色新品，增强服务意识上。2009年，公司生产和销售取得了历史上的新高，古筝产销量达到了三万多台，古琴产量三千多台，销售收入和实现利润分别比上年增长22%和8%。不仅如此，2009年，我们发扬全员创新的精神，不断推出新品，全面提升产品质量，完成了25项专利申请。

2008年、2009年在北京中国民族器乐学会、北京乐器学会主办的全国乐器制作大赛上，公司制作的中档古琴荣获2008年全国乐器制作大赛工艺金奖；黑檀骨嵌专业演奏筝、汉楠木专业演奏筝荣获2009年全国乐器制作大赛金奖；中档刻诗浅雕工艺筝荣获2009年全国乐器制作大赛工艺金奖。

扬州天韵琴筝有限公司在重视企业的生产经营和经济效益的基础上，十分重视努力提高企业的社会效益，通过开展青少年艺术培训、普及古筝学习、培养古筝人才、积极参与公益活动、举办专场音乐会，广泛提升古筝的艺术品位，繁荣古筝文化。多年来，为支持社会公益事业活动提供60多万元资金，特别是在2008年四川汶川抗震赈灾中，全体员工在公司董事长李同志的带领下踊跃捐款，奉献爱心；独家冠名天津王中山赈灾义演专场音乐会等善举，被中华慈善总会，中国民族器乐学会，北京乐器学会授予“2008年支援四川灾区抗震救灾公益活动最佳贡献奖”；公司董事长李同志也同时获得“慈善公益活动最佳贡献奖”。

扬州龙凤琴筝有限公司

公司占地14500平方米，拥有总资产近2500万元。通过20多年的努力，本着“质量第一，诚信第一，服务第一”的宗旨，积累了丰富的制作经验，吸引了多方人才的加盟，使其从一个小作坊迅速发展成为颇具规模的民营企业，成为扬州琴筝行业的知名企业，完成了从加工到产品、从产品到精品、从精品到自创优秀品牌的发展阶段。

2009年，公司在木工车间和擦漆车间继续实行了“流水”制，即将原由一人从头到尾完成的工艺调整为按工序分由两个或三个人流水作业，筝体制作、雕刻工艺、漆器工艺、成品外表装饰、调音装配，五大流程环环紧扣，同时制定了切实可行的考核标准和制度，大大提高了生产效率和产品质量，公司年产量连年居同行业之首，产品质量受到客户的一致好评。

2009年4月18日，举办了烟花三月“琴筝和鸣雅韵迎春”音乐会暨雅韵琴筝实习基地揭牌仪式，公司被分别授予为中国民族乐器学会、北京乐器学会、江苏省雅韵琴筝国乐团、南京古筝协会、扬州大学艺术学院和扬州文化艺术学校雅韵琴筝国乐团的实习基地。5月，公司组建的雅韵琴筝国乐团，代表地方政府参加了“凤凰岛杯——舞动邗江 创新生活文化特色团队大赛暨凤凰岛桑葚文化节”开幕式，并获得一等奖。8月，公司以“雅韵”品牌冠名举办了全国少儿古筝邀请赛并获得成功。10月，公司赞助并协办了第七届中国音乐金钟奖古筝比赛，雅韵古筝被指定为专用筝。11月，“雅韵”牌古筝应邀参加了“中外商标博览会”，取得了令人瞩目的效应，成为整个商标博览会的亮点。

2009年，公司在现有发展的基础上，以“雅韵”品牌为载体，着手创办“扬州雅韵琴筝艺术培训中心”，对古筝资源进行整合，实现古筝产业链的延伸，进一步扩大“雅韵”名牌效应的影响力，逐步形成“研制、销售、培训、演出、旅游”为一体的综合性琴筝文化产业基地，使“雅韵”琴筝成为琴筝文化产业的品牌。同时，公司还将开办扬州雅韵琴筝艺术中心收入的5%捐赠给扬州慈善基金会，为社会慈善事业贡献一份力量。

2009年，公司成立了扬州雅韵琴筝艺术科研中心，完善琴筝的制作工艺，研制出适应市场需求的功能和造型，使音质音准更加趋于完美，实现筝艺制造水平的整体提升，为琴筝制造业提供琴筝研发、交流的平台。

公司全体员工将弘扬民族文化作为光荣的使命和职责，用激情与勤奋，用智慧和坚毅，在2009年的基础上再上一个台阶，力创中国名牌产品，让“雅韵”琴筝更精彩。

浙江天目琴行有限公司

2009年，天目琴行员工团结一心，克服困难，趁势而上，不断进取，全面完成了企业的各项经济指标。

天目琴行经过18年的努力，进步较大。天目琴行滨江店、天目琴行学院店的成立，奠定了公司在杭州开直营店的基础。3000多平方米的学院店专营雅马哈系列器乐产品，这是目前杭城最大的器乐品牌专卖店。2009年，公司入选“我心目中的杭州品牌”荣誉，“杭州市著名商标”。公司创始人刘为明董事长入围浙江省侨界“十大杰出人物”提名奖，当选为2009年度浙商新锐的优化生活奖。

公司为培养音乐观众和宣传音乐文化不遗余力，2009年承办了“和声钢琴”旅美钢琴家茅为蕙独奏音乐会中国巡演浙江站，以及大师班系列讲座，足迹遍及临安、萧山、绍兴、新昌、富阳、桐庐、东阳、金华、永康、桐乡等地，给这十大城区的人们带去了音乐的盛宴；“梦溪韵谈”名人音乐艺术鉴赏酒会，给省内精英人士带去了音乐艺术文化的交融；敦煌天目杯2009年浙江省第六届二胡独奏大赛、第二届古筝分级大赛的举办，吸引了近千名学习民族乐器爱好者的报名参与，为发掘民族乐器优秀人才展示了艺术舞台。“珠江·恺撒堡全国青少年钢琴比赛浙江赛区选拔赛”，更是为众多的学琴儿童带去音乐的快乐，为总决赛输送了优秀学员，受到全国组委会的表彰。9月钢琴奇才沈文裕独奏音乐会在杭州剧院举行，座无虚席；在刘骋钢琴音乐会上，年轻的刘骋与浙江交响乐团首次合作，默契、娴熟激扬的演译赢得了满堂观众喝彩。学员音乐交流、大师班讲座放在公司音乐厅，方便了周边社区人们学习欣赏音乐，得到了大家的共鸣；鉴赏酒会在私人别墅内举行，让音乐与名家字画、名人交融，共谱和谐之音。

今年，公司携手杭州日报、高端房产商宝利房产分别举办了首届家庭钢琴创意赛海选活动、“和乐中国·相约郎朗”琴童选拔赛、“郎朗携百名琴童齐奏会等活动，与媒体精诚合作，扩大了天目琴行及艺校在生活品质之城的影响。

慈善事业是公司永远关注的重点。天目艺校长久支持的民工子弟学校——运河小学民乐队继续创造喜人的成果；赞助“彩云之南助学支教计划”，为云南西双版纳勐海县勐宋乡三迈小学捐助音乐器材，送去关怀；承接浙江省政府赠予四川青川政府乐器的重大采购任务，竭尽全力、克服重重困难，顺利地将所需乐器送到目的地；与宝马4S店共同举办“杭州宝荣·天目琴行儿童慈善音乐会”，捐款十万元，关注自闭症儿童的成长，呼吁全社会关怀和爱护弱势群体。我们以实际行动关心和支持慈善事业、默默地为社会奉献着自己微薄的力量。

河北秦川文体乐器有限公司

2009年度，河北秦川文体乐器有限公司面对全球金融危机、流感病毒蔓延和五十年一遇特大暴雪等不利的外部环境及影响，以“稳定、培训、调整、提高”八字方针为指导，通过提升企业自身的竞争力，不仅战胜了前所未有的困难，而且创造了近年来最好的经济效益和社会效益，打了一场漂亮的攻坚战。

一、苦练内功，提升员工综合素质

2009年，公司举办了为期六个月的员工综合素质系列培训。有效地提高了企业的服务和管理水平，提升了企业的市场竞争力。为企业战胜困难，夺取近年来最佳的业绩打下了坚实的基础。

二、经济效益增长显著

2009年全年销售比上年增长1408万元，同比增长24.95 %，比当年计划增长8.79%。其中：招投标销售收入增长了39.41 %；艺校总体比计划增长6.37 %。创造了近年来最好的经营业绩。

三、社会效益和企业形象得到进一步提升

2009年，公司先后举办了中国音乐家协会吉他学会吉他考评活动、桥东区第十六届彩色周末开幕式、河北秦川吉他乐团校园巡演、施坦威全球签约艺术家茅为蕙冀、津巡演、河北省第四届音乐金钟奖“秦川杯”声乐比赛、博兰斯勒钢琴之夜——阿图·皮扎罗钢琴独奏音乐会、日本著名吉他大师铃木严大师班和音乐会、第四届施坦威全国青少年钢琴比赛河北赛区预选赛、路劲蓝郡之夜小提琴、钢琴协奏音乐会、世界交响乐团音乐会世界巡演等社会公益活动，在为社会公益事业做出突出贡献的同时，进一步提升了企业的社会形象，促进了企业经营。

四、勇于承担社会责任，促进行业发展

2009年，公司承办了中国音乐家协会钢琴调律学会的钢琴调律技术讲座、施坦威百年古钢琴巡展。组织召开了2009年河北省乐器行业经济环境研讨会，为加强河北省乐器行业的合作，促进行业的发展发挥了重要作用。在2009中国（上海）国际乐器展览会系列活动NAMM大学课程中，总经理秦川所做的“培训学校的综合管理”课程极为火爆，单场吸引了来自全国各地的约170名听众，在国内同行业内产生了极大的反响。

五、秦川乐器为社会做出的贡献得到了各界的认可和好评

2009年，河北秦川文体乐器有限公司被评选为“石家庄市首批十大文化产业示范基地”，石家庄市秦川音乐艺术学校荣获2009年度“石家庄市民办教育工作先进单位”。

南京乐博乐器有限公司

2009年南京乐博乐器公司为促进企业快速发展，加快改革步伐，通过不断完善法人治理结构，从经营模式、企业形象和内部管理等方面都迈向了一个更高的层次。产品结构得到了进一步的优化和改善，经营业绩和企业规划也得到了快速提升。

截止2009年年底,乐博已拥有23家直营连锁店面，十余家专业的艺术培训中心，业务拓展到了江苏、北京、辽宁、安徽、广东等多个省（市）自治区，集销售、教学、维修、服务、文化宣传为一体的规模布局。特别是北京、沈阳综合旗舰店的开设，把乐博品牌推向了一个新的高度。

2009年乐博琴行成为全国琴行业中首家通过ISO9001质量管理体系认证的AAA级企业，被中国音乐教育商务协作联盟秘书处确定为江苏省唯一理事成员候选人；被南京市白下区政府评为“2009年度三信三优企业”；连续多年来被消费者协会评为“市场诚信服务满意单位”；被工商行政管理局评为“重合同守信用单位”；被东方卫报评为“爱心企业联盟”；还连续多年获得“诚信办学机构”及“南京市非学历民办教育先进学校”称号。

乐博琴行除发展自身的销售经营及持续完善内部体系外，更注重企业文化艺术推广，2009年成功举办了“乐博--海伦之夜--李斯倩钢琴独奏音乐会”、“施坦威--乐博--茅为蕙钢琴独奏音乐会”、“鲍惠荞大师班”、“纪念茅以升逝世20周年茅为蕙钢琴独奏音乐会”、“施坦威黄宝石钢琴展全球巡展--南京站”，并协办了“中国首届《艺术与财富》高层论坛（南京）”等一系列文化艺术活动，获得良好的社会影响和广泛赞誉，乐博品牌及业内影响力不断得到提升。

2009年，在政府的大力支持和关心下，先后承办了“纪念新中国成立60周年暨渡江战役胜利60周年”、“马鞍山市纪念五四90周年青少年专场”等大型演出，通过活动的成功举办，得到了政府及市领导对企业的高度认可，目前已经将乐博琴行列入2010年文化产业基地候选人。

青岛海韵琴行有限公司

青岛海韵琴行有限公司成立于1996年，至今已发展成为国内颇具影响力的品牌文化企业，经营的各类西洋乐器及民族乐器，几乎囊括了国内外所有著名品牌，并逐步打造了演艺工程、音乐推广、售后服务中心等一系列音乐服务产业链，依靠诚信服务，连续荣获青岛市“消费者满意单位”的优秀称号。

公司创办的青岛海韵音乐艺术学校始创于1997年，是一家综合性连锁艺术教育企业，十年来已在青岛各市区设立了五所分校，在校生达数千人。学校始终秉承“业余教育专业化”的办学思路，设有音乐厅、舞蹈厅及百余间专业琴房，并配备了一流的乐器供学员使用，师资来源于中央音乐学院、中国音乐学院等高等学府，连续被青岛市教育局评为“规范化学校”和“先进集体”。

近年来，海韵与社会各界有识之士结成战略合作伙伴，定期举办各种公益性器乐比赛，音乐会及文化交流活动，邀请国内外音乐家教育家来青讲学及演出。

海韵的诚信与公益的发展理念，以及持之以恒的不懈追求，得到了社会各界的广泛认可与好评：连续十年被中国音乐家协会、山东省音乐家协会、青岛市音乐家协会指定为中国音协全国音乐考级的主办单位：被青岛市财政局指定为2006-2009年度青岛市直机关乐器协议供货单位。

2009年3月，在中华全国妇女联合会与品牌中国产业联盟联合举办的时尚盛典暨2009品牌中国（青岛）女性高峰论坛中:海韵琴行获得“女性最喜爱品牌大奖”荣誉，海韵琴行董事长莫蓓茜女士荣获“优秀品牌女性大奖”；2009年，海韵还荣获“品牌中国金谱奖”、“青岛市文化创意产业十大品牌”等荣誉称号。

北京育鹏乐器有限公司

2009年育鹏乐器公司开源节流，在巩固传统项目，扩大市场份额，提高服务质量的同时，开辟新的经营项目，增加零售网点，吸收年轻的骨干力量。

2009年度零售形势不太理想，因此，公司在年初就提出增加优质品牌，以活动促销售的经营策略。引进了多种比较新颖的品牌乐器，并且每逢各种节日都举办一些小型演奏会、学生交流会及加入一些公益性的活动等，以此带动传统零售的经营活力。

作为乐器销售，教学招标工作也是工作的重点。特别是面向低年龄段孩子们的教学需求。2009年初，公司承接了为大兴区所有新建小学供应教学用乐器的项目，公司抽调人力物力，保质保量的完成了多所小学的上门服务项目，得到了当地机关的赞誉。并在此之后先后接到师范幼儿园、民族小学等多家学校的订单。而面对高等专业音乐学府，公司也是全力以赴完成了中国音乐学院采购项目、中央音乐学院更新设备项目。

2009年度，公司4个教学基地加大招生力度，扩充教职员工队伍，充实教育项目，完善教学硬件基础设施。使得学员数量和师资队伍都有了明显提升。

2009年度育鹏乐器公司在以上3个方面取得了卓著成效，并且也为2010年发展打好了基础。

杭州雅马哈乐器有限公司

2009年，受世界金融危机经济普遍不景气及销售部门库存调整策略的影响，公司出口商品较2008年有所下降。但受中国经济强力景气的支撑，在中国市场，商品销售显现增长态势。2009年实现销售收入48475万元，同比增长102.9%。在原材料价格大幅上升的前提下实现税前利润2741万元，同比增长93.8%。

此外，为应对钢琴增产及钢琴零部件生产工程的合并和迁移，公司增加了第三栋厂房和钢琴零部件生产设备的投入，使总资产有了大幅增加，达到52509万元，同比增长117.6%。

2009年度，公司实施了钢琴零部件生产基地从萧山雅马哈迁至杭州雅马哈的重大变革，从而实现了钢琴生产从零部件到整机的一体化生产模式。

随着生产一体化体制的建立，今后公司将更加努力地向市场提供高品质、低价格的商品。

雅马哈将致力于顾客第一主义（所有作业者均以顾客为关注焦点）、高品质主义（切实为顾客提供最高品质的产品）为基本策略，集制造、销售及服务为一体，为争取获得更多顾客的亲睐和信赖不断地努力。

萧山雅马哈乐器有限公司

萧山雅马哈乐器有限公司是由雅马哈乐器音响（中国）投资有限公司投资的外商独资企业。生产雅马哈品牌的管乐器和钢琴零部件。2009年度是本次经济危机中最低潮期，对于萧山雅马哈乐器有限公司而言也是开业以来在经营上最为困难的时期，公司经历了从成长到调整的过程。2009年度，公司实现销售28923万元，利税3464万元，出口18947万元。

面对严峻的经营形势，萧山雅马哈为配合集团公司提出的效率优化的要求，将钢琴零部件生产部门整体转移到杭州雅马哈乐器有限公司，使杭州雅马哈有限公司的钢琴生产形成了完整的生产线，优化了集团公司的生产结构。在钢琴零部件生产线转移完成后，充分利用场地条件对管乐器生产进行了重新布局，提升了生产条件并为公司将来的发展作了充足准备。

在西管乐器产量持续下降的背景下，公司采取了缩容节支的对策。即严格控制管理人员编制和节约各项费用的支出，安全度过了经营困难期。

在经济危机中，公司管理层着眼长远，强化了公司的内部管理：

1、强化人员的培训机制，全年对班组长实施集体培训达8次。

2、通过美化环境和继续推行5S活动。

3、继续开展提高质量活动，解决诸多质量问题。

4、继续开展降低加工损耗活动，努力降低生产成本。

中国乐器协会电鸣乐器分会

2009年电鸣乐器分会在中国乐器协会的指导和大力支持下完成工作如下：

1、本分会接受中国乐器协会委托，并在协会领导的积极支持下完成了《中国乐器协会维护知识产权委员会》的筹建工作，该委员会终于在2009年5月4日正式成立，委员会和协会法律顾问完成了五项工作：

（1）拟制的“中国乐器协会关于成立维护知识产权委员会的公告” 在中国乐器杂志和中国乐器协会网上发表，对外宣告在知识产权方面行业将作为一个整体既要自律又要联合维权。

（2）拟制的“中国乐器协会知识产权自律公约” 于7月由全协会通过，并通过杂志和网站对外公布。

（3）法律顾问举办了“维护知识产权企业战略” 的专题讲座，讲完课后法律顾问接受了会员企业的法律咨询。

（4）以中国乐器协会和上海天闻律师事务所的名义分别用中文和英文发布了“关于请尽快清偿我会员单位货款的公告” ，协助会员回收资金，以减轻经济危机的压力。

（5）帮助会员企业分析个案并提供建议。

2、由武汉艾立卡公司制定的二项国标《电鸣乐器均衡类音效装置通用技术条件》和《电鸣乐器放音设备音乐性能评价规范》在国家乐器标准化技术委员会的审定会上通过。

3、2009年度电鸣分会年会在艾立卡公司举行，内容有：

(1) 参观学习艾立卡公司的发展成果、先进的企业文化和管理模式。

(2) 会员企业座谈交流企业文化和管理经验。

(3) 艾立卡邀请盛会长介绍得理集团发展的历程和经验。

4、“第二届电鸣乐器企业降低采购成本研讨会” 在上海国际乐器展期间召开，这次会议给整机厂和供应商之间搭建了相互认识和沟通的平台，据知会后部份供需方已开始了业务活动。不过，今后还应提前动员更多的企业参会，还需有实质性的内容跟进，否则难有发展和成果。

2010年，电鸣乐器分会计划还将举办《电鸣乐器制作工国家职业标准》审定会、电鸣乐器专业标准化体系表审定会、电鸣乐器内置内容著作权研讨会、第三届电鸣乐器企业降低采购成本研讨会、键盘技术交流会、电鸣分会换届工作会议以及电子乐器暑期促销等会议及活动。

中国乐器协会琴行分会

2009年中国乐器协会琴行分会在中国乐器协会的关心指导下，积极做好琴行分会的各项工作。

1．2009年7月2至3日，中国乐器协会琴行分会一届二次理事（扩大）会议在长春市海航名门酒店召开。参加这次会议的有来自全国17个省市的36家琴行负责人以及琴行分会顾问单位的17家乐器生产企业的领导。琴行分会会长黄茂强，副会长周宝强、秦川、莫蓓茜、刘小辉、何浩、张振洲及秘书长刘为明到会，中国乐器协会理事长王根田及赵惠臣、张振启、李书、陈海伦、池家森等乐器企业有关领导也应邀到会，长春市文联党组书记、副主席张守智出席会议并讲话。参加会议的还有行业媒体《乐器》、《中外乐器信息》、《中国乐器》杂志领导和记者，会议代表共计90余人。由于这次会议是在乐器行业受到世界金融危机影响后召开的一次全国性会议，引起业内人士的普遍关注。中国乐器协会领导、厂家领导、行业媒体、上海国际展览中心有限公司的领导和工作人员、琴行分会领导及会员单位负责人纷纷在会上发言，共同探讨行业发展之路，为中国乐器行业及琴行业未来的发展献计献策。

2．为了进一步了解国际乐器界的发展动向及趋势，加强与国外乐器界的交流与合作，帮助中国乐器行业进一步开拓国际乐器市场。2009年9月23日至29日，琴行分会组织会员赴俄罗斯参加第十五届莫斯科国际乐器展，一行24人。在此次赴俄活动中，会员们饶有兴致地参观了圣彼得堡当地的琴行，并与当地琴行商人开座谈会，交流信息、沟通经验，现场气氛活跃，大家都受益颇深。

3．2009年10月13日-16日，琴行分会参加了2009年中国（上海）国际乐器展览会，设立了展位。参展期间，每天都有琴行、乐器厂家前来咨询、了解琴行分会的有关情况，对加入琴行分会表现出了极大的热情。现场共收到中国乐器协会琴行分会入会申请表23份。琴行分会的首次参展还是收到了非常好的影响。在中国乐器协会的组织下，琴行分会参与了CMIA琴行论坛，美国NAMM大学主题论坛以及培训课程，还有数字化音乐主题活动，进一步扩大了琴行分会在全国的影响力。

4．2009年琴行分会继续做好会员入会的审批工作，对申请入会的琴行进行全面面考察，以吸纳全国优秀琴行为原则，整合资源，扩大行业队伍。截止目前共有会员单位104家，其中成立时吸纳会员单位52家，另有30家单位，根据《中国乐器协会琴行分会行规行约》第四章第二十条的规定，因其在琴行分会成立前已加入中国乐器协会的会员，因而视为中国乐器协会琴行分会会员。新增会员单位22家。新增顾问单位3家。

5．2009年琴行分会申请注册了“中国琴网”的国际中英文域名和国内中英文域名。琴行分会将着手建设“中国琴网”，通过互联网更好地为琴行分会会员、乐器生产厂家、消费者以及乐器爱好者服务。

中国乐器协会口琴专业委员会

口琴专业委员会成立及开展活动已有二十年，特别是最近十几年，坚持每年召开一次会议，每次活动都对行业的发展起到了推动作用，促进行业间的交流、沟通和协调。口琴专业委员会近几年主要做了以下几方面的工作：

1、制订口琴专业委员会行规行约。对行规行约进行二次修改讨论，从几年来的执行情况看，绝大多数单位多能够做到，每当有新会员加入，专业委员会会以行规行约来要求和规范新会员单位。当会员单位间出现矛盾时，口琴专业委员会在协调工作时，也会以行规行约来检查，使行规行约成为行业的规范制度。

2、开展对口琴行业产品质量调查工作。根据口琴专业委员会提出的要提高口琴产品质量，抵制假冒伪劣商品的建议和要求，配合轻工业乐器质量监督检测中心对15家口琴生产厂家、8个品种、17个品牌进行质量抽查检测，进一步推动口琴行业，不断提高口琴的产品质量。

3、积极发展新会员，关心扶植新办企业。对口琴行业涌现出来的各种企业，专业委员会采取了积极关心和扶持的态度，对要求加入乐器协会的，积极给予推荐。近几年来，从最初只有七家会员单位已经发展达到了十六家。这样有利于委员会工作的开展及行业间的统一，也可壮大我国口琴行业的规模，推动了口琴行业的快速发展。

4、加强企业间的技术信息交流。专业委员会经常保持与各口琴生产企业的技术交流、信息互通，相互学习，通过各种方式组织各企业的相互参观学习。把口琴行业中的一些新技术、新设备、新工艺、新材料逐步推广到口琴制作中来，以降低企业的生产成本。

6、配合会员单位积极开展打假查假工作。各会员单位为维护本企业的利益，积极配合工商行政管理部门开展打假查假工作，为理顺市场及销售渠道做了一定的工作。在配合各企业开展打假活动中，专业委员会也出面进行做了许多工作。

7、支持企业开发新产品、新品种，满足市场需要。为开拓国内外口琴市场，大力宣传我国口琴行业，专业委员会提出在行业中开发中高档口琴，对在产品开发上做出成绩的单位进行介绍和推广，使口琴行业有更多新的产品满足市场，为企业的生存及发展创造条件。

8、发展口琴教育事业，繁荣口琴艺术文化。多年来口琴企业纷纷支持全国口琴团体的活动，并接待多批海外口琴团体，在推广口琴教育活动中，将口琴艺术教育进入社区开展活动，组织力量在全国主要城市开办口琴、口风琴的师资培训班，为乐器进学校、进课堂创造了有利的条件，推广普及口琴音乐教育事业，为繁荣口琴的艺术和文化做出了贡献。

MUSIC

中国乐器年鉴

CHINA MUSICAL

INSTRUMENT YEARBOOK

2009-2010

黄伟林

广州珠江钢琴集团股份有限公司　党委书记、董事长

作为珠江钢琴集团的负责人，黄伟林将引领企业健康发展，创新行业技术，激活钢琴市场，做人类和谐生活、高雅文化的使者，视为企业及个人的责任与使命。2009年，黄伟林带领珠江钢琴贯彻落实科学发展观，以世界眼光谋划长远发展，加快转变企业经济发展方式，使企业各项工作在金融危机中保持了高质量的突破和增长。

一、坚持自主创新，打造企业核心竞争力

接任珠江钢琴开始，黄伟林就下定决心，要以自主创新来打造企业的核心竞争力。在钢琴这个与国际一流品牌直接竞争的行业，只有技术和质量才是产品赢得市场的最终利器。在他的直接推动下，珠江钢琴不断加大科研投入，创新科研模式，建立开放式科研平台。先后与华南理工大学等国内外数十所大学、科研机构建立科研合作关系，聘请欧洲顶级钢琴制造大师担任科研顾问等等。

在黄伟林自主创新思路的直接推动下，近年来企业先后荣获“高新技术企业”、“国家级企业技术中心”、广东省创新型企业示范基地等。2007年底，由他亲自策划全新推出“珠江·恺撒堡”专业高档品牌，一举填补了国内高档钢琴的空白。2009年，珠江钢琴还荣获广州市第一家、中国乐器行业唯一一家“全国质量奖”，从而为企业打造品牌和营销创新奠定了基础。

二、创新品牌塑造模式，推动产品结构升级

黄伟林始终认为，钢琴作为一种高端文化消费品，如果只有技术，没有足够的文化内涵和品牌美誉度，再好的产品也会养在深闺无人识。因此，近年来，珠江钢琴在品牌塑造模式上借助文化平台不断创新。珠江钢琴先后走进新中国成立60周年大型音乐舞蹈史诗《复兴之路》、国内音乐最高奖项中国音乐金钟奖、迎亚运倒计时1周年文艺晚会、钢琴大师理查德·克莱德曼2010大型新年音乐会、文化部春节电视晚会、中国文联春节联欢会、中国音协春节联欢会等大型文化活动。通过这些高端文化活动，珠江钢琴一流品牌形象不仅广受认可，也获得了国家有关领导的高度赞誉，被刘诗昆等一批国内外钢琴大师誉为“质量技术水准已接近世界顶级钢琴品牌”。而在这些有效的品牌塑造过程中，珠江钢琴产品结构也在不断升级优化，不断向高端挺进。

三、创新企业运营方式，护驾企业可持续发展

在黄伟林看来，高品质的一流钢琴品牌是有灵魂且极富文化内涵的。他的这种理念，通过运营方式的创新，直接推动珠江钢琴近年由传统单一的钢琴制造业向高端钢琴研制、数码乐器甚至音乐文化教育等产业拓展。

比如，为进入钢琴的故乡欧洲，在欧洲建立高档钢琴研发制造基地；为更直接地服务北方市场，在北京建立珠江钢琴营销制造基地，实现企业制造基地的战略性布局；为谋求在文化产业上的突破，设立了珠江钢琴艺术中心；与教育部联合创办珠江·恺撒堡钢琴全国品牌赛事，筹建音乐文化主题公园、乐器文化产业园等，使企业获得可持续发展的动力。在他的直接推动下，珠江钢琴集团荣膺商务部、文化部等联合颁发的“国家文化出口重点企业”称号。

祝宁伟

北京星海钢琴集团有限公司　总经理、党委副书记

2009年，祝宁伟在深入开展学习实践科学发展观活动中，以《当前的形势和任务》为题，亲自作动员报告，并对星海加强和改进新形势下党的建设工作做出了部署，为推动企业经济活动又好又快地发展提供了坚强的保证；

祝宁伟在主持星海的各项经济工作中，积极推进“三精”战略，以创“五新”的指导思想，通过调整产品结构拉动市场需求；通过优化企业资源化解被动局面；通过清洁生产的验收和科技进步的创新，谋求企业新的发展。

为持续不断地加大市场开拓和营销的力度，他亲自走访了华北、东北、西北、华东、华南等全国主要乐器市场，他和企业领导以及营销人员统筹市场布局，细分营销渠道，强化管理机制，尝试主题

营销。大力抢占国内市场份额，在不断提升市场运营效率和效益的同时，努力提高产品的盈利能力。

他带领星海的技术研发人员以纪念版和荣耀版钢琴为突破口，不断提高星海产品的科技含量，把许多新材料、新技术、新工艺、新设备不断融入新产品的研发和日常的生产实践中。

在隆重庆祝新中国成立60周年和隆重纪念星海建厂60周年之际，他要求有关部门要以此为契机，组织全体职工开展一系列主题教育活动和纪念活动，这些活动都充分彰显了“团结、拼搏、求实、创新”的企业精神。特别是“星海”在国家大剧院举办的盛大厂庆纪念活动和精彩的文娱演出，更加空前地凝聚了人心，鼓舞了士气。

祝宁伟在组织星海员工应对国际金融危机冲击、保持企业平稳较快发展的重大考验中，既取得了显著的经济成果，又积累了在复杂经济环境中推动企业平稳较快发展的重要经验。

为肯定和褒奖“星海”辛勤的劳动和艰苦的工作，一年来，国家和北京市有关部门又向星海钢琴集团公司颁发各种荣誉称号和奖励：“全国文明单位”、“国家文化出口重点企业”、“全国实施用户满意工程先进单位”、“首都文明单位标兵”、“首都国家安全工作先进集体”、“北京市质量管理贡献奖优秀企业”以及“北京市优质产品”和“北京企业管理现代化创新成果”奖等八大奖项和荣誉称号。

王国振

上海民族乐器一厂　厂长

王国振自1998年任上海民族乐器一厂厂长以来，已在民族乐器行业辛勤耕耘了12载，为民族乐器行业的发展作出了突出贡献。2009年，在王国振的带领下，上海民族乐器一厂的发展又实现了新的跨越。在金融危机的经济环境中，企业不仅品牌建设收获佳绩，经济效益大幅提升，员工收入平稳增长，并荣获了2009年全国轻工行业卓越绩效先进企业称号，“敦煌牌”商标连续第四次荣获上海市著名商标称号。

作为民族乐器领军企业的带头人，王国振始终以推动中国民族乐器的发展为己任，为弘扬民族文化而竭尽努力。2009年，在王国振直接推动下，上海民族乐器一厂在品牌建设和文化宣传方面做了大量工作：参与协办首届北京国际古筝音乐节，在民乐界产生很大影响；赞助CCTV民族器乐电视大赛，提升了品牌知名度；参加上海国际乐器展，展台、展品凸显国庆元素；敦煌艺术学校走进社区进行文化宣传；积极进行非物质文化遗产等申报工作，树立、维护品牌形象；敦煌新语赴山东、天津等省市进行巡回演出等等，为中国民族音乐文化的传承、发展做出了积极贡献，进一步提升了敦煌品牌的知名度和影响力。

创新是王国振始终坚持的经营理念，他认为一个企业若要发展，必须要“变”，他持续不断的创新策略极大地推动了企业产品、技术的发展。2009年，他提出全员创新制度，充分激发了员工的创造性，共落实了20多个开发项目；不断打造有竞争力的文化类产品，开发了国庆六十周年系列产品，如限量版国庆二胡；重磅推出了巨型排箫，是常规排箫的近200倍之大；精心打造了价值四十万元的象牙琵琶；精细化产品质量管理，全面提高了产品的内外质量，完成了10项专利申请。

王国振坚持人才的引进，2009年，又陆续引进财务、设计、音乐、销售等一批专业人才，充实了企业的人才队伍，增强企业的核心生产力。不仅如此，王国振还注重人才的培养与使用，大胆启用新人，为新人提供发展的机会和平台，使管理队伍年轻化。另一方面，强化对员工的技能培训，提高了企业专业制作队伍的整体技能水平。身为一厂之长，王国振始终将职工利益放在第一位，采取多种激励形式，鼓励员工通过自身价值实现创造幸福的生活，员工收入逐年增长。

王国振以超前的意识，创新的思维，带领上海民族乐器一厂走出了一条特色的民乐经营之路，成为中国民族乐器行业的领跑者。

李书

江苏凤灵集团　董事长

2009年国际金融危机对于有96%的产品出口欧

美市场的江苏凤灵乐器集团来说，无疑是一次极大的考验和挑战。李书确立了“保外销、拓内销、促转型”三着并举的经营策略，特别是内销市场的多渠道、全方位的拓展，使集团销售总额经济效益仍然增长了10多个百分点。

随着国家“扩内需”政策以及政府对包括音乐文化教育在内的素质教育的更加重视，李书亲自抓内销队伍建设，通过召开内贸交流大会等措施，借助品牌优势，迅速在全国62个城市设立了112个凤灵产品专柜，全年内销总额增长36%以上，凤灵产品覆盖了全国乐器市场的70%。

李书带领广大员工依靠科技创新，加快产品升级转型步伐，在压缩低档琴生产规模的同时，加大了中、高档琴的技术投入，并组织了产品开发团队，开发了新型电声琴、音箱提琴、复合材料琴、多弦琴、礼品琴等30多种新品，满足了不同市场和不同消费群体的需求，为企业新增订单近1000万元。2009年凤灵集团被评为国家文化出口重点企业，提琴、吉他出口被评为国家文化出口重点项目，“木材生物改性与提琴音质改良”项目被中国轻工联合会授予“科学技术进步二等奖”。

李书胸怀博大，始终认为“一花独放不是春，万紫千红春满园”。他带领提琴行业迅速推进提琴产业发展。2009年溪桥镇新增30多家乐器和乐器配件生产企业，从业人员达2.5万人，提琴成了溪桥镇的“富民产业”和文化产业。经中国轻工业联合会和中国乐器协会审定，溪桥镇在“中国提琴之乡”复审合格的基础上，被评为“中国提琴产业之都”。

李书领导全体员工在确保提琴、吉他生产稳步发展的同时，加速了企业向旅游产业发展的进程。2009年李书策划、主办了多项活动，一是在泰州国际旅游节期间，主办了“凤灵之夜名琴名曲演唱会”；二是向参加全国中小学生“中华诵”夏令营活动的营员们捐赠了价值50万元的小提琴;三是与中国光华科技基金会合作，建成了藏书4万册的图书馆；四是在西部地区的甘肃华池、会宁二县建立了12个凤灵音乐教室，并向学生捐赠了价值14万元的乐器；五是召开了凤灵文化产业园旅游总体规划评审会。

为了加速文化和旅游产业的发展进程，李书加大了资金投入，集团新增了凤灵文化产业有限公司与凤灵农业科技生产园。2009年已完成了音乐厅、博览馆、提琴文化广场等建筑设施，2010年10月，凤灵集团的全部旅游景点将对外开放。

2009年李书获得了中国优秀民营企业家、全国改革开放30年功勋企业家、创业明星等荣誉称号。他的事迹在《党旗飘飘》《辉煌中国60年—共和国劳模风采》等书中均有介绍。

盛子斐

得理乐器（珠海）有限公司　副总裁

盛子斐，历任得理公司顾问、副总经理、集团副总裁。在盛子斐没有进入得理前是得理创始人郑刚的合作伙伴，进得理后是他的亲密战友，因而盛子斐对得理有25年的情结，有25年的奉献。

新产品研发一向是得理集团电子乐器事业的重中之重，如何确保新产品设计质量、效率和成本则是关键，盛子斐化大力气开创了以下工作：（1）首次制定并亲自带领执行新产品设计方案论证制度；（2）首次制定新产品研发管理流程，并在各个环节亲自参与监督把关；（3）积极推动产品设计规范的制定和执行。这三项工作无疑对得理健康发展产生深远的影响。

他在主抓品质管理的7年时间里与同仁们取得了以下成绩：（1）美得理产品的质量明显提高了一个台阶，客户满意度也为之提升；（2）组织制定甚至亲自编写了许多ISO-9001质量管理文件并加以实施；(3) 带动全体员工进一步提高质量意识和顾客导向的理念，培养员工对质量事故的分析和处理要追根刨底、要用数据说话、成功在于细节等等的工作作风。

盛子斐长期从事财务管理和监理工作，在整个集团的财务管理架构方面完善了二级管理体系和三级管理制度的模式，明确了职责、理顺了关系，使各子公司的财务管理越来越正规，并形成了自觉遵纪守法、反贪倡廉的良好风气。

此外，他为得理百年大计的得理工业园的策划、规划和建设做出了重要贡献，尤其在办公区和生活区的规划以及人性化设计上立下汗马功劳。

1996年末，得理集团董事会推举盛子斐为中国乐器协会电鸣乐器分会会长改选的候选人，在电鸣乐器分会的换届工作会议上被高票当选为中国乐器协会电鸣乐器分会会长。自觉担负社会责任是得理集团素有的传统，集团开创初期郑刚就为电子琴国产化作出了重大贡献，因而得到过原电子部领导的赞扬。集团一路发展中继续在慈善事业、税收和劳动法等方面自觉承担着社会责任。盛子斐在这种优良传统的驱使下又利用协会这个平台不顾年迈、不辞辛劳地主动积极为乐器行业做工作，多年来一直得到协会领导和分会会员的肯定和赞誉。

在中国乐器协会领导们的热情指导帮助下，在分会全体会员的积极支持下，盛子斐会长与分会领导班子年初制订年度工作计划、年内认真执行计划、年末进行工作总结业已形成规矩和习惯；电鸣分会领导班子精诚团结，坚持集体领导，充分发挥集体的智慧和力量，齐心协力做好分会各项工作；盛子斐带领电鸣分会举办各项活动，举行技术讲座交流会、国内外产品环保认证经验讲座、企业管理经验介绍和交流会、促进推动国家强制性认证工作、电鸣乐器制造商与供应商联谊会、维护知识产权的多项活动等等；

盛子斐的工作动力来自于一种强烈的自我责任意识：既然协会领导信任我，既然大家选举我，我就不能辜负领导的信任，就不能辜负会员们的期望。

张鉴堂

武汉艾立卡电子有限公司　总经理

2009年，张鉴堂带领公司积极开拓国内外市场，提高企业竞争力，保持了生产经营的稳定、健康发展，经受住了全球金融危机蔓延带来的冲击，使艾立卡出口额再次突破1000万美元，与上年基本持平。销售收入9717万元，较上年增加35%，上交税金521万元。

他积极寻找商机，不顾年迈亲自在全国各地出差考察市场，寻找最佳供应商和战略合作伙伴。此外，2009年他三次派团参加国外展会，如美国NAMM国际乐器展、德国法兰克福国际乐器展、中国品牌商品美国展，国内、国际两个市场都不放松。

他全力支持完善公司质量管理体系建设，在ISO9001：2000质量体系认证的基础上，2009年又通过了ISO14001：2004环境管理体系认证、OHSAS18001：2007职业健康安全管理体系认证，实现了质量、环境、职业健康安全管理三合一（QEO体系）整合型管理体系的创建与认证。同时举全公司之力承担乐器国家标准起草任务，使艾立卡起草制订的《电鸣乐器放音设备 设备音乐性能评价规范》、《电鸣乐器均衡类音效装置通用技术条件》两项国家标准在2009年7月通过了全国乐器标准化委员会的审定，此举也使艾立卡成为湖北省首家起草制定乐器国家标准的民营企业。

同时他还主持筹备成立武汉乐器行业协会，为促进武汉乐器行业全面、持续、健康发展，为武汉乐器界的同行搭建一个相互交流、学习、合作的平台。通过张鉴堂在武汉乐器制造企业、教学单位、琴行、供应商中积极活动，经过一年多的筹备，终于在2009年12月，举行了有近百家武汉乐器企业参加的武汉乐器行业协会成立大会，在大会上，张鉴堂当选第一任会长。

2009年，张鉴堂被聘为武汉市“创业天使导师”，他积极履行这一职责，义务给初始创业者及中小企业，提供创业咨询服务，积极收集和向政府反映创业者的需求，反映热点、难点问题，并在高校向大学生进行创业演讲，鼓励和帮助更多的人实现创业理想。

张鉴堂的努力工作获得了社会的肯定，公司荣获武汉市首届“十佳创业企业”、“五一劳动奖状”、“国家文化出口重点企业”等重要奖项，并入选湖北省科技厅评定的150家“创新型企业建设试点单位”，他本人也先后被中共武汉市委组织部评为“党员创业明星”，被武汉市总工会评为“第六届武汉地区创名牌突出贡献人物”、被湖北省总工会评为“自主创业带头人”、被武汉市外商投资企业协会评为“十佳总经理”、被中共东西湖区委统战部评为“优秀企业家”。

陈学孔

河北金音乐器集团有限公司　总经理

陈学孔曾荣获河北省劳动模范；2008年度河北

省十大经济风云人物。

2008年10月，金音乐器集团有限公司被河北省命名为省级文化产业示范基地，2009年12月，金音集团被国家商务部、文化部、广电总局、新闻出版总署授予“国家文化出口重点企业”，金音管乐器、提琴和吉他出口被命名为“国家文化出口重点项目”。

陈学孔具有开放性思维及全球化视野，在他的领导下，金音集团始终瞄准世界管乐生产科技前沿，大力开拓国际市场，85%产品出口到50多个国家和地区。聘请美国国际长笛演奏大师为顾问，定期到公司指导技术；与美国布鲁克林大学联办西洋乐器研究所，共同研制开发新产品；与电贝司行业世界著名品牌德国“握威”、美国凯利金等国际大型公司合作，引进国际上最先进的设备和生产工艺，最大限度地提高技术水平，加快公司向规模化、系列化、国际化龙头企业的发展步伐；不断强化自主品牌，每年新产品产值率在20%以上；2009年被国家知识产权局受理新专利12项，同时取得CE、ROHS等有关安全、环保的多项认证和SGS测试，为开展以欧盟为重点的国际贸易提供了通行证。

一系列的举措使金音公司国内国际市场占有份额不断扩大，自营业出口额也连年递增。2009年，面对全球金融危机，陈学孔及时调整经营策略，在重点抓好国内市场的同时，新建了3家国外销售公司，并与世界最大的零售商沃尔玛公司进行产销合作，还成功与欧洲第一大电子商务零售商托曼公司建立了供销关系，从而使该集团逆势而上，2009年产品出口量增长8%，实现销售收入31468万元，同比增长30%；利税4200多万元；纳税1130万元，同比增长13%；出口交货值2643万元。

在陈学孔带领下，金音乐器集团2009年列入河北省文化产业振兴纲要，成为全省重点扶持的21家文化产业龙头企业之一。目前金音集团正在实施“3155”工程全面进军音乐文化产业，大踏步地向集乐器生产、音乐教育和音乐文化经营于一体的音乐产业集团迈进。

吴天延

宜昌金宝乐器制造有限公司　总经理

吴天延，香港柏斯琴行有限公司总裁、湖北省政协第十届委员会委员、湖北省工商联第十届执行委员会委员、上海乐器协会副会长、宜昌市外商投资企业协会会长。1986年吴天延开始投身音乐事业，在香港创建柏斯琴行；1993年进军国内乐器市场，在上海嘉定投资建立乐器生产企业；2000年在湖北宜昌筹建宜昌金宝乐器制造有限公司，2005年全面启动全新钢琴生产基地建设计划。24年时间，吴天延以稳健、迅猛之势完成了他在中国乐器市场的战略布局，在内地及香港地区共开办75家柏斯琴行，代理31个世界著名品牌乐器；建立了七大营销网络；在上海、宜昌拥有两家乐器制造企业。现公司已发展成为年销售收入1.47亿美元，员工达2400人，集生产、销售、教学为一体的综合性乐器公司。

“柏斯速度”在中国乃至世界乐器制造业引起了广泛的关注，在2009年底美国《音乐贸易》杂志公布的全球乐器与音响制品225强榜单中，柏斯琴行位居世界第22位。伴随企业的发展，吴天延也始终不忘创业之初“推广音乐文化，培养音乐人才”的文化宗旨，把国际上前沿、先进的音乐教学方式引进中国、吸纳所需后，毫无保留的带给学员，先后创办“香港音乐导师同盟”、“柏斯音乐基金会”等慈善机构及非牟利团体，积极投身国内外音乐文化事业，主办或赞助众多大型文艺演出、赛事及社会公益活动。如：亚洲规模赛事“TOYAMA亚洲青少年音乐比赛”，“KAWAI亚洲钢琴比赛”等；国际钢琴大师“Pierre Reach大师班”；国家大剧院“中国钢琴之夜”音乐会等。作为落户湖北宜昌的一家外资企业，吴天延先后向宜昌多个县区学校捐赠钢琴，并开展众多意义非凡的音乐文化活动，如：大型文艺演出活动“宜昌九歌——奥运中国”大型钢琴音乐会、“柏斯璀璨之星”钢琴比赛等，活动层次与内容的多样性受到不同层次、年龄音乐爱好者的追捧，让众多热爱音乐的人饱享耳福的同时无形提升了音乐文化素养，因而在湖北省公布的第一批《文化产业示范基地》中便榜上有名。

吴天延以拥有着对音乐的热爱与执着，从3万元起家，用24年完成了从业内无名小卒到中国乐器界翘楚的蜕变。创业24年间，吴天延对音乐事业的热爱，使之不断创造着柏斯的飞速发展，成为业内佳话，相信在不久的将来，吴天延将带领柏斯人创造更多的奇迹！

刘运斌

天津市津宝乐器有限公司　总经理

2009年全球经济危机给乐器制造业带来了巨大冲击。面对危机刘运斌并没有退缩，在经营管理上从变化的形势中捕捉和把握难得的发展和机遇，在逆境中发现和培育有利因素。

刘运斌认为，目前市场竞争日益激烈，难获厚利，企业要发展、壮大，就要开辟新的增长点，走多元化道路。为此，他及时调整企业战略，采取了以下几项举措：

1、完善企业运行机制，规范管理制度，培养稳扎稳打的经营作风，有效地控制运营成本，实行全员成本管理责任制，以减少风险。

2、努力提高管理水平，加强公司管理队伍建设，创建学习型企业，努力打造一支有战斗力的团队。积极加大员工培训力度，提高员工素质，逐渐形成自己的产品竞争优势。特别是在当前金融危机时期，适销对路的中国乐器将更加适应国际市场的需求，对于我们来说是难得的一次机遇。

3、坚持创新是企业生存发展的内在动力。在公司注重加大技术改造，积极开发新产品，改进新工艺，引进新设备，调整产品结构，创造出具有自己特色和自主知识产权的产品，以优秀的品质、合理的价格、真诚的售后服务征服客户。

4、坚持“走出去”加快扩展国外市场的同时“请进来”，加强与国内外优秀演出团体和专家老师的合作，为其演出、教学品质提供优良的产品，以扩大影响力、增强竞争力，来谋求自身的发展。将乐器制造与音乐教学、音乐演出相结合，实现乐器销售和艺术创造的有机统一。对外销售上，尽力在全球多个国家对“津宝”自主品牌进行注册保护和大力宣传，为将来与国际高端品牌竞争打下基础；在内销方面，加大力度实行品牌区域化管理，深入了解和探索国内市场需求，制定科学的营销策略。

天道酬勤，通过上述举措，在过去的2009年，津宝公司产品销售额不仅没有在国际经济环境十分恶劣的形势下锐减，而是以销售额为主的各项经济指标均超出年初预计的目标，2009年实现主营业务收入262428万元，利润总额23522万元，利税总额36173万元。

在刘运斌的带领下，天津津宝乐器公司先后获得“60周年国庆庆典特殊贡献企业”、“国家级文化出口重点单位”、“国家级文化出口重点项目”、“全国企事业单位知识产权试点单位”等荣誉称号。2009年，刘运斌也荣获天津市劳动模范称号，并被聘请为河北省音乐家协会西洋打击乐艺术委员会荣誉会长。

黄茂强

四川盛音乐器有限公司　总经理

黄茂强作为琴行分会会长，认真履行职责，团结琴行分会同仁，信息互通，为琴行业健康发展，同心同德，并在中国乐器协会领导下，同相关各个分会领导及同仁有效沟通、合作，同各专业厂家友好合作，为共渡难关献计献策，共同搞活动，促销售，强品牌，取得了很好效果。

黄茂强坚持琴行分会将音乐传播推广，音乐培训，音乐制品销售三位一体的现代琴行模式和理念，身体力行地努力培养音乐土壤，将增加音乐人口，特别是中低收入人群的需求为己任，如：加速社区音乐分校的建立，坚持音乐会义务进入社区。组织编写《木（竖）笛全国考级教材》《巴洛克木笛初级教程》，筹备成立“四川省音协木（竖）笛专业委员会，确定2010年将木（竖）笛专业考级列为四川省考级专业。公司要求凡是灾区中标乐器项目，不计经济效益，只讲社会效益，不讲索取，只讲奉献。凡国内乐器厂家、琴行中标乐器到四川灾区的，也坚持这一原则，努力办好每一个受托项目。灾区赈灾活动音乐会需用钢琴等乐器，一律开绿灯免费提供。

2009年，黄茂强成功组织召开琴行分会理事扩大会暨长春博乐钢琴城——音乐宝贝论坛，获得很好社会影响，使得琴行同仁和厂家同仁以及媒体有了一次非常好的相互沟通学习机会，对如何建立现代琴行，厂商共赢，乐器行业发展方向等问题的探讨都上了一个新的台阶。

2009年9月琴行分会为配合乐器协会其他分会成员到俄罗斯参加第15届莫斯科乐器展，黄茂强组织琴行分会成员独立成团到莫斯科参观乐器展，并参观圣彼得堡市琴行并同圣彼得堡市乐器经销商会谈交流，促进两国乐器行业的进一步发展交融。

秦传功

河北秦川文体乐器有限公司　总经理

2009年，为了应对金融危机，作为企业的决策者，秦传功审时度势，运筹帷幄，适时提出了“稳定、培训、调整、提高”的秦川乐器总体方针，制定了苦练内功，提高员工素质，提升企业竞争力；调整产品结构，引进新品牌，增加利润增长点；加强与本省各地经销商的合作，促进批发业务的增长以及暂缓企业规模扩张，集中精力抓销售等一系列措施，使企业克服了各种困难，取得了近年来最好的经营业绩，全年销售比上年增长24.95%的近年来最佳业绩。

2009年，秦传功承担起更多的社会责任。面对金融危机，作为中国乐器协会琴行分会副会长，秦传功没有只想着自己的企业，而是从本地区、本行业的大局出发，组织召开了河北省乐器行业经济环境研讨会，团结省内同行，加强合作，共同应对，为河北省乐器行业的稳定发展做出了积极贡献。在2009中国（上海）国际乐器展览会系列活动NAMM大学课程中，秦传功将本企业20余年的办学经验毫无保留地向代表们作了介绍，为规范业余音乐教学，促进本行业的发展起到了推动作用；2009年，秦传功还邀请北京星海钢琴集团领导来石家庄，进行了经营与教学方面的交流；承办中国音乐家协会钢琴调律学会钢琴调律技术讲座以及施坦威百年古钢琴巡展等，为提高各地调律师水平和传播钢琴文化发挥了重要作用；2009年，秦传功积极组织筹备召开了河北省音乐家协会吉他艺术委员会成立大会，并当选为会长。同年，作为河北省乐器行业的杰出代表，秦传功还当选为河北省企业风险防范促进委员会副会长。

近年来，秦传功在音乐教育方面也取得了较大的成绩。石家庄市秦川音乐艺术学校具有20年的办学历史，现有300多名各专业教师，均来自各大专院校或文艺团体。秦川艺校已形成了较完善的音乐教学体系，设有十四大类四十余个专业，还建立了早教部、艺术普及部、高考升学部和娱乐养生部，培训的对象涵盖2岁以上各年龄段的音乐爱好者。秦川艺校已先后对六万名学员进行了音乐专业培训，累计有几百名学员考入中央、天津、沈阳等各类艺术院校。千余名学员在全国及省市各类艺术比赛中获奖。

秦传功领导企业投入大量人力、物力，广泛开展各种社会公益活动，为繁荣文化艺术，培育乐器市场做出了积极贡献。

张华君

成都川雅木业有限公司　总经理

张华君经过多年的浅心研究，先后获得了“斜拼芯实木复合音板”、“等厚实木复合音板”、“不等厚实木复合音板”、“钢琴复合弦码”、“指接实木音板”、“复活板型提琴”等20项国家专利。多数专利成果已实现产业化和规模化，产品远销国内外。

张华君自创建成都川雅木业有限公司以来，其员工规模由当初的10多人发展到现在的300余人，产品销售额逐年稳步上升，“川雅音板”等乐器部件在行业内已成为知名品牌，2009年公司产品被四川省政府授予“四川省名牌产品”称号，其产品的市场占有率已超过30%，具有十分良好的市场声誉。张华君带领公司技术队伍，建立了住宅结构、内装、外装和造景4系统为主的木结构产品生产经营体系。由于张华君先后主持或参与多项木材研究学术课题，其与东京大学就“中国产木材声学性能”研究受到两国学术和产业界重视应用，并得到日本文部省自然科学基金资助，与东北林业大学合作研究“木材和钢琴声学品质检测”获得国家自然科学基金立项资助。川雅木业有限公司在张华君的经营管理下，赢得了“高新技术企业”，“外商投资先进技术企业”，“五星级诚信纳税先进企业”，“抗震救灾先进集体”等20多项荣誉称号，张华君本人在2009年被成都市委组织部评为“市级优秀人才示范岗”。

张华君认为企业家的最终目的就是能最大限度的回报行业和社会。他认为，企业家首先要尽自己、尽企业的最大努力创造专业价值，并努力减轻社会就业压力。其次要遵守行业规范。张华君带领企业依靠专业技术、产品质量、服务水平赢得行业认同。

2009年底，在成都召开的中国乐器协会材料配件专业委员会二届二次会员大会上，张华君强调了乐器材料配件行业在整个乐器行业的健康经营和发展中所具有的重要作用。提出材料配件行业必须在团结依靠乐器整机厂的前提条件下，充分发挥和利用自身优势和资源，肩负起开发、整合、优化、节约资源的责任，保持和发扬自身专业技术优势，致力于为乐器产业链下游企业提供持续、稳定、健康、高效的服务。

张华君在担任中国乐器协会副秘书长期间，十分热心行业工作，以其在本行业20多年工作实践和丰富的国际交流经验，积极总结归纳对行业工作意见，向协会献计献策；同时亲身参与或主持协会和所在专业分会各类会议、标准化和宣传策划等工作，他坚持认为行业协会在代表和领导行业发展中具有至关重要、无可替代的作用，只有企业和行业的共同强大，才能实现中国乐器的强国梦想。

目前，张华君正以锐意创新的理念、开拓奋进的精神率领全公司员工严谨工作，立志把川雅建成当之无愧的一流生产技术，一流经营管理，一流产品及规模的中国乐器声学部件基地和现代木结构产业集群企业，为发展本行业和振兴民族经济做出更多更大贡献。

罗松森

天津华韵乐器有限公司　总经理

自天津华韵乐器有限公司创建以来，罗松森认真学习邓小平理论，以“三个代表”重要思想为指导，坚持党的基本理论和基本路线，全面贯彻落实科学发展观，按照上级党政组织提出的适应新形势，抓住新机遇，再上新水平的总体要求，积极带领公司全体干部职工发扬“团结、拼搏、创新、超越”的团队精神，使企业得到持续健康发展。

由于罗松森勇于开拓，锐意进取，扎实苦干，乐于奉献，企业得到长足发展，他也赢得了诸多荣誉和社会地位，先后被评为县优秀党员，并被推选为县政协常委、天津市乡镇企业家，公司被商务部认定为第一批“中华老字号”企业。

近年来，为确保手风琴产品质量，实现公司的长远发展目标，罗松森不断加大技术改造力度，相继引进了意大利音簧专用磨床，日本电子闪光音准仪、烟雾计、德国音簧弧度检测表，购置了具有现代化水平的国产自动点焊机等先进仪器设备，提高了生产工艺及检测手段，改善了生产条件，降低了生产成本，增加了经济效益。2009年实现主营业务收入3098万元，利税总额793万元。生产的鹦鹉牌手风琴以其工艺精湛、造形美观、音质优美、质量上乘而赢得国内外用户的一致好评。

多年来，在坚定发展信念的基础上，为打造企业加快发展的平台，罗松森立足于企业实际与发展大计，坚持以人为本，积极培养和使用内部人才，招聘高素质的外部人才，建立激励机制，注重“拴心”、“留人”，营造人尽其才的优良环境，为企业发展提供了智力支持和人才保障，打造了企业快速发展的新优势。

罗松森以永不停步、永不满足的进取精神，带领技术人员开发系列产品，创造名牌产品。目前，公司主要生产手风琴、脚踏风琴、兼制古筝、爵士鼓、大小军鼓共6个系列、20多种规格，多品种、综合性、系列化一主多元的产品新格局，主导产品鹦鹉牌手风琴及雅乐牌脚踏风琴均被评为“天津市著名商标”和“天津市名牌产品”；“采用新材料新工艺研制高品质鹦鹉牌手风琴”经中国轻工业联合会授予2009年度科学技术进步优秀奖。

面对开放搞活和日趋完善的市场经济形势，罗松森恪守“优质产品、合理价格、良好服务、崇高信誉”的经营理念，狠抓产品质量管理，不断完善营销体系，搞好售后服务，在全国各个营销服务点实行全过程、全天候的亲情服务，为客户排忧解难，提供全方位方便快捷的服务。

程晋垣

《乐器》编辑部　主任

《乐器》杂志作为具有30 多年历史的乐器科技类期刊，由中国轻工业联合会主管，全国乐器工业信息中心、中国乐器协会主办的国内乐器行业公开出版、海内外发行的行业媒体。程晋垣任职十一年来，带领《乐器》杂志共发表各类乐器科技文献，乐器社会文化活动和行业市场专题报道超过400余万字。多年来，《乐器》杂志紧跟行业发展脉搏，共参与并重点报道国内重大乐器展览会27次，独立策划并发表“我国大型琴行经营之道”深度报道百余篇，在促进琴行销售业经营思维交流互动，为我国中小琴行的生存与发展提供建设性意见进行了大量的媒体信息传播工作。2009年，在世界经济形势动荡不定的背景下，程晋垣为配合中国乐器协会工作，参与策划琴行新生代营销论坛，对于琴行销售业新老交替，新时代琴行销售业经营理念等问题的深入报道与探讨深受业内和广大读者好评。

程晋垣任职十一年来，引领《乐器》杂志走市场化运作道路，杂志面向乐器演奏家，音乐家，院校师生，乐器厂商以及广大音乐爱好者，内容以钢琴制作与调律科技，提琴制作艺术与发展，民族乐器改革，西洋管乐、打击乐和电子乐器科技推广为办刊基石，同时涵盖乐器教学教法，电脑音乐制作等多项知识，内容具有时效性、针对性和实用性，杂志无论从内容还是到精良的印刷包装，《乐器》杂志通过更新、更细、更实际、更丰富的栏目内容满足了多元化读者对乐器知识的需求。同时，利用《乐器》杂志媒体平台，程晋垣督导乐器杂志编辑，常年协助乐器商家完成品牌文化建设，加强乐器厂家与商家的和谐互动，为促进行业市场健康有序发展，《乐器》杂志同样以第一时间，围绕乐器生产厂家和经销商的社会文化活动，完成了大量积极的信息传播工作，以高品质的图文报道，获得厂商与读者的首肯与好评。

MUSIC

中国乐器年鉴
CHINA MUSICAL INSTRUMENT YEARBOOK
2009-2010

2008年我国乐器专利发布情况汇总

根据中国专利数据库统计，2008年，我国乐器专利发布数量为491件，比去年减少7件，同比下降1.4%，这是专利发布量连续三年增长后的首次下降。

在491件乐器专利中，包括发明专利116件，同比增长19.58%；实用新型专利223件，同比增长18.62%；外观设计专利152件，同比下降28.64%。从申请乐器专利的企业和个人所属国别来看，海外申请专利共有83件，其中日本61件，和去年的144件相比下降42.36%；国内申请专利共有408件，同比上升15.25%。

以上数据表明我国乐器专利申请的方向正逐步由不具有核心技术的外观设计专利向发明和实用新型专利转移，这也是国内乐器行业增强核心技术实力、强调自主知识产权和创新发展的一个具体体现。专利申请在未来企业发展中的重要地位，越来越得到企业的重视。

在10个大类的乐器专利中，以乐器配件、民族乐器、钢琴、吉他和打击乐器的专利数量居多，这五类乐器的专利总数占全年专利发布数量的82.48%。另外，西管乐器专利发布数量增幅最大，为2007年的6.5倍，其次是手风琴专利发布数量增幅为150%，打击乐器专利发布数量增幅为55%；而电声乐器专利发布数量降幅达到80%，其次是口琴专利发布数量降幅为65%。

2008年，由企业申请发布的乐器专利数量为188件，由个人申请发布的专利数量为303件，二者的比例约为3∶5。在申请专利数量较多的企业中，日本雅马哈株式会社有45件，排名第一，占日本乐器企业在我国申请专利数量的73.77%；天津市津宝乐器有限公司申请专利27件，同比增长68.75%，为国内申请乐器专利最多的企业。其次泰兴凤灵乐器有限公司（12件），扬州天韵乐器制造有限公司（10件），武汉艾立卡电子有限公司（7件），浙江东方琴业有限公司（7件）、宁波海伦乐器制品有限公司（6件）。

2008年乐器专利发布数量一览表

分类	发明专利	实用新型	外观设计	总计
乐器配件	64	43	13	120
民族乐器	15	59	36	110
钢琴	11	40	19	70
吉他	8	24	31	63
电声乐器	0	1	11	12
打击乐器	3	25	14	42
口琴	4	5	1	10
提琴	3	10	16	29
西管乐器	7	15	8	30
手风琴	1	1	3	5
总计	116	223	152	491

2008年乐器专利发布目录

类别	名称	专利类型	申请（专利）号	公开（公告）日	申请（专利权）人	发明（设计）人
乐器综合类	光学换能器系统、光学调制器及使用其的乐器	发明专利	200710136429.3	2008.01.16	雅马哈株式会社	加藤忠晴
	乐器用转阀活塞、使用该活塞的转阀和乐器	实用新型	200720002277.3	2008.01.16	北京德勇乐器有限公司	李光民、闫丕铸
	乐器及并入其中的、为音乐演奏者提供的协助系统	发明专利	200710137359.3	2008.01.23	雅马哈株式会社	铃木秀雄
	乐器用支架	发明专利	200710112432.1	2008.01.23	雅马哈株式会社	保田善彦
	电子键盘乐器的键盘结构	发明专利	200710136625.0	2008.01.23	雅马哈株式会社	外山豊
	键盘式乐器的声控装置	发明专利	200710137341.3	2008.01.23	株式会社河合乐器制作所	广田贤一、平野哲也
	含木粉的树脂成型体、制法及键盘乐器用黑色按键	发明专利	200710137387.5	2008.01.30	雅马哈株式会社	岛野赏二、铃木伸彦
	一种键盘类乐器乐音控制系统	发明专利	200610047269.0	2008.01.30	张文革	张文革
	乐器类的白键和黑键的制造方法及利用该方法制造的键盘	发明专利	200610103855.2	2008.02.06	申相汎	申相汎
	乐器用弦缠弦材料	实用新型	200720049279.8	2008.02.06	广州市罗曼士乐器制造有限公司	郑玉棠
	无键位弦乐器音准、视奏辅助练习装置	实用新型	200720062166.1	2008.02.06	蒋英明	蒋英明
	电子乐器开关	实用新型	200720106605.4	2008.02.06	郑旭光	郑旭光
	弦乐器拾音均衡器	实用新型	200720006465.3	2008.02.06	王哲宏	王哲宏
	可扩展的弦乐器盒	发明专利	200710182140.5	2008.03.12	第一幕股份有限公司	M.S.艾辰、C.利奥托德、C.斯莫尔

类别	名称	专利类型	申请（专利）号	公开（公告）日	申请（专利权）人	发明（设计）人
乐器综合类	带iPod基座和卡拉OK功能的电声乐器音箱	实用新型	200720084346.X	2008.03.12	武汉艾立卡电子有限公司	张斌
	带iPod基座的电声乐器音箱	实用新型	200720084347.4	2008.03.12	武汉艾立卡电子有限公司	张斌
	电子键盘乐器	发明专利	200710151505.8	2008.03.19	雅马哈株式会社	大井进
	用于电子乐器的键盘装置	发明专利	200710148798.4	2008.03.19	雅马哈株式会社	大须贺一郎
	滤波装置以及使用滤波装置的电子乐器	发明专利	200710153359.2	2008.03.26	卡西欧计算机株式会社	金子洋二
	电子键盘乐器	发明专利	200710152799.6	2008.03.26	雅马哈株式会社	西田贤一
	电子管乐器及其零点补偿方法	发明专利	200710153490.9	2008.03.26	雅马哈株式会社	柴田孝一郎
	用于管乐器拇指托的附件	实用新型	200720141573.1	2008.04.09	张继、高耀珠	张继、高耀珠
	电声乐器音箱	外观设计	200730096132.X	2008.04.09	武汉艾立卡电子有限公司	张斌
	有弦乐器	外观设计	200630007154.X	2008.04.09	拉维·K·索尼、克雷格·R·斯蒂尔、保罗·K·詹诺斯基、兰斯·G·赫西	拉维·K·索尼、克雷格·R·斯蒂尔、保罗·K·詹诺斯基、兰斯·G·赫西
	湿控乐器储存装置	实用新型	200620164663.8	2008.04.16	郑明祈	郑明祈
	七彩琴键	外观设计	200730035151.1	2008.04.16	卢文东	卢文东、周独伊
	可展现活力及炫耀乐器的灯饰装置	实用新型	200720142923.6	2008.04.23	吴中平、林小娟	吴中平、吴柏星、吴莉明、吴培榆、吴翰宇、常云、黄永亘、黄永全
	一种弹拨乐器护指套	实用新型	200720013136.1	2008.04.23	尹俊懿	尹俊懿
	传统弦乐类及皮面弹拨类乐器的改良共鸣箱	实用新型	200720090334.8	2008.04.23	高磊	高磊
	一种便携式组合乐器	实用新型	200720101671.2	2008.04.23	冯培明	冯培明
	石琴	实用新型	200720040184.X	2008.04.23	王辉	王辉
	电子乐器的键盘装置	发明专利	200710167847.9	2008.04.30	雅马哈株式会社	大须贺一郎、荒木胜弘

类别	名称	专利类型	申请（专利）号	公开（公告）日	申请（专利权）人	发明（设计）人
乐器综合类	指琴	发明专利	200710124612.1	2008.04.30	煜日升电子（深圳）有限公司	徐科端、韩向阳
	乐器的支撑方法和装置	发明专利	200480044883.0	2008.05.07	迅捷分配公司	乔纳森·沃克曼、大卫·罗伯茨、朱莉·T·佩蒂特、托德·B·艾曼、唐纳德·H·伊森
	用于调整弦乐器的琴弦的张力的装置和方法	发明专利	200580049607.8	2008.05.07	特科特斯有限公司	克里斯托弗·亚当斯
	管乐器键柱	外观设计	200730144845.9	2008.05.07	雅马哈株式会社	釖持尚
	琴架（A0021）	外观设计	200730120982.9	2008.05.07	王祥贵	计效益
	乐器包装盒结构及制作方法	发明专利	200710195417.8	2008.05.14	张灵波	张灵波
	用于电子乐器的键盘装置	发明专利	200710166226.9	2008.05.14	雅马哈株式会社	大须贺一郎
	一种弹簧高稳固管乐器音孔键	实用新型	200720093754.1	2008.05.14	李墨	李墨、李达
	电子键盘乐器	外观设计	200730160304.5	2008.05.14	雅马哈株式会社	佐藤大造
	一种多功能琴架	实用新型	200720110969.X	2008.05.14	王祥贵	计效益
	敲击乐器	实用新型	200720148842.7	2008.05.28	林益生	林益生
	里拉琴体	外观设计	200730144250.3	2008.05.28	北京工业大学	祝孝正
	无线编码传输式激光里拉琴	实用新型	200720170134.3	2008.05.28	北京工业大学	祝孝正
	八音琴	实用新型	200720111010.8	2008.06.04	宁波韵升股份有限公司	华启升、王吉波、叶永明
	电子打击乐器用踏板装置	发明专利	200710196927.7	2008.06.11	罗兰株式会社	北川仁大
	一种弦乐器	实用新型	200720027844.0	2008.06.18	刘振杰	刘振杰
	弹拨乐器站立演奏腰带挂钩	外观设计	200730010400.1	2008.06.18	石伯琦	石伯琦
	带有护套的琴盒	发明专利	200610165111.3	2008.06.18	周思平	周思平
	足音琴	实用新型	200720174120.9	2008.06.18	金国强	金国强
	电子打击乐器	发明专利	200710187544.3	2008.06.25	雅马哈株式会社	百武省一
	电子键盘乐器	外观设计	200730160303.0	2008.06.25	雅马哈株式会社	佐藤大造
	电子键盘乐器	外观设计	200730160305.X	2008.06.25	雅马哈株式会社	佐藤大造
	电子键盘乐器的外壳结构	发明专利	200710305635.2	2008.07.02	雅马哈株式会社	杉本龙太郎、安渡武志

类别	名称	专利类型	申请（专利）号	公开（公告）日	申请（专利权）人	发明（设计）人
乐器综合类	电子键盘乐器	发明专利	200810000217.7	2008.07.09	雅马哈株式会社	石原秀辉、清水元英
	保持相对音调的弦乐器	发明专利	200680023662.4	2008.07.09	科兹莫斯·M·莱尔斯	科兹莫斯·M.莱尔斯
	乐器以及并入其中的为乐器演奏者提供的协助系统	发明专利	200710307783.8	2008.07.16	雅马哈株式会社	铃木秀雄
	键盘式打击乐器	发明专利	200810001696.4	2008.07.16	雅马哈株式会社	寺田宪重、堀田哲夫
	键盘式打击乐器	发明专利	200810001697.9	2008.07.16	雅马哈株式会社	寺田宪重、堀田哲夫
	打击乐器以及键盘式打击乐器	发明专利	200810001698.3	2008.07.16	雅马哈株式会社	寺田宪重、堀田哲夫
	电子键盘乐器的结构	发明专利	200810000218.1	2008.07.16	雅马哈株式会社	野中健吉
	用于人类演奏者的乐器和自动伴奏系统	发明专利	200810003307.1	2008.07.23	雅马哈株式会社	上原春喜
	键盘乐器	发明专利	200710160344.9	2008.07.30	雅马哈株式会社	小松昭彦、谷口成泰
	乐器用彩色弦	实用新型	200720057671.7	2008.07.09	广州市罗曼士乐器制造有限公司	郑玉棠
	乐器	发明专利	200810005605.4	2008.08.13	罗兰德·曼尔乐器两合公司	T. 弗朗茨
	一种新材料新工艺制作的民族乐器芦笙	发明专利	200810068718.9	2008.09.10	罗信吾	罗信吾
	乐器用转阀活塞及其制造方法、使用该活塞的转阀和乐器	发明专利	200710085462.8	2008.09.10	北京德勇乐器有限公司	李光民、闫丕铸
	振动弦乐器的装置和方法	发明专利	200680033269.3	2008.09.10	阿加皮特斯·B·利耶	阿加皮特斯·B·利耶
	具有电子校检系统、电系统以及计算机程序的乐器	发明专利	200810081982.6	2008.09.10	颜庆贤	颜庆贤
	木管乐器及其音管的制造方法	发明专利	200810083892.0	2008.09.17	雅马哈株式会社	宫冈慎里
	电子乐器用架	发明专利	200810004607.1	2008.09.24	罗兰株式会社	森良彰、中尾公一

类别	名称	专利类型	申请（专利）号	公开（公告）日	申请（专利权）人	发明（设计）人
乐器综合类	一种弦乐器松香擦涂器	实用新型	200720114962.5	2008.09.10	冯蓉藩	冯蓉藩
	电吉他(多功能乐器)	外观设计	200730061768.0	2008.09.10	蒙焕向	蒙焕向
	一种新材料新工艺制作的民族乐器芦笙	实用新型	200810068718.9	2008.09.10	罗信吾	罗信吾
	乐器用转阀活塞及其制造方法、使用该活塞的转阀和乐器	实用新型	200710085462.8	2008.09.10	北京德勇乐器有限公司	李光民、闫丕铸
	弹拨乐器用佩戴假指甲片的指甲贴	实用新型	200720045838.8	2008.09.10	陈建飞	陈建飞
	复合式吹孔气鸣乐器	实用新型	200720183518.9	2008.09.10	江西理工大学	黄丽娜
	乐器上的防滑套	实用新型	200720091587.7	2008.09.10	王晶晶	王晶晶
	一种弦乐器松香擦涂器	实用新型	200720114962.5	2008.09.10	冯蓉藩	冯蓉藩
	一种弦乐器松香助擦器	实用新型	200720184119.4	2008.09.10	冯蓉藩	冯蓉藩
	琴键式键盘乐器	实用新型	200720088542.4	2008.09.17	于树森	于树森、于伟
	弦乐器的调音装置	实用新型	200720193591.4	2008.09.17	林恩·米兰	林恩·米兰
	锣、鼓、钹、铃、板五种组合式乐器	实用新型	200720016155.X	2008.09.17	宋凤森	宋凤森
	一种多功能电吉他音乐器	实用新型	200720055170.5	2008.09.17	蒙焕向	蒙焕向
	弦乐器之弱音器	实用新型	200720190581.5	2008.09.24	高扬	高扬
	能够产生后音调的乐器和自动演奏系统	发明专利	200810088442.0	2008.10.01	雅马哈株式会社	太田哲朗
	乐器用的弦及其制造方法	发明专利	200710088915.2	2008.10.01	雅马哈株式会社	丹原嘉彦、小田木法之
	用于电子乐器的键盘装置	发明专利	200810086698.8	2008.10.01	雅马哈株式会社	大须贺一郎
	基于2.4G无线数字音频技术的乐器无线传输系统	发明专利	200810027843.5	2008.10.01	黎荣生	黎荣生

类别	名称	专利类型	申请（专利）号	公开（公告）日	申请（专利权）人	发明（设计）人
乐器综合类	一种在乐器表面装饰雕刻彩绘的方法	发明专利	200810053182.3	2008.10.08	张立君	张立君
	弦乐器	发明专利	200680036178.5	2008.10.08	扬·范凯尔斯特	扬·范凯尔斯特
	乐器支撑结构	实用新型	200720082669.5	2008.10.08	何薇	何薇、何夕瑞
	一种处理提琴类乐器面板的方法	发明专利	200810109419.5	2008.10.15	许铁云	许铁云
	乐器	发明专利	200810081720.X	2008.10.15	罗兰德曼尔乐器两合公司	B.L.麦克迈舍三世
	键盘乐器的接触检测装置	发明专利	200680033336.1	2008.10.15	株式会社河合乐器制作所	平野哲也
	乐器支架管接头	实用新型	200720099585.2	2008.10.15	天津市津宝乐器有限公司	李中华
	电子乐器	发明专利	200810089186.7	2008.10.22	雅马哈株式会社	中田卓也
	键盘乐器的黑键以及黑键罩的制造方法	发明专利	200810093510.2	2008.10.29	株式会社河合乐器制作所	加藤晴一
	民族拉弦乐器多功能电子指示学习器	实用新型	200720094233.8	2008.10.29	郭英飞	郭英飞
	独管乐器	实用新型	200720138114.8	2008.10.29	南俊水	南俊水
	电子键盘乐器	发明专利	200810095695.0	2008.11.12	雅马哈株式会社	清水元英
	电子乐器	发明专利	200810097033.7	2008.11.12	雅马哈株式会社	中田卓也
	民族拉弦乐器多功能电子指示学习器	发明专利	200710055971.6	2008.11.19	郭英飞	郭英飞
	用于乐器的琴弦	发明专利	200680042957.6	2008.11.19	山特维克知识产权股份有限公司	希纳·沃苏格、安德斯·泽德曼
	乐器按键的结构	实用新型	200820001487.5	2008.11.19	阿尔贝斯特乐器有限公司	谢明满
	乐器演奏执行元件，演奏辅助吹口，铜管乐器，自动演奏装置，演奏辅助装置	发明专利	200810109332.8	2008.12.03	雅马哈株式会社	桥本隆二
	电子乐器的键盘装置	发明专利	200810098993.5	2008.12.03	雅马哈株式会社	大须贺一郎
	电子乐器键盘装置	发明专利	200810109390.0	2008.12.10	雅马哈株式会社	渡边惠介

类别	名称	专利类型	申请（专利）号	公开（公告）日	申请（专利权）人	发明（设计）人
乐器综合类	均衡、校音及节拍三合一的乐器电子配件	实用新型	200720196346.9	2008.12.10	深圳市卓乐科技有限公司	李国飞
	音乐琴弦和包括所述琴弦的乐器	发明专利	200680046067.2	2008.12.17	山特维克知识产权股份有限公司	希纳·沃苏格、戈兰·贝里隆德
	弦乐器用移调夹结构	实用新型	200720304880.7	2008.12.17	戈建林	钟志明
	电子验证系统和配有电子验证系统的乐器	发明专利	200810110249.2	2008.12.24	雅马哈株式会社	佐佐木力、藤原佑二
	电子打击乐器用支架	外观设计	200730150867.6	2008.12.24	罗兰株式会社	中尾公一、森良彰
钢琴	一种钢琴的制音器	实用新型	200720105894.6	2008.01.02	罗森鹤	罗森鹤
	一种钢琴的制音器杆	实用新型	200720105897.X	2008.01.02	罗森鹤	罗森鹤
	一种钢琴总档	实用新型	200720105900.8	2008.01.02	罗森鹤	罗森鹤
	一种钢琴键盘的键杆	实用新型	200720105898.4	2008.01.02	罗森鹤	罗森鹤
	一种钢琴键盘的黑键	实用新型	200720105899.9	2008.01.02	罗森鹤	罗森鹤
	一种钢琴击弦机轴架螺丝	实用新型	200720105895.0	2008.01.02	罗森鹤	罗森鹤
	一种立式钢琴的压板式转击器	实用新型	200720105896.5	2008.01.02	罗森鹤	罗森鹤
	电子钢琴	外观设计	200630130812.4	2008.01.02	雅马哈株式会社	胜又良宏、恩里科·贝尔杰塞
	一种钢琴击弦机轴架的轴承的制造方法及其轴承	发明专利	200610052261.3	2008.01.09	浙江东方琴业有限公司	罗锐育、邬立平、高策
	电子钢琴	外观设计	200730004489.0	2008.01.16	株式会社河合乐器制作所	池川友康
	电子钢琴	外观设计	200730007120.5	2008.01.30	雅马哈株式会社	佐藤大造、本田敬
	便携式立式钢琴弦槌修整简易支撑	实用新型	200720083952.X	2008.02.06	宜昌金宝乐器制造有限公司	罗扬
	钢琴	外观设计	200730002174.2	2008.02.13	上海玛珂琴业有限公司	孙明亮
	钢琴中盘	发明专利	200610052935.X	2008.02.20	陈海伦	陈海伦
	一种音质稳定的钢琴铁排	实用新型	200720068043.9	2008.03.12	上海五钢设备工程有限公司	倪奕斌、胡建明、朱洪纲

类别	名称	专利类型	申请（专利）号	公开（公告）日	申请（专利权）人	发明（设计）人
钢琴	新型电钢琴	实用新型	200720119421.1	2008.03.12	陈妮、潘浩东、陈恬	陈妮、潘浩东、陈恬
	基于宽带互联网的钢琴远程教学系统	发明专利	200710044582.3	2008.03.19	上海欧亚钢琴乐器有限公司、郑明统	郑明统
	一种发光的钢琴	发明专利	200710175786.0	2008.03.19	北京金诚创新软件科技有限公司	朱辉、杨秀英
	可调钢琴谱架	实用新型	200720153667.0	2008.03.19	河北理工大学	秦占青、宋旭超
	护眼钢琴灯	实用新型	200720035837.5	2008.03.19	江阴经纬电子有限公司	沈家骏
	改进型钢琴延伸踏板	实用新型	200720124682.2	2008.04.23	胡平	胡平
	多功能钢琴	实用新型	200720007308.4	2008.04.30	黄三元	黄三元
	卧式钢琴弦列架	外观设计	200730144617.1	2008.05.07	杨治安	杨治安
	钢琴弦轴板	实用新型	200720093849.3	2008.05.14	吉林森林工业集团金桥木业有限公司	徐树荣、于长海、宋长春、杜芒、张雁飞、殷俊
	折叠教学电钢琴	实用新型	200720038550.8	2008.05.14	郁强	郁强
	电脑数码钢琴折叠双键盘	实用新型	200720038551.2	2008.05.14	郁强	郁强
	仿传统手感琴键组件及使用该组件的电子钢琴	实用新型	200720011884.6	2008.05.21	沈阳博韵电子科技有限公司	张文革
	数码钢琴键盘	实用新型	200720124336.4	2008.05.28	黄俊经	黄俊经
	具有二次重力变化手感的电子钢琴弹奏键盘	实用新型	200720086277.6	2008.06.18	李先敏、李雪恒	李先敏
	钢琴（多功能）	外观设计	200730139389.9	2008.06.18	黄三元	黄三元
	提高钢琴声辐射板频响特性的技术方案	实用新型	200720142467.5	2008.06.25	杨治安	杨治安
	钢琴击弦机发泡ABS零部件的制造方法	发明专利	200710000637.0	2008.07.16	陈天浩	陈天浩
	钢琴自动缠弦机	发明专利	200810026277.6	2008.07.30	广州珠江钢琴集团有限公司	梁志伟、梁志和、梁绍强
	立式钢琴	外观设计	200730157274.2	2008.07.02	杨治安	杨治安
	一种钢琴琴键盖的缓降装置	实用新型	200720141531.8	2008.07.02	蔡赋勇	蔡赋勇、沈建国

类别	名称	专利类型	申请（专利）号	公开（公告）日	申请（专利权）人	发明（设计）人
钢琴	一种钢琴琴键盖的支撑结构	实用新型	200720141532.2	2008.07.02	蔡赋勇	蔡赋勇、沈建国
	一种钢琴键盘识别器	实用新型	200720059174.0	2008.07.09	尤传荣	尤传荣
	带刹车的立式钢琴脚轮	实用新型	200720073608.2	2008.07.16	陈海伦	陈海伦
	钢琴	实用新型	200710109231.6	2008.08.13	施坦威音乐器材有限公司	S.Y.肯内吉、R.F.达夫、J.洛姆比诺
	电子钢琴	外观设计	200730151196.5	2008.08.13	雅马哈株式会社	伊藤雅文
	钢琴	外观设计	200730153611.0	2008.08.20	雅马哈株式会社	胜又良宏、大野正晴
	电子钢琴	外观设计	200730154478.0	2008.08.27	雅马哈株式会社	佐藤大造
	一种钢琴键盘	发明专利	200710067495.X	2008.09.17	陈海伦	陈海伦
	电子钢琴	外观设计	200730310901.1	2008.09.03	雅马哈株式会社	佐藤大造
	卧式钢琴	外观设计	200730155554.X	2008.09.17	杨治安、上海玛珂琴业有限公司	杨治安
	一种多功能钢琴	实用新型	200720008490.5	2008.09.10	福州和声钢琴有限公司	林建忠
	一种钢琴	实用新型	200720026748.4	2008.09.10	宋伟娟	宋伟娟
	钢琴键盘盖单边大扭矩缓冲装置	实用新型	200720177928.2	2008.09.10	陈天浩	陈天浩
	一种电子钢琴缓冲垫	实用新型	200720119492.1	2008.09.10	东莞冠宏电子有限公司	张文斌
	钢琴键盘盖缓冲器	实用新型	200720107941.0	2008.09.17	康米塔	康米塔
	卧式钢琴弯背	实用新型	200720073600.6	2008.09.17	陈海伦	陈海伦
	立式钢琴铁板	实用新型	200720073606.3	2008.09.17	陈海伦	陈海伦
	立式钢琴背架	实用新型	200720073607.8	2008.09.17	陈海伦	陈海伦
	钢琴实木复合背架	实用新型	200720080865.9	2008.09.17	张华君	张华君
	提高低频特性的钢琴弦振系统	实用新型	200620008740.0	2008.09.17	杨治安	杨治安
	钢琴琴弦夹紧固定装置	实用新型	200720030915.2	2008.09.17	张琦、王伟、冉令珂	张琦、王伟、冉令珂
	高模量钢琴声辐射板	发明专利	200710095953.0	2008.10.08	杨治安	杨治安
	电脑数码钢琴滑动双键盘	实用新型	200720131989.5	2008.10.15	郁强	郁强
	钢琴（飞艇）	外观设计	200730081701.3	2008.10.22	郑明统	郑明统

类别	名称	专利类型	申请（专利）号	公开（公告）日	申请（专利权）人	发明（设计）人
钢琴	仿传统手感琴键组件及使用该组件的电子钢琴	发明专利	200710011124.X	2008.10.29	沈阳博韵电子科技有限公司	张文革
	数码钢琴	外观设计	200730099739.3	2008.10.29	冯维斌	冯维斌
	钢琴（飞机造型）	外观设计	200830065974.3	2008.11.05	郑明统	郑明统
	钢琴手型练习器	发明专利	200810115889.2	2008.11.12	费海华	费海华
	新材料、新工艺、柔性传动的钢琴击弦系统	发明专利	200710108086.X	2008.11.26	杨治安、上海玛珂琴业有限公司	杨治安
	锤式数码钢琴键盘手感仿真装置	实用新型	200720089092.0	2008.11.26	周致嘉	周致嘉
	一种局部具有普通按键设计的钢琴键盘	实用新型	200720196336.5	2008.11.26	康佳集团股份有限公司	战歌
	钢琴（花纹）	外观设计	200730140423.4	2008.12.03	黄三元	黄三元
	钢琴（HG-133W-R）	外观设计	200730140750.X	2008.12.10	福州和声钢琴有限公司	林建忠
	立式钢琴	外观设计	200730147179.4	2008.12.17	杨治安、上海玛珂琴业有限公司	杨治安
	玩具（37键钢琴-696）	外观设计	200730330093.5	2008.12.17	宝德玩具制造有限公司	郑子超
吉他	一种吉他柄的调整杆	实用新型	200720047421.5	2008.01.02	刘雪群	刘雪群、李鸿章
	吉他音桥	外观设计	200630125083.3	2008.01.02	青岛格力特乐器有限公司	金容镐
	电吉他音箱（GT-50W）	外观设计	200730132400.9	2008.01.23	深圳市胆艺高音响器材有限公司	高隆义
	吉他（E-270）	外观设计	200730001150.5	2008.01.23	王富真	王富真
	音孔贯通式吉他	实用新型	200720034905.6	2008.02.06	许建培	许建培
	游戏吉他	实用新型	200720119633.X	2008.02.13	深圳市东宝祥电子科技有限公司	李来锁
	一种吉他架的上托叉	发明专利	200710071314.0	2008.02.27	王祥贵	赵华仁
	吉他琴头	外观设计	200630125084.8	2008.03.05	青岛格力特乐器有限公司	金容镐
	吉他震音装置	外观设计	200630131003.5	2008.03.05	索诺发明股份公司	N.克龙、P.松丁
	一种吉他柄加强铁心	实用新型	200720050871.X	2008.03.12	李鸿章	李鸿章
	一种简易吉他架	实用新型	200720053161.2	2008.03.12	孔力文	孔力文

类别	名称	专利类型	申请（专利）号	公开（公告）日	申请（专利权）人	发明（设计）人
吉他	半空心悬浮式拾音电吉他	实用新型	200720083903.6	2008.03.12	武汉艾立卡电子有限公司	张斌
	一种吉他柄加强铁心	实用新型	200720050871.X	2008.03.12	李鸿章	李鸿章
	一种简易吉他架	实用新型	200720053161.2	2008.03.12	孔力文	孔力文
	半空心悬浮式拾音电吉他	实用新型	200720083903.6	2008.03.12	武汉艾立卡电子有限公司	张斌
	吉他	外观设计	200730008319.X	2008.03.19	领先技术公司	凯利·巴特勒、克雷格·斯莫尔、瑞安·辛恩
	一种改进型吉他及其它弦乐器嵌装工艺	发明专利	200710031262.4	2008.04.09	梁泽敏	梁泽敏
	游戏吉他	实用新型	200720121867.8	2008.04.23	深圳市东宝祥电子科技有限公司	李来锁
	吉他架	实用新型	200720147275.3	2008.04.23	陈政宏	陈政宏、景秉仁、陈荣贵
	吉他类改良共鸣箱	实用新型	200720090333.3	2008.04.23	高磊	高磊
	吉他（0702）	外观设计	200730015512.6	2008.04.30	刘志江	刘志江
	吉他（0703）	外观设计	200730015514.5	2008.04.30	刘志江	刘志江
	吉他（0704）	外观设计	200730015515.X	2008.04.30	刘志江	刘志江
	吉他品线	发明专利	200610123139.0	2008.05.07	广州市罗曼士乐器制造有限公司	郑玉棠
	玩具吉他（83141）	外观设计	200730055941.6	2008.05.07	东莞银辉玩具有限公司	蔡奇逢
	吉他（0701）	外观设计	200730015513.0	2008.05.07	刘志江	刘志江
	吉他固定装置	发明专利	200610138391.9	2008.05.14	宏寰贸易股份有限公司	陈怡岑
	半空心悬浮式拾音电吉他	发明专利	200710168615.5	2008.05.14	武汉艾立卡电子有限公司	张斌
	玩具电子吉他（PS2）	外观设计	200730158500.9	2008.05.14	尤芳立	尤芳立
	游戏吉他	实用新型	200720121866.3	2008.05.21	深圳市东宝祥电子科技有限公司	李来锁
	吉他拾音器（AQ-601）	外观设计	200730056066.3	2008.05.21	黄茂青	黄茂青
	吉他架	外观设计	200730147045.2	2008.06.25	陈政宏	陈政宏、景秉仁、陈荣贵

类别	名称	专利类型	申请（专利）号	公开（公告）日	申请（专利权）人	发明（设计）人
吉他	吉他桥	外观设计	200730008735.X	2008.06.25	第一幕有限公司	塞德里克·利奥塔德、克雷格·斯莫
	吉他	外观设计	200730147499.X	2008.06.25	汉斯·彼得·威尔弗	汉斯·彼得·威尔费
	吉他指板图演示和弦按法的校音器	实用新型	200720171630.0	2008.07.09	深圳市音霸科技有限公司	乔淼
	一种吉他架的上托叉	实用新型	200720184551.3	2008.07.09	王祥贵	赵华仁
	用于吉他的支承装置	实用新型	200720139631.7	2008.07.16	北京德勇乐器有限公司	闫丕铸、闫丕勇
	吉他放大器	外观设计	200730062584.6	2008.07.16	闻克俭	闻克俭
	吉他(3)	外观设计	200730128401.6	2008.08.20	浙江大学宁波理工学院	汪浩
	吉他	外观设计	200730158643.X	2008.08.27	姜伟	姜伟
	用于吉他的支承装置	发明专利	200710085786.1	2008.09.17	北京德勇乐器有限公司	闫丕铸、闫丕勇
	便携式吉他	实用新型	200720114804.X	2008.09.10	浙江大学宁波理工学院	汪浩
	吉他变调夹	实用新型	200720081758.8	2008.09.10	王行杰	王行杰
	改进的吉他手柄	实用新型	200720178533.4	2008.09.17	贺贤勇	贺贤勇
	一种多功能电吉他音乐器	实用新型	200720055170.5	2008.09.17	蒙焕向	蒙焕向
	吉他(1)	外观设计	200730128403.5	2008.09.03	浙江大学宁波理工学院	汪浩
	吉他(2)	外观设计	200730128402.0	2008.09.17	浙江大学宁波理工学院	汪浩
	用于吉他和弦学习的工具	外观设计	200730080808.6	2008.09.17	瞿海东	瞿海东
	一种吉他架的自锁式上托叉	发明专利	200810062363.2	2008.10.01	宁波音王集团有限公司	尹旺军
	一种吉他调弦器	实用新型	200720059838.3	2008.10.01	李大鉴	李大鉴
	吉他架	外观设计	200730106379.5	2008.10.29	黄静	黄静
	冬不拉吉他	实用新型	200720302297.2	2008.11.05	叶尔买克·热斯别克	叶尔买克·热斯别克
	吉他	外观设计	200730001487.6	2008.11.26	乔纳森·戴维·赫希	乔纳森·戴维·赫希
	吉他（FH胴形）	外观设计	200730174888.1	2008.12.03	惠州全丰育乐用品有限公司	蔡赖丰

类别	名称	专利类型	申请（专利）号	公开（公告）日	申请（专利权）人	发明（设计）人
吉他	吉他（R胴形）	外观设计	200730174891.3	2008.12.03	惠州全丰育乐用品有限公司	蔡赖丰
	一种新型吉他	实用新型	200820002531.4	2008.12.10	恒信实业国际有限公司	耿安平
	玩具电吉他（699）	外观设计	200730315549.0	2008.12.10	汕头市澄海区明裕塑胶制品有限公司	侯志煌
	一种带有喇叭的两用木吉他	实用新型	200820044538.2	2008.12.17	徐瑞和	徐瑞和
	吉他（FLP胴形）	外观设计	200730174889.6	2008.12.24	惠州全丰育乐用品有限公司	蔡赖丰
	吉他（FE胴形）	外观设计	200730174890.9	2008.12.24	惠州全丰育乐用品有限公司	蔡赖丰
	吉他（H胴形）	外观设计	200730174892.8	2008.12.24	惠州全丰育乐用品有限公司	蔡赖丰
	吉他（PRP胴形）	外观设计	200730174893.2	2008.12.24	惠州全丰育乐用品有限公司	蔡赖丰
	光电控制电吉他变调器	发明专利	200810048454.0	2008.12.24	武汉艾立卡电子有限公司	庄严、张斌、田海燕
鼓	铃鼓	实用新型	200620144417.6	2008.01.02	洪益胜	洪益胜
	爵士鼓箱	外观设计	200630178503.4	2008.01.16	赵建华、赵琳	赵建华、赵琳
	爵士鼓箱	实用新型	200620155604.4	2008.01.16	赵建华	赵建华、赵琳
	康加鼓架	发明专利	200710140269.X	2008.02.13	罗兰德·曼尔乐器两合公司	R.曼尔
	学生用大鼓架	实用新型	200720142018.0	2008.03.12	高汉菊	高汉菊
	可卷曲软性鼓盘	实用新型	200720066345.2	2008.03.12	得理电子（上海）有限公司	顾冰峰、葛兴华、陆克明
	音调调制鼓	发明专利	200710151701.5	2008.04.09	雷莫公司	雷莫·D·贝利
	一种新型击鼓棒	实用新型	200720051622.2	2008.04.16	贺闪	贺闪
	一种鼓	实用新型	200720052155.5	2008.04.16	孔力文	孔力文
	次双层鼓皮	实用新型	200720096208.3	2008.04.23	天津市津宝乐器有限公司	李中华
	便携鼓	实用新型	200720096209.8	2008.04.23	天津市津宝乐器有限公司	戴勇才
	新型行进联音鼓	实用新型	200720096210.0	2008.04.23	天津市津宝乐器有限公司	李中华
	双沙带行进军鼓	实用新型	200720096211.5	2008.04.23	天津市津宝乐器有限公司	戴勇才
	新型行进大鼓	实用新型	200720096212.X	2008.04.23	天津市津宝乐器有限公司	李中华
	加强型行进联音鼓	实用新型	200720096213.4	2008.04.23	天津市津宝乐器有限公司	李中华

类别	名称	专利类型	申请（专利）号	公开（公告）日	申请（专利权）人	发明（设计）人
鼓	加强型行进大鼓	实用新型	200720096216.8	2008.04.23	天津市津宝乐器有限公司	李中华
	行进大鼓连接件	实用新型	200720096217.2	2008.04.23	天津市津宝乐器有限公司	戴勇才
	带支撑腿的行进军鼓	实用新型	200720096219.1	2008.04.23	天津市津宝乐器有限公司	李中华
	行进联音鼓背架	实用新型	200720096214.9	2008.04.23	天津市津宝乐器有限公司	李中华
	行进大鼓背架	实用新型	200720096218.7	2008.04.23	天津市津宝乐器有限公司	李中华
	光电中国鼓	实用新型	200720155549.3	2008.05.07	殷商	殷商
	闪光中国鼓	实用新型	200720155550.6	2008.05.07	殷商	殷商
	铃鼓（花形发光）	外观设计	200630305221.6	2008.05.07	韩志浩	韩志浩
	玩具打鼓机（83124）	外观设计	200730056159.6	2008.05.07	东莞银辉玩具有限公司	蔡奇逢
	一种电子鼓槌	实用新型	200720119728.1	2008.05.14	熊鹏程	熊鹏程
	一种鼓纸的制备方法	发明专利	200710073910.2	2008.10.08	东莞大朗后声电子厂	张德椿
	玩具鼓	外观设计	200730146874.9	2008.10.08	蔡素英	蔡素英
	可调式大鼓顶上座	实用新型	200720099589.0	2008.10.15	天津市津宝乐器有限公司	李中华
	可滑动的耳鼓座	实用新型	200720099588.6	2008.10.15	天津市津宝乐器有限公司	李中华
	军鼓内沙带连杆调节机构	实用新型	200720099587.1	2008.10.15	天津市津宝乐器有限公司	李中华
	军鼓拉码	外观设计	200730309573.3	2008.10.15	邢保嘉	邢保嘉
	鼓	外观设计	200730104590.3	2008.10.22	天津市津宝乐器有限公司	吴定军
	大鼓勾	外观设计	200730307796.6	2008.10.29	天津市津宝乐器有限公司	吴定军
	鼓棒（闪光）	外观设计	200730314822.8	2008.11.19	贺闪	贺闪
	闪灯电子鼓（4035）	外观设计	200730282077.3	2008.11.26	大伟（成记）玩具有限公司	刘玉辉
	鼓架构件夹具	外观设计	200730329517.6	2008.12.10	雅马哈株式会社、迅捷分配公司	唐纳德·H.伊森、中屿一仁
	拨浪鼓	外观设计	200730330847.7	2008.12.10	沈京红	沈京红
	架子鼓套装（4018）	外观设计	200730282076.9	2008.12.17	大伟（成记）玩具有限公司	刘玉辉
	鼓（2）	外观设计	200730331458.6	2008.12.17	胡铁军、曹少锋	曹少锋、胡铁军
	鼓（1）	外观设计	200730331459.0	2008.12.17	胡铁军、曹少锋	曹少锋、胡铁军

类别	名称	专利类型	申请（专利）号	公开（公告）日	申请（专利权）人	发明（设计）人
鼓	鼓具踏板结构改良	实用新型	200820007794.4	2008.12.17	陈明淮	陈明淮
	一种练习鼓槌	实用新型	200820044751.3	2008.12.31	杨波涛	杨波涛
提琴	一种五弦提琴	发明专利	200710024192.X	2008.01.09	閰玉林	閰玉林
	小提琴盒（1）	外观设计	200630164559.4	2008.01.30	徐海	徐海
	小提琴盒（2）	外观设计	200630164560.7	2008.01.30	徐海	徐海
	电子大提琴	外观设计	200730026278.7	2008.01.30	李书	李书
	电子小提琴（1）	外观设计	200730026279.1	2008.01.30	李书	李书
	电子小提琴（2）	外观设计	200730026280.4	2008.01.30	李书	李书
	电子小提琴（3）	外观设计	200730026281.9	2008.01.30	李书	李书
	电子小提琴（7）	外观设计	200730026285.7	2008.01.30	李书	李书
	电子小提琴（8）	外观设计	200730026286.1	2008.01.30	李书	李书
	电子小提琴（9）	外观设计	200730026287.6	2008.01.30	李书	李书
	吹吸风式防松香粉尘,小、中提琴使用的肩托和肩垫	实用新型	200620044857.4	2008.02.06	张文聪	张文聪
	小提琴（三圆琴）	外观设计	200730091569.4	2008.02.06	何薇	何薇、何夕瑞
	内置有肩垫的双提琴盒	实用新型	200720148561.1	2008.03.19	周思平	周思平
	电子小提琴（4）	外观设计	200730026282.3	2008.03.26	李书	李书
	电子小提琴（6）	外观设计	200730026284.2	2008.03.26	李书	李书
	电子小提琴（5）	外观设计	200730026283.8	2008.04.02	李书	李书
	小提琴	外观设计	200730138321.9	2008.04.16	唐应伍	唐应伍
	提琴类改良共鸣箱	实用新型	200720090332.9	2008.04.23	高磊	高磊
	塑料提琴	发明专利	200710190694.X	2008.04.30	李书	李书
	大提琴（三圆琴）	外观设计	200730091568.X	2008.05.07	何薇	何薇、何夕瑞
	提琴运弓练习器	实用新型	200720071658.7	2008.05.14	丁芷诺	丁芷诺
	一种五弦提琴	实用新型	200720040912.7	2008.07.09	閰玉林	閰玉林

类别	名称	专利类型	申请（专利）号	公开（公告）日	申请（专利权）人	发明（设计）人
提琴	一种提琴弓	实用新型	200720111252.7	2008.07.09	郑渭	郑渭
	便携式大提琴	实用新型	200720114803.5	2008.09.10	浙江大学宁波理工学院	汪浩
	便携式小提琴	实用新型	200720114805.4	2008.09.10	浙江大学宁波理工学院	汪浩
	塑料提琴	实用新型	200720042065.8	2008.09.24	李书	李书
	一种处理提琴类乐器面板的方法	发明专利	200810109419.5	2008.10.15	许铁云	许铁云
	一种小提琴拇指套	实用新型	200720181296.7	2008.12.03	罗彤	罗彤
	电子大提琴	外观设计	200730189867.7	2008.12.17	南京爱韵贸易实业有限公司	董其伟、顾萍、童磊
电子琴	电子琴	外观设计	200730002067.X	2008.01.16	卡西欧计算机株式会社	荻野真佐辉
	电子琴	外观设计	200730002068.4	2008.01.16	卡西欧计算机株式会社	宇都宫亮
	电子琴（SK20061）	外观设计	200730138230.5	2008.01.16	柯艺山	柯艺山
	电子琴（SK20035）	外观设计	200730138229.2	2008.01.16	柯艺山	柯艺山
	玩具电子琴（2130）	外观设计	200730046721.7	2008.02.06	洪伟民	洪伟民
	电子琴	外观设计	200730006773.1	2008.03.05	卡西欧计算机株式会社	仓持直基、桥本威一郎
	电子琴	外观设计	200730006774.6	2008.03.26	卡西欧计算机株式会社	宇都宫亮、井田幸彦
	玩具电子琴	外观设计	200730053543.0	2008.03.26	许伟奇	许伟奇
	电子琴手套	实用新型	200720046443.X	2008.07.09	刘峰	刘峰
	玩具电子琴（2）	外观设计	200730316776.5	2008.11.12	王泽汉	王泽汉
	玩具电子琴（1）	外观设计	200730316777.X	2008.11.12	王泽汉	王泽汉
号	行进圆号	实用新型	200720096215.3	2008.04.23	天津市津宝乐器有限公司	李春生
	行进式次中音号	外观设计	200730104438.5	2008.04.23	天津市津宝乐器有限公司	李春生
	行进圆号	外观设计	200730104439.X	2008.04.30	天津市津宝乐器有限公司	李春生
	行进上低音号	外观设计	200730104440.2	2008.04.30	天津市津宝乐器有限公司	李春生
	一种小号号嘴	实用新型	200720095162.3	2008.05.07	王明达	王明达

类别	名称	专利类型	申请（专利）号	公开（公告）日	申请（专利权）人	发明（设计）人
号	带有高音相位塞的号角	实用新型	200720053712.5	2008.05.14	张伟颖	张伟颖
	行进长号	外观设计	200730104441.7	2008.05.14	天津市津宝乐器有限公司	李春生
	变调长号	外观设计	200730104592.2	2008.06.25	天津市津宝乐器有限公司	李春生
	行进小抱号	发明专利	200710057529.7	2008.12.10	天津市津宝乐器有限公司	李春生
	少先队鼓号队按键式电子小号	实用新型	200720153058.5	2008.12.31	黄春方	黄春方
口琴	加音箱、音膜口琴	发明专利	200710151367.3	2008.02.06	廖万侦	廖万侦
	口琴簧片自动装焊模	实用新型	200720040043.8	2008.03.19	孔焱亭	孔焱亭
	移动式半音阶口琴	实用新型	200720040271.5	2008.05.28	南京铃木乐器教具有限公司	铃木万司
	一种口琴用覆盖膜的加工方法	发明专利	200610098146.X	2008.06.04	陈红梅	陈红梅
	口琴包装结构	实用新型	200720306923.5	2008.08.20	江苏东方乐器有限公司	孔文忠
	一种口琴	发明专利	200810094998.0	2008.10.29	徐一渠	徐一渠
	一种口琴	发明专利	200810096607.9	2008.10.29	徐一渠	徐一渠
	一种带有标识的口琴	实用新型	200720311978.5	2008.11.12	唐志涛、宋端鸣、王光林	唐志涛、宋端鸣、王光林
	一种口琴	实用新型	200720302942.0	2008.12.17	徐一渠	徐一渠
	口琴	外观设计	200730337950.4	2008.12.24	张琳	张琳
萨克斯	一种萨克斯弱音器	实用新型	200720152946.5	2008.05.07	王文	王文
	萨克斯管用消声器	外观设计	200630099028.1	2008.05.28	最高金管有限会社	滨永晋二
	萨克斯弯管和喇叭管的制作方法	发明专利	200810052087.1	2008.07.09	张胜鹏、常金星	张胜鹏、常金星
	倍低音萨克斯	外观设计	200730106027.X	2008.10.22	天津市津宝乐器有限公司	刘运彬
	萨克斯管键杆装置	发明专利	200810071278.2	2008.10.29	福州斯坦朋乐器有限公司	王东明
	用于萨克斯管和铜管乐器喇叭口的附件	实用新型	200820004762.9	2008.12.03	张继、高耀珠	张继、高耀珠
	用于萨克斯管的拇指托套	实用新型	200820004287.5	2008.12.03	张继、高耀珠	张继、高耀珠

类别	名称	专利类型	申请（专利）号	公开（公告）日	申请（专利权）人	发明（设计）人
萨克斯	用于萨克斯管的拇指托套	实用新型	200820004760.X	2008.12.03	张继、高耀珠	张继、高耀珠
打击乐器	用于打击乐器用敲击工具的组合物及用其制备敲击工具的方法	发明专利	200710059627.4	2008.04.02	王琳	王琳
	甩琴	实用新型	200720038028.X	2008.04.09	南京铃木乐器教具有限公司	铃木万司
	电子打击乐器	外观设计	200730006344.4	2008.04.16	雅马哈株式会社	恩里科·贝尔杰塞、川田学、桧尾安树绘
	用于制造打击乐器的方法	发明专利	200580046440.X	2008.04.23	埃迪·艾伦·巴尔马	埃迪·艾伦·巴尔马、大卫·弗雷德里克·麦克德维特
	电子打击乐器用踏板装置	发明专利	200710196927.7	2008.06.11	罗兰株式会社	北川仁大
	电子打击乐器	发明专利	200710187544.3	2008.06.25	雅马哈株式会社	百武省一
管乐器	组合式管乐乐器	实用新型	200720041977.3	2008.10.08	许建培	许建培
	一种铜管乐器练习用号嘴	实用新型	200720178915.7	2008.10.15	黄华穗	黄华穗
	管乐器风口的改良结构	实用新型	200720194540.3	2008.10.15	陈加茵	陈加茵
	用于单簧管和双簧管的拇指托套	实用新型	200820004761.4	2008.12.03	张继、高耀珠	张继、高耀珠
	全塑无焊点黑管	发明专利	200710057528.2	2008.12.10	天津市津宝乐器有限公司	刘运波
	电子管乐器	发明专利	200810125331.2	2008.12.24	雅马哈株式会社	柴田孝一郎
手风琴	四排音手风琴（BSG-1）	外观设计	200630183123.X	2008.01.09	天津市佰笛乐器有限公司	赵景萱
	手风琴（BHG-5）	外观设计	200630183124.4	2008.01.09	天津市佰笛乐器有限公司	赵景萱
	手风琴（B.B.S巴松）	外观设计	200630303194.9	2008.01.09	天津市佰笛乐器有限公司	赵景萱
	手风琴	实用新型	200720068994.6	2008.03.12	王锐	王锐
其他西洋乐器	讲台式风琴	实用新型	200720001929.1	2008.03.12	庹兴旺	庹兴旺
	木制单簧管	实用新型	200720148933.0	2008.03.12	陈国栋	陈国栋
	萨克斯中音区升F音孔的按键结构	实用新型	200720006199.4	2008.01.09	福州斯坦扉乐器有限公司	黄永忠

类别	名称	专利类型	申请（专利）号	公开（公告）日	申请（专利权）人	发明（设计）人
其他西洋乐器	拉管与按键两用长号	发明专利	200610014469.6	2008.01.02	天津市津宝乐器有限公司	李春生
	玩具电子琴（34330）	外观设计	200730054848.3	2008.04.16	郭树忠	郭树忠
	口风琴（2）	外观设计	200730118398.X	2008.04.23	张琳	张琳
	简易口吹管风琴	发明专利	200710195167.8	2008.04.30	廖万侦	廖万侦
	手风琴贝斯机低音传动机构	发明专利	200710059263.X	2008.06.18	罗松森	罗松森
筝	新型古筝琴码	发明专利	200610036373.X	2008.01.09	尹倩	尹倩
	一种摆动码转调筝	发明专利	200710058861.5	2008.01.16	潘硕文	潘硕文
	一种古筝架体的连接杆	实用新型	200620144644.9	2008.01.23	张文强	张文强
	一种古筝	实用新型	200720036624.4	2008.02.06	张永祥	张永祥
	古筝调音盒	实用新型	200720035882.0	2008.03.12	熊立群	熊立群
	古筝架体	实用新型	200720035883.5	2008.03.12	熊立群	熊立群
	楠木缕空工艺筝（吉祥三宝）	外观设计	200730034857.6	2008.03.26	李同志	李同志
	古筝（二）	外观设计	200730034867.X	2008.03.26	李同志	李同志
	古筝包装盒	外观设计	200730034850.4	2008.04.02	李同志	李同志
	楠木缕空工艺筝（环环相连）	外观设计	200730034852.3	2008.04.02	李同志	李同志
	工艺筝（红木缕空万字团寿）	外观设计	200730034860.8	2008.04.02	李同志	李同志
	楠木桂雕工艺筝（百子嬉趣）	外观设计	200730034862.7	2008.04.02	李同志	李同志
	便捷式可调节古筝指甲	实用新型	200720038169.1	2008.04.09	曹晶	谢文平、曹晶
	便携式膝筝	发明专利	200710190953.9	2008.05.21	严锦年	严锦年
	筝架	外观设计	200730104469.0	2008.05.21	尹建民	尹建民
	红木镂空工艺筝（同心方胜）	外观设计	200730034861.2	2008.05.28	李同志	李同志
	楠木缕空工艺筝（绿扬春早）	外观设计	200730034854.2	2008.06.04	李同志	李同志
	楠木缕空工艺筝（鹿鹤同春）	外观设计	200730034856.1	2008.06.11	李同志	李同志
	古筝（一）	外观设计	200730034866.5	2008.06.11	李同志	李同志
	二十一弦古筝手控式转调装置	发明专利	200710170848.9	2008.06.25	沈志钢	沈善安

类别	名称	专利类型	申请（专利）号	公开（公告）日	申请（专利权）人	发明（设计）人
筝	一种现代教学古筝	实用新型	200720128719.9	2008.07.09	史炳超	史炳超
	改进型古筝弦	实用新型	200720054375.1	2008.07.09	广州市罗曼士乐器制造有限公司	郑玉棠
	古筝转调码	发明专利	200710039284.5	2008.10.15	梁小玲、向际呈、孙允贵	梁小玲、向际呈、孙允贵
	古筝弦（金蛇狂舞系列）	外观设计	200730060176.7	2008.10.22	广州市罗曼士乐器制造有限公司	郑玉棠
	古筝弦（高山流水系列）	外观设计	200730060177.1	2008.10.22	广州市罗曼士乐器制造有限公司	郑玉棠
	一种具有组合演奏区的古筝	实用新型	200720199268.8	2008.12.17	上海民族乐器一厂	李萌、李素芳、陆国良
	一种古筝调音扳手	实用新型	200820083701.6	2008.12.17	闫萍	闫萍
	左手筝	外观设计	200730136500.9	2008.12.17	罗国卿	罗国卿
	新式古筝指甲	实用新型	200720302617.4	2008.12.31	刘校彤	刘校彤
	一种古筝、古琴用便携式折叠琴架	实用新型	200820074238.9	2008.12.31	张立君	张立君
笛子	竖笛（8）	外观设计	200730110581.5	2008.01.02	张琳	张琳
	一种有吹嘴的笛子	实用新型	200720093227.0	2008.01.16	李达	李达
	七孔笛	实用新型	200720066169.2	2008.01.23	上海师范大学	刘正国
	竖笛（7）	外观设计	200730110582.X	2008.01.23	张琳	张琳
	竖笛（9）	外观设计	200730112380.9	2008.01.23	张琳	张琳
	一种调音竹笛	实用新型	200720036445.0	2008.02.06	胡亮	胡亮
	一种低音箫笛	实用新型	200720116328.5	2008.03.12	李青山	李青山
	一种低音箫笛	实用新型	200720116329.X	2008.03.12	李青山	李青山
	箫笛共鸣器	实用新型	200720116403.8	2008.04.02	李青山	李青山
	竖笛（11）	外观设计	200730118400.3	2008.04.09	张琳	张琳
	竖笛（14）	外观设计	200730118500.6	2008.04.09	张琳	张琳
	多种材质管组合的笛子	发明专利	200710144673.4	2008.04.16	王春喜	王春喜
	竖笛（10）	外观设计	200730118399.4	2008.04.23	张琳	张琳
	竖笛（12）	外观设计	200730118498.2	2008.04.23	张琳	张琳
	竖笛（15）	外观设计	200730118501.0	2008.05.14	张琳	张琳
	笛子	实用新型	200720169675.4	2008.06.04	陈秋红	陈国栋
	一种土家口笛	实用新型	200720064083.6	2008.06.11	彭茂森	彭茂森
	易学易吹的排笛	实用新型	200820002178.X	2008.11.05	冯敏德	冯敏德

类别	名称	专利类型	申请（专利）号	公开（公告）日	申请（专利权）人	发明（设计）人
笛子	笛子配饰的配方及制作工艺	发明专利	200810130417.4	2008.11.19	姚洪明	姚洪明
	竖笛（17）	外观设计	200730353291.3	2008.12.03	张琳	张琳
	笛哨	实用新型	200820032827.0	2008.12.10	王军	王军
二胡	二胡（612）	外观设计	200630194802.7	2008.01.09	上海民族乐器一厂	厉克兰
	可变音的二胡	实用新型	200720123762.6	2008.02.06	卢唯	卢联合、卢唯
	一种京二胡琴筒	实用新型	200720104079.8	2008.03.12	刘正辉	刘正辉
	二胡（611）	外观设计	200630194801.2	2008.03.12	上海民族乐器一厂	徐汝正
	二胡（613）	外观设计	200630194803.1	2008.03.12	上海民族乐器一厂	郁新安
	二胡	发明专利	200710124004.0	2008.03.19	陈志诚	陈志诚
	高低音双筒二胡	发明专利	200710122945.0	2008.03.26	廖万侦	廖万侦
	二胡	实用新型	200720022916.2	2008.04.16	邹岳桥	邹岳桥
	二胡音位尺	实用新型	200720011680.2	2008.04.30	王景国	王景国
	改良二胡	实用新型	200720007014.1	2008.05.28	朱家宇	朱家宇
	二胡琴弓马尾抹松香装置	实用新型	200620123563.0	2008.06.04	殷国珠	殷国珠
	一种琴杆不弯曲的京二胡	实用新型	200720173927.0	2008.07.09	刘正辉	刘正辉
	二胡演奏可调式夹具	实用新型	200720187962.8	2008.07.09	莫元嘉	莫元嘉
	陶木组合二胡	实用新型	200720156116.X	2008.07.09	杨世宁	杨世宁
	二胡(711)	外观设计	200730076812.5	2008.08.06	上海民族乐器一厂	闫少石
	京胡伴奏电子变频模拟京二胡和声放大器	实用新型	200720081651.3	2008.09.10	何泽霖	何泽霖
	带有手型矫正器的二胡	实用新型	200720026446.7	2008.09.17	王海华	王海华
	和音二胡	外观设计	200730185146.9	2008.11.26	汤谨亮、盛芳	汤谨亮、盛芳
葫芦丝	葫芦丝	发明专利	200710066168.2	2008.02.06	哏德全	哏德全
	可变音色的电葫芦丝	实用新型	200620130073.3	2008.02.06	南江	南江
	葫芦丝	外观设计	200730014565.6	2008.03.05	李凯	李凯
	带有和弦音孔副管的葫芦丝	实用新型	200720096409.3	2008.04.16	王泽云	王泽云
	不加键增音葫芦丝	实用新型	200720063242.0	2008.04.23	陈祥炎	陈祥炎
	带有和弦音孔按键的葫芦丝	实用新型	200720096516.6	2008.04.23	王珊	王珊
	葫芦丝	外观设计	200730104492.X	2008.04.30	王泽云	王泽云

类别	名称	专利类型	申请（专利）号	公开（公告）日	申请（专利权）人	发明（设计）人
葫芦丝	一种能够增加音域的葫芦丝	发明专利	200710193549.7	2008.05.21	李墨	李墨、李达
	葫芦丝(扁形)	外观设计	200630135734.7	2008.07.09	南江	南江
	葫芦丝	外观设计	200730109209.2	2008.07.16	哏德全	哏德全
	带有和弦音孔按键的葫芦丝	实用新型	200820073605.3	2008.08.13	王泽云	王泽云
	改良多孔葫芦丝	实用新型	200720016197.3	2008.10.22	丁传明	丁传明、宫敬慧
	十二生肖工艺品（葫芦丝）	外观设计	200730106097.5	2008.10.29	王腾	王腾
	葫芦丝及巴乌的主音管结构	实用新型	200720097029.1	2008.11.05	刘震	刘震
	多功能葫芦丝	实用新型	200820055025.1	2008.12.10	王黎霞	但乐平
扬琴	一种多榫齿接扬琴框架的加固结构	实用新型	200720103359.7	2008.01.02	宋从甲	宋从甲、向仁富
	一种扬琴	发明专利	200610054543.7	2008.01.16	刘书炯	刘书炯
	一种便携式扬琴练习板	实用新型	200720140508.7	2008.02.06	韩晓莉	韩晓莉、宋从甲
	拼接式抗断扬琴琴码	发明专利	200710152037.6	2008.02.13	郑建民	郑建民
	一种扬琴琴体结构	实用新型	200720053257.9	2008.04.23	吴汉军	吴汉军
	改进的扬琴琴体	实用新型	200720053258.3	2008.04.23	吴汉军	吴汉军
	改进的扬琴结构	实用新型	200820043234.4	2008.10.29	吴汉军	吴汉军
古琴	使用古琴变调夹和调弦装置的古琴	实用新型	200720304878.X	2008.10.29	郑敬仁	郑敬仁
	微型古琴及其专用琴盒	实用新型	200720082774.9	2008.11.12	李静玲	李静玲
	一种古筝、古琴用便携式折叠琴架	实用新型	200820074238.9	2008.12.31	张立君	张立君
胡琴	胡琴松香夹	实用新型	200720131139.5	2008.10.29	高树鸿	高树鸿
	用于胡琴行动演奏的悬挂器	实用新型	200720309528.2	2008.11.26	戈建林	钟志明
	胡琴音质无线传输装置	实用新型	200720042207.0	2008.12.03	高海兵	高海兵
琵琶	琵琶（莲花形）	外观设计	200730104547.7	2008.05.07	刘刚	刘刚
	陶木组合琵琶	实用新型	200720156114.0	2008.05.28	杨世宁	杨世宁

类别	名称	专利类型	申请（专利）号	公开（公告）日	申请（专利权）人	发明（设计）人
笙	电子笙及其制作方法	发明专利	200810110829.1	2008.11.12	吴彤	吴彤
其他民族乐器	京胡	实用新型	200720095071.X	2008.01.02	邵新虎	邵新虎
	一种阮乐器的齿接音箱结构	实用新型	200720103361.4	2008.01.09	宋从甲	宋从甲、向仁富
	一种月琴的齿接音箱结构	实用新型	200720103360.X	2008.01.09	宋从甲	宋从甲、向仁富
	无缺口板胡杆圈联式机械调弦器	实用新型	200720003597.0	2008.02.06	何景林	何景林
	两用球形埙	实用新型	200620049160.6	2008.02.06	王黎霞	但乐平、王黎霞
	古琴	外观设计	200630044996.2	2008.03.19	东华大学	陆云飞
	一种闪光月琴	发明专利	200610048726.8	2008.04.16	王光金	王光金
	陶木组合中阮	实用新型	200720153196.3	2008.04.30	杨世宁	杨世宁
	仿古琴	外观设计	200730074702.5	2008.05.28	东华大学	陆云飞
	马头琴共鸣箱	外观设计	200730150728.3	2008.06.18	布和	布和
	新型胡琴琴皮	实用新型	200720174855.1	2008.06.18	赵景明	赵景明
	活动金属管笙	实用新型	200720085339.1	2008.06.18	谢小云、谢永全	谢小云、谢永全

2009年我国乐器专利发布情况汇总

国家知识产权局“中国专利数据库”显示，2009年，乐器专利发布数量417件，同比下降15.07%，其中，发明专利88件，同比下降24.13%，实用新型专利159件，同比下降28.69%，外观专利170件，同比增长11.84%。

2009年有9类乐器专利发布，其中，打击乐器36件、吉他49件、乐器配件56件、民族乐器58件、钢琴97件，电子乐器47件，手风琴1件，提琴58件，西管乐器15件。与2008年相比，2009年没有口琴专利发布。在9类乐器专利中，以钢琴、民族乐器、提琴、乐器配件、吉他专利发布居多，在97件钢琴专利中，发明专利17件，实用新型专利43件，外观设计专利37件，钢琴专利以广州珠江钢琴集团股份有限公司最多，占17件，其中外观设计专利占9件，专利内容有UP系列钢琴，钢琴合页结构，踏瓣架支撑结构、钢琴自动缠弦机等，海伦钢琴公司占4件，主要内容是钢琴键盖缓降器检测装置、立式三角钢琴背板，铁板等；雅马哈钢琴公司8件，主要内容是电子钢琴，宜昌金宝钢琴有限公司占3件，主要内容是可制动锁紧的立式钢琴脚轮，新型钢琴外壳板材等，河合乐器株式会社占3件，主要内容是钢琴的槌柄及其制造方法等，宁波珂乐乐器公司有2件，主要内容是钢琴缓降器。在58件民族乐器专利中，有7件笛子专利，17件二胡专利，28件古筝专利，上海民族乐器一厂12件专利，二胡2件，古筝10件，全部是外观设计专利，二胡有712、811新型二胡问世。北京中筝文化发展有限公司、扬州民族乐器研制厂，扬州金韵琴坊分别均有古筝专利申报。在58件提琴专利中，发明专利16件，主要有竹质平直形提琴弓、电子拨弦乐器及其拨弦装置等；实用新型12件，主要有数码小提琴、双膜双音频提琴结构等；提琴外观设计专利有30件，主要有电声大小提琴等。

在区别职务与非职务专利类别中，2009年职务专利发布共173件，占专利发布总数的41.48%，非职务专利发布244件，占总数的58.51%。职务专利中，主要有广州珠江钢琴股份集团有限公司、得理电子（上海）有限公司、昌邑缪斯乐器有限公司、海伦钢琴股份有限公司、卡西欧计算机株式会社、罗兰·曼尔乐器公司、宁波超拨电子有限公司、青岛世正乐器有限公司、上海民族乐器一厂、天津市津宝乐器有限公司、雅马哈株式会社、宜昌金宝乐器制造有限公司、河合乐器株式会社、杭州嘉德威钢琴有限公司等企业。

区别外资公司与中国企业专利发布，2009年共有10家外资公司在中国专利发布数量75件，占专利总数的17.98%，主要是功学社教育用品股份有限公司、卡西欧计算机株式会社、罗兰株式会社、青岛世正乐器有限公司、星野乐器制造株式会社、雅马哈乐器株式会社、河合乐器株式会社等。中国企业专利发布342件，占82.01%。

按照专利发布数量进行统计，2009年乐器专利发布数量为雅马哈株式会社，41件；天津市津宝乐器有限公司19件；广州珠江钢琴股份集团有限公司17件，上海民族乐器一厂12件，马文虎11件，功学社教育用品股份有限公司8件。发布6件专利有3家，4件专利的有4家，3件专利的有9家，2件专利的有38家，1件专利的有163家。

归纳分析2009年中国乐器专利有以下几个特点：

（1）中国乐器专利发布数量继续保持在较高的水平上，虽然与2008年相比略有下降，但与2006年相比，仍然增长了45.80%，反映出近年来乐器行业，特别是乐器生产企业的知识产权保护意识有了明显的增强，将专利申请工作基本上都纳入企业的正常管理当中。

（2）具有品牌优势及规模较大的企业比那些尚不具备品牌优势的小企业，在运用专利技术加强企业的自主创新能力方面要更为突出。

（3）外资企业专利保护意识要强于中国内地乐器生产企业。外资企业专利发布总量虽然占少数，但从每个企业看，外资企业要高于中国内地企业专利发布数量，日本雅马哈公司等企业的专利发布数量连续几年来一直远远领先于中国乐器企业。

乐器专利从申请到发布的整个过程，反映出一个国家乐器创新能力和水平，近年来我国乐器专利工作已经大有起色，这对于乐器行业的健康发展和乐器技术管理水平的提高，核心竞争力的增强都具有至关重要的作用，随着中国乐器行业不断转变经济发展方式，乐器专利将会发挥着更加突出的作用。

2009年乐器专利发布数量一览表

类别	发明专利	实用新型	外观设计	合计
打击乐器	10	15	11	36
电子乐器	14	11	22	47
钢琴	17	43	37	97
吉他	7	14	28	49
乐器配件	14	26	16	56
民族乐器	5	30	23	58
手风琴	0	0	1	1
提琴	16	12	30	58
西管乐器	5	8	2	15
总计	88	159	170	417

2009年乐器专利发布目录

类别	名称	专利类型	申请（专利）号	公开（公告）日	申请（专利权）人	发明（设计）人
乐器综合类	电子乐器键盘装置	发明专利	200810128248.0	2009.01.07	雅马哈株式会社	大须贺一郎
	打击乐器的支架	实用新型	200820107653.X	2009.01.07	王蔚宾	王蔚宾
	乐器升降支架	外观设计	200830003386.7	2009.01.07	王家训	王家训
	数字乐器	外观设计	200730327122.2	2009.01.07	浙江理工大学	闫笑一
	键盘装置	发明专利	200810129594.0	2009.01.07	雅马哈株式会社	西田贤一
	用于音乐课程的电子辅助系统和装配该系统的乐器	发明专利	200810136053.0	2009.01.14	雅马哈株式会社	藤原佑二、佐佐木力
	踏瓣架支撑结构	实用新型	200820044229.5	2009.01.14	广州珠江钢琴集团有限公司	张鸿超、龚承忠
	键盘乐器用的键	发明专利	200810137979.1	2009.01.21	株式会社河合乐器制作所	诘石健
	混合管乐器和用于该混合管乐器的电系统	发明专利	200810133856.0	2009.01.21	雅马哈株式会社	小野泽直行

类别	名称	专利类型	申请（专利）号	公开（公告）日	申请（专利权）人	发明（设计）人
乐器综合类	混合管乐器和并入其中的电系统	发明专利	200810133858.X	2009.01.21	雅马哈株式会社	小野泽直行
	内力感觉控制设备、控制内力感觉的方法及其乐器	发明专利	200810137745.7	2009.01.21	雅马哈株式会社	村松繁
	乐器盒锁闭连动装置	实用新型	200820079882.5	2009.01.28	盛中龙	盛中龙
	一种低失真高输出的电声乐器换能装置	实用新型	200720194555.X	2009.01.28	吴琪君	吴琪君
	钢制联动踩锤脚踏板	实用新型	200820074521.1	2009.01.28	天津市津宝乐器有限公司	李中华
	键盘乐器的共鸣音附加装置	发明专利	200810145144.0	2009.02.04	卡西欧计算机株式会社	岩濑广
	演奏数据传输控制设备和能够获取演奏数据的电子乐器	发明专利	200810149129.3	2009.02.04	雅马哈株式会社	青木纪尚、鸟村浩之、铃木明
	一种改善皮振动类乐器发声的加工方法	发明专利	200710140549.0	2009.02.11	李振茂	李振茂
	一种乐器音效效果控制器	实用新型	200820105424.4	2009.02.18	郑天成	郑天成
	乐器（竹管琴A）	外观设计	200730109507.1	2009.02.25	云南聂耳音乐基金会、玉溪市文化管理服务中心	王跃、李树福、汪燕平、桂江静、蒋文波、黄庆明、杨文辉、李安明、苏照祥、向学志
	一种用于板震动乐器的开放式共鸣箱	实用新型	200820074527.9	2009.03.04	潘仲文	潘仲文
	一种组合管乐器	实用新型	200820115945.8	2009.03.04	陶永祥	陶永祥
	一种民族管乐器	实用新型	200820115946.2	2009.03.04	陶永祥	陶永祥
	铜管乐器喇叭底盘的加工设备	发明专利	200710131825.7	2009.03.11	庄添财	丁雷敏、张凯
	电热唢呐烙哨器	实用新型	200820023667.3	2009.03.11	齐乐	齐乐
	具有镶嵌式鼓肚的乐器鼓	实用新型	200820002685.3	2009.03.11	功学社教育用品股份有限公司	谢武弘

类别	名称	专利类型	申请（专利）号	公开（公告）日	申请（专利权）人	发明（设计）人
乐器综合类	键盘乐器学习装置及学习方法	发明专利	200710148903.4	2009.03.18	财团法人工业技术研究院	简诗颖、邵耀华
	发光铃鼓	实用新型	200820117703.2	2009.03.18	栾综先	栾综先
	电子乐器的键盘装置	发明专利	200810165648.9	2009.03.25	雅马哈株式会社	大须贺一郎
	节奏乐器	发明专利	200810215332.6	2009.03.25	罗兰德·曼尔乐器两合公司	R·米勒
	用于音乐会话的音乐演奏系统和组成乐器	发明专利	200810149488.9	2009.04.01	雅马哈株式会社	古川令、藤原佑二
	一种可置放管乐器的谱架	实用新型	200820147711.1	2009.04.08	李克六	李克六
	电子键盘乐器	外观设计	200830008716.1	2009.04.08	雅马哈株式会社	齐藤大辅、桧尾安树绘
	用于音乐会话的音乐演奏系统和组成乐器	发明专利	200810169080.8	2009.04.22	雅马哈株式会社	古川令、藤原佑二
	用于弦乐器的装置	发明专利	200780012204.5	2009.04.22	安德斯·蒂德尔	安德斯·蒂德尔
	键盘乐器用白键	发明专利	200810171180.4	2009.04.29	雅马哈株式会社	西田贤一
	自然指序十一孔吹管乐器	实用新型	200820126064.6	2009.04.29	曹茗菲	曹茗菲
	电子键盘乐器	外观设计	200830006770.2	2009.04.29	雅马哈株式会社	竹井邦浩
	电子乐器的键盘装置	发明专利	200810173299.5	2009.05.06	雅马哈株式会社	大须贺一郎
	语音信号阻隔器、讲话辅助系统以及乐器	发明专利	200810174819.4	2009.05.13	雅马哈株式会社	上原春喜
	使用弹簧张力的弦乐器	发明专利	200780017529.2	2009.05.27	克斯摩·莱尔斯	克斯摩·莱尔斯、保罗·多德
	网络乐器教育系统	实用新型	200820084364.2	2009.06.03	唐桥科技(杭州)有限公司、德清罗宾电子科技有限公司	吴海鸥、梅磊
	一种用錞于制成的打击乐器	实用新型	200820053437.1	2009.06.03	刘朝阳	刘朝阳
	弦乐器的夹持装置	发明专利	200810086555.7	2009.06.17	柯尼格及迈耶两合公司	H·利帕特、P·赖彻特
	玻璃钢管号乐器	实用新型	200820075990.5	2009.06.24	天津市津宝乐器有限公司	李宗瑞
	乐器脚踏大板	外观设计	200830082316.5	2009.06.24	天津市津宝乐器有限公司	李中华

类别	名称	专利类型	申请（专利）号	公开（公告）日	申请（专利权）人	发明（设计）人
乐器综合类	弦鸣乐器发声装置	发明专利	200780023350	2009.07.01	程国强	程国强
	用于产生代表具有键盘和弦的乐器的声音的信号的设备	发明专利	200780022703	2009.07.01	莫达特公司	P. 纪尧姆
	一种打击乐器拾音器及打击乐器	实用新型	200820095140	2009.07.01	深圳市蔚科电子科技开发有限公司	黄葵、徐松年、邱剑锋
	弦乐器架	实用新型	200820140102	2009.07.01	林彦涛	许俊辉
	电子键盘乐器	外观设计	200830004858	2009.07.01	雅马哈株式会社	北泽敦之
	乐器脚踏小板	外观设计	200830082317.X	2009.07.01	天津市津宝乐器有限公司	李中华
	鼓乐器组合壁卡	外观设计	200830082315	2009.07.01	天津市津宝乐器有限公司	李中华
	鼓乐器壁卡	外观设计	200830082315	2009.07.01	天津市津宝乐器有限公司	李中华
	弦乐器	外观设计	200830001035	2009.07.15	杰瑞·迪恩·丘比特	杰瑞·迪恩·丘比特
	键盘乐器和并入其中的动作单元	发明专利	200910002036	2009.07.15	雅马哈株式会社	井上敏
	弦乐器和在其中使用的系弦板单元的结构	发明专利	200910001646	2009.07.15	雅马哈株式会社	田村晋也
	用于合奏表演的记录系统以及配备该记录系统的乐器	发明专利	200910002385	2009.07.15	雅马哈株式会社	小关信也、相原武祥
	电子键盘乐器	外观设计	200830139058.X	2009.07.29	雅马哈株式会社	马丁·雷休伯
	一种用錞于制成的打击乐器	发明专利	200810031513	2009.08.05	刘朝阳	刘朝阳
	弦乐器学习辅助仪	发明专利	200820171844	2009.08.05	王勇	王勇、赵涛
	数字电子吹奏乐器	发明专利	200810074129	2009.08.19	凌通科技股份有限公司	宋永程、王郁训
	琴码乐器	实用新型	200820141796	2009.08.19	许士通	许士通
	一种音孔键弹簧高稳固管乐器	实用新型	200820072489	2009.08.19	李墨	李墨、李达
	打击乐器拾音装置	实用新型	200820094935	2009.08.19	纪伟	纪伟
	具有音圆标识的键盘乐器	实用新型	200820109304	2009.08.26	褚晓帅、赵易天、哈布尔	褚晓帅、赵易天、哈布尔

类别	名称	专利类型	申请（专利）号	公开（公告）日	申请（专利权）人	发明（设计）人
乐器综合类	一种乐器弦保养组	实用新型	200820209886	2009.08.26	陈天一	陈天一
	音圆乐器	实用新型	200820109306	2009.08.26	褚晓帅、赵易天、哈布尔	褚晓帅、赵易天、哈布尔
	电子键盘乐器的踏板控制设备	发明专利	200910006963	2009.08.26	雅马哈株式会社	小松昭彦
	具有夹持装置的乐器架	实用新型	200820183051	2009.09.09	尤宗耀	尤宗耀
	一种打击乐器鼓皮	实用新型	200820204729	2009.09.16	郑学勇	郑学勇
	设于乐器或手持式麦克风上的电子显示装置	实用新型	200820235053	2009.09.16	曾平蔚	曾平蔚
	乐器用阀机构及具有乐器用阀机构的铜管乐器	发明专利	200780041524	2009.09.16	里见志朗	里见志朗
	用于弦乐器的弦马组件	发明专利	200910132837	2009.09.23	弗洛伊德·D·罗斯	弗洛伊德·D·罗斯、J. T. 里波罗夫
	电子乐器的踏板装置	发明专利	200910128028	2009.09.23	雅马哈株式会社	岩本俊幸、村松繁、竹山久志
	电子乐器的触控装置	发明专利	200910128234	2009.09.23	雅马哈株式会社	谷口成泰
	乐器弯管圆度整形装置	实用新型	200820142852	2009.09.23	天津市津宝乐器有限公司	李宗瑞
	乐器盒	外观设计	200830211265	2009.09.23	六甲万株式会社	城户将吉
	乐器松香擦涂器	外观设计	200830241842	2009.09.30	冯蓉藩	冯蓉藩
	电子键盘乐器	外观设计	200830210448	2009.09.30	雅马哈株式会社	吉良康宏
	电子键盘乐器	外观设计	200830211965	2009.09.30	雅马哈株式会社	胜又良宏
	电子乐器的踏板装置	发明专利	200910128961.X	2009.09.30	雅马哈株式会社	岩本俊幸、北岛充、村松繁、西乡公一
	电子键盘乐器	发明专利	200910132526.4	2009.10.07	雅马哈株式会社	田岛真二、小关信也
	电子拨弦乐器及其拨弦装置	发明专利	200910302561.6	2009.10.07	曾平蔚	曾平蔚
	一种乐器琴弹奏指甲	发明专利	200810060299.4	2009.10.07	蒋建孝	蒋建孝
	电子键盘乐器	外观设计	200830359600.2	2009.10.28	雅马哈株式会社	铃木俊英
	键盘乐器练习器	实用新型	200820141885.7	2009.10.28	张东艳	张东艳

类别	名称	专利类型	申请（专利）号	公开（公告）日	申请（专利权）人	发明（设计）人
乐器综合类	在弦乐器上选择琴弦位置的装置	发明专利	200810092811.3	2009.11.04	梅尔罗斯国际有限公司	格雷戈里·约翰·麦克道戈尔
	弓弦、拔弦类民族乐器的调音琴轴	实用新型	200820228181.3	2009.11.04	段郡池	段郡池、段娅
	弦乐器的可调琴颈安装组件	发明专利	200810128630.1	2009.11.25	IBC贸易有限公司	尼古拉斯·约翰·坎普林
	打击乐器支撑臂夹具	外观设计	200730329518.0	2009.11.25	雅马哈株式会社、迅捷分配公司	唐纳德·H·伊森、中屿一仁
	拾音装置、控制器、音效装置组件以及电弦乐器	发明专利	200910141821.6	2009.12.02	罗兰株式会社	高樋克利、中川秀一、山田康之
	乐器支架	外观设计	200830139661.8	2009.12.02	柯尼格及迈耶两合公司	H. 利帕特、P. 赖彻特
	弦乐器用的弦桥	外观设计	200830251695.6	2009.12.02	德斯皮奥琴桥有限责任公司	L. 德斯皮奥
	乐谱音符式键盘乐器	实用新型	200820207426.4	2009.12.09	陈学煌	陈学煌
	基于计算机语音识别技术的乐器弹奏跟练方法	发明专利	200810038874.0	2009.12.16	王涛、郭俊华	王涛、郭俊华
	一种民族管乐器	发明专利	200810125731.3	2009.12.23	陶永祥	陶永祥
	乐器盒	实用新型	200920051460.1	2009.12.23	赵建华	赵建华
	乐器架座	外观设计	200830274426.1	2009.12.23	天津市津宝乐器有限公司	李宗瑞
	音乐弦乐器中和关于音乐弦乐器的改进	发明专利	200880003822.8	2009.12.30	瑞妮·厄勃巴雪	瑞妮·厄勃巴雪
	乐器用装订件	实用新型	200920003501.X	2009.12.30	金宗勳	金宗勳
	便携型管乐器架	实用新型	200920001757.7	2009.12.30	功学社教育用品股份有限公司	萧慧秀
	弦乐器效果装置控制器	外观设计	200830262346.4	2009.12.30	罗兰株式会社	高樋克利、中川秀一、山田康之
	弦乐器效果装置	外观设计	200830262348.3	2009.12.30	罗兰株式会社	高樋克利、中川秀一、山田康之
钢琴	钢琴自动缠弦机	实用新型	200820043871.1	2009.01.07	广州珠江钢琴集团有限公司	梁志伟、梁志和、梁绍强

类别	名称	专利类型	申请（专利）号	公开（公告）日	申请（专利权）人	发明（设计）人
钢琴	一种将钢琴与计算机连接的电子装置	实用新型	200820093628.0	2009.02.04	蔡冬冬	蔡冬冬
	钢琴乐谱照明装置	发明专利	200810139721.5	2009.02.11	张源清	张源清
	一种钢琴键盘的白键	实用新型	200820114101.1	2009.02.18	王俊彦	王俊彦
	钢琴踏脚凳	实用新型	200820017572.0	2009.03.04	孟胜	孟胜
	一种钢琴、电钢琴乐谱夹	实用新型	200820107252.4	2009.03.04	陈天浩	陈天浩、章维行
	手机、电视数码折叠电子钢琴	实用新型	200820034499.8	2009.03.04	郁强	郁强
	多功能数码钢琴	实用新型	200820068107.X	2009.03.18	张伟	张伟
	三角钢琴铁板（G146）	外观设计	200830083337.9	2009.03.18	青岛世正乐器有限公司	李在锡
	新型数字钢琴键盘	发明专利	200810201960.9	2009.04.01	上海大学	朱翔明、刘书朋、陈林、常谦
	钢琴（SV-123FSM）	外观设计	200830000658.8	2009.04.01	陈颂华	陈颂华
	钢琴（ST-125）	外观设计	200830000660.5	2009.04.01	陈颂华	陈颂华
	一种电子钢琴	实用新型	200820118667.1	2009.04.29	李宋	李宋、王京
	钢琴的槌柄及其制造方法	发明专利	200810176193.0	2009.05.20	株式会社河合乐器制作所	竹森豪
	钢琴及其外壳部件	发明专利	200810021892.8	2009.04.08	丁颂华	丁颂华
	立式钢琴	发明专利	200810179912.4	2009.04.15	株式会社河合乐器制作所	永泷周、冈野哲也
	一种钢琴湿度控制器	实用新型	200820104870.3	2009.04.15	黄松照	黄松照
	一种钢琴缓降器	实用新型	200820118749.6	2009.04.22	蔡赋勇	沈建国
	新型钢琴	实用新型	200820106938.1	2009.04.29	金文光	金文光
	一种电钢琴或电子琴用塑料键盘改进结构	实用新型	200820126433.1	2009.04.29	上海博韵乐器制造有限公司	邵坚、李洪胜、王喜岩
	立式钢琴（CJS-70V）	外观设计	200830083340.0	2009.04.29	青岛世正乐器有限公司	李在锡
	电子钢琴	外观设计	200830005375.2	2009.05.06	雅马哈株式会社	大西民惠
	三角钢琴（CJS-208HL）	外观设计	200830083338.3	2009.05.13	青岛世正乐器有限公司	李在锡

类别	名称	专利类型	申请（专利）号	公开（公告）日	申请（专利权）人	发明（设计）人
钢琴	一种新型钢琴外壳板材及其制造方法	发明专利	200810236813.5	2009.05.20	宜昌金宝乐器制造有限公司	罗扬
	钢琴键盘	发明专利	200710124580.5	2009.05.20	比亚迪股份有限公司	卫向坡、周春明
	一种加长钢琴脚踏板装置	实用新型	200820188363.2	2009.06.03	李玉梅	李玉梅
	键盘音调表（钢琴、电子琴、手风琴专用）	外观设计	200830120637.X	2009.06.17	黄继临	黄继临
	钢琴、钢琴合页结构	发明专利	200810027495.1	2009.07.01	广州珠江钢琴集团有限公司	黄歌农、黄朝苑、梁志伟、龚承忠
	钢琴、钢琴合页结构	发明专利	200810027497.0	2009.07.01	广州珠江钢琴集团有限公司	张鸿超、张新、梁志伟、肖巍
	钢琴及其踏瓣架支撑结构	发明专利	200810027496.6	2009.07.01	广州珠江钢琴集团有限公司	张鸿超、龚承忠
	钢琴、电钢琴乐谱夹	外观设计	200830115355.0	2009.07.01	陈天浩	陈天浩
	便携式硅胶折叠钢琴（玄音）	外观设计	200830051851.4	2009.07.08	姚军	姚军
	钢琴乐谱照明装置	实用新型	200820027877.X	2009.07.08	张源清	张源清
	钢琴键盖缓降器检测装置	实用新型	200820154858.3	2009.07.08	海伦钢琴股份有限公司	陈海伦
	立式钢琴背架	实用新型	200820154859.8	2009.07.08	海伦钢琴股份有限公司	陈海伦
	新型钢琴	实用新型	200820218547.9	2009.07.08	郭兴勇	郭兴勇
	三角钢琴（CJS-172SV）	外观设计	200830083339.8	2009.07.08	青岛世正乐器有限公司	李在锡
	便携式硅胶折叠钢琴（百灵鸟）	外观设计	200830051852.9	2009.07.08	姚军	姚军
	逐级配重电子钢琴键盘	实用新型	200820135875.2	2009.07.15	湖北华都钢琴制造有限公司	张万春
	钢琴、钢琴合页结构	实用新型	200820046568.7	2009.07.29	广州珠江钢琴集团有限公司	黄歌农、黄朝苑、梁志伟、龚承忠
	钢琴、钢琴合页结构	实用新型	200820046567.2	2009.07.29	广州珠江钢琴集团有限公司	张鸿超、张新、梁志伟、肖巍
	一种内置式钢琴缓降装置	实用新型	200820189401.6	2009.08.19	林松海	林松海

类别	名称	专利类型	申请（专利）号	公开（公告）日	申请（专利权）人	发明（设计）人
钢琴	三角钢琴铁板	实用新型	200820154857.9	2009.08.19	海伦钢琴股份有限公司	陈海伦
	钢琴（UP123P）	外观设计	200830046735.3	2009.08.19	广州珠江钢琴集团有限公司	李建萍
	钢琴（UP118P2）	外观设计	200830046736.8	2009.08.19	广州珠江钢琴集团有限公司	黄朝苑、张新
	钢琴（UP120R4）	外观设计	200830046737.2	2009.08.19	广州珠江钢琴集团有限公司	赵晓春
	钢琴（UP121R3）	外观设计	200830046742.3	2009.08.19	广州珠江钢琴集团有限公司	苏进强
	钢琴（UH132）	外观设计	200830046743.8	2009.08.19	广州珠江钢琴集团有限公司	黄朝苑、张新
	钢琴（UH121）	外观设计	200830046745.7	2009.08.19	广州珠江钢琴集团有限公司	潘启槟
	弱音钢琴	实用新型	200820090632.1	2009.09.30	周伟	周伟、周雨石
	喷绘钢琴（海洋系列）	外观设计	200830084027.9	2009.09.09	青岛世正乐器有限公司	李在锡
	钢琴	外观设计	200830088811.7	2009.09.16	杭州嘉德威钢琴有限公司	陈安岳
	电子钢琴	外观设计	200830139436.4	2009.09.16	雅马哈株式会社	玛丽安·贝利、辰巳惠三
	钢琴（UP120P）	外观设计	200830046734.9	2009.09.23	广州珠江钢琴集团有限公司	李建萍
	钢琴（UP130R2）	外观设计	200830046740.4	2009.09.23	广州珠江钢琴集团有限公司	赵晓春
	钢琴	外观设计	200830147093.6	2009.09.30	雅马哈株式会社	胜又良宏、大野正晴
	立式钢琴铁板	实用新型	200820154860.0	2009.10.07	海伦钢琴股份有限公司	陈海伦
	钢琴(F430)	外观设计	200830213877.4	2009.10.07	方扬	方扬
	钢琴(LP560)	外观设计	200830213887.8	2009.10.07	方扬	方扬
	一种电钢琴自动演奏驱动装置	实用新型	200820231781.5	2009.10.14	张文革	张文革
	钢琴	外观设计	200830011044.X	2009.10.14	郭兴勇	郭兴勇
	钢琴自动调音器	实用新型	200820156626.1	2009.10.28	复旦大学附属中学	王雳楹
	电子钢琴	外观设计	200830211965.0	2009.10.28	雅马哈株式会社	萨姆·赫克特
	一种新型钢琴外壳板材	实用新型	200820230182.1	2009.11.04	宜昌金宝乐器制造有限公司	罗扬
	电子钢琴	外观设计	200830211961.2	2009.11.04	雅马哈株式会社	伊夫·普拉塔尔
	一种钢琴键盘	实用新型	200820199034.8	2009.11.18	罗森鹤	张开峰、邬立平
	一种钢琴制音器	实用新型	200820199033.3	2009.11.18	罗建峰	施仲其、张迪锋

类别	名称	专利类型	申请（专利）号	公开（公告）日	申请（专利权）人	发明（设计）人
钢琴	一种钢琴击弦机键盘	实用新型	200820199030.X	2009.11.18	刘训龙	胡建迪、高策
	一种钢琴键盘	实用新型	200820199032.9	2009.11.18	霍海庆	胡央丹
	一种钢琴击弦机联动器	实用新型	200820199035.2	2009.11.18	邬立平	龚若望、罗辉、罗锐育
	一种钢琴击弦机	实用新型	200820199031.4	2009.11.18	龚彩冬	郑仲鸣
	钢琴	外观设计	200830147092.1	2009.11.18	雅马哈株式会社	胜又良宏、大野正晴
	钢琴键盖缓降器	实用新型	200920004506.4	2009.11.25	蔡赋勇	沈建国、蔡赋勇
	钢琴(UP123R1)	外观设计	200830046741.9	2009.11.25	广州珠江钢琴集团有限公司	潘启槟
	钢琴(UH126)	外观设计	200830046744.2	2009.11.25	广州珠江钢琴集团有限公司	潘启槟
	一种新型钢琴	实用新型	200920009974.0	2009.12.09	张月	张月
	立式钢琴(CS-70M)	外观设计	200830083342.X	2009.12.09	青岛世正乐器有限公司	李在锡
	手卷钢琴	外观设计	200830222671.8	2009.12.16	陈海刚	陈海刚
	折叠式钢琴乐谱支架	实用新型	200820183506.0	2009.12.23	王勇奇	王勇奇
	一种电子钢琴键盘	实用新型	200920105462.4	2009.12.23	张万春	张万春
	带木质琴键的电子钢琴键盘	发明专利	200910063410.X	2009.12.30	湖北华都钢琴制造有限公司	张万春
	一种钢琴用板材的干燥方法	发明专利	200910158287.X	2009.12.30	冯岳飞	冯岳飞、吴智慧、蔡家斌、徐伟、李涛、张超华、张开丰
	能制动锁紧的立式钢琴脚轮	实用新型	200920083628.7	2009.12.30	宜昌金宝乐器制造有限公司	罗扬
	外置式钢琴缓降器	外观设计	200830190976.5	2009.12.30	林松海	林松海
	内置式钢琴缓降器	外观设计	200830190977.X	2009.12.30	林松海	林松海
吉他	硝基仿古白涂装效果在电吉他表面的施工工艺	发明专利	200710043559.2	2009.01.07	上海富臣化工有限公司、深圳市展辰达化工有限公司、北京展辰化工有限公司	钟华胜、刘林生

类别	名称	专利类型	申请（专利）号	公开（公告）日	申请（专利权）人	发明（设计）人
吉他	硝基裂纹仿古效果在电吉他表面的施工工艺	发明专利	200710043560.5	2009.01.07	上海富臣化工有限公司、深圳市展辰达化工有限公司、北京展辰化工有限公司	钟华胜、刘林生
	一种虚拟吉他	实用新型	200820008423.8	2009.01.14	捷达玩具公司	李杰
	玩具迷你吉他	外观设计	200730331462.2	2009.01.14	玩具概念有限公司	大方·施
	圆弧齿蜗轮蜗杆结构传动的吉他弦轴	实用新型	200720059441.4	2009.01.21	李志廷	李志廷
	一种吉他电动弦卷器	实用新型	200820049350.7	2009.02.04	孔力文	孔力文
	玩具（变音吉他503）	外观设计	200730282070.1	2009.02.04	宝德玩具制造有限公司	陈浩文
	电吉他用放大器	外观设计	200730339499.X	2009.02.18	扩乐格株式会社	山口宏司
	吉他（新缺角高音古典吉他）	外观设计	200830039786.3	2009.02.18	陈昌华	陈昌华
	一种吉他架的自锁式上托叉	实用新型	200820087512.6	2009.02.25	宁波音王集团有限公司	尹旺军
	玩具音乐吉他（5021）	外观设计	200730333764.3	2009.03.04	汕头市澄海区明裕塑胶制品有限公司	侯志煌
	吉他调音器的显示设备和其显示吉他弦线调音状态的方法	发明专利	200810212632.9	2009.03.11	成音乐器株式会社	朴仁载
	玩具电子吉他（4355）	外观设计	200830005387.5	2009.03.18	大伟（成记）玩具有限公司	刘玉辉
	玩具（儿童吉他504）	外观设计	200830001276.7	2009.03.25	宝德玩具制造有限公司	郑子超
	吉他（A）	外观设计	200830012861.7	2009.04.15	昌邑缪斯乐器有限公司	金光远、罗伯特·约翰·威利
	带喇叭的木吉他（2）	外观设计	200830041192.6	2009.04.22	徐瑞和	徐瑞和
	吉他调音器的显示设备和其显示吉他弦线调音状态的方法	发明专利	200710199909.4	2009.04.22	株式会社成音乐器	朴仁载
	带喇叭的木吉他（3）	外观设计	200830041191.1	2009.04.22	徐瑞和	徐瑞和
	便携式吉他承置架	实用新型	200820115861.4	2009.04.29	功学社教育用品股份有限公司	谢武弘

类别	名称	专利类型	申请（专利）号	公开（公告）日	申请（专利权）人	发明（设计）人
吉他	吉他（B）	外观设计	200830012862.1	2009.05.06	昌邑缪斯乐器有限公司	金光远、罗伯特·约翰·威利
	一种古典吉他的改良结构	实用新型	200820201606.1	2009.06.24	江伟杰	江伟杰
	木吉他（带喇叭4）	外观设计	200830041190.7	2009.04.22	徐瑞和	徐瑞和
	带喇叭的木吉他（1）	外观设计	200830041193.0	2009.04.22	徐瑞和	徐瑞和
	电吉他	外观设计	200830013744.2	2009.06.03	郝际坤	郝际坤
	吉他音板及吉他音板的支撑架结构	实用新型	200820126942.4	2009.07.01	李宗盛	李宗盛
	金属电声小四弦吉他	实用新型	200820051893.2	2009.07.08	陈昌华	陈昌华
	吉他架	外观设计	200830126089.1	2009.07.08	功学社教育用品股份有限公司	谢武弘
	滑片吉他	实用新型	200820051894.7	2009.07.15	陈昌华	陈昌华
	旅行吉他	实用新型	200820051895.1	2009.07.15	陈昌华	陈昌华
	电声小四弦吉他	实用新型	200820051892.8	2009.07.15	陈昌华	陈昌华
	一种用瓢葫芦作琴体的普通吉他	实用新型	200820113858.9	2009.07.29	帕了哈提	帕了哈提
	吉他架	外观设计	200830148472.7	2009.07.29	信涛	信涛
	吉他（A）	外观设计	200830054629.X	2009.08.05	梁泽敏	梁泽敏
	吉他	外观设计	200830141444.2	2009.09.16	李建荣	李建荣
	一种具有校音及存放拨片功能的吉他变调夹	发明专利	200910039023.2	2009.9.30	广州罗曼士乐器制造有限公司	郑玉棠
	电吉他音箱(SP-10)	外观设计	200830244956.1	2009.10.07	宁波超拨电子有限公司	徐金尧
	一种镶有贝壳的电吉他	实用新型	200820206415.4	2009.10.07	彭爱平	彭爱平
	吉他拾音器(KQ-1A)	外观设计	200830049297.6	2009.10.07	黄茂青	黄茂青
	折叠式木质吉他架(AXW-0001)	外观设计	200830244955.7	2009.10.07	宁波超拨电子有限公司	徐金尧
	吉他琴头	外观设计	200830250458.8	2009.10.14	薛海富	薛润富
	吉他	外观设计	200830147929.2	2009.10.14	维尔根哈依歌合作有限公司	罗伯特·包米斯特尔、弗朗斯·P·范·任思
	吉他贝斯包	外观设计	200830244955.7	2009.10.21	武汉思源皮具饰品有限责任公司	程建农

类别	名称	专利类型	申请（专利）号	公开（公告）日	申请（专利权）人	发明（设计）人
吉他	琴柄(吉他)	外观设计	200830218104.5	2009.11.18	梁泽敏	梁泽敏
	吉他背包	外观设计	200830273227.9	2009.12.16	张学民	张学民
	吉他音板及音板的支撑架结构	发明专利	200810126841.1	2009.12.30	李宗盛	李宗盛
提琴	多五度音的提琴	实用新型	200820065925.4	2009.01.14	江水运	江水运
	大提琴定位支架	实用新型	200820010960.6	2009.01.14	刘长发	刘长发
	提琴结构	发明专利	200810224482.3	2009.02.18	北京市杂技学校、中国杂技团有限公司	王建民
	小提琴（乌形静音小提琴）	外观设计	200830039784.4	2009.02.18	陈昌华	陈昌华
	提琴	实用新型	200820116662.5	2009.03.11	许铁云	许铁云
	小提琴码	实用新型	200820116663.X	2009.03.11	许铁云	许铁云
	小提琴及中提琴琴码	外观设计	200830000554.7	2009.04.01	王二江	王二江
	大提琴（电声B）	外观设计	200830083347.2	2009.04.15	马文虎	马文虎
	小提琴（电声C）	外观设计	200830083346.8	2009.05.20	马文虎	马文虎
	符合人体工程学的小提琴锁骨支承琴垫	实用新型	200820108470.X	2009.04.01	陈毓铸	陈毓铸
	大提琴（电声D）	外观设计	200830083367.X	2009.04.15	马文虎	马文虎
	小提琴（电声E）	外观设计	200830083362.7	2009.04.15	马文虎	马文虎
	大提琴（电声A）	外观设计	200830083350.4	2009.05.20	马文虎	马文虎
	大提琴（电声C）	外观设计	200830083352.3	2009.05.20	马文虎	马文虎
	小提琴（电声D）	外观设计	200830083348.7	2009.05.20	马文虎	马文虎
	小提琴（电声B）	外观设计	200830083351.9	2009.05.20	马文虎	马文虎
	小提琴（电声A）	外观设计	200830083349.1	2009.06.10	马文虎	马文虎
	电子小提琴	外观设计	200830027353.6	2009.06.17	南京爱韵贸易实业有限公司	童磊
	双膜双音频提琴结构	实用新型	200820123042.4	2009.07.01	北京市杂技学校、中国杂技团有限公司	王建民

类别	名称	专利类型	申请（专利）号	公开（公告）日	申请（专利权）人	发明（设计）人
提琴	竹质平直形提琴弓	发明专利	200910009774.X	2009.07.08	王伟鸣、王伟文	王伟鸣、王伟文
	数码小提琴	实用新型	200820189211.4	2009.07.29	周卫国	周卫国
	一种带除湿组件的提琴盒	实用新型	200820155203.8	2009.08.19	李欣远	李欣远
	小提琴运弓引导器	实用新型	200820124084.X	2009.08.26	陈毓铸	陈毓铸
	小提琴架（B0434）	外观设计	200830208784.2	2009.09.02	林彦涛	林彦涛
	提琴弦勾	外观设计	200830205999.9	2009.09.02	闫永祝	闫永祝
	大提琴止滑器（CH9235）	外观设计	200830208774.9	2009.09.02	林彦涛	许俊辉
	用于小提琴的腮托	发明专利	200780040253.X	2009.09.09	VSP有限公司	V. S. 普罗斯库亚克
	小提琴架（天使B0435）	外观设计	200830208783.8	2009.09.16	林彦涛	许俊辉
	小提琴架（B0433）	外观设计	200830208785.7	2009.09.16	林彦涛	许俊辉
	大提琴止滑器（CH9232）	外观设计	200830208773.4	2009.09.16	林彦涛	许俊辉
	大提琴止滑器（CH9230）	外观设计	200830208775.3	2009.09.16	林彦涛	许俊辉
	小提琴调性指位卡片（升种大调）	外观设计	200830068165.8	2009.09.16	宋汉鑫、丁芷诺	宋汉鑫、丁芷诺
	小提琴调性指位卡片（降种大调）	外观设计	200830068166.2	2009.09.16	宋汉鑫、丁芷诺	宋汉鑫、丁芷诺
	小提琴盒（3）	外观设计	200830232375.6	2009.09.23	徐海	徐海
	小提琴盒（4）	外观设计	200830232376.0	2009.09.23	徐海	徐海
	小提琴盒内囊（1）	外观设计	200830232377.5	2009.09.23	徐海	徐海
	小提琴盒内囊（2）	外观设计	200830232378.X	2009.09.23	徐海	徐海
	教学用小提琴	发明专利	200910137199.1	2009.10.07	林之铠	林之铠
	TQ提琴助音器	发明专利	200810010965.3	2009.10.14	丛者平	丛者平
	一种提琴包装盒	实用新型	200820237919.2	2009.11.04	李飞	李飞
	大提琴盒(1)	外观设计	200830205980.4	2009.11.11	徐洪涛	徐洪涛
	大提琴（电声A）	外观设计	200830084368.6	2009.11.18	马文虎	马文虎

类别	名称	专利类型	申请（专利）号	公开（公告）日	申请（专利权）人	发明（设计）人
提琴	外平内凸音箱式提琴	实用新型	200920023345.3	2009.12.16	杜亦林	杜亦林
	大提琴(电声B)	外观设计	200830084369.0	2009.12.30	马文虎	马文虎
鼓	一种特别是音箱鼓的乐器	发明专利	200710161760.0	2009.01.14	罗兰德·曼尔乐器两合公司	W. 帕耶尔
	一种发光鼓皮及其制作方法	发明专利	200810151227.0	2009.01.14	王琳	王琳
	利用毛皮包住鼓腔改善其音色的架子鼓	实用新型	200820076342.1	2009.01.14	柳奕帆	翟高科、柳奕帆
	内置鼓垫可调音量的架子鼓	实用新型	200820076343.6	2009.01.14	翟高科	翟高科、柳奕帆
	具有可收折脚架的定音鼓	发明专利	200710139005.2	2009.01.21	功学社教育用品股份有限公司	莱赐玛
	清音鼓	外观设计	200730304100.4	2009.01.21	高远明	高远明
	新型行进军鼓	实用新型	200820074520.7	2009.01.28	天津市津宝乐器有限公司	李中华
	轻便型行进军鼓	实用新型	200820074523.0	2009.01.28	天津市津宝乐器有限公司	李中华
	小鼓响线开关	实用新型	200820105536.X	2009.01.28	功学社教育用品股份有限公司	谢武弘
	新型桶鼓座	实用新型	200820074518.X	2009.01.28	天津市津宝乐器有限公司	李中华
	新型鼓筒壁卡	实用新型	200820074519.4	2009.01.28	天津市津宝乐器有限公司	李中华
	具有镶嵌式鼓肚的乐器鼓	实用新型	200820002685.3	2009.03.11	功学社教育用品股份有限公司	谢武弘
	一种穿在身上在移动中也可以进行自由敲击演奏的电子鼓	实用新型	200820003581.4	2009.03.25	赵宇超	赵宇超
	清音鼓架	外观设计	200730304099.5	2009.04.01	熊素颖	熊素颖
	爵士鼓鼓皮固定环	实用新型	200820120411.4	2009.04.15	牟永国	牟永国
	电子鼓	外观设计	200830001958.8	2009.04.15	雅马哈株式会社	大西民惠
	打击乐器（带灯的金鼓）	外观设计	200830084829.X	2009.04.15	姚旺	姚旺
	鼓架构件	外观设计	200730329519.5	2009.04.29	雅马哈株式会社、迅捷分配公司	唐纳德·H·伊森、中屿一仁
	鼓	外观设计	200830083389.6	2009.04.29	刘毓康	刘毓康、陈涛安

类别	名称	专利类型	申请（专利）号	公开（公告）日	申请（专利权）人	发明（设计）人
鼓	一种电子鼓盘	实用新型	200820150607.8	2009.05.13	得理电子（上海）有限公司	葛兴华、张国稳、陆克明
	具有导航功能的电子鼓乐器	实用新型	200820150435.4	2009.05.13	得理电子（上海）有限公司	郑刚、冯德荣
	小鼓张紧系统以及具有该张紧系统的小鼓	发明专利	200810083527.X	2009.06.03	星野乐器制造株式会社	宫嶋秀幸
	一种击鼓棒	实用新型	200820141802.4	2009.06.10	天津市宝坻区福利特乐器配件厂	王东兴
	带有自由振动式角部的音箱鼓	发明专利	200810187086.8	2009.06.24	罗兰德·曼尔乐器两合公司	O. 伯特格尔
	鼓乐器组合壁卡	外观设计	200830082314.6	2009.07.01	天津市津宝乐器有限公司	李中华
	鼓乐器壁卡	外观设计	200830082315.0	2009.07.01	天津市津宝乐器有限公司	李中华
	鼓的鼓耳结构	发明专利	200910002033.9	2009.07.15	雅马哈株式会社	山本壮俊
	一种鼓皮拾音装置的固定结构	实用新型	200820096171.9	2009.07.15	纪伟	纪伟
	用于鼓的外壳和使用该外壳的鼓	发明专利	200910001354.7	2009.07.22	雅马哈株式会社	安部万律、安部卓哉
	鼓支承结构	发明专利	200910001352.8	2009.07.22	雅马哈株式会社	冈本茂弘
	工艺鼓（2）	外观设计	200830123796.5	2009.07.22	陈涛	陈涛
	折叠式行进鼓背挎架	实用新型	200820142851.X	2009.08.19	天津市津宝乐器有限公司	李中华
	数码键盘多弦鼓琴	发明专利	200910043066.8	2009.08.26	张健	张健
	鼓垫	发明专利	200910127648.4	2009.09.23	雅马哈株式会社	泽田修一、桥本隆二
	电子鼓	外观设计	200830242025.8	2009.09.09	浙江科技学院	张叶峰
	鼓（中国鼓2）	外观设计	200830000785.8	2009.09.09	殷商	殷商
	一种打击乐器鼓皮	实用新型	200820204728.6	2009.09.16	郑学勇	郑学勇
	通体发声金属鼓	实用新型	200820124378.2	2009.09.16	北京红樱束打击乐团有限公司	周立
	鼓垫及其制造方法	发明专利	200910132527.9	2009.10.07	雅马哈株式会社	冈田升宏、泽田修一
	组合式调整鼓	实用新型	200820140398.9	2009.10.07	廖村淇	廖村淇
	击鼓棒	外观设计	200830082823.9	2009.10.07	天津市宝坻区福利特乐器配件厂	王东兴
	用于鼓的鼓架以及相关的鼓	发明专利	200910137016.6	2009.11.04	巴萨姆·阿卜杜勒-萨拉姆	巴萨姆·阿卜杜勒-萨拉姆

类别	名称	专利类型	申请（专利）号	公开（公告）日	申请（专利权）人	发明（设计）人
鼓	可翻转式行进军鼓背架	实用新型	200820144748.9	2009.11.18	天津市津宝乐器有限公司	吴定军
	鼓(DC-21260)	外观设计	200830320582.7	2009.12.02	北京银河长兴影视文化传播有限责任公司	孙全斌
	鼓(DC-21290)	外观设计	200830320585.0	2009.12.16	叶肇融	叶肇融
	军鼓死节	外观设计	200830274408.3	2009.12.23	天津市津宝乐器有限公司	李中华
	鼓皮(1)	外观设计	200830274424.2	2009.12.30	天津市津宝乐器有限公司	李中华
	鼓	外观设计	200930126496.7	2009.12.30	北京银河长兴影视文化传播有限责任公司	孙全斌
电子琴	电子琴	外观设计	200730299056.2	2009.01.14	卡西欧计算机株式会社	坂口和人、市村优太郎、长山洋介
	一种便携式手卷电子琴	实用新型	200820005344.1	2009.01.21	陈海刚	陈海刚
	电子琴	外观设计	200730299052.4	2009.02.18	卡西欧计算机株式会社	仓持直基、和田拥
	电子琴	外观设计	200730299054.3	2009.02.18	卡西欧计算机株式会社	桥本威一郎
	电子琴	外观设计	200730299053.9	2009.02.25	卡西欧计算机株式会社	坂口和人、宇都宫亮
	掌中电子琴	发明专利	200710045399.5	2009.03.04	凌鹤轩	凌鹤轩
	电子琴	外观设计	200730299055.8	2009.03.11	卡西欧计算机株式会社	宇都宫亮、长山洋介
	电子琴	外观设计	200830004859.5	2009.03.11	雅马哈株式会社	宇都宫亮、长山洋介
	自由转调的电子琴	实用新型	200820068098.4	2009.03.18	于树森	于树森、于伟、于欢
	电子琴（SK-560）	外观设计	200830110516.7	2009.05.06	柯艺山	柯艺山
	电子琴（SK20064）	外观设计	200830110517.1	2009.05.06	柯艺山	柯艺山
	电子琴（SK-570）	外观设计	200830110515.2	2009.05.20	柯艺山	柯艺山
	键盘音调表（钢琴、电子琴、手风琴专用）	外观设计	200830120637.X	2009.06.17	黄继临	黄继临
	触摸式虚拟电子琴的实现方法	发明专利	200910028087.2	2009.06.24	苏州瀚瑞微电子有限公司	孟得全、洪锦维

类别	名称	专利类型	申请（专利）号	公开（公告）日	申请（专利权）人	发明（设计）人
电子琴	带有使键盘强劲的装置的可折叠的电子琴	发明专利	200680055008.1	2009.06.24	拉乌尔·帕里安蒂	拉乌尔·帕里安蒂
	一种便携电子琴	实用新型	200820026918.3	2009.07.01	赵剑伟	赵剑伟
	一种新型箱架便携电子琴	实用新型	200820139248.6	2009.07.08	王华国	王华国
	电子琴键盘（1）	外观设计	200830049835.1	2009.08.12	林定文	林定文
	电子琴键盘（2）	外观设计	200830049835.1	2009.08.12	林定文	林定文
	88键电子琴的键盘底座	实用新型	200820146244.0	2009.08.26	吴育旗	吴育旗
	触摸型手掌电子琴	实用新型	200820151339.1	2009.09.09	凌鹤轩	凌鹤轩
	三合一灵活性电子琴	实用新型	200820151340.4	2009.09.09	凌鹤轩	凌鹤轩
	内置MP3播放器的电子琴	实用新型	200920049688.7	2009.09.23	张为明	张为明
	电子琴(2)	外观设计	200830298473.X	2009.11.11	陈红梅	陈红梅
	电子琴(1)	外观设计	200830298472.5	2009.11.11	陈红梅	陈红梅
	灵活型三角电子琴	实用新型	200820152336.X	2009.12.02	凌鹤轩	凌鹤轩
	一种无电子二极管的电子琴键盘	外观设计	200910101204.3	2009.12.30	夏可平	夏可平
萨克斯	可收折的萨克斯风架	实用新型	200820003710.X	2009.01.14	功学社教育用品股份有限公司	谢武弘
	新型萨克斯管	实用新型	200820076873.0	2009.03.04	刘占虎	刘占虎
	萨克斯管键杆装置	实用新型	200820102807.6	2009.03.18	福州斯坦扉乐器有限公司	王东明
	萨克斯管用消音器	外观设计	200830007923.5	2009.04.22	最高金管有限会社	滨永晋二
	倍低音萨克斯	发明专利	200710059877.8	2009.04.15	天津市津宝乐器有限公司	刘运波
	包装箱（萨克斯用）	外观设计	200830143158.X	2009.07.01	河北金音乐器制造有限公司	陈学孔
	萨克斯中低音#F按键	外观设计	200830015904.7	2009.07.22	山东泰山管乐器制造有限公司	梁维民
	中音萨克斯	实用新型	200820022231.2	2009.08.26	山东泰山管乐器制造有限公司	梁维民
	萨克斯按键（高音#F）	外观设计	200830015903.2	2009.08.26	山东泰山管乐器制造有限公司	梁维民

类别	名称	专利类型	申请（专利）号	公开（公告）日	申请（专利权）人	发明（设计）人
萨克斯	萨克斯支架	外观设计	200830006940.7	2009.09.16	柯尼格及迈耶两合公司	H. 利帕特、P. 赖彻特
	一种萨克斯弱音器低音区音色控制器	发明专利	200820227351.6	2009.10.07	王文	王文
	高八度bE调萨克斯管	发明专利	200910069177.6	2009.10.28	天津市津宝乐器有限公司	潘越强
	C大调萨克斯管	发明专利	200910069178.0	2009.10.28	天津市津宝乐器有限公司	潘越强
	萨克斯笛头盒	实用新型	200920136633.X	2009.11.04	黄埖	黄埖
	中音萨克斯	发明专利	200810016225.0	2009.11.11	山东泰山管乐器制造有限公司	梁维民
	萨克斯风吊挂装置	实用新型	200920001764.7	2009.12.16	蔡佳修	蔡佳修
	萨克斯笛头	外观设计	200930171067.1	2009.12.16	黄埖	黄埖
二胡	准音二胡	实用新型	200820114384.X	2009.02.04	刘方	刘方
	可控轴二胡	实用新型	200820012254.5	2009.02.04	刘培连	刘培连
	二胡琴筒（六角细腰）	外观设计	200830013106.0	2009.03.18	杜东虎	杜东虎
	一种银质胡琴琴皮	实用新型	200820116608.0	2009.04.01	赵景明	赵景明
	一种双音胡	实用新型	200820149043.6	2009.06.10	李自修	李自修
	二胡（712）	外观设计	200730086189.1	2009.06.24	上海民族乐器一厂	张建平
	四根弦全胡	外观设计	200830049347.0	2009.06.24	李汉唐	李汉唐、李旭波
	电子二胡	实用新型	200820138080.7	2009.07.01	浙江理工大学	张帅、李锋
	二胡琴筒	外观设计	200830083601.9	2009.07.22	张志超	张志超
	一种电子二胡	实用新型	200820154508.7	2009.08.19	上海泛思工业设计有限公司	祝建华
	二胡	实用新型	200820213016.0	2009.09.02	刘明雄	刘明雄
	二胡	实用新型	200820213016.0	2009.09.02	周玉梅	钟永津、周玉梅
	二胡	外观设计	200830241050.4	2009.10.14	浙江理工大学	张帅、李锋
	自带松香滚擦装置的二胡筒	实用新型	200820226637.2	2009.11.25	于海霞	于海霞
	利于换弓与换弦的二胡琴弓	实用新型	200920101877.4	2009.12.16	河北科技大学	韩佩琦、韩曦、刘天山、孙敬伟
	二胡(811)	外观设计	200830188348.3	2009.12.30	上海民族乐器一厂	王琳琳
古筝	便捷式古筝指甲	实用新型	200720302618.9	2009.01.07	尤婧怡	尤婧怡
	一种古筝	实用新型	200820078881.9	2009.01.28	周延甲	周延甲、周展、周望

类别	名称	专利类型	申请（专利）号	公开（公告）日	申请（专利权）人	发明（设计）人
古筝	古筝（741）	外观设计	200730086190.4	2009.02.11	上海民族乐器一厂	徐汝正
	古筝（742）	外观设计	200730086191.9	2009.02.11	上海民族乐器一厂	徐汝正
	古筝（743）	外观设计	200730086192.3	2009.02.11	上海民族乐器一厂	沈正国
	古筝（745）	外观设计	200730086194.2	2009.02.11	上海民族乐器一厂	沈正国
	古筝（744）	外观设计	200730086193.8	2009.04.01	上海民族乐器一厂	李素芳、陆国良
	琴筝清洁刷	实用新型	200820117204.3	2009.04.08	阚元凤	阚元凤
	方便组装的琴筝清洁刷	实用新型	200820117205.8	2009.04.08	阚元凤	阚元凤
	便携式圆头凤尾筝	发明专利	200810235489.5	2009.04.22	张斌	张斌
	古筝指甲	实用新型	200820187861.5	2009.05.13	曾梦楠	曾梦楠
	用于直接固定古筝上的校音器	实用新型	200820095732.3	2009.05.13	深圳市卓乐科技有限公司	李国飞
	古筝（九凤牡丹）	外观设计	200830118968.X	2009.06.17	阚元凤	阚元凤
	易筝	发明专利	200710305045.X	2009.06.24	黄耕	（请求不公开姓名）
	古筝	实用新型	200820134232.6	2009.07.01	重庆大音乐器有限公司	刘书炯
	一种框架式电子古筝	实用新型	200820140526.X	2009.07.01	徐葭	徐葭
	一种古筝拾音器及带该拾音器的古筝	实用新型	200820095971.9	2009.07.15	深圳市蔚科电子科技开发有限公司	徐松年
	双箱高音古筝	实用新型	200910025416.8	2009.07.29	田步高	田步高
	古筝	外观设计	200830240204.8	2009.10.07	中国美术学院	王敏锋、严增新
	古筝(墨扬惊云)	外观设计	200830240205.2	2009.10.21	中国美术学院	郭盼锋、严增新
	相坎式简刻古筝	发明专利	200910001799.5	2009.11.18	王斌	王斌
	古筝(846)	外观设计	200830188345.X	2009.12.30	上海民族乐器一厂	徐汝正
	古筝(848)	外观设计	200830188346.4	2009.12.30	上海民族乐器一厂	王琳琳
	古筝(847)	外观设计	200830188347.9	2009.12.30	上海民族乐器一厂	周力
	古筝	外观设计	200830351215.3	2009.12.30	北京中筝文化发展有限公司	袁莎
	古筝(841)	外观设计	200830188352.X	2009.12.30	上海民族乐器一厂	徐汝正
	古筝架	外观设计	200830334183.6	2009.12.30	熊立群	熊立群
	古筝(843)	外观设计	200830188342.6	2009.12.30	上海民族乐器一厂	李鑫
笛子	竖笛（18）	外观设计	200730353290.9	2009.01.07	张琳	张琳
	改良十一孔笛子	实用新型	200720016196.9	2009.01.14	丁传明	丁传明、宋延雷

类别	名称	专利类型	申请（专利）号	公开（公告）日	申请（专利权）人	发明（设计）人
笛子	带有粘胶的即时贴笛膜	实用新型	200820106818.1	2009.02.18	郭全福	郭全福
	用于八孔长笛的弱音器	发明专利	200780006021.2	2009.03.11	博尼尼有限责任公司	雷纳托·蒙泰穆罗
	多功能红木笛	实用新型	200820150427.X	2009.03.25	王黎霞	但乐平
	实用十一孔笛子	实用新型	200820013660.3	2009.05.13	丁传明	丁传明
	套管旋转定位式多调笛子	实用新型	200820154784.3	2009.08.26	李根强	李根强
葫芦丝	一种音域扩展的巴乌、葫芦丝主管	实用新型	200820021059.9	2009.02.04	李凯	李凯
	乐器（葫芦丝）	外观设计	200730109504.8	2009.02.11	云南聂耳音乐基金会、玉溪市文化管理服务中心	王跃、李树福、汪燕平、桂江静、蒋文波、黄庆明、杨文辉、李安明、苏照祥、向学志
	一种可以横吹、竖吹两用的葫芦丝	实用新型	200820133589.2	2009.06.10	陈先亮	陈先亮
	高八度和弦葫芦丝	实用新型	200820218111.X	2009.06.24	王勇武	王勇武
	一种葫芦丝	实用新型	200820019535.3	2009.07.29	钱尊法	钱尊法
	葫芦丝（大牛角）	外观设计	200830132231.3	2009.09.09	陈先亮	陈先亮
爵士鼓	玩具（爵士鼓501）	外观设计	200730282069.9	2009.01.21	宝德玩具制造有限公司	郑子超
	爵士鼓的鼓桶的改进结构	实用新型	200820105194.1	2009.02.25	王蔚宾	王蔚宾
	爵士鼓鼓皮固定环	实用新型	200820120411.4	2009.04.15	牟永国	牟永国
西乐器	打击乐器的支架	实用新型	200820107653.X	2009.01.07	王蔚宾	王蔚宾
	带内置调音环的单簧管喇叭口	实用新型	200820077084.9	2009.01.14	高原	高原
	一种穿在身上在移动中也可以进行自由敲击演奏的电子鼓	实用新型	200820003581.4	2009.03.25	赵宇超	赵宇超
民族乐器	四耳胡琴	实用新型	200720310099.0	2009.01.07	李鸿钧、汤应寿	李鸿钧、汤应寿
	抗弦变耐用扬琴	实用新型	200820013059.4	2009.02.25	李成文	李成文

类别	名称	专利类型	申请（专利）号	公开（公告）日	申请（专利权）人	发明（设计）人
手风琴	手风琴（11）	外观设计	200830028919.7	2009.04.29	郭道耘	郭道耘
	手风琴（7）	外观设计	200830290910.3	2009.09.23	江阴金杯安琪乐器有限公司	时建明
口琴	14孔56音口琴	实用新型	200820160965.7	2009.09.02	陈红梅	陈红梅
	口琴	实用新型	200820160966.1	2009.09.02	陈红梅	陈红梅
	21孔口琴	实用新型	200820217761.2	2009.09.02	陈红梅	陈红梅
	口琴盒	外观设计	200830240678.2	2009.09.09	张琳	张琳
	口琴式排管巴乌	发明专利	200910118983.8	2009.09.16	廖万侦	廖万侦
埙	连体埙	实用新型	200820150429.9	2009.06.10	王黎霞	但乐平

MUSIC

中国乐器年鉴

CHINA MUSICAL

INSTRUMENT YEARBOOK

2009-2010

广州珠江钢琴集团股份有限公司

恺撒堡专业高档钢琴

恺撒堡，是珠江钢琴集团最新推出的专业高档钢琴品牌，由世界著名钢琴设计大师托马先生与珠江钢琴集团技术团队合力打造。精选优质白松、乌木等珍贵木材，采用德国名牌琴弦和弦槌，采用欧洲国际顶级钢琴装配工艺和加工标准，使恺撒堡钢琴拥有十二项独特魅力，确保声学品质和弹奏性能完美出众，将给您带来无限的音乐享受，满足您对完美品质和卓越品位的追求。

【设计精髓】

特别聘请世界著名钢琴设计大师托马先生主持研发与制造，倾力打造世界领先水平的击弦共鸣系统，使产品更具有完美的音色、震撼的共鸣效果和操控自如的弹奏舒适感。

【外形特点】

经典黑色亮光琴身和高档木皮表面贴饰琴身。线条简洁流畅，典雅大方，舒展美观。彰显现代华贵气质。

【共鸣系统】

精选优质进口白松，采用现代技术和工艺处理、加工制造的不等厚音板，增强了各音区的连贯和统一，确保音色饱满纯美，不同地区不同气候环境，音质始终如一。

【专业效果】

全过程采用欧洲国际顶级钢琴的装配工艺和加工标准，声学品质和弹奏性能完美出众，是专业人士、高端用户首选的钢琴。全音域层次清晰、均匀连贯，高音通透明亮、中音圆润、低音浑厚有力，弹奏触感均匀灵敏，控制自如，具备超强的音乐表现力，演奏效果更趋完美。

【弯压弦码】

采用多层硬木弯压制成，振动响应精确、迅速。

【弦轴板】

多层坚硬的色木交错拼接而成，令弦轴钉更稳定，提供均匀稳定的握钉力，保证了音准稳定性。

【琴键】

精选优质白松实木，性能稳定，提供稳定的弹奏性能。

【琴弦】

德国罗斯劳琴弦和绕铜低音琴弦使音色更出众。

【乌木黑键】

精选名贵的乌木制造，手感舒适自然，外观高雅。

【弦槌】

使用德国雷诺牌（Louis Renner）弦槌,弹性硬度巧妙结合,带来完美音色。

【击弦系统】

精心设计的击弦系统，采用优质木材并由数控设备加工装配而成，状态稳定、反应灵敏精确。合金硬铝制造的击弦系统总档，提供稳定的装配基础，并使整理状态保持稳定。

【生产线】

恒温、恒湿的木装、总装生产车间，提高了恺撒堡系列钢琴的音准及弹奏性能的稳定性。

京珠钢琴介绍

“京珠”品牌钢琴是珠江钢琴集团全资子公司——北京珠江钢琴制造有限公司精心策划推出的专业钢琴品牌。产品由国际钢琴设计制作专家洛塔尔·托马参与精心设计，传承珠江·恺撒堡高档钢琴的设计精髓，融入欧洲钢琴的精湛制作技术工艺，精选优质材料、专业配置，使京珠钢琴具有卓越的艺术性能和产品稳定性，质量技术水平处于国内领先，达到国际中高档水平。北京珠江钢琴制造有限公司以“高起点、高标准、高质量”的定位，以更贴近市场的服务方式，为满足不同层次的消费者需要，倾力打造出“白金”、“珍珠”、“水晶”三大系列“京珠”品牌钢琴。今后将继续完善产品线，将以更丰富的花色品种、更优质的产品品质、更贴心到位的售后服务为北方市场的广大消费者服务。

北京星海钢琴集团有限公司

星海·荣耀版钢琴

在2009年纪念版钢琴的先进设计和生产工艺基础上，星海钢琴又推出了两款立式新琴——“星海·荣耀版”XH-121型和XH-125型。“星海·荣耀版”集合了当前钢琴界最时尚的设计和星海钢琴一脉相承的稳健质量、最新研发的技术革新成果，采用专业机械设备规模化生产和精心营造的制造环境，星海·荣耀版钢琴给您传递一种前所未有的弹奏感受。

键盘部分：精心挑选优质三层椴木复合琴首板进行加工，避免了因木材的各项异型产生的变形，使键盘经久耐用，尤其改善了销往南方的钢琴琴键易变形问题。仿象牙色白键配乌木黑键使键盘弹奏舒适。特别是每个琴键都通过单独的测定配重技术达到统一的触键手感，保证弹奏流畅，声音稳定。

击弦机部分：弦槌毛毡采用德国进口AA级毛毡产生了纯净的音质，优美的音色。高音稳健，中音柔和，低音清晰。新型工艺设备保证了击弦机各个部件的加工精度及一致性。击弦机背档及击弦机支架颜色为闪光金，与铁板风格一致。

琴背部分：精心挑选优质木材，严格的纹理要求和含水量的控制，先进的设计，合理的配合，保证了美妙的声音绵延不断。音板精选顶级云杉并经过长时间自然干燥，再施以人工充分干燥，使音板充分释放内应力，增强了音板的稳定性和耐久力。

"实木音板"标识采用激光雕刻工艺加工，更加美观，难以仿制。选用优质德国标准弦轴板,数控机床打孔，保证弦轴板能够紧紧的嵌住弦轴，维持适度张力，使得握钉力更加持久稳定。铁板喷涂新型亮闪涂料，垂纹漆涂饰,弦枕精细加工,突显华贵特点。德国进口RÖSLOUu琴弦，可承受较大张力，保持经久耐用,保证声音的纯静 、优美。

外壳部分：行业中率先使用进口隔离漆，苯胺黑材料，保证钢琴外观更加美观，国内首屈一指进口喷涂设备保证漆膜光亮度更好，漆膜更持久。

踏瓣及外观金属零件：造型精美踏板，高质量进口金属配件。

商家卖点：铁板闪光材料喷涂而成，彰显了高档钢琴各部分精致的设计，开创性的采用闪光粉喷涂铁板与整齐排列的琴弦形成了钢琴内结构中一道独特的风景线。打开琴上盖尽可展示。外观独具特色，黑色琴外观更加庄重，由于采用进口漆和先进工艺喷涂，使漆面更加光亮，反光度更好，提高了耐候性。如果在家庭学校使用过程中有污迹时擦拭更加容易，稍少使用清洁剂就可以轻松擦拭干净。

击弦机和键盘部分采用了进口木材，弦槌是进口德国呢毡，精密仪器加工，保证了良好的音色、音质且性能更加稳定。同时保证琴的触感非常好，弹奏流畅可与高档原装进口琴媲美。性价比非常之高。另外，击弦机采用了金色闪光喷涂，与铁板交相呼应，在钢琴行业中独树一帜，是目前国内外唯一采用此先进工艺的钢琴。

卡利西亚钢琴

2010年是波兰音乐家肖邦诞辰200周年，为此北京星海钢琴集团有限公司与波兰合作，生产"卡利西亚"三角钢琴M-165型100架及"M-222"1台。

M-165型三角钢琴适合小型音乐会、教学用琴、练习用琴。该琴外壳完全尊重卡利西亚原造型，保持了欧洲风格，漆膜光亮。音源部分由德国钢琴制造专家设计，铁板采用树脂砂硬壳造型铸造，弦轴板采用德国进口弦轴板，音板为实木复合音板，琴弦采用德国进口RÖSLOUu琴弦。可承受较大张力，保持经久耐用。保证声音连贯、平稳，音色优美、纯正。M-165型使用德国（Renner）进口榔头毛毡。键盘设计符合卡利西亚标准，弹奏舒适，表现力强。

"M-222"型三角琴适合大、中型音乐会用琴，此琴除具备了"M-165"型三角钢琴的优点之外，"M-222"型弦枕采用阶梯式复弦枕，击弦机采用德国（Renner）进口击弦机，音板为实木音板。这些进一步提升了声学品质，是大、中型音乐会的演奏用琴。

巴赫多夫系列立式钢琴

巴赫多夫（BU）系列立式钢琴是北京星海钢琴集团有限公司注册的另一品牌，该产品运用德国技术，借鉴了德国生产多年的同类产品的技术规范，形成星海钢琴独具特色的技术体系。欧洲风格外观，漆膜长久光亮，不变形，不塌陷。击弦机采用AU71型新型击弦机，此型击弦机通过技术人员近两年的精确计算及运用计算机的动态模拟，寻找出击弦机最佳运动状态，减少了杂音的产生，有效的保证弦槌的击弦力度和连续击弦的性能，给演奏者带来安静、舒适的感觉。弦槌芯选用桃花芯木。

键盘与新型击弦机配套设计，挑选优质三层椴木复合琴首板进行加工，避免了因木材的各项异型产生的变形，使键盘经久耐用，尤其改善了销往南方的钢琴的琴键易变形问题。键盖配备安装了安全缓落防护装置，仿象牙色白键配乌木黑键使键盘弹奏舒适。不仅触感舒适，动作灵敏，且有良好的耐候性。

张弦设计沿承了德国设计大师劳瑟·切尔先生的设计理念，音质纯正，音板采用天然云杉实木复合材料制作；“实木音板”标识采用激光雕刻工艺加工，更加美观。弦码设计具有特殊精巧结构。铁板闪光材料喷涂而成，梦幻色。德国进口R?SLOUu琴弦，可承受较大张力，保持经久耐用，保证声音的纯静、优美。在声学品质控制方面，特别注重低音浑厚、圆润，具备良好的延展性。低、中、高音音阶过渡连贯，无跳跃感。高音清晰、明亮、不飘不燥，极具穿透力、表现力。踏瓣机械动作灵敏，平稳安静。

宁波海伦乐器制品有限公司

海伦H-3P钢琴

主要技术特点：

铸铝合金中盘（专利号：ZL200420023359.2）

防变形中盘，主体采用铸铝合金材料制造，结构牢固稳定，保证琴键底盘永不变形，是钢琴结构设计的一大创举。

击弦机用硬质铝合金制作总档、背档、调节梁等重要部件，结构牢固永不变形。全数控自动钻孔新技术，保证击弦机各部分尺寸的精确性。首创铝合金内镶色木多层板制作缩调档的设计，确保其不因气候等原因变形，弹奏触感稳定。

特制音板采用世界最新技术，不等厚不等宽梯形音板结构。不等宽音板最大限度扩大音板的振动面积，特别是增加中高音区的有效振动面积。

弦轴板为超厚单板制成的高压多层弦轴板，厚度绝不低于32毫米，以保证最佳扭矩。采用欧洲最新技术，精选优质硬枫木特制，胶粘牢固，密度均匀。特制高品质弦轴，特殊螺纹为专利设计。弦轴布局严谨，合理扩大弦轴间距，扭矩均匀，提高音准稳定性。

强力欧式矩形铁板呈矩形框架结构（专利号：ZL 200720073606.3），确保音源弦列坚固稳定，孔位精确，布局合理。

中高音镶嵌式弦枕，中音区为硬质黄铜，高音区为不锈钢丝。根据不同音区的振动频率，选用不同材质的弦枕，使钢琴的中音区声音柔和，高音区明亮清晰，音色更加丰富。

中高音及低音下弦枕采用三角琴倍音辅助弦长结构设计，使弦码受力均衡，改善传导性。根据有效弦长和辅助弦长倍频谐振原理，声音层次更丰富，更有表现力，音质更接近三角琴。

海伦H-33P钢琴

主要技术特点：

H-33P钢琴采用同于三角琴的四音区设计，细化不同音之间的区别，使音色更丰富，增强钢琴表现力。

铸铝合金中盘（专利号：ZL200420023359.2）主体采用铸铝合金材料制造，结构牢固稳定，保证琴键底盘永不变形，是钢琴结构设计的一大创举。

击弦机用硬质铝合金制作背档、调节梁等重要部件，结构牢固永不变形。全数控自动钻孔新技术，保证击弦机各部分尺寸的精确性。首创铝合金内镶色木多层板制作缩调档的设计，确保其不因气候等原因变形，弹奏触感稳定。

欧洲插装式弱音系统结构牢固新颖，便于拆装，工作稳定可靠，杜绝杂音。

低音区采用弦枕钮结构，和三角琴低音区弦钮结构相同，保证双弦组同组琴弦的有效弦长一致，受力均匀，确保振动性能上佳。

中高音及低音下弦枕采用三角琴倍音辅助弦长结构设计，使弦码受力均衡，改善传导性。根据有效弦长和辅助弦长倍频谐振原理，声音层次更丰富，更有表现力，音质更接近三角琴。

超长谱架设计，可放置两本以上乐谱，满足四手联弹的需要，适合特殊演奏或教学。

背架是钢琴的骨架，举足轻重。采用硬木上下梁、多根背柱、多根横梁的榫接结构，保证钢琴在巨大张力作用下依然恒久稳定。

中高音镶嵌式弦枕，中音区为硬质黄铜，高音区和次高音区为不锈钢丝。根据不同音区的振动频率，选用不同材质的弦枕，使钢琴的中音区声音柔和，高音区明亮清晰，音色更加丰富。

海伦HL 128钢琴

主要技术特点：

上下梁及斜框采用优质色木，确保海伦HL 128钢琴背架长久耐用，保证钢琴在琴弦的巨大张力（约20吨）作用下依然恒久稳定。

采用比国内标准严格的国际标准进行钢琴生产制造，运用进口的CNC五轴联动加工中心精确加工音板曲面等等部件的弧度，使其精确度极高，保证了部件间的无缝接合。

键盘呢毡全部采用英国进口汉斯·伍斯（HAINSWORTH）呢毡，配合性能稳定的琴键，确保下键深度准确统一，并具有良好的耐候性，以保证钢琴在不同环境下具有稳定如一的良好手感。

矩形框架铁板，使音源弦列更加稳定、孔位精确、布局合理。

采用倒牙车丝配合欧洲特制工艺，调律顺手而无杂音。弦轴板采用18层优质色木特制加工而成，稳定坚固。

铸铝合金中盘（专利号：ZL200420023359.2）主体采用铸铝合金材料制造，结构牢固稳定，保证琴键底盘永不变形。

低音区采用外压式弦枕钮，创造性地用钢丝压在突出的弦枕上再穿过弦枕钮的穿弦孔，有效弦长更准确，音质更纯净。

上海民族乐器一厂

2010年纪念版二胡、古筝

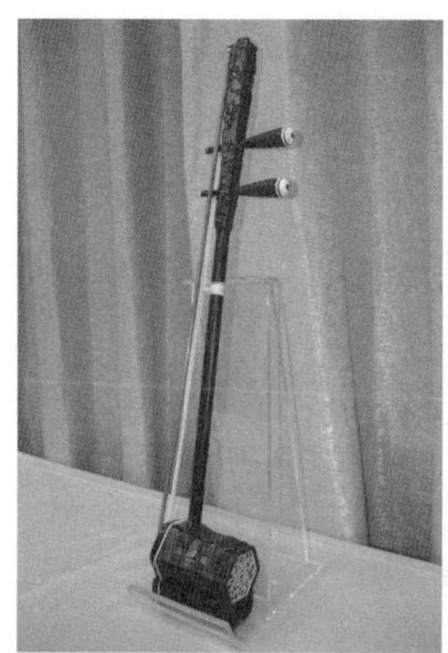

上海民族乐器一厂为纪念世博会特别制作了一款2010年纪念版二胡、古筝。纪念版二胡是由上海民族乐器一厂高级技师王根兴为祝福上海世博会特别制作，此琴取名为——玉兰芬芳，表达了上海人民对世博会深深的祝福。琴杆部分采用了上海市花白玉兰元素，音窗部分以抽象的白玉兰花型装饰，使得整把琴彰显出古朴雅致的风格。纪念版古筝采用传统的镭射工艺，以中国馆和各国典型代表建筑为装饰元素饰之，形象地突出了中国馆的主要元素及世界各国的主要建筑特色，海纳百川而又别具一格，具有鲜明的时代特色。

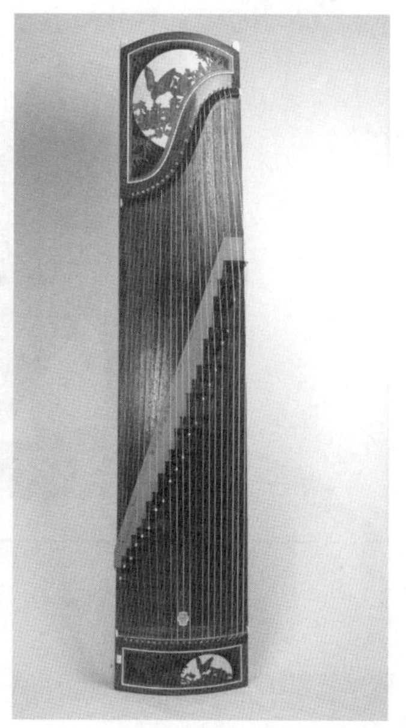

风摆竹影、鲤鱼戏水图案古筝

风摆竹影古筝的饰板是以鸟、花、竹、月为装饰。花鸟采用传统拉花、扦雕的工艺，翠竹则采用浮雕工艺，配以月亮的剪影，令人耳目一新。旁板为琴名“梅花琴韵”和敦煌印记。

鲤鱼戏水古筝融合了陶器、少数民族印染服装等多种艺术风格，通过镭射花板骨粉填充的工艺进行制作。画面中戏水的鲤鱼欢快而喜悦，富有动感，与竹编的装饰图案相映成趣。给人以古朴、典雅的感觉，也不失新颖的装饰效果。

精品象牙琵琶

精品象牙琵琶以唐代白居易的《琵琶行》为设计装饰主题，主体材质为紫檀木，采用牙、竹、木三雕为一体的创作形式。以精湛的雕刻技巧，充分体现各自的艺术特色。琵琶头部正面由牙雕大师精工雕刻，琵琶女手拨琴弦深情弹奏，白居易交手而坐静静聆听，那种淡然自若、那份怡然自得，刻画得甚为传神，着实把人带到《琵琶行》的意境中去。头部背面则雕刻有百花丛中，蝴蝶飘舞，鸟雀嬉戏，一番热闹景象。头部里面刻有《琵琶行》的部分诗句。该琵琶的四个轸子全部都是由象牙精雕而成，上面刻着漂亮的如意花纹，琵琶颈项也由象牙雕刻，精美细致、典雅大方，散发出高贵迷人的魅力。琵琶复手采用竹雕，在回纹形外框内，雕刻着琵琶女演奏，白居

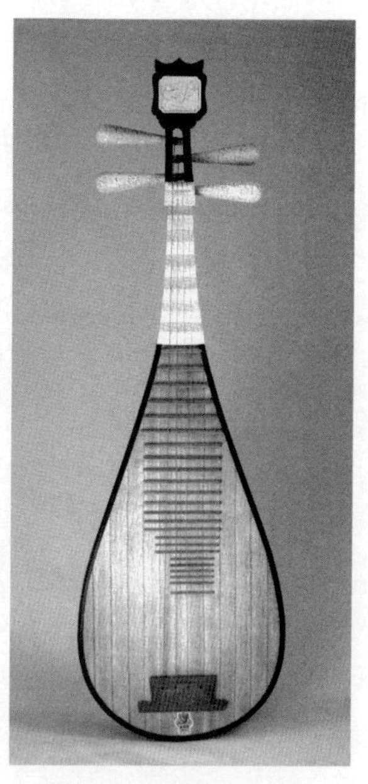

易等茶客倾听，神态、动作都刻画得惟妙惟肖，两侧题有《琵琶行》中“大弦嘈嘈如急雨，小弦切切如私语”，“嘈嘈切切错杂弹，大珠小珠落玉盘”的经典名句。琴体背部则呈现出另一番景象，如水墨画般的山水中，船夫划着乌篷船悠闲地向对岸驶去，对岸的马儿也在悠闲地活动着。该琵琶音色通透清亮、醇厚优雅，与其高贵、典雅的外表相得益彰。整款琵琶精雕细琢，又不失浑然天成，集观赏性、收藏性、演奏于一体，不愧为精品中的极品。

江苏凤灵乐器集团

新型环保ABS电子小提琴

采用绿色环保、无菌无毒的塑料注塑而成；拥有外观设计专利八项；手感舒适，自然光亮，令舞台演出效果更加突出；采用高级镀银琴弦，高级双孔高精度拾音器，确保提琴音质；SONY耳机，高级连接线，优质琴弓。色彩丰富，有红色、蓝色、黑色、白色、紫色等多种颜色可供选择。

内置扩音系统电声琴

★既能作为正常小提琴演奏，还能作为电子小提琴演奏；

★既能作为话筒，还能当作艺术品摆设；

★既解决了“小提琴扩音难”的问题，又解决了“自我欣赏难”的问题。

采用日本原装进口高档内置扩音系统，拾音效果更加纯正；双重音频接口，既能直接连接调音台放大，又能接入耳机进行监听；高保真麦克风和高性能5W精致喇叭，保证采音音质和扩音音质更加清晰。独特的仿古亚光设计，更具品味，让古典更加经典；拥有国家专利2项，彰显科技实力，让经典更有魅力。

上海超拨乐器有限公司

帕拉天奴UP126T2钢琴

UP126T2 是帕拉天奴（PALATINO）钢琴的艺术原创，灵感源自希腊神庙，庄严肃穆又不失优雅格调，装饰上选用银色金属件，具有皇室般高贵和大气，极具震撼力。选材和制作上的精益求精，是确保产品质量的重要前提，帕拉天奴钢琴的工艺经过了长期量的积累已然达到了质的飞跃，此次帕拉天奴的卓越质量和高超技术是源自德国最大的钢琴公司舒密尔（SCHIMMEL）钢琴公司，仅此一点便足以说明了帕拉天奴钢琴的非同一般。

2010年帕拉天奴钢琴加入到德国舒密尔钢琴公司的销售体系中，由舒密尔公司全权负责帕拉天奴的欧洲地区销售并派遣数位德国技术专家入驻帕拉天奴中国钢琴工厂担任质量主管，由德国舒密尔公司的资深钢琴工程师Matthias Klingsin 先生出任帕拉天奴钢琴厂技术经理全面掌控钢琴质量。

河北金音乐器制造有限公司

JY牌电声小提琴

金音集团研发的三款电声小提琴2010年3月授予外观设计专利。其产品分别为：电声琴（蝶飞）、电声琴（爱神）和电声琴（如意）。这三款电声小提琴在音色和穿透力都体现出了完美的效果，外观设计无论是琴体的厚度、重量、及演奏的舒适度都给演奏者以人琴和一的完美演奏感觉。这三款电声琴采用先进的数控铣技术加工琴体、面板、和“JY”音孔，制作工艺更加精致。在不连接音响时，声音也比较洪亮。琴体重量较轻，演奏更舒畅。

功学社（天津）乐器有限公司

Mapex猎鹰踏板

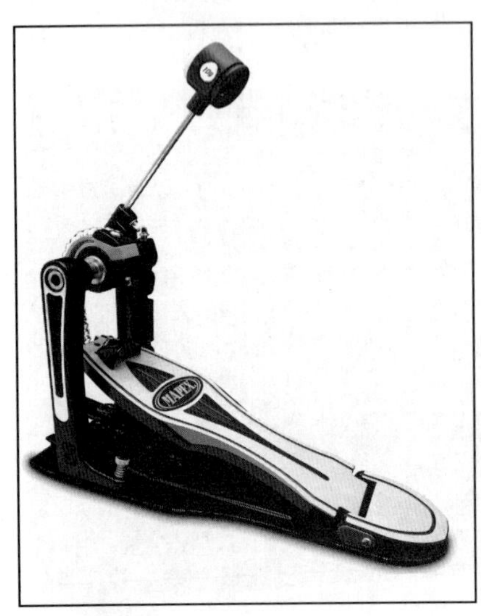

2010年美国NAMM展会上Mapex正式宣布对外放飞全新猎鹰Falcon系列大鼓单踏板（Single Pedal P1000）与双踏板（Double Pedal P1000TW）。整体设计提供演出者更加滑顺的感觉，给鼓手的脚有飞起来的感觉。

猎鹰使用专利不锈钢内轴承转动系统，这个系统拥有最少的阻力提供鼓手不需使用更强的力量即可完美精准的发挥。猎鹰专利的 Talon? (鹰爪系统 easy-to-reach, resistance-free Talon? clamp) 固定装置、可以更牢靠、紧密、快速的并容易使用单手固定在大鼓上。

猎鹰提供可替换不同设计的凸轮可供鼓手演出风格选择。" Glide滑动式” 凸轮提供直接反应的力量。另一种 " Pursuit 追击式” 凸轮可提供更多的威力与冲击力。

全新设计的踏板跟部的固定机械装置更加稳固，通过内部的轴承系统大大降低了踩锤运行时的阻力，提供鼓手在演出时非常好的操控性并减少腿部的疲劳。

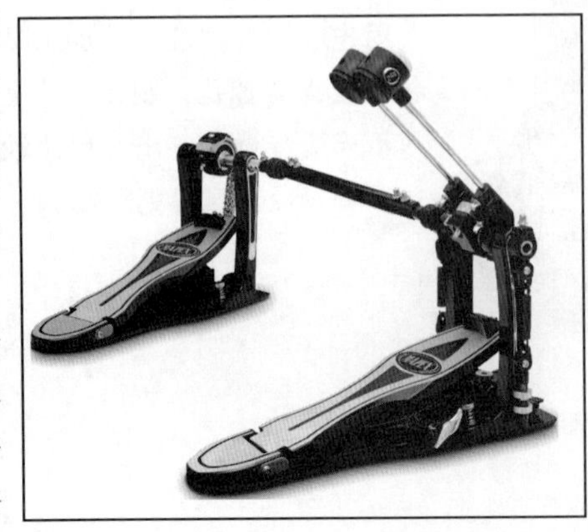

因为猎鹰踏板整体设计相对于其他大鼓踏板简洁，这让它更容易舒适的安装在脚踏铜钹架与小鼓架旁边，给鼓手们更多的脚下空间。猎鹰虽小但是五脏俱全！设计简洁、功能实用，猎鹰踏板的可调性和实用性都非常强。算得上是市面上一款极具性价比的踩锤！

Mapex新黑豹小鼓

2010年新一代黑豹蜕变重生。积累了10年的成功经验，加上众多Mapex国际代言人与设计团队的亲力合作，呈现出精致的外观及完美的声音组合而成的14款独特黑豹小鼓。每款都有独立的个性与表现，给鼓手一个全新的感受。“黑豹”因此又开辟了新的纪元，以全新形象呈现。

全新元素包括：从浮雕式螺丝座到表彰个性的徽章，如今黑豹小鼓比以往更加的绚丽夺目；新一代 SONIC SAVERTM原音呈现鼓框，在钢与锌合金压铸的鼓框间找到了一个完美平衡点，在鼓框上部边缘创造性的运用卷圆加工工艺技术，大幅提高了鼓框的强度，提供了更稳定与更宽阔的调整空间。同时SONIC SAVER鼓框要比传统压铸鼓框轻得多，不会压制住鼓皮与鼓腔的共振，因此使得整个小鼓的振动达到了非常自然、开放的效果；全新的同轴张力稳定系统运用自动润滑的轴承装置，以确保精准与平稳的控制微调小鼓响线的张力；Mapex新型活塞式开关系统提供难以置信的顺滑，操作毫不费力，拨动式的调节器采用 “微距锁定”的工艺技术，在演奏时提供精准的操控性。

JUPITER杰普特30周年限量版纪念典藏珍品

JUPITER 杰普特30周年纪念版系列，于细微处见匠心，古银色如珍珠般典雅华丽的外观，专门设计的30周年精致雕花，国际流行的独特的炫彩珍珠螺彩贝镶嵌装饰，每一处精雕细琢无不彰显JUPITER 杰普特30年来累积的精湛专业制造技术，为演奏者提供极致的吹奏享受。

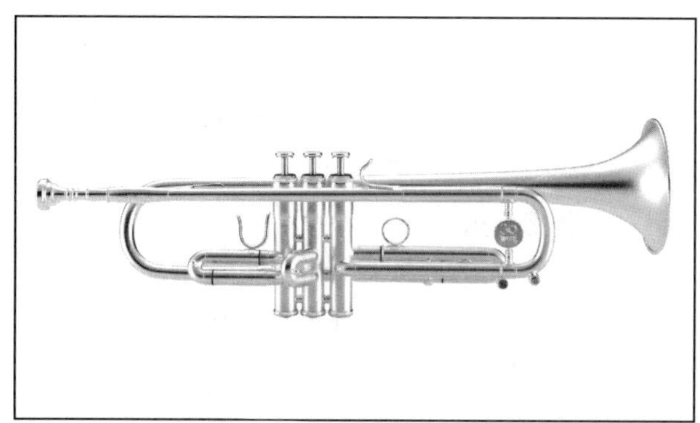

小号: 拥有典雅精致的外观， 古银色表面，手工敲打的黄铜喇叭管， 独家设计的JUPITER 杰普特30周年纪念雕花，总调支柱珠母贝装饰。搭配JUPITER 杰普特经湛的制造技术。不管从视觉上，还是从演奏上，无不给人以美的感受。

长号:手工精细打磨的轻型抽管和黄铜喇叭管，提供最准确的操作性。珠母贝镶嵌的雕花平衡锤，喇叭口JUPITER 杰普特30周年纪念雕花，让演奏者全面感受美的体验。

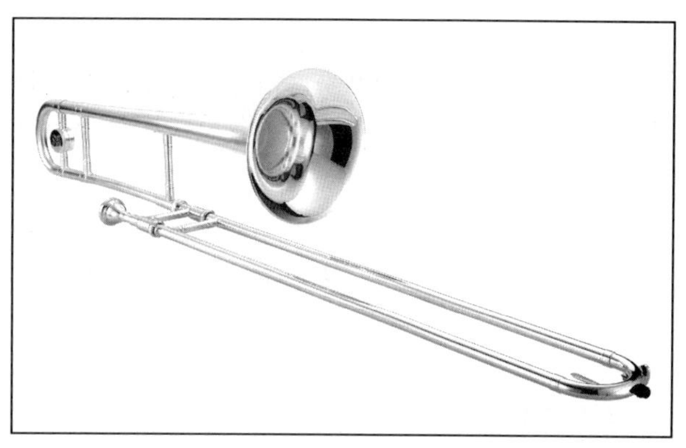

萨克斯: 经过手工精心雕琢，提供平均而且扎实的共鸣，符合人体工学的精准的按键结构设计，使演奏更加舒适和随心所欲，国际流行炫彩珠母贝装饰按板，珠母贝装饰高音键，独一无二的30周年精美雕花喇叭管，使这款萨克斯呈现出卓越的性能之余，更是值得珍藏的艺术品。

大连铜管乐器厂

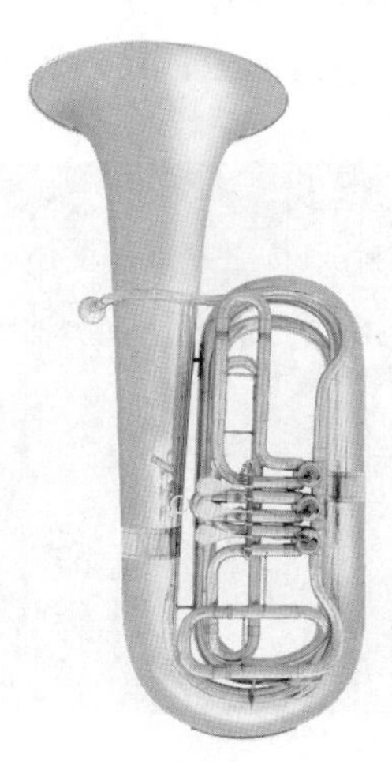

前进牌低音号

“前进”牌125型bB调三键倍低音号及“前进”牌127型bB调四键倍低音号是根据国内市场的需求和发展，经过广泛的市场调研，结合公司现有的技术工艺力量自主创新开发的新产品。

特点是：结构设计紧凑，尺寸合理，音程关系准确，音色优美，外观轻巧，便于吹奏；使产品的音色更加圆润优美，音质有明显的改善和提高；更加柔和，浑厚明亮，发音灵敏，吹奏畅通，富有表现力，便于演奏。“前进”牌127型bB调四键倍低音号是在125型三键倍低音抱号基础上又增加了

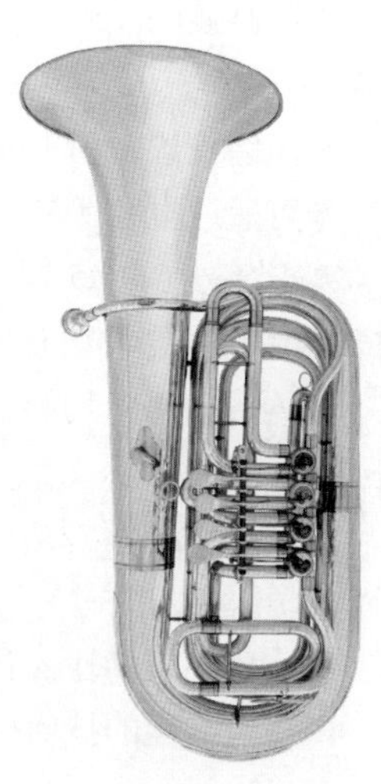

一套汽缸键子，成为四键倍低音号，因而拓宽了音域范围，配合精度大大提高，特别适宜中小学生和初学者使用。该产品属于高档乐器，设计符合当今社会发展潮流。填补国内同类产品空白，处于国内领先水平。

上海乐兰电子有限公司

BA-330立体声便携音箱

便携立体声数字PA系统——可通过电池或外接电源供电，BA-330尽管体积小巧，却具有高品质的声音。它的数字立体声功放驱动4只6.5"立体声喇叭及2只高音喇叭，适用于多种场合。BA-330是“all-in-one”的便携PA系统，无论小型音乐会、礼拜活动、会议、研讨活动还是商业活动等均可胜任。

* “All-in-one”的便携数字PA系统，适用于各种场合

* 高品质的立体声音色，可以胜任最多达百人的场合使用

* 无需设置，插上就可使用！

* 可通过电源适配器或8节AA电池供电

* 4个定制的6.5"喇叭及2个高音喇叭可胜任多种需要立体声声音的场合

* 内置效果：均衡、混响、延迟及wide（每通道开/关）

* 4通道配置：2通道用于麦克/乐器外加2通道用于立体声输入

* 立体声辅助输入具有专门的音量控制旋钮

* 先进智能的抗回授功能

* 内置倾斜支架可以设置为最佳的监听角度

* 音箱架适配器可以固定在标准的音箱架上

ME-25吉他综合效果器

简单而强大的踏板式效果器——全新ME-25吉他综合效果器闪亮登场！在极具性价比的同时更继承了BOSS效果器一贯的良好品质。非凡的音色不一定就意味着复杂的操作，如同使用单块效果器——ME-25将提供便捷、有趣的终极音色编辑方案。如果你是一位喜欢尝试不同风格音乐的吉他手，ME-25所内置的“SOUND LIBRARY”一定不会让你失望，这里包含了从传统到现代的各种音色效果。挑选一个喜欢的音色，尽情去演奏吧！试着转动Drive、Tone和Volume旋钮，这会使你的音色更具个性。不必担心ME-25的声音品质，COSM音箱模拟会确保你的音色足够酷，另外还搭载了“Super Stack”和“Phrase Loop”（乐句循环）功能。对于向来追求简约和高效的吉他演奏家而言，ME-25简直是你的梦幻装备!

* 强大的COSM音箱模拟，提供从传统到现代的高品质音色

* 为初学者进一步优化设计的友好操作界面

* “SOUND LIBRARY”收集了大量预置音色可

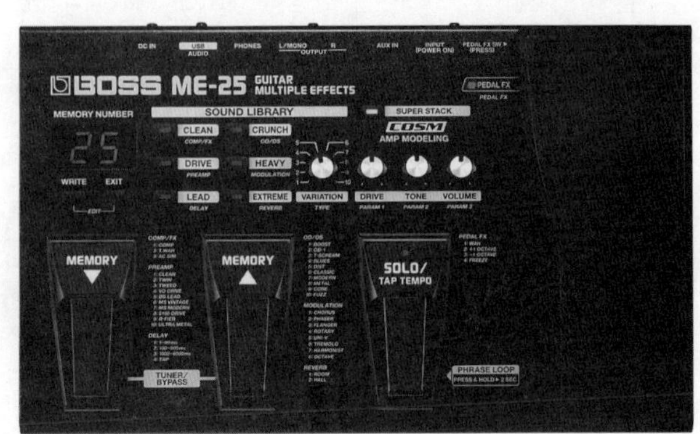

供选择，操作便捷

* 通过Drive、Tone、Volume旋钮以及表情踏板，可以立即对音色进行编辑

* “SUPER STACK”功能极大地增加了音色的低频响应和冲击力

* “Phrase Loop”（乐句循环）功能的录制时间长达38秒

* USB音频接口功能

* 内建辅助输入接口，可以连接外部音频设备（如CD/MP3播放器等）进行伴奏练习

* 可使用六节AA电池或AC变压器供电

* 标配正版Cakewalk SONAR 8.5 LE音乐制作软件

* 可免费下载的音色管理软件

SPD-30打击板

重塑经典的打击板控制器——Roland开创的八区域打击板已经进化成了拥有更高科技的电子打击乐系统。十年前恐怕你无法相信：像公文包一样大小的一块打击板，真的成为了一个集合了鼓手和打击乐演奏家共同的需要，并且可以提供完美舞台支持的电子打击乐系统。在十年以后的今天，Roland再次创造了便捷与丰富表现力的新标准，一个让电子打击板在舞台上更加活跃的新时代已经到来了。SPD-30拥有当今世界上最新的、必不可少的打击乐音色，并且坚固的外型设计可以满足任何苛刻环境的要求。

* 包括世界各地最新的打击乐音色，另外有30种综合效果器

* 最新的打击板感应技术，提供了与V-Drums套鼓一样的精确且互不干扰的区域打击感应。

* 有4个双触发打击垫接口，可以连接踩镲控制踏板，让你轻松组建起一个标准的小型套鼓，另外你还可以外接原声鼓触发器使用

* “乐句循环”功能激发你的创作灵感，可同时记录下三层实时演奏

* USB接口支持MIDI传输和存储记忆

* 大尺寸背光LCD显示屏和打击板指示灯，不管在黑暗的舞台上还是其它环境，都可以轻松直观的进行操作

* 坚固的机体设计，可以承受苛刻环境的考验

V-Piano数码钢琴

数码钢琴技术发展史上的一次革命——从1972年以来，Roland研发了众多突破性的技术，并以此为基础生产了多种“世界第一”的产品。在最近的十年Roland 革命性的V系列产品赢得了众多的赞誉：V-Accordion，V-BASS，V-Drums，V-Guitar，V-Synth等等。现在Roland又开发出了新一代的乐器：V-Piano，它必将成为Roland V系列产品中的明星。抛弃我们印象中的数码钢琴固有模式，V-Piano将改变这一切。V-Piano获得2009年冬季NAMM“Best in Show（展会最佳产品）”

* 革命性的“真实”钢琴核心，打破了传统的数码钢琴采样的模式

* 完美的钢琴音色，从三角钢琴到以往从未听到的未来感觉的音色。

* 可以自定义所有的钢琴音色

* 全新开发的带擒纵装置的PHA-III型象牙质感键盘

* 模拟（XLR及1/4）输出，数字输出（同轴），USB存储口及MIDI输入/输出

V-Studio 700音乐制作工作站

软硬件一体化的终极解决方案——新一代的V-STUDIO 音乐制作解决方案。通过将硬件与软件的完美融合，SONAR V-STUDIO 700 开创了音乐制作崭新的时代。Cakewalk 和 Roland 分别运用其功能

最强大的部分，共同致力于开发 SONAR V-STUDIO 700。其核心系统为SONAR 8 Producer，这是目前市场上最先进的DAW软件。SONAR 8 Producer 给予了您所需要的一切功能：录音、作曲、编辑、混音和母带处理。Cakewalk的旗舰级软音源插件 Dimension Pro（包含于 SONAR 8 Producer中）和Rapture也成为软件包的一个组成部分。软件的智能化系统与Roland高品质的音色相结合，开发出当今世界上最尖端的硬件产品。V-STUDIO 700 包含VS-700C 全功能控制台和 VS-700R 18进/24出音频接口，其中 VS-700R亦内置了世界著名的 Roland Fantom硬件音源。基于出色的软硬件一体化设计，SONAR V-STUDIO 700 不但传承了工作于传统工作室中的“直观操作感受”，而且将现代科技所提供的卓越优势完美融入

音乐制作之中。这套系统代表了软件系统与硬件设备结合的最完美设计：方便快捷的可操作性、完美的一体化设计以及高质量的声音。

上海钢琴有限公司

STRAUSS施特劳斯J-121A立式钢琴

J121A是上海钢琴有限公司开发的一款普及型88键全音域中型立式钢琴。该型琴采用倒阻矩弦轴、框架式弦排设计，音准稳定持久、共鸣良好。其全部工艺都采用现代化生产模式控制，采用优质弦轴板、特殊复合音板、全喷全砂铁板、进口钢琴琴弦、进口羊毛毡弦槌等部件，并由专业技师进行精细调试，使该系列产品音色均匀连贯、低音浑厚高音清澈、触键舒适灵敏。同时在关键部件都采用了进口原材料制造，保证其拥有优秀的内在及外在品质。

该琴为传统款式，分体式前键盖、T 形琴腿的设计，造型典雅大方。表面饰以高档钢琴漆，表面抗污、抗损力较强。其精良的做工、适中的价格，是目前比较适合家庭休闲娱乐的中档产品之一。

STRAUSS施特劳斯J-123Q立式钢琴

J123Q是上海钢琴有限公司开发的一款中高档88键全音域中型立式钢琴。该型钢琴采用预应力、非均布共鸣系统，弦列设计精密合理、音量宏大、

音色丰富、音质清澈优雅。其生产工艺采用现代化模式控制，弦轴弦码、铁板数控定位，高强化框架式铁板，提供完美支撑，确保音准持久稳定；特殊工艺制作的预应力实木音板，非等比排挡、德国毡呢琴槌，确保了整个共鸣盘系统拥有的优秀声学品质。其键盘击弦机芯是依据数十年考级琴制造经验之积累、吸收各家所长而设计出的新系统，反应迅捷可靠、手感更佳。

该型琴采用大顶盖、分体式前键盖、法式琴腿的传统造型，大方得体，标配键盖缓降器。表面饰以高档不饱和聚脂，抗污抗损能力强、能有效避免渗漆等涂装隐患。其拥有一流的内在及外在品质，价格适中，是目前最适合家庭休闲娱乐的中高档产品之一；同时，因其出色的声学品质，同样适合专业人士选用。

STRAUSS施特劳斯J-125Y立式钢琴

J-125Y是上海钢琴有限公司开发的一款欧式中高档古典88键全音域大型立式钢琴。该产品采用倒阻矩弦轴销、框架式弦排结构、坚固可靠、音准稳定持久、共鸣性能良好、音量较大、音色优美悦耳、富有层次感、触感舒适、灵敏；并且对击弦机系统进行了改进，提升了弹奏复击性能；表面采用亚光聚氨脂漆涂饰。其关键部件都采用了德、英、日等国的原材料制造。顶盖采取古典线型装饰的框架结构，前键盖采取仿卧式琴设计，上、下门采用雕花木线饰件，侧臂、锁档、琴腿等也以别致的雕花装饰，使得整架钢琴显得造型古朴典雅、雍容华贵。该型琴是一款内在品质一流、稳重中不失灵动的古典式钢琴，其装饰性很强，主要针对中高端市场，适合于豪华家居的休闲娱乐之用。

STRAUSS施特劳斯J-130M立式钢琴

J130M是上海钢琴有限公司开发的一款中高档88键全音域大型立式钢琴。该型钢琴采用框架式共鸣盘设计，提高了支撑强度和稳定性；低音部采用弦钮结构与国际高档琴接轨且更稳定，配以特殊工序加工的弦轴板、倒阻矩弦轴，大幅提高了音准稳定性；精确设计的弦列、合理分布的肋木、优质的音板材，加之进口琴弦，使得整个共鸣系统具备了良好的声学品质基础。其弦轴弦码、铁板等关键部分生产采用现代化数控设备制造，同时配合特殊弦轴板与实木复合音板的应用、进口纯羊毛毡弦槌、新型德式键盘击弦机系统等的使用，使整琴的优秀共鸣性能得以完美体现，音量宏大、音色丰富、音质清澈优雅、富有层次感，触感舒适灵敏、弹奏品质出众。

该琴为传统款式，分体式前键盖、带托基的直立式琴腿的设计，标配键盖缓降器，造型典雅庄重。表面饰以高档钢琴漆，表面抗污、抗损力较强。其精良的做工、适中的价格，适合专业人士、音乐院校及小型演奏会的使用。

宜昌金宝乐器有限公司

TOYAMA TS-120

TOYAMA TS－120以专业钢琴演奏家的标准要求而制造，每项细节的设计与计算恰到好处，呈现TOYAMA钢琴卓越的声学及品质表现。

精细优良的选材

● 来自德国进口R?slau琴弦，直径均匀，弹性、韧性极佳，打造丰厚饱满的音色；

● 来自日本进口，由AMBIC毛毡、hornbeam木材制成的弦槌，融合日本工艺，成就超强表现力和持久音质；

● 弦轴板采用十三层进口硬枫多层板，密度均匀，确保音准稳定；

● 日本滨二油漆让钢琴外表光亮如镜，具良好耐磨、耐划能力，历久弥新。

精妙时尚的设计

● 独特大音箱设计，最大限度增加共振区域，达到更佳共振效果。

● 特殊的榫结构背架设计，追求背柱与铁板的平衡，展现出丰富而内涵深厚的完美音色；

● 直线型外观简洁流畅，平侧臂朴素大方，银色五金件高贵时尚，简约不简单。

天津津宝乐器制造有限公司

JBBB-550抱号

此产品属专业级系列，采用立式阀设计，白铜内外滑管，合金白铜吹嘴管。它设计得体，做工精细，体态流畅简明，音色宏圆、丰厚，有超乎想象的表现力，通过不同的演奏技巧可以实现庄严稳重、高贵堂皇，甚至雷鸣般震撼的效果。

Jbtr410高级小号

该款小号采用手工打造单片合金68喇叭口，标准式喇叭口卷边，白铜外滑管，专业系列蒙乃尔合金活塞，内置不锈钢弹簧，Amado排水键。产品声音嘹亮、清脆、高亢，既可演奏出嘹亮的号角声，也可奏出优美而富有歌唱性的旋律。

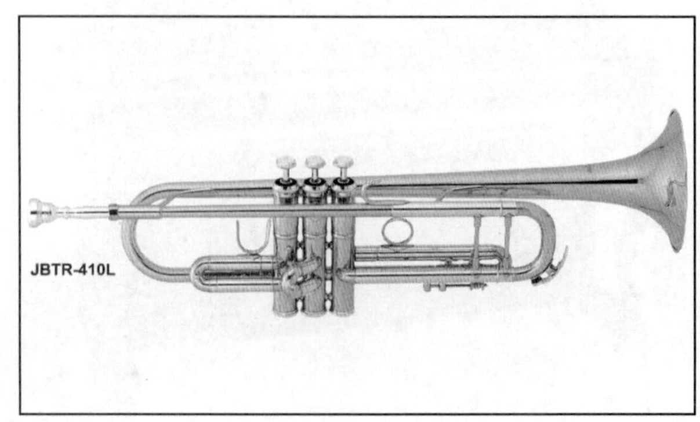

JBMA52A马林巴

该款马林巴采用洪都拉斯红木，声音效果极佳，为了满足不同的演奏者和演奏风格，有几十种由树脂和橡胶制成，并用丝线和毛线在圆头上缠绕成球状，其软硬程度有很大区别，可以供演奏者根据作品的表现内容等条件来严格选用。

JBFH-603圆号

该款圆号的音色具有铜管的特色，但又温和高雅，带有哀愁和诗意，表现力极其丰富，在铜管和木管乐器之间起到媒介作用，是铜管乐器中音域最宽，应用最广泛的乐器。

整个管体机械部分通过使用回旋式活塞以达到延长号管的作用。强奏时饱满有力，高音区具有洪亮、辉煌的气质。

得理乐器（珠海）有限公司

DD512电子鼓

385个高质量的打击乐音色；音色的音高、音量、相位、混响可调，所有的调整参数可以被保存。24个预设鼓组和16个用户鼓组。80首不同风格的Pattern (包括5首hit和15首Tap)。SNARE、TOM支持鼓面、鼓边响应, Crash有闷音功能。全面的、渐进式的学习模式，提示击打鼓盘和时间精度是否正确，并由评分功能。背光LCD显示。Hi-Hat控制踏板提供自然逼真的Hi-Hat性能 (Open, Half-Open, Closed, Foot, Splash)。功能齐全的节拍器，有拍号、音色、音量等参数供调整。鼓盘信号输入：KICK, SNARE, TOM1, TOM2, TOM3, TOM4，RIDE, CRASH, HIHAT, HIHAT CONTROL。 支持 MIDI IN, MIDI OUT, USB功能，具有MIDI系统时钟和START、STOP实时控制信号输出，另外还有Local Control功能。AUX 输入, 线路输出, 耳机输出，方便用户外接设备。

DP500电钢琴

键盘：具有带配重的88键力度键盘。

显示：8字符点阵加图标LCD 模块。

操作：面板常用音色和节奏采用直选方式，您还可以通过指轮盘来调节相关的参数。

音色：拥有300种逼真音色，其中包含24种民乐音色、9组键盘打击乐。同时还为您提供了用户音色编辑的功能。用户音色共10个。

节奏：拥有130种不同音乐风格的节奏(含10个民乐节奏)，另有3个用户节奏，加上强大的自动伴奏功能，可以通过弹奏和弦让您享受由整个乐队为您伴奏的乐趣。

歌曲：内置60首歌曲，供您欣赏和弹奏学习，在欣赏和弹奏学习进行中您可以进行快进、快退、暂停、REPEAT播放等操作。另有3首用户SONG。

示范曲：拥有两首不同风格表现力的示范曲，用来充分展示本琴的音响效果，供您欣赏。

和弦控制：为您提供单、多指混合模式以及全键盘模式的和弦检测。

速度可调：调节范围为30-280。

学习功能：提供3种学习模式以及和弦字典的学习。

录音功能：您可以在一首中录制最多1轨伴奏和5轨旋律，最多可录制3首用户歌曲，具用掉电保存功能。

存储功能：共有8个记忆库，每个记忆库有4个存储记忆状态（M1-M4），有Freeze功能。

具有音色编辑功能。

调音台：MIXER键控制。

OTS: 是为每个节奏设置一组键盘参数，方便用户弹奏乐曲，共有四组OTS，M1—M4。

直选功能键：MIXER、ACCOMP+/-、CHORD DICT、METRONOME、PIANO、DUAL、LOWER、音色直选键、节奏直选键、TEMPO、SYNTH、EXECUTE、MENU、TOUCH、HARMONY、DSP、TRNASPOSE+/-。

菜单功能：TUNE、BEAT、SPLIT PT、REV LEVEL、CHR LEVEL、MIDI IN、MIDI OUT、HARMONY、FADE IN TIME、 FADE OUT TIME。

节奏控制：START/STOP、SYNC START、SYNC STOP、FILL IN/A、FILL IN/B、INTRO/ENDING、FADE、CHORD MODE。

踏板：3个，SOFT（多功能踏板）、SOST（后延音），SUSTAIN（延音）。

数字接口：MIDI IN,MIDI OUT, USB MIDI, USB HOST接口。

模拟接口：耳机接口、辅助输出接口。

可以外接U盘，存储用户数据。

用户软件功能：可以通过上位机软件制作用户节奏、用户SONG等，然后下载到琴中。

MD800电子琴

键盘：61键力度键盘（3种力度曲线）。

液晶：使用新开的 LCD模块。

操作：音色、节奏、歌曲选择采用直选键、加减键、指轮盘。

音色：共计670个音色，其中GM2（256）+9个鼓组；民乐鼓组2个；民族音色80个；303个预置；10个用户音色（可编辑）。（32M音色库:GM2＋预置）。

节奏：共265个节奏，其中：民族40个；5个用户节奏。

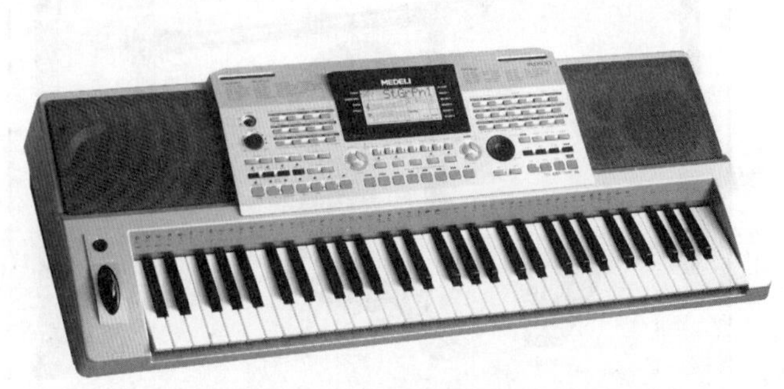

歌曲：125首（有LESSON功能），其中用户歌曲5首。

示范曲: 5首高质量的示范曲。

演奏帮助功能：让钢琴、吉他和民族乐器音色的演奏更加简单，演出效果却更真实丰富。

FreeSolo功能。

音色编辑功能。

插入式效果功能。

和弦方式：单、多指和弦复用。

学习功能：3步学习、和弦字典。

录音：6轨，1轨伴奏，5轨旋律，最多录制5首，掉电保存。

MEMORY功能：共48个，8个BANK，每组有6个MEMORY。

节奏控制：START/STOP、SYNC STOP、SYNC START、INTRO 1、INTRO 2、ENDING 1、ENDING 2、FILL A、FILL B、FILL C、FILL D、FADE(IN/OUT)、A.B.C.

FUNCTION：TUNE、BEAT、SPLIT PT、PEDAL ASSIGN、REVLEVEL、CHRLEVEL、FADEIN TIME、FADEOUT TIME、HARMONY TYPE、MIDI IN、MIDI OUT。

直选功能：DUAL、LOWER、DSP、TRANSPOSE+/-、OCTAVE+/-、+/YES -/NO、METRONOME、PIANO、ACCOMP VOLUME +/-、TEMPO +/-、CHORD DICTIONARY、LESSON L&R、FUNCTION、MIXER、SUSTAIN、TOUCH、DEMO、OTS、PERFORMANCE（演奏）、FREEZE（伴奏冻结）、SYNTH（音色编辑）、USB DEVICE、EXIT、ENTER、EFFECT。

MIXER功能:副打击乐轨道音量、主打击乐轨道音量、贝司轨道音量、和声1轨道音量、和声2轨道音量、和声3轨道音量、乐段1轨道音量、乐段2轨道音量、第一音色音量、第二音色音量、下音色音量，U盘播放音量

OTS: 为每个节奏设置4组键盘参数，方便用户弹奏乐曲。

颤音按钮（MODULATION）

滑轮：弯音滑轮（PITCHBEND WHEEL）

速度可调：30-280（拍/分钟）

接口： 1.踏板：2个，SUSTAIN（多功能踏板）、VOLUME。2.数字接口：MIDI IN,MIDI OUT, MIDI THRU。 3.模拟接口：耳机接口、辅助输出接口。4.U盘HOST接口：播放MIDI，存储MEMORY，用户音色，用户歌曲，用户节奏。5.USB接口：通过USB电缆与电脑的用户软件连接，处理用户数据。

武汉艾立卡电子有限公司

EG-08V 电子管音箱

全电子管音箱，额定输出功率8瓦，使用CELESTION TUBE10 扬声器。高级镜面不锈钢面板，红色宝石灯指示。具有干琴、过载两个通道，高频、中频、低频三段均衡调节。音箱上设有通道转换插孔、外接效果器的LOOP端。4Ω 8Ω 16Ω扬声器插孔，可外接不同的扬声器。

此款音箱拥有经典的电子管干琴音色，原声还原性好，音色饱满、圆润，声音清晰；过载音色为粗颗粒失真，声音温暖，动态灵敏，搭配增益、均衡调节，可得到BLUES 、HARD ROCK音色。

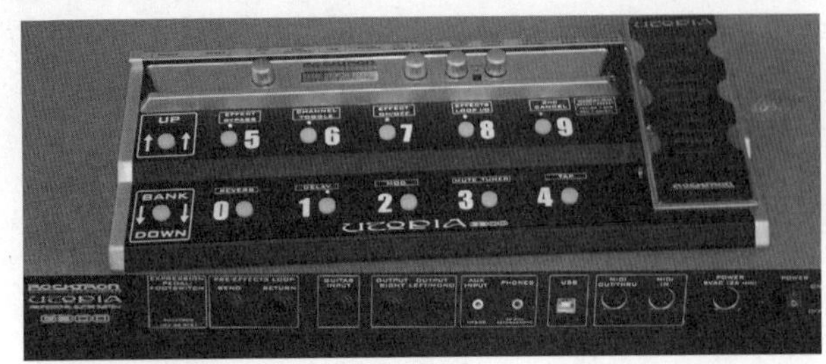

G300 数字综合效果器

是一款多功能合成效果器。具有128个音效单元，其中工厂音效64组，用户自定义音效64组。采用全按键操作，组合编码器调节，夜光按键、夜光字符。

四种前级音效：干琴、过载、失真、金属，在扬声器模式、扬声器尺寸、拾音话筒位置三项参数上均可调节。对周边音效具有降噪、压缩、哇音、相位、八度、飘忽、颤音、合唱、延时、混响等独立音效调节。机器自带灵敏度高的表情踏板，提供外接一个表情踏板的插孔，可定义表情类型。在外接设备方面提供一组LOOP，外接效果器；双声道输出；辅助输入、耳机监听；外接MIDI控制器接口，控制其他MIDI设备接口；USB接口便于连接电脑后进行程序更新。

此款数字综合效果器功能强大，包含所有常见音色，操控简便，可根据用户要求来自定义音色组合。外围辅助接口全面，可连接的设备丰富。

GA-30 晶体管音箱

功率为30瓦的专用吉它音箱，使用专门定制的高品质8寸吉他扬声器。两路输入；两个通道（干琴、失真）；搭配增益、高中低三段均衡。三种周边音效：合唱（混合比、深度、速度调节）、延时（混合比、反馈、时间调节）、混响（深度调节）。20瓦、30瓦的转换开关，使其适合更多场合。

此款音箱，音效丰富，配合干琴、失真可得到多种音色。高灵敏度扬声器保证声音清晰，高增益失真更突出声音的力度。

上海华新乐器有限公司

MG-100 小三角数码钢琴

MG-100小型三角数码钢琴的外壳采用传统钢琴的制造工艺，光彩夺人，典雅精致。其键盘为华新自行研发制造的88键分级重锤力度键盘，手感与传统钢琴非常接近，演奏力度控制细腻。此钢琴能发出138种各种乐器的音色，包括10种中国民族乐器，并由专业的数字信号处理器进行音效处理，使声音更丰满及具有现场感，同时能到达64个最大同时发音数。

此钢琴有丰富的功能，如100种风格的自动伴奏、双音色、键盘分离、自动伴随和声、节拍器、录音、频率均衡器、50首带语音评级的练习曲等等。此外，它还可使用标准的SD卡，播放卡内的乐曲及存储演奏的乐曲。钢琴置有iPod座，用以播放其中的音乐进行欣赏或作为演奏时的背景音乐。钢琴的诸多接口中包括有USB插口，可以与计算机直接连接，在所有的常用的操作系统下即插即用。

该产品在上海Music China 2009乐器展，2009年莫斯科乐器展，2010年美国NAMM乐器展，2010年法兰克福乐器展进行了展示，是最受关注的产品之一。现已大批量生产。

SC-11 数码钢琴

SC-11数码钢琴的外壳新颖别致，合上钢琴顶板即成为一张桌子，打开顶板即可演奏。顶板装有慢关门缓冲机构，使顶板开启闭合时十分柔和。其键盘为华新自行研发制造的88键分级重锤力度键盘，手感与传统钢琴非常接近，演奏力度控制细腻。此钢琴能发出138种各种乐器的音色，并由专业的数字信号处理器进行音效处理，使声音更丰满及具有现场感，同时能到达64个最大同时发音数。

此钢琴有丰富的功能，如100种风格的自动伴奏、双音色、键盘分离、自动伴随和声、节拍器、录音、频率均衡器、50首带语音评级的练习曲等等。钢琴置有iPod座，用以播放其中的音乐进行欣赏或作为演奏时的背景音乐。钢琴的诸多接口中包括有USB插口，可以与计算机直接连接，在所有的常用的操作系统下即插即用。

该产品在上海Music China 2009乐器展，2010年美国NAMM乐器展，2010年法兰克福乐器展进行了展示，受到了广泛的好评。现已大批量生产。

HP-8088 彩色触摸屏数码钢琴

HP-8088的显示屏是7　TFT彩色触摸屏，用手指触摸显示屏即可进行操作。操作界面直观亮丽，信息量大，可支持许多独特的功能。如多达4种个音色加上琶音的组合，曲线化的音色编辑，十段频率均衡器，自动伴奏的分轨音量调节，练习曲乐谱及错误音符显示，卡拉OK歌词显示等等均可在彩色屏幕上实现。

电子钢琴的常规功能如自动伴奏、节拍器、录音等等它都具有。此外，它还可播放MP3，播放图片，播放iPod，演唱卡拉OK。

其键盘为华新自行研发制造的88键分级重锤力度键盘，手感与传统钢琴非常接近，演奏力度控制细腻。此钢琴能发出128种各种乐器的音色，并由专业的数字信号处理器进行音效处理，使声音更丰满及具有现场感，同时能到达64个最大同时发音数。

钢琴的诸多接口中包括有USB插口，可以与计算机直接连接，在所有的常用的操作系统下即插即用。

该产品在上海Music China 2009乐器展，2010年美国NAMM乐器展，2010年法兰克福乐器展进行了展示，受到了广泛的好评。现已大批量生产。

HD-010B 电子鼓

HD-010B Electronic Drum Kit

HD-010B是HD-010 电子鼓的升级版。基本配置为音源控制盒，3个通通鼓，一个军鼓，3个镲，踩镲控制器及1个底鼓。通通鼓有边击，强音镲及节奏镲均有边击及制音功能。它可以很容易地添加一个通通鼓及一个带镲帽的镲，形成更强大的配置。此电子鼓内置有492种打击乐音色，并由专业的数字信号处理器进行音效处理，使声音更丰满及具有现场感。这些音色组成80个鼓套可供选择，用户可对鼓套进行编辑以形成自己喜爱的组合。其基本功能还有灵敏度等参数设置、频率均衡器、录音、计数练习、演奏练习、节拍器等等。

此电子鼓选用了优质材料，制作精良；加上精心设计的电路及软件，得以使演奏时反应灵敏，控制细腻。它的音源控制盒设计充分体现了时尚的理念。它的其它特点还有：2行16字符的液晶显示屏，采用光电耦合技术的踩镲控制器，踩镲开闭效果的连续控制，双击边的军鼓，一体化的电缆插头及折叠式的鼓架使安装特别方便，等等。

它的诸多接口中包括有USB插口，可以与计算机直接连接，在所有的常用的操作系统下即插即用。

该产品在上海Music China 2009乐器展，2010年美国NAMM乐器展，2010年法兰克福乐器展进行了展示，受到了广泛的好评。现已大批量生产。

吟飞科技（江苏）有限公司

“吟飞”牌双排键电子琴

“吟飞”牌双排键是国内首家自主研发并成功推向市场销售的双排键电子琴，他代表国内电子乐器的技术又达到了一个新的高度，随着产品的成熟，他的市场反映也越来越好。目前“吟飞”牌双排键RS系列有RS400、RS500、RS700。RS400拥有上键盘49键力度触感标准键盘、下键盘61键力度触感标准键盘，RS500、RS700拥有上、下键盘61键力度触感标准键盘。RS400、RS500、RS700有140种音色，其中有12种中国民乐音色，1组民族打击乐音色，100种不同风格节奏，用做演奏和制作的USB磁盘接口等功能。

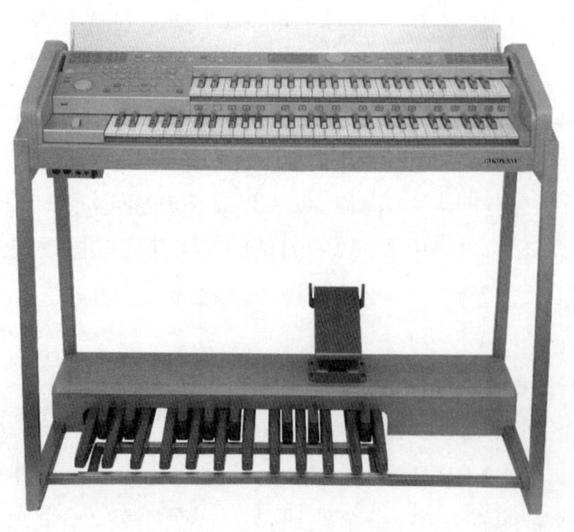

TD系列电子鼓机系列

TD系列电子鼓机系列有TD76、TD82、TD90。TD76作为一款高性价比低价位的7鼓盘电子鼓，119种PCM打击乐音色（包括14中民族打击乐），35套不同风格的鼓组，1个自定义鼓组，100种节奏，64复音数，2路脚踩踏板;TD82有1个带击边功能军鼓，3个通通鼓，2个吊镲，1个踩镲，1个低音鼓，带力度触感，179种鼓音色，25个预设鼓组，5个用户鼓组，30种节奏等；TD90则是有4个鼓盘，2个吊镲，1个踩镲，1个低音鼓，带力度触感，235种鼓音

色，25个预设鼓组，5个用户鼓组，50种节奏，64复音数，力度曲线(3种灵敏度和固定力度)。

88键力度触感榔头标准键盘

88键力度触感榔头标准键盘系列，其产品型号包括TG8825、TG8828、TG8834U、TG8836。TG8828有64复音数，使他更接近于钢琴的音质，另有150种PCM音色（其中有12种中国民乐，1组民族打击乐），102种节奏（包括2种中国节奏），还带有10首示范曲，更增强了他的娱乐性；TG8825拥有138种PCM音色(包括8种民乐)，106种节奏（包括6种中国节奏），多功能背光LCD显示等。TG8834U与TG8836绚丽的钢琴漆表面加上大气的外形使他可与钢琴相媲美，TG8834U拥有152种PCM音色（包括12组中国民乐、11组打击乐和1组和声），100种节奏，1种U盘装载用户节奏，多功能背光LCD显示，USB录音Midi/放音Midi，USB控制等；TG8836拥有150种PCM音色（包括12组中国民乐、9组打击乐和1组和声），102种节奏（包括2个中国节奏）等，他将任何一款高档电子琴的功能都在上面完美的表现出来。

福州和声钢琴有限公司

哈曼尼175型精品三角钢琴：

产品外观为黑色亮光漆，古典罗马风格设计造型，采用圆锥形凹槽琴腿，独特的隐藏式圆球琴脚轮设计、镂花琴谱架、弧形琴键大盖与弧形琴手的配合其弧形融为一体、采用真空技术铸造“R版”铸铁板；有浮雕雕花及编码技术、上下镶嵌式弦枕、高音区双泛音装置等专利技术为国内首创、采用德国ROSLAU琴弦及六角低音弦、进口羊毛呢毡特制弦槌、采用骨胶拼接实木音板、实木键盘、配套升降式琴椅。音色优美、高音明亮、中音圆润、低音浑厚，弹奏触键手感灵敏舒适的精品三角琴。

哈曼尼HG-122T型（25周年纪念珍藏版）

新颖设计的外观，精致的键盘盖缓降装置、经典的欧式风格；银色长铰链、商标、踏瓣、琴脚轮配置、充满现代设计流派，单片顶盖板外观；欧式传统骨胶拼接工艺制作的实木音板，见证优美音色极强的穿透力；红木弦槌木芯，配以进口羊毛呢毡特制的弦槌，保证音色的纯正；国内独家采用德国ROSLAU琴弦及六角低音琴弦，音质稳定；V法真空铸造工艺制造的铸铁板，线条流畅、编码技术独具一格；采用德国RENNER英国LANGER技术生产的击弦机，整洁、灵敏、可靠；径切板制作的实木键盘，不变形、不开裂、击键灵活、动作自如。

哈曼尼HG-126T3-R型（25周年纪念珍藏版）

简洁欧式方槽琴腿设计造型，配置精致的进口键盘盖缓降装置、椭圆形上门板；金色长铰链、商标、踏瓣、琴脚轮配置、充满古典风格流派；V法真空铸造工艺制造的“R版”浮雕式编码技术铸铁板，镶嵌式弦枕、高音区双泛音装置、V形压弦条等四项专利技术，是中国独具一格的铸铁板；欧式传统骨胶拼接工艺制作的实木音板，见证优美音色极强的穿透力；红木弦槌木芯，配以进口羊毛呢毡特制的弦槌，保证音色的纯正；国内独家采用德国ROSLAU琴弦及六角低音琴弦，音质稳定；采用德国RENNER英国LANGER技术生产的击弦机，整洁、灵敏、可靠；径切板制作的实木键盘，不变形、不开裂、击键灵活、动作自如，具有独特的断联手感。

上海知音琴行有限公司

圣卡罗123FPEN立式钢琴

传承经典品质，创造完美音色，圣卡罗钢琴2010年再推全新精品。123FPEN立式钢琴外观设计新颖独特，上门板中央采用了椭圆形有机玻璃镶嵌设计，使核心部位击弦系统一览无遗，提供更多演奏乐趣。开发过程中结合了传统工艺和现代制造理念，率先引入了不等厚音板非对称曲面设计、计算机数控加工技术、钢丝内应力消除工艺、键盘砝码配重工艺等多项专利技术，在钢琴音色控制和演奏手感方面达到了国内领先水准。

南京舒曼钢琴制造有限公司

舒曼A2-125钢琴

由德国钢琴大师ROELLICKE主持设计，钢板弦列的设计更科学，经过不断优化，其音色更加的完美，琴键触感更加舒适和灵敏，加工技术更加独特，古铜色的铁牌表面再罩一层亮光漆，使钢琴更显唯美浪漫;框架式结构，受力均匀，稳定性强。加固加厚的背架，确保钢琴使用寿命更长。

舒曼E2-121钢琴

由德国钢琴大师ROELLICKE主持设计，钢板弦列的设计更科学，经过不断优化，其音色更加的完美，琴键触感更加舒适和灵敏，加工技术更加独特，古铜色的铁牌表面再罩一层亮光漆，使钢琴更显唯美浪漫;框架式结构，受力均匀，稳定性强。加固加厚的背架，确保钢琴使用寿命更长。

青岛世正乐器有限公司

音乐 时尚 艺术的精灵——世正波普钢琴

世正波普钢琴由韩国著名的顶级钢琴设计师Hyun Gee.Moon联手中国新锐设计师JOY，共同精心研究和开发，在设计上采用了日韩最流行的卡通波普风格，通过精湛的制作工艺和独特的概念，将童趣盎然的想象力化为现实。

艺术内涵：波普艺术由美国艺术家安迪-沃霍尔所倡导，流行全球，持久不衰。近年来，由日本艺术家村上隆先生，为奢侈品牌LV精心设计的系列作品，将波普艺术推向了巅峰，波普风格迅速成为国际顶级品牌必备的艺术元素。

时尚理念：波普钢琴以目前世界最时尚的波普元素与新款钢琴巧妙地进行了艺术叠加，赋予了钢琴跃动的灵气与生命力，恰好以极具内涵的唯美享受，突破了钢琴业一成不变地重复古典和守旧的路线，展现出童真、风趣、卡通、优雅的时代真实感，带来了耳目一新的时尚视觉冲击。

工艺精湛：经过拥有数十年钢琴制造经验的多国专家团队倾心打造，采用长谱架设计，视谱角度极佳，非常的人性化；流线型外观，新颖别致，卓越不凡。琴体依据声学的原理进行了优化，共鸣性、稳定性更加突出。在兼具美学价值的同时，更能够满足专业演奏的技术要求，是一款能够真正体现公司技术精髓的艺术钢琴。

配置卓越：采用最优质进口音板；金色骨架；实木码桥；实木背柱；黄铜踏板；实木踏板联动杆；击弦机采用美国法尔康专利技术、欧洲角木制作——触键灵敏随心；高强度铝制总档；真牛皮皮垫；欧洲角木音槌；日本音槌毛毡；美国JOHNSON销钉板；欧洲实木键盘；德国ROSLAU琴弦；3轨装配式键盘骨架实现钢琴音效绝佳的完美配置。

专业评价：第一款样品为122型号，由众多著名的音乐专家评定并一致认为：整体线条流畅唯美，材质上乘，制作细腻，音色动人，品质超群，共鸣感及艺术表现力超越了传统132型号钢琴。

NEO-POP是具有艺术气息的现代时尚钢琴。它打破了钢琴制作的传统思维定格，跨越行业与行业之间的隔阂，将带有现代意识的波普艺术，完美的结合到钢琴上，是行业内思维工艺创新的典范。

德国博兰斯勒钢琴（中国）有限公司

FISHER006定制限量版三角钢琴系列

缔造全球永恒的唯一：这款博兰斯勒FISHER006三角钢琴，是博兰斯勒钢琴公司重磅推出的全球唯一的奢华与童趣共存的限量版三角琴，音质和材质上继续沿承博兰斯勒家族156周年的黄金音色及传统工艺,并打破传统,钢板从原来尊贵的金色改为了高贵典雅的银白色，独具创新的“小鱼”设计使博兰斯勒Fisher006系列成为法兰克福乐器展上独占鳌头的瑰宝。

155周年特别纪念版

这款特别版钢琴，是公司成立155周年之际，为纪念尤利乌斯·博兰斯勒对音乐的巨大贡献而特别制作的。后人对先人所取得的伟绩和贡献的崇拜感激之情都凝聚在这架钢琴上。博兰斯勒钢琴重要奖项都铭刻在这架尤利乌斯·博兰斯勒特别版钢琴的徽章上，做工考究的谱架和琴腿尽显钢琴的优雅典美，堪称大师级制作经典。

舒适的键盘手感，优雅的设计，不仅拥有温纯的低音与厚实的高音，而且每一个音阶都具备良好的平衡性，“共

鸣弦”专利技术使博兰斯勒钢琴高音部共鸣效果十分独特，另一个独家秘诀是独立悬挂琴弦让共鸣弦系统发挥出最佳效果，而且还能让每根弦都可以得到精确调节。

博兰斯勒专业演奏三角钢琴

这台钢琴是拥有一流击弦机的博兰斯勒手工制作的杰作，也是150多年制作历史的专业表现。它拥有稳定完美的音质，优越的气候性能。钢琴家们都喜欢它雄浑有力的音质和温柔如溪水般的音色，希望能使用它并用自己杰出的演奏水平来表达对它的喜爱。

亮点：

1、100%德国原装

2、拥有德国雷诺RENNER顶级击弦机

3、博兰斯勒工艺手工制作

欧米勒三角钢琴系列：

1818年，Johann Christian Irmler在莱比锡建立Irmler钢琴公司，开创了钢琴新纪元。欧米勒钢琴系列是德国传统优良工艺及高超技术的结晶。每一款欧米勒钢琴都是针对音乐家的要求而设计的，我们以向世人介绍欧米勒钢琴精细的装配、调校、音色处理和调音，以及优美的外形风格而自豪。

欧米勒钢板的设计能承受超过20吨弦琴拉力，弦琴由德国钢线拉制而成，并绕在镀镍的弦轴钉上，由19层组成的高密度弦轴板能使弦轴钉永久固定在其上。欧米勒三角钢琴都使用音阶倍进复合系统，使音阶和声更完善，使音色更优美雄浑。今天，欧米勒钢琴更由设计大师RENE VINDETTI作外观设计，使欧米勒钢琴不只有着德国传统工艺技术，而且更散发出豪华时尚的艺术风采。

其系列型号有：F275E、F230E、F190E、F175E、F160E

上海玛珂琴业有限公司

W18-2

外壳改变以往的结构设计，中盘架与琴腿的无棱角连体结构设计，其设计理念主要考虑练琴儿童的使用安全，中盘采用角铝固定连接，增加牢固度。五金件采用镀铬工艺，提高了钢琴的品味。联动装置的支撑杆采用了可调节的支撑杆，演奏者可以根据自身需求可适当调节踏板力度和弱音变化。

W23

采用欧洲最新设计理念，琴身简约大气，尽显稳重经典。同时渗进音箱理论设计，音源采用欧洲音板振动理论设计，使弦振动的能量以最有效的方式传递带动整个音板的振动，同时也考虑铁板参与了共振的因素，以求达到设计者在音色效果上追求的最终目的以欧洲为基础，糅合亚洲名琴韵味。采用实木音板框除减少能量损坏外，也同时改变了音板容易下塌的弊端，中盘采用角铝连接装置。榔头配置是德国呢毡、红木榔头。

W28

外壳根据现代时尚的家庭装修理念，采用了黑檀木皮装饰，马克设计欧洲最新的设计理念，低音部采用了定弦钮装置，保证有效弦长的精准度，确保设计者追求浑厚、优美音色的效果。谱架设计有出音孔装置，打开键盖，谱架会自动伸出工作状态。谱架后面就是出音孔。键盖复原，出音孔自动关闭。

W34

以复杂的手工雕刻工艺，精湛的制作水平。将欧洲琴的宗教复古风格体现的淋漓尽致。集尊贵高雅为一体，采用高档花梨木木皮，进口呢毡，马克采用欧洲风格设计，外壳增加出音孔的设计，使演奏者可以根据不同场合控制出音量的大小，力求增加音板共振面，使其音色，音量接近小三角的效果。

上海欧亚钢琴有限公司

飞机琴 Plane piano

拥有世界上独一无二的个性化钢琴造型设计，为了保护她的珍藏价值，在外观上采用了一种特殊层处理，不仅能避开湿气防止划痕，同时，能保持钢琴的光泽，使用很多年后仍熠熠发光。首先涂上一层氨基甲酸乙酯密封剂，防止木材过度干燥或吸收湿气。对于纯色钢琴而言，采用树脂表面片材，促进玻璃般光滑的聚酯涂层的运用。这种多层涂漆的工序使钢琴表面耐磨、又易于保持。

采用现代设计的多层发音孔，婉约简洁的谱架和线条流畅的银色金属琴脚、水晶踏板，再配上时尚、平整、光滑的银灰色飞机形体琴身，使整架钢琴看起来如同在跑道上加速滑行的飞机。

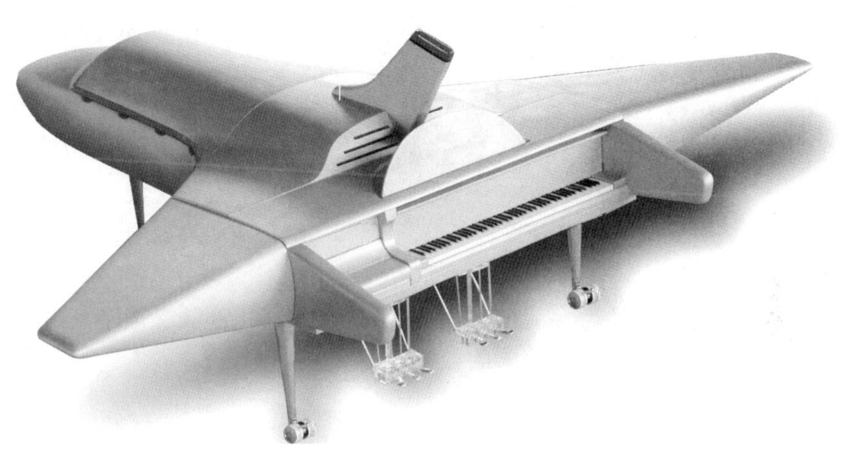

烟台金斯波格钢琴有限公司

KG133-1型立式钢琴

金斯波格KG133-1型立式钢琴是由德国钢琴制造大师克劳斯·芬纳先生精心设计，钢琴关键部分与材料采用公司最新设计专利和最新技术加工制造。这些新专利、新技术的应用使得金斯波格KG133-1型立式钢琴更能彰显出克劳斯·芬纳先生设计特点，具有典型的欧洲风格。

该系列钢琴其他技术特点：

精选优质纯实木音板，通过静角的截取，避免了对音色造成的不良影响，保留了最有效率的音板振动面积。使共鸣更持久，音色更优美。

选用德国著名的“ROSLAU”钢丝弦，不均匀的立柱排列，使钢琴音准更稳定、更持久。

采用世界顶级品牌钢琴如施坦威、贝森多夫等专用的德国“Abel”原装进口榔头，使音色层次更加清晰，表现力更加丰富。

击弦机、键盘严格遵照“三点一线”的设计理念，触感更加灵敏。击弦机是由日本引进的世界最先进的全套精密设备加工而成，精选日本进口的申达针和申达呢，使转动部分更加灵活可靠。采用椴木全实木键盘，逐键测重配铅，再经过特殊的工艺调整，弹奏更加舒适流畅。

外壳使用韩国进口油漆，经过意大利SCM公司的淋漆、砂光、抛光等设备加工，更显华美高贵。安装了液压式缓降器，使用开启、关合更安全。

北京华东乐器有限公司

高档小提琴

此琴为狮子头镂空雕刻、侧板镶花边、带饰缘进口料高档小提琴，在高质量的基础上，从外观上又提升了美感，更突显了演奏者的独特风格，音乐人不仅能在小提琴的靡靡之音中陶醉，在视觉上更是一大享受。

迷你小提琴

迷你小提琴是大家互赠礼品，馈赠佳友的上等之选。礼品小提琴做工精细，品质优良。琴架为透明展翅的飞鸽，寓意为小提琴的动人旋律会随之徜徉，飘扬远方。

广东红棉吉他有限公司

传统50系列产品

红棉吉他（含电吉他）以工艺精湛、造型典雅、音色优美、声音宏亮和穿透力强而著称，在国内拥有很高的声望和品牌地位，并蜚声国际，产品畅销国内外。50系列采用了超薄高光泽油漆，它能在不影响木材的自然振动和音色的条件下，体现出真正的木质美，使人能够从吉他中听到更多木质的声音。该系列产品选用坚硬的云杉木做上部，能够提供更大、更平衡的声音。印度紫檀木的背部和侧面则为吉他提供了多变、柔和、深沉的声音。

革新210系列产品

210系列采用多层亚光漆。产品声音响亮，有活力，很自然。坚硬的云杉木顶部和红木的背面与侧面，这种结合为该系列产品提供了独有的风格。该产品可供大型音乐会使用，并且可以配备拾音器和放大器。

河北乐海乐器有限公司

阮族乐器

阮是民族乐器中具有代表性的主要弹拨乐器之一。乐海乐器有限责任公司与中央音乐学院徐阳教授，为了推动民族乐器的发展、充分体现民族音乐文化特色，保持古典风格融入现代科技制作手段，经过双方的共同努力研制开发了《阮族牌》系列产品。使其在外观、音色、音量上更加满足现代民族音乐审美取向及音乐表现的需要。其特点是："造型优美典雅、音色甜美圆润"。

1、《阮族牌》系列产品在继承传统古制琴头的基础上加以大胆革新和改造。其形似古代上流社会的官帽，以示尊贵，形成典雅独特的风格。根据民族乐器声部和组合演奏形式的需要，设计制作了高、中、低音阮系列。

2、在制作工艺上，采用了齿形榫接工艺，避免北方气候干燥、南方潮湿所引起的腔体开裂、变形等诸多问题。

3、发音孔沿袭古制月牙形，与圆形腔体形成对比，意味阴阳合一、和而不同。

4、采用两种律制排品，既满足了传统音乐的需要，又考虑到现代民族音乐发展的追求。泛音点听测与现代科学仪器校音技术并存，成为《阮族牌》阮系列产品的又一显著特点。

5、针对有些阮指板过窄影响左手推、拉、吟、揉等技巧的发挥，以及有些指板过宽限制右手快速过弦与左右换弦按音的问题，《阮族牌》阮系列产品反复试验调整了指板宽度、弦距，既方便了演奏，更体现了极佳的音乐效果。

扬州天韵琴筝有限公司

青花瓷古筝

青花瓷古筝，采用传统的扬州漆器工艺技术精制而成，既清新、时尚，又不失庄重、典雅，古筝不"古"，为广大青少年所青睐。

新型转调古筝

新型转调古筝（实用新型国家专利 ZL 2005 2 0078153.4）是传统古筝和新型转调机构的巧妙结合，具有轻便、可靠、转调准确的特点。其穿弦弹奏和传统古筝一样，演奏技法与音色完全相同，并可实现A、D、G、C、F、bB六种调之间的瞬间转调，特别适用教学和演奏，从根本上解决了传统古筝在演奏过程中转调的困难。

扬州天艺民族乐器厂

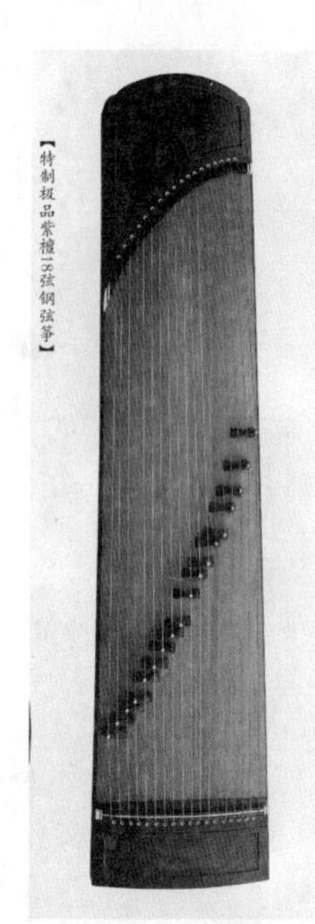
【特制极品紫檀18弦钢弦筝】

天艺牌古筝

天艺古筝具有两项国家专利，即大边框式的古筝外型专利和五拼面板独音梁的实用新型制作专利。产品无论在外观上，还是内部结构上，以及乐器的音色和个性上，都独树一帜，深具特色。

近年来推出的新产品尤以140-18弦钢弦筝备受用户欢迎，该产品采用出土杉木为面、唐式筝的结构，本厂专利的制作方法其造型美观大方，音质饱满坚实，韵味悠扬绵长，有高、中、低三个等级，是演奏潮州、客家筝曲的最佳选择。

除常规古筝产品外，根据各个地区特点和不同要求，天艺古筝还推出13弦、16弦、18弦、21弦、23弦、25弦现代筝和传统的16弦、18弦、21弦钢丝筝及100型、140型150型的特别形制筝，由于重视形制的合理比例和筝弦的选用与搭配，使这一系列古筝富于浓郁的特色和丰富的艺术表现力。

天津市兴源森雀乐器有限公司

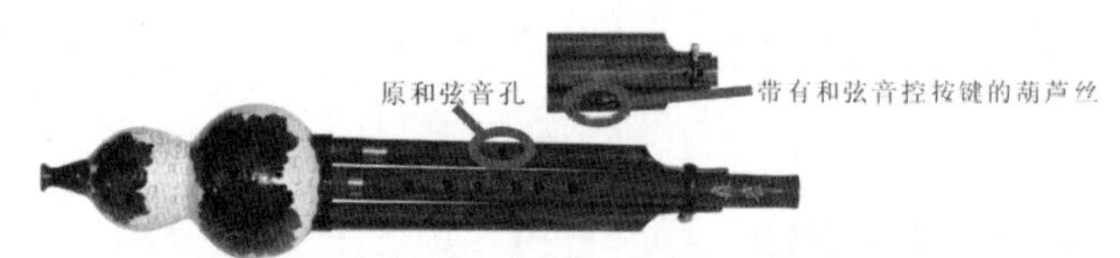

葫芦丝

该产品带有和弦音控按键，利用传动杆的杠杆作用、磁铁吸力和弹簧力的作用。在演奏换气和空拍时拇指自如地将和弦音键开、闭，操作非常方便，提高了演奏效果。

饶阳成乐民族乐器有限责任公司

上发音新型402扬琴

上发音新型402扬琴是经过反复试验改进而成，在造型艺术和音响效果上都达到较为完善的境地，通过对发音孔位置的改变，增加活动滚板等一系列的改革，使该产品具有演奏方便，音色清脆、明亮，灵敏度高，表现力丰富等特点。

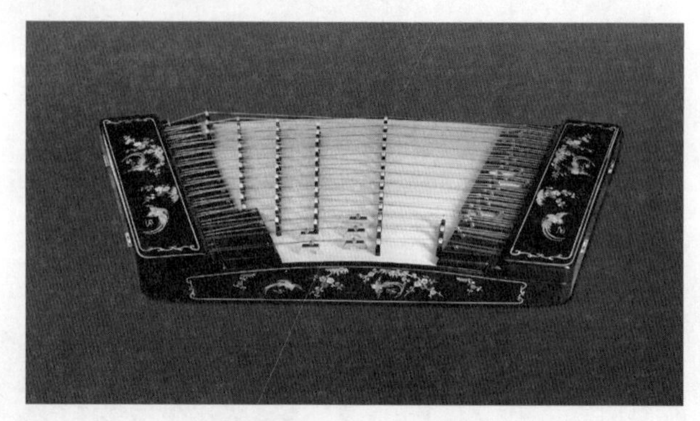

江苏奇美乐器有限公司

半音阶低音贝司口琴

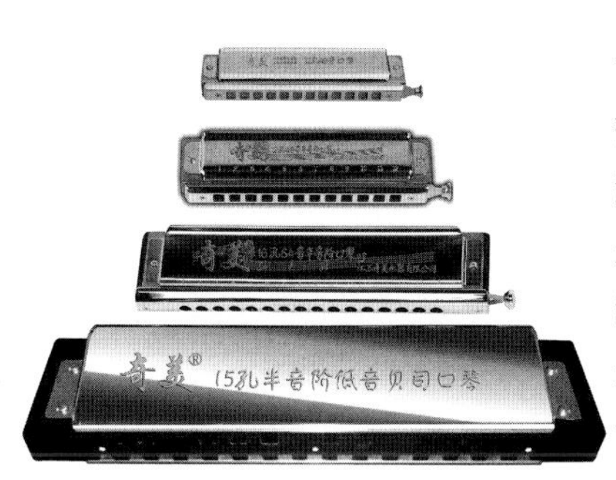

奇美公司近年来不断推广新技术、新工艺，积极开发新产品、新品种，相继开发出10孔40音、12孔48音、16孔64音低音、和弦等不同规格、型号的半音阶高档口琴。奇美牌系列半音阶口琴，采用电脑数字化刨簧机生产口琴簧片，日本电脑数字化焊接设备焊接口琴簧片，每个簧片都盖有一个胶膜用以防止漏气，确保口琴吹奏时的音准、音色、牢度，并达到国外同类产品的同等焊接水平。

套笛

奇美牌套笛是将超高音、高音、中音、次中音和低音竖笛组合在一起，以重奏、合奏的形式进行演奏。其中的高音、中音、次中音竖笛是经常在独奏形式中使用的，具有音域适中、音色甜美、技巧灵活等特点。将它们组合，加入超高音和低音竖笛来组成完整的专业演奏乐队，则能演奏更加丰富多彩、富于变化的交响音乐。

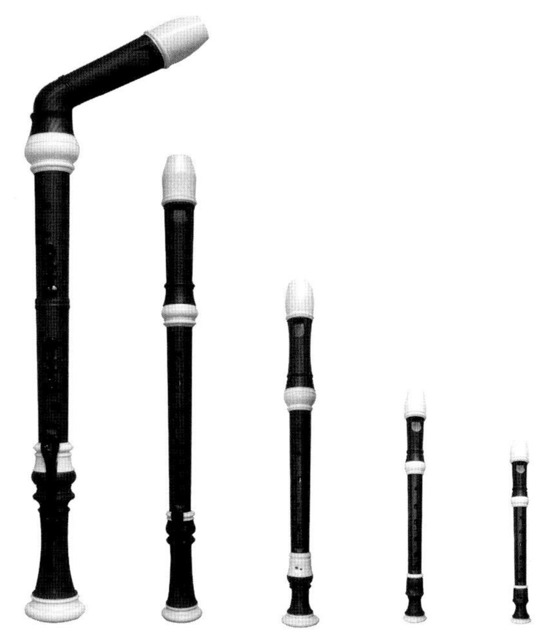

上海国光口琴厂

国光牌古铜式精装重音口琴

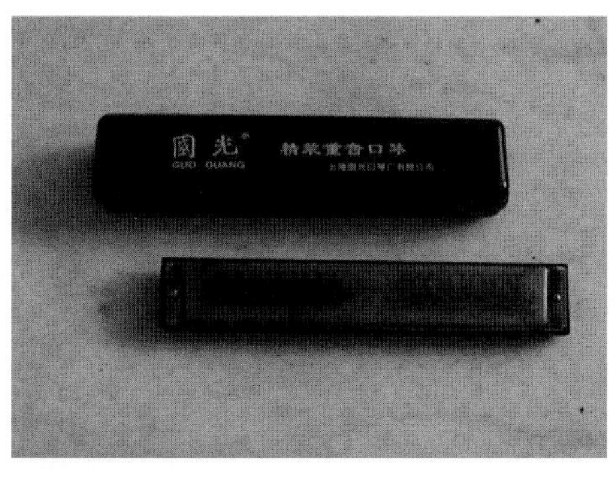

上海国光口琴厂有限公司在推出了10孔20音1931英雄牌古铜式口琴、24孔1931英雄牌古铜式口琴后，最近又生产出国光牌古铜式精装重音口琴新的产品推向市场。重音口琴，它每孔上下两个簧片的发音相差一个八度，吹奏时将相差八度的两个音一起奏出，所以重音口琴又称八度和音口琴。重音口琴主要用于伴奏，也可用于独奏。重音口琴发音宏亮，音式优美。国光牌古铜式精装重音口琴是在原有24孔精装重音口琴的基础上又一项新款式口琴，口琴盖板采用满版钢印，盖板材料使用专用口琴盖板铜材，经过加工处理后，使口琴盖板看似古铜式。古铜式精装重音琴格采用黑式的嵌入式琴格，装壳罗丝用套筒铜罗丝，使口琴外形美观大方。口琴的包装盒采用ABS注成的高档黑塑盒，盒上用白色印制的商标及文字，国光牌古铜式精装重音口琴做工精细，发音比一般的重音口琴音式音质要好很多，深得客户欢迎。

山东省委常委、副省长王军民到鄌郚镇调研

中国乐器协会理事长王根田到鄌郚调研

授予：昌乐县鄌郚镇

山东省电声乐器产业基地

山东省轻工业协会
（山东省轻工业办公室）
二〇〇八年十二月

特色产业镇

山东省人民政府
二〇〇七年十一月

授予 山东省昌乐县鄌郚镇

中国电声乐器产业基地

中国乐器协会
二〇〇九年六月五日

山东·昌乐·鄌郚

大音响 音箱组装

东方乐器 配件生产

惠好乐器 吉他装配

中国电声乐器产业基地——山东昌乐县鄌郚镇，目前，乐器加工企业36家，配套加工企业80家，产品主要有电吉他、木吉他、电贝司、木贝司、电钢琴、音箱等6大系列360多个花色品种。近年来，先后荣获“山东省特色产业镇、山东省电声乐器产业基地、中国电声乐器产业基地”等荣誉称号。

电吉他

电贝斯

音箱

宏韵乐器 产品检测

乐器配件

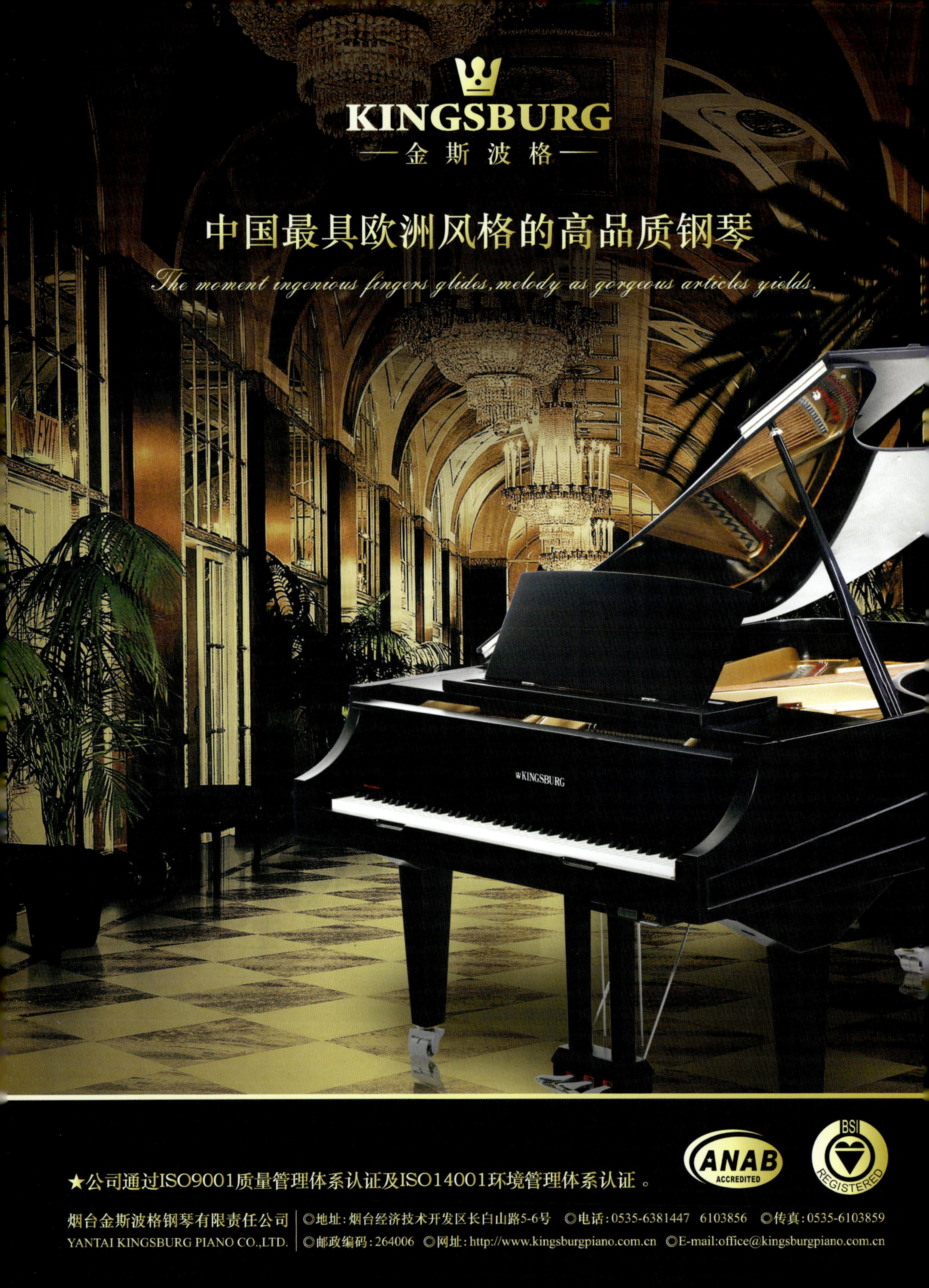

KINGSBURG
—金斯波格—

Beta Aivin
100-200系列效果器
MINI系列电吉他放大器
GT系列电吉他放大器
GE系列电吉他放大器
PM系列电鼓放大器
KA系列键盘放大器
BP系列电贝司放大器
BE系列电贝司放大器
F电子管机头
形象代言人
子曰乐队 汶麟
广东省名牌产品
广东省高新技术企业
中国乐器行业强势公司
三基音响科技有限公司乐器音响事业部
地址：东莞市大朗镇水平村象山工业城象和路28号
www.beta-aivin.com
电话:0769-89061666 传真:0769-89061661

Limit Edition
HMD-993
HMD-933
HSC-933
Kapok
EST. 1957
传统
革新
激情
专业
Kapok
红棉
广州红棉吉它有限公
GUANGZHOU KAPOK GUITAR CO.,LTD
地址:广州市海珠区新港东路2440号 邮编:51033
电话:-86-20-34094993 34094431 3409432
传真:-86-20-34094362 3409467
Http: //www.kapokguitars.com.
2010中国(上海)国际乐器展览会
2010年10月12日-15日
展位号: E5D72

music
CHINA
www.musicchina-expo.com
中国（上海）国际乐器展览会
2011年10月11至14日　上海新国际博览中心（浦东龙阳路2345号）
mission for music
无限音乐旅程
CMIA
INTEX SHANGHAI
messe frankfurt

图书在版编目（C I P）数据

中国乐器年鉴．2009～2010 / 中国乐器协会编．——北京：中国轻工业出版社，2010．9
ISBN 978-7-5019-7828-1

Ⅰ.①中…　Ⅱ.①中…　Ⅲ.①乐器－制造工业－中国－2009～2010－年鉴　Ⅳ.①TS953-54

中国版本图书馆CIP数据核字(2010)第170746号

责任编辑：刘云辉　张文佳
策划编辑：刘云辉　　责任终审：劳国强　　责任监印：张　可
封面设计：潘文强　　版式设计：潘文强　王　娜

出版发行：中国轻工业出版社（北京东长安街6号，邮编：100740）
印　　刷：北京今日风景印刷有限公司
经　　销：各地新华书店
版　　次：2010年9月第1版第1次印刷
开　　本：210mm×285mm　1/16　　印张：52.5
字　　数：1486　千字
书　　号：ISBN 978-7-5019- 7828-1　　定价：350.00 元

邮购电话：010-65241695　　传真：65128352
发行电话：010-85119835　85119793　　传真：85113293
网　　址：http://www.chlip.com.cn
Email：club@chlip.com.cn
如发现图书残缺请直接与我社邮购联系调换
100204K4X101HBW